Ordnungspolitik und Europäische Integration

Annette Mayer

Ordnungspolitik und Europäische Integration

Eine institutionenökonomische Analyse

PETER LANG
Frankfurt am Main · Berlin · Bern · Bruxelles · New York · Oxford · Wien

Die Deutsche Bibliothek - CIP-Einheitsaufnahme

Mayer, Annette:

Ordnungspolitik und Europäische Integration : eine institutionenökonomische Analyse / Annette Mayer. - Frankfurt am Main ; Berlin ; Bern ; Bruxelles ; New York ; Oxford ; Wien : Lang, 2002
Zugl.: Cottbus, Brandenburgische Techn. Univ., Habil.-Schr.., 2002
ISBN 3-631-39935-9

ISBN 3-631-39935-9

www.peterlang.de

Geleitwort

Die vorliegende Schrift bewegt sich im Spannungsfeld zwischen zwei Grundströmungen des Wirtschaftsgeschehens und der wirtschaftspolitischen und wirtschaftstheoretischen Diskussion. Zum einen ist dies der vielbeschworene Prozess der Globalisierung. Zum anderen ist dies – insbesondere vor dem Hintergrund der bevorstehenden Osterweiterung der EU – die immer drängender zu Tage tretende Notwendigkeit einer grundlegenden Reform und Anpassung des politischen Systems der EU an die neuen Bedingungen und Herausforderungen.

Als Methode bedient sich die Verfasserin – neben den traditionellen Analysemethoden der Volkswirtschaftslehre – insbesondere zweier Ansätze der neueren Volkswirtschaftslehre, nämlich der Neuen Institutionenökonomik und der Public-Choice-Theorie. Hierdurch gelingt es, allokationsrelevante Implikationen von Institutionen – wie im anstehenden Fall z. B. Ministerrat, Kommission usw. – zu identifizieren und Vorschläge zu entwickeln, diese Institutionen organisatorisch so auszugestalten, dass das egoistische Individualverhalten von Politikern in effiziente Ergebnisse mündet. Die positive Erklärung politischen Handelns schafft die Basis zur Herausarbeitung zieladäquater Anreizstrukturen für die am politischen Prozess beteiligten Akteure.

Das Buch ist gekennzeichnet durch einen klaren und konsequent zielführenden Gedankengang. Aus der Analyse dessen, was die EU in der Welt der Globalisierung ist und warum sie so ist, wird über mögliche Integrationsstrategien und verfassungstheoretische Ansätze ein Lösungsvorschlag für eine europäische Verfassung erarbeitet. Die trotz aller Verästelungen des Themas stets durchgehaltene Rückbesinnung auf das absolute Primat der Bürgersouveränität besticht in ihrer Konsequenz und Klarheit.

Die präsentierten Vorschläge für Reformansätze und für eine europäische Verfassung zeichnen sich gegenüber Vorschlägen in der aktuellen Debatte deutlich durch Eigenständigkeit aus und sind geeignet, aus dem lähmenden Verharren in normativ geführte Auseinandersetzungen und Kritiken an der institutionellen Entwicklung der EU auszubrechen und Schritte hin zu konkreten Reformen zu machen. Die Verfasserin besitzt den Mut, in einer wissenschaftlichen Arbeit im Ergebnis ohne viel Wenn und Aber einen klaren Vorschlag für institutionelle Reformen der EU bis hin zu Grundzügen einer zu implementierenden Verfassung zu präsentieren.

Der Verfasser des Geleitwortes hat die Arbeit von Beginn an mit neugieriger Aufmerksamkeit und kritischer Sympathie begleitet und freut sich mit der Autorin, dass dieses Projekt am Lehrstuhl für Makroökonomik der Brandenburgischen Technischen Universität Cottbus mit Erfolg abgeschlossen werden konnte. Dank gebührt auch dem Land und der Universität dafür, dass trotz finanzpolitischer Zwänge die Voraussetzungen für ein gedeihliches Arbeiten am Lehrstuhl noch gesichert blieben.

Ich wünsche dem Buch, aus dem der theoretisch interessierte Volkswirt wie auch der Praktiker Gewinn ziehen kann, eine gute Aufnahme.

Cottbus, im Juni 2002 | Professor Dr. Wolfgang Cezanne

Vorwort

An dieser Stelle sind umfangreiche Dankesschulden abzutragen, denn ohne die Unterstützung zahlreicher Menschen wäre der erfolgreiche Abschluss dieser Schrift kaum möglich gewesen.

Der größte Dank gilt Herrn Prof. Dr. Wolfgang Cezanne, der mich in den verschiedenen Entstehungsphasen stets als Diskussionspartner unterstützte. Für die fachliche Betreuung und die Einräumung konzeptioneller und zeitlicher Freiräume sei ihm herzlich gedankt.

Danken möchte ich auch den Herren Prof. Dr. Harald Kunz und Prof. Dr. Franz Peter Lang für die freundliche Übernahme der weiteren Gutachten und Herrn Prof. Klaus Serfling für die perfekte Leitung des Habilitationsverfahrens als Ausschussvorsitzender.

Wertvolle Anregungen erhielt ich auf den Doktoranden-Kolloquien unseres Lehrstuhls, auf den Sitzungen des Arbeitskreises „Internationale Wirtschaftsbeziehungen“ der List-Gesellschaft und auf der Tagung der Hanns-Martin-Schleyer-Stiftung im Jahr 2001 in Innsbruck.

Besonderer Dank gebührt Frau Dr. Agnes Aschfalk-Evertz, die trotz eigener starker beruflicher Belastung das umfangreiche Manuskript durchgearbeitet, wertvolle Änderungsvorschläge eingebracht und mich stets moralisch unterstützt hat.

Frau Margrit Pötzsch hat mit der ihr eigenen Akribie und Sorgfalt das Mauskript Korrektur gelesen und die Verfasserin auf die Tücken der neuen Rechtschreibung aufmerksam gemacht. Ihr sei an dieser Stelle herzlich gedankt. Selbstverständlich gehen die noch vorhandenen Fehler allein zu Lasten der Verfasserin.

Einen wichtigen Beitrag zum erfolgreichen Gelingen der Arbeit leistete die freundliche Arbeitsatmosphäre am Lehrstuhl Volkswirtschaftslehre – Makroökonomik. Vor allem möchte ich Herrn Dipl.-Ing. Mirko Titze danken für die kollegiale Unterstützung bei meinen Kämpfen mit der EDV. Besonderer Dank gebührt Frau Dipl.-Ing. Araci Schnabel, die durch ihr starkes Engagement die für den Verlag notwendigen Formatierungen maßgeblich vorantrieb.

Meine tiefste Dankbarkeit gehört jedoch meiner Familie. Das Gefühl einen sicheren Hafen zu haben, lässt einen mutiger in die stürmische See hinaussegeln. Meine Familie gab mir durch ihre Liebe und ihre Unterstützung dieses sichere Gefühl, immer einen festen Anlaufpunkt zu besitzen.

Ich widme diese Arbeit meinen Eltern.

Dr. Annette Mayer

Inhaltsverzeichnis

Abkürzungsverzeichnis

Abs.	Absatz
ADI	Ausländische Direktinvestitionen
AEntG	Arbeitnehmerentsendegesetz
Art.	Artikel
Aufl.	Auflage
Bd.	Band
BGB	Bürgerliches Gesetzbuch
BGH	Bundesgerichtshof
BIP	Bruttoinlandsprodukt
BMWi	Bundesministerium für Wirtschaft und Technologie
BVerfG	Bundesverfassungsgericht
bzw.	beziehungsweise
CEPR	Centre for Economic Policy Resarch
CES	Center for Economic Studies
ders.	derselbe
dies.	dieselbe
DStR	Deutsches Steuerrecht
EAG	Europäische Atomgemeinschaft
EAGV	Vertrag zur Gründung der Europäischen Atomgemeinschaft
ebd.	ebenda
ECU	European Currency Unit, Europäische Währungseinheit
EEA	Einheitliche Europäische Akte
EFRE	Europäischer Fonds für die regionale Entwicklung
EFTA	Europäische Freihandelszone
EG	Europäische Gemeinschaft
EGKS	Europäische Gemeinschaft für Kohle und Stahl
EGKSV	Vertrag zur Gründung der Europäischen Gemeinschaft für Kohle und Stahl
EGV	Vertrag zur Gründung der Europäischen Gemeinschaft
EIB	Europäische Investitionsbank
EP	Europäisches Parlament
EPZ	Europäische Politische Zusammenarbeit
ESF	Europäischer Sozialfonds
EStG	Einkommensteuergesetz
ESZB	Europäisches System der Zentralbanken
EU	Europäische Union
EuGH	Europäischer Gerichtshof
EuR	Europarecht
EURATOM	Europäische Atomgemeinschaft
EUV	Vertrag über die Europäische Union

EVG	Europäische Verteidigungsgemeinschaft
EWG	Europäische Wirtschaftsgemeinschaft
EWGV	Vertrag zur Gründung der Europäischen Wirtschaftsgemeinschaft
EWI	Europäisches Währungsinstitut
EWR	Europäischer Wirtschaftsraum
EWS	Europäisches Währungssystem
EWWU	Europäische Wirtschafts- und Währungsunion
EZB	Europäische Zentralbank
EuZW	Europäische Zeitschrift für Wirtschaftsrecht
f.	folgende
FAZ	Frankfurter Allgemeine Zeitung
ff.	folgende
FOCJ	Functional, Overlapping, Competing Jurisdictions
GAP	Gemeinsame Agrarpolitik
GASP	Gemeinsame Außen- und Sicherheitspolitik
GATT	General Agreement on Tariffs and Trade
gem.	gemäß
GewStG	Gewerbesteuergesetz
GG	Grundgesetz
GO	Geschäftsordnung
HB	Handelsblatt
hrsg.	herausgegeben
Hrsg.	Herausgeber
i.d.R.	in der Regel
IHS	Institut für Höhere Studien
IUP	Institut für Unternehmensplanung
IWH	Institut für Wirtschaftsforschung Halle
Jg.	Jahrgang
KStG	Körperschaftsteuergesetz
MOE-Länder	Mittel- und Osteuropäische Länder
MwSt	Mehrwertsteuer
NJW	Neue Juristische Wochenschrift
Nr.	Nummer
o.g.	oben genannte(n)
OECD	Organization for Economic Cooperation and Development
ORDO	Jahrbuch für die Ordnung von Wirtschaft und Gesellschaft
S.	Seite(n)
sog.	sogenannt
u.a.	unter anderem
u.U.	unter Umständen
UStG	Umsatzsteuergesetz
übers.	übersetzt

Vgl.	Vergleiche
WiSt	Wirtschaftswissenschaftliches Studium
WSA	Wirtschafts- und Sozialausschuss
WTO	World Trade Organization
WWU	Wirtschafts- und Währungsunion
z.B.	zum Beispiel
ZEW	Zentrum für Europäische Wirtschaftsforschung
ZHR	Zeitschrift für das gesamte Handelsrecht und Wirtschaftsrecht
ZIJ	Zusammenarbeit in den Bereichen Justiz und Inneres
ZJIP	Zusammenarbeit der Innen- und Rechtspolitik
ZRP	Zeitschrift für Rechtspolitik
zzt.	zur Zeit

Abbildungsverzeichnis

Tabellenverzeichnis

1 Einleitung

"Weder ein allmächtiger Superstaat noch eine lose Vereinigung von freien Nationen muß unser Ziel sein, sondern eine Gemeinschaft von Nationen freier Menschen."[1]

Die zunehmende Verflechtung der internationalen Märkte und die Mobilität der Produktionsfaktoren, des Sachkapitals und Portfoliokapitals aber auch des Humankapitals, über nationale Grenzen hinweg führt zu einem zunehmenden Wettbewerb der Wirtschaftspolitik zwischen den Nationalstaaten. Die Diskussion um das Phänomen Globalisierung hat in der jüngeren Vergangenheit an Intensität zugenommen.[2] Globalisierung wird dabei häufig als Bedrohung empfunden. Es wird eine Zunahme der Arbeitslosigkeit wegen eines verstärkten Anbieterwettbewerbs auf den Gütermärkten befürchtet und ein internationaler Steuerwettbewerb infolge eines intensivierten Standortwettbewerbs erwartet. Infolgedessen könnte es zu einer Unterversorgung mit öffentlichen Gütern kommen. Außerdem würden wegen der hohen Kapitalmobilität und auch wegen der zunehmenden Migrationsbewegungen die sozialen Sicherungssysteme der einzelnen Staaten in ein Konkurrenzverhältnis geraten, bei dem sich hohe Sozialstandards nicht aufrecht erhalten ließen, statt dessen würden diese in einem Dumpingwettlauf erodiert und das „Soziale" in der marktwirtschaftlichen Ordnung würde verloren gehen. Aufgrund der Unterschiede in der Knappheit des Gutes Umwelt und aufgrund der unterschiedlichen Präferenzen der verschiedenen Völker für Umweltqualität könnten Anbieter aus Ländern mit weniger strengen Umweltschutzregelungen einen Kostenvorteil realisieren und dies könnte negative Konsequenzen für die inländische Beschäftigung und den weltweiten Umweltschutz nach sich ziehen. Die Wirtschaftspolitik - so die Befürchtungen - würde durch die Dynamik an den Weltfinanzmärkten handlungsunfähig zu einer eigenständigen Zielverfolgung und wegen fehlender Kontrollmöglichkeiten an den Grenzen und wegen neuer technischer Möglichkeiten könnte es zu einer Zunahme der internationalen Kriminalität kommen.

Um der „Globalisierungsfalle" zu entgehen, werden politische Forderungen erhoben, die Mitgliedsländer der Europäischen Union (und andere Industrieländer) mögen durch gemeinsame Absprachen im Bereich der Arbeitsmarktordnung, der Steuersysteme und der Sozialversicherung und mit Hilfe von handelspolitischen

---

1 Hayek (1944), S. 289.

2 Mit der Globalisierung verbundene Sorgen und Ängste finden sich bei Martin/Schuhmann (1997); Boxberger/Klimenta (1998); Die Gruppe von Lissabon (1998). Ein Plädoyer für den Markt, den Freihandel und für die disziplinierende Wirkung der Globalisierung auf nationale Politik findet sich bei Weizsäcker, Carl C. v. (1999).

Schutzmaßnahmen, Entsendegesetzen und gezielten Eingriffen in den nationalen Kapitalverkehr (bspw. durch die Einführung einer „Tobin-Steuer") den Standortwettbewerb ordnen und beschränken. Diese Vorschläge stellen die Vorteile, die ein freier Welthandel und ein freier Kapitalverkehr mit sich bringt, - in Form einer möglichst effizienten Faktorallokation und als Grundlage für Wohlstandsmehrung - nicht in den Vordergrund ihrer Analysen. So verweisen Kritiker der Globalisierungsgegner häufig darauf, dass die Globalisierung nur Schwächen und Versäumnisse der nationalen Wirtschaftspolitik aufdecken würde. Sie sei somit der Auslöser für Krisen, nicht jedoch die Ursache. Beispielsweise wird in diesem Zusammenhang auf die Turbulenzen auf den internationalen Finanzmärkten hingewiesen, und dabei auf die Kritik an der Effizienz der Kapitalmärkte und der sog. „rationalen Erwartungsbildung" entgegnet, dass die Antwort auf diese Probleme nicht darin liegen könne, die internationalen Kapitalströme zu beschränken.[3] Vertreter dieser Position setzen vielmehr auf eine Wirtschaftspolitik, die die Erwartungen langfristig stabilisiert und die Märkte mit besseren Informationen versorgt. Sie verweisen darauf, dass die Turbulenzen an den internationalen Finanzmärkten in der Regel eine Vorgeschichte in den einzelnen Ländern haben. Es herrschen z.B. zu hohe Inflation, zu hohe Budgetdefizite, eine starre Wechselkursfixierung, zu hohe Leistungsbilanzdefizite, zu kurze Laufzeiten bei Auslandskrediten, eine zu geringe Effektivität der Bankenaufsicht und schließlich institutionelle Defekte und politische Instabilitäten. Schlechte Politik würde im Rahen einer zunehmend globalisierten Wirtschaft durch Kapitalabfluss, Auswanderung von Fachkräften, Risikoprämien bei Zinsen und übermäßig reale Wechselkursschwankungen usw. schneller bestraft werden.

Der Untersuchungsgegenstand – die Integration in Europa – steht in diesem Gesamtzusammenhang. Denn die Frage nach einer Politikkoordination zwischen Ländern, deren Volkswirtschaften stark vernetzt sind, wird international intensiv diskutiert. Ein besonderes Beispiel hierfür ist gerade die Europäische Union. Die Fragestellung ist, ob vor dem Hintergrund der fortgeschrittenen ökonomischen Integration eine politische Integration in Richtung einer Harmonisierung der Rechtsregeln vorgenommen und eine Zentralisierung von Kompetenzen auf europäischer Ebene betrieben werden sollte, oder ob ein Wettbewerb der politischen Systeme verankert werden sollte und einige wirtschaftspolitische Aufgabenfelder somit sogar wieder dezentralisiert werden müssten.

Um eine institutionenökonomische Herleitung möglicher Leitlinien für eine Entwicklung der Europäischen Integration zu erhalten, ist es notwendig in einem ersten Schritt im zweiten Kapitel als eine Art Bestandsaufnahme die Institutionen der Europäischen Union und den Prozess der Entscheidungsfindung zu untersuchen. Die Notwendigkeit institutioneller Reformen wird vor dem Hintergrund der bevorstehenden Erweiterung der Europäischen Union offenbar. Die traditionelle Untersuchungsmethode der neoklassischen Ordnungstheorie begreift die politische Ordnung als einen Teil der nicht analysierbaren Rahmenbedingungen und wird

---

3 Vgl. Donges (1999) und die dort angegebene Literatur und Donges/Freytag (2001).

insofern dem hier formulierten Ziel der Analyse des Zusammenspiels der ökonomischen und politischen Ordnung nicht gerecht. In Überwindung der neoklassischen Theorie wird auf eine positive Analyse aus Sicht der Neuen Institutionenökonomik zurückgegriffen, aber auch wesentliche Aspekte der ordnungspolitischen Problematik sollen hier identifiziert werden. Gegründet ist die gewählte Methode auf der Einsicht, dass die Ökonomie, die die interne Struktur der am Markt operierenden Gebilde vernachlässigt, zu falschen Schlussfolgerungen kommen muss, die sich im politischen Prozess abbilden. Die Theorie demokratisch verfasster Organisationen wird damit unverzichtbarer Bestandteil angemessener Erklärungsversuche des politischen und wirtschaftlichen Geschehens. Hierdurch kann der Frage nachgegangen werden, welche Formen der politischen Ordnung rent seeking-Prozesse begünstigen oder auch zurückdrängen können. Diese Untersuchungsmethode gestattet eine Analyse der Interdependenz der politischen und wirtschaftlichen Ordnung auf der Basis eines einheitlichen Ansatzes. Die Anwendung der Neuen Institutionenökonomik auf politische und ökonomische Prozesse ist deshalb möglich, da sie im Gegensatz zu der traditionellen Ordnungstheorie nicht über ihren Gegenstandsbereich, sondern über Axiome definiert wird. Die Wahl der Methode gründet sich auf die Einsicht, dass ökonomische Ansätze, die die interne Struktur der am Markt agierenden Institutionen vernachlässigen, zu falschen Schlussfolgerungen kommen müssen.

Im zweiten Kapitel wird die Europäische Union als Entwicklungsprozess hinsichtlich der Institutionen und Entscheidungsverfahren dargestellt. Der aktuelle Prozess politischer Entscheidungsfindung ist bereits äußerst komplex und intransparent, dies gilt insbesondere für die Abtretung nationaler Kompetenzen an die EU. Vor dem Hintergrund der bevorstehenden Erweiterung werden diese Strukturen unhaltbar. Gleichzeitig sollte geprüft werden, ob die Offenheit und Vielfalt der Ordnungsstrukturen als europäisches Erfolgsrezept gelten können. Unter Verwendung der ökonomischen Theorie der Politik und der Ansätze der Neuen Institutionenökonomik wird die Eigendynamik des europäischen Integrationsprozesses illustriert und erste Bewertungen und Erklärungsversuche im Rahmen einer positiven Analyse hinsichtlich des Spannungsverhältnisses zwischen Einheit und Vielfalt bzw. Harmonisierung und Wettbewerb der Ordnung in Europa vorgenommen. Beleuchtet werden soll das Spannungsfeld zwischen Einheit und Vielfalt bzgl. einer europäischen Ordnung aus dem Blickwinkel der ökonomischen Effizienz alternativer institutioneller Arrangements. Diese europäische Ordnung sollte die verschiedenen europäischen Leitbilder in Einklang bringen können, wobei stets die Frage zu stellen ist, welche politischen Fragestellungen auf der gemeinschaftlichen Ebene zentral erörtert und gelöst werden müssen (Harmonisierung) und welche besser auf der dezentralen Ebene verbleiben sollten (Systemwettbewerb).

Die unterschiedlichen Integrationsstrategien, die institutionelle Integration durch Harmonisierung und die Integration durch Wettbewerb, werden in dem dritten Kapitel dieser Arbeit dargestellt und einer eingehenden Analyse unterzogen. Die Integrationsstrategie der Harmonisierung wird indirekt aus den Schwächen oder einem Versagen des Systemwettbewerbs abgeleitet. Es werden vier Bereiche auf ein mögliches Versagen des Systemwettbewerbs geprüft: der Steuerwettbewerb und ein mögliches race-to-the-bottom, die Bereitstellung der öffentlichen Infrastruktur, die Qualitätsregulierung und die Möglichkeiten zur Umverteilung in den Sozialstaaten. Als Argumente für eine Zentralisierung von Kompetenzen werden zumeist eine angeblich höhere Effizienz gemeinschaftlicher Politiken sowie die Bereitstellung europäischer öffentlicher Güter angeführt. Diese komparativen Vorteile zentraler Politikgestaltung könnten sich aus der Existenz grenzüberschreitender externer Effekte sowie durch Synergie- und Skaleneffekte (funktionsfähiger Binnenmarkt) ergeben. Es werden mögliche Nachteile der Harmonisierung als Integrationsstrategie untersucht. Die Integrationsstrategie des Wettbewerbs ist mit einer Dezentralisierung von Kompetenzen auf die unteren Ebenen der Nationalstaaten bzw. der Gebietskörperschaften und Regionen verbunden. Als Hauptargument für die Dezentralisierung - bzw. den Verzicht auf eine weitere Zentralisierung - von Kompetenzen wird häufig auf eine größere Bürgernähe dezentraler Politik verwiesen. Vor Ort geführte Politik mit klar geregelten Kompetenzen unterliegt einer besseren Kontrolle durch die Bürger. Eine Differenzierung von Politikschwerpunkten und -ausgestaltungen gemäß der unterschiedlichen regionalen Präferenzen ist erst in föderalen Systemen möglich. Allerdings bedarf eine dezentrale Politik innerhalb einer föderalen Ordnung einer auf zentraler Ebene durchzuführenden konstitutionellen Verankerung von Bestandsschutz. Fehlt diese Implementierung dezentraler Rechtsetzungskompetenzen, so kann dies in Kontrast zu den Bürgerpräferenzen zu einem Ausbau der Zentrale führen.

Auffällig ist, dass die Betrachtung der möglichen negativen Konsequenzen eines Wettbewerbs der Ordnungen und die daraus folgende Begründung der Notwendigkeit einer Harmonisierung von Rechtsregeln in der einschlägigen Literatur auf der Grundlage der neoklassischen Theorie des Wohlfahrtsstaates und mit Hilfe der üblichen neoklassischen Modelle untersucht wird. Die Kritik an der Eignung neoklassisch fundierter Modelle für die Analyse einer ordnungspolitischen Gestaltung der Integration in Europa zieht sich wie ein roter Faden durch diese Arbeit. Um eine eigene Konzeption in dem fünften Kapitel entwickeln zu können, erscheint es daher angezeigt, bereits in dem dritten Kapitel eine methodische Öffnung zu vollziehen und das theoretische Fundament auszubauen.

Nach einem kurzen Überblick über die ökonomische und institutionelle Dimension des Wettbewerbs werden daher die unterschiedlichen Modelle des Systemwettbewerbs dargestellt und bezüglich ihrer Tragfähigkeit für die hier zu untersuchende Fragstellung überprüft. Eine erste kurze Gegenüberstellung der neoklassisch fundierten Ansätze im Vergleich zu den evolutorisch dynamischen Modellen und konstitutionenökonomisch geprägten Ansätzen erfolgt am Ende dieses dritten Kapitels. Es wird gezeigt, dass die evolutorischen und konstitutionenökonomischen Ansätze besser geeignet sind, die hier zu untersuchende Fragestellung zu bearbeiten. Nachdem auch die Grenzen des Systemwettbewerbs behandelt wurden, wird schließlich im dritten Kapitel die integrationspolitische Ausrichtung des europäischen Vertragswerkes vor dem Hintergrund der erarbeiteten unterschiedlichen Integrationsstrategien in seinen Grundzügen geprüft.

Als Folge der Erkenntnis der relativen Überlegenheit der evolutorisch und konstitutionenökonomisch fundierten Ansätze gegenüber den neoklassischen Modellen werden in dem vierten Kapitel u.a. der evolutorische Ansatz nach HAYEK und der konstitutionenökonomischen Ansatz nach BUCHANAN eingehend untersucht und einer kritischen Analyse unterzogen. Im vierten Kapitel sind hier nicht einzelne konkrete politische Fragestellungen und mögliche Entscheidungsergebnisse von Interesse, sondern es wird grundsätzlich über die politische Ordnung Europas - die Verfassung - nachgedacht. Diese Verfassung determiniert die Art, wie Entscheidungen getroffen werden, denn über die Art der Entscheidungsprozesse werden auch die Ergebnisse mitbestimmt. Als Konsequenz wird eine normative Analyse auf Basis der Constitutional Economics vorgenommen.

Der evolutorische Ansatz von HAYEK sieht gesellschaftliche Ordnungen als Ergebnisse menschlichen Handelns aber nicht menschlichen Entwurfs an und erarbeitet die theoretische Fundierung für eine Lösung der Anreiz-, Macht und Wissensprobleme durch den Wettbewerb auch auf der politischen Ebene. Der vertragstheoretische Ansatz von BUCHANAN beschreibt die Ordnung einer Gesellschaft als determiniert durch die von Individuen freiwillig geschlossenen Gesellschaftsverträge. Diese Gesellschaftsverträge sind geeignet zur Überwindung von Rationalitätsfallen. Da beide Ansätze eine konsistente individualistische Konzeption verbindet, wird der Versuch einer Synthese unternommen. Beide Theorien vertreten die Einsicht, dass gesellschaftliche Institutionen keine gesamtgesellschaftlichen Ziele verfolgen sollten, sondern als Koordinationsmechanismus der individuellen Zielverfolgung zu interpretieren sind. Auf diesem theoretischen Fundament kann der grundsätzlichen Fragestellung nachgegangen werden, welche politischen Aufgaben im Sinne einer Harmonisierung auf der gemeinschaftlichen Ebene zentral erörtert und gelöst werden müssen und welche im Sinne eines Systemwettbewerbs besser auf der dezentralen Ebene verbleiben sollten.

Ziel des fünften Kapitels ist es, ein ordnungspolitisches Leitbild für eine europäische Verfassung zu entwerfen. Hierbei wird auf die theoretische Fundierung der Synthese des evolutionstheoretischen Ansatzes nach HAYEK und des konstitutionenökonomischen Ansatzes auf der Grundlage der Vertragstheorie nach BUCHANAN zurückgegriffen. Diese Ergebnisse aus der Synthese sollen als theoretisches Fundament für die im fünften Kapitel abgeleiteten normativ formulierten Anforderungen im Hinblick auf die konstituierenden Elemente einer europäischen Verfassung dienen. Eine zukunftsoffene Gesellschaft sollte auf einer Ordnung begründet sein, die offen ist für evolutorische Prozesse. Eine sich daraus ergebende Fragestellung ist, wie eine Offenheit des europäischen Integrationsprozesses konstitutionell abzusichern ist und wie die institutionelle Entscheidungsfindung gestaltet werden sollte.

In diesem Zusammenhang wird das Subsidiaritätsprinzip als geeignetes Ordnungsprinzip einer Prüfung auch hinsichtlich seiner Operationalisierbarkeit unterzogen. Anschließend werden verschiedene Formen des Föderalismusbegriffes hinsichtlich ihrer Eignung zur institutionellen Verankerung eines Wettbewerbs nationalstaatlicher ordnungspolitischer Leitbilder untersucht. Föderalismus als ordnungspolitisches Leitprinzip für Europa muss auf einer Ordnung basieren, die so ausgestaltet ist, dass Anreize für eine präferenzkonforme Gestaltung des politischen Prozesses durch die Politiker in den Mitgliedstaaten bestehen. Diskutiert werden hier die Konzepte eines wettbewerblichen und eines funktionalen Föderalismus und ihre jeweilige institutionelle Verankerung. Auch wird der Brückenschlag zu den Ergebnissen im zweiten Kapitel insofern versucht, als im Rahmen einer positiven Analyse eine Ableitung von Organisationsregeln als konkrete Reformvorschläge für den politischen Entscheidungsprozess vorgenommen werden. Zur Beurteilung unterschiedlicher Verfassungsvorschläge dienen hierbei als Referenzmaßstab die Bürgerpräferenzen. Im Ergebnis sollte in Europa eine Ordnung implementiert werden, die durch Kalkulierbarkeit und Transparenz zur generellen Erwartungsstabilisierung der Individuen beiträgt, gleichzeitig aber ausreichend flexibel ist, auf sich ändernde Präferenzen der Bürger zu reagieren. Deshalb erscheint es auch nicht sinnvoll, die Verteilung politischer Kompetenzen gemäß heute bestehender und geäußerter Präferenzen vertraglich unwiderruflich zu fixieren. Mit den Präferenzen der Bürger variieren auch die Anforderungen an eine europäische Ordnung. Ein steifes Vertragswerk würde Stabilität und Berechenbarkeit nur auf kurze Sicht gewähren und müsste in der Zukunft zwangsläufig zu Anpassungswiderständen führen. Eine langfristig orientierte Politik sollte versuchen, eine starre Ordnung und die damit verbundene Systemerosion zu vermeiden, da sie hohe Transaktionskosten generiert. Um die Entstehung einer präferenz-inkonformen Struktur der Gemeinschaft zu verhindern, wird das Primat der Bürgersouveränität in den Blickpunkt des Interesses gerückt. Dieses Prinzip sollte auch hinsichtlich der Entscheidungen über die Verteilung von Zuständigkeiten gelten.

Der zielführende Gedanke im Rahmen dieser Untersuchung ist es, über den Wettbewerb nationalstaatlicher ordnungspolitischer Leitbilder die unterschiedlichen Präferenzstrukturen der Bürger Europas aufzudecken. Es ist zu untersuchen, wie die institutionelle Entscheidungsfindung gestaltet werden sollte, damit sie stets die Realisierung der von den Bürgern gewünschten Politiken ermöglicht und präferenzkonforme Politik institutionalisiert wird. Wenn es gelingt, eine europäische Rahmenordnung zu konstruieren, die Anreize dazu gibt, dass sich die Politiker in den Mitgliedstaaten der Union eng an den Präferenzen ihrer Bürger orientieren, dann dürfte auch diese Rahmenordnung als präferenzkonform bezeichnet werden.

2 Europäische Union - Entwicklung eines politischen Systems

2.1 Einführung: Bedeutung und Perspektivenvielfalt des Entwicklungsprozesses der Europäischen Union

Arbeitsteilung und Spezialisierung implizieren die Forderung, dass sich wirtschaftliche Aktivität weitgehend in einem gesellschaftlichen Kontext abspielt. Arbeitsteilige Gesellschaften sind durch ein komplexes Netz wirtschaftlicher Beziehungen gekennzeichnet, das für den einzelnen nicht mehr überschaubar ist. Trotzdem müssen die wirtschaftlichen Handlungen der Menschen aufeinander abgestimmt sein, die wirtschaftlichen Beziehungen müssen ein Mindestmaß an Ordnung aufweisen. Tatsächlich vollzieht sich das menschliche Handeln in einer Volkswirtschaft - oder auch in einem Gebiet wie der Europäischen Union - geordnet. HAYEK spricht in diesem Zusammenhang von der Ordnung des Handelns oder einer Handelnsordnung. In einer Marktwirtschaft ergibt sich eine solche Ordnung spontan aus den Handlungen der Menschen, ohne von ihnen bewusst geschaffen zu werden. In einem anderen Sinn bezeichnet "Ordnung" die institutionellen Rahmenbedingungen, durch die menschliches Handeln geprägt wird.

> "Würden wir von oben die Erde betrachten und das erstaunliche Gewimmel von Menschen, die Verschiedenheit der Beschäftigung, das Ineinandergreifen der Tätigkeiten und den Strom der Güter sehen, so wäre die erste Frage, die wir stellen würden: im Rahmen welcher Ordnung vollzieht sich alles dieses? Eine solche Frage ist richtig gestellt. Wir können nichts sinnvolles über alles das, was sich da unten abspielt, aussagen, wenn uns die Ordnung unbekannt bleibt."[4]

Wirtschaftliches Geschehen ist somit zunächst ordnungsbedingt. Die Europäische Union ist wie jede Volkswirtschaft als interdependentes Beziehungsnetz zwischen Wirtschaftssubjekten anzusehen, das durch bestimmte Institutionen strukturiert wird. Aus diesem Zusammenhang resultiert die zentrale Aufgabe der Ordnungstheorie für diesen Untersuchungsgegenstand; ohne Kenntnis der Wirtschaftsordnung - verstanden als die Gesamtheit der Institutionen, die die wirtschaftlichen Aktivitäten der Wirtschaftssubjekte in der EU prägen - und ohne Kenntnis der Ordnung wirtschaftlichen Handelns, die durch die Ordnung hervorgerufen bzw. beeinflusst wird, sind volkswirtschaftliche Phänomene nicht hinreichend erklärbar. Insofern muss ein zentraler Bestandteil dieser Arbeit die Analyse der relevanten Institutionen und der durch sie bestimmten Ordnung wirtschaftlichen Handelns sein.

In diesem Zusammenhang wird es von Bedeutung sein, die Auswirkungen bestimmter institutioneller europäischer Rahmenbedingungen auf das individuelle Verhalten und die Entwicklung der europäischen Integration zu untersuchen. Hierbei ist es

---

[4] Eucken (1940), S. 50.

notwendig, die Ursachen des Entstehens und des Wandels von Institutionen und ihre Bedeutung für die Wirtschaftsordnung herauszuarbeiten, die Wirtschaftsordnung und ihre Institutionen nach bestimmten Kriterien zu beurteilen und Empfehlungen zu ihrer Gestaltung bzw. Umgestaltung abzuleiten.

Die Europäische Union entzieht sich einfachen Beschreibungen, Analysen und Bewertungen. Leistungen und mögliche Perspektiven der Europäischen Union sind Themen vielfältiger wissenschaftlicher und politischer Arbeiten. Der bewusst mehrdeutige Begriff "Integrationsprozess" wird charakterisiert von einer Vielzahl europapolitischer Leitbilder und institutioneller Leitideen,[5] die eine weite Spannbreite teils konvergierender, teils divergierender Erwartungen und Befürchtungen dokumentieren und zugleich eine einfache Abhandlung dieses Phänomens erschweren.[6]

So spiegeln sich die unterschiedlichen Analysen der verschiedenen wissenschaftlichen Disziplinen in differierenden Bewertungen und Zukunftsprognosen wider. Je nach dem gewählten Blickwinkel ist die EU sowohl eine Wirtschaftsorganisation als auch eine Rechtsgemeinschaft und ein politisches System.[7] Mit der Wahl des theoretischen Blickwinkels ergeben sich auch häufig Abweichungen im Hinblick auf politische Empfehlungen.

Die Europäische Gemeinschaft lebt vom Charme des Unfertigen. Sie strebt nach Zuwachs an Mitgliedern, an Kompetenzen, an Regelungsdichte, an innerer Verfasstheit. Sie ist mehr Prozess als Organisation, mehr Entwurf als Ordnung, mehr Integration als Institution, mehr Einigung als Einheit.[8] Doch gerade aufgrund der Prozesshaftigkeit der Entwicklung der Europäischen Union erscheint es angezeigt, grundsätzliche Überlegungen über die Ordnung und die Institutionen der EU anzustellen und sie hinsichtlich ihrer Eignung für die Anforderungen, die durch Vertiefung und Erweiterung an die Konstruktion EU gerichtet werden, zu überprüfen. Zu beachten ist hierbei, dass die Wirtschaftsordnung in wechselseitigen Beziehungen zu anderen Ordnungen steht, so dass die "Interdependenz der Ordnungen" ein zentraler Bereich ordnungstheoretischer Analysen darstellt.[9] Unter einer Wirtschaftsordnung

---

5 Vgl. Schneider (1986), S. 65-67.

6 Vgl. Wessels (1996), S. 19.

7 So charakterisieren rechtswissenschaftliche Beiträge die EU mit den Begriffen "Zweckverband" (Ipsen (1972), S. 197) und "Staatenverbund" (Bundesverfassungsgericht (BVerfG) (1995), S. 324). Politikwissenschaftler nutzen Darstellungen wie "more than a regime less than a federation" (Wallace (1983), S. 403) oder "governance" (Bulmer (1994), S. 355).

8 Vgl. dazu Leisner (1991), S. 27 ff. Isensee unterstellt: "In ihrer Prozesshaftigkeit, Vorläufigkeit, Offenheit vermeidet die Gemeinschaft Klippen der Kritik, weil ja alles was sie ist und tut, nicht vollständig, nicht endgültig, nur übergangsbedingt ist. Sie weckt auch nicht so leicht Enttäuschungen, die sonst rasch eintreten, wenn eine politische Idee aus dem Himmel der unendlichen Möglichkeiten heruntergeholt wird auf den engen Boden der Realität, der politischen Entscheidung und des Kompromißzwanges." Isensee (1993), S. 127 f.

9 Vgl. Eucken (1940), S. 57 f.; Eucken (1952), S. 14 und S. 180 ff.

wird - wie in der ordnungstheoretischen Literatur üblich[10] - die Gesamtheit der verbindlichen und meist auf Dauer angelegten Institutionen einer Gesellschaft verstanden, die das Verhalten der Menschen in einer Volkswirtschaft maßgeblich bestimmen. Angesichts der Interdependenz der Ordnungen ist die Wirtschaftsordnung nicht scharf von anderen Ordnungen der Gesellschaft zu trennen. Zentral für den Begriff der Wirtschaftsordnung und für die Nutzbarmachung der Institutionenökonomik im Bereich der Ordnungstheorie ist der Begriff der Institution. In der vorliegenden Arbeit wird ein weit gefasster Institutionenbegriff zugrundegelegt: Unter Institutionen werden Einrichtungen verstanden, die gleichartige, sich wiederholende Handlungen von Individuen und Beziehungen zwischen Individuen einer Gesellschaft formen. Es lassen sich somit drei Arten von Institutionen unterscheiden, die allerdings in einem recht engen Zusammenhang zueinander stehen[11]:

- Verhaltensregeln (vor allem die Regeln der Moral und des Rechts)
- Entscheidungssysteme (vor allem Markt, Hierarchie, Verhandlung, Wahl)
- Organisationen (wie etwa Unternehmen oder der Staat).[12]

2.2 Das Problem einer rationalen Politikgestaltung

In der Theorie der Wirtschaftspolitik wird den Akteuren rationales Handeln abverlangt. So wird eine Wirtschaftspolitik dann als erfolgreich angesehen, wenn sie „planmäßig auf die Verwirklichung eines umfassenden, wohldurchdachten und in sich ausgewogenen Zielsystems gerichtet ist und dabei den höchsten Erfolgsgrad erreicht, der unter den jeweiligen Umständen möglich ist."[13] Verlangt wird also eine

10 Vgl. bspw. Leipold (1976), S. 58; Thieme (1995), S. 10; Gutmann (1986), S. 50 oder Kolb (1991), S. 35 f.

11 Vgl. Frey (1990), S. 2.

12 Institutionen können so zum einen als Restriktionen aufgefasst werden: Sie beschränken das Verhalten, indem sie bestimmte Handlungsalternativen ausschließen bzw. mit Sanktionen / Kosten belegen. Vgl. Leipold (1989b), S. 15. Sie stabilisieren durch diese Vorgehensweise die wechselseitigen Verhaltenserwartungen, verringern die Unsicherheit und verbessern die Planungsgrundlage sowie die Handlungsmöglichkeiten der Individuen in einer Gesellschaft. Zum anderen können Institutionen auch als Güter aufgefasst werden. Vgl. Schenk (1992), S. 342. Der Gutscharakter von Institutionen wird daran deutlich, dass Institutionen auch als Restriktionen nützliche Funktionen erfüllen. Darüber hinaus zeigt sich der Gutscharakter von Institutionen daran deutlich, dass Individuen durch Zusammenarbeit mit anderen im Rahmen von Institutionen (z.B. Unternehmen) weitergehende Ziele erreichen können, als eine solche Kooperation. Vgl. Commons (1934), S. 73.

13 Giersch (1961), S. 22.

Zweckrationalität oder auch Sachgerechtigkeit im Sinne höchstmöglicher Effizienz, die gesetzten Ziele bestmöglich zu erreichen.[14]

Diesem skizzierten Rationalitätenkriterium liegt die Annahme zugrunde, dass die Träger der Wirtschaftspolitik gesellschaftlich wünschenswerte Ziele zu verwirklichen suchen und bei der Wahl zwischen strategischen Alternativen grundsätzlich diejenige Maßnahme auswählen, die den höchsten Realisierungsgrad dieser Ziele vermuten lässt. Von der Ökonomischen Theorie der Politik wird diese Annahme bekanntlich als wirklichkeitsfremd kritisiert.[15] Die Vorstellung, der Politiker handle ausschließlich in jenem abstrakten Interesse, die gesamtwirtschaftliche Wohlfahrt zu maximieren, wird durch die Annahme ersetzt, dass das Eigennutzaxiom grundsätzlich auch für die politischen Akteure gilt.

Die Ausübung der Regierungsgewalt sichert Einkommen, Ansehen und Einfluss – Nutzen die man zunächst zu erlangen und dann zu bewahren sucht. Ziel der Regierenden ist somit die Wiederwahl, während die Opposition die Regierung ablösen will. Entscheidend ist die Anzahl der Wählerstimmen, die jede Partei zu maximieren trachtet. Auch den anderen Akteuren, die im politischen Entscheidungsprozess mitwirken, wird Eigeninteresse unterstellt. So wollen Verbandsfunktionäre nicht nur die Interessen ihrer Mitglieder durchsetzen, sie wollen zugleich auch ihr Einkommen vergrößern, ihre Position sichern und ihren Einfluss vergrößern. Bürokraten streben nicht (nur) nach größtmöglicher Verwaltungseffizienz, ihr Interesse gilt auch nicht unwesentlich der eigenen Karriere, der Bewahrung und des Ausbaus zugestandener Kompetenzen und dem Wachstum und dem Fortbestand ihrer Institution.

Das eigennützige Verhalten der Politiker führt immer dann zu gesellschaftlich wünschenswerten Ergebnissen, wenn im politischen Wettbewerb zwischen den Parteien vollständige Konkurrenz besteht. Politiker, Bürokraten, Interessengruppen und Wähler sind die relevanten Gruppen im politischen Prozess. Zwischen ihnen entstehen Konflikte bezüglich der gesellschaftlichen Interessen an ökonomisch sachgerechten Lösungen und den jeweiligen Eigeninteressen der Akteure. Häufig

---

[14] Dieter Cassel hat im Einzelnen aufgezeigt, was die damit formulierte Aufgabe dem Wirtschaftspolitiker abverlangt, nämlich

- „ein Zielsystem, das den angestrebten Soll-Zustand präzise beschreibt, das über die verfolgten Ziele erschöpfend Auskunft gibt, diese operational definiert und nach Möglichkeit quantifiziert sowie darlegt, welche Kompromisse zwischen konkurrierenden Zielen als optimal angesehen werden;
- eine Diagnose als Analyse des jeweiligen Ist-Zustandes, die die Ursachen jener Fehlentwicklungen aufzeigt, die zu wirtschaftspolitischem Handeln Anlass geben;
- eine Prognose, die darlegt, wie sich der Ist-Zustand vermutlich entwickeln wird, wenn die Wirtschaftspolitik passiv bleibt (Status-quo-Prognose), und die darüber informiert, wie die bei Bestehen eines wirtschaftspolitischen Handlungsbedarfs erwogenen Maßnahmen wirken werden (Wirkungsprognose) sowie
- ein Programm, das die zu ergreifenden und durchzusetzenden Maßnahmen enthält und die situationsbezogene optimale Strategie repräsentiert." Berg/Cassel (1990), S. 168.

[15] Vgl. Mueller (1989); Frey (1977) und Pommerehne/Frey (1979).

werden Widerstände von im Entscheidungsprozess relevanten Gruppen durch Kompromisse und Zugeständnisse gebrochen, die in der Gesamtwirkung gegen die ökonomische Rationalität verstoßen. Politisch werden diese dadurch rational, indem konsequent die Annahme vertreten wird, dass die Summe der Eigeninteressen offensichtlich eine stärkere Gewichtung erfährt als das Ziel der Förderung der gesellschaftlichen Wohlfahrt.

Die Erfahrungen des Prozesses der Europäischen Integration in den letzten 50 Jahren sollen hier als Untersuchungsgegenstand herangezogen werden, um die Frage zu beantworten, ob und unter welchen Umständen eine vornehmlich am Kriterium der politischen Effizienz orientierte Wirtschaftspolitik zu ökonomisch tauglichen Lösungen führen kann, und wann die Gefahr besteht, dass pragmatisches Handeln, wie es die Akteure gerne für sich in Anspruch nehmen, zur Praxis des „muddling through" verkommt.

Die vertretene These lautet: Das Taktieren der Entscheidungsträger kann im Rahmen einer wettbewerblichen Integration als funktionelle Methode, wenn es am Kriterium einer politischen Rationalität ausgerichtet ist, brauchbare ökonomische Ergebnisse hervorbringen. Im Rahmen der institutionellen Methode durch Harmonisierung können dagegen sachgerechte Ergebnisse vielfach nicht erreicht und Störungen im Fortschreiten des Integrationsprozesses nicht vermieden werden.

2.3 Die Europäische Union als Entwicklungsprozess - eine positive Analyse

Der europäische Integrationsprozess hat in den letzten Jahren entscheidende neue Impulse erhalten - durch die Vollendung des Binnenmarktes zum 1.1.1993, den im November 1993 ratifizierten Vertrag über die Europäische Union mit seinem Kernstück, der Wirtschafts- und Währungsunion, durch die Erweiterung der Gemeinschaft um Österreich, Schweden und Finnland zum 1.1.1995 und schließlich durch die Perspektive einer künftigen Osterweiterung. Sechs Länder hatten sich ursprünglich in den 50er Jahren zur Gründung der Europäische Wirtschaftsgemeinschaft zusammengefunden. Die heutige Europäische Union umfasst fünfzehn Länder mit einer Bevölkerung von rund 370 Millionen Menschen, einem Anteil an den Weltexporten von etwa 40 Prozent und einem gemeinsamen Bruttoinlandsprodukt, das mit rund 7000 Mrd. ECU höher ist als das der USA.[16]

Die Gemeinschaft ist durch die weitgehende Vollendung des Binnenmarktes gekennzeichnet, der die Realisation der vier Grundfreiheiten (freier Güter-,

---

16 Vgl. SVR (1999), Tabelle 1 und Tabelle 3, S. 308 f. und S. 312 f.

Dienstleistungs- und Kapital- sowie Personenverkehr) ermöglicht, und sie hat durch die endgültige, unwiderrufliche Fixierung der Wechselkurse, die Einführung der Einheitswährung Euro und eine gemeinsame Geldpolitik durch das ESZB im monetären Bereich eine vertiefende Integration erreicht.

Vor diesem Hintergrund erscheint es außerordentlich wichtig, die institutionellen Rahmenbedingungen, die ökonomischen Wirkungsmechanismen und die polit-ökonomischen Interdependenzen, die diesem Integrationsprozess Europas zugrunde liegen, beurteilen zu können. Zunächst soll der politische Prozess der europäischen Integration von der Montanunion bis zur Europäischen Union dargestellt und mit den Theorieansätzen der Neuen Institutionenökonomik und der Public-Choice-Theorie analysiert werden.

2.3.1 Von der Europäischen Gemeinschaft für Kohle und Stahl zur Europäischen Union: Die Entwicklung der Drei-Säulen-Konstruktion

Das politische System der Europäischen Gemeinschaft (EG) bzw. Europäischen Union (EU) heute ist nicht die systematische Umsetzung eines entworfenen, allseits akzeptierten Plans eines europäischen Bauwerkes, sondern das Ergebnis eines langjährigen, teilweise ungeplanten Prozesses.[17] Erst vor einem halben Jahrhundert am 18. April 1951 begann der Entwicklungsprozess der Europäischen Gemeinschaft für Kohle und Stahl (EGKS), der heute den Stand der Europäischen Union mit einer einheitlichen Währung ab dem Jahr 2002 erreicht hat.

Auf Initiative des französischen Außenministers Robert Schuman und nach der Ausarbeitung eines Plans von Jean Monnet schlossen Belgien, Frankreich, Bundesrepublik Deutschland, Niederlande, Luxemburg und Italien den Vertrag zur Gründung der Montanunion (Pariser Vertrag) und übertrugen zum ersten Mal Hoheitsrechte, hier über die Produktion von Kohle und Stahl, einer internationalen Behörde.[18]

---

17 Konzepte zur Einigung Europas reichen weit in die Geschichte zurück. Insbesondere nach verheerenden Kriegen wurden immer wieder Pläne für ein geeinigtes Europa entworfen und präsentiert, die nach innen Frieden und nach außen kollektiven Schutz gewähren sollten. Besonders akzentuiert und aktualisiert wurden diese Leitbilder durch Widerstandsbewegungen und Exilregierungen während des Zweiten Weltkrieges. Vgl. Lipgens (1986).

18 Mit dem Niedergang der Macht der europäischen Staaten zum Ende des Zweiten Weltkriegs beginnt der Aufstieg der europäischen Idee. "Gestern noch politische Romantik, intellektuelle Reflexion und Spekulation drängt sie nun auf praktische Wirksamkeit." (Isensee (1993), S. 105). In der Not der Umstände erscheint die Einigung der europäischen Staaten als der einzig rettende Ausweg. Der hergebrachte Nationalismus ist geschwächt und diskreditiert, nachdem er die Nationalstaaten in die Katastrophe gerissen hat. Die alten nationalen Gegensätze werden

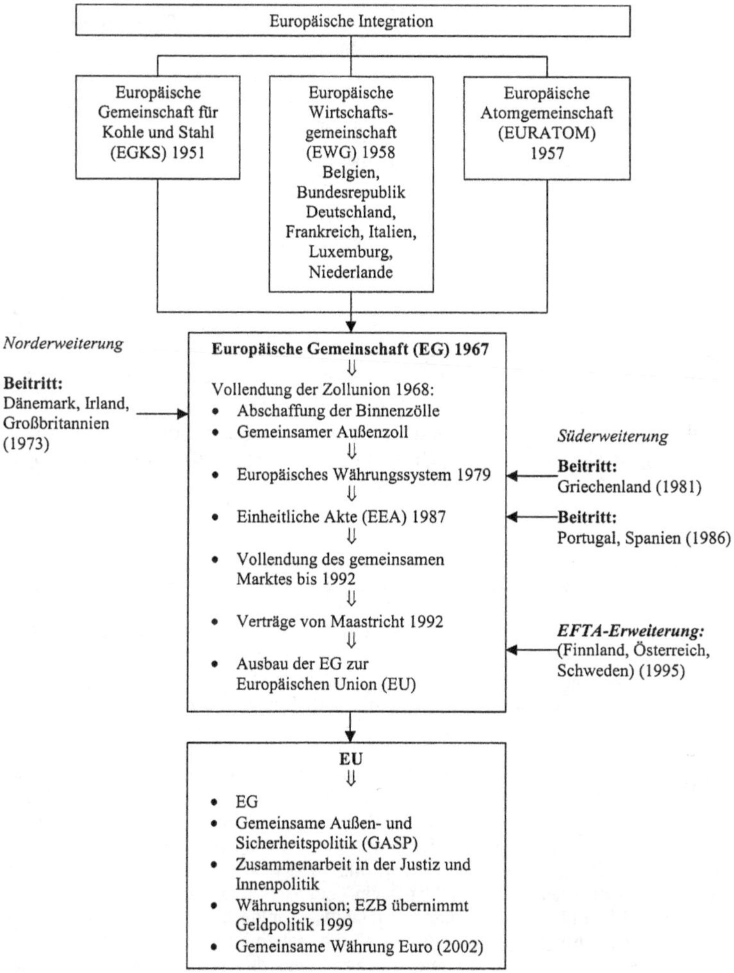

Abbildung 1: Europäische Integration

überlagert von dem Ost-West-Konflikt. So erhebt sich der Gedanke an ein vereinigtes Europa zur großen Vision und Hoffnung auf Neuanfang. Sie verbindet sich mit realpolitischen Interessen, denn die Staaten gehen davon aus, dass sie sich nur wirtschaftlich, politisch und militärisch behaupten können, wenn sie zu gemeinsamen Handlungen finden. Vgl. Isensee (1993), S. 103-138.

Ziel dieser Strategie war es, in einem "Kleineuropa der Sechs" zentrale und kriegsgewichtige Wirtschaftssektoren unter eine supranationale Kontrolle zu stellen. Zudem wurde die Funktion dieser Wirtschaftsorganisation als politisches Instrument nachdrücklich in der Präambel des EGKS-Vertrags festgehalten.[19] Ein wesentliches französisches Interesse lag darin begründet, durch starke gemeinsame Institutionen die wachsende Macht Deutschlands einzudämmen und somit in dem kriegsgewichtigen Bereich Kohle und Stahl supranationale Kontrolle ausüben zu können. Aus Sicht der entstehenden Bundesrepublik hingegen war die Mitgliedschaft in dieser europäischen Organisation ein wesentlicher Schritt zur Anerkennung eines internationalen Status und entsprechenden Einflusses.[20]

1957 schlossen diese Staaten einen Vertrag zur Gründung der EWG und EURATOM mit dem Ziel, die europäische Integration auf weitere wirtschaftliche Bereiche auszudehnen, sowie der politischen Intention die "Vereinigten Staaten von Europa" zu schaffen.[21] Dieser strategische Ansatz, politische Einigung über wirtschaftliche Integrationsprojekte anzugehen, blieb bis heute prägend.[22] So konnte die Gründung der Organisationen der EGKS, EWG und EURATOM, wie auch 40 Jahre später die

---

19 Nachdem Konrad Adenauer dem Plan zugestimmt hatte, verkündete Robert Schuman am 9.5.1950 den Plan der Montan-Union; in einer Regierungserklärung führte er vor Pressevertretern u.a. aus: "wenn der Friede eine Chance haben soll, dann muss es zunächst einmal ein Europa geben. (...) In diesem Aufbau werden die Ruhr, die Saar und die französischen Produktionsbecken gemeinschaftlich arbeiten. (...) Die Vereinigung Europas erfordert, dass die alte Feindschaft zwischen Deutschland und Frankreich begraben wird; (...) Der Zusammenschluß der Kohle- und Stahlproduktion (...) wird die Geschicke jener Gebiete wandeln, die seit alters her jene Waffen gefertigt, deren ständige Opfer sie selbst waren. (...)" zit. nach Weindl (1994), S. 2.

20 Vgl. Wessels (1996), S. 21-24.

21 Vgl. hierzu die Rede von Winston Churchill, die er am 19.9.1946 an der Züricher Universität hielt: "(...) Worin besteht dieses Allheilmittel? Darin, daß man die europäische Familie, oder doch einen möglichst großen Teil davon, wieder aufrichtet und ihr eine Ordnung gibt, unter der sie in Frieden, Sicherheit und Freiheit leben kann. Wir müssen eine Art Vereinigte Staaten von Europa schaffen! (...) Der erste Schritt bei der Neubildung der europäischen Familie muß ein Zusammengehen von Frankreich und Deutschland sein." zit. nach Weindl (1994), S. 1. Auch der französische Wirtschaftspolitiker Jean Monnet erkannte, dass die deutsch-französische Einigung der Kern der europäischen Einigung sein müsse. Auch die spätere Entwicklung bis heute zeigte ganz deutlich, dass es Fortschritte in der europäischen Integration nur dann gab, wenn sich Deutschland und Frankreich vorher einigten; erzielten sie in bestimmten Fragestellungen keine Einigung, dann konnte lediglich Stagnation erreicht werden. "Die primäre politische Einigung aber, die allen anderen Einigungen vorausgeht und von der alle anderen abhängen, ist die zwischen Deutschland und Frankreich." Isensee (1993), S. 120.

22 Die Römischen Verträge mit der EWG und der EURATOM (1958) können nicht zuletzt auch als europapolitischer Wiederbelebungsversuch interpretiert werden, nachdem die französische Nationalversammlung weitergehende Vorstellungen einer Europäischen Verteidigungsgemeinschaft (EVG) und einer Europäischen Politischen Gemeinschaft (EPG) 1954 nicht ratifiziert hatte. Vgl. Wessels (1996), S. 22. Für die EWG wurde erneut eine allgemeine und unbestimmte politische Perspektive "einer immer engeren Union der Völker Europas" (Präambel und Art. A EGV) mit konkreten Tätigkeitsfeldern im Bereich der Wirtschaftspolitik (Art. 3 EWGV und jetzt EGV) kombiniert.

Währungsunion, sowohl als Schritt zu einem föderalen Europa als auch als französischer Versuch verstanden werden, das "stärkere" Deutschland durch gemeinsame Institutionen zu kontrollieren. Andererseits können derartige Integrationsschritte als Teil einer deutschen Strategie gelten, die eigene Position in Europa und in der Welt zu stärken, ohne Ängste bei den europäischen Nachbarn hervorzurufen. Ein weiteres Ziel war der Abbau der Zölle im gegenseitigen Warenverkehr und die Anpassung der nationalen Zollsätze an den gemeinsamen Auenzolltarif (Zollunion).

Das Eintreten in die erste Stufe des Prozesses wurde für den 1.1.1959 - also nahezu zwei Jahre nach Unterzeichnung des Vertrages - vorgesehen. Die gemeinsamen Zollsätze für die einzelnen Positionen wurden durch das einfache arithmetische Mittel derjenigen Zollsätze, die am 1.1.1957 in den vier Zollgebieten Benelux, Deutschland, Frankreich und Italien angewendet wurden, gebildet.[23] Die Befürchtung Frankreichs, der deutschen Industrie ohne Protektion vielfach im Wettbewerb nicht gewachsen zu sein, könnte das wesentliche Motiv für das erfolgreiche Insistieren auf einem möglichst hohen Schutzniveau gegenüber Drittlandanbietern gewesen sein.[24]

Diese drei Gemeinschaften EGKS, EWG und EURATOM führten ein rechtlich unabhängiges, praktisch jedoch verbundenes Leben. Dabei war die EWG die dominierende Gemeinschaft, weshalb der Gründungsvertrag von Rom den Verfassungskern repräsentiert. Mit dem Fusionsvertrag von 1967 wurden die wichtigsten Organe der drei Gemeinschaften zusammengeführt. Seitdem sind die Kommission, der Rat, das Europäische Parlament und der Europäische Gerichtshof die Hauptorgane der EG.

Zu den Fehlschlägen in den 60er Jahren zählt das Scheitern der europapolitischen Strategie de Gaulles, mit den Fouchet-Plänen den Europäischen Einigungsprozess zu verbreitern und - aus föderalistischer Sicht - zu verwässern.[25] Mit der "Politik des leeren Stuhls" löste der französische Staatspräsident 1965 die schwerste

---

23 Das mit den jeweiligen Importwerten gewogene Mittel hätte wahrscheinlich in den meisten Fällen niedrigere Sätze ergeben, da die relativ hohen Zölle Frankreichs und Italiens dann i.d.R. geringere Gewichte erhalten hätten als die niedrigeren Sätze der Tarife der Bundesrepublik Deutschland und vor allem der Benelux-Länder. Die Sätze des gemeinsamen Außenzolltarifs wären ebenfalls geringer ausgefallen, wenn in das arithmetische Mittel nicht die Zollsätze der vier Tarifgebiete, sondern die der sechs Signatarstaaten eingegangen wären, da der Benelux-Tarif im ersten Fall mit einem Gewicht eins versehen wurde, während er im zweiten Fall das Gewicht drei erhalten hätte. Vgl. Giersch (1957), S. 602-631.

24 Vgl. Berg/Brandt (1999), S. 311-322.

25 Die beiden vom Fouchet-Ausschuss 1961/62 vorgelegten Pläne sahen eine zwischenstaatlich organisierte und verwaltete Außen- und Verteidigungspolitik vor. Die französische Initiative scheiterte jedoch an der Ablehnung insbesondere der kleineren EWG-Staaten, die um ihren Einfluss auf den politischen Entscheidungsprozess fürchteten. Vgl. Reichenbach/Emmerling/Staudenmayer/ Schmidt (1999), S. 96.

konstitutionelle Krise der Gemeinschaft aus,[26] die 1965 mit dem Luxemburger Kompromiss überdeckt wurde. Die französische Regierung berief sich auf die Formel zur Wahrung „vitaler nationaler Interessen“ und war zur weiteren Mitarbeit erst nach der Zusicherung bereit, dass der Rat keinen Beschluss fassen könne, der wesentliche Interessen auch nur eines Mitgliedstaates beeinträchtige.[27]

Nach dem Rücktritt de Gaulles öffnete sich Frankreich einer qualitativen und quantitativen Fortentwicklung der EG. Die Politiker Brandt und Pompidou unternahmen integrationspolitische Anläufe auf den Gipfelkonferenzen in Den Haag 1969 und Paris 1972, indem sie neue und erweiterte Problembereiche als Aufgaben der EG identifizierten und mit der Wirtschafts- und Währungsunion und der Europäischen Union zentrale Leitbilder vorgaben.[28] Der sog. Luxemburger Bericht (auch Davignon-Bericht) der Außenminister wurde am 27.10.1970 verabschiedet und bildete die Grundlage für die Europäische Politische Zusammenarbeit (EPZ).[29] Am Vorabend der EWG-Erweiterung um Großbritannien, Irland und Dänemark wurde auf dem Pariser Gipfel erstmalig die Bildung einer Europäischen Union als Konsequenz einer Überprüfung der europäischen Integrationsperspektive angesprochen. Erneut ergab sich ein Spannungsverhältnis zwischen konkreten Vorgaben im wirtschaftspolitischen Bereich, insbesondere dargelegt im Werner-Bericht von 1970, und vagen, mehrdeutigen Vorstellungen über eine "Europäische Union" wie sie bspw. von Pompidou geäußert wurden. Damals wurde eine Dreier-Strategie angestrebt, bestehend aus der "Vollendung" der Gemeinschaft, insbesondere durch die Finanzierung der Agrarpolitik über ein durch Eigeneinnahmen der EG geschütztes Budget, sowie aus der „Erweiterung“ um die genannten Staaten und aus einer „Vertiefung“ durch die EPZ hin zu einer politischen Union.[30]

---

26 Die nach dem EWG-Vertrag für die dritte Stufe vorgesehene erweiterte Anwendung qualifizierter Mehrheitsbeschlüsse scheiterte an dem Widerstand Frankreichs, das seine Vertreter aus den Sitzungen des Rates zurückzog und diese Organe neun Monate lang zur Entscheidungsunfähigkeit verdammte. Auslöser dafür war die Befürchtung, in der gemeinsamen Agrarpolitik überstimmt zu werden.

27 Vgl. Leipold (1994), S. 7.

28 Vgl. Wessels (1996), S. 22.

29 Die EPZ sah regelmäßig Treffen der Außenminister vor. Die EPZ entsprach in erster Linie dem Anliegen der deutschen Regierung, außenpolitische Fragestellungen jenseits der gemeinsamen Handelspolitik thematisieren zu können, insbesondere im Hinblick auf Mittel- und Osteuropa. Sie wurde nach dem Scheitern von EVG und Fouchet-Plänen als politischer Koordinationsansatz außerhalb des Gemeinschaftsvertrages verstanden. Vgl. Reichenbach/Emmerling/Staudenmayer/ Schmidt (1999), S. 97 f.

30 Weitere Ziele wurden in der Umwelt-, Technologie- und Regionalpolitik formuliert. Diese wurden dann in der Einheitlichen Europäischen Akte (1987) und im Maastrichter Vertrag berücksichtigt, rechtlich in eigene Kapitel gefasst und teilweise in neue Verfahren überführt. Vgl. den heute in Art. 3 EGV aufgeführten staatsähnlichen Aufgabenkatalog der EG, der sich mit der Liste traditioneller und neuartiger Aufgabenanforderungen an ein politisches System deckt. Vgl. Oppermann (1993), S. 109.

1973 traten in der Norderweiterung Großbritannien, Dänemark und Irland der EG bei. 1981 vollzog sich als erste Süderweiterung der Beitritt Griechenlands, 1986 erfolgte mit Spanien und Portugal die zweite Süderweiterung. In den 70er Jahren war außerdem die Gründung des Europäischen Währungssystems mit einem Wechselkursmechanismus von Bedeutung.

Für nicht-ökonomische Problembereiche organisierten die EG-Mitgliedstaaten ihre Zusammenarbeit durch die EPZ und im Bereich der Justiz- und Innenpolitik durch mehrere Arbeitsgruppen.[31] Diese Ansätze erfolgten außerhalb des rechtlichen und institutionellen Rahmens der Römischen Verträge, insbesondere auch ohne die Einbeziehung supranationaler Organe.[32]

Institutionell waren zwei Ereignisse - die Gründung des Europäischen Rates (1974) und die erste Direktwahl zum Europäischen Parlament (1979) - bedeutend.[33] Während durch den Europäischen Rat den Staats- und Regierungschefs ein fest installiertes Diskussions- und Entscheidungsforum eingerichtet wurde, versprachen sich Anhänger eines föderalen Europas mit der Einrichtung des Europäischen Parlaments eine Verringerung des demokratischen Defizits der EG.[34] Insgesamt waren damit in den 70er Jahren wesentliche Grundlagen geschaffen worden,[35] die in den 80er und 90er Jahren fortgeschrieben werden sollten.[36]

Nach der Phase der Eurosklerose zu Beginn der 80er Jahre griff der neue Präsident der EG-Kommission Jacques Delors die vorliegenden Pläne zum Binnenmarkt wieder auf. Es sollte über die Währungsunion auch eine Vertiefung der politischen Einigung erzielt werden, die sich auch in einer gemeinsamen Außen- und Sicherheitspolitik äußern sollte. Erneut prägte die Nutzung ökonomischer Projekte für politische Ziele diese Phase der europäischen Integrationsgeschichte. Der Beginn für die Entwicklung hin zu einem gemeinsamen Binnenmarkt erfolgte am 26.3.1984 im Europäischen

---

31 Zu nennen ist beispielsweise die Trevi-Gruppe zur Bekämpfung des internationalen Terrorismus.

32 In modifizierter Form sind diese Bereiche später als zweite und dritte Säule in den Vertrag über die Europäische Union eingegangen. Diese Bereiche sind nicht dem Europäischen Gerichtshof unterstellt (Art. L EGV) und bewegen sich außerhalb der im EG-Vertrag geregelten konstitutionellen "checks" und "balances".

33 Vgl. über die Aufgaben des Europäischen Parlaments das zweites Kapitel, Abschnitt 2.3.2.4.

34 Vgl. Wessels (1996), S. 23.

35 Diese Charakterisierung der Periode als bedeutend und grundlegend für die nachfolgenden Jahre erscheint um so wichtiger, als dieser Zeitabschnitt auch beschrieben worden ist als "dark ages" der Integrationsgeschichte. Vgl. Keohane/Hoffmann (1991), S. 8. Die politischen Visionen waren notwendig, um den erreichten Integrationsstand zu erhalten, dies war in diesen schwierigen Zeiten bereits als ein Erfolg zu werten. Zumal in den darauffolgenden Jahrzehnten viele dieser Visionen auferstanden sind und teilweise verwirklicht werden konnten, auch deshalb, da sie wesentlich stärker als Integrationsmöglichkeiten in dem Bewusstsein der politischen Akteure Verankerungen gefunden hatten.

36 Vgl. Einheitliche Europäische Akte (EEA), Vertrag von Maastricht und Agenda 2000.

Parlament. Die Abgeordneten Moreau (Frankreich) und von Wogau (Deutschland) legten einen Bericht über die Verwirklichung des Binnenmarktes vor.[37]

Im Juni 1985 beschloss der Mailänder Gipfel, einen Zusatzvertrag zu den Römischen Verträgen in Auftrag zu geben.[38] Die Initiative dazu ging von Frankreich und Deutschland aus. Es wurde eine Regierungskonferenz eingesetzt mit dem Ziel, die bestehenden Gemeinschaftsverträge zu ändern und der bereits bestehenden Europäischen Politischen Zusammenarbeit (EPZ) eine Grundlage zu geben. Im Januar waren die Arbeiten der Konferenz abgeschlossen und die auf der Regierungskonferenz ausgearbeiteten Ergebnisse (bzgl. EPZ und der Änderung der Gemeinschaftsverträge) wurden zur "Einheitlichen Europäische Akte" (EEA) zusammengefasst. Die EEA wurde am 17.2.1986 in Luxemburg von neun Mitgliedstaaten unterzeichnet. Dänemark - nach Volksbefragung mit positivem Ergebnis -, Italien und Griechenland folgten am 28.2.1986 in Den Haag. Am 25.6.1987 hatten mit der Republik Irland alle zwölf Mitgliedstaaten die EEA ratifiziert, die daraufhin am 1.7.1987 in Kraft trat.[39] Die 1986 in Luxemburg unterzeichnete EEA sah eine Änderung der Verträge über die Europäische Gemeinschaft mit dem Ziel vor, eine Stärkung und Weiterentwicklung der europäischen Zusammenarbeit in der Außenpolitik, in der Vollendung des Binnenmarktes bis 1992, insbesondere durch die Einführung von Mehrheitsentscheidungen in bestimmten Bereichen,[40] zu erreichen. Intention war die Errichtung eines gemeinsamen europäischen Marktes mit zollfreiem Waren- und Dienstleistungsverkehr, freiem Kapitalverkehr, Niederlassungsfreiheit und Freizügigkeit der Arbeitnehmer. Die EEA erfüllt eine Doppelfunktion. Zum einen sieht sie ein Abkommen zwischen den Mitgliedstaaten zur Änderung der Gründungsverträge der drei Gemeinschaften EWG, EGKS und EURATOM vor,[41] zum anderen ist die EEA aber auch ein originärer völkerrechtlicher Vertrag zwischen den zwölf Mitgliedstaaten über die Europäische Zusammenarbeit in der Außenpolitik, für die damit erstmalig eine vertragliche Grundlage geschaffen wurde. Außerdem wurde

---

37 Acht Tage nach seiner Amtsübernahme hielt der neue Kommissionspräsident Jacques Delors im Januar 1985 in Straßburg vor dem Europäischen Parlament seine Antrittsrede: "Ist es vermessen, den Beschluss anzukündigen und dann auch durchzuführen, bis 1992 alle innergemeinschaftlichen Grenzen aufzuheben?" zit. nach Weindl (1994), S. 8. Lord Cockfield, bis Ende 1988 Vizepräsident der EG-Kommission, ließ als Leiter der Generaldirektion "Binnenmarkt" eine Liste von Maßnahmen zur Verwirklichung des Binnenmarktes erstellen; daraus entstand das "Weißbuch über die Vollendung des Binnenmarktes". Es enthält 300 Vorschläge zur Beseitigung aller Grenzen innerhalb der EG bis zum 31.12.1992. Dieses Programm wurde auf dem Mailänder Gipfel im Juni 1985 vom Rat der damals noch aus zehn Mitgliedern bestehenden Gemeinschaft gebilligt. Der Europäische Rat von Luxemburg im Dezember 1985 schuf mit der Verabschiedung der EEA die institutionellen Voraussetzungen für das Binnenmarktprogramm. Vgl. Reichenbach/Emmerling/Staudenmayer/Schmidt (1999), S. 55.

38 Diese Abstimmung verlief nur mit einer knappen Mehrheit von sieben zu drei (Griechenland, Dänemark und Großbritannien waren dagegen).

39 Vgl. hierzu Carstens (1988), S. 50 und Grabnitz Kommentar zum EWG-Vertrag, Kommentierung zu EEA.

40 Zu der Entwicklung der Entscheidungsverfahren in der Europäischen Union vgl. Abschnitt 2.5.2.

41 Vgl. Art. 236 EWGV, Art. 204 EAGV und Art. 96 EGKSV.

der Wille zur Schaffung der Europäischen Union bekräftigt,[42] die Verwirklichung des Binnenmarktes geplant[43] und die Konvergenz der Wirtschafts- und Währungspolitik[44] und der wirtschaftlichen und sozialen Zusammenarbeit der Mitgliedstaaten[45] gefördert.

Die EEA war bis zum Maastrichter Gipfel die wichtigste Reform und Ergänzung der EG-Verfassung seit der Unterzeichnung der Römischen Verträge im Jahr 1957, denn die Mitgliedstaaten haben sich in einer rechtlich verbindlichen Form das Ziel zur Errichtung der Europäischen Union gesetzt und die konkreten Ausgestaltungen zur Vollendung des Binnenmarktes festgesetzt. Außerdem wurden die Kompetenzen der EG um die Gebiete Forschung, Technologie und Umweltschutz erweitert. Auch wurden Vereinbarungen im Rat effizienter und straffer getroffen durch die in der EEA formulierten Grundlagen zur Beschlussfassung. Die mit der EEA eingeleiteten institutionellen Reformen sind darauf gerichtet, die im Luxemburger Kompromiss begründete Ineffizienz der Gemeinschaftspolitik zu überwinden und die ursprünglich vereinbarte und formal nie aufgehobene Mehrheitsregel für Ratsbeschlüsse zu verwirklichen. Außerdem sollte die Mitarbeit des Parlaments an den Ratsbeschlüssen gesichert werden. Das Europäische Parlament wurde insgesamt gestärkt, insbesondere seine Rechte bei der Mitarbeit im Gesetzgebungsverfahren.[46]

Am 21.10.1991 schlossen die EG- und EFTA-Staaten in Luxemburg ein Abkommen über die Grundlagen des Europäischen Wirtschaftsraums (EWR). Unterzeichnet wurde dieses Abkommen von den Außenministern beider Staatengemeinschaften am 2.5.1992 in Porto. Auf der Basis dieses Abkommens haben die EFTA-Staaten ab 1993 das gesamte Gemeinschaftsrecht übernommen.[47] Die Schweiz hat im Dezember 1992 den Vertrag abgelehnt und nimmt nicht am EWR teil.

Nachdem Ende Juni 1990 auf dem EG-Gipfel in Dublin zwei Regierungskonferenzen eingesetzt wurden, die die Vertragsentwürfe für die politische Union und die Wirtschafts- und Währungsunion ausarbeiten sollten, wurden auf dem EG-Gipfel in Maastricht am 9./10.12.1991 die ausgearbeiteten Vertragsentwürfe abschließend beraten. Am 7.2.1992 wurde der Maastrichter Vertrag von den Außen- und Finanzministern unterzeichnet.[48]

---

42 Von besonderer Bedeutung sind in diesem Zusammenhang die Präambel als auch der Art. 1, in dem der Wille zur Schaffung der Europäischen Union bekräftigt wird.

43 Um eine Erleichterung der Realisierung des Binnenmarktes herbeizuführen, wurde festgelegt, dass der Rat Entscheidungen mit qualifizierter Mehrheit treffen kann.

44 Vgl. Art. 102a EWGV.

45 Vgl. Art. 130a - 130e EWGV.

46 Vgl. zu der Entwicklung der Entscheidungsverfahren in Europa zweites Kapitel, Abschnitt 2.5.2.

47 Vgl. EuGH (1992), S. 388 f.

48 Zur Umsetzung in nationales Recht musste die Ratifizierung durch das Parlament bzw. das Volk erfolgen. Auch wurden aufgrund der Kompetenzerweiterungen nun die Bezeichnung "Europäische Wirtschaftsgemeinschaft" (EWG) ersetzt durch die Benennung "Europäische Gemeinschaft" (EG). Dementsprechend wurde der EWG-Vertrag umbenannt in den EG-Vertrag.

Durch den Vertrag von Maastricht ("Vertrag über die Europäische Union") wurde mit Wirkung vom 1.11.1993 die Europäische Union (EU) begründet. Sie besteht aus drei Säulen: der weiter fortbestehenden EG einschließlich ihres gesamten bisherigen Rechtsbestands mit der angestrebten Wirtschafts- und Währungsunion, der neuen gemeinsamen Außen- und Sicherheitspolitik (GASP) und der neuen Zusammenarbeit der Innen- und Rechtspolitik (ZJIP). Nur die EG besitzt Rechtspersönlichkeit, nicht aber die EU.

Der EG wurde ein größerer Spielraum zur Zentralisierung von Kompetenzen geschaffen, da die ausschließliche Verpflichtung der Politik auf den Gemeinsamen Markt entfällt. Der Art. 2 EWGV beschreibt nun das Ziel der Durchführung gemeinsamer Politiken und Maßnahmen zur Verfolgung gemeinschaftlicher Ziele. Die EG ist nicht nur Hüterin des freien Wettbewerbs, sie ist nach der Neuformulierung des Art. 2 nun auch berechtigt, Wachstums-, Sozial-, Verteilungs- und Beschäftigungspolitik durch die in Art. 3 und Art. 3a direkt und indirekt genannten Instrumente zu betreiben.[49] Eindeutig ist festzustellen, dass die Kompetenzen zur Harmonisierung der EG-Institutionen weitaus stärker gestiegen sind, als das es die Erweiterung des Kataloges von 11 auf 20 Bereiche zunächst vermuten ließe. Vor allem eine Betrachtung in Verbindung mit dem Art. 2, dem Wegfall der ausschließlichen Ausrichtung auf den Gemeinsamen Markt, liefert eine Einschätzung des vollen Ausmaßes der Kompetenzausdehnung.[50] Zudem wurden in den Katalog der Gemeinschaftstätigkeiten der EG die Industriepolitik, die Forschungs- und Technologieförderung aufgenommen und in ein gleichrangiges Verhältnis zu der Selbstverpflichtung, den Wettbewerb zu schützen, gestellt.[51]

Es handelt sich trotz der in theoretischen Arbeiten herausgearbeiteten Kritik an der neuen Wachstumstheorie und der strategischen Handelspolitik um Legitimationsversuche für industriepolitische Interventionen.[52] Die Durchsetzungswahrscheinlichkeit einer interventionistischen Politik ist in einem System, das sich durch hohe Intransparenz und den dominierenden Einfluss von Produzenteninteressen auszeichnet, als hoch einzustufen.

Deutschland und Frankreich galten für diese für die konstitutionelle Entwicklung der Gemeinschaft zentralen Projekte der EEA und des Vertrags von Maastricht als die "Lokomotiven", die die Entwicklung maßgeblich beeinflussten und antrieben.[53] In einer Beurteilung des Vertrags von Maastricht stellt sich heraus, dass im Vertrag das

---

Aus diesem Grund werden im Folgenden die Bestimmungen des EWGV jetzt mit EGV bezeichnet.

49 Es werden nahezu alle nationalen Politikbereiche von Art. 3 und Art. 3b erfasst. Vgl. Witte (1995), S. 84.

50 Vgl. Art. 2 und Art. 3 EGV in Verbindung mit Art. 4 (ehemals Art. 3 a) EGV.

51 Vgl. Art. 3 EGV Abs. (1), g, m und n.

52 Vgl. zu den restriktiven, in der politischen Praxis kaum realisierbaren Bedingungen für den Erfolg einer strategischen Handelspolitik Bletschacher/Klodt (1991), S. 34.

53 Als die verantwortlichen Personen wurde immer das „Gespann“ Kohl/Mitterand genannt.

Ziel einer politischen Union wesentlich weniger stark ausgeprägt ist als das Ziel der Wirtschafts- und Währungsunion.[54] Die wichtigsten Vereinbarungen sind der dreistufige Gemeinschaftsaufbau,[55] die Unionsbürgerschaft, die Betonung des Subsidiaritätsprinzips,[56] die Neuregelung der Befugnisse des Europäischen Parlaments,[57] Gemeinsame Außen- und Sicherheitspolitik (GASP),[58] Innen- und Rechtspolitik,[59] verstärkte Haushaltskontrolle,[60] Sozialpolitik[61] und die Wirtschafts- und Währungsunion.

---

54 Der Stufenplan zur Einführung der WWU sollte so als "Peitsche" für den Aufbau einer politischen Union wirken. Vgl. Wessels (1996), S. 24.

55 Ein wesentlicher Schritt auf dem Weg zu dem dreistufigen Aufbau der Gemeinschaft ist die Neuregelung der Vertretung Mitgliedstaaten im Rat. Bisher konnten die Mitgliedstaaten nur durch einen Vertreter der Zentralregierung im Rat vertreten werden. Nun können föderale Mitgliedstaaten auch durch Landesminister vertreten werden. (Der Begriff föderal taucht aufgrund seiner mißverständlichen Bedeutung nach britischen Verfassungsverständnis im Vertragstext nicht auf; er wurde konsequent durch den Begriff "bürgernah" ersetzt.).

56 Vgl. Art. 3b EGV; das Subsidiaritätsprinzip besteht aus drei wesentlichen Elementen: (1) Abs. 1 enthält die strikte Grenze für das Tätigwerden der Gemeinschaft. Sie darf nur dann aktiv werden, wenn ihr hierzu die Befugnis erteilt wurde (Prinzip der Zuweisung von Befugnissen). (2) Abs. 2 regelt Bereiche, in denen die Gemeinschaft nicht die ausschließliche Zuständigkeit besitzt, auf die Weise, dass die Gemeinschaft nur dann tätig werden darf, wenn ein Ziel besser auf Gemeinschaftsebene erreicht werden kann als auf der Ebene der einzelnen Mitgliedstaaten. (Subsidiaritätsprinzip im streng rechtlichen Sinn). (3) Abs. 3 regelt die Frage, in welchem Maße und in welcher Weise die Gemeinschaft tätig werden darf. Die von der Gemeinschaft eingesetzten Mittel müssen im Verhältnis zu dem verfolgten Ziel stehen (Grundsatz der Verhältnismäßigkeit). Zu dem Begriff Subsidiarität als Verfassungsprinzip Europas vgl. im fünften Kapitel den Abschnitt 5.3.2.

57 Können sich in einem Gesetzgebungsverfahren Rat und Parlament nicht einigen, versucht ein Vermittlungsausschuss einen Vorschlag zu machen, der die Zustimmung beider Organe findet. Gelingt dies nicht, so kann das Parlament eine Empfehlung mit absoluter Mehrheit ablehnen. Außerdem erhält das Parlament bei dem Einsatz der Kommission und ihres Präsidenten mehr Mitbestimmungsrechte. Die Amtszeit korrespondiert nun mit der Amtszeit des Parlaments. (Vgl. im zweiten Kapitel, Abschnitt 2.5.2 über die Darstellung der Entwicklung der Entscheidungsverfahren.).

58 Während sich bisher die Mitgliedstaaten um eine gemeinsame Sicherheits- und Außenpolitik bemüht haben, sollen sie nun eine Gemeinsame Sicherheits- und Außenpolitik "erarbeiten und verwirklichen". Dabei werden sie sich auf jeden Fall gegenseitig unterrichten und ihr Verhalten gegenüber Drittstaaten abstimmen. Die gemeinsame Sicherheitspolitik soll alle Fragen beinhalten die sich mit der Sicherheit der Europäischen Union beschäftigen, wobei damit keine gemeinsame Verteidigungspolitik gemeint ist.

59 In dem Bereich der Innen- und Rechtspolitik wurde der Weg der Regierungszusammenarbeit gewählt; die gemeinsame innere Sicherheit soll durch zwischenstaatliche Abkommen erreicht werden (bspw. in Bereichen der Asylpolitik, bei den Vorschriften für das Überschreiten von Außengrenzen, die Einwanderung von Staatsangehörigen aus Drittländern, justitielle Zusammenarbeit in Zivil- und Strafsachen usw.).

60 Verbesserung des Status des Rechnungshofes, Ermächtigung des Parlaments, die Kommission zu ersuchen, ihre Aufgaben und Finanzkontrolle offenzulegen.

61 Mit Ausnahme von Großbritannien sind die Änderungen als ein Abkommen zwischen den übrigen elf Mitgliedstaaten formuliert worden. Entscheidungen auf dem Gebiet der Sozialpolitik

Die Ratifizierung des Maastrichter Vertrages machte in der Bundesrepublik Deutschland eine Grundgesetzänderung notwendig.[62] Zu dieser Grundgesetzänderung haben sich Bundestag und Bundesrat durch eine Einschränkung der Kompetenzen des Ministerrates „überreden“ lassen.[63] Danach kann der Bund nur noch durch Gesetz mit Zustimmung des Bundesrates Hoheitsrechte übertragen[64] und die Beteiligung von Bundestag und Bundesländern an der Willensbildung der EG soll durch Informations- und Mitwirkungsrechte erhöht werden. Diese Beschränkungsrechte haben wenig Realisierungschancen vor dem Hintergrund der durch den Maastrichter Vertrag vorgenommenen Kompetenzerweiterungen des Ministerrates und der weiterhin stattfindenden geheimen Ministerratssitzungen.

Die Wirtschafts- und Währungsunion (WWU) wird in drei Stufen realisiert werden. In der ersten Stufe, die am 1.7.1990 begann und am 31.12.1993 ihren Abschluss fand, wurden die nationalen Wirtschaftspolitiken koordiniert und in einen Zusammenhang gebracht. Die zweite Stufe (vom 1.1.1994 bis 31.12.1998) beinhaltete die Gründung des Europäischen Währungsinstituts (EWI). Am Ende der zweiten Stufe wurden die Mitgliedsländer der EWWU im Mai 1998 unter Prüfung der Konvergenzkriterien[65] festgelegt. Über die Erfüllung der einzelnen Voraussetzungen haben die Kommission und das EWI entsprechende Berichte erstellt und diese dem Rat vorgelegt, der dann im Mai 1998 dem Europäischen Rat seine Feststellungen empfohlen hat, danach sind elf Länder Mitglieder des Euro-Raums.[66]

---

können ohne die Beteiligung von Großbritannien getroffen werden. Die Verwirklichung der Sozialcharta kann somit verfolgt werden.

62 Das Wahlrecht für EG-Ausländer und die Option zur Verlagerung von Kompetenzen der Deutschen Bundesbank an die Europäische Zentralbank mussten im Grundgesetz verändert werden.

63 Vgl. Art. 23 und Art. 50 GG, ferner Art. 45 und Art. 52, Abs. 3a GG.

64 Dies gilt nur für die Übertragung von Hoheitsrechten und nicht für den Fall konkurrierender Gesetzgebung.

65 Anstieg der Verbraucherpreise darf das Mittel der drei preisstabilsten Länder nicht mehr als 1,5 %; keine Abwertung in den letzten Jahren; Niveau der langfristigen Zinsen darf das Mittel der drei preisstabilsten Länder nicht mehr als 2 % übersteigen; jährliche Neuverschuldung nicht größer als 3 % des BIP; gesamte Staatsschuld nicht mehr als 60 % des BIP. Daneben sind gemäß Art. 109j EGV die Voraussetzungen potentieller Mitglieder der WWU zu prüfen: Die Vereinbarkeit der innerstaatlichen Rechtsvorschriften einschließlich der Satzung der jeweiligen nationalen Zentralbank mit dem Erfordernis der Unabhängigkeit der nationalen Zentralbank. Diese Kriterien sind aber so "weich" ausgelegt worden, dass nur Griechenland zunächst nicht an der WWU teilnehmen durfte. Seit 2001 ist auch Griechenland in die dritte Stufe der Wirtschafts- und Währungsunion eingetreten. Dänemark, Großbritannien und Schweden nehmen (noch) nicht teil, aufgrund der jeweiligen ablehnenden Referenden in diesen Ländern.

66 Die Festlegung ist um so mehr als eine politische Entscheidung zu werten, als auf eine konsequente Einhaltung der Konvergenzkriterien nicht geachtet wurde. Die Forderungen (bspw. des britischen Premierministers John Major) nach der Prüfung realwirtschaftlicher Kriterien konnte sich nicht durchsetzen. Vgl. den im Februar von der US-Investmentbank Goldman Sachs publizierten Vorschlag realer Konvergenzkriterien (reales Wirtschaftswachstum, Arbeitslosenrate, Handelsungleichgewichte und Wettbewerbsfähigkeit) in der Neuen Züricher Zeitung

Seit dem 1.1.1999 sind elf und seit 1.1.2001 dann zwölf Mitgliedsländer in die dritte Stufe der Wirtschafts- und Währungsunion eingetreten. Der Euro ist als Recheneinheit innerhalb des Euro-Raums eingeführt und ist ab dem 1.1.2002 alleiniges Zahlungsmittel.[67] Die Wechselkurse der Währungen der Mitgliedsländer sind gegenüber dem Euro unwiderruflich fixiert worden.[68] Das Europäische System der Zentralbanken (ESZB), welches aus der Europäischen Zentralbank (EZB) und den nationalen Zentralbanken besteht,[69] hat die Autonomie über die Geldpolitik im Euro-Raum seit dem 1.1.1999 übernommen.[70] Die Leitung des ESZB obliegt dem Beschlussorgan der EZB. Dieses besteht aus dem EZB-Rat und dem Direktorium.[71]

(Fernausgabe), Nr. 31 vom 8.2.1995 und Nr. 42 vom 21.2.1995. Diese Forderung nach struktureller und realwirtschaftlicher Konvergenz stellt ab auf die Analyse asymmetrischer Schocks. Diese Analyse besagt, dass weitere Integrationsschritte nur gegangen werden sollten, wenn beteiligte Volkswirtschaften auf Veränderungen realwirtschaftlich ähnlich rasch und flexibel reagieren. Sowohl die räumliche als auch die berufliche Mobilität der Arbeitskräfte sollte hoch sein. Vgl. Blanchard/Katz (1992), S. 1-75. Ansonsten drohe die Gefahr, dass sich Schocks regional sehr asymmetrisch auswirken. Mangelt es an realwirtschaftlicher Konvergenz und können in Folge der Wirtschafts- und Währungsunion keine spezifischen wirtschaftspolitischen Maßnahmen von den einzelnen Regionen ergriffen werden, drohen ausgeprägte Brüche in den regionalen Arbeitslosenquoten, der regionalen Einkommens- und Wirtschaftsentwicklung. (Während Blanchard/Katz (1992) für die USA zu dem Ergebnis kommen, dass die regionale Mobilität der Arbeitskräfte ein flexibles und problemloses Anpassen der Arbeitsmärkte an Schocks ermögliche, kommen Decressin/Fatas (1994) für Europa zu einem weitaus negativeren Ergebnis. Neven/Gouyette (1995) kommen in ihrer Analyse von ca. 140 europäischen Regionen zu dem Befund, dass Schocks in Europa sehr langsam ausgeglichen werden, wobei die Regionen in Südeuropa wesentlich langsamer als die in Nordeuropa reagieren. Vgl. Neven/Gouyette (1995), S. 47-65.). Die Heterogenität Europas, die deutlich wird in der länderspezifischen Schockabsorption und in der im Vergleich zu den USA geringen Mobilität der Produktionsfaktoren, insbesondere der Arbeitskräfte, ist ein negatives Signal gegen eine zu rasche und politisch homogenisierende Integration.

67 Mit einer Übergangszeit bis zum 28.2.2002, in der auch noch die DM in Deutschland als Zahlungsmittel akzeptiert wird.

68 Somit werden die nationalen Währungen durch den Euro abgelöst; vgl. Art. 1091 Abs. 4 EGV.

69 Die Struktur des ESZB ergibt sich aus Art. 106 und 109a EGV und aus dem Protokoll über die Satzung des ESZB und der EZB, das dem Maastrichter Vertrag beigefügt wurde.

70 Die EZB ist von den Weisungen der Regierungen der Gemeinschaft unabhängig. Das vorrangige Ziel der einheitlichen Währungspolitik ist ausschließlich die Wahrung der Preisstabilität. Die allgemeine Wirtschaftspolitik der Gemeinschaft ist zu unterstützen; vgl. Art. 105 Abs. 1 und 2 EGV. Weder die EZB noch die nationalen Zentralbanken dürfen öffentliche Haushalte finanzieren. Die Konstruktion der EZB ist in starker Anlehnung an das Gesetz über die Deutsche Bundesbank erfolgt, allerdings ist es in einigen Punkten verbessert worden. Vgl. Oppermann/Claasen (1993), S. 5 ff. und Welcker/Nerge (1992). Die Ablösung des EWI durch das Europäische Zentralbankensystem (ESZB) ist in Art. 1091 Abs. 1 und 2 EGV geregelt.

71 Dem EZB-Rat gehören die Mitglieder des Direktoriums der EZB und die Präsidenten der nationalen Zentralbanken an. Die erstmalige Besetzung des Direktoriums der EZB erfolgte durch die Regierungen der Mitgliedstaaten auf der Ebene der Staats- und Regierungschefs nach Anhörung des Parlaments und des Rates des EWI. Die Mitglieder wurden auf acht Jahre bestellt, eine Wiederernennung ist nicht möglich. Vgl. zum Aufbau des Europäischen Systems der

Neben der politischen Integration muss als eigenständiger Entwicklungsstrang auch die monetäre Integration Beachtung finden. Diese Entwicklungslinie begann keinesfalls in Maastricht und endet nun ab 2002 in der gemeinsamen Währung und Währungspolitik. Vielmehr kann man die ersten Entwicklungsversuche währungspolitischer Zusammenarbeit bereits mit dem auf dem US-Dollar basierenden Weltwährungssystems von Bretton Woods von 1944/45 in Verbindung bringen. Nachdem das System von Bretton Woods 1972/73 zusammenbrach, wurde der im April 1972 geschaffene Europäische Wechselkursverbund ("Schlange im Tunnel"), der zunächst die Bandbreite gegenüber dem Dollar beibehielt, ausgebaut, indem die Bandbreite von +/- 2,25 % zwischen den europäischen Währungen beibehalten wurde und gemeinsam gegenüber dem Dollar floatete (Floating-Block).

In dieser Zeit wurde bereits auf der Haager Gipfelkonferenz im Jahr 1969 beschlossen, einen Stufenplan für die Errichtung einer Wirtschafts- und Währungsunion ausarbeiten zu lassen.[72] Nach dem dann 1971 vorgelegten Werner-Plan sollte in drei Stufen die Wirtschafts- und Währungsunion errichtet werden. Dieses Vorhaben scheiterte allerdings an den Auswirkungen des Zusammenbruchs des Weltwährungssystems von Bretton Woods und der damit verbundenen Freigabe der Wechselkurse mehrerer Mitgliedstaaten.

1978/79 wurde auf deutsch-französische Initiative hin das Europäische Währungssystem (EWS) als regionales Festkurssystem etabliert und somit eine dauerhafte, engere währungspolitische Zusammenarbeit verankert. Der ECU[73] wurde als Währungskorb der Mitgliedstaaten konstruiert und wurde aus festgelegten Beträgen der Währungen der EG- Mitgliedstaaten zusammengesetzt.[74] Jeder am EWS teilnehmenden Währung wurde ein festgelegter Leitkurs zum ECU zugeordnet. Aus diesen ECU-Leitkursen ergab sich das System von bilateralen Leitkursen, das sog. „Paritätengitter".[75] Der ECU diente in erster Linie als Recheneinheit und war für die Funktionsweise des Festkurssystems und die obligatorischen und intramarginalen

---

Zentralbanken (ESZB) Duwendag (1999), S. 337-339. Einen kurzen Überblick über das geldpolitische Instrumentarium der ESZB liefert Cezanne (1999), S. 418-425.

72 Diesen Auftrag erfüllte eine Arbeitsgruppe unter dem Vorsitz des luxemburgischen Ministerpräsidenten Werner, die 1971 einen Plan (den sog. Werner-Plan) vorlegten.

73 Eigentlich müsste man dem ECU als die Abkürzung für "European Currency Unit" den Artikel „die" voranstellen, so auch die Formulierung in EGV, z.B. Art. 1091 Abs. 4. Da aber in Frankreich eine von 1214 bis 1653 gültige Goldmünze auch ECU hieß, hat sich die männlich Form resultierend aus der französischen Aussprache durchgesetzt; vgl. Weindl (1994), S. 325.

74 Jede Währung hatte einen bestimmten Leitkurs gegenüber dem ECU, der das Wertverhältnis dieser Währung gegenüber dem ECU widerspiegeln sollte. Das Verhältnis von zwei solcher Leitkurse ergibt den bilateralen Leitkurs zwischen diesen beiden Währungen, mit der Konsequenz, dass jede Währung aufgrund des festgelegten Betrages im Korb und des Leitkurses zum ECU mit einem bestimmten Gewicht - prozentualen Anteil - im Währungskorb vertreten war. Diese Gewichte sollten der wirtschaftlichen Bedeutung der Mitgliedstaaten entsprechen. Vgl. Cezanne (1997), S. 634.

75 Vgl. Weindl (1994), S. 327.

Interventionsverpflichtungen ohne Bedeutung. Die DM ist zunehmend in die Rolle der Leitwährung (der n-ten Währung) hineingewachsen, so dass das EWS zu einem DM-Leitwährungs-Standard wurde. Die Deutsche Bundesbank bestimmte die geldpolitische Linie, an der sich die anderen Mitgliedstaaten aufgrund ihrer Wechselkursfixierung orientierten. Das EWS wurde meist als erfolgreich beurteilt, insbesondere aufgrund der ihm innewohnenden Verbesserungstendenz der monetären Stabilität in Europa. Doch trotz des EWS ist es zu heftigen Währungsturbulenzen innerhalb der Währungen des Systems gekommen. Zu erwähnen ist hier die Krise im September 1992, als Großbritannien und Italien aus dem EWS ausschieden.[76] Durch den Vertrag von Maastricht wurde dann erneut der Versuch unternommen, die Europäische Gemeinschaft zu einer Wirtschafts- und Währungsunion weiterzuentwickeln. Der Beginn der dritten Stufe seit dem 1.1.1999 durch die Fixierung der Wechselkurse und durch die Übernahme der geldpolitischen Verantwortung durch das ESZB markierte einen Meilenstein auf einem nun seit fünfzig Jahren andauernden Marathon der monetären Integrationsbemühungen.

Mit dem 1.1.1995 sind Finnland, Österreich und Schweden beigetreten (EFTA-Erweiterung). Nach der Epochenwende von 1989 bestehen Aussichten auf den Beitritt mittel- und osteuropäischer Staaten. Mit den Ländern Ungarn, Polen, Tschechien, Slowenien, Estland und Zypern werden seit dem 31.3.1998 Beitrittsverhandlungen geführt.[77] Allerdings wurde bereits nach den Beitritten Spaniens, Portugals und Österreichs die Herausforderung der institutionellen Reformen thematisiert und teilweise auch problematisiert.[78]

---

[76] Die Behauptung, dass durch das EWS die monetäre Stabilität nur vorgetäuscht und künstlich erzeugt wurde, ist nur schwer zu widerlegen, denn ein Festkurssystems zwischen wirtschaftlich sehr unterschiedlichen Volkswirtschaften hat Schwierigkeiten zu existieren. Realwirtschaftlich sich unterschiedlich entwickelnde Rahmendaten können wirtschaftliche Spannungen erzeugen, die nicht durch Interventionen der Zentralbanken abzuwenden sind; die flexiblen Wechselkurse werden dann dringend als "Puffer" zwischen den sich so verschieden entwickelnden Regionen benötigt.

[77] Vgl. die Zeittafel der Beitritte zur Europäischen Union in Reichenbach/Emmerling/ Staudenmayer/ Schmidt (1999), S. 94.

[78] So erklärte 1987 Jacques Delors nach dem Beitritt Spaniens, Portugals und Österreichs mit entschiedener Geste, der Tisch in seinem Konferenzzimmer biete „nur Platz für zwölf Staaten." Am 19.1.2000 betonte er in einem Interview mit „Le Monde" den realen Widerspruch zwischen Erweiterung und Vertiefung der Union hervor. Mit 27 Mitgliedern (die Türkei nicht eingerechnet) entferne man sich notgedrungen „von einem politischen Europa, wie es durch Europas Väter definiert wurde." Es müsse daher einer kleinen Avantgarde erlaubt sein, „voranzugehen". Damit hat Delors das Thema intoniert, das im Juni in der Humboldt-Rede Joschka Fischers und der Ansprache Chiracs im Berliner Reichstag variiert wurde. Fischer schlägt vor, die Avantgarde, die er Gravitationszentrum nennt, mit einem „neuen europäischen Grundvertrag" auszustatten. Chirac will keinen neuen Vertrag, wohl aber ein „Sekretariat" als Mechanismus für die „Pioniergruppe". Entscheidend aber ist, dass in beiden Entwürfen der Nationalstaat als Subjekt und Entität fungiert, am deutlichsten aus der französischen Sichtweise: Obwohl es Elemente der „gemeinsamen Souveränität" gebe, wie EZB, Europäischer Gerichtshof und die Beschlussfassung mit qualifizierter Mehrheit, stellten „die Nationen die wichtigsten

Auf dem Nizza-Gipfel im Dezember 2000 wurde im Hinblick auf die sog. Ost-Erweiterung der EU ein erster Schritt unternommen, die europäischen Institutionen so zu reformieren, dass die Union auch nach der Aufnahme der vielen potentiellen Mitglieder arbeits- und entscheidungsfähig wird bzw. bleibt. Hierzu war eine Neugewichtung der Stimmen im Parlament und Ministerrat sowie eine Umstrukturierung der Kommission entscheidend. Bei der Reform der europäischen Institutionen konnten sich die kleineren Mitgliedsländer mit der Forderung durchsetzen, dass auch in Zukunft jedes Mitgliedsland einen EU-Kommissar nach Brüssel entsendet. Von 2005 an wird das Prinzip „ein Staat – ein Vertreter" in der Kommission angewendet, bis jene zwölf potentiellen Mitgliedstaaten, die der EU beitreten wollen und mit denen gerade Beitrittsverhandlungen geführt werden, der EU beigetreten sind. Dann soll der Kreis der 27 über eine Verkleinerung bei Berücksichtigung eines Rotationsmodells verhandeln. Die Rolle des Präsidenten der EU-Kommission, der vom Ministerrat künftig mit qualifizierter Mehrheit gewählt wird, soll demnächst gestärkt werden, indem er mehr Gestaltungsmöglichkeiten bei der personellen Zusammensetzung der Kommission und über die Verteilung der Zuständigkeiten erhält.

Interessant erscheint auch das Verhältnis der Europäischen Union zu den Europäischen Gemeinschaften bzw. zu der Europäischen Gemeinschaft zu sein. In der Literatur wird häufig von der Tempelkonstruktion gesprochen, die dieses Verhältnis charakterisieren soll.

Bezugspunkte unserer Völker dar." Aber auch für Fischer legt Europas Zukunft nicht in der Konstruktion Superstaat (Bundesstaat), der als souverän die Nationalstaaten und ihre Demokratien ablösen würde, sondern eben jener Avantgarde, deren „verstärkte Zusammenarbeit" zunächst in den Formen einer verstärkten Intergouvernementarisierung ablaufen werde. Frankreich hatte sicherlich historisch begründet immer die Vision einer politischen Union. Fischer hingegen sieht in der europäischen Föderation geeigneter Staaten ein Belebungsmittel, um den recht unfruchtbar gewordenen EU-Staatenverbund durch eine Art Zeugungsknall auf neue Integrationshöhen zu bringen. Als Deutscher ist er der postnationalen Erlösungslehre Adenauers, De Gaeris und Schumans näher, als die Franzosen es sind und sein wollen. Die Aufteilung Europas in befähigte und behinderte Partner bietet stärkeren Nationen eine Chance für ein neues Selbstverständnis, enthält aber auch die Gefahr eines Potentials an Diskriminierungen. Allerdings wäre durch die Avantgarde keine Identität Europas repräsentiert, sondern sie würde als ein Resultat der Übergröße die nationalstaatliche Idee fördern.

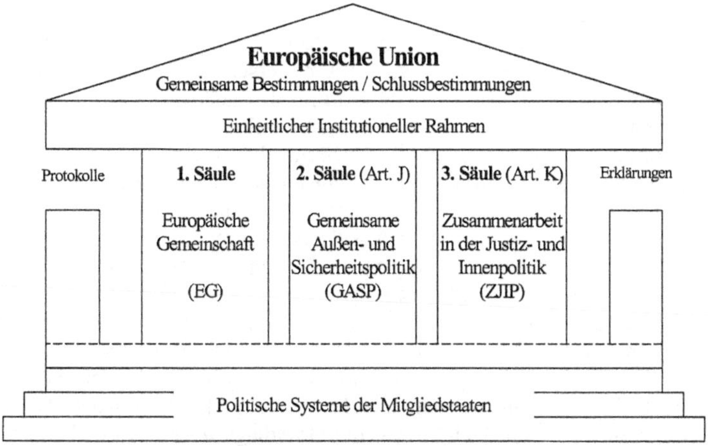

Abbildung 2: Tempelkonstruktion der EU

In Art. A Abs. 3 EUV/Maastricht (Art. 1 Abs. 3 EUV/Amsterdam) wird die Union dahingehend beschrieben, dass ihre Grundlage die drei Europäischen Gemeinschaften, ergänzt durch die beiden durch den Vertrag eingeführten bzw. neu kodifizierten Politiken und Formen der Zusammenarbeit - GASP und ZBJI -, sind.

Abb. 2 gibt die Konstruktion der Europäischen Union bildlich als Tempel wieder. Die Europäische Union besteht in ihren gemeinsamen Beschlussfassungen und Schlussbestimmungen als einheitlicher institutioneller Rahmen für die drei Säulen der Europäischen Union der Europäischen Gemeinschaft, der Gemeinsamen Außen- und Sicherheitspolitik und der Zusammenarbeit in der Justiz- und Innenpolitik. Häufig wird davon ausgegangen, dass die EU die Grundlage für die drei Einzelelemente verkörpere.

Der Begriff der "Grundlage" stellt jedoch keine dogmatische Kategorie dar, aus der allein schon mit Sicherheit auf das Verhältnis von Unionsrecht und Gemeinschaftsrecht geschlossen werden könnte.[79] Die Einzelelemente - die Europäischen Gemeinschaften, die GASP und die ZBJI - stellen die Säulen der Union dar (vgl. Abbildung 2).[80] Entscheidend ist die Sichtweise des Verhältnisses der Union

---

[79] Vgl. Pechstein/König (1998), S. 50 ff.

[80] Zum Teil wird hierbei von zwei Säulen (der intergouvernementalen und der supranationalen) überwiegend allerdings von drei Säulen (den drei Gemeinschaften als insgesamt eine Säule, der GASP und der ZBJI als je eine weitere Säule gesprochen) oder auch von fünf Säulen (den drei

zu den verschiedenen Säulen und damit die Auffassung des Verbundcharakters der Union. Die Verhältnisbestimmung zwischen der Union und den Säulen bzw. diejenige zwischen den Säulen selbst ist ausschlaggebend für die Abgrenzung der Zuständigkeitsbereiche innerhalb der Union.[81] Der Unionsvertrag lässt sich entweder als eine Art überwölbendes Dach über diese verschiedenen Säulen, als ein sie umschließender Mantel oder als eine Plattform für die Säulen verstehen. Allerdings ist es mit unterschiedlichen Konsequenzen behaftet, welches Bild man für angemessen erachtet. Wird der Unionsvertrag als das Dach auf den Säulen verstanden, so besteht das Risiko in einer losen Verbindung zwischen Dach und Säulen, die dazu führen kann, dass die Bauteile letztlich voneinander getrennt bleiben. Diese Form der schlechten Architektur könnte zu ähnlichen Ruinen führen. Wie die griechischen und römischen Tempelruinen belegen, können die Säulen eines Hauses auch ohne Dach noch für lange Zeit stehen bleiben. Ist die Union hingegen als eine Art Mantelkonstruktion zu verstehen, welche die einzelnen Elemente integrierend einschließt, dann wäre alles, was innerhalb und zwischen den Säulen stattfindet, Bestandteil der Europäischen Union und müsste von dem Vertrag über die Europäische Union geregelt werden. Die Betrachtung der Union als Plattform ist deshalb unzutreffend, da die Union dann die Grundlage oder das Fundament für die auf ihr errichteten Säulen sein müsste, obwohl Art. A Abs. 3 EUV gerade diese Säule als Grundlage der EU bezeichnet.

Vermutlich hatten die Verfasser des Vertragstextes die Mantelkonstruktion im Auge, nach der die verschiedenen Säulen konstituierende Elemente der sie mit einer weitreichenden Zielsetzung (Art. B) umgreifenden Union sein sollen.[82] Diese Konstruktion veranschaulicht auch bildhaft den Verbundcharakter der Union. Dennoch ist sie nicht ganz unproblematisch, denn die drei Europäischen Gemeinschaften haben - wenn man von denen an ihnen vorgenommenen Änderungen absieht - keine neue juristische Qualität hinzu gewonnen. Auch ist nicht die Europäische Union aufgrund der ihr fehlenden eigenen Rechtspersönlichkeit das Zurechnungsendsubjekt der von den Gemeinschaften erlassenen Rechtsakte geworden, sondern weiterhin die Gemeinschaften selbst. Durch den Maastrichter Vertrag hat das Gemeinschaftsrecht entgegen der durch die Mantelkonstruktion suggerierten Kompetenzverteilungen keine neue rechtlich erhebliche Dimension als Unionsrecht erhalten. Die Gemeinschaften sind nicht (keine Vertragsunterzeichnung) im Rechtssinne Mitglieder der Union geworden und somit nicht in den Unionsmantel eingebunden. (Allerdings hat der Begriff „Mitgliedschaft" aufgrund der fehlenden Völkerrechtssubjektivität der Union ohnehin keine große Bedeutung.) Fragwürdig ist jedoch, wie ein Nicht-Rechtssubjekt Europäische Union den Rechtssubjekten der Europäischen Gemeinschaften eine

Gemeinschaften als je eine Säule und der GASP und der ZBJI als je eine weitere Säule) gesprochen.

81 Dies gilt unabhängig davon, ob man bildlich gesprochen jeder Gemeinschaft eine eigene Säule einräumt oder sie in einer Säule zusammenfaßt, wie dies im Rahmen dieser Arbeit in Anlehnung an das BVerfGE 89, 155 (159) gemacht wird.

82 Vgl. Pechstein/König (1998), S. 51.

substanziell neue Qualität geben soll. Diese fundamentalen Einwände sprechen eindeutig gegen die Mantel- und für die Dachkonstruktion, nach der die Union als Dach über den verschiedenen Säulen anzusehen ist. Diese Säulen sind nicht materiell miteinander verbunden. Demnach stellt die EU selbst eine substanzlose aber dennoch zielführende Verklammerung von rechtlich gleichwohl selbständig bleibenden Elementen dar. Erwähnenswert erscheint, dass laut Vertrag die EU jedenfalls in GASP und ZBJI eigene Aufgaben wahrzunehmen hat, während in den drei Gemeinschaften die EG-Organe auf der Grundlage der Gründungsverträge der drei Gemeinschaften handeln und EG-Rechtsakte erlassen. In der GASP und der ZBJI handeln offenbar eigene Organe der EU. Allerdings wäre es unzutreffend anzunehmen, dass die EU nur aus diesen beiden neu-kodifizierten Bereichen bestünde. Diese Annahme würde dem Verbundcharakter der EU nicht gerecht.

Einen prinzipiell geeigneten Ansatz bietet die vom Bundesverfassungsgericht gewählte Bezeichnung der Europäischen Union als „Staatenverbund" zur Verwirklichung einer immer engeren Union der staatlich organisierten Völker Europas. Dies ist deshalb ein geeigneter Ansatz, da die Vertragsstaaten beabsichtigen, „im Verbund" zu handeln.[83] Soll die Union als Verbund von Staaten und internationalen Organisationen angesehen werden, so ist es erforderlich, die drei Gemeinschaften als Teil der Grundlage der EU zu definieren. Allerdings wirkt die Einbeziehung der drei Gemeinschaften in den Unionsvertrag bei Vertragsstudium fragwürdig, denn Art. A Abs. 1 EUV/Maastricht (bzw. Art.1 Abs. 1 EUV/Amsterdam) steht dem entgegen. Diesem Paragraphen zur Folge haben die Vertragsstaaten des Unionsvertrages die Union untereinander gegründet. Dieser Paragraph beschreibt zutreffend die Gründerschaft der Union, ohne dem rechtsdogmatischen Gehalt der Bestimmungen über die Union - einer vorsätzlichen Einbeziehung der drei Gemeinschaften - zu entsprechen. Explizit gibt es bestimmte Vorgehensweisen innerhalb der EU, die nur die Vertragsstaaten betreffen, und außerhalb der Kompetenzen der drei Gemeinschaften liegen.[84]

Als Schlussfolgerung bleibt festzuhalten, dass der Begriff Europäische Union ein Sammelbegriff darstellt für bestimmte, rechtlich unterschiedlich organisierte und aufeinander abgestimmte Formen der Kooperation der Unionsstaaten untereinander unter einer teilweise stattfindenden Einbeziehung der drei Gemeinschaften.[85] Die in Art. B EUV/Maastricht bzw. Art. 2 EUV/Amsterdam geregelten gemeinsamen Ziele wollen die Rechtssubjekte innerhalb eines Verbundes erreichen, wobei dieser Verbund die eigentliche neue Dimension der Integration des Unionsvertrags darstellt. Zur Sicherung des Verbundes ist die Abstimmung der auf die gemeinsame Zielsetzung in Art. B EUV ausgerichteten Maßnahmen in den Unionssäulen notwendig. Gesichert werden muss hierbei die Einheitlichkeit des Auftretens der Unionsstaaten und

[83] Hiermit ist zwar keine völkerrechtliche Klassifizierung erreicht, aber dennoch ist dieser Ansatz geeignet, das Wesen der Europäischen Union rechtsdogmatisch zu erfassen.
[84] Ein Beispiel ist die gemeinsame Verteidigungspolitik nach Art. J.4 EUV/Maastricht bzw. Art 17 EUV/Amsterdam.
[85] Vgl. Pechstein/König (1998), S. 47.

Gemeinschaften bei gleichzeitiger Wahrung der Selbständigkeit der Säulen. Diese Auffassung lässt kein Nebeneinander von verschiedenen Integrationsansätzen zu, sondern beschreibt eine durch Abstimmungsverpflichtung zielorientierte Bündelung von Aktionen und Kompetenzen, die es erlaubt, von einem verbundhaften Vorgehen der Unionsstaaten und der drei Gemeinschaften zu sprechen.[86]

2.3.2 Institutionen der Europäischen Union

2.3.2.1 Ein Überblick

Nach den Ansätzen der Public-Choice-Theorie und der Neuen Institutionenökonomik werden die Politiker in ihrer Funktion als Agenten in dem politischen Prozess versuchen, ihren Nettonutzen - bestehend aus Prestige, Einkommen, Machtzuwachs und Erweiterung ihres diskretionären Handlungsspielraums - zu maximieren. Hierzu werden sie den Spielraum ausnutzen, der ihnen innerhalb des institutionellen Rahmens gegeben ist bzw. auch die Möglichkeiten nutzen, den Rahmen ggf. zu verändern. Diese Änderungsbemühungen hängen von ihren entsprechenden Kosten-Nutzen-Kalkülen ab.[87] Richtung und Erfolg ihrer Änderungsbemühungen hängen von bestehenden Anreizen und Restriktionen ab. Der Prozess des institutionellen Wandels ist somit auch vergangenheitsabhängig; um vergangene institutionelle Entwicklungen erklären bzw. zukünftige prognostizieren zu können, muss zunächst der rechtlich-politische Rahmen analysiert werden, innerhalb dessen der institutionelle Wandel stattfindet.

---

[86] Diese Bestimmung des Rechtscharakters der Europäischen Union ist nicht als Reduzierung der Union zu einer intergouvernementalen Konferenz von Vertragsparteien zu verstehen, wie Bogdandy/Nettesheim (1996), S. 9 oder Dörr (1995), S. 3162 ff. dies beschreiben. Die Union selbst wird gerade nicht als "intergouvernemental oder supranational" charakterisiert, sondern ihr wird lediglich eine rein materiell-rechtliche Bedeutung der Organisation von Abstimmungen zwischen den verschiedenen Säulen beigemessen, die für sich unterschiedliche rechtliche Charaktere aufweisen. "Die Union ist eine spezifische selbst nicht rechtsfähige Form der Verklammerung supranationaler und intergouvernementaler Elemente zur Erreichung übergeordneter Ziele." Pechstein/König (1998), S. 48.

[87] Vgl. Kirchgässner (1988), S. 57 f.

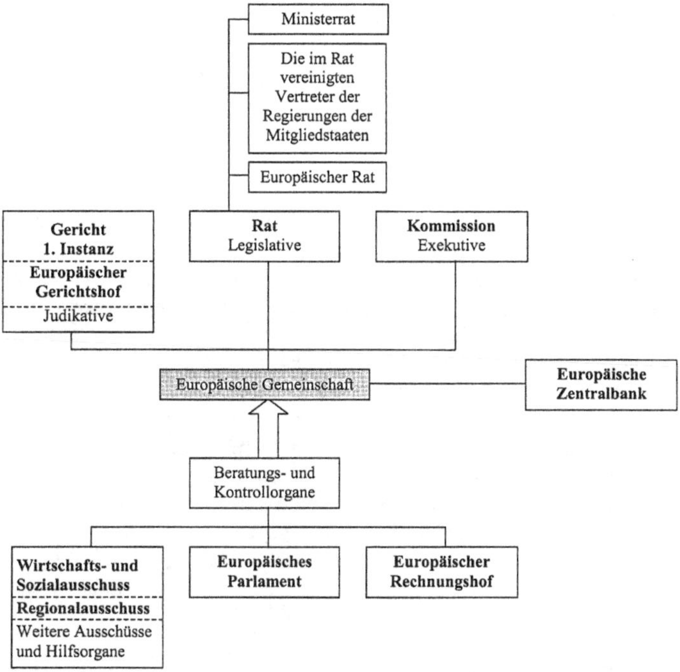

Abbildung 3: Organe und Institutionen der EG

Die wichtigsten Institutionen der Europäischen Union sind der Ministerrat ("Rat"), die Kommission, das Europäische Parlament, der Europäische Gerichtshof, der Rechnungshof, der Wirtschafts- und Sozialausschuss, der Ausschuss der Regionen, der Europäische Rat. Als Hauptorgane können die fünf erstgenannten Organe bezeichnet werden.[88] Der Wirtschafts- und Sozialausschuss und der Ausschuss der Regionen sind Nebenorgane[89] und nur zwei Beispiele von Interessengruppen, während es sich bei dem Europäischen Rat um ein Organ handelt, das nach den Gemeinschaftsverträgen ursprünglich nicht vorgesehen war.[90]

88 Vgl. Art. 4 Abs. 1 EGV.

89 Vgl. Art. 4 Abs. 2 EGV.

90 Vgl. Weindl (1994), S. 25. Bis 1967 hatten die drei Gemeinschaften EGKS, EWG und EURATOM getrennte Exekutivorgane (EGKS: Hohe Behörde; EWG: EWG-Kommission; EURATOM: EURATOM-Kommission sowie drei getrennte Ministerräte. Die Versammlung (jetzt: Europäisches Parlament), der Europäische Gerichtshof und der Wirtschafts- und

Die in Abb. 3 dargestellten Organe und Institutionen bestimmen die drei Europäischen Gemeinschaften, EGKS, EURATOM und EG. Dem Ministerrat fällt hierbei eine exponierte Stellung in dem Entscheidungsprozess zu. In Abstimmung mit der Kommission und dem Parlament werden hier die Gesetze und Entscheidungsprozesse bestimmt.[91]

2.3.2.2 Der Ministerrat

Der Ministerrat ("Rat") stellt das zentrale Entscheidungsorgan der EG und somit für die Europäische Union dar. Der Ministerrat ist das föderale Organ der EG. Er ist der eigentliche Gesetzgeber und damit das Organ, das die politischen Entscheidungen fällt. Sein Abstimmungsverfahren ist so geregelt, dass es keine Hegemonie gibt, dass also die Stellung der kleineren Mitgliedstaaten stark ist. Der Rat tagt in sektoral gegliederten Formen, in denen jedes Land durch ein Regierungsmitglied, in der Regel den Fachminister, vertreten ist. Die Zusammensetzung des Rates ist in Art. 146 EGV geregelt. Jeder der zwölf Mitgliedstaaten darf ein Mitglied, das den Status eines Ministers haben muss, entsenden. Seit Maastricht muss die entsandte Person nicht mehr ein Mitglied der Regierung sein. Auch Minister der Ländern können unter der Voraussetzung entsandt werden, dass sie verbindlich für die nationalen Regierungen handeln dürfen. Die Ratsmitglieder sind weisungsgebundene Interessenvertreter ihres jeweiligen Landes. Über diesen Ministerräten steht der Europäische Rat als Versammlung der Staats- und Regierungschefs, der die grundsätzliche Entwicklung der EU vorgibt.[92]

Für die EG umschreibt Art. 145 EGV in allgemeiner Form die Aufgaben des Rates. Danach hat der Rat keine unbeschränkte Handlungsbefugnis, sondern er darf nur dann und in der Form tätig werden, wenn und wie dies im Vertrag im Einzelnen geregelt ist.

Die Aufgaben des Rates lassen sich in folgender Weise zusammenstellen:

- Rechtsetzungsbefugnis (Art. 145 EGV)
- Initiativrecht (Art. 152 EGV)
- Kontrollrechte (z.B. Art. 175 EGV)

Sozialausschuss waren gemäß dem "Abkommen über gemeinsame Organe für die Europäischen Gemeinschaften" vom 25.3.1957 schon immer Organe der drei Gemeinschaften. Erst durch den "Vertrag zur Einsetzung eines gemeinsamen Rates und einer gemeinsamen Kommission der Europäischen Gemeinschaften" (Fusionsvertrag vom 8.4.1965 - in Kraft getreten am 1.7.1967) traten die gemeinsame Kommission und der Rat ihre Arbeit an.

91 Vgl. zur Darstellung und Entwicklung der Entscheidungsprozesse der EU Kapitel II, Abschnitt 2.5.2.

92 Die Aufgaben des Europäischen Rates fixiert Art. 4 Abs. 1 EUV, wonach der Europäische Rat „der Union die für ihre Entwicklung erforderlichen Impulse“ gibt und „die allgemeinen politischen Zielvorstellungen für diese Entwicklung“ festlegt. Der Europäische Rat ist somit als Führungs- und Inspirationsorgan der europäischen Integration zu sehen, der die grundlegenden politischen Ziele für die weitere Entwicklung der Union bestimmt. Oppermann (1999), S. 125.

- Koordination der Wirtschaftspolitik (Art. 145 und Art. 102a ff. EGV)
- Abschluss von Abkommen mit dritten Staaten und internationalen Organisationen (Art. 228, Art. 238 EGV)
- Ernennung der Mitglieder des Wirtschafts- und Sozialausschusses (Art. 194 Abs. 2 EGV), des Regionalausschusses (Art. 198 a Abs. 3 EGV) und des Rechnungshofes (Art. 188 b Abs. 3 EGV)
- Festsetzung von Gehältern (Art. 154 EGV)
- Aufstellung des Entwurfes des Haushaltsplanes (Art. 203 Abs. 3 EGV).

Der Rat wird vom Präsidenten oder auf Antrag eines der Mitglieder oder der Kommission einberufen.[93] Je nach Sachgebiet werden die Entscheidungen mit einfacher Mehrheit (44 von 87 Stimmen), qualifizierter Mehrheit (62 Stimmen oder 71,26 %) oder einstimmig getroffen. Beschlüsse fasst der Rat grundsätzlich mit einfacher Mehrheit der vertraglich vorgesehenen Mitglieder.[94] Eine qualifizierte Mehrheit ist immer dann erforderlich, wenn der Rat einen Beschluss auf Vorschlag der Kommission zu fassen hat. Das Einstimmigkeitprinzip ist bei grundsätzlichen Fragen erforderlich (bspw. bei der Änderung des EG-Vertrags oder bei der Aufnahme neuer Mitglieder) sowie bei Beschlüssen zu politisch sensitiven Themen (z.B. zur Finanzierung des EU-Gesamthaushaltes, zur Steuerharmonisierung oder zu Rechten der Arbeitnehmer). In allen diesen Fällen hat jedes Land ein Vetorecht. Das Gleiche

---

93 Vgl. Art. 147 EGV.

94 Vgl. Art. 148 Abs. 1 EGV; obwohl die einfache Mehrheit rechentechnisch als Regelfall vorgesehen ist (bei einfacher Mehrheit hat jedes Ratsmitglied eine Stimme), sind die Beschlüsse des Rates in der Mehrzahl der Fälle mit qualifizierter Mehrheit zu fassen. Beschlüsse mit qualifizierter Mehrheit sind in den Verträgen seit 1966 und verstärkt gemäß den Reformen der EEA 1986 und des EUV 1992/1997 vorgesehen (z.B. Agrar- und Handelspolitik sowie Rechtsangleichung im Binnenmarkt). Hier wird der Vertragswille zur Schaffung verfassungsähnlicher Binnenstrukturen deutlich. In der Gemeinschaftspraxis hat sich die Mehrheitsentscheidung trotz der "Luxemburger Vereinbarung" von 1966 vor allem seit Anfang der 80er Jahre weiterhin durchgesetzt. Eine Fünfzehner-Gemeinschaft kann vermutlich ohne sie nicht mehr leben. Auch große Mitgliedstaaten wie Deutschland sind nicht selten überstimmt worden (z.B. Bananenmarktordnung 1993). Bei der qualifizierten Mehrheit werden nach Art. 148 Abs. 2 EGV die Stimmen der 15 Mitgliedstaaten gewichtet. Die vier "Großen" (D, F, I, UK) verfügen über je 10 Stimmen, das "beinahe große" ESP über 8, die vier „mittleren“ (B, GR, NL und P) über je 5, Ö und S über je 4, DK, IRL und SF über je 3 und LUX über 2 Stimmen. Für die qualifizierte Mehrheit ist eine Beschlussmehrheit von 62 Stimmen (früher 54 Stimmen) erforderlich, wobei die Gesamtstimmenzahl 87 (früher 76) beträgt. Nach dem "Beschluss von Ioannina" vom 29.3.1994 einigte sich der Rat politisch, möglichst Beschlüsse mit mindestens 65 Stimmen anzustreben. Damit sollte auf englischen und spanischen Wunsch die frühere nördliche und bzw. „mittelmeerische“ Sperrminorität erhalten bleiben. Ein qualifizierter Mehrheitsbeschluss muss, wenn ohne Vorschlag der Kommission entschieden wird, die Zustimmung von mindestens zehn Mitgliedstaaten umfassen (doppelt-qualifizierte Mehrheit ist z.B. erforderlich Art. 84 Abs. 2 und Art. 153 EGV). So soll eine Majorisierung der Gemeinschaft durch die großen Mitglieder vermieden werden, indem entweder das Vorschlagsrecht der Kommission oder Stimmenpositionen kleinerer Mitgliedstaaten als moderierendes Element eingebaut sind. Vgl. Oppermann (1999), S. 118-124.

gilt, wenn ein Mitgliedsland geltend macht, dass eine in Aussicht genommene Ratsentscheidung ein „vitales nationales Interesse" negativ berühren würde; dann entspricht es den eingespielten Gepflogenheiten, ebenfalls die Einstimmigkeitsregel anzuwenden, obwohl dies im EG-Vertrag nicht vorgesehen ist.[95]

Tabelle 1: Stimmenverteilung nach Einwohnern im Ministerrat

Land	Einwohner in Millionen	Stimmen im Ministerrat
Deutschland	82,038	10
Großbritannien	59,247	10
Frankreich	58,966	10
Italien	57,612	10
Spanien	39,394	8
Niederlande	15,760	5
Griechenland	10,533	5
Belgien	10,213	5
Portugal	9,980	5
Schweden	8,854	4
Österreich	8,082	4
Dänemark	5,313	3
Finnland	5,160	3
Irland	3,744	3
Luxemburg	0,429	2

Allerdings dürfen die vier großen Staaten zusammen alleine keinen Beschluss fassen; sie können allerdings jederzeit gemeinsam jeden Beschluss verhindern. Die ursprünglichen sechs Mitgliedstaaten können allein keinen Beschluss fällen, aber auch die danach beigetretenen Staaten könne allein keinen Beschluss fassen. Auch die Stimmen im Ministerrat richten sich nach der Größe der verschiedenen Länder. Nicht zuletzt aus diesem Grund hat in der europapolitischen Praxis das Einstimmigkeitsprinzip ein großes Gewicht und drängt das eigentlich im EG-Vertrag vorgesehene Primat der Mehrheitsentscheidung[96] zurück.

Die Benelux-Staaten können allein keinen Beschluss verhindern. Vier große Länder können allein keinen Beschluss fassen, drei von ihnen können zusammen einen Beschluss verhindern. Werden Beschlüsse nach dem EGV nicht auf Vorschlag der Kommission gefasst,[97] ist neben der Mehrheit von 62 Stimmen auch noch die

95 Vgl. Donges/Freytag (2001), S. 286.

96 Vgl. Art. 205 EGV.

97 Beschlussfassungen, die nicht auf Vorschlag der Kommission erfolgen, stellen die Ausnahme dar, vgl. z.B. Art. 84 Abs. 2 EGV.

Zustimmung von 10 weiteren Mitgliedern erforderlich (doppelt qualifizierte Mehrheit). Einstimmigkeit ist in besonders wichtigen Fragen[98] vertraglich vorgesehen.[99]

Nizza brachte über eine stärkere Spreizung der Stimmen der großen gegenüber den mittleren und kleinen Ländern als auch durch die Sonderregelung, wonach bei Abstimmungen auch die Bevölkerungszahl getrennt berücksichtigt werden kann, eine Betonung des Einflusses der größeren Mitgliedsländer. (Vgl. hierzu Tabelle 2).[100]

Die Stimmenneugewichtung ist deshalb wichtig, da, falls die EU von 15 auf 27 Staaten wachsen sollte, bspw. Deutschland ebenso viele Einwohner wie die 17 bevölkerungsärmsten EU-Länder hätte. Wegen der Überrepräsentanz der „Kleinen“ verfügten sie aber über 57 Stimmen nach dem alten Modus, während Deutschland nur 10 Stimmen hätte. Damit würde das Gewicht zwischen den kleinen und großen Mitgliedsländern aus dem Gleichgewicht geraten.

Vor Nizza existiert eine Gesamtstimmenzahl von 87 Stimmen, von denen 62 (71,2 %) für eine qualifizierte Mehrheit stimmen müssen. Nach Nizza (ab dem 1.1.2005) sieht der EG-Vertrag eine Gesamtstimmenzahl von 237 vor der Erweiterung (in der Gemeinschaft wären noch die 15 Staaten, die auch heute Mitglieder der Gemeinschaft sind) vor, von denen 170 (entspricht 71,7 %) für eine qualifizierte Mehrheit benötigt werden. Das bedeutet, dass für eine Sperrminorität 68 Stimmen benötigt werden. Zusätzlich muss dann bei Abstimmungen, die im Rahmen des Anhörungsverfahrens stattfinden, auch eine Mehrheit der Mitglieder erreicht werden. In allen anderen Verfahren müssen mindestens zwei Drittel der Mitglieder für den Vorschlag stimmen.

---

98 Vgl. z.B. die Steuerharmonisierung Art. 99 EGV.

99 Die Praxis der Willensbildung im Rat hat sich entgegen dem Wortlaut des Art. 148 EGV aufgrund der Luxemburger Vereinbarung vom 29.1.1966 anders entwickelt. Der Luxemburger Kompromiß sieht vor, dass bei Beschlüssen, die für ein Land von "vitalem" Interesse sind, eine einstimmige Lösung gefunden werden muss (jedes Land erhält somit ein Vetorecht). Diese Vereinbarung, alle wichtigen Fragen in Einvernehmlichkeit zu lösen, hat keine rechtliche, jedoch eine politische Bindungswirkung. Diese Vereinbarung kann als Ende des Mehrheitsprinzips betrachtet werden. Vgl. auch Kapitel 2.5.2. Die Einstimmigkeit bedeutet grundsätzlich die Zustimmung aller Mitglieder, wobei jedoch erleichternd nach Art. 148 Abs. 3 EGV die Stimmenenthaltung anwesender oder vertretener Mitglieder der Beschlussfassung nicht entgegensteht.

100 Im Extremfall hat Deutschland in einer auf 27 Mitglieder angewachsenen Union die Möglichkeit, einen ihren Interessen zuwiderlaufenden Mehrheitsbeschluss zu verhindern.

Tabelle 2: Stimmenverteilung im Ministerrat der Europäischen Union

Land	Bevölkerung (in Millionen)	Stimmenzahl in Zukunft	Stimmenzahl bisher
Deutschland	82	29	10
Großbritannien	59,2	29	10
Frankreich	59	29	10
Italien	57,6	29	10
Spanien	39,4	27	8
Polen	38,7	27	0
Rumänien	22,5	14	0
Niederlande	15,8	13	5
Griechenland	10,5	12	5
Tschechische Rep.	10,3	12	0
Belgien	10,2	12	5
Ungarn	10,1	12	0
Portugal	10	12	5
Schweden	8,9	10	4
Bulgarien	8,2	10	0
Österreich	8,1	10	4
Slowakei	5,4	7	0
Dänemark	5,3	7	3
Finnland	5,2	7	3
Irland	3,7	7	3
Litauen	3,7	7	0
Lettland	2,4	4	0
Slowenien	2	4	0
Estland	1,4	4	0
Zypern	0,8	4	0
Luxemburg	0,4	4	2
Malta	0,4	3	0
insgesamt	481,2	345	87

Für eine Verbesserung der Repräsentation der Bevölkerungszahl der Mitgliedstaaten wird der Art. 205 EGV um einen vierten Absatz ergänzt, wonach auf Antrag geprüft werden muss, ob die nach obigen Kriterien erhaltene qualifizierte Mehrheit auch mindestens 62 % der EU-Bevölkerung umfasst. Andernfalls gilt der Beschluss als abgelehnt.

Ferner benennt der Vertrag von Nizza auch die Stimmenzahlen für die Beitrittskandidaten. Eine qualifizierte Mehrheit nach dem Beitritt aller zwölf Kandidaten wird bei einer Gesamtstimmenzahl von 258 Stimmen (74,7 %) zustande kommen, so dass die Sperrminorität bei 88 Stimmen liegt. Diese soll nach separatem Beschluss nach dem Beitritt aller Kandidaten auf 91 Stimmen erhöht werden.[101]

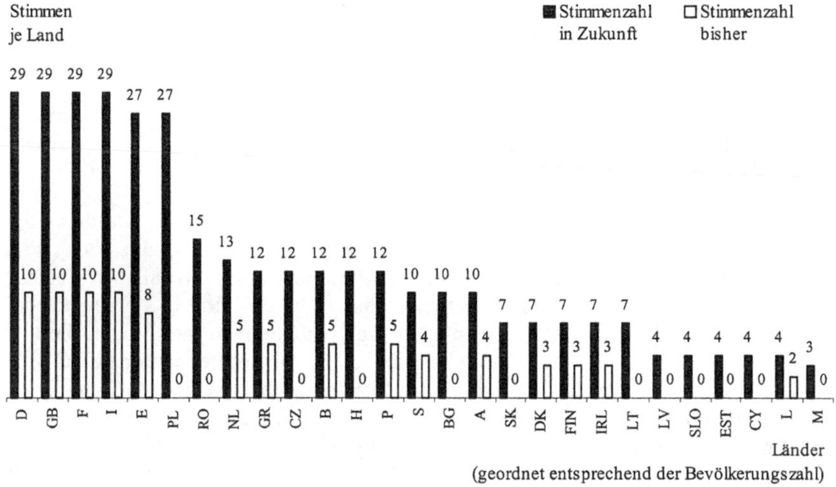

Abbildung 4: Künftige Stimmverteilung im Ministerrat

Um die Handlungsfähigkeit der größer werdenden Gemeinschaft auch nach der Erweiterung zu sichern, wurde in der Literatur häufig diskutiert, den lähmenden Zwang zur Einstimmigkeit aufzuheben und durch eine breitere Anwendung von Mehrheitsbeschlüssen zu ersetzen. Allerdings gelang es auch in Nizza nicht, die Mehrheitsentscheidungen weitgehend auszuweiten.[102] Zwar könnte rein rechnerisch eine positive Bilanz gezogen werden, denn bei etwa 40 von 70 zur Diskussion stehenden Politikfeldern ist ein Übergang zur Mehrheitsentscheidung vorgesehen.

---

101 Vgl. Theurl/Meyer (2001), S. 94 ff.

102 Die Hürde für Mehrheitsentscheidungen ist noch höher gelegt worden; wenn zzt. die Schwelle für eine qualifizierte Mehrheit bei etwa 71 % der nach Größe der Mitgliedstaaten gewogenen Stimmen liegt, so wird dieser Wert nach der Erweiterung der Gemeinschaft auf 73,5 % steigen. Vgl. FAZ Nr. 289, vom 12.12.2000, S. 3. Verbindet man diese Aussage mit der Stimmenneugewichtung, so bedeutet dies, dass eine Koalition aus drei größeren Mitgliedstaaten mit einem mittleren EU-Land ausreichte, um jeden Beschluss zu blockieren.

Allerdings ist darauf hinzuweisen, dass es sich bei sehr vielen dieser Fragen um weniger bedeutende Entscheidungen handelt.[103]

Außerdem wurde in Nizza ein demografisches Sicherheitsnetz eingezogen. Zusätzlich zu jedem Mehrheitsbeschluss muss mindestens die einfache Mehrheit der Mitgliedstaaten zustimmen. Außerdem kann nach jeder Abstimmung jedes Mitglied eine Prüfung beantragen, ob ein Beschluss eine Mehrheit von mindestens 62 % der Gesamtbevölkerung der EU widerspiegelt. Dieses sog. demografische Sicherheitsnetz bedeutet eine zusätzliche Stärkung der großen Mitgliedstaaten und koppelt Deutschland von Frankreich und Großbritannien ab.[104]

Tagen die Ratsmitglieder als Vertreter ihrer Regierungen, so nennt man sie Gremium. Sie beschließen über die Ernennung der Kommissionsmitglieder (Art. 158 Abs. 2 EGV) und ernennen die EuGH-Richter (Art. 167 EGV).

Soll der Ministerrat einer positiven Analyse unterzogen werden, so muss auf die in der Public-Choice-Theorie verankerten Elemente abgestellt werden; hiernach sind Politiker rational handelnde Akteure, die die Maximierung ihres persönlichen Nutzens verfolgen. Nach dem Modell der Demokratie nach DOWNS sind die Elemente der Nutzenfunktion der Politiker die Faktoren Prestige, Einkommen und Macht, die alle mit einem öffentlichen Amt in Verbindung stehen.[105] Um dieses nationale Amt zu erhalten bzw. zu erwerben, bedarf es in einem System der repräsentativen Demokratie der Legitimation durch die Mehrheit der Wähler. Die Prinzipale müssen ihre Wahl zwischen den Agenten treffen.[106] Somit ist das Zwischenziel der Mitglieder des Ministerrates das Maximieren nationaler Wählerstimmen, wobei das Mittel zur

---

103 Hierzu gehören bspw. eine Reihe von Verfahrensordnungen für die europäischen Institutionen sowie die Regelungen für die Ernennung der Mitglieder des Wirtschafts- und Sozialausschusses und des Ausschusses der Regionen. In der Asyl- und Wanderungspolitik soll eine Entscheidung erst fünf Jahre nach Inkrafttreten des Vertrages fallen und zwar dann mit Einstimmigkeit. Auch in der Steuerpolitik ist ein Stufenplan mit der Möglichkeit eines Übergangs zur Mehrheitsentscheidung vorgesehen. Allerdings erscheint es nach heutigem Ermessen sehr wahrscheinlich, dass Großbritannien auch in fünf Jahren nicht bereit sein wird, auf sein Veto-Recht in der Steuer- und Sozialpolitik zu verzichten. Auch im Bereich der Handelspolitik gab es nur marginale Fortschritte. Frankreich verhinderte erfolgreich die Abschaffung der Einstimmigkeit bei Entscheidungen über kulturelle und audiovisuelle Dienstleistungen, Bildung, Soziales und Gesundheitswesen. Für die Struktur und Regionalförderung setzte Spanien (der spanische Ministerpräsident Aznar) durch, dass auch über die Bestimmungen für den 2007 beginnenden und voraussichtlich bis 2013 laufenden Förderzeitraum noch einstimmig entschieden werden muss. Deutschland verteidigte die Einstimmigkeit bei Entscheidungen über die Handwerksordnung. Vgl. FAZ Nr. 289, vom 12.12.2000, S. 3.

104 Diese Lösung bringt Deutschland aufgrund seiner Bevölkerungsstärke die Möglichkeit, mit zwei beliebig anderen großen Mitgliedstaaten jeden Beschluss gegen seine Interessen zu verhindern. Im Vergleich dazu sind die übrigen drei großen Mitgliedstaaten auf jeweils drei Mitstreiter angewiesen, wenn sie die 62 % - Hürde überwinden wollen.

105 Vgl. Downs (1957).

106 Vgl. Downs (1968), S. 27.

Zielerreichung das Anbieten eines politischen Programms ist, das mehrheitlich nationalen Wählerpräferenzen entspricht. Die Bedeutung europäischer Fragestellung bei den nationalen Wahlen spielt eher eine untergeordnete Rolle.[107] Auch die Parteien, als Zusammenschluss einzelner Politiker zu einer Gruppe,[108] sind Teil des politischen Willensbildungsprozesses. Sie verfolgen in ihren Wahlkämpfen nicht das Ziel zu informieren, sondern sie werben um die Mobilisierung von nationaler Unterstützung, um die eigene Macht zu erhalten bzw. zu erlangen.[109] Als Nebenbedingung sind die Aktivitäten der Opposition, äußere Herausforderungen an die Volkswirtschaft und die Tatsache zu berücksichtigen, dass die Wähler auf die wirtschaftliche und konjunkturelle Lage reagieren. Insofern sind für die Wiederwahlwahrscheinlichkeit die Instrumente zur Beeinflussung dieser wirtschaftlichen und konjunkturellen Situation von Interesse. Dieses Maximierungskalkül führt im Ergebnis dazu, dass auf nationaler Ebene eine Fokussierung auf den Median-Wähler[110] erfolgt. Es erscheint als die erfolgreichste Strategie hinsichtlich der Ausgestaltung von Parteiprogrammen, sich an der Position bzw. an den Präferenzen des Median-Wählers zu orientieren.[111]

Da eine Bewertung des gesamten Programms durch den Wähler und die Annahme der vollständigen Information über die einzelnen Programmpunkte eher unwahrscheinlich ist, werden die Parteien das selektive Informationsverhalten der Wähler dazu benutzen, durch spezielle Begünstigungen für bestimmte Gruppen eine Politik der Stimmenmaximierung zu betreiben. Dies wird gerade auch auf europäischer Ebene deutlich, auf der ein großer Teil des Haushaltes für die Bedienung der Interessen der dominanten Verbände Verwendung findet. Das "Beglücken mit Wahlgeschenken" nationaler Gruppen, das populär aber nicht dem Gemeinwohl förderlich ist, lässt Wahljahre zu Aufschwungjahren werden.[112] Allgemein hat die Öffentlichkeitsarbeit

---

107 Vgl. Witte (1995), S. 40 ff.

108 Es kann eine Gleichstellung der individuellen Ziele der Politiker als Mitglieder der Gruppe mit den Gruppenzielen der Partei vorgenommen werden, da Parteien, insbesondere aus der Sicht der Wähler, eine Position beziehen. Die Begriffe Politiker und Partei können somit synonym verwendet werden.

109 Vgl. zum Medianwählermodell und dessen empirischer Überprüfung Mueller (1989).

110 Vgl. Blankart (1994), S. 114-121.

111 Würden den zentripetalen (zu der Position des Median-Wählers hinwirkende Kräfte) nicht auch zentrifugale Kräfte entgegenwirken, die eine Identität des Programms verhindern, würden sich im Ergebnis die Parteien auf der Position des Medians treffen, d.h. sie würden letztlich identische Programme anbieten. Als Beispiel für zentrifugale Kräfte lassen sich der drohende Verlust von Wählerpotentialen an den Rändern der Wählerschaft, der mögliche Schaden der durch einen Verlust politischer Glaubwürdigkeit aufgrund der opportunistisch erscheinenden Programmänderungen und die Schwierigkeiten bei der ex ante Bestimmung der Position und Präferenzen des Median-Wählers (insbesondere innerhalb eines mehrdimensionalen Politikraumes, in dem selektive Einzelaspekte für den Wähler von Bedeutung sind, und in dem es *den* Median-Wähler nicht gibt) nennen. Vgl. zum Begriffspaar der zentrifugalen und zentripetalen Kräfte Kirsch (1993), S. 225-239.

112 Vgl. Grossekettler (1995), S. 612. Internationale vergleichende Untersuchungen haben die Existenz von politischen Konjunkturzyklen weitestgehend bestätigt. Allerdings ist eine

einer Partei das Ziel zu verfolgen, die Informationskosten für die Wähler zu senken, indem sie die Funktion eines Informanden übernimmt. Das Verhalten der Parteien ist im Allgemeinen und im Besonderen in dem Bereich der Europa-Politik als eher passiv zu beurteilen. Es erfolgt eine Orientierung an den Präferenzen der Wähler. Das Informationsverhalten - als Versuch, auf das Verhalten der Wähler Einfluss zu nehmen - eröffnet den Parteien die Möglichkeit, eine gewisse Eigendynamik zu entwickeln. Der Informationswille der Wähler bzgl. der europäischen Politik ist eher zurückhaltend, da die Ansicht sehr verbreitet ist, dass keine Beeinflussung möglich ist und somit europäische Belange auch eine untergeordnete Rolle einnehmen in den nationalen Wahlen des Parlamentes und damit auch des Ministerrates.

Der Rat wird durch den Ausschuss der Ständigen Vertreter unterstützt.[113] Dem Gremium gehören Vertreter der Mitgliedstaaten an, die Diplomatenstatus genießen. Die Zusammensetzung erfolgt aus von nationalen Regierungen ernannten Repräsentanten, die für die ganze thematische Bandbreite auf der EG-Ebene verantwortlich sind. Aufgabe des Ausschusses ist es, Ratssitzungen und dabei insbesondere die Entscheidungsverfahren vorzubereiten.[114] Außerdem untersteht dem Rat noch ein Generalsekretariat, dessen Aufgabe es ist, gemeinsam mit dem Ausschuss der Ständigen Vertreter und den Arbeitsgruppen die Arbeit des Rates vorzubereiten. Die Veröffentlichung der Ratsbeschlüsse - falls erforderlich - werden vom Generalsekretariat vorgenommen. Dieses verfasst die Berichte des Rates an die Versammlung, erstellt den Haushaltsvoranschlag und verwaltet die Haushaltsmittel des Rates. Die divergierende Zusammensetzung des Ministerrates je nach Ressortzugehörigkeit erhöht die Effizienz der Entscheidungsfindung.[115] Allerdings werden durch die ressortbezogene Trennung den jeweiligen Fachministern exklusive Verfügungsrechte für ihr eigenes Ressort zugesprochen. So können Ressortegoismen optimal und ohne Rücksicht auf andere Bereiche vollzogen werden. Im Gegenzug wird auf eine Beeinflussung anderer Ressorts verzichtet. Die diffundierenden Kosten bei eng zugeordneten Nutzen durch die Trennung von Ressorts begünstigen dieses Verhalten noch.

Der Zwang zur Einstimmigkeit in wichtigen Fragestellungen begünstigt das log-rolling und votetrading innerhalb und zwischen den Ressorts; zwischen den Ressorts wird der Handel mit Stimmen durch den Rat der ständigen Vertreter (Coreper) ermöglicht.[116]

Voraussetzung für den Erfolg dieser Strategie, dass die Begünstigung einer Minderheit für die Mehrheit zu keinen individuell spürbaren, zusätzlichen Kostenbelastungen führt.

113 Vgl. Art. 151 Abs. 1 EGV.

114 In den meisten Fällen wird dem Rat nur der entscheidungsreife Vorschlag zur formellen Beschlussfassung vorgelegt (sog. A-Punkte). Nur wenn im Gremium keine Einigkeit erzielt werden kann, befasst sich der Rat ausführlich mit dem jeweiligen Beratungsgegenstand (sog. B-Punkte). Vgl. Weindl (1994) S. 31.

115 Vgl. Halcombe/Parker (1991).

116 Vgl. Peirce (1991).

Der Ausschuss der Ständigen Vertreter (Coreper) fungiert als Unterbau des Rates und bereitet die Ratssitzungen vor.[117]

Es wird deutlich, dass es mit der positiven Zielsetzung der Ökonomischen Theorie der Politik möglich ist, politisches Handeln zu analysieren. Danach haben Politiker eigene Ziele (Macht, Prestige, Geld, eigene politisch-ideologische Vorstellungen) und sie können sich nicht unbegrenzt durchsetzen. Grundlagen der Ökonomischen Theorie der Politik (Public-Choice)[118] bilden neben den Annahmen über rationales Verhalten egoistischer Politiker auch die Annahme über das rationale Verhalten der Wähler bei ihrer Wahlentscheidung. Es werden das ökonomische Instrumentarium und die Methodologie auf die Analyse politischer Phänomene angewendet. Es wird angenommen, dass sich politisches und insbesondere demokratisches Handeln ebenfalls mit Problemen unvollkommener Information konfrontiert sieht. Mängel der politischen und bürokratischen Institutionen wie der fehlende Wettbewerb und der Verzicht auf ein Gewinnmotiv einerseits und die Monopolsituation vieler öffentlicher Betriebe andererseits führen zu einem fehlerhaften Anreizsystem und mangelndem Gestaltungswillen, zu überhöhten Preisen für die öffentlichen Dienste und zu einer Überproduktion.[119] Die Politiker und Bürokraten verfügen über eine große Freiheit zur Maximierung ihrer persönlichen Ziele.

Die Mitglieder des Ministerrates nehmen eine Doppelrolle ein, da sie neben ihrer Mitgliedschaft im Ministerrat auf der nationalen Ebene Regierungsmitglieder sind. Gewählt werden sie für ihre Doppelfunktion aber nur einmal - nämlich auf nationaler Ebene. Gerade diese Doppelrolle führt zu ineffizienten Anreizwirkungen des Systems aus der Sicht der Prinzipale und zu einer Unterordnung nachrangiger, aus Wählersicht nicht so bedeutender europäischer Fragestellungen unter die nationalen, politischen Aufgaben und Problemstellungen.

Die nationale Anreizstruktur wird determiniert von der Wiederwahloption und der im Grundgesetz verankerten Staatsverfassung. Die im Grundgesetz der Bundesrepublik Deutschland verankerten Staatsprinzipien sind das Bundesstaat-, das Demokratie-, das Rechtsstaat-, das Sozialstaatprinzip und die Gewaltenteilung.[120] Die Bürger üben nach der Verfassung die politische Souveränität als Verfügungsrecht aus. Alle grundsätzlichen Fragen müssen durch Parlamentsgesetze geklärt werden. (Nur das Parlament ist ausreichend demokratisch legitimiert, das Volk zu vertreten und die Suche nach Interessenausgleich zu betreiben.) Durch die Öffentlichkeit der

117 Vgl. Leipold (1994), S. 4.

118 Public-Choice kann definiert werden als "the economic study of nonmarket decision making, or simply the application of economics to political science. The subject matter (...) is: the theory of the state, voting rules, voter behavior, party policies, the bureaucracy (...)." Mueller (1989), S. 1.

119 Vgl. Lepage (1979), S. 124.

120 Art. 20 im GG bestimmt "alle Staatsgewalt geht vom Volke aus" - über andere grundsätzliche Festlegungen und über die sog. Ewigkeitsklausel (Art. 79 Abs. 3 GG) ist das Demokratieprinzip in Deutschland seinem Wesen nach unantastbar.

Auseinandersetzung der Regierung mit der Opposition soll Transparenz erzielt werden, die letztlich eine Kontrolle der Regierungsmehrheit durch Opposition und Medien herbeiführen soll. Hierbei nimmt eine bedeutende Rolle die Wiederwahlrestriktion ein. Sie macht es Regierungsmitgliedern des Parlamentes unmöglich, permanent gegen den Wählerwillen zu verstoßen, so dass in einer Mehrparteiendemokratie der Wettbewerb um die Regierungsmehrheit für eine am Wählerwillen orientierte Politik sorgt.[121] Auch internationale Verflechtungen schränken die nationalen Handlungsmöglichkeiten der Politiker ein, denn die Politik ausländischer Regierungen und deren Erfolge werden als Vergleichsmaßstäbe zur Beurteilung nationaler Politik herangezogen. Auf diese Weise werden die Informationskosten der Wähler gesenkt. Außerdem schaffen die Möglichkeit zur Abwanderung bzw. Verlagerung der Investitionen und Produktionsstandorte Wettbewerb zwischen den Regierungen.[122]

Die internationale Anreizstruktur auf der Ebene der EG zeigt, dass der Ministerrat das wichtigste Legislativorgan der EG ist.[123] Auf der Ebene der EG erfolgt eine Bindung der ausführenden Gewalt an das nationale Recht und eine Bindung der Legislativen an die nationale Verfassung.[124] Die nationale Exekutive wird zur europäischen Legislativen. In den Verfahren und Inhalten sind die Minister im Rat als Mitglieder eines Gemeinschaftsorgans nur an das Gemeinschaftsrecht gebunden, nicht an das Recht des jeweiligen Mitgliedstaats. Auch ein Mitgliedstaatlicher Rechtsschutz gegenüber ihrem Abstimmungsverhalten besteht nicht.[125] Die Ratssitzungen finden unter Ausschluss der Öffentlichkeit statt. Dies führt zu einer erheblichen Reduzierung der Transparenz der Rechtssetzung und der Entscheidungsfindungsprozesse. Seit dem EG-Gipfel in Edinburgh im Dezember 1992 soll die Arbeit des Rates durch öffentliche Aussprachen über Arbeitsprogramme und Initiativen des Rates und der Kommission transparenter gestaltet werden. Die Öffentlichkeit soll frühzeitiger und vollständiger informiert werden. Die Folgen sind, dass das verfassungsmäßig garantierte Demokratieprinzip, ebenso wie das Mitspracherecht und die Mitentscheidungsbefugnisse der Länder sowie die Gewaltenteilung, für die zentralisierten Kompetenzen ausgehöhlt werden. Außerdem steigen im Vergleich zur nationalen Ebene die Informations- und Überwachungskosten der Prinzipale an, und das Sanktionspotential wird erheblich reduziert.

Kompetenzverlagerungen können erfolgen, wenn Entscheidungen darüber, auf welcher Ebene Entscheidungen getroffen werden, möglich sind. Der Ratspräsident

---

121 Allerdings liegen in einem Parteiensystem mit wenigen Parteien Absprachen nahe, wenn über die dem Wählerwillen widersprechenden Interessen Konsens besteht. Beispiele sind die Gesetze zur Parteienfinanzierung oder auch Diätenregelung.

122 Über die Bedeutung von Politikwettbewerb vgl. im dritten Kapitel den Abschnitt 3.2.3.3.

123 Vgl. Art. 145, 148 und 149 EGV.

124 Das Bundesverfassungsgericht behält sich die Prüfungen der EG-Entscheidungen auf die Vereinbarkeit mit dem Grundgesetz vor (vgl. Urteil BVerfG, S. 434 f.).

125 Vgl. Nicolaysen (1991), S. 82.

kann die Vertreter der Regierungen als Regierungskonferenz einberufen und sie können über die Änderung der Gemeinschaftsverträge beschließen.[126] Diese Änderungen werden wirksam, wenn sie nach nationalen verfassungsrechtlichen Vorschriften ratifiziert wurden. Dem Ministerrat ist eine Kompetenzverlagerung auf EG-Ebene ohne formelle Vertragsänderung möglich.[127] Der Rat kann einstimmig die "geeigneten Vorschriften" erlassen, wenn ein Tätigwerden der Gemeinschaften erforderlich ist, um im Rahmen des Gemeinsamen Marktes ein gemeinsames Ziel zu verfolgen. Auch in konkurrierender Gesetzgebung kann der Rat allein und ohne die Zustimmung nationaler Institutionen entscheiden, ob Kompetenzen auf die EG-Ebene verlagert werden. Werden die Kompetenzen verlagert, so ist es der nationalen Regierung damit möglich, den wesentlichen nationalen Restriktionen zu entgehen.[128]

Es besteht somit durch Absprachen auf EG-Ebene die Möglichkeit, den politischen Wettbewerb zwischen den europäischen nationalen Regierungen zu reduzieren. Internationale Politikkoordination bietet die Option zur Verhinderung bzw. Verminderung von Wettbewerb durch Monopolisierung. Internationale Absprachen verhindern bzw. verteuern die Abwanderung und den Widerspruch. Das Abwahlrisiko wird minimiert durch die Verlagerung unpopulärer Entscheidungen auf die EU- bzw. EG-Ebene. Der Ministerrat ist durch die europäischen Wähler nicht sanktionierbar.

2.3.2.3 Die Kommission

Die Kommission ist die treibende Kraft der Integration.[129] Sie übernimmt nach Art. 155 EGV drei Funktionsbündel: Erstens ist durch das Monopol der Gesetzesinitiative die Kommission der „Motor der Integration".[130] Ohne ihren Vorschlag kann der Rat nur in Ausnahmefällen tätig werden. Damit liegt die gesamte vorbereitende Arbeit, die Konzipierung der jeweiligen Politik und die Auswahl geeigneter Mittel und Methoden zu ihrer Verwirklichung bei der Kommission.[131] Sie identifiziert somit zentrale Probleme für die EG, setzt so die politische Agenda und formuliert die Entscheidungsvorlagen. Den Gesetzesvorschlag der Kommission kann der Rat nur einstimmig ändern, wodurch die Kommission eine Mittler- und Schiedsfunktion zwischen den Mitgliedstaaten einnehmen kann. Sie nimmt teil an den Sitzungen des Rates und kann

---

126 Vgl. Art. 236 EGWV bzw. Art. N EUV.
127 Vgl. Art. 235 EWGV.
128 Vgl. Dittmann (1992).
129 Vgl. von der Groeben (1970), S. 14.
130 Wessels (1996), S. 31.
131 Walter Hallstein, der erste Präsident der Europäischen Kommission, erachtete den „hohen Sachverstand einer unabhängigen Kommission" als Garanten „technisch optimaler Lösungen", die „tatsächlich Ausdruck eines europäischen Interesses sind". Im Rat als zweitem Organ gemeinschaftlicher Entscheidungsfindung vollziehe sich daneben „der Ausgleich, die Versöhnung der einzelnen Interessen der Mitgliedstaaten und des Gemeinschaftsinteresses". Ergebnis sei eine Politik „hoher Sachgerechtigkeit" – eine Politik, die nationale Lösungen vielfach überlegen sein werde und die damit ebenso wie die funktionelle Methode zu bedeutsamen Wohlfahrtsgewinnen führen werde. Vgl. Hallstein (1968), S. 31-37.

ihre Vorschläge situationsbedingt ändern. Zweitens trifft sie als „Exekutive" im Rahmen ihrer Befugnisse verbindliche Durchführungsbeschlüsse und verhandelt internationale Abkommen. Drittens überwacht sie schließlich als „Hüterin der Verträge" die Anwendung des Gemeinschaftsrecht. Sie kontrollier die Umsetzung der durch den Rat beschlossenen Gesetzesvorhaben in nationales Recht.

Die Zusammensetzung der Kommission ergibt sich aus Art. 157 EGV. Jeder Mitgliedstaat entsendet mindestens ein und höchstens zwei Mitglieder. Für die interne Willensbildung bildet das „Kollegium", das gegenwärtig aus 20 Kommissaren – einschließlich des Kommissionspräsidenten – besteht, das zentrale Entscheidungsgremium. Nach der bisherigen Praxis werden von den fünf großen Mitgliedstaaten (Bundesrepublik Deutschland, Frankreich, Italien, Großbritannien und Spanien) je zwei und von den übrigen Staaten je ein Mitglied im gegenseitigen Einvernehmen ernannt. Nach den Beschlüssen von Maastricht muss die Bestellung der Kommissionsmitglieder vom Europäischen Parlament bestätigt werden, Präsident und Kollegium werden in einem mehrstufigen Verfahren von den Regierungen der Mitgliedstaaten nach der Zustimmung des Europäischen Parlaments ernannt.[132] In der ersten Stufe wird von den Mitgliedsländern im gegenseitigen Einvernehmen ein Kommissionspräsident nominiert.[133] Der Vertrag von Nizza sieht hier künftig nur eine qualifizierter Mehrheit vor. Dieser bestimmte Kandidat muss nach dem Vertrag von Amsterdam die Zustimmung des Europäischen Parlaments erhalten.[134] Nach der Zustimmung durch das Parlament benennen die Mitgliedstaaten im Einvernehmen mit dem Kommissionspräsidenten die übrigen Kommissare.[135] Die Mitgliedstaaten haben Vorstellungen über Personen und die zu besetzenden Aufgaben. Beides gleichermaßen zu beeinflussen, fällt den Mitgliedsländer relativ schwer, da der Kommissionspräsident die Verteilung der Zuständigkeiten allein vornimmt.[136] Die Kommissare werden zwischen den Regierungen einvernehmlich bestimmt, d.h. es besteht ein faktisches Mitspracherecht bei der Nominierung der Kandidaten anderer Staaten.[137] Die so nominierte Kommission hat sich einem Zustimmungsvotum im Europäischen

---

132 Vgl. Art. 158 EGV.

133 Art. 214 Abs. 2 Satz 1 EGV.

134 Das Europäische Parlament – ein supranationales EU-Organ – wird keinen intergouvernmental orientierten Kandidaten akzeptieren und signalisiert meist frühzeitig eine mögliche Ablehnung, die von den Regierungschefs i.a. auch beachtet wird.

135 Der Vertrag von Nizza sieht künftig vor, dass die Mitgliedstaaten Vorschläge einreichen, aus diesen Vorschlägen im Einvernehmen mit dem Präsidenten eine Liste gefertigt wird, die mit qualifizierter Mehrheit angenommen wird.

136 Da der Präsident bei der Verteilung von Zuständigkeiten keine Rücksprache mit den Mitgliedsändern halten muss, ergeben sich für ihn Verhandlungsspielräume. Er kann ihm nicht genehme Kandidaten akzeptieren, ihnen dann jedoch nachrangige Aufgaben zuordnen. Oder er sorgt für die Nominierung eines ihm genehmen Kandidaten, indem er informell bestimmte Zuständigkeitszusagen trifft.

137 Vgl. Schmitt von Sydow (1997), S. 318.

Parlament zu stellen.[138] Das Europäische Parlament kann nicht einen einzelnen Kommissar ablehnen, sondern nur gegen die Kommission in ihrer gesamten Zusammensetzung votieren.[139] Abschließend werden die Kommissionsmitglieder von den Regierungen der Mitgliedstaaten ernannt.

Die Amtszeit der Kommission wurde zu Beginn der neunziger Jahre mit der Legislaturperiode des Europäischen Parlaments synchronisiert und beträgt fünf Jahre.[140] Eine Wiederernennung der Kommissare ist zulässig.

Nach den Beschlüssen von Nizza wird für die Zeit nach 2005 vorgesehen, dass jeder Staat einen Vertreter entsenden wird bis die zwölf Länder, mit denen noch Gespräche über ihre Mitgliedschaft geführt werden, beigetreten sind. Dann wird im Kreis der 27 über eine Verkleinerung der Kommission unter Anwendung des Rotationsprinzips verhandelt.[141] Die fünfjährige Amtszeit ist übereinstimmend mit der Legislaturperiode des Parlaments. Nur das Europäische Parlament kann die Kommission durch ein Misstrauensvotum entlassen;[142] diese Möglichkeit ist 1999 erstmalig genutzt worden. Die Mitglieder der Kommission müssen die volle Gewähr ihrer Unabhängigkeit garantieren. Sie sind nicht weisungsgebunden und grundsätzlich nur ihrem eigenen Urteil verpflichtet. Sie handeln als Europäer, die ausschließlich das Interesse der Gemeinschaft/Union zu vertreten haben. Die Stellung des Präsidenten der Kommission ist hervorgehoben durch die Neuformulierung des Art. 158 Abs. 2 U, Abs. 2 EGV im Maastrichter Vertrag und eine Stärkung durch den Amsterdamer Vertrag. Die Benennung der Kommissare erfolgt nicht mehr nur in Konsultation, sondern im Einvernehmen mit dem designierten Präsidenten. Außerdem soll die Kommission ihre Tätigkeit gemäß Art. 219 Abs. 1 EGV/Amsterdam "unter der politischen Führung ihres Präsidenten ausüben." Dies bedeutet eine Art Richtlinienkompetenz des Kommissionspräsidenten.[143]

---

138 Die dabei übliche Einzelbefragung der Kommissare ist nicht im EG-Vertrag fixiert, sondern wurde von dem Parlament auf der Grundlage seiner Geschäftsordnung durchgesetzt. Art. 33 GO-EP.

139 Das Parlament kann wählen zwischen der Entscheidung eine gesamte Kommission abzulehnen, weil sie einen Kommissar für ungeeignet halten und damit eine neue Kommissionsbildung mit ungewissen Ausgang zu provozieren oder die Kommission trotzdem zu akzeptieren mit der Gefahr, als rein affirmatives Organ zu erscheinen, das die ihm gegebene Macht nicht zu nutzen weiß. Vgl. Teurl/Meyer (2001), S. 99.

140 Art. 214 EGV. Häufig werden unterschiedliche Politikvorstellungen bereits in der Nominierungsphase zum Kommissionspräsidenten deutlich. Jedes Mitgliedsland versucht seine supranationale oder wettbewerbliche Einstellung durch die Wahl eines scheinbar geeigneten Vertreters zu artikulieren.

141 Das Rotationsprinzip geht von einer begrenzten Zahl der Kommissare aus; an dieser Obergrenze orientiert wird dann das Rotationsprinzip eingeführt. Es gibt dann Zeiten, in denen einige Länder ganz auf das Abstellen eines Kommissars verzichten werden. In Aussicht genommen wurde für die Zeit ab 2010 eine Obergrenze von 20 Kommissaren zu beschließen.

142 Vgl. Art. 144 EGV.

143 Vgl. Pechstein/König (1998), S. 91.

Durch Nizza im Dezember 2000 erfolgte eine weitere Aufwertung der Position des Kommissionspräsidenten, denn er soll künftig vom Ministerrat mit einer qualifizierten Mehrheit gewählt werden können. Seine Position wird insofern gestärkt, als ihm mehr Kompetenzen bei der Besetzung der einzelnen Ressorts eingeräumt werden. Er erhält mehr Einfluss auf die personelle Zusammensetzung und die Verteilung der Zuständigkeiten innerhalb der Kommission.

Die Kommission ist keinen Weisungen der Regierungen unterworfen, sie ist allein dem Europäischen Parlament verantwortlich und verkörpert so die Interessen der Union. Das Parlament kontrolliert die Europäische Kommission.

Die Beschlüsse der Kommission werden mit einfacher Mehrheit gefasst.[144] Im Moment wird diese einfache Mehrheit mit elf Stimmen erreicht. Das Kollegium der Kommission tagt unter dem Vorsitz ihres Kommissionspräsidenten und trifft Entscheidungen mit einfacher Mehrheit, in der Praxis jedoch häufig nachdem ein Konsens herbeigeführt wurde. Der Präsident hat als „primus inter pares" nur wenige besondere Rechte und Aufgaben.[145] Jedes Kommissionsmitglied leitet ein oder mehrere Sachgebiete (Ressorts).[146] Der gesamte Tätigkeitsbereich der Kommission ist in Dienststellen eingeteilt (23 Generaldirektionen, ein Generalsekretariat und mehrere Sonderdienste). Der größte Teil der Dienststellen der Kommission befindet sich in Brüssel, ein kleiner Teil in Luxemburg. In jedem Mitgliedstaat befindet sich eine Vertretung der Kommission.

Die Legislativbefugnisse der Kommission bestehen in dem alleinigen Vorschlagsrecht gegenüber dem Rat, den vereinzelt selbständigen Rechtssetzungsbefugnissen (Art. 90 Abs. 2 EGV) und den vom Rat delegierten Befugnissen (Art. 155 Abs. 4 EGV).[147]

---

144 Vgl. Art. 163 Abs. 1 EGV. Die Abstimmungsregel deckt sich mit der Rolle der Kommission als einer von den Mitgliedstaaten unabhängigen, nur dem Gemeinschaftsinteresse verpflichteten Institution. Vgl. Donges/Freytag (2001), S. 285.

145 Die Stellung des Kommissionspräsidenten ist insbesondere im Außenverhältnis hervorgehoben, so ist er Mitglied des Europäischen Rates und nimmt am Weltwirtschaftsgipfel der sieben größten westlichen Staaten teil.

146 Man kann diese Sachgebiete mit den Ministerien eines Staates vergleichen. Jeder Kommissar wird dabei von einer von ihm ausgewählten Gruppe von Beamten unterstützt. Diese Gruppe wird als Kabinett bezeichnet. Die Aufgaben der Kommission sind so umfangreich, dass die Dienststellen alleine die Beschlussfassung nicht vorbereiten können. Es haben sich im Zeitverlauf über 1000 ständige und nicht-ständige Ausschüsse gebildet, die beratende Funktionen übernehmen. Je nach Sachgebiet setzen sie sich aus europäischen oder nationalen Beamten, aus privaten Sachverständigen und aus Vertretern verschiedener Interessengruppen zusammen. Vgl. Weindl (1994), S. 34 f.

147 Vgl. Nicolaysen (1991), S. 91.

Die Kommission hat vier große Aufgabenbereiche:[148]

- Kontrolle der Einhaltung des primären und sekundären Gemeinschaftsrechts

  Die Kommission ist Exekutive und Hüterin des Vertrages. Sie wacht über die korrekte Ausführung der von der Gemeinschaft/Union angeordneten und beschlossenen Maßnahmen durch die Mitgliedstaaten. Notfalls kann sie vor dem Europäischen Gerichtshof (EGH) Prozess führen. Die Gemeinschaftsverträge EGKSV, EGV und EAGV stellen das primäre Gemeinschaftsrecht dar. Das sekundäre Gemeinschaftsrecht ist das von den Gemeinschaftsorganen gesetzte Recht. Die Kommission hat für die Einhaltung des Gemeinschaftsrechts durch die ihm unterliegenden Personen, Mitgliedstaaten und Gemeinschaftsorgane zu sorgen. Dabei hat die Kommission ein sehr weitgehendes Informationsrecht. Die Kommission überwacht auch die Befolgung und Einhaltung der Urteile des EuGH. Sie verfügt über unmittelbare Aufsichtsbefugnisse gegenüber den Mitgliedstaaten im Hinblick auf die Gewährung von Beihilfen und Durchführung von Richtlinien.

- Aktivierung der Integration durch Empfehlungen und Stellungnahmen

  Die Kommission kann, soweit sie dies für notwendig erachtet, auch über das durch den Vertrag ausdrücklich vorgesehene Maß hinaus,[149] unverbindliche Stellungnahmen und Empfehlungen abgeben. Administrationen der Mitgliedstaaten kontrollieren die Wahrnehmung dieser „Exekutivbefugnisse“ durch ein differenziertes System von Ausschüssen.

- Wahrnehmung eigener Entscheidungsbefugnisse sowie Mitwirkung am Zustandekommen der Handlungen anderer Organe

  Die Kommission verfügt über eigenständige Entscheidungskompetenzen in den Bereichen der Verwaltung der EG-Haushalte, der verschiedenen Fonds und der finanziellen Einrichtungen,[150] die Errichtung der Zollunion,[151] die Erhebung von Ausgleichsabgaben im Bereich der Landwirtschaft,[152] Schutzmaßnahmen im Bereich des Kapitalverkehrs,[153] die Beseitigung von Steuerdiskriminierungen,[154] und Zustimmungen und Genehmigungen bei Beihilfen.[155] Die Kommission führt den EG-Haushalt in eigener Verantwortung durch. Die Kommission wirkt im Rahmen des Haushaltsverfahren an Handlungen des Parlaments mit.[156] An den

---

148 Vgl. Art. 155 EGV.

149 Der Vertrag sieht die Abgabe von Stellungnahmen und Empfehlungen ausdrücklich vor z.B. in Art. 102, 103, 113, 118, 153, 169 und 203 EGV.

150 Vgl. Art. 205 EGV.

151 Vgl. Art. 12, Art. 13 und Art. 14 EGV.

152 Vgl. Art. 46 EGV.

153 Vgl. Art. 3 Abs. 2 EGV.

154 Vgl. Art. 100a EGV.

155 Vgl. Art. 93 Abs. 2 EGV.

156 Vgl. Art. 203 EGV; gemäß Art. 140 Abs. 3 EGV ist die Kommission verpflichtet, mündlich oder schriftlich auf die ihr von den Mitgliedern der Versammlung gestellten Fragen zu antworten.

Handlungen des Rates wirkt die Kommission insbesondere im Rahmen des Vorschlagsverfahrens mit.[157]

- Wahrnehmung der vom Rat übertragenen Durchführungsbefugnisse

  Der Rat kann der Kommission zur Durchführung der von ihm erlassenen Vorschläge Befugnisse übertragen.[158] Im Bereich der Außenbeziehungen kann die Kommission durch den Rat ermächtigt werden, Verhandlungen mit Drittstaaten oder internationalen Organisationen zu führen. Über eigenständige Entscheidungsbefugnisse verfügt die Kommission im Bereich des Wettbewerbs- und Kartellrechts. Von nachhaltiger Bedeutung für die EG als Rechtsgemeinschaft ist die intensiv genutzte Möglichkeit der Kommission, vor dem Europäischen Gerichtshof Klage gegen diejenigen Mitgliedstaaten zu erheben, die gegen den Vertrag oder bestehende Rechtsakte verstoßen haben.[159]

Neben den vier genannten Hauptaufgaben hat die Kommission weitere Exekutivaufgaben, die nicht in Art. 155 EGV erwähnt sind. Außerdem hat die Kommission jährlich und zwar spätestens einen Monat vor Beginn der Sitzungsperiode des Parlaments einen Gesamtbericht über die Tätigkeit der Gemeinschaft zu veröffentlichen.[160]

Die Beteiligungsmöglichkeiten der Europäischen Kommission im Bereich der GASP und ZJIP sind geringer als in der Ersten Säule, der EG. An den Arbeiten in der Zweiten Säule (GASP) wird sie in vollem Umfang beteiligt.[161] Schwächer ausgeprägt sind die Befugnisse der Kommission in einigen Politikfeldern der Dritten Säule(ZJIP).

Soll die Kommission in ihrer Stellung im institutionellen Gefüge des europäisch-politischen Prozesses beurteilt werden, so sind insbesondere ihre exekutiven Aufgaben zu analysieren. Die Kommission wird häufig als die eigentliche Exekutiv-Kraft beschrieben, denn sie ist mitverantwortlich für die Umsetzung von Ratsentscheidungen sowie für die Verwaltung des Haushaltes. Sie stellt ein Gegengewicht zu nationalen Bürokratien, die einer Zentralisierung von Entscheidungsbefugnissen aufgrund des drohenden Kompetenzverlustes ablehnend gegenüberstehen, dar. Die Kommission verfügt über eigene Rechtsetzungsbefugnisse und hat in einigen wenigen Ausnahmen sogar das alleinige Initiativrecht bei Ratsentscheidungen.[162] In diesen Fällen liegen

---

157 Im Vorschlagsverfahren „beschließt der Rat auf Vorschlag der Kommission". Das bedeutet, dass der Rat ohne Vorschlag der Kommission keine Rechtsakte erlassen kann. (Einige Ausnahmen sind z.B. in Art. 84 Abs. 2 EGV oder Art. 153 EGV geregelt.) Allerdings kann der Rat nach Art. 152 EGV die Kommission verbindlich auffordern, ihm entsprechende Vorschläge zu unterbreiten. Am umfassendsten übte die Kommission ihr Vorschlagsrecht in dem Weißbuch über die Vollendung des Binnenmarktes aus.

158 Vgl. Art. 155 Abs. 4 EGV.

159 Vgl. Art. 169 EGV.

160 Vgl. Art. 156 EGV.

161 Vgl. Art. J.9 EUV.

162 Vgl. Witte (1995), S. 55-59.

Legislativ- und Exekutivaufgaben bei demselben Organ, so dass dem Ziel der Gewaltenteilung und der dadurch entstehenden Kontrolle nicht entsprochen wird.

Den Mitgliedstaaten bieten sich zwei Wege, die Entscheidungsfindung der Kommission zu beeinflussen. Sie können in den Konsultationsphasen des Entwurfs über entsandte Experten und Beamte auf Probleme, die sich in ihrem Land stellen, hinweisen und somit schon frühzeitig an der Gestaltung eines Rechtsaktes mitwirken. Eine solche Mitbestimmung der Mitgliedstaaten ist seitens der Kommission zur Erschließung des mitgliedstaatlichen lokalen Wissens durchaus gewünscht. Sehr viel bedeutender ist die Personalpolitik, welche die Mitgliedstaaten zur Wahrung ihrer Interessen instrumentalisieren können. Die Nähe der Mitgliedstaaten zu „ihren" auf der politischen Ebene der Kommission tätigen Ansprechpartnern impliziert nicht eine unmittelbare Umsetzung nationaler Anweisungen, lässt aber doch eine beeinflussende Wirkung als wahrscheinlich erscheinen.[163]

Aufgrund der enormen fachlichen Personalkapazität ist es der Kommission möglich, gegenüber dem Rat einen beträchtlichen Informationsvorsprung zu realisieren und so die Rechtssetzung des Rates maßgeblich zu beeinflussen. Der Rat kann nur in wenigen Ausnahmefällen ohne oder gegen den Willen der Kommission tätig werden. Deren Vorschläge sind nicht nur konstitutiv für die Entscheidung des Rates, sondern lenken und binden den Rat inhaltlich in seiner Beschlussfassung.[164] Die Kontrolle der Exekutiven durch die Legislative ist auf europäischer Ebene als geringer einzustufen als auf der nationalen Ebene. Zum einen steigen die Informationskosten auf internationaler Ebene (kulturelle und sprachliche Barrieren, weite Wege.) Zum anderen streuen die Nutzen der Kontrolle und die Kosten unterlassener Kontrolle über die gesamten Mitgliedstaaten der EU, während für ein Ministerratsmitglied nur die nationalen Auswirkungen relevant sind.[165]

Bürokraten versuchen allgemein gemäß der ökonomischen Theorie der Demokratie ihren diskretionären Handlungsspielraum zu erweitern und ihren Nutzen (in Form von

163 Erweist sich allerdings ein Kommissar als zu „mitgliedstaatshörig", so läuft er Gefahr, dass die von ihm eingebrachten Vorschläge sehr kritisch auf mitgliedstaatliche Einflussnahme geprüft werden. Dies erhöht den Arbeitsaufwand der gesamten Kommission. Vgl. Theurl/Meyer (2001), S. 111.

164 Der Rat vermag nur im Falle eines einstimmigen Votums von einem Entwurf der Kommission abzuweichen. Vgl. im zweiten Kapitel die Abschnitte 2.3.2.2 und 2.5.2.

165 Als Indiz für die fehlende Kontrolle mag das Beispiel der Entlohnung der Kommissionsmitglieder dienen: Die Löhne der Verwaltungsbeamten der Kommission übersteigen bspw. die der deutschen Bundesbeamten je nach Dienststufe um 65 bis 98 %. Diese Differenz ist nicht allein mit den besseren Ausbildungsqualitäten und den höheren Lebenshaltungskosten zu erklären. Auf 150 ausgeschriebene Stellen erfolgen rd. 28.500 Bewerbungen, das heißt, dass jeder 190. Kandidat eingestellt wird. (vgl. Staufenbiehl (1999), S. 396). Demzufolge handelt es sich bei der Gehaltsstruktur auf europäischer Ebene nicht um knappheitsbedingte Preisdifferenzen gegenüber der nationalen Ebene, sondern um politische Renten, die nur infolge mangelnder Kontrolle realisiert werden können. Vgl. hierzu ausführlich Vaubel (1992), S. 60.

Macht, Prestige, Einkommen, Zahl der Mitarbeiter) zu steigern.[166] Dies gelingt, wenn der Nachweis einer wachsenden Zahl der Aufgaben geführt werden kann. Es gilt nach dem ökonomischen Grundmodell der Ökonomischen Theorie der Bürokratie[167], dass der Bürokrat dann seinen Nutzen maximiert, wenn es ihm gelingt, das Budget seines Büros zu maximieren, denn das Budgetvolumen ist positiv mit dem eigentlichen Ziel der Einkommens- und Prestigemaximierung verbunden. Der Politiker teil dem Bürokraten die aggregierte marginale Zahlungsbereitschaft seiner Wähler mit und verfügt über keine Informationen über die Kosten der Leistungserstellung. Diese Situation gleicht der eines bilateralen Monopols, wobei der Bürokrat der Anbieter der Leistungen ist, denn er bestimmt den Umfang der Leistungserstellung autonom und verfügt über Informationsvorsprünge. Der Politiker als Nachfrager übernimmt die Rolle eines politischen Sponsors, indem er periodische Zuwendungen veranlasst. Niskanen kommt zu dem Ergebnis, dass Bürokraten bestrebt sind, den Output und damit das Budget zu vergrößern, um ihren individuellen Nutzen zu maximieren.[168]

Die Kommission sieht in der Zentralisierung Chancen, die eigenen Kompetenzen auszuweiten. Informationsvorsprünge dienen als Instrument zur Durchsetzung des Zieles, ihren Etat zu maximieren und damit zur Befriedigung ihrer persönlichen Karriere. Die Verwaltung kann Wissenslücken des Ministerrats als Informationsmonopolist ausnutzen und auf diese Weise ein Budget realisieren, das wesentlich größer ist als das effiziente. Die europäische Bürokratie nimmt innerhalb des europäischen Regulierungsprozesses die Position eines agenda setters[169] ein, da sie dem Ministerrat selbst über die Kommission Vorschläge unterbreiten kann. Sie wird zum einen an einer Umschichtung nationaler Kompetenzen auf die europäischen Ebenen interessiert sein (Zentralisierung), aber auch eine EU-interne Kompetenzumstrukturierung befürworten.

---

166 Dies steht im Gegensatz zu Max Webers Bürokratiemodell, nach dem die Bürokratie als eine der besten und effizientesten Organisationsformen zur Bewältigung komplexer Phänomene betrachtet und die Perfektion rationaler Verwaltung betont wird. Nach Weber stellt bürokratische Herrschaft die reinste Form legaler Herrschaft dar. Innerhalb der Hierarchie von Beamten hat jeder seine festen Pflichten und Kompetenzen. Die Tätigkeit wird mittels Schriftstücken (Akten) und nach generellen Regeln vollzogen. Vgl. Weber (1922), S. 648-662. Blankart schreibt über die Bürokratien, dass sie "eher monströs, formalistisch, unfreundlich, ineffektiv und manchmal sogar korrupt" wirken; Blankart (1991), S. 390. Der Schlüssel zur Erklärung der Differenz zwischen dem nach Weber erwarteten und dem tatsächlich zu beobachtenden Verhalten liefert die Annahme über das menschliche Verhalten nach dem REMM-Modell als individuelle Nutzenmaximierung unter Nebenbedingungen. Dieses Modell hebt die nach Weber unterstellte Schizophrenie zwischen privatem, nutzenmaximierendem Verhalten und dienender beruflicher Arbeitsweise auf. Weiterhin mangelt es an einem Anreizsystem, das ein effizientes Verhalten der Bürokratie hervorzubringen vermag. Zum REMM-Modell vgl. Mayer (1998), S. 115 f.

167 Vgl. Niskanen (1971) sowie Niskanen (1973) und (1975).

168 Das Niskanen Gleichgewicht beschreibt einen Zustand, in dem der Output der Bürokratie zu groß ist allerdings aber zu minimalen Kosten produziert wird. Es herrscht allokative Ineffizienz. Das Niskanen Gleichgewicht steht somit im Gegensatz zu dem Modell der X-Ineffizienz, das eine Produktion zu erhöhten Kosten zugrunde legt. Vgl. zu den Begriffen der allokativen Ineffizienz und der X-Ineffizienz Leibenstein (1966), S. 392-415 und Migué/Belanger (1974), S. 27-43.

169 Vgl. zum Begriff des agenda setters Weingast (1984), S. 149.

Hinzu kommt nach der Inkrementalismushypothese nach Wildavsky, dass die Bürokratie das Ziel der größeren Mittelbildung verfolge, indem sie schrittweise jedes Jahr weitgehende Budgetansprüche durchzusetzen versuche.[170]

Die Rolle der Kommission gegenüber dem Rat ist durch strategische Verhaltensweisen zu charakterisieren. Die Kommission wird bei ihren Rechtsetzungsvorhaben versuchen, das Verhalten ihrer institutionellen Gegenspieler zu antizipieren und auch zu beeinflussen. Mit dem Initiativrecht entscheidet die Kommission über den Zeitpunkt, zu dem sie Rat und Parlament einen Vorschlag vorlegt. Dieses gibt ihr einen First-Mover-Vorteil, den sie auf zwei Arten nutzen kann. Sie kann erstens einer nachteiligen politischen Stimmung dadurch ausweichen, indem sie die Unterbreitung eines Vorschlags hinauszögert oder wartet bis in den einzelnen Mitgliedstaaten Wahlen stattfinden. Insbesondere kann sie Abstimmungspakete schnüren, von denen sie sich eine größere Akzeptanz im Rat verspricht. Dem package-dealing- und log-rolling-Prozessen wird so Vorschub geleistet. Zweitens bestimmt die Kommission auch den wesentlichen Inhalt eines Rechtsetzungsaktes, da der Rat den Vorschlag inhaltlich nicht beliebig ändern kann. Im Verfahrensverlauf obliegt es der Kommission jederzeit mit dem Rückzug der Vorlage zu drohen. Diese Drohung ist dann erfolgreich, wenn der Rat den status quo für schlechter hält als die Vorlage der Kommission, die nicht ganz seinen Vorschlägen entspricht.

Das Verhältnis zwischen nationalen Wählern, Politikern, die sowohl auf nationaler Ebene als auch auf europäischer Ebene politisch agieren, und Bürokraten kann als gebrochenes zweistöckiges Prinzipal-Agent-Verhältnis interpretiert und dargestellt werden (vgl. Abbildung 5).

Der Prinzipal ist der Wähler und sein nationaler Agent ist der nationale Politiker (Agent 1a), der unterstützt wird von der nationalen Bürokratie (Agent 2a). Auf der europäischen Ebene übt dieser Agent 1a eine Funktion als Mitglied des Ministerrates aus (Agent 1b) und dessen Agent ist der Bürokrat als Mitglied der europäischen Kommission (Agent 2b). Problematisch ist die Tatsache, dass der Agent jeweils bestrebt sein wird, seinen eigenen Nutzen zu maximieren, es existieren Ziel- und Verhaltensasymmetrien.

170 Vgl. Wildavsky (1964). Die Bürokraten schöpfen ihre Monopolsituation sukzessive aus, und auf diese Weise entstehen diese sogenannten Treppeneffekte der Budgetausdehnung, die im Wesentlichen auch auf den Zeitdruck zurückzuführen sind, dem die Budgetbewilligungsbehörden unterliegen. Das Budget muss in einem vorgeschriebenen Zeitraum bewilligt und verabschiedet werden. Es werden expansive Ausgabensteigerungen verlangt, die es den Bewilligungsbehörden ermöglichen, diese lediglich zu kürzen, ohne eigene Programmvorschläge unterbreiten zu müssen. Vgl. Blankart (1994), S. 156 f.

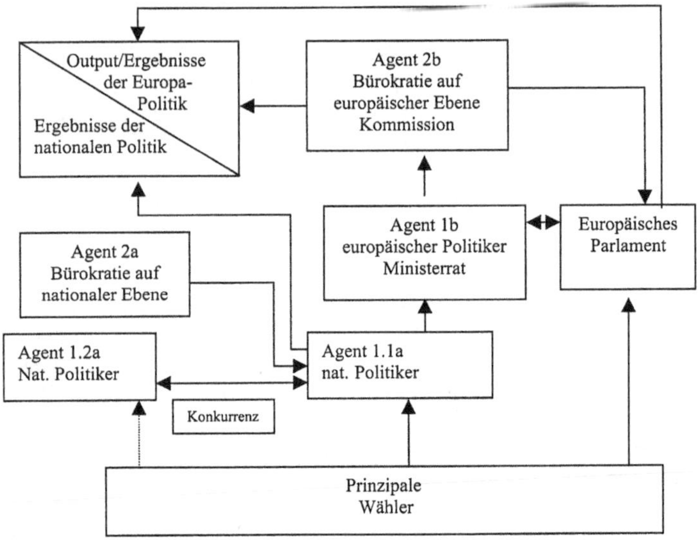

Abbildung 5: Die europäische Bürokratie im Rahmen eines zweistöckigen Prinzipal-Agent-Verhältnisses

Das Problem zwischen Prinzipalen und Agenten ist vertikaler Natur. Die Wähler müssen die Agenten auf geeignete Weise kontrollieren, wobei systemimmanent beträchtliche Freiräume dadurch entstehen, dass Politiker sich national nur in Zeitabständen zur Wahl stellen und in der Zwischenzeit nicht an den Wählerauftrag gebunden sind. In dieser Zwischenzeit kommt es zu Stimmentausch-Prozessen und zu Rentenstreben. Die Kontrolle durch den Prinzipal wird auch dadurch erschwert, dass die erste Agentenebene gebrochen ist. Die Wahlberechtigten eines Landes werden zwar zunächst eine Regierung wählen, von der sie glauben, dass sie am besten geeignet ist, ihre nationalen Interessen als Agenten zu vertreten. Zugleich werden aber mit der Entsendung von Regierungsmitgliedern in den für den politischen Prozess bedeutsamen Ministerrat auch die Agenten auf europäischer Ebene determiniert. Dieser politische Prozess kann deshalb als gebrochenes zweistöckiges Prinzipal-Agent-Verhältnis bezeichnet werden. Die Ziel- und Verhaltensasymmetrien zwischen Agenten und Prinzipalen werden akzentuiert. Zusammenfassend lässt sich festhalten, dass die Prinzipal-Agent-Theorie bei der Identifikation kostentreibender Ursachen zwei Gruppen identifiziert: die Politiker und die Bürokraten. Beide verfügen über einen kostentreibenden Handlungsspielraum in der Bewältigung ihrer Aufgaben, die ihnen von dem Prinzipal - den Bürgern - übertragen wurden. Darüber hinaus besteht ein soziales Dilemma zwischen den Agenten,[171] dieses ist horizontaler Natur. Die Agenten handeln unter Knappheitsbedingungen. Sie stehen in einem Wettbewerb miteinander und die Aufgabe der Verfassung ist es, diesen Wettbewerb mit einer geeigneten Rahmenordnung zu versehen, die Anreize zu erwünschten Interaktionen gibt und unerwünschte Interaktionen unterbindet.

Der Bürokrat ist zwar grundsätzlich an die Weisungen der Politiker gebunden, jedoch ist eine Quantifizierung der Leistungen der Bürokraten häufig problematisch, da der Output Charakteristika eines öffentlichen Gutes aufweist. Es besteht eine hohe Informationsabhängigkeit der Kommission von europäischen Interessengruppen und von den nationalen Bürokratien. Die Tatsache, dass die nationalen Bürokraten nicht interessiert sind an einer Kompetenzausweitung der Kommission, könnte den Zentralisierungstendenzen entgegenwirken. Die Kommission sucht daher die Zusammenarbeit mit Verbänden, um eigene Informationsdefizite und somit Abhängigkeiten gegenüber den nationalen Stellen auszugleichen.[172]

2.3.2.4 Das Europäische Parlament

Das Europäische Parlament (EP) ist die Vertretung der Völker der in den Europäischen Gemeinschaften zusammengeschlossenen Staaten. Seit Abschluss der Römischen Verträge handelt die Versammlung, die sich 1952 als Versammlung konstituiert hatte, als gemeinsames parlamentarisches Organ der EGKS, EWG und EAG.[173] 1962 wurde die Versammlung in "Europäisches Parlament" umbenannt.

Die Arbeitsorte des Europäischen Parlaments sind Luxemburg, Brüssel und Straßburg. 1981 wurde festgelegt, die Plenartagungen ausschließlich in Straßburg abzuhalten, bis ein einziger Sitz festgelegt ist.[174] Die Fraktionen und Ausschüsse des Europäischen Parlamentes tagen regelmäßig in Brüssel. Das Generalsekretariat hat seinen Sitz in Luxemburg.

Seit dem Jahr 1979 erfolgen Direktwahlen zum Europäischen Parlament. Die Regierungsperiode dauert fünf Jahre und die Zahl der Abgeordneten aus den 15 EU-Staaten beträgt zzt. 626.[175] Die Wahlsysteme für die Wahl zum Europäischen

---

[171] Vgl. zu dem Begriff des sozialen Dilemmas Pies (1996), S. 44.

[172] Hierzu bietet die Kommission teilweise bewusst politische Renten als Gegenleistung für Informationen den Verbänden an. Die EU-Bürokraten sind nicht von Wählerstimmen abhängig; die Bürokratie berücksichtigt im Gegensatz zu den Politikern weniger die Interessen von mitgliederstarken als mehr die Interessen finanzstarker Verbände. Leistungen in Form von Dienstessen oder Informationsfahrten sind weitaus wirkungsvoller als Demonstrationen oder Streiks. Vgl. Vaubel (1992), S. 39.

[173] Vgl. Art. 20 EGKSV, Art. 137 EGV, Art. 107 EAGV.

[174] Vgl. Weindl (1994), S. 37.

[175] Die jeweilige Sitzverteilung pro Mitgliedstaat spiegelt die relative Einwohnerzahl nur unvollkommen wider. So kommen aus Luxemburg sechs Abgeordnete und aus der Bundesrepublik 99. Vgl. Wessels (1996), S. 30.

Parlament sind in den einzelnen Mitgliedstaaten unterschiedlich. Das Verhältniswahlsystem herrscht vor. Nur in Großbritannien (exklusive Nordirland) wird nach dem Mehrheitswahlsystem gewählt. Seit der Gründung entspricht die Gewichtung nicht ganz den Bevölkerungszahlen, da die kleinen Staaten überproportional, die großen Staaten unterproportional vertreten sind, um die Bildung von Hegemonien zu vermeiden.

Das Europäische Parlament ist im Rahmen des Anhörungs-, des Kooperations-, des Mitentscheidungs- und des Zustimmungsverfahrens an der Rechtsetzung der Gemeinschaft beteiligt.[176] Das EP hat Beratungsfunktionen in fast allen, Mitspracherechte in einigen Bereichen und Entscheidungsbefugnisse (insbesondere Legislativrechte) in keinem Bereich. Das Parlament soll die Kommission entlasten und kann sie durch ein Misstrauensvotum zum Rücktritt zwingen.[177] Dem Parlament fehlt das Initiativrecht. Laut EG-Vertrag wird ihm lediglich zugebilligt, dass es die Kommission auffordern kann, Vorschläge zu Fragen auszuarbeiten, die nach der Auffassung des EP die Ausarbeitung eines Rechtsaktes erfordern.[178]

Das Europäische Parlament wählt ein Präsidium mit einem Präsidenten und 14 Vizepräsidenten und fünf Quäsatoren[179] für eine Amtszeit von zwei Jahren. Im Europäischen Parlament bilden die Abgeordneten keine nationalen, sondern politische Fraktionen.

Die aktuelle Sitzverteilung auf die verschiedene Fraktionen im Europäischen Parlament zeigt folgende Tabelle (Tab. 4). Durch den Maastrichter Vertrag wurde die Bedeutung der politischen Parteien auf europäischer Ebene neu betont.[180] Die Befugnisse des Europäischen Parlaments waren - mit Ausnahme des gesondert geregelten Haushaltsverfahrens[181] - bis 1987 als sehr gering einzuschätzen, insbesondere übte das Parlament keine Legislativrechte aus.

---

176 Vgl. zum Ablauf der Verfahren den Abschnitt 2.5.2.

177 Vgl. Art. 144 und Art. 206 EGV.

178 Art. 192 Abs. 2 EGV. Allerdings besteht ein informeller und rechtlich unverbindlicher Verhaltenskodex, dass die Kommission sich verpflichtet fühlt, die Aufforderung zur Vorlage von Vorschlägen möglichst weitgehend zu berücksichtigen.

179 Quäsatoren haben nur beratende Stimmen und sind mit Verwaltungs- und Finanzangelegenheiten betraut, die Mitglieder direkt betreffen.

180 Danach sind die Parteien „wichtig als Faktor der Integration in der Union"; vgl. Art. 138a EGV.

181 Vgl. Art. 203 EGV.

Tabelle 3: Anzahl der Abgeordneten des Europäischen Parlaments[182]

Land	Anzahl der Abgeordneten seit 1994
Belgien	25
Dänemark	16
Bundesrepublik Deutschland	99
Finnland	16
Frankreich	87
Griechenland	25
Irland	15
Italien	87
Luxemburg	6
Niederlande	31
Österreich	21
Portugal	25
Spanien	64
Großbritannien	87
Schweden	22

Durch die EEA vom 28.2.1986 wurden neue Beteiligungsformen des Europäischen Parlaments an der Rechtsetzung geschaffen, die über seine bisherige Anhörung hinausgingen und eine Mitwirkung und Mitentscheidung in verschiedenen Bereichen der Rechtsetzung beinhalteten. Durch den Vertrag von Maastricht vom 7.2.1992 wurden dem Europäischen Parlament weitere Rechte eingeräumt, die umfassender sind als die bisherigen Beratungs- und Kontrollbefugnisse.[183] Das Europäische Parlament hat neben den Beratungsbefugnissen, die hauptsächlich durch vertraglich fixierte Anhörungen zu Ratsbeschlüssen erfolgen müssen,[184] und den Kontrollbefugnissen (im Verhältnis zur Kommission[185] und im Verhältnis zum Rat[186]) auch eine Beteiligung an

---

182 Vgl. Bleckmann (1997), S. 119.

183 Deshalb wurde auch der Art. 137 EGV geändert, der dem Parlament bisher nur Beratungs- und Kontroll-befugnisse eingeräumt hat. Entsprechend dem neuen Art. 137 EGV übt das Parlament die Befugnisse aus, die ihm nach diesem Vertrag zustehen. Die Beschränkung auf eine beratende und kontrollierende Tätigkeit ist gestrichen worden. Die einzelnen Befugnisse ergeben sich aus den Bestimmungen des EG-Vertrages.

184 In der Praxis ist es üblich geworden, dass die Kommission gleichzeitig mit der Vorlage an den Rat auch die Vorlage dem Parlament übermittelt, damit diesem hinreichend Zeit bleibt, seine Stellungnahmen auszuarbeiten. Die Entschließungen des Parlamentes im Anhörungsverfahren binden den Rat nicht, sie haben lediglich empfehlenden Charakter. Vgl. hierzu des Abschnitt 2.5.2.

185 Das Parlament kann gegenüber der Kommission aufgrund des Art. 140 Abs. 3 EGV schriftliche oder mündliche Anfragen stellen. Der Kontrolleffekt wird durch die Publikationspflicht der Fragen und Antworten verstärkt. Nach Art. 143 EGV erörtert das Parlament den von der

der Rechtsetzung und es kann eine Untätigkeitsklage beim EuGH[187] erheben und von seinem Aufforderungsrecht gegenüber der Kommission Gebrauch machen.[188]

Außerdem obliegt es dem Europäischen Parlament Rechtsverstöße gegen das Gemeinschaftsrecht oder Missbrauch bei der Anwendung von Gemeinschaftsrecht zu untersuchen.[189] Hierzu kann das Parlament einen nichtständigen Untersuchungsausschuss einsetzen. Das Parlament überprüft die Einhaltung des Haushaltsplans der Kommission.[190] Ein Misstrauensantrag gegenüber der Kommission benötigt zum Erfolg zwei Drittel der abgegebenen Stimmen und zugleich die Mehrheit der Mitglieder.[191] Abänderungen oder Ablehnungen des gemeinsamen Ratsstandpunktes beim Verfahren der Zusammenarbeit und der Mitentscheidung bedürfen der absoluten Mehrheit der Mitglieder.[192] Soll der Haushalt abgelehnt werden, bedarf es der Mehrheit der Mitglieder und zwei Drittel der abgegebenen Stimmen.[193]

Kommission jährlich vorzulegenden Gesamtbericht über die Tätigkeit der drei Gemeinschaften. Das Parlament kontrolliert mit Hilfe des Europäischen Rechnungshofes die Ausführung des Haushaltsplanes der Gemeinschaften und beschließt über die Entlastung der Kommission (vgl. Art. 206 EGV). Das Parlament kann nach Art. 144 EGV die Kommission durch ein Mißtrauensvotum zum Rücktritt zwingen. Außerdem hat das Europäische Parlament ein Zustimmungsrecht bei der Benennung der Kommissionsmitglieder. Im Bereich der Sozialpolitik hat die Kommission jährlich einen Bericht zu liefern. Darüber hinaus kann das Parlament die Kommission jederzeit zu Berichten über einzelne Probleme ersuchen.

186 Bis Maastricht bestanden im Verhältnis zum Rat keinerlei Kontrollbefugnisse. Die Abgeordneten hatten aber das Recht, an den Rat schriftliche oder mündliche Anfragen zu stellen. Eine Verpflichtung zur Beantwortung dieser Fragen bestand nach dem Gemeinschaftsrecht nicht. Der Rat hatte sich seit 1973 verpflichtet, auf mündliche oder schriftliche Anfragen zu antworten, einen jährlichen Tätigkeitsbericht vorzulegen und über die Ergebnisse von Ratstagungen fortlaufend zu berichten. Seit Maastricht hat der Rat bzw. dessen Präsident die Pflicht, das Parlament über Maßnahmen auf dem Gebiet des Zahlungs- und Kapitalverkehrs (Art. 73 g Abs. 2 EGV) und über Maßnahmen und Ergebnisse auf dem Gebiet der Wirtschaftspolitik (Art. 103, Art. 103a, Art. 104c EGV) zu unterrichten. Im Rahmen der GASP ist das Parlament zu den grundlegenden Entwicklungen zu hören und es ist regelmäßig über die Entwicklung der Außen- und Sicherheitspolitik zu unterrichten. In diesem Zusammenhang kann das Parlament Anfragen oder Empfehlungen an den Rat richten (Art. J.7 EUV). Das gleiche gilt für die Zusammenarbeit in den Bereichen Justiz und Inneres (Art. K.6 EUV).

187 Diese Untätigkeitsfeststellungsklage nach Art. 175 EGV kann das Parlament dann erheben, wenn es die Kommission oder der Rat entgegen dem Vertrag unterlassen haben, einen Beschluss zu fassen.

188 Vgl. den durch den Maastrichter Vertrag neu geschaffenen Art. 138b EGV. Das Parlament hat zwar kein Initiativrecht, es kann aber über Art. 138b Abs. 2 EGV die Kommission dazu bewegen, Gesetzesvorschläge auf den Weg zu bringen.

189 Hierzu ist aufgrund des Maastrichter Vertrages der Art. 138c EGV eingefügt worden.

190 Zu diesem Zweck kann das Parlament die Kommission nach Art. 206 Abs. 2 EGV auffordern, Auskunft über die getätigte Ausgaben oder die Arbeitsweise der Finanzkontrollsysteme zu erteilen.

191 Vgl. Art. 144 EGV.

192 Vgl. Art. 189b oder 189c EGV.

193 Vgl. Art 203 EGV.

Tabelle 4: Fraktionen des Europäischen Parlaments – Stand Dezember 2000[194]

Fraktion	Anzahl
Fraktion der Europäischen Volkspartei (Christdemokraten) und europäischer Demokraten (PPE-DE)	232
Fraktion der Sozialdemokratischen Parteien Europas (PSE)	181
Fraktion der Liberalen und Demokratischen Partei Europas (ELDR)	52
Fraktion der Grünen / Freie Europäische Allianz (Verts/ALE)	46
Konföderale Fraktion der Vereinigten Linken / Nordische Grüne Linke (GUE / NGL)	42
Fraktion Union für das Europa der Nationen (UEN)	30
Technische Fraktion der unabhängigen Abgeordneten – gemischte Fraktion (TDI)	19
Fraktion für das Europa der Demokratien und der Unterschiede (EDD)	16
Fraktionslose (NI)	8

Sowohl die Einheitliche Europäische Akte als auch der Vertrag von Maastricht haben die Rechte des Europäischen Parlaments gestärkt und auf zusätzliche Regelungsbereiche ausgedehnt. Nizza brachte die Reform einer Berücksichtigung der Bevölkerungszahlen bei der Zusammensetzung des Europäischen Parlamentes. Nach der Erweiterung der Union wird Deutschland als einziges Land seine bisherige Zahl von 99 Abgeordneten beibehalten, während alle anderen Mitgliedstaaten zugunsten der neuen Mitgliedstaaten auf einen Teil ihrer Mandate verzichten müssen.

---

194 Europäisches Parlament.

Tabelle 5: Stimmenverteilung nach der EU-Erweiterung auf die derzeitigen Mitglieder der EU

Land	**Sitze im Europäischen Parlament – künftige Sitzverteilung**[195]
Deutschland	99 (+/- 0)
Großbritannien	72 (-15)
Frankreich	72 (-15)
Italien	72 (-15)
Spanien	50 (-14)
Niederlande	25 (-6)
Griechenland	22 (-3)
Belgien	22 (-3)
Portugal	20 (-5)
Schweden	18 (-4)
Österreich	17 (-4)
Dänemark	13 (-3)
Finnland	13 (-3)
Irland	12 (-3)
Luxemburg	6 (+/- 0)

In Nizza wurde der Beschluss gefasst, die vom Parlament als sinnvoll empfundene Obergrenze von 700 Abgeordneten zu überschreiten. Die Beitrittskandidaten sollen nach dem aktuellen Stand folgende Stimmen im Parlament erhalten (vgl. die folgende Tabelle 6).

Im Gegensatz zum Ministerrat orientiert sich die künftige Zusammensetzung des Europäischen Parlaments stärker an den Bevölkerungszahlen der Mitgliedstaaten. Im Gesamtergebnis spiegelt die Straßburger Versammlung nun besser die Bevölkerungsverhältnisse wider. Die kleineren EU-Länder bleiben jedoch im Verhältnis zu ihrer Einwohnerzahl deutlich überrepräsentiert.

195 Diese Sitzverteilung erfolgt nach vorläufigen Angaben; Stand ist die Sitzung des Europäischen Rates in Nizza; sowohl die Gesamtzahl der Mitglieder als auch die Sitzverteilung können sich noch ändern.

Tabelle 6: Stimmenverteilung auf die Beitrittsländer nach der EU-Erweiterung

Beitrittskandidaten	**Stimmenverteilung im Europäischen Parlament nach Beitritt zur EU**[196]
Polen	50
Rumänien	33
Tschechische Republik	22
Ungarn	20
Bulgarien	17
Slowakei	13
Litauen	12
Lettland	8
Slowenien	7
Estland	6
Zypern	6
Malta	5

Von der Anhörung bis zum suspensiven Veto beim Verfahren der Zusammenarbeit[197] über eine fast gleichberechtigte Mitgestaltung beim Verfahren der Mitentscheidung[198] bis zur Notwendigkeit einer positiven Zustimmung[199] reicht der Katalog der Beteiligungsmöglichkeiten des Europäischen Parlaments bei legislativen und quasilegislativen Akten der EU. Das Parlament muss zustimmen bei Entscheidungen im Bereich der Unionsbürgerschaft,[200] des Wahlverfahrens,[201] der Währungspolitik[202] und der Strukturfonds sowie des Kohäsionsfonds.[203] Wollen weitere Staaten der EU beitreten, so muss das Parlament ebenfalls zustimmen.[204] Außerdem wurde dem Europäischen Parlament mit der EEA ein Mitentscheidungsrecht bei vertraglichen Rechtsakten, die konstitutionellen Charakter haben, eingeräumt. Bei Abkommen zwischen der Gemeinschaft und Drittstaaten oder internationalen Organisationen bedarf der Rat der Zustimmung des Parlaments.[205]

---

196 Auch diese Sitzverteilung erfolgt nach vorläufigen Angaben. Stand sind die Beschlüsse auf der Sitzung des Europäischen Rates in Nizza. Sowohl die Gesamtzahl der Mitglieder als auch die Sitzverteilung kann sich noch ändern.

197 Vgl. Art. 189c EGV.

198 Vgl. Art. 189b EGV.

199 Vgl. z.B. Art. 228 EGV und Art. O EUV.

200 Art. 8a Abs. 2 EGV.

201 Art. 138 Abs. 3 EGV.

202 Art. 105 Abs. 6 und Art. 106 Abs. 5 EGV.

203 Art. 130d EGV.

204 Art. O des Maastrichter Vertrages.

205 Art. 228 EGV.

Allerdings sind die Befugnisse des Parlaments an der Rechtsetzung immer noch als relativ bescheiden zu beurteilen. Die in der EEA und dem Maastrichter Vertrag stärkere Beteiligung des Parlaments an der Rechtsetzung kann als ein erster (wenn auch zaghafter) Schritt zu einer Aufwertung des Parlaments im politischen Prozess der EU gewertet werden.[206] Dennoch ist der Einfluss innerhalb der Rechtsetzungsakten als gering einzuschätzen, da das Parlament meist überstimmt werden kann. Lediglich im Mitentscheidungsverfahren besteht die Möglichkeit, dass das Parlament – abhängig von der Interessenkonstellation von Parlament, Kommission und Rat – eine Vorlage endgültig ablehnen kann.[207]

Innerhalb des Europäischen Parlaments herrschen vierfache Lobbyverhältnisse: Zum einen sind die Abgeordneten der EG-Fraktion verpflichtet und somit ist auf der EG-Ebene dauerhaft und in stabiler Weise ein Bargaining-Verhalten im Parlament möglich. Darüber hinaus erhält das Parlament nur über den Ministerrat Kompetenzausweitungen, d.h. über Regierungsmehrheiten der Nationalstaaten. Dies ist gleichzusetzen mit einer Abhängigkeit von dem Ministerrat. Drittens ist das EP von den Wählern abhängig. Es besteht eine Wiederwahlrestriktion, ohne dass tatsächlich Profilierungsmöglichkeiten bestehen. Die wesentliche Verantwortung, für die europäische Entwicklung wird nach wie vor von der Kommission und dem Ministerrat dominiert, auch wenn in Einzelfällen das Europäische Parlament in der jüngsten Vergangenheit seine Handlungsoptionen voll ausgeschöpft und so an Profil gewonnen hat.[208] Hinzu kommt die rationale Uninformiertheit der Wähler, da die Informationskosten hoch sind und der persönliche Nutzen aufgrund der wenig entwickelten Kompetenzen des EP als sehr gering eingeschätzt wird. Letztlich – und das ist die vierte Argumentationslinie – besteht eine Abhängigkeit von nationalen Parteien. Die Europa-Politiker sind angewiesen auf die Wiederaufstellung von Wahllisten.[209]

---

206 In Art. 138b EGV sind die Beteiligungsformen genannt. Die wichtigsten Rechtsetzungsverfahren sind das Anhörungsverfahren, das Kooperationsverfahren nach Art. 189c EGV und das Mitentscheidungsverfahren nach Art. 189b EGV.

207 Vgl. zu der Darstellung der Entscheidungsverfahren den Abschnitt 2.5.2.

208 Durch Maastricht ist eine Aufwertung der Befugnisse des Europäischen Parlaments insofern erfolgt, als das EP nun im Rahmen mehrerer Entscheidungen zustimmen muss. Ein eindrucksvolles Beispiel für die gesteigerte Bedeutung des Europäischen Parlaments in dem politischen Prozess in Europa lieferte im Juli 2001 die knappe Abstimmung des EP über die Übernahmerichtlinie, die Unternehmen, die von einer Übernahme bedroht sind, Abwehrmöglichkeiten einräumen sollte. Bei der Abstimmung sprachen sich 273 gegen und 273 für den in zwölfjähriger Vorbereitungszeit in vielen Verhandlungen entwickelten Kompromiss aus. Vgl. FAZ vom 5.7.2001, S. 13 und S. 14. Dies ist ein Beispiel der jüngsten Vergangenheit, das die relative Erweiterung der Machtbefugnisse des EP demonstriert. Allerdings muss auch kritisch bemerkt werden, dass die ausgabenintensiven Bereiche – wie die Agrarpolitik – nach wie vor nicht einer Zustimmungspflicht durch das EP unterliegen.

209 Allerdings muss hier bemerkt werden, dass die Personalpolitik der Parteien Indizien dafür aufzeigt, dass Politiker, die die Parteireputation auf der nationalen Ebene gefährden, aber nicht ohne öffentliches Ansehen aus jeglichen Ämtern entfernt werden können, auf die Wahllisten für

Diese konstitutionellen Vorgaben wirken sich nachhaltig auf die Verhaltensmuster der Abgeordneten aus. Aufgrund der Notwendigkeit, bei den zentralen Fragestellungen die absolute Mehrheit zu erreichen, hat sich zunehmend eine große Koalition zwischen den Abgeordneten der Sozialdemokratischen Partei Europas und der Europäischen Volkspartei herausgebildet. Auch sind immer wieder fraktionsübergreifende Abstimmungskoalitionen zugunsten gruppenspezifischer Interessen zu beobachten wie etwa in der Agrar- und Regionalpolitik.

Der von einer direkten Wahl erwartete Legitimationsschub hat das Europäische Parlament nicht zu einem „Verfassunggeber" des politischen Systems werden lassen. Bei Vertragsreformen spielen die Abgeordneten weiterhin de jure und de facto eine untergeordnete Rolle. Das Europäische Parlament wird zwar direkt von den Bürgern gewählt und legitimiert, es besitzt aber keine nennenswerten Entscheidungsbefugnisse. Der zur Rechtsetzung befugte Ministerrat ist dem Parlament nicht verantwortlich Die "Regierungsvertreter" schulden den "Volksvertretern" auf europäischer Ebene ausdrücklich keine Rechenschaft. Bei anderen Grundsatzentscheidungen – so z.B. bei der Zustimmung zu Beitrittsverträgen – unterstützen die Abgeordneten eher „vernünftige", aber weitgehend aus dem Kompromiss der Mitgliedstaaten entstandene Positionen, als durch eine, zumindest teilweise mögliche Blockade weitergehende Rechte einzuklagen. Das Europäische Parlament hat so immer wieder konstruktiv zum Ausbau der EU beigetragen, ohne seinen Anteil daran deutlich zu machen. Daraus folgt der dominierende Eindruck, dass das Europäische Parlament im Hinblick auf seine Außenwirkung auch weiterhin ein blasses Profil habe.[210] Das Interesse an der Arbeit des Europäischen Parlaments und sein Bekanntheitsgrad steigen nur kurz vor den Europawahlen zyklisch an, um dann wieder abzunehmen. Die Europawahl gilt als „Sekundärwahl", deren Themen und politische Bedeutung sich aus dem Kontext der nationalen Politik ableiten.[211] Das Europäische Parlament fungiert als Transistor, der es erlaubt die Reaktionen der Wähler auf die europäische Politik eindeutig von den entscheidenden Gremien abzuwenden.[212] So wird eine Ablenkung von Wählerreaktionen vorgenommen, denn der durch Europawahlen geäußerte Wählerwillen wird systematisch ins Leere gelenkt. Daraus folgt auch eine geringe Disziplinierung des Parlamentes durch die Wiederwahlrestriktion. Die Verantwortung gegenüber nationalen Wählern ist recht lose, da persönliches Verhalten einzelner Parlamentarier bzw. Parteien auf europäischer Ebene der Bevölkerung aufgrund mangelnder Informationen kaum bekannt sein dürfte. Die Informationskosten für den Bürger sind hoch und der Nutzen der zusätzlichen Informationen aufgrund der

---

das EP gesetzt werden. Eine Wahl in das EP bedeutet gute Bezahlung, kaum ausgeprägte öffentliche Kontrolle und wenig Macht.

210 „(...) bisher hat das Europäische Parlament noch nicht die Rolle eines Identitäts- und Legitimationsstifters einnehmen können." Wessels (1996), S. 30.

211 Ebenfalls als „Sekundärwahlen" werden Wahlen zu Landtagen beurteilt. Vgl. Klein/Hofrichter (1994), S. 81-83 und Hrbek (1994), S. 157.

212 Vgl. Witte (1995), S. 61. Die Wähler können ihre Meinung durch Wahlen artikulieren, aber die Gewählten sind nicht befugt, diese Wählerstimmen in konkrete Politikvorhaben umzusetzen.

fehlenden Kompetenzen der Parlamentarier sehr gering. Die Wähler sind rational uninformiert und die Parteien werden insofern ihrer nationalen Erfolge der Politikkonzepte in das Europäische Parlament gewählt.

Da die Mitglieder des Europäischen Parlamentes auf nationaler Ebene keine Kompetenzen besitzen, ist ihr Zentralisierungsstreben höher einzuschätzen als das des Ministerrates. Mit dem Ziel einer Kompetenzumschichtung zu den eigenen Gunsten zu erreichen, ist zu vermuten, dass die Parlamentsmitglieder ein Zentralisierungsstreben besitzen.

2.3.2.5 Der Europäische Gerichtshof

Der Europäische Gerichtshof (EuGH) mit Sitz in Luxemburg hat die Aufgabe, das Recht bei der Auslegung und Anwendung der Gemeinschaftsverträge zu wahren.[213] Der EuGH besteht aus 15 Richtern und 8 Generalanwälten. [214] Im Unterschied zu der Besetzung der Kommission ist es nicht vorgesehen, dass aus jedem Mitgliedstaat ein Richter bestellt wird.[215] Dadurch wird in besonderem Maße die Unabhängigkeit der Richter von nationalstaatlichen Interessen unterstrichen.[216]

Die Amtszeit der Richter und Generalanwälte beträgt sechs Jahre und eine Wiederernennung ist unzulässig. Den Vorsitz bei Gericht hat der Präsident, der auf drei Jahre gewählt wird.[217] Um die inhaltliche Kontinuität zu gewährleisten, werden alle drei Jahre jeweils acht bzw. sieben Richter und vier Generalanwälte ernannt. Außerdem wird das Gericht von einem Kanzler im Bereich des Verfahrensrechts, der Gerichtsorganisation und des Personalsektors unterstützt.[218]

Der EuGH ist zuständig für:

- Verstöße eines Mitgliedstaates gegen Vertragsverpflichtungen

  Die Kommission kann den Gerichtshof anrufen, wenn sie der Auffassung ist, dass ein Mitgliedstaat eine Vertragsverletzung begangen hat.[219] Vor Erhebung der Klage hat die Kommission in einem Mahnschreiben dem betroffenen Staat

---

213 Vgl. Art. 164 EGV, Art. 31 EGKS und Art. 136 EAGV.

214 Vgl. Art. 166 EGV.

215 Obwohl dies vertraglich nicht fixiert ist, stellt jedes Mitgliedsland der EU derzeit einen Richter. Der Vertrag von Nizza legt für die Zukunft fest, dass jedes Land einen Richter stellen soll. Die vier großen Länder stellen jeweils einen Generalanwalt, die restlichen vier Generalanwaltspositionen rotieren unter den kleinen Mitgliedsländern.

216 Vgl. Art. 165 EGV. Da aber die Anzahl der Richterstellen in einem unmittelbaren Zusammenhang mit der Anzahl der Mitgliedstaaten steht, werden die Richterstellen so besetzt, dass jeder Mitgliedstaat einen Richter seiner Staatsangehörigkeit benennt. Der 16. Richter wird nach politischen Absprachen jeweils von einem der fünf großen Mitgliedstaaten ernannt.

217 Vgl. Art. 167 Abs. 5 EGV.

218 Vgl. Art. 168 EGV.

219 Vgl. Art. 169 EGV.

rechtliches Gehör zu gewähren. Danach hat die Kommission eine begründete Stellungnahme abzugeben, in der der betroffene Mitgliedstaat aufgefordert wird, die Vertragsverletzung in einer bestimmten Frist abzustellen. Problematisch ist die Anwendung des Verfahrens gegen Vertragsverstöße gegenüber nationalen Gerichten, denn nach Art. 170 EGV kann auch ein Mitgliedstaat den Gerichtshof anrufen, wenn er der Auffassung ist, dass ein anderer Mitgliedstaat gegen die Verpflichtungen aus Verträgen verstoßen hat. Allerdings ist vor jedem Einschalten des Gerichtshof zunächst die Kommission zu befragen, die eine begründete Stellungnahme auf Basis einer Befragung der betroffenen Staaten innerhalb von drei Monaten abzugeben hat

- unrechtes Handeln des Rates und der Kommission

  Jeder Mitgliedstaat, die Kommission und der Rat sind klageberechtigt, wenn der Rat oder die Kommission gegen Zuständigkeitsbestimmungen verstoßen, wesentliche Formvorschriften verletzen, gegen den EG-Vertrag oder eine für den EG-Vertrag wesentliche Norm verstoßen oder das ihnen eingeräumte Ermessen missbrauchen. Außerdem kann jede natürliche oder juristische Person wegen der oben genannten Rechtsverstöße Klage erheben, wenn sie durch eine Entscheidung oder Rechtsverordnung des Rates oder der Kommission unmittelbar und individuell betroffen ist.[220] Die Klage ist innerhalb einer Frist von zwei Monaten zu erheben.[221] Nach dem Vertrag von Maastricht ist nun auch das Europäische Parlament klageberechtigt (Art. 173 EGV), es kann zur Wahrung seiner Rechte Klage erheben. Außerdem ist mit dem Maastrichter Vertrag verdeutlicht worden, dass auch "die Rechtmäßigkeit der gemeinsamen Handlungen des Europäischen Parlaments und des Rates"[222] vom Gerichtshof überwacht werden.

- vertragswidriges Verhalten von Organen der EU

  Unterlassen es Kommission, Parlament oder Rat entgegen den Verträgen, einen Beschluss zu fassen, so kann jeder Mitgliedstaat und die anderen Organe der EG die Untätigkeitsklage erheben.[223] Vor der Erhebung der Klage muss das betreffende Organ allerdings aufgefordert worden sein, tätig zu werden. Die Untätigkeitsklage steht auch jeder juristischen oder natürlichen Person zu, wenn ein Organ der Gemeinschaft es unterlassen hat einen anderen Akt als eine Empfehlung oder Stellungnahme an sie zu richten.

- Vorlageverfahren

  Die nationalen Gerichte haben ein Vorlagerecht an den EuGH in den Fällen, in denen eine Rechtsfrage, die die Auslegung der Gemeinschaftsverträge oder die

---

220 Vgl. Art. 173 EGV.
221 Vgl. Art. 173 Abs. 3 EGV.
222 Art. 173 EGV.
223 Vgl. Art. 175 EGV.

Rechtmäßigkeit des Handelns der Organe betrifft, für die Entscheidung im schwebenden Verfahren entscheidungserheblich ist.[224]

- weitere Verfahren

  Als weitere Verfahren sind zu nennen: Schadensersatzforderungen,[225] Streitsachen zwischen der EG und ihren Bediensteten,[226] Streitsachen, die die Europäische Investitionsbank oder die nationalen Zentralbanken betreffen,[227] Entscheidungen aufgrund einer Schiedsklausel,[228] Streitigkeiten aus einem Schiedsvertrag[229] oder Maßnahmen zur Verfälschung der Wettbewerbsbedingungen.[230]

Die Zuständigkeit des EuGH erstreckt sich nicht auf die GASP, die ZJIP und die Gemeinsamen Bestimmungen, d.h. auch nicht auf die Tätigkeit des Europäischen Rates. Bei Übereinkommen im Rahmen der Dritten Säule kann der Gerichtshof für die Auslegung von Streitfällen wahlweise als zuständig erklärt werden. Die Bedeutung des Europäischen Gerichtshofs ist für die Einigung Europas nicht zu unterschätzen, denn er hat dafür zu sorgen, dass das Gemeinschaftsrecht in allen Mitgliedstaaten einheitlich angewendet wird.[231] Er hat auf die Selbständigkeit des Gemeinschaftsrechts zu achten. Es darf keine Auslegung nach nationalen Rechtsnormen erfolgen. Auch bei der Rechtsfortbildung kommt dem EuGH eine wichtige Aufgabe zu, denn das Europäische Recht ist in vielen Bereichen noch sehr lückenhaft geregelt und auslegungsbedürftig.[232] Diese Lücken dürfen nicht durch das einfache Heranziehen nationaler Bestimmungen gefüllt werden, sondern sind im Geist des Gemeinschaftsrechts zu schließen. So kommt dem EuGH ein großer schöpferischer Freiraum in der Fortbildung des Gemeinschaftsrechts zu.[233]

Am 24.10.1988 hat der Ministerrat beschlossen, dem Gerichtshof der Europäischen Gemeinschaften ein Gericht erster Instanz beizuordnen.[234] Seit Oktober 1989 hat dieses Instanzgericht seine Arbeit aufgenommen. Seinen Sitz hat es in Luxemburg.

224 Vgl. Art. 177 Abs. 2 EGV.

225 Art. 178 in Verbindung mit Art. 215 EGV.

226 Art. 179 EGV.

227 Art. 180 EGV.

228 Art. 181 EGV.

229 Art. 182 EGV.

230 Art. 225 EGV.

231 Vgl. zu den Aufgaben und der Bedeutung der Arbeit des EuGH Bleckmann (1990), S. 46 ff. bzw. S. 218 ff. und Oppermann (1991), S. 93 ff. und S. 228 ff.

232 Unter Berücksichtigung der Aufgaben, die der EuGH zu erfüllen hat, beschreibt Weindl den Gerichtshof als den eigentlichen Motor der Integration bzw. als "Integrationsfaktor erster Ordnung"; Weindl (1994), S. 49. Die oberste Rechtsmaxime des EuGH ist hierbei im Rahmen der Rechtsfortbildung der Verträge das dort verankerte Integrationsziel.

233 "Die dynamische Entfaltung der Bestimmungen zu ihrer größtmöglichen Wirkung und ihre gemeinschaftsfreundliche Auslegung ist also eine rechtliche gesicherte Aufgabe des Gerichtshofes, nicht etwa seine politische Entscheidung." Nicolaysen (1991), S. 49.

234 Dies erfolgte gestützt auf Art. 32d EGKS, Art. 168a EGV und Art. 140a EAGV, die mit Art. 4 der EEA eingeführt worden sind.

Die Einrichtung dieses Gerichts erster Instanz soll in erster Linie der Entlastung des EuGH dienen.[235] Die Zuständigkeiten dieses Instanzgerichtes wurden auf alle Klagen juristischer und natürlicher Personen ausgeweitet, die sich gegen Rechtshandlungen der EU-Organe richten. Durch dieses neue Rechtsprechungsorgan ist die bisherige Stellung des EuGH als Einheits- und Monopolgericht beendet und der Einstieg in die vertikale Gliederung der Gerichtsbarkeit auf europäischer Ebene unternommen worden.

Zur Bewertung des EuGH ist zu sagen, dass ihm ein erheblicher Einfluss bei Interpretation der Gemeinschaftsverträge zukommt. Bei den Gemeinschaftsverträgen handelt es sich im ökonomischen Sinn um relationale Verträge. Aufgrund der Unvollständigkeiten kommt dem EuGH eine erhebliche Bedeutung bei der Auslegung von Normen zu.[236] Allerdings stehen dem EuGH keinerlei Möglichkeiten zu, das von ihm gesprochene Recht durchzusetzen. Er ist auf die freiwillige Einhaltung und Durchsetzung seiner Urteile auf der Ebene der Mitgliedstaaten angewiesen.

2.3.2.6 Der Rechnungshof

Der Rechnungshof ist von den übrigen Organen der EU völlig unabhängig.[237] Sein Sitz ist in Luxemburg. Der Rechnungshof wurde auf Betreiben des Parlamentes durch den Änderungsvertrag vom 22.7.1975 geschaffen und nahm seine Tätigkeit im Oktober 1977 auf. Seine Mitglieder sind 15 Vertreter[238] der jeweiligen Mitgliedstaaten,[239] die nach Anhörung des Parlamentes vom Rat einstimmig auf sechs Jahre gewählt werden. Eine Wiederwahl ist möglich. Obwohl im Gemeinschaftsrecht keine entsprechende Vorlage existiert, die jedem Mitgliedstaat ein Mitglied im Rechnungshof zuordnet hat sich das gewohnheitsrechtlich so entwickelt.[240]

Die Hauptaufgabe des Rechnungshofes besteht darin, die Recht- und Ordnungsmäßigkeit der Haushaltseinnahmen und -ausgaben sowie die Wirtschaftlichkeit der Haushaltsführung der Europäischen Union zu überprüfen. Nach Abschluss jeden Jahres wird vom Rechnungshof ein Jahresbericht über die Haushaltsführung der

---

235 So liegen die Zuständigkeiten in den Bereichen der Streitsachen zwischen den Gemeinschaften und ihren Bediensteten (Art. 179 EGV und Art. 152 EAGV), bei Klagen, die von Unternehmen (gemäß Art. 33 Abs. 2 und Art. 35 EGKS) oder Verbänden (Art. 48 EGKS) gegen die Kommission erhoben werden und die individuelle Entscheidungen betreffen (Art. 50 und 57-66 EGKS) und bei Klagen, die von natürlichen, juristischen Personen gegen Organe der Gemeinschaft erhoben werden können (gemäß Art. 173 Abs. 2 und Art. 175 Abs. 3 EGV) und die Anwendung der für Unternehmen geltenden Wettbewerbsvorschriften zum Gegenstand haben.

236 Der Gerichtshof hat die bestehenden Lücken jedoch immer wieder genutzt, um die gemeinschaftlichen Normen teleologisch festzuschreiben. Hallstein spricht in diesem Zusammenhang von einem „Integrationsfaktor erster Ordnung". Hallstein (1965), S. 9.

237 Vgl. Art. 188a-188c EGV.

238 Art. 247 Abs. 1 EGV.

239 Mit dem personellen Unterbau von ca. 500 Bediensteten.

240 Nach Nizza wird künftig jedem Mitgliedstaat ein Mitglied im Europäischen Rechnungshof vertraglich zugestanden.

Kommission erstellt,[241] der im Amtsblatt der EG veröffentlicht wird. Er kann aber auch auf eigene Initiative Sonderberichte und Stellungnahmen zu speziellen Fragen anfertigen.[242]

Eine ökonomische Bewertung des Europäischen Rechnungshofes führt zu der geringen Bedeutung des Rechnungshofes für die institutionelle Fortentwicklung der Union. Er nimmt überprüfende Tätigkeiten wahr und kann eine Verbesserung der anderen Institutionen erwirken. Ökonomisch übernimmt er ein Monitoring-Funktion[243] in der Prinzipal-Agent-Beziehung von Geldgeber und Geldempfänger. Geldgeber sind hierbei diejenigen Institutionen, die über die Budgetausgaben entscheiden, also der Rat und das Europäische Parlament. Ziel eines Monitorings ist es, den Agenten zu überwachen, um ihn im Falle einer Abweichung von dem ihm zur Mittelverwendung gegebenen Vorschriften sanktionieren zu können. Für den Agenten bestehen dann Anreize, sich an diese Vorschriften zu halten. Genau dieser Sanktionsmechanismus ist im Gefüge der europäischen Institutionen nur schwach ausgebildet. Auf der Grundlage des Berichts des Europäischen Rechnungshofes kann das Europäische Parlament zwar die Haushaltsentlastung verweigern, allerdings bleibt dies für die Kommission, die nur geringe Anreize hat entstandene Mängel abzustellen, folgenlos.

Der weitaus stärkere, wenn auch informelle Sanktionsmechanismus verläuft über die Rolle „Prinzipal des Prinzipals", über eine Mobilisierung der Öffentlichkeit, die politischen Druck erzeugen kann. Dabei ist allerdings einschränkend zu bemerken, dass die Berichte des Europäischen Rechnungshofs nur geringe Aufmerksamkeit in der Öffentlichkeit erregen. Auch findet der Druck keine erfolgreiche Transmission, die Verankerung des Parlaments in der Bevölkerung ist gering, Europawahlen werden selten durch Europathemen entschieden.

2.3.2.7 Interessengruppen

2.3.2.7.1 Entstehung von Interessengruppen

Interessengruppen werden im Allgemeinen gegründet und erhalten, um die Interessen der Mitglieder leichter organisieren, artikulieren und bei gesellschaftlichen und politischen Entscheidungen besser durchsetzen zu können. Die Individuen streben nach persönlichen Vorteilen und schließen sich in Gruppen zusammen, sobald das kollektive Handeln einen Nutzenzuwachs verspricht.[244] In der Public-Choice-Theorie wird den in Interessengruppen

---

241 Der Jahresbericht dient dem Parlament als Grundlage für die Entlastung der Kommission (Art. 206 EGV).

242 Vgl. Oppermann (1991), S. 139 ff.

243 Vgl. Theurl/Meyer (2001), S. 147.

244 Weber schreibt über Interessengruppen, dass sie als Schutzbündnis wirken "zur Erhaltung ökonomischer und sozialer Besitzstände". Weber (1977), S. 13.

organisierten Akteuren das Ziel der Eigennutzorientierung unterstellt.[245] Nach Beckers Modell der Lobby-Aktivität sind Staatsausgaben und Steuern (sowie Regulierungen) das Ergebnis von aufeinanderprallendem Interessengruppendruck.[246] Es sind Druck und Gegendruck um Verteilungsvorteile, die die europäischen Verbände in Bewegung setzen und so die Kommission bei der Entscheidungsfindung zu beeinflussen versuchen.

Der inoffizielle Einfluss der Verbände besteht in erster Linie bei der Kommission in der Entscheidungsvorbereitung und -ausführung.[247] Konservative Schätzungen gehen in Brüssel von mehr als 700 ausländischen und europäischen Interessengruppen aus.[248] Von den bereits 1984 existierenden 546 Interessengruppen vertraten nur sieben Konsumenten-, Umweltschutz- und Familieninteressen. Die Gruppe der Steuerzahler wurde gar nicht repräsentiert.[249] Im Vergleich zu der nationalen Ebene sind insbesondere die institutionalisierten Möglichkeiten des Einflusses von Interessengruppen sehr viel größer, denn die beratenden Ausschüsse sind teilweise bereits in den Gründungsverträgen verankert oder durch die Kommission gegründet worden. Es haben sich ca. 1000 Ausschüsse gebildet,[250] die beratende Funktionen übernehmen. Je nach Sachgebiet handelt es sich hierbei um nationale oder europäische Beamte, private Sachverständige oder Vertreter verschiedener Interessengruppen.

Ein Minimalkonsens wird häufig über die Bereitstellung und Verteilung öffentlicher Güter erreicht.[251] Olson unterstellt in seinem Ansatz des kollektiven Handelns, dass

---

245 Olson formuliert die These über das Entstehen von Interessengruppen, dass nicht alle in einer Gesellschaft potentiell vorhandenen Interessen sich gleich gut organisieren lassen. Kleine Gruppen mit begrenzten Interessen haben es leichter als große Gruppen. Der Grund hierfür liegt im Freifahrerproblem, das bei kleineren Gruppen weniger stark ins Gewicht fällt als bei großen. Olsons zweite These ist zum Verständnis des Wachstums von Staatsausgaben (oder allgemeiner formuliert: von Etats) besonders wichtig. Sie besagt, dass die Zahl und damit auch die Macht der Interessengruppen im Zeitverlauf wachse, wenn institutionelle Rahmenbedingungen stabil sind. Wenn die Zahl der organisierten Interessengruppen positiv mit der Zahl gelungener Stimmentauschgeschäfte korreliert ist, sei anzunehmen, dass die Staatsausgaben zunehmen. Vgl. Olson (1965) und Olson (1982).

246 Vgl. Becker (1983), S. 371-400. Zu den in folge des Versuchs der Verbände, die Verteilung zu ihren Gunsten zu beeinflussen, entstehenden ökonomischen Kosten, die sich für die Gesellschaft ergeben, vgl. Vieler (1986), S. 57-92.

247 Zur Abhängigkeit der Kommission von den Verbänden aufgrund ihrer fehlenden nationalen Verwurzelung vgl. in diesem Kapitel den Abschnitt 2.3.2.3. Es kann eine massive Ämterpatronage beobachtet werden. Häufig werden Verbandsmitglieder in den Verwaltungsapparat "eingeschleust". Im Entscheidungsprozess üben dann nationale Verbände Druck auf "ihre" Minister aus. Zum Einfluss von Interessengruppen auf EU-Ebene vgl. Würtenberger (1993) und Forster (1993).

248 Vgl. Wegner (1991), S. 49.

249 Vgl. Peirce (1991), S. 281 und Witte (1994), S. 261.

250 Vgl. Weindl (1993), S. 35.

251 Dieser Ansatz erklärt auch die Tendenz, warum Interessengruppen individuelle Vorleistungen über Sachleistungen und nicht über finanzielle Transfers verfolgen: Die erstgenannten sind

eine Organisation von Interessengruppen zur kollektiven Durchsetzung individueller Interessen dann erfolgreich ist, wenn für die Individuen selektive Anreize existieren. Positive Anreize können hierbei gegeben sein, wenn bestimmte Individualgüter (z.B. Serviceleistungen) ausschließlich Mitgliedern angeboten werden. Negative Anreize der Nichtmitgliedschaft können entweder durch einen Beitrittszwang erfolgen, oder der Zwang zum kollektiven Handeln besteht aufgrund der durch die Gruppengröße möglichen sozialen Kontrolle des Individualverhaltens.[252]

Die Ansätze von Dunleavy und Hansen[253] modellieren die Beitrittsentscheidung eines Individuums zu einer Interessengruppe als dreistufiges Vorgehen: Zunächst muss auf der ersten Stufe die Wahrnehmungsrestriktion überwunden werden. Das Individuum muss die Existenz einer Gruppe, mit deren jeweiligen Identitätsmerkmalen, die aus den Merkmalen der einzelnen Gruppenmitglieder bestehen, es sich identifizieren kann, erst einmal wahrnehmen.[254] Die zweite Ebene bildet die sogenannte Akzeptanzrestriktion. Das Individuum muss überprüfen, ob das Gruppeninteresse tatsächlich mit seinem persönlichen Interesse übereinstimmt. Die letzte Stufe beschreibt die sogenannte Wirksamkeitsrestriktion. Das Individuum muss an die Beständigkeit der Gruppe bei der Verfolgung ihrer Interessen glauben. Außerdem muss es erwarten, sich durch eine Mitgliedschaft besser zu stellen. Es erfolgt eine individuelle Kosten-Nutzen-Analyse. Werden Interessen der Gruppe bedroht, die auch von dem Individuum verfolgt werden, so erhöht sich auch die Beitrittswahrscheinlichkeit, da sich die persönliche Risikobereitschaft erhöht.

Die Beständigkeit oder Lebensfähigkeit einer Gruppe wird durch ihre Mobilisierungsrate (Quotient aus der Anzahl der aktuellen Mitglieder im Verhältnis zu den potentiellen Mitgliedern) bestimmt. Je höher die Mobilisierungsrate ist, desto größer sind die Anreize der Gruppe beizutreten.[255] Letztlich muss in dieser Stufe auch die individuelle Budgetrestriktion betrachtet werden, denn mit steigendem Einkommen sinkt die relative Belastung durch die Mitgliedsbeiträge.

---

wegen der ihnen innewohnenden Kollektivgut-Charakteristik eher konsensfähig als die zweitgenannten. Vgl. Blankart (1998), S. 156.

252 Vgl. Olson (1968), S. 43-50.

253 Vgl. Dunleavy (1991), S. 45-48 und Hansen (1985), S. 79-96.

254 Vgl. Dunleavy (1991), S. 55.

255 Dunleavy folgt zwar Olsons These, dass aus der Nicht-Exkludierbarkeit ein negativer Anreiz der Verbandszugehörigkeit hervorgeht, da diese zum Free-Rider-Verhalten motiviert. Da aber die Lebensfähigkeit einer Gruppe für die Beitrittsentscheidung relevant ist, gibt es auch diesen positiven Zusammenhang. Demnach erwarten potentielle Mitglieder, dass mit einer steigenden Mobilisierungsrate Economies of Scale realisiert werden, die sich in sinkenden Mitgliedsbeiträgen niederschlagen, mehr Ressourcen zu einem Aufbau einer kompetenten Organisation bereitgestellt werden können, der Umfang der vom Verband bereitgestellten Individualgüter steigt, die Beobachtbarkeit einer Nicht-Mitgliedschaft sich erhöht und es infolgedessen zu sozialen Sanktionen kommt. Vgl. Hansen (1985), S. 87 und Dunleavy (1991), S. 49 f. und S. 60 f. Insofern können diese Anreize den negativen Anreiz der Nicht-Exkludierbarkeit - je nach individueller Erwartungsbildung - überkompensieren.

Zusammenfassend kann die Gruppenbildung nicht nur aus dem Kontext kollektiver Güter, selektiver Anreize und Zwang erklärt werden, sondern es sind auch Identitätsstrukturen der Wirtschaftssubjekte, die positiven und negativen Anreize, sowie die Faktoren Information, Risikobereitschaft und Einkommen in eine Untersuchung einzubeziehen.[256] Diese Betrachtungsweise wird bewusst eingeschränkt auf den Teilaspekt des Wirkens im politischen Entscheidungsfeld der Gesellschaft. Das weite Feld der innerverbandlichen Tätigkeit wird vernachlässigt.[257]

Interessengruppen können, da sie nicht direkt am europapolitischen Prozess beteiligt sind, ihre Interessen nicht unmittelbar in den Verfahren des Europäischen Parlamentes oder Ministerrates artikulieren. Allerdings können sie auf die Kommission Einfluss nehmen, die ihrerseits auf die Informationen und die Mitarbeit der auch national vertretenen Interessengruppen angewiesen ist. Außerdem können auf nationaler Ebene Parteien durch den Wählerstimmenentzug der Mitglieder des nationalen Verbandes, durch Reputationsschädigung, durch Parteienfinanzierung, Stellenangebote für Politiker oder durch direkte Bestechung sowie durch Aktivitäten zur verbandsexternen Wählerstimmenwerbung direkt positiv oder negativ sanktioniert werden.[258] Die Verhandlungsgrundlage zwischen den Interessengruppen und der Kommission sind Informationen und Karrieremöglichkeiten im Austausch gegen die Berücksichtigung der Gruppenforderungen. Dabei ist die politische Macht der Interessengruppe um so größer, je besser sie organisiert ist, je mehr Nicht-Mitglieder sie mobilisieren kann, je besser ihr Zugang zu den Massenmedien ist und je stärker ihre Markt- und Finanzkraft ist.[259]

2.3.2.7.2 Der Wirtschafts- und Sozialausschuss

Der Wirtschafts- und Sozialausschuss (WSA) der EG,[260] der EURATOM[261] und der beratende Ausschuss der EGKS[262] sind Nebenorgane der EG. Es besteht ein gemeinsamer Wirtschafts- und Sozialausschuss für die EG und EAG, dieser nimmt aber nicht die Aufgaben des Beratenden Ausschusses der EGKS wahr.[263] Der Wirtschafts- und Sozialausschuss mit Sitz in Brüssel hat im Wesentlichen die Aufgabe, Rat und Kommission bei der Entscheidungsfindung zu unterstützen.[264] Der WSA ist der einflussreichste Ausschuss auf europäischer

256 Vgl. Hansen (1985), S. 80-83.

257 Die innerverbandlichen Tätigkeiten machen häufig den eigentlichen Existenzgrund einer Gruppe aus. Sie sind aus der Sicht der Mitglieder manchmal auch wichtiger als ihre politischen Aktivitäten. Vgl. Weber (1977), S. 343-346.

258 Vgl. Bernholz/Breyer (1994), S. 168-171.

259 Vgl. Liefmann-Keil (1979), S. 320-346, hier S. 320 f.

260 Vgl. Art. 193 EGV.

261 Vgl. Art. 165 EAGV.

262 Vgl. Art. 18 EGKSV.

263 Vgl. Bleckmann (1990), S. 64 ff. und Oppermann (1991), S. 135 ff.

264 Die Beratung erfolgt mittels Stellungnahmen, die den Rat und die Kommission über die Meinung der verschiedenen Gruppen des wirtschaftlichen und sozialen Lebens zu aktuellen Problemen und

Ebene. In ihm sind 222 Vertreter "verschiedener Gruppen des wirtschaftlichen und sozialen Lebens"[265] organisiert. Deutschland, Italien, Frankreich und Großbritannien stellen jeweils 24, Spanien 21, Belgien, Griechenland, die Niederlande, Österreich, Portugal und Schweden je 12, Dänemark, Irland und Finnland je 9 und Luxemburg 6 Mitglieder.[266] Er wird auf Vorschlag der nationalen Regierungen zusammengesetzt und ernannt. Die Wahl erfolgt für vier Jahre. Besetzt wird er 1/3 mit Arbeitgebern, 1/3 mit Arbeitnehmern und 1/3 mit Sonstigen,[267] bei denen wieder ein hoher Anteil der Produzenteninteressen vertreten ist. Es handelt sich um eine institutionalisierte Interessenvertretung der Konsumenten, Produzenten und Steuerzahler. Der Lobbying-Kanal für die Interessen der Produzenten ist hierbei als wesentlich anzusehen, denn nur 18 % der Besetzung sind auf Verbraucherinteressen zurückzuführen.[268]

2.3.2.7.3 Ausschuss der Regionen

Der Ausschuss der Regionen (Regionalausschuss) ist mit dem Vertrag von Maastricht als ein neues Organ zusätzlich geschaffen worden. Er ist auch ein beratender Ausschuss,[269] der aus 222 Vertretern der regionalen und lokalen Gebietskörperschaften besteht.[270] Die nationale Aufgliederung der Teilnehmer entspricht der Aufteilung im Wirtschafts- und Sozialausschuss. Der Ausschuss der Regionen wird vom Rat auf Vorschlag der Mitgliedstaaten einstimmig ernannt. Es wäre sinnvoll gewesen, dem Ausschuss als Vertretung der nach dem Subsidiaritätsprinzip untergeordneten Gebietskörperschaften ein besonderes Kontrollrecht in Bezug auf die Einhaltung des Subsidiaritätsprinzips einzuräumen. Diese Option wurde nicht genutzt. Die Benennung der Mitglieder erfolgt nicht durch die Regionen selbst. Auch hier hat sich der Rat die Personalkompetenz gesichert. Der Ausschuss der Regionen wird vom Rat oder von der Kommission in allen nach dem EGV vorgesehenen Fällen gehört.[271] Der Ausschuss muss in den vorgesehenen Fällen gehört werden und kann ggf. freiwillig Stellungnahmen abgeben. Allerdings können auch dann Beratungen durch den Ausschuss der Regionen erfolgen, wenn eines der beiden Organe (Rat oder

---

anstehenden konkreten Rechtsetzungvorhaben informieren sollen. Diese Stellungnahmen werden im Amtsblatt der EG veröffentlicht. Entsprechend dieser Aufgabe, den Pluralismus der Gesellschaft wiederzugeben - setzen sich die Ausschüsse aus 189 (?) Vertretern der verschiedenen Gruppen des wirtschaftlichen und sozialen Lebens (Arbeitgeber, Arbeitnehmer, sonstige Mitglieder verschiedener Interessengruppen) zusammen. Sie werden von den Verbänden vorgeschlagen und vom Rat - nach Anhörung der Kommission ernannt.

265 Art. 193 EGV.

266 Art. 258 Abs. 1 EGV.

267 Vgl. Art. 194 EWGV, mit den Länderquoten.

268 Vgl. Witte (1995), S. 67.

269 Vgl. Art. 4 Abs. 2 EGV.

270 Vgl. Art. 198a EGV; vgl. auch zu der Zusammensetzung und den Kompetenzen des Ausschusses Wuermeling (1993).

271 Vgl. Art. 126,128,129,129d,130b,130d und 130e EGV.

Kommission) dies für zweckdienlich hält. Ebenso kann der Ausschuss von sich aus eine Stellungnahme abgeben. Er besitzt keinerlei Entscheidungskompetenzen und noch nicht einmal ein Klagerecht, mit dem er wenigstens die Einhaltung eigener Rechte einklagen könnte.

Bei Gründung des Regionalausschusses ist den Regionen (bspw. in der Bundesrepublik den Bundesländern) eine direkte Beteiligung bei der Willensbildung der Gemeinschaft zugestanden worden. Auch wenn dieser Ausschuss noch keinerlei Durchsetzungsmacht besitzt, stellt die Einrichtung dieses Gremiums zumindest einen Schritt in die Richtung der Beteiligung der Regionen an den Rechtsetzungsverfahren der Gemeinschaft dar. Die Regionalinteressen können so frühzeitiger und wirksamer erkannt und geltend gemacht werden als dies bisher der Fall war. Die Entwicklung dieses Ausschusses zu einer Regionalkammer mit Entscheidungsrechten wäre im Hinblick auf die Betonung der föderalen Struktur der Gemeinschaft wünschenswert.

2.3.2.7.4 Bedeutung von Interessengruppen auf europäischer Ebene

Die Interessengruppen haben formell und informell großen Einfluss. Der Einfluss der Produzenteninteressen ist dominant. Interessengruppen, die auf europäischer Ebene organisiert sind, können economies of scale realisieren und bessere Einflussmöglichkeiten als auf nationaler Ebene nutzen. Außerdem besteht eine mangelnde demokratische Kontrolle auf europäischer Ebene. Asymmetrisch verteilte Organisationspotentiale und Ressourcenausstattungen der Interessengruppen bewirken eine Überbetonung der politischen Interessen von kleinen homogenen Gruppen, die in erster Linie bei den Produzenten zu finden sind. Eine Verlängerung der Prinzipal-Agent-Ketten in der innerverbandlichen Tätigkeit und Willensbildung bewirkt zudem eine Vergrößerung des diskretionären Entscheidungsspielraums der Verbandsfunktionäre. Deren Handlungen müssen sich nicht unbedingt mit den Interessen der Mitglieder decken. Sind gleichgerichtete internationale Interessen festzustellen, so sind Zentralisierungstendenzen wahrscheinlich.[272]

Lobbyisten werden nicht die Demokratisierung, eine Transparenzsteigerung der Entscheidungsstrukturen und deren institutionelle Beschränkung auf europäischer Ebene vorantreiben, da diese Entwicklungen ihren Einfluss schmälern würde. Die Einflussnahme der Interessengruppen erfolgt im Wesentlichen auf die Kommission, die zwar über keinerlei Machtlegitimation durch eine Direktwahl verfügt, aber trotzdem ausgedehnte Kompetenzen auf sich vereinen kann. Indem sie Verordnungen erlässt und Richtlinien entwickelt, über das Vorschlagsmonopol für Ratsentscheidungen und über die Durchführungsverantwortung bei Ratsentscheidungen

272 Allerdings zeigt das Cassis de Dijon-Urteil (dt. Unternehmer (Likörhersteller) klagten gegen Import durch franz. Unternehmer-Vertreter), dass die Interessengruppen verschiedener Länder nicht der gleichen Auffassung sein müssen und insofern auch die einzelnen Interessengruppen identische Interessen vertreten. Gleichgerichtete Interessen sind oft nur in der Diskriminierung Dritter möglich. Vgl. hierzu Siebert (1989a), S. 5.

verfügt, hat sie Legislativ- und Exekutivbefugnisse inne. Gleichzeitig ist die Kommission auf das Spezialwissen der Interessengruppen bei teilweise sehr detaillierten Rechtsetzungsakten in den unterschiedlichsten Spezialgebieten angewiesen, wenn es bspw. um technische Zusammenhänge, Patente oder Produktnormen geht. Zunehmend erfolgt die Einflussnahme der Interessengruppen auch auf das Europäische Parlament, da in den letzten Jahren dessen Entscheidungen gerade aus der Sicht der Unternehmen an Bedeutung gewonnen haben.

Ziel der Interessengruppen ist es, einen Vorstoß in Informationslücken zur Realisierung von politischen Renten anzustreben. Verbände sind teilweise mit dem Ziel der Informationsvermittlung institutionalisiert worden.

2.3.2.8 Der Europäische Rat

Auf der Pariser Gipfelkonferenz der Staats- und Regierungschefs der Mitgliedstaaten am 9./10.2.1974 wurde der sog. Europäische Rat mit dem Ziel gegründet, dass die Staats- und Regierungschefs mindestens dreimal jährlich mit den Außenministern als Rat der Gemeinschaften zusammentreten.[273] "Ein Europäischer Rat hat eine dreifache Aufgabe: Bestimmen, wo die Gemeinschaft steht, die Arbeit der Gemeinschaft stimulieren und neue Ausrichtungen entwickeln."[274] Durch die ausdrückliche Zuweisung von Entscheidungsbefugnis wird deutlich gemacht, dass der Rat das eigentliche Rechtsetzungsorgan[275] der Europäischen Union ist.

Es ist irreführend von *dem* Rat zu sprechen. Vielmehr existiert zu jedem Fachbereich ein eigener Rat in der Europäischen Union. In diesen Räten sitzt jeweils der Fachminister aus jedem Mitgliedsland, der befugt ist, für die Regierung zu handeln.[276] Dem Rat steht der Ratspräsident vor, der der entsprechende Fachminister des jeweiligen Landes ist, das die EU-Präsidentschaft innehat.[277]

Die Mitglieder des Rats sind nicht nur Ratsmitglieder, sondern auch Vertreter der nationalen Regierungen. Tagen sie in ihrer Funktion als nationale Regierungsmitglieder, so nennt man das Gremium "Die im Rat vereinigten Vertreter

---

273 Die Staats- und Regierungschefs und der Präsident der Kommission kommen nach dem Art. 2 der EEA vom 28.2.1986 - der formellen Verankerung des Europäischen Rates im primären Gemeinschaftsrecht - mindestens zweimal jährlich zusammen. Dabei werden sie von den Ministern für auswärtige Angelegenheiten und einem Mitglied der Kommission unterstützt. Diese Bestimmungen wurden auch aufgenommen in den Vertrag von Maastricht; vgl. Titel I Artikel D.

274 Jacques Delors im Europäischen Parlament in Straßburg am 15.11.1988 über die Rolle der Gipfeltreffen der Staats- und Regierungschefs der EU-Mitgliedstaaten für die europäische Integration. Vgl. Reichenbach/ Emmerling/Staudenmayer/Schmidt (1999), S. 16.

275 Vgl. auch ausführlicher Weindl (1994), S. 25-29.

276 Art. 203 Abs. 1 EGV

277 Die EU-Präsidentschaft wechselt alle sechs Monate. Die Reihenfolge beginnend mit dem 1.1.1995 ist: Frankreich, Spanien, Italien, Niederlande, Luxemburg, Großbritannien, Österreich, Deutschland, Finnland, Portugal, Frankreich, Schweden, Belgien, Dänemark, Griechenland.

der Regierungen der Mitgliedstaaten". Zu den Aufgaben dieses Gremiums gehört zum einen die Ernennung der Kommissionsmitglieder,[278] der Richter[279] und des Präsidenten der Europäischen Zentralbank.[280] Zum anderen bestimmt dieses Gremium den Sitz der Organe.[281] Der Europäische Rat unterscheidet sich insoweit von dem Rat der Gemeinschaften in der Zusammensetzung der Staats- und Regierungschefs, welcher in dieser Form ausdrücklich in Art. 109j Abs. 2 und 4 EGV vorgesehen ist, durch die Beteiligung des Präsidenten der EG-Kommission sowie die Unterstützung der Außenminister und eines weiteren Kommissionsmitglieds.

Eine ausdrückliche Aufgabenzuweisung für den Europäischen Rat liegt nicht vor. Er soll die Leitlinien für die Entwicklung der Europäischen Union und der Gemeinsamen Außen- und Sicherheitspolitik (GASP) festlegen. Außerdem kann er die Aufgaben des Rates übernehmen. Der Europäische Rat hat allgemeine politische Impulse für den Aufbau der Europäischen Union zu geben, indem er allgemeine politische Leitlinien erlässt.[282] Im Rahmen der Gemeinsamen Außen- und Sicherheitspolitik hat der Europäische Rat die Grundsätze und die allgemeinen Leitlinien der Gemeinsamen Außen- und Sicherheitspolitik zu bestimmen.[283]

Der Europäische Rat hat vorgegebene Entscheidungsverfahren hinsichtlich der Gemeinsamen Außen- und Sicherheitspolitik[284], nach denen grundsätzlich Einstimmigkeit erforderlich ist. In einigen ausdrücklich beschriebenen Fällen kann mit qualifizierter Mehrheit entschieden werden, die bei nationalen Bedenken durch ein Vetorecht blockiert werden können. Insbesondere sind keine Entscheidungsverfahren für die Hauptaufgabe des Europäischen Rates bestimmt, die politischen Zielvorstellungen festzulegen. Aufgrund dieser sehr grundlegenden Aufgabenstellung ist auch hier von der Einstimmigkeit in der Abstimmung auszugehen. Die fehlende Spezifikation von Entscheidungsverfahren ist darauf zurückzuführen, dass der Europäische Rat keine für die Europäischen Gemeinschaften rechtlich verbindlichen Entscheidungen treffen kann.[285] Dies begründet sich daraus, dass der Europäische Rat eine Institution der Europäischen Union und kein Organ der Europäischen Gemeinschaften ist.

---

278 Art. 158 EGV.

279 Art. 167 EGV.

280 Art. 1091 Abs. 1 EGV.

281 Art. 216 EGV.

282 Vgl. Maastrichter Vertrag vom 7.2.1992, Artikel D Abs. 1 EUV bzw. Art. 4 Abs. 1 EUV / Amsterdam. Nach der ausdrückliche Aufgabenzuweisung hat der Europäische Rat der Union die für ihre Entwicklung erforderlichen Impulse zu geben und die allgemeinen politischen Zielvorstellungen für diese Entwicklung festzulegen. Im Wesentlichen stimmt diese Formulierung mit der feierlichen Deklaration von Stuttgart vom 19.6.1983 überein. Vgl. Oppermann (1991), S. 103 ff.

283 Vgl. Art. J.8 Abs. 1 des Maastrichter Vertrages.

284 Vgl. Art. 23 EUV

285 Vgl. Glaesner (1994), S. 30; Everling (1995), S. 43 und Pechstein/König (1998), S. 90 f.

Aufgrund seiner Zusammensetzung kann der Europäische Rat als Rat der EU tätig werden und Rechtsakte im Sinne des Art. 189 EGV erlassen. Rechtsgrundlage für dieses Handeln wären die entsprechenden Bestimmungen der Gemeinschaftsverträge. Bisher wurden keine verbindlichen Rechtsakte vom Rat erlassen, sondern vielmehr politische Grundsatzentscheidungen getroffen und Richtlinien und Aufträge für die Arbeit des Rats formuliert. Eine wichtige Entscheidung des Europäischen Rates war die Einigung auf eine verstärkte Zusammenarbeit einzelner Mitgliedstaaten der EU. Es soll einzelnen Mitgliedern einer Gruppe der EU ermöglicht werden, in ausgewählten Fragen intensiver zusammenzuarbeiten. Besonders in einem immer größer werdenden Europa ist dieser Punkt relevant wenn die Vertiefung der Union nicht zu einer Stagnation im Bereich der Vertiefung bzw. Integration führen soll. Diese Form der Zusammenarbeit kann nicht an dem Veto eines einzelnen Staates scheitern.

2.3.3 Interessen der Prinzipale an dem europäischen Integrationsprozess

Die Wähler sind nicht die "informierten Kontrolleure", die dafür sorgen, dass das europäische politisch-administrative System dem Gemeinwohl dient. Die Ökonomische Theorie der Politik analysiert ein individuelles Wählerverhalten, das zum Ziel hat, persönlichen Nutzen zu maximieren. In der Europäischen Union wird nur das Parlament direkt gewählt. Der Ministerrat wird von nationalen Regierungsmitgliedern gebildet, deren nationale Wahl nicht vordergründig von europäischen Themen abhängig gemacht wird. Denn in einem System einer repräsentativen Demokratie drücken die Wähler ihre Präferenzen nicht über jeden Sachverhalt aus, sondern signalisieren lediglich in zeitlichen Abständen ihre Zustimmung oder Ablehnung zu globalen Politikpaketen bzw. zu den diese Pakete vertretenden Politikern.

Die Prinzipale sind besorgt, dass die Regierung die ihr übertragene Macht, die sie einerseits braucht, um die ihr zugedachten Aufgaben zu erfüllen, andererseits nicht dahingehend missbraucht, dass innerhalb des politischen Prozesses von der Regierung oder auch anderen Gruppen innerhalb des Gemeinwesens – wie z.B. die Bürokratie – rent seeking betrieben wird.[286]

So ist die Haltung innerhalb der Europa-Politik sicherlich nur ein Baustein in dem Profil einer Partei. Zwischen den Wahlen werden die Einzelentscheidungen von den Politikern getroffen.[287] Mit dem nationalen Wahlprozess wird somit im Kern auch

---

[286] „Einen Revolver auf jemanden zu richten ist eine der schnellsten, aber auch eine der riskantesten Arten, etwas umsonst zu bekommen. Viel sicherer und effizienter sind die Vorrichtungen spezieller Privilegien und des Monopols, denn sie können durch ideologische Purzelbäume so dargestellt werden, als seien sie nicht nur harmlos, sondern sogar in allgemeinem Interesse." Röpke (1960), S. 22.

[287] Vgl. Mueller (1989), S. 349.

zwischen Ministerrat und nationalen Wählern eine Prinzipal-Agent-Beziehung konstituiert.[288] Diese Prinzipal-Agent-Beziehung senkt die direkten Kosten einer Beteiligung am politischen Prozess für die Wähler. Durch die Delegation der Entscheidungen an die Agenten entstehen allerdings Informationskosten und Risiken eines Kontrollverlustes. Das Abstimmungsverhalten wird bestimmt von der Strategie der rationalen Ignoranz.[289] Der Wähler bestimmt sein Wahlverhalten lediglich mit Hilfe selektiver Informationen zu einzelnen Sachverhalten. Der Wähler verschafft sich nur dann Informationen, wenn c.p. die Informationskosten vergleichsweise gering sind,[290] wenn es sich anbietet, Ideologien zur Reduktion der Informationskosten zu verwenden (wobei diese Vereinfachungsstrategie nur solange rational ist, solange das Verhalten der Agenten mit der ihnen zugewiesenen Ideologie in angenommener Weise korreliert)[291] oder wenn die Nutzendifferenzen alternativer Wahlentscheidungen c.p. für das Individuum relativ hoch sind. Erschwerend kommt hinzu, dass in der Wahrnehmung der nationalen Wähler die Europa-Politik nachrangig eingeschätzt wird. Die Folgen des Verhaltens sind eine ineffektive Kontrolle der politischen Prozesse und große Handlungsspielräume für die eigentlich zu kontrollierenden Personen.[292]

Die Kontrolle der europäischen Bürokratie wird durch die Wähler aus rationalen Überlegungen heraus nicht vorgenommen. Prinzipale, die nutzenmaximierenden, rationalen Wähler, akzeptieren die ineffiziente Bürokratie aus drei Gründen: Erstens führt im Kontext des Mehrheitswahlrechts der Stimmentausch minderheitlicher pressure-groups zu politischen, insbesondere redistributiven Maßnahmen, die nur wenigen zugute kommen, die Kosten aber auf viele verteilen.[293] Zweitens ist der Nutzen von Informationen unabhängig von systematischen Informationsbeschränkungen für die minderheitlichen pressure-groups und die Mehrheit strukturell ungleich verteilt. Drittens führt die Umlegung des Staatsausgaben auf viele und die behauptete Konzentration einzelner Leistungen auf wenige dazu, dass die Aufrechterhaltung einer Koalition gegen die Ausgaben teurer und schwieriger ist, als die einer Pro-Ausgaben-Koalition, denn Staatsausgaben schaffen Wählerstimmen, ihre Reduktion hingegen bringt den einzelnen Wählern nur eine geringe Steuerersparnis.

---

288 Die Wähler bestimmen hierbei ex ante direkt über ihre Agenten und somit indirekt über europäischen politische Programme. Sie können ex post positiv oder negativ konkrete politische Entscheidungen sanktionieren, indem sie einen Agenten wiederwählen oder abwählen.

289 Vgl. Downs (1968), S. 202-205.

290 Vgl. Downs (1968), S. 204 f.

291 Vgl. Downs (1968), S. 95-98.

292 Empirische Untersuchungen finden sich bei Mueller (1989), S. 348-369.

293 Zur Idee des log-rolling vgl. Tullock (1959), S. 571-579; Bernholz (1973), S 87-95; Bernholz (1974), S. 49-61; Bernholz (1977), S. 73-84; Bernholz (1978), S. 65-82 und Stratmann (1992), S. 1162-1176. Die wohlfahrtsökonomische Bewertung des Stimmentauschs diskutieren Rikerl/Brams (1973), S. 1335-1347. Die Instabilitäten von Stimmentausch-Vereinbarungen stellt Mueller (1967), S. 1304-1311 dar.

Betrachtet man die Anforderungen, die Prinzipale an Reformen des Gemeinschaftsvertrages stellen, daraufhin, welche rationale Strategie sie im Rahmen des europäischen Integrationsprozesses einnehmen, so gelingt es, einige Eckpunkte zu identifizieren:

Aus der Sicht der Prinzipale birgt die kollektive Entscheidungsfindung in demokratischen Institutionen die Gefahr in sich, auf eine eigenverantwortliche Verfügung über die Ressourcen zugunsten einer kollektiven Entscheidung zu verzichten. Es entsteht eine Abhängigkeitssituation. Die Delegation von Entscheidungskompetenzen birgt das Risiko des Verlustes an Bürgersouveränität in sich. Es muss untersucht werden, ob überhaupt eine Legitimation für ein kollektives, mit einem Verzicht an Bürgersouveränität korrespondierendes Handeln besteht.

- Individuen werden nur dann zur Selbstbindung bereit sein, wenn die damit institutionalisierte Entscheidungsebene fiskalische Äquivalenz sichert, d.h. Entscheidungsträger, Nutznießer und Finanzier einer Maßnahme weitgehend identisch sind und so ein hohes Maß an Bürgersouveränität möglich ist. Es sollte keine Mitbestimmungskompetenz unbeteiligter Dritter bestehen.

- Die Prinzipale dürften an der Sicherung dezentraler Entscheidungsstrukturen interessiert sein, denn nur so ist eine Kontroll- und Informationseffizienz und der Wettbewerb als Entdeckungsverfahren zwischen den dezentralen Entscheidungsträgern möglich.

- Eine Zentralisierung von Kompetenzen erscheint nur dann als sinnvoll, wenn externe Effekte oder produktionstechnische Zusammenhänge, wie Skaleneffekte oder Unteilbarkeiten bzgl. des politischen Prozesses, auf dezentraler Ebene vorliegen.[294]

Die Nutzen der kollektiven Selbstbindung müssten aus Sicht der Prinzipale die Kosten der Abhängigkeit übersteigen. Ein operationales Subsidiaritätsprinzip bildet die Garantie für die ausschließliche Institutionalisierung von Selbstbindungen auf kollektiver Ebene, die auf unteren, dezentralen Ebenen nicht realisierbar sind. Damit könnte ein erster Eckpunkt für eine europäische Integration ein operationales Subsidiaritätsprinzip sein.[295]

---

294 Die genauere Analyse der verschiedenen integrationspolitischen Strategien erfolgt im dritten Kapitel, in dem Abschnitt 3.2.

295 Bei dem Versuch eigene Reformvorschläge für die institutionelle Struktur der EU zu entwickeln wird es daher notwendig sein, das bestehende Subsidiaritätsprinzip als Verfassungsprinzip Europas einer eingehenden Analyse hinsichtlich einer Operationalisierbarkeit zu unterziehen. Vgl. hierzu im fünften Kapitel den Abschnitt 5.3.2.

Eine Zuwendung zu dem Problem der Rechtsdurchsetzung[296] legt die Fragestellung offen, wie kollektive Entscheidungsprozesse organisiert werden sollen, da in der Realität Wissen, Zeit und Ressourcen knapp sind. Diese Knappheit erfordert eine Abwendung von der Einstimmigkeitsnorm. Allerdings besteht eine Unmöglichkeit der Präferenzaggregation.[297]

Somit gelangt man zu dem zweiten Eckpunkt für den voranschreitenden europäischen Integrationsprozess: Die Bedeutung des Rechtsschutzstaates und die demokratische Legitimation des Leistungsstaates.

Da - wie gezeigt - die Prinzipale (Wähler) im politischen Prozess Handlungsrechte an die Agenten (Politiker) übertragen, besteht die dringende Notwendigkeit ein Anreizsystem so zu gestalten, dass die Agenten auch gemäß den Wünschen ihrer Prinzipale handeln. Der politische Wettbewerb (zwischen den nationalen Regierungen und innerhalb der europäischen Entscheidungsprozesse um zusätzliche Macht) ist der geeignete Mechanismus, um Macht-, Anreiz- und Informationsprobleme zu lösen. Politischer Wettbewerb verhindert Machtmissbrauch. Er dient als Entdeckungsverfahren und wirkt so effizient und er zwingt die Agenten, die Präferenzen ihrer Wähler zu berücksichtigen. Ein dritter Eckpunkt sollte die weitgehende Erhaltung und der Ausbau des politischen Wettbewerbs zwischen den nationalen Regierungen und die Herstellung des Wettbewerbs um die europäische Entscheidungsmacht sein.[298]

Es ist oben dargestellt worden, dass die Akteure des politischen Prozesses sich in einem Gefangenendilemma befinden. Für den einzelnen ist rent seeking die dominante Strategie. Log-rolling und wechselnde Mehrheiten führen den demokratischen Entscheidungsprozess zu einem Zustand der "kollektiven Selbstschädigung".[299] Dieser Gedanke führt zu dem vierten Eckpunkt, der Allgemeingültigkeit von Regeln einer Europäischen Verfassung,[300] um die Bevorzugung und die Berücksichtigung von Sonderinteressen zu verhindern.

Zusammenfassend ist festzustellen, dass während die Agenten (nationalen Regierungen) sich darum bemühen, ihren diskretionären Entscheidungsspielraum zu erweitern, und somit eher an einem Abbau des politischen Wettbewerbs und an einer Minimierung institutioneller Handlungsbeschränkungen interessiert sind, die Prinzipale Reformen anstreben, die das Subsidiaritätsprinzip, den unparteilichen

---

296 "Ideal wäre ein völlig unpersönlicher Mechanismus, ein Roboter, der zu nichts anderem fähig wäre, als automatisierte Instruktionen zu befolgen. Buchanan (1984a), S. 135.

297 Damit erweisen "Urteile von Experten oder Wissenschaftlern sich als vollkommen ungeeignet (...), wenn es um die Tätigkeit eines Leistungsstaates geht. Demokratische Verfahren sind hier zwingend erforderlich, und die Frage nach der Regierungsform ist von äußerster Wichtigkeit." Buchanan (1984a), S. 141.

298 Vgl. Vanberg (1992) und Vanberg/Buchanan (1991), S. 61-78.

299 Witte (1994), S. 265.

300 Vgl. hierzu Buchanan (1993), S. 1-6 und Vanberg (1986b), S. 75-100.

Rechtsschutz, den demokratisch legitimierten Leistungsstaat, die Allgemeingültigkeit von Regeln und den politischen Wettbewerb zwischen den nationalen Regierungen als auch um die Macht auf europäischer Ebene fokussieren.

2.4 Ordnungstheoretische Probleme der fortschreitenden Erweiterung

"Ich bin überzeugt davon, dass der Erfolg der Bemühungen um die Einigung Europas nicht nur von wirtschaftlichen, sondern vor allem auch von gesellschaftlichen und sozialen Fortschritten abhängt, von der befriedigenden Ordnung menschlichen Zusammenlebens."[301]

2.4.1 Chancen und Risiken der EU-Osterweiterung

In der Literatur wird die EU-Osterweiterung mit einem „Doppelt-Blind-Versuch" verglichen.[302] Die EU-Mitgliedstaaten haben sich auf die Verhandlungen eingelassen,[303] da ihnen auf den historischen Zusammenbruch des Kommunismus keine andere Antwort als das traditionelle zur Vollmitgliedschaft drängende Assoziierungsmodell einfiel.[304] Die Beitrittskandidaten erhoffen sich eine Verbesserung ihrer ökonomischen Situation durch die Öffnung der europäischen Märkte für Waren, Dienstleistungen und Arbeit; darüber hinaus erwarten sie insbesondere von der Agrarpolitik, dem Struktur- und Kohäsionsfonds entsprechende Transferzahlungen, um die bereits stattfindenden Transformationsprozesse schneller vollziehen zu können. Aufgrund der Kopenhagener Beitrittskriterien vom Juni 1993, des Weißbuchs von 1995 zur Vorbereitung der Bewerber auf die Teilnahme am Binnenmarkt und der seit 1997 jährlichen Fortschrittberichte der Europäischen Kommission zur Beurteilung der Beitrittsfähigkeit der Kandidaten wird deutlich, dass der EU nur beitreten kann, wer die Bedingungen erfüllt. Deshalb kann die Erweiterung nur schrittweise erfolgen.

Allerdings sind einige Ziele, die vor zehn Jahren relevant erschienen, heute weitgehend erreicht: Die äußere Sicherheit ist durch die NATO gewährleistet, so dass

---

301 Von der Groeben (1970), S. 21.

302 Dieser „Doppelt-Blind-Versuch" wird von der medizinischen Forschung eingesetzt, um die Wirksamkeit neuer Medikamente zu testen. Hierbei werden weder Patient noch Arzt informiert, ob die verabreichte Medizin der zu testende Wirkstoff oder ein unwirksames Placebo ist. Vgl. Dauderstädt (2000a), S. 3.

303 „Die osteuropäischen Beitrittskandidaten haben sich entschlossen der EU beizutreten ohne zu wissen, was auf sie zukommt." Dauderstädt (2000b), S. 168-171, hier S. 168.

304 Vgl. Lippert (2000), S. 105-164; Wessels (2000), S. 349-367 und Wessels (1995), S. 383 ff.

zumindest Polen, Ungarn und Tschechien als NATO-Mitglieder sich durch einen Beitritt zur EU keinen besseren Schutz erwarten können. Die Demokratie ist in den meisten Ländern trotz massiver sozialer Krisen erstaunlich stabil.[305] Auch der Übergang zu marktwirtschaftlichen Wirtschaftsordnungen ist mit Hilfe der Liberalisierung und Privatisierung weitgehend abgeschlossen. Sie zählen zu den in Kopenhagen festgelegten Voraussetzungen und sind kein Ergebnis des Beitritts. Ordnungspolitisch geht es um die Übernahme des aquis communautaire als eine bestimmte Ausdifferenzierung der Marktwirtschaft in Form einer quantitativ und qualitativ überwältigenden Regelungsdichte. Und schließlich kann die wirtschaftliche Integration als weit fortgeschritten bezeichnet werden. Im Außenhandel der Kandidaten liegen die Anteil der EU mit über 60 % auf einem Niveau, das Größe und Nähe der beteiligten Volkswirtschaften erwarten lassen.[306]

Tabelle 7: Ergebnisse der Transformation[307]

Land	Anteil des Privatsektors 1999 (in %)	BIP 1999 (1989 = 100 %)	Anstieg des Armutsanteils 1983/7 bis 1993/5 (Differenz der %-Werte)	Arbeitslosigkeit 1998 (in %)
Bulgarien	60	66	15	12,2
Estland	75	76	36	9,6
Lettland	65	59	21	13,8
Litauen	70	65	29	6,4
Polen	65	117	14	10,4
Rumänien	60	86	59	10,3
Slowakei	75	100	1	11,9
Slowenien	55	104	1	7,9
Tschechien	80	95	1	7,5
Ungarn	80	95	3	9,1

Die Fortschritte in den Transformationsbemühungen der Länder Mittel- und Osteuropas haben aber das wichtige Ziel einer Erhöhung des Wohlstandes der Bevölkerung dieser Staaten weitgehend verfehlt. Es verzeichnen sich tiefe Einbrüche

305 Die Etablierung demokratischer Prozesse ist mehr eine Voraussetzung für die EU-Mitgliedschaft als eine Folge (Kopenhagener Kriterien). Der EU-Beitritt selbst könnte in mancher Weise eine Einschränkung der Demokratie mit sich bringen und sie neuen Risiken aussetzen; denn viele Entscheidungen, die jetzt noch auf nationaler Ebene der demokratischen Kontrolle unterliegen, werden nach dem Beitritt nach Brüssel verlagert und unterliegen – wie gezeigt wurde – einem Demokratiedefizit.

306 Vgl. eine detaillierte Darstellung in Dauderstädt (2000c), S. 287-290; er kommentiert seine Untersuchung, die Rückkehr nach Europa sei in der Wirtschaft bereits erreicht.

307 Vgl. Dauderstädt (2000a) , S. 4 und EBRD, Transition Report 1999.

bei Wachstum und Beschäftigung (vgl. hierzu Tabelle 7). Der Platz in der internationalen Arbeitsteilung ist im Wesentlichen durch niedrige Löhne und zur Verfügung stehende lokale Ressourcen definiert und nicht mehr wie noch 1989 als Anbieter mittlerer Technologie und hoch qualifizierter Arbeit.

Tabelle 8: Mögliche Vor- und Nachteile der EU-Mitgliedschaft für die potentiellen Beitrittskandidaten

Vorteile	Nachteile
Transferzahlungen der EU	Aufwertung; Belastung der nationalen Haushalte durch Kofinanzierung; hohe Kosten bei Übernahme des aquis (z.B. Umweltabkommen, Schengen-Abkommen etc.)
Mehr Direktinvestitionen	Aufwertung; Konkurrenz für heimische Anbieter
Mehr Portfolioinvestitionen	Aufwertung; „Ausverkauf" heimischer Vermögenswerte
Höhere Importkapazität	Konkurrenz auf dem heimischen Markt verschärft sich
Gesicherter und leicht verbesserter Marktzugang (Agrarprodukte)	Übernahme der Binnenmarktregeln belastet MOE-Unternehmen und begünstigt Unternehmen der alten EU
Steigerung der Produktivität durch Modernisierung des Anlagestocks, der Infrastruktur, der Ausbildung usw. mit Hilfe der EU und Direktinvestitionen	Preisanstieg bei handelbaren Gütern (bspw. Lebensmitteln), daher Druck auf Realeinkommen – Gefährdung der niedrigen Löhne; Gefahr: Anstieg der Lohnstückkosten und Verringerung der Wettbewerbssituation
Aufschwung in den an die EU grenzenden Regionen	Abschottung gegen Osten; Probleme der Grenzregionen, Verschärfung regionaler Disparitäten
Geringeres Risiko von Verschuldungs-, Zahlungsbilanz- und Finanzkrisen (wie bspw. in Ungarn und Tschechien 1995/96) Zwang zur soliden Geld- und Fiskalpolitik	Verlust von geld-, fiskal-, und strukturpolitischen Steuerungsinstrumenten (Im Fall Estlands: Verschlechterung / Entliberalisierung der Handel- und Agrarpolitik)
Einfluss auf die Gestaltung der EU-Politik	Souveränitätsverluste, vor allem für kleinere Staaten

Die Unterschiede zwischen den Ländern sind dabei beträchtlich: Polen und Slowenien sind die einzigen Länder, die 1998 das Volkseinkommen von 1989 überschritten haben. Ungarn ist aufgrund früher Reformen und massiver ausländischer Direktinvestitionen das einzige Land, dessen Exportstruktur in einem deutlichen Wandel zu höherwertigen Produkten (vor allem zu Produkten des Maschinenbaus) begriffen ist. Die Problematik der relativen wirtschaftlichen Unterentwicklung im

Vergleich zu den westeuropäischen Länder bedarf einer langen Phase eines überdurchschnittlichen, aufholenden Wachstums.[308] Versucht man, aus den letzten EU-Erweiterungen um wirtschaftlich relativ schwächere Länder Muster zu entdecken, um Prognosen für die bevorstehende EU-Osterweiterung ableiten zu können, so ergibt sich ein indifferentes Bild. Portugal, das 1986 beitrat, ist ein positives und Griechenland (Beitritt 1980) ein sehr negatives Beispiel für die Folgen des Beitritts auf Wachstum und Beschäftigung. Irland (Beitritt 1972) ist in den letzten zehn Jahren in der EU zu einem Land mit hohen Wachstumsraten (durchschnittlich 5 % pro Jahr) geworden. Die erste postkommunistische Osterweiterung um das Gebiet der ehemaligen DDR führte – vor allem durch die erschwerenden Sonderbedingungen einer überbewerteten Währung – zu einem wirtschaftlichen Zusammenbruch und dauerhafter Transferabhängigkeit. Diese „holländische Krankheit“[309] droht auch Mittel- und Osteuropa nach dem Beitritt.

Für die MOE-Länder stellt die Mitgliedschaft in der EU keine Erfolgsgarantie für Wachstum dar. Gerade auch im internationalen Vergleich zeichnet sich die EU weniger durch hohe Wachstumsraten als vielmehr durch verhältnismäßig hohe Arbeitslosenzahlen aus. Mögliche Vor- und Nachteile eines EU-Beitritts aus Sicht der potentiellen Beitrittskandidaten werden in Tabelle 9 einander gegenüber.

Einige wirtschaftliche Vorteile aus Sicht der EU-Mitglieder sind durch die bereits aufgebauten Handelsbeziehungen mit den MOE-Ländern entstanden, könnten aber durch entsprechenden Beitritt gefestigt und vertieft werden. In Relation zu dem wirtschaftlichen Gewicht der EU sind die MOE-Länder zu klein um spürbare Effekte auszulösen; alle Schätzungen gehen von Kosten aus, die in Größenordnungen unter 1 % des Bruttosozialproduktes der EU liegen.[310] Allerdings konzentrieren sich innerhalb der EU die Anpassungslasten in einigen Regionen – insbesondere in Österreich und Deutschland, aber auch bei den bisherigen Netto-Transferempfänger-Ländern. Eine kurze Darstellung möglicher Vor- und Nachteile der EU-Osterweiterung aus Sicht der bisherigen Mitgliedsländer zeigt folgende Tabelle.

---

[308] Die Etablierung demokratischer Prozesse ist auch mehr eine Voraussetzung für die EU-Mitgliedschaft als eine Folge.

[309] Sinn (2000), S. 17.

[310] Vgl. Quaisser (2000).

Tabelle 9: Voraussichtliche Vor- und Nachteile der EU-Mitgliedschaft für die EU-Länder

Vorteile	Nachteile
Entwicklung und Sicherung von Exportmärkten	Importkonkurrenz
Sicherung von Investitionsstandorten	Arbeitsplatzverlagerung
Höhere Gesamtwettbewerbsfähigkeit	Produktionsverlagerung
Billige Arbeitskräfte	Soziale Folgen der Migration
Zusätzliche Exporte durch Nachfrage aus MOE-Ländern (Beratung, Zulieferung..)	Budgetkosten / Transferzahlungen
	Niedrigere Transfers an die bisherigen Empfängerstaaten
	Kompliziertere Entscheidungsverfahren; geringere Handlungsfähigkeit
Internationales Gewicht steigt	Höhere Diversität der Interessen.

Aufgrund der bestehenden Unterschiede in dem historisch gewachsenen Entwicklungsniveau, der Transformationspolitik und der Vorbereitung der Mitgliedschaft in der EU kristallisiert sich eine kleinere Gruppe für die erste Erweiterungsrunde heraus. Diese Beitrittsländer der ersten Runde könnten dann ihrerseits den noch beitrittswilligen Kandidaten zur Beitrittsfähigkeit verhelfen, indem sie regionale Entwicklungsimpulse vermitteln, die ggf. von der EU als eine Art Brückenfunktion in Form einer regionalen Kooperation unterstützt werden könnten. Ungarn, Tschechien, Polen und Slowenien sind bereits jetzt wirtschaftlich in einem Maße mit der EU verflochten, das andere Mitglieder noch nicht erreicht haben. Es ist festzustellen, dass die zu Beginn der Transformation bereits vorhandene Differenzierung unter den Beitrittskandidaten noch zunimmt. Ungarn und Tschechien weisen in ihrem Absatz auf dem wettbewerbsintensiven deutschen Markt inzwischen anteilsmäßig mehr technologieintensive Produktgruppen auf als einige EU-Mitgliedsländer.

Die Summe der ausländischen Direktinvestitionen (ADI) ist Gradmesser der Transformationsfortschritte und der Einbindung in den Welthandel. 80 % der in den zehn Bewerberländern getätigten ADI entfallen auf Ungarn, Tschechien und Polen, wobei Ungarn im Betrag pro Kopf der Bevölkerung deutlich führt.[311] Diese ausgeprägten wirtschaftlichen Unterschiede sind zwischen den Beitrittskandidaten stärker zu beobachten als zwischen einigen EU-Mitgliedsländern und den wirtschaftlich stärksten Beitrittskandidaten.[312] Insgesamt ist festzustellen, dass der

311 Vgl. Nötzold (2000), S. 11-13.

312 Auf der Grundlage von Kaufkraftstandards berechnet ist das BIP in Slowenien und Tschechien bei 70 %, in Ungarn bei 56 %, in Polen bei 40 % und bei ungefähr 30 % bei den am wenigsten entwickelten beitrittswilligen Ländern gemessen am durchschnittlichen EU-BIP. Vgl. Nötzold

Kapitalverkehr stark zugenommen hat. Zwischen 1994 und 1998 haben die EU-Staaten ihre Direktinvestitionen in die Beitrittsländer auf 10,3 Milliarden Euro mehr als verdreifacht.[313]

Das Zuwanderungspotential[314] aus Osteuropa findet in jüngsten wissenschaftlichen Publikationen in einer plakativen Darstellung seinen Niederschlag. Unterfüttert werden die Prognosen hinsichtlich der Dimension der zu erwartenden Zuwanderungsströme mit Prognosen, die bei eingehender Betrachtung mit einem einfachen Trick vor Überprüfbarkeit geschützt wurden. Dieser Schutz besteht in einen Verstoß gegen die „goldene Prognoseregel". („Prognostiziere entweder ein Ereignis oder einen Zeitpunkt, niemals aber beides gemeinsam.")

Die Angst vor der Zuwanderung wird durch die Befürchtung motiviert, dass eine Zuwanderung gering qualifizierter Arbeitskräfte aus den mittel- und osteuropäischen Beitrittsländern zu einer Verringerung der Beschäftigung einheimischer höher qualifizierter Arbeitskräfte und zu einer Überbeanspruchung der sozialen Sicherungssysteme führe. Beide Befürchtungen konnten allerdings in vielen empirischen Studien nicht bestätigt werden.[315] Die Wanderungen werden mit der

(2000), S. 11. Bei seinem Beitritt zur EG hatte Irland 60 % des durchschnittlichen EU-BIP erreicht, Spanien und Portugal bei ihrem Beitritt 1986 um 71 % bzw. 54 %.

313 Vgl. iwd am 26. Juli 2001, Heft Nr. 30, S. 7.

314 In Deutschland lebten 1998 über 550.000 Menschen aus mittel- und osteuropäischen Beitrittsländern. Allerdings ist dies weit mehr als in jedem anderen EU-Mitgliedstaat. Während die Beitrittskandidaten dem Recht des freien Personenverkehrs großes Gewicht beimessen, gibt es in den fünfzehn Mitgliedsländern der EU teilweise erhebliche Ängste vor großen Wanderungswellen von Ost nach West. Angesichts des großen Wohlstandsgefälles ist dies nicht ganz unbegründet: In Kaufkraftparitäten erwirtschafteten die zehn Anwärterstaaten 1999 nur ein Pro-Kopf-Inlandsprodukt von knapp 40 Prozent des durchschnittlichen Inlandsproduktes der EU-Länder. Vgl. iwd vom 26. Juli 2001, Nr. 30, S. 6.

315 Insgesamt ist kritisch anzumerken, dass jedwede Form einer Prognose der Zuwanderungsströme mit größter Vorsicht zu betrachten ist. Im Fall der Erweiterung der Europäischen Union ist es weder möglich auf einen Präzedenzfall zu verweisen, noch ist die Möglichkeit gegeben, mit Hilfe experimenteller Methoden herauszufinden, wie sich die künftigen Zuwanderungsströme entwickeln könnten, wenn die wirtschaftlichen, institutionellen, rechtlichen und demografischen Bestimmungsgründe dieser Migrationsströme bestimmte Ausprägungen annähmen. Auf der Basis wohlüberlegter ökonomischer Hypothesen kann man über die Determinanten vergangener Wanderungsströme zu einem empirischen Modell gelangen, um mit Hilfe ökonometrischer Methoden spezifische Einflussgrößen zu quantifizieren. Allerdings muss die Eignung dieser Vorgehensweise für die untersuchte Fragestellung abgelehnt werden. Als Einflussgrößen werden in diesen Untersuchungen i.d.R. wirtschaftliche Größen wie das Pro-Kopf-Einkommen des Ziel- und Herkunftslandes sowie die Arbeitslosigkeit in beiden Ländern betrachtet. Vernachlässigt werden meist die demografischen Faktoren, wie bspw. der Anteil der Bevölkerung im Herkunftsland, die in der Altersgruppe zwischen 20 und 40 Jahren sind und damit die höchste Migrationsneigung haben. Ökonometrische Methoden sind nie in der Lage als Einstiegs-voraussetzungen, ohne sog. Identifikationsannahmen auszukommen, die im weiteren Verlauf der Analyse als korrekt betrachtet werden und nicht einer empirischen Überprüfung unterliegen. Diese unumgänglichen Annahmen zur Modellstabilität bestimmen wesentlich die Gültigkeit jeder empirischen Studie – auch dann, wenn die Ergebnisse einer Studie mit sehr anspruchsvollen

Osterweiterung der EU zunehmen. Es wollen ca. 106 Millionen Osteuropäer der EU beitreten und etwa 75 Millionen Menschen werden in der ersten Welle beitreten. Nach Schätzung des ifo-Instituts werden mittelfristig ungefähr 4-5 % von ihnen, also 3-4 Millionen Menschen nach Westeuropa auswandern. [316]

Aber auch die Diskussion um einen anhaltenden massiven Zustrom an Einwanderern nach Deutschland, der nach den im Moment zur Verfügung stehenden Zahlen nicht erwartet werden kann,[317] ist nicht frei von Irrationalität. Dennoch plant die EU eine siebenjährige Übergangsfrist, innerhalb derer die Freizügigkeit eingeschränkt werden kann.[318] Wie viele Menschen nach der vollständigen Öffnung der Grenzen letztlich von Mittel und Osteuropa nach Deutschland ziehen werden, lässt sich nicht genau sagen. Zwei neue Schätzungen kommen zu ganz unterschiedlichen Ergebnissen:

- Das ifo-Institut in München erwartet, dass 15 Jahre nach der Öffnung der Grenzen zwischen 3,2 und 4 Millionen Menschen allein aus Polen, Rumänien, der Slowakei, Tschechien und Ungarn in Deutschland leben werden.
- Das Deutsche Institut für Wirtschaftsforschung (DIW) in Berlin rechnet damit, dass sich die Zahl der Personen aus allen zehn möglichen Beitrittsgebieten nach etwa 30 Jahren zwischen knapp 2 und 3 Millionen Menschen bewegen wird.

Doch angesichts des drohenden Bevölkerungsrückgangs in Deutschland lassen sich mit diesen Zahlen weder dauerhafte Einschränkungen der Freizügigkeit noch lange Übergangsfristen rechtfertigen. Außerdem sprechen einige ökonomische Überlegungen ebenfalls gegen den Aufbau von Mobilitätsschranken. Zum einen wird ohnehin Druck über den Handel aufgebaut, denn für Waren aus Mittel- und Osteuropa wird es keine Grenzen geben. Damit betreten aufgrund sehr niedriger Arbeitskosten konkurrenzfähige Wettbewerber die Märkte. Dies gilt insbesondere für

---

Methoden gewonnen wurden. Bei den Prognoseversuchen zukünftiger Migrationsströme aus Mittel- und Osteuropa ist es einerseits notwendig, eine Vorhersage für einen künftigen Zeitraum zu treffen, andererseits ist es auch notwendig, eine Vorhersage für einen geografischen Raum zu treffen, mit dem das Nachkriegsdeutschland keine nennenswerte gemeinsame Migrationsgeschichte teilt und der deshalb für eine Quantifizierung der Einflussfaktoren mit Hilfe historischer Daten notwendigerweise unberücksichtigt bleiben muss. Die Vorhersage von Zuwanderungsströmen in Folge der EU-Osterweiterung mit Hilfe ökonometrischer Modelle beinhaltet also ein doppeltes Extrapolationsproblem.

316 Siehe hierzu Sinn/Flaig/Munz/Werding (2001).

317 Vgl. Schmidt/Fertig (2000), S. 3-5.

318 Ungarn, Lettland und die Slowakei haben dem bereits zugestimmt. Eine ähnliche Regelung gab es, als die Gemeinschaft 1986 Spanien und Portugal aufnahm. Zuerst erhielten nur 1.000 Spanier und 6.000 Portugiesen jährlich die Arbeitserlaubnis für die EU. Außer Luxemburg hoben aber alle anderen EU-Länder diese Regelung bereits ein Jahr vor Ablauf der siebenjährigen Frist auf. Es setzte aber die von einigen befürchtete Zuwanderungswelle von Süden nicht ein. 1998 verließen sogar mehr (21.697) Bürger die Bundesrepublik Deutschland Richtung Algarve als von dort kamen (18.696). Gegenüber Spanien gibt es seit Jahren einen solchen Wanderungsverlust. Allerdings muss dazu angemerkt werden, dass es sich im Falle der Auswanderer von Deutschland in den Süden zu einem hohen Anteil um nicht (mehr) Berufstätige handelt.

arbeitsintensive Waren. Können die Arbeitnehmer nicht wandern, so droht die Gefahr, dass der Anreiz für deutsche Unternehmen steigt, die Produktion in mittel- und osteuropäische Länder zu verlagern. So wird ein intensiver Außenhandel die Wanderungen ersetzen. Zum anderen wird es in den mittel- und osteuropäischen Ländern zu Wohlfahrtsteigerungen kommen. Vor allem profitieren sie entsprechend den Prognosen hinsichtlich ihrer Arbeitsmarktzahlen und ihres Wachstums.[319] Mit zunehmendem Wohlstand in der Heimat sinkt auch der Anreiz wegzuziehen.

Relativ eindeutig in der wissenschaftlichen Diskussion erweist sich das Argument des Freihandels und der damit verbundenen gesamtwirtschaftlichen Vorteile. Der grenzüberschreitende Verkehr von Waren und Dienstleistungen soll nicht oder nur eingeschränkt zugelassen werden, weil man von einem freien Güterverkehr negative Konsequenzen für Westeuropa erwarten würde. Ebenso ist es unstrittig, dass die zukünftigen Mitglieder in erster Linie Güter in die jetzige EU transportieren werden, die unter Verwendung des Produktionsfaktors geringer qualifizierte Arbeitskraft erstellt wurden. Insofern ist es nicht einsichtig, dass der indirekte Import gering qualifizierter Arbeitskraft per Einfuhr der erstellten Güter für alle vorteilhaft sei und der direkte Import per Zuwanderung negative Konsequenzen haben soll. Die Handelsbeziehungen sind bereits weit entwickelt. Die landwirtschaftlichen Erzeugnisse ausgenommen, werden auf Ausfuhren aus den meisten mittel- und osteuropäischen Beitrittsländern seit 1997 keine Zölle mehr erhoben. Im Jahr 1999 lieferten die mittel- und osteuropäischen Beitrittskandidaten knapp 69 Prozent ihrer Warenexporte in die EU und bezogen gut 62 Prozent ihrer Importe aus der EU. 1994 waren es erst 48 Prozent Exporte und 46 Prozent Importe der osteuropäischen Länder.[320]

---

319 Die EU-Kommission hat den Fall von acht Neuaufnahmen untersucht; hiernach wächst das BIP im Zeitraum 2000-2009 im Jahresschnitt zwischen 4,3 und 5,1 Prozent – ohne Aufnahme in die EU wären es nur 3 Prozent. Vgl. iwd, 26. Juli 2001, Heft 30, S. 7. Hierbei ist das Hauptszenario mit einem durchschnittlichen jährlichen Wachstum von 4,3 Prozent ausgewiesen. Hierbei wurde der Beitritt für 2005 angenommen und die Durchführung der notwendigen Reformen vorausgesetzt. Dieses Referenzszenario sah keinen Beitritt vor 2010 vor. Die Reformen werden in dieser Prognose in den MOL nur gebremst vorankommen. Das optimistische dritte Szenario geht von einem durchschnittlichen jährlichen Wachstum von 5,1 Prozent aus. Dies könnte nach der Untersuchung der EU-Kommission dann erreicht werden, wenn der Beitritt in 2005 erfolgt, die notwenigen Reformen in den MOL durchgeführt werden und eine gezielte Förderung von Innovationen und Unternehmertum auch durch eine gezielte EU-Förderung der Infrastruktur erreicht wird. Die bisherige Gemeinschaft erhält aufgrund der Erweiterung auch einen Wachstumsimpuls - allerdings nur von 0,7 Prozent. Die neuen Mitglieder würden nur einen Anteil von 3,6 Prozent an dem gesamten BIP der EU haben.

320 Vgl. iwd , 26. Juli 2001, Heft Nr. 30, S. 6.

2.4.2 Institutionelle Herausforderungen durch die bevorstehende Ost-Erweiterung

Im Rahmen eines Post-Nizza-Prozesses werden Stimmengewichtungen, qualifizierte Mehrheitsentscheidungen, Kommissionsstärke, institutionelle Mechanik europäischer Macht vor dem Hintergrund der bevorstehenden Erweiterung hinsichtlich der Legitimität und der Demokratie neu diskutiert. In der EU gebe es nur den Anschein von Demokratie und Legitimität.[321] Es werden zwei Ursachen für diesen Mangel identifiziert: zum einen die Schwäche der europäischen Parteien, die es eigentlich gar nicht gibt (weder eine sozialistische Internationale noch eine Europäische Volkspartei können diesen Anspruch rechtfertigen), und zum anderen die gegenwärtige Struktur und Lage des Europäischen Parlamentes. Joschka Fischer entwickelte die Idee eines Zwei-Kammern-Systems[322] auf. Zur Überwindung des Demokratiedefizits der EU müsste nach diesen Diskussionen das Europäische Parlament gestärkt werden. Innerhalb des Zwei-Kammern-Systems würde die erste, europäische Kammer direkt vom Volk gewählt werden. Ihr würde auch die tägliche Gesetzgebung in Europa obliegen. Eine zweite, nationale Kammer würde als eine Art Kontrollinstanz arbeiten und durch die nationalen Parlamente beschickt werden. Dieser Vorschlag sollte die Subsidiarität gewährleisten und Gegensätze zwischen den Nationalstaaten und Europa entschärfen.[323] Bisher gibt es aber noch kein europäisches Wahlvolk. Die Entwicklung der EU endet weder mit dem Vertrag von Nizza noch mit der Erweiterung der Union um weitere Mitglieder. Die Antworten auf die bevorstehenden Herausforderungen müssen in einem Prozess von unten nach oben entwickelt werden, um eine stärkere Bürgersouveränität und notwendige demokratische Legitimität zu erzeugen. Dazu bedarf es einer klaren Festlegung der Kompetenzen auf der Verfassungsebene und eines Rates, in dem die Gleichheit der Mitgliedstaaten dauerhaft gesichert ist.[324]

---

321 Vgl. hierzu die Ausführungen von dem liberalen Premierminister Belgiens Guy Verhofstadt in seiner September-Rede vor dem European Policy Center in Brüssel.

322 Joschka Fischer skizzierte in seiner Rede im Mai 2000 in der Humboldt Universität diese Konstruktion eines Zwei-Kammern-Systems; auch im November führte er diesen Gedanken vor den belgischen Parlamentariern näher aus.

323 Auch bei manchen Briten finden die Ideen Fischers Anklang wie z. B. bei dem Labour-Premierminister Tony Blair, und Chris Patten (EU-Kommissar).

324 So auch die Forderungen des finnischen Regierungschefs Paavo Lipponen in seiner Rede vor dem Europa-Kolleg in Brügge im November 2000. Seine Forderung würde die zweite Kammer eher dem Bauprinzip des amerikanischen Senates annähern; dorthin entsendet jeder Bundesstaat zwei Abgesandte unabhängig von seiner Einwohnerzahl. Im Rat der Europäischen Union hätten somit alle Mitgliedsländer nach der finnischen Vorstellung eine Stimme und wären somit Teil einer neuartigen Föderation. Sympathie für diese „Senatslösung" hegt auch der Belgier Verhofstadt, der aber ähnlich wie Fischer andere Lösungen der Souveränitätsteilung zwischen der Union und den Nationalstaaten für möglich erachtet, nämlich eine Staatenkammer entsprechend dem Bundesrat mit einer Stimmengewichtung, die sich an der Größe des jeweiligen Landes orientiert.

Der Reformvorschlag Fischers sieht vor, entweder den Europäischen Rat – also die alle drei Monate zusammentretenden Staats- und Regierungschefs der Länder – zu einer europäischen Regierung auszubauen oder den Präsidenten der Kommission mit weitgehend exekutiven Befugnissen auszustatten und direkt wählen zu lassen.[325]

Die Direktwahl einer europäischen Regierung durch das europäische Volk wird nicht in Betracht gezogen, denn dafür gibt es keine verfassungsrechtliche Grundlage. Sie wird von keiner Nation erkennbar angestrebt. Kooperation zwischen den Regierungen ist momentan das Schlüsselwort und nicht die supranationale Integration. „Pooling of sovereignty" – Zusammenschluss nationaler Souveränität nicht aber die Aufhebung auf europäischer Ebene wird angestrebt. Andererseits wird eine Debatte über eine europäische Verfassung geführt.[326]

Es wäre sicherlich naiv, wenn der Drang der mittel- und osteuropäischen Länder in die EU mit der Anziehungskraft des Integrationsmodells in der EU erklärt werden sollte. Tatsächlich sind die Gründe vielschichtiger. Zunächst zu nennen ist die historische Zugehörigkeit zu „Europa", da sich jetzt nun als Europäische Union organisiert. Darüber hinaus gibt es zu den politischen, militärischen und wirtschaftlichen Verflechtungen mit den westeuropäischen marktwirtschaftlichen Demokratien keinen Gegenentwurf.[327]

Zunächst gilt es festzuhalten, dass es sich bei dem europäischen Verfassungssystem nicht um ein statisches System handelt, sondern um ein dynamisches System, das sich weiterentwickelt.[328] Die europäische Integration ist vor diesem Hintergrund als Prozess zu verstehen. Die bevorstehende Ost-Erweiterung der EU erfordert dringend

---

325 Dieser Vorschlag stößt auf Ablehnung bei den britischen Politikern, die die Ausbildung eines europäischen Superstaates befürchten. Auch die Schweden, Spanier und die Dänen würden sich nicht einverstanden erklären mit einer Direktwahl des Kommissionspräsidenten. Insofern legte Tony Blair konsequenterweise seinen Schwerpunkt auf den anderen Aspekt des Fischer'schen Vorschlags, nämlich auf die bessere Organisation des Europäischen Rates und die Notwendigkeit der Legitimation durch das europäische Volk. Dies sollte nach Blairs Vorstellung durch die Entwicklung und öffentliche Vorstellung einer Agenda für das jeweils künftige Jahr erfolgen. Ein Wählervotum für dieses Gremium schließt er allerdings aus. Auch ist für Blair eine Machtausdehnung der Kommission undenkbar und gleichzusetzen mit einem europäischen Superstaat. Der französische Staatspräsident Jaques Chirac entwickelte hingegen vor dem Deutschen Bundestag seine Vorstellung von einer europäischen Pioniergruppe - als enge Zusammenarbeit zwischen einigen europäischen Ländern - ohne die Kommission überhaupt zu erwähnen. So kann der belgische Premierminister Guy Verhofstadt zu beider Antipoden werden: Er verspricht sich von der Direktwahl des Kommissionspräsidenten mehr Legitimität für das ganze europäische Projekt. Allerdings bleibt bei diesem Vorschlag fragwürdig, wer diesen Präsidenten kontrolliert.

326 So vertreten Italiens Staatspräsident Carlo Ciampi und Johannes Rau die Auffassung, dass die Verfassungsdebatte nicht mehr mit einem „falls" sondern mit einem „wie" in der Fragestellung geführt werden dürfe. Eine Verfassung sei für die Freiheit das, was die Grammatik für die Sprache ist, schrieb einst der Brite und amerikanischer Revolutionär Thomas Paine. Insofern muss Europas politische Sprache verständlich, seine Institutionen für jeden verständlich werden.

327 Vgl. Schwarz (2002), S. 1.

328 Von der Groeben (1970), S. 15.

Reformen der Institutionen und der Entscheidungsverfahren.[329] Zunächst sollte es gelingen in entscheidenden politischen Bereichen das Prinzip der Einstimmigkeit durch eine Art von Mehrheitsregel abzulösen. Weiterhin müssen die Institutionen den zukünftigen Erfordernissen nach einer Erweiterung angepasst werden. Dabei ist es nicht ausreichend lediglich die Kommissare zu begrenzen, sondern die Stimmenverteilung im Rat und auch im Parlament muss neu geregelt werden. Als ein weiterer wesentlicher Punkt erscheint eine klare Kompetenzregelung zwischen der EU-Kommission und dem Parlament bzw. dem Ministerrat einerseits und den Mitgliedstaaten andererseits dringend geboten. Besonders die Zuständigkeiten der Kommission in Fragen der Wirtschafts- und Währungspolitik, der Außen- und Sicherheitspolitik und in den Bereichen der Innen- und Rechtspolitik müssen gestärkt werden. Gleichzeitig müssen die zunehmend in den letzten Jahren zu beobachtenden Zentralisierungstendenzen - die Kommission hat sich insbesondere im Zusammenhang mit der Binnenmarktgesetzgebung zusätzliche Kompetenzen angeeignet - entgegengewirkt werden. Diese Arten von Zuständigkeiten müssen an die Mitgliedstaaten zurückgegeben werden.

Die beiden Strategien wirtschaftlicher Integration können als Integration durch Wettbewerb und Integration durch Intervention[330] bezeichnet werden. Die Unterschiede dieser beiden Strategien ergeben sich aus der Andersartigkeit der Rechtsregeln, die sie jeweils konstituieren.[331] Im europäischen Integrationsprozess galt zunächst die Rechtsvereinheitlichung (Harmonisierung) als selbstverständliches Vorgehen. Systemwettbewerb als konkurrierendes Verfahren wurde nicht zuletzt durch Entscheidungen des Europäischen Gerichtshofes in den Blickpunkt gerückt.

Dem in Maastricht begonnenen Prozess der Politikintegration steht die Konzeption einer "Europäischen Minimalgesellschaft"[332] gegenüber. Diese Konzeption intensiviert den politischen und institutionellen Wettbewerb und stärkt die nationalen Regierungen und Parlamente. Diese Rückverlagerung von Kompetenzen könnte mit einer ausgeprägteren Bürgernähe bei Entscheidungen verbunden sein. Wie bei dem Wettbewerb auf Gütermärkten diszipliniert die aktuelle und potentielle Faktormobilität auch bei dem Wettbewerb der Institutionen die Regierungen zu einer effizienten Politik.[333] Auch gilt es zu bedenken, dass einst die für die EWG der Sechs geschaffenen Institutionen für eine EU der Zwanzig nicht mehr geeignet ist und diese erweiterungsbedingten politischen Reformen die Handlungsfähigkeit der wachsenden Gemeinschaft institutionell erhalten und garantieren müssen.

---

329 Vgl. Vaubel (1997), S. 443-450.

330 Diese Form der Integration durch Intervention wird auch kurz als Harmonisierung bezeichnet.

331 Diese unterschiedlichen Rechtsregeln basieren auf zwei unterschiedlichen philosophischen Traditionen der Aufklärung; deren Hauptvertreter sind David Hume einerseits und René Descartes andererseits. Ihr Einfluss auf die unterschiedliche Politik der EU-Mitgliedstaaten kann bis heute noch gut nachvollzogen werden, nicht zuletzt in der unterschiedlichen Auffassung über die Funktionsweise und Steuerbarkeit von Marktprozessen.

332 Möschel (1993a), S. 21-40.

333 Auch werden unzufriedenen Minderheiten Freiheiten eröffnet, ihre Interessen durch "Abstimmung mit den Füßen" zu wahren. Vgl. Prosi (1991) und Sinn, S. (1992a) und (1992b).

Einerseits sind bereits viele demokratische Elemente in der Gemeinschaft verwirklicht,[334] andererseits sind für ein föderales Europa die verfassungs- und integrationspolitischen Zielvorstellungen maßgeblich. Kein Zweifel besteht hinsichtlich der Notwendigkeit erweiterungsbedingter institutioneller Reformen. Es gilt die Funktionsfähigkeit der Entscheidungsorgane auch in einer Gemeinschaft von 20 oder 30 Mitglieder zu gewährleisten. Hierbei haben sich in der Reformdiskussion drei Themenkomplexe herauskristallisiert[335]:

- Größe und Zusammensetzung der Kommission
- Auswertung von Mehrheitsentscheidungen im Rat

Neugewichtung der Stimmen bevölkerungsarmer bzw. -starker Länder bei Mehrheitsentscheidungen des Rates.

2.5 Eine Public-Choice-Analyse der Entwicklung der Europäischen Union

2.5.1 Die ordnungspolitischen Leitvorstellungen und deren Durchsetzung im politischen Prozess

„So arbeitete England daran, das Individuum aller wegen in den Vordergrund zu stellen, Frankreich erstritt die Freiheit für die Welt, Deutschland suchte den Staatsbegriff und die Verwaltung.“[336]

In diesem Abschnitt soll die Entwicklung der EU unter dem Blickwinkel der Ökonomischen Theorie der Politik („Public-Choice-Theorie“) nachgezeichnet und analysiert werden.[337] Dies stellt eine erste Zusammenfassung der bisherigen Ergebnisse dar. Hierbei soll bereits kurz auf die noch im dritten Kapitel, im Abschnitt 3.1 kurz holzschnittartig dargestellten unterschiedlichen ordnungspolitischen Leitbilder vorgegriffen und auf ihre jeweilige Durchsetzung im Integrationsprozess eingegangen werden.

---

334 Vgl. Nass (1999), S. 15.
335 Vgl. Adolf (1999), S. 568-572.
336 Marchet (1885), S. 2; vertiefend zu diesem Essay vgl. Habermann (1994).
337 Vgl. hierzu auch die fundierte positive Analyse der Europäischen Union im Entwicklungsprozess Witte (1995), S. 38-94 und Hannowsky/Renner (1998), S. 37-49.

Wie bereits dargestellt wurde, ist die Gründung der Europäischen Gemeinschaft ursächlich mit dem Ziel der Friedenssicherung verbunden gewesen.[338] Die Vereinigung der verschiedenen Länder sollte kriegerische Auseinandersetzungen nach dem Zweiten Weltkrieg unter den westeuropäischen Ländern unmöglich machen.[339] Über die Friedenssicherung hinaus trat das Motiv der Erzielung wirtschaftlicher Erfolge als Antriebsmotor für die europäische Zusammenarbeit hinzu. Die Staaten nahmen freiwillig an dem Prozess der Europäischen Integration teil, der ihnen einen partiellen Verzicht auf nationale Hoheitsrechte und damit eine vollständige Autonomie abforderte. So erforderte eine Verlagerung von nationalen Kompetenzen auf die supranationale Ebene prinzipiell auch die Zustimmung aller Partner. Dieses sich auf europäischer Ebene herausbildende Entscheidungssystem wurde auch als „auf Konsensfindung ausgerichtetes Konkordanzsystem“[340] charakterisiert.

Die Herausbildung von eigenen institutionellen Interessen der supranationalen Akteure sowie die zunehmenden Interessendivergenzen, die auch aus der Aufnahme weiterer teilweise mit sehr stark differierenden ökonomischen und sozialen Ausgangsvoraussetzungen ausgestatteten Ländern und den daraus abgeleiteten sehr unterschiedlichen ordnungspolitischen Leitbildern resultierten, erschwerten auf der europäischen Ebene die Konsensfindung und so den Integrationsprozess.[341] Durch den gemeinsamen Binnenmarkt gewann der Integrationsprozess wieder an Dynamik. Die vier Freiheiten verhalfen der Gemeinschaft im wirtschaftspolitischen Prozess zu einer stärkeren Legitimation. Die einzelnen Mitglieder versprachen sich wirtschaftliche und politische Erfolge und Vorteile von dem gemeinsamen Binnenmarkt, so dass auch andere Bereiche in den Kompetenzbereich der EU übertragen wurden.

Weitere positive Integrationsmaßnahmen[342] wurden mit der Vorstellung begründet, sie seien zur Herstellung der Freizügigkeit oder zur Flankierung unerwünschter Auswirkungen der wirtschaftlichen Integration notwendig. Es waren Versuche der Kommission zu beobachten, auf der Grundlage des Artikels 235 weitere Politikfelder unter gemeinschaftliche Zuständigkeiten zu bringen, die allerdings nicht mehr die gleiche unbedingte Zustimmung der Mitglieder fanden, wie das ursprünglichen Binnenmarkt-Projekt.[343] Der gemeinsame Binnenmarkt ist in gewisser Weise der

---

338 „The main purpose of interstate federalism is to secure peace.“ Hayek (1939), S. 131.

339 Vgl. hierzu ausführlich Loth (1991).

340 Hrbek (1981), S. 91.

341 Dieser Zustand ist in der Literatur häufig als Euro-Sklerose beschrieben worden. Vgl. Giersch (1985).

342 Die positiven Integrationsmaßnahmen meinem in diesem Zusammenhang Maßnahmen, die auf das Ziel der Vertiefung der Gemeinschaft abzielen. Im Gegensatz dazu meinen negative Integrationsmaßnahmen den Abbau von Handelshemmnissen.

343 Häufig wurde von der Kommission mit den negativen Konsequenzen des freien Wettbewerbs in den unterentwickelten Regionen argumentert und den entwickelten Ländern die drohende Gefahr des Lohndumpings vor Augen geführt. Diesen Gefahren sollte durch die Ausgleichszahlungen über den auszubauenden Strukturfonds bzw. durch die Harmonisierung sozialer Standards begegnet werden. Ungeachtet der Tatsache, dass durch eine solche Vorgehensweise die

konsensfähige Kern der wirtschaftspolitischen Leitvorstellungen, während die nachfolgenden Regelungen bereits entsprechend den unterschiedlichen Ordnungsvorstellungen der Mitgliedsländer zu verschiedenen Dissonanzen führten. Maßnahmen einer negativen Integration - wie der Abbau von Handels- und Mobilitätshindernissen im Inneren der Gemeinschaft - sind sowohl mit dem eher in der Tradition der merkantilistisch geprägten Wirtschaftskonzeption stehenden Leitbild als auch mit der Konzeption der Betonung des Freihandels zu vereinbaren. Maßnahmen der positiven Integration sind dagegen nicht eindeutig konsensfähig. Häufig laufen Versuche der Harmonisierung einzelner Politikbereiche den auf Freihandel beruhenden Leitbildern zuwider. Im Gegensatz dazu entspricht die Vorstellung, die Maßnahmen der negativen Integration auch auf die Außengrenzen der Gemeinschaft zu beziehen und sich so dem internationalen Handel zu öffnen, dem Gedanken des Freihandels. Diese Vorstellung erweist sich als unvereinbar mit der Konzeption einer strategischen Außenhandelspolitik merkantilistischer Provenienz. Nach der Umsetzung des EG-Binnenmarktes kam es zu einer Neuausrichtung der Lobby-Aktivitäten in deren Folge eine zunehmende Aufzehrung der Integrationsgewinne festgestellt werden konnte.[344]

In der Public-Choice-Theorie werden die politischen Märkte analog zu den ökonomischen Märkten als unvollkommen betrachtet. Politiker verfolgen ihr Eigeninteresse, das in der Regel in einer Wiederwahl besteht und somit die Strategie der Stimmenmaximierung, die im Widerspruch stehen kann zu einer Politik, die das Gemeinwohl zu maximieren sucht, als die rationale Strategie hervorbringt.[345] Die Regierung wird dementsprechend nicht als allwissender benevolenter Planer angesehen, sondern als eine auf Wiederwahl und Machterhalt strebende Gruppe. Um die Stimmen der Wähler zu maximieren ist es sinnvoll, Partikularinteressen nachzugeben, besonders dann, wenn es ich um bedeutende, also ein hohes Wählerpotential auf sich vereinigende Interessengruppen handelt.[346] Die Methode ist in Analogie zu dem Steuerungsmechanismus Markt hier dem Mechanismus der Wahlen vergleichbar.[347] Die Rationalität des Handelns richtet sich nach dem System,

---

strukturschwächeren Gebiet um die Option gebracht werden, sich aus eigener Kraft zu entwickeln, im Wettbewerbsprozess zu wachsen und so eigenständig sich soziale Leistungen und Standards zu erarbeiten, werden diese angeblich negativen Wirkungen des Systemwettbewerbs gerne angeführt, um auf die dringende Notwendigkeit einer Harmonisierung einzelner Politikbereiche und der Kompetenzverlagerung auf die europäische Ebene hinzuweisen. Ob Systemwettbewerb tatsächlich mit diesen negativen Konsequenzen behaftet ist, wird noch eingehend überprüft; vgl. das dritte Kapitel, insbesondere die Abschnitte 3.2.2.1 und 3.2.3.5.

344 Vgl. zu der Organisation von Interessengruppen Olson (1982) und Olson (1965).

345 Vgl. auch Downs (1957) und Mueller (1989). „Persons do not become saints as they shift roles“ Buchanan (1986), S. 283.

346 „(...)um zu verstehen, wie die demokratische Politik dieses soziale Ziele [Gesetze und Verwaltungsmaßnahmen] hervorzubringen dient, müssen wir vom Konkurrenzkampf um Macht und Amt ausgehen und uns klar werden, daß die soziale Funktion, so wie die Dinge nun einmal liegen, nur nebenher erfüllt wird – im gleichen Sinne wie die Produktion eine Nebenerscheinung beim Erzielen von Profit ist.“ Schumpeter (1993), S. 448.

347 Vgl. Herder-Dorneich (1992), S. 1-15.

in dem die Akteure handeln; so ist es für einen Politiker bzw. für eine Partei mit dem Ziel Wählerstimmen zu maximieren durchaus sinnvoll und politisch rational, bestimmte Subventionen zu vergeben. Die Gewinne der Machterweiterung und die dadurch implizierten Spezialisierungsvorteile und Skaleneffekte werden in dem durch rent seeking[348] gekennzeichneten Umverteilungskampf verteilt bzw. zunichte gemacht. Diese Verteilungskoalitionen (distributional coalitions) nehmen eine wichtige Rolle in der Betrachtung des modernen Staates (repräsentative Demokratie) durch die Neue Politische Ökonomie ein.[349] Bedeutsam in diesem Zusammenhang ist der Verweis auf sog. Stimmentausch-Koalitionen (log-rolling), in denen eine Ursache des Wachstums der Staatsausgaben zu vermuten ist, da diese Stimmentausch-Koalitionen zu Ungunsten schlechter organisierter Interessen geschlossen werden.[350] Bezogen auf die Integrationsschritte der Europäischen Union bedeutet dies, dass Integrationsgewinne so nur in der ersten Phase nach dem jeweiligen Integrationsschritt zu realisieren sind. Stellen die Interessengruppen ihre Strategie um, so gehen die Integrationsgewinne verloren. Die Dynamik dieses Prozesses erklärt die Notwendigkeit immer neuer Integrationsmaßnahmen und die daraus resultierende Zentralisationstendenz.

Nach dem Binnenmarkt erfolgte dann als nächster relevanter Integrationsschritt der Vertrag über die Europäische Union (Vertrag von Maastricht).[351] Es wurden durch diesen Vertrag im Wesentlichen bereits existierende politische Vorgehensweisen vertraglich geregelt und Einzelregelungen systematisch zusammengefasst.[352] Der Bereich der gemeinsamen Währungspolitik stellt eine qualitative Weiterentwicklung der Gemeinschaft dar. Die Integration von Politikbereichen auf der supranationalen Ebene führt regelmäßig dazu, dass weiterer Integrationsbedarf auch in anderen Bereichen geltend gemacht wird. Diese Spill-overs können im Sinne des Neofunktionalismus[353] interpretiert werden und so zur Begründung weiterer Maßnahmen zur Flankierung des Binnenmarktes oder der gemeinsamen Währung herangezogen werden. Die einzelnen Länder versuchen hierbei ihre jeweiligen ordnungspolitischen Vorstellungen einzubringen. Gelingt dies nicht, so suchen sie

---

348 Zum Begriff „rent seeking" vgl. Krueger (1974), S. 291-303 und Buchanan/Tollison/Tullock (1980).

349 Vgl. Olson (1985), S. 53-56 und S. 98.

350 Vgl. Zimmermann/Henke (1994), S. 69 und Blankart (1994), S. 151-154 und S. 163-165.

351 Wie bereits im zweiten Kapitel angeführt wurde, gab es auch schon vorher vergleichbare Versuche, eine europäische Staatenbildung zu realisieren; vgl. bspw. den Spinelli-Entwurf des Europäischen Parlaments von 1984. Der Vertrag von Maastricht ist ähnlich wie die vorangegangenen Versuche, eine europäische Verfassung zu konzipieren, weniger als ein Verfassungsentwurf zu werten als ein Versuch den ohnehin in einigen Bereichen bereits vollzogenen politische Annäherung und Gemeinsamkeiten auf eine rechtliche Grundlage zu stellen.

352 Es wurde aber keine Staatsbildung erreicht; vgl. Oppermann (1991), S. 294-297 und (1993), S. 109 und auch Zellentin (1993), S. 42-45.

353 Vgl. hierzu die Theorie von Haas über den Neofunktionalismus, nach der Kompetenzabtretungen an die supranationale Ebene neue Sachzwänge erzeugen, die wiederum neue Kompetenzabtretungen implizieren.

durch eine Blockadepolitik den drohenden Kompetenzverlust auf nationaler Ebene zu verhindern. Die Folge ist das sog. Package-dealing – das Schnüren von Verhandlungspaketen – das eine starke Ausweitung redistributiver Politikmaßnahmen erzeugt.[354] In der Regel. setzen die wirtschaftlich starken Staaten ihre ordnungspolitischen Leitbilder durch, während die schwächeren Länder durch Kompensationszahlungen entschädigt werden.[355] Die Bürger der Staaten, die ihre ordnungspolitischen Vorstellungen im Integrationsprozess nicht durchsetzen konnten, werden den Souveränitätsverlust beklagen. Diejenigen Länder, die ihre ordnungspolitischen Vorstellungen durchsetzen konnten, werden die Umverteilungswirkungen der Gemeinschaftspolitik und ihre „Netto-Zahler-Position" bedauern.

Die Transparenz und Effizienz der Gemeinschaft verringert sich aus der Sicht der Bürger und so werden die Widerstände der Mitgliedsländer gegen weitere Zentralisierungen Verfassungsänderungen erzwingen, durch die die Gemeinschaftspolitik wieder auf eine rechtliche Grundlage gestellt wird und weitere Entwicklungstendenzen überhaupt erst ermöglicht werden.[356] So ist die Dynamik der schrittweisen Zentralisierungstendenz - von den Nationalstaaten aber auch von den Ländern bzw. den Regionen auf die europäische Ebene - zu erklären.[357] Die Europäische Union unternimmt Versuche, den Ländern und regionalen Gebietskörperschaften ihre Zuständigkeiten abzukaufen.[358] Diese Zentralisierung von Kompetenzen wird dem Eigeninteresse der europäischen Akteure gerecht, da auf diese Weise ihre Machtposition gestärkt wird.

Die mit dem Initiativmonopol ausgestattete Kommission strebt eine Ausweitung bzw. mindestens die Bewahrung ihrer Kompetenzen an. Sie ersetzt im Gemeinschaftssystem

---

354 Deren Notwendigkeit wird den Wählern in den Netto-Zahler-Staaten damit begründet, dass sie zur Kompensation der vermeintlichen Nachteile erforderlich seien.

355 Die Einführung der gemeinsamen Agrarpolitik kann als Ausgleich für die bspw. in deutschem Interesse liegende Zollunion interpretiert werden. Das Binnenmarktprogramm war nur in Verbindung mit einer Verdopplung der Mittel im Strukturfonds möglich und die EWWU brachte die Einführung des Kohäsionsfonds mit sich.

356 Vgl. Schumann (1995), S. 202-205.

357 Diese Zentralisierungstendenzen gelten nicht nur zwischen der supranationalen Ebene und den Nationalstaaten, sondern auch innerhalb der einzelnen Staaten ist eine Zugkraft der Zentralisierung zu beobachten. Bspw. ist in Deutschland eine Aushöhlung der Kompetenzen der Länder im Rahmen der europäischen Integration zu beobachten, da die Bundesregierung vorzugsweise Länder-Kompetenzen an die europäische Eben abtritt. Vaubel weist in diesem Zusammenhang darauf hin, dass auch vormals autonome Institutionen in Deutschland Opfer des europäischen Einigungsprozesses geworden sind. Vgl. Vaubel (1992), S. 46. Allerdings ist zu betonen, dass auch die Verlagerung von Kompetenzen des Bundes auf die europäische Ebene zu einer Schwächung der regionalen Gebietskörperschaften führt, da sie Teile ihrer Kontrollmöglichkeiten der politischen Maßnahmen einbüßen.

358 Dieser Prozess erfolgt auf eine ähnliche Weise wie er in der Bundesrepublik zwischen Bund und Ländern auch erfolgt. Vgl. Vaubel (1995), S. 132. So können die Maßnahmen des Strukturfonds als eine Lenkung hin zur Zentralisierung politischer Steuerungsmöglichkeiten interpretiert werden.

in gewisser Weise die europäische Öffentlichkeit, indem sie deren (vermeintliche) Wünsche in die Politik der Gemeinschaft einzubringen versucht. Dazu arbeitet sie mit den in Brüssel ansässigen Verbänden zusammen, so dass vor allem jene Bedürfnisse im politischen Entscheidungsprozess Berücksichtigung finden, die von den starken Interessengruppen mit Nachdruck und politischem Gewicht vorgebracht werden. Die entscheidungsrelevanten Informationen werden der Bürokratie durch diese Interessenverbände zur Verfügung gestellt. Schlecht organisierbare Interessen werden hingegen keinen Eingang in den politischen Prozess über die Kommission finden. Das Ergebnis des politischen Prozesses wird eine an den Partikularinteressen orientierte Politik und eine abnehmende Flexibilisierung der politischen Strukturen Europas sein.

Das Europäische Parlament steht zwar für die Notwendigkeit einer bürgernahen Politik, kann aber auch kritisch beurteilt werden, als eine Institution, die die Forderung nach Bürgernähe nur dazu instrumentalisiert, um eine Verbesserung der eigenen Position im institutionellen Gefüge der Gemeinschaft durchsetzen zu können.[359] Damit werden auch von dieser Institution zusätzliche Zentralisierungsimpulse in den politischen Prozess entsendet.[360] Darüber hinaus könnte die derzeitige Machtverteilung im Europäischen Parlament zugunsten der sozialdemokratischen Fraktion diese Entwicklung bestärken, denn sie präferiert in der Regel zentrale, interventionistische Lösungsansätze.

Der Ministerrat hat als ein Gremium der nationalen Politiker ein Interesse daran, seine nationalen Rechte gegenüber der Gemeinschaft zu verteidigen. Er wird aber dann eine Zentralisierung politischer Macht befürworten, wenn es um Bereiche geht, in denen die eigene Nicht-Verantwortlichkeit gegenüber den nationalen Wählern von Vorteil ist, also eine Strategie verfolgt wird, drohende Misserfolge auf die supranationale Ebene abzuwälzen. Ebenso ist es eine rationale Strategie, den jeweiligen Maßnahmen-Paketen zuzustimmen, die Gewinne im Kampf um ökonomische oder politische Ressourcen - entweder gegenüber anderen Mitgliedsländern oder gegenüber den konkurrierenden Parteien auf nationaler Ebene - ermöglichen. Verschärft wird die Zentralisierungstendenz durch die Scheu vor Dezentralisierung, die in den hohen Verhandlungs- und Konsensfindungskosten der notwendigen Neu- bzw. Nachverhandlungen bei Öffnung einmal geschnürter Pakete begründet sind.

Der Europäische Gerichtshof stellt – wie gezeigt wurde – ebenfalls nicht die gewünschte neutralisierende Schiedsinstanz für die Klärung der Kompetenzverteilung dar. Seine Rechtssprechung gilt als relativ integrationsfreundlich.[361]

359 Vgl. hierzu Hrbek/Roth (1994), S. 23.

360 Vgl. Hrbek (1995a), S. 55.

361 Vgl. Roth (1995), S. 114-117, der den EuGH sogar in einigen Bereichen der gemeinschaftlichen Sozialpolitik als „policy-maker" ansieht. Allerdings weisen die jüngsten Urteile eher auf eine Entwicklung zu einer zunehmenden Zurückhaltung hin, die aber auch in den zunehmenden

Die einmal auf die europäische Ebene verlagerten Kompetenzen verbleiben auch dort, da die supranationalen politischen Akteure weder ein Interesse an einer Rückverlagerung von Kompetenzen, also an einer Dezentralisierung haben, noch eine Rückübertragung von Entscheidungsbefugnissen in dem existierenden europäischen Verflechtungssystem[362] sich als realisierbar erweist. Den institutionellen Reformoptionen sind so enge Grenzen gesetzt. Die europäische Integration erweist sich als äußerst pfadabhängig.[363] Diese einseitige Zentralisierungstendenz erweist sich auch deshalb als problematisch, weil sie nicht zu einer kohärenten Gesamtordnung führt, sondern in Europa eher eine Ordnung sui generis[364] entsteht, die die unterschiedlichen ordnungspolitischen Leitbilder der Mitgliedsländer in Abhängigkeit von der jeweils geltenden Verteilungskoalition zu intransparenten Regelkonglomeraten fusioniert, in denen differierende ordnungspolitische Ideale und konfligierende Interessen der einzelnen Akteure zum Ausgleich gebracht werden sollen.[365]

Nachdem hier kurz die verschiedenen ordnungspolitischen Leitvorstellungen der einzelnen Mitglieder der EU und die Tendenzen, die aus der Konzeption der Institutionen und Entscheidungsträger resultieren, analysiert wurden, soll nun die Entwicklung des Entscheidungsprozesses innerhalb der EU auf mögliche Zentralisierungstendenzen untersucht werden. Hierbei wird die Bedeutung der institutionellen Anreizwirkung entscheidend in die Analyse einfließen.

2.5.2 Darstellung der Entwicklung der Entscheidungsprozesse in der Europäischen Union

Die Bedeutung der institutionellen Anreizwirkungen kann an dem Beispiel der Agrarpolitik demonstriert werden. Der Prozess der politischen Integration führt in einem falschen institutionellen Rahmen zu erheblichen Problemen. Die Agrarpolitik der EG führt zu Fehlallokationen der Ressourcen, zu Außenhandelskonflikten und zu

---

Widerständen bei den Mitgliedsländern ihre Ursache haben kann und insofern als eine vorübergehende Zurückhaltung interpretiert werden kann.

362 Dieses Verflechtungssystem ist gekennzeichnet durch die enge Interdependenz der politischen Akteure, Ebenen und Politikbereichen. Es wird von einer multidimensionalen Politikverflechtung (vgl. Hrbek (1986)) im europäischen Mehr-Ebenen-System gesprochen.

363 Zur Pfadabhängigkeit institutioneller Entwicklungen vgl. Leipold (1996), S. 93-112. Die europäische Integration stellt somit in weiten Teilen eine politische Einbahnstraße dar, welche günstig ist für Zentralisierungen, Dezentralisierungen als grundsätzliche Kurskorrektur hingegen weitgehend ausschließt.

364 Vgl. zu diesem Begriff Oppermann (1991), S. 297.

365 Als ein geeignetes Beispiel kann hier der Art. 130 EGV angeführt werden. Dieser fordert einerseits industriepolitische Kompetenzen der Gemeinschaft und andererseits verlangt er wettbewerbsoffene Märkte. In diesen widersprüchlichen Aussagen spiegeln sich deutlich die bspw. zwischen Frankreich und Deutschland sehr divergierenden Ordnungsvorstellungen wider.

Umweltschäden. Die Kosten tragen die Gruppen, die mit der geringsten Lobby-Macht versehen sind, nämlich die Steuerzahler, die Verbraucher, die Umwelt und das Ausland. Deutlich wird an diesem Beispiel des Weiteren die Ineffizienz dieser Politik. Die Subventionen, die gezahlt werden, sind größer als das Einkommen der Landwirte. Sie fließen am wenigsten denen zu, für die sie eigentlich bestimmt sind. Sie versickern im Handel, in der Verwaltung und in der Überschussbeseitigung.[366] Es wird deutlich, dass nicht nur im laufenden Prozess der Entscheidungsfindung – choice within rules – sondern auch bei institutionellen Reformen – choice of rules – die Anreizwirkungen entscheidend sind und somit auch in die Untersuchung einbezogen werden müssen. Die zur Vertragsveränderung befugten Agenten unterliegen einer Anreizgestaltung.

Versteht man gesellschaftliche Interaktionen als freiwillige Übereinkünfte rationaler, eigennutzinteressierter Individuen, so ist die einzige tragfähige Norm für das Zustandekommen eines Gesellschaftsvertrages der Konsens.[367]

Wie dargestellt wurde, lässt sich aus der Perspektive der Public-Choice-Theorie die Politik der Europäischen Union als ein erweiterter politischer Marktprozess zwischen den im Rat vertretenen nationalen Regierungen, der Kommission, den Interessenverbänden und den Wählern modellieren.[368] Allerdings ist explizit darauf hinzuweisen, dass der politische Prozess sich entschieden von dem privatwirtschaftlichen Prozess unterscheidet.[369] Erstens sind die Minderheiten als Verlierer im politischen Prozess von Mehrheiten gezwungen, auf einen für sie nachteiligen Tausch einzugehen. Zweitens ist es den Prinzipalen nicht möglich, die Anreizstruktur der Agenten zu beeinflussen. Umgekehrt können die Agenten die Anreizstrukturen der Prinzipale ändern, indem sie beispielsweise das Wahlrecht ändern oder die Informationskosten erhöhen. Drittens können im Gegensatz zu einem privatwirtschaftlichen Tausch sich die Minderheiten weder ex-ante noch ex-post den Kontakten entziehen.[370]

---

366 Vgl. Priebe/Scheper/Urff (1987), S. 219.

367 Da kollektives Handeln Herrschaft begründen kann, muss Herrschaft eine auf das Individuum zurückzuführende Legitimation vorweisen. "Niemand darf über einen anderen bzw. dessen Angelegenheiten entscheiden - es sei denn, mit dessen Zustimmung." Homann (1984), S. 135.

368 Vgl. hierzu Vaubel (1986) und Vaubel (1992); Josling/Meyer (1991).

369 Vgl. Moe (1990), S. 233.

370 Die Vertragstheorie verlangt eine systematische Unterscheidung zwischen Spielregeln und Spielzügen. Während die Verfassung eher als die Niederlegung der allgemeinen Spielregeln zu verstehen ist, stellen die einzelnen politischen Entscheidungen die Spielzüge dar. Sind die Spielregeln festgelegt, so können die Politiker als Agenten von der Verfassung legitimiert innerhalb der geltenden allgemeinen Regeln diskretionär handeln. Dies gilt auch für die Fälle in denen keine Einstimmigkeit erzielt wird. Die zunehmende Politikverdrossenheit und das in Form von Meinungsumfragen zu dem Zustand unseres politischen Systems erfragte schlechte Image der Politik lassen vermuten, dass der Grundkonsens über die Spielregeln nicht mehr gegeben ist. Dies begründet die Annahme von unfreiwilligen Kontakten seitens der Prinzipale. Der Status-Quo hat lediglich aufgrund der Änderungskosten Bestand.

Als Folgerungen aus der Public-Choice-Analyse ist anzunehmen, dass die nationalen Politiker an dem Erwerb und an der Sicherung von Macht interessiert sind, die es ihnen erlaubt, politische und persönliche Ziele umzusetzen.[371] Im Rahmen der geltenden Verfassungsbedingungen sind der Machterwerb und die -sicherung von nationalen Erfolgen abhängig. Die Macht der Ratsmitglieder basiert also auf nationalen Wahlergebnissen, d.h. sie müssen daran interessiert sein, nationale Erfolge vor den Wahlterminen vorweisen zu können. Damit ist eine Berücksichtigung der nationalen Interessengruppen im Rahmen der Europäischen Politik unabdingbar.

Europäische Probleme und deren Lösung spielen auf der nationalen Ebene nur eine nachgeordnete stimmenwirksame Rolle. Außerdem unterliegen die Ratsmitglieder keinen nennenswerten Sanktionen seitens der EG-Organe oder des Europäischen Parlamentes. Es ist vor dem Hintergrund des Motivs der Stimmenmaximierung rational, dass die Ministerratsmitglieder mit der EU-Politik möglichst die Wählerstimmen zu maximieren versuchen. Das schließt die Option ein, mit der EU-Politik möglichst viele einflussreiche nationale Interessengruppen zu befriedigen und die Belastung für die Steuerzahler zu tarnen bzw. auf viele zu verteilen. Den Politikern kommt die rationale Ignoranz der Wähler hierbei zugute. Unterstützend wirken die unter dem Ausschluss der Öffentlichkeit stattfindenden Ratssitzungen. So wird die Möglichkeit eröffnet, evtl. unpopuläre Konzessionen als Gemeinschaftspolitik zu verkaufen oder die Zurechnung der Verantwortlichkeit seitens der Wähler durch Verweise auf die Brüsseler Eurokratie zu erschweren. Als Zwischenergebnis kann festgehalten werden, dass die Gemeinschaftspolitik für die Politiker Anreize schafft und Gelegenheiten eröffnet, nationalen Interessen und hierbei spezifischen, für die Masse der Wähler unpopulären Gruppeninteressen Prioritäten einzuräumen. Es stellt sich die Frage, ob die Kompetenzen der Kommission ausreichen, um die originär national ausgerichteten Politikerinteressen zugunsten eines Gemeinschaftsinteresses - das wie auch immer geartet sein soll - zu korrigieren.

Die Kommission besteht aus einem im Laufe der Jahre ständig gewachsenen Verwaltungsapparat. Gemäß der ökonomischen Theorie der Bürokratie ist es – wie gezeigt wurde - realistisch anzunehmen, dass die EU-Bürokraten persönliche Ziele, Macht, Einfluss und ein hohes Einkommen, anstreben. Diese Ziele lassen sich nicht direkt erreichen, die Bürokraten operationalisieren ihre Zielvorstellungen durch das Streben nach möglichst vielen Mitarbeitern, umfangreichen Budgets und Kompetenzen. Im Rahmen der Verträge hängt die Zuweisung der hierfür notwendigen Mittel von der Akzeptanz und der Unterstützung der nationalen Regierungen ab. Somit ist der Erfolg der Kommission und ihres Verwaltungsapparates untrennbar mit dem Erfolg der vom Rat entschiedenen Gemeinschaftspolitik verknüpft. Diese Abhängigkeit der Kommission vom Rat wird dann deutlich, wenn das Schicksal eines Kommissionsvorschlages vor dem Hintergrund des Erfordernisses einstimmiger Ratsbeschlüsse verdeutlicht wird:

---

371 Vgl. auch Leipold (1994a), S. 1-38.

- Entspricht der Vorschlag der Kommission nicht den primär national determinierten Präferenzen der Ratsmitglieder, so können diese den Vorschlag (einstimmig) verändern. Diese Vorgehensweise kann langfristig eine Beeinträchtigung der Autorität der Kommission als "Motor der Gemeinschaft" hervorrufen.

- Insistiert die Gemeinschaft auf ihren im Gemeinschaftsinteresse richtigen Vorschlägen, so kann die Folge ebenfalls eine Einbuße an Autorität bedeuten, denn ihr Ansehen als "ehrliche Maklerin" zwischen divergierenden legitimen nationalen Interessen könnte leiden.

- Die verbleibende mögliche Strategie, Vorschläge generell nur als vorläufige und jederzeit änderbare Diskussionsbeiträge einzubringen, untergräbt u.U. ihre Autorität als "Hüterin der Verträge".

Vor dem Hintergrund dieser Szenarien scheint es die rationale Strategie für die Kommission zu sein, bereits bei der Ausarbeitung der Vorschläge auf eine spätere Konsensfähigkeit zu achten. Dieses Kriterium erscheint vor dem Hintergrund der Notwendigkeit einstimmiger Ratsbeschlüsse erfolgversprechend zu sein. Die Kommission kann die für die Ratsmitglieder geltenden Erfolgsfaktoren nicht ignorieren. Sie muss die Interessen der nationalen Politiker einkalkulieren, die Gemeinschaftspolitik stimmenwirksam und dabei auch zugunsten von einflussreichen Interessengruppen gestalten.[372] Diese Kalkulation fällt den Bürokraten deshalb leicht, weil ihr systembedingtes bürokratisches Eigeninteresse auf diese Weise befriedigt wird.

Die europäischen Interessengruppen repräsentieren meist Dachverbände der nationalen Organisationen, sie sind Koordinationsinstanzen, die von den nationalen Verbänden gesteuert und kontrolliert werden. Die nationale Dominanz kommt in der Anwendung der Einstimmigkeitsregel in den meisten Dachverbänden zum Ausdruck. Es dominieren die Produzenteninteressen und hierbei die Verbände der Industrie, des Handels und der freien Berufe. Diese Verbände üben Einfluss über formelle und informelle Kanäle aus. Die institutionelle Einflussmöglichkeiten sind der Wirtschafts- und Sozialausschuss, dessen Mitglieder auf Vorschlag der nationalen Regierungen und Verbände vom Rat ernannt werden, sowie die große Zahl von Arbeitsgruppen und Ausschüssen, die vor allem bei der Vorbereitung der Kommissionsvorschläge mitarbeiten.[373] Die Produzentenverbände sind hauptsächlich daran interessiert, Wettbewerbs-

---

[372] Die politischen Entscheidungsprozesse in der EU bieten den Interessengruppen vielfältige Möglichkeiten der Einflussnahme. Die Gründungsdynamik und die Präsens der Verbände auf europäischer Ebene bestätigen diese Vermutung. Vgl. Leipold (1993), S. 49 ff. Schätzungen gehen von 4.000 Interessenvertretungen alleine in Brüssel aus. Vgl. Dietz/Glatthaar (1991), S. 164 ff.; Schwaiger/Kirchner (1981) und Philip (1983).

[373] Es ist zu vermuten, dass die Impulse zu den Kommissionsvorschlägen auch maßgeblich von den Vertretern der Interessengruppen ausgehen, denn die EU-Beamten kennen die Spezifika der zu regelnden Bereiche in den Mitgliedsländern nicht. Sie sind auf die Informationen der einzelnen Branchenvertreter angewiesen. Vgl. Leipold (1993), S. 50.

beschränkungen (Subventionen, Mindestpreise, Protektionen) mit korrespondierenden Monopolrenten zu erzielen. Die Zahl der Konsumentenverbände ist im Vergleich dazu als gering einzustufen.[374] Ihr Einfluss gilt als gering, weil sie weder über große finanzielle und organisatorische Kapazitäten verfügen, noch stimmenwirksame Wählergruppen mobilisieren können.

Bis Mitte der 80er Jahre war das Konsultationsverfahren vorherrschend, nach dem der Entscheidungsprozess mit der Ausarbeitung eines Kommissionsvorschlages eingeleitet wurde, der dann dem Rat und dem Europäischen Parlament zugeleitet wurde.[375] Zuerst gelangte der Vorschlag der Kommission in den Ausschuss der ständigen Vertreter, der im Auftrag des Rates eine erste Konsensfindung vornahm. Der Ausschuss der ständigen Vertreter leitete dann den Vorschlag an das Europäische Parlament und an den Wirtschafts- und Sozialausschuss mit der Aufforderung zu einer Stellungnahme weiter.[376] Die Stellungnahmen des Wirtschafts- und Sozialausschusses und des Europäischen Parlaments wurden an die Kommission zurückgegeben mit der Möglichkeit, den ursprünglichen Entwurf zu ergänzen. Anschließend wurde dann der Vorschlag wieder an den Rat und an den Ausschuss der ständigen Vertreter weitergeleitet. Der Konsens innerhalb des Kreises der Diplomaten und Beamten war die Grundlage für einen einstimmigen Ratsbeschluss.

Unter der Bedingung der Einstimmigkeitsregel konnte ein Konsens nur dann gefunden werden, wenn der Vorschlag kein Nutzenniveau eines Mitglieds verschlechterte oder entsprechende Kompromisse durch Kompensationszahlungen geleistet werden konnten.[377] Da bei Gleichverteilung der Macht zwischen den Ratsmitgliedern jedes Land seine erwarteten externen Kosten durch die Veto-Option abwenden oder auf entsprechenden Kompensationszahlungen bestehen konnte, bürgerte sich die Form der Paketlösung (package deal) als bevorzugte Gemeinschaftslösung ein. Danach wurden verschiedene oder nur lose zusammenhängende Bereiche so miteinander verknüpft und zur Abstimmung gebracht, dass die Interessen aller Beteiligten über Zusagen oder Kompensationszahlungen hinreichend bedient werden und somit jedes Mitglied zustimmen konnte. Eine Einigung war nur dann möglich, wenn die Kommission bereits bei der Ausarbeitung der Vorschläge als entscheidendes Kriterium die spätere

---

374 Vgl. Vaubel (1992), S. 42

375 Vgl. Ludlow (1991), S. 102.

376 Der Einfluss beider Gremien war beim Konsultationsverfahren eher gering. Insofern waren die Parlamentsmitglieder und die Mitglieder des Wirtschafts- und Sozialausschusses für die Interessengruppen keine interessanten Gesprächspartner. Die vergleichsweise wirkungsvollere Zusammenarbeit versprachen die der Kommission und dem Rat zugeordneten Arbeitsgruppen und Ausschüsse, die unmittelbare Einflussnahme zu den entscheidenden Personen ermöglichten. Vgl. Leipold (1993), S. 51 f. Die Einflussnahme von Wirtschaftsverbänden im Bereich der Agrarpolitik schildern z.B. Braun (1971) und Berg (1972).

377 Die maßgeblich in der Einstimmigkeitsregel begründete Stagnation der Gemeinschaftspolitik ist in der Literatur ausführlich behandelt und dokumentiert worden: vgl. Berg (1972) und (1990); Faber/Breyer (1980); Lindberg (1965); Remus (1969); Sasse (1975); Spinelli (1966); Scharpf (1985).

Konsensfähigkeit anlegte. Durch die Praxis der späteren Nachbesserung von Vorschlägen oder dem Herausbrechen einzelner Teile eines Vorschlags und des Verschiebens von problematischen Vorschlägen wurde die Autorität der Kommission geschwächt und der Einfluss der Interessengruppen auf die Entscheidungsfindung im Rat und im Ausschuss der Ständigen Vertreter gestärkt. Auch begünstigte die Langwierigkeit der Einigungsprozesse den Einfluss organisierter Interessengruppen.[378]

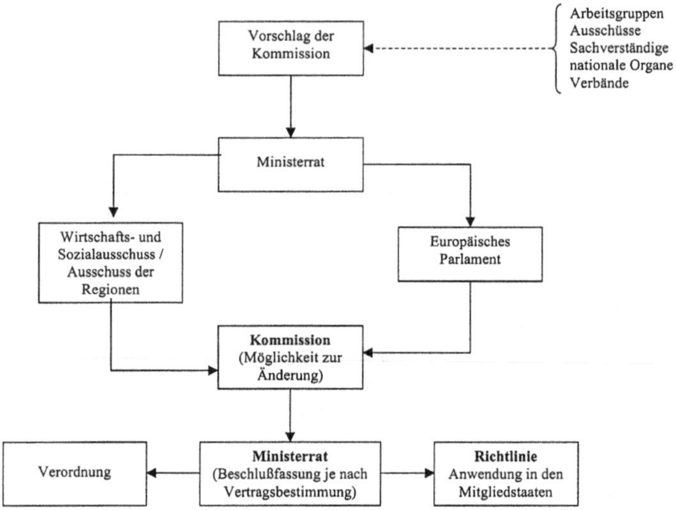

Abbildung 6: Das Konsultations- und Anhörungsverfahren[379]

Die Zusammenarbeit zwischen Kommission und Rat entwickelte entgegen den Intentionen des EWG-Vertrages eine Eigendynamik. Die mit der Vorschlags-kompetenz ausgestattete Kommission sollte Gemeinschafts- und Nationalinteressen integrieren. Die der Kommission zugedachte Autorität beruhte „(...) letztlich auf der Richtigkeit dessen, was sie vorschlägt".[380] So war die rationale Zusammenarbeit zwischen Kommission und Rat das zentrale Element in der Verfassung der Gemeinschaft. Das faktische Erfordernis einstimmiger Ratsbeschlüsse musste jedoch zwangsläufig dazu führen, dass nur die Konsensfähigkeit zum relevanten Kriterium

378 Zum Einfluss der Interessengruppen in ausgesuchten Politikbereichen vgl. Hrbek/Probst (1990), S. 117-130.

379 Leipold (1993), S. 52.

380 Hallstein (1965), S. 19.

der Zusammenarbeit zwischen Rat und Kommission avancierte und die Gemeinschaftspolitik zur Konsenspolitik degenerierte.

Insgesamt erwies sich das dem Luxemburger Kompromiss entstammende Konsultationsverfahren als teures und ineffizientes Verfahren. Die Paketlösung etablierte sich konsequenterweise als die bevorzugte Gemeinschaftslösung. Danach war es üblich, Lösungsvorschläge, die verschiedene oder nur lose verbundene Bereiche betrafen, zu einem Paket zu verschnüren, das die Interessen aller Beteiligten notfalls über Entschädigungen oder Zusagen für spätere Konzessionen hinreichend bediente und dem daher jedes Mitglied zustimmen konnte. Jeder Versuch, einen Beschluss, der Bestandteil eines Paketes war, zu reformieren, beschwor Neuverhandlungen hervor. Zumal den impliziten Zusagen eine fatale Eigendynamik innewohnte, weil deren Bedienung ständig neue Forderungen und damit einhergehende erneute Kompensationszahlungen implizierten. Eine wenn auch langwierige Einigung war dann in Aussicht, wenn die Kommission drauf bedacht war, bereits im Vorfeld bei der Ausarbeitung der Vorschläge auf ihre künftige Konsensfähigkeit zu achten. Dennoch zeigte die Praxis, dass die Vorschläge häufig nachgebessert wurden oder einzelne Teile herausgenommen wurden. Problematische Fälle wurden hingegen gerne verschoben. Diese Vorgehensweise und die Langwierigkeit der Entscheidungsfindung beeinträchtigte die Autorität der Kommission und stärkte den Einfluss nationaler Interessengruppen auf den Rat und den Ausschuss der Ständigen Vertreter.[381] Es wird hier darauf verzichtet, die Fehlentwicklungen in den einzelnen Politikbereichen zu konkretisieren. Der Europäische Integrationsprozess in den 70er Jahren stagnierte.

Die 1986 unterzeichnete Einheitliche Europäische Akte (EEA) brachte eine Reform der europäischen Institutionen und der Entscheidungsverfahren hervor.[382] Die zentralen Reformelemente der EEA sind die umfassende Anwendung von Mehrheitsentscheidungen im Ministerrat und die Mitverantwortung des Europäischen Parlaments bei der Gesetzgebung. Das Bekenntnis zur Mehrheitsregel kommt in Art. 100a EEA zum Ausdruck.

---

381 Vgl. zum Einfluss von Verbänden in ausgewählten Politikbereichen Braun (1971) und Hrbek/Probst (1990).

382 "Europa trifft seine Entscheidungen schlecht und zu spät, bei der Durchführung der Entscheidungen zeichnet es sich nur selten durch hohe Effizienz aus. So kommt es zu lähmender und zu interventionistischer Bürokratisierung." Delors (1987), S. 9.

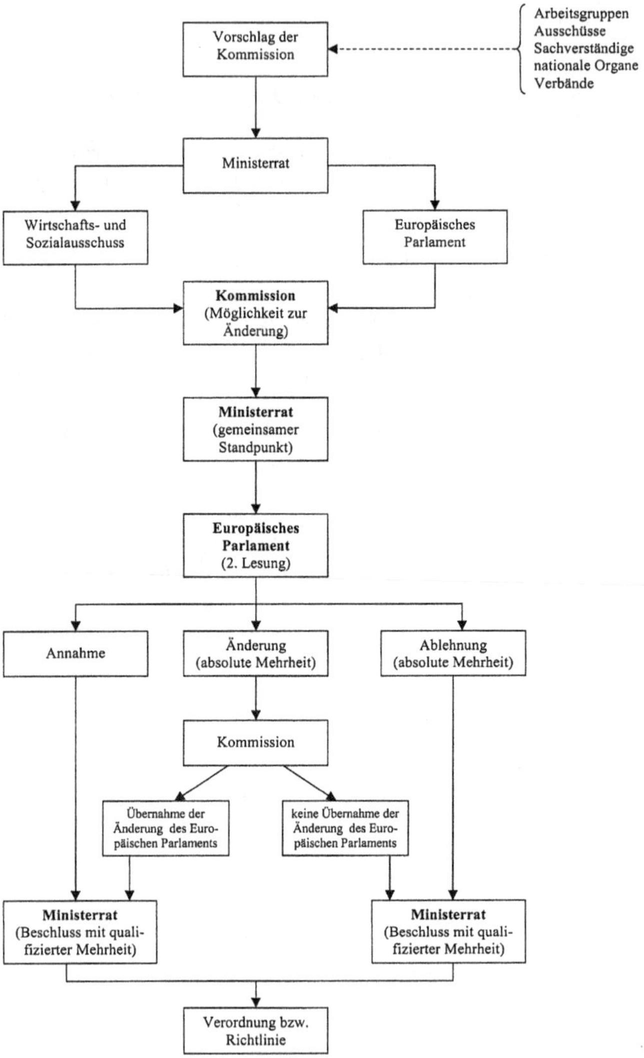

Abbildung 7: Das Kooperationsverfahren nach der EEA (Art. 149 EWGV)[383]

[383] Leipold (1993), S. 55.

Nach Art. 100a EEA erlässt der Rat auf Vorschlag der Kommission in Zusammenarbeit mit dem Europäischen Parlament und nach Anhörung des Wirtschafts- und Sozialausschusses die Maßnahmen zur Angleichung der Rechtsvorschriften für die Schaffung und das Funktionieren des Binnenmarktes mit qualifizierter Mehrheit.[384] Die Neufassung des Art. 149 EWGV stellt die zweite wichtige Neuerung dar. Diese Neufassung soll die qualifizierte Mehrheit der Ratsbeschlüsse als auch die Mitwirkung des Parlaments an diesen Beschlüssen sichern.[385]

Wie bisher leitet die Kommission das Verfahren mit ihrem Vorschlag ein. Das Parlament nimmt in erster Lesung Stellung und leitet diese Stellungnahme dem Rat zu, der diese zusammen mit dem Vorschlag in erster Lesung prüft und mit qualifizierter Mehrheit einen gemeinsamen Standpunkt erarbeitet. Dieser gemeinsame Standpunkt wird nun wiederum dem Parlament zugeleitet. Das Parlament hat nun drei Monate Zeit, über den gemeinsamen Standpunkt zu befinden. Es kann akzeptieren, ändern oder ablehnen, wobei die zweite und dritte Option die absolute Parlamentsmehrheit verlangen. Akzeptiert das Parlament, so kann der Rat mit qualifizierter Mehrheit entscheiden. Hat das Parlament Änderungsvorschläge eingebracht, so kann der Rat ebenfalls mit qualifizierter Mehrheit entscheiden, sofern die Kommission die Änderungsvorschläge innerhalb eines Monats akzeptiert hat. Akzeptiert die Kommission die vorgebrachten Änderungswünsche nicht, so muss der Rat einstimmig entscheiden. Lehnt das Parlament den Standpunkt des Rates ab, so muss der Rat auch nur einstimmig beschließen.

Dieses Verfahren der Zusammenarbeit sollte den Einfluss des Parlaments stärken und die Initiativkompetenz der Kommission sichern. Dem Rat bleibt die letzte Entscheidungsbefugnis i.d.R. mit qualifizierter Mehrheit. Allerdings wird eine Entscheidung gegen das Parlament dadurch erschwert, dass sie nur einstimmig vom Rat gefasst werden kann. Das Parlament wird zwar kein eigenständiges legislatives Organ, aber dennoch sind seine Kompetenzen in dem Entscheidungsverfahren ausgedehnt worden. Die Einführung der qualifizierten Mehrheit ändert nichts am Kern – an den originären Interessen der Regierungen, Bürokraten und Interessengruppen. Das immanente Konfliktpotential bleibt bestehen. Auch sind die verschiedenen Abstimmungsverfahren nicht grundsätzlich geändert worden. Allerdings erfolgt nun eine stärkere Einbindung des Parlaments in die Entscheidungsprozesse. Die zweite

---

384 Natürlich gibt es einige Ausnahmen. So gilt nach Abs. 2 die Mehrheitsregel nicht für die Angleichung der Steuern und für die Bestimmung über die Freizügigkeit und Rechte der Arbeitnehmer. Nach Abs. 4 kann jedes Mitglied einzelstaatliche Bestimmungen, die öffentliche Ordnung und Sicherheit sowie Schutz des nationalen Kulturgutes (Art. 36 EWGV) und in Bezug auf das Arbeitsumwelt und den Umweltschutz anwenden und damit die mit qualifizierter Mehrheit des Rates erlassenen Harmonisierungsmaßnahmen suspendieren. Diese Klauseln eröffnen beliebig auslegbare und wichtige Restriktionen für die Auslegung der Mehrheitsregel.

385 Neu sind dabei gegenüber dem dargestellten Konsultationsverfahren die zusätzlichen Verfahrensschritte bei den Ratsbeschlüssen zum Binnenmarkt, die nun zwei Lesungen der Vorschläge im Parlament und im Rat verlangen.

Lesung der Vorschläge und die gemeinsamen Standpunkte haben in erster Linie die Abstimmungsprozedur um einige Schritte verlängert. Verändert haben sich vor allem die Bedingungen im Rat, Entschlüsse zu fassen und Interessen durchzusetzen. Die Mehrheitsregel impliziert eine Beschleunigung der Einigungs- und Entscheidungsprozesse und senkt so die Entscheidungskosten. Darüber hinaus büßt jedes Land an Abstimmungsstärke im Verhältnis zur Einstimmigkeitsregel ein. Bei Einstimmigkeit ist der Einfluss auf das Zustandekommen eines Beschlusses für jedes Land, unabhängig von Größe und Stimmenzahl, gleich. Die Mehrheitsregel führt vor allem zu starken Einbußen für die kleinen Länder.[386] Die für alle Länder geltenden Machteinbußen bei der qualifizierten Mehrheit erschweren die Blockaden von Ratsbeschlüssen. Dadurch vermindert sich die Notwendigkeit des „package dealings“ und der Spielraum für integrationshemmende und zeitraubende Prozeduren ist eingeengt worden. Empirische Studien belegen, dass durch die Einführung der qualifizierten Mehrheit ein neues Beziehungsgeflecht zwischen den EG-Organen entstanden ist. Außerdem ist es nachweislich zu schnelleren und effizienteren Entscheidungsfindungen gekommen. Mehrheitsentscheidungen, wenn auch nur in Form der qualifizierten Mehrheit, verbessern die Effizienz, vermindern jedoch die Legitimität. Die Rolle des Parlamentes ist aufgewertet worden und auch die Kommission ist als Initiativ- und Vermittlungsorgan gestärkt worden.[387]

Durch den Vertrag über die Europäische Union von 1992 in Maastricht gab es weitere Reformergänzungen. Der offiziell als "Verfahren nach Art. 189b EGV" bezeichnete Modus der Mitentscheidung des Europäischen Parlaments ergänzt und kompliziert das dargestellte Verfahren der Zusammenarbeit.

Als wesentliche Änderung ist die Einschaltung des Vermittlungsausschusses zwischen Rat und Parlament festzuhalten.[388] Der Ausschuss, der sich je zur Hälfte aus Mitgliedern des Parlaments und des Rats zusammensetzt, wird bei Meinungsverschiedenheiten nach der ersten und zweiten Lesung der Kommissionsvorschläge tätig, um einen gemeinsamen Entwurf zu formulieren. Kommt im Ausschuss keine

---

386 Ein kleines Land muss mehr Länder für eine Sperrminorität aktivieren. Vgl. hierzu Engel/Bormann (1991), S. 266; Bormann (1991) und Faber/Breyer (1980).

387 Die empirische Studie von Engel/Bormann (1991) fußt auf den statistischen Daten, die auf der Analyse der Binnenmarktentscheidungen gemäß dem Weißbuch der Kommission von 1985 basieren. Insgesamt wurden 356 Verfahren untersucht, von denen 216 bis Ende 1989 abgeschlossen waren. Die durchschnittliche Entscheidungsdauer zwischen Präsentation des Kommissionsvorschlags bis zur endgültigen Beschlussfassung im Rat betrug im Zeitraum 1971-1989 862 Tage (knapp zweieinhalb Jahre), wobei die Verabschiedung von Richtlinien durchschnittlich 930, von Verordnungen 1047 und von Entscheidungen 447 Tage betrug. Im Vergleich dazu war im Zeitraum zwischen 1986-89 eine durchschnittliche Entscheidungsdauer von 492 Tagen bei 130 Vorlagen festzustellen. Die Beschlussfassung für die Kommissionsvorschläge konnte nach den neuen Regeln und Verfahren der EEA erheblich beschleunigt werden. Vgl. Engel/Bormann (1991), S. 115 ff.; vgl. auch Corbett/Schmuck (1992), S. 38-40 und Wessels (1991), S. 133-154 und Wessels (1992b), S. 17-33.

388 Vgl. Wessels (1992c), S. 2-16.

Einigung zustande, so kann das Parlament im Falle eines Ratsbeschlusses diesen mit absoluter Mehrheit ablehnen. Damit wird dem Parlament erstmals ein Vetorecht in der Rechtsetzung konzediert. Einigt sich der Ausschuss auf einen gemeinsamen Entwurf, so kann der Rat den Rechtsakt beschließen. Unter der Voraussetzung, dass die Kommission den Entwurf ebenfalls gebilligt hat, ist eine qualifizierte Mehrheit ausreichend. Lehnt hingegen die Kommission ab, so bedarf es einer Einstimmigkeit im Rat.

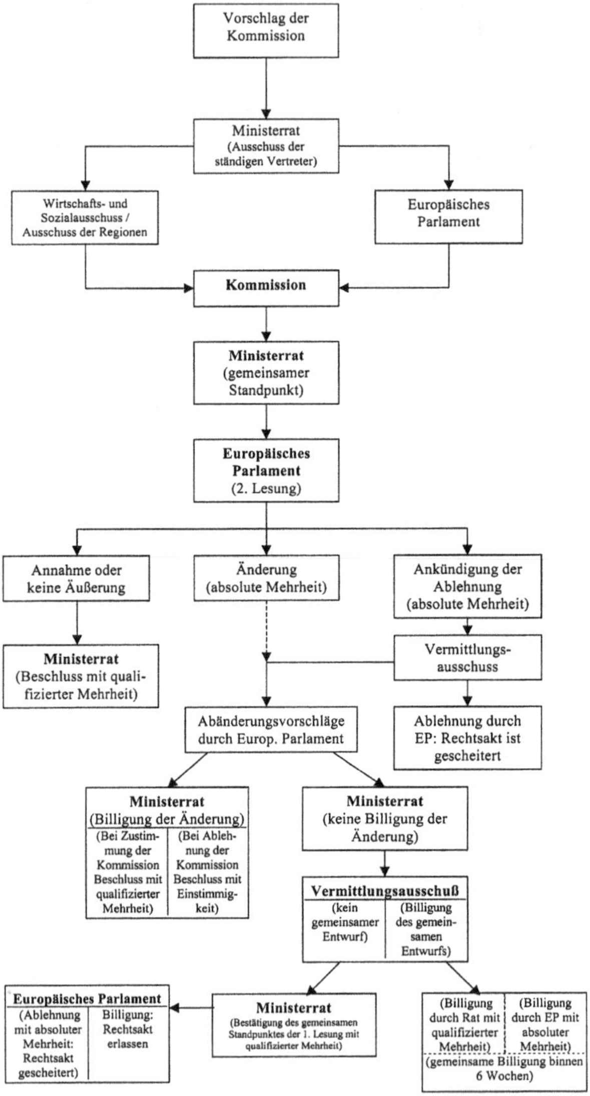

Abbildung 8: Das Mitentscheidungsverfahren (nach Art. 189b EGV)[389]

389 Vgl. Wessels (1992c), S. 11; ähnlich auch Theurl/Meyer (2001), S. 173.

Diese neuen Regelungen bezwecken eine Aufwertung der legislativen Mitverantwortung des Parlaments. Allerdings wurde das Demokratiedefizit nur marginal verringert, denn der Rat kann in den entscheidenden Bereichen (z.B. Agrar- und Verkehrspolitik) weiterhin gegen die Parlamentsmehrheit entscheiden.[390]

Nach Art. 138b EGV hat das Parlament ein indirektes Initiativrecht; das materielle Initiativrecht (das Recht, Vorschläge an den Rat zu geben) verbleibt bei der Kommission. Das Parlament darf die Kommission nur verbindlich auffordern, eine Initiative zu ergreifen, es verfügt allerdings über keinen Einfluss auf deren inhaltliche Ausgestaltung.[391] Bei Investitur der Kommission erhält das Europäische Parlament ein Zustimmungs- bzw. Vetorecht.

Die Kompetenzen des Europäischen Parlaments sind nur unwesentlich erweitert worden. Es ist auch in diesem Zusammenhang fragwürdig, ob eine Erweiterung der Kompetenzen des Parlaments ohne eine gleichzeitige Einführung konstitutioneller Schranken gegen rent seeking und gegen übermäßige Kompetenzzentralisierung überhaupt eine sinnvolle Option zur Minderung des Demokratiedefizits darstellt.

Der Maastrichter Vertrag hat den Handlungsspielraum des Ministerrates nicht wirkungsvoll beschränkt. Demokratisierung, Transparenz und Kontrolle der Entscheidungsfindung und Schutz vor rent seeking konnte nicht institutionalisiert werden. Auch Nizza brachte lediglich die Hoffnung auf eine „verstärkte Zusammenarbeit“ zwischen Mitgliedstaaten, die bei der europäischen Integration schneller voranschreiten möchten als andere. Dieses Instrument war bereits mit dem Amsterdamer Vertrag eingeführt worden, jedoch unter der Bedingung, dass alle Mitgliedstaaten in dem konkreten Fall zustimmen müssen. Die Vereinbarungen von Nizza sehen nun vor, dass sich eine Gruppe von mindestens acht Mitgliedstaaten zur verstärkten Zusammenarbeit zusammenschließen muss. Diese Schwelle soll auch nach einer möglichen EU-Erweiterung auf 27 Mitgliedstaaten erhalten bleiben. Die verstärkte Zusammenarbeit unterliegt den allgemeinen Vertragsbedingungen und ist an den institutionellen Rahmen der EU gebunden.[392]

---

390 Außerdem wurde eine Evolutivklausel durch die Maastrichter Beschlüsse eingebaut; nach Art. 169b Abs. 8 EGV sollte der Anwendungsbereich des Verfahrens spätestens bis 1996 erweitert werden. Die Unbestimmtheit dieser Klausel wird durch das in sich widersprüchliche Vorhaben komplettiert, die Kompetenzen der Gemeinschaft gemäß Art. 2 und Art. 3 EGV zu erweitern und gleichzeitig gemäß Art. 3b EGV durch das Subsidiaritätsprinzip zu ergänzen. Vgl. zur Darstellung und kritischen Würdigung des Subsidiaritätsprinzips das fünfte Kapitel, Abschnitt. 5.3.2, insbesondere Abschnitt 5.3.2.4.

391 Vgl. Nentwich (1992), S. 235-243.

392 Vgl. FAZ, Nr. 289, vom 12.12.2000, S. 3.

2.5.3 Reformoptionen und Restriktionen

Sollten die dreizehn EU-Kandidaten nach der bisher geltenden Arithmetik am Entscheidungsprozess in Brüssel, Luxemburg und Straßburg beteiligt werden, dann drohen drei Probleme: Erstens würde die Zahl der Europa-Abgeordneten von heute 626 auf fast 1000 explodieren, zweitens würde das Stimmengewicht im Ministerrat sich noch mehr zugunsten der kleineren Länder verschieben und drittens in der Europäischen Kommission säßen statt 20 in der Zukunft 35 Kommissare. Damit würde das nach dem Konsensverfahren entscheidende Organ an die Grenzen seiner Entscheidungsfähigkeit stoßen. Insofern sind vor dem Beitritt der Kandidaten dringend die Entscheidungsverfahren und die Institutionen so zu reformieren, dass auch nach einer Erweiterung der EU auf vielleicht 28 Mitglieder noch die Handlungsfähigkeit erhalten bleibt.[393] Erste Schritte wurden in dem Vertrag von Nizza unternommen.

Darüber hinaus bestehen auch nach Maastricht und Nizza Demokratie- und Legitimitätsdefizite. Die Stärkung des Europäischen Parlaments ist noch nicht ausreichend erfolgt, so dass der Wählerwille zumindest teilweise noch immer systematisch ins Leere gelenkt wird. Es werden keine Grundsätze einer parlamentarischen Demokratie verwirklicht. Ziel sollte es sein, das Parlament die Entscheidungsmacht auf europäischer Ebene (Gesetzgebungsverfahren) zu übertragen. Die Kommission sollte vom Parlament gewählt werden und auch nur ihr verantwortlich sein, um Kompetenzstreitigkeiten zu vermeiden. Die Kommission sollte ihre Arbeit auf die Umsetzung der Gesetze des Parlamentes konzentrieren.

Die Unionsbürger sind zwar zu Petitionen beim Europäischen Parlament berechtigt, aber über die Folgen einer Petition ist im Vertrag nichts geregelt worden. Das Europäische Parlament hat die Stelle eines unabhängigen Bürgerbeauftragten eingerichtet, der zwar Berichte vorlegen darf, aber nicht über Klagebefugnisse beim EuGH verfügt also keine Aktivlegitimation besitzt. Die Aktivlegitimation des Europäischen Parlamentes wurde erweitert; es ist berechtigt Nichtigkeitsklagen beim EuGH einzureichen, wenn diese auf die Wahrung seiner Rechte abzielen.[394] Ebenso ist es ihm möglich, Untätigkeitsklagen gegen andere Organe der EG zu erheben;[395] im Gegensatz zu den anderen Organen hat das Europäische Parlament nicht das Recht, diese wegen Zuständigkeitsverletzungen oder Vertragsverletzungen zu verklagen.

Es lässt sich ein Demokratie- und Legitimitätsdefizit der EG diagnostizieren. Die EG hat in den letzten Jahrzehnten mehr Kompetenzen erhalten, denen allerdings kein Zuwachs an äquivalenten demokratisch legitimierten Institutionen gegenübersteht, die

---

393 "Wer will, daß es so weitergeht wie bisher, der will nicht, daß es weitergeht." Dieses Zitat von Rolf Biermann lässt sich auch auf die Entscheidungsverfahren der EU übertragen.

394 Vgl. Art. 173 EGV.

395 Vgl. Art. 175 EGV.

die Einbußen an nationaler Souveränität und demokratischer Legitimität ausgleichen könnten.[396]

Die demokratischen Defizite gelten für alle EG-Organe:

1. Das europäische Parlament ist zwar in den Änderungsverträgen aufgewertet worden, allerdings werden ihm nicht die klassischen Befugnisse der demokratischen nationalen Parlamente zugesprochen. Es ist nicht befugt, selbstverantwortlich Beschlüsse zu fassen. Das europäische Parlament darf lediglich an der Rechtsetzung dahingehend mitwirken, dass es Vorschläge verändern oder verhindern kann. Ein wirkliches Mitentscheidungsrecht besteht lediglich bei Assoziierungs- und Beitrittsabkommen.

2. Das Entscheidungs- und Gesetzgebungszentrum der EG bleibt der Rat, der seine Beschlüsse entsprechend der „klassischen Kabinettspolitik" hinter verschlossenen Türen trifft. Die Legitimation der Ratsmitglieder erfolgt in nationalen demokratischen Wahlen, bei denen die Gemeinschaftspolitik eine eher untergeordnete Rolle spielt. Außerdem ist es für die Wähler schwer zu erkennen, wem die entsprechenden Beschlüsse zuzurechnen sind.

3. Die Kommission steht zwischen dem von den nationalen Regierungen zugewiesenen Auftrag einerseits und der bürokratischen Eigenmacht und Eigendynamik andererseits. Die Kommission hat in den letzten Jahren ein von nationalem und bürokratischem Proporzdenken geprägtes Eigenleben entwickelt, da die Arbeit der Kommission keiner wirksamen demokratischen Kontrolle unterliegt.[397] Die Verwendung der Haushalts- und diversen Fondsmittel ist im Ergebnis wenig überschaubar in einem Geflecht verbandspolitischer Einflussnahme, bürokratischer Eigenmächtigkeit und politischer Kompromisse.[398]

Als Schlussfolgerung lässt sich festhalten, dass die europäische Verfassung reformbedürftig ist.[399] Für die anstehenden Reformen der Institutionen der EU vor allem im Hinblick auf die zukünftige EU-Erweiterung ist eine Reform der Abstimmungsverfahren vordringlich.[400] Hierbei gilt es zu überdenken, welche

---

396 Dieses Ungleichgewicht ist von Lepsius anschaulich durch die Metapher beschrieben worden, dass die Bürger der EG einerseits der „Souverän" der Nationalstaaten sind, andererseits aber der „Untertan" der EG geblieben seien. Vgl. Lepsius (1991), S. 22.

397 Der Zuwachs an Aufgaben und Befugnissen ging daher folgerichtig mit einem überproportionalen Wachstum des Verwaltungsapparates einher. Im Zeitraum 1960-1990 betrug die durchschnittliche Wachstumsrate des EG-Haushalte 21,7 %, die des Personalbestandes 7,6 %. Vgl. Vaubel (1992), S. 50.

398 „Es ist wohl nicht übertrieben zu sagen, daß die Kommission innerhalb eines Verantwortungsvakuums arbeitet." Leipold (1993), S. 65.

399 Vorschläge zu Reformkonzepten sind von Wieland (1991) und (1992), Bernholz (1992) und Möschel (1992b) erarbeitet worden.

400 Gerade nachdem im Juni 1999 im Europäischen Rat in Köln der Fahrplan für die anstehenden Entwicklungen möglicher Reformen der Institutionen erörtert wurde, ist es unerläßlich dies in

Verfahrensregeln effektiv und praktikabel wären. Dieses Problem ist aus konstitutionenökonomischer Sicht zu betrachten.

Wie gezeigt wurde, ist die Einstimmigkeitsregel als Entscheidungsregel keine sinnvolle Reformoption. Die Europäische Gemeinschaft ist vornehmlich eine Gemeinschaft der Mitgliedstaaten. Die im Rat sitzenden Regierungen besitzen verfassunggebende Gewalt. Der Rat ist Schnittstelle der national organisierten integrationspolitischen Entscheidungsprozesse und politisches Entscheidungs- und Kompetenzzentrum der EU. Eine Änderung der Entscheidungsregel (Mehrheit oder Einstimmigkeit) des Rates in der Gemeinschaft berührt den Kern des europäischen Entscheidungsprozesses. Gerade das im Rat vielfach noch immer praktizierte Einstimmigkeitsprinzip trägt einen großen Anteil an den Fehlentwicklungen und wenig zielführenden Fortentwicklungen. Das Einstimmigkeitsprinzip führt dazu, dass im Rahmen der Entscheidungsfindung jede Stimme gleiches Gewicht hat. Bei differenzierten Präferenzen wird über Stimmentausch die Realisierung von Maßnahmen erst ermöglicht, indem die Paketlösungen Kompromisse darstellen, die zum unmittelbaren Vorteil aller Beteiligten gereichen. Da vor allem nach der Süderweiterung sich die Interessen der Gemeinschaft sehr heterogenisiert haben werden Politikdimensionen unschärfer und die Differenzierung der Politikbereiche der Union erfolgt über weite Bereiche.[401] Integrationspolitik durch Kompensationszahlungen führt bei mangelhafter Systematik durch das Setzen falscher Anreize innerhalb der Ausgabenprogramme langfristig zu ordnungspolitischen Fehlentwicklungen. Integrationsbedingte Effizienzgewinne werden durch die Erfüllung von Sonderwünschen in anderen Politikbereichen aufgezehrt. Der Vorschlag, eines separaten, zweckfreien Kompensationsfonds als Instrument zum

---

einem geordneten konstitutionellen Rahmen vorzunehmen. Wie der Integrationsprozess der Europäischen Gemeinschaft bzw. Union seit den Römischen Verträgen stand auch das Vertragswerk als rechtliches Abbild dieses Prozesses ständig auf dem Prüfstand. Eine Reform europäischer Institutionen ist ohne eine Reform der Verträge nicht denkbar. Von einer europäischen Verfassung kann bei dem EG- bzw. EU-Vertrag im eigentlichen staatsrechtlichen Sinn nicht gesprochen werden; gleichwohl erfüllt auch er klassische Vertragsfunktionen wie z.B. die Festschreibung der politischen Organisation der EU. Zum juristischen Verfassungsbegriff vgl. Grimm (1990), S. 863.

401 Dies wird besonders deutlich bei Betrachtung der Ausweitung des innergemeinschaftlichen Finanzausgleichssystems. Einigung wurde häufig mit Hilfe eines mehr oder weniger gut getarnten Stimmenkaufs erreicht. Insbesondere die gemeinschaftliche Kohäsionspolitik, die mittlerweile über ein Drittel des EU-Haushaltes benötigt, entwickelt sich tendenziell zu einem Kompensationsinstrument und entfernt sich dabei von einer streng kriterienorientierten, ökonomisch begründeten regionlapolitischen Zielförderung. Vgl. Caesar (1999); S. 138-155. Auf dem Berliner Gipfel zur Agenda 2000 und zur Osterweiterung im 24./25. März 1999 wurde zuletzt mit Hilfe von erheblichen Strukturmittelzusagen die Zustimmung zu Integrationsprojekten erkauft. "Quasi in letzter Minute hatte der spanische Ministerpräsident Aznar dem vorsitzführenden deutschen Bundeskanzler zusätzliche drei Milliarden abgerungen." Werle (1999), S. 7.

Abkauf der Zustimmung[402] ändert nicht die eigentliche Ursache des Stimmenkaufs noch werden die verfahrensinduzierten Effizienzverluste beseitigt.

Eine grundsätzlich Reform der Entscheidungsregeln des Rates könnte in einer konsequenten Einführung der qualifizierten Mehrheitsregel bestehen. Allerdings stößt auch der Ausbau der Mehrheitsregel als Demokratieprinzip auf Grenzen aufgrund einer mangelnden europäischen Identität.[403] Hingegen ist es fragwürdig, ob diese Entscheidungsregel unter den Ratsmitgliedern überhaupt konsensfähig ist. Das Mehrheitsprinzip führt auch in seiner qualifizierten Form mit hoher Wahrscheinlichkeit zu Entscheidungen, die dem einzelnen Ratsmitglied nicht genehm sind, da jedes einzelne Ratsmitglied leicht überstimmt werden kann.[404] Aufgrund seiner externen Entscheidungskosten[405] ist damit das qualifizierte Mehrheitsprinzip wenig attraktiv für die Ratsmitglieder.

Außerdem ist bei der anstehenden Erweiterung der EU um neue, kleinere Mitglieder eine legitimitätserhöhende Änderung der Stimmengewichtung im Rat dringend erforderlich, die die stärkere Berücksichtigung der Bevölkerungsanteile zum Ziel haben sollte. Allerdings würde eine Umgewichtung eine zusätzliche Komplizierung des Entscheidungsverfahrens der qualifizierten Mehrheit bedeuten.[406]

Die bisher diskutierten Lösungsvorschläge sind entweder wenig attraktiv und damit schwer durchsetzbar oder sie führen zu einer unerwünschten verfahrensmäßigen Komplizierung, die dem Transparenzziel der Gemeinschaft abträglich ist. Der

---

402 Vgl. zu diesem Vorschlag Erlei (1998), S. 215-243. Ein ähnlicher Vorschlag - allerdings lediglich mit einem nur mikroökonomisch ungebundenen Kompensationsfonds - liefert Heinemann (1999), S. 293- 312.

403 Vgl. Löcherbach (1983). Grundlegende Ordnungsprobleme lassen sich nur dann bewältigen, wenn erstens ein Gemeinschaftsbewusstsein gewachsen und hinreichend im Alltagsleben verankert ist und wenn es zweitens institutionell abgesichert ist. Die Identität ist die Verbindung zwischen gewachsener Ordnung und den rechtlichen Regeln. Die wichtigste Gemeinsamkeit der Europa zurechenbaren Länder besteht in der rechtsstaatlichen Tradition. Hingegen wenig ausgeprägt ist ein gewachsenes Gemeinschafts- und Kooperationsbewusstsein. Europa ist keine Erfahrungs- oder Kommunikationsgemeinschaft, so dass eine europäische Identität nur allmählich und als Ergebnis eines Prozesses gemeinsam empfundener und bestandener Herausforderungen erwachsen kann. Vgl. Leipold (1993), S. 66. Gerade in dem Umstand, dass es keine gesamteuropäische Erfahrungen gibt, und in der Charakterisierung Europas als eine Vielzahl von Nationen und Völkern sieht Jones (1981) die Ursache für "das Wunder Europas".

404 Dies gilt im Besonderen für die einfache Mehrheit, die allerdings selten angewendet wird; vgl. Art. 205 Abs. 1 EGV. Aber bei Anwendung der qualifizierten Mehrheit kann noch fast ein Drittel aller gewichteten Stimmenanteile bzw. im ungünstigsten Fall eine starke Minderheit von sieben Ratsmitgliedern überstimmt werden; vgl. Art. 205 Abs. 2 EGV.

405 Zum Begriff der "expected external costs" vgl. Buchanan/Tullock (1965), S. 45 und S. 64.

406 Bereits heute gibt es Fälle in denen die doppelt qualifizierte Mehrheit (Mehrheit der Stimmenanteile und Mehrheit der Staaten) ihre Anwendung findet: nämlich in dem Fall, dass der Rat ohne Kommissionsvorschlag einen Beschluss fassen will; vgl. Art. 205 Abs. 2 EGV (Spiegelstrich 2). Auch für diesen Fall müsste dann konsequenterweise das Bevölkerungsprinzip realisiert werden.

bestehende Dissens über die institutionellen Fragen wurde bereits in den Protokollen zu dem Amsterdamer Vertrag erfasst. Andere in der Debatte noch nicht berücksichtigte Lösungsansätze, die Entscheidungskosten im Rat zu reduzieren, könnte die Konstitutionenökonomik liefern.[407]

Eine wesentliche Aufgabe einer Reform der Institutionen in Europa sollte neben der Überarbeitung der Entscheidungsverfahren die Trennung der allgemeinen verfassungsgebenden Regeln von der Regierungstätigkeit beinhalten, um den dem System inhärenten Hang zur Zentralisierung entgegenwirken zu können. Es sollte nachgedacht werden über die Entwicklung eines institutionellen Rahmens, der die Anreize zur Zentralisierung mindert bzw. Möglichkeiten der Offenheit bzgl. der Wahl der Integrationsstrategien absichert. Es wird daher in dem dritten Kapitel zu prüfen sein, wie die Integrationsstrategien der funktionalen Integration durch Wettbewerb oder der institutionellen Integration durch Harmonisierung für die Europäische Union zu beurteilen sind.

2.5.4 Bewertung der funktionellen Methode wirtschaftlicher Integration und der institutionellen Struktur – ein Fazit

Das Konzept der funktionellen Methode wirtschaftlicher Integration zielte über die Schaffung einer Zollunion, über die Implementierung des Binnenmarktes ab auf die EWWU – die Europäische Wirtschafts- und Währungsunion. Um den verschiedenen Integrationsschritten eine hinreichende Akzeptanz zu verschaffen, wurde entsprechend der Inkrementalismus-These[408] ein behutsamer Step-by-step-Prozess praktiziert.[409] Dem Ansatz der funktionellen Methode wirtschaftlicher Integration liegt das Marktkonzept zugrunde. Es entspricht dem Gedanken einer Integration durch Wettbewerb auf offenen Märkten mit einer Konkurrenz bspw. im Bereich der

---

407 Vgl. hierzu die noch folgende Darstellung in dem vierten Kapitel, Abschnitt 4.3.3.2.

408 Vgl. hierzu Lindblom (1959).

409 So wurde etwa der Abbau der Zölle schrittweise realisiert und so die Zollsätze allmählich, mit sehr langen Übergangperioden bis zu 15 Jahren und mit einem jederzeit geltenden Vetorecht durch den Rat, zu einem gemeinsamen Außenzoll hingeführt. In Ergänzung wurden Institutionen wie die Europäische Investitionsbank und der Europäische Sozialfonds als gemeinsame Einrichtungen geschaffen, die integrationsinduzierte soziale Härten abmildern sollten. Auch wurden die Projekte Binnenmarkt und Wirtschafts- und Währungsunion zunächst nur als allgemeine Ziele ohne die Benennung von Fristen oder konkreten Maßnahmen proklamiert. Auch ließen - wie gezeigt wurde – die Verträge zur Gründung der Europäischen Wirtschaftsgemeinschaft und auch der Vertrag von Maastricht über die Gründung der Europäischen Union in vielen Punkten gleichermaßen die Annahmen einer Beschleunigung und auch einer Verlangsamung des Integrationsprozesses zu. Damit wurde Bedenken in beiden Richtungen Rechnung getragen, und so – ohne das Scheitern der Verträge durch Nicht-Ratifizierung der Signatarstaaten durch die Parlamente zu riskieren – die Kompetenzeinbußen der Parlamente in Grenzen gehalten bzw. sie den Parlamenten durch Transfers abgekauft.

Steuergesetzgebung innerhalb der einzelnen Mitgliedsländer, die allerdings verbunden werden mit einer gemeinsamen Ordnungspolitik. Die gegensätzliche Strategie ist eine Integration mit prozesspolitischem Charakter, die nicht auf die Marktkräfte vertraut, sondern gerade die Notwendigkeit der Harmonisierung bspw. im Bereich der Energiepolitik oder Sozialpolitik betont. Im Gegensatz zum funktionellen Ansatz, der zur Verwirklichung der im Integrationsprozess angestrebten Ziele auf die Intensivierung des Wettbewerbs durch wechselseitige Öffnung und Durchdringung zuvor segmentierter nationaler Märkte setzt, sucht der Modus der institutionellen Integration neue und denen des status-quo überlegene Lösungen dadurch zu realisieren, dass die Mitgliedstaaten ihre Ziele im Rahmen einer gemeinsamen harmonisierten Politik verfolgen. Für das Verständnis der Entscheidungsstrukturen prozesspolitischen Charakters war es erforderlich, die institutionelle Struktur der Europäischen Union und die politischen Entscheidungsprozesse mit Hilfe der Public-Choice-Theorie zu analysieren.

Alle dargestellten Akteure, der Ministerrat, das Parlament, die Kommission und die Wähler, nehmen Einfluss auf den europäischen politischen Prozess. Durch das Formulieren von Verhaltensannahmen ist es gelungen, die jeweiligen Anreizstrukturen offen zu legen. Durch die positive Analyse ist die Aufgabe gelöst worden, das Verhalten einzelner Akteure bzw. Gruppen sowie ihre Interaktionen, die in ihrer Gesamtheit den politischen Willensbildungsprozess konstituieren, in die ökonomische Analyse einzubeziehen.

Fast alle einflussreichen Akteure sind an einer Zentralisierung interessiert.[410] Die Kommission und das Parlament erhoffen sich von einem Zentralisierungsprozess den Ausbau ihrer Kompetenzen. Interessengruppen können economies of scale realisieren und der Europäische Gerichtshof ist durch die Verankerung des Integrationszieles in den Verträgen ohnehin der gemeinschaftsfreundlichen Rechtsauslegung verpflichtet.[411]

Der Kommission wurde durch den EWG-Vertrag eine Initiativfunktion zuerkannt, zugleich ist sie mit der Ausführung der vom Rat gefassten Beschlüsse betraut. Diese Verbindung der Initiativ- und Exekutivfunktion kann als verfehlt angesehen werden, wenn die Argumente der Ökonomischen Theorie der Bürokratie angewendet werden.[412] Die Kommission wird sich nicht (ausschließlich) von dem „Gemeinschaftsinteresse" leiten lassen; tatsächlich sind die Mitglieder dieser bürokratischen Institutionen (auch) mit Wahrnehmung ihrer eigenen Interessen beschäftigt. So dürfte das Bestreben, Ansehen zu erlangen, für die Mitglieder der Kommission ebenso relevant sein wie das Ziel, Einfluss auszuüben und Macht zu gewinnen. Je größer hierzu der Verwaltungsapparat ist, der der Kommission zur Verfügung steht, je mehr Kompetenzen ihr zuerkannt werden und je größer der von ihr zu verantwortende Haushalt ausfällt, desto günstigere Möglichkeiten bieten sich den

---

410 Vgl. auch Vaubel (1992), S. 54.

411 Vgl. zweites Kapitel, Abschnitt 2.3.2.5.

412 Vgl. hierzu auch Vaubel (1994), S. 227-249.

Mitgliedern der Kommission, auch ihre eigenen Interessen zu verfolgen.[413] Es ist zu befürchten, dass dieses Gremium in der Folge Entwicklungen bevorzugen wird, die auf Harmonisierung und Regulierung zielen und als Pendant zu dieser Präferenz könnte die Kommission eine Abneigung entwickeln, Marktlösungen zu akzeptieren, da diese die Kommission als Regelungs- und Kontrollinstanz weitgehend entbehrlich machen würden.

Der Ministerrat ist daran interessiert, seine Handlungsrechte uneingeschränkt zu wahren, mit der Option, seine Kompetenzen durch eine Zentralisierung zu erweitern, so dass die Abwägung zwischen nationalen und europäischen Restriktionen die optimale Zentralisierungstiefe bestimmen. Dieses Zentralisierungsstreben findet Unterstützung bei den europäischen Institutionen, die auch nicht an einer Einschränkung ihrer Handlungsfreiheit, dem Ausbau der Transparenz der Entscheidungsprozesse und einer Demokratisierung interessiert sind. Der Rat ist nicht das geeignete Gremium, der Kommission im Falle einer extensiven und diskretionären Wahrnehmung ihrer Aufgaben wirksam entgegenzuwirken. Die Entscheidungspraxis dieses Gremiums kommt einem Expansionsdrang der Kommission eher entgegen. Die vom Rat gefassten Beschlüsse sind vor allem dann, wenn sie einstimmig getroffen werden, vielfach Kompromisse, die bewusst vage gehalten sind und Zusagen machen, durch die sich der Kommission zusätzliche Handlungsspielräume eröffnen.

Die nationalen Regierungen bzw. die Regierungsmehrheiten im Parlament können als Agenten durch Gegenüberstellung der nationalen und europäischen Kompetenzen und Restriktionen ihren diskretionären Handlungsspielraum optimal erweitern. Die Anwendung auf die Bundesrepublik Deutschland mag diese Ergebnisse verdeutlichen: Auf nationaler Ebene ist die Regierung an das Demokratieprinzip, das Rechtsstaatsprinzip, die Gewaltenteilung und das Föderalprinzip gebunden. Außerdem muss Deutschland sich dem internationalen Politikwettbewerb (mit den entsprechenden Wettbewerbsnachteilen von hohen Lohnnebenkosten, stark reformbedürftigen Sozialversicherungssystemen, einem Dickicht von Verwaltungsvorschriften, Überregulierungen etc.) stellen. Das Ziel der Politiker, Stimmen zu maximieren, steht in einem Konflikt zu den Aufgaben, die aufgrund des Politikwettbewerbs zu lösen sind. Diese Restriktionen können durch eine Verlagerung von Kompetenzen auf die Gemeinschaftsebene gelockert werden. Die Wiederwahlrestriktion wird so entkräftet. Für den Wähler - die Prinzipale - unangenehme Einschneidungen sind so die Folge einer europäischen Notwendigkeit und die Gefahr einer Abstrafung der Agenten durch Stimmenentzug der Prinzipale ist weniger wahrscheinlich. Die Wähler der einzelnen Mitgliedstaaten zeigen als Strategie die rationale Ignoranz, da der nur geringe Einfluss, den sie durch ihre Stimmenabgabe auszuüben vermögen, die Aufwendung von Ressourcen zur Informationsbeschaffung

[413] Als eine Bestätigung für diese eher theoretisch anmutenden Ausführungen mag der Skandal um Korruption im Jahr 1999/2000 um die Europäische Kommission dienen, in dessen Folge die gesamte Kommission zurücktreten musste.

nicht zu rechtfertigen scheint.[414] Durch diese Tendenz nationaler Regierungen, unpopuläre Probleme zur Entscheidung dem Rat zuzuweisen, um nur begrenzt in der politischen Verantwortung zu stehen, wachsen der Kommission immer neue Kompetenzen zu.[415] Allerdings ist eine Zentralisierung von Kompetenzen auf der Gemeinschaftsebene verbunden mit einer Zunahme der Abhängigkeit von europäischen Institutionen und Partnerländern. Die faktisch bestehende Einstimmigkeitsnorm relativiert diese Abhängigkeit.

Im Rahmen der funktionellen Methode wirtschaftlicher Integration war ein Handeln gemäß dem Kriterium politischer Rationalität gleichbedeutend mit einer Aufeinanderfolge kleiner Schritte sich vollziehender Änderungen mit dem Ziel der Zollunion, des Binnenmarktes und der Währungsunion. Im Rahmen der institutionellen Methode ist politisches Taktieren als Kennzeichen der Willensbildung und Entscheidungsfindung der Gemeinschaftsorgane als muddling through im Sinne einer Politik zu konstatieren, die zur Durchsetzung überfälliger Reformen weitgehend untauglich ist. Die rent seeking-Aktivitäten der politischen Entscheidungsträger können durch den Wähler nicht wirksam kontrolliert werden. Die Verfahren der Willensbildung und der Entscheidungsfindung der Gemeinschaftsorgane sind wenig transparent. Verantwortlichkeiten sind für die Öffentlichkeit nicht eindeutig zuzuordnen. Fehlentwicklungen sind (wenn überhaupt) erst mit einer erheblichen zeitlichen Verzögerung erkennbar. Die Auflösung der klassischen Gewaltenteilung zwischen Legislative, Exekutive und Jurisdiktion fördert und erleichtert die Suche nach politischen Renten. Legitimationsdefizite werden in fragwürdiger Weise dadurch gelöst, dass die Organe der Gemeinschaft über die Regeln und Bedingungen ihres Handelns weitgehend selbst entscheiden.

Die nationalen Regierungen sind damit in erster Linie Vertreter der Interessen ihrer jeweiligen Nationalstaaten, durch deren Wähler sie demokratisch legitimiert werden. Die Kommission kann ihrerseits nationale Interessen kaum unberücksichtigt lassen, da ihre Mitglieder von den nationalen Regierungen bestellt und ggf. wiederernannt werden. Damit entsteht für die Politik auf nationaler Ebene eine dem Gefangenendilemma ähnliche Situation. Gemeinsames Handeln könnte für alle Mitgliedstaaten Wohlfahrtsgewinne generieren. Gelingt es einzelnen Regierungen jedoch, ihnen nahestehenden Gruppen politische Renten zu verschaffen, wird ihre eigene Position zwar im Hinblick auf die nächsten Wahlen gefestigt, zugleich beeinträchtigt ein derartiges Verhandlungsverhalten die Wohlfahrt der Integrationspartner. Politökonomisch betrachtet erweist sich bei einer zunehmenden Zahl von Mitgliedstaaten mit jeweils unterschiedlichem Entwicklungsstand, unterschiedlichen ordnungspolitischen Leitbildern, Institutionen, Zielen und Interessen

---

[414] Vgl. Olson (1965); Olson (1977) und Olson (1982).
[415] Vgl. Vaubel (1986), S. 39-57.

die Option als unvermeidbar, Zustimmung durch Kompensation zu erlangen oder auf eine Beschlussfassung der Gemeinschaftsorgane zu verzichten.[416]

Die Zentralisierung der Europäischen Union zeigt sich bspw. in der Zahl der Beamten der Europäischen Kommission (die Entwicklung zeigt eine mehr als Verdreifachung von rd. 5000 im Jahr 1970 auf 17.000 Beamte im Jahr 1990). Auch die Zunahme des Budgets (Anstieg von 0,54 % des Bruttosozialproduktes der sechs EG-Länder im Jahr 1975 auf 1,28 % des BSP der 12 EU-Länder im Jahr 1994)[417] Schließlich ist diese Tendenz zur Zentralisierung auch an der Zahl der Eingriffe festzustellen. Als Indikator hierfür kann die Anzahl der Entscheidungen des Europäischen Gerichtshofes dienen, die sich in dem Zeitraum zwischen 1970 und 1990 beinahe verachtfacht hat (vgl. Tabelle 10).

Die zunehmende Relevanz, die den Entscheidungen des Europäischen Parlaments zugemessen wird, kann an der zunehmenden Präsenz der Interessengruppen im Umfeld des Europäischen Parlaments abgelesen werden. Dies gilt zusätzlich zu der ohnehin beobachtbaren stärkeren Organisation der Interessengruppen in Brüssel in der Nähe der Europäischen Kommission, deren Beeinflussung das erklärte Ziel der Interessengruppen ist. Die Zunahme von rd. 300 im Jahr 1970 auf rd. 3000 im Jahr 1990 (vgl. Tabelle 10) zeigt deutlich, dass das rent seeking eine beträchtliche Größenordnung angenommen hat und eine zunehmende Machtverlagerung auf die Europäische Ebene stattgefunden hat.

Tabelle 10: Zentralisierungstendenzen in der Europäischen Union[418]

Indikator zur Messung der Zentralisierungstendenz	**Jahr**		
	1970	**1980**	**1990**
Beschäftigte der Kommission	5.000	11.000	17.000
Zahl der Urteile des EuGH	240	830	1780
Zahl der Interessen-Organisationen bei der EU	309	410	3000

Wie bereits dargestellt wurde, hat die EU in vielen Bereichen Kompetenzen auf Kosten der Mitgliedsländer übernommen. Besonders deutlich ist diese Zentralisierungstendenz in den Politikbereichen: Interner Handel und Faktormobilität; Besteuerung (insbesondere die Diskussion um die Harmonisierung der indirekten Besteuerung; Industrie- und Forschungspolitik (vor allem in der Telekommunikation und Energie); Wettbewerbspolitik; Landwirtschaftspolitik (die Maßnahmen zur Preisunterstützung und Strukturprogramme geschehen im Rahmen der gemeinsamen

416 Vgl. Berg/Schmidt (1993), S. 79-100.

417 Vgl. Frey (1997), S. 42.

418 Molle (1990) und Centre for Economic Policy Research (CEPR) (1995), S. 27.

Agrarpolitik (Common Agricultural Policy CAP), sie nimmt rd. 50 % des EU-Budgets in Anspruch); Umweltpolitik, Erlass von Direktiven bzgl. der atmosphärischen Verschmutzung, gefährliche Chemikalien, Wasserverschmutzung, Schutz von Flora und Fauna, Lärmimmissionen und Tierexperimenten; Handelspolitik, hier sind exklusive Kompetenzen auf der europäischen Ebene bspw. in Form von zahlreichen bilateralen und multilaterale Abkommen z.B. mit den USA, Japan und der EFTA anzutreffen; Transportpolitik, bei der Regelung des Straßen- und Luftverkehrs; Geldpolitik, mit der Wirtschafts- und Währungsunion und dem Übergang der Geldpolitik auf das Europäische System der Zentralbanken und der gemeinsamen Währung dem EURO; Sozialpolitik, die Sozialcharta wurde von allen Mitgliedsländern – außer dem Vereinigten Königreich - akzeptiert[419]und die auch in den Bereich der Sozialpolitik zu zählende „Charta der Grundrechte der Europäischen Union“[420] ist von allen Mitgliedsändern akzeptiert worden und schließlich findet auf der europäischen Ebene auch eine Umverteilungspolitik statt. Hierbei sind in der ersten Linie der Struktur- und der Kohäsionsfonds zu nennen.[421]

Dem europäischen Integrationsprozess liegt ein Trend zur Zentralisierung von Zuständigkeiten zugrunde, der nur um ein vertretbares Ausmaß diskutiert wird. Eine Integrationsdynamik, eine Vertiefung der Gemeinschaft begründet den Trend zur Zentralisierung. Die Weiterentwicklung der Gemeinschaft – ihr Fortschritt – wird so an die notwendige Zentralisierung von Entscheidungen geknüpft, und so wird jedweder Einwand gegen den Trend zur Zentralisierung von Kompetenzen als europafeindlich abqualifiziert, denn wer gegen diese notwendige Zentralisierung ist, ist auch gegen Europa. Aus dieser Integrationsüberlegung heraus, wird die Diskussion um eine Dezentralisierung der Kompetenzen und eine zunehmenden Konkurrenz von politischen Systemen in Europa nicht geführt. Zur Disposition steht lediglich das Ausmaß der Zentralisierung nicht jedoch die grundsätzliche Ausgestaltung der Entscheidungsbefugnisse und der Institutionen und deren mögliche Entwicklungsrichtung. Diese einseitige Diskussion in Richtung der Zentralisierung von Entscheidungsgewalt auf der europäischen Ebene ist die Folge des Eigeninteresses

---

419 Der Schutz der Arbeitnehmer geht i.d.R. weniger weit, als dies in den nationalen Gesetzgebungen der Fall ist. Allerdings führte eine große Zahl von Direktiven zur Harmonisierung der Gesundheits- und Sicherheitsbedingungen. Vgl. Centre for EconomicPolicy Research (CEPR) (1995), S. 28.

420 Der Entwurf einer „Charta der Grundrechte der Europäischen Union“, die von fünfzehn persönlich Beauftragten der Staats- und Regierungschefs (Konvent) unter dem Vorsitz des ehemaligen deutschen Bundespräsidenten Roman Herzog auf der Basis der Schlussfolgerungen des Europäischen Rates in Köln erarbeitet wurde, wurde in Nizza proklamiert und die Klärung ihres Status beschlossen.

421 Diese Fonds sind zu Unterstützung ärmerer Regionen eingerichtet worden, um bspw. Infrastruktur- und Transportprojekte voranzubringen. So haben Irland und Griechenland bspw. in dem Jahr 1993 beinahe 3 % ihres jeweiligen Bruttoinlandsproduktes durch diese Art der Zuweisungen bestritten und zwar außerhalb der gemeinsamen Agrarpolitik und des Sozialfonds. Für Portugal betrug dieser Anteil sogar 3,7 % des BIP. Vgl. Centre for Economic Policy Research (1995), S. 26.

der am Bargaining-Prozess involvierten Akteure. Diese einseitige Entwicklung muss nicht den Präferenzen der europäischen Bürger entsprechen, so dass sich ein Demokratie- und Legitimationsdefizit ableiten lässt. Der zunehmende Widerstand in der Bevölkerung gegen eine weitere Vergemeinschaftung von Politikbereichen scheint auf ein Bestehen einer Nachfrage nach dezentralen Problemlösungsansätzen hinzuweisen und erhöht so den Legitimationsbedarf weiterer integrationspolitischer Entscheidungen auf supranationaler Ebene.

Der Forderung einer stärker ausgebildeten Bürgersouveränität wird bisher unzureichend nachgekommen. Lediglich die rudimentären Versuche, die regionalen Gebietskörperschaften stärker in den europäischen Entscheidungsprozess einzubinden, sind als ein Versuch der stärkeren Gewichtung der Bürgersouveränität zu werten. Allerdings ist es auch fragwürdig, ob diese Versuche tatsächlich als legitime Beiträge zu einer größeren Bürgernähe der Politik und als Ausdruck einer Dezentralisierung zu werten sind, oder ob dies nur das Spiegelbild des permanenten Bedeutungsgewinns der Zentralebene in den letzten Jahren darstellt.[422] Sanktionen der Wähler drohen kaum, da sich bisher keine europäische Öffentlichkeit herausgebildet hat. Für den Wähler ist – wie gezeigt wurde – die Informationsbeschaffung mit Kosten verbunden. Darüber hinaus besteht nicht einmal theoretisch die Möglichkeit, Regierungen anderer Mitgliedstaaten anzuklagen oder zu sanktionieren, da der Wähler nur auf der nationalen Ebene über Mandate für die europäische Politik entscheiden kann.[423] Dabei wählt er den für die europäische Politik wichtigen Ministerrat nur indirekt über die nationale Regierung, ohne dass die europäische Politik die wesentliche Einflussgröße für die nationalen Wahlen sein dürfte.[424] Das europäische Parlament als das einzige direkt demokratisch legitimierte Organ vermag nicht eine hinreichende Kontrolle des politischen Prozesses zu gewährleisten.

---

422 Außerdem ergibt sich innerhalb des Bereiches der Umsetzung von Gemeinschaftspolitik – z.B. bei der Verteilung der Mittel aus dem Strukturfonds – ein Bedarf an leistungsfähigen Administrationen in den einzelnen Regionen. Diese Tendenz, zunehmend auch die regionalen Strukturen einzubeziehen, ist nicht geeignet, dem grundsätzlichen Zentralisierungstrend entgegen zu stehen. Die unteren Struktureinheiten haben häufig ein Interesse daran, über eine Verlagerung von Kompetenzen und Mittelzuweisungen auf die höchste Ebene ihren Haushalt zu entlasten.

423 Außerdem können Sanktionen erst dann erhoben werden, wenn das Scheitern einer Politik offenkundig wird. Dies ist aber bei der gegebenen Unklarheit der „finalen Ziele" des europäischen Integrationsprozesses und der damit verbundenen Ermangelung eines geeigneten Soll-Ist-Vergleichs überaus fragwürdig. Im Rahmen der institutionellen Methode wird eine marktliche Steuerung mit diskretionärer politischer Steuerung verbunden. Die aktive wirtschaftspolitische Steuerung orientiert sich gemäß der Ökonomischen Theorie der Politik mehr an partiellen Interessen als an Kriterien rationaler Wirtschaftspolitik. Ihr Ergebnis ist somit für die Wirtschaftssubjekte und Wähler nicht antizipierbar. Funktionsfähige und effiziente Märkte im Integrationsraum setzen aber voraus, dass die einzelnen Individuen über eine hinreichende Erwartungssicherheit verfügen. Bedingung dafür ist gerade die von Walter Eucken geforderte Konstanz der Wirtschaftspolitik in einem festen Regelsystem. Die Tauglichkeit der institutionellen Methode für eine rationale Politikgestaltung ist damit zu bezweifeln. Vgl. Kerber (1997), S. 29-78 und Kerber (1998a), S. 253-268.

424 Vgl. Vaubel (1992).

Die vielfältigen Rückwirkungen einer Veränderung auf europäischer Ebene auf die nachgelagerten nationalen Ordnungen könnte letztlich in einem europäischen „Mehr-Ebenen-Föderalismus“ gipfeln, wobei die Harmonisierungstendenzen innerhalb der Gemeinschaft einen zentralistischen und weniger einen wettbewerblichen Föderalismus befürchten lassen.[425]

Ziel im weiteren Verlauf der Arbeit wird es daher sein, in einer grundsätzlichen Analyse die integrationspolitischen Strategien der institutionellen Integration durch Harmonisierung und der Integration durch Wettbewerb einander gegenüberzustellen. Die Argumente für eine Harmonisierung werden in der Literatur aus den Nachteilen und einem Versagen des Systemwettbewerbs abgeleitet. Diese Argumente müssen einer eingehenden Prüfung unterzogen werden. Nach einer kurzen Einführung in das Problem einer präferenzkonformen Ausgestaltung einer Ordnung für Europa werden die Argumente für eine institutionelle Integration durch Harmonisierung für ausgewählte Bereiche des Steuerwesens, der Bereitstellung öffentlicher Infrastruktur, einer Qualitätsregulierung und der Umverteilungsaufgabe des Sozialstaates dargestellt und geprüft. Es werden auch die Nachteile der Harmonisierung als Integrationsstrategie herausgearbeitet.

Der Analyse der Integration durch Systemwettbewerb wird als eine Vorbetrachtung eine Darstellung der ökonomischen und institutionellen Dimension des Wettbewerbs vorangestellt. Die Vorzüge der wettbewerblichen Integrationsstrategie werden nicht nur auf der Grundlage der neoklassischen Modelle des Wohlfahrtsstaates dargestellt, sondern es wird die theoretische Fundierung um die evolutorisch-dynamischen Modelle und die konstitutionenökonomischen Ansätze erweitert. Die Argumente für einen Systemwettbewerb werden mit den (auch methodologisch bedingten) Grenzen des Systemwettbewerbs konfrontiert. Abschließend soll in dem dritten Kapitel die integrationspolitische Ausrichtung des europäischen Vertragswerkes geprüft werden.

---

[425] Zur Unterscheidung von wettbewerblichen vs. zentralistischen Föderalismus vgl. Vanberg (1994a), S. 32-39.

3 Mechanismen der politischen Integration

3.1 Problem der präferenzkonformen Ausgestaltung einer Ordnung für Europa

Mit der ökonomischen Theorie der Geschichte wird als Ursache für den Aufstieg des Westens – für das „europäische Wunder" – das Bestehen eines Systems rivalisierender Staaten verantwortlich gemacht. Der Kontinent Europa ist geografisch über weite Teile kleinräumig strukturiert. Die Bildung kleinräumiger von einander isolierter politischer Einheiten wird favorisiert, in denen sich eigenständige wirtschaftliche und kulturelle Ordnungen herausbilden und auch erhalten können.[426] Die aufgrund der politischen Zersplitterung Europas bestehende Rivalität zwischen den Staaten soll es den Herrschern unmöglich gemacht haben, Innovationen zu unterbinden.[427] Zunächst bestand eine Isolation zwischen den einzelnen Einheiten, es wurde kein Austausch von Ideen und Gütern vorgenommen. Die Aufnahme von Austauschbeziehungen durch die Händler erwies sich als Möglichkeit, den Wohlstand der einzelnen Regionen zu erhöhen.[428] Insbesondere die naturräumlichen und institutionellen Rahmenbedingungen stellten sich als Vorteil heraus, denn der Austausch von unterschiedlichem Wissen zwischen den politischen Einheiten ermöglichte die Imitation und die Selektion von Problemlösungsansätzen.[429] Die sehr weitreichende Betrachtung europäischer Geschichte[430] macht deutlich, dass die Entwicklung von Ordnungsformen in Europa ein offener Prozess war. Die Wirtschaftsordnungen waren einem ständigen Wandel unterworfen.[431] Es gibt kein „Gesetz der Geschichte" durch das die Entwicklungsrichtung oder –dynamik hätte vorausgesagt oder erklärt werden können.

Auch für die Gestaltung der zukünftigen europäischen Ordnung kann kein Endziel abgeleitet werden. Insofern ist jedwede Diskussion über die Finalität der europäischen

426 Vgl. Giersch (1990).

427 Die Tatsache, dass nicht China oder Indien der Ort des Fortschritts war, wird damit erklärt, dass in Europa Systemwettbewerb herrschte. Vgl. auch Vaubel (1992), S. 30. Die Macht der Herrscher war durch ihre Rivalität begrenzt. Eine völlige Begrenzung der Freiheit innovativer Eliten war durch die einfache Abwanderung der Bürger nicht möglich. Auch richteten die lokalen Herrscher durch Fehlentscheidungen oft nur lokal begrenzten Schaden an. Vgl. hierzu Weede (1991), S. 15-46.

428 „Das Wunder Europa" beschreibt eindrucksvoll Jones (1991), hier vgl. S. 51-148.

429 Vgl. hierzu auch Popper (1992a) und (1992b).

430 Vgl. hierzu auch Eucken (1940/1989), S. 45-50.

431 Wie Eucken feststellt stehen diese offenen, sich permanent entwickelnden gesellschaftlichen Ordnungen in einem Gegensatz zu einer starren vorgegebenen Ordnung bspw. eines Ameisenhaufens; denn „der Ameisenhaufen hat eine konstante Ordnung". Eucken (1940/1989), S. 50.

Integration absurd. Es gilt insofern, den konstruktivistischen Gesellschaftsentwürfen eine klare Absage zu erteilen.[432]

Allerdings begründen Binnenmarkt und Währungsunion im Integrationsraum Europa nicht nur einen Wettbewerb gesteigerter Intensität auf den Güter- und Faktormärkten. Sie verschärfen auch die Konkurrenz der Standorte, den Wettbewerb unterschiedlicher Regimes und divergierender juristischer Arrangements. Wettbewerbsdruck hat nicht selten Bestrebungen zur Folge, die auf Wettbewerbsbeschränkungen abzielen. Diese Erfahrung ist übertragbar auf den institutionellen Wettbewerb. Um sich den aus ihm resultierenden Anpassungszwängen zu entziehen, sind die Mitgliedstaaten geneigt, auf der Gemeinschaftsebene kooperative Lösungen auszuhandeln und sie für alle verbindlich zu machen.[433] Darüber hinaus üben die unterschiedlichen historischen Entwicklungen der einzelnen Mitgliedstaaten auf die jeweiligen ordnungspolitischen Vorstellungen einen entscheidenden Einfluss aus.

Holzschnittartig dargestellt kann die Unterschiedlichkeit in der Entstehung ordnungspolitischer Leitbilder in den Ländern Europas an den Beispielen England, Frankreich und Deutschland demonstriert werden, deren ordnungspolitische Grundhaltungen sich in den verschiedenen politischen Systemen widerspiegeln. Diese Verschiedenartigkeit der politischen Systeme kann bspw. an der Zusammensetzung der Volksvertretung, der Umsetzung des Prinzips der Gewaltenteilung, der internen Organisation des Staates und/oder der Ausgestaltung der Wirtschaftsordnungen dargelegt werden.[434]

In England manifestierte sich die freihändlerische Position auch durch die Bedeutung des Kolonialhandels. Unterstützt wurde die Entwicklung des Freihandels und des Abbaus von Zöllen durch den vom König veranlassten Übergang der Steuer- und Zollgesetzgebung auf das Parlament, das von einer freihändlerisch eingestellten Kaufmannsgilde dominiert wurde.[435]

Eine deutlich differierende ordnungspolitische Grundhaltung ist in Frankreich anzutreffen, wenn auch beide Politiken erfolgreich waren und sich sowohl die

---

432 Konstruktivistische Gesellschaftsentwürfe können keine zukünftigen Problemstellungen berücksichtigen. Das Informations- und Wissensproblem ist der entscheidende Nachteil im Selektionsprozess im Rahmen des internationalen Systemwettbewerbs. Darin begründet sich beinahe lehrbuchhaft auch das Scheitern der sozialistischen Experimente. Zu der Darstellung des Konstruktivistischen Interventionismus vgl. Hoppmann (1973), S. 27-68.

433 Vgl. hierzu Streit/Mussler (1995), S. 75-107.

434 Explizit sei darauf hingewiesen, dass diese Darstellung nur in groben Zügen vorgenommen wird und nur den Zweck hat, die nachfolgenden Untersuchungen auf ein breiteres Fundament zu stellen, das auch durch Grundkenntnisse der historischen Entwicklung gefestigt wird. Ohne dieses Verständnis erscheint es beinahe nicht möglich, heutige Entwicklungen nachzuvollziehen. Insofern sind die gemachten Ausführungen auch als Ergänzungen und nicht als Selbstzweck zu verstehen.

435 Vgl. North (1988), S. 161.

englische als auch die französische ordnungspolitische Leitvorstellung im Wettbewerb mit anderen Ordnungen durchzusetzen vermochten. In Frankreich war die merkantilistische Position als ordnungspolitisches Grundmotiv vorzufinden. Ludwig XIV. und Finanzminister Colbert strebten die Senkung der Transaktionskosten des Handels durch eine aktive Infrastrukturpolitik an. Er wurde eine zentralistische Wirtschaftspolitik verfolgt, die getragen wurde von dem Ziel, den Wirtschaftsraum nach innen zu vereinheitlichen. In dem französischen Konzept sind marktwirtschaftliche Linien nicht dominant. Vielmehr überwiegt das Ziel der staatlichen Lenkung der Wirtschaftsstruktur mit der Maximierung der Staatseinnahmen insbesondere der Exportüberschüsse. Es fand über Jahrhunderte keine umfassende Liberalisierung, Gestaltung der Gewerbefreiheit und keine Öffnung der Märkte statt.[436]

In Deutschland wurde nach dem Zweiten Weltkrieg die soziale Marktwirtschaft mit der Prägung der Freiburger Schule (EUCKEN/BÖHM) und in der konkreten Ausgestaltung der Kölner Schule (MÜLLER-ARMACK) auf der Basis des Konzeptes des Ordoliberalismus begründet.[437] Der Staat ist starker Rahmengeber zur Sicherung von Wettbewerb und Freihandel. Wettbewerb ist institutionell abzusichern und zu den weiteren konstituierenden Prinzipien gehören ein flexibles Preissystem, eine stabile Geldverfassung, offene Märkte, die Garantie von Privateigentum und Vertragsfreiheit.[438]

Ein wesentliches Ergebnis des Studiums der Entwicklungsgeschichte Europas könnte in dem Zusammenspiel von Einheit, in Form des gemeinsamen Wirtschaftsraumes, und Vielfalt, im Rahmen der verschiedenen zur Verfügung stehenden Problemlösungsansätzen, formuliert werden. Gerade dieses Spannungsfeld zwischen Einheit und Vielfalt trug entscheidend zum Aufstieg Europas bei.[439] Die gewachsene Ordnung

---

436 Problematisch ist diese merkantilistische, auf Privilegien beruhende Gesellschaftsordnung für die hier zu untersuchende Fragestellung nach einer Ausgestaltung einer europäischen Verfassung unter der Rahmenbedingung des obersten Postulats der Bürgersouveränität insofern, als sie nicht im allgemeinen konstitutionellen Interesse der Bürger stehen kann. So entsteht ein Widerspruch zwischen der Gesellschaftsordnung Frankreichs und dem Ansatz der Orientierung einer Verfassung an den Präferenzen ihrer Bürger um eine demokratische Legitimität zu erringen.

437 Vgl. Starbatty (1984) und (1986).

438 Allerdings darf nicht verschwiegen werden, dass die Auslegung des Konzeptes der sozialen Marktwirtschaft durch Müller-Armack in entscheidenden Punkten von dem der Freiburger Schule abwich. Er interpretierte die soziale Marktwirtschaft als eine Art „Versöhnungsidee" zwischen ökonomischen und sozialen Zielsetzungen Müller-Armack (1962/1976), S. 301 und vgl. auch Müller-Armack (1950), S. 576-578; er spricht von der Integrationsformel der sozialen Marktwirtschaft und gesteht dem Staat eine aktive Rolle zu bei der Schlichtung sozialer Konflikte zu. Bereits hier kann man die Wegbereitung für spätere ordnungspolitisch bedenkliche konzentrierte Aktionen von Staat, Arbeitnehmer- und Arbeitgebervertretungen identifizieren.

439 Vgl. hierzu Hannowsky/Renner (1998), S. 23-27. Die Autoren sehen in dem Wechselspiel von politischer Autonomie und ökonomischem Austausch das Charakteristikum der Prosperitätsphasen. Durch die Wahrung der Autonomie bis hin zu einer zeitweiligen Abschottung von den anderen politischen Systemen konnten sich die Ordnungen gemäß ihrer regionalen Gegebenheiten ausdifferenzieren. Dennoch konnten die einzelnen Staaten sich in der langen Sicht

nach EUCKEN[440] hat einiges gemein mit der spontanen Ordnung nach HAYEK; dies sind die erfolgreichen Wirtschaftsordnungen, da sie sich „im Rahmen der jeweiligen natürlichen Umgebung und im Zuge des außen- und innenpolitischen und wirtschaftlichen Geschehens ohne umfassenden Ordnungsplan“[441] als spontane Ordnung bilden. Für die Entwicklung Europas ist bezeichnend das Zusammenspiel der kurzfristigen Abschottung, in der sich die unterschiedlichen Ordnungen gemäß ihrer regionalen Besonderheiten ausdifferenzieren konnten, und in der langfristigen Sicht der Wettbewerb zwischen den einzelnen Ordnungen. In diesen Phasen des Wettbewerbs wurden im Vergleich mit anderen Ordnungen Bewertungen und damit einhergehend Imitations- und Selektionsprozesse ausgelöst. Letztlich ist es die Offenheit und die Vielfalt der Ordnungen in Europa gewesen, die man als Erfolgsfaktoren für die wirtschaftliche und politische Entwicklung identifizieren kann.

3.2 Die integrationspolitischen Strategien

3.2.1 Einführung - Begriffsbildung

Im Rahmen des internationalen Standortwettbewerbs konkurrieren auch die nationalen institutionellen Regelungen miteinander. Staaten haben ihre eigenen institutionellen Regelungen, bspw. ihre Rechtssysteme, ihre Regulierungen wie Produktstandards, Genehmigungsverfahren oder andere Vorschriften entwickelt.[442] Diese institutionellen Regelungen können sich ganz unterschiedlich auf das gesamtwirtschaftliche Geschehen auswirken, etwa das Wachstum hemmen oder die Beschäftigung beeinträchtigen. Daher stehen Institutionen durch eine hohe internationale Kapitalmobilität auf dem Prüfstand. Wird der Wettbewerb zugelassen, so werden sich manche Länder in diesem Wettbewerb behaupten können, andere müssen ihre Rechtsordnungen verbessern bzw. anpassen. Die Mobilität der Menschen, Güter und Produktionsfaktoren setzt die Staaten einem hohen Wettbewerbsdruck aus. Sie erzeugt einen Systemwettbewerb, der von gänzlich anderer Natur ist, als der bereits entschiedene Wettbewerb zwischen den kommunistischen und marktwirtschaftlichen Systemen oder auch als der Wettbewerb zwischen den Nationalstaaten im letzten und

---

nicht der wettbewerblichen Bewertung durch andere Ordnungen entziehen, wobei erfolgreiche Elemente imitiert und weniger bewährte selektiert wurden. Die Autoren sehen in der Offenheit und Vielfalt von Ordnungsformen das „Erfolgsrezept“ Europas. Vgl. Hannowsky/Renner (1998), S. 27.

440 Eucken definiert die Wirtschaftsordnung als „Gesamtheit der realisierten Formen, in denen der Wirtschaftsprozeß alltäglich abläuft.“ Eucken (1939/1989), S. 51.

441 Vgl. Eucken (1939/1989), S. 52.

442 Zu den wirtschaftspolitischen Konsequenzen des internationalen Standortwettbewerbs vgl. Hillebrand/Welfens (1998), S. 403-440.

vorletzten Jahrhundert.[443] Steuern, Abgaben, Sozialtransfers, öffentliche Güter, Regulierungssysteme, Rechtsordnungen und vieles mehr nehmen auf die Standortentscheidungen der Menschen und Produktionsfaktoren genau so Einfluss wie die Löhne und andere ökonomische Grunddaten, die nicht unmittelbar vom Staat zu beeinflussen sind. Für Europa ist die weitere politische Integration nach der Einführung der gemeinsamen Währung und vor der bevorstehenden Osterweiterung dringend geboten. Nicht nur die Entscheidungsstrukturen innerhalb der Europäischen Union gehören auf den Prüfstand, sondern es muss viel grundsätzlicher gefragt werden, welche integrationspolitische Strategie angestrebt und so auch institutionell verankert werden sollte.

Als integrationspolitische Strategien können die Integration durch Wettbewerb und die Integration durch Intervention (Harmonisierung) voneinander unterschieden werden. Harmonisierung ist konstitutiv für den Einheitsstaat, während Systemwettbewerb den Einheitsstaat ausschließt.[444] Das wesentliche Unterscheidungsmerkmal der beiden Strategien ist die Verschiedenheit der Rechtsregeln, die jeweils auch auf sehr unterschiedlichen philosophischen Traditionen begründet sind. Die Strategie einer Integration durch Wettbewerb steht u.a. in dem Zusammenhang mit dem Gedankengut von David HUME, während der Integration durch Intervention eher die philosophischen Ansätze von bspw. René DESCARTES zugrunde liegen. Der Einfluss dieses Gedankengutes auf die Politik der EU-Mitgliedstaaten lässt sich am Beispiel Frankreichs und Großbritanniens noch heute gut nachvollziehen hinsichtlich ihrer unterschiedlichen Auffassungen über die Funktionsweise und Steuerbarkeit von Marktprozessen.[445]

---

443 Die Globalisierung ist kein neues Phänomen. Als die alte Welt noch ihre Kolonien hatte, erreichten die internationalen Handels- und Kapitalströme im Verhältnis zum Sozialprodukt schon beachtliche Werte. Im ausgehenden 19. Jahrhundert konnten enorme Migrationsströme beobachtet werden. Vgl. Borchardt (2001), S. 7.

444 Vgl. Streit (1996a), S. 12.

445 Die Debatte über die Zukunft des Staates angesichts der Globalisierung wird grundsätzlich durch zwei gegensätzliche Auffassungen geprägt. Ein Szenario prophezeit ein Verschwinden des Staates bzw. zumindest ein Einbüssen an Größe. Öffentliche Güter, der Sozialstaat und die Umverteilung lassen sich nicht aufrechterhalten. Es kommt einem „race to the bottom" und einer „zero reulation" als Auswirkungen eines ungeregelten Wettbewerbs der Systeme insbesondere des Steuerwettbewerbs. Für einen Überblick vgl. Straubhaar (1998), Schaltegger/Frey, R. L. (2001) und Feld (2000). Gemäß dem Hauptergebnis der traditionellen Theorie des Steuerwettbewerbs sind die Steuersätze im Nash-Gleichgewicht für eine effiziente Finanzierung öffentlich angebotener Konsumgüter zu tief. Je stärker überdies die Spill-overs zwischen den Staaten sind, desto intensiver verbreitet sich das Trittbrettfahrer-Verhalten und desto ausgeprägter ist das Unterangebot an öffentlichen Gütern. Die Regierungen senken Steuerbelastungen, um heimatloses Kapital und global mobile Personen anzuziehen. Es entsteht ein Liliput-Staat. (Die Vorstellung eines ruinösen Wettbewerbs wird im deutschsprachigen Raum z.B. von Sinn (2000) oder von Richter (2001) dargestellt. Ein entgegengesetztes Szenario wird auch häufig vertreten. Der Staat sei eine uralte und mächtige Institution, die immer zu überleben wisse. Die Politiker und Bürokraten sind fähig, neue Möglichkeiten der Besteuerung zu

Seit OATES grundsätzlichem Buch „Fiscal Federalism“[446] ist für einen Ökonomen weitgehend geklärt, welche Gebietskörperschaft in einem Bundesstaat für welche Aufgaben zuständig sein soll. Bei lokal unterschiedlichen Präferenzen der Bürger sollten für die Bereitstellung öffentlicher Güter zuerst die Gemeinden verantwortlich sein. Erst wenn die Abwägungen ein Untergewicht dieser Erfüllung von unterschiedlichen Präferenzen gegenüber Skalenvorteilen und sogenannten interregionalen Nutzenüberschwappeffekten erweisen, dann soll zur nächst höheren Zentralisierungsstufe gegangen werden. Demnach sollten für die Allokationsaufgaben zunächst die unteren, für Verteilungs- und Stabilisierungsaufgaben die höheren gebietskörperschaftlichen Ebenen zuständig sein.[447] Die schleichende Zentralisierung der Staatstätigkeit, die in manchen Ländern festzustellen ist und die für die Europäische Union nachgewiesen wurde,[448] kann mit diesen gegebenen Ansätzen nicht erklärt werden. Gelegentlich wird auf das in den zwanziger Jahren aufgestellte Popitzsche Gesetz zurückgegriffen. POPITZ hat 1927 vergleichend die Entwicklung der Haushalte von Reich, Ländern und Gemeinden in der Weimarer Republik untersucht. Zusammenfassend stellte er fest: „Realpolitisch gesehen erscheint diese *Anziehungskraft des Zentralstaates* unvermeidbar. Es gibt kein wirksames Allheilmittel dagegen.“[449] In der Tradition nach POPITZ haben sich einige weitere Forschungen zur Zentralisierung der Staatstätigkeit bewegt. HANSMEYER und ZIMMERMANN haben 1984 die Gültigkeit des POPITZschen Gesetzes untersucht.[450] Allerdings finden sie in der Analyse der Statistiken der deutschen Staatsausgabe keinen eindeutigen Beleg für das Gesetz. OATES (1978) und WALLIS und OATES (1988) zeigen, dass es zahlreiche plausible ökonomische Erklärungsansätze für die Zentralisierung der Staatsaufgaben über die Variablen wie Fläche, Bevölkerung, Urbanisierung usw. geben kann.[451] Die theoretische Wirkungsrichtung der vermuteten Variablen ist nicht immer ganz eindeutig. Insbesondere bleibt der Aspekt, inwiefern Politiker sich nach diesen Kennzahlen in ihren Entscheidungen ausrichten, unklar. Im Rahmen einer positiven Analyse der Zentralisierung ist es daher notwendig, das Politikerverhalten selbst zu betrachten und die Bedeutung der institutionellen Rahmenbedingungen für die Zentralisierung auf den Prüfstand zu stellen. Im Rahmen der institutionenökonomischen Analyse der europäischen Institutionen im zweiten Kapitel wurden diese Zentralisierungstendenzen in Folge des politischen Prozesses

---

erdenken. Als drohende Reaktion auf den Verlust der Besteuerungsgrundlagen infolge der Globalisierung werden sie eine „Harmonisierung“, d.h. eine Gleichschaltung der Steuern durchsetzen. Regulierungskartelle verfügen dann über etliche Möglichkeiten (vgl. Vaubel (2000), S. 283). Weil der Wettbewerb zwischen den Staaten unterdrückt wird, stehen die einzelnen Bürger dann einem Leviathan gegenüber, dem sie ausgeliefert sind.

446 Vgl. Oates (1972).

447 Diese Ergebnisse von Oates ist die ökonomische Formulierung des Subsidiaritätsprinzips. Vgl. zu der Darstellung und Bewertung des Subsidiaritätsprinzips das fünfte Kapitel, den Abschnitt 5.3.2.

448 Vgl. die institutionenökonomische Analyse der an dem politischen Prozess in Europa beteiligten Akteure im zweiten Kapitel den Abschnitt 2.3.

449 Popitz (1927), S. 349; Hervorhebungen im Original.

450 Vgl. Hansmeyer/Zimmermann (1984), S. 297-314.

451 Vgl. Oates (1978), S. 151-160 und Wallis/Oates (1988), S. 5-28.

und der Eigeninteressen der an diesem politischen Prozess in Europa beteiligten Akteure nachgewiesen. Infolgedessen werden die politischen Problemlösungen, die auf der zentralen Ebene erarbeitet werden, sich nicht eng an den Bürgerpräferenzen orientieren. Werden in diesem dritten Kapitel nun die verschiedenen Integrationspolitischen Strategien untersucht, so geschieht dies mit der obersten Zielsetzung, die Präferenzen der Bürger möglichst gut zu befriedigen.

Entsprechend den bisherigen Untersuchungen und den damit verbundenen Einsichten ergibt sich die Arbeitsthese, dass es sinnvoll sein könnte, das Wettbewerbsprinzip als die der funktionellen Methode wirtschaftlicher Integration zugrundeliegende Maxime auch für das Konzept der institutionellen Integration fruchtbar zu machen. Dieser Forderung liegt die Annahme zugrunde, dass der Wettbewerb der Anbieter (auch von politischen Problemlösungen oder von öffentlichen Gütern) in einem Prozess von Innovation und Imitation ein Angebot hervorbringen wird, das den Wählerpräferenzen entspricht. Als eine Art Nebenprodukt dieses Prozesses könnte gemäß der Bürgerpräferenzen auch der Grad der Zentralisierung immer neu bestimmt werden, mit dem die politischen Problemlösungen sachgerecht getroffen werden können. Auch eine Erweiterung der Gemeinschaft um weitere Mitglieder würde die Funktionsfähigkeit einer derartig reformierten Europäischen Union nicht beeinträchtigen, sondern vielmehr die Vielfalt und den Wettbewerb fördern. Der Beitritt neuer Mitglieder könnte dem politischen und dem ökonomischen Wettbewerb neue Anstöße geben und zudem die Möglichkeit zu Wettbewerbsbeschränkungen mindern.

Der Systemwettbewerb wird definiert als politischer Wettbewerb in Form unterschiedlicher Rahmengesetzgebungen um die international mobilen Produktionsfaktoren. Wird er implementiert, so werden die politischen Rechtsetzungskomponenten im Wesentlichen bei den einzelnen Mitgliedstaaten belassen. Die politischen Akteure müssen sich durch Regelbindung verpflichten, die disziplinierende Wirkung des Wettbewerbes hinzunehmen. Der Systemwettbewerb ist somit regelgeleitet. Da es sich um Wettbewerb zwischen Rechtssystemen handelt, beziehen sich die Wettbewerbsregeln primär auf die möglichen Dispositionen privater Akteure, zwischen den Systemen zu wählen.[452]

Der Begriff Systemwettbewerb soll hier verstanden werden als Wettbewerb der Gesetzgeber um mobile Faktoren. Das Recht stellt einen Standortfaktor im Wettbewerb um mobile Faktoren dar. Systemwettbewerb soll hier nicht verstanden werden als Wettbewerb der Rechtsregeln, ohne dass sie Standortfaktoren sind. Diese

452 Letztlich geht es um die Offenheit eines Territorialrechtssystems. Ausgangspunkt jeder Überlegung und Hypothesenbildung zum Systemwettbwerb sind internationale Faktorwanderungen gewesen. Bereits Adam Smith analysierte die Folgen unterschiedlicher Gewinnbesteuerung für die Kapitalbewegungen. Faktorwanderungen implizieren auch immer die Wahl spezifischer institutioneller Arrangements, und somit ist die Abwanderung mobiler Faktoren in ein anderes Land auch immer als institutionelle Arbitrage zu verstehen.

Form des Systemwettbewerbs ist unabhängig von der Bedeutung des Rechts als Standortfaktor. Diese Art des Wettbewerbs zwischen Staaten kann als Suche nach der besten Lösung im Sinne eines Wohlfahrtsstaates interpretiert werden. Letztlich versteckt sich hinter einer derartigen Betrachtung die Vorstellung, es gäbe einen Rechtsvergleich zwischen Staaten mit dem Ziel die „guten" Rechtsinstitutionen zu entdecken. Diese Vorstellung ist gleichzusetzen mit der Form einer ex-post-Harmonisierung. Der Wettbewerbsprozess wird zunächst als Entdeckungsverfahren und somit als Prozess mit offenem Ausgang begriffen, das dann zu einem „besten" Ergebnis führen soll, das in Form einer Harmonisierung manifestiert wird. Diese Vorstellung entspricht eher den neoklassisch-statischen Modellen und widerspricht der Sichtweise des dynamischen Wettbewerbs, nach der Wettbewerbsprozesse nicht zum Erliegen kommen und außerdem eine grundsätzliche Ergebnisoffenheit herrscht, d.h. dass sich nicht nur die Frage stellt, in welcher Weise, sondern auch ob überhaupt Harmonisierung gewünscht wird.

Auch soll keine Konkurrenz zwischen Rechtsinstituten als Wettstreit der Kodifikationen, in dem die Rechtsordnungen der Mitgliedstaaten darum konkurrieren, sich als Modell des EG-Rechts durchzusetzen, betrachtet werden.

Zur Abgrenzung des Systemwettbewerbs zum Wettbewerb politischer Systeme und zum Standortwettbewerb ist festzuhalten, dass Systemwettbewerb hier nicht so weit gefasst werden soll als Wettbewerb um die bestmögliche Erreichung gesellschaftlicher Ziele (z.B. Wohlstand, Bildung).[453] Systemwettbewerb soll beschränkt werden auf die Fälle des Wettbewerbs um mobile Produktionsfaktoren. Wird Systemwettbewerb als Wettbewerb zwischen den Standorten verstanden, so konkurriert die Summe aller Faktoren (Infrastruktur, Qualifizierung der Arbeitskräfte) miteinander, die für die Investoren relevant sind.[454] Dieser Standortwettbewerb betrachtet alle Faktoren, die aus der Sicht von Investoren relevant sein könnten, und nicht nur die Rechtsregeln, die nur einen Teil darstellen. Der Standortwettbewerb stellt also im Vergleich zu dem Systemwettbewerb den weiter gefassten Begriff dar.

Der Ordnungswettbewerb[455] ist zu verstehen als ein Interaktionsprozess, in dem sowohl Elemente des ökonomischen als auch des politischen Wettbewerbs wirksam sind. Er ist der weitest gefasste Begriff, denn er umfasst zum einen den Wettbewerb in Form der Rahmengesetzgebung (Systemwettbewerb), zum zweiten betrachtet der die

---

453 Nach diesem weiten Verständnis von Systemwettbewerb würde auch ein Konkurrenzverständnis zwischen sozialistischer Planwirtschaft und kapitalistischer Marktwirtschaft als Betrachtungsgegenstand in Frage kommen.

454 Standortwettbewerb ist nicht als eine Art Null-Summen-Spiel zu verstehen, denn ein Wirtschaftswachstum in einer Volkswirtschaft muss nicht zu Lasten einer anderen gehen.

455 Im Rahmen dieser Arbeit wurde bereits mehrfach darauf hingewiesen, dass diese beiden Begriffe in der Literatur teilweise synonym verwendet werden. Hier erfolgt nun die Abgrenzung, dass der Ordnungswettbewerb die politische und die ökonomische Dimension einschließt und auf die Interaktionen dieser beiden Bereiche verweist. Vgl. zu dem Begriff des Ordnungswettbewerbs das fünfte Kapitel, Abschnitt 5.4.1.1.

Summe aller Standortfaktoren in der Konkurrenz zwischen verschiedenen Nationen um Direktinvestitionen, Humankapital etc (Standortwettbewerb) und zum dritten umfasst der den ökonomischen Wettbewerb, der auch als die Konsequenz des Wettbewerbs der politischen Systeme verstanden werden kann.[456]

Integration durch Wettbewerb[457] beruht auf der Überlegung, dass die Eigenschaften von Wettbewerb als Entdeckungs- und Kontrollverfahren auch für den politischen Bereich genutzt werden können, um zu Lösungen für Probleme auch in der Zukunft zu gelangen, die heute nicht bekannt sind. Integration dieser Art bezieht sich sowohl auf den ökonomischen Bereich im engeren Sinne (vor allem auf die Vorteile, die sich aus der Öffnung nationaler Märkte für den internationalen Handel und die hieraus resultierende Arbeitsteilung ergeben) als auch auf den institutionellen Bereich, dessen Vorteile sich aus dem vielfältigen Angebot von Standorten und der damit verbundenen Auswahl unterschiedlicher Rechtssysteme in den Mitgliedstaaten ergeben.[458] Diese Form der Integration wird auch als „Integration von unten" interpretiert; das Integrationsmedium bilden die Handlungen der Bürger über nationalstaatliche Grenzen hinweg. Die Akteure können selbst herausfinden, welche der alternativen ökonomischen und institutionellen Ordnungsrahmen ihren Vorhaben am besten entsprechen. Es bedarf innerhalb dieser Integrationsstrategie keiner Planung durch eine europäische Zentrale. Erforderlich ist die Durchsetzbarkeit europaweit gültiger wirtschaftlicher Freiheitsrechte und das Verbot von staatlichen und privaten Wettbewerbsbeschränkungen. Diese Integrationsstrategie setzt keine Vereinheitlichung des Rechtssystems und keinen europäischen Einheitsstaat voraus. Sie ist von ihren politischen und rechtlichen Anforderungen her wenig anspruchsvoll. Allerdings setzt diese Integrationsstrategie rechtlich die Existenz einer „europäischen Wettbewerbsordnung" voraus, die die Durchsetzbarkeit und die Gewährleistung wirtschaftlicher Freiheitsrechte garantiert und durch ein Verbot staatlicher und privater Wettbewerbsbeschränkungen absichert.[459]

Integration durch Intervention (Harmonisierung) lässt sich durch eine Tendenz zur Zentralisierung charakterisieren. Bei dieser Strategie wird der Versuch unternommen, den wirtschaftlichen Integrationsprozess „von oben" – durch eine zentrale europäische Instanz - mit politischen Mitteln zu steuern. Hierbei rücken (vermeintlich) kollektive Interessen in den Vordergrund der Politik. Die zentrale europäische Instanz erhält die

---

456 Zu dem Begriff Ordnungswettbewerb vgl. im fünften Kapitel den Abschnitt 5.4.1.1.

457 Der Begriff Systemwettbewerb ist als Synonym zu verstehen zu dem Begriff Regulierungswettbewerb. Die Strategie des FOCJ (**F**unktional **O**verlapping **C**ompeting **J**urisdictions) ist als ein Konzept des Systemwettbewerbs zu verstehen. Findet eine Anwendung des Systemwettbewerbs auf den Bereich des Steuerrechts statt, so wird von Steuerwettbewerb gesprochen. Zu dem Steuerwettbewerb und der Diskussion des „race to the bottom" vgl. im dritten Kapitel den Abschnitt 3.2.2.1.2. Zu dem dynamischen Föderalismus und der Konzeption der FOCJ vgl. im fünften Kapitel den Abschnitt 5.3.3.4.

458 Vgl. Mussler/Streit (1996), S. 267.

459 Integration durch Wettbewerb setzt weder ein vereinheitlichtes europäisches Rechtssystem noch einen europäischen Einheitsstaat voraus; vgl. auch Mussler/Streit (1996), S. 267.

Kompetenz, in den Marktprozess interventionistisch einzugreifen, wenn dies kollektiven Zielen nützt. Ziel dieser Strategie ist es, möglichst viele Kompetenzen auf der europäischen Ebene zu zentralisieren und möglichst einheitliche rechtliche Regelungen für das Interventionsgebiet also für alle EU-Mitgliedstaaten - zu schaffen. Das Reformkonzept der Integration setzt sich eher einen „Bundesstaat Europa" zum Ziel und hat vertiefungspolitischen Charakter.[460] Es wird versucht, möglichst viele Elemente nationaler demokratischer und föderaler Verfassungen in den Institutionen der EU zu verankern und so deren demokratische Legitimation zu erhöhen. Es besteht die inhärente Tendenz, dass die Politikintegration zur Zentralisierung der Entscheidungen und zur Angleichung der Politik der europäischen Staaten führt und somit die Anzahl der möglichen Alternativen für den Wähler reduziert werden. Die Bürgersouveränität wird geschwächt.[461]

3.2.2 Institutionelle Integration durch Harmonisierung

"(...) Aber auch die wirtschaftliche, soziale und gesellschaftliche Verschmelzung wird zum Torso werden, wenn man nicht bereit ist, ein auch politisch vereinigtes Europa Schritt für Schritt anzustreben. Sicher hängt der Fortschritt zur politischen Integration wesentlich von dem Ausmaß der wirtschaftlichen Verflechtung ab. Aber sie genügt nicht. Erforderlich ist vielmehr ein klares Programm für Europa, das auch die politische Einigung umfaßt, das klar den Weg in die Zukunft weist, das die Ziele, Mittel und Methoden angibt, die zu diesem vereinigten Europa führen."[462]

3.2.2.1 Mögliche Argumente für eine Harmonisierung

3.2.2.1.1 Eine Einführung

Üblicherweise wird mit der Integrationsstrategie der Harmonisierung die Möglichkeit einer Vervollkommnung der Grundfreiheiten in Verbindung gebracht. Die fortgeschrittene ökonomische Integration über den Binnenmarkt und die vier Grundfreiheiten und die gemeinsame Währung sind die notwendigen Bedingungen

---

460 Über die anzustrebende Form der politischen Organisation der EU bestehen weiterhin große Meinungsverschiedenheiten. Vgl. Stüwe (1999), S. 22-24.

461 Politikintegration mindert den Wettbewerbsdruck, unter dem Politiker handeln, und damit ihre Abhängigkeit von Loyalität und Konsens der Regierten. Sie schwächt damit ein Motiv, die Wünsche und Erwartungen der Bürger zu berücksichtigen und bedeutet, soweit dies eintritt, „Entdemokratisierung." Kammler (1992), S. 24.

462 Von der Groeben in seinem Vortrag über "Die Europäische Wirtschaftsgemeinschaft als Motor der gesellschaftlichen und politischen Integration", gehalten am 30. Juni 1969 auf Einladung des Walter Eucken Instituts in der Albert-Ludwig-Universität Freiburg i. Br.

und Katalysatoren für die politische Integration und Vertiefung der EU. Durch dies Vereinheitlichung der gesetzlichen Bestimmungen sollen die Transaktionskosten für die europäischen Unternehmen und die Bürger gesenkt werden und so Wettbewerbsverzerrungen vermindert oder gar vermieden werden. Dabei meint Homogenität in Europa ein Mindestmaß an Gemeinsamkeit, das jeder Verband bei seinen Mitgliedern voraussetzen muss. Dieses Fundament kann er erneuern, ausbauen und intensivieren, aber nicht ersetzen. Homogenität gehört insofern zu den Grundkategorien des Bundesstaates. Diese Staatsform, die regionale Ungleichheit legitimiert und Vielzahl als Grundlage der Einheit schützt, setzt die Übereinstimmung aller staatlicher Glieder über die gesamtstaatliche Einheit und über fundamentale Verfassungswerte und Verfassungsstrukturen voraus. Ohne ein gewisses Maß an Homogenität kann kein Staat bestehen.[463] Die Europäische Gemeinschaft ist auf die Homogenität ihrer Mitglieder angewiesen. Dies gilt um so mehr, je dichter sie als Verband zusammenwächst.[464]

Eine andere Begründung der Harmonisierung als die geeignete Integrationsstrategie für Europa erfolgt indirekt. Mögliche Argumente für eine Harmonisierung werden von den negativen Folgen der Globalisierung und Internationalisierung der Wirtschaft abgeleitet.[465] So wird eine Notwendigkeit zur Harmonisierung mit den Nachteilen der Integration durch Wettbewerb begründet. Die Integrationsstrategie des Wettbewerbs der Institutionen der europäischen Mitgliedstaaten führe zu einem „race to the bottom". Aufgrund der Tendenz der Steuersenkung und insbesondere der Konvergenz der Steuersätze auf Kapital gegen Null wegen der hohen Kapitalmobilität und der Konkurrenz der Länder um Kapital. Dies würde entweder zu einer zunehmenden Besteuerung des weniger mobilen Faktors Arbeit führen oder als Konsequenz eine Unterversorgung mit öffentlichen Gütern und/oder eine unbefriedigende Senkung der Sozialstandards mit sich bringen. Insofern muss – so die Harmonisierungs-Befürworter – eine Linie von Mindeststandards im Bereich der sozialen Sicherungssysteme, der Steuern und der öffentlichen Güter zwischen den Mitgliedstaaten der EU vereinbart werden, um diesen ruinösen Systemwettbewerb zu vermeiden.

Die Existenz europäischer öffentlicher Güter und die durch die europäische Integration bedingte Induzierung externer Effekte erfordere ebenfalls Harmonisierung als die zu präferierende Integrationsstrategie.

---

463 Vgl. Isensee (1993), S. 122 ff. und Schmitt (1928), S. 376.

464 Vgl. Ipsen (1990), S. 159 ff.

465 So geht es in der Diskussion um den Systemwettbewerb nicht (mehr) um die Konkurrenz des Kapitalismus gegen den Kommunismus als Wirtschaftssysteme hinsichtlich ihrer ökonomischen, kulturellen und militärischen Dominanz, sondern der neue Systemwettbewerb ist eher ein Standortwettbewerb, der wesentlich von der internationalen Migration der Produktionsfaktoren getrieben wird. In der Sprache Albert Hirschmanns (1970) ist der *Exit* das Besondere am neuen Systemwettbewerb. *Voice* und *Loyalty* waren die Kräfte, die in dem früheren Wettbewerb der Systeme einmal die größere Rolle spielten.

An dieser Stelle sollen einige wesentliche Argumente für die jeweiligen Formen der Integration durch Wettbewerb oder durch Harmonisierung einander gegenübergestellt und mit Hilfe unterschiedlicher Modelle analysiert werden.

Ziel dieser Arbeit ist es nicht alle Bereiche der möglichen Harmonisierung wiederzugeben, sondern sich auf drei umstrittene Bereiche beispielhaft zu beschränken. Unstrittig sind die Harmonisierungsanforderungen in den Marktversagenstatbeständen, die durch die europäische Integration erst hervorgebracht werden.[466] In der Diskussion wird auf das Selektionsprinzip verwiesen. Es besagt, dass der Wettbewerb zwischen Staaten auch bei Abwesenheit grenzüberschreitender externer Effekte nicht funktionieren könnte, da Staaten eine Selektion jener Aufgaben erfüllen, bei denen der private Wettbewerb versagt.[467] Die Kernaussage des Selektionsprinzips[468] ist also, dass die Staaten jene ökonomischen Aktivitäten übernommen haben, für deren Erledigung sich der private Markt als unfähig erwies; wo der Markt und der Wettbewerb versagt haben. Der Systemwettbewerb könne deshalb nicht funktionieren, da die eigentlichen Marktdefekte durch den Systemwettbewerb wieder auftreten würden.[469]

Diese Grenzen des Systemwettbewerbs werden in dem Selektionsprinzip zusammengefasst.[470] Sie beruht auf dezidierten Annahmen über den Staat und seine Aktivitäten. So werden Zentralstaaten betrachtet, die das Selektionsprinzip in der Hinsicht befolgen, dass der Staat nur dann aktiv wird, wenn der Markt als Koordinierungsinstrument versagt, wenn also Marktdefekte vorliegen. Diese Annahme entspricht der Sichtweise der traditionellen Wohlfahrtsökonomie und der traditionellen

---

466 Oben wurden sie bereits angedeutet (Existenz europäischer öffentlicher Güter, externer Effekte, ruinöse Konkurrenz, asymmetrische Informationen u.a.) und am Ende dieser Untersuchung wird der Versuch unternommen, notwendige Harmonisierungen in Analogie zu den Marktversagenstatbeständen auf der europäischen Ebene als denjenigen notwendigen Rahmen zu skizzieren, innerhalb dessen dann der Systemwettbewerb stattfinden kann und sollte.

467 Gewissermaßen würde der Markt, der bei diesen Gütern als Koordinationsmechanismus versagt hat, durch die Hintertür wieder eingeführt werden. So stellt der Staat öffentliche Güter bereit, weil die privatwirtschaftliche Erstellung zu einem ruinösen Wettbewerb führen würde, der dann aber genauso zwischen den Staaten entstehen würde, wenn sie in der Bereitstellung dieser Güter miteinander konkurrierten. Der Sozialstaat ist aus den Gründen der adversen Selektion notwendig, würde aber genau die Probleme der adversen Selektion wieder in einem Systemwettbewerb erzeugen. Vgl. auch Sinn (1995), S. 240-249.

468 Die Selektionshypothese geht auf Sinn zurück, der konsequenterweise den Systemwettbewerb kritisch hinterfragt und für einige Bereiche negativ beurteilt. Vgl. Sinn (1997b), S. 9-60.

469 „Da der Staat Lückenbüßer ist, der fehlende Märkte ersetzt und die Fehler existierender Märkte korrigiert, kann man nicht hoffen, dass die Wiedereinführung des Marktes über die Hintertür des Systemwettbewerbs zu einem sinnvollen Allokationsergebnis führt. Vielmehr ist zu befürchten, dass die Fehler, die den Staat ursprünglich auf den Plan riefen, auf der höheren Ebene des staatlichen Wettbewerbs von neuem in Erscheinung treten.“ Sinn (2001), S. 12.

470 Zu Anwendungen des Selektionsprinzips auf die Erosion des Sozialstaats, auf Lemon-Banken und Bankenregulierung und auf Infrastrukturgüter und ein mögliches „race-to-the-bottom“ mit entsprechendem Rückgriff auf formale Modelle vgl. Sinn (2002).

Finanzwissenschaft, den Staat als rationalen, wohlfahrtsmaximierenden Staat anzusehen. Der Staat ist demnach ein rationaler Akteur, der seine Entscheidungen fehlerfrei im Sinne des Gemeinwohls – des Interesses der Bürger – trifft.[471] Die Begründung für die Annahme eines rationalen Staates erfolgt mit der größeren empirischen Wahrscheinlichkeit des Auftretens. SINN verweist auf eine Argumentation, die er für trivial hält, dass nämlich nicht-koordinierte Aktionen des Staates in Form von Wettbewerbshandlungen im Systemwettbewerb den Bürgern nicht nützen könnten, wenn die Staaten nur „Böses im Schilde führten". Insofern hält der den Public-Choice-Ansatz zur Diskussion des Systemwettbewerbs für entbehrlich.[472]

Die Gegenthese, dass der Systemwettbewerb den Leviathan zwinge, effizient zu agieren, wird von SINN nicht akzeptiert und ist für ihn nicht nachgewiesen. Seine Argumentationslinie verläuft entlang der Annahme, dass selbst wenn der Staat das Wohl seiner Bürger zu maximieren trachte – sich also gemäß der Annahme eines wohlwollenden Diktators verhielte – der Systemwettbewerb die gesamte Wohlfahrt verschlechtere. Er kommt zu dem Ergebnis, dass gerade auch ein Systemwettbewerb zwischen effizient organisierten Staaten zu keinem effizienten Wettbewerbsgleichgewicht führt.[473]

Nicht betrachtet werden europaweite öffentliche Güter und internationale externe Effekte, da sich hier leicht zeigen lässt, dass ein Systemwettbewerb dort nicht funktionsfähig sein kann.[474] Es werden hier vier andere Beispiele als mögliche Nachteile des Systemwettbewerbs gewählt, bei denen die Argumente nicht so eindeutig vorzubringen sind, nämlich die Konkurrenz der Besteuerung von Kapital, die Bereitstellung öffentlicher Infrastruktur und ihre Finanzierung durch Äquivalenzsteuern, die Qualitätsregulierung und der Sozialstaat als Versicherung.[475]

---

[471] Diese Annahme steht in einem diametralen Gegensatz zu den Annahmen der Public-Choice-Theorie; die den Staat eher als Leviathan ansieht, der sich zu Lasten der Bürger ausbreitet und die am besten organisierten Interessen fördert. Insofern begründet sich auch die Forderung nach der Mindestforderung, der Staat müsse als grundsätzlich verdächtiger immer erst seine Zuständigkeit nachweisen. Vgl. Kirsch (2001), S. 15; vgl. Voigt (2000a), S. 13-26; Voigt (2000b), S. 41-66 und auch Klenner (2000), S. 27-40. Vgl. hierzu die Darstellung des Entwicklungsprozesses der Europäischen Union aus Sicht der Public-Choice-Theorie in Abschnitt 2.5.

[472] Vgl. Sinn (1997b), S. 12-15.

[473] Als effizientes Wettbewerbsgleichgewicht wird die Situation beschrieben, in der jeder Staat unter der Annahme, dass die Politiken und Gesetze der anderen Staaten gegeben sind, seine Politik und die gesamtwirtschaftliche Wohlfahrt maximiert. Außerdem wird angenommen, dass der einzelne Staat zu klein ist, um die Politiken der anderen Staaten zu beeinflussen in der Wahl ihrer politischen Instrumente und auch um die Marktbedingungen zu ändern.

[474] Dies sind in der Literatur auch die Standardbeispiele, um die Notwendigkeit für eine Integration durch Harmonisierung abzuleiten. Vgl. Sinn (1997b), S. 12.

[475] Diese Unterscheidung von verschiedenen Fällen scheint dem Versuch, eine ernsthafte modelltheoretische Diskussion führen zu wollen, aus Gründen der Realitätsnähe zuträglich zu sein.

Bei der Untersuchung des Steuerwettbewerbs und der damit verbundenen Diskussion des sog. „race to the bottom“ werden verschiedenen Modelle betrachtet und mögliche Grenzen der Aussagekraft dieser Modelle diskutiert. Die mit der Thematik eines Steuerwettbewerbs zusammenhängende Frage nach der Finanzierung und Bereitstellung von Infrastrukturprojekten wird daran anschließend untersucht. Nach den skeptischen Kritikern der Hypothese eines erfolgreichen Systemwettbewerbs droht eine Unterversorgung mit Infrastruktur im schlimmsten Fall, mindestens jedoch werden die Unternehmenssteuern nur als Äquivalenzsteuern für die Bereitstellung unternehmensrelevanter öffentlicher Güter interpretiert. So würden die Unternehmen im besten Fall gerade die von ihnen benötigte Infrastruktur durch Steuerabgaben finanzieren, aber keinen Beitrag leisten für Umverteilungen.[476] So wird die Forderung nach entsprechenden Auflagen und zentralen, europaweiten Regulierungen begründet. Schließlich wird kurz der wirtschaftspolitische Bereich der Sozialpolitik umrissen, und die Notwendigkeit bzw. die Schädlichkeit einer harmonisierten europäischen Sozialpolitik kontrovers diskutiert. Die Untersuchung konzentriert sich somit auf die indirekt geführte Argumentation und Begründung der angeblichen Erfordernisse einer Harmonisierung der Rechtssysteme als Integrationsstrategie.

In der aktuellen Diskussion wird vor allem auf dem Gebiet der Steuerpolitik um Harmonisierungsmöglichkeiten gerungen. Wachsende ökonomische Integration in Europa durch den gemeinsamen Binnenmarkt und die Währungsunion verändert so bspw. den Spielraum der Steuerpolitik. Wenn Güter und Produktionsfaktoren international mobil sind, muss bei einer nationalen Steuererhöhung bspw. mit der Abwanderung des Produktionsfaktors Kapital gerechnet werden. Dabei entsteht eine Wettbewerbssituation; Staaten konkurrieren mit ihrer nationalen Steuerpolitik um international mobiles Kapital.[477] Wachsende ökonomische Integration führt dabei nicht nur zu einem Wettbewerb der Steuersysteme. Ähnliche Überlegungen gelten auch für den Arbeitsmarkt und den Bereich der Sozialpolitik. Der Steuerwettbewerb ist nur eine Facette eines allgemeinen fiskalischen oder institutionellen Wettbewerbs. Da er aber aus Sicht der Nationalstaaten der bedeutsamste Bereich zu sein scheint, sollen in den folgenden Abschnitten an dem Beispiel des Steuerwettbewerbs die Argumente für und gegen eine Harmonisierung diskutiert werden.

Viele Ökonomen stehen dem Steuerwettbewerb – wie auch dem fiskalischen Wettbewerb im Allgemeinen – skeptisch gegenüber, weil er nach ihrer Wahrnehmung

---

476 Die Folge wird insbesondere für den Produktionsfaktor Arbeit als problematisch angesehen. „Die Eigentümer immobiler Faktoren, und zu ihnen werden gerade auch sehr viel Anbieter einfacher Arbeit, Kranke und Schwache gehören, erhalten kein Geld von den reichen Kapitalbesitzern, sondern subventionieren dies Kapitalbesitzer im Systemwettbewerb. Das ist kein race *to* the bottom, sondern in einem gewissen Sinne sogar ein race *below* the bottom.“ Sinn (2001), S. 16.

477 Vgl. hierzu die folgende eingehende Analyse des Steuerwettbewerbs und eines „race to the bottom“ im Abschnitt 3.2.2.1.2.

mit fiskalischen Externalitäten verbunden ist und zu ineffizienten Ergebnissen führt.[478] Daher wird eine Beschränkung des Steuerwettbewerbs z.B. durch Vereinbarungen auf europäischer Ebene gefordert. Ein besonders gravierendes Beispiel für die negativen Folgen eines freien Steuerwettbewerbs bildet nach dieser Auffassung der Harmonisierungs-Befürworter die Kapitaleinkommensbesteuerung. Von den einzelnen Ländern wird ohne internationale Absprachen versucht, Kapital als international mobilen Faktor durch niedrige Kapitalsteuern zu attrahieren oder im Land zu halten. Unter bestimmten Voraussetzungen kann dabei ein Steuersenkungswettlauf in Gang kommen, an dessen Ende Kapital überhaupt nicht mehr besteuert wird. Die unerwünschte Folge ist, dass weniger mobile – wie bspw. der Produktionsfaktor Arbeit – stärker besteuert und / oder die Versorgung mit öffentlichen Gütern und Leistungen eingeschränkt werden. Internationale Vereinbarungen sollen nun helfen, dieses „race-to-the-bottom" zu verhindern oder wenigstens nach unten zu begrenzen.

Im Folgenden werden die Wirkungen des Steuerwettbewerbs näher analysiert, allerdings konzentriert sich die Arbeit auf den Fall der Kapitaleinkommensbesteuerung.[479] Insbesondere steht die Frage im Vordergrund, ob die gängige These von den negativen Folgen des Steuerwettbewerbs zutreffend ist, und ob dann die internationale Koordination der Steuerpolitik – die Harmonisierung der Steuerpolitik auf der europäischen Ebene – die Lösung des Problems darstellen kann. Die Frage ist also, ob selbst bei positiver Antwort auf die Frage nach der Erosion der Kapitalbesteuerung durch den Systemwettbewerb diese bejahende Antwort eine notwendige und hinreichende Bedingung für die Harmonisierung der Steuerpolitik darstellt.

Zunächst erfolgt eine Beurteilung des Systemwettbewerbs auf der Basis der neoklassischen Modelle. Entsprechend wird der häufig in der Literatur dargestellten Form der kritischen Betrachtung des Steuerwettbewerbs gefolgt. Die Befürwortung der Harmonisierung als die geeignete Integrationsstrategie erfolgt i.d.R. indirekt, nämlich abgeleitet aus der Ablehnung des Systemwettbewerbs als die geeignete Strategie für integrationspolitische Bemühungen zwischen Staaten, hier in der EU. Nachdem mit Hilfe des Standardmodells der Anreiz zur Steuersenkung durch einen Systemwettbewerb überprüft wird, werden aber auch einige Kritikpunkte an dem Modell diskutiert. Im Wesentlichen muss untersucht werden, ob die Erosion der Kapitalsteuer zwingend aus einem Wettbewerb der Systeme erfolgen muss. Ein wichtiger Gedanke rankt sich hierbei um die Fragestellung der Kapitalmobilität. Auf der theoretischen Ebene findet an dieser Stelle der Überlegungen das Feldstein-Horioka-Paradoxon Eingang in die Untersuchung. Neben methodischen Kritikpunkten an dem Paradoxon werden aktuelle empirische Entwicklungen betrachtet und daraus

---

[478] Ein prominentes Beispiel ist Sinn (1996b). Allerdings gibt es auch Gegenstimmen, die den fiskalischen Wettbewerb als nützliches Instrument betrachten, um den fiskalischen Appetit von Politikern zu disziplinieren. Vgl. Frey/Eichenberger (1996), S. 335-349.

[479] Anzumerken ist hierbei, dass ähnliche Überlegungen auch für andere Steuerpolitiken gelten.

die Praxisrelevanz des Paradoxons für die heutige Zeit und die hier zu untersuchende Fragestellung überprüft.

Darüber hinaus ist zu prüfen, ob die eingangs formulierte Notwendigkeit einer Harmonisierung bspw. im Bereich der Steuergesetzgebung tatsächlich stringent aus einer Tendenz der Steuererosion – wenn sie denn überhaupt zu beobachten ist – folgen muss. Fragwürdig ist ebenfalls, ob diese Steuererosion die Folge des Systemwettbewerbs ist und ob die Korrektur der Steuersätze nach unten zwanghaft verbundenen ist mit einem „race to the bottom“. Es gilt zu untersuchen, ob alleine die Tatsache einer Angleichung und tendenziellen Senkung der Steuersätze die Folgerung der Unterversorgung mit öffentlichen Gütern zulässt. Und ob dies durch eine Steuerharmonisierung wirkungsvoll verhindert werden kann.

Im Rahmen der Untersuchung und mit den bisherigen Überlegungen verknüpft, sollte außerdem überprüft werden, ob die neoklassische Theorie und deren Modelle das geeignete Instrumentarium liefern, die hier untersuchte Problematik zu analysieren. Auch ist zu klären, welche anderen modelltheoretischen Grundlagen verfügbar sind, die sich u.U. als geeigneter für die Analyse der hier skizzierten Problematik herausstellen.

3.2.2.1.2 Steuerwettbewerb und race-to-the-bottom

a) Das Standardmodell

Die Folgen eines Steuerwettbewerbs werden an einem Standardmodell des Systemwettbewerbs diskutiert.[480] Bei der Kapitaleinkommensbesteuerung ist es daher unerheblich, ob die Besteuerung bei der Spartätigkeit oder der Investitionstätigkeit ansetzt; eine steuerlich induzierte Änderung z.B. der Ersparnis ändert auch in gleichem Ausmaß die Investitionen. In einer offenen Volkswirtschaft mit international mobilem Kapital ist dieser Zusammenhang durchbrochen, denn Sparer und Investoren agieren auf internationalen Kapitalmärkten. Im Grenzfall einer kleinen offenen Volkswirtschaft, die sich einem gegebenen Weltmarktzins gegenübersieht, sind inländische Ersparnisse und Investitionen u.U. vollständig entkoppelt, eine Divergenz beider Größen wird durch korrespondierende Kapitalimporte bzw. –exporte ausgeglichen. Daher ist es auch erforderlich, separat die Einflüsse der Kapitaleinkommensbesteuerung auf Investitions- und Spartätigkeit zu prüfen.

---

480 Vgl. zum Standardmodell des Systemwettbewerbs Tiebout (1956), S. 416-424.

Dieses Grundmodell des Systemwettbewerbs[481] geht von folgenden Annahmen aus:

- r bezeichnet die Nettorendite des Kapitals (Rendite nach Abzug der Steuern), die in anderen Staaten erwirtschaftet werden könnte und die durch den betrachteten Staat nicht beeinflussbar ist. (Der betrachtete Staat ist also relativ klein.)
- Die Produktionsfaktoren Kapital, Arbeit und Boden werden in den gesamtwirtschaftlichen Output des Landes eingesetzt.
- Der Produktionsfaktor Kapital ist mobil, die anderen Produktionsfaktoren sind immobil.[482]
- Die Grenzproduktivität des Produktionsfaktors Kapital sinkt mit höher werdenden Kapitalbestand.

Mit Hilfe dieser Annahmen wird genau so viel Kapital in das Land kommen, bis die letzte investierte Einheit Kapital gerade noch die Nettorendite r erzielt. Dabei ist es irrelevant, ob das Kapital von In- oder von Ausländern investiert wird. Die Besteuerung der Unternehmen wird vereinfacht, da das Problem der Unterscheidung zwischen dem Produktionsfaktor Kapital und der persönlichen Arbeitsleistung des Unternehmers dadurch gelöst wird, dass die Kapitalsteuer als Unternehmenssteuer interpretiert wird. Der Produktionsfaktor Kapital ist in der Lage, erhobene Steuern durch Abwanderung zu überwälzen, d.h. es besteht eine hohe Angebotselastizität auf dem Kapitalmarkt bzw. eine unendliche Mobilität. Die folgende Abbildung (Abb. 9) soll die Zusammenhänge verdeutlichen.

Die Abbildung beschreibt die Bruttowertschöpfung in Abhängigkeit von der in dem Land eingesetzten Menge Kapital. Es wird untersucht, welche Folgen sich für die Besteuerung des Kapitals ergeben, wenn der Staat versucht, das gesamte Einkommen seiner Bürger, bestehend aus der Summe der Einkommen der immobilen Faktoren und der Steuereinnahmen des Staates, zu maximieren.

---

481 Vgl. zu der Darstellung und Verwendung dieses Grundmodells u.a. Sinn (1994), S. 85-107; Sinn (1997a), S. 672-692; Sinn (1997b), S. 9-60; Siebert (1996) und Huber (1997), S. 242-256.

482 Damit wird auch explizit ausgeschlossen, dass ein Arbeitnehmer ins Ausland geht, um dort zu arbeiten.

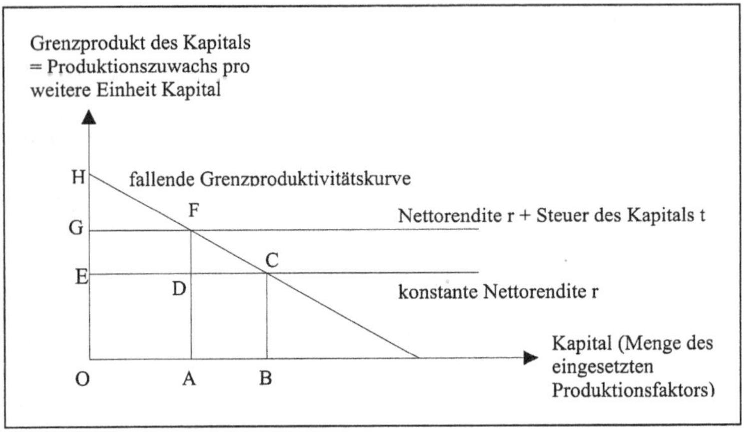

Abbildung 9: Kapital und Bruttowertschöpfung

In der Situation B müssen die Investoren für die unter Einsatz ihres Kapitals erwirtschafteten Gewinne keine Steuern abführen. Es gibt also keine Kapitalertragsteuer (Zinssteuer) und auch keine Unternehmenssteuer. Die Fläche OBCH stellt dann die gesamte Bruttowertschöpfung des Landes dar. Es wird so viel Kapital in dem betrachteten Land investiert, wie durch die Rendite r sich die letzte investierte Einheit noch gerade rentiert. (Schnittpunkt Grenzproduktivitätskurve und Nettorendite r). Die Fläche OBCE ist das Einkommen des mobilen Faktors Kapital. Die Fläche ECH ist schließlich das Einkommen der immobilen Produktionsfaktoren.[483] Die Fläche ECH ist somit das Einkommen des Staates und seiner Bürger ohne jegliche Kapitaleinkünfte.

In der zweiten Situation A erhebt nun der Staat die Kapitalsteuer t. Es bleibt dann genau so viel Kapital im Land, bis die Nettorendite r nach Steuern erwirtschaftet werden kann. Bei einer Steuer t ist daher der Schnittpunkt F der Geraden r+t mit der Grenzproduktivitätskurve entscheidend. Es wird Kapital im Umfang von A in dem Land investiert. Die gesamte Bruttowertschöpfung beträgt nun OAFH und ist somit kleiner als in der ersten Situation B, ohne Erhebung von Steuern. Auch das Nettoeinkommen in der Situation A ist kleiner als in der Situation ohne Kapitalbesteuerung nämlich OADE. Der Staat erhält zusätzliche Steuereinnahmen EDFG, seine Einkünfte steigen während die Einkommen der immobilen Faktoren sinken. Das gesamte Einkommen der immobilen Faktoren (inkl. deren Steuerzahlungen) und des Staates ist auf EDFH gesunken. Der Verlust entspricht dem

[483] In der Summe sind dies die Einkommen der Arbeitnehmer und der Besitzer von Boden, inklusive der von ihnen zu zahlenden Steuern.

Dreieck DCF – der Staat und die immobilen Faktoren haben weniger als in der Situation B zuvor.

Das betrachtete Land – so das Ergebnis – stellt sich besser, wenn es keine Steuer auf Kapital erhebt. Insbesondere für zusätzliche Investitionen und die damit verbundenen direkten und indirekten Beschäftigungseffekte ist es vorteilhaft, den Faktor Kapital nicht zu besteuern. Der Verzicht auf die Besteuerung des Kapitals liegt somit auch im Interesse der Arbeitnehmer. Dieses Modell ist die Grundlage für die Befürchtungen einer Erosion der Kapitalbesteuerung, eines „race to the bottom“. Das Modell lässt die Schlussfolgerung zu, dass die Kapitalsteuer in allen Ländern abzuschaffen wäre und begründet die Befürchtung, jedwede Möglichkeit einer Einkommensumverteilung von Kapital zu dem Produktionsfaktor Arbeit zu verlieren.

Als problematisch wird das Ergebnis in der Darstellung innerhalb dieses Modells nun insofern angesehen, als die durch den Steuerwettbewerb herbeigeführte steuerliche Entlastung der Kapitaleinkommen unerwünscht sei. Da im Gegenzug die Steuern auf immobile Produktionsfaktoren steigen müssen, wenn der Staat seine Ausgaben beibehalten will, wird die übermäßige Besteuerung des Produktionsfaktors Arbeit befürchtet. Ist diese Besteuerung der immobilen Faktoren – der Arbeit – nicht möglich bzw. wird nicht als sinnvoll angesehen, so wird die Bereitstellung der öffentlichen Güter und Leistungen durch den Staat zurückgehen. Die Kritiker halten aus diesen Gründen den Steuerwettbewerb für ineffizient.[484] Diese negativen Verteilungs- und Effizienzwirkungen werden zum Anlass genommen, eine Beschränkung des internationalen Steuerwettbewerbs zu fordern oder internationale Absprachen anzuregen. Durch eine derartige Koordination der nationalen Steuerpolitik wäre es dann möglich – so die These – die erwünschte stärkere Belastung von Kapital durchzusetzen. Diese These stützt sich auf zwei Argumente, die an dieser Stelle näher untersucht werden müssen. Erstens die Annahme, der Steuerwettbewerb führe zu ineffizient niedrigen Kapitalsteuern, und zweitens die Schlussfolgerung, dass eine Beschränkung des Steuerwettbewerbs erfolgsversprechend sei und zu effizienteren Ergebnissen führen würde. Beide Argumente sollen nun an dieser Stelle näher untersucht werden.

b) Kritische Bemerkungen zu dem Standardmodell

Zunächst soll die Argumentation, der Steuerwettbewerb führe zu einer Senkung der Steuern auf Kapital und somit zu einem „race to the bottom“, auf mögliche

---

484 Angemerkt werden soll an dieser Stelle, dass im Sinne der Musgrave'schen Abgrenzung der staatlichen Aufgaben, sich diese Arbeit vornehmlich auf die Betrachtung der Allokation konzentriert und insofern hier mit Effizienzkriterien gearbeitet wird, die im Wesentlichen innerhalb der neoklassischen Theorie in sehr vereinfachter Version modelltheoretisch dargestellt werden können. An späterer Stelle wird diese Betrachtungsweise durch andere theoretische Ansätze ergänzt, wie bspw. evolutorische und konstitutionenökonomische Ansätze.

Gegenargumente innerhalb des Modells geprüft werden.[485] In der Diskussion werden mögliche Argumente gegen die Folge einer Erosion der Kapitalsteuern angeführt, die auch in diese Arbeit Eingang finden und einer kritischen Würdigung unterzogen werden sollen.[486]

ba) Besteuerung der Ersparnisse

Das erste Gegenargument führt an, dass neben der Besteuerung der Investitionserträge in einem Land auch die Möglichkeit bestehe, die Ersparnisse zu besteuern und so die Einnahmen des Staates und die Bereitstellung öffentlicher Güter zu sichern. So wäre die Gefahr eines ineffizienten Steuerwettbewerbs gebannt. Die Befürworter dieser Argumentation glauben so zu zeigen, dass eine Besteuerung der Erträge von Ersparnissen genügen würde, um auch unter Bedingungen internationaler Kapitalmobilität eine effiziente Besteuerung von Kapital zu erreichen.[487] Dieser Gedankengang kann aber nicht überzeugen. Gilt in einer geschlossenen Volkswirtschaft I = S und ist in einer offenen Volkswirtschaft der Zusammenhang grundsätzlich erweitert um den Leistungsbilanzsaldo bzw. den Saldo der Kapitalbilanz gegeben, so wird es, wenn S > I, zu Kapitalexporten und im Fall von S < I zu Kapitalimporten kommen über die entsprechende Erwartung einer Zinsentwicklung. Diese Zinsentwicklung muss um so weniger eintreten, je mehr die Bedingung der absoluten Mobilität des Faktors Kapital gegeben ist. Vergleicht man nun diese beiden grundsätzlichen Möglichkeiten der Besteuerung zum einen der Investitionen und zum anderen der Ersparnisse, so zeigt sich, dass im Fall einer Investitionsbesteuerung die Investitionen sinken und bei konstanter Ersparnisbildung es zu Kapitalexporten kommen wird. Das „Kapital wandert ab“ und es wird der Wohlfahrtsverlust in Höhe des Dreiecks CDF in Abb. 9 realisiert. Werden hingegen die Ersparnisse besteuert, so wird die Ersparnisbildung zurückgehen und bei gleichbleibender Investitionsnachfrage wird es zu Kapitalimporten in das Land kommen. Das kleine Land – so die Argumentation – würde einen Wohlfahrtsverlust vermeiden durch eben diese Zuwanderung von Kapital. Dieser Gedankengang kann deshalb nicht überzeugen, weil

---

485 Folgt man den Argumenten von Sinn, so kommt man scheinbar zwangsläufig zu dem Ergebnis, dass die Finanzverfassung Europas zentral zu koordinieren sei. „[Es] kann der Wettbewerb zwischen Staaten auch bei Abwesenheit grenzüberschreitender externer Effekte nicht funktionieren, weil Staaten eine Selektion jener Aufgaben erfüllen, bei denen der privatwirtschaftliche Wettbewerb versagt. Da Marktversagen Staatsaufgaben begründet, hat es wenig Sinn, den Markt durch die Hintertür des Systemwettbewerbs wieder einzuführen. Wenn also z.B. der Staat öffentliche Güter produziert, deren privatwirtschaftliche Bereitstellung zu einem ruinösen Wettbewerb führt, ist dann nicht ein ruinöser Wettbewerb zwischen den Staaten zu erwarten? Und wenn der Sozialstaat entstanden ist, weil Probleme der adversen Selektion eine privatwirtschaftliche Versicherungslösung ausschließen, muss man dann nicht befürchten, dass auch der Wettbewerb der Sozialstaaten am Problem der adversen Selektion scheitern wird?“ Sinn (1995), S. 241.

486 Für eine Kritik des Tiebout-Modells siehe z.B. Buchanan/Goetz (1972), S. 25-43; Bewley (1981), S. 713-740. Eine Weiterentwicklung dieses Modells findet sich etwa in Berglas (1984), S. 299-321.

487 Vgl. hierzu Huber (1997), S. 245 und Bucovetsky/Wilson (1991), S. 333-350.

er implizit annimmt, dass es infolge der Besteuerung zu einer Senkung der Ersparnisbildung kommt. Die inländischen Ersparnisse sind völlig immobil, d.h. sie suchen nicht den Ausweg in das Ausland in Form des Kapitalexports. Hingegen soll das ausländische Kapital – so die explizite Annahme – völlig mobil sein, d.h. die Kapitalströme aus dem Ausland sind in der Lage, sofort die Abweichung zwischen der inländischen Ersparnis und der Investitionsnachfrage auszugleichen.[488] Diese nicht überzeugende Argumentation kann auch nicht durch den Verweis auf das Wohnsitzlandprinzip gerettet werden. Das Wohnsitzlandprinzip regelt die Besteuerung der Einkommen in den OECD-Ländern zumindest konzeptionell nach dem Wohnsitz. Alle Kapitalerträge eines Anlegers werden in seinem Wohnsitzland der Besteuerung unterzogen unabhängig davon, in welchem Land sie erzielt werden.[489] In der Realität gibt es erhebliche Probleme bei der Umsetzung des Wohnsitzlandprinzips, denn ausländische Kapitalerträge können relativ leicht der Besteuerung im Heimatland entzogen werden.[490] Damit degeneriert das Wohnsitzlandprinzip zu einer reinen Besteuerung inländischer Kapitalerträge, die aber - wie oben gezeigt wurde - aus Sicht des kleinen Landes ineffizient ist.[491] Somit kann zusammenfassend gesagt werden, dass eine Besteuerung der Ersparnisse keine adäquate Problemlösung sein kann und keine zulässige Kritik an dem Modell darstellt.

Ein zweites grundsätzliches Argument gegen die Richtigkeit des Modells knüpft an die in den makroökonomischen Standardmodellen der Außenwirtschaftstheorie formulierte Unterstellung der perfekten Kapitalmobilität an. Nach dieser Theorie sind in- und ausländische Finanzaktiva vollkommene Substitute, es bestehen keine direkten und indirekten Kapitalverkehrskontrollen und die Wirtschaftssubjekte verfügen jederzeit über alle entscheidungsrelevanten Informationen. Es wird somit davon ausgegangen, dass die Zinsen und Wechselkurse sofort auf eingetretene Datenänderungen reagieren. Die unterstellte perfekte Kapitalmobilität impliziert auch eine einheitliche Rendite in allen Volkswirtschaften und einen Ausgleich zwischen Sparen

---

488 Der Differenz zwischen Ersparnis und Investition steht immer ein Leistungsbilanzsaldo und entsprechend ein äquivalenter Kapitalbilanzsaldo mit umgekehrtem Vorzeichen gegenüber. Vgl. Genberg/Swoboda (1992), S. 348-350. Allerdings sagt dieser Zusammenhang der ex-post immer gilt, noch nichts über die Ursache-Wirkungs-Kette dieser Größen aus. Es darf nicht voreilig geschlossen werden, dass bspw. im Falle einer in der Ausgangssituation ausgeglichenen Leistungsbilanz ein steigendes staatliches Budgetdefizit ursächlich ist für ein Leistungsbilanzdefizit und Nettokapitalimporte. Diese Untersuchungen spielen eine entscheidende Rolle bei der Diskussion um den crowding-out-Effekt im Falle kreditfinanzierter Staatsausgaben. Es müssen alle Größen endogen betrachtet werden, so dass monokausale Erklärungen von daher unmöglich sind. Vgl. Dooley (1987), S. 508.

489 Die Besteuerung nach dem Wohnsitzlandprinzip soll sicherstellen, dass es durch den Steuerwettbewerb nicht zu Effizientverlusten kommt. Vgl. Bucovetsky/Wilson (1991), S. 335.

490 Eine Ursache liegt in dem geringen Informationsaustausch zwischen den nationalen Steuerbehörden begründet, die teilweise auch bewusste Strategie von Ländern ist, die als sog. Steueroase Investoren den Schutz vor den Nachstellungen der heimischen Finanzämtern bieten.

491 Also ist alleine wegen der praktischen Probleme bei der Umsetzung des Wohnsitzlandprinzips für ein kleines Land auch die Besteuerung keine bessere Alternative zu der Besteuerung der Investitionserträge.

und Investieren weltweit.[492] Diesem Ansatz der makroökonomischen Standardmodelle wird in der Literatur mit dem Verweis auf das Feldstein-Horioka-Paradoxon[493] widersprochen. Es wird dort dargestellt, dass das Kapital in der Realität weit weniger mobil sei, als es in diesem Modell des Steuerwettbewerbs angenommen würde.[494]

bb) Das Feldstein-Horioka-Paradoxon

Feldstein und Horioka haben in ihrer empirischen Analyse die inländischen Ersparnisse den inländischen Investitionen – gemessen als Bruttogrößen in Prozent des Bruttoinlandsprodukts – gegenübergestellt und aus der Korrelation zwischen diesen beiden Größen auf den Grad der internationalen Kapitalmobilität geschlossen.[495] Damit entwickeln sie ihre These, dass die internationale Kapitalmobilität daran gemessen und empirisch getestet werden kann, ob und inwieweit Veränderungen nationaler Ersparnisse zu Veränderungen der inländischen Investitionen in gleicher Richtung und von gleichem Ausmaß führen. Je enger dieser Zusammenhang ist, desto geringer ist auch die internationale Kapitalmobilität. In ihrer Regressionsanalyse für 16 OECD-Staaten und für den Zeitraum von 1960-1974 konnten sie im Ergebnis für alle berücksichtigten Länder eine hochsignifikante positive Korrelation zwischen den nationalen Spar- und Investitionsquoten nachweisen.[496] Diese Resultate wurden in den achtziger Jahren in einer Folgestudie bestätigt.[497] Ist die internationale Kapitalmobilität also unvollkommen, dann sind längerfristig international differierende Realzinsen und eine enge Korrelation zwischen der inländischen Ersparnis und der inländischen

---

492 Vgl. Issing/Masuch (1989), S. 3; vgl. Berthold/Modery (1994), S. 492-497.

493 Vgl. Feldstein/Horioka (1980), S. 314-329 und Feldstein/Bacchetta (1991), S. 201-220.

494 Diese Argumentation machen sich Feld/Kirchgässner (1995) bspw. zu eigen. Zur Frage der Gültigkeit der Tiebout-Hypothese vgl. Oates, (1969), S. 957-971.

495 Im Gegensatz zu anderen Studien, die die erwarteten Nettorenditen alternativer Finanzanlagen (kurzfristige Portfolioinvestitionen) im In- und Ausland miteinander vergleichen, konzentrieren sich der Ansatz von Feldstein-Horioka und sich daran anlehnende Analysen auf das Ausmaß aller internationalen Kapitalbewegungen. Dabei ist es vor allem von Interesse, wie mobil neben dem Finanzkapital das Realkapital in Form von Direktinvestitionen und langfristigen Portfolioengagements im Ausland ist. Vgl. Feldstein/Horioka (1980), S. 315-317 und Dooley (1987), S. 522-530 und vgl. zu den erstgenannten Ansätzen Obstfeld (1986), S. 55-59 und Lemmen/Eijffinger (1993), S. 3-6.

496 Feldstein/Horioka (1980), S. 317. Die beiden Autoren zogen aus dem hohen Regressionskoeffizienten von + 0,89 für den gesamten Analysezeitraum den Schluss, dass das Kapital international weit weniger mobil ist, als man es in den entsprechenden Theorien annimmt. Jede zusätzlich gesparte inländische Währungseinheit wurde in dem betrachteten Zeitraum fast vollständig investiv im Inland verwandt. Dieses Ergebnis ist in einer Welt hoher und immer weiter zunehmender Kapitalmobilität überraschend (denn zu erwarten war eher, dass sich Veränderungen der heimischen Ersparnisse vor allem auch in Leistungsbilanzsalden widerspiegeln) und hat insofern in die Literatur als Feldstein-Horioka-Paradoxon Eingang gefunden.

497 Vgl. Feldstein/Bacchetta (1991), S. 201-220. Sinn stellt für die Vereinigten Staaten fest, dass Kapital selbst intranational nicht vollständig mobil ist. Vgl. Sinn (1992a), S. 1162-1170.

Investition durchaus zu erwarten.[498] Damit wird begründet, dass der internationale Steuerwettbewerb aufgrund der geringen Kapitalmobilität nicht funktioniert und insofern keineswegs eine negative Wirkung auf die Steuereinnahmen der einzelnen Nationalstaaten infolge des Systemwettbewerbs zu erwarten ist. Ein race to the bottom ist somit nicht zu befürchten. Diese Argumentation ist aber insofern unbefriedigend, als sie eine Voraussetzung - die Mobilität des Kapitals - des neoklassischen Modells in Frage stellt und daraus dann beruhigend ableitet, dass dann auch nicht die Konsequenzen des Modells - die Erosion der Kapitalsteuern - zu befürchten seinen. Hier wird das methodische Problem deutlich. Wird den neoklassischen Modellen gefolgt – die man in vielerlei Hinsicht mit guten Argumenten kritisieren kann – so sollten dennoch in der wissenschaftlichen Diskussion unliebsame Botschaften nicht dadurch relativiert werden, indem dieselben gewählten Prämissen infrage gestellt, die an anderer Stelle als erstrebenswert dargestellt werden. Dann wäre eine methodische Kritik im Grundsatz zu führen und entsprechend eine andere Methode zu entwickeln, die es erlaubt zu Ergebnissen zu gelangen.

In den letzten Jahren hat die Kapitalmobilität allerdings stark zugenommen. So stellt sich für die OECD-Länder insgesamt für die 80er Jahre ein wesentlich geringerer Zusammenhang zwischen den nationalen Ersparnissen und Investitionen heraus, als dies noch in den 60er und 70er Jahren der Fall war.[499] Noch wesentlich gravierender fällt die im Zeitverlauf schwindende Korrelation in den Mitgliedstaaten der EU im Verhältnis zu den Nicht-EU-Mitgliedsländern der OECD auf. Dort ist für neun EG-Staaten (ausgenommen Portugal Luxemburg und Spanien) in dem betrachteten Zeitraum der Koeffizient von 0,742 in der ersten Dekade auf 0,356 für den Zeitraum 1980-1986 gesunken.[500] Die jüngsten Untersuchungen zeigen eine starke Elastizität von Kapitalanlegern bezüglich Zins und Risikoänderungen.[501] Dennoch kann nicht von vollständiger Kapitalmobilität ausgegangen werden. Begründungen für die offensichtliche Diskrepanz der (frühen) Berechnungen und der Höhe der täglichen Umsätze an den internationalen Finanzmärkten sind bspw. darin zu finden, dass sich nach FELDSTEIN diese Umsätze (wegen der Gültigkeit der gedeckten Zinsparität) im Wesentlichen durch risikolose Arbitragegeschäfte beschreiben lassen.[502] Damit sind noch keine internationalen Kapitalflüsse verbunden.[503]

---

498 Im extremen Fall der internationalen Kapitalimmobilität schließlich können Investoren ihre Vorhaben nur noch im Inland mittels heimischer Ersparnisse und ohne Rückgriff auf das ausländische Kapitalangebot, finanzieren, so dass nationales Sparen und nationales Investieren übereinstimmen müssen. Vgl. Dornbusch (1991), S. 220-222.

499 Während in dem Zeitraum 1960-1969 im Durchschnitt von jeder gesparten Mark rd. 91 Pfennige im Inland investiv verwendet wurden, waren es in der Zeit von 1980-1989 knappe 61 Pfennige.

500 Vgl. Feldstein/Bacchetta (1991), S. 203. Zu ganz ähnlichen Ergebnissen kommen Lemmen/Eijffinger (1993).

501 Vgl. Pommerehne/Kirchgässner/Feld (1994).

502 Siehe Feldstein (1994), S. 675-697.

503 Außerdem ist nach einigen Untersuchungen die Schlussfolgerung naheliegend, dass inländische Portfolios im Wesentlichen im Inland investiert sind. So stellen French und Poterba fest, dass

Die eingeschränkte bzw. zumindest nicht vollständige Kapitalmobilität liefert somit eine Erklärungsmöglichkeit, warum die effektive Steuerbelastung des Produktionsfaktors Kapital durch den fiskalischen Wettbewerb der Gebietskörperschaften nicht auf Null herunterkonkurriert werden kann. Allerdings ist dieses Argument aus zwei Gründen als sehr schwach einzuschätzen: Erstens reicht die marginale Mobilität u.U. bereits aus, um die negativen Folgen eines fiskalischen Wettbewerbs zwischen den EU-Mitgliedsländern beobachten zu können und zweitens ist festzustellen, dass in den jüngeren Studien eine Zunahme der Kapitalmobilität eindeutig festzustellen ist. Wenn also im Moment noch nicht die vollständige Kapitalmobilität gegeben ist, so kann dies gerade im Zuge der Globalisierung des Bankenwesens in Zeiten des home-banking und internets sich rasant in diese Richtung entwickeln. Im Ergebnis ist festzuhalten, dass die Argumentation, der Systemwettbewerb führe deshalb zu keinem race to the bottom, da die Kapitalmobilität als eine Grundvoraussetzung für den Wettbewerb der Steuersätze nicht gegeben sei und insofern gar kein Wettbewerb zwischen den Steuersystemen stattfinden könne, nicht überzeugend ist.

Neben methodischen Einwänden gegen die Feldstein-Horioka-Analyse[504] gibt es auch alternative Erklärungsansätze für die hohe Korrelation zwischen Ersparnis und Investition. Eine hohe Korrelation zwischen Sparen und Investieren bedeutet nicht zwangsläufig eine sehr geringe Kapitalmobilität. Eine Korrelation bedeutet nicht zwangsläufig eine Kausalität. Es ist zwar durchaus folgerichtig, von stark abweichenden Spar- und Investitionsquoten auf eine hohe Kapitalmobilität zu schließen, jedoch gilt nicht notwendigerweise auch, dass eine hohe Kapitalmobilität zu

94 % der US-amerikanischen Portfolios auch in den USA und 98 % der japanischen Portfolios auch in Japan investiert werden. Vgl. French/Poterba (1990), S. 476-493.

504 Als die grundlegende Schwäche dieser Art von statistischen Testverfahren kann genannt werden, dass die Ergebnisse der Feldstein-Horioka-Analyse wesentlich davon abhängen welche Länder ausgewählt und zu einer Gruppe zusammengefasst werden, welche Zeiträume berücksichtigt werden und welche Datenreihen verwendet werden. Vgl. zur Kritik am methodischen Vorgehen der traditionellen Feldstein-Horioka-Analyse Lemmen/Eijffinger (1993), S. 12-16. Außerdem ist aus methodischer Sicht zu bemängeln, dass die Koeffizienten in diesem Konzept nur die Korrelation zwischen langfristigen Durchschnittswerten der inländischen Spar- und Investitionsquoten dokumentieren. Mit dieser Vorgehensweise können zwar Konjunkturschwankungen weitgehend ausgeschlossen werden, andererseits werden aber dadurch die Ergebnisse der statistischen Testverfahren der Feldstein-Horioka-Analyse durch die tatsächliche Verknüpfung der beiden Größen überzeichnet. Vgl. zur methodischen Kritik auch Obstfeld (1994), S. 46-49. Andere Studien, die ihren Schwerpunkt hingegen auf Jahresdaten gelegt haben, konnten nachweisen, dass die Regressionskoeffizienten für den Zeitraum 1960-1988 und 23 OECD-Staaten nicht nur wesentlich geringer ausfallen, sondern darüber hinaus in den verschiedenen Jahren erheblich variieren. Vgl. Sinn (1992), S. 1167. Allerdings sind die auf der Basis von Jahresdaten gewonnenen Ergebnisse gegenüber zyklischen Schwankungen und zufallsbedingten Schocks sehr anfällig. Dadurch ist ihr Erklärungsgehalt sehr eingeschränkt.

Unterschieden zwischen Ersparnis und Investition führen muss bzw. die Gleichheit dieser beiden Größen gleichzeitig Kapitalimmobilität impliziert.[505]

Aus polit-ökonomischer Sicht könnte das jeweilige Verhalten der Regierung verantwortlich sein für die hohe Korrelation zwischen der inländischen Investitions- und Sparquote. Politische Entscheidungsträger eines Landes haben bestimmte Zahlungsbilanzziele, etwa in Form eines Leistungsbilanzausgleichs. Der Anreiz hierzu könnte dann besonders groß sein, wenn ein installiertes System fester Wechselkurse angesichts spekulativen Drucks aufrechterhalten werden soll.[506] Dieser Erklärungsansatz wurde von Bayoumi empirisch getestet.[507] Er kam zu dem Ergebnis, dass die gesamtwirtschaftlichen Spar- und Investitionsquoten, die sich aus privaten und öffentlichen zusammensetzen, wesentlich enger korreliert sind als die entsprechenden privaten Größen.[508]

Im Gesamtergebnis verbleibt es, festzuhalten, dass aus einer engen statistischen Verknüpfung zwischen den Veränderungen der nationalen Spar- und Investitionsquote nicht voreilig auf eine nur niedrige Kapitalmobilität geschlossen werden sollte. Vielmehr geht es in einem vorangestellten Schritt darum, solche Faktoren zu identifizieren, die selbst bei vollkommener internationaler Kapitalmobilität dazu beitragen können, die Spar- und Investitionsentscheidungen in einer Volkswirtschaft simultan zu beeinflussen.

bc) Die Möglichkeiten des Steuerexports

Ein drittes Argument gegen die Gefahr eines „race-to-the-bottom“ infolge eines Steuerwettbewerbs ist der Hinweis auf die Möglichkeit eines Steuerexports. In der

---

505 Kritiker haben versucht, in alternativen Ansätze aufzuzeigen, dass ganz andere Faktoren für diese empirische Regelmäßigkeit verantwortlich gemacht werden können, so dass eine hohe Korrelation nationaler Sparquoten und Investitionsquoten selbst bei perfekter internationaler Kapitalmobilität erklärt werden können. Vgl. zu den verschiedenen Ansätzen Obstfeld (1994), S. 53-61 und Dooley (1987), S. 507- 521. Es wurde hierbei darauf hingewiesen, dass bestimmte strukturelle Faktoren wie etwa die demographische Struktur oder die intertemporale Budgetbeschränkung einer Volkswirtschaft es sind, die selbst bei nahezu vollkommener Kapitalmobilität die Spar- und Investitionsentscheidungen simultan beeinflussen können, so dass sich inländische Ersparnisse und Investitionen in Ausmaß und Richtung parallel entwickeln.

506 Dieser Ausgleich der Leistungsbilanz kann durch geld- und fiskalpolitische Maßnahmen oder sogar über Kapitalverkehrskontrollen angestrebt werden. Dies kann gelingen, indem sie entweder ihren Budgetsaldo dem Finanzierungssaldo der Privaten entgegensteuern oder sogar an letzterem direkt ansetzen. Vgl. Berthold/Modery (1994), S. 497.

507 Vgl. Bayoumi (1990), S. 360-387. Der policy-reaction-Ansatz scheint einen wesentlichen Erklärungsansatz zu leisten, vermeintliche Widersprüche des Feldstein-Horioka-Paradoxons aufzulösen.

508 Vgl. Bayoumi (1990), S. 364. Damit können die hohen Regressionskoeffizienten für die gesamtwirtschaftlichen Größen nicht auf das Verhalten der Privaten zurückgeführt werden. (Vgl. Bayoumi (1990), S. 363-365.) Dies würde nämlich voraussetzen, dass die Korrelation zwischen den privaten mindestens so hoch ist, wie zwischen den gesamtwirtschaftlichen Spar- und Investitionsquoten.

Diskussion um mögliche Folgen des Steuerwettbewerbs wird meist auf den Zusammenhang verwiesen, die Existenz eines internationalen Kapitalmarktes und Kapitalmobilität führe zu einen Druck auf die Kapitalbesteuerung nach unten. Dabei wird allerdings die Möglichkeit übersehen – so die Gegenargumentation – dass für ein kleines Land auch die Anreize bestehen könnten, die Besteuerung von Kapital zu erhöhen, um bspw. ausländische Direktinvestitionen zu belasten und auf diese Weise Steuerlasten zu exportieren.[509] Für diese These könnte sprechen, dass entgegen der Steuerwettbewerbstheorie in vielen Ländern ausländische Direktinvestitionen steuerlich immer noch diskriminiert werden.[510] Andererseits ist die Aussagekraft auch dieses Arguments bei näherer Betrachtung an die Annahme einer beschränkten Kapitalmobilität gekoppelt, die in den tatsächlichen Entwicklungen nicht diagnostizierbar ist.

bd) Internationales Steuerrecht und seine Kollisionsregeln

Ein anderer Einwand gegen das Modell und somit eine Infragestellung der Ergebnisse ist die Kritik, dass dem Modell implizit eine weitere Annahme zugrunde liegt, dass die Kapitalsteuer nur von dem Staat bestimmt wird, in dem das Kapital investiert wird. Zusätzliche Kapitalsteuern des Landes, in dem der Kapitaleigner wohnt, gibt es in dem Modell nicht. (Nur deshalb ist es in der modelltheoretischen Betrachtung irrelevant, ob das Kapital von In- oder von Ausländern eingesetzt wird.) Dabei werden implizit in dem internationalen Steuerrecht bestimmte Regeln als gegeben angenommen.[511] Das Modell hätte nur dann Geltung, wenn weltweit für die Kapitalsteuer die Freistellungsmethode als Kollisionsregel zur Anwendung käme, denn diese bewirkt, dass das Kapital nur den Steuern des Landes unterliegt, in dem es investiert wird (Quellenstaat). Sollen verschiedene Arten des Steuerwettbewerbs unterschieden werden, dann lohnt es sich, auf der Suche nach geeigneten Differenzierungskriterien die Regeln des internationalen Steuerrechts und seine Kollisionsregeln und die damit verbundene Einkommenszuordnung zu betrachten. Das Modell kann insofern in seiner Ausschließlichkeit des Ergebnisses eines Endes der Besteuerung des Faktors Kapital nicht vollständig überzeugen, da die Reichweite der Freistellungsmethode begrenzt ist.[512]

Die Erosion der Kapitalsteuern wird an der Senkung der Körperschaftsteuer in den verschiedenen europäischen Ländern (und auch im internationalen Zusammenhang) beobachtet und festgemacht. Allerdings ist zu bemerken, dass nur ein Teil des Kapitals

---

509 Vgl. Huber (1997), S. 248-250.

510 Vgl. Hierzu Griffith/Chennells (1997).

511 Dies erkennt auch Sinn an, wenn er die Aussagekraft des Modells auf nach dem Quellenlandprinzip erhobene Steuern beschränkt. Vgl. Sinn (1995), S. 240-244 und vgl. Sinn (1997a), S. 672-683.

512 Dies wird bereits dann augenfällig, wenn man Kapitalgesellschaften und den Kapitaleigner selbst in dem Modell mit betrachtet.

der Körperschaftsteuer unterliegt. Ein Großteil der Unternehmen in Europa unterliegt der Besteuerung durch die Einkommensteuer.[513]

Um die Relevanz von steuerlichen Maßnahmen auf EU-Ebene zu prüfen, geben Kenntnisse über die Höhe der Steuerbelastungen und deren Auswirkungen erste wichtige Anhaltspunkte.

Tabelle 11: Die wichtigen Steuern in den OECD-Ländern

Land	**Körperschafts-besteuerung**	**Pers. Einkommensteuer**	**Sozialabgaben**	**Konsum-besteuerung**	**Summe der vier Haupt-kategorien**
EU					
Belgien	6,0	31,0	33,2	24,5	94,7
Deutschland	2,9	26,5	39,1	27,6	96,1
Dänemark	3,7	53,8	3,2	30,4	91,1
Finnland	3,9	37,0	25,6	30,1	96,6
Frankreich	3,7	14,0	43,4	26,2	87,3
Griechenland	5,7	10,5	34,6	39,4	90,2
Großbritannien	8,0	27,6	18,0	33,6	87,2
Irland	8,8	31,5	14,5	37,2	92,0
Italien	8,9	25,4	31,2	26,0	91,5
Luxemburg	16,9	21,5	26,6	27,0	92,0
Niederlande	7,3	20,3	42,1	23,3	93,0
Österreich	3,1	19,6	35,1	29,4	87,2
Portugal	7,1	18,7	26,3	43,9	96,0
Schweden	5,4	36,7	27,2	25,3	94,6
Spanien	4,8	22,8	38,6	25,5	91,7
Sonst. OECD-Länder					
Australien	14,1	40,1	-	23,7	77,9
Japan	14,8	22,8	35,1	13,5	86,2
Kanada	6,6	37,2	16,9	24,2	84,9
Schweiz	5,8	33,8	36,6	15,1	91,3
USA	8,9	35,7	25,5	15,8	85,9
OECD gesamt	7,5	27.5	25,9	30,2	91,1
EU 15	6,4	26,5	29,2	30,0	96,6

Quelle: OECD (1996), S. 79, 80, 81, 87

Die Frage nach den Gesamtwirkungen einer Steuer (effektive Inzidenz) kann noch immer als weitgehend unbeantwortet bezeichnet werden.[514] Trotz vieler

[513] Vgl. hierzu Mans (1996), S. 331-353. Angesichts der im Vergleich zur Einkommensteuer traditionell geringen quantitativen Bedeutung des Körperschaftsteueraufkommens kann die Betonung der Körperschaftsteuer in der internationalen Diskussion durchaus hinterfragt werden.

Untersuchungen sind abschließende Aussagen aufgrund der Vielfalt der Überwälzungsprozesse kaum möglich. Es ist denkbar, dass ein Systemwettbewerb nur funktionieren kann, wenn gewisse institutionelle Mindestvoraussetzungen erfüllt sind. So können sich abgegrenzte Harmonisierungsschritte z.B. bei den Bemessungsgrundlagen, gerade als Voraussetzung für einen effizienten Fiskalwettbewerb erweisen. Eine partielle Zentralisierung kann eventuell die Vollzentralisierung bzw. ein „Steuerkartell" vermeiden helfen, indem es einen funktionsfähigen Wettbewerb der Systeme überhaupt erst ermöglicht.[515] An anderer Stelle wird jedoch auf empirische Beispiele wie in Kanada, der Schweiz und den USA mit dezentralen autonomen Steuerhoheiten hingewiesen, wo bisher kein ruinöser Wettbewerb stattgefunden hat und nicht beobachtet wurde.[516] Dies lässt das theoretische Argument eines race to the bottom zumindest empirisch unbestätigt.

Grundsätzlich wird kritisiert, dass die Besteuerung des Kapitals eine effizienzmindernde Doppelbesteuerung der Ersparnisse darstelle und so von ihr nachteilige Wirkungen für Wachstum und Beschäftigung ausgehen. Sie sei insofern kaum praktikabel. Als Alternative wird in der Diskussion auf eine sog. cash-flow-Steuer verwiesen.[517] Das entscheidende Wesenselement einer solchen gestalteten Steuer ist, dass die Möglichkeit zur Sofortabschreibung von Investitionen die Doppelbelastung der Ersparnis eliminiert, und die Bewertungsprobleme, die die Einkommensbesteuerung so unpraktikabel machen, vermieden werden.[518] Der Vorteil in der cash-flow-Steuer wird in dem nun möglichen Schutz der Steuern auf Kapital vor den Erosionskräften des Fiskalwettbewerbs gesehen. Es würde eine Belastung von Desinvestitionen und eine Begünstigung von Neuinvestitionen erfolgen und somit ein Schutz vor der Erosionswirkung erreicht werden. Das vorhandene Kapital – so die Befürworter dieser Besteuerung – könnte nicht ohne die Zahlung von Steuern in andere Länder verlagert werden und neues Kapital bleibt faktisch von der Steuer befreit.

Kritisch anzumerken ist, dass dieser Vorschlag der Implementierung einer cash-flow-Steuer mit erheblichen Problemen behaftet ist.

Zunächst würden technische Probleme zu lösen sein. Hierbei müssen die Fragen nach der Umstellung des Besteuerungssystems und nach der Auswahl der Bilanzierung, also welcher cash-flow betrachtet werden soll, beantwortet werden.

---

514 Vgl. bspw. zur Inzidenz der Körperschaftsteuer Musgrave/Musgrave/Kullmer (1993), S. 267-270.

515 Vgl. zu dieser Hypothese Mans (1996), S. 333 und auch Sinn (1995), S. 242.

516 Vgl. Genser (1993), S. 19.

517 Vgl. Sinn (1995), S. 245 ff.

518 Allerdings sollte in diesen Vorschlägen genauer differenziert werden, um welche Art der Konzeption einer cash-flow-Steuer es sich bei den vorgeschlagenen Reformelementen handelt. Beruhen sie bspw. auf dem Konzept eines cash flows I (Jahresüberschuß + Abschreibungen – Zuschreibungen) oder handelt es sich um den cash-flow II, bei dem die Bildung der langfristigen Rückstellungen hinzu- und der Abzug bzw. die Auflösung der langfristigen Rückstellungen heruntergerechnet werden.

Es müsste sichergestellt werden, dass Investitionen aufgrund einer Substanzbesteuerung nicht unterbleiben. Dies könnte durch den im Jahr einer Investition auftretenden negativen cash-flow erreicht werden, wenn er vor- und auch eventuell rücktragbar ist wie ein Verlust.[519]

Diese Umstellung könnte dazu führen, dass sinnvolle Desinvestititonen nicht erfolgen und es so zu einer Fehlallokation des Kapitals in einer Volkswirtschaft kommen würde. Auch würden unsichere Investitionen vorgenommen und u.U. eine Überinvestition erfolgen. Denn im Fall eines positiven cash-flows würde ein Unternehmen durch die drohende Besteuerung und der relativen Rendite eine Investition vornehmen, die es nicht vornehmen würde, wenn keine Besteuerung vorläge. Eventuell könnte die Mittelverwendung auch im privaten Bereich besser investiert werden. Es erfolgt eine Fehllenkung des Kapitals durch den Einfluss der Besteuerung. Die Anforderung an ein Steuersystem sollte aber sein, dass es entscheidungsneutral ist. Dieser Mangel könnte dann behoben werden, wenn der private Investor die Steuerzahlung des Unternehmens angerechnet bekäme. Alternativ müsste die Einkommensteuer auch auf eine cash-flow-Steuer umgestellt werden, um Verzerrungen zwischen den unternehmerischen und den privaten Investitionen zu vermeiden. Sollen mit dieser Umstellung der Kapitalsteuer auf eine cash-flow-Steuer Investitionen angeregt werden, so darf es keinen Unterschied machen, ob diese auf privater oder auf Unternehmensebene erfolgen. Werden allerdings auch die privaten Personen so besteuert, dann könnte im Prinzip eine Konsumsteuer eingeführt werden.

Findet man keine Alternative zu der Körperschaftsteuer, so droht die Erosion der Steuern auf Kapital,[520] die auch deshalb kritisiert wird, weil aus ihr eine erhebliche Verschlechterung der Verteilungssituation für die Arbeitnehmer befürchtet wird. Die fehlenden Steuereinnahmen würden auf die Arbeitnehmer umverteilt und so würde der Produktionsfaktor neben den Problemen, die aus der Zuwanderung von Arbeitskräften in den unteren Arbeitsmarktsegmenten (nach Deutschland) und der Billiglohnkonkurrenz resultieren, noch zusätzlich belastet werden. Diese Hypothese ist, wenn auch effektreich in der politischen Diskussion, durch die aktuelle Entwicklung nicht zu belegen, denn in der aktuellen Steuerreform in Deutschland wird durch die

---

519 Allerdings stellt sich hierbei auch die Frage nach der Verrechnung; sollte der negative cash-flow vollständig verrechnet werden, dann entspräche dies einer sofortigen Abschreibung der Investition in die Steuerbilanz. Wird er dagegen über die Nutzungszeit verrechnet – ähnlich einer Abschreibung auf Investitionen – dann entspricht es voll der derzeitigen Abschreibungspraxis und es würde kein positiver Investitionseffekt aus dem Verfahren resultieren.

520 Die Erosionserscheinungen der Steuererhebung auf Kapital wird am Beispiel der Besteuerung der Zinseinkünfte und der flexiblen Reaktionen des Kapitals deutlich. Nachdem die Bundesregierung im Herbst 1987 die Einführung der Quellensteuer auf Zinseinkünfte in Höhe von 10 % ankündigte, kam es in den folgenden sechs Quartalen zu erheblichen Kapitalabflüssen. Ein Kapitalimport von 3 Mrd. DM im Jahr vor der Ankündigung wechselte in einen Kapitalexport in Höhe von 95 Mrd. DM im Jahr nach der Ankündigung. Vgl. Nöhrbaß/Raab (1990), S. 179-193. Diese Reaktion war so stark, dass Deutschland gezwungen war, dieses Gesetz nur vier Monate nach seiner Verabschiedung wieder zurückzunehmen.

Rentenreform und die damit verbundene Entlastung der Lohnnebenkosten auch der Produktionsfaktor Arbeit entlastet. Darüber hinaus wird die Einkommensteuer in drei Reformschritten gesenkt.

Eine eingehende Diskussion der qualitativen Untersuchungen zeigt, dass die von dem Steuerwettbewerb ausgehende Tendenz einer stärkeren steuerlichen Belastung der Arbeitseinkommen bzw. einer geringeren Bereitstellung öffentlicher Güter trotz der hier angeführten Gegenargumente zwar nicht vollständig zu widerlegen ist. Allerdings ist sie auch nicht als zwangsläufige Konsequenz zu bestätigen.

Um zu genaueren Aussagen gelangen zu können, sollen nun empirische Untersuchungen in die Analyse mit einbezogen werden, die für ausgewählte OECD-Länder und aktuelle Zeiträume die Entwicklung der Körperschaftsteuer abbilden. Allerdings soll an dieser Stelle bereits vorweg geschickt werden, dass diese Ergebnisse nur eine Tendenzaussage ermöglichen und auch nicht die qualitativen Analysen ersetzen können, denn falls tatsächlich eine Tendenz zur Erosion der Kapitalsteuern bei den untersuchten Ländern diagnostiziert werden sollte, so muss dies nicht stringent die Folge von einem Steuerwettbewerb zwischen den betrachteten Ländern sein. Es sind auch andere Faktoren denkbar, die zu einer Senkung der Kapitalsteuern beigetragen haben.[521]

c) Empirische Untersuchungen

Wanderungsentscheidungen von Unternehmen und von Privatpersonen können nur bedingt als marginale Entscheidungen betrachtet werden. In den meisten Fällen der Auswanderungsüberlegungen handelt es sich um eine Totalentscheidung. Für die Standortwahl eines Unternehmens gibt es einen Strauß voller Gründe, wobei die Steuerbelastung nur einen, wenn auch einen wichtigen Faktor darstellt.[522] Die Frage, ob Steuerwettbewerb die Möglichkeiten zur Umverteilung für die einzelnen Mitgliedsländer der EU langfristig erheblich beeinträchtigen würde, kann nicht nur qualitativ theoretisch behandelt werden, sondern ist eine auch quantitativ empirisch zu beantwortende Frage. Dabei können die bisherigen Entwicklungen in der EU betrachtet werden, aber es kann auch auf Erfahrungen von Staaten zurückgegriffen

---

521 Es wäre theoretisch auch denkbar, dass öffentliche Güter zunehmend privatisiert werden können und so die Aufgaben des Staates begrenzt werden. So könnten Steuersenkungen aufgrund eines abnehmenden Finanzierungsbedarfs möglich werden. Auch wäre es denkbar, dass Steuereinnahmen zunehmend über andere Steuerarten (z.B. Öko-Steuern o.a.) realisiert werden und so weniger Kapitalbesteuerung stattfindet.

522 Vgl. zu den unterschiedlichen Standortfaktoren einer Unternehmensansiedlung Wöhe (2000), S. 339-345. Unterschieden wird zwischen den Standortfaktoren, die den Gütereinsatz und solchen, die den Güterabsatz betreffen. Die unterschiedlichen Faktoren des Güterabsatzes lassen sich in Kunden, Mitbewerber und Herkunfts-Goodwill unterscheiden, während den Gütereinsatz betreffend sich die Klassifikationen neben den Anlagegütern, dem Material, der Energie, den Arbeitskräften, dem Umweltschutz, den staatlichen Leistungen auch die Steuern und Subventionen vornehmen lassen.

werden, bei denen innerhalb eines Staates ein Steuerwettbewerb zwischen den Gebietskörperschaften stattfindet. Beispiele wären die USA oder die Schweiz. Die zitierte und von vielen Autoren festgestellte weltweite Senkung der Körperschaftsteuersätze auf die einbehaltenen Gewinne ist noch kein hinreichendes Indiz für eine empirische Konvergenz der Kapitalbesteuerung.[523] SCHADEN hat eine solche Berechnung für die Jahre 1981 und im Vergleich dazu 1991 für die damaligen zwölf Mitgliedstaaten der EU durchgeführt.[524] Die Berechnungen der effektiven Grenzsteuersätze für eine Standardinvestition, differenziert nach Finanzierungsart und Kapitalgut, in den Jahren 1981 und 1991 zeigt als wesentliche Ergebnisse, dass die Streuung der effektiven Grenzsteuersätze abgenommen hat. Es ist in dem betrachteten Zeitraum eine Konvergenz der Steuersätze zu beobachten.[525] Allerdings ist keine Konvergenz gegen Null zu beobachten.[526]

Die empirischen Ergebnisse belegen, dass der Steuerwettbewerb nicht zu einer totalen Erosion der Kapitalsteuern führt und auch keine Reduktion der Steuer auf Investitionserträge von Null zu befürchten ist. Als empirische Überprüfung sollte zunächst unterschieden werden zwischen einem nationalen Gefälle bei Steuern, das aus der Tatsache resultiert, dass Gemeinden bei der Grundsteuer und der Gewerbesteuer ein Hebesatzrecht haben. So reicht die effektive Gewerbeertragsteuerbelastung in Deutschland von Null Prozent in Nordfriedrichskoog bis zu 20 Prozent in Frankfurt am Main[527] Das internationale Gefälle hingegen – und dies ist der relevante Untersuchungsgegenstand im Rahmen dieser Arbeit – ist innerhalb der EU sehr ausgeprägt. Tabelle 12 zeigt die Unterschiede in der Einkommensteuer auf gewerbliche Einkünfte und den Körperschaftsteuersätzen.

---

523 Das Steuerrecht kennt eine Vielzahl von Ausnahmetatbeständen, die das zu versteuernde Kapital mindern und sich damit schmälernd auf die Steuerbasis auswirken. Somit ist es erforderlich, deren Größenordnung zu berücksichtigen, um zu einem Maß für die tatsächliche Steuerbelastung zu gelangen. Einen Ansatz hierzu stellt die Berechnung effektiver Steuersätze dar. Vgl. King/Fullerton (1984). Eine Vielzahl von Autoren hat sich mit der Schätzung effektiver Grenzsteuersätze befasst; siehe z.B. McKee/Visser/Saunders (1986) oder Sievert/Naust/Jochum/Peglow/Glumann (1989).

524 Vgl. Schaden (1995).

525 Der Variationskoeffizient sank von 61,9 % im Jahr 1981 auf 25,4 % im Jahr 1991.

526 Zwar ist der durchschnittliche Grenzsteuersatz in den betrachteten zehn Jahren um 5 % gesunken, allerdings ist er in den betrachteten Ländern in Griechenland, Großbritannien, Italien, den Niederlanden und Spanien gestiegen. Vgl. auch Feld/Kirchgässner (1995), S. 564 f.

527 Vgl. Wöhe (2000), S. 343.

Tabelle 12: Wichtige Unternehmensteuer in der EU[528]

EU-Land	Einkommensteuer auf gewerbliche Einkünfte in %		Körperschaftsteuersatz in %
	Eingangssatz	Spitzensatz	
Belgien	10.50	57,75	39,00
Dänemark	37,50	58,00	34,00
Deutschland	22,90	43,00	40,00/30,00
Finnland	28,00	28,00	28,00
Frankreich	8,50	50,00	33,33
Griechenland	5,00	45,00	35,00
Großbritannien	20,00	40,00	31,00
Irland	26,00	46,00	32,00
Italien	19,00	45,00	37,00
Luxemburg	10,00	50,00	31,00
Niederlande	37,30	60,00	35,00
Österreich	10,00	50,00	34,00
Portugal	15,00	40,00	34,00
Schweden	30,00	30,00	28,00
Spanien	32,00	56,00	35,00
Durchschnitt	20,84	46,72	31,76

Als eine weitere empirische Überprüfung eignet sich die Untersuchung der Entwicklung der effektiven Grenzsteuerbelastung im Zeitablauf von GRIFFITH, wobei diese Untersuchungen auf den Zahlen der Grenzsteuerbelastung von Unternehmensinvestitionen beruhen.

Die Aussage, die hier als mögliches Gegenargument zu dem gefährdenden Systemwettbewerb angeführt wird, ist, dass zwar ein Rückgang der effektiven Steuerbelastung von Investitionen zu beobachten ist, aber dieser Rückgang nicht dramatisch sei.[529]

Allerdings zeigen diese Untersuchungen immerhin, dass der Steuerwettbewerb auf die Kapitalbesteuerung einen Druck nach unten ausgeübt hat. Diese Diagnose wird auch

528 In Anlehnung an Jacobs (1999), S. 124 und S. 133 und Wöhe (2000), S. 333 f. Wöhe verweist auf die Problematik, dass einer uneingeschränkten Ausnutzung des internationalen Steuergefälles der Anspruch des Wohnsitzstaates bei natürlichen Personen und der Anspruch des Sitzstaates bei juristischen Personen entgegenstehe, das Welteinkommen zu besteuern. Das Drohen einer Doppelbesteuerung im Quellenstaat und im Wohnsitzstaat steht der Absicht, durch Produktionsverlagerung ins Ausland Steuern zu sparen, entgegen. Eine Verlagerung wirtschaftlicher Aktivitäten in Länder mit niedrigen Steuersätzen führt nur dann zum Erfolg, wenn der Wohnsitzstaat die ausländischen Einkünfte über die Freistellungsmethode von der Inlandsbesteuerung befreit oder direkt eine Wohnsitzverlagerung stattfindet. Vgl. Wöhe (2000), S. 344.

529 Vgl. Hierzu die Untersuchungen von Griffith/Chennells (1997) und Schaden (1995).

dadurch zusätzlich gestützt, dass sich die Streuung der Grenzsteuerbelastung reduziert hat. Somit hat eine gewisse Konvergenz stattgefunden.

Tabelle 13: Entwicklung des Körperschaftsteueraufkommens in ausgewählten Ländern[530]

Land	Jahr	Körperschaftsteueraufkommen in % des	
		Bruttoinlandsprodukt	**Gesamtsteueraufkommen**
Deutschland	1980	2,1	5,5
	1985	2,3	6,1
	1990	1,8	4,8
	1994	1,1	2,9
USA	1980	3,0	10,2
	1985	2,1	7,1
	1990	2,1	7,7
	1994	2,5	8,9
Frankreich	1980	2,1	5,1
	1985	2,0	4,5
	1990	2,3	5,3
	1994	1,6	3,7
Kanada	1980	3,7	11,6
	1985	2,7	8,2
	1990	2,6	7,0
	1994	2,4	6,6
Italien	1980	2,4	7,8
	1985	3,2	9,2
	1990	3,9	10,0
	1994	3,7	8,9
Japan	1980	5,6	21,8
	1985	5,9	21,0
	1990	6,8	21,6
	1994	4,1	14,8
Großbritannien	1980	3,0	8,3
	1985	4,8	12,6
	1990	3,9	10,8
	1994	2,7	8,0
Spanien	1980	1,2	5,1
	1985	1,5	5,2
	1990	3,0	8,8
	1994	1,7	4,8

Werden die aktuellen finanzpolitischen Initiativen in den ausgesuchten Ländern betrachtet, so rundet sich das Bild hinsichtlich einer bestehenden Tendenz zu

530 Vgl. hierzu Griffith/Chennells (1997), S. 18 und S. 42 ff.

Steuersenkungen in den einzelnen Nationen - auch ausgelöst durch den bestehenden Steuerwettbewerb - ab.

So wurde im Jahr 2001 in Deutschland eine Reform der Einkommens- und Unternehmensbesteuerung, die u.a. eine weitere Senkung der Regelsätze für die Einkommen- und Körperschaftsteuer sowie eine Anhebung des steuerlichen Grundfreibetrages umfasst, unternommen.[531] Die Steuersätze bei der Einkommen- und Körperschaftsteuer sind erheblich auf ein im internationalen Vergleich übliches Niveau gesenkt worden. Der Körperschaftsteuersatz ist seit dem 1.1.2001 für einbehaltene Gewinne von 40 % und der für ausgeschüttete Gewinne von 30 % auf einheitlich 25 % gesenkt werden. In Frankreich, Italien, Großbritannien, Finnland, Irland,[532] in den Niederlanden,[533] in Schweden und auch in Kanada hat es für die Jahre 2000/2001 Senkungen der Einkommen- und Körperschaftsteuer gegeben.[534]

---

531 Das Gesetz über die Reform der Einkommen- und Körperschaftsteuer ist mit der Entscheidung des Bundesrates vom 14. Juli 2000 verabschiedet worden. Das seit dem Jahre 1977 praktizierte Vollanrechnungsverfahren wird abgeschafft und durch das Halbeinkünfteverfahren ersetzt. Im Vollanrechnungsverfahren wird die gesamte Bruttodividende der persönlichen Einkommensbesteuerung unterworfen. Auf die sich ergebende Steuerschuld kann die bereits von der Gesellschaft für die Dividenden entrichtete Körperschaftsteuer angerechnet werden. Das Halbeinkünfteverfahren besteuert dagegen die Unternehmensgewinne auf der Gesellschaftseben mit einem definitiven Steuersatz von 25 % unabhängig davon, ob ein Unternehmen die Gewinne thesauriert oder ausschüttet. Beim Empfänger der Dividenden werden diese Nach-Steuer-Gewinne zur Hälfte der Bemessungsgrundlage seiner persönlichen Einkommensteuer hinzugerechnet und mit seinem individuellen Steuersatz besteuert. Die von der Kapitalgesellschaft abgeführte Körperschaftsteuer kann nicht mehr als Vorauszahlung auf die persönliche Einkommensteuer angerechnet werden. Das Halbeinkünfteverfahren führt dazu, dass Dividendenbezieher mit einem persönlichen Grenzsteuersatz in der Einkommensteuer von unter 40 % im Vergleich zum Vollanrechnungsverfahren schlechter gestellt sein werden. Sieht man von den Beziehern niedriger Einkünfte (unter dem Grundfreibetrag rd. 14.000 DM) ab, ist die steuerliche Belastung für ausgeschüttete Gewinne stets höher als die auf einbehaltene Gewinne. Im Gegensatz zu den natürlichen Personen sind für Kapitalgesellschaften empfangene Dividenden steuerfrei. Damit wird eine Doppelbesteuerung von Gewinnen aus Beteiligungen vermieden. Im Ergebnis werden einbehaltene Gewinne steuerlich weniger belastet als ausgeschüttete Gewinne, da die ausgeschütteten Gewinnen bei den Anteilseignern zusätzlich der persönlichen Einkommensteuer unterliegen. Das eingeführte Halbeinkünfteverfahren kann diese Mehrbelastung nur abschwächen, nicht aber beseitigen. Die unterschiedliche Belastung der einbehaltenen und ausgeschütteten Gewinne führt zu Ungleichbehandlungen bei der Gewinnverwendung und kann Verzerrungen in der Kapitalallokation zur Folge haben. Vgl. auch Jahresgutachten 2000/01 des Sachverständigenrates zur Begutachtung der gesamtwirtschaftlichen Entwicklung, S. 198 und S. 104-108. Das zentrale Argument für den Übergang zum Halbeinkünfteverfahren ist dessen angebliche „Europatauglichkeit", die dem Vollanrechnungsverfahren abgesprochen wird, da dieses von Ausländern nicht in Anspruch genommen werden kann. Allerdings gilt dies auch für das Halbeinkünfteverfahren.

532 Eine besonders aggressive Standortsicherungspolitik betrieb Irland, das sich mit einem Körperschaftsteuersatz von nur 10 % für ausländische Investoren begnügt. Irland hat im Jahr 1987 die ursprünglich auf das verarbeitende Gewerbe und spezielle Dienstleistungen beschränkte Regelung auch auf Finanzdienstleistungen innerhalb des „International Financial Service Center"

Tabelle 14: Entwicklung der Körperschaftsteuersätze in den europäischen Ländern[535]

EU-Land	**Körperschaftsteuersatz in % im Jahr 2001**
Belgien	40,17[536]
Dänemark	30,00
Deutschland	30,50/18,00[537]
Finnland	29,00
Frankreich	33,33[538]
Griechenland	37,50[539]
Großbritannien	30,00[540]
Irland	30,00[541]
Italien	36,00
Luxemburg	30,00[542]
Niederlande	35,00[543]
Östereich	34,00
Portugal	34,00[544]
Schweden	28,00
Spanien	35,00[545]

in Dublin ausgedehnt. Dies hat zu einem erheblichen Abfluss von Finanzkapital nach Irland geführt, der in Deutschland erst durch eine Änderung des Außensteuerrechts eingedämmt werden konnte, indem der Staat der Durchgriff auf Erträge aus passiven Geschäften ausländischer Töchter erlaubt wurde.

533 Die Niederlande sind dem irischen Beispiel gefolgt, indem sie Finanzunternehmen Sonderkonditionen einräumen, wenn sie sich dort niederlassen. Nominell besteuern sie zwar die Erträge mit der Körperschaftsteuer, doch erlauben sie den Abzug einer überaus großzügig bemessenen Risikovorsorge vom steuerpflichtigen Gewinn, wodurch der effektive Körperschaftsteuersatz auf 7 % reduziert wird. Vgl. Sinn (2001), S. 6 f.

534 Vgl. OECD Wirtschaftsausblick, Nr. 68, Dezember 2000, S. 23.

535 PWC (2001), S. 28, 49, 185, 227, 234, 255, 271, 362, 337, 451, 556, 671, 752, 783 und S. 857.

536 Der normale Körperschaftsteuersatz von 39 % wurde um einen Krisensteuersatz von 3 % erhöht. Für Unternehmen mit einem steuerpflichtigen Einkommen unter 13 Mio. BEF gibt es geringere Steuersätze, auf die jedoch auch der Krisensteuersatz aufgeschlagen wird. Vgl. PWC (2001), S. 49.

537 Auf den Körperschaftsteuersatz von 25 % wird eine Zusatzsteuer von 5,5 % aufgeschlagen (Solidaritätszuschlag). In Deutschland gibt es zusätzlich eine ortsabhängige Gewerbesteuer, die zwischen 12 und 20 % schwankt. Der Steuersatz von 18 % gilt für die meisten großen Städte. Vgl. PWC (2001), S. 255.

538 Auf diesen Steuersatz wird jedoch ein Steuerzuschlag von 6 % (ab 2002 3 %) und ein Gesellschaftsbeitrag von 3,3 % des Gewinns aufgeschlagen. Der Steuersatz für Kapitaleinkommen von 19 % wird auch durch die genannten Steuerzuschläge erhöht. Vgl. PWC (2001), S. 234/235.

539 2002 wird der Steuersatz auf 35 % gesenkt. Ausländische Unternehmen, die ihren Hauptsitz in einem EU-Land haben und deren Anteile an EU-Börsen gelistet sind, werden bereits 2001 mit einem Satz von 35 % besteuert. Vgl. PWC (2001), S. 271

540 Für Unternehmen mit einem steuerpflichtigen Einkommen unter 1,5 Mio. £ gibt es ein System von Steuersätzen, die von 20 % (für Unternehmen mit einem Einkommen unter 300.000 £) leicht

In Deutschland hat sich seit 1980 der Anteil des Körperschaftsteueraufkommens am BIP halbiert oder in absoluten Zahlen ausgedrückt hat sich das Aufkommen von 1990 bis 1995 kontinuierlich von rd. 30 Mrd. DM auf rd. 18 Mrd. verringert. Allerdings kann dies nicht ohne weiteres ausschließlich als die Folge des Steuerwettbewerbs angesehen werden, sondern diese Entwicklung ist zumindest teilweise das Ergebnis einer Vielzahl von Sonderfaktoren die in diesem Zeitraum eine Rolle gespielt haben.[546]

Betrachtet man nun den Standort Deutschland nach der Steuerreform im Vergleich zu Frankreich und der Schweiz, so ist das Ergebnis einer Studie des ZEW[547], dass die Schweiz einen steuerlichen Standortvorteil aufweist. Im Vergleich zu den süddeutschen und ostfranzösischen Nachbarregionen weisen alle untersuchten schweizerischen Kantone deutlich geringere Steuerbelastungen auf. Im Rahmen dieser o.g. Studie ermittelte das ZEW effektive Grenzsteuersätze für die erweiterte Alpenregion. Gemessen wurden 11 Schweizer Kantone, 53 Regionen in Bayern und Baden-Württemberg und 6 Départements im Elsass und in Lothringen.[548] Die

---

ansteigen auf 30 % (für Unternehmen mit einem Einkommen zwischen 300.000 und 1,5 Mio. £). Für kleine Unternehmen ist ein geringer Steuersatz von 10 % möglich. Vgl. PWC (2001), S. 857.

541 Maximaler Steuersatz von 30 % besteht für Unternehmen der Fertigung aus einer allgemeinen Abgabe von 10 % und einer Zusatzsteuer von 20 %. Der Steuersatz für Einkommen aus Handelsaktivitäten wird von 20 % (2001) über 16 % (2002) auf 12,5 % (2003) sinken. Das restliche Einkommen wird mit einem für den genannten Zeitraum gleichbleibenden Satz von 25 % besteuert. Vgl. PWC (2001), S. 337.

542 Die Körperschaftssteuer schwankt zwischen 20 % für Unternehmen mit einem steuerpflichtigen Einkommen unter 400.000 LF und 30 % mit einem steuerpflichtigen Einkommen von über 600.000 LF. Unternehmen mit einem dazwischen liegenden Einkommen zahlen pauschal 80.000 LF. Zusätzlich wird auf den Körperschaftsteuersatz eine Solidarsteuer von 4 % aufgeschlagen. Vgl. PWC (2001), S. 451.

543 Wobei die ersten 50.000 NLG mit 30 % besteuert werden. Vgl. PWC (2001), S. 556.

544 Meist ist die Körperschaftssteuer um eine Gemeindesteuer erhöht, was letztlich eine Steuerabgabe von 37,40 % ergibt. Vgl. PWC (2001, S. 671).

545 35 % Körperschaftssteuer ist der höchste Satz. Abhängig von der Art des Unternehmens gibt es geringere Steuersätze. Mit dem steuerpflichtigen Einkommen im Jahr 1997 beginnend gibt es einen reduzierten Steuersatz von 30 % auf die ersten 15 Mio. Ptas. des Einkommens. Ausländische Unternehmen werden mit 35 % besteuert. Vgl. PWC (2001), S. 752.

546 Als Sonderfaktoren für die Entwicklung in Deutschland lassen sich folgende Punkte ausmachen: Zum einen entstand im Zuge der Senkung der Körperschaftsteuersätze für die Unternehmen ein Anreiz, Altkapital in der Steuerbilanz auszuschütten (sog. EK 56). Damit sind erhebliche Rückerstattungen von Körperschaftsteuer verbunden gewesen. Ebenso hat die Einführung der Zinsabschlagsteuer das Körperschaftsteueraufkommen vermindert, da sie im Kern als Vorauszahlung auf die Körperschaftsteuer wirkt. Und schließlich ist auch auf die generösen Abschreibungsbedingungen für Investitionen in Ostdeutschland hinzuweisen. (Bis einschließlich 1993 war das Aufkommen an Körperschaftsteuer in den neuen Ländern negativ.)

547 Studie des ZEW für das Internationale Benchmarkforum der BAK Konjunkturforschung Basel; veröffentlicht in ZEW-Forschungsergebnisse, in: ZEW news, Juli/August 2001, S. 3.

548 Bei der Ermittlung der effektiven Grenzsteuersätze, die die steuerliche Belastung einer zusätzlichen Investition am jeweiligen Standort angeben, bezog das ZEW alle relevanten

Steuerbelastung wurde separat für die Unternehmensebene und die Gesamtebene unter Einschluss der Besteuerung des Anteilseigners quantifiziert, wobei nach Beteiligungsquoten zwischen qualifizierter Beteiligung und Portfolio-Beteiligung unterschieden wurde.

Tabelle 15: Effektive Grenzsteuersätze im Vergleich (in Prozent)

Region	Unternehmensebene	Gesamtebene qualifizierte Beteiligung	Gesamtebene Portfolio-Beteiligung
Zug	8,36	25,22	25,22
Nidwalden	9,72	24,99	26,40
Schwyz	11,10	28,10	28,10
Bern	11,28	41,67	41,67
St. Gallen	12,66	39,52	39,52
Vaud	12,90	45,32	45,32
Aargau	13,12	40,85	40,85
Zürich	13,80	44,76	44,76
Genève	13,90	48,19	48,19
Basel-Stadt	14,53	45,35	45,35
Basel-Land	15,62	42,48	42,48
Weilheim	22,98	54,65	46,65
Walldorf	23,14	54,77	46,79
Mannheim	26,04	56,90	49,24
München	27,29	57,82	50,30
Meuse	30,38	67,76	67,76
Vosges	31,13	68,35	68,35

Die Belastungsunterschiede bei den effektiven Grenzsteuersätzen werden im Wesentlichen durch die nationalen Steuergesetzgebungen bestimmt.[549] Sowohl auf der

Steuersysteme, Steuerarten, Bemessungsgrundlagen und Steuertarife nach dem Rechtsstand 2001 ein.

549 Steuerbelastungen können grundsätzlich effektiv oder nominell ausgedrückt werden. Zweitere beziehen sich ausschließlich auf die tariflichen (gesetzlichen) Steuersätze, erstere berücksichtigen zusätzlich vor allem die Steuerbemessungsgrundlagen. Innerhalb der effektiven Steuerbelastungen ist wiederum zwischen Grenz- und Durchschnittsteuersätzen zu unterscheiden. Effektive Grenzsteuersätze informieren über die Anreiz- und Entscheidungswirkungen der Besteuerung etwa im Rahmen von unternehmerischen Investitions- und Finanzierungsentscheidungen. Vgl. King/Fullerton (1984), S. 11 f; vgl. zur Messung und Verwendung von implizierten Steuerquoten Winner (2001), S. 483-488. Effektive Durchschnittsteuersätze geben hingegen Auskunft über die Verteilungswirkungen des Steuersystems, etwa zwischen Steuerpflichtigen, Produktionsfaktoren oder Einkommensverwendungen. Vgl. Fullerton (1984), S. 23-41 und Schneider (1990), S. 281-291. Bei den Methoden zur Messung der durchschnittlichen

Unternehmensebene als auch im Falle der qualifizierten Beteiligung auf der Gesamtebene sind die Belastungen in den elf Schweizer Kantonen geringer als in anderen Regionen. Im Gegensatz dazu weisen die französischen Départements durchweg die höchsten effektiven Grenzsteuersätze auf. In Deutschland würde selbst die Abschaffung der Gewerbesteuer nicht ausreichen, um die Steuerbelastung an den deutschen Standorten auf das schweizerische Niveau zu senken.[550] Im Bereich der Portfolio-Beteiligung nähert sich die deutsche Steuerbelastung dem Niveau der Schweiz auf der Gesamtebene an. Es sind im Wesentlichen zwei Ursachen, die verantwortlich sind, für diese recht auffälligen Unterschiede in den Steuerbelastungen: Zum einen sind die Steuersätze der Ertragsteuern in der Schweiz deutlich niedriger als in Deutschland und auch Frankreich. Zum anderen dominieren in der Schweiz und in Deutschland die ertragsabhängigen Steuern in Frankreich hingegen die ertragsunabhängigen.[551]

Auf Erfahrungen mit Steuerwettbewerb um mobiles Kapital in einem wirtschaftlich und kulturell homogenen Raum mit weitestgehend politischer Identität kann am

---

Steuerbelastungen gewinnt die auf Mendoza et al. (1994), S. 297-323 und Mendoza (1997), S. 99-126 zurückgehende Berechnung von „impliziten" Steuerquoten zunehmend an Bedeutung. Implizite Steuerquoten – in der Literatur auch als effektive Steuersätze oder Steuerbelastungen bezeichnet – setzen das Aufkommen einzelner Steuern zur jeweiligen gesamtwirtschaftlichen Bemessungsgrundlagen ins Verhältnis. Dadurch wird das gesamte Steueraufkommen aufgegliedert und den ökonomischen Faktoren Arbeit, Kapital und Konsum zugeordnet. Diese Zuteilung erfolgt nach bestimmten Annahmen über die Steuerüberwälzung. Als Nenner werden die entsprechenden Aggregate der Volkswirtschaftlichen Gesamtrechnung (VGR) herangezogen. Implizite Steuerquoten sind daher nicht als individuell anrechenbare, sondern als modifizierte gesamtwirtschaftliche Steuerbelastungsquoten zu interpretieren. Die Bezeichnung „implizit" soll hierbei zum Ausdruck bringen, dass die Steuerquoten indirekt alle Bestandteile eines Steuersystems umfassen, wie z.B. Steuersätze, Art und Umfang der Einkommens- und Gewinnermittlung, Steuerbefreiungen oder auch die Effizienz des Steuervollzugs. Ihre Aussagefähigkeit geht damit über die von nominellen Steuersätzen hinaus. Verglichen mit den einfachen Abgabenquoten, die das Verhältnis des Aufkommens einzelner oder aller Steuern zum BIP wiederspiegeln, liefern implizite Steuerquoten wertvolle Aufschlüsse über die durchschnittliche Steuerbelastung von Einkommensquellen und –verwendungen. Durch ihre relativ einfache Berechnung stellen implizite Steuerquoten ein attraktives Instrument für internationale Steuerbelastungsvergleiche (vgl. OECD 2000), für die ex post Evaluierung von Steuerreformen (vgl. Felderer/Koman (1998) und Hettich/Schmidt (2000)) und für die Vorbereitung von steuerlichen Empfehlungen (vgl. Jarass/Obermair (1999)) dar.

550 Ebenso würde die Reduzierung der taxe professionelle auf Null in Frankreich nicht ausreichen, um ein vergleichbares Niveau bei der Steuerbelastung im Vergleich zu der Schweiz zu erreichen.

551 Die gleichen Ergebnisse zeigen sich auch, wenn grenzüberschreitende Investitionen eines deutschen Investors in die elf Kantone untersucht werden. Unter der Annahme, dass diese Investition mittels einer deutschen Mutterkapitalgesellschaft in einer Schweizer Tochtergesellschaft getätigt wird, so ist das Ergebnis für alle betrachteten 53 möglichen deutschen Standorte dasselbe: für einen deutschen Investor ist es aus steuerlicher Sicht immer günstiger eine Investition in einem Schweizer Kanton vorzunehmen, als die selbe Investition am Standort der Muttergesellschaft zu tätigen. Vgl. ZEW-Forschungsergebnisse, in ZEW news, Juli/August (2001), S. 3.

Beispiel der Schweiz zurückgegriffen werden.[552] Die Steuerbelastung des Produktionsfaktors Kapital, d.h. dessen mittlere gewogene Belastung durch Kantons-, Gemeinde- und Kirchensteuern, variiert, wenn man den schweizerischen Durchschnitt auf 100 normiert, von 56,4 für den Kanton Zug bis zu 114,6 für den Kanton Neuenburg. Berechnet man die Standardabweichung dieses Gesamtbelastungsindex der Steuern auf den Reinertrag juristischer Personen, so ergeben sich für das Jahr 1970 ein Wert von 18,33 für 1980 von 14,39 und für 1990 ein Wert von 17,94.[553] Für die Schweiz lässt sich somit keine Konvergenz der Steuerbelastung auf den Produktionsfaktor Kapital erkennen.

d) Fazit

Zusammenfassend werden die Implikationen fiskalischen Wettbewerbs in der Ökonomie vornehmlich mit den Konzepten des fiskalischen Föderalismus analysiert. Gemäß des Modells nach TIEBOUT stellt fiskalische Autonomie die Vorbedingung für eine pareto-effiziente Allokation öffentlicher Güter dar. Durch eine Abstimmung durch Ab- und Zuwanderung („voting by feet") wählen die Bürger diejenige Gebietskörperschaft als Wohnsitz, die ihnen entsprechend ihrer Präferenzen als die optimale Kombination aus Steuerbelastung und öffentlichen Leistungen erscheint. Die verschiedenen Gemeinden – so die Aussage des Modells – werden in eine Wettbewerbssituation versetzt, die in einem Gleichgewicht unterschiedliche Versorgungsniveaus an öffentlichen Gütern anbietet, je nach den vorherrschenden dominanten Präferenzen.

Es wurde gezeigt, dass die Ableitung dieser optimalen Gleichgewichtspunkte im Modell von einer Reihe sehr restriktiver Annahmen abhängig ist. Sind diese Annahmen nicht erfüllt, so kann fiskalischer Wettbewerb zwischen Gebietskörperschaften zu negativen Konsequenzen führen. In der Diskussion um eine geeignete Integrationsstrategie für die Länder der Europäischen Union ist deshalb an dem Konzept des Systemwettbewerbs Kritik vor allem von SINN erhoben worden.[554]

---

552 Die Schweiz ist ein Sonderfall in Europa, da das schweizerische Finanzsystem durch starke föderalistische und direkt-demokratische Elemente gekennzeichnet ist. Die einzelnen Kantone haben eine unabhängige eigene Kompetenz, Steuern auf Einkommen natürlicher und juristischer Personen zu erheben. Auch die Anwendung der direkt-demokratischen Elemente variieren zwischen den Gemeinden und Kantonen stark. Es sind obligatorische und fakultative Referenden anzutreffen ebenso wie rein repräsentativ-demokratische Systeme. Insbesondere bei der Verabschiedung des Budgets und bei der Festlegung der Steuersätze bzw. der Bestimmung der Netto-Neuverschuldung kommen die direkt-demokratisch Orientierung der Politik ins Spiel. Das Schweizer Finanzsystem gilt daher als sehr an den Bürgerpräferenzen orientiert. Vgl. Feld/Kirchgässner (1995), S. 565.

553 Vgl. Feld/Kirchgässner (1995), S. 565. Bogart und Gentry haben festgestellt, dass der mittlere Kapitaleinkommensteuersatz in den einzelnen Bundesstaaten von 4,04 im Jahr 1979 auf 6,26 im Jahr 1990 gestiegen ist. Im gleichen Zeitraum nahm die Standardabweichung von 4,36 auf 5,20 zu. Vgl. Bogart/Gentry (1995), S. 267-282.

554 Eine Darstellung seiner Einwände findet sich u.a. in Sinn (1995), S. 240-249; Sinn (1994), S. 85-107 und Sinn, (1990), S. 489-504.

Er bezieht sich dabei auf zwei zentrale Thesen des TIEBOUT-Modells: Erstens konstatiert er, dass ein Abgehen von der Annahme konstanter Skalenerträge und zweitens die Unterstellung von Nicht-Rivalität der öffentlich angebotenen Leistungen - entsprechend der Beschreibung öffentlicher Güter - die Bereitstellung der öffentlichen Güter zu Grenzkostenpreisen die Durchschnittskosten nicht decken würden. Die Gebietskörperschaften müssten, da sie miteinander in einem Wettbewerb stehen, die Steuerpreise als Äquivalent für die von ihnen angebotenen Leistungen auf ihre Grenzkosten begrenzen – und im Extremfall auf Null setzen. Aus dieser Unterdeckung folgt nun entweder eine Unterdeckung mit öffentlichen Gütern oder eine zu hohe Besteuerung des Faktors Arbeit.[555] Die Schlussfolgerung scheint eindeutig zu sein: Je mobiler ein Produktionsfaktor ist, desto weitgehender müssen die entsprechenden Steuern harmonisiert werden. Es ist die Hypothese aufgestellt worden, dass jene Aufgaben des Staates harmonisiert werden sollten, die einem intensiven staatlichen Wettbewerb unterliegen. Die Beweislast wird so umgekehrt, sie liegt nun bei den Befürwortern der Integrationsstrategie durch Wettbewerb.

Zusammenfassend kann festgestellt werden, dass sowohl in der qualitativen als auch in der quantitativen Untersuchung nicht gerade eine Erosion der Kapitalsteuern festzustellen ist. Dennoch ist ein nach unten gerichteter Trend der Kapitalsteuern infolge eines Systemwettbewerbs nicht zu widerlegen.

Zu untersuchen ist nun, ob die Entwicklung der Kapitalbesteuerung nach unten automatisch zu einem „race to the bottom“ führen muss, also zu einer Unterversorgung mit öffentlichen Gütern. In einem zweiten Schritt sollte überprüft werden, ob diese potentielle Unterversorgung mit öffentlichen Gütern tatsächlich durch das Instrument der Harmonisierung der Steuern, bzw. durch die Einführung einer Mindeststeuer adäquat behoben werden kann.

Hinsichtlich der Körperschaftsteuer und im umfassenden Sinne hinsichtlich der Einkommensteuer erscheint die These von der Notwendigkeit der europäischen Koordination unbegründet. Selbst wenn die Einschätzung der Zweckmäßigkeit eines Steuerwettbewerbs als Instrument zur Bändigung eines übermächtigen staatlichen Leviathans kritisch hinterfragt und den Erfolg als nicht notwendigerweise gegeben angesehen werden sollte, so kann daraus noch nicht geschlossen werden, dass ohne Koordination der unterschiedlichen Systeme eine ruinöse Konkurrenz unter den EU-Mitgliedstaaten stattfände und jegliche Staatstätigkeit zusammenbräche. Diese Hypothese der ruinösen Konkurrenz unter den Staaten und in ihrem Angebot von

---

555 Die Einkommensumverteilung gestaltet sich entsprechend dieser Annahmen durchaus schwierig; Gebietskörperschaften mit stärkerer Umverteilungsneigung werden im Wesentlichen Bürger mit niedrigem Einkommen attrahieren, da diese sich dort höhere Transfereinkommen erhoffen. Diejenigen Bürger mit höherem Einkommen werden wegen der geringen Steuerbelastung Gemeinden mit geringer Umverteilung präferieren. Das Ergebnis wird entweder eine stark segmentierte Gesellschaft, mit reichen und armen Gemeinden sein oder eine Beendigung des Versuchs einer Umverteilungspolitik in Antizipation des erstgenannten möglichen Ergebnisses.

öffentlichen Gütern fußt – wie gezeigt wurde - im Wesentlichen auf dem Modell von TIEBOUT. In diesem Modell wird die Gebietskörperschaft als eine Unternehmung betrachtet, die ihren Bürgern lokale öffentliche Leistungen anbietet und dafür Steuern von ihnen verlangt. Die Bürger werden als vollständig mobil angesehen. Sie suchen sich diejenige Gebietskörperschaft mit dem günstigsten Steuerpreis-/Leistungsverhältnis aus. Dadurch geraten die Gebietskörperschaften unter Wettbewerbsdruck. Für TIEBOUT ist dies nicht von Nachteil, denn die Gebietskörperschaften sehen sich dadurch gezwungen, den Präferenzen der Bürger zu folgen. Es kommt zu einer Bereitstellung lokaler öffentlicher Güter im gewünschten Umfang. Allerdings wurde auch gezeigt, dass dieses optimistische Ergebnis von TIEBOUT von einer Anzahl recht restriktiver Prämissen abhängig ist. Dazu zählen insbesondere die Nicht-Existenz externer Effekte,[556] die Erhebung nicht-verzerrender Steuern[557] sowie die Absenz von Skalenerträgen in der Nutzung öffentlicher Güter (also die Nicht-Existenz von Kostenvorteilen für die Individuen, wenn eine steigende Anzahl von Nutzern ein öffentliches Gut in Anspruch nimmt).

Wird an das Modell von TIEBOUT angeknüpft, um daraus die Notwendigkeit der koordinierten Staatstätigkeit im Bereich der Körperschaftsteuer in Europa abzuleiten, so wird die letzte Annahme TIEBOUTs fallengelassen und zunehmende Skalenerträge in der Nutzung unterstellt.[558] Innerhalb dieser Argumentationslinie wird von den im Lehrbuch beschriebenen reinen öffentlichen Gütern ausgegangen.[559] Auch werden Rigiditäten nicht in die Betrachtung einbezogen, es wird in der langen Sicht argumentiert.[560] Es wird unterstellt der Bürger sei als Nachfrager der öffentlichen Güter völlig frei und flexibel in seiner Wahl des Wohnsitzes. Die Gebietskörperschaften als Anbieter der öffentlichen Güter seien flexibel in ihrer Gestaltung der öffentlichen Güter im Wettbewerb miteinander. Sie werden dann mit Firmen verglichen.[561] Diesen Umstand gilt es genauer zu analysieren. Hierbei sind zwei unterschiedliche Fälle zu konzipieren: Die angebotenen öffentlichen Güter sind ein einziges Gut und homogen oder es besteht ein Angebot an unterschiedlichen öffentlichen Gütern, die auch den unterschiedlichen Präferenzen der einzelnen Bürger entsprechen.

Betrachtet werden soll zunächst der erste Fall eines einzigen homogenen öffentlichen Gutes. Bestehen zunehmende Skalenerträge in der Nutzung so nehmen die

556 Zu nennen wäre hier bspw. die Absenz von Umweltschutzmaßnahmen mit grenzüberschreitenden Wirkungen. Vgl. Blankart (1996), S. 88.

557 Diese werden als nicht-verzerrende Steuern als Äquivalenzsteuern betrachtet und können so als eine Art Zutrittspreis für den regionalen Infrastrukturpark angesehen werden. Vgl. Sinn (1995), S. 247.

558 Vgl. Sinn (1995), S. 248.

559 Vgl. hierzu auch das folgende Kapitel über die Bereitstellung von Infrastruktur durch den Staat und die Notwendigkeit bzw. die Entbehrlichkeit einer erforderlichen Koordination auf europäischer Ebene.

560 Vgl. exemplarisch Sinn (1995), S. 248.

561 Vgl. Sinn (1995), S. 240.

Durchschnittskosten der Bereitstellung bezogen auf einen Nutzer stetig ab. Es liegt ein natürliche Monopol vor. Stellen nun zwei (oder mehrere) Gebietskörperschaften dieses öffentliche Gut bereit, so haben sie höhere Kosten als ein Anbieter, der den gesamten Markt bedient.[562] Akzeptiert man die Hypothese, dass sich die Gebietskörperschaften ähnlich verhalten wie Unternehmen, so werden sie im Wettbewerb nicht bestehen können, sie werden sich entweder gegenseitig verdrängen oder sie werden kooperieren bis hin zu einer Fusion. Gibt es nur ein einziges homogenes, rein öffentliches Gut, so kommt es letztlich zu einer Bildung einer einzigen großen Gebietskörperschaft oder zu einer Bildung eines großen Zweckverbands von Gebietskörperschaften. Diese Entwicklung entspräche dann dem Fall der ex-post-Harmonisierung.[563] Der gewählte betrachtete Fall eines homogenen öffentlichen Gutes ist als sehr abstrakt und realitätsfern einzustufen. Dennoch lassen sich bereits an diesem scheinbar so einfachen und durchsichtig für die Notwendigkeit einer Harmonisierung sprechenden Beispiel drei relevante Implikationen ableiten: Erstens die Konkurrenzsituation muss nicht zu einem Zusammenbruch des Angebots an öffentlichen Gütern führen. Zweitens die Gefahr wird nicht durch den Wettbewerb der Gebietskörperschaften ausgelöst und besteht nicht darin, dass ein öffentliches Gut nicht mehr angeboten wird, sondern ist vielmehr in der potentiellen Folge einer Monopolsituation zu sehen und in dem möglichen Machtmissbrauch des Monopolisten. Drittens ist die geforderte und abgeleitete Koordination nicht eine Aufgabe staatlicher Planung. Die effiziente Struktur der Gebietskörperschaft (Kooperation bzw. Fusion) ergäbe sich endogen.

Betrachtet man nun den zweiten Fall, dass nämlich eine Konkurrenzsituation zwischen den Gebietskörperschaften aufgrund unterschiedlicher Bürgerpräferenzen hinsichtlich eines Angebotes an öffentlichen Gütern bestehen bleibt, so werden sich in dieser Wettbewerbssituation unterschiedliche Gebietskörperschaften mit unterschiedlichen Angeboten an öffentlichen Gütern mit dazu passenden absolut aber sehr differenzierten Steuern (im Sinne von Bereitstellungskosten) dauerhaft etablieren können. Dies wäre dann unter dem Ziel einer Dominanz der Präferenzen und einer Bürgersouveränität ein wünschenswertes Ergebnis des Wettbewerbs der Systeme.[564] Auch im Rahmen dieser Annahme gibt es durchaus stabile Lösungen. Auch kann es im Fall der mehreren öffentlichen Gütern zu unterschiedlichen Graden der Zentralisierung kommen.[565]

---

562 Vgl. Blankart (1996), S. 88.

563 Vgl. Siebert (1990), S. 55 ff. und Abschnitt 3.2.2.1.6.

564 Vgl. hierzu Streit (1996a) und (1996b). Die Größe der nebeneinander bestehenden Gebietskörperschaften ergibt sich aus der Ausprägung der Produktvielfalt und der Größenvorteile entsprechend der existierenden Präferenzen der Bürger.

565 Dies verdeutlicht Blankart an den Beispielen der Außen- und Sicherheitspolitik mit zunehmenden Skalenerträgen, indem er darauf verweist, dass bspw. im Bereich der Verteidigung ein relativ hoher Grad der Homogenität vorliegen und insofern sich bei der Verteidigungspolitik ein hoher Grad an Zentralisierung ergeben könnte. Hingegen sei die Außenpolitik tendenziell ein Bereich, der zwischen den einzelnen europäischen Ländern sehr differenziert betrachtet werde und so konsequenterweise aus der Abwägung zwischen Größenvorteilen und damit verbundenen

In beiden betrachteten Fällen sind die Größe der jeweiligen Gebietskörperschaft und deren Aufgaben, auch auf der Ebene der Mitgliedsländer und auf der Ebene der Europäischen Union Ergebnis des Wettbewerbsprozesses und nicht das Ergebnis einer allwissenden Konstruktion.

Durch den Wettbewerb kommt es zu den befürchteten Verminderungen der zu Umverteilungszwecken zur Verfügung stehenden Renten. Dieses Argument kann durch eine der Realität nähere Lockerung der bisher eher restriktiv formulierten Prämissen des Modells relativiert werden. Insbesondere sollen hier drei wesentliche Annahmen genauer überprüft werden: die nicht bestehende Rivalität und die Nicht-Ausschließbarkeit vom Konsum, die versunkenen Kosten und die unterstellte Mobilität der Bürger.

In den bisherigen modellartigen Betrachtungen sind keine Überfüllungserscheinungen in die Untersuchung einbezogen worden. Bisher wurden reine öffentliche Güter untersucht. Doch in der Praxis unterliegen – wie in dem nächsten Kapitel gezeigt wird – viele öffentliche Einrichtungen der Überfüllung, wenn die Zahl der Nutzer zunimmt. Es herrscht also Rivalität.[566] Diese Güter werden vom Staat bereitgestellt, ohne dass Nicht-Rivalität und Nicht-Ausschließbarkeit im Konsum vorliegen würde. Diese Güter könnten ohne weiteres privatisiert werden und diejenigen, die sich eine Nutzung nicht leisten könnten, könnten staatlich in Form einer direkten Subjektsubventionierung unterstützt und so eine Diskriminierung ärmerer Bevölkerungsschichten (bspw. im Bereich der Bildung) verhindert werden.[567] Aber selbst wenn davon ausgegangen wird, dass diese Bereiche nicht privatisiert werden, so ist es möglich, dass die Gebietskörperschaften in ihrem Versuch der Überfüllung entgegenzuwirken den Ansässigen höhere Steuern auferlegen.[568] Es entstehen dann keine Defizite bei der Bereitstellung der Leistungen, die nicht in die Kategorie der öffentlichen Güter fallen,

Potentialen zur Kostenreduktion einerseits und der Produktvielfalt im Falle der Außenpolitik zu keiner gesamteuropäischen Lösung führe, während es hingegen eine gesamteuropäische Verteidigungspolitik gäbe. So ergibt sich automatisch ein unterschiedlicher Zentralisierungsgrad innerhalb der unterschiedlichen politischen Bereiche in der Europäischen Union. Vgl. Blankart (1996), S. 88 f. Diese unterschiedlichen Zentralisierungsgrade ergeben sich nach den Präferenzen der Bürger über die politischen Prozesse innerhalb eines Systemwettbewerbs, ohne dass dazu Bauherren Europas an das historische Reißbrett gerufen werden müssten.

566 Beispiele sind hierfür die Nutzung der Freibäder, Parkplätze, die Straßen in der Innenstadt, Schulen, Universitäten, Krankenhäuser, Autobahnen, Flughäfen, Luftkorridore usw. Ein valides Argument zugunsten weiterer Harmonisierung oder gar Zentralisierung innerhalb der EU kann daher aus der Annahme der Nichtrivalität der angebotenen Leistungen kaum konstruiert werden. Vgl. Feld/Kirchgässner (1995), S. 563.

567 Zu einem ausführlichen Vergleich der Objekt- vs. Subjektförderung am Beispiel des Wohnungsmarktes, der die relative Vorteilhaftigkeit hinsichtlich Effizienz und Treffsicherheit der Subjektförderung zum Ergebnis hat, vgl. Mayer (1998), S. 237-255.

568 Auch die Einwanderer würden mit den entsprechenden Steuern belegt werden. Sie berechneten sich aus den kurzfristigen Grenzkosten ihrer Beherbergung, einem Aufschlag für die Überfüllung und (falls noch notwendig) einem Finanzierungsbeitrag für die Kostendeckung. Vgl. Knieps (1992), S. 317-328.

bei denen durchaus Rivalität aber nicht unbedingt Ausschluss vom Konsum praktiziert werden kann. Ebenso entstehen keine Defizite, wenn es sich tatsächlich um ein privates Gut handelt (Ausschlussmöglichkeiten und Rivalität im Konsum bestehen), das der Staat anzubieten aus politischen Gründen für opportun hält.

Versunkene Kosten können im Bereich der unwiederbringlichen Investitionen eine Gefahr für den Wettbewerb darstellen, wenn sie in Verbindung mit zunehmenden Skalenerträgen in der Nutzung auftreten. Herrschen dann kurzfristig Überkapazitäten im Angebot der Gebietskörperschaften, so werden diese im Wettbewerbsprozess ihre Steuern (als Preise) u.U. bis auf Werte unterhalb ihrer Grenzkosten senken. Es kommt zu dem von Harmonisierungsbefürwortern befürchteten ruinösen Wettbewerb. Dieser wird nur solange anhalten, bis Reinvestitionen getätigt werden müssen. Anbieter werden ihre Kapazitäten anpassen und die Steuern werden wieder steigen.[569] In diesen Fällen ist der Wettbewerb keinesfalls zu stark, sonder vielmehr zu schwach, um eine angemessene, an den Präferenzen der Bürger orientierte Versorgung zu garantieren. Die versunkenen Kosten eines Etablierten schrecken den potentiellen Marktneuling ab, da ein Etablierter stets drohen kann, die Steuerpreise bis auf die kurzfristigen Grenzkosten zu senken und dadurch die neue Gebietskörperschaft von dem Markt zu verdrängen. Der Markteintritt bliebe dann aus. Dies könnte dem Etablierten erlauben sich als Monopolist zu verhalten und die Steuern über die Mindestkosten anzuheben.[570]

Schließlich sollte die Annahme der bestehenden Mobilität der Bürger zwischen den einzelnen Mitgliedstaaten relativiert werden. Die unvollständige Mobilität ist ein weiteres stabilisierendes Element im Wettbewerb der Systeme. Die Sesshaftigkeit, begründet auf den unterschiedlichen Kulturen und Sprachen[571] der Bürger erlaubt den

569 Dieser Fall ist empirisch nicht evident. Vgl. Borcherding/Deacon (1972), S. 891-901. Empirische Messungen haben ergeben, dass zunehmende Skalenerträge in der Nutzung nur einen geringen Teil des gebietskörperschaftlichen Budgets betreffen. Versunkene Kosten alleine stellen noch keine Bedrohung für den Wettbewerb dar, denn in vielen sehr umkämpften Branchen sind zunächst hohe Investitionen zu tätigen (bspw. der Bauwirtschaft oder in der chemischen Industrie) Die Kombination der Eigenschaften – Existenz von versunkenen Kosten und Vorliegen von zunehmenden Skalenerträgen – treffen dennoch auf eine Reihe von Dienstleistungen zu wie bspw. Wasser-, Gas-, Elektrizitätsversorgung und auf Eisenbahntrassen. Vgl. Momberg (2000).

570 Diese Darstellung der Schwäche des Wettbewerbs zwischen den Gebietskörperschaften verlangt ganz andere wirtschaftspolitische Konsequenzen als Therapie als die Diagnose der Wettbewerb sei zu stark und führe zu einem „race to the bottom". In dem einen hier betrachteten Fall müsste eine Wettbewerbsaufsichtsbehörde gefordert werden, die ähnlich wie bei den Unternehmen Fusionen im Sinne und Interesse der Bürger kontrolliert und Monopolstellungen verhindert.

571 Selbst in den USA deuten empirische Studien darauf hin, dass die steuerbedingte Mobilität in der Umgebung von Großstädten relativ hoch ist, aber mit der wachsenden Distanz beträchtlich abnimmt. Vgl. Oates (1969), S. 957-971. Diese Feststellung ist um so bemerkenswerter, als in den USA die sprachlichen und kulturellen Barrieren als geringer einzuschätzen sind als in den europäischen Regionen bzw. Ländern. OATES hat die recht bekannte Hypothese der höheren Miet- und Häuserpreise in Niedrigsteuergebieten in diesem Zusammenhang entwickelt. Demnach sollen die Ersparnisse durch niedrigere Steuerbelastungen in höheren Mietzinsen und

Gebietskörperschaften, Monopolzuschläge auf die wettbewerblichen Steuerpreise aufzuschlagen, die als Folge aus dem Wettbewerb der Gebietskörperschaften keine Defizite in den öffentlichen Kassen und damit kein „race to the bottom" implizieren.[572]

Selbst wenn die Mobilität nicht durch unterschiedliche Kulturen und Sprachen begrenzt wäre, so belegt das Beispiel der Schweiz in eindruckvoller Weise, dass auch dann nicht notwendigerweise ein „race to the bottom" drohen muss. Es koexistieren 26 Kantone in weitgehender Finanzautonomie und obwohl die interkantonalen Mobilitätskosten vergleichsweise gering sind, kommt es nicht zu der von Harmonisierungsbefürwortern prognostizierten ruinösen Konkurrenz zwischen den Regionen mit einer damit einhergehenden zusammenbrechenden Versorgung mit öffentlichen Gütern und einer unzureichenden Umverteilung.[573] Dem wird häufig entgegengehalten, dass die Schweiz selbst Spieler in einem Spiel des internationalen Steuerwettbewerbs sei. Sie ziehe international Realkapital und wohlhabende Menschen per Wohnsitzverlagerung durch eine entsprechende Steuerpolitik an, so dass die negativen Auswirkungen eines Steuerwettbewerbs nicht sichtbar würden.[574] Dieses Argument greift aber zu kurz, denn wenn Ausländer aus Steuergründen in die Schweiz ziehen, dann ist es nicht einsichtig, warum sie nach Überschreiten der Landesgrenze nicht mehr zwischen Niedrig- und Hochsteuerkantonen unterscheiden sollten.[575] In der

---

Häuserpreisen kapitalisiert werden. Analoges soll auch gelten für die Ausgabenseite des staatlichen Budgets, auch eine bessere Infrastruktur schlägt sich demnach nieder in höheren Miet- und Häuserpreisen. Vgl. Oates (1969), S. 958 f.

572 Eine wesentliche Prämisse des Tiebout Modells muss an dieser Stelle demnach deutlich relativiert und mit der Realität abgeglichen werden. Ärmere Einwanderer werden nur in dem Maße von florierenden Regionen angelockt, wie sie die geforderten Steuerpreise zu zahlen imstande sind. Diese Kosten können – wie oben gezeigt wurde – auch durchaus über den Kosten der erstellten und angebotenen Dienstleistungen liegen. Beschränkte Mobilität gilt auch für das Realkapital. Vgl. hierzu Feld/Kirchgässner (1995), S. 563-567. Entscheidend für diese Analysen werden die Mobilitätskosten. „The act of moving or failing to move is crucial. Moving or failing to move replaces the usual market test of willingness to buy a good and reveals the consumer-voter's demand for public services." Tiebout (1956), S. 420 „Spatial mobility provides the local public-goods counterpart to the private market's shopping trip." Tiebout (1956), S. 422.

573 Vgl. Feld/Kirchgässner (1995), S. 564 f.

574 Kirchgässner und Pommerehne haben mit Daten der 26 Kantone der Schweiz im Jahre 1987 untersucht, inwiefern die Anteile der Steuerpflichtigen in den verschiedenen Einkommensklassen an den Steuerpflichtigen insgesamt durch die Steuerbelastung und die Attraktivität der Region bezüglich ihrer Lebensqualität sowie der Arbeitsmöglichkeiten beeinflusst werden. Sie stellen fest, dass die effektive Einkommensteuerbelastung c. p. den Anteil der Steuerzahler in den oberen Einkommensklassen an allen Steuerpflichtigen negativ beeinflusst. Vgl. zur Steuerharmonisierung und den Erfahrungen aus der Schweiz Pommerehne/Kirchgässner/Feld (1994) und Kirchgässner/Pommerehne (1995), S. 351-371.

575 Vgl. Blankart (1996), S. 90 f. Warum sollten Einwanderer aus steuerlichen Gründen einerseits in die Schweiz ihren Wohnsitz verlagern, dann aber – in dem von Sinn beschriebenen Fall - ins Tessin ziehen (vgl. Sinn (1995), S. 240), wo gerade die rel. Steuerbelastung recht hoch ist? Dies sind deutliche Indikatoren, dass es bei der Wohnsitzwahl nicht nur auf die Steuerbelastung ankommt, sondern auch andere Einflussgrößen berücksichtigt werden müssen (Angebot an öffentlichen Leistungen, Landschaft, Erholungswert, kulturelle Angebote etc.). Zumal das von

Schweiz verfügen die einzelnen Kantone, trotz des Wettbewerbs, in dem sie sich als Standorte und Wohnsitze miteinander befinden, über einen Monopolspielraum, der es ihnen erlaubt, von ihren Einwohnern mehr Steuern zu verlangen als Gegenleistungen angeboten werden. Trotz des in der Schweiz recht homogenen Wettbewerbs der Regionen werden persönliche Präferenzen bedeutend für die Wahl des Wohnsitzes sein; es liegt diesbezüglich auch in der Schweiz kein vollkommener Markt vor.[576]

Der kausale Zusammenhang zwischen Wettbewerb der Gebietskörperschaften, Herunterkonkurrieren der Steuersätze und die zwanghafte Folge einer Unterversorgung mit öffentlichen Gütern lässt sich auch insoweit aufbrechen, als die Möglichkeit besteht, dass der Staat alternative Finanzierungsquellen für die Bereitstellung öffentlicher Güter entdecken könnte. Möglich wäre es auch, dass sich diese alternativen Finanzierungsmöglichkeiten automatisch ergeben. Werden Steuersätze gesenkt, so erfolgen mehr Investitionen und die Arbeitslosigkeit könnte reduziert werden, so dass die Opportunitätskosten für den Staat sinken und darüber hinaus die Steuereinnahmen aus der Lohnsteuer zunehmen.

Außerdem könnten einige der sog. öffentlichen Güter durchaus von Privaten bereitgestellt und verwaltet werden.[577] Der Staat würde so gezwungen werden, seine Aktivität tatsächlich an den eigentlichen öffentlichen Gütern, also auf Güter, die keine Rivalität im Konsum und keine Ausschließbarkeit besitzen, auszurichten.[578]

Sinn gewählte Beispiel nicht sehr überzeugt. Das Tessin ist kein Niedrigsteuergebiet, sondern in den Jahren 1987 und 1990 lag die Einkommensteuerbelastung im Tessin gerade auf dem schweizerischen Durchschnittsniveau. Vgl. Kirchgässner (1995), S. 567. Wie die Aufteilung in Rentner, Selbständige und unselbständige Erwerbspersonen zeigt, haben offenbar gerade Rentner einen Anreiz, sich im Tessin oder am Genfer See anzusiedeln; dies kann ein Hinweis sein, dass eher die Lebensqualität und weniger die Steuerbelastung ausschlaggebend ist für die Wohnsitzwahl natürlicher Privatpersonen.

576 Anders ist selbstverständlich die Mobilität des Kapitals zu betrachten. Dies weicht einer steuerlichen Belastung nach Möglichkeit weitestgehend aus. Vgl. hierzu Kapitel 3.2.2.1.2 zum Feldstein-Horioka-Paradoxon.

577 Ein wesentlicher Vorstoß war die Entwicklung der Betreibermodelle, international zumeist als BOT (Build-Operate-Transfer-) oder BOO (Build-Operate-Own-) Modelle bezeichnet, die aus staatlicher Sicht ihren Reiz in der Vermeidung einer Unterversorgung der Volkswirtschaft mit Gütern des öffentlichen Bedarfs durch Private besitzt. Gerade bei Infrastrukturprojekten können diese Modelle bei komplexen Anlagenprojekten und erfolgreicher integrierter Leistungserbringung und Finanzierung mit Erfolg zum Einsatz kommen und so dem Zwang zur Privatisierung der Infrastrukturbereitstellung entsprechen. Allerdings ist festzuhalten, dass aus deutscher Sicht im internationalen Vergleich ein erheblicher Nachholbedarf bei der Anwendung von Betreibermodellen besteht. Zu der Beurteilung und Umsetzung von Betreibermodellen vgl. Hintze (1998). Zu der Bereitstellung öffentlicher Infrastruktur vgl. auch Kapitel 3.2.2.1.3.

578 Diese Beschränkung der staatlichen Tätigkeit bei einer momentanen Staatsquote von ca. 46 % erscheint als recht heilsam. Es erscheint nicht gerechtfertigt, den Untergang des Sozialstaates aus einer gesunden Reduzierung der Staatsquote abzuleiten und zu befürchten. Eine Staatsquote in dieser Höhe kann nicht begründet werden durch die Bereitstellung von öffentlichen Gütern, Internalisierung externer Effekte oder durch die Behebung anderer Marktdefekte. Die

Auch die Argumentation von SINN hängt von einigen Annahmen ab, die durchaus kritisch zu hinterfragen sind. Die Argumentation bezüglich der Nicht-Rivalität der öffentlich bereitgestellten Leistungen ist für die Diskussion innerhalb der Europäischen Union nur an den Stellen relevant, an denen es sich um internationale öffentliche Güter handelt. Tatsächlich dürfte es nach der Verwirklichung der vier Grundfreiheiten in der EU und der Liberalisierung des Welthandels innerhalb des GATT und der WTO abgesehen von der Verteidigung, die im Rahmen der NATO ebenfalls internationalisiert wird,[579] und von internationalen Umweltproblemen kaum mehr relevante internationale öffentliche Güter geben.[580] Bei den meisten von den einzelnen Nationalstaaten angebotenen Leistungen dürfte es sich jedoch um bestenfalls nationale öffentliche Güter handeln.

Selbst wenn man diese nationalen öffentlichen Güter genauer analysiert wird deutlich, dass viele auf lokaler Ebene angebotenen staatlichen Leistungen eher den Charakter privater als öffentlicher Güter aufzuweisen.[581] Insofern fällt es schwer, die Harmonisierung innerhalb der EU auf der Grundlage der Nicht-Rivalität öffentlicher Leistungen befriedigend abzuleiten. Die Beweislast ist so beizubehalten, dass jeder wirtschaftspolitische Bereich, welcher einer Harmonisierung unterzogen werden soll, einer eingehenden Begründung bedarf, warum erstens hier der Markt also die private Bereitstellung versagt, und warum zweitens es nicht als ausreichend angesehen wird, auf der niedrigen Stufe der Mitgliedstaaten bzw. der jeweiligen Gebietskörperschaften und Regionen diese Leistungen in einem Wettbewerb zu anderen und entsprechend der regionalen Präferenzen bereitzustellen.[582]

Schließlich erscheint es notwendig und nützlich, grundsätzliche modelltheoretische Kritik zu äußern. Die neoklassischen Modelle sind wohlfahrtsökonomisch orientiert. Der Staat ist ein Teil der nicht-analysierbaren Rahmenbedingungen. Einfach ausgedrückt, ist im Rahmen dieser Modelle eine Verknüpfung der Steuereinnahmen mit der Bereitstellung öffentlicher Güter in der Weise anzutreffen, dass der Staat seine Steuersätze nur so kalkuliert, wie er es für die Bereitstellung öffentlicher Güter benötigt. Insofern ist es im Rahmen dieser Argumentation die logische Konsequenz, aus einer Reduzierung der Steuereinnahmen, wenn sie denn nachweisbar ist, auch die Reduzierung der positiven Staatstätigkeit zu schlussfolgern. Der Staat kann weniger Gutes tun.

Möglichkeit erscheint plausibel, dass eine abnehmende Steuerbelastung des Produktionsfaktors Kapital nicht notwendigerweise zu einer abnehmenden Bereitstellung öffentlicher Güter, also zu einem „race to the bottom“ führen muss, sondern statt dessen Einsparungen an anderen Stellen der ausufernden Staatstätigkeit generiert.

579 Vgl. Feld/Kirchgässner (1995), S. 563.

580 Vgl. zu der Situation der internationalen Umweltprobleme Kirchgässner (1995), S. 34-44.

581 Vgl. hierzu den Abschnitt 3.2.2.1.3.

582 Insofern wird konsequenterweise am Ende dieses Kapitels der Versuch unternommen, ein allgemeines Raster als Entscheidungshilfe zu entwickeln, bei dessen Anwendung diejenigen (wenigen) Kompetenzen bzw. Interventionen herausgefiltert werden, die einer Harmonisierung auf der europäischen Ebene bedürfen. Vgl. hierzu den Abschnitt 3.4.

Die Analyse der heutigen Politik als auch die Vorschläge künftiger Finanzverfassungen müssen von einem politisch-ökonomischen Ansatz ausgehend geführt werden. Dabei ist dringend zu berücksichtigen, dass die politischen Akteure nicht notwendig das Wohl der Bürger verfolgen, sich also nicht in der von der Wohlfahrtsökonomik angenommenen Weise eines wohlwollenden Diktators verhalten. Im Vordergrund stehen neben den eigenen Interessen und denen der Mehrheit in der Partei (aus Sicht des einzelnen Politikers, der innerhalb dieser Partei für Ämter gewählt werden will ein wichtiges Entscheidungsparameter) vor allem die Interessen bestimmter aufgrund ihrer Größe und Homogenität ihre Ziele durchsetzungsfähiger Interessengruppen. Ebenfalls betrachtet werden die Zielsetzungen der in den europäischen bürokratischen Institutionen agierenden Menschen.[583] Innerhalb der europäischen politischen Prozesse werden nicht diejenigen Ergebnisse erzielt, die aus der traditionellen Wohlfahrtsökonomik eigentlich zu erwarten wären.[584]

Diese modelltheoretische Kritik zieht sich wie ein roter Faden durch die Betrachtung der möglichen negativen Konsequenzen eines Wettbewerbs der Ordnungen und deren Einfluss auf die Steuereinnahmen, die Bereitstellung öffentlicher Güter, die Qualitätsregulierung und die sozialen Sicherungssysteme. Diese Fragestellungen werden auf der Grundlage der neoklassischen Theorie und mit Hilfe der einschlägigen neoklassischen Modelle untersucht, indem ein Wohlfahrtstaat betrachtet wird. Insofern erscheint es unter der Zielstellung der Entwicklung einer eigenen Konzeption für die europäische Verfassung angezeigt, sich auch methodisch mit den verschiedenen Ansätzen auseinander zu setzen.

Eine erste kurze Gegenüberstellung der neoklassisch fundierten Ansätze und der evolutorischen und konstitutionenökonomischen Grundlagen erfolgt am Ende des dritten Kapitels. Es wird gezeigt, dass die evolutorischen aber auch die konstitutionenökonomischen Ansätze besser geeignet sind, die hier zu untersuchende Fragestellung zu bearbeiten. Als Folge dieser Erkenntnis werden dann in dem vierten Kapitel der evolutorische Ansatz nach HAYEK und der konstitutionenökonomischen Ansatz nach BUCHANAN u.a. eingehend untersucht und einer kritischen Analyse unterzogen. Es wird der Versuch einer Synthese unternommen, mit deren Hilfe dann versucht wird, in einem fünften Kapitel Anforderungen an eine europäische Verfassung normativ im Hinblick auf die konstituierenden Elemente einer Verfassung,

---

583 Zur Darstellung des Prozesses der politischen Entscheidungsfindung und zur Darstellung der Akteure im europäischen politischen Prozess vgl. im zweiten Kapitel, die Abschnitte 2.3.2 und 2.5.2.

584 Das Wachstum der Staatstätigkeit in den OECD-Ländern, welches neben dem Anstieg der Staatsverschuldung durch eine steigende Steuerlast finanziert wurde und das nicht durch eine Zunahme der öffentlichen Aufgaben (Bereitstellung (tatsächlicher) öffentlicher Güter, Internalisierung externer Effekte etc.) zu rechtfertigen ist, bietet eine hinreichende Evidenz dafür, dass staatliche Akteure auf die Steuerbasis auch tatsächlich zugreifen, wenn sie die Möglichkeit dazu erhalten. Das Beharrungsvermögen von Steuern und von der Bereitstellung von Gütern und Leistungen, die Privatisierungspotentiale haben und keine öffentlichen Güter sind, durch den Staat, belegt dies zusätzlich.

aber auch im Rahmen einer positiven Analyse als eine Ableitung von Organisationsregeln für den politischen Entscheidungsprozess zu entwickeln.

Wählt man ein anderes Analyseinstrumentarium - bspw. die Neue Institutionenökonomik, insbesondere die Public-Choice-Theorie - so wird der Staat selbst analysierbar. Analog zu dem Marktversagen, das nach der neoklassischen Theorie die Voraussetzung staatlichen Handelns ist, existiert dann auch das Staatsversagen. Diese theoretische Fundierung erscheint aus zwei Gründen angemessen. Zum einen ist nicht in jedem Versagen des Marktes bzw. seiner Unvollkommenheit garantiert, dass der Staat dies besser zu lösen in der Lage ist. Und darüber hinaus ist zum anderen die neoklassische Theorie nicht fähig zu erklären, warum die Staatstätigkeit permanent ausgedehnt wird. Mit einer zunehmenden Anzahl von Aufgaben – gemäß dem WAGNER'schen Gesetz - ist dieses Phänomen jedenfalls nicht zu erklären.

Aus Sicht politökonomischer Modelle ist das Ergebnis des Steuerwettbewerbs nicht so kritisch zu beurteilen, da der Steuer- bzw. Systemwettbewerb ein geeignetes Instrument darstellt, eine Ausgabenbeschränkung des Staates herbeizuführen und somit eine gesunde Barriere für die in den letzten Jahrzehnten festzustellende ausufernde Entwicklung der Staatstätigkeit und der Erhöhung der Staatsquote zu entwickeln.[585] Eine weitgehende Kontrolle der staatlichen Akteure durch die betroffenen Bürger könnte erreicht werden.[586] Eine solche Kontrolle ist um so eher möglich, je kleiner die betreffende Gebietskörperschaft ist. Daraus ergibt sich die Forderung, staatliche Aufgaben sowie die dazu notwendige Einnahmenkompetenzen hierarchisch so niedrig wie möglich anzusiedeln. Zur Ermöglichung einer verbesserten Kontrolle durch den Bürger erscheint es gerade sinnvoll, aufkommenselastische Steuern, also bspw. die progressiv gestalteten Steuern auf Einkommen und Vermögen, eher den unteren staatlichen Ebenen zu überlassen, während eher indirekte Wert- und insbesondere Mengensteuern eher der oberen Ebene zugeordnet werden sollten.[587]

Nach aller vorliegender empirischer Evidenz ist die Gefahr eines ruinösen Wettbewerbs um mobile Produktionsfaktoren zwischen den Staaten der EU als auf zumindest lange Zeit unrealistisch anzusehen. Daher sollte eine föderale

---

585 Vgl. zu den Argumenten aus der Public-Choice-Analyse im Abschnitt 3.2.2.3.

586 Dies wird insbesondere dann nötig, wenn dem Marktversagen ein Politikversagen gegenübergestellt und in den Analyserahmen einbezogen werden soll. Die wohlfahrtsökonomische Sichtweise, dass der Staat nur im Falle eines Marktversagens handele, erinnert an die von Schumpeter beschriebene „kindliche Staatsgläubigkeit", der in diesem Zusammenhang einmal sprach von einem „Fehlen jedes prinzipiellen Widerstandes gegen etwas, was der Statt tut, weil es der Staat tut, die kindliche Staatsgläubigkeit, die dazu führt, daß die bloße Tatsache, daß der Staat oder die Gemeinde eine Unternehmung beherrschen, ein günstiges statt ein ungünstiges Vorurteil hervorruft." Schumpeter (1952), S. 502.

587 Vgl. auch die im Auftrag der EU erstellten Gutachten von Schneider (1993), S. 191-212 und Blöchliger/Frey, R. (1993), S. 213-241.

Finanzverfassung mit klarer Kompetenzaufteilung angestrebt werden.[588] Wird das Subsidiaritätsprinzip als Aufforderung nach einer an den Bürgerpräferenzen orientierten Politik verstanden, so sind dezentrale Lösungen anzustreben. Die Beweislast ist immer in der Weise auf die Befürworter für Harmonisierung und Zentralisierungstendenzen zu verteilen, dass für jede einzelne Maßnahme, die auf die oberen Gebietskörperschaften verlegt wird, nachgewiesen werden muss, dass sie erstens nicht oder nur unzureichend im Sinne einer sinnvollen Allokation auf der nationalen Ebene zu erreichen ist, und dass sie zweitens effizient durch eine Harmonisierungsstrategie verfolgt werden kann.[589]

Auch wenn die Befürchtungen eines entstehenden Prozesses, in dem die Kapitalsteuern nach unten (wenn auch nicht auf Null) konkurriert werden, als Folge eines Steuerwettbewerbs nicht vollständig zu entkräften sind,[590] so ist die Frage, wie diese Entwicklung zu bewerten ist. Es ist die Frage noch nicht beantwortet, ob dies tatsächlich ein Problem oder nicht einen heilsamen Druck auf die politischen Systeme darstellt. Ebenfalls noch nicht geklärt ist die Frage, ob im Fall einer tatsächlich auf der europäischen Ebene zu beobachtenden Unterversorgung mit öffentlichen Gütern, positiven externen Effekten, zu geringen Internalisierung negativer externer Effekte u.a. die internationale bzw. europäische Koordination der Steuerpolitik in Form von einer Harmonisierung die Lösung dieser Marktdefekte bedeutet.

Zunächst ist festzuhalten, dass der Ansatz möglicher internationaler Absprachen theoretisch den besten Lösungsansatz darstellen könnte. Gegenwärtig gibt es keine internationalen Vereinbarungen, über die Festschreibung der direkten Steuern. Grundsätzlich wäre der Abschluss eines Steuer-Gatt vorstellbar, in dem eine Art Verhaltenskodex für die Gestaltung der direkten Steuern der Vertragsländer formuliert wird. Allerdings erscheint eine solche Entwicklung in absehbarer Zeit aufgrund der identifizierbar sehr unterschiedlichen Interessen der OECD-Länder als absolut unrealistisch. Die Niedrigsteuerländer und (kleinere) Länder, die bewusst die Rolle

---

588 Ein Mischsystem aus Ausgaben-, Aufgaben- und Einnahmenkompetenzen des Staates stellt sich auch für Europa als ungeeignet heraus. Die Schweiz ist insofern eher als Deutschland für die künftige Verfassung Europas als befruchtendes Modell anzusehen. Vgl. hierzu auch Bundesministerium für Wirtschaft (1994). Diesem Ergebnis wird insbesondere im fünften Kapitel Rechnung getragen, indem das FOCJ untersucht und auf eine Anwendbarkeit für die EU getestet wird. Vgl. hierzu die Abschnitte 5.3.3.5 und 5.4.3.3.2.

589 In dem Abschnitt 3.4 wird ein Fazit als Zwischenergebnis der angestellten Überlegungen über die möglichen Begründungen einer Integration durch Harmonisierung aus den Nachteilen des Wettbewerbs als Integrationsstrategie formuliert. Darauf aufbauend wird ein Raster entwickelt, dass in der Lage ist, Bedingungen zu formulieren, die eine Harmonisierungsnotwendigkeit einzelner staatlicher Aufgaben begründen können.

590 Auch ist die Argumentation, eine Erhöhung der Steuern auf den weniger mobilen Faktor Arbeit sei deshalb als nicht dramatisch einzuschätzen, da auch bei einer hohen Kapitalbesteuerung letztlich die Arbeitnehmer aufgrund von Überwälzungen diese Steuern tragen müssten (vgl. Huber (1997), S. 240-252), als nicht überzeugend einzuschätzen, da der empirische Nachweis fehlt.

einer Steueroase gewählt haben, profitieren vom Steuerwettbewerb und haben wenig Veranlassung derartige Vereinbarungen zu unterzeichnen.

Die Forderung nach europäischen Absprachen zur Einschränkung des Steuerwettbewerbs ist bezüglich der möglichen Durchführbarkeit als nicht so sehr unrealistisch einzuschätzen, wie das auf der internationalen Ebene der Fall ist. Die größeren Länder der EU hätten hier die Möglichkeit, politischen Druck auszuüben, Länder wie Irland oder Luxemburg dazu zu bewegen, einer Beschränkung des Steuerwettbewerbs zuzustimmen.[591] Der Steuerwettbewerb stellt, wenn er als problematisch eingeschätzt wird, nicht nur ein europäisches, sondern ein internationales Problem dar. Eine Harmonisierung innerhalb der EU könnte sich als eine gefährliche Illusion erweisen, denn sie trüge die Gefahr einer Abwanderung des Kapitals in das nicht-europäische Ausland aber auch in das europäische Ausland - die Schweiz - in sich. Die Option, Kapitalverkehrskontrollen einzuführen - als eine mögliche Reaktion auf die potentielle Kapitalflucht - steht in einem unvereinbarem Gegensatz zu dem Freihandelskonzept.

Es werden vor allem zwei Konzepte bzgl. der Besteuerung der Zinseinkünfte privater Haushalte diskutiert, denn in der mangelhaften Durchsetzung des Wohnsitzlandprinzips bei der Besteuerung privater Kapitaleinkünfte wird das eigentliche Problem des Steuerwettbewerbs gesehen. Zum einen wird als möglicher Lösungsvorschlag ein verbesserter Informationsaustausch zwischen den Finanzbehörden der Mitgliedsländer und zum zweiten die Möglichkeit einer Festlegung der Mitgliedsländer auf einen Mindeststeuersatz für Zinseinkünfte als eine Quellensteuer vorgeschlagen.[592]

Die Vorstellung in einer Festung Europa einen verbesserten Informationsaustausch zwischen den nationalen Finanzbehörden organisieren zu können, ist nicht nur administrativ außerordentlich aufwendig, sondern führt auch zu gravierenden Anreizproblemen, denn bisherige Niedrigsteuerländer werden sicherlich versuchen, die Auskunftspflichten an ausländische Finanzämter zu unterlaufen.

Die Möglichkeit, in den EU-Ländern eine Mindestquellensteuer auf die Erträge aus privaten Ersparnissen einzuführen, ist zu verwerfen, denn neben möglicher administrativer Probleme (wie z.B. der Frage der Behandlung von Kapitalgewinnen) sind es vor allem die Finanzinnovationen, die durch die rasante Entwicklung auf den Kapitalmärkten einer Kontrolle durch eine europaweite Mindestquellensteuer entgegenstehen. Darüber hinaus kann ein einzelnes Land eine solche Mindeststeuer durch Änderung seiner Unternehmensbesteuerung relativ unproblematisch unterlaufen.

591 Manche Untersuchungen gehen davon aus, dass bereits das heute geltende Europäische Recht ausreichen würde, dass der EuGH eine stärkere Steuerkoordination erzwingen könnte, nämlich wenn er den Nachweis erbringen könnte, dass der Steuerwettbewerb das Funktionieren des Binnenmarktes gefährde.

592 Vgl. Huizianga/Nielsen (1997).

Zur Erläuterung wird noch einmal auf die Abbildung 9 zurückgegriffen. Wenn durch die Erhebung einer einheitlichen Quellensteuer in Europa die Kapitalkosten eines Landes von r auf r+t steigen, kann es aus Sicht des Landes optimal sein, negative Wirkungen auf inländische Investitionen auszugleichen, indem bspw. die Abschreibungsbedingungen verbessert werden, so dass sich – grafisch gesprochen – I auf I* verschiebt (vgl. Abbildung 10). Die Mehreinnahmen der Quellensteuer reichen dann genau aus, um die Kosten der Kapitalsubventionierung zu finanzieren. Es käme zu keiner Veränderung des Gesamtsteueraufkommens in diesem Land.

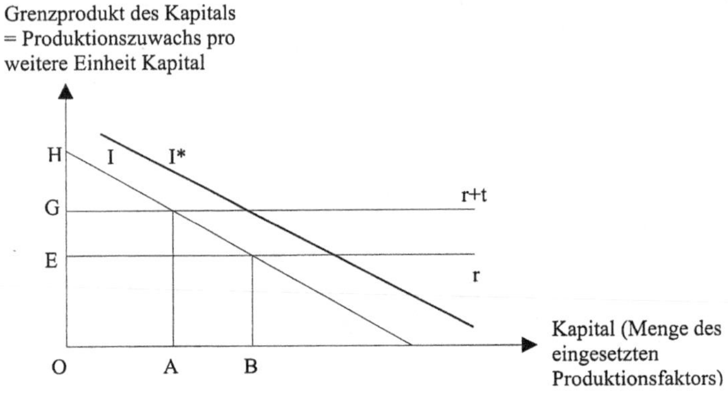

Abbildung 10: Möglichkeit der Verminderung der negativen Folgen einer Einführung einer Mindest-Quellensteuer durch Abschreibungen

Wenn die Unternehmensbesteuerung in Europa nicht vollständig harmonisiert ist, ist es wahrscheinlich, dass die Einführung einer EU-weiten Quellensteuer durch andere steuerpolitischen Maßnahmen auf Unternehmensebene neutralisiert und letztlich sogar konterkariert wird. Selbst wenn man der Vorstellung von einem geschlossenen europäischen Kapitalmarkt anhängt, so sind die Erfolgsaussichten einer Steuerkoordinationspolitik als außerordentlich skeptisch zu beurteilen.

Zudem ist der Zusammenhang zwischen einem Steuerwettbewerb einerseits und der drohenden Gefahr der mangelhaften Bereitstellung von öffentlichen Gütern zu relativieren. SIEBERT verweist darauf, dass die internationale Kapitalmobilität den nationalen öffentlichen Gütern ein Stück weit ihr Definitionskriterium als öffentliches Gut nimmt. Im extremen Fall reiner nationaler öffentlicher Güter bedeutet die Kapitalmobilität, dass Unternehmen auf Steuern, welche die öffentlichen Güter finanzieren, reagieren können, indem sie abwandern oder bleiben. Damit offenbaren sie ihre Zahlungsbereitschaft. Streng genommen verändert die internationale

Kapitalmobilität das Definitionsmerkmal des nationalen öffentlichen Gutes, da einige Nutzer der Nutzung ausweichen können.[593]

In den folgenden drei Abschnitten sollen in dieser Untersuchung keine europaweit öffentlichen Güter und auch keine internationalen externen Effekte betrachtet werden, da sich hier leicht zeigen lässt, dass ein Systemwettbewerb dort nicht funktionsfähig sein kann.[594] Betrachtet werden soll die Bereitstellung von öffentlichen Gütern am Beispiel der Infrastruktur.[595]

Insgesamt werden hier drei andere Beispiele für die Verwendung der Steuereinnahmen des Staates ausgewählt, bei denen die Argumente nicht so eindeutig vorzubringen sind (wie bei den in der EU relevanten grenzüberschreitenden negativen externen Effekten). Dies sind die öffentliche Infrastruktur und ihre Finanzierung durch Äquivalenzsteuern, die Qualitätsregulierung und der Sozialstaat als Versicherung.[596] Allerdings bedarf es bei der Diskussion dieser drei Problembereiche einer genaueren Differenzierung der Modelle.

Im Folgenden werden nun an drei Modellbeispielen - der öffentliche Infrastruktur und ihre Finanzierung, der Qualitätsregulierung sowie des umverteilenden Sozialstaates als soziale Sicherung - die Möglichkeiten und Grenzen des Systemwettbewerbs diskutiert, um die Notwendigkeit einer Harmonisierung im Integrationsprozess zu überprüfen.[597]

---

593 Vgl. Siebert (1997a), S. 54.

594 Dies sind in der Literatur auch die Standardbeispiele, um die Notwendigkeit für eine Integration durch Harmonisierung abzuleiten. Vgl. Sinn (1997b), S. 12.

595 Dieses gewählte Beispiel ist allerdings aus zwei Gründen nicht ganz unproblematisch, denn zum einen gibt es viele Bereiche im Rahmen der Infrastruktur, die zwar häufig vom Staat bereitgestellt werden und insofern den Charakter eines öffentlichen Gutes suggerieren, aber tatsächlich nicht die Kriterien eines öffentlichen Gutes erfüllen und insofern auch durchaus von privaten Unternehmen bereitgestellt werden könnten. (Exemplarisch soll an dieser Stelle nur kurz auf den Bereich der Bildung verwiesen werden, der nicht die Kriterien eines öffentlichen Gutes erfüllt und ohne weiteres bspw. im Rahmen einer privaten Hochschule das gehandelte Gut Bildung auch privat angeboten werden könnte.) Zweitens ist das gewählte Beispiel der Infrastruktur insofern nicht unproblematisch, da es sich leicht zeigen ließe, dass Infrastrukturprojekte, die positive externe Effekte europaweit ausstrahlen bzw. den Charakter eine europaweiten öffentlichen Gutes aufweisen, auch auf europäischer Ebene bereitgestellt bzw. mindestens koordiniert werden sollten. Hierzu ist kritisch zu bemerken, dass gerade im Bereich der Infrastruktur es schwer fallen dürfte, reine national ausgerichtete Infrastrukturprojekte zu identifizieren.

596 Diese Unterscheidung von verschiedenen Fällen scheint dem Versuch, eine ernsthafte modelltheoretische Diskussion führen zu wollen, aus Gründen der Realitätsnähe zuträglich zu sein.

597 Hierbei werden die von Sinn selbstgewählten Beispiele übernommen, um zunächst seine Argumentation darzulegen und sie anschließend kritisch zu prüfen.

3.2.2.1.3 Bereitstellung öffentlicher Infrastruktur

Als mögliche europäische Aufgabe wird neben der Internalisierung externer Effekte die Bereitstellung von öffentlichen Gütern gesehen und daraus ein Zwang zur Harmonisierung abgeleitet. Bereits PIGOU verdeutlichte,[598] dass dann, wenn bei der Produktion oder bei dem Konsum eines Gutes negative externe Effekte auftreten, gemessen an den Präferenzen der betroffenen Individuen zuviel von dem betroffenen Gut produziert und/oder konsumiert wird. Besteht ein Gut ausschließlich aus positiven externen Effekten, so handelt es sich um ein öffentliches Gut. Die theoretische Eigenschaften und die sich daraus ergebenden Probleme werden in der grundlegenden Arbeit von SAMUELSON behandelt; solange eine Gesellschaft sich auf den Marktmechanismus und eine dezentrale Bereitstellung verlässt, wird von den öffentlichen Gütern zu wenig und von den Übeln zu viel produziert.[599] Die Lösung, die die traditionelle Finanzwissenschaft vorschlägt ist, von der dezentralen Bereitstellung Abstand zu nehmen und die Internalisierung externer Effekte und die Bereitstellung öffentlicher Güter dem Staat zu überlassen. Im Gegensatz dazu hat COASE darauf aufmerksam gemacht, dass, sofern eine klare Zuordnung der Eigentumsrechte vorliegt (klare Zurechenbarkeit der Property Rights), Verhandlungen zwischen den Betroffenen bei externen Effekten zum gleichen – pareto-optimalen – Ergebnis führen können wie eine zentrale Lösung.[600] Die staatliche Lösung ist demnach nicht mehr die einzige und eindeutige Lösung. Vielmehr ist zu beachten, bei welchen institutionellen Arrangement die Transaktionskosten am geringsten sind. Entscheidend hierfür erscheint die Anzahl der Beteiligten in der betroffenen Situation zu sein. Während bei einer geringen Anzahl Betroffener Verhandlungslösungen in der Regel angebracht sind, nimmt mit steigender Zahl der Akteure die Möglichkeit strategischen Verhaltens bzw. des Trittbrettfahrerverhaltens zu, so dass die Lösungen einer übergeordneten Instanz des Staates notwendig werden.

Externe Effekte und Öffentliche Güter stellen eine bestimmte Form des Marktversagens dar. Während die traditionelle Finanzwissenschaft aus dem Tatbestand des Marktversagens die Notwendigkeit staatlicher Eingriffe ableitet, beschäftigt sich die neuere Forschung mit zwei anderen Fragestellungen:[601]

Erstens wird dem Marktversagen ein mögliches Staatsversagen gegenübergestellt. Da der Staat weder über vollkommene Informationen noch über Instrumente verfügt, mit denen gesetzte Ziele exakt erreicht werden, kann aus einem Marktversagens-Tatbestand höchstens eine notwendige Bedingung staatlicher Aktivität abgeleitet werden, aber eben keine hinreichende. Darüber hinaus verursacht staatliche Aktivität selbst soziale Kosten und es ist möglich, dass der Nettoeffekt eines staatlichen

598 Vgl. Pigou (1932).

599 Vgl. Samuelson (1954), S. 387-389.

600 Vgl. Coase (1960), S. 1-44.

601 Zur Kritik an dieser Sichtweise der traditionellen Finanzwissenschaft vgl. auch Kirchgässner/Pommerehne (1988), S. 230-250.

Eingriffes bei Marktversagen negativ ist. Der Nutzen, der durch die Beseitigung des Marktmangels entsteht, ist als geringer einzuschätzen, als die Kosten, die diese Staatsaktivität durch das Politikversagen verursacht. Der ursprüngliche positive Effekt wird überkompensiert. Diese Fragen werden im Rahmen der Ökonomischen Theorie der Politik bzw. Im Rahmen der Public-Choice-Theorie untersucht.[602]

Zweitens gibt es einen umfangreichen Forschungsstrang, der sich mit der privaten Bereitstellung öffentlicher Güter beschäftigt. Hierbei werden zwei wesentliche Forschungsrichtungen unterschieden: Einerseits werden die Mechanismen zur Überwindung der free-rider-Problematik untersucht,[603] andererseits werden Klassifikationsmöglichkeiten dafür gesucht, wann Individuen auch freiwillig bereit sind, Beiträge zur Erstellung öffentlicher Güter zu leisten.[604]

Im Zusammenhang mit der Diskussion um den Steuerwettbewerb wird – wie gezeigt wurde – auf die Schwierigkeiten einer Finanzierung der öffentlichen Güter und eine potentielle Unterversorgung im Bereich der Infrastruktur hingewiesen. Dies ist insofern eine schwerwiegende Konsequenz, als Infrastruktur als öffentlicher Kapitalstock das Fundament der wirtschaftlichen Tätigkeit in einer Volkswirtschaft darstellt.[605] Sie umfasst die Gesamtheit der materiellen, institutionellen und personellen Einrichtungen und Gegebenheiten, die unternehmungsbezogen zur Erhaltung und/oder Erhöhung der Leistungen der Produktionsfaktoren und haushaltsbezogen zur Erhaltung und/oder Verbesserung der Lebensbedingungen notwendig sind.[606] Im Rahmen dieser Untersuchung steht die materielle Infrastruktur im Vordergrund. Gegenüber anderen Teilen des Realkapitalstocks einer Volkswirtschaft grenzt sich die materielle Infrastruktur dadurch ab, dass deren Output als Vorleistungen in die Produktion von Gütern und Dienstleistungen eingeht.

Die konstitutiven Merkmale der materiellen Infrastruktur bzw. Infrastrukturleistungen[607] werden allgemein in technische, ökonomische und institutionelle Merkmale gruppiert.[608] Zu den technischen Merkmalen zählen insbesondere:

---

602 Eine Einführung in diese Thematik findet sich bei Frey (1977) und Mueller (1989).

603 Der bekannteste Mechanismus ist die Darstellung nach Olson, nämlich die Bereitstellung eines öffentlichen Gutes in Verbindung mit einem privaten Gut (bei dem das Ausschlussprinzip also gilt). Vgl. Olson (1965).

604 Vgl. bspw. Kirchgässner (1992), S. 305-320 und ders. (1994) sowie Pommerehne/Feld/Hart (1994), S. 505-518.

605 Vgl. Frey, R. (1978), S. 201 und Scheele (1993), S. 18.

606 Vgl. Joachimsen/Gustafsson (1977), S. 38; Scheele (1993), S. 19.

607 Infrastrukturleistungen stellen den aus der Nutzung von Infrastrukturanlagen resultierenden Ertragsstrom dar. Vgl. Frey (1978), S. 203.

608 Vgl. Hierzu auch die ausführlichen Klassifikationen bei Frey, R. (1978), S. 201 f.; Frey, R. (1979), S. 19; Büschgen/Ergenzinger (1993), S. 32 und Joachimsen/Gustafsson (1977), S. 42 ff.

- Infrastrukturleistungen als generell verwendbare Inputs
- Standortgebundenheit der Infrastrukturleistungen
- geringe Importmöglichkeiten der Infrastrukturleistungen
- Interdependenzen zwischen den Bestandteilen eines Infrastrukturbereichs
- lange Lebensdauern der technischen Systeme
- Unteilbarkeit wesentlicher technischer Systemelemente

Die ökonomischen Merkmale umfassen:

- hoher Kapitalkoeffizient
- hoher Fix- und Gemeinkostenanteil und ausgeprägte Sprungkosten
- ausgeprägte Kostendegression (economies of scale) und Verbundvorteile (economies of scope)
- Nutzendiffusion
- ausgeprägte externe Effekte.

Hieraus werden im Allgemeinen folgende institutionelle Merkmale abgeleitet:

- fehlende Marktpreise
- defizitäre Betriebsführung (Ausgleich durch öffentliche Mittel)
- staatliche Leistungserbringung
- Entscheidung durch staatliche Institutionen.

Im Folgenden wird überprüft, ob diese technischen und ökonomischen Merkmale von Infrastruktur tatsächlich eine staatliche Infrastrukturbereitstellung als häufig genanntes institutionelles Merkmal von Infrastruktur bedingen bzw. rechtfertigen.

In zahlreichen Untersuchungen der Wirkung und Bedeutung von Infrastruktur wurde nachgewiesen, dass die Infrastrukturausstattung von nachhaltiger Bedeutung für die gesamtwirtschaftliche Entwicklung eines Landes oder einer Region ist. Die ökonomischen Effekte von Infrastruktur werden dabei unterschiedlichen, zuweilen recht unklar abgegrenzten Wirkungsebenen zugeordnet.[609] Grundsätzlich lassen sich diese Effekte danach unterscheiden, ob sie in der Errichtungs- oder in der

---

609 Vgl. allgemein zu den Effekten von Infrastruktur Frey, R. (1979), S. 41 ff.; Niederberger (1980), Sp. 550 ff.; Bloech (1989), Sp. 639 ff.; Kolodziej (1996), S. 36 ff.; Joachimsen/Gustafsson (1977), S. 49.

Nutzungsphase anfallen, also eher Nachfrage- oder Angebotswirkungen anstoßen.[610] Nachfragewirkungen ergeben sich als Einkommens- und Beschäftigungseffekte unmittelbar bei der Errichtung durch Verwendung (öffentlicher) Finanzmittel für die Entlohnung der Arbeitskräfte und die Beschaffung der notwendigen Vorprodukte. Hinzu kommen Einkommens- und Beschäftigungseffekte in vor- und nachgelagerten Branchen. Allerdings stehen in der aktuellen Diskussion die angebotsseitigen Effekte von Infrastrukturinvestitionen im Vordergrund der Betrachtungen.[611] Wesentlich sind die Produktivitäts- und Wachstumseffekte von Infrastruktur, die eine Vergrößerung der Produktionsmöglichkeiten von Unternehmen, Branchen und Regionen induzieren.[612] Hiernach stellen Infrastrukturinvestitionen zunächst eine notwendige, wenn auch keine hinreichende Voraussetzung[613] für private Investitionen dar (Basiseffekt) und erhöhen komplementär dazu die Effizienz und die Qualität der privaten Produktionsfaktoren (Veredelungseffekt).[614] Durch eine unterschiedliche Infrastrukturausstattung kann es zu regionalökonomischen Effekten in Form von standortspezifischen Wettbewerbsvorteilen oder –nachteilen kommen.[615] Der Aufbau, die Erhaltung und der Ausbau derartiger Vorteile im interregionalen und internationalen Standortwettbewerb stellen damit wichtige Zielsetzungen der Infrastrukturpolitik dar. Die Infrastrukturpolitik umfasst alle Maßnahmen öffentlichen Institutionen zur Gestaltung des Infrastruktursystems in einem bestimmten Versorgungsgebiet.[616]

Entsprechend der Bedeutung, die die Infrastruktur für die Entwicklung einer Region bzw. eines Landes hat, soll im Rahmen der Diskussion um einen Systemwettbewerb als Integrationsstrategie in der EU analysiert werden, ob eine Unterversorgung im Bereich der Infrastrukturleistungen infolge des Wettbewerbs der Systeme – vor allem der Steuersysteme – zu befürchten ist. Damit würden die europäischen Länder in dem internationalem Standortwettbewerb einen Wettbewerbsnachteil erleiden.

Entsprechend der wohlfahrtsökonomisch motivierten Annahme, müssen im Rahmen der neoklassischen Argumentationslinien im Bereich der Infrastruktur nur diejenigen öffentlichen Infrastrukturprojekte betrachtet werden, die vom Staat aufgrund von Marktversagen bereitgestellt werden, die demnach als öffentliche Güter anzusehen sind. In der normativen Theorie der staatlichen Regulierung wird die Notwendigkeit

---

610 Vgl. Busch/Klös (1996), S. 15.

611 Im Zusammenhang mit den vorübergehenden nachfragebedingten Einkommens- und Beschäftigungseffekten von Infrastrukturinvestitionen spricht Kolodziej anschaulich von einem „Keynesianischen Strohfeuer". Koldziej (1996), S. 37.

612 Insbesondere die Untersuchungen von Aschauer weisen einen hohen Einfluss der Infrastrukturausgaben auf die Produktivitätsentwicklung des privaten Sektors nach. Vgl. zur Aschauer-Hypothese Aschauer (1989), S. 177 ff.

613 Vgl. zu den hinreichenden Bedingungen für private Investitionen Bruinsma/Nijkamp/Rietfeld (1990), S. 20 ff.

614 Vgl. Busch/Klös (1996), S. 15 und Klös (1991), S. 303.

615 Vgl. hierzu Scheele (1993), S. 35 ff.; Joachimsen/Gustafsson (1977), S. 40; Bloech (1989), Sp. 641.

616 Vgl. Bloech (1989), Sp. 639.

von regulativen Staatseingriffen in die Marktallokation mit Marktversagen begründet.[617] In dem Bereich der Infrastruktur wird ein Marktversagen vor allem auf den Charakter von Infrastrukturleistungen als öffentliche Güter, auf das Vorliegen natürlicher Monopole und die eine mögliche Induzierung externer Effekte der Infrastrukturbereitstellung zurückgeführt. Das zentrale Argument für die Notwendigkeit einer staatlichen Bereitstellung von Infrastrukturleistungen ist der Verweis auf den Charakter eines öffentlichen Gutes.[618] Hierbei müssen aber die beiden Merkmale von öffentlichen Gütern geprüft werden, nämlich die Nicht-Ausschließbarkeit und die nicht existierende Rivalität im Konsum.

Werden die beiden Kriterien der Nicht-Ausschließbarkeit und der nicht existierenden Rivalität im Konsum gleichermaßen erfüllt, so liegt klassisches Marktversagen vor; infolge fehlender Zahlungsbereitschaft kommt es zu keinem Angebot auf diesem Markt, obwohl ein Bedarf besteht. In diesen Fällen muss der Staat für die Leistungserstellung sorgen. Es ist aber bereits an dieser Stelle darauf hinzuweisen, dass der Anteil der reinen öffentlichen Güter im Bereich der Infrastrukturbereitstellung durch den Staat als gering einzustufen ist. Leistungen, auf die beide Merkmalsausprägungen gleichermaßen zutreffen, sind in der Realität recht selten. Vielmehr lassen sich die Infrastrukturleistungen anhand einer Kombination der Ausprägungen der zwei Merkmale Ausschlussmöglichkeiten und Rivalität im Konsum systematisieren. Anhand der jeweiligen Kombinationen der jeweiligen reinen Ausprägungen können neben den öffentlichen Gütern drei weitere Gruppen von Gütern und Dienstleistungen unterschieden werden. Die erste Gruppe umfasst alle privaten Güter, bei denen Rivalität im Konsum besteht und das Ausschlussprinzip anwendbar ist. In der zweiten Gruppe sind die Allmende-Güter, bei denen Rivalität im Konsum gegeben ist und das Ausschlussprinzip nicht zur Anwendung kommt. Die dritte Gruppe umfasst die Mautgüter, bei denen keine Rivalität im Konsum festzustellen ist, das Ausschlussprinzip hingegen angewendet werden kann.

Bildet man beide Dimensionen Ausschluss und Rivalität als Kontinua in einem Diagramm ab, entsprechen die vier Ecken der jeweiligen Gruppe von Gütern (vgl. hierzu die Abbildung 11). Die Positionierung verschiedener Infrastrukturleistungen innerhalb des Diagramms macht deutlich, dass viele der materiellen Infrastrukturanlagen in die Kategorie der Mautgüter fallen. Zumindest innerhalb bestimmter Kapazitätsgrenzen ist ein gemeinsamer Konsum möglich, und das Ausschlussprinzip ist sowohl technisch machbar als auch ökonomisch tragbar.[619]

Folgt man dieser Argumentation, so sind die meisten Infrastrukturleistungen keine öffentlichen Güter. Sie können auch privat über den Markt bereitgestellt werden, da nicht-zahlungswillige Nutzer jederzeit vom Konsum ausgeschlossen werden können.

---

617 Vgl. Musgrave, R. A./Musgrave, P. B./Kullmer (1990), S. 9.

618 Vgl. hierzu Scheele (1993), S. 26; Büschgen/Ergenzinger (1993), S. 37

619 Vgl. Scheele (1993), S. 29 und Klös (1989), S. 384.

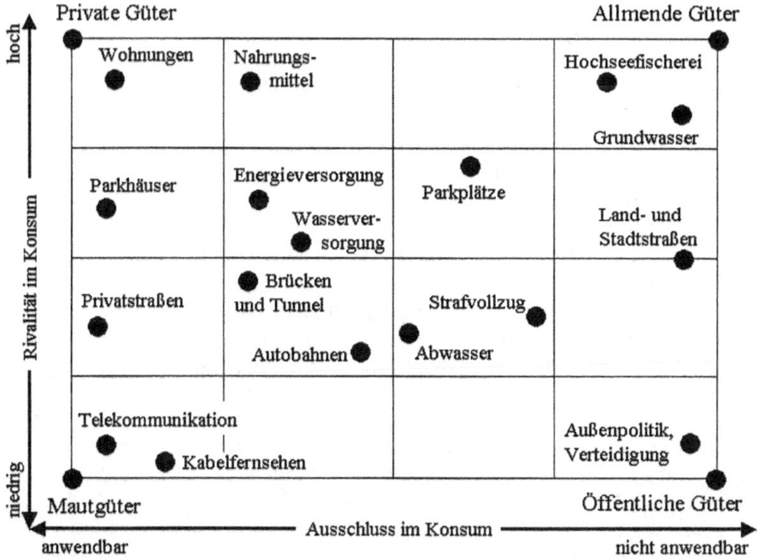

Abbildung 11: Klassifizierung von Gütern im Bereich der Infrastruktur[620]

Es wird deutlich, dass viele angebotene staatliche Leistungen keine öffentlichen Güter sind. Sie weisen teilweise eher die Eigenschaften von privaten, bestenfalls von Mischgütern auf.[621]

Werden viele Leistungen dennoch staatlich organisiert und angeboten, so wird dies häufig mit der Existenz natürlicher Monopolsituationen und dem Vorliegen externer Effekte begründet. Auch diese Rechtfertigungen für staatliche Regulierungen müssen genau überprüft werden.

Natürliche Monopole sind durch spezifische Kostenstrukturen gekennzeichnet, die dazu führen, dass ein Anbieter den relevanten Markt kostengünstiger versorgen kann als mehrere Anbieter. In diesem Fall profitiert das Monopol von Subadditivität seiner Kostenfunktion. Ursache hierfür sind vor allem die aufgrund der technischen Merkmale von Infrastrukturanlagen auftretenden economies of scale, die im relevanten Nachfragebereich zu kontinuierlich fallenden Grenz- und Durchschnittskosten

620 Vgl. ähnlich Savas (1987), S. 38 ff. und Hintze (1998), S. 134.

621 Die Analysen von Staatsausgaben von 74 Gemeinden des schweizerischen Kantons Basel-Landschaft im Jahre 1969 weisen darauf hin. Vgl. Pommerehne/Frey (1976), S. 395-407.

führen.[622] Gegebenenfalls existieren auch economies of scope, die Kostenvorteile durch Verbundproduktion ermöglichen.[623]

Insbesondere netzförmige Infrastrukturanlagen[624] weisen die Merkmale natürlicher Monopole auf (vgl. hierzu Tabelle 16). Dabei besteht die Verkehrsinfrastruktur im Wesentlichen aus netzförmigen Verkehrsträgern wie Straße, Schiene und Wasserstraße sowie punktförmigen Verkehrsträgern, wie Flughafen, Häfen und weiteren Umschlagseinrichtungen besteht.[625] Wird ein derartiger Markt privat organisiert, bleibt zwangsläufig nur ein Anbieter übrig, der damit in der Lage ist, seine Monopolstellung auszuschöpfen. In bestimmten natürlichen Monopolbereichen werden diese Möglichkeiten insofern beschränkt, als eine monopolistische Preissetzung neue Wettbewerber, angelockt von den Monopolgewinnen, zum Markteintritt veranlassen könnte. Der Markt ist bestreitbar (contestable markets). Auch wenn der Wettbewerb nicht tatsächlich stattfindet, so genügt die Bedrohung durch einen potentiellen Wettbewerb. [626]

In den meisten Infrastrukturbereichen kann ein potentieller Wettbewerb nicht problemlos funktionieren, da ein nicht unwesentlicher Teil der zu tätigenden Investitionen sunk costs darstellen, d.h. es handelt sich um irreversible Kosten, die bei einem Marktaustritt unwiederbringlich verloren sind.[627] Aufgrund dieser Marktaustrittsbarrieren sind für den etablierten Anbieter nur noch die Grenzkosten entscheidungsrelevant und stellen für diesen die Preisuntergrenze im Bieterwettbewerb dar, während für potentielle Wettbewerber die gesamten Kosten entscheidungsrelevant sind, was für diese folglich eine Markteintrittsbarriere darstellt.

---

622 Vgl. Blankart (1994), S. 59.

623 Vgl. Völmicke (1995), S. 119.

624 Vgl. Scheele (1993), S. 19.

625 Unterschieden werden fünf Infrastrukturbereiche: die Umweltinfrastruktur, die Verkehrs-, die Energie-, die Telekommunikations- sowie die allgemeine Infrastruktur. Die Umweltinfrastruktur umfasst die Bereiche Wasserversorgung, Abwasserbeseitigung, und Abfallentsorgung. Die Verkehrsinfrastruktur besteht im Wesentlichen aus Straße, Schiene und Wasserstraße (netzförmig) und Hafen, Flughafen und weitere Umschlagseinrichtungen (punktförmige Infrastruktur). Zur Energieinfrastruktur zählen vor allem Elektrizität und Gas, soweit sie zur leistungsgebundenen Energieversorgung verwendet werden, wobei zwischen den Bereichen Energieerzeugung, Energietransport und Energieabgabe unterschieden wird. (Vgl. §2 EnWG) Die Telekommunikationsinfrastruktur umfasst im Wesentlichen feste und funkgestützte Telekommunikationsnetze sowie hieran angeschlossene Endeinrichtungen. (Vgl. §3 TKG). In die Kategorie der allgemeinen Infrastruktur fallen alle materiellen Infrastrukturanlagen, die keiner der bisher genannten Arten zuzuordnen sind. Hierzu zählen insbesondere öffentliche Einrichtungen und Gebäude, z.B. für den Bereich öffentliche Verwaltung, Bildung und Forschung, Gesundheitswesen, Strafvollzug, Sport und Erholung.

626 Vgl. Baumol (1982), S. 2; Blankart (1994), S. 59 f.

627 Die sunk costs sind um so höher, je länger die Lebensdauer der Infrastrukturanlage und je höher der damit verbundene Restwert der Infrastrukturanlage ist. Vgl. hierzu Völmicke (1995), S. 121.

Die Existenz irreversibler Kosten führt dazu, dass ein ineffizient arbeitender Monopolist solange vor potentieller Konkurrenz geschützt wird, wie der Effizienzvorsprung des auf den Markt strebenden Unternehmens kleiner ist als die versunkenen Kosten. Je größer die versunkenen Kosten sind, desto stärker ist der Schutz.[628]

Daher ist entsprechend der Merkmale Subadditivität und Irreversibilität für die einzelnen Infrastrukturbereiche zu differenzieren, ob sich überhaupt ein Bedarf an staatlicher Regulierung zur Vermeidung technischer und allokativer Ineffizienzen ergibt.

Tabelle 16: Subadditivität, Irreversibilität und Regulierungsbedarf in ausgesuchten Infrastrukturbereichen[629]

Infrastrukturbereich	**Beispiele**	**Subadditivität**	**Irreversibilität**	**Regulierungsbedarf**
Umweltinfrastruktur				
Punktförmig	Kläranlagen, Müllverbrennungsanlagen	Nein	Hoch	Besteht nicht
Netzförmig	Kanalisation	Ja	Hoch	Besteht
Verkehrsinfrastruktur				
Punktförmig	Flughäfen, Häfen, Brücken, Tunnel	Nein	Hoch	Besteht nicht
Netzförmig	Straßen-, Schienennetze, Schiffskanäle	Ja	Hoch	Besteht
Energieinfrastruktur				
Punktförmig	Kraftwerke	Nein	Hoch	Besteht nicht
Netzförmig	Strom-, Gas-, Fernwärmenetze	Ja	Hoch	Besteht
Telekommunikationsinfrastruktur				
Punktförmig	Satelliten, Endgeräte	Nein	Gering	Besteht nicht
Netzförmig	Telefon-, Funk- und Datennetze	Ja	Hoch	Besteht

Wie die Tabelle 16 zeigt, kann bei einem Großteil der materiellen Infrastrukturanlagen von hohen irreversiblen Kosten ausgegangen werden. Daraus kann abgeleitet werden, dass sich aufgrund der subadditiven Kostenstrukturen für netzförmige Infrastrukturanlagen häufig ein Bedarf an staatlicher Regulierung ergibt.[630]

628 Vgl. Spelthahn (1993), S. 56.

629 Vgl. ähnlich auch Kruse (1989), S. 15; Hintze (1998), S. 135.

630 Vgl. Baumol/Panzar/Willig (1982), S. 466 und auch Blankart (1994), S. 510. Ausnahmen bilden hier mobile materielle Infrastrukturanlagen, wie z.B. Schienenfahrzeuge oder Telekommunikationsendgeräte. Vgl. hierzu auch Scheele (1993), S. 31.

Als eine weitere Begründung für die Notwendigkeit staatlicher Regulierungen wird auf die Existenz positiver externer Effekte bei der Bereitstellung von Infrastrukturanlagen verwiesen.[631] Die Existenz externer Effekte ist ein weiteres häufiges Merkmal von Infrastrukturanlagen.[632] Bei dem Vorhandensein externer Effekte gewährleistet der Marktmechanismus keine optimale Allokation von Ressourcen, da außerhalb des Marktes bei der Produktion oder dem Konsum der betreffenden Güter externe Kosten oder Erträge anfallen.[633] Dies führt im Falle der negativen (positiven) Effekte bei einer privaten Produktion zu einer Über- bzw. Unterversorgung der jeweiligen Güter, gemessen an einem gesellschaftlichen Optimum. Aufgrund der mangelnden Zuordnung und Abgrenzung der Property Rights und zu hoher Transaktionskosten finden die externen Kosten bzw. Erträge bei der Findung des Marktgleichgewichts keine Berücksichtigung, so dass es zu einem partiellen Marktversagen kommt.[634] Durch diverse staatliche Interventionen kann versucht werden, die Funktionsfähigkeit des Marktes zu verbessern, z.B. durch Subventionen, Steuern, Haftungsregeln, Standards, Normen und Auflagen.[635]

Im Rahmen der Diskussion um die Existenz externer Effekte sind zwei verschiedene Situationen voneinander zu unterscheiden: entweder diese öffentlichen Güter werden mit oder ohne Ballungskosten bereitgestellt, wobei der zweite Fall der Fall des reinen öffentlichen Gutes ist.[636]

a) Ohne Ballungskosten

Es werden zunächst öffentliche Güter ohne Ballungskosten betrachtet, also reine öffentliche Güter ohne Rivalität im Konsum und ohne Möglichkeit des Ausschlusses.[637] Es sind Güter mit konstanten Grenzkosten, d.h. dass jeder zusätzliche Konsument gleiche (oder keine) zusätzlichen Kosten verursacht. Ziel des Staates ist es – so jedenfalls lautet eine weitere Annahme – die Einkommen der immobilen Produktionsfaktoren zu maximieren. Ein Land attrahiert dann genau so viele Einheiten der mobilen Faktoren, bis der Zuwachs an Inlandsprodukt, der durch die letzte zusätzliche Einheit gewonnen werden kann, gerade genau den zusätzlichen Kosten,

---

631 Vgl. Scheele (1993), S. 31.

632 Vgl. Scheele (1993), S. 31.

633 Vgl. Hirsch (1989), Sp. 1082.

634 Nach dem Coase Theorem ist der Umkehrschluss formuliert, nämlich dass bei eindeutiger Abgrenzung und exklusiver Zuordnung der Property Rights und nicht vorhandenen Transaktionskosten Externalitäten der Produktion und des Konsums vollkommen über die Marktpreise internalisiert werden. Vgl. Coase (1993), S. 129 ff.

635 Vgl. Blankart (1994), S. 471 ff. und Klös (1989), S. 386.

636 Vgl. Sinn (1995), S. 240-249 und Sinn (1997a), S. 672-692.

637 Es handelt sich in der Typologie von Musgrave um das klassische Marktversagen. Unstrittig ist, dass Fälle von Marktversagen sich nicht durch den Systemwettbewerb als Integrationsstrategie lösen lassen. Es ist möglich, dass in den Fällen, in denen das Marktversagen auf europäischen Märkten vorliegt, also Interventionen aller Nationalstaaten nötig sind, Harmonisierung nützlich ist, da sonst die Gefahr des Wiederaufbrechens der Marktversagenstatbestände befürchtet werden muss.

den direkten Faktorkosten und den Kosten für die Nutzung öffentlicher Güter, entspricht. Der Staat wird den Steuersatz für die Faktoreinheit gerade so hoch legen, dass er den Grenzkosten der Nutzung des öffentlichen Gutes entspricht. Beispielsweise muss jede Einheit des Faktors Kapital genau die von ihr verursachten Kosten in Form von Steuern bezahlen. Der Steuerwettbewerb bringt in den wohlfahrtstheoretischen neoklassischen Modellen somit Äquivalenzsteuern hervor, die als Preise für staatliche Leistungen zu interpretieren sind.

Die Güter, deren Produktion der Staat übernommen hat, zeichnen sich i.d.R. dadurch aus, dass sie fallende Durchschnittskosten aufweisen und ihre Grenzkosten unter den Durchschnittskosten liegen. Als Beispiele können Beiträge zur öffentlichen Infrastruktur, wie Straßen und öffentliche Gebäude, die jeweils hohe Fixkosten (z.B. Baukosten) aber nur im Verhältnis geringe Nutzungskosten verursachen, genannt werden. Bei diesen öffentlichen Gütern ist von einer ruinösen Konkurrenz auszugehen, da die Bereitstellungskosten vom Marktpreis nicht voll erfasst werden können. Der private Wettbewerb funktioniert nicht.

Nach den Befürwortern einer zumindest partiellen Harmonisierung der hier betrachteten Bereiche der Steuersysteme funktioniert der Systemwettbewerb deshalb nicht, da die Grenzkostenpreise, die der Steuerwettbewerb hervorbringt, unter den Durchschnittskosten liegen und somit eine Unterdeckung der Produktionskosten zu erwarten ist. Die auf die mobilen Faktoren erhobenen Steuern decken nicht die gesamten Kosten ab. Diese Unterdeckung führe zwar nicht notwendigerweise zum Ruin des Staates oder zum Verzicht auf Produktion der öffentlichen Güter. Jedoch müssen die immobilen Faktoren die Fehlbeträge über höhere Steuerzahlungen tragen. Dies liegt durchaus auch in ihrem Interesse, da sie auf diese Weise ihr Einkommen maximieren können. Eine Abwanderung der mobilen Faktoren wegen höherer Steuern würde insgesamt zu einer Verminderung der Einkünfte der immobilen Faktoren inklusive Steuereinnahmen führen.[638]

Die Unterdeckung vergrößere trotz des Steuerwettbewerbs die Schwierigkeiten der Einkommensumverteilung. Selbst wenn die Äquivalenz-Steuer auf den Faktor Kapital gerade so hoch wäre wie die Finanzierungskosten der vom Kapital genutzten Infrastruktur, so bedeutet dies andererseits auch, dass der Produktionsfaktor Kapital nicht zur Finanzierung des Sozialstaates herangezogen werden kann.[639] Eine inverse Umverteilung zu Lasten derjenigen Gruppen, die der Sozialstaat eigentlich zu begünstigen sucht, kann im Falle eines Systemwettbewerbs nicht ausgeschlossen werden. Es ist möglich, dass eine Subventionierung des Kapitals finanziert durch die sozial Schwachen stattfindet.

---

[638] Vgl. Sinn (1995), S. 243-245 und Sinn (1997a), S. 675-677.

[639] Zu den Konsequenzen eines Systemwettbewerbs für den umverteilenden Sozialstaat vgl. den Abschnitt 3.2.2.1.5.

Ferner ist es möglich, dass die Finanzierungsdefizite bei der Produktion öffentlicher Güter nicht gedeckt werden. Dies ist dann zu befürchten, wenn es innerhalb der Produktionsfaktoren sowohl mobile als auch immobile Anbieter gibt und deshalb zwischen ihnen nicht diskriminiert werden kann, also keine unterschiedliche Besteuerung möglich ist. Für alle Anbieter von Produktionsfaktoren wären dann nur Steuerpreise in Höhe der Grenzkosten festzulegen. Das Finanzierungsdefizit des Staates bliebe so ungedeckt, so dass die öffentlichen Güter erst gar nicht produziert werden könnten.

b) Mit Ballungskosten

Erhöht sich die Anzahl der Nutzer bei den öffentlichen Gütern und kommt es in Folge dessen zu einer Rivalität im Konsum, so treten Ballungskosten auf. Das Problem der Unterdeckung mit den jeweiligen Gütern wird entschärft. Die Grenzkosten der Nutzung steigen an und stehen den hohen Fixkosten gegenüber. Die Finanzierungsprobleme werden verringert. Soll die Qualität in der Nutzung konstant gehalten werden, so muss die Kapazität erweitert oder die vorhandene Kapazität besser verwaltet werden. Die Grenzkosten der Nachfrage steigen bei zunehmender Rivalität. Steigen sie über die Durchschnittskosten an, so gibt es auch im Steuerwettbewerb kein Finanzierungsdefizit. Solche Güter können aber privatisiert werden, da es sich gerade nicht um öffentliche Güter handelt.[640] Gemäß dem Selektionsprinzip nach SINN produziert der Staat nur diejenigen Güter, bei denen keine Privatisierung möglich ist, bei denen also die Grenzkosten unter den Durchschnittskosten liegen.[641] Diese Annahe ist aber im Rahmen detaillierter Arbeiten über die Infrastrukturpolitik widerlegt worden.[642] Es gibt nur wenige Güter, für die diese Vorteile der staatlichen Bereitstellung feststellbar sind.[643] Fraglich ist allerdings, für welche Güter dies überhaupt gilt.

Nach SINN sind diese reinen öffentlichen Güter zahlreich vorhanden. Er begründet seine Annahme damit, dass der Staat Infrastrukturgüter mit Größenvorteilen bei der

---

640 Allerdings stehen dieser Hypothese, einer möglichen Entschärfung des Problems augrund der Möglichkeit zur Privatisierung der Staatsaufgaben bei einem Anstieg der Grenzkosten der Nutzung bei Verstopfungsproblemen, Autoren wie Sinn kritisch gegenüber, denn „wenn der Staat tut, was er tun sollte, dann ist die Gefahr, dass der fiskalische Wettbewerb zu einer Unterdeckung des Staatshaushaltes führt, nicht von der Hand zu weisen." Sinn (1995), S. 248. Allerdings konnte in den vorherigen Abschnitten gezeigt werden, dass der Staat auch in Infrastrukturbereichen tätig wird und diese anbietet, die durchaus privat hergestellt und bereitgestellt werden könnten.

641 Vgl. Sinn (1997b), S. 22. Diese Annahmen entsprechen aus den oben genannten Argumentationen heraus nicht der Realität des politischen Prozesses.

642 Vgl. Momberg (2000).

643 Bei diesen kann geprüft werden, ob im Falle der europäischen gleichen Problematik eine Harmonisierung durchgeführt werden könnte. Denkbar wäre dies bspw. bei dem klassischen Beispiel der Produktion und Betreibung eines Schienennetzes. Nur ist bereits im Rahmen dieses einfachen Beispiels auf die Möglichkeit der unterschiedlichen geforderten Niveaus der Versorgung zwischen den einzelnen Nationen hinzuweisen.

Produktion herstellen kann.[644] Dies allein kann auch kein Argument für die Notwendigkeit einer Harmonisierung sein, denn dies gilt auch für größere Unternehmen, die dann im Rahmen des Systemwettbewerbs von anderen vergleichbaren Unternehmen in den anderen europäischen Ländern Konkurrenz bekämen.

Bezweifelt wird auch, ob die Steuereinnahmen ausreichen werden, die Kosten der Bereitstellung von Infrastrukturgütern zu decken. Dies ist insbesondere vor dem Hintergrund existierender Größenvorteile fragwürdig. Größenvorteile bei der Produktion von Infrastrukturprojekten liegen dann vor, wenn bspw. eine Verdopplung der Nutzerzahl bei gleicher Nutzerqualität weniger als eine Verdopplung der Kosten der Infrastruktur verlangt. Größenvorteile implizieren einen ruinösen Wettbewerb der Staaten.[645] Die Folge sind auftretende Konzentrationsprozesse, die die Grundlage für Wettbewerbsprozesse zerstören. So können die öffentlichen Güter nicht kostendeckend angeboten werden, wenn der Wettbewerb auf der Basis der derzeitigen Steuersysteme geführt wird.

Dieses Argument ist zu relativieren, denn es wird an dieser Stelle wieder auf die Nicht-Rivalität im Konsum als eine Eigenschaft der öffentlichen Güter verwiesen. Wie gezeigt wurde ist gerade diese Eigenschaft bei vielen Infrastrukturgütern nicht gegeben.[646] Steigen die öffentlichen Ausgaben etwa proportional mit der Gemeindegröße an, so ist zu prüfen, ob sich dabei die Versorgungsqualität der einzelnen Bürger mit Infrastrukturprojekten erhöht. Studien weisen darauf hin, dass in größeren Gemeinden auch eine bessere Versorgungsqualität vorliegt.[647] Unter Einbeziehung dieses Effekts ergeben sich stärkere Größenvorteile bei der Bereitstellung und Nutzung öffentlicher Güter.[648]

Über das Heimatlandprinzip könnte eine Abdeckung der Finanzierungslücken bei öffentlichen Gütern erreicht werden. Wie in Deutschland dies praktiziert wird, ist eine Kombination bundeseinheitlicher Steuern mit Teilungsregeln, die den

---

644 Größenvorteile liegen bspw. dann vor, wenn eine Verdopplung der Nutzerzahl für die öffentliche Infrastruktur bei konstanter Nutzerqualität weniger als eine Verdopplung der Kosten der Infrastruktur verlangt. Sinn sieht dies bei nationalen öffentlichen Gütern als wahrscheinlich an.

645 Vgl. Sinn (1996a), S. 93.

646 Es erscheint an dieser Stelle auch als wenig hilfreich und ein wenig entfernt von der Realität staatlicher Aktivitäten, wenn Autoren darauf verweisen, dass, wo es keine Größenvorteile gäbe, die private Konkurrenzlösung funktioniere und diese Güter in gewinnmaximierenden Clubs angeboten werden könnten, die die Überfüllungsexternalitäten internalisieren könnten. Diese Gebühren wären hoch genug ein Angebot zu sichern und eine ruinöse Konkurrenz zu vermeiden. Der Staat sei nur „Lückenbüßer" zu Korrektur privater Versäumnisse und böte nur reine öffentliche Güter an. Vgl. beispielhaft Sinn (1996a), S. 93. Diese Sichtweise entpuppt sich als rein wohlfahrtökonomisch orientiert. Es erscheint an dieser Stelle dringend angezeigt, die Diskussion auf das Phänomen des Staatsversagens hinzulenken, das real vorhanden und zumindest teilweise durch einen Systemwettbewerb heilbar wäre.

647 Vgl. Brueckner (1981), S. 45-58.

648 Vgl. Holocombe/Sobel (1995), S. 47-58.

Gebietskörperschaften feste Anteile an den auf ihrem Gebiet erzielten Steuereinnahmen zusprechen, als Konzept denkbar. Über die Art der öffentlichen Ausgaben wird auf Länder- und Gemeindeebene entschieden. Auf dieser Ebene ist auch ein Informationsvorsprung gegenüber den nachgelagerten Ebenen zu erkennen. Dies würde für einen Wettbewerb der Regionen sprechen in der Besteuerung (Finanzierung), der Bereitstellung der öffentlichen Güter im Allgemeinen und den Infrastrukturprojekten speziell.

Zusammenfassend ist festzuhalten, dass die vereinfachende Annahme für öffentliche Güter der Nichtrivalität im Konsum und der Annahme, es existierten keine räumlich unterschiedlich verteilten Präferenzen,[649] in der Realität kaum anzutreffen sind. Es sind folgende Aspekte zu berücksichtigen:

- die räumlich unterschiedliche Verteilung der Präferenzen für öffentliche Güter;
- die räumliche Begrenztheit des Nutzens öffentlicher Güter;
- die häufig mit der Produktion und Bereitstellung öffentlicher Güter verbundenen economies of scale;
- eine in fast jedem Fall vorliegende Teilrivalität im Konsum, die sich in der Literatur unter dem Begriff „Überfüllung" findet.

Diese Eigenschaften der in der Realität anzutreffenden, unvollkommenen öffentlichen Güter begrenzen einerseits ihren Nutzerkreis und lassen damit ein dezentralisiertes Angebot attraktiv erscheinen, gleichzeitig begrenzen sie aber auch die Möglichkeiten der reinen wettbewerblichen Bereitstellung. Neben der Verteidigung und der inneren Sicherheit sowie dem Schutz vor grenzüberschreitender Umweltverschmutzung lassen sich europaweit kaum öffentliche Güter identifizieren.[650] Wird die Annahme des wohlmeinenden Diktators nicht aufgegeben, so lassen sich für viele andere Güter mit dem Verweis auf die Existenz positiver und negativer externer Effekte Begründungen finden, warum diese Güter ebenfalls von dem Staat bereitgestellt werden sollten. Die historischen Grenzen werden praktisch niemals mit der räumlichen Begrenzung des Nutzens öffentlicher Güter übereinstimmen.

Wird die Annahme des wohlwollenden Diktators fallengelassen, so entstehen zwei wichtige Argumente für eine Zentralisierung. Zum einen können Entscheidungsträger unterer Gebietskörperschaften die Bürgerpräferenzen besser einschätzen, da sie mit ihrer politischen Arbeit näher an den Bürgern sind. Und zum zweiten entfaltet sich infolge der Dezentralisierung ein Wettbewerb zwischen den Gebietskörperschaften um die Steuerzahler.[651]

---

649 Vgl. Samuelson (1954).

650 Sinn nennt noch den Schutz des europäischen Kulturgutes und die Güter mit grenzüberschreitenden positiven Netzwerkexternalitäten. Vgl. Sinn (1994), S. 85-107.

651 Zu den Eigenschaften des Systemwettbewerbs vgl. den Abschnitt 3.2.3.

Es kann über den wirtschaftlichen Rahmen der Infrastrukturbereitstellung zusammenfassend die Aussage formuliert werden, dass die technischen und ökonomischen Infrastrukturmerkmale zwar für eine staatliche Regulierung in bestimmten Infrastrukturbereichen sprechen, allerdings lässt sich daraus keineswegs ein pauschales Erfordernis einer staatlichen Bereitstellung und Herstellung von den unterschiedlichen Infrastrukturbereichen ableiten. Selbst in den Fällen, in denen die Infrastrukturbereitstellung über den Markt aufgrund des Vorliegens eines natürlichen Monopols oder der Existenz externer Effekte nicht funktioniert, besteht anstelle der in Deutschland beliebten Option der öffentlichen Infrastrukturbereitstellung die z.B. in den USA häufig genutzte Möglichkeit, private Anbieter zu beauftragen und ihre Leistungserstellung im Hinblick auf Preis und Qualität zu steuern.[652] Die vielfach aufgestellte Behauptung bzw. Forderung, eine private Infrastrukturbereitstellung sei nur bei Projekten möglich, die sich durch den Verkauf marktfähiger Leistungen selbst tragen,[653] ist unhaltbar. Anstelle einer pauschalen Festlegung ist vor dem Hintergrund der konkreten Problemstellung zwischen zahlreichen Alternativen auf einem Kontinuum zwischen rein staatlicher und rein privater Leistungserstellung zu entscheiden.

Insbesondere in finanzieller aber auch in administrativ-organisatorischer Hinsicht kann eine Deckung des enormen gegenwärtigen und zukünftigen Infrastrukturbedarfs[654] im Wege einer rein öffentlichen Infrastrukturbereitstellung nur unzureichend gewährleistet werden, da sowohl die Finanzierungskraft als auch die Verwaltungskapazitäten nicht ausreichen, um das Aufgabenvolumen im Infrastrukturbereich mit der gebotenen Schnelligkeit, Kosteneffizienz und Leistungsqualität zu bewältigen.[655] Die aus diesen Gründen bei den öffentlichen Entscheidungsträgern zunehmende Bereitschaft, die Privatisierung der Infrastrukturbereitstellung als eine Lösungsmöglichkeit zu prüfen, wird durch den Systemwettbewerb höchstens verschärft. Falls tatsächlich durch den Steuerwettbewerb die Steuersätze zwischen den Regionen herunterkonkurriert werden und insofern weniger Finanzmittel dem Bund, den Ländern und den Gemeinden zur Verfügung stehen. Diese Entwicklung ist als möglicher Standortvorteil für eine Region nicht nur nicht zu befürchten, sondern zu begrüßen.[656]

---

652 Vgl. Sandvoss (1994), S. 190. So besteht bspw. für den Fall administrierter, nicht kostendeckender Preise die Möglichkeit, die Differenz durch öffentliche Zuschüsse auszugleichen. Vgl. Kirchhoff (1995), S. 6.

653 Vgl. hierzu bspw. Honnefelder (1989), S. 398.

654 Der Umfang des Finanzierungsbedarfs nötiger Infrastrukturinvestitionen in Deutschland wird durch den Bedarf Ostdeutschlands zusätzlich in die Höhe getrieben. So geht das IWH in Schätzungen von einem Bedarf für die neuen Ländern von ca. 150 Mrd. Euro für die nächste fünf Jahre aus. Vgl. Ragnitz/Müller/Wölfl (2001), S. 165.

655 Vgl. Büschgen/Ergenzinger (1993), S. 44 und S. 61 f.

656 In Verbindung mit zum Teil unzureichendem und veraltetem technisch-ökonomischen Know-how und häufig geringer Leistungsorientierung in öffentlichen Verwaltungen kommt es bei der öffentlichen Infrastrukturbereitstellung häufig zu langen Planungs- und Errichtungsdauern,

3.2.2.1.4 Qualitätsregulierung

Im Bereich der Qualitätsregulierung korrespondiert der Systemwettbewerb mit dem Gütermarkt, auf dem dann bspw. durch eine Kennzeichnungsvorschrift ein Systemwettbewerb implementiert werden könnte.

Beachten die Staaten das Selektionsprinzip, so wird in diesem Zusammenhang die Effizienz eines durch das Ursprungslandprinzip ausgelösten Systemwettbewerbs über staatliche Qualitätsstandards bestritten.[657] Die Produktregulierung ist im Wesentlichen auf die auf den Gütermärkten herrschenden Informationsasymmetrien zurückzuführen. Zwischen Produzent und Nachfrager herrschen aufgrund der hohen Informationskosten Informationsasymmetrien zuungunsten der Nachfrager. Bei teuren Produkten ist es wahrscheinlicher, dass die Konsumenten den Informationsaufwand aufbringen. Auch werden die Verbraucher bei häufig gekauften Produkten die Qualität der Produkte im Zeitverlauf beurteilen lernen, so dass in diesen beiden Fällen die Informationsasymmetrie nicht so sehr ins Gewicht fallen würde.

Problematisch ist das Phänomen der Informationsasymmetrie in den Fällen von Produkten, die selten gekauft werden und/oder billig sind und bei denen das Risiko nur mit einer geringen Wahrscheinlichkeit auftritt, dann aber einen schwerwiegenden Schaden implizieren könnte.[658] Es könnte versucht werden, die Informationsasymmetrie mit Gewährleistungsregeln, Kennzeichnungen der Inhaltsstoffe oder Tests durch Verbraucherverbänden zu vermindern.[659] Diese Maßnahmen können den Informationsaufwand der Konsumenten reduzieren, aber keinesfalls vollständig beheben, so dass die Informationsasymmetrie in den meisten Fällen bestehen bliebe. Diese Informationsasymmetrie führt dazu, dass die gute Qualität eines Produktes nicht glaubhaft gemacht werden kann.[660] Der Marktpreis richtet sich nach der schlechtesten Qualität. Da für bessere Qualitäten kein höherer Marktpreis zu erzielen ist, sinkt die Qualität der erhältlichen Produkte. Bei den Produzenten treten moral hazard-Effekte

---

Kostenineffizienzen bei Projektierung, Ausführung und Betrieb sowie mangelnder Leistungsqualität. Vgl. hierzu die Untersuchungen Völmicke (1995), S. 40 f.; Trosa/Schreiner (1994), S. 84 und Helmus/Erbach (1996), S. 51.

657 Vgl. Sinn (1995); Sinn (1997a), ders. (1997b) und Müller (2000), S. 30-42.

658 Beispiele hierfür könnten krebserregende Inhaltsstoffe in Lebensmitteln sein, die bei nur einem von 10.000 Konsumenten Krebs auslösen.

659 In diesem Zusammenhang sind die in der jüngsten Vergangenheit verabschiedeten Gesetze zur Informationspflicht gegenüber dem Verbraucher zu sehen.

660 In einem Prinzipal-Agent-Verhältnis ist es unsicher, ob der Agent befähigt und bereit ist, die ihm übertragene Aufgabe in gewünschter Weise zu lösen. Der Fall der adverse Selektion kann dadurch beschrieben werden, dass das Verhalten des Agenten ex-ante nicht beeinflussbar aber nach Abschluss der Handlung erkennbar ist. Seine Fähigkeiten bzw. Eigenschaften stehen fest und können durch Anreizsysteme u.ä. nicht beeinflusst werden. Einen gelungenen Überblick gibt Arrow (1986). Häufig erfolgt die Darstellung der adverse Selektion am Beispiel der Versicherungsmärkte oder am Beispiel der Gebrauchtwagenmärkte. Vgl. Akerlof (1970), S. 488-500.

auf,[661] denn die Produzenten werden von Beginn an schlechtere Qualitäten herstellen, um Kosten zu sparen. Im Ergebnis stellt sich ein Marktgleichgewicht ein, bei dem eine im Verhältnis zu den eigentlich von den Konsumenten gewünschten höheren Qualitäten und ihrer Zahlungsbereitschaft eine zu geringe Produktqualität existiert. Die adverse Selektion verhindert den privaten Versicherungsmarkt.

Der Staat hat nun die Möglichkeit durch die Definition eines Mindeststandards in diesen Markt einzugreifen mit dem Ziel, die gesamte Wohlfahrt zu verbessern. Es handelt sich hierbei nicht um eine meritorische Staatsaufgabe, denn nicht die Präferenzen der Bürger sollen verändert werden, sondern vielmehr ist dieser Eingriff als eine allokative Staatsaufgabe zu betrachten.[662] Allerdings ist die Festlegung und Kontrolle von Qualitätsstandards und die Entwicklung konkreter Empfehlungen für Standards aufgrund der damit verbundenen Detailprobleme kein triviales Geschäft. Einige Autoren sind überzeugt davon, dass die dem Staat geschaffenen Institutionen zur Beurteilung von Qualitätsmerkmalen und zur Überwachung und Einhaltung von Mindeststandards geeignet sind.[663]

Würde man nun den Systemwettbewerb als geeignete Integrationsstrategie in Europa wählen, so befürchten die Kritiker, dass die Qualitätsstandards unter das von den Konsumenten gewünschte Niveau absinken würden. Bei vorbehaltloser Anwendung des Ursprungslandprinzips werden in einem Mitgliedstaat nach 15 verschiedenen Qualitätsstandards produzierte Waren gehandelt, ein Gut könnte demnach mit bis zu 15 verschiedenen Standards ausgestattet sein. Es wird bezweifelt, ob die Konsumenten diese verschiedenen nationalen Standards erfassen und bewerten können.

Führt man das Selektionsprinzip als neoklassisch fundierte Argumentationslinie in die Überlegungen ein, so gibt es staatliche Standards nur bei den Produkten, bei denen es aufgrund der Durchsetzung der schlechteren Qualitäten am Markt zu Störungen des Marktprozesses kam. Bei diesen Produkten ist es nun unwahrscheinlich, dass die Konsumenten die staatlichen Standards beurteilen können. (Die Unwissenheit der Konsumenten war in dieser Betrachtung gerade die Grundlage für die staatliche Intervention.) Daher kann in einem Systemwettbewerb eine gute Qualität eines besseren staatlichen Standards nicht glaubhaft gemacht werden und somit auch keinen

---

661 Die asymmetrisch verteilte Qualitätsunkenntnis bei den Marktakteuren in Prinzipal-Agent-Beziehungen lassen sich nach zwei Kriterien unterscheiden. Hierzu muss untersucht werden, ob das Verhalten des Agenten ex-ante beeinflussbar und/oder ex-post beobachtbar ist. Ist das Verhalten ex-ante beeinflussbar und nicht ex-post zu interpretieren, so nennt man diese Situation moral hazard. In diesem Fall liegt eine Verhaltensunsicherheit des Prinzipals gegenüber dem Anstrengungsniveau des Agenten vor, die geprägt ist von dem Unvermögen des Prinzipals nach der Vertragshandlung, das abgelieferte Ergebnis dem Verhalten des Agenten oder Umwelteinflüssen zuzuschreiben. Vgl. Mayer (1998), S. 88 und S. 132 ff. Vgl. Stiglitz/Weiss (1981), S. 393.

662 Vgl. Sinn (1994), S. 104.

663 Anlässlich der aktuellen BSE-Krise und der MKS in Europa erscheint dieser Regulierungsoptimismus recht fragwürdig zu sein.

höheren Preis erzielen. Die Konsumenten können die angebotenen Qualitäten nicht unterscheiden und die Produzenten auf der anderen Marktseite können die Standards nicht senken, weil diese durch die gesetzlichen Standards festgelegt sind. Auf der Seite der nationalen Regulierungsbehörde wird deutlich, dass sie das Qualitätsniveau auf dem Inlandsmarkt durch die gesetzten Standards nicht mehr beeinflussen kann. Es besteht demnach für sie ein Anreiz, die eigentlichen Standards zu senken, um dann über die durch die Kostensenkung erhöhten Gewinne der einheimischen Unternehmen die nationale Wohlfahrt zu verbessern. Das Ergebnis eines Systemwettbewerbs im Bereich der Produktregulierung wäre eine Senkung der Standards durch die nationalen Behörden und dadurch eine Absenkung der Produktqualitäten unter ein Niveau, das von dem Konsument bei vollständiger Information gewünscht würde.

Die Einschränkung der Wirksamkeit des Marktsystems als Koordination individuellen Verhaltens aufgrund des Tatbestandes der asymmetrischen Information ist ebenfalls ein Marktdefekt, auf den in der Typologie nach MUSGRAVE explizit verwiesen wird.[664] Allerdings ist dies nicht erhellend, wenn einzig aus diesem Umstand die notwendige und begründete Setzung von Standards abgeleitet wird. Interessanter hierbei ist vielmehr die Fragestellung, ob nicht durch den Systemwettbewerb die latente Informationsasymmetrie gerade durch unterschiedliche Qualitätsstandards in den einzelnen Nationalstaaten behoben werden oder zumindest reduziert werden kann. Außerdem ist überlegenswert, ob nicht diese Standards durch andere Institutionen besser entwickelt werden können. Zudem erscheint es dringend geboten, vor einer überschnellen Harmonisierung zu warnen, denn es können durchaus unterschiedliche Präferenzen hinsichtlich der Standards in den einzelnen Ländern existieren.

Wird eine Qualitätsregulierung auf der europäischen Ebene angestrebt, so sollte sie nur in der Form der Formulierung eines Mindeststandards auf der europäischen Ebene für alle Länder gleichermaßen stattfinden. Qualitäten über diesen Mindeststandard hinaus sind als Produkteigenschaft und eventueller Wettbewerbsvorzug aus Sicht der Konsumenten stärkend und können den Wettbewerb zwischen den Produkten beleben.[665]

---

664 Vgl. Musgrave (1959), S. 89-94.

665 So sollte bspw. bei dem Bier nicht die im Verhältnis zu den anderen europäischen Ländern hohen Qualitätsanforderungen durch das Reinheitsgebot in Deutschland auf die anderen Länder übertragen und ihnen Wettbewerbsnachteile beschert werden. Der Konsument sollte entscheiden, welche Biersorte er sich zu Gemüte führt. Als Mindeststandard entsprechend des Lebensmittelgesetzes sollte natürlich ausgeschlossen werden, dass Gifte oder Erreger für Pilzkrankheiten in den Biersorten enthalten sind. Der Schutz der Konsumenten sollte in allen Ländern gleichermaßen die niedrigste aber unausweichliche Anforderung sein.

3.2.2.1.5 Umverteilender Sozialstaat als Versicherung

> *„Die öffentliche Daseinsfürsorge steht in einem Spannungsfeld von individueller Eigenverantwortung und kollektiver Versorgung und Bevormundung: Es ist zwar richtig, daß man dem Einzelnen als einzelnen nicht alles anvertrauen kann. Doch trifft gleichermaßen zu, daß man dem Staat (fast) alles zutrauen muss. Entsprechend sind Institutionen der öffentlichen Daseinsvorsorge immer verdächtig; sie müssen also nicht nur ihre Unschuld, sondern auch ihre Daseinsberechtigung immer von neuem beweisen. Geschieht dies nicht, so ist zu befürchten, daß Unternehmen, die für das Dasein der Menschen Vorsorge treffen sollten, nur noch ihr Dasein fristen, weil die Menschen – etwa als Steuerzahler – für sie sorgen."*[666]

Der Systemwettbewerb, so befürchten einige Wissenschaftler, impliziere eine Gefahr für den Sozialstaat. Durch die Mobilität der Bürger würde der Möglichkeit der staatlichen Distributionspolitik enge Grenzen gesetzt. Durch diese Mobilität der einkommensstärkeren Gruppen würden Einkommensverluste für die Anbieter immobiler Produktionsfaktoren resultieren.

Die Umverteilungsaktivität des Staates kann in einer engen Verknüpfung mit einer Versicherungsaktivität angesehen werden.[667] Demnach stehen Verteilungs- und Effizienzziele nicht grundsätzlich in Konflikt miteinander. Jede Versicherung beinhaltet in einer ex-post-Betrachtung eine Umverteilung von denjenigen, die die Versicherung nicht in Anspruch nehmen müssen, zu denjenigen, bei denen der Schadensfall eingetreten ist.[668] Als staatlicher Versicherungsschutz ist demnach nicht nur die Sozialversicherung, sondern das gesamte System der redistributiven Besteuerung zu betrachten. Ob eine Umverteilungsmaßnahme als eine Versicherung interpretiert werden kann, stellt sich danach im Wesentlichen als eine Frage der Zeitperspektive dar.[669] Einige Risiken sind nicht über die privaten Versicherer

---

666 Kirsch, Guy (2001): „Der Staat muß seine Unschuld erst beweisen", FAZ, Nr. 280, am 1.12.2001, S. 15.

667 Vgl. Sinn (1997b), S. 30.

668 So kann man in einer ex-ante-Betrachtung die meisten Umverteilungsaktivitäten als Versicherung interpretieren.

669 Sinn erläutert das Versagen von Marktlösungen mittels privater Versicherungen an dem Beispiel von Eltern, die über den Lebensweg ihrer Kinder nachdenken. Diese privaten Versicherungen sind nicht in der Lage, die großen Lebensrisiken (wie Begabung, Gesundheit, Fleiß) abzudecken, da diese Versicherungen zu spät greifen würden. (Eine private Versicherung kann nur individuell abgeschlossen werden, wenn der Versicherungsnehmer erwachsen ist. Ist die zu versichernde Person erwachsen, so sind die Risiken bereits bekannt, so dass die private Versicherung nicht mehr zustande kommen wird, denn Defekte, die beiden Marktseiten bereits bekannt sind, ist ein für beide Seiten vorteilhafter Versicherungsvertrag grundsätzlich nicht mehr möglich.) Diese Risiken werden aber im Falle des Eintretens durch den Umverteilungsstaat ausgeglichen. Sinn unterscheidet strikt zwischen Verträgen der Eltern für ihre Kinder und der betroffenen Personen selbst. Eine Versicherung der Eltern für ihre Kinder ist danach ein intergenerationeller Ressourcentransfer, aber eben nicht ein Risikoausgleich zwischen den Kindern, wie er durch eine

abzudecken. Hierbei handelt es sich um Risiken, die beiden Versicherungsparteien bekannt sind und um Defekte, die nur dem Versicherungsnehmer bekannt sind und möglicherweise noch von unbekannten Einflüssen überlagert werden. Diese Defekte führen zu einer adversen Selektion, die die Entstehung eines funktionierenden Versicherungsmarktes erschweren oder gar verhindern können, da die besseren Risiken auf eine relativ teure Versicherung verzichten werden. So ist es möglich, dass kein Versicherungsmarkt zustande kommt.

Das effiziente Eingreifen des Staates wird von SINN u.a. positiv beurteilt.[670] Eine statistische Auswertung des Verhältnisses zwischen privaten Versicherungsprämien und den Staatsausgaben in den OECD-Ländern zeigt, dass das Selektionsprinzip tatsächlich beachtet wird. An der Effizienz der Umverteilungsaktivität als Versicherung ändern nach SINN auch mögliche moral hazard-Effekte nichts. Diese schmälern zwar den Vorteil eines Versicherungsschutzes, sind aber einer Lösung ganz ohne Umverteilung in jedem Fall vorzuziehen.[671]

Fände jetzt ein Systemwettbewerb zwischen den einzelnen europäischen Nationen statt, so könnte der Untergang des Wohlfahrtsstaates in Form von einer nicht mehr stattfindenden Umverteilung von Bürger zu Bürger als Folge eines Steuerwettbewerbs befürchtet werden.[672]

Ein Versicherungsvertrag ist nur dann nützlich, wenn er vor dem Ausspielen des Risikos abgeschlossen wird und danach nicht von den „Glücklichen" gekündigt werden kann, ohne dass sie ihre Prämie zahlen. Dies gilt auch für eine staatliche Versicherung durch Umverteilung. Wenn diejenigen, die wissen, dass sie die Geber im Umverteilungsprozess sind und keine staatlichen Leistungen in Anspruch nehmen, das System bzw. den Staat verlassen können, dann sind auch keine Beitragszahlungen für diejenigen vorhanden, bei denen das Risiko eintritt. Die Einhaltung des Sozialkontraktes der Umverteilung könnte bereits durch die Freizügigkeit innerhalb der EU gefährdet sein.

Der Staat würde auf diese Weise einen Budgetüberschuss erzielen. Insofern bestünde für ihn ein Anreiz, so zu handeln.[673] Die umgekehrte Vorgehensweise einer

---

redistributive Besteuerung geleistet wird. Vgl. Sinn (1997b), S. 31-33. Der Versicherungsmarkt versagt bei großen Lebenskrisen wie mangelnder beruflicher Eignung wegen der adversen Selektion, da er zeitlich zu spät kommt. Die guten Risiken wollen sich nicht mehr versichern lassen, denn sie können abschätzen, dass sie mehr bezahlen als sie bekommen werden.

670 Vgl. Sinn (1997b), S. 32-34 und S. 37.

671 Die große Gefahr der falschen Anreizsetzung durch Umverteilung wird hier nicht weiter untersucht.

672 Vgl. hierzu Sinn (1997b), S. 37-40 und Sinn (1995), S. 246.

673 Warum sollte der Staat ein Interesse haben einen Budgetüberschuss zu erzielen? Dies erscheint in einem gewissen Widerspruch zu der Annahme SINNS zu stehen, nach der er doch ursprünglich von dem wohlwollenden, alles wissenden Wohlfahrt maximierenden Diktator ausgeht. Diese Annahmen scheinen in einem widersprüchlichen Verhältnis zueinander zu stehen, denn

Intensivierung der Umverteilung würde aufgrund der Abwanderung der mobilen vermögenden Bürger und eines zunehmenden Einwanderungsanreizes für Transferempfänger ein Budgetdefizit provozieren. Auf der Basis der Mobilitätsannahme (in Form von beiden Wanderungstendenzen) könnte eine Umverteilung keinesfalls verstärkt und u.U. auch nicht aufrechterhalten werden, wenn die Staaten in einen Systemwettbewerb eintreten, mit dem Ziel ihr Budget zu maximieren. Der Untergang des Wohlfahrtstaates ist nach Ansicht der Harmonisierungs-Befürworter ein klarer Wohlfahrtsverlust. Es würde sich der gleiche Marktfehler wie auf einem privaten Markt einstellen, nämlich die adverse Selektion. Die guten Risiken verlassen den Wohlfahrtsstaat und die schlechten suchen ihn auf. Der ursprünglich durch den Staat korrigierte Fehler tritt durch den Systemwettbewerb wieder auf.

Eine Steuersenkung in einem Staat als Maßnahme innerhalb des wettbewerblichen Prozesses zwischen den einzelnen Staaten zur Attrahierung von Kapital würde eine Verringerung der Sozialtransfers bewirken und auf diese Weise vermögende Ausländer zum Einwandern und die transferabhängigen zum Auswandern bewegen.[674] Allerdings werden ärmere Einwanderer nur in dem Maße von florierenden Regionen angelockt, wie sie die geforderten Steuerpreise zu zahlen imstande sind.[675] Diese Steuerkosten können – wie oben dargestellt wurde – auch durchaus über den Kosten der erstellten und angebotenen Dienstleistungen liegen. Allerdings konnte gezeigt werden, dass die Gebietskörperschaften auch innerhalb des Systemwettbewerbs in der Lage sein werden, höhere Steuern zu erheben, als aus den Kosten für die Bereitstellung der sog. öffentlichen Güter abzuleiten wäre. So können die erwirtschafteten Überschüsse dazu verwendet werden, Umverteilung zu finanzieren.[676]

---

entsprechend der Wohlfahrtstheorie würde ein Staat an die Gesamtheit seines Volkes als die Zielgruppe für einen wohlwollenden Diktator denken. Die Anreize, das eigene Budget zu maximieren muss eigentlich in der traditionellen Wohlfahrtstheorie bestritten werden. Staatliche Intervention sind kein Selbstzweck, sie werden nur unternommen, wenn Marktversagen bzw. Marktdefekte vorliegen. Die Einnahmen orientieren sich ausschließlich an den zu leistenden Aufgaben und deren Finanzierung.

674 Die vorhandene Mobilität der Arbeitskräfte in Europa sollte nicht vernachlässigt werden. Heute liegt der Anteil der im Ausland geborenen Personen in Deutschland bereits bei 8,9 % der Gesamtbevölkerung. Das ist nur unwesentlich geringer als in dem klassischen Einwanderungsland USA, hier liegt der Anteil bei 9,8 %. Vgl. OECD Society at a Glance – OECD Social Indicators (2001), Anex 1.

675 Vgl. Feld/Kirchgässner (1995), S. 563.

676 Möglicherweise wird es notwendig, ausländische Zuwanderer von der unbeschränkten Teilnahme an den nationalen sozialen Sicherungssystemen auszuschließen, wenn sie keine Einzahlungen leisten bzw. geleistet haben. Dies wird zum Teil auch heute bereits praktiziert. Vgl. Blankart (1996), S. 90. Eine Reihe praktikabler Vorschläge wurde von dem Wissenschaftlichen Beirat beim Bundesministerium für Wirtschaft bereits 1994 vorgelegt. Diese ordnungspolitischen Orientierungsvorschläge für die Europäische Union verlangen in der Regel keine zentralstaatliche Aktion. Vgl. Wissenschaftlicher Beirat beim Bundesministerium für Wirtschaft (1994).

Diese vermuteten negativen Konsequenzen des Steuerwettbewerbs auf den Umfang der Umverteilung lassen sich bspw. in der Schweiz nicht auffinden. So ist in der Schweiz eine relativ starke Gleichverteilung der Einkommen festzustellen. Verglichen mit anderen föderal organisierten Staaten wie der Bundesrepublik Deutschland, Kanadas und den USA hat die Schweiz die in Gini-Punkten gleichmäßigste Verteilung der Primäreinkommen.[677] Es wird weniger Umverteilung notwendig, so dass die sekundäre Einkommensverteilung in der Schweiz gleichmäßiger ist, als in den drei anderen, oben genannten Staaten.[678] Im Bereich der Umverteilung fällt insofern der empirische Nachweis der befürchteten negativen Konsequenzen des Systemwettbewerbs schwer.[679]

Ein Lösungsvorschlag für die vermuteten negativen Konsequenzen des Systemwettbewerbs für die Möglichkeiten zur Umverteilung könnte darin bestehen, ein Heimatland- bzw. Nationalitätenprinzip einzuführen.[680] Demnach könnte eine Aufspaltung der Steuern vorgenommen werden. Die Steuern für die Finanzierung öffentlicher Güter könnten nach dem Wohnsitz erhoben werden. Die Besteuerung könnte sich insoweit nach dem Staat richten, in dem der Bürger wohnt. Dort, wo der einzelne Bürger die öffentlichen Güter in Anspruch nimmt, soll er auch seinen entsprechenden Beitrag zu deren Finanzierung leisten. Allerdings muss darauf hingewiesen werden, dass auch der Wohnsitz mobil sein kann. Wandert bei unterschiedlicher Wohnsitzsteuer auch der Wohnsitz, so geht auch das Kapital; es sei denn, der Staat bietet für seine Steuern äquivalente Gegenleistungen oder eine ausgeprägte Ortspräferenz der Wirtschaftssubjekte steht einer Abwanderung entgegen. Ansonsten ließe sich bei hohen Steuern eine Abwanderung nur vermeiden, wenn die Wohnsitzlandbesteuerung weltweit harmonisiert würde.[681]

Im Gegensatz dazu könnte die Steuer zu Umverteilungszwecken nach dem Heimatlandprinzip erhoben werden. Dies würde bedeuten, dass die Besteuerung an die Nationalität geknüpft ist. Unabhängig davon, welchen Wohnort man wählt entsprechend des Angebotes an öffentlichen Gütern, könnte man sich nicht durch Auswanderung den umverteilenden Abgaben und der Besteuerung desjenigen Staates entziehen, von dem man im Falle einer Notlage auch Sozialleistungen in Anspruch

---

677 Vgl. Kirchgässner (1995), S. 567.

678 Dabei ist hervorzuheben, dass in der Schweiz die Einkommensumverteilung zu zwei Dritteln über die nachgeordneten Gebietskörperschaften, die Kantone und Gemeinden, erfolgt. Vgl. Kirchgässner (1995), S. 567. Siehe auch Kirchgässner/Pommerehne (1994), S. 149-176. Den Hinweis auf die Möglichkeit, auch in föderalistischen Staaten Einkommen umzuverteilen, mit Hilfe empirischer Untersuchungen findet sich bei Feld/Kirchgässner (1995), S. 562-568.

679 In der Schweiz ist der Wohlfahrtsstaat nicht zusammengebrochen, obwohl die Wanderungen zwischen den Kantonen aus den genannten Gründen leichter sein dürften als in Europa zwischen den Mitgliedsländern, der Wettbewerb zwischen den Regionen in der Schweiz also intensiver geführt werden dürfte, als es in der EU in mittelfristiger Sicht überhaupt denkbar wäre.

680 Vgl. Sinn (1995), S. 247 und Sinn (1997b), S. 49.

681 Dies kann getrost als ein unrealistisches Szenario angesehen werden.

nehmen würde.[682] Als nachteilige Wirkung dieses Konzeptes sind die hohen Verwaltungskosten und die zeitlich begrenzte Wirksamkeit der Reform zu nennen. Denn bereits nach einer Generation könnte das Heimatlandprinzip außer Kraft gesetzt werden.[683]

In einer zusammenfassenden Beurteilung der Konsequenzen eines zunehmenden Systemwettbewerbs auf die Umverteilungsmöglichkeiten der einzelnen Nationalstaaten ist unbestritten, dass der Systemwettbewerb den Spielraum für die staatliche Distributionspolitik einschränkt. Die Systeme der sozialen Sicherung als institutionelle Regelung konkurrieren ebenfalls international, denn die sozialen Sicherungssysteme haben Folgewirkungen auf den Arbeitsmarkt, da die von den Unternehmen zu leistende Beiträge zu Sozialversicherung den Faktor Arbeit verteuern.[684] Wird dies in den Lohnverhandlungen nicht berücksichtigt, so folgt daraus eine Reduktion der Rendite des Kapitals und die Investoren können durch Abwanderung ausweichen. Dies wiederum führt zu einer Schwächung der Nachfrage nach Arbeitskräften und zu einer Verringerung der Einnahmen der Sozialversicherungen. Eine wichtige Implikation des Systemwettbewerbs ist daher, den Verteilungsspielraum der Regierungen, die Möglichkeit zur Redistribution und zur Finanzierung der sozialen Sicherung einzuschränken. Interpretiert man den Ansatz von SINN so, dass der Staat gesehen wird als gesellschaftliche Versicherung gegen geringes Einkommen, zudem noch unter dem RAWLS'schen Schleier der Unkenntnis[685] über die eigene Einkommensposition, so wird durch den Systemwettbewerb wirklich die Möglichkeit des Staates verringert, eine soziale Versicherung durch Steuern auf Kapital und auf Unternehmen zu finanzieren. Nur die Fragwürdigkeit liegt bereits in der Sicht der Dinge begründet.

Zum einen macht der Anteil der Steuern auf Unternehmen und Kapital unter 15 % aller Steuereinnahmen aus und finanzieren - wenn sie voll für redistributive Zwecke ausgegeben würden - nicht mal 20 % der monetären Sozialleistungen des Staates an die privaten Haushalte.[686] Betrachtet wird die veranlagte Einkommensteuer und nicht

---

682 Es ist fragwürdig, ob dies wirklich eine Lösung des Problems darstellt. Vielmehr ist es so, dass das Problem lediglich um einige Generationen nach hinten verschoben wird.

683 Allerdings wird eine derartige Regelung gleichzeitig als Lösung des Immigrationsproblems aus Drittländern diskutiert. Es sollte aber eine Lösung gefunden werden für die politischen Flüchtlinge, wenn sie bspw. aus Kriegsgebieten in ein EU-Land immigrieren. Zur Verhinderung akuter Not könnte eine begrenzte Sozialhilfe nach dem Wohnsitzlandprinzip gewährt werden.

684 Bspw. im Zeitraum 1980-1996 hat der Anstieg der Arbeitgeberbeiträge, bezogen auf die Arbeitsstunde, nominal mit einem Prozentpunkt pro Jahr einen beachtlichen Anteil des Produktivitätsfortschritts – ebenfalls bezogen auf die Arbeitsstunde – von 2,4 % beansprucht, wobei die Produktivität zum Teil auch Entlassungsproduktivität war. Vgl. Siebert (1997b), S. 2-8.

685 Vgl. hierzu ausführlich die Darstellung in dem vierten Kapitel in dem Abschnitt 4.3.4.2.3.

686 Die „Einkommensteuer auf Kapitaleinkommen" könnte zusammenfassend dargestellt werden als die Summe aus nicht-veranlagter Steuer vom Ertrag (22,1 Mrd. DM), der Körperschaftsteuer (43,7 Mrd. DM) der Zinsabschlagsteuer (11,8 Mrd. DM), der Vermögensteuer (1,1 Mrd. DM) und der Gewerbesteuer (52,9 Mrd. DM). Insgesamt ergeben sich 131,6 Mrd. DM aus Steuern auf Unternehmen und Kapital. Das entspricht 14,8 % des Gesamtsteueraufkommens von 886,1 Mrd. DM. Die Zahlen beziehen sich auf das Jahr 1999. Vgl. SVR-Gutachten 2000/2001, Tabelle 34,

veranlagte Steuern vom Ertrag (also Kapitalertragsteuer auf Dividenden, Zinsabschlag, Körperschaftsteuer) belief sich 1996 auf 8,3 % des gesamten Steueraufkommens. Auf die Gewerbesteuer (einschließlich Gewerbekapitalsteuer) entfielen 5,7 %. Hinzu kam die Vermögensteuer auf Betriebsvermögen mit 0,6 %. Insgesamt ergaben sich 14,7 %, das sind 117 Mrd. DM aus Steuern auf Unternehmen und Kapital. Dies deckt nicht einmal ein Drittel der Zuweisungen aus öffentlichen Mitteln an das Sozialbudget, die etwa bei 400 Mrd. DM pro Jahr liegen.[687] Darüber hinaus darf nicht unterstellt werden, dass die Steuern auf Unternehmen und Kapital ausschließlich zur Finanzierung der sozialen Sicherungssysteme verwendet werden. Und selbst wenn der Nachweis des Versagens des Systemwettbewerbs in einigen Punkten geführt werden kann, so ist dies lediglich die notwendige, keinesfalls aber die hinreichende Bedingung für die Notwendigkeit staatenübergreifender Regulierungen und Harmonisierungen.

Zum anderen erscheint die These, die mit dem Selektionsprinzip aufgestellt wird, aus der Sicht des Public-Choice-Ansatzes als ungeeignet. Dieses positive Staatsverständnis in der Tradition der klassischen Finanzwissenschaft,[688] nach dem der Staat als notwendige Begleiterscheinung der Industrialisierung und Urbanisierung gilt und als Instrument zur Erfüllung kollektiver Aufgaben, die vom privaten Markt nicht erfüllt werden können, ist angesichts steigender Staatsquoten und zunehmender Ineffizienzen staatlicher Tätigkeiten zumindest kritisch zu hinterfragen. Den Staat bspw. primär und in dieser Form als Versicherung gegen individuelle Risiken zu begreifen und ihn als rationale Institution zu interpretieren, die Marktversagen korrigiert und wohlmeinend im Interesse des Bürgers handelt, ohne hierbei Phänomene wie das Staats- oder Politikversagen hervorzurufen, erscheint beinahe schon in einem ironischen Zusammenhang.[689] Nach der Ökonomischen Theorie der Politik ist diese Sicht der Dinge eindeutig abzulehnen. Außerdem ist es fraglich, ob es ein korrekter Ansatz ist, ein Leitbild zu formulieren, nach dem der Staat in der vollen Breite eine gesellschaftliche Versicherung gegen individuelle Einkommensprobleme leistet. Vielmehr erscheint es angezeigt, zwischen den großen und den kleinen Risiken für den Einzelnen zu unterscheiden, wobei die Solidargemeinschaft nur die großen Risiken übernehmen sollte, die nicht von dem Einzelnen zu tragen sind, während hingegen die kleineren Risiken der Einzelne selbst mit Hilfe eigener Leistung (Ersparnisbildung)

S. 102. Im Gegensatz dazu stehen die rd. 700 Mrd. DM monetäre Sozialleistungen, die im Jahre 1999 an die privaten Haushalte geflossen sind. Vgl. SVR-Gutachten 2000/2001, S. 340, Tabelle 27*. Somit decken die Steuern aus Unternehmen und Kapital nicht einmal 20 % der sozialen Zuweisungen der öffentlichen Haushalte an die privaten Haushalte ab.

687 Vgl. Jahresgutachten Sachverständigenrat 95/96, Tabelle 3, S. 266 und 96/97, S. 257; vgl. Siebert (2000), S. 39.

688 Vgl. z.B. Wagner (1876); Musgrave (1959); Timm (1961).

689 Entscheidend hierbei ist, ob das Bild des Staates und seiner Bürger in sich konsistent ist. „Warum sollten die Politiker – als rational handelnde Akteure – die ex-ante Wohlfahrt der Haushalte, die alle noch unter dem Schleier der Unsicherheit sind, maximieren, wenn sie von Wählern gewählt werden, bei denen der Schleier der Unsicherheit bereits gelüftet ist?" Siebert (1997a), S. 60, FN 17.

tragen sollte. Der Systemwettbewerb leistet als Zähmung der Regierungen, die staatliche Tätigkeit gerade in diese Richtung zu beeinflussen, einen großen Beitrag.[690]

Insgesamt zeigt sich, dass der Wettbewerb zwischen den politischen Systemen zu einem sinkenden Staatsverbrauch führt. Untersuchungen von VAUBEL zeigen im Rahmen einer Regressionsanalyse für die OECD-Länder, dass sich der internationale politische Wettbewerb (gemessen an der Zunahme der Importquote und an einer fortschreitenden Kapitalverkehrsliberalisierung) und auch der innerstaatliche Wettbewerb (Föderalismus) signifikant negativ auf den Staatsverbrauch auswirken.[691] Der innerstaatliche politische Wettbewerb vermindert auch die Sozialleistungsquote. Allerdings scheint der internationale politische Wettbewerb sie eher zu erhöhen. Die Tatsache, dass der politische Wettbewerb im Inneren und nach außen die konsumtiven Ausgaben des Staates reduziert deutet auf Effizienzgewinne hin. Der politische Wettbewerb führt – wie der Wettbewerb im Markt – zu Allokationsverbesserungen. Ob er auch die redistributiven Ausgaben des Staates reduziert oder sie vielmehr erhöht, hängt davon ab, ob der Anstieg der Nachfrage nach Transfers oder der Rückgang des Transferangebots als eine Konsequenz der Verschärfung der Finanzierungsrestriktion dominiert. Selbst wenn der politische Wettbewerb über notwenige Kompensationszahlungen zu einer Erhöhung der Staatsausgaben führen sollte, so bedeutet dies keineswegs, dass damit eine allokationsverbessernde Wirkung zunichte gemacht würde.[692]

3.2.2.1.6 Systemwettbewerb als ex-post-Harmonisierung

SIEBERT u.a. betrachten die Harmonisierung als das Ergebnis eines Systemwettbewerbs.[693] Bezüglich der zeitlichen Dimension der Integration der EU stellt sich dann die Frage, ob die Wirtschafts- und Währungsunion und der Binnenmarkt überhaupt einer ex-ante-Harmonisierung bedürfen, oder ob nicht die Harmonisierung einem Wettbewerbsprozess zwischen den Institutionen der einzelnen Mitgliedstaaten überlassen werden könnte.[694] Systemwettbewerb ist nach dieser

690 Vgl. zu der Zähmung des Leviathan Sinn, S. (1992b), S. 177-196.

691 Vgl. Vaubel (2000), S. 294-301.

692 Vgl. Vaubel (2000), S. 299.

693 „Eine ex-ante Harmonisierung der Unternehmensteuer durch explizite Abstimmungen der Regierungen muss man als unrealistisch betrachten. Dagegen wird der Wettbewerb für eine (teilweise) Angleichung der Kapital- (und Unternehmen-)steuern, wie dies europaweit und international bei den Körperschaftsteuern zu beobachten ist, und auch der Infrastruktur sorgen." Siebert (1997a), S. 54.

694 Vgl. Siebert (1990), S. 53-75. Auch in der juristischen Literatur findet man die These darüber, dass der Systemwettbewerb nur ein anderer Weg zur Harmonisierung sei, angedeutet. Vgl. bspw. Schön (1996), S. 221-233.

Ansicht ein Prozess, an dessen Ende die Harmonisierung gewissermaßen als Ergebnis steht.[695]

Werden nach dem Ansatz von SIEBERT die Integrationsstrategien der (politischen) Harmonisierung und die des Wettbewerbs einander gegenüber gestellt, so ist das relevante Unterscheidungsmerkmal der Zeitpunkt und der Weg der Vereinheitlichung. Vorteile des Systemwettbewerbs sind vor allem in der Besonderheit dieses Weges zur Harmonisierung, den er als Prozess mit offenem Ausgang und als ein Entdeckungsverfahren beschreibt.[696] Auch wird die Möglichkeit einer Einflussnahme durch die Interessengruppen durch den wettbewerblichen, anonymen Marktprozess begrenzt. Rent seeking könnte auf diese Weise zurückgedrängt werden.[697]

Will man das Modell von SIEBERT einer Beurteilung unterziehen, so fällt zunächst auf, dass auch seine Überlegungen auf dem neoklassischen, statischen Wettbewerbsmodell basieren.[698] Geht man von einem dynamischen evolutorischen Verständnis aus, so wäre das Ergebnis des Systemwettbewerbs generell offen, nicht nur gegenüber einer konkreten Ausgestaltung einer Harmonisierung, sondern auch bezüglich der Frage, ob es überhaupt zu einer Harmonisierung kommt und in welchen Bereichen sie sich überhaupt als die im Verhältnis zu einem dauerhaften Wettbewerb überlegene Strategie durchzusetzen vermag.[699] Bestimmte Unterschiede in den gesetzlichen Regelungen zwischen den einzelnen Mitgliedsländern könnten auch bestehen bleiben. Insbesondere ein dynamischer Wettbewerb könnte zu politischen Innovationen führen, die neue Unterschiede implizieren könnten und somit genau das Gegenteil zu dem Zustand einer finalen Harmonisierung darstellen.[700] Im Übrigen könnte eingewendet werden, dass der Wettbewerbsprozess zu einer Harmonisierung führt, die jeweils zu den niedrigsten Niveaus herunterkonkurriert wird (race to the bottom). Andererseits wird der Systemwettbewerb als Entdeckungsverfahren und als Weg zu einer ex-post-Harmonisierung angesehen. Dieses angeführte Argument, ein intensiver Ordnungswettbewerb führe zwangsläufig zu einer Nivellierung der Ordnungen und erlaube keine nationalen Sonderwege, wird in der hier noch später zu vertretenen evolutorischen Betrachtungsweise nicht geteilt. Nicht in jedem Bereich wird sich eine regionale Vielfalt an Regelungen und Problemlösungsangeboten aufrecht erhalten lassen. Dennoch ist dies nicht mit einer Zerstörung der Vielfalt ordnungspolitischer Leitbilder gleichzusetzen. Es wird in den Bereichen zu Anpassungen kommen, die im Rahmen der Herstellung einer Ordnung für den Ordnungswettbewerb mit dem Ziel der Sicherung einer hohen Faktormobilität der Produktionsfaktoren angeglichen werden. (Hierzu sind die genannten Maßnahmen der Anwendung des Ursprungslandprinzips

---

695 Vgl. Siebert (1990), S. 53-75; allerdings findet sich diese These in späteren Texten Sieberts nicht mehr. Vgl. hierzu bspw. Siebert (1996) und Siebert (1997b).

696 Vgl. Siebert (1990), S. 57.

697 Vgl. Siebert (1990), S. 57-61.

698 Vgl. Prosi (1990), S. 76-90 und Streit (1996a).

699 Vgl. Prosi (1990), S. 77; Mussler/Wohlgemuth (1995), S. 18-21 und Streit (1996c), S. 228.

700 Vgl. Prosi (1990), S. 80.

im europäischen Binnenmarkt und ein – in der Kategorie des Clubgutes verstandenen – gemeinsamer Währungsraum zu nennen.) Es kann aber daraus nicht ein genereller Trend zur Harmonisierung abgeleitet werden. Der Wettbewerb als Entdeckungsverfahren generiert ständig Anreize, alternative Instrumente institutioneller Problemlösungen auszuprobieren. Stellen sich diese Instrumente als erfolgreich heraus, ermöglichen sie die Abschöpfung sog. Pionierrenten.[701]

Der Entdeckungsprozess wird bei SIEBERT u.a. auf Harmonisierungslösungen eingeschränkt. Bezüglich der Präferenzen und dem „ob“ von Harmonisierung kann bei der Argumentation der ex-post-Harmonisierung nicht von einem Entdeckungsprozess ausgehen, sonst würde die Gefahr eines Widerspruchs zur These der Harmonisierung als Ergebnis des Prozesses entstehen.

3.2.2.2 Nachteile der Harmonisierung

Der Grundgedanke der Integration durch Intervention besteht nicht wie bei der Integration durch Wettbewerb in einer Verbesserung der Handlungsfähigkeit der Bürger. Der tatsächliche Integrationsgrad ergibt sich auch nicht aus dem Gebrauch der individuellen Handlungsfreiheit und seiner wettbewerblichen Kontrolle. Die interventionistische Strategie setzt hingegen ihren Akzent auf hoheitliche Handlungen von Politikern und Bürokraten. Der aus diesen politischen Prozessen resultierende Integrationsgrad bemisst sich daran, in welchem Maße konkrete Ergebnisse im "gemeinsamen Interesse" durch Interventionen erzielt wurden. Diese Integrationsstrategie führt letztlich zur Zentralisierung.

Folglich benötigt die Integration durch Intervention bzw. Harmonisierung positive Integrationsmaßnahmen und rechtlich eingeschränkte Ermessensspielräume. Diese Integrationsstrategie ersetzt die unterschiedlichen wirtschaftlichen Interventions- und Regulierungssysteme durch ein einheitliches System staatlicher Interventionen. Dies könnte zunächst auch eine Verringerung individueller Handlungsbeschränkungen, die sich aus der Auswirkung der Unterschiedlichkeit nationaler Rechtssysteme auf grenzüberschreitende Transaktionen und Faktorwanderungen ergeben, bedeuten. Der Gewinn an wirtschaftlicher Handlungsfreiheit könnte durch die fehlende Kontrolle und den mangelnden Wettbewerb der Interventionen auf Gemeinschaftsebene und der Eingriffe in den Marktprozess aufgezehrt werden.[702] Außerdem besteht die Gefahr,

---

701 Aufgrund der regional divergierenden Präferenzen hinsichtlich der wünschenswerten Wirtschafts- und Gesellschaftsordnungen werden institutionelle Problemlösungen in den einzelnen Jurisdiktionen nach unterschiedlichen Kriterien bewertet. Auch im Ordnungswettbewerb ist demnach eine Vielfalt ordnungspolitischer Leitbilder durch Evolution möglich. Der These, der ökonomische Wettbewerb zerstöre die Vielfalt (vgl. Ernst-Ulrich von Weizsäcker (1995), S. 321), ist daher zu widersprechen. Vgl. zu der Bedeutung des Ordnungswettbewerbs und der Bürgersouveränität durch Ordnungswettbewerb die Abschnitte 5.4.1 und 5.4.2 im fünften Kapitel.

702 Vgl. Mussler/Streit (1996), S. 274.

dass viele dieser Interventionen nur dann erfolgreich wären, wenn das Bezugsgebiet nach "außen" abgeschottet wäre.

Die Integration durch Intervention erfordert andere Rechtsregeln, denn Recht ist hier als „konditionales Planprogramm“[703] zu verstehen. Es wird angenommen, dass ökonomische Prozesse innerhalb einfacher geschlossener Kausalketten ablaufen und somit einfach mittels rechtlich verankerter staatlicher Eingriffe zu beeinflussen sind. Integration durch Intervention verlangt nicht nur eine breite Ermächtigungsgrundlage zu diskretionären Staatseingriffen in den Marktprozess, sondern auch die Harmonisierung der Rechtsregeln in den beteiligten Nationalstaaten. Insofern ist diese Integrationsstrategie durch Intervention auch als Strategie der Harmonisierung zu bezeichnen.

Harmonisierung bedeutet, dass Politiker aus unterschiedlichen Nationalstaaten - z.B. den EU-Mitgliedstaaten - als Anbieter institutioneller Arrangements eine Vereinheitlichung nationalstaatlicher Regelangebote erwirken. Alle Bürger dieses politischen Einflussbereichs sollen sich im Ergebnis mit einer einvernehmlichen Festlegung eines angeglichenen Regelwerks konfrontiert sehen. Der politische Wettbewerb und damit auch die Kontroll- und Entdeckungsfunktion des Wettbewerb auf der institutionellen Ebene sind außer Kraft gesetzt. Es liegt eine Wettbewerbsbeschränkung auf institutioneller Ebene vor, die der des Kartells sehr ähnelt, denn Drittländer stellen die Ausnahmen dar.

Harmonisierung stellt einen wenig transparenten politischen Prozess dar, der unter Beteiligung einer Vielzahl von politischen Akteuren und Interessengruppen erfolgt. Die Ergebnisse solcher Verhandlungen werden vermutlich in Form von Kompromissen auf Kosten Unbeteiligter und nicht-vertretener Gruppen gehen. Die Regulierungsdichte wird durch das sog. package dealing stark erhöht und die Kosten werden auf viele verteilt. Dies ist die dominante Regulierungsstrategie.

Die Strategie, dem Wettbewerb zwischen den Staaten in den Bereichen der Bereitstellung von öffentlichen Gütern, insbesondere der Infrastruktur, bei der Besteuerung, bei den Einkommen der immobilen Faktoren, bei den institutionellen Regelungen, bei der Umverteilung und bei den sozialen Sicherungssystemen durch Koordinierung – also durch Harmonisierung – beizukommen, ist für viele Politiker verlockend. Insbesondere ist die Harmonisierung die präferierte Strategie, da sie den Wettbewerbsdruck von der politischen Arbeit nehmen würde. Die Reduzierung des Wettbewerbs kann im Eigeninteresse der Politiker liegen, da im Rahmen des Systemwettbewerbs die verschiedenen nationalen institutionellen Regelungen um die mobilen Faktoren konkurrieren.[704] Insbesondere diejenigen Nationalstaaten, die in dem

---

703 Mestmäcker (1994), S. 267.

704 Ähnlich wie der Bäcker sich, wenn er gefragt würde, gegen Konkurrenz und Wettbewerb aussprechen würde, da er sich ganz individuell egoistisch ein ruhigeres Leben in einer Welt der monopolartigen Brötchenversorgung verspricht, werden auch Politiker nur ein begrenztes

internationalen Wettbewerb der institutionellen Regelungen unterliegen, haben ein substanzielles Interesse an Maßnahmen der Harmonisierung der Rechtsregeln. Für die Weltwirtschaft stellt dies jedoch keine Lösung dar, da gerade die ärmeren Länder um wichtige Aktionsparameter beraubt und ihnen auch wichtige Einkommens- und Entwicklungschancen genommen werden. Die Koordinierungsbemühungen sollten sich auf Bereiche der globalen öffentlichen Güter wie die globalen Ordnungsregeln oder globale Umweltgüter konzentrieren und auch beschränken.[705]

Bemerkenswert erscheint, dass eine Öffnung der Betrachtung auf die Weltwirtschaft, deutlich macht, dass vor allem bereits die kleineren Länder, die einen hohen Offenheitsgrad aufweisen und sich am ehesten dem Wettbewerb um das mobile Kapital stellen müssen, bereits durch Anpassungen auf den zunehmenden institutionellen, steuerlichen und infrastrukturellen Wettbewerbsdruck reagieren. So hat bspw. Chile in den 80er Jahren ganz konsequent seine Rentenversicherungssysteme von einem Umlageverfahren auf ein Kapitaldeckungsverfahren umgestellt.[706] Neuseeland hat eine umfassende Änderung der gesamten Wirtschaftspolitik durchgeführt[707] und die Beispiele aus Europa sind die Länder Irland, Finnland und Holland, die in den letzten Jahren massive Reformanstrengungen unternommen haben.

Harmonisierung soll bei grenzüberschreitenden Transaktionen Rechtssicherheit garantieren. Zu bedenken ist dabei, dass Harmonisierung als Vorwand für

---

Interesse haben, sich selbst einem funktionierenden Wettbewerb auszusetzen und ihn selbst zu implementieren.

705 Vgl. Siebert (1997b), S. 276-293.

706 Weltweit werden Reformen der sozialen Sicherung diskutiert; dazu gehören Analysen des Gesundheitssektors, der Alterssicherung, der Sicherung gegen das Risiko der Arbeitslosigkeit, der Familienpolitik und der betrieblichen Sozialpolitik. Die zentrale Frage dabei lautet, welche Aufgaben der Staat in den verschiedenen Teilbereichen sozialer Sicherung übernehmen kann und was den privaten Akteuren besser überlassen werden sollte. Die Diskussion über die wirtschaftlichen und finanziellen Probleme der sozialen Sicherung wird seit ihrer erstmaligen Einrichtung Ende des 19. Jahrhunderts geführt. Immer wieder wird auch in Deutschland eine Re-Privatisierung der Alterssicherungssysteme verlangt. Re-Privatisierung deshalb, da vor der Bismarckschen Reform mit ihrer weitgehenden Verstaatlichung im Prinzip nur private Systeme der Alterssicherung und Krankenversorgung vorhanden waren. Chile hat mit einer sehr weitgehenden Reform die Privatisierung der klassischen sozialen Sicherung – verbunden mit kapitalgedeckten Renten durchgeführt. Das Vorbild Chile und weitere Reformen auch in Europa haben gezeigt, dass Reformen der sozialen Sicherung politisch möglich und erfolgreich durchgeführt werden können und einen wesentlichen Beitrag für die Entlastung der Arbeitsmärkte, den Ausbau funktionierender Kapitalmärkte, zur Senkung der Staatsdefizite und insgesamt zu Wachstum und mehr Beschäftigung leisten kann. Vgl. Eisen (2000), S. 141-187.

707 Die neuseeländischen Wirtschaftsreformen halten trotz der sehr unterschiedlichen politisch-institutionellen Rahmenbedingungen gerade für Deutschland eine Vielzahl von bedenkenswerten Lehren bereit. Die Hoffnung auf grundlegende Reformen auch hierzulande trotz Jahrzehnten eines schleichenden Interventionismus und trotz unzähliger gescheiterter oder bis hin zur ordnungspolitischen Bedeutungslosigkeit verwässerten Reformversuche sollte nicht aufgegeben werden. Dies belegt die jüngere neuseeländische Wirtschaftsgeschichte eindrucksvoll. Vgl. Knorr (1997).

Zentralisierung - die Verlagerung politischer Kompetenzen auf eine höhere Ebene - genutzt werden kann. Der daraus resultierende Kontrollverlust der Bürger macht die Attraktivität dieser Integrationsstrategie für die politisch Handelnden aus.[708] Nimmt man den Bürgern das Recht der Exit-Option, bspw. durch eine Ausdehnung des Rechtes des Staates auch jenseits der Landesgrenzen durch internationale Kooperationen die Staatsbürger zu besteuern, um den Steuerwettbewerb zu unterbinden, so sollte dabei nicht vergessen werden, dass die Mobilität den Menschen als Wahlmöglichkeiten einen größeren Freiheitsspielraum ermöglicht. Die Exit-Option, die Abstimmung mit den Füßen, ist ein zentrales Freiheitsrecht der Menschen, das ihm nicht genommen werden sollte. Die Exit-Option kontrolliert Regierungen. Eine Kooperation, die den Bürgern die Exit-Option nimmt, wäre in extremer Weise interpretiert auch eine Kooperation zur Stabilisierung totalitärer Systeme.[709]

Wird für Europa eine stärkere Koordination bzw. Harmonisierung verlangt, so bleibt die Frage unbeantwortet, wer darüber wacht und nach welchen Kriterien entschieden wird, welche Bereiche in welcher Weise harmonisiert werden.[710] Aus den Ergebnissen der bisherigen Analysen könnte abgeleitet werden, dass zwar eine staatliche europaweite Regulierung notwendig erscheint, aber nicht in Form einer Harmonisierung der einzelnen Felder der wirtschaftspolitischen Bereiche.[711] Regulierungen erscheinen im Sinne einer Präferenzsouveränität der Bürger zur Kontrolle der Marktmacht der Gebietskörperschaften dringend geboten.[712] Im Ergebnis

---

708 Vgl. Vaubel (1992).

709 Vgl. zu dem Gedanken einer Kooperation gegen die Freiheit auch Siebert (1997), S. 61. Eine solche Kooperation, die die Exit-Option den Menschen verwährt, steht in einem unvereinbaren Gegensatz zu der offenen Gesellschaft im Sinne Karl Poppers. Vgl. Popper (1992a) und (1992b).

710 Einzig die Koordination zu postulieren, kann nicht befriedigend sein, wenn man sich tatsächlich auf die Argumente für die Harmonisierung bspw. des Steuersystems ausspräche. In einem Staatenverbund wie der Europäischen Union, in dem der politische Prozess sehr stark dominiert wird von den Interessengruppen und Verbänden, ist es keine legitime wirtschaftspolitische Konsequenz auf Selbsterfüllung zu setzen, wenn man eine Harmonisierung weiter Bereiche der Wirtschaftspolitik wünscht.

711 Vgl. hierzu die Darstellung in dem vorhergehenden Kapitel über die Harmonisierung der Steuersysteme am Beispiel der Körperschaftsteuer, die Notwendigkeiten von Produktregulierungen, die Versorgung mit öffentlichen Gütern und die Anforderungen an die sozialpolitischen Umverteilungssysteme.

712 Vgl. zum Prinzip der disaggregierten Regulierung Blankart/Knieps (1992), S. 73-87. Hierbei werden Gebietskörperschaften als horizontal und teilweise auch vertikal integrierte Unternehmen angesehen. Die von ihnen verfolgte Optimierung von Größenvorteilen und Produktvielfalt ist monopolistisch verzerrt. Die Größe des Leistungsumfangs ist äußerst komplex und insofern finden auch mögliche Innovationen durch Regulierungen keine entsprechende Berücksichtigung. Deshalb sollen die Regulierungen disaggregiert betrachtet werden, indem jene Bereiche aus den Leistungen der Gebietskörperschaften ausgegliedert werden, die keine versunkenen Kosten aufweisen und dem Wettbewerb privater Anbieter zugänglich sind. Diese Bereiche sollten auch dem Wettbewerb privater Unternehmen zugänglich gemacht und dereguliert werden. (Vgl. hierzu die Ausführungen über BOT-Modelle im Kapitel 3.2.2.1.3.) Somit würde auch der verbleibende Aufgabenkatalog für die Gebietskörperschaften kleiner und handhabbarer für eine überwachende, Marktmacht eindämmende Regulierungsbehörde werden.

ist keine Planung eines europäischen Steuersystems und auch keine europäische Versorgung mit einem einheitlichen Angebot an Infrastrukturleistungen notwendig, sondern erforderlich erscheint eine demokratische Regulierung der Gebietskörperschaften.[713]

3.2.2.3 Zusammenfassung – Harmonisierung als Integrationsstrategie

Zusammenfassend kann als Ergebnis formuliert werden, dass die Harmonisierung von Regeln im Sinne einer gemeinschaftlichen Politik mit der Gefahr der Zentralisierung von Entscheidungskompetenzen auf europäischer Ebene verbunden ist. Kommt es zu diesen Zentralisierungsprozessen, so wird die Bürgersouveränität vermindert.

Der Systemwettbewerb steigert in seiner Eigenschaft als Entdeckungsverfahren für institutionelle Arrangements die soziale Produktivität. Der Bürger kann zwischen verschiedenen Angeboten institutioneller Rahmenordnungen wählen und so implizit auf eine Orientierung an seinen Interessen bei der Gestaltung dieser Rahmenbedingungen hinwirken. Der Verlust an Wahlfreiheit für den Bürger wäre ein relevanter Bestandteil der Kosten der Harmonisierung.

Die Einschränkung der Entdeckungs- und Kontrollfunktion des Wettbewerbs und die damit verbundene Beschneidung der kulturellen und sozialen Vielfalt sind als weitere Nachteile der Harmonisierung als Integrationsstrategie anzusehen.

Darüber hinaus könnte eine Harmonisierung der Rechtsregeln zu einer Beeinträchtigung der Wettbewerbsfähigkeit der ökonomisch weniger stark entwickelten Länder der EU führen. Gerade diese Länder streben durch eine konsequente Modellierung ihrer Rahmenbedingungen, bspw. im Steuerrecht, die Steigerung ihrer Wettbewerbsfähigkeit im internationalen Konkurrenzkampf um die Ansiedlung von Unternehmen und die Attrahierung von Kapital an. Werden die Möglichkeiten der Profilbildung durch innovative und differenzierte Rahmengebungen genommen und ein einheitlicher Rahmen gerade im Bereich der Sozialstandards und der Besteuerung der großen, wirtschaftlich etablierteren Länder der EU zwangsweise vorgegeben, so werden u.U. Entwicklungsunterschiede zementiert und es werden weitere Interventionen und Transfers notwendig. Diese Entwicklung stünde in einem Widerspruch zu dem in dem Sinne des funktionalen Wettbewerbs verstandenen Subsidiaritätsprinzip.[714]

---

[713] Dies kann durch die Bürger, die die öffentlichen Leistungen über ihre Steuern finanzieren, erfolgen. Dies entspräche auch dem Prinzip der institutionellen Symmetrie, nämlich dem Grundsatz der Übereinstimmung von Nutznießern, Entscheidungsträgern und Steuerzahlern, der im Kern von Wicksell entwickelt wurde. Vgl. Wicksell (1896). Dies würde in einer parlamentarischen Demokratie die Möglichkeit eines Referendums in umstrittenen Fragen einschließen. Vgl. Blankart (1996), S. 91.

[714] Eine eingehende Analyse der Auslegung des Subsidiaritätsprinzip in der Europäischen Union und die Nutzbarmachung durch die verschiedenen politischen Akteure auf der europäischen Ebene erfolgt in dem fünften Kapitel, im Abschnitt 5.3.2. Zu der Darstellung des funktionalen Wettbewerbs und dem funktionalen Föderalismus als Ordnungsprinzip für Europa vgl. 5.4.3.3.

Die Vorteile der Harmonisierung als Integrationsstrategie sind in den Bereichen zu sehen, in denen ein Systemwettbewerb versagen würde. Dies gilt insbesondere bei der Bereitstellung (tatsächlich) europäischer öffentlicher Güter und auch in der Generierung europäisch angesiedelter positiver externer Effekte. Beispiele für diese positiven externen Effekte könnten eine europäisch angelegte und europaweit zur Verfügung stehende Grundlagenforschung in einzelnen Bereichen sein oder auch das Treffen von Absprachen bei der Planung und Entwicklung von Verkehrssystemen und -netzen. Die Kontrolle des Wettbewerbs zwischen europäisch agierenden Unternehmen und die Verhinderung von Marktmacht könnte zu denjenigen Regelungen gehören, die besser auf der europäischen Ebene angesiedelt werden. Allerdings ist dann in einem konsequenten nächsten Schritt der Analyse zu prüfen, ob dann es nicht sinnvoll sein könnte, eine solche Wettbewerbsaufsicht nicht weltweit zu führen; mindestens aber zwischen den Wirtschaftsblöcken Asien, Nord-Amerika und Europa. Die Eindämmung und Internalisierung negativer externer Effekte auf der europäischen Ebene könnte zweifelsfrei ein Ziel der Harmonisierung sein. Hierzu zählen die Einführung gewisser Mindeststandards bei der Produktion, an Produkte und für das Verhalten privater Haushalte. Dies gilt um so mehr als ein einheitlich hohes Schutzniveau als Eigenwert angesehen wird. Ein weiteres Argument für die Harmonisierung ausgewählter Rechtsregeln könnte darin bestehen, dass insbesondere aus unternehmerischer Sicht durch Transparenz und Rechtssicherheit eine Kostenersparnis zu realisieren ist.

Die indirekte Begründung der Harmonisierung als geeignete Integrationsstrategie aus den Konsequenzen des Systemwettbewerbs, die als die Gefahr des Herunterkonkurrierens des Wohlfahrtsstaates beschrieben wurde, konnte hier auf der Grundlage einer Analyse aus Sicht der ökonomischen Theorie der Politik und auch durch betrachteten die Regressionsanalysen nicht bestätigt werden. Der Systemwettbewerb zwischen den Nationalstaaten scheint die Sozialleistungsquote eher zu erhöhen.[715] Insbesondere aus der Sicht der Public-Choice-Analyse ist vor den dem politischem Prozess inhärenten Hang zur Zentralisierung zu warnen, der unabhängig von den Analysen der Marktunvollkommenheiten und Marktversagenstatbeständen nach MUSGRAVE auf der europäischen Ebene anzutreffen ist und dem nur wirkungsvoll durch die Etablierung von wettbewerblichen Elementen in der Integrationsstrategie für Europa begegnetet werden kann.

[715] Vgl. Vaubel (2000), S. 280-309.

3.2.3 Integration durch Systemwettbewerb

„If competition has its evils, it prevents greater evils (...)"
John Stuart Mill

"Hinter dem Ziel der europäischen Integration verbergen sich zwei völlig verschiedene Konzepte: die Integration der Märkte und die Integration der Politik. Bei der Integration der Märkte geht es darum, Beschränkungen und Verzerrungen des innergemeinschaftlichen Wettbewerbs zu beseitigen. Die Integration der Politik dagegen hat zum Ziel, die Politik der verschiedenen Mitgliedstaaten zu vereinheitlichen, d.h., sie entweder über Absprachen einander anzugleichen oder über gemeinschaftliche Institutionen zu zentralisieren. Während also die Marktintegration Wettbewerb in der Privatwirtschaft stärkt, beschränkt die politische Integration den Wettbewerb zwischen den Anbietern öffentlicher (und anderer staatlicher) Güter und Dienstleistungen durch internationale Kartellierung oder europaweite Monopolisierung. Dies mag erklären, weshalb es nicht ein Zuviel an Marktintegration, wohl aber ein Zuviel an politischer Integration geben kann."[716]

3.2.3.1 Eine Einführung

Die hier betrachtete Frage des Systemwettbewerbs erfordert – wie in der Diskussion um die Harmonisierung als Integrationsstrategie bereits deutlich wurde - die Betrachtung verschiedener Teildisziplinen der Ökonomie:[717] die Finanzwissenschaft, die Theorie des fiskalischen Föderalismus, Wettbewerbstheorie, Migrationsforschung, Ordnungstheorie, Institutionenökonomie, Public-Choice-Theorie, Constitutional Economics und Ansätze der Außenhandelstheorie .

Das Ordnungsprinzip Wettbewerb kann nicht nur auf den Markt, sondern auch auf die Bereiche der Politik angewendet werden, d.h. dass auf der konstitutionellen Ebene eine sozio-ökonomisch-politische Ordnung[718] verankert werden soll, die dem Prinzip Wettbewerb entspricht.[719] Allerdings setzen derartige Untersuchungen ein geeignetes

---

716 Vaubel (1992), S. 30-31.

717 Vgl. Kerber (1998b), S. 199.

718 Vgl. zu dem Begriff der sozio-ökonomisch-politischen Ordnung Vanberg (1996c), S. 85-101.

719 Dieser Ansatz, den Staat explizit in die ökonomischen Analysen einzubeziehen, findet sich bereits bei Adam Smith. Während der Staat in Walras' analytischem Konzept wie auch in neoklassischen Modellen einfach ignoriert wird, führen Lindahl, Musgrave und Samuelson die staatliche Aktivität in ihren Analysen einer dualistischen Wirtschaft formal höchst elegant ein. Dennoch ist die fundamentale Schwäche einer solchen Integration für praktische Zwecke nicht zu leugnen. Im Vergleich dazu behandeln Keynesianer und Monetaristen die Aufgabe der Stabilisierung in ihren Modellen explizit einseitig. Sie vernachlässigen eine Betrachtung der Effizienz und Gerechtigkeit, die beide für die Rolle des Staates ganz wesentlich sind. Daher überrascht es nicht, dass heute nicht wenige Autoren zu Smith zurückkehren und erneutes

Analyseinstrumentarium voraus. Es werden die neoklassisch-statischen Modelle und die evolutorisch-dynamischen Modelle dargestellt und hinsichtlich ihres Erklärungsgehaltes für die zu untersuchende Fragestellung geprüft. Hierbei erscheint es sinnvoll, eine Erweiterung um die Ansätze der Public-Choice-Theorie und der Neuen Institutionenökonomik vorzunehmen.[720] Die Kritik an der Eignung neoklassisch fundierter Modelle für die Analyse einer ordnungspolitischen Gestaltung der Integration in Europa zieht sich wie ein roter Faden durch diese Arbeit. Dies zeigte sich bereits in dem dritten Kapitel in dem Abschnitt 3.2.2.1, in dem eine Betrachtung der möglichen negativen Konsequenzen eines Wettbewerbs der Ordnungen und deren Einfluss auf die Steuereinnahmen, die Bereitstellung öffentlicher Güter, die Qualitätsregulierung und die sozialen Sicherungssysteme erfolgte. Diese Fragestellungen wurden wie in der einschlägigen Literatur auf der Grundlage der neoklassischen Theorie und mit Hilfe der üblichen neoklassischen Modelle der Wohlfahrtstheorie untersucht.

Um eine eigene Konzeption in dem fünften Kapitel entwickeln zu können, erscheint es angezeigt, sich auch methodisch mit den verschiedenen anderen Ansätzen auseinander zu setzen. Eine erste kurze Gegenüberstellung der neoklassisch fundierten Ansätze und der evolutorischen und konstitutionenökonomischen Grundlagen erfolgt daher bereits am Ende dieses dritten Kapitels. Es wird gezeigt, dass die evolutorischen aber auch die konstitutionenökonomischen Ansätze besser geeignet sind, die hier zu untersuchende Fragestellung zu bearbeiten. Als Folge dieser Erkenntnis werden dann in dem vierten

---

Interesse an seinen wirtschaftlichen **und** politischen Einsichten finden. So wird auch die tiefe Einsicht gewonnen, dass die Politische Ökonomie keineswegs eine neue Sichtweise darstellt, ebenso wie die Neue Institutionenökonomik auf den Werken von v. Hayek und Eucken aufbaut, sind die Grundlinien und Gedanken bereits bei Smith zu finden.

720 Smiths konkreter Begriff der Politischen Ökonomie erscheint auf den ersten Blick etwas unbestimmt zu sein. Hält man sich streng an seine Texte, so findet sich eine relativ enge Definition in der Einführung zum vierten Buch. Dort heißt es wörtlich: "Politische Ökonomie, als ein Zweig der Wissenschaft für den Staatsmann oder Gesetzgeber betrachtet, behandelt zwei unterschiedliche Gegenstände: Erstens für reichlich Einkommen oder Lebensunterhalt für die Bevölkerung zu sorgen oder, zutreffender, es ihr zu ermöglichen, beides für sich selbst zu beschaffen. Zweitens hat es den Staat oder das Gemeinwesen mit einer Einnahme zu versehen, die für die öffentlichen Dienste ausreicht. Politische Ökonomie hat zur Aufgabe, sowohl die Bevölkerung wie auch den Souverän reicher zu machen.“ Smith (1776), S. 428. Der Begriff der Politischen Ökonomie betont die Verbindung zu Smiths „natürlicher Jurisprudenz“; die politische Ökonomie erscheint somit als Zweig von mehreren im System der Zivilregierung. Eine eher weite Definition des Begriffs kann man im Ende des vierten Buches entdecken, wo Smith in seiner Erörterung des Quesnayschen Systems erklärt, „was Politische Ökonomie eigentlich heißt“: nämlich die Analyse „der Natur und der Ursachen des Wohlstandes der Nationen.“ Smith (1776), S. 678 f. Die aus den Textstellen hervorgehenden beiden Definitionen der Politischen Ökonomie lassen sich zu einem Komponentenkatalog, der drei Kriterien, die Wohlstand beschreibt, zusammenfassen: a) Der rein analytische Teil der Erklärung, wie ökonomische Systeme arbeiten ("wie die Leute sich selbst solches Einkommen beschaffen"); b) die Wirtschaftspolitik („es der Bevölkerung zu ermöglichen, solches Einkommen oder den Lebensunterhalt für sich selbst zu besorgen“; und c) das Angebot und die Finanzierung von „öffentlichen Diensten“.

Kapitel u.a. der evolutorische Ansatz nach HAYEK und der konstitutionenökonomischen Ansatz nach BUCHANAN eingehend untersucht und einer kritischen Analyse unterzogen. Es wird der Versuch einer Synthese unternommen, mit deren Hilfe dann in einem fünften Kapitel Anforderungen an eine europäische Verfassung im Hinblick auf die konstituierenden Elemente einer Verfassung normativ formuliert, aber auch im Rahmen einer positiven Analyse Ableitungen von Organisationsregeln für den politischen Entscheidungsprozess vorgenommen werden.

Der Ausgangspunkt der ordnungsökonomischen Integration als Wettbewerb ist, dass die wirtschaftlichen grenzüberschreitenden Transaktionen erleichtert werden sollen. Der Grundgedanke hierbei ist die Territorialität des Rechts, nach der unterschieden wird zwischen nationalen und grenzüberschreitenden Transaktionen. Wettbewerb kann hier einfach definiert werden als ein Prozess, in dem verschiedene Parteien etwas zu erlangen versuchen, das alle besitzen wollen, aber nicht alle besitzen können.[721] Die Nationalstaaten haben das Recht aufgrund der auf ihre Souveränität begründeten Kompetenz, Recht zu setzen, Recht zu sprechen und Recht durchzusetzen. Dieses Recht erstreckt sich nur auf das jeweilige Territorium des Nationalstaates.[722] Allerdings soll auch die Möglichkeit gegeben sein, auf die Privatautonomie der Wirtschaftssubjekte mit den Mitteln des öffentlichen Rechts Einfluss nehmen zu können, deren jeweiligen Transaktionen das Territorium berührt. Marktergebnisse können so diskretionär korrigiert werden. Die wirtschaftliche Integration kann konzeptionalisiert sein „als Verringerung der Beschränkungen grenzüberschreitender Transaktionen, die sich aus der Unterschiedlichkeit nationalstaatlicher Systeme ergeben.“[723] Der Niedergang sozialistischer Planwirtschaften hat dazu geführt, dass die Prinzipien des Marktes wieder mehr Anerkennung finden. Dennoch ist zweifelhaft, ob aus dieser neu auflebenden Wertschätzung tatsächlich auch grundlegendere Lehren gezogen werden, bezüglich der Bedeutung des Wettbewerbs als Ordnungsprinzip.

TINBERGEN unterscheidet zwischen positiver und negativer Integration.[724] Die positive Integration beschreibt die Schaffung gleicher institutioneller Bedingungen für das ganze Integrationsgebiet und die positive Einführung eines Einheitsrechts. Dieses Einheitsrecht muss auch mögliche Interventionen einer europäischen Zentralinstanz regeln. Dies erfordert eine umfangreiche Gesetzgebung, wobei der Sinn und Zweck einzelner Maßnahmen unklar bleibt. Ferner besteht die Gefahr, dass die komplexen nationalen Maßnahmenbündel auf die gemeinschaftliche Ebene kopiert werden. Die Voraussetzungen einer positiven Integration ist der erforderliche Überbau an bürokratisch-politischen Gemeinschaftsorganen und deren Legitimation. Problematisch erscheint hierbei die Tatsache, dass die von solchen Organen erlassenen Rechtsregeln geprägt sind von bürokratischer Willkür. Es werden häufig Änderungen

721 Vgl. Vanberg (1996c), S. 87.
722 Vgl. Mussler/Wohlgemuth (1995), S. 9-45.
723 Vgl. Streit (1996c), 225.
724 Tinbergen (1954).

erfolgen, die Rechtsregeln werden wenig justitiabel sein und es erfolgt eine geringe Stabilisierung der Erwartungen bei den Wirtschaftssubjekten.[725]

Die negative Integration meint den Abbau von Integrationshemmnissen, die sich aus der Existenz der Nationalstaaten ergeben. Diese autonomen Nationalstaaten sollen auch weiterhin existieren. Das Regelsystem besteht im Wesentlichen aus Verboten, denn es gibt keine handlungsbeschränkende Maßnahmen für Nationalstaaten, Wirtschaftssubjekte oder Organe. Diese Regeln sind nicht besonders kompliziert, sind justitiabel, d.h. rechtlich leicht handhabbar, und sie führen zu einer Stabilisierung der Erwartungen der Wirtschaftssubjekte.[726]

Grundsätzlich ist festzuhalten, dass es im Wesentlichen drei Gründe für ein Ordnungsprinzip Wettbewerb gibt, die mit drei Problemen zu tun haben, deren Lösung die Konstruktion Wettbewerb herbeiführen kann: dem Anreizproblem, dem Machtproblem und dem Wissensproblem. Diese drei Probleme sollen nun zunächst einmal in dem vertrautesten Kontext behandelt werden, nämlich dem Wettbewerb in Güter- und Dienstleistungsmärkten.

3.2.3.2 Die ökonomische Dimension

Bereits SMITH sprach von einem Anreizproblem als er schrieb: „Nicht vom Wohlwollen des Metzgers, Brauers und Bäckers erwarten wir das, was wir zum Essen brauchen, sondern davon, dass sie ihre eigenen Interessen wahrnehmen.“[727] Der Wettbewerb zwingt den Bäcker oder den Metzger dazu, Produkte anzubieten, die auch nachgefragt werden. Sie bieten ihre Leistungen nicht deshalb kundenorientiert an, weil sie so gute Menschen sind. Die Konkurrenz mit anderen Anbietern zwingt die Produzenten sich an den Kundenwünschen zu orientieren und sie zu befriedigen. Wettbewerb führt zu Problemlösungen, die an den Konsumenteninteressen orientiert sind.[728] Der Wettbewerb sichert die Konsumentensouveränität.[729] Friedrich August von HAYEK hat mit Hilfe seiner evolutorischen Ordnungskonzeption nachgewiesen, dass der Wettbewerb ein Verfahren zur Aufdeckung von Präferenzen darstellt.[730]

---

725 "Positive integration is the domain of politics and bureaucracy rather than law." Molle (1990), S. 11.

726 Vgl. zu der Integration durch Wettbewerb mit wenigen Rechtsregeln und dem Universalkriterium Streit/Mussler (1994), S. 322 ff.

727 Smith (1978 / 1776), S. 17.

728 So wird das "Ertragsstreben der Unternehmen in den unmittelbaren Dienst der Konsumenten gestellt". Böhm (1981), S. 138 und Böhm schreibt weiter, dass „die Konkurrenz die Moral der freien Ertragswirtschaft“ ist. Böhm (1981), S. 138.

729 Eucken spricht in diesem Zusammenhang von der „Herrschaft der Konsumenten“; Eucken (1952/1990), S. 163. Implizit ist darin die Annahme enthalten, dass dies ein wünschenswerter Zustand sei.

730 Vgl. Hayek (1969k) und Hayek (1969q).

Neben dem Anreizmechanismus, der durch den Wettbewerb gesichert ist, wird auch die Eigenschaft der Machtbegrenzung und -verteilung des Wettbewerbs von BÖHM und EUCKEN betont.[731] Konkurrenz generiert Alternativen aus der Konsumentensicht. Somit wird ihre Abhängigkeit von einem bestimmten Unternehmen bzw. Anbieter geringer und die Macht der Anbieter sinkt. Können sich Unternehmen dem Wettbewerbsdruck nicht entziehen, indem sie eine Monopolstellung erlangen („Behinderungswettbewerb"), sichern sie ihre Marktstellung am besten, indem sie Konkurrenten durch Leistungen überbieten („Leistungswettbewerb").[732] Die Unternehmen konkurrieren um die Gunst der Konsumenten, es herrscht Konsumentensouveränität.

Das letzte Problem – das Wissensproblem – stand vor allem in den Untersuchungen von HAYEK häufig im Mittelpunkt.[733] Er bezeichnete das Wissensproblem als das originäre Problem der Gesellschaft. Das Problem besteht darin, eine Methode zu finden, die nicht nur das zwischen den Mitgliedern der Gesellschaft verstreute Wissen bestmöglich nutzt, sondern deren Fähigkeiten, neue Problemlösungen zu entdecken und auszuprobieren, weckt und fördert.[734] Hierbei ist eine entscheidende Komponente die Verfügbarkeit relevanter Informationen. Hinsichtlich der Bedeutung von Informationen ist festzuhalten, dass unter dem Begriff der unvollkommenen Information in der modernen Terminologie die Abwesenheit von Transaktionskosten verstanden wird. HAYEK beschreibt die Grundprobleme jedes Wirtschaftssystems als die Zersplitterung des ökonomisch relevanten Wissens auf zahlreiche Individuen.[735]

Die komparativen Nachteile einer zentral geplanten gegenüber einer dezentralen über den Markt koordinierten Wirtschaft ergeben sich deshalb aus dem Problem, dass das ökonomisch relevante Wissen in seiner Totalität für die zentrale Planungsbehörde nicht verfügbar ist. Dies ist nun nach HAYEK keine Frage der Prozess- und Speicherkapazitäten, sondern der Kommunikation von Wissen. Er nimmt an, dass das ökonomisch relevante Wissen idiosynkratischen Charakter hat und nicht verbal oder auf schriftlich-grafischen Weg artikuliert und folglich nicht von einer zentralen Planungsbehörde verarbeitet werden kann.[736] Hierin liegt der komparative Vorteil der dezentralen Koordination individueller Pläne und Handlungen durch das Preissystem.

---

731 So Böhm: „Konkurrenz (ist) das großartigste und genialste Entmachtungsinstrument der Geschichte." Böhm (1960), S. 22.

732 Zu den Begriffen des „Behinderungs-" und des „Leistungswettbewerbs" vgl. Böhm (1933), S. 212-214 und Eucken (1952/90), S. 43, S. 296 und S. 299. Die Begriffe werden in einem späteren Zusammenhang bei der Entwicklung von Kriterien für einen wettbewerblichen Föderalismus verwendet; vgl. im fünften Kapitel, den Abschnitt 5.4.3.2.

733 Eine Darstellung des evolutionstheoretischen Ansatzes nach Hayek erfolgt in dem vierten Kapitel, im Abschnitt 4.2.

734 Wettbewerb wird beschrieben als ein effektiver Entdeckungsprozess, um bessere Methoden, nach menschlichen Zielen zu streben, zu finden. Vgl. Hayek (1979b), S. 190 und Hayek (1978b), S. 149.

735 Vgl. Hayek (1948b), S. 77-79.

736 Vgl. Hayek (1948b), S. 79 ff.

Ein dezentrales Preissystem reduziert die komplizierte Ziel-Mittel-Struktur der Verwendung von Gütern auf die einzig ökonomisch relevante Größe, die Information über den Wert eines Gutes. So kann die ökonomisch relevante Information zwischen den Individuen kommuniziert und ihre Handlungen koordiniert werden (auch wenn das dahinterstehende Wissen auf viele Marktteilnehmer verteilt bleibt). Die dezentrale Koordinationsleistung des Preissystems wird von HAYEK als evolutionäres „Wunder“ bezeichnet.[737]

Die Leistungsfähigkeit des Preissystems ist bei HAYEK und bei MISES eng mit den Fragen der Anreize und des Wettbewerbs verknüpft.[738] Preise werden von den Unternehmen nicht als Daten, sondern als strategische Variablen betrachtet. In einem Wirtschaftssystem mit privatem Eigentum treten die Unternehmen in Wettbewerb um die Entdeckung kostengünstiger Produktionsverfahren ein, wobei die treibende Kraft des Wettbewerbs die Preiskonkurrenz ist.[739] Wettbewerb dient als Verfahren zur Aufdeckung von Wissen und reduziert damit konstitutiven Wissensmangel.

Ein garantierter Wettbewerb im Markt sorgt für die Sicherstellung eines Entdeckungs- und Lernprozesses. Es werden ständig neue und potentiell bessere Lösungen für ganz unterschiedliche Probleme hervorgebracht. Wettbewerb als Entdeckungsverfahren für neue Problemlösungen deckt nicht nur dezentral interpersonell gespeichertes Wissen auf, sondern dient auch in intertemporaler Perspektive als Entdeckungsverfahren. Unternehmen haben unter Wettbewerbsbedingungen einen Anreiz, ständig neue Problemlösungsstrategien auszuprobieren („Variation“) und nur, wenn diese sich als erfolgreich erweisen, beizubehalten („Selektion“). Es erfolgt eine Orientierung an den Wünschen der Kunden, da deren Kaufinteresse über den Erfolg bzw. Misserfolg von Unternehmen entscheidet. Wettbewerb auf dem Markt ist ein „wissenschaffendes“ Verfahren,[740] ein „Entdeckungsverfahren“[741] und er ist ein offener, evolutionärer Prozess, der Möglichkeiten und Anreize bietet für andauernde und zahlreiche Bemühungen, bessere Lösungen zu finden.[742] Dieser Prozess ist nicht vorhersehbar und führt ins Unbekannte, da er sich als Reaktion und Anpassung an eine sich permanent ändernde Welt vollzieht, in der sich unser Wissen und die Probleme, mit denen wir konfrontiert werden, sich ständig in nicht vorhersehbarer Weise entwickeln.[743] HAYEK bezeichnet den Zusammenhang zwischen den

---

737 Vgl. Hayek (1948b), S. 81.

738 (...) it is not possible to divorce the market and it's functions in regard to the formulation of prices from the working of a society which is based on private property in the means of production." Mises (1936), S. 137. Vgl. hierzu auch Hayek (1940), S. 117-203; zit. in der Fassung von ders. (1948a), S. 181-208.

739 Vgl. Hayek (1940), S. 195-202.

740 Vgl. Kerber (1991).

741 Vgl. Hayek (1978b), S. 188.

742 Vgl. Hayek (1979a), S. 51.

743 Vgl. Hayek (1971a), S. 51.

wissensgenerierenden Prozessen in interpersoneller und intertemporaler Hinsicht als die „Zwillingsidee der spontanen Ordnung und der Evolution".[744]

Solange die Bedürfnisse der Menschen größer sind als die ihnen zur Bedürfnisbefriedigung zur Verfügung stehenden Ressourcen herrscht Wettbewerb um knappe Güter. Gesellschaftssysteme haben in einer Welt, die nicht die des Schlaraffenlandes ist, keine Wahl als den Wettbewerb zuzulassen. Sie haben nur die Wahl, auf welche Weise der Wettbewerb ausgetragen wird. EUCKEN und BÖHM u.a. haben dargelegt, dass die wünschenswerten Eigenschaften des Wettbewerbs sich nur im Rahmen eines Leistungswettbewerbs entfalten können.[745] Die Politik hat die Aufgabe, den geeigneten Ordnungsrahmen für einen Leistungswettbewerb zu schaffen.[746] Die Wettbewerbsordnung muss den Markt vor den interventionistischen Eingriffen des Staates schützen, aber auch vor Absprachen zwischen privaten Akteuren bzw. dem Wettbewerbsprinzip zuwiderhandelnden Monopolbestrebungen der Unternehmen. Es muss sichergestellt werden, dass eine „Schließung der Märkte durch private Machtgruppen unterbleibt."[747] Die Vertragsfreiheit, die „offensichtlich eine Voraussetzung für Konkurrenz" ist, darf nicht missbraucht werden, um „Konkurrenz zu beseitigen und monopolistische Positionen herzustellen."[748]

Die Bedeutung der Politik für die Schaffung und Erhaltung eines institutionell-konstitutionellen Rahmens, in dem der Markt operiert, ist nun deutlich geworden. Zu untersuchen ist nun die Fragestellung, unter welchen Bedingungen zu erwarten ist, dass die Politik tatsächlich einen geeigneten Ordnungsrahmen hervorbringt, der die wettbewerbliche Marktordnung in wünschenswerter Weise eingrenzt und schützt. Es ist zu untersuchen, welche Anreize für den politischen Bereich bestehen, sich für die Implementation von Regeln zum Schutz des Systemwettbewerbs einzusetzen. Dies soll in dem nächsten Abschnitt genauer untersucht werden.

3.2.3.3 Die institutionelle Dimension

Der den wirtschaftlichen Rahmen generierende politische Prozess ist selbst Regeln unterworfen. Zunächst sind hierbei diejenigen Regeln zu nennen, die durch die Verfassung festgelegt werden. Darüber hinaus unterliegt der politische Prozess selbst wettbewerblichen Beschränkungen. Die Funktionseigenschaften des politischen Prozesses werden von zwei Seiten her limitiert, nämlich durch die Verfassung und durch den politischen Wettbewerb. Die entscheidende Fragestellung bei der Beurteilung politischer Prozesse ist, inwiefern politische Entscheidungen und

---

[744] Vgl. Hayek (1969j). Zur Konzeption des evolutorischen Wettbewerbs vgl. Kerber (1997).

[745] D.h. nur ein Wettbewerb ist erstrebenswert, dessen Regeln garantieren, dass „der einzige Weg zu unternehmerischem Erfolg durch die enge Pforte besserer Leistung im Dienste der Konsumenten führt." Röpke (1960), S. 31.

[746] Es mag sein, dass diese Aufgabe der Politik von den klassischen Liberalen des 19. Jahrhunderts unterschätzt wurde.

[747] Eucken (1981), S. 148.

[748] Eucken (1981), S. 154.

Entwicklungen durch die Interessen der Bürger bestimmt sind. Der Wettbewerb in der Politik gliedert sich einerseits in den Wettbewerb innerhalb der Regierungen und um Regierungen und andererseits in den Wettbewerb zwischen Regierungen. Der erstgenannte Wettbewerb um Regierungsämter ist ein Wettbewerb um Stimmen, ein Wettbewerb zwischen Parteien und Kandidaten, die bestimmte Ämter anstreben.[749] Diese Regeln des Wettbewerbs um und innerhalb von Regierungen sind der wesentliche Gegenstand von Verfassungen. Der zweitgenannte Wettbewerb zwischen Regierungen ist ein Wettbewerb um Bürger bzw. letztlich um Ressourcen, die Regierungen für ihren jeweiligen Hoheitsbereich einwerben möchten. Dieser Wettbewerb - bisher als Systemwettbewerb bezeichnet - zwischen Regierungen kann verglichen werden mit einem Marktwettbewerb zwischen Firmen.[750]

Bei den Modellen des Systemwettbewerbs handelt es sich um eine Marktanalogie, denn die Staaten werden wie Unternehmer betrachtet, die um mobile Faktoren konkurrieren. Die Staaten bieten auf diesem Markt neben bspw. Infrastruktur und Subventionen vor allem Rechtsregeln an, die den Einsatz mobiler Faktoren bestimmen.

Das wesentliche Fundament der Integrationsstrategie Wettbewerb ist die Sicherung der Übertragung der Funktionsprinzipien marktwirtschaftlicher Systeme auch auf grenzüberschreitende Transaktionen mit den Mitteln des Rechts.[751]

Tausch- und Wettbewerbshandlungen müssen auch zwischen den einzelnen Nationalstaaten möglich sein. Es ergibt sich ein Allokations- und Verteilungsmuster als Ergebnis der internationalen Arbeitsteilung. Marktwirtschaftliche Systeme sind territorial offene Systeme, in denen der freie Verkehr von Waren, Dienstleistungen, Personen und Kapital möglich sein sollte. Unter Integration ist der Gemeinsame Markt zu verstehen, der als rechtliches Fundament eine teilweise Übertragung nationalstaatlicher Kompetenzen auf die Gemeinschaftsebene erfordert.[752] Bezogen

---

[749] Das System der „checks and balances" zwischen verschiedenen Ebenen und erreichen der Regierungspartei ist ein Wettbewerb innerhalb einer Regierung.

[750] „Wettbewerblicher Föderalismus hat das Bild eines Marktes für Regierungen vor Augen, in dem Konsumenten-Steuerzahler die öffentlichen Güter und Dienste, die sie vorziehen, zu dem Preis, den sie zu zahlen bereit sind, freiwillig wählen können, in dem sie ein Hoheitsgebiet finden, das am besten ihren Präferenzen entspricht. In diesem Modell des Föderalismus konkurrieren lokale und staatliche Regierungen um Konsumenten-Steuerzahler, in dem sie den besten Korb öffentlicher Güter und Dienste zum niedrigsten Preis anbieten." Dye (1990), S. 14.

[751] Streit umschreibt kurz die Systemmerkmale von Marktwirtschaften mit drei Elementen:
- Die Wirtschaftssubjekte wirtschaften dezentral; das Prinzip der Privatautonomie in Form der eigenverantwortlichen Verfolgung selbstgesteckter Ziele nimmt eine herausragende Stellung ein.
- Die Koordination erfolgt durch den Marktmechanismus, also durch Tausch und flexible Preise (Selbstkoordination).
- In der Folge von Privatautonomie kommt es zu Wettbewerbshandlungen und zur wechselseitigen Kontrolle. Streit (1991), S. 50-52.

[752] Vgl. hierzu Mestmäcker (1972/1984). Gemeinschaftshandeln kann nur dadurch legitimiert werden, dass Funktionsprinzipien des Gemeinsamen Marktes gesichert werden.

auf die EU sind für die EU-Bürger die wirtschaftlichen Freiheitsrechte europaweit garantiert. Sie haben Vorrang vor nationalem Recht und sind notfalls für die EU-Bürger einklag- und gerichtlich durchsetzbar. Für die Mitgliedstaaten bedeutet eine Integration durch Wettbewerb eine Einschränkung ihrer diskretionärer Handlungsspielräume und ihrer Souveränität. Es besteht aufgrund der Gefahr von Wettbewerbsverzerrungen keine Möglichkeit des diskretionären Eingreifens in die Handlungsspielräume der "Marktbürger". Diese Interventionsverbote müssten von übergeordneter Instanz gegen die Souveränität der Nationalstaaten durchsetzbar sein. Auf der übergeordneten EU-Ebene sollten die angesiedelten Kompetenzen auf die Sicherung der marktwirtschaftlichen Funktionsprinzipien beschränkt werden. Die Kompetenzen sollten so stark sein, dass die Sicherung des Gemeinsamen Marktes friktionslos durchsetzbar ist. Vorsicht sei der Tatsache geboten, dass ein Abbau von Handelshemmnissen innerhalb der EU keinesfalls mit einer Abschottung nach außen verbunden werden darf. Die wettbewerbliche Integrationsstrategie erlaubt keine Beschränkungen der Integrationswirkungen auf bestimmte Regionen.[753]

Für eine Marktintegration sind konstitutive Rechtsregeln zu finden, die das erforderliche Maß an Einheitsrecht markieren, supranational gelten und durchgesetzt werden. Systemwettbewerb bedeutet eine unbehinderte Wahl eines Rechtssystems durch die Wirtschaftssubjekte. Es liegt in diesem Sinne auch ein Ordnungswettbewerb vor, da die Funktionseigenschaften des Ordnungswettbewerbs dadurch umrissen werden, dass der Ordnungswettbewerb zu verstehen ist als regelgeleiteter Interaktionsprozess mit Elementen des wirtschaftlichen und politischen Wettbewerbs.[754] Erstens wird den privaten Akteuren die Möglichkeit eingeräumt, zwischen verschiedenen Rechtssystemen zu wählen. Zur Disposition stehen spezifische institutionelle Arrangements. Die Abwanderung mobiler Faktoren aus einem Land beschreibt die institutionelle Arbitrage. Diese Abwanderung ist die Folge von Unterschieden in den erwarteten Nettoerträgen aus den Dispositionen der Wirtschaftssubjekte über ihre Faktoren in verschiedene Länder, die sich auf die unterschiedliche institutionelle Arrangements zurückführen lassen. Zweitens werden die politischen Akteure verpflichtet, die disziplinierende Wirkung des Wettbewerbs hinzunehmen, der mit diesem Grad der Offenheit von Rechtssystemen verbunden ist. Die politischen Akteure sind zu verstehen als konkurrierende Anbieter von Regeln. Sie nehmen die wirtschaftliche Entwicklung wahr, sie interpretieren sie als Teilergebnis einer bestimmten Systemwahl und sie werden im politischen Prozess durch den Widerspruch Betroffener auf Arbitragevorgänge aufmerksam gemacht. Die politischen Akteure müssen diese Signale wahrnehmen, daraus andere institutionelle

---

753 Vgl. Mussler/Streit (1996), S. 270. Die rechtliche Grundlage ist ein Verbot von Interventionen im Bereich grenzüberschreitender Transaktionen im Inneren sowie ein Verbot von Handelsbeschränkungen außerhalb des Integrationsgebietes.

754 Vgl. zur eingehenderen Begriffsdarlegung das fünfte Kapitel, Abschnitt 5.4.1.1.

Arrangements in ihr politisches Angebot aufnehmen, um daraus eine höhere Attraktivität für ihren territorialen Einflussbereich auf mobile Faktoren zu erreichen.[755]

Die Nähe des Wettbewerbs in ökonomischer und institutioneller Dimension wird deutlich, wenn Systemwettbewerb auch als grenzüberschreitender Handel mit unterschiedlichen Regulierungen verstanden wird. Die Wahl der geeigneten Regulierung kann erfolgen, indem eine Abwanderung bzw. Produktionsverlagerung von Inländern stattfindet, oder aber eben durch einen Import von Produkten und damit verbundenen Import anderer Regulierungsregime.

Allerdings ist auch ein deutlicher Unterschied zwischen dem Wettbewerb zwischen Systemen einerseits und dem Wettbewerb zwischen Firmen andererseits darin zu sehen, dass politische Gemeinwesen Territorialverbände sind. Außerdem werden Firmen bei dauerhaft schlechter Leistung in einer Konkurrenzsituation vergleichsweise schneller vom Markt verdrängt, als dies auf der Ebene von Regierungen möglich ist. Darüber hinaus ist die Auswirkung des Grades der Wahlmöglichkeit für den Kunden sehr verschieden. Entscheidet sich ein Kunde eines Unternehmens im Markt für ein Konkurrenzprodukt, so ist dies i.d.R. recht unbedeutend für seine anderen Lebensbereiche. Wählt im Gegensatz dazu ein unzufriedener Bürger als „Kunde einer bestimmten Regierung“ ein anderes System, in dem er sich der Autorität der Regierung durch einen physischen Wechsel des Territoriums entzieht, kann das für ihn mit sehr hohen Transaktionskosten verbunden sein. Die Kosten der Migration sind höher als die Kosten des Wechsels zwischen unterschiedlichen Produkten auf dem Markt. Allerdings lassen sich drei mögliche Argumente anführen, die das eben gesagte zumindest ein wenig entkräften können:

Erstens für ein marktähnlichen Wettbewerb zwischen Systemen ist es nicht nur dringend erforderlich, eine gewisse Mobilität der Steuerzahler zu erreichen, sondern auch die potentielle Abwanderung von Ressourcen (z.B. Kapital) ist relevant.

---

755 Auch der politische Wettbewerb unterliegt keinem anderen Prinzip, als dasjenige, welches im vorhergehenden Abschnitt über die ökonomische Dimension des Wettbewerbs dargestellt wurde. Kirsch schreibt über den politischen Wettbewerb als Analogie zum Markt für Privatgüter: „Der Metzger macht Würstchen, weil er ein Einkommen erzielen, nicht aber, weil er zur Volksernährung beitragen will. – Der Metzger soll nur dann sein Geld verdienen, wenn er einen Beitrag zur Ernährung leistet, wie ihn die Kunden wünschen. Analog dazu gilt für die indirekte Demokratie: Der Politiker bietet bestimmte Programme an und bemüht sich um die Durchsetzung, weil er so in den Genuss der mit einem politischen Amt verbundenen Annehmlichkeiten (Prestige, Einkommen, Macht) kommen kann, nicht aber, weil ihm unbedingt an einem – wie auch immer definierten Gemeinwohl (...) am Glück der Menschen liegt. Der Politiker soll nur dann in den Genuss der mit einem politischen Amt verbundenen Annehmlichkeiten kommen, wenn er einen Beitrag zu dem Glück von wenigstens so vielen Menschen macht, wie zur Wahl in ein politisches Amt nötig sind.“ Kirsch (1993), S. 221 f.

Migrationskosten für Kapital sind meist geringer als für Personen. Und somit ist eine wettbewerbliche Beschränkung in der Diskriminierung des Kapitals gegeben.[756]

Zweitens sind die Migrationskosten für die Steuerzahler sehr unterschiedlich. Zunächst variieren diese Kosten mit den Größen der Hoheitsgebiete. Es ist weniger aufwendig, zwischen lokalen Gemeinden als zwischen Bundesstaaten einer Föderation zu wechseln und letzteres ist wiederum einfacher als der Wechsel zwischen Nationalstaaten.

Drittens ist es ebenso wie bei einem Wettbewerb zwischen Unternehmen am Markt nicht notwendig, dass tatsächlich alle unzufriedenen Bürger / Kunden mit Abwanderung reagieren, damit ein wirksamer Wettbewerb existieren kann. Eine genügende Zahl „marginaler Bürger“[757] ist ausreichende Voraussetzung für einen funktionierenden Wettbewerb. Außerdem sind die Migrationskosten keine exogene Größe. Sie sind vielmehr abhängig von den Bedingungen, die potentieller Gegenstand von konstitutionellen Entscheidungen sind. Die Bedingungen für die Entstehung von Migrationskosten sind politisch beeinflussbar. Dezentralisierte, föderative Organisationen reduzieren diese Kosten. Die Wahl also eines konstitutionellen Arrangements ist ein geeignetes Instrument die Effektivität des Wettbewerbs zwischen Systemen bzw. Regierungen zu stärken und damit ihre Sensibilität gegenüber den Bürgerinteressen zu erhöhen – also ein hohes Maß an Bürgersouveränität zu erzeugen.[758]

Es bleibt festzuhalten, dass der Wettbewerb auf der institutionellen Ebene auch jene drei Effekte hervorzubringen vermag, wie sie bzgl. des Marktwettbewerbs dargestellt wurden. Die Anreizprobleme werden auch im politischen Bereich durch Wettbewerb gelöst, denn die Bürgersouveränität erfährt eine Sicherung durch die drohende

---

756 Zwar können Regierungen Kapital, das bereits in ihrem Hoheitsgebiet angelegt wurde, ausbeuten, allerdings geht dies zu Lasten der künftigen Möglichkeiten einer Kapitalattrahierung. In der Terminologie von Hirschmann (1970) heißt es, dass eine realisierbare Abwanderungsmöglichkeit ein wertvoller Ersatz ist, für eine fehlende Widerspruchsmöglichkeit. Die Mobilität von Kapital sichert ihrem Inhaber einen hohen Schutz vor willkürlichen Behandlungen durch das politische System zu. Ähnlich verhält es sich mit Hotelbetrieben, deren Gäste kein Mitspracherecht bei der Führung des Hotels haben, aber dennoch erwarten können, einen vernünftigen Service geboten zu bekommen, sofern das Hotel das Ziel hat längere Zeit auf dem Tourismusmarkt zu existieren. Vgl. Vanberg (1996c), S. 89. Die Bedeutung der Abwanderung für den Wettbewerbsprozess von Systemen wird auch durch die ungeheuren Anstrengungen der kommunistischen Regierungen, ihre „Genossinnen und Genossen“ davon abzuhalten, durch Abwanderung ein neues politisches System und eine neue Regierung zu wählen, verdeutlicht.

757 Unter „marginalen Bürgern“ sind diejenigen Wähler zu verstehen, für die ein Wechsel zwischen zwei Hoheitsgebieten mit niedrigen Kosten verbunden ist. Allein ihre Existenz kann die Sensibilität der Regierung für die Interessen der Bürger deutlich steigern.

758 Vgl. hierzu auch ausführlich Lowenberg/Yu (1992); zu einer eingehenden Behandlung des Begriffs der Bürgersouveränität vgl. im fünften Kapitel, den Abschnitt 5.4.2.

Abwanderung von Steuerzahlern.[759] Das Machtproblem ist abhängig von der Höhe der Abwanderungskosten. Je geringer die Abwanderungskosten für die Bürger bzw. ihre Ressourcen sind, um so geringer ist die Macht der Regierung, die sie auf ihre Bürger auszuüben vermag.[760] Schließlich ist auch das Wissensproblem, das in der Literatur des Systemwettbewerbs bisher recht wenig Beachtung gefunden hat, als recht wichtig einzuschätzen. Wettbewerb zwischen alternativen potentiellen Systemlösungen bringt politische Ordnungen oder konstitutionelle Arrangements hervor, die jeweils besser geeignet sind, den Interessen der Bürger dienlich zu sein.

Es gelten somit zwei Grundannahmen bezüglich der Funktionsweise von dem Systemwettbewerb:

- Systemwettbewerb leistet einen Beitrag als Entdeckungsverfahren für politische Problemlösungen, indem es privaten Wettbewerbern ermöglicht wird, die Problemlösungsqualität vorhandener institutioneller Arrangements zu prüfen. Dieser institutionelle Wettbewerb führt dazu, dass die politischen Wettbewerber als Anbieter den Anreiz haben, attraktivere institutionelle Neuerungen zu entwickeln. Diese Annahme basiert auf einem konstitutionellen Wissensmangel. Institutionen stellen sanktionsbewährte Regeln dar und werden interpretiert als fehlbare „Hypothesen über die Ordnung menschlichen Zusammenlebens",[761] die permanente Bewährungsproben zu bestehen haben. Die Nachfrager solcher Problemlösungen sind die Eigentümer der mobilen Faktoren. Sie beurteilen die verschiedenen konkurrierenden institutionellen Angebote, deren Präsentation automatisch eine Bewertung durch die Nachfrager nach sich zieht. Die Wahl und Disposition erfolgt von den Eigentümern mobiler Faktoren und in Form der Nachfrage nach unterschiedlich regulierten Produkten. Der Vergleich der Vielzahl institutioneller Arrangements liefert dem Nachfrager Hinweise über die gesellschaftliche Problemlösungsqualität. Weder die Anbieter noch die Nachfrager nach diesen institutionellen

---

759 „Wettbewerb im privaten Markt zwingt Verkäufer, gegenüber den Präferenzen der Konsumenten empfindsamer zu sein. Wettbewerb zwischen Regierungen zwingt die Amtsträger, gegenüber den Präferenzen der Bürger empfindlicher zu werden. Weniger Wettbewerb im Markt resultiert in höheren Preisen, schlechterem Angebot und größerer Ineffizienz in der Produktion. Weniger Wettbewerb zwischen Regierungen resultiert in höheren Steuern, schlechter Leistung und größerer Ineffizienz im öffentlichen Sektor." Dye (1990), S. 15.

760 Dieser Gedanke hat in die Diskussion um den Föderalismus-Ansatz und um den Fiskalföderalismus Eingang gefunden. Vgl. z.B. Brennan/Buchanan (1988), S. 212 ff. Bereits in seinem Artikel über „Die wirtschaftlichen Voraussetzungen föderativer Zusammenschlüsse" von 1939 betont Hayek (1976b), S. 324-344, dass die freie Bewegung von Menschen und von Kapital innerhalb einer Föderation „den Spielraum der Wirtschaftspolitik der einzelnen Staaten in sehr beträchtlichem Maß" (Hayek (1976b), S. 328) beschränkt, und dass aus diesem Grunde „viele Eingriffe in das Wirtschaftsleben, an die wir gewöhnt sind, in einer föderativen Organisation völlig undurchführbar seien"; Hayek (1976b), S. 336.

761 Vgl. Mussler/Wohlgemuth (1995).

Arrangements kennen die angemessene Problemlösung. Außerdem ändert sich die Problemlösungsqualität mit dem Wandel der Umgebung.[762]

Findet ein Wandel der Umstände statt, so dürfen keine Starrheiten in den institutionellen Strukturen bestehen, damit eine risiko- und konfliktarme Fehlerkorrektur vorgenommen werden kann. Dieser Annahme liegt die Vorstellung zugrunde, dass das Wissen um die Zukunft nicht vorhanden ist, und der Wettbewerb der geeignete Funktionsmechanismus ist, auf diese Ungewissheit angemessen zu reagieren. Wie im ökonomischen Markt führen die Wahlhandlungen der Nachfrager zu Anpassungsreaktionen der Anbieter, die entweder in der Imitation bereits existierender nationaler Arrangements bestehen können oder die echte institutionelle Innovationen darstellen.[763]

- Systemwettbewerb dient als Kontrollverfahren. Der Wettbewerb auf institutioneller Ebene wird ausgelöst durch tatsächliche aber auch potentielle Substitution institutioneller Arrangements. Es wird von den Nachfragern nach institutionellen Arrangements eine Kontrolle auf den politischen Wettbewerber als Anbieter ausgeübt, die disziplinierend wirkt. Die Möglichkeit der Abwanderung, also der Entzug mobiler Handlungsrechte aus dem Einflussbereich institutioneller Anbieter, oder die Möglichkeit des Widerspruchs bei Missfallen der angebotenen institutionellen Problemlösungen führen zu einer Beschränkung der politischen Macht. Es besteht die Erwartung, dass der Systemwettbewerb der Begrenzung der individuellen Handlungsfreiheit[764] entgegenwirken kann.

3.2.3.4 Modelle des Systemwettbewerbs

3.2.3.4.1 Grundsätzliches zu den Modellen des Systemwettbewerbs

Bei den Modellen des Systemwettbewerbs handelt es sich um Marktanalogien; die Staaten konkurrieren miteinander um mobile Faktoren, indem sie bspw. Infrastrukturgüter und Subventionen vor allem aber Rechtsregeln anbieten. Durch diesen Wettbewerb sollen, so versprechen es sich die Befürworter der Integration,

---

762 Vanberg betont hierbei die Tatsache, dass ohne die Möglichkeit des Experimentierens und des Wettbewerbs zwischen alternativen Problemlösungen kein konstitutionelles Arrangement bzw. keine politische Ordnung entwickelt werden kann, die dem Anspruch genügt, den Interessen der Bürger zu dienen. Er verweist auf die Notwendigkeit zur Exploration im konstitutionell-institutionellen Bereich in einer sich stetig ändernden Welt bei einem ständigen Wandel unseres Wissens. Vgl. Vanberg (1990); (1992) und (1996).

763 Vgl. zum Innovationsprozess Schumpeter (1993).

764 Diese Einschränkung der individuellen Handlungsfreiheit wird in den westlichen Industrienationen besonders aber in Deutschland in der letzten Zeit zunehmend beklagt. In diesem Zusammenhang wird auch von wohlfahrtsstaatlicher Verkrustung oder institutioneller Sklerose gesprochen.

durch Ordnungs- bzw. Systemwettbewerb ähnlich positive Ergebnisse erzielt werden wie auf den privaten Märkten. Diese sind effiziente Allokation knapper Ressourcen, eine Bürgersouveränität, die hier analog zu der Kundensouveränität auf den privaten Gütermärkten zu sehen ist, Vermeidung von Staatsversagen, eine Eindämmung des ausufernden Wohlfahrtsstaates. Der Wettbewerb sollte als Entdeckungsverfahren für neue politische Problemlösungen und als Prozess der Informationsbeschaffung für die Politiker dienen. Skeptisch kann man fragen, ob durch den Systemwettbewerb nicht neue Fehler im staatlichen Handeln induziert werden bzw. die durch staatliche Maßnahmen gezielt beseitigten Marktdefekte wieder auftreten.[765]

Die hier untersuchten Modelle wurden entsprechend ihrer theoretischen Grundlagen grob in neoklassisch-statische Modelle, bei denen der Wettbewerb zu einem Gleichgewicht führt – also einen zu bestimmenden Endpunkt aufweist, und evolutorische Modelle, die den Wettbewerbsprozess als Wissen generierendes Entdeckungsverfahren mit offenem Ausgang betrachten, unterschieden. Darüber hinaus werden unterschiedliche Annahmen bzgl. des Staates in die Betrachtung Eingang finden, zum einen die traditionelle Finanzwissenschaft und zum anderen die Ansätze der Public-Choice-Theorie.

Empirisch stellt sich die Frage, wo Fälle des Systemwettbewerbs beobachtet werden können und welche Ergebnisse er hervorrief. Hier gibt es große Erkenntnislücken. Dies liegt zum einen an den langen Zeiträumen, die zu betrachten sind und an der Nicht-Verfügbarkeit des statistischen Materials, zum anderen an der Konzentration auf Steuersätze, deren empirischer Wert zweifelhaft ist, und schließlich an mangelhafter Herstellung eines Bezugs des gefundenen Ergebnisses zum geltenden Ordnungsrahmen, der das Ergebnis maßgeblich mitbeeinflusst. Letzteres ist beim Delaware-Effekt zu beobachten, der die Entwicklung im US-amerikanischen Gesellschaftsrecht darstellt und der oft als die pauschale Argumentation für das generelle Versagen des Systemwettbewerbs angeführt wird, ohne dass der Ordnungsrahmen entsprechend berücksichtigt würde.[766]

---

765 Über mögliche Argumente für eine Harmonisierung vgl. das Kapitel 3.2.2.1. Die ablehnenden Stimmen befürchten – wie gezeigt wurde – generell einen race to the bottom, einen Wettlauf der Staaten um Deregulierung zugunsten des mobilen Kapitals und zu Lasten der immobilen Produktionsfaktoren. Gewarnt wurde insbesondere vor einem Steuerwettbewerb, von dem erwartet wird, dass er zu einer Erosion der Kapitalsteuer auf Null führt und damit negative Folgen für den Sozialstaat hat. Diese Befürchtungen konnten allerdings relativiert werden.

766 Der Delaware-Effekt beschreibt einen Regulierungswettbewerb in den USA der vielfach als der Prototyp des race-to-the-bottom bzw. als race for laxity dargestellt wird. Er stellt auf der Basis der Beschreibung des Wettbewerbsverhaltens der Einzelstaaten der USA die Bedeutung von Metaregeln (Ordnungsrahmen) für einen Ordnungswettbewerb heraus. Delaware, als relativ kleiner Bundesstaat an der Ostküste der USA, ist es gelungen, dass 40 % der an der New Yorker Börse (NYSE) notierten Gesellschaften (corporations) dem Gesellschaftsrecht von Delaware unterliegen und dass über 80 % aller amerikanischer Gesellschaften, die in den letzten 25 Jahren umgezogen sind, ihren Sitz nach Delaware verlegten. Vgl. Müller (2000), S. 200. Da es in den USA kein einheitliches Gesellschaftsrecht gibt, hat dieser Bundesstaat auch die Entwicklung des

3.2.3.4.2 Neoklassisch-statische Modelle

a) Ein einfaches Modell des Systemwettbewerbs nach Tiebout

Im Bereich der neoklassisch-statischen Modelle stellt der Aufsatz von TIEBOUT[767] aus dem Jahre 1956 einen historischen Ausgangspunkt der Diskussion eines Wettbewerb der Gesetzgeber dar. Er untersuchte die Möglichkeit über den Marktmechanismus zu ermitteln, welche öffentlichen Güter und welche Mengen von ihnen produziert werden sollen. Er entwickelte die Idee eines Wettbewerbs der Anbieter öffentlicher Leistungen auf kommunaler Ebene. Bei der Entscheidung, welche öffentlichen Güter überhaupt angeboten werden sollen, besteht das entscheidende Problem, die Bürger zur Offenlegung ihrer Präferenzen zu bewegen, dem das free-rider-Verhalten als rationale Strategie der Bürger als Nachfrager nach öffentlichen Gütern verhindernd gegenübersteht. TIEBOUTs Modell will nun sowohl den Bürger zur Offenlegung seiner Präferenzen hinsichtlich der Bereitstellung öffentlicher Güter bringen als auch diese artikulierten Präferenzen in effizienter Weise über einen Markt befriedigen. Der Bürger wird entsprechend mit den Steuern als Preis für diese öffentlichen Güter belastet.

Nach TIEBOUT besteht zwischen nationaler und lokaler Bereitstellung öffentlicher Güter insofern ein Unterschied, als auf der lokalen Ebene die Ein- und Ausgaben relativ starr festgelegt sind. Auf der nationalen Ebene hingegen versucht die Regierung, den Präferenzen durch die Strukturierung ihres Haushaltes gerecht zu werden.[768]

Dem Modell werden folgende Annahmen zugrunde gelegt:

- Die Bürger sind vollkommen mobil und wohnen in derjenigen Gebietskörperschaft, die mit ihrem Angebot an öffentlichen Gütern am besten ihre Präferenzen befriedigt.
- Es wird von vollkommener Information ausgegangen, d.h. die Wähler / Bürger haben ein vollständiges Wissen über die Unterschiede zwischen den Gemeinden in ihrer Struktur der Einnahmen und Ausgaben und reagieren auf diese.

Gesellschaftsrechts in allen anderen US-Bundesstaaten beeinflusst. Durch das Bundesrecht werden insbesondere börsenrechtliche Aspekte (securities) geregelt. Der Ehrgeiz der Bundesstaaten, Gesellschaften anzuziehen, führte zu einem Wettbewerb der Staaten auf dem Gebiet des Gesellschaftsrechts. Dereguliert wurden insbesondere die Bereiche: Abschaffung oder Einschränkung des Verbots des Erwerbs von Anteilen gegen Einlage von Sachwerten oder Dienstleistungen; Gestattung des gesellschaftsvertraglichen Ausschlusses von Bezugsrechten; Zulassung von stimmrechtslosen Aktien. Vgl. Kübler (1994), S. 141. Delaware hat in diesem Wettbewerb der Bundesstaaten es geschafft, sich dauerhaft eine führende Position zu sichern. Einen gelungenen Überblick gibt Müller (2000), S. 199-210.

767 Vgl. Tiebout (1956), S. 416-424.

768 Vgl. Tiebout (1956), S. 416.

- Das Einkommen der Bürger sind ausschließlich Kapitaleinkünfte, der Produktionsfaktor Arbeit wird in die Betrachtung nicht einbezogen.
- Die öffentlichen Güter der Gemeinden erzeugen keine externen Effekte zwischen den Gemeinden.
- Es gibt viele Gebietskörperschaften zwischen denen die Bürger sich „ihre“ Gemeinde wählen können.
- Um die festgelegte Anzahl von Gemeinden zu erhalten wird angenommen, dass bestimmte Ressourcen (bspw. Land) fix vorgegeben sind. Somit gibt es für jede Kombination der entsprechend der Präferenzen der länger in der Gemeinde wohnenden Einwohner bereitgestellten Güter eine optimale Einwohnerzahl, bei der die Durchschnittskosten am niedrigsten sind.
- Die Gemeinden sind bestrebt, die optimale Einwohnerzahl zu erreichen und zu behalten, d.h. sie verfolgen bei einer Einwohnerzahl die unter der optimalen Anzahl liegt die Strategie zusätzliche Bürger zu gewinnen und im Optimum die Einwohnerzahl konstant zu halten. Hingegen wird im Falle einer, orientiert an dem Optimum zu hohen Einwohnerzahl versucht, Bürger ziehen zu lassen.

TIEBOUT beschreibt mit seinem einfachen Modell die Entwicklung, die eintritt, sobald dieses System nicht im Gleichgewicht ist. Dann gibt es Bürger, die mit dem Leistungs-Steuer-Mix ihrer Gemeinde unzufrieden sind. Diese Bürger werden die Gemeinde wechseln. Der Wechsel wird sich als ein Wechsel der Bürger aus Gemeinden mit zu vielen Einwohnern in diejenigen mit zu wenigen darstellen lassen. Die einzelnen Bürger ziehen in die Gemeinde um, die jeweils ihren Präferenzen gerecht wird. Er geht von einem stabilen Markt aus, der die Neigung zum Gleichgewicht hat. Durch den Wechsel der Gemeinde werden die Präferenzen der Bürger offengelegt. Dieser Wettbewerb der Gemeinden um die Bürger führt zu einem Markt, an dem sich die wahren Präferenzen der Nachfrager nach öffentlichen Gütern artikulieren. Jeder Gemeinderat bzw. jeder Bürgermeister weiß genau, welche öffentlichen Güter nachgefragt werden und bietet sie an, indem er sie selbst einkauft. Die gesamte Nachfrage der Gemeinden entspricht in dem stabilen Gleichgewicht den wahren Präferenzen der Bürger.[769]

Das einfache Modell von TIEBOUT wird von seinem Begründer selbst als ein Extremmodell bezeichnet, da es ausschließlich sich auf die öffentlichen Güter konzentriert und Transaktionskosten des Wechsels der Gebietskörperschaften (wie bspw. Umzugskosten) und auch externe Effekte vollständig ignoriert. Das Modell abstrahiert damit in starkem Umfang von der Realität. Aus evolutorischer Sicht, der dynamischen Betrachtungsweise des Systemwettbewerbs, sind vor allem die Annahmen über die vollständige Informiertheit der Bürger und die Mobilitätsannahme kritisch anzumerken. Der Wert des Modells besteht darin, dass es die erstmalige

[769] Wobei Tiebout darauf hinweist, dass nicht die Bürgermeister sich dem System anpassen, sondern sie werden vom ökonomischen System adoptiert. Vgl. Tiebout (1956), S. 416.

Entwicklung der Grundidee eines Wettbewerbs der Gesetzgeber und des „voting with one's feet" darstellt.

b) Standardmodell des Systemwettbewerbs

Das Grundmodell des Systemwettbewerbs ist in dem Kapitel 3.2.2.1.2 bereits ausführlich dargestellt worden. Mit Hilfe der dort getroffenen Annahmen wird genau soviel Kapital in das Land kommen, bis die letzte investierte Einheit Kapital gerade noch die Nettorendite r erzielt. Dabei ist es irrelevant, ob das Kapital von In- oder von Ausländern investiert wird. Der Produktionsfaktor Kapital ist in der Lage, erhobene Steuern durch Abwanderung zu überwälzen, d.h. es besteht eine hohe Angebotselastizität auf dem Kapitalmarkt bzw. eine unendliche Mobilität. Nun wurde in dem o.g. Abschnitt dieser Arbeit erläutert, dass bei Erhebung einer Steuer auf die Einheit Kapital sich die Netto-Grenzproduktivität des Kapitals für die Unternehmen verringert.[770] Die folgende Abbildung (Abb. 12) soll diese Zusammenhänge verdeutlichen. Die Besteuerung von Kapital kann – so wird der Nachweis geführt – zur Vertreibung der Investitionen (und des technischen Wissens) aus einem Land führen.[771]

Allerdings sollte man nicht isoliert den Besteuerungseffekt betrachten. Vielmehr sollte in die Betrachtung einbezogen werden, dass die Infrastruktur, die aus Steuern finanziert wird, die Grenzproduktivität des Faktors Kapital erhöhen kann. Die Grenzproduktivitätskurve des Kapitals verschiebt sich in diesem Fall nach oben (vgl. Abbildung 12).

---

770 Im Schaubild über den gewinnmaximalen Kapitaleinsatz verschiebt sich das neue Gleichgewicht auf der Netto-Grenzproduktivitätskurve des Kapitals nach oben von C nach F. Im neuen Gleichgewicht wird im Inland in Folge der höheren Besteuerung weniger Kapital investiert; das Kapital wandert ab und das Inlandsprodukt ist geringer. Vgl. Abb. 12.

771 Auf dieser Grundlage wurde für die Notwendigkeit einer Steuerharmonisierung plädiert. Vgl. im dritten Kapitel den Abschnitt 3.2.2.1.2.

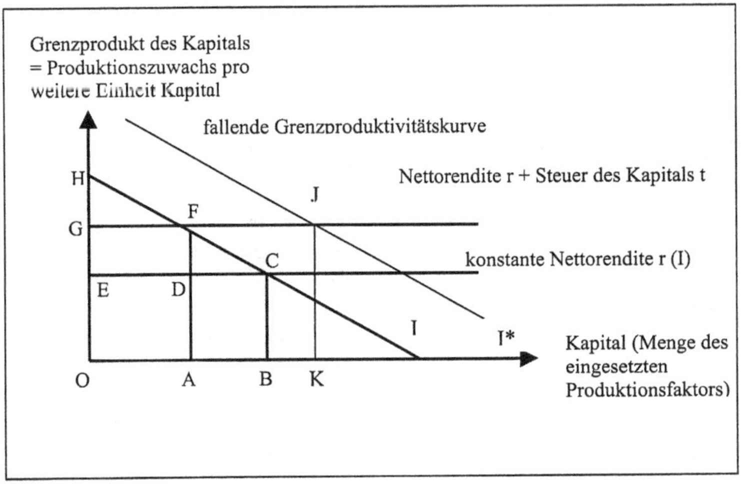

Abbildung 12: Kapital und Bruttowertschöpfung

Es kann infolge einer Erhöhung der Grenzproduktivität durch eine steuerfinanzierte Erhöhung der Infrastrukturausstattung der Anreiz entstehen, mehr Kapital zu bilden. Damit können im Systemwettbewerb der Staaten in dem neoklassischen Standard-Modell zwei gegenläufige Effekte aufgezeigt werden. Einerseits wird durch die Besteuerung des Kapitals die die Investition im Inland vermindert. (In der Abb. entspricht dieser Sachverhalt der Entwicklung von B nach A.) Andererseits kann es bei einer Verwendung der erhöhten Steuern für den Bereich der Infrastrukturinvestitionen zu einer Erhöhung der Grenzproduktivität des Faktors Kapital kommen (Verschiebung von I auf I*), so dass der erstgenannte Effekt durch den zweiten Effekt in der Nettowirkung auf das investierte Kapital überkompensiert werden würde (wie es in der Abbildung 12 auch dargestellt ist; Entwicklung von A nach K und K>B).

Allerdings sind kaum empirische Befunde vorhanden über die positiven Auswirkungen der Infrastruktur auf Produktion, Investition und Wachstum.[772] Aus der Sicht eines Landes bzw. einer Regierung geht es um das Abwägen zwischen der Bereitstellung öffentlicher Güter und den Lasten der Finanzierung. Eine großzügige Bereitstellung von Infrastruktur reicht nicht aus, um mobiles Kapital und technisches Wissen im Land zu halten oder zu attrahieren, wenn aus diesem Grunde die Steuern auf Kapital zu hoch sind. Andererseits gilt aber auch, dass ein Land, in dem keine oder nur niedrige Steuern auf Kapital erhoben werden, dennoch für die Investoren unattraktiv sein kann für mobiles Kapital und mobiles technisches Wissen, wenn das Angebot an Infrastruktur als nicht ausreichend bewertet wird.

---

772 Vgl. zu diesen Effekten Aschauer (1989), S. 177-200.

Welchen Einfluss hat nun die internationale Kapitalmobilität auf die staatlich bereitgestellte Infrastruktur? In dem einfachen neoklassischen Modell ist die optimale Ausstattung mit Infrastruktur dort erreicht, wo Grenzkosten und Grenzvorteil der Infrastruktur sich ausgleichen. In einer geschlossenen Volkswirtschaft ist der Grenzvorteil durch die Grenzproduktivität der Infrastruktur gegeben. Dieses Optimierungskalkül ändert sich bei internationaler Kapitalmobilität in der Weise, dass in einer offenen Volkswirtschaft sich der Grenzvorteil der Bereitstellung von Infrastruktur ändert. Hierbei ist der Grenzvorteil der Bereitstellung den Grenzkosten gegenüberzustellen. Die positive Wirkung der Infrastruktur – also der Grenzvorteil – nimmt ab, je mehr Infrastruktur bereitgestellt wurde. Andererseits nehmen die Grenzkosten der Bereitstellung von Infrastruktur zu, je mehr Infrastruktur bereits von dem Staat angeboten wird, so dass es ein optimales Ausmaß an Infrastruktur - gekennzeichnet durch den Schnittpunkt der beiden Kurven (Grenzvorteil = Grenzkosten der Infrastruktur) - gibt.[773]

Eine langfristig orientierte Wirtschaftspolitik muss in ihr Kalkül einbeziehen, dass sich mit einer Kapitalabwanderung die Steuerbasis und die Steuereinnahmen verringern. Die Exit-Option des Faktors Kapital definiert die Opportunitätskosten wirtschaftspolitischer Maßnahmen neu und der Bewegungsspielraum nationaler Politik wird eingeschränkt.[774]

Es existiert die These, der Steuerwettbewerb könnte zu einer Degeneration der Bereitstellung der öffentlichen Güter führen, da über die Steuersenkung zu wenig Finanzierungsmöglichkeiten bestehen und letztlich zu einem Nullniveau der öffentlichen Güter und somit zu einem Herunterkonkurrieren der Infrastruktur in den Industrieländern führen würde. Die These ist auch deshalb fragwürdig, da es gerade in dem Bereich der Infrastruktur wesentliche Privatisierungspotentiale gibt.[775] In diesen Fällen ist es nicht nötig, eine Steuer auf das im Inland investierte Kapital zu erheben,

---

773 Vgl. Siebert (1997a), S. 50-53.

774 Allerdings sollte als scheinbar einfache Lösung eine Verringerung der Kapitalmobilität nicht in Betracht gezogen werden. „Einige haben schon die Schaufel in der Hand, um dem Tobin'schen Sand nicht nur in die internationalen Finanzströme, sondern auch in das Getriebe des realen Kapitalverkehrs zu schippen. Hier kann man nur warnen." Siebert (1997a), S. 51. Es ist nicht zu erwarten, dass eine Verringerung der Kapitalmobilität die Beschäftigung und das Wachstum der einzelnen Länder und die gesamte Wohlfahrt der Welt verbessern, denn der internationale Handel und die internationale Arbeitsteilung würden reduziert und es käme zu Wohlfahrtsverlusten. „Ökonomen sollten größte Vorsicht walten lassen, wenn sie vorschlagen, die Harberger-Dreiecke zu vergrößern, statt sie zu verkleinern." Siebert (1997a), S. 51. Protektionistische Maßnahmen sind kein geeignetes Instrument auf eine erhöhte Kapitalmobilität zu reagieren.

775 So können Straßen, Flughäfen, Seehäfen privatisiert und über Knappheitspreise finanziert werden. Die Nicht-Ausschließbarkeit und die Nicht-Rivalität als wesentliche Merkmale der öffentlichen Güter sind bei nur sehr wenigen keinesfalls aber bei der Fülle staatlich angebotener Dienste und Güter diagnostizierbar. Häufig wird als Begründung staatlicher Interventionen der Verweis auf positive externe Effekte und auf die Meritorisierung bzw. Demeritorisierung geführt. Diese Güter sind aber zu einem großen Teil über den Markt besser bereitzustellen. Vgl. im zweiten Kapitel, Abschnitt 3.2.2.1.3.

da im Falle des Angebotes durch den Markt, die Nachfrager den Marktpreis für die Nutzung dieser Güter zu entrichten haben. Die Opportunitätskosten wirtschaftlicher Entscheidungen verändern sich folglich durch die Kapitalmobilität nicht. Im Übrigen könnte im Rahmen des Äquivalenzprinzips derjenige, der von dem Angebot der öffentlichen Güter einen Vorteil hat, auch entsprechende Steuern bezahlen.[776] Allerdings besteht die free-rider-Problematik. Der Ansatz der „fiscal equivalence" ist geeignet den Systemwettbewerb aufzufächern in die institutionell verschiedenen Ebenen.

Darüber hinaus ist ein Herunterkonkurrieren des Angebotes an öffentlichen Gütern im Rahmen des Steuerwettbewerbs von daher nicht zu erwarten, da die Unternehmen als Nutzer der Infrastruktur auch bei der Mobilität des Kapitals bereit sein werden, für eine Ausweitung der Infrastruktur mit Kapitalsteuern zu bezahlen,[777] solange der Standortvorteil durch die bessere Infrastruktur die zusätzliche Steuerzahlung überwiegt. Mit einem geringeren Angebot an Infrastruktur nimmt die marginale Zahlungsbereitschaft der Unternehmen zu. Der Grenzvorteil der Infrastruktur geht auch bei Berücksichtigung der Kapitalabwanderung nicht auf Null zurück; vielmehr steigt er an und geht gegen unendlich, wenn keine Infrastruktur bereitgestellt wird. Außerdem wird es bei einer hinreichend geringen Infrastrukturversorgung gar nicht zur Abwanderung des Kapitals kommen, da der reduzierte Grenzvorteil einer Kapitalabwanderung immer geringer wird bzw. die Rentabilität des Kapitals mit einer kapitalsteuerfinanzierten Ausweitung der Infrastruktur ansteigt.

3.2.3.4.3 Evolutorisch-dynamische Modelle

a) Ausgangspunkt der Wettbewerbskonzepte

Das Phänomen der Knappheit, als Knappheit von Gütern bzw. Produktionsfaktoren, wird immer in Verbindung mit dem Wettbewerb gesehen.[778] Diese Knappheit kann mit der Konstruktion des Wettbewerbs prinzipiell auf zwei Weisen gemindert werden:

---

776 Vgl. zum Thema der fiscal equivalence Olson (1969), S. 479-487. Die Infrastruktur könnte nach diesem Ansatz als ein Clubgut interpretiert werden. Dabei erscheint es als realistisch, dass öffentliche Güter eine unterschiedliche räumliche Ausbreitung haben. Abgesehen von Organisationskosten würde dann für jedes öffentliche Gut mit seiner spezifischen räumlichen Ausdehnung eine eigene organisatorische Form benötigt, in der dieses Clubgut unter Erhebung der entsprechenden Preise bzw. Gebühren bereitgestellt würde. Der Föderalismus ist letztlich ein mögliches Ergebnis der Idee der fiskalischen Äquivalenz, nämlich bestimmte öffentliche Güter subsidiär auf der kommunalen oder Landes-Ebene bereitzustellen und andere auf der bundesstaatlichen Ebene anzubieten.

777 Vor allem gilt dies für die Bereitstellung öffentlicher Güter, bei deren Bereitstellung - trotz der Unmöglichkeit einer Zuordnung im Sinne des Äquivalenzprinzips - den Unternehmen positive externe Effekte entstehen, wie bspw. bei den Bildungssystemen, Gütern der sozialen Kohärenz oder des kulturellen Umfeldes. Die Unternehmen werden bereit sein für diese Güter zu zahlen, auch wenn die Bereitstellung dieser Güter nicht direkt in der Produktionsfunktion der Unternehmen ihren Niederschlag finden.

778 Vgl. zu den Dimensionen des Wettbewerbs Delhaes/Fehl (1997), S. 1-27.

Zum einen kann man die vorhandenen Mittel auf der Grundlage gegebenen Wissens zweckmäßigeren gegebenen Zielen und Wirtschaftssubjekten zuordnen. Hierbei sind die Fragen zu beantworten, wer das knappe Gut bei gegebenen und konstantem Wissen am besten nutzen kann und wem es am wichtigsten ist. Ermittelt werden können diese Wichtigkeiten über die Zahlungsbereitschaften einzelner Wirtschaftssubjekte. Über diesen Weg kann eine optimale Allokation der knappen Güter erreicht werden und der Wettbewerb ist ein geeignetes Instrument diese optimale Allokation zu erreichen. Zum anderen kann man vorhandene Mittel auf eine andere neue und der alten Methode überlegene Weise nutzen (durch das Vorantreiben von Innovationen), so dass bei gleichem Mitteleinsatz mehr Güter produziert werden können. (Dies entspricht einer Rechtsverschiebung einer Transformationskurve.) Dieser zweite Weg betont die Innovationskraft des Wettbewerbs.

Die bereits im vorangegangenen Abschnitt analysierten neoklassischen statischen Modelle der vollkommenen Konkurrenz und der klassischen Preistheorie stellen die Allokationsfunktion in den Mittelpunkt.[779] Dementsprechend wird der Wettbewerb ausgehend von seinem Ergebnis rückwirkend beurteilt. Als Methode der Bewertung verschiedener Allokationszustände kommt die Gleichgewichtslogik zur Anwendung. Die Analyse der Allokation erfolgt in zwei Schritten:[780] Im ersten Schritt werden die Bedingungen für eine optimale Ressourcenallokation abgeleitet. Hierbei wird unterstellt, dass bekannt ist welche Güter welchen Nutzen stiften. Es existiert eine gesamtgesellschaftliche Wohlfahrtsfunktion. Diese Wohlfahrtsfunktion wird der Transformationskurve gegenübergestellt und so ein optimales Ergebnis bestimmt. Der Maßstab für dieses optimale Ergebnis ist die Pareto-Effizienz.[781] In einem zweiten Schritt wird dann nach der Marktstruktur gefragt, die ein Marktverhalten zur Folge hat, welches das im ersten Schritt ermittelte optimale Allokationsergebnis garantiert. Das pareto-optimale Ergebnis wird zum Maßstab für die Realität gemacht. Der Wettbewerb wird dabei insofern als statisch angesehen, als das vorhandene Wissen und auch die Produktionsmöglichkeiten sich nicht ändern. Es wird die historische Zeit aus dieser deshalb auch als statisch bezeichneten Betrachtung verbannt.[782] Bezüglich des auf viele Wirtschaftssubjekte verteilten Wissens wird in den Modellen der vollständigen Konkurrenz angenommen, es sei allen gleichermaßen zugänglich. Die Marktteilnehmer verfügen alle über vollständiges Wissen über alle relevanten Informationen und zu jeder Zeit.[783]

---

779 Vgl. Delhaes/Fehl (1997), S. 1-3.

780 Vgl. Streit (1992b), S. 55-66.

781 Vgl. hierzu den vorhergehenden Abschnitt und siehe auch bei Streit (1992b), S. 56.

782 Vgl. Delhaes/Fehl (1997), S. 3.

783 Vgl. Siebke (1995), S. 61-12. Eine Modifikation dieser Annahme ist im Rahmen der Informationsökonomik anzutreffen. Allerdings gibt es immer einen Beobachter mit vollständigem Wissen. Dies ist bspw. daran zu erkennen, dass die Aufstellung der Wohlfahrtsfunktion die Kenntnis der Präferenzen aller Bürger voraussetzt. Vgl. Streit/Wegner (1989), S. 184.

b) Evolutorische Wettbewerbsansätze

Das evolutorische Wettbewerbsverständnis basiert auf der Ablehnung der statischen Betrachtung der Wettbewerbsfunktion in den neoklassischen Modellen.[784] Im Rahmen dieser Arbeit soll auf die zwei wesentlichen Ansätze nach HAYEK und SCHUMPETER verwiesen werden.[785]

ba) Der Ansatz nach Hayek

Als ein Kern des Ansatzes von HAYEK ist die systematische Berücksichtigung des Problems des Wissens - sowohl auf der Ebene der einzelnen Wirtschaftssubjekte als auch auf der Ebene der Wirtschaftspolitik und allgemeinen Rechtsregeln - zu nennen. Es wird unterschieden zwischen den objektiven realen Tatsachen und dem subjektiven individuellen Wissen, das auf einer subjektiven Interpretation der Außenwelt beruht und alleinige Entscheidungsgrundlage für die Wirtschaftssubjekte darstellt. Das zentrale Problem hierbei scheint zu sein, wie sich das individuelle Wissen der Wirtschaftssubjekte ändert bzw. auf welche Weise es gelingt, das auf viele Individuen verstreute Wissen am besten zu nutzen. Es muss der Fragestellung nachgegangen werden, wie die Wirtschaftssubjekte in einem ökonomischen Prozess ihr Wissen erwerben. Der Prozess des Wettbewerbs hat u.a. den Sinn, Wissensprobleme zu lösen. Durch ihn soll das Wissen erst entdeckt werden, welches in der neoklassischen Wohlfahrtstheorie fälschlicherweise als bekannt vorausgesetzt wird. Die Grundidee von HAYEK ist daher in einfacher Form ausgedrückt, den Wettbewerb systematisch als ein Verfahren zur Entdeckung von Tatsachen zu betrachten, die ohne diesen Wettbewerb unbekannt oder ungenutzt blieben. So versteht HAYEK den Wettbewerb als „trial and error"-Prozess, wobei niemand vor dem Wettbewerbsprozess wissen kann, welche Tatsachen innerhalb des Prozesses entdeckt werden und welche Ergebnisse produziert werden. Auch gibt es in diesem Sinn kein Endergebnis eines Prozesses, sondern die Prozesshaftigkeit besteht gerade darin, dass sich alle Ergebnisse im Fluss befinden und ein Ergebnis nicht an sich richtig oder falsch ist, sondern immer die zeitliche Dimension eine wichtige Rolle spielt. Es ist daher unmöglich Ergebnisse korrekt vorauszusagen.

Da auch das Wissen der auf wirtschaftspolitischer Ebene Handelnden subjektiv begrenzt ist, kommen die vielfältigen Versuche, durch interventionistische Maßnahmen spezifische Ziele zu erreichen, einer Anmaßung von Wissen gleich. Diese Versuche setzen bei den Regierungen ein Wissen voraus, das sie nicht besitzen. Insofern muss nach den institutionellen Rahmenbedingungen gefragt werden, die es erlauben, das auf viele Individuen verstreute Wissen nutzbar zu machen. Hierzu bedarf

---

784 „die ineinandergreifenden Handlungen einer Anzahl von Personen, deren jede nur ein kleines Stück von Wissen besitzt, einen Zustand herbeiführen (...), der durch bewußte Lenkung nur von jemand herbeigeführt werden könnte, der das Wissen all jener Individuen zusammen besäße" Hayek (1937), S. 71.

785 Die Darstellung dieser beiden Ansätze erfolgt in Anlehnung an Kerber (1997), S. 31-49.

es allgemeiner Regeln des Rechts, die erlaubte Handlungen von unerlaubten abgrenzen, aber den Individuen ansonsten freie Entscheidungen überlassen. Diese Entscheidungen werden auf der Basis ihres jeweiligen Wissens getroffen. Die allgemeinen Regeln leisten einen Beitrag zur Erwartungsstabilisierung, da sie zumindest deutlich machen, mit welchen Verhaltensweisen der anderen Wirtschaftssubjekte nicht gerechnet werden muss. Es ist nach HAYEK notwendig nach einem richtigen Regelwerk für eine Gesellschaft zu suchen, um den Wettbewerb zu ermöglichen und in Gang zu halten. Dabei hält er es für ausgeschlossen, ein solches Regelwerk am Reißbrett zu entwerfen – er lehnt jede Form des konstruktivistischen Rationalismus ab. Es sind nur schrittweise, prozesshafte Entwicklungen möglich, denn entsprechend einer kulturellen Evolution sind die geltenden Regeln ein Ergebnis eines Variations-Selektions-Prozesses zu verstehen.[786] Es entsteht eine spontane Ordnung.

Der auch auf der Regelebene stattfindende evolutorische Prozess ist aber von den aus den Handlungen der Wirtschaftssubjekte resultierenden Wettbewerbsprozessen auf der Marktebene zu unterscheiden. Die spontane Ordnung des Marktes tritt aus HAYEKs Ausführungen mit deutlicheren Konturen hervor, während die spontane Ordnung allgemeiner Rechtsregeln insofern nicht so klar konturiert ist, als der Rahmen für diese Wettbewerbsprozesse zur Entdeckung der allgemeinen Regeln im Sinne eines Variations-Selektions-Verfahrens nicht ganz klar ist. Werden die Meta-Regeln auch im

---

786 Die Variations-Selektions-Argumentationen verlaufen in einer Analogie zu den Erklärungsmustern biologischer Evolution und haben sich im Bereich evolutorischer Ökonomik entwickelt. Der evolutorische Prozess von zufälliger Variation und anschließender Selektion wird als Modell für Entwicklungsprozesse verwendet. Eine Population weist eine Menge von Einheiten mit bestimmten Eigenschaften auf. Diese Eigenschaften sind mit unterschiedlichen Häufigkeitsverteilungen ausgestattet, die sich im Zeitablauf mit Hilfe zweier Mechanismen ändern: Erstens werden laufend Variationen hervorgebracht, d.h. es treten Einheiten mit neuen Eigenschaften auf. Zweitens reproduzieren sich die Einheiten abhängig von ihren Eigenschaften unterschiedlich oft. Es findet infolge einer unterschiedlich guten Anpassung der Einheiten an die Erfordernisse der Umwelteinflüsse eine Selektion statt. Evolutorische Prozesse werden zusammenfassend als Folge der Kombination von Variations- und Selektionsprozessen verstanden, die in der Entwicklung von Häufigkeitsverteilungen ihren Ausdruck finden. Insofern wird der technische Fortschritt als Folge eines Variations-Selektions-Prozesses bezüglich der Population von Produktionstechniken erklärt. Diese Prozesse können als trial and error-Prozesse über die besseren Techniken verstanden werden, die über Lernprozesse zu einer Akkumulation von Wissen führen. Die Innovation ist bedeutsam, da sie die Anzahl von Variationen (Varietät) erhöht und somit auch die Auswahlmöglichkeiten für den Selektionsprozess zunehmen. Somit ist die Varietät mitentscheidend für die Wissensakkumulation. In diesem Bereich können auch Pfadabhängigkeiten der Entwicklungen beschrieben werden. Dieses Populationsdenken mit seinen Variations-Selektions-Mechanismen drückt nichts anderes aus als einen Wettbewerbsprozess. Über die Zeit setzen sich diejenigen Einheiten mit den Eigenschaften durch, die den jeweiligen Selektionsbedingungen durch die Umwelt relative am besten angepasst sind als andere. Vgl. im vierten Kapitel den Abschnitt 4.2.2. Vgl. Hayek (1969i); (1969l); (1969q) und (1971a).

Rahmen einer spontanen Ordnung entwickelt, stellt sich die Frage, wo die Meta-Meta-Regeln entstehen.[787]

bb) Der Ansatz nach Schumpeter

In der Theorie der wirtschaftlichen Entwicklung und des dynamischen Wettbewerbs nach SCHUMPETER werden Neuerungen als eigenständige Phänomene angesehen, die mit dem Instrumentarium der neoklassischen Gleichgewichtstheorie nicht adäquat erfasst werden können. SCHUMPETER unterscheidet zwischen einer sich immer in der gleichen Bahn bewegenden Wirtschaft (Kreislauf) und einer in Entwicklungsprozessen begriffenen Wirtschaft, die dadurch beschrieben werden kann, dass das wirtschaftliche Leben seine eigenen Daten ruckweise ändert. Nach SCHUMPETERs Theorie der wirtschaftlichen Entwicklung ist die neoklassische Gleichgewichtstheorie nur für die Analyse des Kreislaufs und dessen Veränderungen durch exogene Einflüsse geeignet. Sie ist aber nicht zielführend für die Untersuchung von Entwicklungen, die eine Volkswirtschaft aus sich selbst heraus hervorbringt.

Als Kern und Ergebnis des Wettbewerb wird die Findung und Verbreitung von Innovationen durch die Unternehmer angesehen. Der Wettbewerb gilt als ein Prozess permanenter Innovationen und Imitationen, der durch die Risikobereitschaft und Kreativität der Unternehmer vorangetrieben wird. Indem der Wettbewerb den technischen Fortschritt fördert, wird er gleichzeitig zum Motor der endogenen wirtschaftlichen Entwicklung. Dies wurde fortentwickelt in der Theorie des dynamischen Wettbewerbs.[788]

---

787 Dieser Abschnitt ist zunächst nur als kurze Einführung in die Thematik zu verstehen. In dem folgenden vierten Kapitel werden die Ansätze Hayeks genauer dargestellt und einer kritischen Analyse unterzogen, um sie in Kombination mit den konstitutionenökonomischen Ansätzen Buchanans für die hier zu untersuchende Thematik einer institutionenökonomischen Analyse der europäische Integration nutzbar zu machen. Zu einer eingehenden Würdigung des evolutionstheoretischen Ansatzes nach Hayek vgl. im vierten Kapitel, den Abschnitt 4.2.4.

788 Danach ist der dynamische Wettbewerb ein rivalisierender Prozess des ständigen Vorstoßens, Nachziehens und Überholens zwischen den Wettbewerbern, so dass Innovations- und Imitationsprozesse im Wettbewerb gleichzeitig ablaufen. Es wurde versucht, alle in realen Marktprozessen relevanten Aktionsparameter in die Theorie einzubinden (bspw. neben dem Preis auch die Werbung, und Verfahrensinnovationen). Neben den überholenden, nachziehenden oder vorstoßenden Entwicklungen zwischen den Unternehmen bedeutet Wettbewerb als Prozess aber auch, dass der Rivalitätscharakter Gewinne und Verluste als die Folge der relativen Leistung von Wettbewerbern im Vergleich zu ihren Konkurrenten darstellt. Hohe Gewinne werden nicht wie in der Wohlfahrtstheorie als Resultat von marktmächtigen Positionen in Gleichgewichtszuständen interpretiert, sondern als prozessuale Phänomene in einem dynamischen Prozess verstanden. (So ist eine Monopolstellung mit entsprechender Möglichkeit zur Gewinnmaximierung vorübergehend als durchaus sinnvoll anzusehen, da Unternehmen in dieser Phase ihre vorher erfolgten hohen F&E Ausgaben amortisieren können.) Diese Gewinne locken andere Marktteilnehmer in den Markt und es werden dann, wenn der Wettbewerb funktioniert, entsprechend durch Imitation und/oder weitere Innovationen die Preise herunterkonkurriert.

bc) Wettbewerb als Austausch und Parallelprozess

Zum Konzept der evolutorischen Erklärung von Wettbewerbsprozessen gehört die gedankliche Trennung des Wettbewerbs in zwei Teilprozesse, nämlich den Austausch- und Parallelprozess.[789] Einen illustrierenden Überblick leistet die Abbildung 13.

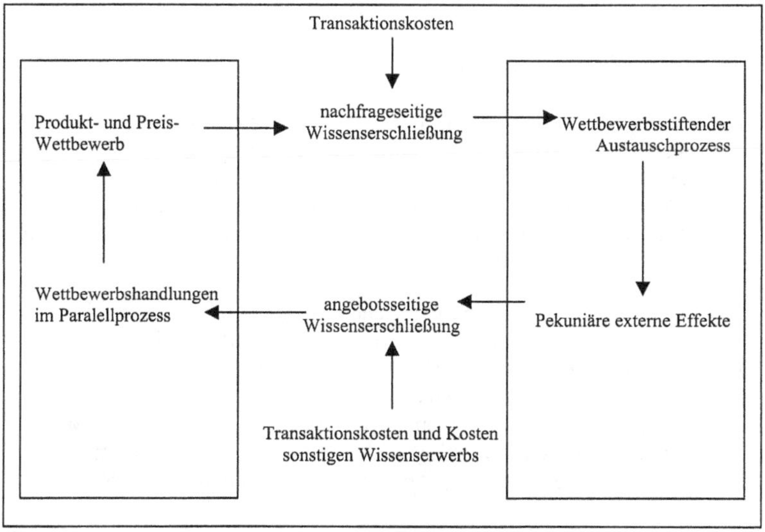

Abbildung 13: Austausch- und Parallelprozess[790]

Der Austauschprozess findet zwischen den Anbietern und Nachfragern nach Waren und Dienstleistungen statt, während der Parallelprozess jeweils auf einer Marktseite abläuft. Die Anbieter von Gütern konkurrieren im Austauschprozess um die Kaufkraft der Konsumenten. Dies führt zu Produkt- und Preiswettbewerb der Anbieter. Jeder Anbieter versucht, ein attraktiveres Angebot als die Konkurrenten auf dem Markt zu plazieren. Auf Seiten der Nachfrager verursacht der Vergleich und die Bewertung der einzelnen Angebote Transaktionskosten. Die Höhe des notwendigen Aufwands beeinflusst die Wettbewerbsintensität. Durch die Auswahl bestimmter Angebote durch die Nachfrager im Austauschprozess kommt es bei den unterschiedlichen Anbietern zu Gewinnen oder zu Verlusten. Die Entscheidungen der Nachfrager für bestimmte

---

789 Vgl. die Darstellung bei Streit/Wegner (1989), S. 197; Kiwit/Voigt (1998), S. 315 f.

790 Grafik in ähnlicher Darstellung in Streit/Wegner (1989), S. 197; ebenfalls bei Kiwit/Voigt (1998), S. 315.

Produkte geben Informationen über ihre Präferenzen preis, die von den Anbietern durch Instrumente der Marktforschung entsprechend interpretiert und ausgewertet werden können. Die jeweilige Gewinn- bzw. Verlustsituation leistet auf der Seite der Anbieter den notwendigen Anreiz, die gewonnenen Informationen innerhalb des Parallelprozesses für Imitation von Konkurrenten und/oder die Generierung eigener Innovationen einzusetzen. Imitation und Innovation können sich im Produkt- und Preiswettbewerb äußern. In einer groben Vereinfachung könnte festgehalten werden, dass die im Parallelprozess auf der Seite der Anbieter entstehenden Variationen im Austauschprozess durch die Nachfrager einer Selektion unterzogen werden.

bd) Evolutorisches Bild des Systemwettbewerbs – Zusammenfassung

Nach den evolutorischen Modellen des Systemwettbewerbs deutet sich an, dass ihre wesentliche Aussage ist, dass es im politischen Prozess in Analogie zu den Gütermärkten zu Wettbewerbsprozessen kommt, die auf der politischen Ebene zu einer Durchsetzung der Bürgerpräferenzen führen kann – ähnlich wie auf den Gütermärkten Wettbewerb zwischen den Anbietern eine Konsumentensouveränität sichern kann.

Die im politischen Prozess der demokratischen Staaten existierenden Fehler wie Verkrustungen[791] und den grundsätzlichen Wissensmangel der Politiker können – so die Hypothese – über einen internationalen Standortwettbewerb geheilt werden.[792] Die Übertragung des evolutorischen Wettbewerbsmodells auf die Staaten erfolgt, indem die Staaten als Anbieter von Institutionen, bspw. Rechtsregeln, gesehen werden, die von mobilen Produktionsfaktoren ausgesucht werden. Hierbei können private Wettbewerber z.B. Kapitaleigner die Qualität von Institutionen vergleichend prüfen. Zugleich werden die Staaten als politische Wettbewerber angeregt, attraktivere institutionelle Neuerungen zu entwickeln. Dies entspricht der Dimension des Wettbewerbs als Entdeckungsverfahren im Sinne HAYEKs. Außerdem beinhaltet Systemwettbewerb eine Wahl der Bürger zwischen den staatlichen Institutionen, wobei die tatsächliche und potentielle Substitution der Institutionen eine Art Kontrollfunktion auf die Staaten als Anbieter von Regelwerken ausübt und so Fehler korrigiert werden können.

Mit Hilfe der Public-Choice-Theorie lässt sich der politische Prozess genauer analysieren.[793] Die Staaten konkurrieren in dem Systemwettbewerb miteinander um die mobilen Produktionsfaktoren. Das Erstellen eines institutionellen Angebotes durch den betrachteten Staat ist ein Parallelprozess; die Staaten vergleichen hierbei ihr

---

791 Vgl. Streit (1995), S. 114 ff.

792 Vgl. auch Streit (1994b), S. 111 ff.

793 Vgl. zu den positiven Analysen der Institutionen und Entscheidungsstrukturen auf der europäischen Ebene die Ergebnisse in dem zweiten Kapitel, Abschnitte 2.3.2 und 2.5.2.

Angebot mit den konkurrierenden Staaten.[794] Die Reaktionen der Bürger auf die jeweiligen institutionellen Angebote stellt den Austauschprozess dar.

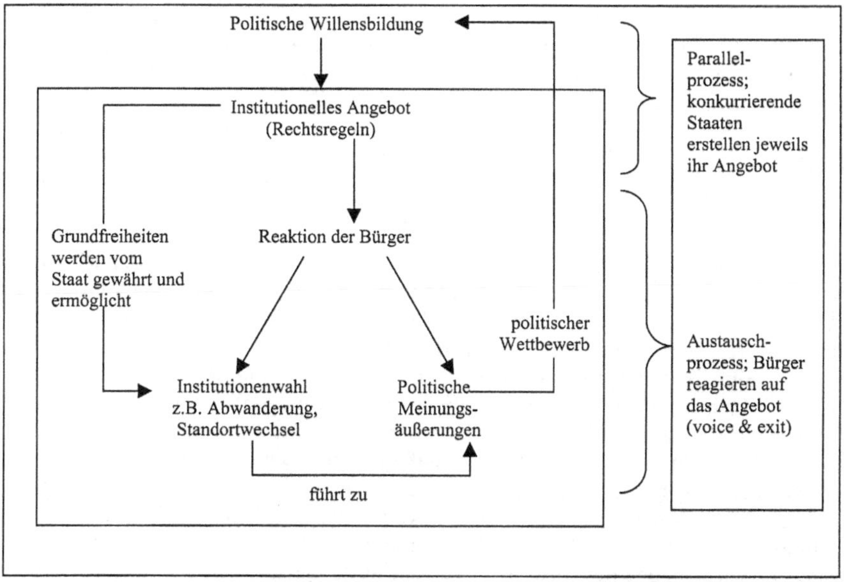

Abbildung 14: Parallel- und Austauschprozess im politischen Prozess[795]

Im Ergebnis findet im Austauschprozess die Institutionenwahl durch den Bürger statt,[796] die beeinflusst wird durch die Institutionen bspw. die jeweils geltende Rechtsordnung. Bezogen auf diesen Austauschprozess kann man die Abwanderung (exit) mobiler Produktionsfaktoren als institutionelle Arbitrage verstehen.[797] Der exit

794 Der Vergleich bzw. die Beobachtung anderer Staaten ist als wesentlich für die Nachahmung und Übernahme von Institutionen anderer Staaten anzusehen. So ist es auch nicht notwendig, dass - entsprechend dem in der Biologie verbreiteten Verständnisses der dominanten Populationen - ein Staat aufgrund seiner veralteten institutionellen Regelungen ausstirbt und nur die geeignetsten staatlichen Konstruktionen überlebensfähig sind. Durch die Imitation können erfolgreiche Regelwerke oder Teile davon übernommen werden, und so vom gleichen Ausgangspunkt des Vorreiter-Staates nach potentiellen Entwicklungen weitergesucht werden.

795 Ähnlich auch Kiwit/Voigt (1998), S. 329 und Müller (1999), S. 76

796 Voraussetzungen hiefür sind u.a. die Niederlassungsfreiheit für den einzelnen Bürger und das Recht auszuwandern. Ebenso ist es eine relevante Voraussetzung, dass das Ursprungslandprinzip bzw. das Prinzip der gegenseitigen Anerkennung praktiziert wird, da im internationalen Handel für Produktregulierungen der Kunde dann mit der Ware auch indirekt die jeweilige staatliche Regulierung auswählt. Vgl. auch Streit (1996c), S. 223-248.

797 Vgl. zu dem Begriff der institutionellen Arbitrage Streit (1996b), S. 15.

stellt aus der Sichtweise des Systemwettbewerbs eine Ausnutzung von institutionell bedingten Differenzen verschiedener Rechtsrahmen das, die sich in den erwarteten Erträgen des wirtschaftlichen Handelns niederschlagen.[798] Auch der internationale Handel vermag einen Wettbewerb der Institutionen auszulösen. Dies ist dann der Fall, wenn Inländer zwischen den Produkten wählen können und somit auch eine Entscheidung über die konkurrierenden nationalen Regulierungen treffen. Hierfür muss das Importland die ausländischen Regulierungen anerkennen, indem es diese Produkte auf dem heimischen Markt zulässt. Eine solche regulierungsbedingte Änderung der Handelsströme kann zu Verlagerungen von Produktionsstandorten führen in diejenigen Länder, die die als günstiger beurteilten Regulierungen implementiert haben.

Die Folgen des Austauschprozesses sind in den Reaktionen der politischen Akteure zu suchen. Durch voice & exit[799] werden die nationalen Politiker im politischen Prozess durch die Interessengruppen aber vor allem durch die Bürger auf solche Arbitragevorgänge aufmerksam gemacht. Funktioniert der Systemwettbewerb, so regen diese Signale, wenn sie wahrgenommen und korrekt interpretiert werden, die politischen Akteure dazu an, neue (Innovation) bzw. andere (Imitation der erfolgreicheren institutionellen Strukturen der anderen Staaten) institutionelle Arrangements in ihr politisches Angebot aufzunehmen, von denen sie sich eine bezüglich der internationalen Faktorwanderungen höhere Attraktivität ihres territorialen Einflussbereiches für mobile Faktoren versprechen.[800] Die Wahl von Institutionen kann auch im Rahmen des internationalen Handels mit Gütern und Dienstleistungen vollzogen werden und somit ein Systemwettbewerb stattfinden. Dies kann dann funktionieren, wenn Inländer zwischen Produkten wählen können, die unter den Reglements unterschiedlicher nationaler Regulierungen auf den Markt gelangen. Der Konsument kann diejenigen importierten Produkte wählen, die anderen Regulierungen (bspw. Qualitätsstandards) unterliegen. Es könnten sich regulierungsbedingt die Handelsströme ändern und dies könnte zu einer Abwanderung inländischer Produzenten in die Länder führen, die aus Sicht der Konsumenten die für sie günstigeren Regulierungen anbieten. Eine Grundvoraussetzung für die Wahlmöglichkeit der inländischen Konsumenten ist, dass das Importland die ausländischen Regulierungen anerkennt, und entsprechend des Ursprungslandprinzips

---

798 Vgl. Mussler/Wohlgemuth (1995), S.15 und Streit (1996c), S. 225.

799 Voice und exit sollten nicht – wie von Hirschmann (1974) in seinen ursprünglichen Arbeiten angenommen – als ausschließliche Substitute angesehen werden, denn das Beispiel der DDR hat gezeigt, dass beide Mechanismen sich durchaus unterstützen können. Vgl. Hirschmann (1993). Muss eine Regierung Auswanderung zulassen, wie die DDR die Ausreise ihrer Einwohner über Ungarn, so werden die Demonstrationen u.U. zunehmen, da die Regierung als geschwächt angesehen wird und Demonstrationen nun als erfolgsversprechender und weniger gefährlich eingeschätzt werden, wie dies bei den Montagsdemonstrationen in der DDR vermutlich auch der Fall war, die zusammen mit den Abwanderungen über Ungarn die Regierung zum Einlenken bewegte.

800 Vgl. Streit (1996c), S. 225.

einen freien Handel über die Grenzen hinweg zulässt. Ist diese Voraussetzung erfüllt, so entscheiden die Inländer mit ihrer Produktwahl auch über die gewünschte Regulierung, welche die Produkte in ihrer Beschaffenheit mitprägt.[801]

Die politischen Akteure werden auf Abwanderungen als Institutionenwahl reagieren. Die Folgen des Austauschprozesses werden von den konkurrierenden Anbietern allgemeiner Regeln hinsichtlich der Wirkung auf die wirtschaftliche Entwicklung wahrgenommen und als Teilergebnis einer Systemwahl von Unternehmen und Konsumenten interpretiert. Allerdings werden die politischen Akteure nicht direkt auf Abwanderungen reagieren. Ihre Reaktionsgeschwindigkeit und –intensität hängt von der Intensität des politischen Wettbewerbs ab. Entsprechend der Public-Choice-Theorie ist davon auszugehen, dass die jeweilige Wiederwahlwahrscheinlichkeit und die Sanktionsmöglichkeiten durch eine ausgelöste Wanderung mobiler Produktionsfaktoren im nationalen politischen Wettbewerb einen hohen Anteil an der politischen Beweglichkeit der jeweiligen Regierungen hat. Sie dürfte auch vor Wahlen, bei denen Machtverlust durch Abwahl droht, entsprechend höher sein. Die Möglichkeit im politischen Wettbewerb Stimmen zu gewinnen oder zu verlieren ist gewissermaßen das Pendant zu den pekuniären Effekten im ökonomischen Wettbewerb.[802] Eventuell. werden die politischen Akteure nicht durch exit, sondern durch voice – Widerspruch – der Wähler auf Arbitragevorgänge aufmerksam gemacht.[803] Funktionierte der Systemwettbewerb perfekt, so führten die Wahrnehmung und die entsprechende Interpretation dieser Signale bei den politischen Akteuren zu einem permanenten Verbesserungsstreben der institutionellen Arrangements, in dem Sinne, dass sie sich eine höhere Attraktivität ihres territorialen Einflussbereiches im Rahmen der internationalen Faktorwanderung für mobile Produktionsfaktoren von den einzelnen Maßnahmen versprechen.

Der Parallelprozess stellt insofern keine direkte Reaktion auf bspw. festzustellende Abwanderungen, die damit einhergehende Systemwahl und die ökonomischen Folgen dar, sondern der Parallelprozess ist die Reaktion auf die Folgen der Systemwahl im politischen Prozess. Die Rückkopplung zwischen Austausch und Parallelprozess des Systemwettbewerbs beinhaltet den Zwischenschritt des politischen Wettbewerbs.[804]

Der Systemwettbewerb soll in Analogie zu dem ökonomischen Wettbewerb als Entdeckungs- und Kontrollverfahren wirken.[805] Das Entdeckungsverfahren soll neue politische Problemlösungen generieren und den grundsätzlichen Wissensmangel der Politiker (aber auch der Bürger) berücksichtigen. Die politischen Akteure haben keine perfekte Kenntnis von den sich wandelnden Präferenzen der Bürger und können sich

---

801 Vgl. Streit (1996c), S. 225 f.

802 Vgl. zu der Darstellung des Wettbewerbs als Parallelprozess vgl. Abb. 13 in dem Abschnitt 3.2.3.4.3 im Teil bc); vgl. auch Mussler/Wohlgemuth (1995), S. 15 f.

803 Vgl. Streit (1996c), S. 225.

804 Vgl. Mussler/Wohlgemuth (1995), S. 15.

805 Vgl. hierzu ausführlich im vierten Kapitel den Abschnitt 4.2.

entsprechend hinsichtlich der möglichen adäquaten Problemlösungen irren.[806] Der Systemwettbewerb geht mit dem konstitutionellen Wissensmangel in der Weise um, dass Fehleinschätzungen über die Wirkung bzw. die Beurteilung staatlicher Maßnahmen vergleichsweise konfliktarm aufgedeckt werden können. Der Systemwettbewerb als Entdeckungsverfahren verspricht eine Lösung, die gegenüber der einheitlichen Harmonisierung vor allem den Vorteil aufweist, dass Fehleinschätzungen sich nur dezentral und räumlich begrenzt auswirken und so leichter und schneller korrigiert werden können.[807]

Vom Systemwettbewerb gehen zunächst nur interpretationsbedürftige Signale aus, da nicht eindeutig ist, welche Eigenschaften welcher Kombination von Rechtsregeln bei der institutionellen Arbitrage entscheidend sind. Daher gibt es auch nicht die Tendenz des Wettbewerbs der Systeme zu einem gleichgewichtigen Zustand des Wissens. Der Systemwettbewerb ist insofern der richtige Weg zur Überwindung des Problems des Wissensmangels, als nur er Informationen aus dem direkten Vergleich einer gleichzeitig nutzbaren Vielfalt institutioneller Hypothesen über gesellschaftliche Problemlösungen erlaubt.[808] Systemwettbewerb als Kontrollverfahren bezieht sich auf zwei wesentliche Konsequenzen: zum einen können die institutionellen Angebote von den nachfragenden Bürgern auf ihre Problemlösungsqualität überprüft werden und die Bürger können mit ihrer Reaktion auf das institutionelle Angebot die Qualität kontrollieren.[809] Zum anderen wird die politische Macht durch den Systemwettbewerb beschränkt. Entsprechend der Ökonomischen Theorie der Politik wird der auf Wiederwahl bedachte eigennützige Politiker zusätzlich zu den Verfahrensregeln, die als unzureichend einzustufen sind, durch den Systemwettbewerb kontrolliert und so wird im Idealfall auch wohlfahrtsstaatlichen Verkrustungen entgegengewirkt. Exit als eine Reaktionsmöglichkeit der Bürger auf ein institutionelles Angebot stellt ein Ventil dar, das es erlaubt Fehlentwicklungen staatlicher Machtausübung zu entgehen.[810] Nationale Regierungen, die dem Systemwettbewerb ausgesetzt werden, unterliegen der laufenden Kontrolle durch diejenigen, die Verfügungsrechte über die mobilen Faktoren besitzen.[811] So kann der Einschränkung der individuellen Handlungsrechte durch den modernen Wohlfahrtsstaat entgegengewirkt werden.[812]

---

806 Vgl. Mussler/Wohlgemuth (1995), S. 17.

807 Vgl. Streit/Kiwit (1998), S. 42; Streit/Kiwit (1999), S. 39. Das Problem der Pfadabhängigkeit nimmt bei einheitlichen zentralen Lösungen zu. Die Beteiligten z.B. die europäische Bürokratie hat sich dann in ihrer Verwaltung auf weitere Zentralisierungen ausgerichtet.

808 Vgl. Mussler/Wohlgemuth (1995), S. 18.

809 Vgl. Streit (1996c), S. 228.

810 Durch die Ausweichmöglichkeit wird der Leviathan gezähmt, da sich durch Abwanderungen die Macht einer Regierung verringert. Vgl. Mussler/Wohlgemuth (1995), S. 21.

811 Vgl. auch Streit/Mussler (1995), S. 75-112, hier S. 79.

812 Vgl. Streit (1996c), S. 228.

c) Ordnungsrahmen für den Systemwettbewerb

Damit der Systemwettbewerb funktioniert, bedarf es eines Ordnungsrahmens, der als eine Art Wettbewerbsordnung den Prozess des Wettbewerbs steuert und kontrolliert.[813] Es müssen sogenannte Metaregeln gefunden werden, die die Grundfreiheiten für die Bürger garantieren, ein Kartellverbot der Staaten implementieren, Wettbewerbsfehler vermeiden und schließlich das methodische Problem des infinitiven Regresses lösen.

Die Grundfreiheiten der Bürger müssen deshalb garantiert werden, da ohne die Exit-Option bzw. die Möglichkeit des Androhens einer Abwanderung die Bürger auch nicht zwischen den angebotenen institutionellen Arrangements frei wählen können. Darüber hinaus setzen Faktorwanderungen auch Grundfreiheiten wie Niederlassungsfreiheit, freie Wanderung des Kapitals, der Waren und Dienstleistungen im Sinne des Ursprungslandprinzips voraus.[814]

Das Kartellverbot für die in dem Wettbewerbsprozess befindlichen Staaten meint, dass die Anbieter institutioneller Problemlösungen im Parallelprozess frei handeln sollten, d.h. ihnen auch explizit gestattet wird, unterschiedliche Regeln anzubieten. Dies setzt voraus, dass die Staaten über die Regelungskompetenz verfügen, sie also nicht in Harmonisierungslösungen durch europäische Institutionen eingebunden werden. Auch die Staaten sollten nicht die Kompetenz haben miteinander Harmonisierungen verbindlich festlegen zu können, da sie sonst ebenso den Wettbewerb unterbinden könnten.

Die Vermeidung von Wettbewerbsfehlern, die in dem vorherigen Abschnitt bereits dargestellt wurden (soziale Verteilung, Unterversorgung mit öffentlichen Gütern, Produktregulierung und die angebliche Gefahr des Untergangs des Sozialstaats (race to the bottom) aufgrund eines ruinösen Steuerwettbewerbs), stellen für die Vertreter der evolutorischen Theorie keine Fehler dar, da sie unabänderlich dem Systemwettbewerb inhärent sind. Sie sind lediglich Fragen, die bei der Konstruktion des entsprechenden Ordnungsrahmens für den Systemwettbewerb beachtet und einer Lösung zugeführt werden müssen.[815] Liegen Marktdefekte vor,[816] die auf der europäischen Ebene angesiedelt sind, so bedarf es geeigneter Regelungen auf der übergeordneten Ebene, diese Defekte zu beheben.[817] Es geht im Wesentlichen darum, nicht den

---

813 Vgl. hierzu auch Vanberg/Kerber (1994), S. 212-215.

814 Vgl. auch Mussler/Wohlgemuth (1995), S. 25 und Streit (1996c), S. 230.

815 Vgl. Kiwit/Voigt (1998), S. 313.

816 Ein Beispiel könnten Umweltschäden sein, die nicht auf der nationalen Ebene alleine angesiedelt sind. Diese Umweltschäden können also nicht als die Folge des Systemwettbewerbs angesehen werden, sondern sie sind das Versagen der Nationalstaaten bei der Konstruktion geeigneter Wettbewerbsregeln. Vgl. Mussler/Wohlgemuth (1995), S. 15-17.

817 Dieser Vorstellung liegt in der Grundlage der Glaube zugrunde, dass der Staat nur dann aktiv werden sollte, wenn Marktversagen bzw. Marktunvollkommenheiten vorliegen. Darüber hinaus muss in diese Überlegung die Möglichkeit des Staatsversagens insofern Eingang finden, als die Marktunvollkommenheiten lediglich die notwendige Voraussetzung staatlicher Aktivität sein sollte, keinesfalls aber die hinreichende. Denn der Staat muss zudem in der Lage sein die entsprechende Defekte besser zu lösen als der Markt es vermag.

Systemwettbewerb anzuprangern, weil er nicht imstande ist mit allen Problemen aus sich selbst heraus fertig zu werden, sondern es sollte darum gehen, geeignete Ordnungsregeln zu finden, die den Systemwettbewerb so gestalten, dass er überhaupt in die Lage versetzt wird in diesen Bereichen sinnvolle Lösungen zu generieren.

So ist zu der inhaltlichen Kritik an dem Modell des Systemwettbewerbs bspw. zu der Gefahr des „Herunterkonkurrierens des Sozialstaates" zu sagen, dass nach der Lüftung des Schleiers der Unwissenheit darüber, wer zu den Nettozahlern und wer zu den Nettoempfängern gehört, die Bedrohung des Sozialstaates sich nicht zwanghaft einstellen muss. Es kommt darauf an, geeignete Metaregeln zu finden, die die Probleme lösen bzw. gar nicht entstehen lassen.[818] So sind Regelungen denkbar, in denen man die Freizügigkeit gewährt, ohne den Anspruch an seinen Sozialstaat aufzugeben, indem Wartezeiten für Transferzahlungen für neue Bürger eingeführt und evtl. mit der Regel verbunden werden, dass bei eintretenden sozialen Notlagen zunächst die Heimatjurisdiktion aufzukommen hat. Ebenso besteht die Möglichkeit einer drohenden Unterversorgung mit öffentlichen Gütern mit der Privatisierung von bspw. Infrastrukturprojekten zu begegnen oder einen einmaligen Eintrittspreis einzuführen. Auch wird in der Literatur als Lösung für das Problem der Ab- und Zuwanderung für den Sozialstaat und den kollektiven Kapitalbestand ein Markt für Staatsbürgerschaften diskutiert.[819]

Die methodischen Probleme des Wettbewerbs als Verfahren der Integration zwischen den Mitgliedstaaten der EU ist insbesondere das Problem des infinitiven Regresses zu behandeln. Das methodische Problem des infinitiven Regresses bezeichnet den Widerspruch, dass einerseits aus evolutorischer Sicht der Systemwettbewerb als Entdeckungsverfahren geeigneter Regeln zur Beseitigung des konstitutionellen Wissensmangels angesehen wird, gleichzeitig aber Metaregeln gesetzt werden müssen, damit der Systemwettbewerb überhaupt funktioniert. Daraus eröffnet sich das theoretische Problem des infinitiven Regresses der Regelebenen[820] als eine Art Spannungsverhältnis zwischen der Befürwortung des Wettbewerbs als Entdeckungsverfahren zur Überwindung konstitutionellen Wissensmangels einerseits und andererseits dem Widerspruch gerade bezüglich der Metaregeln Wettbewerb als Entdeckungsverfahren nicht zu postulieren. Zwar besteht auch hinsichtlich der Metaregeln ein konstitutioneller Wissensmangel (die „richtigen" Metaregeln sind nicht bekannt), jedoch wäre dieser Wettbewerb als Entdeckung der geeigneten Metaregeln

818 Vgl. bspw. Kerber (1998b), S. 215 ff.

819 Vgl. Kerber (1998b), S. 216 f. Dieser Markt für Staatsbürgerschaften soll so gestaltet sein, dass sich für die jeweiligen Mitgliedschaften mit den entsprechenden Rechten und Pflichten aus Angebot und Nachfrage ein Marktpreis ergibt. Wer innerhalb einer bestimmten Jurisdiktion leben möchte, muss hierfür eine bestimmte Mitgliedschaft kaufen, die er aber beim Wechsel der Jurisdiktion auch wieder verkaufen kann. Durch einen Marktpreis für die Mitgliedschaft könnten die oben genannten Probleme gelöst werden, da der Marktpreis sowohl den Umfang der sozialen Transferansprüche, als auch den Wert des jeweiligen gesamtwirtschaftlichen Kapitalbestandes reflektieren würde.

820 Vgl. Windisch (1998), S. 147.

selbst wieder ein regelgeleiteter Prozess, so dass hierfür Meta-Metaregeln existieren müssten, die ggf. ebenso wieder in einem Entdeckungsverfahren gefunden werden müssten usw. Konsequenterweise könnte man dann in Aporie verfallen, so dass es notwendig erscheint, pragmatisch bestimmte Grundnormen zu setzen. Um sich dem Vorwurf der Anmaßung von Wissen bezüglich der richtigen Metaregeln nicht auszusetzen, sollten diese Metaregeln als plausible Vermutungen angesehen werden.[821]

d) Zusammenfassung und Kritik an den evolutorischen Modellen

Im Gegensatz zu den neoklassisch-statischen Modellen gehen die evolutorischen Modelle nicht von einem in der traditionellen Finanzwirtschaft verankerten Prinzip des allwissenden benevolenten Planers aus, innerhalb dessen der Staat nur diejenigen Aufgaben erfüllt, die er erfüllen muss und die er auch effizient erfüllen kann. Der Staat wird innerhalb der evolutorischen Ansätze eher aus der Public-Choice-Perspektive betrachtet, nach der die Politiker kein perfektes Wissen haben und auf ihre Wiederwahl bedacht sind. Danach entstehen Fehler im politischen Prozess zwischen den politischen Akteuren, wie z.B. dadurch, dass gut organisierte Minderheiten Privilegien zu Lasten der Mehrheit durchsetzen. Der Staat weitet seine Tätigkeit über das im Sinne der Marktversagenstheorie notwendige Maß hinaus aus. Der Vorzug der evolutorischen Analyse ist, dass sie es ermöglicht, den politischen Prozess als Teil der sonst in der neoklassischen Theorie nicht analysierbaren Rahmenbedingungen in den Focus der Betrachtung zu rücken. Es wird so eine systematischen Analyse der Wettbewerbsprozesse auf dem Markt und auch im politischen Bereich möglich gemacht. Die Wirkungen von Kontroll- und Entdeckungsverfahren im Systemwettbewerb werden verdeutlicht. Es erfolgt eine Anerkennung der Bedeutung von Meta-Regeln.

Durch die explizite Betrachtung der jeweiligen politischen Anreize, wird eine einfache Lösung komplexer Phänomene nicht möglich sein. Dies ist auch gleichzeitig ein häufig geäußerter Vorwurf gegenüber den evolutorischen Modellen, dass sie nicht oder nur begrenzt die Ableitung konkreter Ergebnisse und Handlungsempfehlungen ermöglichen.[822] Allerdings kann dies nur dann als Mangel empfunden werden, wenn man eine exakte Beschreibung der Wirklichkeit überhaupt für möglich hält. Es wird demzufolge auch kein formaler Beweis für die positiven Folgen des Systemwettbewerbs angetreten.[823] Die Mischmodelle (Hybridmodelle), die versuchen

---

821 In dieser Weise ist der Versuch, Leitlinien für eine Verfassung für Europa zu formulieren, auch zu verstehen. In dem fünften Kapitel, im Abschnitt 5.5 werden Reformen erarbeitet mit dem Ziel, in Europa einen Ordnungswettbewerb konstitutionell abzusichern.

822 Vgl. Müller (2000), S. 96.

823 So kritisiert Sinn das positive Urteil über den Systemwettbewerb aus evolutorischer Sicht. Es gibt für Sinn keinen formal erbrachten Nachweis dafür, dass der Leviathan-Staat durch den Systemwettbewerb gezwungen wird, effizient zu agieren. Es mangelt an einem formal-logischen Modell, aus dem sich die positiven Folgen des Systemwettbewerbs formal ableiten lassen. Vgl. Sinn (1997b), S. 9 und S. 11. Allerdings ist die Annahme, dass der Systemwettbewerb den Bürgern nichts nütze, wenn die Politiker nur Böses im Schilde führen würden, für Sinn nachgewiesen worden. Vgl. Sinn (1997b), S. 9.

die neoklassischen und die evolutorischen Denkansätze miteinander zu verbinden, werden hier als untauglich für die zu untersuchende Fragestellung abgelehnt.[824]

Allgemein ist festzustellen, dass die neoklassisch fundierten Modelle sich auf die Betrachtung der vom Staat notwendigerweise zu erfüllenden Aufgaben konzentrieren und dort diagnostizieren, dass der Systemwettbewerb schaden könnte. Dies ist unstrittig, handelt es sich in diesem Teil der Betrachtung um die Bereitstellung öffentlicher Güter, die als nationale öffentliche Güter vor dem Systemwettbewerb u.U. geschützt werden müssen, da sie keiner Privatisierung zugeführt werden können und die als internationale öffentliche Güter der Koordination oder gemeinsamen Bereitstellung unterliegen müssen.

Die in dem evolutorischen Ansätzen verhafteten Überlegungen beziehen sich auf die Verletzung des Subsidiaritätsprinzips im Verhältnis zwischen dem Staat und den Bürgern. Es erfolgt eine Konzentration auf die nicht-notwendigen Staatsaufgaben. Hier könnte der Systemwettbewerb zu notwendigen Effizienzgewinnen über Deregulierungen und Privatisierungen führen.

3.2.3.4.4 Konstitutionenökonomische Modelle

Die Konstitutionenökonomik als „Ökonomische Theorie der Ordnungswahl"[825] beschäftigt sich mit der normativen Aufgabe der Gestaltung wünschenswerter Ordnungen. Die konstitutionenökonomisch fundierten Modelle gehen zurück auf die Ökonomische Theorie der Verfassung (Constitutional Economics) von JAMES BUCHANAN.[826] BUCHANAN unterscheidet – in Analogie zu HAYEK[827] – zwischen zwei unterschiedlichen Ebenen des Handelns, nämlich der Regel- oder auch Verfassungsebene und der Handlungsebene.[828] Die Verfassung einer Gesellschaft oder

---

824 Vgl. Richter/Furubotn (1996), S. 477-505. Bemerkenswert erscheint in diesem Zusammenhang, dass die Neue Institutionenökonomik keineswegs das Ergebnis eines vorsätzlichen Versuchs ist, eine gegen die herrschende neoklassische Theorie ausgerichtete neue und andersartige Lehre aufzustellen. (Wobei die Neuartigkeit der Institutionenökonomik so verstanden werden sollte, dass sie in einem engen Verhältnis zu den älteren Ansätzen von Hayek oder auch Schumpeter steht und eine gewisse Kontinuität in den Überlegungen der Public-Choice-Theorie zu den klassischen Institutionenökonomen anzutreffen ist.) Trotzdem wird in manchen Lagern der Begriff der „Revolution" gebraucht, um die Situation zu beschreiben, die aus der vom Neoinstitutionalismus geförderten Änderung des theoretischen Ansatzes resultiert. Vgl. Richter/Furubotn (1996), S. 478.

825 Vgl. Hannowsky/Renner (1998), S. 65-71; hier S. 66.

826 Vgl. Buchanan/Tullock (1962); Buchanan (1975). Ein fundierter Überblick findet sich bei Pies/Leschke (1996).

827 Zu einem ausführlichen Vergleich der Ansätze nach Hayek und Buchanan vgl. das vierte Kapitel; einen gelungenen Überblick findet sich auch bei Vanberg (1981).

828 Allerdings weisen bspw. Homann und Kirchner darauf hin, dass es bei Fragen der Gestaltung von Verfassungen zumeist um mehr als nur um zwei Ebenen geht. Buchanan arbeite selbst seit 1985 mit der Vorstellung von Regelhierarchien und überwinde damit seinen anfänglichen Dualismus von „choices of rules" und „choices within rules" bzw. von konstitutioneller und

im ökonomischen Sinne die Gesellschaftsordnung gibt die Spielregeln für das Verhalten der Bürger vor.

Der Begriff der Verfassung soll in diesem ökonomischen Zusammenhang verstanden werden als „ganz allgemein die Grundregeln, die die Beziehungen und die Verteilung von Rechten zwischen den Bürgern und den verschiedenen Regierungsebenen (...) definieren".[829]

Die Verhaltensweise und die Handlungen der Bürger sind damit vergleichbar mit einzelnen Spielzügen im Rahmen eines vorgegebenen Spiels.[830] Die Ökonomische Theorie untersucht nun, durch welche Reformen die Gesellschaftsordnung verbessert werden kann, um so die Spielregeln zu gestalten, damit die Akteure ein besseres Spiel spielen können.[831] BUCHANANs Ansatz fußt auf dem Konzept des normativen Individualismus, d.h. dass eine Gesellschaftsordnung wünschenswert ist, die den Präferenzen der in ihr lebenden Bürger entspricht. Die Präferenzen der Bürger sind die einzige Legitimationsgrundlage einer Gesellschaftsordnung. Es sollte analog zu einer Konsumentensouveränität auf den Märkten eine Bürgersouveränität im politischen Prozess herrschen. Entsprechend bedarf jede Änderung der allgemeinen, die Gesellschaft konstituierenden Regeln der freiwilligen Zustimmung aller Bürger.[832] Dieses Kriterium wird auch als internes Bewertungskriterium bezeichnet.[833] Das Prinzip der freiwilligen Zustimmung entspricht den marktlichen Tauschvorgängen, bei denen auf ökonomischen Märkten – unter Wettbewerbsbedingungen – Tauschgeschäfte freiwillig aufgrund der wechselseitig zu erzielenden Vorteile der eigennutzorientierten Akteure zustande kommen. Dies wird auf politische Märkte übertragen, indem auch Abstimmungen über die Setzung von Regeln nur dann als

---

subkonstitutioneller Ebene. Alle Regeln seien nach Buchanan nur „relatively absolute absolutes". Vgl. Homann/Kirchner (1995b), S. 195.

829 Vanberg (1994a), S. 33.

830 Vgl. Vanberg (1996a), S. 11-13.

831 Hierin ist eine Parallele zwischen Buchanan und Eucken zu sehen; analog zu Eucken betont Buchanan die Notwendigkeit einer bewussten Gestaltung des Ordnungsrahmens. Während Eucken die Legitimation einer Ordnungsgestaltung nicht weiter thematisiert, erklärt Buchanan diese Fragstellung zu seinem zentralem Forschungsinteresse. Dennoch konstatierte auch Eucken die Aufgabe der Ordnungsgestaltung als Aufgabe der Wissenschaft und nicht als Aufgabe des Staates. „Die Tatsache also, daß der moderne Staat nicht fähig ist, die wirtschaftspolitische Ordnungsaufgabe zu bewältigen, und daß auch andere Organisationen nicht zur Verfügung stehen, bedeutet nicht, daß die Ordnungsaufgabe überhaupt nicht lösbar ist. Es bleibt die Möglichkeit, durch geistige Arbeit und durch ihren Einfluss Ordnungen in Staat und Wirtschaft zu gestalten." Eucken (1952/1990), S. 339.

832 Vgl. zum Kriterium der Einstimmigkeit Buchanan (1975), S. 38-41 und S. 70-73; Buchanan/Tullock (1962/1965), S. 88-90 und S. 250; Buchanan (1977), S. 102-104 und S. 221-224.

833 Streng davon zu unterscheiden sind die externen Bewertungskriterien, nach denen „von außen" Kriterien an die Ordnung angelegt werden und im Hayek´schen Sinne als Anmaßung von Wissen gelten können. Zur Unterscheidung von internen und externen Bewertungskriterien vgl. Buchanan (1977), S. 142 und Vanberg (1994c), S. 209-211.

legitim angenommen werden, wenn alle Bürger diesen Regeln zustimmen können. Es würden dann nur diejenigen Regeln implementiert, die entsprechend des Tauschparadigmas wechselseitig vorteilhaft sind („gains from trade"-Paradigma).[834]

Aufgabe der konstitutionellen Ansätze ist es, Vorschläge für die Ordnungsgestaltung zu entwickeln, die allen Betroffenen Vorteile bieten, wobei die Bürger als Souveräne für die gemeinsamen Ziele Politiker als Agenten einsetzen.[835] Der Staat ist somit zugleich Interessenvertretung der Bürger und Regelgeber. Diese Doppelfunktion birgt das Risiko in sich, dass die Freiheitsrechte der Bürger wegen eines zu stark werdenden Staates eingeschränkt werden. Andererseits bedarf es einer gewissen Stärke des Staates als Regelgeber, um gerade diese Rechte zu sichern.[836]

Die Ökonomische Theorie der Verfassung kann somit als Ökonomische Theorie der Ordnungswahl verstanden werden. Für die hier zu behandelnde Fragestellung der Gestaltung einer Ordnung für Europa erscheint der Ansatz bei der Regelgestaltung der Europäischen Union einen wertvollen Beitrag zu leisten, indem Begründungen erarbeitet werden für Regeln, die im konstitutionellen Interesse aller Betroffenen liegen und eine Lücke schließen, die die evolutorische Ökonomik hinsichtlich der konkreten Ausgestaltung der Europäischen Ordnung hinterlassen hat.

Es geht nicht darum, irgendeine vorgegebene Ordnungsnorm anzustreben und festzuschreiben, denn es können und sollen fortwährend neue Institutionen und Lösungen gesucht und gefunden werden. Es soll vielmehr die institutionelle Offenheit der Ordnung durch eine Regelordnung konstitutionell abgesichert werden, um so die Politik an die sich fortwährend wandelnden Präferenzen der Bürger anzubinden und nicht zuzulassen, dass sie sich entkoppeln. Die Aufgabe des konstitutionellen Ansatzes – der Verfassungsökonomik – ist es, nach Ordnungsregeln zu suchen, die erstens das Prinzipal-Agent-Problem unvollkommener politischer Märkte reduzieren und zweitens die Flexibilität und Reagibilität der Politik gegenüber den Bürgerpräferenzen erhöhen.

---

834 Dieses Tauschparadigma steht dem Maximierungs-Paradigma der neoklassischen Wohlfahrtstheorie diametral entgegen. Während sich das erstere mit den institutionellen Bedingungen auseinandersetzt, die überhaupt erst wechselseitige Tauschvorgänge ermöglichen, befasst sich das letztere mit den effizienten Allokationszuständen, die im institutionellen Vakuum modelliert werden, denn die neoklassische Wohlfahrtstheorie trifft keine Aussagen darüber, wie die angestrebten Allokationsverbesserungen zu erreichen sind. Die Ergebnisse der Ökonomischen Theorie der Politik finden keinen Eingang in die neoklassischen Modellannahmen, das sog. Marktversagen wird mit Hilfe des Konzeptes des wohlwollenden Diktators überwunden ohne das analoge Problem des Staatsversagens zu diskutieren. Vgl. ausführlich Watrin (1996), S. 253-271. Die Folge ist, dass die auf der Grundlage der neoklassischen Modelle entwickelten Politikvorschläge zwar ökonomisch rational nicht aber politisch opportun sind.

835 Vgl. Arrow (1985), S. 37-51.

836 North spricht in diesem Zusammenhang von einem zweischneidigen Schwert. Vgl. North (1988), S. 145.

3.2.3.4.5 Zusammenfassung und Beurteilung

Als Unterschiede zwischen den neoklassisch-statischen Modellen und den evolutorischen Modellen ist zunächst festzustellen, dass, obwohl beide für die Untersuchung der Analogie zwischen dem ökonomischen Wettbewerb von Unternehmen und einem Wettbewerb der Systeme genutzt werden, ihnen aber eine grundlegende unterschiedliche Auffassung von der Wettbewerbskonzeption zugrunde liegt. Innerhalb der neoklassischen Theorie sind die institutionellen Rahmenbedingungen und der politische Entscheidungsprozess Teile der nicht analysierbaren exogenen Faktoren. Die neoklassischen Modelle gehen aus von einem funktionierenden politischen Prozess, in dem ein benevolenter Planer allwissend die gesamtwirtschaftliche Wohlfahrt zu maximieren sucht. Politiker sind rational handelnde, die gesamtwirtschaftliche Wohlfahrt maximierende Akteure, die nur dann politische Lösungen anbieten, wenn der Markt versagt. So gibt es keine überflüssigen und ineffizient erledigten Staatsaufgaben.[837]

Die evolutorischen Modelle oder auch die neueren Ansätze der Institutionenökonomik erlauben es, die Instrumente der Property-Rights-Theorie, der Prinzipal-Agent-Ansätze oder auch der Transaktionstheorie als einheitliches Analyseinstrumentarium auf politische ebenso wie auf ökonomische Prozesse anzuwenden. Insbesondere die Public-Choice-Theorie rückt die politischen Prozesse in den Blickpunkt ökonomischer Analysen. Das Wissen ist auf viele Individuen verteilt und so hat kein Planer das vollständige Wissen zur Verfügung. Darüber hinaus kann angezweifelt werden, ob er, selbst wenn er über die notwendigen Informationen in ihrer Gesamtheit verfügen würde, die gesamtwirtschaftliche Nutzenfunktion zu maximieren suchte, denn sein Hauptziel dürfte der Erhalt bzw. die Gewinnung von Machtpositionen sein und dazu ist die Strategie der Wählerstimmenmaximierung rational. Das Angebot von Programmen ist nur ein Nebenprodukt der eigentlichen Ziele der Politiker. Diese Programme werden demzufolge so ausgestaltet, dass die meisten Wähler angesprochen

---

[837] Selbstverständlich ist es erforderlich, in Modellen mehr oder weniger von der Realität zu abstrahieren. Selbst extreme Annahmen werden von vielen Autoren mit dem Hinweis auf das Selektionskriterium nach Friedman (1953) und Alchian (1977) als heuristisch nützlich verteidigt. Dennoch darf ein solcher Hinweis auch nicht zur Rechtfertigung jeder beliebigen Abstraktion überstrapaziert werden. Diese „als ob"-Hypothese nach Friedman zur Stützung des herkömmlichen Modells rationaler Wahlhandlung mag ihre Berechtigung haben, wenn es sich bei dem betrachteten Phänomen um Wahlhandlungen in Unternehmen innerhalb gegebener Regeln handelt, die ein wettbewerbliches Umfeld definieren. Im Rahmen des institutionellen Wettbewerbs geht es allerdings um die Wahl der Regeln. Hier erscheint diese „als ob"-Hypothese als unangemessen. Vgl. North (1992), S. 30. Die Zulässigkeit der gewählten Methode entzieht sich keineswegs vollständig der Beurteilung, denn ein Hinweis liefert der jeweilige Untersuchungsgegenstand, zu dessen Bearbeitung das entsprechende Modell verwendet wird. Es kommt darauf an, welche normativen und positiven Ansprüche die Autoren mit ihrem Modell erheben. Selbst wen der normative Anspruch erhoben wird, mit dem Modell ein Ideal nachzuzeichnen, so wurde auch in diesem Zusammenhang auf die Gefahr von Extremannahmen hingewiesen. Vgl. Demsetz (1969).

bzw. die stärksten Interessengruppen am besten befriedigt werden. Daraus resultieren Fehler im politischen Prozess, bspw. werden die Interessen gut organisierter Minderheiten zu Lasten der Mehrheit durchgesetzt.[838] Außerdem kommt es zu einer Staatsquote, die deutlich macht, dass der Staat keinesfalls nur Aktivitäten wahrnimmt, bei denen eine Marktversagen vorliegt. Es kommt zu einem Staatsversagen.[839]

Während in den neoklassisch fundierten Untersuchungen die Rückkopplung der Institutionenwahl auf die ökonomischen Prozesse im Vordergrund steht,[840] liegt in den evolutorisch motivierten Untersuchungen der Schwerpunkt auf der Institutionenwahl im politischen Prozess.[841] So werden von den neoklassisch argumentierenden Analysten des Systemwettbewerbs seine Ergebnisse recht kritisch beurteilt, da die Gefahr gesehen wird, dass die ursprünglich durch Staatseingriffe beseitigten Marktunvollkommenheiten im Wettbewerb der Systeme wieder auftauchen. Die evolutorisch motivierten Wirtschaftswissenschaftler weisen diese negativen Folgen des Systemwettbewerbs als zu pauschal zurück und arbeiten die Kontroll- und Entdeckungsfunktion eines Systemwettbewerbs deutlich heraus.[842] Gegen die neoklassisch-statische Analyse der Folgen des Systemwettbewerbs kann grundsätzliche Kritik, die auch an den Modellen der vollkommenen Konkurrenz und Preistheorie hervorgebracht wird, geäußert werden.

---

838 Zu den verschiedenen Strategien der Durchsetzung von Privilegien von Interessengruppen im politischen Prozess vgl. Mayer (1998), 143-147.

839 Die Perspektive der neoklassischen Modelle, den Staat als benevolenten Akteure anzusehen, der ausschließlich danach strebt, den Wohlstand der Bürger zu mehren, verzerrt die Diskussion zwischen einem Markt- und einem Staatsversagen zugunsten staatlicher Eingriffe in den Marktprozess. Würde der Staat tatsächlich das Kriterium der Subsidiarität strikt beachten und nur solche Aufgaben ergreifen, bei deren Lösung die Märkte versagen und diese Aufgaben effizient lösen, dann wäre es tatsächlich überflüssig die politischen Akteure einem Systemwettbewerb auszusetzen. Vgl. Streit/Kiwit (1999), S. 23; Wohlgemuth (1999), S. 63.

840 Sinn konstatiert, dass der Systemwettbewerb den Bürgern nichts nutzen würde, wenn die Politiker nur Böses im Schilde führten. Dies sei – so Sinn – nachgewiesen worden. Vgl. Sinn (1997b), S. 9-11. Außerdem will Sinn durch die Annahme eines rationalen Staates erreichen, dass die Fehler des Systemwettbewerbs scharf herausgearbeitet werden und nicht mit anderen Fehlern vermengt werden. Sinn sieht keinen Beleg für systematisches Politikversagen und auch keinen Beweis für eine Korrektur solcher Fälle durch einen Systemwettbewerb. Seine Kritik konzentriert sich darauf, dass die evolutorische Sicht keine Belege in Form formaler Modelle erbringt.

841 Vgl. z.B. Streit (1996b) und (1996c).

842 Dieses positive Urteil der evolutorischen Untersuchungen wird bspw. von Sinn heftig kritisiert. Für Sinn gibt es keinen Nachweis dafür, dass der Leviathan durch den Wettbewerb gezwungen werde, effizient zu agieren. Er bezweifelt die Wandlung des Politikers vom Saulus zum Paulus durch den Systemwettbewerb. Nach SINN fehlt ein in sich geschlossenes Modell, aus dem sich dieses positive Ergebnis positiv ableisten lässt. Vgl. Sinn (1997b), S. 9. Zu ähnlichen Einschätzungen gelangen Kiwit und Voigt, die allerdings dies als Folge falsch gesetzter Meta-Regeln - also als Staatsversagen - bewerten. Vgl. Kiwit/Voigt (1998), S. 328 f.

- Die neoklassischen Modelle ignorieren das Wissensproblem und berücksichtigen die Funktionen des Wettbewerbs als Entdeckungsverfahren zur Generierung neuer Problemlösungen nicht.[843]
- Die Funktionsweise des Wettbewerbs und die Koordination der Wirtschaftssubjekte wird nicht erklärt und beschrieben.[844] Das reale Wettbewerbsverhalten ist mit diesen Modellen nicht zu erklären.[845]
- Menschliche Kreativität ist innerhalb der neoklassischen Modelle weder als Einflussgröße für Innovationen berücksichtigt noch sind Untersuchungen über die Voraussetzungen für kreative Prozesse in die Modelle integriert.[846]
- Die neoklassische Theorie abstrahiert von Institutionen bzw. allgemeinen Regeln, die für den Wettbewerb als Ordnungsrahmen aber durchaus relevant sind.[847]

Diese Kritik gilt für diejenigen Analysen, die auf den wohlfahrtstheoretisch fundierten Modellen des Systemwettbewerbs aufbauen.[848]

Im Detail können bezüglich der neoklassisch motivierten Analysen des Systemwettbewerbs folgende Punkte kritisiert werden: die Institutionenwahl, die Annahme des Marktversagens, die Reaktionen der Politik auf Unvollkommenheiten des Marktes, das Ignorieren von Politikversagen und die Nicht-Behandlung der Bedeutung des Ordnungsrahmens für Wettbewerbsprozesse.

Bei der freien Institutionenwahl wird vorausgesetzt, dass die Individuen hinsichtlich des Einsatzes der mobilen Faktoren Arbeit und Kapital über vollkommenes Wissen verfügen. Damit wird die Tatsache vernachlässigt, dass die Individuen Aufwendungen haben, um Standortqualitäten zu erfahren.[849] Diese Qualität eines Standortes bestimmt

843 Vgl. Streit (1992b), S. 55 f; Mussler/Wohlgemuth (1995), S. 12; Wohlgemuth (1995), S. 72 und Kerber (1997), S. 34.

844 Vgl. Mussler/Wohlgemuth (1995), S. 12 oder Wohlgemuth (1995), S. 72.

845 Vgl. Wohlgemuth (1995), S. 72.

846 Vgl. zu dem Mangel der Nicht-Berücksichtigung menschlicher Kreativität in den neoklassischen Modellen Wohlgemuth (1995), S. 72-74.

847 Vgl. Streit (1992b), S. 55 f. und Mussler/Wohlgemuth (1996), S. 12 f. Es bestehen selbst in demokratischen Systemen zahlreiche Verzerrungen, die ihre Ursache auch in der unterschiedlichen Organisationsfähigkeit verschiedener Interessen haben Olson (1968); ders. (1985). Demokratische Verhältnisse unterliegen so der Gefahr der Verkrustung. Man muss nicht gleich zu der Figur eines nur auf Machtmissbrauch sinnenden Politikers greifen, um zu bezweifeln, dass die Selektionskraft eines politischen Wettbewerbs in demokratischen Staaten dahingehend wirkt, dass der Staat fast ausschließlich systemkonforme Staatsaufgaben wahrnimmt. Vgl. Streit/Kiwit (1999), S. 24 f.

848 Hiermit ist das Standardmodell von Tiebout gleichermaßen betroffen wie die auf ihm fußenden Analysen von Sinn et al. Zu den Grundlagen der Modelle und den auf diesen Grundlagen vorgenommenen Argumentationen für die Notwendigkeit einer Harmonisierung verschiedener wirtschaftspolitischer Aufgaben auf der europäischen Ebene vgl. im dritten Kapitel den Abschnitt 3.2.2.1.

849 Vgl. hierzu das Schaubild bei Streit/Kiwit (1999), S. 15. Die Wahrnehmung und die Interpretation von institutionellen Angeboten der inländischen und der ausländischen Gesetzgeber verursacht Kosten für die privaten individuellen Akteure. Diese Wahrnehmung und

sich aus einem Bündel verschiedener Einzelaspekte, das erst analysiert werden muss.[850] Darüber hinaus werden Mobilitätskosten vernachlässigt.[851]

Die Diagnose von einem Marktversagen muss vor dem Hintergrund neoklassischer Wettbewerbsmodelle relativiert werden, denn die Analyse des ökonomischen Wettbewerbs muss dann oft zu dem Ergebnis des Marktversagens führen, wenn das neoklassische Wettbewerbsmodell zur Grundlage und als Vergleichsmaßstab genommen wird. Die Realität wird mit einem utopischen Modell vollkommener Konkurrenz und vollkommener Märkte verglichen. Es ist nicht verwunderlich, dass die Realität bei einem Vergleich mit der Utopie zurückbleibt. Ein Marktversagen ließe sich nur in dem Fall schlüssig darstellen, wenn es sich aus einem Vergleich mit realen Koordinationsverfahren ableiten ließe.[852]

Würde der Staat nur dann tätig werden, wenn der Markt versagt bzw. zu Unvollkommenheiten neigt und würde der Staat dann immer effiziente Lösungen entwickeln, so wäre der Systemwettbewerb als Entdeckungs- und Kontrollverfahren tatsächlich überflüssig.[853]

---

der Vergleich der unterschiedlichen institutionellen Arrangements ist erforderlich für eine private Institutionenwahl, die durch Meinungsäußerung oder durch Abwanderung im ökonomischen und im politischen Wettbewerb erfolgen kann.

850 Vgl. Streit/Kiwit (1998), S. 39.

851 Vgl. Streit/Kiwit (1999), S. 26; Streit/Kiwit (1998), S. 25. Allerdings sollten die Mobilitätskosten relativiert werden. „Eine ausreichende Anzahl marginaler Bürger, für die die Wahl zwischen Hoheitsbereichen mit niedrigen Kosten verbunden ist, kann die Empfindsamkeit von Regierungen gegenüber Bürgerinteressen deutlich steigern, ebenso wie eine ausreichende Zahl marginaler Kunden Firmen kundenfreundlicher machen kann, als sie sonst wären." Vanberg (1994), S. 25. So auch Dye (1990), S. 16: „Markets are determined by the actions of marginal buyers and sellers. All that required is that a significant number of households and firms, families and business, and investment capital be mobile and resposive to government policies."

852 Vgl. Streit/Kiwit (1998), S. 20.

853 Wenn Sinn in seiner Selektionshypothese unterstellt, dass der Staat gut und allwissend sei, das Subsidiaritätsprinzip einhielte und effizient handelte, dann sind genau diejenigen Probleme per Definition nicht mehr existent, die der Systemwettbewerb lösen soll. Allerdings bleibt er den Beweis oder zumindest eine Erklärung dafür schuldig, warum das Selektionsprinzip eine angemessene Beschreibung der tatsächlichen politischen Prozesse sein soll und welcher Mechanismus für seine Einhaltung sorgen soll. Vgl. auch Streit/Kiwit (1998), S. 29 und S. 42. Ähnliches gilt auch für den Wettbewerb zwischen Unternehmen. Würde man unterstellen, dass der Unternehmer an sich es nur gut meint mit den Konsumenten, stets ihre Präferenzen optimal zu befriedigen, die Kosten zu senken und so zu den niedrigsten möglichen Preisen zu produzieren, permanent auf der Suche nach Produkt-, Prozess- und Verfahrensinnovationen, mit perfektem Service, Garantie- und Lieferbedingungen etc., so bräuchte man auch im ökonomischen Sinne nicht die Peitsche des Wettbewerbs. Doch genauso wie der bereits vorhin genannte Metzger Würstchen herstellt, um Einkommen zu erzielen, und er weiß, dass er nur dann sein Geld verdient, wenn er einen Beitrag zur Ernährung leistet, wie ihn die Kunden wünschen. So verhält es sich auch mit Politikern in der indirekten Demokratie. Sie bieten bestimmte Programme an und sind bemüht um deren Durchsetzung, weil sie nur so in den Genuss der mit einem politischen Amt verbundenen Annehmlichkeiten kommen (Prestige, Einkommen, Macht), nicht aber, weil ihnen an einem Gemeinwohl, am Heil des Vaterlandes oder am Glück der

Der Ordnungsrahmen und damit die Relevanz von Regeln für den Ablauf des regelabhängigen Systemwettbewerb bleibt bei den neoklassischen Betrachtungen außer Betracht.

Die evolutorischen Modelle erkennen die Bedeutung von Metaregeln an und erlauben es, den Ordnungsrahmen in seiner Bedeutung für die politischen Prozesse zu analysieren. Allerdings können aus den evolutorischen im Gegensatz zu den neoklassischen Modellen keine konkreten Ergebnisse abgeleitet werden. Den formalen Beweis für die positiven Wirkungen eines Systemwettbewerbs bleiben die evolutorischen Ansätze schuldig.[854]

Unbestritten ist, dass ein Systemwettbewerb keinen Schaden in den Bereichen anrichtet, in denen der Markt funktioniert. Hier würde erreicht, dass diese Güter nicht einer Harmonisierung und Zentralisierung unterzogen werden. In der Realität nehmen Staaten aber notwendige und nicht-notwendige Aufgaben wahr. Bei den nicht-notwendigen Aufgaben also bei überflüssigen Regulierungen, wie der Bereitstellung privatisierungsfähiger Güter, schadet ein Systemwettbewerb nicht, er kann sogar nützlich sein. Bei den notwendigen Aufgaben des Staates, also bspw. bei der Bereitstellung von Gütern, bei denen Marktversagen oder zumindest Markt-unvollkommenheiten bestehen, so dass sie nicht oder nur zu unzumutbaren gesellschaftlichen Kosten privat bereitgestellt werden können, kann es (Stichwort: race to the bottom) zu negativen Auswirkungen durch einen Systemwettbewerb kommen. Hier gilt es geeignete Meta-Regeln zu finden, die genau diese Aufgaben in einer Rahmenordnung sichern.

Es muss an dieser Stelle auf ein methodisches Problem hingewiesen werden. Aus evolutorischer Sicht sind für das Funktionieren eines Systemwettbewerbs Wettbewerbsregeln (Metaregeln) nötig. Andererseits sollen im Wettbewerb der Systeme geeignete Regeln entdeckt werden, da ein konstitutioneller Wissensmangel besteht. Theoretisch stellt sich das Problem eines infiniten Regresses der

---

gesamten Menschheit gelegen wäre. Vgl. Kirsch (1993), S. 221. So ist es ein Gebot kluger Ordnungs- bzw. Gesellschaftspolitik, sich nicht auf die Ausnahmen der menschlichen Spezies zu verlassen – die Metzger bzw. Politiker, die Würstchen bzw. politische Programme tatsächlich nur herstellen, um ihre Kunden bzw. Wähler glücklich zu machen – und Institutionen zu schaffen, die auch dann zu einem akzeptablen Ergebnis führen, wenn jedem einzelnen nur die eigene Wohlfahrt am Herzen liegt. Eine solche Institution ist der Markt – der Wettbewerb.

854 Allerdings wird dennoch der Wert der evolutorischen Modelle als Denkansatz anerkannt. Der Systemwettbewerb würde nicht alle politischen Verzerrungen beseitigen, er würde auch nicht das Ende von Verteilungskoalitionen und diskriminierender Besteuerung bedeuten, doch über eine evolutorische Entwicklung des Verfassungsrechts könnte der Wettbewerb der Ordnungen die Anreizstrukturen liefern, die unter der Berücksichtigung eines individualistisch geprägten Menschenbildes der Berücksichtigung der Bürgerpräferenzen zum Durchbruch verhelfen könnten. Die Versuch, die Neoklassik und die Evolutorik über Mischmodelle miteinander zu verbinden (sog. Hybridmodelle) wird im Rahmen dieser Arbeit als untauglich abgelehnt. Hinsichtlich der zu untersuchenden Fragestellung sind die in sich recht widersprüchlichen Ansätze nicht zu vereinen. So auch Richter/Furubotn (1996), S. 477 ff.

Regelebenen.[855] Interpretiert man den Systemwettbewerb als ein Entdeckungsverfahren zur Bewältigung des konstitutionellen Wissensmangels, so wäre es nur konsequent, auch für die Metaregeln ein Entdeckungsverfahren zu postulieren. Denn auch bzgl. eben dieser Metaregeln besteht ein konstitutioneller Wissensmangel. Allerdings wäre der Wettbewerb dieser Metaregeln selbst wiederum ein regelgeleiteter Prozess, so dass Meta-Meta-Regeln gesucht werden müssten usw. Konsequent besteht die Gefahr, in Aporie zu verfallen. Um nicht einen infiniten Regress von Regelebenen anheim zu fallen, müsste vielleicht pragmatisch auf gewisse Grundnormen zurückgegriffen werden. Allerdings besteht hier das Problem der Anmaßung von Wissen bezüglich der „richtigen" Metaregeln. Dieser Vorwurf könnte nur so abgeschwächt werden, indem Metaregeln als plausible Vermutungen betrachtet werden. Es ist richtig, dass der evolutorische Ansatz trotz seines expliziten Hinweises auf die Grenzen des Wissens der einzelnen Menschen keinen zur Handlungsunfähigkeit führenden Agnostizismus darstellt.[856]

Als strikte Konsequenz ergibt sich für die weitere Verfahrensweise, dass der evolutorische Ansatz zwar weiter ausgearbeitet werden sollte, um ihn besser nutzbar zu machen. Er bedarf aber einer Ergänzung durch die konstitutionenökonomischen Modelle in ihrer Eigenschaft der ökonomischen Theorie der Ordnungswahl. Betrachtet werden soll der Ansatz der ökonomischen Vertragstheorie nach BUCHANAN. Gelingt es, diese beiden Ansätze in einer Art Synthese zusammenzuführen, so entsteht die Möglichkeit, Aussagen für die Gestaltung ordnungspolitischer Leitlinien für die Europäische Union zu entwickeln, die die Offenheit der Entwicklung der Institutionen absichern, gleichzeitig die Unvollkommenheit der politischen Märkte reduzieren und auch die Flexibilität und Reagibilität der Politik gegenüber den Bürgerpräferenzen erhöhen. Dieses Ziel wird in dem vierten Kapitel zunächst theoretisch in der Analyse der Ansätze von HAYEK und BUCHANAN und dem Versuch einer Synthese verfolgt. Im fünften Kapitel wird dann der Versuch unternommen, sowohl normative als auch positive Gestaltungsvorschläge für einige Leitlinien der Europäischen Verfassung zu entwickeln.

---

855 Vgl. Windisch (1998), S. 121.

856 Eine genauere Untersuchung wird in Form der Analyse der Überlegungen Hayeks im nächsten Kapitel angeschlossen.

3.2.3.5 Grenzen des Systemwettbewerbs

Wie oben dargestellt wurde, stellt der Systemwettbewerb eine komplexe Verknüpfung von ökonomischen und politischen Wettbewerb dar und kann als regelgebundener Prozess bezeichnet werden. Diesem Konstrukt sind aber auch exogene und endogene Grenzen gesetzt, die an dieser Stelle in die Betrachtung einfließen sollen.[857]

Als exogene Grenze bzw. Beschränkung des Systemwettbewerbs ist zunächst auf das Problem zu verweisen, dass gerade die politischen Akteure, die durch den Systemwettbewerb in ihrer politischen Macht beschränkt werden sollen, die Freiheiten wie bspw. freien Kapitalverkehr, Niederlassungsfreiheit etc. zunächst gewähren müssen, damit der Systemwettbewerb überhaupt stattfinden kann.[858] Anders als die privaten Unternehmen handeln politische Akteure nicht in einem institutionellen Raum, dessen Grenzen sie nicht ändern können. Es besteht also die akute Gefahr, dass Systemwettbewerb aufgrund der Nichtgewährung der hierfür notwendigen Freiheiten der Bürger nicht zustande kommt.[859]

Eine weitere Gefahr besteht in dem Vollzug von Harmonisierungen durch die politischen Akteure. Dieses Verhalten könnte hier als eine Beschränkung der Wettbewerbsparameter durch ein Kartell interpretiert werden. Als Fundament der politischen Durchsetzbarkeit bedarf es in der EU der Gewährleistung der vier Grundfreiheiten und einer Absicherung dieser Freiheiten durch ein Verbot staatlicher und privater Wettbewerbsbeschränkungen. Diese Grundregeln bestehen in der EU schon seit dem EWG-Vertrag, als dessen Hauptanliegen die Verankerung dieser Grundfreiheiten angesehen werden kann. Diese Grundfreiheiten erfuhren durch den EuGH eine konstitutiven Verankerung. Die recht allgemein gehaltene Verpflichtung der Gemeinschaft zur Herstellung der Grundfreiheiten wurden in individuelle, einklagbare Rechte der EU-Bürger transformiert. Diese Grundfreiheiten sichern den wirtschaftlichen

---

857 In Anlehnung an die Grenzen des ökonomischen Wettbewerbs einer Grundanalogie folgend könnte man versucht sein, eben diese Grenzen auf den Systemwettbewerb zu übertragen. In den Blickpunkt würden dann die gleichen Phänomene gerückt, die auch beim ökonomischen Wettbewerb die Grenzen darstellen: Substitutionshemmnisse (z.B. in Form von Transportkosten), private und staatliche Beschränkungen (z.B. Kartelle, gewerbliche Schutzrechte), Fälle des Marktversagens und kognitive Grenzen (auf dem Wissensmangel basierende Transaktionskosten). Allerdings würde diese Betrachtungsweise zu kurz greifen und die Grenzen des Systemwettbewerbs aus evolutorischer Sicht nicht berücksichtigen. Vgl. hierzu auch Kiwit/Voigt (1998), S. 313-331.

858 Vgl. hierzu ausführlich Kiwit/Voigt (1998), S. 313; Mussler/Wohlgemuth (1995), S. 9 und auch Streit (1996c), S. 223-244.

859 Die Beurteilung institutioneller Regelungen und die Auswahl der geeigneten institutionellen Integrationsstrategie darf nicht in die Hände der Altsassen, der Besitzständler gegeben werden. So wie Schumpeter bereits formulierte „Man kann es nicht den Postkutschern überlassen zu entscheiden, ob die Eisenbahn eingeführt wird." Da der institutionelle Wettbewerb einmal gegebene Positionen hinterfragt, schränkt er auch rent seeking ein. Vgl. Lorz (1997) und Lorz/Stähler (1997).

Handlungsspielraum und es besteht aufgrund der privatrechtlichen Regelung kein Zugriff der Mitgliedstaaten.

Seit dem Vertrag von Maastricht ist allerdings ein ordnungspolitisches Gefahrenpotential deutlich geworden, denn die Mitgliedstaaten der EU sind nicht vor Wettbewerbsverfälschungen als Folge von Gemeinschaftshandlungen gesichert. Außerdem ist die Selbstverpflichtung der EU zur Liberalisierung der EU gegenüber Drittländern als gering einzustufen. Als Voraussetzung für einen funktionierenden Systemwettbewerb müssten die Mitgliedstaaten über eine Regelungskompetenz verfügen. Allerdings gilt es zu berücksichtigen, dass - wie gezeigt - bereits eine Ausweitung der durch die Union geregelten Rechtsgebiete und eine Vereinheitlichung von Rechts- und Verwaltungsvorschriften stattfindet. Auch im Bereich der Produktregulierung wurden durch die EEA die Möglichkeiten zum Systemwettbewerb erheblich verringert. Bis zur EEA war die Koexistenz nationaler Regulierungen die Regel. Die Artikel 100a und 130s EEA ebneten den Weg zu einer wenig begrenzten Harmonisierung im Bereich der Produktregulierung. Aus diesen Überlegungen zu der zunehmenden Harmonisierungstendenz innerhalb der EU wird deutlich, dass der Systemwettbewerb einer gemeinschaftsrechtlichen Durchsetzung bedarf. Die Implementierung der Grundfreiheiten und die Folgen können als zufällige Konstitutionalisierung beschrieben werden, die nur durch den EuGH zustande kam.[860] Diese exogenen Grenzen gelten für den Systemwettbewerb als Regulierungswettbewerb.

Die endogenen Grenzen des Systemwettbewerbs sind Grenzen, die im Prozess des Systemwettbewerbs selbst verankert sind.[861] Sie sind determiniert durch politisch bestimmte Regeln, die ihn ermöglichen oder ihn behindern können. Die endogenen Grenzen ergeben sich aus dem Wettbewerb als Prozess sowie aus der Beschaffenheit der Institution, die dem Wettbewerb ausgesetzt werden soll. Bedeutend sind die Systembezogenheit und die Pfadabhängigkeit von Institutionen sowie die Annahmen über das Wissen und die Mobilität der Akteure.

Zunächst ist festzuhalten, dass sich Beschränkungen auf die Anpassungs- und Neuerungswirkungen durch den Prozess selbst aufgrund seiner Funktionsbedingungen

---

860 Vgl. zu der Bedeutung des Cassis de Dijon Urteils den Abschnitt 3.3. Selbst im Fall der gegenseitigen Anerkennung besteht eine Kennzeichnungspflicht für ausländische Produkte. Neue Handelshemmnisse und auch die "zwingenden Erfordernisse" im Interesse nationaler Schutzzwecke kann zu einer Verweigerung nationaler Anerkennung führen. Ordnungspolitisch bedeutsam ist in diesem Zusammenhang die Frage, wie die ausländischen Anbieter dem Rechtsdurchsetzungsproblem begegnen sollen, denn die Einreichung einer Klage verursacht spezifische Transaktionskosten mit einer potentiell handelsbeschränkenden Wirkung. Zwar ist bei der EU eine gerichtliche Überprüfung nationaler Beschränkungen prinzipiell möglich, allerdings ist diese Überprüfung langwierig und kostspielig. Wie gezeigt wurde, verfügt die Kommission - eigentlich gedacht als "Hüterin der Verträge" - über einen beträchtlichen diskretionären Handlungsspielraum hinsichtlich der Verfolgung einzelner Fälle und auch hinsichtlich der Wahl des weiteren Verfahrens.

861 Vgl. hierzu Streit (1996c), S. 223-244.

ergeben. Es bestehen Informations- und Mobilitätsbeschränkungen aufgrund der unterschiedlichen Funktionsweise des politischen Wettbewerbs im Verhältnis zum ökonomischen Wettbewerb und aufgrund der Verzahnung der beiden Teilprozesse.[862] Der Systemwettbewerb ist von der bestehenden Mobilität der Bürger abhängig; als Wettbewerbshemmnis ist überdies der Paketcharakter der angebotenen Institutionen anzusehen, die bei Abwanderung im Verbund auftreten.[863] Außerdem sind kognitive Grenzen, die auf dem konstitutionellen Wissensmangel der Individuen beruhen, zu beachten. Der konstitutionelle Wissensmangel macht für alle Akteure die Aufwendung von Transaktionskosten nötig.[864] Der institutionelle Wettbewerb hat ebenso mit den Schwächen des politischen Wettbewerbs zu kämpfen, denn – wie gezeigt wurde - lassen sich nicht alle Interessen gleich gut organisieren und der einzelne Bürger hat im politischen Wettbewerb aufgrund der hohen Transaktionskosten und der geringen Aussicht politische Entscheidungen nachhaltig zu beeinflussen, wenige ökonomische Anreize, sich zu informieren und zu wählen. Es ist daher fragwürdig, ob der Systemwettbewerb die Defizite des politischen Wettbewerbs zu heilen vermag. Werden die Mobilitäts- und Informationsannahmen gelockert und die Analogie von politischem und ökonomischem Wettbewerb aufgegeben, erscheint eine positive Erwartung hinsichtlich der Wettbewerbswirkungen angebracht zu sein. Es ist nicht anzunehmen, dass der Systemwettbewerb ohne zusätzliche Verfassungsreform bzw. ohne entsprechende Verfahrensregeln für die Entscheidungsfindung die Lösung der Problematik des rent seekings bewirken kann.[865]

Als zweite Möglichkeit endogener Grenzen des Systemwettbewerbs sind die Eigenschaften von Institutionen zu behandeln. Hierbei erscheinen zwei Eigenschaften besonders erwähnenswert zu sein, nämlich die Systembezogenheit bzw. Kompatibilität und die Pfadabhängigkeit von Institutionen. Die Systembezogenheit von Institutionen im Sinne einer Kompatibilität meint die vielfältigen Verflechtungen von Gesetzen und Regeln, die es unmöglich erscheinen lassen, auf sinnvolle Weise nur einzelne Gesetze zu harmonisieren, ohne dass sich daraus nicht vielfältige Einflüsse auf andere Gesetze

---

862 Nur wenn von diesen Funktionsbedingungen abstrahiert wird, sind - wie oben dargestellt - einfache, aber auch unzutreffende Ergebnisse abzuleiten. Als zwei Extremfälle sind einerseits der Systemwettbewerb als perfekte institutionelle Arbitrage mit der Selektion des "besten" der gegebenen Arrangements (ex-post-Harmonisierung) oder andererseits als Wettbewerbsversagen aufgrund eines ruinösen Systemwettbewerbs mit der Folge einer Harmonisierung zu nennen. Vgl. im dritten Kapitel, die Abschnitte 3.2.2.1.3 und 3.2.2.1.6.

863 Vgl. Kiwit/Voigt (1998), S. 313 und Streit (1996c), S. 223.

864 Bspw. könnte die Dynamik des Steuerwettbewerbs dadurch begrenzt werden, dass es für die Bürger hohe Informationskosten erfordert, die verschiedenen Steuerrechtsordnungen miteinander zu vergleichen.

865 Zumal mit einer Verschiebung des politischen Einflusses zugunsten mobiler Faktoren nicht gleichbedeutend ist mit dem Ende des Einflusses von Interessengruppen. Es besteht die Gefahr, dass sich die Belastungen von den mobilen Faktoren auf die immobilen Faktoren verschieben könnten. Vgl. hierzu ausführlicher Streit/Kiwit (1998), S. 46-52.

ergeben würden, die dringend bedacht werden müssen.[866] Die Pfadabhängigkeit von Institutionen umschreibt die Beständigkeit von Institutionen im Sinne allgemeiner Regeln aber auch in Bezug auf Gesetze und Verordnungen. Diese Beharrlichkeit ist Folge des Umgangs mit Institutionen über einen längeren Zeitraum hinweg und basiert auf den Lerneffekten und Netzwerkeffekten privater Akteure im Umgang mit diesen Institutionen. Die Pfadabhängigkeit von Institutionen ist verknüpft mit den gesellschaftlichen und moralischen Vorstellungen. Für die Nachfrager solcher Institutionen senken sich die Transaktionskosten mit der Zeit, da sich nach längerer Nutzung eine gewisse Routine einstellt und zunehmend Akteure diese Institutionen nutzen. Die Pfadabhängigkeit von Institutionen dürfte auch um so größer sein, je stärker sich eine Komplementaritätsbeziehung zwischen den betrachteten externen und den privatautonomen, internen Institutionen herausgebildet hat.

Die genannten Eigenschaften von Institutionen können sich insofern als problematisch erweisen, als die Flexibilitätserfordernisse des Systemwettbewerbs mit dem Beharrungsvermögen von Institutionen konfligieren. Besonders dramatisch erscheint in diesem Zusammenhang die Tatsache, dass damit die Anforderungen an ein hohes Maß an Flexibilität gleichzeitig in Konflikt stehen zu einer notwendigen Orientierung für die Institutionen, die sie nur auf der Basis von Beständigkeit und Vertrauen auf das Weiterbestehen erbringen können. Insofern ist Flexibilität aus dieser Perspektive sogar kontraproduktiv hinsichtlich der Bewältigung konstitutionellen Wissensmangels. Andererseits besteht die Gefahr, dass durch die Pfadabhängigkeit ein Pfadwechsel blockiert wird, der aufgrund der gesellschaftlichen Entwicklung dringend angezeigt ist.

In besonderem Maße dem Systemwettbewerb sind diejenigen externen Institutionen ausgesetzt, die sich aus dem Anspruch ergeben, die Wohlfahrt in einem Land mit den Mitteln des Rechts steuern zu wollen. Mit Hilfe dieser Institutionen werden für bestimmte Interessengruppen bestimmte Ziele verfolgt. Diese Steuerungsversuche unterliegen aber ohnehin einem konstitutionellen Wissensmangel und sind insofern hinsichtlich eines kalkulierbaren Ergebnisses eher kritisch zu beurteilen. Steuerungsversuche drohen in offenen Systemen zu scheitern, da mit der Diskriminierung bestimmter Bevölkerungsgruppen eine Einladung zur Realisierung institutioneller Arbitrage durch Faktorwanderungen ausgesprochen wird. Dieser eher diskretionären Politik mangelt es an Wettbewerbsresistenz, die man von allgemeinen Regeln durchaus erwarten kann.

---

866 Diese Interdependenz externer Institutionen zeigt sich bspw. an der Verflechtung des Rentensystems mit dem Steuersystem; so müsste eine Änderung des Rentensystems mit dem geltenden Steuerrecht abgestimmt werden.

3.3 Die integrationspolitische Ausrichtung des europäischen Vertragswerkes

Beide oben dargestellten unterschiedlichen Integrationsansätze spielen in der Entwicklungsgeschichte der Europäischen Union eine Rolle. Bereits im EWG-Vertrag (EWGV) von 1957 als das zentrale Verfassungsdokument der europäischen Integration sind diese Entwicklungsbilder zu erkennen. Besondere Bedeutung hinsichtlich seiner integrationspolitischen Auslegung erfuhr der Vertrag durch die Auslegungen, die der Europäische Gerichtshof (EuGH) in der Praxis anwendete. In dem EWGV werden sowohl die politischen als auch die wirtschaftlichen Integrationsziele bereits formuliert.[867]

Die Fokussierung auf das Ziel des Gemeinsamen Marktes innerhalb des Vertrages, weist darauf hin, dass „innerhalb der Zielhierarchie des Vertrages (...) bereits auf sehr hoher Ebene ein Bekenntnis zur marktwirtschaftlichen Organisation des Wirtschaftslebens festgeschrieben“[868] ist.

Die Rechtsregeln für den Gemeinsamen Markt[869] zeigen, dass der EWGV zumindest grundsätzlich an dem wettbewerblichen Integrationsziel ausgerichtet ist. Die Abschaffung der Zölle[870] und der freie Personen-, Dienstleistungs- und Kapitalverkehr[871] sollen eine unbehinderte Selbstkoordination der Wirtschaftssubjekte durch Markttransaktionen ermöglichen. Die Gründung eines Systems, das den Wettbewerb innerhalb des Gemeinsamen Marktes vor Verfälschungen schützt,[872] soll eine Selbstkontrolle der Wirtschaftssubjekte durch den Wettbewerb ermöglichen und die wirtschaftliche Macht einschränken. Die Gründung einer Zollunion, d.h. die gemeinsame Erhebung eines Zolltarifs und die Abstimmung der Handelspolitik gegenüber Drittländern[873] manifestiert die wirtschaftlichen Außenbeziehungen der

---

867 Bereits die Präambel drückt den Vorsatz der Mitgliedstaaten aus, einerseits "die Grundlagen für einen immer engeren Zusammenschluß der europäischen Völker zu schaffen" und andererseits "die stetige Besserung der Lebens- und Beschäftigungsbedingungen ihrer Völker als wichtigstes Ziel anzustreben". Diese Zielsetzungen werden in Art. 2 EWGV aufgegriffen, denn er nennt als Aufgaben der Gemeinschaft zum einen die Förderung engerer Beziehungen zwischen den Staaten und zum anderen "eine harmonische Entwicklung des Wirtschaftslebens innerhalb der Gemeinschaft, eine beständige und ausgewogene Wirtschaftsausweitung, eine größere Stabilität und eine beschleunigte Hebung der Lebenshaltung". Die dafür lt. Art. 2 vorgesehenen Instrumente sind die Errichtung des Gemeinsamen Marktes und die schrittweise Annäherung der Wirtschaftspolitik der Mitgliedstaaten. Der EWGV zielt also auf eine Verwirklichung politischer Ziele mit Hilfe ökonomischer Instrumente ab.

868 Basedow (1992), S. 27.

869 Vgl. Art. 3 EWGV, der die Tätigkeit der Gemeinschaft im Sinne des Art. 2 beschreibt.

870 Art. 3 a EWGV.

871 Art. 3 c EWGV.

872 Art. 3 f EWGV.

873 Art. 3 b EWGV.

Gemeinschaft. Die Rechte sollten außerdem für alle Marktbürger gelten, d.h. es darf keine Diskriminierung aufgrund der Staatsangehörigkeit erfolgen.[874]

Im Kern regelt der EWGV die wirtschaftlichen Freiheiten als Grundfreiheiten. Er beinhaltet ein Interventionsverbot der Mitgliedstaaten, indem der EuGH subjektive Grundrechte der Marktbürger durch Wettbewerbsregeln schützt. Die Legitimation des Gemeinschaftshandelns wird durch den EWGV funktional auf die Errichtung eines Gemeinsamen Marktes beschränkt.[875]

Den Grundfreiheiten als Freiheitsrechte stehen Wettbewerbsregeln, die als Gleichheitsrechte zu verstehen sind, gegenüber. Sie konkretisieren ein Diskriminierungsverbot mit dem Ziel, grenzüberschreitend einen wirksamen Prozess der Selbstkoordination zur Vermeidung von Verzerrungen zu implementieren.

Die integrationspolitische Bedeutung erhalten die Grundfreiheiten durch die Rechtsprechung des EuGH, denn es handelt sich hierbei um Freiheitsrechte, die dem Zugriff durch die Mitgliedstaaten entzogen wurden und auch gegen deren Souveränitätsansprüche durchgesetzt werden können. Durch den EuGH wurde eine Rechtsqualität entwickelt, in der die Grundfreiheiten beinahe Verfassungscharakter haben.[876] Es sind vor allem zwei Konkretisierungen der Grundfreiheiten, die der EuGH vorgenommen hat und die von integrationspolitischer Bedeutung sind. Erstens wurden die Grundfreiheiten von an die Mitgliedstaaten gerichteten Interventionsverboten oder auch völkerrechtliche Verpflichtungen der Mitgliedstaaten zu einklagbaren Grundrechten der Bürger in der Gemeinschaft transformiert, die gerichtlich - vor nationalen Gerichten und dem EuGH - einklagbar sind. Zweitens erfolgte eine sehr weitgehende Interpretation der Grundfreiheiten durch den EuGH.

Der EWGV unterwirft alle Mitgliedstaaten obligatorisch der Jurisdiktion eines gemeinschaftlichen Gerichtshofes. Da die Urteile des EuGH gegen die Mitgliedstaaten nicht vollstreckbar sind, ist die Rechtsdurchsetzung auf die Rechtstreue der Mitgliedstaaten angewiesen.[877] Es erfolgt eine "Konstitutionalisierung der Freiheitsgewährleistung des Vertrags."[878]

---

874 Art. 7 I EWGV.

875 Die Grundfreiheiten - der Warenverkehr (Art. 9-37), die Freizügigkeit (Art. 48-51), die Niederlassungsfreiheit (Art. 52-58), die Dienstleistungsfreiheit (Art. 59-66) und die Kapitalverkehrsfreiheit (Art. 67-73) - werden hier als Freiheitsrechte verstanden.

876 Vgl. Mussler/Streit (1996), S. 277.

877 Der Rechtsdurchsetzungsmechanismus der Gemeinschaft wird auch insofern in der Literatur als revolutionär bezeichnet (vgl. Mussler/Streit (1996), S. 278) als er die Bindungen der nationalstaatlichen Regierungen an die nationalen Gerichte nutzt. Art. 177 EWGV verpflichtet die nationalen Gerichte, Fragen über die Auslegung des Vertrages, welche an den nationalen Gerichten anhängig sind, zumindest letztinstanzlich dem EuGH vorzulegen. So muss das Gemeinschaftsrecht für die nationalen Gerichte zur Grundlage ihrer Entscheidungen gemacht werden.

878 Mestmäcker (1994), S. 272. Die Grundfreiheiten haben daher die „Qualität subjektiver Rechte auf staatlichen Regelungsverzicht. Sie sichern im Prinzip wirtschaftliche Handlungsspielräume,

Die Gewährleistung von Grundfreiheiten gilt als integrationspolitischer Motor. BEHRENS hat die integrationspolitische Wirkung der Rechtsprechung des EuGH untersucht und hierbei zwei Entwicklungslinien gezeichnet:[879]

- die Entwicklung vom Diskriminierungsverbot zum Beschränkungsverbot
- die Entwicklung vom Bestimmungsland- zum Ursprungslandprinzip.

Die Entwicklung vom Diskriminierungsverbot zum Beschränkungsverbot war gekennzeichnet zunächst durch das in Art. 7 EWGV festgehaltene Diskriminierungsverbot, nach dem Ungleichbehandlungen aus Gründen der Staatszugehörigkeit verboten sind. Es blieben bedingt durch die Unterschiedlichkeit der nationalen Rechtssysteme allerdings im Bereich der zwischenstaatlichen Transaktionen erhebliche Beschränkungen bei der Auslegung bestehen. Beispielsweise wirkte sich der Produktstandard eines Hochregulierungslandes mit hohem Schutzniveau, das gleichermaßen für In- und Ausländer gilt, in hohem Maße handelsbeschränkend aus. Aus der Perspektive des Gemeinsamen Marktes gab es hierzu zwei Lösungsansätze: Erstens konnte nach Art. 100 EWGV eine Angleichung derjenigen Rechts- und Verwaltungsvorschriften der Mitgliedstaaten bewirkt werden, die sich unmittelbar auf die Errichtung und das Funktionieren des Gemeinsamen Marktes auswirken. Zweitens wäre als grundsätzlich anderer Lösungsansatz die Beschränkung der Regulierungskompetenzen der Mitgliedstaaten denkbar, mit dem Ziel, die verkehrsbeschränkende Wirkung auch nicht diskriminierender Regelungen zu beseitigen.

Der Europäische Gerichtshof leistete mit seiner Dassonville-Entscheidung von 1979 eine wesentliche Interpretation des Art. 30 EWGV, der mengenmäßige Einfuhrbeschränkungen sowie alle "Maßnahmen gleicher Wirkung" zwischen den Mitgliedstaaten verbietet.[880] Es erfolgte folgende Präzisierung durch den EuGH: "Jede Handelsregelung der Mitgliedstaaten, die geeignet ist, den innergemeinschaftlichen Handel unmittelbar oder mittelbar, tatsächlich oder potentiell zu behindern, ist als Maßnahme mit gleicher Wirkung wie eine mengenmäßige Beschränkung anzusehen." Dieser Schritt war wesentlich für die Entwicklung vom Diskriminierungs- zum Beschränkungsverbot, denn die Warenverkehrsfreiheit entsprach bisher lediglich dem Verbot einer Ungleichbehandlung importierter Waren gegenüber Inlandsprodukten

die dem Zugriff der Mitgliedstaaten entzogen und die von den Bürgern im Gemeinsamen Markt mit Mitteln des Privatrechts nach Maßgabe ökonomischer Zweckmäßigkeiten ausgefüllt werden können.“ Behrens (1992), S. 147.

879 Vgl. Behrens (1992), S. 149.

880 Das in Art. 30 EWGV enthaltende Verbot mengenmäßiger Einfuhrbeschränkungen sowie aller Maßnahmen gleicher Wirkung zwischen den Mitgliedstaaten ist Teil primären Gemeinschaftsrechts, und damit de facto unabänderlich. Es steht weder zur Disposition der Mitgliedstaaten noch – grundsätzlich – zur Disposition der Gemeinschaft selbst. Formell hat es Verfassungsqualität. Die Norm ist darüber hinaus self executing. Sie ist von jeder hoheitlich handelnden Stelle zu beachten. (Dies schließt bspw. Gerichte ein, wenn sie in Zivilrechtsstreitigkeiten über den Umfang nationaler Patente oder Warenzeichen zu befinden haben). Vgl. Möschel (1994b), S. 429-431.

und nun bestand ein allgemeines Verbot der Beschränkungen des zwischenstaatlichen Handelsverkehrs.

Die Dassonville-Entscheidung wurde einerseits durch das Cassis de Dijon-Urteil[881] erhärtet, in dem festgestellt wurde, dass es keinen stichhaltigen Grund dafür gebe, „zu verhindern, dass in einem Mitgliedstaat rechtmäßig hergestellte und in den Verkehr gebrachte alkoholische Getränke in die anderen Mitgliedstaaten eingeführt werden." Andererseits erfolgte aber auch eine Relativierung durch das Cassis de Dijon Urteil insofern, als das Urteil betont, dass handelshemmende nationalstaatliche Regulierungen zulässig seien, "soweit diese Bestimmungen notwendig sind, um zwingenden Erfordernissen gerecht zu werden, insbesondere den Erfordernissen einer wirksamen steuerlichen Kontrolle, des Schutzes der öffentlichen Gesundheit, der Lauterkeit des Handelsverkehrs und des Verbraucherschutzes." Allerdings lag im Cassis-Fall im Urteil kein zwingendes Erfordernis vor.[882] Außerdem wurden die Grundsätze auch auf Dienstleistungs- und Niederlassungsfreiheit sowie auf die Freizügigkeit der Arbeitnehmer ausgedehnt. Das Keck-Urteil signalisierte in der Rechtsprechung des EuGH eine Wende von der Interpretation des Art. 30 EWGV als ein weitreichendes Regulierungsinstrument zu einem stärkeren Zusammenhang der Norm zum Binnenmarktprinzip. In dem genannten Keck-Urteil trennt der EuGH zwischen produktbezogenen Regulierungen und allgemeinen Verkaufsmodalitäten.[883]

---

881 In diesem Fall ging es um den Streit zwischen Deutschland und Frankreich um den Import von Cassis de Dijon nach Deutschland, bei dem die deutschen und die französischen Likörhersteller diametral entgegengesetzte Interessen vertraten. Dieses Produkt, das in Burgund als Grundlage für den Kir, für den Kir Ordinaire, für den Kir Bourgeois, für den Kir Archeveque und für den Kir Royale hoch geschätzt wird, durfte zwar in Deutschland importiert werden, aber es durfte in Deutschland nicht auf den Markt gebracht werden. Die deutsche Regulierung, das Branntweinmonopolgesetz aus dem Jahre 1922, verlangte nämlich einen Alkoholgehalt von mindestens 32 % für Fruchtliköre und nicht nur 17 % Alkoholgehalt wie der Cassis de Dijon. Der EuGH hat m Jahr 1979 entschieden, dass, wenn immer ein Produkt rechtmäßig in einem Land der Europäischen Union auf den Markt gebracht worden ist, es auch in den anderen Ländern verkauft werden darf – dies bedeutet die Anerkennung der Ursprungslandregel. Dieses Urteil gilt analog für belgisches Bier, dass nicht nach dem deutschen Reinheitsgebot von 1516/1517 gebraut ist, für Nudeln, die nicht aus italienischem Hartweizen hergestellt werden u.ä. Diese Beispiele machen auch deutlich, dass eine Zusammenfassung nationaler Interessengruppen auf europäischer Ebene nicht immer möglich ist; da Interessengruppen verschiedener Länder nicht unbedingt identische Interessen vertreten müssen. Europaweite Interessenvertretung durch einen Dachverband erscheint nur bei gleichgerichteten Interessen wie bspw. der Drittländerdiskriminierung möglich. Vgl. Siebert (1989a), S. 5 und Siebert (1997a), S. 58.

882 Insofern ist das Cassis de Dijon Urteil als wichtiger Meilenstein in der Literatur angesehen worden. Der institutionelle Wettbewerb in der Europäischen Union wurde ausgelöst durch die Anerkennung der Regeln des Ursprungslandes und wird deshalb teilweise als „Büchsenöffner" für nicht zu rechtfertigende nationale Regulierungen bezeichnet. Vgl. Siebert (1997a), S. 58.

883 Konkret entschieden wurde dies für das französische Verbot des Händlerverkaufs unter Einkaufspreis, der sog. vente à perte. Eine von dieser Regulierung möglicherweise ausgehende Behinderung des zwischenstaatlichen Warenverkehrs, dadurch dass in Frankreich damit eine bestimmte Form der Absatzförderung nicht möglich ist, reicht für die Annahme einer Maßnahme gleicher Wirkung i. S. des Art. 30 EWGV nicht aus. Dies wurde in der „Yves-Rocher-Entscheidung" noch anders

Bezüglich der ersteren hat sich an seiner Rechtsprechung nichts geändert; Handelsbarrieren, welche aus nationalen Vorschriften über Bezeichnung, Form, Abmessung, Gewicht, Zusammensetzung der Ware, Aufmachung, Etikettierung und Verpackung erwachsen, fallen unverändert unter Art. 30 EWGV.[884] Verkaufsmodalitäten, die allgemein gelten und auch nicht versteckt zulasten ausländischer Erzeugnisse wirken, fallen schon nicht in den Anwendungsbereich des Art. 30 EWGV. Allerdings ist auf zwei Einschränkungen hinzuweisen: Zum einen hat sich der EuGH aus dem Bereich der Verkaufsmodalitäten nur unter der Prämisse zurückgezogen, dass die Regulierung Importe aus dem EG-Ausland faktisch nicht stärker behindert als inländische Erzeugnisse.[885] Zum anderen könnte aus ökonomischer Sicht dem EuGH eine gewisse Naivität bezogen auf die vorgenommene Trennung zwischen Ware und Vertrieb unterstellt werden. Allerdings hat sich der EuGH in seiner bisherigen Rechtsprechung in keiner Weise als naiv oder lebensfremd dargestellt, so dass die Annahme naheliegend erscheint, dass sofern in einem angenommenen Einzelfall Ware und Vertrieb eine Systemeinheit bilden, der EuGH in der Regulierung der Verkaufsmodalität zugleich eine solche des Produktes erkennen wird.[886]

Die Entwicklung vom Bestimmungsland- zum Ursprungslandprinzip erhöhte die Marktfreiheit für die Mitgliedstaaten und senkte den Regelungsspielraum der Mitglieder. Sie stellt eine Entscheidung für die Strategie „Integration durch Wettbewerb" dar, denn mit dem Übergang zum Ursprungslandprinzip wurde eine wichtige Regel für den Systemwettbewerb festgelegt. Sah das Bestimmungslandprinzip vor, Waren, Dienstleistungen und Personen im Rahmen grenzüberschreitender Transaktionen dem Regulierungssystem desjenigen Staates zu unterstellen, für den sie bestimmt sind,[887] gelten nun nach dem Ursprungslandprinzip

---

gesehen. „Der für einen Unternehmer bestehende Zwang, sich entweder der für die einzelnen Mitgliedstaaten unterschiedlichen Systeme der Werbung und Absatzförderung zu bedienen oder ein System, das er für besonders wirkungsvoll hält, aufzugeben, kann selbst dann ein Einfuhrhindernis darstellen, wenn eine solche Regelung unterschiedslos für inländische und für eingeführte Erzeugnisse gilt." Diese EuGH-Entscheidung siehe in NJW (1993), 3187; EuZW (1993) k 420.

884 Sie sind nur nach Maßgabe der oben dargelegten Normbegrenzungen rechtfertigbar, insbesondere unterliegen sie der Verhältnismäßigkeitskontrolle im Sinne des Cassis de Dijon-Standards. Dies deckte die große Masse der Sachverhalte ab. Dahinter steht unverändert die Idee, eine in irgendeinem Mitgliedstaat der EG rechtmäßig anerkannte und in den Verkehr gebrachte Ware sollte grundsätzlich überall frei zirkulieren können. Eine nationale regulative Notwendigkeit der Produktanpassung wirkt als Marktzutrittshemmnis, verneint das Konzept des Binnenmarktes und ist deshalb nur in zwingend gebotenen Fällen hinzunehmen.

885 Ein französisches Werbeverbot für hochprozentige Alkoholika, das sich praktisch nur auf importierte Getränke wie Whisky u.ä. auswirkte, hat auch in Zukunft keine Aussicht, vor dem Art. 130 EWGV Bestand zu haben. Vgl. hierzu EuGH (1980), 2299; NJW (1981), 1147.

886 Vgl. Möschel (1994), S. 431.

887 Dies entspricht als Pendant gewissermaßen dem Diskriminierungsverbot. Das Bestimmungsland-Prinzip kann als alternative Position zu dem Ursprungslandprinzip gelten. Das Bestimmungsland-Prinzip würde den Regeln des Import- oder des Inzidenzlandes institutionellen Regeln den Vorrang einräumen und daraus eine Harmonisierung von Regelungen aus der Perspektive des Bestimmungslandes begründen. Dies würde aber die internationale Arbeitsteilung torpedieren. Im

für die Vermarktung von Waren und Dienstleistungen bzw. wirtschaftlichen Betätigungen von Personen die Regulierungen desjenigen Staates, aus dem die Güter bzw. Personen stammen. Das Bestimmungsland erkennt somit die Regulierungen des Ursprungslandes als gleichwertig an und verzichtet auf seinen Regulierungsanspruch. Dieses Ursprungslandprinzip entspricht dem Konzept des Gemeinsamen Marktes, da die Waren, Dienstleistungen und Personen sich nun frei bewegen können. Das Prinzip ermöglicht so einen Systemwettbewerb in Form eines Regulierungswettbewerbs. Einzelne Bürger erhalten die Möglichkeit in unterschiedlichen Funktionen zwischen unterschiedlichen Regulierungsregimen zu wählen.[888]

Diese Grundfreiheiten wurden durch Wettbewerbsregeln flankiert.[889] Das Wettbewerbsrecht richtet sich an private Wirtschaftssubjekte, Unternehmen und Mitgliedstaaten. Adressiert an die Mitgliedstaaten ist das Wettbewerbsrecht als Ergänzung der Grundfreiheiten zu verstehen, in dem eine Diskriminierung eines Ausländers durch inländische Regierungen verhindert werden soll. Das Wettbewerbsrecht (speziell das Beihilfenverbot) verbietet positive Diskriminierung von Inländern in Form jeder Art von diskriminierender Förderung. Private Wirtschaftssubjekte sollen ihren erweiterten Handlungsspielraum nicht dazu benutzen dürfen, den als Folge der wettbewerblichen Strategie geöffneten Markt durch private Wettbewerbsbeschränkungen wieder zu schließen.[890] (Im Detail soll hier nicht auf die Wettbewerbsregeln eingegangen werden.)

Die Kompetenzzuweisungen des EWG-Vertrages werden als funktionale Legitimation des Gemeinschaftshandelns beschrieben.[891] Die Gemeinschaft durfte allein nach Maßgabe der ihr im Vertrag zugewiesenen Aufgaben - also im Wesentlichen bei dem Ziel der Errichtung des Gemeinsamen Marktes - tätig werden. Es handelte sich um legitimierte Einzelermächtigungen zur Durchsetzung marktwirtschaftlicher Prinzipien.

Gegensatz dazu stellen die Regeln der WTO bzw. des Gatts gerade darauf ab, den Ursprungsregeln zum Durchbruch zu verhelfen. Vgl. den mexikanischen Thunfischfall bei Siebert (1997b), S. 276-293.

888 Anbieter wählen Regulierungsregime, Nachfrager hingegen wählen Güter, die in unterschiedlichen Regulierungsregimen hergestellt wurden.

889 Das Wettbewerbsrecht des EWG-Vertrages wird auch als Pendant der Grundfreiheiten eingeschätzt. Vgl. Basedow (1992), S. 39.

890 Im Wesentlichen sind es zwei Regelungen, die die Bindung der Mitgliedstaaten an die Grundsätze des Gemeinsamen Marktes bekräftigen: Zum einen das Verbot mitgliedstaatlicher Beihilfen, die sich wettbewerbsverfälschend auswirken (Art. 92 ff. EWGV) und zum zweiten die Hinderung der Mitgliedstaaten an einer wettbewerblichen Privilegierung ihrer öffentlichen Unternehmen. Zwei Arten von Regelungen sollen demgegenüber private Wettbewerbsbeschränkungen verhindern: Das Verbot von Kartellen und vergleichbaren Absprachen (Art. 85 EWGV) und das Verbot des Mißbrauchs marktbeherrschender Stellungen (Art. 86 EWGV).

891 Mussler/Streit (1996), S. 282.

Die Europäische Kommission, als Hüterin der Verträge, und der Europäische Gerichtshof sollten die Anwendung der Rechtsregeln sichern.[892]

Auch wenn der EWGV aufgrund der o.g. wettbewerblichen Vertragselemente in seinem Kern als „marktwirtschaftliche Verfassung"[893] dargestellt wird, sind trotzdem auch Elemente zu erkennen, die eher auf eine interventionistische Integrationsstrategie hindeuten.[894] Gerade im Bereich der Agrarpolitik führten die Regelungen zu gravierenden Fehlallokationen und zu einer Verschleppung eines notwendigen Strukturwandels in den Mitgliedstaaten. Diese Interventionen sind verbunden mit hohen volkswirtschaftlichen Kosten und bieten ein permanentes Konfliktpotential im Bereich der internationalen Handelspolitik, denn die auf die Mitgliedstaaten bezogenen Interventionen müssen durch protektionistische Maßnahmen gegen Erosion durch Handel mit Drittländern geschützt werden, d.h. die interventionistische Integrationsstrategie führt zu Desintegration nach außen.[895]

Wird eine "geordnete Versorgung" des Gemeinsamen Marktes angestrebt, so ist diese Forderung Ausdruck der Vorstellung, bereits in Verträgen Ziele, die dafür notwendigen Maßnahmen, Interventionen und verantwortliche Organisationen

---

892 Vor diesem Hintergrund ist die aktuelle Entscheidung des EuGH vom 5.10.2000 (Aktenzeichen C 376/98 und C 74/99), die EU sei nicht befugt, Werbung und Sponsoring für Tabakerzeugnisse generell zu verbieten, positiv zu beurteilen. Vgl. FAZ vom 6.10.2000, S. 1, 2 und S. 13. Die Europäische Kommission hatte das Werbeverbot auf die EU-Vorschriften zur Verwirklichung des Binnenmarktes gestützt. In ihrem Urteil präzisierten die Richter die Voraussetzungen unter denen die EU nationale Vorschriften zur Verwirklichung des Binnenmarktes harmonisieren dürfe. Dafür genüge es nicht, dass es in den Mitgliedstaaten unterschiedliche Regelungen gäbe, auch die „abstrakte Gefahr" von Wettbewerbsverzerrungen reiche nicht aus. Vielmehr müsse gewährleistet sein, dass die angestrebte Regelung „tatsächlich zur Beseitigung von Hemmnissen des freien Warenverkehrs und der Dienstleistungsfreiheit sowie von Wettbewerbsverzerrungen beiträgt." Weiterhin führen die Richter zur Begründung des Urteils an, dass der EG-Vertrag keine „allgemeine Kompetenz zur Regelung des Binnenmarktes" gewähre. Dieses Urteil ist deshalb positiv zu beurteilen, da es die Kommission daran erinnerte, dass derartige Entscheidungen nicht dem ureigensten Aufgabenbereich der Union – nämlich der Förderung des Binnenmarktes – dienen, sondern vielmehr unter dieser falschen Flagge die Freiheit von Waren- und Dienstleistungsverkehr sogar einschränken. Somit ist zumindest der Bereich der Gesundheitspolitik den Einzelstaaten zugesprochen. Dies ist umso bemerkenswerter, als der EuGH in den letzten Urteilen wenige Gelegenheiten ausließ, die Zuständigkeiten der europäischen Ebene weitreichend auszulegen. Der Richterspruch gegen ein Tabakwerbeverbot könnte ein deutlicher Hinweis auf künftige Kompetenzabgrenzungen zwischen Gemeinschaft und Mitgliedsländern sein. Die gemeinsame Strategie von Kommission, Parlament und Rat (immerhin stimmten außer Österreich und Deutschland alle anderen Länder dem Verbot zu), mit einer auf die Beseitigung von Handelshürden abzielenden Rechtsgrundlage Gesundheitspolitik zu betreiben, ist in Luxemburg aufgehalten worden. Der EuGH hat mit diesem Urteil sein Selbstverständnis als Rechtshüter und nicht als Wegbereiter eines schleichenden Prozesses der Übertragung von Zuständigkeiten von den Mitgliedstaaten auf die europäische Ebene deutlich gemacht.

893 Mestmäcker (1994), S. 267.

894 Zu nennen sind hier bspw. die Agrar- (Art. 38 ff. EWGV) und die Verkehrspolitik (Art. 784 ff. EWGV), deren Vorläufer bereits im EGKS-Vertrag zu finden sind.

895 Vgl. Mussler/Streit (1996), S. 265-292.

festlegen zu können. Das Scheitern einer derartigen Vorgehensweise ist allein schon darin begründet, dass die zugrundeliegende Vorstellung über die Funktionsweise von Märkte unzutreffend ist. Märkte sollen als Instrumente zur Erzielung bestimmter erwünschter Ergebnisse fungieren, indem grundlegende Funktionsbedingungen außer Kraft gesetzt werden, die Märkte also planbar gemacht werden. Die resultierenden unerwünschten Ergebnisse werden entweder ignoriert oder als ein Beweis für Marktversagen dargestellt, das nur durch weitere Interventionen behoben werden kann. Der zentrale Irrtum besteht in der systematischen Unterschätzung des Wissensproblems. Die Tatsache, dass es unmöglich ist, über alle für die Lenkung erforderlichen relevanten Informationen zu verfügen, wird nicht zur Kenntnis genommen. Da das relevante Wissen auf viele Wirtschaftssubjekte verteilt ist, ist der Markt der zentralen Planung überlegen. Eine zielgerichtete Kontrolle marktwirtschaftlicher Prozesse ist ein Widerspruch in sich. Wäre das Wissen tatsächlich zentral verfügbar, dann wäre eine marktwirtschaftliche Organisation als dezentrale Selbstkoordination eine Verschwendung. Sektorale Strukturpolitik lähmt vor diesem Hintergrund sowohl die politische als auch die wirtschaftliche Integration, denn sie ist das ideale Betätigungsfeld nationaler Interessengruppen für zwischenstaatliche Verteilungskämpfe.[896] Das Ziel einer politischen Einheit "von oben" mit Hilfe eines ökonomischen Planungsprogramms näher zu kommen wurde verfehlt. Die weniger spektakuläre Integration "von unten", in dem die Bürger ihre europaweit geltenden wirtschaftlichen Handlungsfreiheiten nutzen, war für das Zusammenwachsen Europas nützlicher.[897]

Im Bereich der Außenwirtschaftspolitik hat sich die Gemeinschaft nach Art. 110 EWGV zur schrittweisen Beseitigung der Beschränkungen im internationalen Handelsverkehr und zum Abbau von Zöllen verpflichtet. Dies entspricht dem Gedanken, dass eine wettbewerbliche Integrationsstrategie konsequenterweise nicht an den Grenzen der Gemeinschaft enden darf. Andererseits weist der Art. 115 EWGV bereits die Richtung zu möglichen Abweichungen von der grundsätzlichen wettbewerblichen Strategie. Auch konnte die Selbstverpflichtung der Gemeinschaft von dem einzelnen EG-Bürger nicht eingeklagt werden, so dass es nicht zu einer konsequenten Anwendung kam.

Die Entwicklung von Rom zu Maastricht können mit der Überschrift „Zentralisierungs- und Re-Regulierungsversuche“ überschrieben werden.[898] Die Erfolge der wettbewerblichen Strategien des EWGV wurden durch diese zwei Entwicklungstrends teilweise wieder zunichte gemacht.

Zentralisierung

Das Prinzip der limitierten Einzelermächtigung erwies sich als wenig geeignet, die Gemeinschaftsorgane daran zu hindern, zusätzliche Kompetenzen zu zentralisieren.

---

896 Zu dem Begriff "Eurosklerose" vgl. Giersch (1985).

897 Vgl. Mussler/Streit (1996), S. 283.

898 Vgl. Mussler/Streit (1996), S. 265-292; Streit (1994b), S. 13-24 und Streit/Voigt (1996).

Artikel 235 EWGV lieferte eine großzügige Möglichkeit, immer dann ein Tätigwerden der Gemeinschaft zu legitimieren, wenn dies im Zeichen des Zieles „Gemeinsamer Markt" für erforderlich gehalten wird. Der Rat machte von dieser Option Gebrauch und die Kommission trat weniger als Hüterin der Verträge in Erscheinung als vielmehr in ihrem Profilierungsdrang als Europas Exekutive.

Re-Regulierungsversuche

Da die Bedeutung der Grundfreiheiten für die europäische Integration vollumfänglich erst durch den EuGH herausgearbeitet wurde, erscheint die Annahme plausibel, dass die Mitgliedstaaten den EWGV in der vorliegenden interpretierten Fassung gar nicht gewollt und auch nicht unterschrieben hätten, wenn sie die mit der resultierenden EuGH-Rechtsprechung verbundenen beträchtlichen Einschränkungen der einzelstaatlichen Regulierungskompetenzen geahnt hätten. Aufgrund der unfreiwilligen Beschränkung ihrer interventionistischen Handlungsmöglichkeiten haben einige Mitgliedstaaten ein Interesse, die Grundfreiheiten wieder aufzuweichen. So stellen die EEA (1986) und der Vertrag von Maastricht (1992) gewissermaßen den Versuch dar, durch Wiederverhandlungen interventionistische Spielräume zurückzuerobern. Andererseits sah man in der Verlagerung zusätzlicher Kompetenzen auf die Gemeinschaftsebene den Raum für die Durchsetzung nationaler Interventionsanliegen im Rat.

Die Einheitliche Europäische Akte von 1986 umfasst sowohl zusätzliche wettbewerbliche als auch interventionistische Elemente. Im wettbewerblichen Ansatz sollte die Voraussetzung für einen Systemwettbewerb in Form eines Regulierungswettbewerbs geschaffen werden. Aufbauend auf dem Binnenmarkt-Weißbuch der Kommission aus dem Jahr 1985 wurde die Vollendung des Binnenmarktes 1992 rechtlich ermöglicht. Da der Versuch über eine Harmonisierung innergemeinschaftliche Handelshemmnisse zu beseitigen gescheitert war, wurde nun der neue Ansatz der gegenseitigen Anerkennung nationaler Regulierungen im Sinne des Ursprungslandprinzips gewählt.[899]

Durch die EEA wurden auch neue Kompetenzen auf Gemeinschaftsebene übertragen, die im Zeichen der Strategie Integration durch Intervention stehen.[900] Zum einen wurden zusätzliche sektorale Eingriffe durch die Forschungs- und Technologiepolitik möglich. Darüber hinaus wurden Regelungen für die wirtschaftliche und soziale Kohäsion getroffen, interregionale wirtschaftliche Unterschiede durch Umverteilungsmaßnahmen zu kompensieren. Die Fonds lösen Verteilungskämpfe aus. Allerdings ist das Kriterium der wirtschaftlichen und sozialen Kohäsion durch den EuGH nicht zu operationalisieren. Programme und Fonds können für alle möglichen

---

[899] Die gegenseitige Anerkennung erfolgte in dem neu eingefügten Art. 100 b EWGV. Andererseits hatte man in Art. 100 a EWGV eine Harmonisierungsermächtigung neu eingeführt, die zwar mit der Notwendigkeit des Binnenmarktes begründet wurde, in der Auslegung im späteren Verlauf jedoch deutlich weiter interpretiert wurde.

[900] Vgl. auch Gröner (1993), S. 3-19 und Streit/Mussler (1995), S. 75-107.

Zwecke eingerichtet werden. Die Mitgliedstaaten werden ermuntert, sich Projekte über die Gemeinschaft zu finanzieren zu lassen, die die Nationalstaaten selbst nicht verwirklichen würden.

Der Vertrag von Maastricht könnte zusammenfassend als eine weitere Stärkung der Integration durch Intervention verstanden werden. Der Vertrag über die EU von 1992 wandelte formal den EWGV um zu dem EGV, der nun aber auch die Nutzung eines ganzen Netzwerkes von interventionistischen Aktivitäten auf Unionsebene vorsah. Die Währungsunion stellt hierbei nur ein Element des Verzichts auf institutionellen Wettbewerb dar. Sie ist ein Beispiel für die Verordnung der Integration von oben.[901] Darüber hinaus wurde mit dem Art. 130 EGV europäische Industriepolitik etabliert.[902] Die Kommission favorisiert für die Industriepolitik eine aktive Partnerschaft zwischen allen Beteiligten (Firmen, Sozialpartnern, wissenschaftliche Einrichtungen und lokale, regionale, nationale und gemeinschaftliche Instanzen), um förderungswürdige Projekte zu eruieren. Die Gemeinschaftsinteressen sollen korporatistisch ermittelt werden. Auch die Kompetenzen im Bereich der sozialen und wirtschaftlichen Kohäsion wurden mit der Errichtung des Kohäsionsfonds als weiteres Instrument der innergemeinschaftlichen Umverteilung ausgedehnt.[903] Weitere gemeinschaftspolitische Felder wurden im Vertrag definiert wie bspw. die Bildungspolitik (Art. 126 f EGV), die Kulturpolitik (Art. 128 EGV), das Gesundheitswesen (Art. 129 a EGV), der Verbraucherschutz (Art. 129 b EGV) und der Bereich transeuropäischer Netze (Art. 129 c EGV). Insgesamt ist eine Ausweitung der Kompetenzen für die Organe der

---

901 Auf die Währungsunion wird im Rahmen kein besonderer Schwerpunkt gelegt. Die Währungsunion ist insofern von Interesse, als sie bestehende Ungleichgewichte zwischen den elf Mitgliedstaaten transparenter macht. Die Regionalprobleme sind teilweise nicht reduzierbar, und da eine mögliche Wechselkursanpassung als Puffer unterschiedlicher Entwicklung makroökonomischer Daten entfällt, ist eine Umverteilung auf Unionsebene als europäischer Finanzausgleich mit dem damit einhergehenden Streit zwischen Nettozahlern und Nettoempfängern unausweichlich, wie dies die Verhandlungen um die Agenda 2000 deutlich gezeigt haben.

902 Nach Streit/Mussler (1994) stellt diese Verankerung im EGV den Schlussstein zu einer Entwicklung zu mehr Interventionismus dar. Zumal Art. 130 f. Abs. 1 EGV vorsieht, dass alle Forschungsmaßnahmen unterstützt werden, die "aufgrund anderer Kapitel des Vertrages für erforderlich gehalten werden." Diese Aussage entspricht einer Generalermächtigung für industriepolitisch motivierte Interventionen. Die Vorstellung, die wirtschaftliche Entwicklung und den strukturellen Wandel gestalten zu können, indem etwa sog. sunrise-Industrien gefördert werden und den sunset-Industrien die Zeit für Strukturanpassungen erkauft wird, erscheint als Irrweg. Industriepolitik wirkt diskriminierend und sie steht mit den abstrakten Wettbewerbsregeln des Vertrages im Konflikt. Diese Industriepolitik ist eben nicht eine Integration, die auf einer Beseitigung nationalstaatlicher Einschränkungen der individuellen Handlungsfreiheit beruht, sondern vielmehr einer Integration durch die Interessen der Gemeinschaft "von oben" entspricht. Vgl. zu den Folgen der Industriepolitik in Europa Möschel (1992a), S. 415-421 und Möschel (1994a), S. 123-131.

903 Der Art. 130 b EGV kann ebenso als eine im Vertrag verankerte Generalermächtigung für die innergemeinschaftlichen Umverteilungsaktivitäten gewertet werden.

Union diagnostizierbar, der Spielraum für diskretionäre Interventionen wurde erweitert.[904]

Die Erweiterung der diskretionären Handlungsspielräume der Politiker birgt die Gefahr des rent seekings der am politischen Prozess beteiligten Akteure in sich.[905] Grundsätzlich liegt der Vorstellung, wirtschaftliche Entwicklung steuern zu können, die groteske Annahme zugrunde, dass das hierfür notwendige Wissen tatsächlich zentral verfügbar sei.

Darüber hinaus sind alle Mängel korporatistischer Entscheidungsverfahren als eindeutige Nachteile einer solchen Vorgehensweise zu benennen: bspw. die Tatsache, dass die einbezogenen Partner nur dann das ihnen zur Verfügung stehende Wissen in den Entscheidungsprozess einbringen dürfen, wenn es für die von ihnen vertretenen Partikularinteressen von Vorteil ist. Auch werden nicht nur ökonomische Argumente die Instanzen in ihren Entscheidungen und Auswahl adäquater Fördermaßnahmen beeinflussen, sondern es werden Überlegungen über diejenigen Maßnahmen, die den größten Machtzuwachs versprechen, da sie meisten Wählerstimmen auf sich vereinen und die stärksten Interessengruppen befriedigen, den Entscheidungsprozess dominieren.

Nach dem Vertrag von Maastricht kann man als integrationspolitische Konsequenz folgende Entwicklung beschreiben: Waren in dem Vertrag von Rom die Bereiche der Landwirtschaft und des Verkehrs noch Ausnahmen interventionistischer Spielräume, so wurde in dem Vertrag von Maastricht eine Fülle von Regulierungen die Regel. In vielen Bereichen wurde die Selbstkoordination der Märkte dem politischen Ermessen unterworfen und die Selbstkontrolle durch Wettbewerb wurde ersetzt durch korporatistische Verhandlungsstrukturen. Es ist eine Europäisierung des Wohlfahrtsstaates feststellbar. Der politische Prozess zwischen Interessengruppen, Wählern, Bürokraten und Politikern hat sich auch auf die europäische Ebene ausgedehnt, der Verteilungskampf zwischen den Mitgliedstaaten entspricht der Rentensuche zwischen den Interessengruppen. Auf der europäischen Ebene sind die auf nationaler Ebene bekannten Probleme des Wohlfahrtsstaates noch dramatischer, da hier Verteilungsstreitigkeiten und Rentenstreben nicht in einer politischen Union stattfinden, d.h. die Bürger weniger loyal sind als auf nationaler Ebene. Gleichzeitig wird aufgrund der Zentralisierungstendenzen die Kontrollmöglichkeit reduziert. Die Übertragung der wohlfahrtsstaatlichen Elemente auf die EU ist verbunden mit desintegrativen Kräften. Hingegen verspricht eine Integration durch Wettbewerb ein Antrieb im Integrationsprozess zu sein, bei dem die Anreize für individuelle Verbesserung, Marktorientierung und Innovationen systeminhärent gegeben sind.

---

904 Dies wurde für die einzelnen europäischen Institutionen im zweiten Kapitel im Abschnitt 2.3.2 überprüft.

905 Zu den Ansätzen der Public-Choice-Theorie und der daraus abgeleiteten Beurteilung der europäischen Entscheidungsprozesse vgl. im zweiten Kapitel, den Abschnitt 2.5.2.

Gerade vor dem Hintergrund der anstehenden Integration der mittel- und osteuropäischen Reformstaaten hat die Integrationsstrategie, die auf Interventionen setzt, integrationsfeindliche Konsequenzen. Einerseits wird der Einbezug der Länder in Garantiefonds im Bereich der Landwirtschaft und in den Strukturfonds zu einer kaum zu bewältigenden Kostenexplosion führen und anderseits wäre mit einer derartigen Politik in diesen Reformstaaten eine Verschleppung des Strukturwandels verbunden, die eine Subventionsempfängermentalität erzeugen würde, die für einen Reformprozess wenig förderlich erscheint. Die auf hohem Niveau angesiedelten Gemeinschaftsregulierungen für die ost- und mitteleuropäischen Länder sind nicht angezeigt, so dass das häufig zitierte Spannungsverhältnis zwischen Vertiefung und Erweiterung der EU integrationspolitisch tatsächlich dann besteht, wenn die Strategie der Integration durch Intervention gewählt wird. Da ein Erfolg der Reformpolitik dieser Beitrittskandidaten abhängig ist von einer raschen Integration in die Märkte Westeuropas, kann dies als ein zusätzliches Argument gewertet werden für die Öffnung der EU und für eine Integrationsstrategie durch Wettbewerb. Die vier Grundfreiheiten könnten schrittweise auf diese Reformländer ausgedehnt und die Wettbewerbsregeln übertragen werden. Dies impliziert eine Öffnung der Märkte.[906] Eine Integration durch Wettbewerb birgt keine Konflikte zwischen Vertiefung und Erweiterung in sich. Allerdings müssen dann die Konturen der politischen Union in den Bereichen der Justiz- und Innenpolitik und in der Außen- und Sicherheitspolitik klarer herausgearbeitet und verbindlicher gestaltet werde.

3.4 Fazit

Die in der Literatur heftig diskutierte Frage, ob Standortwettbewerb dazu führt, dass die Bereitstellung von öffentlichen Gütern, etwa der Infrastruktur, degeneriert, weil bei Kapitalmobilität die Grenzkosten ihrer Bereitstellung ungünstiger werden,[907] ist in diesem Kapitel näher untersucht worden. Die Befürchtung, dass die einzelnen Länder sich darin überbieten, günstige Bedingungen für privates Kapital zu schaffen, indem sie Steuern senken, mit der Folge, dass die Bereitstellung öffentlicher Güter auf ein ineffizient niedriges Niveau fällt, konnte relativiert werden. Erhöhen sich ceteris paribus die Opportunitätskosten der Bereitstellung der Infrastruktur bei einer ineffizienten Besteuerung, weil Kapital abwandert, dann definiert im neoklassischen Modell die Kurve des Grenzkostenvorteils eine untere Schranke, die dafür sorgt, dass Infrastruktur bereitgestellt wird. Die Nutzer der Infrastruktur werden bereit sein, auch bei Mobilität des Faktors Kapital für eine bessere Infrastruktur Steuern zu zahlen, da

---

906 Die bisher getroffenen "Europa-Abkommen" reichen nicht aus, denn gerade die Märkte, auf denen die mittel- und osteuropäischen Länder wettbewerbsfähig sind, bleiben ihnen verschlossen.

907 Vgl. Zodrow/Mieszkowski (1986), S. 356-370; vgl. die Diskussion zwischen Sinn (1995), S. 240-249 und Blankart (1996), S. 87-91.

sie einen Vorteil aus der verbesserten Infrastruktur generieren. Das „Wettrennen nach unten" findet eine Grenze, es kommt zu keiner Nullversorgung.

Es wurde dargestellt, dass auch Anreize entstehen können, das Angebot an Infrastruktur zumindest teilweise zu privatisieren.[908] Neben der Privatisierung gibt es eine Reihe anderer Möglichkeiten, auch im internationalen Wettbewerb der Standorte für eine Bereitstellung der Infrastruktur zu sorgen und damit die Abwanderung von Kapital zu vermeiden. So kann eine „benefit taxation" durchgeführt werden, d.h. dass derjenige, der von angebotenen Gütern Vorteile hat, auch entsprechende Steuern im Sinne des Äquivalenzprinzips tragen muss.[909] Wie gezeigt wurde, sind wenige Güter, die in den Bereich der Infrastruktur gezählt werden, reine öffentliche Güter, meist liegen Mischgüter vor, bei denen teilweise die free-rider-Problematik überwunden und Zahlungsbereitschaften offengelegt werden können. Eine wirtschaftsbezogene Infrastruktur (Straßen, Seehäfen, Flughäfen) können bspw. oftmals über Preise oder Gebühren (user charges) finanziert werden. In diesen Fällen ist keine Steuer auf das investierte Kapital notwendig und die Opportunitätskosten verändern sich nicht durch eine Kapitalabwanderung. Allerdings ist richtig, dass der Staat bei einer Äquivalenz von Benutzerpreisen und dem Infrastrukturangebot nicht mehr Einnahmen verlangen kann, als er an Mitteln für die Bereitstellung der Infrastruktur aufwendet.[910]

Eine weitere Möglichkeit besteht darin, die Infrastruktur im Sinne des Konzeptes der fiskalischen Äquivalenz[911] als Clubgut zu interpretieren.[912] Dabei ist es realistisch davon auszugehen, dass öffentliche Güter räumlich unterschiedliche Ausbreitungen haben. Folglich ist es sinnvoll, für jedes öffentliche Gut mit eigener räumlichen Ausdehnung eine eigene organisatorische Form zu finden, in der dieses öffentliche Gut als Clubgut bereitgestellt wird und auch die entsprechenden Preise und Gebühren erhoben werden. Der Föderalismus kann als eine Ausprägung der Idee der fiskalischen Äquivalenz interpretiert werden.[913] Durch diese Idee wird der Standortwettbewerb in verschiedenen Ebenen offengelegt.

---

908 Vgl. zu den sog. BOT-Modellen im dritten Kapitel den Abschnitt 3.2.2.1.3.

909 Die benefit taxation vermeidet zwar Kapitalabwanderungen, stellt aber im Allgemeinen keine effiziente Steuererhebung im Sinne der Optimalsteuer dar. Vgl. Siebert (2000), S. 35.

910 Nimmt der Staat Steuern ein, die sich an einer Grenzkostenpreisbildung orientieren, so kann bei fallenden Durchschnittskosten der Infrastruktur (hohe Fixkosten), das Problem auftreten, dass das staatliche Budget nicht ausgeglichen ist. Vgl. Sinn (1995), S. 245.

911 Vgl. zum Konzept der „fiscal equivalence" Olson (1969).

912 Für diese Fälle, in denen das Konzept der fiskalischen Äquivalenz angewendet werden kann, bieten sich Organisationen der FOCJ an; vgl. hierzu in dem fünften Kapitel den Abschnitt 5.3.3.4.

913 Bestimmte öffentliche Güter sollen subsidiär, auf kommunaler Ebene oder von Regionen bereitgestellt werden (Wasserversorgung, Schulsysteme). Andere Güter, die eine größere räumliche Dimension haben, können auf der Ebene der Staaten oder auf europäischer Ebene sinnvollerweise angeboten werden (Außenpolitik oder Verteidigung). Zum Föderalismus, insbesondere zu den Ansätzen des wettbewerblichen und dynamischen Föderalismus vgl. im fünften Kapitel den Abschnitt 5.3.3.

Selbst wenn nur eine schwache Zuordnung zwischen Steuern und Bereitstellung öffentlicher Güter besteht, werden Unternehmen doch positive Effekte erkennen, wenn sie mit einer Steuer konfrontiert sind, solange der Nutzen aus der Bereitstellung des öffentlichen Gutes die Steuerbelastung überwiegt. Beispielsweise ist dies dann der Fall, wenn ein Land über eine gut ausgebaute Verkehrsinfrastruktur und ein gutes Ausbildungssystem verfügt.[914] Ein „race to the bottom“ findet demnach nicht notwendigerweise statt, selbst wenn das free-rider-Verhalten nicht grundsätzlich auszuschließen ist.

Bestrebungen, das Recht des Staates auf Besteuerung von Staatsbürgern auch jenseits der Landesgrenzen durch internationale Kooperationen auszudehnen, sind abzulehnen, da sie eine Einschränkung des institutionellen Wettbewerbs implizieren und eine Ausdehnung der staatlichen Zugriffsrechte bedeuten. Dies könnte zu einer Reduktion der Exit-Option für die Bürger führen und ein zentrales Freiheitsrecht verletzen. Die Exit-Option kontrolliert die Regierungen. Wird sie eingeschränkt, so könnten auch Stabilisierungen totalitärer Systeme über Kooperationen gegen eine offene Gesellschaft im Sinne POPPERs erfolgen. Wenn Systemwettbewerb eine kontrollierende Wirkung auf den Gebrauch politischer Macht impliziert und somit dem Schutz der individuellen Handlungsfreiheit dient, dann wird diese Kontrolle durch die Harmonisierung ausgeschaltet.

Die Befürchtungen, dass durch den Systemwettbewerb der Handlungsspielraum des Staates bei der sozialen Sicherung zu sehr eingeschränkt werde,[915] sind ebenfalls analysiert worden. Der Staat wird in diesem Zusammenhang als Versicherung gegen ein geringes Arbeitseinkommen angesehen, die insbesondere dann abgeschlossen wird, wenn der Schleier der Unkenntnis[916] über die künftige eigene Einkommenssituation besteht. Wird durch die zunehmende Mobilität des Kapitals und die vom Systemwettbewerb ausgehenden Anreize, die Steuer auf Kapital zu senken, die Möglichkeit des Staates verringert, diese Versicherung durch Steuern auf Kapital und Unternehmen zu finanzieren, so verteuern sich die Beiträge des Faktors Arbeit. Diese Verteuerung führt zu Substitutionsvorgängen zu Ungunsten der Beschäftigung.

Dem wurde entgegengestellt, dass der Beitrag der Kapitalsteuer für die Finanzierung der sozialen Sicherungssysteme als nicht so bedeutend anzusehen ist.[917] Zum anderen ist es fragwürdig, ob es eine für die Wirtschaftspolitik tragfähige Konzeption ist, den Staat in paternalistischer Sicht in dieser umfassenden Weise als eine Versicherung

---

914 Diese Überlegungen sind ebenfalls übertragbar auf Güter, die nicht direkt in die Produktionsfunktion der Unternehmen einfließen. Werden etwa Güter der sozialen Kohärenz oder das kulturelle Umfeld, die nur indirekt für das Unternehmen relevant sind, betrachtet, so ist es nicht auszuschließen, dass Unternehmen dennoch bereit, sich an der Finanzierung zu beteiligen, da positive Effekte auf das Unternehmen abstrahlen.

915 Vgl. Sinn (1997b), S. 247-274.

916 Zu dem „veil of ignorance“ vgl. Rawls (1971).

917 Vgl. im dritten Kapitel den Abschnitt 3.2.2.1.2.

gegen zu geringes Einkommen anzusehen, und daraus eine Sicherung und einen Ausbau des Wohlfahrtsstaates für Europa abzuleiten.[918]

Zu den „sauren Zitronen bei asymmetrischer Information“ ist zusammenfassend zu sagen, dass die Gefahr des Fehlschlagens des Wettbewerbs in den Produktnormen zwischen Ländern aufgrund einer mangelhaften Information der Nachfrager grundsätzlich dadurch behoben werden kann, indem den Konsumenten die notwendigen Informationen zur Verfügung gestellt werden. Die Eigenschaft der Konsumentensouveränität bliebe dann unangetastet. In den Fällen, in denen strategisches Verhalten der Anbieter zu schwerwiegenden Kosten aus Sicht der Konsumenten führen kann und daher der Prozess des „trial and error“ gescheut wird, könnte in Einzelfällen über die Verabschiedung hoheitlicher Normen zum Konsumentenschutz nachgedacht werden. Denkbar ist in diesem Zusammenhang bspw. die Einführung bestimmter Mindestnormen in den Bereichen des Gesundheitsschutzes.

Das Selektionsprinzip, das besagt, dass der Wettbewerb nicht auf die Staaten übertragen werden darf, ist nicht überzeugend. Aus der Tatsache, dass der Nationalstaat sich (auch) aus der Internalisierung nationaler Externalitäten oder aus der Bereitstellung nationaler öffentlicher Güter begründet, lässt sich nicht logisch ableiten, dass die einzelnen Mitgliedstaaten in der EU bei der Bereitstellung dieser nationalen öffentlichen Güter nicht in einen Wettbewerbsprozess eintreten sollten, wenn es sich um nationale externe Effekte oder um nationale öffentliche Güter handelt. Eine Internalisierung auf europäischer oder weltwirtschaftlicher Ebene ist nur dann zu überlegen, wenn es sich um globale externe Effekte oder globale öffentliche Güter handelt.[919]

In den Fällen, in denen ein „Versagen“ des Systemwettbewerbs diagnostiziert werden kann, ist zwar die notwendige, aber nicht hinreichende Begründung für eine Harmonisierung von Rechtsregeln gegeben, denn es kann keinesfalls in jedem dieser Fälle als gesichert gelten, dass Harmonisierung die "bessere" Lösung erzielt, als dies der Wettbewerb vermag.[920] Werden aus dem Wettbewerbsversagen die Notwendigkeit von Harmonisierungsstrategien abgeleitet, so erfolgt dies häufig unter der Annahme, dass Harmonisierungslösungen von allwissenden und wohlmeinenden Politikern ausgehandelt werden. Diese Annahme kann ähnlich wie im Fall, in dem aus einem Marktversagen die unbedingte Notwendigkeit staatlicher Regulierungen abgeleitet wird, als "Nirwana-Ansatz" bezeichnet werden.[921] Harmonisierung verhindert den Wettbewerb als Entdeckungsverfahren, denn es wird dem Gebiet der Europäischen Union bei dieser Strategie die Möglichkeit genommen, stets neue institutionelle

---

918 Vgl. Siebert (1998), S. 41-67.

919 Klodt gibt hierzu zu bedenken, dass eine internationale Kooperation nur dann angebracht ist, wenn die Kosten, Regeln aufzustellen, nicht größer sind als die Nutzenvorteile aus gemeinsamen Regeln. Vgl. Klodt (1999).

920 Vgl. Streit (1996a) und (1996c).

921 Vgl. Demsetz (1969).

Problemlösungen zu entdecken und sie auf Zweckmäßigkeit zu überprüfen. Insbesondere bei der Diskussion um die Integrationsstrategien und der Begründung der Notwendigkeit zur Harmonisierung aus einem „Versagen" des Systemwettbewerbs fällt auf, dass diese Diskussion in ihrer modelltheoretischen Fundierung durch neoklassische Modelle dominiert wird. Die traditionelle Untersuchungsmethode der neoklassischen Ordnungstheorie begreift die politische Ordnung als einen Teil der nicht analysierbaren Rahmenbedingungen und wird insofern dem hier formulierten Ziel der Analyse des Zusammenspiels der ökonomischen und politischen Ordnung nicht gerecht. Die wohlfahrtsökonomische Analyse verdrängt, dass Systemwettbewerb im Sinne HAYEKs ein Entdeckungsverfahren, eine Methode zur Aufdeckung neuer Problemlösungen ist.[922] Wettbewerb zwischen Staaten als Anbieter allgemeiner Regeln kann zu Effizienzsteigerungen beitragen, indem er Anreize setzt, neue Lösungen zu finden und auch zu Anpassungen zwingt.[923] Der Wettbewerb zwischen Systemen ist geeignet, die Präferenzen der Bürger aufzudecken. Insbesondere in einem Binnenmarkt mit heterogenen nationalen politischen Präferenzen kann der Wettbewerb dazu dienen, die Opportunitätskosten nationaler Präferenzen zu enthüllen. Diese Eigenschaften des Systemwettbewerbs, die Kostenkontrolle durch Entdeckungsverfahren und die Kontrolle der Regierungen in Verbindung mit einer Offenlegung der Bürgerpräferenzen sind den möglichen Bedenken der Wirkung des Systemwettbewerbs entgegenzustellen.

Die kurze Analyse der integrationspolitischen Ausrichtung des europäischen Vertragswerkes hat den bereits im zweiten Kapitel gewonnenen Eindruck erhärtet, dass seit dem EWGV die wettbewerblichen Elemente in den Verträgen zurückgedrängt wurden und die Strategie der Harmonisierung von Politikbereichen dominanter wurde. Insbesondere durch die EEA und den Vertrag von Maastricht wurde eine Tendenz erkennbar, die als Zentralisierungs- und der Re-Regulierungsversuche beschrieben wurden. Diese knappe Untersuchung belegt eindrucksvoll die Notwendigkeit einer grundsätzlichen Überarbeitung der integrationspolitischen Ausrichtung der Regeln für die Europäische Union und die konstitutionelle Verankerung eines Systemwettbewerbs.

---

922 Vgl. den Abschnitt 3.2.3.4.3. „Wenn irgend jemand tatsächlich all das wüsste, was die ökonomische Theorie als „Daten" bezeichnet, so wäre Wettbewerb gewiß eine höchst verschwenderische Methode zur Herbeiführung einer Anpassung an diese Daten (...). Demgegenüber ist es nützlich, sich ins Gedächtnis zu rufen, daß überall dort, wo wir uns des Wettbewerbs bedienen, dies nur damit gerechtfertigt werden kann, daß wir die wesentlichen Umstände nicht kennen, die das Handeln der im Wettbewerb Stehenden bestimmen." Hayek (1969q), S. 249.

923 Zu der integrationspolitischen Ausrichtung des europäischen Vertragswerkes vgl. den Abschnitt 3.3. So hat sich der institutionelle Wettbewerb in der Europäischen Union, ausgelöst durch die Anerkennung der Regeln des Ursprungslands, als ein „Büchsenöffner" für nationale Regulierungen erwiesen. Interessenverbände gerieten unter Druck und rent seeking konnte begrenzt werden. Vgl. Lorz (1998), S. 265-279. Über die Zähmung des Leviathan („the taming of leviathan") infolge des Systemwettbewerbs vgl. Sinn, S. (1992b) und Brennan/Buchanan (1980).

Insofern werden im weiteren Verlauf der Arbeit im vierten Kapitel diejenigen evolutorischen und konstitutionenökonomischen Ansätze näher geprüft und dargestellt, die sich in der Diskussion des Systemwettbewerbs als recht tragfähig in ihrer Argumentation dargestellt haben. Es sollen der evolutorische Ansatz nach Hayek und die vertragstheoretische Konzeption nach Buchanan näher untersucht und hinsichtlich ihrer Aussagekraft zur Entwicklung von Grundzügen einer Verfassung für die Europäische Union geprüft werden. Hierzu wird es nötig sein, diese Ansätze darzulegen, von ähnlichen Theorien abzugrenzen und schließlich den Versuch einer Synthese zu unternehmen. Da es im fünften Kapitel darum gehen soll, Linien für einen Verfassungsentwurf für Europa vorzugeben, wird es das Ziel sein, im vierten Kapitel ein theoretisches Fundament zu schaffen, wie der System- oder Ordnungswettbewerb als die grundsätzlich überlegene Integrationsstrategie konstitutionell abzusichern ist.

4 Verfassung einer offenen Gesellschaft

4.1 Einführung

Bisher wurde die institutionelle Ausgestaltung und der Prozess der Entscheidungsfindung der EU näher dargestellt. Hierbei wurden die europäischen Institutionen und die politischen Prozesse mit ihren politischen Akteuren einer positiven Analyse unterzogen. Das Ergebnis war insofern unbefriedigend, als dass die europäische Politik nicht an den Interessen der europäischen Bürger und Wählern orientiert ist. Dies kann als ein rationales Ergebnis einer eingehenden Analyse der europäischen politischen Prozesse nicht überraschen. Eine Arbeit, die sich mit der Integration Europas befasst, darf sich nicht in einem deskriptiven Teil erschöpfen, sondern muss weitergeführt werden, indem nach institutionellen Reformvorschlägen gesucht wird. Diese Suche nach Reformvorschlägen, deren eingehende Darstellung Inhalt des fünften Kapitels sein wird, vorzubereiten und theoretisch zu fundieren ist der Gegenstand dieses vierten Kapitels.

Die Untersuchungen der Möglichkeiten und Grenzen des Systemwettbewerbs als ordnungspolitisches Konzept für die europäische Integration haben deutlich gezeigt, dass die Analysen des Systemwettbewerbs auf der Grundlage der neoklassischen Modelle enge Grenzen der Erkenntnisfähigkeit gesetzt sind.[924] Insofern erscheint es notwenig, das evolutorische Verständnis des Systemwettbewerbs zu vertiefen und die vertragstheoretischen Ansätze hinsichtlich ihrer Eignung für die hier zu untersuchende Fragstellung, der Entwicklung einiger Grundlinien für eine europäische Verfassung, zu prüfen. Im Folgenden kommt ein Wettbewerbskonzept zur Anwendung, das sich in zweifacher Weise von typischen Wettbewerbsmodellen neoklassischer Provenienz unterscheidet: Wettbewerb wird als Interaktionsprozess verstanden, bei dessen Analyse institutionelle Handlungsspielräume und individuelle Handelungsrechte sowie der konstitutionelle Wissensmangel der Akteure die entscheidende Rolle spielen. Es wird somit das ordnungsökonomische und marktprozesstheoretische Verständnis von Wettbewerb als Prozess genutzt.[925] Wettbewerb erweist sich darüber hinaus als ein

---

[924] „Wettbewerb als Entdeckungsverfahren“ lautete der Vortrag, den Friedrich A. von Hayek 1968 am Kieler Institut für Weltwirtschaft gehalten hat. Er beginnt mit der provokanten Feststellung, daß Nationalökonomen „seit vierzig oder fünfzig Jahren den Wettbewerb meist unter Voraussetzungen untersucht haben, die, wenn sie in der Wirklichkeit zuträfen, diesen Wettbewerb völlig uninteressant und nutzlos machen würden.“ Hayek (1969q), S. 249. Hierzu zählt Hayek in erster Linie die Modellannahmen vollständiger Information als Grundlage individueller Pläne und gegebener, homogener Güter als Objekte sozialer Interaktionen.

[925] Vgl. zu diesen Überlegungen die Ausführungen von Röpke (1977); Hoppmann (1988); Streit (1992c); Kerber (1997) und Vanberg (1993).

Verfahren zur Aufdeckung von Wissen.[926] Diese Eigenschaft von Wettbewerbsprozessen kann mit den neoklassisch fundierten Theorien nicht adäquat abgebildet werden. Das Konzept des Wettbewerbs als Entdeckungsverfahren verdeutlicht, dass Aussagen über die optimale Nutzung gegebener Ressourcen bei gegebenem Wissen über Produktions- und Tauschmöglichkeiten zur Beurteilung von Wettbewerbsprozessen ungeeignet sind, da sie diejenigen Umstände als bekannt voraussetzen, die im Wettbewerb erst entdeckt werden müssen.[927]

Es wird an dieser Stelle eine normative Analyse angeschlossen, die auf der Basis der ökonomischen Theorie der Verfassung die Entstehung, Wirkung und Änderung von Verfassungsregeln allgemein untersucht und so eine spätere Anwendung auf die Europäische Union möglich macht. In diese Untersuchung wird der evolutionstheoretische Ansatz von HAYEK Eingang finden. (Damit ist der klassische Liberalismus verknüpft, der die Grundlage vieler Arbeiten HAYEKs darstellt. Auch werden die Arbeiten einiger „Schüler" HAYEKs betrachtet, da sie eine Fortentwicklung seiner Ansätze darstellen.) Der vertragstheoretische Ansatz von BUCHANAN (mit der Berücksichtigung der Abgrenzungen zu NOZICK und RAWLS) wird im Rahmen der konstitutionenökonomischen Analyse weiterverfolgt. Zielführend bei dieser Auswahl ist die Überlegung aus dem dritten Kapitel, dass der evolutorische Ansatz in seiner Begründung und Entwicklung der Meta-Regeln seine Grenzen hat. Durch die Ergänzung durch die vertragstheoretische Sichtweise nach BUCHANAN soll das methodische Problem des infinitiven Regresses der Regelebenen, das besteht zwischen der Befürwortung des Wettbewerbs als Entdeckungsverfahren zur Überwindung konstitutionellen Wissensmangels einerseits und der Notwendigkeit der Entwicklung von Grundnormen andererseits, überwunden werden.

Die hier getroffene Auswahl der zu betrachtenden Ansätze hat ihren Ursprung in der tiefen Überzeugung, dass EUCKENs und HAYEKs Ansätze der Ordnungsökonomik einen wesentlichen Beitrag leisten für die Lösung des Problems, eine Ordnung für Europa zu finden. Die Ideen müssen differenziert, ergänzt und weiterentwickelt werden. Der Kerngedanke, den Wettbewerb für die Suche nach präferenzkonformen Ordnungen und für politische Innovationen fruchtbar zu machen, wird aufgenommen und weitergeführt. Hierfür bedarf es eines übergeordneten Regelwerkes, das den Wettbewerb sichert und schützt. Eine Ordnung für Europa sollte in der Lage sein, die Dynamik des Wandels und des Wissens ordnungsökonomisch bzw. institutionell zu verarbeiten. Dabei gilt es zu bedenken, dass Zukunftsentwürfe für Europa sich stets an den Präferenzen der Bürger zu orientieren haben, d.h. demokratisch sein sollten. Sie

---

926 Wettbewerb ist zu verstehen in dem Sinne Hayeks als ein „Verfahren zur Entdeckung von Tatsachen, (...) die ohne sein Bestehen entweder unbekannt bleiben oder zumindest nicht genutzt werden könnten" Hayek (1969q), S. 249.

927 „(...) um festzustellen, ob der Wettbewerb in der Wirklichkeit zu einer solchen Nutzung von Kenntnissen führt, die ohne ihn nicht genutzt würden, müsste zumindest der (...) Wissenschaftler dieses Wissen schon besitzen, und dann brauchten wir den Wettbewerb nicht mehr, um es zu nutzen" Hayek (1969m), S. 170.

müssen aber auch offen für Veränderungen eben dieser Bürgerpräferenzen sein und somit der Forderung nach der Anpassungsfähigkeit des Ordnungssystems an einen sich u.U. beschleunigenden Wandel gerecht werden.

Die These dieser Untersuchung ist, dass ein Reichtum an unterschiedlichen institutionellen Problemlösungen durch das Nebeneinander verschiedener ordnungspolitischer Konzeptionen einer einheitlichen europäischen Wirtschafts- und Gesellschaftsordnung vorzuziehen ist. Es wird angenommen, dass der Wettbewerb zwischen den Wirtschafts- und Rechtsordnungen der einzelnen Länder - ähnlich wie der Wettbewerb zwischen Unternehmen - zur Entdeckung von an den Bürgerpräferenzen orientierten ordnungspolitischen Problemlösungen führt. Hier wird auf die evolutorische Wettbewerbsinterpretation von HAYEK abgestellt.

Erwähnenswert erscheint in diesem Zusammenhang, dass weder das Konzept der Integration durch Intervention (über Politik) noch das Konzept der Integration durch Wettbewerb (über Märkte) die evolutorische Ordnungskonzeption erfasst. Beide Konzeptionen werden der evolutorischen Konzeption, die im Wesentlichen nicht mit Gedanken der Zentralisierung, der Harmonisierung, der Vereinheitlichung ordnungspolitischer Leitbilder zu vereinbaren ist, nicht gerecht. Die Integration über die Politik beinhaltet eine ex-ante Harmonisierung von Regeln und führt zu einer Verlagerung von Politikbereichen auf die europäische Ebene, also zu einer Zentralisierung von Entscheidungsmacht. Die unterschiedlichen ordnungspolitischen Leitbilder werden im Rahmen politischer Verhandlungen zu einem Kompromiss fusioniert. Die Integration über die Märkte wird zunächst als eine wettbewerbsoffene Veranstaltung dargestellt, die aber – gemäß der Interpretation neoklassischer Provenienz - im Rahmen der dynamischen Anpassungsprozesse über Selektion von Regeln zu einer ex-post Harmonisierung führt, die sich dadurch auszeichnet, dass dieser Endzustand die „beste" institutionelle Struktur beschreibt, aber dennoch auch zu einer Erstarrung der Ordnung Europas führt.

Unwesentlich erscheint im Rahmen dieser endzustandsorientierten, eher statischen Diskussion, ob der Zustand der Harmonisierung nun ex-post oder ex-ante herbeigeführt wird, da dieser Endzustand in keinem Fall der Komplexität der sich permanent entwickelnden Anforderungen gerecht zu werden vermag. Beide Konzeptionen sind mit einer evolutorischen Ordnungskonzeption unvereinbar. Deshalb erscheint es dringend geboten, die institutionelle Offenheit der Europäischen Union konstitutionell abzusichern. Die Wettbewerbsoffenheit sollte als eine Art evolutorische Wettbewerbskonzeption durch den politischen Rahmen garantiert werden. Der Wettbewerb bedarf einer fortwährenden Sicherung, um einen

Leistungswettbewerb zu generieren und eine Behinderung der wettbewerblichen Ordnung auszuschließen.[928]

Die Arbeiten von HAYEK sollen bezüglich des hier untersuchten Themas hinsichtlich seiner wesentlichen Ergebnisse zu dem Evolutionsprozess, dem Begriff des konstruktivistischen Rationalismus, seines „Zwei-Kammern-Systems“, der allgemeinen Verfassungsregeln und möglicher institutioneller Reformen kurz dargestellt werden. BUCHANANs Ansatz stellt im Rahmen seiner Kritik an dem „Evolutionismus“ eine vertragstheoretische Alternative dar, mit dem Ziel, institutionelle Reformen im Rahmen abstrakt geformter Verhaltensregeln zu entwickeln.

Bei aller Unterschiedlichkeit dieser beiden Ansätze, ist es auch ein Ziel dieser Arbeit, eine mögliche Verbindung der Konzepte zu erreichen, um der Fragestellung nach einem konsistenten individualistisch-liberalem Ansatz zur Lösung der Problematik konstitutioneller Reformen innerhalb der Europäischen Union einen Schritt näher zu kommen. HAYEK subsumiert unter den Begriffen „Evolution“ und „konstruktivistische Ordnung“ verschiedene Vorstellungen, deren tatsächliches Konfligieren mit der vertragstheoretischen Konzeption BUCHANANs erst einer genaueren Untersuchung bedarf. Allerdings weist BUCHANAN selbst auf die Unterschiede der Ansätze hin, indem er HAYEK als „Evolutionisten“ klassifiziert und demgegenüber seine eigene Konzeption als „vertragstheoretisch“ kennzeichnet. Aus HAYEKs Perspektive würde diese vertragstheoretische Sichtweise möglicherweise unter dem Dach des „konstruktivistischen Rationalismus“ seinen Platz finden. Ein möglicher Hinweis auf die Vereinbarkeit der Ansätze von HAYEK und BUCHANAN könnte darin bestehen, dass sie in ihrer Methodik, ihren Aussagen und Zielen nicht unbedingt weit voneinander entfernt sind. Beide sind als strikte methodologische Individualisten zu bezeichnen, sie bauen somit auf der gleichen theoretischen Basis ihre gedanklichen Gebäude auf. Beide kritisieren die Entwicklungstendenzen in westlichen Demokratien und beide sind auf der Suche nach wirksamen konstitutionellen Beschränkungen staatlicher Macht.

4.2 Hayeks evolutionstheoretischer Ansatz

4.2.1 Der Begriff der Evolution

HAYEK versucht den Prozess der gesellschaftlichen Evolution hypothetisch zu rekonstruieren,[929] da über die tatsächliche Entstehung menschlicher Kultur wenig

[928] Betont werden sollte an dieser Stelle, dass der Begriff Ordnung – ganz im Sinne Euckens – nicht als eine Beschreibung einer feststehenden Struktur Verwendung findet, sondern als substantiviertes Verb zu verstehen ist; Ordnung als permanent fortlaufender Prozess des Ordnens.

[929] Vgl. Hayek (1979a), S. 13.

überliefert ist. Hierbei geht es HAYEK nicht um die Nacherzählung historischer Prozesse, sondern um die grundsätzlichen Einsichten über Entwicklungsgesetze der Zivilisation.[930] Seine Evolutionstheorie ist hierbei als reine positive Theorie zu verstehen, die erst im zweiten Schritt normative Implikationen zur Beeinflussung gesellschaftlicher Ordnungen ableitet.[931] Diese normativen Implikationen sind letztlich die maßgebliche Basis für Entscheidungsinstanzen, die die Überlebensfähigkeit einer Gesellschaft im Evolutionsprozess bestimmen.[932] Die spontane Ordnung in einer Gesellschaft entsteht bei HAYEK innerhalb eines evolutorischen Prozesses. Die entscheidende Eigenschaft einer spontan entstehenden Ordnung ist, dass sie aus dem Zusammenwirken einer Vielzahl von Einzelelementen resultiert. Einerseits ergibt sich diese Ordnung aus dem Umstand, „(...) daß ihre Elemente in ihren Reaktionen auf ihre unmittelbare Umgebung bestimmter Regeln folgen."[933] Andererseits ist die spontane Ordnung jedoch nicht die zwangsläufige Folge eines regelmäßigen Verhaltens. Die Folgen des regelmäßigen Verhaltens dienen vielmehr als Selektionskriterium für die angewandten Regeln, indem diejenigen Regeln beibehalten werden, die sich als vorteilhaft für die spontane Ordnung erweisen.

4.2.2 Von der geschlossenen zu der offenen Gesellschaft

4.2.2.1 Entwicklung von Ordnungen

Die Handlungen von Mitgliedern einer Gesellschaft sind nach HAYEK wechselseitig aufeinander abgestimmt. Sie weisen somit eine gewisse Ordnung auf.[934] Unter Ordnung versteht HAYEK in einen Zustand:

> „(...) in dem eine Vielzahl von Elementen verschiedener Arten in solcher Beziehung zueinander stehen, daß wir aus unserer Bekanntschaft mit einem räumlichen oder zeitlichen Teil des Ganzen lernen können, richtige Erwartungen bezüglich des Restes zu bilden oder doch zumindest Erwartungen, die sich sehr wahrscheinlich als richtig erweisen werden."[935]

---

930 Seine Arbeiten stehen in einem engen gedanklichen Spannungsverhältnis zu den Arbeiten von Mises und Eucken; Poppers offene Gesellschaft liefert entscheidende Bezüge zu den Ansätzen Hayeks; Smith, Mandeville, Furguson, Hobbes und Rousseau stehen in einer Entwicklungslinie zu den Arbeiten Hayeks, die von Darwin mit seinen evolutionstheoretischen Ansätzen der Mutation und Selektion in der Biologie ihre Entsprechung fanden. Hayek selbst weist darauf hin, dass „die Vorstellung eines Entwicklungsprozesses, durch die komplexen Strukturen im menschlichen Leben gebildet wurden". Dieses Gedankengut stammt der Antike und wurde durch die schottischen Moralphilosophen wieder aufgegriffen, bevor Lamarck und Darwin den Evolutionsgedanken wieder in die Biologie einbrachten. Vgl. Hayek (1969k), S. 127 ff. und Hayek (1983b), S. 17 ff.

931 Vgl. auch Vanberg (1984), S. 83-112 und Vanberg (1989), S. 170-182.

932 Vgl. Pies (1993), S. 72 ff.

933 Hayek (1986), S. 65. Zu dem stabilisierenden Charakter der spontanen Ordnung vgl. Hayek (1979), S. 16.

934 Vgl. Hayek (1969d), S. 32.

935 Hayek (1969d), S. 37.

Regeln, die das Verhalten der Gesellschaftsmitglieder steuern, werden als die Ordnungskräfte bezeichnet. Eine durch Regeln konstituierte Ordnung beschränkt zunächst für jedes Individuum als ein Mitglied der Gesellschaft eine Einschränkung des individuellen Handlungsspielraums. Dann aber ermöglicht diese Ordnung jedoch eine weitgehende Freiheit des Einzelnen, da sie gleichermaßen die Spielräume der Anderen einschränkt. Das Zusammenwirken einer Vielzahl von Regeln ermöglicht durch die Gewährleistung einer Konstanz und Verlässlichkeit dem Individuum, seine Ziele zu verfolgen und zu verwirklichen. Die Systeme von Regeln, die eine Gesellschaft wie ein Netz durchwirken, sind aber nicht starr und fix, sondern entwickeln sich unter Wettbewerbsbedingungen. Effiziente Ordnungen verdrängen so die weniger effizienten, wobei der Selektionsprozess weniger bestimmt wird durch den bekannten Nutzen für das jeweilige Individuum oder die Gesellschaft als ganzes, sondern der Selektionsprozess verschiedener Ordnungen wird geleitet von dem Beitrag zu Wachstum und Überlebensfähigkeit der Gruppe, den die jeweilige Ordnung zu leisten in der Lage ist.[936] Nicht das Individuum mit seiner Ratio, sondern der Wettbewerb als dynamischer Prozess liefert die Selektionskriterien.[937]

Allerdings unterscheidet HAYEK den Wettbewerb innerhalb der Gruppe, der zu Regelselektionen führt, von dem Wettbewerb zwischen Gruppen, aus dem eine Gruppenselektion folgt.[938] So werden gesellschaftliche Gruppen durch den Wettbewerb mit anderen Gesellschaften gezwungen, effiziente Systeme von Regeln zu finden oder zu imitieren, wollen sie nicht im Evolutionsprozess untergehen. Daraus folgt eine Dominanz der relativ effizienteren Gesellschaftsordnungen über die weniger effizienten.[939] HAYEK bezieht sich in seinem evolutionstheoretischen Ansätzen explizit

---

936 Lebensformen, die sich in einem lockeren Verbund zusammenfanden, schafften sich damit einen direkten Vorteil im Überlebenskampf gegenüber anderen nicht-organisierten Lebensformen. Erst durch die Sippenbildung der Individuen wurde eine Spezialisierung möglich und erste Prozesse der Arbeitsteilung konnten stattfinden. Durch die Bildung einer Gruppe und die Spezialisierung bspw. auf die Jagd, die Kinderpflege und später auf den Ackerbau konnte die Nahrungsmittelversorgung effizient organisiert werden und durch die Herausbildung kooperativer Strukturen wurde es dem einzelnen Individuum möglich, seine eigenen Bedürfnisse besser zu befriedigen. Die Verteidigung gegen Aggressoren ließ sich in einer Kleingruppe wesentlich besser realisieren, als dies einem einzelnen Individuum möglich wäre. Auch die Weitergabe erworbenen Wissens und Fertigkeiten auf die nächste Generation ist durch die Gruppenbildung besser möglich geworden. Ein wichtiger Aspekt ist demnach, dass ein Individuum durch die Gruppenzugehörigkeit Selektionsvorteile gegenüber anderen Individuen erlangen konnte. Vgl. Wuketits (1990), S. 70; Wuketits (1984), S. 125; Dahme (1990), S. 158 und Hayek (1996a), S. 13.

937 „Die evolutionäre Auswahl verschiedener Regeln individuellen Verhaltens wirkt durch die Lebensfähigkeit der Ordnung, die durch sie hervorgebracht wird.“ Hayek (1969l), S. 146.

938 Vgl. Hayek (1979b), S. 25.

939 Ein aktuelle Beispiel liefert der Zusammenbruch der sozialistischen Planwirtschaften in den osteuropäischen Ländern Ende des letzten Jahrhunderts; man könnte dies als ein Ergebnis eines Wettbewerbs zwischen dem Ordnungssystem der sozialistischen Zentralplanwirtschaft einerseits und marktwirtschaftlicheren Gesellschaftssystemen begreifen.

auf Arbeiten von schottischen Moralphilosophen des 18. Jahrhunderts[940] und die Vertreter der historischen Schule des Rechts.

4.2.2.2 Konkrete Ordnung und geschlossene Gesellschaft

Zur Rekonstruktion des Wandels in Form einer „conjectural history“ wählt HAYEK das Beispiel einer primitiven Horde, die weitgehend von den genetisch kodierten Instinkten geleitet wurde. Er nimmt an, dass durch zufällige Normvariationen solche Regeln entstanden, die eine Abweichung und Unterdrückung von Instinkten bedeuten, gleichzeitig aber ein friedliches Zusammenleben in größeren Gruppen erlauben.[941] Am Anfang des gesellschaftlichen Evolutionsprozesses stand die geschlossene Stammesgesellschaft.[942] Drei bis vier Millionen Jahre lang lebten die Menschen in Gruppen zwischen 15 und 40 Personen. Alle Gruppenmitglieder waren sich somit persönlich bekannt, es handelte sich um eine sog. „face-to-face-society“.[943] Die Stellungen der Individuen innerhalb der Gruppe waren genau bestimmt, es wurde in der Gemeinschaft nach gemeinsamen Zielen gestrebt und ein Zuwiderhandeln diesen gemeinsamen Interessen wurde mit Ausschluss bestraft. Es ist eine notwendige Folge einer derartigen Gesellschaftsform, dass die Komplexität einer Definition der gemeinsamen Ziele begrenzt wird durch die Kapazität der zentralen Planungsinstanz der Gruppe, Probleme zu verarbeiten.[944]

Eine Ordnung wird innerhalb der menschlichen Gesellschaft durch offizielle, formale Regeln und Gesetze sowie durch informelle Konventionen, Bräuche und Gewohnheiten herbeigeführt. Die spontane Ordnung stellt zwar eine Form dar, denn sie bildet sich aufgrund menschlicher Handlungen, sie ist jedoch nicht das Ergebnis einer menschlichen Planung.[945] Die spontane Ordnung, welche HAYEK Kosmos[946]

---

940 Hayek nimmt Bezug auf Mandeville, Hume, Tucker, Smith und Ferguson; vgl. Hayek (1969h), S. 100. Da sie erstmals den evolutionstheoretischen Ansatz auf soziale Phänomene anwendeten und ihn in Bezug auf sie auch entwickelten, bezeichnet Hayek sie auch als „Darwinisten vor Darwin“. Allerdings darf dieser Ausdruck keinesfalls mit dem „Sozial-Darwinismus“ verwechselt werden, der sich auf die Selektion von Individuen selbst bezieht und deren angeborenen Fähigkeiten zu erklären sucht. Die „Darwinisten vor Darwin“ beziehen wie später auch Hayek den Selektionsbegriff hingegen auf soziale Institutionen und Praktiken sowie auf kulturell überlieferte Praktiken und Fähigkeiten der Individuen, die bestimmt werden von dem Regelgeflecht, das die jeweilige Gesellschaft durchzieht. Vgl. Hayek (1980), S. 40.

941 Vgl. Hayek (1979c), S. 20 f.; vgl. Radnitzky (1984), S. 14.

942 Vgl. Popper (1992a), S. 207 und Hayek (1979a), S. 19 ff.

943 Vgl. Hayek (1979b), S. 23 f.

944 Manchmal wird auf diese geschlossene Gesellschaft die Organismus-Theorie des Staates, die den Staat als eine Art von Lebewesen betrachtet, angewendet. Vgl. Popper (1992), S. 205-210. Bei dieser Vorstellung bildet die zentrale Planungsstelle den Kopf des Lebewesens, der die Bewegung des übrigen Körpers entsprechend der gemeinsamen, übergeordneten Ziele koordiniert.

945 Vgl. Hayek (1986), S. 59. Dies bedeutet, dass die spontane Ordnung entsteht, ohne dass ein planender Schöpfer dies herbeigeführt hätte. Die spontane Ordnung kann als Ergebnis der Verhaltensweisen der einzelnen Individuen und der Interaktionen interpretiert werden, aber sie ist

nennt, entsteht endogen. Sie geht hervor aus einem sich-selbst-erzeugenden gesellschaftlichen Prozess, der durch allgemeine Verhaltensregeln gelenkt wird.[947]

Das Ordnungsmerkmal einer geschlossenen Gesellschaft hingegen sind konkrete Regeln (griechisch: Thesis)[948] und mehr oder weniger genau formulierte Anweisungen und Gebote. Sie bilden zusammen eine konkrete oder „gemachte" Ordnung (griechisch: Taxis), die das individuelle Handeln des Einzelnen in eine Verfolgung der gemeinsamen Ziele lenkt.[949] Diese exogene Ordnung wird von Menschen bewusst entworfen und bringt ihre einzelnen Bestandteile aufgrund eines Planes zueinander in Beziehung.[950] Das individuelle Verhalten wird determiniert durch die Gruppenziele, so dass keine Freiheiten und auch keine persönliche Verantwortung entstehen. Die Verhaltensweisen des Einzelnen werden so in den Dienst der Gruppe gestellt.

4.2.2.3 Abstrakte Ordnung und offene Gesellschaft

Die Entwicklung von der geschlossenen zu der offenen Gesellschaft wurde hervorgerufen durch die Bevölkerungsvermehrung und den daraus resultierenden Tauschhandel zwischen den verschiedenen Gruppen.[951] Die Gruppen und Stämme vergrößerten sich und kamen miteinander in Berührung, die Kulturen entwickelten sich im Wettbewerb der Gesellschaften von einer face-to-face-Gesellschaft zu komplexeren Gesellschaften, deren Mitglieder nicht mehr über eine einheitliche Zielhierarchie verfügten und die das Wissen um der Lösbarkeit verschiedener komplexerer Probleme auf viele verteilt sahen. So wurden die konkreten Regeln einer festen, starren Ordnung ersetzt durch abstrakte Regeln (griechisch: Nomos).

Im Gegensatz zu den Thesis, die die Individuen auf gemeinsame Ziele festlegten und ein zweckgerichtetes Verhalten von ihnen erfordern, sind die Nomos meist negativ formuliert und verbieten die geschützte Sphäre eines jeden Individuums zu verletzen. Unter Nomos versteht HAYEK eine allgemeine Art von Regeln, die sich innerhalb einer spontanen Ordnung herausbilden.[952] Diese schützenswerte Sphäre wird auch durch

---

nicht das Ergebnis eines konkreten Willens oder bestimmter Absichten einzelner Akteure. Nach Hayek sind die wenigsten Kategorien von Ordnungen auf eine bewusste menschliche Planung zurückzuführen. Die meisten und wirksamsten Arten der Ordnung, wie bspw. die Moral und die Sprache sind selbstorganisatorisch entstanden. Vgl. Hayek (1969d), S. 32-46; Hayek (1986), S. 59; Hayek (1969i), S. 97-107; Hayek (1976b) und Hayek (1969m), S. 161-198.

946 Vgl. Hayek (1986), S. 59.

947 Vgl. Hayek (1986), S. 65. Diese allgemeinen Regeln können einerseits genetischen Ursprungs sein und zum anderen aus einer soziokulturellen Evolution durch Lernen erworben werden. Vgl. Hayek (1979c), S. 20 f.

948 Als Thesis bezeichnet er eine Regel, „die nur auf bestimmte Personen anwendbar ist oder den Zwecken der Herrschenden dient." Hayek (1994), S. 212.

949 Vgl. Hayek (1980), S. 57 ff. und Hayek (1969d), S. 40 ff.

950 Vgl. Hayek (1986), S. 58 ff.

951 Vgl. Popper (1992a), S. 210 ff. und Hayek (1981b), S. 151.

952 „(…) eine allgemeine Regel gerechten Verhaltens (…), die für eine unbekannte Zahl künftiger Fälle und gleichermaßen für alle Personen gilt, auf welche die in der Regel beschriebenen

diese abstrakten Regeln definiert.[953] Diese abstrakten Regeln sind dadurch bestimmt, dass sie zeitlich, räumlich und personell nicht festgelegt sind. Abstrakte Regeln bilden eine spontane Ordnung (griechisch: Kosmos).[954] Innerhalb des geltenden Regelsystems sind die Individuen frei, ihre eigenen Ziele mit den ihnen zur Verfügung stehenden Mitteln und ihren Kenntnissen zu verfolgen.

Vergleicht man den Kosmos mit der Taxis so ist evident, dass abstrakte Ordnungen als polyzentrisch zu bezeichnen sind, während die konkreten Ordnungen durch zweckgerichtete Koordination einer zentralen Planungsinstanz auffallen. Im Rahmen abstrakter Ordnungen folgt das Anstreben individueller und vielfältiger Ziele und das wechselseitig notwendige Anpassen der Handlungspläne zu einem unintendierten Gesamtresultat.[955] Das Gesamtsystem ist zwar kein geplantes Ergebnis menschlichen Handelns, aber es ist auch nicht unabhängig von den Handlungen der Individuen der Gesellschaft. Es ist das unvorhersehbare Ergebnis gesellschaftlicher Interaktion.[956]

Die abstrakte Ordnung dient nicht nur der Verfolgung eines gemeinsamen Zwecks der Gesellschaft, sondern stellt nur das Mittel dar für eine große Zahl verschiedener Zwecke. Sie ist eine Art vorgelagertes Ziel, das dem Einzelnen zur Verfolgung individueller Ziele hilfreich ist. Die Koordination der Gesellschaft erfolgt also nicht auf der Ebene der Ziele, sondern durch abstrakte Regeln auf der Ebene der Mittel.[957] Die persönliche Freiheit und die individuelle Verantwortung sind innerhalb der spontanen Ordnung größer als in der konkreten Ordnung. Handlungen werden durch konkrete Ziele, denen sie dienen sollen, vollkommen bestimmt. Die abstrakte Ordnung eröffnet ein stets erweitertes Feld persönlicher Entscheidungen. Das System der spontanen Ordnung ergibt sich als unbeabsichtigtes kollektives Ergebnis einer Vielzahl individueller Handlungen. Darüber hinaus bestehen Rückkopplungsprozesse, denn die endogene Ordnung ihrerseits nimmt Einfluss auf die Handlungen der Individuen.[958]

Die spontane Ordnung erlaubt den Individuen die Verfolgung ihrer persönlicher Ziele. Sie erlegt ihren individuellen Handlungsmöglichkeiten zwar Grenzen auf, aber sie werden nicht vollkommen determiniert. Somit erlaubt die spontane Ordnung die Anpassung an eine Vielzahl von Umständen, die nur den einzelnen Gliedern der Gesellschaft, nicht aber irgendeinem von ihnen in der Gesamtheit bekannt sind. Dies trägt dem Umstand Rechnung, dass in einer komplexen Gesellschaft das Wissen auf

objektiven Umstände zutreffen, ungeachtet der Folgen, welche die Befolgung der Regel in einer speziellen Situation auslösen mag." Hayek (1994), S. 212.

953 Hier ist ein enger Bezug zu Kants kategorischem Imperativ festzustellen. Vgl. auch Hayek (1969j), S. 113; Hayek (1969m), S. 177 f. und Hayek (1971a), S. 178 ff.

954 Vgl. Hayek (1969d), S. 35 ff.

955 Vgl. Hayek (1969l), S. 151.

956 Hayek beschreibt es als Ergebnis menschlichen Handelns, aber nicht menschlichen Entwurfs. Vgl. Hayek (1969i).

957 Vgl. Hayek (1980), S. 154 und Hayek (1969m), S. 169.

958 Vgl. Bouillon (1991), S. 29.

viele Individuen verteilt ist und keine zentrale Planungsbehörde über die Gesamtheit des auf viele verteilten Wissens und Informationen verfügen kann. Daher kann die spontane Ordnung über das Marktsystem mehr Wissen verwerten als irgendeinem einzelnen Individuum oder einer Organisation zur Verfügung steht.[959] Für HAYEK hat erst die marktwirtschaftliche Ordnung den Menschen zu der Einsicht gebracht, dass es möglich ist, friedlich miteinander zu leben, ohne dass die Menschen über eine gemeinsame Zielsetzung verfügen müssen.[960] Um die friedliche Zusammenarbeit von Menschen zu gewährleisten, ist es nicht mehr notwendig, dass kleine Gruppen eine gemeinsame Zielsetzung haben. Es ist ausreichend, dass sich jene abstrakte Regeln bilden und weiterentwickeln, die Großgesellschaften ermöglichen.[961]

Die abstrakten Regeln innerhalb einer spontanen Ordnung einer komplexen Gesellschaft ermöglichen, gerade weil sie nicht auf den bewussten Entwurf der Individuen zurückzuführen sind und damit einer starken Restriktion aufgrund des begrenzten Wissens des Einzelnen unterliegen, eine friedliche Zusammenarbeit der einzelnen Gesellschaftsmitglieder zum gegenseitigen Nutzen. Diese Zusammenarbeit ist nicht begrenzt auf kleine Gruppen, die die gleichen konkreten Ziele verfolgen.[962] Diese abstrakten Regeln ermöglichen erst, eine Argumentation für die Freiheit zu finden. Meinungs- und Handlungsfreiheit ermöglichen erst den geistigen Wettbewerb und die Konkurrenz auf dem Markt und wirken somit produktiv.[963] Aufgrund der Tatsache, dass die einzelnen Individuen darauf vertrauen können, dass sich zumindest die Mehrheit der Gesellschaft an die vorhandenen abstrakten Regeln hält, können durch Arbeitsteilung und Tausch Bedürfnisse befriedigt werden.[964] Aus diesem Grund schlägt HAYEK für die spontane Ordnung des Marktes den Begriff Katalaxie vor.

---

959 Das Marktsystem veranlasst die Marktteilnehmer, auf Veränderungen der Umwelt, die ihnen in ihrer ganzen Komplexität zwar nicht bekannt sind, auf bestimmte Art zu reagieren, und auf diese Weise eine effiziente Güterversorgung zu sichern. Dabei überschaut kein einzelner Marktteilnehmer den Marktprozess in seiner gesamten Komplexität der Handlungsanpassungen, der Prozess ist somit auch nicht planbar. Vgl. Hayek (1969m), S.167-169 und S. 187.

960 Vgl. Hayek (1994), S. 211.

961 Die Ordnung fordert keine gemeinsamen Ziele oder Ansichten. Sie toleriert unterschiedliche Auffassungen und Ziele. Die Akteure in einer marktwirtschaftlichen Ordnung können ihre individuellen Fähigkeiten zur Realisierung ihrer unterschiedlichen Ziele nutzen. Vgl. Hayek (1994), S. 112. Dadurch wird es innerhalb einer größeren Gemeinschaft möglich, dass Individuen, die sich untereinander nicht kennen und unterschiedliche Ziele verfolgen, ihre Anstrengungen dennoch untereinander koordinieren. Sie sind den Zielen anderer (unbekannter) Menschen förderlich und profitieren gleichzeitig von den Leistungen anderer Menschen. Vgl. Hayek (1994), S. 183.

962 „Nicht nur trotz sondern oft sogar aufgrund der Verschiedenheit ihrer jeweiligen Ziele“ (Hayek (1981), S. 153) profitieren in einer offenen Gesellschaft die verschiedenen Mitglieder von den Tätigkeiten aller anderen.

963 Vgl. Hayek (1979c), S. 41-45.

964 Vgl. Hayek (1996a), S. 16.

Katalaxie bedeutet mehr als nur handeln und tauschen, es beinhaltet auch die Aufnahme in der Gemeinschaft und von Feind zu Freund machen.[965]

Die Nutzbarmachung von Wissen, das auf viele Individuen verstreut ist, hat die Zivilisation erst möglich gemacht. Die Zivilisation stellt den Triumph über die Unwissenheit dar; die Individuen werden in die Lage versetzt, aus Wissen einen Nutzen zu ziehen, das sie nicht besitzen und das sie auch nicht erwerben müssen.[966] Der Vorteil der spontanen Ordnung gegenüber der konkreten Ordnung ist nach HAYEK die höhere Problemverarbeitungskapazität. Im Evolutionsprozess wurde deutlich, dass sich jene Ordnungen bewährten, die als spontan zu bezeichnen sind und die somit aufgrund ihrer abstrakten Regeln eine erhöhte Kapazität für Problemlösungen aufweisen.

4.2.3 Die spontane Ordnung und der konstruktivistische Irrtum

4.2.3.1 Die bewusste Gestaltung von Regeln und der gesellschaftlichen Ordnung

In den Ansätzen von HAYEK findet sich eine enge Verbindung zwischen den Gedanken einer spontanen Ordnung und des evolutionären Prozesses. Diese Verbindung wird von HAYEK betont, wenn er von „der Zwillingsidee der Evolution und der spontanen Bildung einer Ordnung“[967] spricht. Im Gegensatz zu dem Begriff der Organisation, der nach HAYEK seiner üblichen Bedeutung nach auf Ordnungsformen abzielt, die das Ergebnis bewusster Anordnungen sind, benutzt HAYEK den Begriff „spontane Ordnung“ als Bezeichnung für eine gewachsene, eine sich-selbst-erzeugende oder endogene Ordnung, eine Ordnung, die durch die gegenseitige Anpassung der Elemente hervorgebracht wird.[968]

Die Gesellschaft entwickelte sich zunächst in einem unintendierten Evolutionsprozess.[969] Das Rechtssystem war das Ergebnis der evolutorischen, aus der Gesellschaft hervorgehenden allgemeinen und abstrakten Regeln. Eine Gesetzgebung,

---

965 Vgl. Hayek (1994), S. 112.

966 Vgl. Hayek (1980), S. 31.

967 Hayek (1969l), S. 144; Hayek (1980), S. 77 f.

968 Vgl. Hayek (1969), S. 32-46. Außerdem räumt Hayek in seinem ersten Band von „Recht, Gesetzgebung und Freiheit“ der Unterscheidung der "Arten der Ordnung" einen besonderen Stellenwert ein: „Der zentrale Begriff, um den sich die Erörterung dieses Buches bewegen wird, ist der der Ordnung und insbesondere die Unterscheidung zwischen zwei Arten von Ordnung, die wir vorläufig als „gemachte“ und „gewachsene“ Ordnung bezeichnen wollen.“ Hayek (1980), S. 57.

969 Zunächst wurden bspw. die Aufgaben der Richter und Rechtsgelehrten verstanden, als die Bemühung Prinzipien als allgemeine Regeln zu finden. Dies war das Verständnis von „Recht“. Diese allgemeinen Regeln sollten dann den Gerechtigkeitssinn leiten. Recht ging also dem in der Gesellschaft entwickelten, allgemein anerkannten Rechtsempfinden hervor. Vgl. Hayek (1969e), S. 48.

die darauf gerichtet ist, allgemeine Verhaltensregeln bewusst zu beeinflussen und gesellschaftliche Werte konstruktiv zu gestalten, ist in der Geschichte ein vergleichsweise neues Phänomen.[970] Erkennen die Menschen ihre Möglichkeiten, Ordnungen bewusst zu gestalten, so haben sie die Möglichkeit direkt und gezielt in den Evolutionsprozess einzugreifen und so die Komplexität von Gesellschaften zu reduzieren oder zu erweitern.[971] Daraus entwickelten sich die normativen Vorstellungen über die Planbarkeit einer Gesellschaft.[972] Diese Vorstellungen wurden von HAYEK in einen konstruktivistischen und in einen evolutionären Rationalismus unterschieden.[973]

4.2.3.1.1 Konstruktivistischer Rationalismus

Im fünften Jahrhundert schrieben die Sophisten die Entstehung von Institutionen entweder der Natur oder menschlichen Übereinkünften zu. Aristoteles übernahm diese Unterscheidung und beherrschte mit seinen Überlegungen ungefähr 2000 Jahre die Diskussion. Nach HAYEK war es gerade diese Unterscheidung, die viele Verwirrungen verursachte, denn die menschliche Übereinkunft konnte sowohl abhängig sein von dem menschlichen Handeln als auch von dem bewussten menschlichen Entwurf. Untersuchungsgegenstand waren immer diejenigen Institutionen, die als Ergebnis menschlichen Entwurfs zu interpretieren sind. Die Einordnung von Institutionen als Ergebnis menschlichen Handeln und eben nicht menschlichen Entwurfs wurde in der Sozialtheorie nicht systematisch betrachtet.[974] Bis zu der rationalistischen Interpretation des Naturrechts wurden diejenigen Ordnungen als natürlich beschrieben, die nicht Ergebnis planender menschlicher Überlegungen waren. Die im 17. Jahrhundert aufkommende rationalistische Konzeption des Naturrechtsbegriffs interpretierte das „Natürliche" nicht länger als die Anpassung der Natur an sich ändernde Bedingungen, sondern als Ergebnis planender, natürlicher Vernunft, wobei die Vernunft verstanden wurde als die Fähigkeit des Verstandes, durch einen Prozess des deduktiven Denkens die Wahrheit zu finden.[975] Im Gegensatz dazu wurden diejenigen Regeln, die im Wesentlichen auf Konventionen beruhen und nicht geprägt sind von der natürlichen Vernunft, als recht unvollkommen eingeschätzt, da der Mensch selbst nur sehr unvollkommen und nicht im Besitz der absoluten Wahrheit ist.

Im Gegensatz zu dieser eher „metaphysischen Konzeption" entwickelte sich in der Rechtswissenschaft der Rechtspositivismus, der alle Regeln der Gerechtigkeit als das Ergebnis einer bewussten Erfindung oder Planung deutete.[976] Der Mensch ist demnach fähig, gesellschaftliche Ordnungen beliebig zu ändern und zu gestalten bzw. gemäß

970 Hayek hält diese Entwicklung für eine der vielleicht folgenschwersten, die je gemacht wurden, folgenschwerer als die des Feuermachens und die des Schießpulvers. Vgl. Hayek (1969n), S. 202.

971 Vgl. Popper (1992a), S. 219 f.

972 Vgl. Pies (1993), S. 56.

973 Wird auf diese Unterscheidung Bezug genommen, so ist der Ansatz nach Buchanan dem Konzept des konstruktivistischen Rationalismus zuzurechnen.

974 Vgl. Hayek (1969i), S. 97-107 und vgl. Hayek (1969k), S. 131.

975 Vgl. Hayek (1969g), S. 75-89; hier S. 77-79.

976 Vgl. Hayek (1969i), S. 103.

seines vorhandenen Verstandes zu verbessern. Im Umkehrschluss bedeutet dies, dass Institutionen, die nicht rational bewusst entworfen wurden, nur zufällig vernünftig sind.[977] Diese Art des Denkens wird von HAYEK als konstruktivistischer Rationalismus bezeichnet.[978] Der konstruktivistische Rationalismus setzt allerdings implizit voraus, dass das Individuum in vollem Bewusstsein seiner Taten ist und alle möglichen Wirkungen und Alternativen seiner Handlungen kennt und einzuschätzen weiß. Eine Entscheidung wird hier getroffen auf der Basis der Abwägung der Alternativen mittels korrekter Bewertung der bekannten Konsequenzen.[979] Insofern leugnet der Ansatz des konstruktivistischen Rationalismus die Fähigkeit von Institutionen, Wissen zu speichern, das in seiner Komplexität keinem einzelnen Individuum und somit auch keiner Planungsinstanz bekannt ist.

Versucht eine Gesellschaft, abstrakte Regeln und die persönliche Freiheit und Verantwortung durch konkrete Ziele zu ersetzen, befindet sie sich nach HAYEKs Diktion auf dem „Weg zur Knechtschaft".[980] Die Idee einer planvollen rationalen Gestaltung der Gesellschaft zur Verfolgung konkreter Ziele führt notwendigerweise zur Zerstörung der schöpferischen Kräfte der spontanen Ordnung. Sie negiert das durch die Evolution in den Institutionen gewachsene Wissen und führt zu einer unangebrachten Reduktion der Komplexität und damit verbunden zu einer Reduktion der persönlichen Freiheit, „zur Diskreditierung von Werten, von deren Bestehen unsere Kultur abhängt."[981] Die (Wieder-)Einführung einer geplanten, konkreten und auf gemeinsame Ziele gerichteten Ordnung stellt einen evolutorischen Rückschritt dar.

HAYEK betont, dass es müßig sei, von der Annahme der vollständigen Information auszugehen, und daraus resultierende Gleichgewichte logisch abzuleiten. Die zentrale Fragestellung in der Ökonomie sei vielmehr, „wie es zustande gebracht werden kann, daß so viel wie möglich von den verfügbaren Kenntnissen genutzt wird."[982] Dies bedeutet, dass nach den institutionellen Vorkehrungen zu suchen ist, die notwendig sind, „damit die unbekannten Personen, deren Wissen sich für eine bestimmte Aufgabe besonders eignet, am sichersten zu jener Aufgabe hingeführt werden."[983]

---

977 Die Vernunft sollte also den Menschen befähigen, die Gesellschaft von neuem zu errichten, so schrieb Voltaire: „Wenn ihr gute Gesetze haben wollt, verbrennt die die ihr habt und schafft euch neue." (zit. nach Hayek (1975), S. 6).

978 Bei Popper findet sich in diesem Zusammenhang der Begriff des unkritische Rationalismus. Vgl. Popper (1992b), S. 269-271.

979 Vgl. Hayek (1969g), S. 83.

980 Vgl. den gleichnamigen Titel des Buches von Hayek, in dem er vor den Konsequenzen sozialistischer Staatsauffassung warnt; vgl. Hayek (1971b).

981 Hayek (1975), S. 16.

982 Hayek (1976a), S. 126.

983 Hayek (1982), S. 203.

4.2.3.1.2 Evolutorischer Rationalismus

Im Mittelpunkt dieses Ansatzes steht die Überlegung, dass die Gesellschaft und die in ihr ablaufenden Prozesse aufgrund der ihr innewohnenden Komplexität nicht vorhersehbar und somit unplanbar sind. Evolution führt zu einer kumulativen Verknüpfung von Erfahrungen, die in ihrer Gesamtheit keinem Individuum bekannt sein können.[984] Allerdings ist es auch nicht notwendig, dass der Einzelne diese Zusammenhänge durchschaut, da es Mechanismen gibt, in den Nutzen der gesammelten Erfahrungen zu gelangen, ohne sie dafür in dem eigenen Bewusstsein zu haben. Ein hierfür wesentlicher Mechanismus ist der Markt. Innerhalb der Marktprozesse sind alle Teilnehmer nicht in Kenntnis aller Informationen oder Funktionsweisen des Marktes. Die auf die eigenen Ziele gerichtete Verhaltensweise und das Benutzen des Marktmechanismus bringt in der Gesamtheit der Gesellschaft die effizienten Problemlösungsqualitäten hervor, ohne dass ein einzelnes Individuum zu erklären vermag, warum dies so ist. Die Zivilisation beruht auf der Tatsache, dass wir alle Wissen nutzen, das wir nicht besitzen.[985] In der Konsequenz muss eine evolutorische Theorie angestrebt werden, und in diesem Zusammenhang steht HAYEKs Gedanke der „Muster-Voraussage".[986] Mit der Erkennung eines Musters sei eine prinzipielle Erklärung komplexer Phänomene möglich. Muster-Voraussagen stellen falsifizierbare Aussagen dar.[987] In diesem Zusammenhang meint die Möglichkeit einer Falsifikation keine quantitative Genauigkeit oder „mechanische Prüfung".[988]

Die Entstehung von Regeln im Evolutionsprozess setzt nicht voraus, dass die Individuen die Regeln explizit kennen müssen, oder dass deren Kausalzusammenhänge zwischen den Regeln, Ordnungen oder Ergebnissen durchschaubar sind.[989] Die Entwicklung von abstrakten Regeln ist vielmehr das

---

984 Im Rahmen einer ideengeschichtlichen Betrachtung stellt der evolutionäre Auswahlprozess keineswegs eine Übertragung des evolutionstheoretischen Denkens aus der Biologie in die Sozialwissenschaft dar; wie Hayek betont, hatte vielmehr die biologische Evolutionstheorie ihr Orientierung in den Sozialwissenschaften und zwar in der Theorie des Wachsens der menschlichen Institutionen, welche die schottischen Moralphilosophen des achtzehnten Jahrhunderts als Darwins Vorläufer zur Ethik entwickelt hatten. Vgl. Hayek (1969p), S. 237. "In der Diskussion solcher sozialer Gebilde wie Sprache und Moral, Recht und Geld wurde im achtzehnten Jahrhundert das Begriffspaar Evolution und spontane Bildung einer Ordnung zumindest klar formuliert und die intellektuellen Werkzeuge bereitgestellt, die Darwin und seine Zeitgenossen auf die biologische Evolution anwenden konnten." Hayek (1980), S. 40.

985 Vgl. Hayek (1980), S. 31.

986 Hayek (1972), S. 7 ff.

987 Vgl. Hayek (1972), S. 10, S. 16-18.

988 Hayek (1978a), S. 18; Hayek (1972), S. 27 f.

989 Das Zusammenwirken in einer „spontanen Ordnung" oder Marktordnung beruht nach Hayek auf „abstrakten Regeln", die den Beteiligten die Verfolgung ihrer verschiedenen individuellen Ziele erlauben. Vgl. Hayek (1969j), S. 110 und Hayek (1969m), S. 169. Das spezifische Kennzeichen dieser abstrakten Regeln liegt nach Hayek darin, dass sie für eine unbekannte Anzahl künftiger Fälle gelten. Sie sind im Wesentlichen negativ formuliert, sie sprechen im Wesentlichen nur

Ergebnis eines Selektionsvorgangs.[990] Effiziente Regeln und Verhaltensweisen erweisen sich im Evolutionsprozess als dominant. Sie entwickeln sich aufgrund ihrer Überlegenheit im zeitlichen Prozess weiter, ohne dass die Gesellschaftsmitglieder deren Vorteil explizit erkennen können.[991] Beispiele solcher unintendierten Ordnungen, die sich im Zeitverlauf weiterentwickeln, sind die Sprache, die Moral und das Recht.[992] Wird eine gesellschaftliche Ordnung bewusst wie an einem Zeichentisch nach einem konkreten Bauplan geändert, so riskiert man, das im Laufe der Evolution in den Institutionen gespeicherte Wissen zu vernichten.[993] Während also die Steuerung einer spontanen Ordnung durch direkte Anordnungen zum Scheitern verurteilt sei, könnten die Gesetze selbst auf verschiedene Arten entstanden sein. Es müsse unterschieden werden, „zwischen der Spontaneität der Ordnung und dem spontanen Ursprung der Regelmäßigkeiten im Verhalten der sie bestimmenden Elemente."[994] Hierbei unterscheidet HAYEK drei Ebenen der Entwicklung. Auf der Ebene der biologischen Evolution seien Instinkte genetisch fixiert worden. Mit dem Fortschreiten des Zivilisationsprozesses und mit den wissenschaftlich-technischen Fortschritten der Neuzeit eröffnete sich eine weitere Ebene der Evolution, nämlich die der konstruktivistischen Einrichtung von Verhaltensregeln zu einem bestimmten Zweck. Drittens gäbe es die Ebene zwischen Instinkt und Vernunft, die Ebene der in kulturellen Lernprozessen erworbenen Regeln.[995]

Verbote aus und stecken so einen Bereich ab, innerhalb dessen das Individuum seine eigenen Ziele verfolgt. Vgl. Hayek (1969m), S. 177-179.

990 Hayek beschreibt die Entwicklung abstrakter Regeln auch als Siebungsvorgang; vgl. Hayek (1979b), S. 11.

991 Die Behandlung der spontanen Ordnung in dem sozialen Bereich ist die entscheidende sozialtheoretische Entdeckung der schottischen Moralphilosophie, die die Grundlage der Marktordnung in der ökonomischen Theorie wurde. „Es war die entscheidende Entdeckung der großen sozialwissenschaftlichen Denker des 18. Jahrhunderts, dass sie die Existenz solcher spontan sich bildender Ordnungen erkannten und als das Ergebnis menschlichen Handelns aber nicht menschlicher Absicht beschrieben." Hayek (1969), S. 163. Die große Leistung der ökonomischen Theorie liegt nach Hayek darin begründet, dass „sie erklärt hat, wie eine solche gegenseitige Anpassung der spontanen Tätigkeiten der Einzelnen durch den Markt zustande kommt." Hayek (1971a), S. 192. Außerdem hat sie „zweihundert Jahre vor der Kybernetik, den Charakter solcher selbstregulierender Systeme erkannt." Hayek (1970), S. 13. Vgl. hierzu auch Hayek (1971a), S. 73 und Hayek (1979b), S. 8 f.

992 Vgl. Hayek (1969c), S. 37. Der von Hayek verfolgte evolutorische Zugang zum Recht wendet sich sowohl gegen den Rechtspositivismus, der Recht als bewusstes Konstrukt des menschlichen Geistes interpretiert, als auch gegen die rationalistischen Theorien des Naturrechts, nach der Recht das Konstrukt einer übernatürlichen Kraft ist. Die meisten Regeln der Gerechtigkeit sind weder als künstlich noch als natürlich in einem konstruktivistischen Sinne zu sehen. Sie sind vielmehr das ungeplante Resultat menschlicher Handlungen gewesen. Vgl. Hayek (1981a), S. 87.

993 Allerdings ist hier festzuhalten, dass Hayek sich keineswegs gegen eine bewusste, fallweise anzuwendende Änderung überholter Regeln wendet, sondern sich nur gegen einen totalen Neuentwurf einer Gesellschaft durch ein „absolutes In-Frage-Stellen aller Werte" (Hayek (1975), S. 22) ausspricht.

994 Hayek (1969o), S. 209.

995 Vgl. Hayek (1979c).

An dieser Stelle kann bereits eine erste Zusammenfassung der bisherigen Ergebnisse vorgenommen werden. HAYEK charakterisiert also den Prozess der Herausbildung einer spontanen Ordnung als einen evolutionären Prozess. In diese Darstellung gehen zwei unterschiedliche Vorstellungen ein. Zum einen wird der Zusammenhang deutlich, dass in einem lediglich durch allgemeine abstrakte Regeln gesteuerten Prozess aus den vielfältigen individuellen Handlungen ein unintendiertes Gesamtresultat hervorgeht, das auch als Ordnungsergebnis bezeichnet werden kann. Zum anderen impliziert der Ansatz die Vorstellung, dass die allgemeinen Regeln, die die Grundlage der spontanen Ordnung bilden, selbst einem Entwicklungsprozess unterliegen und sich verändern.

Diese beiden Implikationen werfen ganz unterschiedliche theoretische Probleme auf, und so müssen auch die Argumente HAYEKs gegen die bewusste Gestaltung und Eingriffe in die spontane Ordnung hier differenziert betrachtet werden. Wendet man seine Argumentation auf die erste Vorstellung des durch allgemeine Regeln gesteuerten Prozesses, innerhalb dessen die einzelne Akteure ihre persönlichen Ziele frei verfolgen können, an, so geht es um die Diskussion eines Gebildes, das unter dem Begriff „Marktmechanismus" mit seinen Eigenschaften hinlänglich bekannt ist. Die Akteure werden ihre Handlungen wechselseitig anpassen. Ihnen werden nur durch die allgemeinen Verhaltensregeln Grenzen auferlegt, die ihnen aber genügend Freiheiten lassen, ihre Handlungen entsprechend ihrer eigenen Ziele, ihrer Einschätzungen der Situation und der Verhaltensweisen der anderen Akteure zu planen und durchzuführen. Die sich unter diesen Umständen entwickelnde Ordnung weist zwei Eigenschaften auf, die miteinander in Beziehung stehen. Erstens wird durch eine solche spontane Ordnung mehr Wissen genutzt und daher auch komplexer sein können als eine Ordnung, die auf zentraler Koordination beruht.[996] Dies impliziert auch andererseits den Verzicht auf die Möglichkeit, „den konkreten Inhalt der Ordnung zu bestimmen".[997] Der Bezug zum Konzept der Evolution beruht im Wesentlichen darauf, dass für die spontane Ordnung dasselbe gilt wie für komplexe, evolutionäre Strukturen, nämlich die Schwierigkeiten die mit ihrer Analyse verbunden sind. Sie sind nicht zu erklären und ihr Charakter ist nicht zu beeinflussen, denn es sind nur die Regeln bekannt, die von den Elementen verschiedener Art befolgt werden, aus denen die Strukturen bestehen, die individuellen Elemente und die speziellen Umstände bleiben der Analyse verschlossen.[998]

---

996 "Wir verdanken es den wechselseitig aneinander angepassten Handlungen vieler Menschen, daß mehr Wissen genützt wird als irgendeine Einzelperson besitzt, oder als der Verstand synthetisch bilden könnte; und dank solcher Verwertung von zerstreutem Wissen werden Errungenschaften möglich, die größer sind als irgendein Einzelverstand voraussehen kann." Hayek (1971a), S. 40. Vgl. auch Hayek (1980), S. 60-64.

997 Die spontane Ordnung ist „eine Ordnung, über deren jeweilige Äußerungsform wir wenig Kontrolle haben, weil die Regeln, die sie bestimmen, nur ihren abstrakten Charakter festlegen, während das Detail von den besonderen Umständen abhängt, die allein ihren einzelnen Gliedern bekannt sind." Hayek (1969g), S. 86.

998 Vgl. Hayek (1980), S. 63 f.

Die zweite Implikation, die Idee, dass die allgemeinen Regeln selbst in einem Entwicklungsprozess als unintendiertes Ergebnis sich herausbilden und verändern, ist im Rahmen dieser Untersuchung nun von besonderem Interesse. Mit der Vorstellung einer evolutionären Herausbildung jener allgemeinen Regeln, auf denen die spontane Ordnung beruht, verbindet - wie bereits gezeigt wurde - HAYEK die Idee eines Auswahlvorganges oder eines Selektionsprozesses, in dem sich bestimmte Verhaltensregeln durchsetzten, „weil sie die Gruppe, in der sie entstanden waren, befähigten, sich gegenüber anderen durchzusetzen."[999] Der evolutionäre Auswahlprozess wird dadurch in Gang gehalten, dass die Umweltbedingungen sich ändern und somit eine Änderung der Ordnung der Gruppe bzw. derer Verhaltensregeln erforderlich macht.[1000] Diese Änderung der äußeren Umstände stellt so ein Problem im Sinne einer Herausforderung für die Gesellschaft dar, selbst wenn kein einzelnes Individuum dieses Empfinden hat. Die Lösung des Problems erfolgt durch die allmähliche Herausbildung einer neuen Ordnung.[1001] Die Anpassung der Gesellschaft an die veränderten Herausforderungen der äußeren Bedingungen wird um so erfolgreicher und schneller vollzogen, je größer die Möglichkeiten ungeplanter Neuerungen, je stärker also die Innovationsfähigkeit und –kraft einer Gesellschaft ist.[1002]

Vor dem hier betrachteten Hintergrund wir nun deutlich, dass HAYEKs Ansatz im Rahmen seiner zwei Konzeptionen des Evolutionskonzeptes sich auch hinsichtlich des Begriffs „konstruktivistischer Rationalismus"[1003] mit zwei verschiedene Bedeutungsvarianten in Verbindung bringen lässt: Zum einen kritisiert HAYEK als

---

999 Hayek (1980), S. 24. Aufgrund dieser allgemeinen Regeln waren die Gruppen, in denen sie sich entwickelten, in der Lage, sich anderen Gruppen gegenüber durchzusetzen, weil sie erfolgreicher waren und somit die anderen Gruppen verdrängten. „Der Grund, weshalb solche Regeln dazu tendieren, sich zu entwickeln, ist der, daß die Gruppen, die Regeln angenommen haben, die eine wirksamere Ordnung begünstigen, dazu tendieren, über andere Gruppen mit einer weniger wirksamen Ordnung zu dominieren." Hayek (1980), S. 138. Vgl. auch Hayek (1970) S. 9-12. Wenn man in diesem Zusammenhang eines wettbewerblichen Prozesses von einer Art von Gruppenselektion spricht, so ist damit nicht die kriegerische Auseinandersetzung verschiedener Gesellschaften gemeint. In der sozialen oder kulturellen Evolution ist nach Hayek der entscheidende Faktor „die Auswahl durch Nachahmung der erfolgreichen Institutionen und Bräuche" – es geht also im Wesentlichen um die Weitergabe und Verbreitung durch Lernen und Nachahmung. Hayek (1971a), S. 74.

1000 „Der Mensch wird nicht weise, vernünftig und gut geboren, sondern muss dazu erzogen werden." Hayek (1996a), S. 19.

1001 Vgl. Hayek (1969l), S. 149 und Hayek (1971a), S. 36.

1002 Die Chancen für Innovationen sind als um so größer einzuschätzen, je mehr Wettbewerb zugelassen wird. Dieser Wettbewerbsprozess bezieht sich innerhalb der Argumentation Hayeks auf den Wettbewerb zwischen organisierten und unorganisierten Gruppen einerseits und auf Wettbewerb zwischen Individuen andererseits. Vgl. Hayek (1971a), S. 46.

1003 Unter dem Begriff des Konstruktivistischen Rationalismus fasst Hayek die Vorstellung zusammen, dass die planvolle Organisation einer Gesellschaft letztlich alle abstrakten Regeln aufheben wird unter dem Anspruch, eine geplante Ordnung der Gesellschaft in Kenntnis aller relevanten Zusammenhänge zu entwickeln. Vgl. Hayek (1969g), S. 75-89; Hayek (1971a), S. 46 f.

„konstruktivistischen Rationalismus“ die Idee einer planvollen Organisation der Gesellschaft zur Herbeiführung ganz konkreter, geplanter Ziele, in dem er den Einwand formuliert, dass diese Entwicklung eines Planes für die gesamte Gesellschaft zwangsläufig die schöpferischen Kräfte der spontanen Ordnung zerstören muss.[1004] Diese Version richtet sich auf die erste oben erwähnte Konzeption des Evolutionskonzeptes. Es wird klar der Zusammenhang dargestellt, dass sich bewusste Eingriffe in den evolutionären Prozess mit einer spontanen Ordnung nicht vereinbaren lassen. Die spontane Ordnung zeichnet sich gerade dadurch aus, eben nicht ein konkretes Ergebnis zum Ziel zu haben. Die spontane Ordnung basiert auf der Freiheit der Individuen, eigene Ziele zu setzen und zu verfolgen und dabei auf die ihnen zur Verfügung stehenden Kenntnisse zurückzugreifen. Einer zentralen Planungsbehörde ist es gerade unmöglich über die Gesamtheit dieser auf viele Individuen verstreuten Informationen zu verfügen. Nach HAYEK ist es nun unmöglich, diese spontane Ordnung durch eine Organisation zu ersetzen, ohne eben den Informationsfluss und die Verwertung des Wissens zu beschneiden. Ebenso hält er es für unmöglich, die Ordnung zu berichtigen oder zu verbessern, in dem in sie durch direkte Befehle eingegriffen wird.[1005] Die Fiktion, alle relevanten Informationen bezüglich der Ordnung einer Gesellschaft könnten einem einzelnen Planer bekannt sein, führt nach HAYEK zu dem grundsätzlichen Irrtum des „konstruktivistischen Rationalismus“.

Zum anderen kritisiert HAYEK entsprechend der zweiten Evolutionskonzeption die Idee einer bewussten Gestaltung der allgemeinen Regeln, auf denen die spontane Ordnung beruht und die entsprechend seiner zweiten Evolutionskonzeption ebenfalls der Evolution und ständigen unintendierten Veränderung unterliegen. Er wehrt sich gegen die Vorstellung, Institutionen könnten entworfen werden und betont vielmehr die Argumentation, Institutionen – bspw. das Recht – unterlägen evolutorischen Prozessen.[1006] Soziale Institutionen sollten nicht das Ergebnis eines bewussten menschlichen Entwurfs sein. Die sich-selbst-bildende spontane Ordnung kann durch zwei Aspekte charakterisiert werden. Zum einen vermag eine spontane Ordnung mehr Wissen zu nutzen, als eine gemachte Ordnung, kann auch wesentlich komplexer sein als dies eine gemachte Ordnung zu sein vermag.[1007] Die Komplexität dieser Ordnung schließt zum anderen allerdings ein, dass sie „aus diesem Grund nicht intuitiv wahrnehmbar und nicht erkennbar [ist] (...), außer auf der Basis einer Theorie, die

---

1004 Vgl. Hayek (1969g), S. 82 und (1971a), S. 47.

1005 “Die spontane Ordnung entsteht dadurch, daß alle Elemente die verschiedenen Faktoren, die auf sie wirken, in eine Balance bringen und alle ihre verschiedenen Handlungen aneinander anpassen, eine Balance, die zerstört wird, wenn einige der Handlungen von einer anderen Macht auf Grund anderer Kenntnisse und im Dienste anderer Zwecke bestimmt würden.“ Hayek (1980), S. 69.

1006 Vgl. Hayek (1980), S. 160. “Rationalismus in diesem Sinne ist die Doktrin, die unterstellt, daß alle Institutionen, in deren Genuß die Menschheit steht, in der Vergangenheit erfunden worden sind und in der Zukunft erfunden werden sollten im klaren Wissen um die wünschenswerten Wirkungen, die sie hervorbringen.” Hayek (1969g), S. 79. Zu dieser Version des konstruktivistischen Rationalismus vgl. auch Hayek (1970), S. 4 und Hayek (1971a), S. 82.

1007 Vgl. Hayek (1986), S. 61.

ihren Charakter erklärt.“[1008] Diese Eigenschaften einer spontanen Ordnung sind es, die zu der Erkenntnis führen, dass eine spontane Ordnung durch zielgerichtete Planung geschaffen werden könnte. Die spontane Ordnung verfolgt keinen eigenen Zweck, sie entsteht durch das zweckgerichtete Handeln der einzelnen Akteure.[1009]

Innerhalb der Vorstellung der Evolution von Regeln und Institutionen kann die Kritik an den bewussten Eingriffen in diesen evolutionären Prozess nicht auf die gleiche Weise geführt werden, wie das in der ersten erörterten Variante des konstruktivistischen Rationalismus skizziert wurde. Das Argument, ein bewusst geplantes Setzen oder Ändern von Regeln sei mit dem Konstitutionsprinzip der spontanen Ordnung unvereinbar, kann in der Gestaltung allgemeiner Regeln so deutlich nicht formuliert werden, denn HAYEK selbst wendete es nicht strikt an.[1010] Nach HAYEK muss der spontane Charakter einer Ordnung von dem spontanen Ursprung der Regeln unterschieden werden, auf denen die Ordnung beruht. „(...) es ist möglich, dass eine Ordnung, die immer noch als spontan beschrieben werden müsste, auf Regeln beruht, die zur Gänze das Ergebnis eines bewussten Entwurfs sind.“[1011] Der Inhalt und damit die konkrete Ausgestaltung einer Ordnung hänge von verschiedenen Umständen ab, die dem Planenden nicht bekannt seien und die Ordnung erhalte erst durch das individuelle Leben innerhalb dieser Ordnung unter den allgemeinen Regeln unter Verwendung der auf viele verteilten Informationen ihren spontanen Charakter. Zwar betont HAYEK an anderer Stelle, dass gewachsene Regeln das Ergebnis eines langsamen Evolutionsprozesses seien, in dessen Verlauf weit mehr Kenntnisse und Erfahrungen eingegangen seien als einem einzelnen Individuum zur Verfügung standen.[1012] Er hält es für unwahrscheinlich, dass Einzelne geplante Regeln implementieren könnten, die besser seien als die, die sich allmählich herausgebildet haben.[1013]

HAYEK betont zwar die Bedeutung der „kumulativen Einverleibung von Erfahrungen“[1014] in spontan gewachsenen Institutionen,[1015] aber dies ist nicht

---

[1008] Hayek (1986), S. 61.

[1009] „(...)daß die Elemente Regelmäßigkeiten des Verhaltens erworben haben, die die Aufrechterhaltung der Ordnung begünstigen – vermutlich, weil diejenigen, die in bestimmter Weise handelten, in der resultierenden Ordnung eine bessere Überlebenschance hatten, als jene, die es nicht taten.“ Hayek (1986), S. 61 f.

[1010] Hayek stellt fest, “daß zwar die Regeln, auf denen eine spontane Ordnung beruht, selbst auch spontanen Ursprungs sein können, dies aber nicht immer der Fall zu sein braucht.“ Hayek (1980), S. 69.

[1011] Hayek (1980), S. 69.

[1012] Vgl. Hayek (1969g), S. 86.

[1013] Vgl. Hayek (1971a), S. 84. Die evolutionistische Auffassung gründet sich – nach Hayek - auf der Einsicht, dass das Ergebnis des Experimentierens vieler Generationen mehr Erfahrungen verkörpere, als ein einzelner Mensch besäße. Vgl. Hayek (1971a), S. 78.

[1014] Hayek (1971a), S. 43.

[1015] Als wesentliche Institutionen, die sich auf diesem evolutorischen Weg herauskristallisiert haben nennt Hayek die Sprache, den Markt, das Eigentumsrecht, das Geld und die Moral. Vgl. Hayek (1996), S. 8-10 und S. 28.

gleichzusetzen mit der hier betrachteten Variante des konstruktivistischen Rationalismus. Denn mit dem evolutionistischen Argument der Berücksichtigung der Erfahrungen innerhalb der Institutionen lehnt er – wie gezeigt wurde – nicht jegliche Form der bewussten Setzung oder Veränderung von Regeln und Institutionen ab. Auch wenn sein Schwerpunkt der Argumentation bei der Betonung der Idee der spontanen Entwicklung liegt, so weist er auch auf die Möglichkeiten hin, den bewussten Entwurf allgemeiner Regeln doch mit einer spontanen Ordnung in Einklang bringen zu können. Es gibt neben denjenigen Regeln, die ein spontanes Ergebnis eines evolutionären Prozesses sind, auch diejenigen Regeln (vor allem Rechtsregeln), die Ergebnis bewusster Gestaltung sind, da sie durch die Gesetzgebung geformt und geändert werden.[1016] HAYEK stellt fest, dass es nicht nur grundsätzlich möglich ist, die für die spontane Ordnung einer Gesellschaft fundamentalen allgemeinen Regeln durch Gesetzgebung zu verbessern, sondern darüber hinaus sogar notwendig ist, mit einer bewussten Setzung oder Umgestaltung von allgemeinen Regeln unerwünschte Entwicklungen und Prozesse zu korrigieren.[1017]

Zusammenfassend kann gesagt werden, dass der spontane Charakter einer sich ergebenden Ordnung nicht auf den spontanen Ursprung der Regeln schließen lässt, auf denen sie beruht. Es ist ebenso möglich, dass eine spontane Ordnung auf Regeln beruht, die das Ergebnis eines bewussten Entwurfs sind.[1018] So ist das primäre Kriterium zur Unterscheidung der spontanen Ordnungen von den konkreten Ordnungen also nicht das spontane Entstehen von Regeln, sondern der abstrakte Charakter eben dieser Regeln. Demzufolge ist es möglich, durch gezielte

---

1016 Allerdings betont Hayek die Bedeutung der gewachsenen Regeln für die modernen Gesellschaften. „In der uns vertrauten Gesellschaft sind natürlich nur manche Regeln, die die Menschen tatsächlich befolgen, nämlich einige Regeln des Rechts (aber selbst von ihnen niemals alle), das Ergebnis bewußten Entwurfs, während die meisten Regeln der Sitte und der Moral spontan gewachsen sind.“ Hayek (1980), S. 69.

1017 Das bewusste Ändern von Regeln kann vollzogen werden, um das Recht aus einer „Sackgasse zu befreien, in die schrittweise Entwicklung es führen kann." Hayek (1980), S. 140. Außerdem bemerkt Hayek folgendes: „Die Tatsache, daß alles Recht, das aus dem Bemühen entsteht, Verhaltensregeln zu artikulieren, notwendig einige wünschenswerte Eigenschaften besitzt, die nicht notwendig den Befehlen des Gesetzgebers zukommen, bedeutet nicht, daß in anderer Hinsicht ein solches Recht sich nicht in sehr unerwünschten Richtungen entwickeln kann und daß, wenn dies geschieht, nicht eine Korrektur durch bewußte Gesetzgebung den einzigen praktikablen Ausweg darstellen kann. Aus verschiedenen Gründen kann der spontane Wachstumsprozeß in eine ausweglose Situation führen, aus der er sich aus eigener Kräften nicht befreien kann oder die er zumindest nicht schnell genug korrigieren kann.“ Hayek (1980), S. 123.

1018 Vgl. Hayek (1980), S. 69. Hayek lehnt also keineswegs grundsätzlich jede Form des bewussten Eingriff in das Regelwerk ab, sondern sein Ansatz richtet sich vor allem gegen die Idee einer völligen Neugestaltung des gesamten Regelwerkes, auf dem die spontane Ordnung beruht. Seine Auffassung bzgl. des konstruktivistischen Rationalismus′ ist wohl die, „daß wir zwar bemüht sein müssen, unsere Einrichtungen zu verbessern, wir sie aber nie als Ganzes neu schaffen können.“ Hayek (1971a), S. 80. Weiterhin betont er die Bedeutung der schrittweisen Entwicklung, indem er sagt, dass „ihre weitere Verbesserung mehr von einer experimentellen schrittweisen Entwicklung als von einem Neuaufbau als Ganzes zu erwarten ist.“ Hayek (1969d), S. 40.

ordnungskonforme Eingriffe diese spontane Ordnung zu beeinflussen. Da die spontane Ordnung sich im Evolutionsprozess als leistungsfähiger als die konkrete Ordnung erwiesen hat, darf man durch Eingriffe in die spontane Ordnung deren selbstheilende Kräfte nicht zerstören. Gezielte Eingriffe sollten nur mit dem einzigen Ziel erfolgen, nämlich mit dem, die spontane Ordnung zu sichern und zu verbessern.[1019] Soll die spontane Ordnung nicht zerstört werden, muss auf eine indirekte Methode der Ordnungsgestaltung beschränkend zurückgegriffen werden.[1020] Das Potential einer Gestaltung von Ordnungen ist begrenzt; das wesentliche Selektionskriterium bildet die Evolution.

Ferner können aus der vorangestellten Analyse zwei wesentliche Erkenntnisse betont werden. Erstens die Gegenüberstellung der einerseits evolutionistischen und andererseits konstruktivistisch-rationalen Darstellung von Entwicklungsprozessen von Regeln bzw. Institutionen formuliert HAYEK zu einer „asymmetrische Antithese“[1021]. Die von HAYEK als konstruktivistisch-rationale beschriebene Vorgehensweise wird von ihm mit der sehr spezifischen Annahme belegt, dass alle Institutionen das Produkt menschlichen Entwurfs seien. Die These der evolutionistischen Auffassung hingegen wird mit einer recht unspezifischen These belegt, dass zumindest einige Regeln spontanen Ursprungs seinen. Zweitens scheint die evolutionistische Argumentation sich auf die Analyse von Prozessen sozialer Phänomene zu konzentrieren, wobei innerhalb dieser Argumentation diese sozialen Phänomene als unintendiertes Gesamtergebnis individueller Wahlhandlungen entstehen.[1022] Die Gesetzgebung fußt im Gegensatz dazu auf planvollen kollektiven Entscheidungen, die zwar durch die individuellen Verhaltensweisen angeregt werden können, aber im Verlauf doch einer kollektiven Entscheidungsfindung – einem politischen Prozess – unterliegen. Hier werden Entscheidungen getroffen, die im Namen aller sind bzw. verbindlich für alle gelten.

Es muss an dieser Stelle bereits darauf hingewiesen werden, dass möglicherweise der evolutionistische Ansatz als alleiniger Ansatz für die Analyse dieser politischen Prozesse in der Europäischen Union sich als nicht vollständig ausreichend herausstellen könnte. Dieser Frage wird im späteren Verlauf noch nachgegangen werden, indem auch andere Ansätze diskutiert werden, um Anhaltspunkte für konstitutionelle Reformen der Europäischen Union zu entwickeln.[1023]

1019 Hierzu ist es allerdings notwendig, dass diejenigen, die die Interventionen beschließen auch ein Verständnis haben für die Kräfte, die eine spontane Ordnung bestimmen. Nur dann ist es möglich, Voraussetzungen durch gezieltes Eingreifen in die bestehende Ordnung zu schaffen, unter denen sich eine spontane Ordnung herausbilden kann.

1020 Vgl. Hayek (1969d), S. 35.

1021 Vanberg (1981), S. 17. Zu der Asymmetrie in Hayeks Antithese von evolutionistischer und konstruktivistisch-rationalistischer Auffassung vgl. auch Hayek (1980), S. 23 f.

1022 Vgl. Vanberg (1981), S. 18.

1023 Vgl. insbesondere den Abschnitt 4.3.

4.2.3.2 Die Verfassung einer offenen Gesellschaft

4.2.3.2.1 Die Bedeutung freiheitssichernder Regeln

Nach HAYEKs Menschenbild unterscheiden sich die Individuen nicht nur hinsichtlich ihrer Präferenzen und ihrer Ressourcenausstattung, sondern auch im Hinblick auf ihr Instrumentalwissen.[1024] Es ist davon auszugehen, dass Individuen mit unterschiedlichen Präferenzstrukturen ausgestattet sind und differierende Zielsetzungen verfolgen. Nach HAYEK erfolgt die menschliche Wahrnehmung der tatsächlichen Gegebenheiten selektiv und durch subjektive Theorien geleitet.[1025] Menschliches Handeln unterliegt somit der konstitutionellen Unsicherheit, da die Begrenztheit und die unterschiedliche Interpretation der Informationen gegeben ist und eine Unsicherheit über das Eintreten zukünftiger Umweltzustände herrscht.[1026] Die Individuen sehen sich einer Begrenztheit der Ausstattung mit natürlichen Ressourcen gegenüber und sie weisen darüber hinaus eine unterschiedliche Ausstattung an Ressourcen auf, wobei hierunter neben den materiellen Gütern auch immaterielle Güter sowie Fähigkeiten und Fertigkeiten des Individuums subsumiert werden.[1027]

Auf der Grundlage dieses Menschenbildes formuliert HAYEK die Forderung nach der Freiheit des Individuums. Nur so wird es möglich, das dezentral bei den Individuen vorhandene Wissen zu nutzen und die individuelle Freiheit ist die Voraussetzung, dass die Individuen ihre Ziele anstreben und realisieren können. Diese individuelle Freiheit kann jedoch nicht eine totale Freiheit sein, denn dadurch würden die Spielräume der anderen Individuen zu stark eingeschränkt.[1028] Es ist der Verzicht auf Diskriminierung bzw. Privilegierung einzelner Gruppen bzw. Individuen zu fordern.[1029] Individuelle Freiheit ist durch einen Spielraum charakterisiert, innerhalb dessen das Individuum unabhängig von dem Willen anderer frei nach seinen eigenen Zielen und Möglichkeiten handeln kann.

Zur Sicherung eines für alle Individuen äquivalenten Freiheitsspielraums ist eine Rechtsordnung in Form eines Bündels kodifizierter freiheitssichernder Regeln nötig, die bestimmte Anforderungen zu erfüllen haben. HAYEKs Konzeption freiheitssichernder Regeln beruht auf einer Verknüpfung von Elementen des

---

1024 Vgl. Streit (1992a), S. 1-30.

1025 Zur Subjektivität des Wissens vgl. Hayek (1952), S. 143.

1026 Vgl. Hayek (1969m), S. 171; Hayek (1976c), S. 103 und S. 121.

1027 Zu diesem Ressourcenbegriff vgl. Albert (1978), S. 165; Coleman (1974), S. 758-761; Coleman (1979), S. 25; Coleman (1991), S. 33 ff.

1028 Nach Popper wird dieses Spannungsverhältnis als Paradoxon der Freiheit bezeichnet. Vgl. Popper (1992a), S. 161 ff. Hayek bezeichnet daher die Freiheit, die allen Individuen in gleichem Umfang einzuräumen ist, als Gegenüberfreiheit. Vgl. Hayek (1979a), S. 22. Hayeks Überlegungen werden maßgeblich von Kant sowie den schottischen Moralphilosophen geprägt. Vgl. Hayek (1969m), S. 178; Hayek (1969j), S. 114 ff. und Hayek (1983a), S. 207 ff.

1029 Vgl. Hayek (1953), S. 38 ff.; Hayek (1983a), S. 186.

Rechtsstaates und des klassischen rule of law-Gedankens.[1030] Daher unterscheidet HAYEK zwischen den Regeln mit Gesetzescharakter (allgemeinen Regeln gerechten Verhaltens oder nomos) und Befehlen (thesis), die nur auf bestimmte Personen anwendbar sind und den „Zwecken der Herrschenden“[1031] dienen sollen. Die Regeln mit Gesetzescharakter sollen offen, universal, abstrakt und widerspruchsfrei sein. Zum Schutz der individuellen Freiheit bedarf es einer Rechtsordnung, deren Bestandteile sich ausschließlich Regeln mit Gesetzescharakter sind.[1032] Hinsichtlich der Universalität des Wirkens dieser allgemeinen Regeln gerechten Verhaltens kann der Anwendungsbereich und der Regelungsinhalt unterschieden werden. Der Anwendungsbereich beschreibt die individuellen, zeitlichen, räumlichen und sonstige situative Gegebenheiten, unter denen eine Regel unabhängig von deren Inhalt und Ausgestaltung anzuwenden ist.[1033] Bei dem Regelungsinhalt handelt es sich um die Ausgestaltung einer Regel. Bezüglich des Anwendungsbereichs einer Regel sind nach HAYEK die Kriterien personelle Indifferenz,[1034] zeitliche Konkretisierung[1035] und räumliche Indifferenz[1036] notwendige Voraussetzungen, um eine „Gleichheit vor dem Gesetz herzustellen. Damit keine Differenzierungen nach Situation oder Individuum möglich sind, sollte der Regelungsinhalt der Forderung nach einer partiellen situativen Indifferenz entsprechen. Situative Indifferenz erfordert den Verzicht auf konkrete Umstände im Regelungsinhalt, die die Anwendung der Regel einschränken.[1037] Darüber hinaus ist eine implizite Differenzierung der Regeln nach individuellen Eigenschaften nicht zulässig.

4.2.3.2.2 Der Staat in einer Doppelfunktion – über den Unterschied zwischen Recht und Gesetz

Der Staat hat in einer komplexen Gesellschaft eine Doppelfunktion wahrzunehmen. Zum einen müssen die allgemeinen, abstrakten Regeln, die Verfassungscharakter haben, entwickelt werden, zum anderen müssen aber auch konkrete Gesetze verabschiedet werden und das geltende Recht gepflegt und bei Nicht-Einhaltung entsprechende Sanktionen verhängt werden. Abstrakte Regeln bilden eine spontane Ordnung, indem sie das einzelne Gesellschaftsmitglied daran hindern, in die

---

1030 Vgl. Daumann (2001), S. 87.

1031 Hayek (1969o), S. 212.

1032 Vgl. Zintl (1983), S. 167.

1033 Dies bezieht sich auf die Eigenschaften der Individuen und die unterschiedlichen Situationen, in denen sich die Individuen befinden.

1034 Die Anwendung einer Regel sollte auf alle Individuen unabhängig von individuellen Merkmalen erfolgen. Vgl. Hayek (1979a), S. 25.

1035 Eine Regel soll zeitlich unbeschränkt gelten; eine rückwirkende Geltung ist ausgeschlossen. Vgl. Hayek (1983a), S. 270.

1036 Der Anwendungsbereich einer Regel hängt nicht von räumlichen Gegebenheiten ab, sondern es ist eine räumlich unabhängige Geltung der Regeln zu garantieren. Vgl. Hayek (1983a), S. 270.

1037 Eine Regel darf sich nur auf solche Bedingungen beziehen, die jederzeit und überall auftreten können. Vgl. Hayek (1983a), S. 181. Dies stellt ihre Anwendbarkeit auf eine unbekannte Anzahl von künftigen Fällen sicher. Vgl. Hayek (1981b), S. 152.

geschützte Sphäre anderer Individuen einzugreifen. Hierbei ist es relevant darauf hinzuweisen, dass zweierlei Arten von Regeln existieren. Einerseits gibt es Regeln, an deren Einhaltung jeder Einzelne aufgrund seiner egoistischen Motive interessiert ist. Andererseits gibt es auch Regeln, zu deren Einhaltung die Individuen gezwungen werden müssen. Ein Nicht-Befolgen würde zwar kurzfristig den Nutzen des Individuums maximieren, aber langfristig könnten diese Zuwiderhandlungen gegen das bestehende Regelsystem die Gesamtordnung zerstören, von der der Erfolg der einzelnen individuellen Handlungen abhängig ist.[1038] Hier muss der Politiker als politischer Unternehmer Regeleinhaltungen durchsetzen, indem er für die Implementation von Regeln in die Gesellschaft aber auch innerhalb der Gruppen und auf der Individualebene sorgt, und indem er kollektive Sanktionsmechanismen zur Regeldurchsetzung findet. Wettbewerb kann mit seinen Anreizen zu kollektiver Selbstschädigung führen.[1039] In diesen Fällen muss der Staat mit Zwang dafür sorgen, dass die zur Bildung einer spontanen Ordnung erforderlichen Regeln implementiert und durchgesetzt werden.[1040]

Zu unterscheiden sind an dieser Stelle die Verhaltens- von den Verfassungsregeln. Im Unterschied zu den allgemeinen Verhaltensregeln, die die Grundlage der spontanen Ordnung bilden, indem sie den Bereich zulässiger Handlungen für jedes Gesellschaftsmitglied einschränken, sind die in einer Verfassung niedergelegten Regeln Organisationsregeln, also Regeln, die die Organisation einer Regierung bestimmen und die Gewalt einer Regierung beschränken können.[1041] HAYEK beschreibt zwei Arten der Ordnung, nämlich die spontane Ordnung und die der Organisation. Es gibt nach HAYEK „wichtige Unterschiede zwischen den Arten von Regeln, die die verschiedenen Arten von Ordnungen verlangen.“ Der Unterschied zwischen den „allgemeinen Verhaltensregeln“ und den „Organisationsregeln“ liegt nach HAYEK darin begründet, dass die „Regeln, die das Handeln innerhalb einer Organisation leiten, (...) Regeln für die Durchführung bestimmter Aufgaben sein müssen“ und sich auch für verschiedene Mitglieder unterscheiden, „entsprechend der ihnen zugewiesenen Rollen“, während die „Regeln, die eine spontane Ordnung lenken, unabhängig von einem Zweck sein, und (...) auf eine unbekannte und unbestimmte Anzahl von Personen und Fällen anwendbar“ sein müssen.[1042] In einer Analogie kann festgehalten werden, dass HAYEK eine Unterscheidung zwischen dem Öffentlichen

---

1038 Vgl. Hayek (1980), S. 68.

1039 Am deutlichsten wird diese latente Fehlanreizgebung des wettbewerblichen Prozesses an der Illustration negativer externer Effekte z.B. des Umweltschutzes, der zunächst in einer kurzfristigen Gewinnkalkulation von Unternehmen in einer Situation, in der bei den Konsumenten kein ausgeprägtes Bewusstsein für die Umwelt existiert, wenig Berücksichtigung finden wird. Hayek selbst betont, dass nicht alle Ergebnisse spontaner Evolution zwangsläufig „sozial vorteilhafte“ Wirkung haben müssen und also ggf. evolvierte Institutionen einer Korrektur bedürfen. Vgl. Hayek (1971a), S. 34 und S. 84 und vgl. Hayek (1980), S. 123-125 und S. 140.

1040 Vgl. Hayek (1969d), S. 40 ff.

1041 Vgl. Hayek (1980), S. 173-180.

1042 Hayek (1980), S. 72 f.

Recht und dem Privatrecht vornimmt, indem er für das Öffentliche Recht formuliert, dass es tatsächlich durch bewusste Willensakte und für bestimmte Zwecke geschaffen werde, während das Privatrecht von ihm eher als das Ergebnis eines Evolutionsprozesses charakterisiert wird.[1043] So kann man ein weiteres Zwischenergebnis formulieren, nämlich dass das Recht (im Sinne des Privatrechts) als allgemeine Verhaltensregeln sich durchaus unabhängig von der gesetzlichen Autorität bilden und entwickeln kann, während Verfassungsregeln immer der Gegenstand eines bewussten Entwurfs sind, da immer eine Autorität existiert, die die Macht hat, Regeln der Organisation der Regierung zu bestimmen.[1044] Dies bedeutet aber auch, dass das gegensätzliche Begriffspaar Evolution und konstruktivistischer Rationalismus im Hinblick auf Verfassungsregeln anders interpretiert werden müssen, als es bisher mit den hier verwendeten Bedeutungsvarianten vorgenommen wurde. Der evolutionistische Begriff könnte in diesem Sinne auf Verfassungsregeln angewendet werden, indem auf das innerhalb des dritten Kapitels dargestellte Prinzip der Entwicklung der Systeme durch Wettbewerb zurückgegriffen wird. Es existieren individuelle Wahlakte bzgl. der Systeme und durch Abwanderung bzw. Zuspruch werden Systeme sich entwickeln und die besseren werden die schlechteren verdrängen.[1045] Das Selektionsprinzip gilt.

Spricht HAYEK von einem konstruktivistischen Rationalismus hinsichtlich der Verfassungsregeln, so ist seine Kritik wohl primär in seiner Ablehnung verhaftet, es gäbe ein Ideal einer beschränkenden Verfassung, denn er wirft der Idee des konstruktivistischen Rationalismus vor, sie fördere mit ihrer „Weigerung, sich der

---

1043 Vgl. Hayek (1969o), S. 213; vgl. auch Hayek (1979b), S. 140: „societies form but states are made."

1044 Vgl. Hayek (1980), S. 125.

1045 Die meisten Schritte in einer kulturellen Entwicklung wurden – so Hayek – „nur dadurch möglich, daß manche Individuen einige der traditionellen Regeln durchbrachen und nach neuen Verhaltensregeln handelten." Der Erfolg einer „Neuerung, die ein Ausbrecher aus den bestehenden Gepflogenheiten einführte", hängt dabei davon ab, dass „diese neue Regeln die Billigung der Gesellschaft in ihrer Gesamtheit erlangen – nicht durch die formale Abstimmung, sondern dadurch, daß sie allmählich von einer immer größeren Zahl angenommen werden". Hayek (1980), S. 125. Insofern können Übertretungen traditioneller Normen eines Individuums durchaus die Weiterentwicklung eines Regelsystems bedeuten. Diese Übertretungen können eine gewisse Innovationskraft in sich tragen. Diese Prozesse der Auswahl bestimmter Regeln durch individuelle Wahlhandlungen gelten in erster Linie für die Verhaltensregeln – für Regeln der Moral und der Sitte. Weniger ist dieser Prozess zu übertragen auf die Regeln des Rechts – also auf die Verfassungsregeln, bei denen die kollektiven Entscheidungen, die Gesetzgebung, eine übergeordnete Rolle spielt. Diese Verfassungsregeln werden weniger dadurch eine Verbreitung erfahren, dass sie schrittweise von einer immer größer werdenden Zahl der Gesellschaftsmitglieder angenommen werden, sondern sie können nur gleichzeitig für alle und diskontinuierlich geändert werden. Es besteht die Möglichkeit der Brückenfunktion über eine Änderung der Verhaltensregeln gewissermaßen den Nährboden für eine entsprechende Änderung der Verfassungsregeln zu schaffen. Dennoch bleibt es bei einem wesentlichen Unterschied hinsichtlich der Änderungsprozedere.

Disziplin allgemeiner Regeln zu unterwerfen“[1046], den Irrglauben, „dass eine höchste Gewalt ihrer Natur nach unbeschränkt sein“[1047] müsse.

Allerdings verharrt HAYEK an dieser Stelle in einer abstrakten Betrachtungsweise, denn scheinbar sind durch die Einführung des Staates, die Probleme der kollektiven Selbstschädigung behoben.[1048] HAYEK gelingt es nicht vollständig, den Gedanken eines planvollen Verfassungsentwurfs in Einklang zu bringen mit seinem oben dargestellten Theoriegebäude von konstruktivistischen Rationalismus einerseits und evolutionären Konzeption andererseits. HAYEK stellt sich an dieser Stelle nicht der Problematik des Gefangenendilemmas, in dem sich die Individuen bei der Befolgung bzw. Nicht-Befolgung abstrakter Regeln befinden.[1049] Den einzigen konkreteren Hinweis für einen Test für die Gerechtigkeit einer Regel findet man bei HAYEK in

---

1046 Hayek (1980), S. 53.

1047 Hayek (1977), S. 15.

1048 Auch scheint Hayek ein gewisses ambivalentes Verhältnis zu der Frage eines bewussten Entwurfs einer Verfassung einzunehmen, denn einerseits kritisiert er die rationalistische Vorstellung vom Gesellschaftsvertrag und scheint die gesamte vertragstheoretische Tradition dem Prinzip des konstruktivistischen Rationalismus zuordnen zu wollen (vgl. bspw. Hayek (1969g), S. 79 oder Hayek (1969p) S. 247 oder Hayek (1971a), S. 70)), andererseits aber würdigt er die amerikanische Verfassung, die offenkundig das Ergebnis eines bewussten Entwurf darstellt, als eine „Verfassung der Freiheit“. So führt er dazu aus: „Als Montesquieu und die Gestalter der amerikanische Verfassung, wie sie sich in England herausgebildet hatte, artikulierten, schufen sie ein Muster, dem der liberale Konstitutionalismus seither folgt.“ Hayek (1980), S. 13. Allerdings versucht Hayek seine Kritik des konstruktivistischen Rationalismus mit seiner Wertschätzung der amerikanischen Verfassung insofern in Einklang zu bringen, als er schreibt: „Manchmal wird viel aus der Tatsache gemacht, daß die amerikanische Verfassung eine geplante Konstruktion ist und daß zum ersten Mal in der modernen Geschichte ein Volk bewußt die Regierungsart konstituierte, unter der es leben wollte. Die Amerikaner waren sich der einzigartigen Natur ihres Unternehmens sehr bewußt, und in gewissem Sinn ist es richtig, daß sie von einem Geist des Rationalismus und einem Wunsch nach überlegter Konstruktion und pragmatischen Verfahren geleitet waren, das der „französischen Überlieferung“, wie wir sie genannt haben, näher kam als der britischen“. Hayek (1971a), S. 232. Den Versuch, diese Feststellung in Einklang mit seinem evolutionistischen Konzept zu bringen, leistet Hayek, indem er schreibt, das „Neue, das die Bundesversammlung enthielt, war entweder das Ergebnis der Anwendung überlieferter Grundsätze auf bestimmte Probleme oder es ergab sich aus nur unklar vorgestellten Folgen allgemeiner Ideen.“ Hayek (1971a), S. 232. Hayek leitet so die Möglichkeit ab, dass eine geplante Konstruktion die Folge sein kann von evolutionärer Entwicklung. Die Konstrukteure solcher Ordnungen bauen auf Erfahrungen und überlieferten Grundsätzen früherer Experimente auf. Diese Vorgehensweise wurde in dem zweiten Kapitel dieser Arbeit auch für die Entwicklung Europas als Prozess dargestellt und konnte nachgewiesen werden.

1049 Auch Buchanan und auch Vanberg - auf deren Ansätze in den nächsten Abschnitten noch eingegangen werden wird - kritisieren Hayek in der Weise, dass sein evolutionstheoretischer Ansatz nicht geeignet sei, die Überwindung von Gefangenendilemmata im Evolutionsprozess der Gesellschaft zu erklären und die Notwendigkeit staatlichen Handelns konsistent abzuleiten. Vgl. Vanberg (1981), S. 21 und S. 39; vgl. Vanberg (1984b), S. 130 ff. und vgl. Vanberg/Buchanan (1988), S. 143 ff. „Surely Hayek must acknowledge that the rules that emerge (...) may themselves be inefficient. But what is his own test? While he seems to allow for reform, for “legislation” to correct for evolutionary aberrations, he offers no creteria for judgement.” Buchanan (1977), S. 37.

seinem Verweis auf den „Universalisierbarkeitstest“ von KANT. Es soll geprüft werden, ob eine Regel in jedem Fall und auf alle Mitglieder der Gesellschaft angewendet werden soll, für die sie auch Geltung hat. Gelingt es, hier einen allgemeinen Konsens zu erzielen, kann eine Widerspruchsfreiheit eines ganzen Regelsystems hergestellt werden.[1050]

Indessen muss auch der Staat, dem die Gesetzgebung obliegt, in seinen Rechten begrenzt werden. Die eine spontane Ordnung konstituierenden abstrakten Regeln[1051] sollen das friedliche Zusammenleben der Individuen trotz differierender Ziele und die dezentrale Nutzung von Wissen ermöglichen. Die individuelle Freiheit darf nicht über das notwendige von den Individuen akzeptierte Maß hinaus eingeschränkt werden. Die Rechtfertigung einer Zwangsgewalt kann nicht durch eine Zustimmung der Mehrheit erfolgen. Die Rechtfertigung einer Zwangsgewalt kann nur darin bestehen, dass diese Gewalt zur Erhaltung der gesellschaftlichen Ordnung als notwendig anerkannt wird und so alle, die diese gesellschaftliche Ordnung befürworten und in ihr leben, ein Interesse am Bestehen dieser Gewalt haben müssen.[1052] Da diese universalen Regeln gerechten Verhaltens sich als Konsens innerhalb der Gesellschaft bilden, kann dieses Recht von staatlichen Institutionen nicht beliebig geändert werden, sondern es muss dem allgemeinen Rechtsempfinden der Gesellschaftsmitglieder entspringen und vom Gesetzgeber nur aufgenommen und formuliert werden.

Die Aufgabe der Verfassung ist es diese universalen Regeln gerechten Verhaltens zu sichern und sie vor dem Zugriff der Regierung – auch wenn das von der Mehrheit der Bevölkerung gewünscht werden sollte – zu schützen. Eine freie Gesellschaft setzt voraus, dass jegliche Macht, auch die Macht des Staates und der Mehrheit, beschränkt ist. Die Verfassung muss deshalb Kriterien für die Definition von Gesetzen festlegen. Die Gesetzgebung muss auf die Formulierung abstrakter Regeln verpflichtet werden, um zu verhindern, dass der Gesetzgeber in die Lage versetzt wird, die abstrakte Ordnung zu beseitigen.[1053]

Die Aufgaben des Staates beschränken sich allerdings nicht auf Erhalt und Sicherung der gesellschaftlichen Ordnung, denn die spontane Ordnung versagt bei der Bereitstellung öffentlicher Güter. Die Bürger werden freiwillig keinen Beitrag zur Finanzierung dieser Güter leisten, wohl aber als Trittbrettfahrer zu partizipieren versuchen. Auch die Bereitstellung dieser öffentlichen Güter erfordert staatliche Institutionen und staatliche Zwangsgewalt. Hinter der Entscheidung, welche

---

1050 Hierzu ist anzumerken, dass es vermutlich nie die Absicht Hayeks war, ein geschlossenes Modell oder einen den Anspruch auf Vollständigkeit erhebenden Ansatz zu entwickeln. Seine Gedanken und Überlegungen sind vielmehr als Anregungen und insofern als Wegweiser für weitere gedankliche Ausflüge zu verstehen, nicht aber als eine fertige Landkarte.

1051 Von Hayek werden diese Regeln auch die universalen Regeln gerechten Verhaltens genannt. Vgl. Hayek (1969e), S. 49 f.

1052 Vgl. Hayek (1969f), S. 59 und S. 71 und vgl. Hayek (1981b), S. 21.

1053 Vgl. Hayek (1981b), S. 151 ff.

öffentlichen Güter bereitgestellt werden sollen, stehen Abwägungsprozesse der zu verfolgenden Ziele.[1054] Bei dieser Regierungstätigkeit, der Entscheidung über Zielgewichtungen für die Gesamtgesellschaft und der Abwägung von Partialinteressen gegeneinander, handelt es sich daher um qualitativ andere Entscheidungen, als bei der Suche und Formulierung nach und von allgemeinen abstrakten Regeln.

Hayek zeigt sich skeptisch bezüglich der „Regierungstätigkeit des Parlamentes insbesondere in Verbindung mit Mehrheitsbeschlüssen. Er betont die Gefahr eines Missbrauchs von Macht, die bei dieser Art von Entscheidung besteht.[1055] Innerhalb des politischen Prozesses, innerhalb dessen einerseits die Politiker bzw. Parteien um Wählerstimmen konkurrieren, Interessengruppen versuchen, meist ausgabenwirksam die Interessen ihres Klientel (häufig aufgrund einer breiten Konsensfähigkeit in Form einer Erstreitung öffentlicher Güter oder steuerlicher Vergünstigungen und Subventionen) zu vertreten, die Bürokraten weniger dem Gemeinwohl als vielmehr dem eigenen Wohl der Budgetmaximierung dienen und letztlich die Wähler rational wenig informiert sind und einer kurzfristigen Erinnerung bzgl. der politischen Taten unterliegen, ist es zu erwarten, dass Politiker, die diesem politischen Wettbewerb ausgesetzt sind, die Möglichkeit nutzen, Gesetze zugunsten von Sonderinteressen auch zu verabschieden.[1056] Diese notwendige Folge des politischen Prozesses und der darin verstrickten Akteure kann nur vermieden werden, wenn den Politikern die Möglichkeit genommen wird, durch entsprechende Gesetze Partikularinteressen zu befriedigen. Dies kann durch die Formulierung allgemein gültiger Regeln, an die auch die Politiker bzw. der Gesetzgeber sich zu halten haben, verfolgt werden. Staatliches Handeln sollte dennoch grundsätzlich möglich sein, allerdings dürfe die Legislative nicht uneingeschränkt sein, sie zerstöre sonst - so HAYEK - die spontane Ordnung.[1057]

Damit nicht auch die Gesamtordnung zum Spielball des politischen Prozesses und somit der Interessengruppen wird, muss die Regierung ihrerseits den allgemeinen Regeln gerechten Verhaltens unterworfen werden. Nur wenn sie durch allgemeine Regeln ebenfalls diszipliniert wird, ist die Vermeidung einer Situation, in der die Staatsgewalt von den Interessengruppen zur Verfolgung ihrer Ziele okkupiert wird, gewährleistet.

1054 Vgl. Hayek (1981b), S. 45 und Hayek (1969f), S. 62 f.

1055 Es sei ein „Witz" anzunehmen, „(...) daß solange die Maßnahmen der Regierung von einer Mehrheit gebilligt werden, der materielle Rechtsstaat gewahrt ist, (...)" Hayek (1996b), S. 205.

1056 Es sei davon auszugehen, dass in demokratischen Gesellschaften sich die Staatsgewalt auf die gegenwärtige Mehrheit stütze, die sie benötigt, um an der Macht zu bleiben. Insofern bestehe für die Entscheidungsträger die Notwendigkeit, jene Gruppen zu begünstigen, deren Stimmen sie notwendigerweise zum Erhalt der Macht braucht. Vgl. Hoppmann (1995), S. 236. "Die meisten Mitglieder der Mehrheit wissen oft, daß das, was sie entschieden haben, dumm, ungerecht oder schädlich ist, und daß sie nur gezwungen waren, zuzustimmen, um die bestehende Mehrheit zu erhalten." Hayek (1996b), S. 209.

1057 Vgl. Hayek (1969n), S. 199-205 und vgl. Hayek (1977), S. 7-12. Die uneingeschränkte Herrschaft der Mehrheit bezeichnet Hayek als „totalitäre Demokratie" oder auch „plebiszitäre Diktatur". Hayek (1969f), S. 57.

Zusammenfassend ist festzuhalten, dass der Staat zwei Aufgaben wahrzunehmen hat; erstens den Schutz der gesellschaftlichen Ordnung und zweitens die Entscheidung über kollektive Ziele. Auch wenn beide Aufgaben demokratische Legitimation erfordern, so sind sie doch von ganz unterschiedlicher Qualität. Die Implementation allgemeiner Regeln des Rechts soll zum Erhalt der spontanen Ordnung dienen und seine Wurzeln im allgemeinen Rechtsverständnis der Gesellschaftsmitglieder haben. Die Regierungstätigkeit zur Bereitstellung öffentlicher Güter hingegen erfordert eine konkrete Zielgewichtung und –bewertung und damit notwendigerweise eine Abwägung zwischen Partialinteressen.

HAYEKs Idee ist es, diese beiden Entscheidungsfindungsprozesse auch personell strikt voneinander zu trennen. Es muss verhindert werden, dass es zu einer Vermischung der Interessenfindung bzgl. allgemeiner Regeln und konkreter gesellschaftlicher Ziele innerhalb einer Institution kommt, damit die spontane Ordnung nicht bestimmt wird von der Verfolgung von Partialinteressen. Diese Gewaltenteilung soll durch eine Verfassung gesichert werden.[1058] Die verfassungsrechtliche Festschreibung der Gewaltenteilung hat nur dann Substanz, wenn man sie mit der oben angeführten Definition von Gesetzen verbindet.[1059] Der Rechtsstaat kann unter der Voraussetzung der Vermischung dieser beiden Aufgaben, die persönliche Freiheit des Individuums nicht mehr ausreichend schützen. Es wird nicht mehr zwischen Recht und Gesetz unterschieden und das, „ (...) was wir heute Rechtsstaat nennen, (ist) nun mehr ein Gesetzesstaat."[1060] Die hier beschriebenen Probleme sollen nun durch HAYEKs Konzeption eines Zwei-Kammern-Systems gelöst werden.

4.2.3.2.3 Ein Verfassungsentwurf – Das Zwei-Kammer-System

Die Verfassung hat zum einen die Aufgabe zu erfüllen, die Gesetzgebung auf die Formulierung allgemeiner, abstrakter Regeln zu beschränken. So soll verhindert werden, dass die abstrakte Ordnung durch den Gesetzgeber verfälscht oder beseitigt wird, indem er eine Gesetzgebung zugunsten der Verfolgung konkreter Ziele und Einzelinteressen missbraucht. Zum anderen soll die Verfassung die strikte Gewaltenteilung zwischen Gesetzgebung und Regierung festschreiben. Der Regierung ist es erlaubt – muss es erlaubt werden – Ziele von Interessengruppen gegeneinander abzuwägen und über Steuereinnahmen öffentliche Güter zu finanzieren. Drittens muss sie die Organisationsregeln des Staatsapparates festlegen.[1061] Konsequenterweise entwirft HAYEK ein Zwei-Kammer-System, das

---

1058 Vgl. Hayek (1981b), S. 59 ff.

1059 Zwar ist auch in den heutigen Verfassungen i.d.R. der Grundsatz der Gewaltenteilung zwischen Legislative und Regierung verankert, jedoch fehlen meist sachliche Kriterien, die definieren, was ein Gesetz sein kann. Zwar darf nur der Gesetzgeber Gesetze erlassen - und seine Kompetenz ist auch genau darauf beschränkt, - doch er kann (fast) alles, was er durchsetzen möchte in Gesetzestexte kleiden. Diese Form der Gewaltenteilung stützt sich also auf einen Zirkelschluss. Vgl. Hayek (1969n), S. 199 f.

1060 Hayek (1969e), 47; vgl. auch Hayek (1981b), S. 59 und S. 140 f.

1061 Vgl. Hayek (1969m), S. 162; vgl. Hayek (1969d), S. 43 und vgl. Hayek (1980), S. 166.

zwei repräsentative Versammlungen beinhaltet, die allerdings vollständig getrennte Aufgabengebiete wahrnehmen und auch unabhängig voneinander sind.[1062]

Die eine Kammer erlässt als die Gesetzgebungskammer die Gesetze, die Zwang gegenüber den Bürgern begründen. Sie hat die Aufgabe, die spontane Ordnung durch allgemeine Rahmengesetze zu bewahren und zu gestalten. Der beschränkende Charakter der von ihr erlassenen allgemeinen, abstrakten Regeln gilt sowohl für die privaten Gesellschaftsmitglieder als auch für die Regierungsmitglieder. Diese erste gesetzgebende Kammer beschäftigt sich mit der Frage nach dem Recht und nicht mit der Verfolgung konkreter Ziele.[1063]

HAYEK schlägt ein Wahlsystem vor, in dem jede Altersgruppe einmal im Leben – z.B. in dem vierzigsten Lebensjahr - Repräsentanten aus ihren eigenen Reihen für die Dauer von fünfzehn Jahren wählt. Nach Ablauf der Amtsperiode ist eine Wiederwahl ausgeschlossen und den Vertretern wird eine Beschäftigung als Laienrichter zugesagt. Die Mitglieder der Gesetzgebungskammer sind also zwischen vierzig und fünfundfünfzig Jahren alt und jedes Jahr wird ein Fünfzehntel der Kammer neu gewählt. Eine Kontrolle dieser Kammer erfolgt durch ehemalige Mitglieder der Legislative, die bei groben Fehlverhalten auch entlassen werden können. Die Regierungsversammlung soll im Notfall in die Lage versetzt werden, die Aufgaben der Gesetzgebungsversammlung vorübergehend zu übernehmen.

Die zweite Kammer ist die Regierungsversammlung, die als demokratische Vertretung der Bürger konkrete Ziele verfolgt. Sie trifft Entscheidungen über die Bereitstellung und Finanzierung öffentlicher Güter und Leistungen in einem Abwägungsprozess zwischen verschiedenen Partikularinteressen. Die Wahl der Mitglieder kann durch die Zwischenstufe über Parteien erfolgen, die Interessen und Standpunkte bündeln und nach außen in Wahlkämpfen vertreten.[1064] Die Regierungsversammlung wählt die Regierung.

Als dritte wesentliche Institution muss ein Verfassungsgericht über die eindeutige Kompetenzzuordnung zwischen den zwei Kammern wachen. Dieses Verfassungsgericht übernimmt die Schlichtung von Kompetenzstreitigkeiten und sichert die Gewaltenteilung.[1065]

1062 Vgl. Hayek (1969e), S. 47-55; Hayek (1981b), S. 145 ff. und vgl. auch Nienhaus (1982), S. 18 ff.

1063 Vgl. Hayek (1969n), S. 203.

1064 Zu politischen Zyklen als Ergebnis der Interaktionen im politischen Prozess vgl. Nordhaus (1975), S. 169 zu den Phasenmodellen in einem politischen Zyklus vgl. Herder-Dorneich (1982), S. 51 ff.

1065 Hayek nimmt keine konkrete Werteordnung z.B. in Form von Grundrechten in die Verfassung auf. Die Festlegung der Gesetzgebung auf allgemeine Regeln gerechten Verhaltens macht die Festschreibung spezieller Grundrechte überflüssig. Diese Festlegung impliziert bereits ein Diskriminierungsverbot. Eine explizite Festschreibung solcher Rechte wäre nach Hayeks

4.2.4 Kritische Würdigung des evolutionstheoretischen Ansatzes nach Hayek

In den Ansätzen von HAYEK findet sich eine enge Verbindung zwischen den Gedanken einer spontanen Ordnung und des evolutionären Prozesses. Diese Verbindung wird von HAYEK betont, wenn er von „der Zwillingsidee der Evolution und der spontanen Bildung einer Ordnung“[1066] spricht. HAYEK erkennt, dass evolvierte Regeln nicht zwangsläufig vorteilhaft sein müssen und es ggf. notwendig sein kann, staatliche Institutionen zur Implementation und Durchsetzung der Regeln zu installieren. Allerdings bleibt im Rahmen seines evolutionstheoretischen Ansatzes jedoch unklar, welche Regeln konkret staatlicher Durchsetzungsmechanismen bedürfen und wie staatlicher Zwang vom individualistischen Standpunkt aus begründbar ist.

HAYEK lenkt die Aufmerksamkeit vor allem darauf, dass aus einem spontanen Zusammenwirken von Akteuren, die separat ihre individuellen Ziele verfolgen, unintendiert sozial wünschenswerte Resultate hervorgehen können. HAYEKs durchgehender Leitgedanke ist somit häufig als „evolutionistischer Optimismus“ umschrieben worden.[1067] Es ist ebenso denkbar, dass die Evolution Regeln hervorbringt und somit Ergebnisse erzeugt, die die Gesellschaft vernichten. Allerdings ist durch die Betrachtungen auch deutlich geworden, dass HAYEKs Charakterisierung des Gegensatzes zwischen „evolutionistischer“ und „konstruktivistisch-rationalistischer“ Vorgehensweise bei der Gestaltung bzw. Findung von Ordnungen keinesfalls ein homogenes Konzept zugrunde liegt. Vielmehr umfasst sein Ansatz eine Reihe von Ausführungen, Annahmen und Argumenten, die in einem gedanklichen Zusammenhang stehen, aber im Hinblick auf den hier zu untersuchenden Gegenstand – Linien für eine Verfassung in Europa zu entwickeln – recht unterschiedliche Implikationen aufwerfen.

Das von ihm sehr betonte Informationsproblem,[1068] das besser durch einen spontanen Prozess als durch bewusst planende Instanzen zu lösen sei, steht in einem engen Zusammenhang mit seinem Evolutionskonzept; die dezentrale Verwertung von Wissen in einer – lediglich auf allgemeinen Regeln beruhenden – spontanen Ordnung wird ergänzt durch die Aufspeicherung von Erfahrungen in allmählich gewachsenen Institutionen.

Der Schwerpunkt seiner Ausführungen ist einerseits die wesentliche Bedeutung, die der Evolution von Regeln und der spontanen Entwicklung von Ordnungen bei der

---

Meinung notwendigerweise unvollständig, ungenau und unflexibel. Vgl. Hayek (1981b), S. 152 f.

[1066] Hayek (1969l), S. 144; Hayek (1980), S. 77 f.

[1067] Vgl. hierzu z.B. Vanberg (1981), S. 24.

[1068] Vgl. zum Informationsproblem Kunz (1985); McCall (1965) und Stigler (1961).

Suche nach effizienten gesellschaftlichen Koordinationsmechanismen innewohnt, und andererseits die Prüfung der Möglichkeiten einer Konstruktion institutioneller Schutzvorschriften, die verhindern sollen, dass die Staatsgewalt die spontane Ordnung zerstört. HAYEKs Verdienst ist auch im Hinblick auf die hier zu untersuchende Fragestellung unstrittig. Er hat die Bedeutung des Wettbewerbs als Entdeckungsverfahren auch für neue politische Problemlösungen herausgestellt und somit die Vorteile einer dezentralen Verwertung von Wissen in evolutorischen Prozessen verdeutlicht.

Gegen HAYEKs Theorie der Gruppenselektion sind einige Einwände hervorgebracht worden. Der Auswahl besserer Regeln über Wanderungen können vielfältig Migrationsbarrieren gegenüberstehen.[1069] Auch kann die Populationsgröße sicher nicht mühelos zur Operationalisierung der Vorteilhaftigkeit von Regeln herangezogen werden.[1070] Ein weiterer Vorwurf besteht in dem Verweis auf Gefangenendilemmata bei der Regelbefolgung, in denen das konstitutionelle Interesse mit dem individuellen Handlungsinteresse konfligiert.[1071] So wird die Identität von individuellen Anreizen und Gruppenvorteilen als nicht gesichert angesehen und diese Skepsis wird durch den Verweis auf spieltheoretische Illustrationen normgenerierender Situationen untermauert.[1072]

HAYEK ist kritisiert worden, dass sein Werk in zwei Bereiche falle, die sich offenbar nicht logisch zusammenführen ließen.[1073] Der eine Bereich, den HAYEK postuliert, ist ein System freiheitssichernder Regeln, auf deren Grundlage eine spontane Ordnung im Sinne der Interaktion der Individuen entsteht. Dieses Regelsystem hat bestimmten Anforderungen zu erfüllen, damit es ein Maximum an Freiheit gewährleisten kann.[1074] Der andere Bereich, der den freiheitssichernden Regeln als Rahmenordnung für die individuellen Interaktionen gegenübersteht, ist die Vorstellung der „Zwillingsidee der Evolution und der spontanen Ordnung“.[1075]

Nicht nur die Handelnsordnung im Sinne der Gesamtheit der individuellen Interaktionen, die durch ein bestehendes Regelwerk determiniert werden, ist das Ergebnis evolutorischer Prozesse, sondern auch dieses Regelwerk selbst. Die Problematik der möglicherweise unerlässlichen, konstruktivistischen Regelsetzung

1069 Vgl. Vanberg (1984a), S. 102.
1070 Vgl. Gray (1985), S. 137; Bouillon (1991), S. 42 ff.
1071 Vgl. Vanberg (1986), S. 85 ff.
1072 Vgl. Okruch (2001), S. 139.
1073 Vgl. Wilhelm (1972), S. 179 f.
1074 Die einzelnen Regeln sollten universal, abstrakt und offen sein; vgl. zu den Anforderungen an die freiheitssichernden Regeln den Abschnitt 4.2.3.2.1.
1075 Hayek wendet sich gegen die Vorgehensweise einer bewussten Gestaltung der allgemeinen Regeln, auf denen die spontane Ordnung beruht und die ebenfalls der Evolution und ständigen unintendierten Veränderung unterliegen. Er wehrt sich gegen die Vorstellung, Institutionen könnten entworfen werden und betont vielmehr die Argumentation, Institutionen – bspw. das Recht – unterlägen evolutorischen Prozessen. Vgl. den Abschnitt 4.2.3.1.2.

wird um eine Ebene nach oben verschoben. Die Ergebnisoffenheit ist nach HAYEK eine wesentliche Eigenschaft dieser Prozesse. Dann muss der Entstehungsprozess des Regelwerks nicht zwangsläufig gewährleisten, dass Regeln hervorgebracht werden, die das Prädikat freiheitssichernd verdienen.[1076] Freiheitssichernde Regeln und evolvierte Regeln müssen nicht deckungsgleich sein.[1077] Allerdings wird aus den Ausführungen HAYEKs deutlich, dass die spontan gewachsene Ordnung einer Unterstützung durch einen organisierten Rahmen bedarf. Insofern stehen Organisation und spontane Ordnung nicht ganz zusammenhangslos nebeneinander. Auch die spontane Ordnung setzt ein bestimmtes Maß an staatlicher Aktivität voraus.[1078] Dies ist insofern notwendig, als die sich-selbst-erzeugenden Regeln teilweise einen Verbesserungsbedarf aufweisen.[1079] HAYEK verdeutlicht die Unvollkommenheiten von gesetzten Ordnungen und die Notwendigkeit, dass sie durch Regeln ergänzt werden müssen.[1080] Die Organisation sei auf Elemente einer spontanen Ordnung angewiesen, da es dem Organisator unmöglich ist, alle Eventualitäten vorauszusehen.[1081]

Ein maßgeblicher Kritikpunkt, der in der einschlägigen Literatur vorgebracht wird, bezieht sich auf die mangelnde Eignung von HAYEKs Universalitätskriterium, einen maximalen individuellen Freiheitsspielraum zu garantieren.[1082] Es bestehe ein mangelhafter Schutz vor asymmetrischen Freiheitsbeschränkungen.

Demnach bestünde die Möglichkeit einer impliziten Differenzierung nach individuellen Merkmalen.[1083] Die Diskriminierung oder Privilegierung einzelner Gruppen oder Individuen wäre auch unter Verwendung allgemeiner Regeln, die keine explizite Differenzierung nach individuellen Merkmalen vorsehen, möglich.[1084] Da

---

1076 Vgl. Hayek (1980), S. 124.

1077 Vgl. Radnitzky (1984), S. 23 ff.; Zintl (1983), S. 196 ff. und Loy (1988), S. 130 ff.

1078 Vgl. Mestmäcker (1999), S. 229.

1079 Vgl. Hayek (1976b), S. 35. Gleichzeitig betont Hayek allerdings auch, „(...) daß der Teil unserer Gesellschaftsordnung, der bewußtes Produkt der menschlichen Vernunft sein kann oder sein soll, nur ein kleiner Teil der gesamten Kräfte der Gesellschaft ist.“ Hayek (1976b), S. 35.

1080 Vgl. Hayek (1986), S. 73.

1081 Vgl. Hayek (1986), S. 72.

1082 Vgl. Robbins (1961), S. 69 und Rees (1963), S. 355. Als Beispiel für eine allgemeine Regel, die dennoch den individuellen Handlungsspielraum einengen könnte wird die Regel „Du sollst keinen Zins nehmen“ behandelt. Vgl. Daumann (2001), S. 90. Diese Regel würde die Kriterien der freiheitssichernden Regeln nach Hayek erfüllen: Im Anwendungsbereich ist den Anforderungen der personellen und räumlichen Indifferenz genüge getan, da keine Begrenzungen der Regel auf bestimmte Personen und Räume vorgenommen werden. Die Geltungsdauer wird exakt spezifiziert. Die Regel wird den Anforderungen der partiellen situativen Indifferenz gerecht, denn es wird mit dieser Regel keine spezielle Wirkung auf identifizierbare Gruppe oder Individuen angestrebt. Vgl. zu den Anforderungen der freiheitssichernden Regeln den Abschnitt 4.2.3.2.1. Durch eine Vielzahl solcher Regeln lasse sich der individuelle Spielraum einengen, dass von einer Maximierung der individuellen Freiheit nicht mehr gesprochen werden könne.

1083 Vgl. Watkins (1961), S. 39.

1084 In der Literatur wird das Beispiel genannt, dass ein Verbot, sonntags Sport zu treiben, einige Gruppen abhängig von ihrer Konfession besonders diskriminiere, obwohl dieses Verbot für die ganze Bevölkerung gleichermaßen gelte. Vgl. Barry (1979), S. 92 f.

HAYEK nicht von einer konstruktivistischen Setzung der Regeln ausgeht, sondern in diesem Zusammenhang von einem Entwicklungsprozess spricht, bilden sich die allgemeinen Regeln im Zeitverlauf heraus und werden vom Gesetzgeber entdeckt.[1085] HAYEK liefert weder eine Konkretisierung noch ein Verfahren zur Konkretisierung der Kombination aus situativen Eigenschaftskategorien und zu untersagenden Handlungsalternativen.

Dieser Vorwurf muss insofern relativiert werden, als das Evolutionsverständnis nach HAYEK eine Lösung für dieses Problem anbietet. Die von HAYEK genannten Kriterien freiheitssichernder Regeln bilden eine Art Rahmen, der durch die Regelevolution ausgefüllt wird.[1086] Ergebnisse der Regelevolution sind situative und individuelle Kriterien, die in die Gerechtigkeits- und Moralvorstellungen der Individuen eingebettet sind und die die Grundlage für eine differenzierte Behandlung von Individuen bilden können, da eben eine Differenzierung von Individuen auf dieser Grundlage von allen Individuen akzeptiert und nicht als diskriminierend empfunden wird.[1087] Die Regelevolution kann damit als Prozess zur Herausbildung von situativen und individuellen allgemein anerkannten Differenzierungskriterien interpretiert werden. HAYEKs Verständnis bezieht sich nicht nur auf das Geflecht spontaner Interaktionen der Individuen (die Handelnsordnung), sondern auch auf die Verhaltensregelmäßigkeiten der Regelordnung selbst, die stetigen Änderungen unterworfen sei. Für die vorliegenden Überlegungen sind die Aussagen HAYEKs hinsichtlich der Entstehung und Veränderung der Regelordnung, die der Herausbildung einer spontanen Regelordnung zugrunde liegt, als bedeutsam. Nach HAYEK besteht die Regelordnung aus drei verschiedenen Aspekten: Im Rahmen der biologischen Evolution haben sich zum einen Instinkte herausgebildet, die genetisch verankert sind.[1088] Zum zweiten existieren Regeln, die das Ergebnis einer bewussten Anwendung menschlicher Intelligenz sind.[1089] Und zum dritten gibt es die Regeln als Ergebnis eines sozio-kulturellen Prozesses.[1090] Sie sind das unbeabsichtigte Resultat individueller Interaktionen und entziehen sich selbst weitgehend der Kenntnis der Individuen. Der Prozess der sozio-kulturellen Evolution kennzeichnet eine permanente Akkumulation von Wissen, so dass in den dabei entstehenden Verhaltensregeln mehr Erfahrung inkorporiert ist, als dies in bewusst geschaffenen Regeln jemals möglich wäre.[1091] Bei der Betonung der sozio-kulturellen Evolution treten die beschriebenen Defizite in den Gedanken HAYEKs zu dem Konzept der freiheitssichernden Regeln nicht auf. Der Regeinhalt wird nun nach individuellen und situativen Kriterien

---

1085 Vgl. bspw. Hayek (1969m).
1086 Vgl. den Abschnitt 4.2.3.2.1.
1087 Vgl. Daumann (2001), S. 93.
1088 Vgl. Hayek (1989), S. 11 f.
1089 Nach Hayek werden diese bewusst für einen bestimmten Zweck geschaffenen Regeln als konstruktivistisch bezeichnet. Vgl. Hayek (1969), S. 35 ff. Vgl. auch den Abschnitt 4.2.3.1.1.
1090 Vgl. Hayek (1989), S. 11 ff.
1091 Vgl. Hayek (1969g), S. 86 und Hayek (1983a), S. 78. Zu dem Begriff der sozio-kulturellen Evolution vgl. Vanberg (1994d), S. 14 ff.

differenziert, denn aus dem Evolutionsprozess ergeben sich allgemein akzeptierte Moralvorstellungen und Gerechtigkeitsempfindungen. Diese dann entstehenden freiheitssichernden Regeln erfüllen die Ansprüche der Symmetrie der Handlungsspielräume und der moralischen Neutralität. Die moralische Neutralität wird erfüllt, da die im evolutorischen Prozess sich herausbildenden Differenzierungskriterien allgemeine Akzeptanz finden. Außerdem bewirkt die allgemeine Akzeptanz, dass die Individuen diese Regeln auch gegen sich selbst gelten lassen würden, wodurch auch die Symmetrie der Handlungsspielräume hergestellt werden würde.[1092] Damit wird zugleich die Kritik des mangelnden Schutzes vor asymmetrischen Freiheitsbeschränkungen relativiert. Es werden sich im Evolutionsprozess nur wenige Moralvorstellungen und Gerechtigkeitsempfindungen von allen getragen simultan herausbilden können. Dies relativiert den Vorwurf eines mangelhaften Schutzes vor asymmetrischen Freiheitsbeschränkungen. HAYEKs Entwicklung des Zwei-Kammern-Systems basiert auf diesen Überlegungen. Der ersten Kammer obliegt es, sich im Evolutionsprozess herausgebildete Differenzierungsmerkmale zu eruieren und in die freiheitssichernden Regeln zu implementieren. Diese allgemeinen Regeln gerechten Verhaltens geben dann den Rahmen für die zweite Kammer, die diese allgemeinen Regeln konkretisieren und für die individuelle Entscheidungen vorbereiten, vor.

Gegen HAYEK ist in diesem Zusammenhang der Vorwurf des Evolutionsoptimismus[1093] erhoben worden. Der Verweis auf mögliche Sackgassen der Evolution beunruhigt bei den Gedanken an Entwicklungslinien einer europäischen Verfassung. Aus diesem Grunde kann es der Verfasserin einer Arbeit, die es sich zum Ziel gesetzt hat, mögliche Anforderungen an eine europäische Verfassung zu formulieren und zumindest Linien einer möglichen Entwicklung anzudeuten, nicht genügen, auf den Wettbewerb innerhalb des politischen Prozesses als Entdeckungsverfahren zu setzen und sich auf die Argumentation zurückzuziehen, dass jedwede Entwicklung allgemeiner Regeln einen unerwünschten Eingriff nach dem rational-konstruktivistischen Prinzip darstelle und somit die erwünschte spontane Ordnung zerstöre und insofern zu unterlassen sei.[1094] Die Möglichkeit, dass spontane Prozesse auch für die beteiligten Individuen zu unerwünschten Gesamtresultaten führen könnten,[1095] ruft an dieser Stelle die Motivation hervor, nach anderen – evtl.

1092 Vgl. Daumann (2001), S. 98.

1093 Vgl. zu dem Begriff Evolutionsoptimismus Vanberg (1981), S. 24.

1094 Bemerkenswert erscheint auch der vermeintliche Widerspruch innerhalb der Ansätze von Hayek zu sein. Einerseits verurteilt er Ansätze des konstruktivistischen Rationalismus als einen folgenschweren Irrtum, der die spontane Ordnung einer Gesellschaft gefährde. Auf der anderen Seite entwickelt er mit seinem „Zwei-Kammern-System“ doch einen eigenen konstitutionellen Vorschlag zur Reform von Entscheidungsstrukturen.

1095 Hayek selbst führt aus und gesteht damit ausdrücklich zu, dass seine Überlegungen zu den Vorzügen evolutionärer Prozesse „natürlich nicht (beweisen), daß alle Moralsysteme, die sich in einer Gesellschaft entwickelt haben, zum Guten wirken“, (Hayek (1971a), S. 84) und dass es gewachsene Verhaltensformen und Einrichtungen geben mag, die fortbestehen, „wenn sie ihre Nützlichkeit schon lange verloren haben, und sogar wenn sie mehr ein Hindernis als eine Hilfe geworden sind.“ Hayek (1971a), S. 34.

ergänzenden - Ansätzen zu suchen, die es ermöglichen, eine ordnungspolitisch etwas „aktivere Rolle" zu finden und auch zu begründen. Eine Beseitigung der aufgezeigten Defizite kann durch die Rückbesinnung auf die KANT`schen Wurzeln von HAYEKs Überlegungen möglich sein. Es werden zusätzliche Anforderungen an den Regelinhalt vorgenommen oder ein Verfahren eingeführt, das diese Konkretisierung vornehmen kann. Bestehen Regeln den Test, „daß man sich in die Lage des anderen versetzt und sich fragt, ob man in diesem Fall, daß man selbst der Betroffene ist, zu den Handlungsanweisungen stehen würde"[1096], dann genügen sie dem Kriterium der Symmetrie der Handlungsspielräume, das bei MACKIE als zweite Stufe der Universalisierung bezeichnet wird.[1097] Dieses Prinzip gewährleistet nur, dass die Privatsphären und Freiheitsräume der einzelnen Individuen gleichmäßig abgesteckt werden. Allerdings sind asymmetrische Beschränkungen der individuellen Freiheit dadurch nicht ausgeschlossen, denn die Moralvorstellungen der Individuen unterscheiden sich. Dies gilt insbesondere, wenn zur Begründung einer Regel nur der Mehrheitstest erforderlich ist. Regeln müssen daher nicht nur dem Kriterium der Symmetrie der Handlungsspielräume genügen, sondern auch Handlungen nach unterschiedlichen Präferenzen und Wertvorstellungen ermöglichen. Um eine moralische Neutralität der Regeln zu erreiche, sollten die unterschiedlichen Präferenzen und die konkurrierenden Wertvorstellungen bei der Ausgestaltung der Regeln berücksichtigt werden.[1098] Es muss nach einem annehmbaren Kompromiss zwischen den verschiedenen Präferenzen und Werten der Individuen gesucht werden. Dieser Kompromiss postuliert die Zustimmung der Individuen und er setzt hypothetische Einstimmigkeit voraus. Damit ist der erste Schritt auf dem Weg zu einer vertragstheoretischen Erweiterung des evolutorischen Ansatzes nach HAYEK getan.

Es fehlt eine Grundlage in den Argumentationen Hayeks, um Vorschläge für Reformen oder für Veränderungen innerhalb der vorhandenen Institutionen, die den Rahmen für die soziale Ordnung bilden, zu entwickeln und zu bewerten. Grundsätzlich muss im weiteren Fortgang dieser Arbeit jede Betrachtung anderer Ansätze auch unter dem Gesichtspunkt erfolgen, ob sie geeignet sind, den spezifischen Gehalt der Vorstellung von der Evolution abstrakter Regeln zu erhalten und trotzdem gleichzeitig etwas hinzuzufügen, nämlich mögliche Kriterien für die Entwicklung und Bewertung institutionell-konstitutioneller Reformen. Gelingt es in diesem Sinne die Ansätze Hayeks nicht zu verwerfen, sondern vielleicht zu ergänzen, so hätte man einen geeignetes theoretisches Fundament, um aus dem lähmenden Verharren in normativ geführten Kritikpunkten an der institutionellen Entwicklung der Europäischen Union einen Schritt hin zu konkreten Reformvorschlägen unternehmen zu können.

1096 Mackie (1983), S. 116.

1097 Vgl. Gray (1995), S. 64 und Bouillon (1995), S. 63 f.

1098 Mackie führt in diesem Zusammenhang die dritte Stufe der Universalität allgemeiner Regeln ein, die er als die „moralische Neutralität" bezeichnet. Vgl. Mackie (1983), S. 117 f.

4.3 Der vertragstheoretische Ansatz nach Buchanan

„The historically determined institutions of legal order need not be those which are "best". Such institutions can be "reformed", can be made more "efficient". The dicussions of such potential reforms should, of course, be fully informed by an understanding of the principle of spontaneous order. But warnings against unnecessary and ill-timed interferences with legal institutions should not extend to the point of inhibiting us against efforts at improvement, which seems to me to be the position Hayek's argument forces upon us."[1099]

4.3.1 Die ökonomische Theorie der Verfassung – Eine Einführung

Die ökonomische Theorie der Verfassung beschäftigt sich weniger mit Politikergebnissen, sie wendet vielmehr den ökonomischen Verhaltensansatz auf Verfassungs- und Verfahrensregeln politischer Entscheidungsprozesse an.[1100] Es ist darauf hinzuweisen, dass der ökonomische Verfassungsbegriff sich nicht mit dem juristischen deckt. Der erstgenannte umfasst alle für das Zustandekommen politischer Ergebnisse konstitutiven institutionellen Regeln.[1101]

Die positive Konstitutionenökonomik analysiert einerseits reale Verfassungsprozesse, andererseits den Zusammenhang, wie bestimmte Ergebnisse durch Verfahrensregeln determiniert werden.[1102] Die normative Konstitutionenökonomik kann auch verfassungspolitische Handlungsempfehlungen für rational handelnde Entscheidungsträger abgeben.

Wie HAYEK betont auch BUCHANAN die Unplanbarkeit des Evolutionsprozesses. Allerdings rückt er die möglichen negativen Konsequenzen – auch die mögliche Vernichtung einer Gesellschaft – mehr in sein Blickfeld. BUCHANAN kann nicht wie HAYEK uneingeschränkt als Evolutionsoptimist bezeichnet werden. Zwischen beiden Ansätzen sind einerseits Gemeinsamkeiten zu erkennen, bspw. in der Auffassung, dass das Prinzip der spontanen Ordnung die große geistige Entdeckung des achtzehnten Jahrhunderts gewesen sei und das Herzstück der Ökonomie als eine wissenschaftlichen

---

1099 Buchanan (1977), S. 31.

1100 Für einen Überblick vgl. Buchanan (1990a) und Voigt (1997), S. 11-53.

1101 Vgl. Hoppmann (1987), S. 32; Buchanan/Tullock (1965), S. VII.

1102 Die "Väter der Konstitutionenökonomik" Buchanan/Tullock untersuchten insbesondere die Vor- und Nachteile von Entscheidungsregeln, vor allem von Mehrheits- vs. Einstimmigkeitsprinzip; vgl. Buchanan/Tullock (1965).

Disziplin bilde.[1103] Andererseits stellt BUCHANAN fest, dass das von ADAM SMITH betonte Erklärungsprinzip der unsichtbaren Hand nicht gleichzusetzen sei mit der generellen Annahme, dass jede Entscheidung im Rahmen einer spontanen Entwicklung am Ende effizient sei.[1104] Der Evolutionsprozess müsse nicht notwendigerweise in das „gesellschaftliche Paradies" führen, sondern könne gleichermaßen im „gesellschaftlichen Dilemma enden".[1105] BUCHANAN kritisiert an den Argumentationen HAYEKs, dass sie die Schlussfolgerungen nahe legen, dass spontan entstandene Institutionen per se als effizient gelten könnten, während hingegen eine bewusste Konstruktion einer gesellschaftlichen Ordnung tendenziell als ineffizient zu bezeichnen sei.[1106] Im Gegensatz zu HAYEK legt BUCHANAN einen Schwerpunkt seiner Untersuchungen auf die Fragestellung, welche „Evolutionsdefekte" auftreten können und unter welchen Voraussetzungen die Individuen zur kollektiven Selbstbindung durch staatliche Institutionen bereit wären.[1107]

Ausgangspunkt seiner Betrachtung ist hierbei die konsequente Trennung der Ebene der Individualhandlungen von der Ebene der gesellschaftlichen Interaktionen, die er als Regelebene bezeichnet. BUCHANAN interessiert sich weniger für die Ebene der Verhaltensregeln als vielmehr für die Ebene der Verfassungsregeln, auch wenn er die Relevanz seiner Argumentation durchaus für beide Arten von Regeln betont.[1108] Erkennen die Wirtschaftssubjekte die Vorteilhaftigkeit einer Institution bzw. Regel, bedeutet das nicht automatisch, dass diese Regel sich in der gesellschaftlichen Interaktion auch verankert und entwickelt. Individuell rationale Entscheidungen der einzelnen Gesellschaftsmitglieder können insgesamt ein Ergebnis hervorbringen, das

---

1103 Vgl. Buchanan (1977), S. 25.

1104 Als normativer Erklärungsansatz ist nach Buchanan das Prinzip der unsichtbaren Hand völlig neutral auf soziale Effizienz oder Ineffizienz der spontan hervorgebrachten Resultate, d.h. dieses Prinzip könnte ebenso zur Erklärung erwünschter wie unerwünschter Ergebnisse herangezogen werden. „(...) invisible-hand explanations may be as applicable to orders that are cleary recognized to be undesirable as to those that are recognized to be desirable." Buchanan (1977), S. 28.

1105 Vgl. Buchanan (1984a), S. 237.

1106 "It is at this point that Hayek's argument seems misleading. He seems to suggest that those institutions that have evolved spontaneously, through the indipendent responses of persons on the choices that they faced, embody efficiency attributes." Buchanan (1977), S. 32.

1107 Zur entsprechenden evolutionistischen Auffassung bemerkt Buchanan: „The spontanous coordination of the competitive market, which is perhaps the basic principle of economic theory and which has been central to this discipline since Adam Smith, is extended to include the emergence of legal-political-governmental structures". Buchanan (1977), S. 125. Das eigentliche Bestreben seiner Kritik an dem Hayek'schen Evolutionismus-Gedanken charakterisiert Buchanan: „I want to look carefully at the emergence and evolution of „the law", which I define here broadly to include the whole set of legal institutions. I want to discuss the applicability of the principle of spontaneous coordination to legal institutions and it's implications for legal reform, notably for constitutional change." Buchanan (1977), S. 30.

1108 Vgl. Buchanan (1977), S. 37.

alle unbefriedigend finden.[1109] Voraussetzung für die Evolution von Institutionen ist nach BUCHANAN vielmehr die Übereinstimmung der vielfältigen Interessen auf der Regelebene und auf der Ebene der individuellen Handlung.[1110]

Gibt es zwischen diesen beiden Ebenen keine Übereinstimmung, so kann es sein, dass die Individuen zwar die allgemeine Vorteilhaftigkeit einer Regeleinführung anerkennen, die Regel jedoch nicht evolviert, da es für jedes Individuum auf der Ebene der Einzelhandlungen eine rationale Strategie sein könnte, sich nicht an diese Regel zu halten. Die Individuen befinden sich dann in einem Rationalitätenkonflikt. Sie müssen gemeinsam nach Wegen suchen, die aus diesem Dilemma herausführen.[1111]

BUCHANAN sucht nach Kriterien für die Bewertung von Regeln und Institutionen, indem er seine zentrale These formuliert, dass man auf die eine oder andere Art auf der Grundlage vertragstheoretischer Überlegungen argumentieren müsse, wenn man solche Kriterien innerhalb eines individualistischen Bezugsrahmens herleiten und begründen will.[1112] Nur ein vertragstheoretischer Ansatz ermöglicht es, die konkreten Bewertungen der betroffenen Akteure zum relevanten Maßstab zu erklären.[1113] Baut man diese vertragstheoretische Position nach BUCHANAN auf, so lässt sich jedes Element des vorhandenen Systems an Institutionen oder Regeln daraufhin befragen, ob es dem entspricht, was aus einem genuinen Gesellschaftsvertrag zwischen allen beteiligten Akteuren hervorgehen könnte. Nach diesem Kriterium bedeutet die Aussage, eine bestimmte Regelung sei effizient, wenn sie als Ausdruck eines gemeinsamen Konsenses interpretiert werden kann. Für eine ineffiziente Regel ist ein solcher Konsens nicht denkbar. Auf dieser vertragstheoretischen Grundlage eines hypothetischen Kontraktes, können vorhandene Institutionen und Regeln bewertet werden und auch Reformvorschläge formuliert werden, unabhängig davon, ob diese betrachteten Regeln historisch das Ergebnis spontanen Wachstums oder das Produkt bewussten Entwurfs sind.[1114]

1109 „The legal-constitutional order (or disorder) that we now observe places us all in a dilemma that is akin to the one described in the Hobbesian jungle, were the privately rational behaviour of each person produces a result which all persons find unsatisfactory (…)." Buchanan (1977), S. 296.

1110 Vgl. Axelrod (1987).

1111 Vgl. Tullock (1974) und Axelrod (1986).

1112 „But something akin to a contractarian position seems to be essential if we are to go beyond explanation, if we are to be able to evaluate existing elements of the constitutional order with any prospect of securing improvement." Buchanan (1977), S. 293.

1113 Jede externe oder transzendierende Argumentation, in der Form eines übergeordneten Allgemein- oder Klasseninteresses der untersuchten Gesellschaft zeigt sich als unvereinbar mit der individualistischen Konzeption.

1114 Vgl. Buchanan (1977), S. 33: „We may evaluate any element of the existing legal structure in terms of its possible consistency with „that which might emerge" from genuine „social contract" among all persons who are involved in the interaction. This test applies equally to those elements of the legal structure that may have evolved without conscious design or intent and to those elements which may have been quite explicitly "laid on" for the achievement of a particular

4.3.2 Konsens als Voraussetzung kollektiver Selbstbindung

Obwohl sich BUCHANAN schwerpunktmäßig mit dem Phänomen kollektiven Handelns befasst, ist auch sein Ansatz streng individualistisch. Individuen sind auch nach seiner Meinung die einzige Quelle menschlicher Werte.[1115] Zur Beurteilung gesellschaftlicher Zustände oder Regeln sind daher externe Bewertungskriterien ungeeignet.[1116] BUCHANANs Ziel ist es, eine sozialphilosophische und ordnungspolitische Alternative zum Utilitarismus zu entwickeln.[1117] Allerdings stellt er auch heraus, dass der Begriff des kollektiv abzuschließenden Gesellschaftsvertrages „bildlich" gemeint ist.[1118] Nur die formellen Regeln werden explizit vereinbart. In vielen Bereichen der kulturellen Evolution haben sich informelle Regeln aufgrund einer impliziten Zustimmung der Beteiligten spontan entwickelt.[1119]

BUCHANAN rekonstruiert die Entwicklung von Gesellschaften und deren Institutionen unter Verwendung der Vertragstheorie. Es werden der Staat bzw. die gesellschaftlichen Institutionen als zwischen den Individuen geschlossene „Gesellschaftsverträge" interpretiert. Gesellschaftliche Interaktion wird als freiwillige Übereinkunft rationaler Individuen aufgefasst.[1120] Es geht BUCHANAN nicht so sehr um die historische Betrachtung der Entstehungsgeschichte von Staaten,[1121] sondern mehr um eine intellektuelle und hypothetische Konstruktion.[1122] Diese Konstruktion ist nicht entwickelt worden, um die Entstehung und Entwicklung von Staaten erklären zu können, sondern sie soll als Bewertungsmaßstab zur Beurteilung bestehender politisch-rechtlicher Systeme und zur normativen Diskussion marginaler Änderungen dienen.[1123] Diese Bewertung kann dann völlig unabhängig davon erfolgen, ob es sich

---

purpose at some time in the past. The evaluative analyst must test all "law" on such "as if" contractarian criteria."

1115 „Der methodologische Individualist muss die Existenz der Mitmenschen und deren Wertvorstellungen anerkennen. Es würde von Anbeginn gegen seine Prinzipien verstoßen, wenn er Menschen unterschiedliches Gewicht verleihen würde. Auch wenn es noch so verlockend ist, er kann nicht einfach Gott spielen." Buchanan (1984a), S. 2.

1116 „Institutionelle Reformen werden nicht objektivistisch, aus der Sicht des Wissenschaftlers, sondern vom Wissenschaftler aus der Sicht der Betroffenen, also subjektivistisch beurteilt." Pies (1993), S. 134.

1117 Vgl. Watrin (1984), S. VII.

1118 „(We) must note that the contractarian construction itself is used (…) in a metaphorically legitimizing rather than historical sense." Brennan/Buchanan (1985), S. 19.

1119 Hierin besteht eine Nähe zwischen Buchanans Vertragstheorie und dem Werk Hayeks.

1120 Die älteren Verfassungstheorien gehen zurück auf Hobbes (1990/1651); Locke (1967); Rousseau (1977); Kant (1923). Diese Verfassungstheorien hatten auch wie bereits gezeigt wurde Eingang in das Werk von Hayek gefunden. Die Renaissance der Theorie des Gesellschaftsvertrages geht im Wesentlichen zurück auf Rawls (1975); Nozick (1976) und schließlich auch Buchanan (1984c).

1121 Vgl. hierzu bspw. North (1981), (1984) oder North (1992).

1122 Vgl. Buchanan (1977), S. 82 und S. 124.

1123 „Wenn (...) ein Staat im weitesten Sinne so gesehen wird, „als ob" er aus einem Vertrag hervorgegangen wäre, ist dies eine legitimierende Betrachtungsweise, die gleichzeitig den Weg bei den zu beurteilenden Regeln und Institutionen um historisch spontan gewachsene oder bewusst konstruierte handelt.[1124] Eine zentrale Botschaft BUCHANANs ist, dass aus vertragstheoretischer Sichtweise alle Institutionen als potentiell verbesserungsfähig betrachtet werden.[1125] Die berechtigte Warnung vor überflüssigen und verfehlten Eingriffen sollte, wie BUCHANAN betont, nicht so weit gehen, dass man auf jegliche Bemühung um die Verbesserung bestehender Einrichtungen verzichtet.[1126]

Als Konsequenz der Verankerung der Entstehung von Werten bei den Individuen – wie bei HAYEK sind die Individuen die einzige Quelle menschlicher Werte – zieht BUCHANAN die Schlussfolgerung, dass Institutionen zur kollektiven Verhaltensabstimmung nicht als Allokations- oder Maximierungsmechanismus interpretiert werden dürfen, da die Individuen nicht über eine gemeinsame Bewertungsskala verfügen.

Anstelle von diesen zu kurz greifenden Erklärungsmustern greift BUCHANAN zu der Übertragung des Tauschparadigmas des Marktes auf kollektive Entscheidungen. Der Markt als Tausch- und Koordinierungsmechanismus wird auf das Zustandekommen von politischen Entscheidungen angewendet.[1127] So wie die liberalen Ökonomen im Hinblick auf Markttransaktionen geltend gemacht haben, dass im freiwilligen Austausch die Zustimmung der Beteiligten zum Ausdruck kommt und das diese Zustimmung der Tauschpartner das einzige Kriterium für die Effizienz der Transaktion darstelle, ebenso kann vertragstheoretisch hinsichtlich kollektiver Entscheidungen argumentiert werden, dass auch hier kein anderes Kriterium für die Effizienz einer Transaktion in Betracht kommen kann, als die Zustimmung aller Beteiligten.[1128] Die

---

zu konstruktiven konstitutionellen Reformen öffnet. Existierende Regeln können durch Vertrag geändert werden, selbst wenn sie nicht auf diesem Wege zustandegekommen sind." Brennan/Buchanan (1993), S. 29. Buchanan führt uns an dieser Stelle weiter als Hayek, indem er normative Betrachtungen anstellt und den konkreteren Weg konstruktivistischer Reformen aufzuzeigen versucht.

1124 Vgl. Buchanan (1977), S. 127.

1125 „In a positive, empirical sense many of our social and legal institutions have grown independently of design and intent. But man must look on all institutions as potentially improvable." Buchanan (1977), S. 31. Vgl. hierzu auch „In historical fact, evolutionary elements may explain much of the emergence and development of „law". Acceptance of this does not, however, negate the application of constractual constructivist criteria in an evaluation of that "law" which exists, and which might be willfully modified." Buchanan (1975), S. 183.

1126 Vgl. Buchanan (1977), S. 31 ff.

1127 Vgl. Buchanan (1979), S. 17-37.

1128 „As economists we say that which emerges from such voluntary trading is „efficient", and we are quite willing to define efficiency in terms of expressed evaluations of participants in such processes." Buchanan (1977), S. 128 und weiter „In this familiar explanatory-evaluative role the economist is remaining within the contractarian paradigm, although this term is rarely applied in this context." Buchanan (1977), S. 137. Lehnt man also innerhalb eines individualistischen Bezugsrahmens den Rückgriff auf externe Bewertungskriterien (sowohl für Austauschtransaktionen als auch für kollektive Entscheidungen) ab, so bleibt in beiden Fällen das interne Kriterium „Zustimmung der Beteiligten" als einziges akzeptables Kriterium übrig.

Legitimation der Entscheidungen erfolgt somit nicht über zu beobachtende Ergebnisse, sondern über die Entscheidungsverfahren, mit denen sie getroffen wurden.[1129]

Sollen Entscheidungsverfahren beurteilt werden, so gilt es zunächst, die Frage zu beantworten, was genau unter „gerechten" Entscheidungsregeln zu verstehen ist, mit der eine kollektive Verhaltensabstimmung erfolgen kann. Es ist nicht möglich, den allgemein gültigen Gerechtigkeitsbegriff zu definieren, zumal dann nicht, wenn die gestellte Aufgabe die Ableitung einer Verhaltensabstimmung ist, die auf die Präferenzen der einzelnen Individuen zurückgeführt werden kann und nicht extern theoretisch entwickelt wurde. Ein Regelsystem kann keine Regel über seine eigene „gerechte" Konstitution enthalten.[1130] BUCHANAN löst das Problem um die Frage nach „gerechten" Entscheidungsverfahren mit dem Pareto-Kriterium, das er zu diesem Zweck auf die Entstehung von Regeln anwendet.[1131] Danach ist eine Regel oder institutionelle Reform pareto-superior, wenn ihr alle Betroffenen zustimmen können.[1132] Lässt man Neid nicht als Element der individuellen Nutzenfunktionen zu, dann können alle Individuen einer Regel zustimmen, wenn diese Regel mindestens ein Individuum besser stellt, ohne dass sich die Nutzenniveaus der anderen Individuen durch die Einführung der Regel verschlechtern.

Somit ist die Voraussetzung für die Konstitution eines Gesellschaftsvertrages der Konsens der beteiligten Individuen. Der einstimmige Konsens bildet das Äquivalent zum Pareto-Optimum bei bilateralem Tausch.[1133] Auch genügt es nicht, mögliche Reformen dadurch zu begründen, dass sie evtl. die Beteiligten besser stellen könnten und diese daher zustimmen könnten, sondern der Test dem die Reformvorschläge zu unterwerfen sind, ist der der tatsächlichen Zustimmung der beteiligten Akteure.[1134]

1129 Vgl. zur Legitimation von politischen Entscheidungen über die Entscheidungsverfahren Luhmann (1989).

1130 Diese Schwierigkeit wird auch als das Problem des infinitiven Regresses bezeichnet, nämlich das Problem der Notwendigkeit einer sog. Supraregel, die die Entstehung des Regelsystems festlegt. Selbst wenn sie gefunden würde, so bedürfte aber auch sie einer Supraregel für ihr Zustandekommen usw. Vgl. Witte (1995), S. 111.

1131 Vgl. Brennan/Buchanan (1993), S. 179 f.

1132 Dieser von Buchanan getätigte Rückgriff auf neoklassisches Gedankengut kann ihm auch kritisch angelastet werden, da die Optimierungsbedingung nach Pareto für die Betrachtung der Verfassung und der Gestaltung allgemeiner Regeln als nicht geeignet erscheint. Gerade die Ansätze der Neuen Institutionenökonomik verweisen auf den Mangel der Nichtanalysierbarkeit der politischen Rahmenbedingungen und Entscheidungsverfahren im Rahmen der neoklassischen Ansätze, da sie exogen vorgegeben und somit nicht zu dem bestimmten Untersuchungsgegenstand zählen. Vgl. zur ausführlichen Kritik an Buchanans Ansätzen Kapitel 4.3.8.

1133 Bereits Wicksell stellte die freiwillige Übereinkunft aller Individuen bei kollektiven Entscheidungen als Pendant zum bilateralen Tausch am Markt dar. Vgl. Wicksell (1969), S. 114.

1134 Vgl. Buchanan (1979), S. 352.

4.3.3 Der Verfassungsvertrag

Auf der Suche nach einer Antwort auf die Frage nach der Gestaltung eines Gesellschaftsvertrages geht BUCHANAN von dem „HOBBES`schen Urzustand“[1135] aus, der eine pessimistische Sicht der Anarchie darstellt. In diesem Urzustand, den er als „solitary, poor, nasty, brutish and short“[1136] bezeichnet, gibt es keinerlei Rechte oder moralische Verpflichtungen. Jedes Individuum verwendet sämtliche ihm zur Verfügung stehenden Ressourcen für die Produktion, den Raub und den Schutz von Gütern. Die Gesellschaft befindet sich im „Gleichgeweicht der Anarchie“,[1137] wenn eine Optimalverteilung zwischen den Verwendungen erreicht ist. Aus diesem so beschriebenen Zustand sind der Rechtsschutzstaat und der Leistungsstaat herzuleiten.

4.3.3.1 Der Rechtsschutzstaat

4.3.3.1.1 Entwicklung von Anarchie zum Rechtsschutzstaat

Zunächst muss durch den Rechtsschutzstaat die Abrüstung garantiert werden, indem die Individuen sich gegenseitig zu einem Verzicht auf Raub verpflichten. Die so vorher in Abwehr- und Überfallverhalten gebundenen Ressourcen können nun einer produktiven Verwendung zugeführt werden. Jedes einzelne Individuum befindet sich in dem Urzustand in einem Gefangenendilemma, da es sich durch Überfall und Raub besser stellen kann und dies als die rationale Strategie erscheint, obwohl ein allgemeiner Verzicht auf Beraubung die gesamtwirtschaftliche Situation eindeutig verbessern könnte. Der entstehende Rechtsschutzstaat beruht auf einem Konsens bezüglich eines Verzichtes auf kollektive Selbstschädigung. Dazu ist es auch notwendig, die Besitz- und Verfügungsrechte über die Ressourcen eindeutig festzulegen. Erst auf der Grundlage eindeutig definierter Eigentumsrechte können die Individuen einen Tauschhandel aufnehmen, sich spezialisieren und komparative Kostenvorteile realisieren.[1138]

1135 Vgl. Hobbes (1990), Kapitel 10-13. Bereits im siebzehnten Jahrhundert erkannte Thomas Hobbes die Ambivalenz des Staates, löste dies aber definitorisch auf. Da der Mensch dem Menschen ein Wolf sei, sei ein starker Staat ein Ausweg aus dem ständigen Krieg aller gegen alle unumgänglich. Den Staat nannte er Leviathan, nach dem alttestamentarischen Ungeheuer, das Gott in Urzeiten besiegen musste. Der Staat müsse mächtig, unberechenbar und schrecklich sein, um das Gewaltmonopol zu bewahren und gleichzeitig sei er göttlich, weil er Frieden und Luxus schaffe. Vgl. Kirsch (2001), S. 15. Eine Auseinandersetzung mit der Staatskonzeption von Thomas Hobbes findet sich bei Voigt (2000b), S. 41-66 oder auch bei Hüning (2000), S. 129-166. Eine der früheren Abhandlungen des Leviathan in der Staatslehre bei Thomas Hobbes findet sich bei Schmitt (1938).

1136 Hobbes (1990), S. 60.

1137 Vgl. Buchanan (1984a), S. 80.

1138 Bei der Zuteilung der Eigentumsrechte muss nicht zwingend auf den Urzustand zurückgegriffen werden, denn es kann durchaus sinnvoll sein, eine vorhergehende Umverteilung der Ressourcen vorzunehmen. Ein erfolgreicher Räuber, dessen Nutzenniveau bei der gesellschaftlichen Bindung

Soll an dieser Stelle ein Bezug zu dem „HOBBES`schen Urzustand" hergestellt werden, so wird auch hier das Gesellschaftsmitglied, der Mensch, erst durch die kollektive Setzung zum Träger von Rechten.[1139] Die gesellschaftlichen Institutionen und allgemeinen Regeln schaffen erst erweiterte Handlungsmöglichkeiten. Die Position, die der Einzelne durch den Vertragsabschluß erreicht, wird durch seine Präferenzen, seine Fähigkeiten und seine Umwelt determiniert. Somit wird der Vertrag durch die vorvertragliche Machtverteilung bestimmt und die Ausgangssituation des Vertrages orientiert sich so sehr an dem Urzustand.[1140]

BUCHANANs Ziel ist es zu erklären, wie eine Übereinkunft zwischen rationalen, eigeninteressierten Individuen entstehen könnte. Es ist nicht seine Absicht, normative Kriterien für die Ausgestaltung des Gesellschaftsvertrages auf der Grundlage externer Bewertungsmaßstäbe abzuleiten. Externe Bewertungsmaßstäbe zur Bewertung von Gesellschaftsverträgen könnten bspw. die ganz unterschiedlichen Formen der Gleichheit sein.[1141] Nach BUCHANAN erfährt die Freiheit selbst eine wesentlich festere Begründung, wenn nachzuweisen ist, dass die Entstehung und Bewahrung einer Rechtsordnung vorausgesagt werden kann, die mit den Vorstellungen des Individualismus kompatibel ist.[1142] Eine wesentliche Rolle spielt bei den Überlegungen der Schleier der Ungewissheit, der die Individuen in einer Anarchie-Situation sowohl bezüglich ihrer ante- als auch ihrer post-konstitutionellen Situation umhüllt. Dieser kann zwar für die Tendenz zu gerechteren Verträgen sorgen, da jedes Individuum mit der persönlichen Anwendung der auch „ungerechten Regeln" auf sich selbst rechnen muss und bereits aus diesem Grunde nach möglichst „gerechten" – im Sinne allgemein gültiger – Regeln zu suchen bereit ist. Der Schleier der Unsicherheit ist aber niemals total undurchsichtig und insofern ist die Ungleichheit mit diesem Konstrukt auch nicht vollkommen zu überwinden.

---

an den Verzicht auf kollektive Selbstschädigung dadurch sinken würde, dass er künftig auf Raub verzichten müsste, wird nur dann einem derartigen Vertragsabschluss zustimmen, wenn dieser Nachteil als ein Bestandteil des abzuschließenden Vertrages ihm kompensiert würde. Die vertragliche Festlegung der Eigentumsrechte kann also auch eine Entschädigung der eben durch diesen Vertrag Schlechtergestellten durch die Bessergestellten einschließen. Vgl. Buchanan (1984a), S. 86 ff.

1139 „Gesellschaftliche Normen, Regeln und Institutionen sind nicht als Begrenzung der individuellen Freiheit zu interpretieren, sondern als ihre Voraussetzung." Vgl. Homann (1989), S. 49.

1140 Vgl. Buchanan (1984a), S. 80. Somit sind auch Sklavenverträge möglich, allerdings wäre sogar beim Sklavenvertrag „im Ausmaß seiner gegenseitigen Anerkennung (...) die Gewähr für wechselseitige Vorteile gegeben." Buchanan (1984), S. 86.

1141 „Die Menschen sind ungleich und müssen es auch bleiben, wenn man vom deskriptiven Standpunkt ausgeht. Das Neutralitätsgebot führt daher zur gleichen Behandlung von Ungleichen, nicht von Gleichen." Buchanan (1984a), S. 16.

1142 Vgl. Buchanan (1984a), S. 78

4.3.3.1.2 Die Durchsetzung des Rechts – Das Gefangenendilemma; Vermeidung eines Rückfalls in die Anarchie

Die bereits oben angedeutete Situation des Gefangenendilemmas führt für die Individuen dazu, dass es, obwohl es für die Individuen als Gesamtheit rational die bessere Strategie wäre, sich auf der Regelebene über das Unterlassen von Beraubungen und die gegenseitige Anerkennung von Eigentumsrechten zu verständigen, auf der Ebene der Individualhandlungen für jeden Einzelnen rational erscheint, diesen Vertrag zu brechen. Gerade wenn sich die anderen zur Abrüstung verpflichten, kann eine Person ihre Situation gegenüber dem Urzustand verbessern, wenn sie allein die Raubzüge fortsetzt. Somit wird die Rechtsbefolgung für den Einzelnen nicht profitabel sein und die Gesellschaft landet automatisch in der Anarchie, in der sie als Gesellschaft wesentlich schlechter gestellt wird als in einem Rechtsschutzstaat. Will man diesen Rückfall verhindern, so muss eine Instanz zur Rechtsdurchsetzung und Sanktionierung installiert werden.

Da es keinem Individuum rational erscheinen wird, eigene Ressourcen für die Vertragsüberwachung und die Bestrafung von Regelbrechern einzusetzen und andererseits sich der Nutzen einer solchen Kontrolle über die Gesamtheit der Gesellschaft verteilt, wobei niemand von dem Genuss der allgemeinen Einhaltung der abstrakten Regeln ausgeschlossen werden kann und diesbezüglich auch keine Konkurrenz besteht, wird jedes Individuum einen Anreiz haben, sich als Trittbrettfahrer zu verhalten. Somit stellt die Verfolgung und Sanktionierung der Regelbrecher ein öffentliches Gut dar, und der Staat sollte eine Instanz zur Rechtsdurchsetzung und Sanktionierung von Vertragsverletzungen konstituieren, um die Situation des Gefangenendilemmas zu überwinden.[1143]

Die Verhaltensbeschränkungen und die Eigentumsansprüche sollten eindeutig durch den Gesellschaftsvertrag festgelegt werden, so dass die Instanz allein Kontrollbefugnisse ausübt und über keine eigenständige Entscheidungsmacht verfügt. Die soll die Vertragseinhaltung lediglich neutral kontrollieren.[1144] Der Staat sollte seine Aufgaben als Rechtsschutzstaat im Idealfall also als neutrale Instanz wahrnehmen. Solange die Zwangsinstanz den ihr gesetzten Rahmen nicht überschreitet, ist die Frage des Mitteleinsatzes und ihrer Organisation noch nicht von Belang. Es stellt sich gerade in der Public-Choice-Theorie und in Untersuchungen des Staatsversagens das Problem dar, dass der Staat dazu neigt, seine Kompetenzen permanent auszudehnen und diskretionäre, wahlpolitisch motivierte Politik zu betreiben. Virulent wird diese Problematik insbesondere bei der Bereitstellung öffentlicher Güter. Da es im politischen Prozess u.U. für die Interessengruppen und die Politiker geboten scheint, ausgabenwirksame Entscheidungen als öffentliche Güter den Wählern zu präsentieren, um die zwingende Notwendigkeit einer Steuerfinanzierung

---

[1143] Vgl. Buchanan (1984a), S. 92-95 und S. 186-190.

[1144] „Ideal wäre daher ein vollkommen unpersönlicher Mechanismus, ein Roboter, der zu nichts anderem fähig wäre, als automatisierte Instruktionen zu befolgen." Buchanan (1984a), S. 135.

deutlich zu machen. Verstärkt wird die Neigung zu interventionistischer Politik durch die repräsentative Demokratie, deren zweistufiges, meist für einen Zeitraum von vier Jahren dauerhaftes Prinzipal-Agent-Verhältnis zwischen Wählern, Politikern und Bürokraten dazu führt, dass die Möglichkeiten der Kontrolle der politischen Entscheidungen sehr begrenzt sind und so Freiräume für diskretionäre, gerade nicht regelgeleitete neutrale Politik entsteht. Diese Problematik soll nun näher durch den Gedanken des Leistungsstaates untersucht werden.

4.3.3.2 Der Leistungsstaat

4.3.3.2.1 Bereitstellung öffentlicher Güter

Im Wesentlichen ist hier die Frage der Bereitstellung öffentlicher Güter zu behandeln, deren Produktion durch den Rechtsschutzstaat nicht gewährleistet ist.

Bei öffentlichen Gütern ist die Exklusion von Nutzern entweder mit zu hohen Kosten verbunden oder technisch gar nicht möglich. Es herrscht mangelnde Rivalität beim Konsum, so dass es für kein Unternehmen sinnvoll erscheint diese Güter herzustellen. Ist die Exklusion nicht möglich, so haben die Individuen einen Anreiz am Nutzen des Gutes als Trittbrettfahrer zu partizipieren. Das Gut würde nicht bereitgestellt. Nur wenn der Nutzen des Gutes sehr ungleich verteilt ist, kann es sein, dass es für den Nutzer lohnend ist, das öffentliche Gut allein herzustellen. Dennoch besteht aufgrund der Tatsache, dass die Grenzkosten den Grenznutzen übersteigen, die Gefahr, dass die Bereitstellung des Kollektivgutes in zu geringer Menge erfolgt. Außerdem sind die Kosten der Bereitstellung nicht entsprechend dem Nutzen verteilt.[1145]

Um eine effiziente Bereitstellung öffentlicher Güter zu gewährleisten, müssen Individuen sich auf institutionelle Arrangements einigen, die die Kostenverteilung und das Leistungsniveau festlegen. Einstimmigkeit im Falle der Kollektiventscheidung bildet hierbei das institutionelle Pendant zu einem bilateralem Tausch bei teilbaren Gütern.[1146]

4.3.3.2.2 Zweistufiges Legitimationsverfahren

Die Verhandlungskosten einer einstimmigen Einigung über die Bereitstellung öffentlicher Güter führt in einer Welt der Knappheit zu immens hohen Verhandlungskosten.

Darüber hinaus wird sich das Problem des strategischen Verhaltens ergeben, da jede Person durch die Option des Vetos die Konsumentenrente der Verhandlungspartner abschöpfen kann.

1145 Olson verweist in diesem Zusammenhang auf die Tendenz zur Ausbeutung der Großen durch die Kleinen. Vgl. Olson (1985), S. 33 f.

1146 Dieser Gedanke ist nicht erst auf Buchanan zurückzuführen (1984a), S. 55, sondern Ansätze dazu sind bereits bei Wicksell zu finden. Vgl. Wicksell (1969), S. 76 ff.

BUCHANAN entwirft daher ein zweistufiges Konzept: Auf der oberen, der konstitutionellen Ebene einigen sich die Individuen einstimmig über allgemeine Regeln und Verfahren zur Bereitstellung von Kollektivgütern, auf der nachgelagerten, postkonstitutionellen Ebene verständigen sie sich über konkrete Maßnahmen auf der Grundlage dieser Abstimmungsregeln. Auf dieser nachgelagerten Ebene ist keine Einstimmigkeit mehr erforderlich für die Entscheidungsfindung, denn hier erfolgt die Legitimation indirekt durch den Konsens in der einstimmigen Verfahrensweise als ein Verfassungskonsens über die anzuwendenden Entscheidungsregeln in der vorgelagerten Ebene.[1147] Eine Regel bezieht sich auf eine Vielzahl künftiger Anwendungsfälle. Somit ist die fehlende Einstimmigkeit auf der postkonstitutionellen Ebene nicht als ein Indiz für eine Suboptimalität der Regel zu werten. Eine isolierte Pareto-Betrachtungsweise ist nicht angezeigt, da der Verzicht auf eine bestimmte Regel nicht nur Änderungen eines Einzelfalles hervorrufen würde, sondern auch eine Vielzahl anderer Ereignisse davon betroffen wären.[1148] Die Verfassung sollte den Mechanismus festlegen, mit dessen Hilfe über die Bereitstellung öffentlicher Güter auf der nachgelagerten politischen Ebene entschieden wird.

Auch Expertenurteile können keine Alternative zu der hier skizzierten Verfahrensweise darstellen. Denn wegen der Unmöglichkeit der Präferenzaggregation erweisen „Urteile von Experten oder Wissenschaftlern sich als vollkommen ungeeignet (...), wenn es um die Tätigkeit im Leistungsstaat geht. Demokratische Verfahren sind hier zwingend erforderlich, und die Frage nach der Regierungsform ist von äußerster Wichtigkeit.“[1149]

Hierbei ist es sinnvoll, die Konsensfindungskosten K den Kosten des Überstimmtwerdens Ü gegenüberzustellen.[1150]

1147 An dieser Stelle sind durchaus Parallelen zu dem Zwei-Kammern-System von Hayek zu entdecken.

1148 Vgl. Buchanan (1962), S. 353.

1149 Buchanan (1984a), S. 141.

1150 Vgl. hierzu Buchanan/Tullock (1962), S. 63 ff.

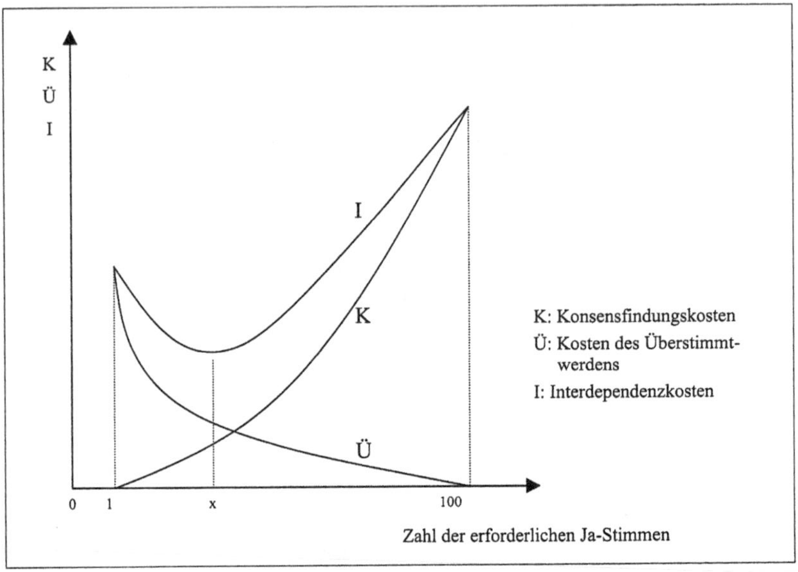

Abbildung 15: Kosten des Überstimmtwerdens und des Konsenses

Die Konsensfindungskosten K sind die Kosten, die bei der Suche nach einem zustimmungsfähigen Kompromiss entstehen. Hier fallen in erster Linie die mit dem Zeitverbrauch anfallenden Opportunitätskosten ins Gewicht, aber auch die Verhandlungskosten sind von Bedeutung.[1151] Diese Konsensfindungskosten steigen an bei zunehmender Zahl derjenigen, die einer Entscheidung zustimmen müssen. Die Kosten des Überstimmtwerdens Ü bezeichnen diejenigen negativen Wirkungen, die entstehen, wenn ein Entscheidungsträger einer getroffenen Entscheidung nicht zugestimmt hat. Diese Kosten des Überstimmtwerdens sinken mit steigendem Zustimmungsniveau. Bringt man durch die Inderdependenzkosten I diese beiden Kostenverläufe durch Addition in einen Zusammenhang, so liegt im Minimum dieser Interdependenzkosten der optimale Zustimmungsprozentsatz.

Es ist zu erkennen, dass die einfache Mehrheitsregel eine mögliche Entscheidungsregel darstellt, aber keinesfalls die einzig mögliche ist. Möglicherweise ist eine höhere Zustimmung als die einfache Mehrheit optimal, nämlich genau bei Entscheidungen,

---

1151 Nervenschädigungen bei extremer Überzeugungsarbeit werden hier explizit eingeschlossen.

die für die Überstimmten mit außerordentlich hohen negativen Effekten verbunden sind, die Kosten des Überstimmtwerdens also sehr hoch sind.[1152]

Von besonderem Interesse bei dem Vergleich der Mehrheits- vs. der Einstimmigkeitsregel für die Herstellung und Verbesserung der Handlungs- und Entscheidungsfähigkeit einer Kammer[1153] sind dabei Überlegungen zu den Entscheidungsfindungskosten bei der Anwendung der Einstimmigkeitsregel.[1154]

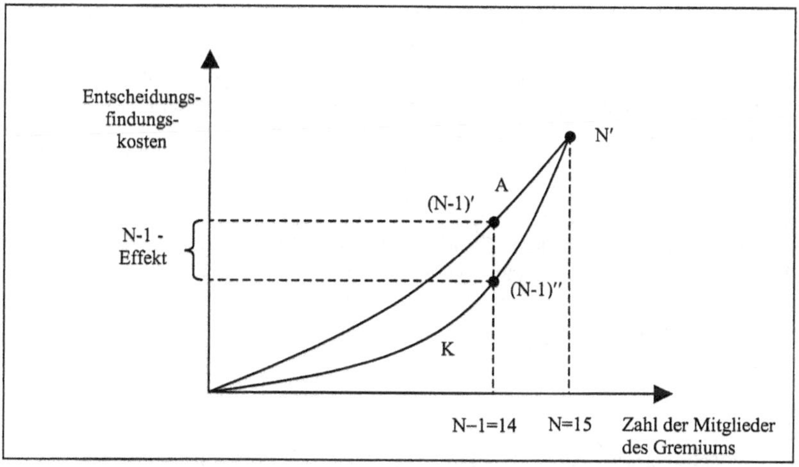

Abbildung 16: Verlauf der Entscheidungsfindungskosten bei variierenden Quoren[1155]

Die Konsensfindungskosten in einem Entscheidungsgremium sind dann am höchsten, wenn Einstimmigkeit gilt. Erhöht sich bei Einstimmigkeit die Zahl der Mitglieder einer Versammlung von sechs auf 15, steigen die Entscheidungsfindungskosten jeweils von einem sehr hohen Niveau aus an. (vgl. in Abbildung 16 die Kurve A). Wesentliche Ursache für die außerordentliche Höhe der Konsensfindungskosten ist allerdings nicht in erster Linie die Vergrößerung des Gremiums, sondern die Vergrößerung des Gremiums in Verbindung mit der Einstimmigkeitsregel. Da auf keine Stimme verzichtet werden kann, werden die Mitglieder des Gremiums ein

1152 In Anwendung auf die Entwicklung der EU kann dies als die Erklärung für die Bedeutung der Einstimmigkeitsregel in Bezug auf einige besonders relevante Fragestellungen, wie bspw. steuerrechtliche Fragen, dienen. Das Prinzip der Einstimmigkeit impliziert das Veto-Recht jedes einzelnen Mitgliedstaates.

1153 Vgl. Buchanan/Tullock (1965), S. 97-116.

1154 Insbesondere bei wichtigen Entscheidungen des Rates in der EU kommt die Einstimmigkeitsregel zur Anwendung. Vgl. im zweiten Kapitel den Abschnitt 2.3.2.2.

1155 Buchanan/Tullock (1965), S. 107.

großes Interesse haben, ihre wahren Absichten nicht preis zu geben. Dasjenige Mitglied, das seine Abneigung gegen eine Entscheidung glaubwürdig signalisiert (im betrachteten Fall wäre dies das Mitglied Nr. 15), könnte aus dem Integrationsgewinn eine besonders hohe Prämie für seine Stimme aushandeln.

In Abbildung 16 zeigt die Kurve K den Kostenverlauf bei variierendem Entscheidungsquorum. Bei kleinen und mittleren Quoren steigt die Kostenkurve K sehr langsam an, zunächst auch langsamer als A (und bleibt stets unterhalb von A).

Verursacht nun die letzte Stimme die höchsten Kosten, so wäre es sinnvoll, eine Verminderung des Quorums vorzunehmen. So könnte durch die Senkung des Quorums um eine ungewichtete Stimme eine erhebliche Reduzierung der Entscheidungsfindungskosten erzielt werden. Ein einzelnes Mitglied des Gremiums könnte sich durch Blockade-Verhalten keine Rente erpressen. Erst bei N-1 (in diesem Beispiel bei 14 Mitgliedern dieser fiktiven Kammer[1156]) kommt es zu einer drastischen Erhöhung der Entscheidungsfindungskosten (in der Abbildung 16 angedeutet durch den Knick im Kurvenverlauf von K und dem darauf steilen Anstieg). Damit wäre die relative Kostenersparnis bei dem Quorums 14 aus 15 Mitgliedern am größten. Außerdem wären die Entscheidungsfindungskosten bei einem Quorum 14 aus 15 niedriger, als bei einem Entscheidungsgremium von N′=14 bei Einstimmigkeit. Das Entscheidungsgremium N-1 führt zu einer überproportionalen Senkung der Konsensfindungskosten (N-1-Effekt).[1157]

4.3.3.3 Der Rechtsänderungsstaat - Die Änderung allgemeiner Regeln

Es sind permanente Anpassungen des Gesellschaftsvertrages an sich verändernde Situationen (Hinzukommen und Ausscheiden von Gesellschaftsmitgliedern, Änderungen der Umwelt, der Präferenzen und des menschlichen Wissens) notwendig. Aufgrund der Langfristigkeit eines Gesellschaftsvertrages und aufgrund der damit verbundenen begrenzten Rationalität und Unsicherheit ist ein solches Vertragswerk unvollständig und bedarf einer permanenten Ergänzung und Verbesserung. Nach BUCHANAN ist das zu beobachtende Dilemma vieler westlicher Demokratien gerade durch einen stetig wachsenden Staat, einen „unersättlichen Leviathan“ gekennzeichnet. Dieses konstitutionelle Dilemma ist gerade nicht die Folge eines entsprechenden vorausplanenden Entwurfs, sondern vielmehr das Ergebnis eines pragmatischen „Sich-Treiben-Lassens“, das das Resultat einer Kette von schrittweisen Korrekturen und

1156 Die 15 Mitglieder sind nicht zufällig gewählt, diese Zusammensetzung des hier beliebigen, betrachteten Gremiums soll auf die Zusammensetzung des Rates in Europa anspielen.

1157 Vgl. Adolf (1999), S. 155. Dieser Effekt macht die N-1-Regel als Entscheidungsregel für den Rat so interessant. Vgl. den Rückgriff auf diese Entscheidungsregel bei der institutionellen Reform des politischen Prozesses in Europa im fünften Kapitel, Abschnitt 5.5.3.4.

Anpassungen darstellt.[1158] Dieses Dilemma kann als das unintendierte Ergebnis einer allmählichen Entwicklung beschrieben werden, aus diesem Dilemma führt nur der Weg des Neuentwurfs grundlegender Verfassungsprinzipien.[1159]

Die Möglichkeit zur vollständigen Änderung einer Verfassung lässt sich unter Zuhilfenahme des gedanklichen Konstruktes einer Neuverhandlung herleiten. Die bei Vertragsabschluß herrschende Verteilung würde sich bei einem Rückfall in den Urzustand der Anarchie verändern. Bei der Bewertung der bestehenden Verfassung als status quo ziehen die Individuen den Zustand, der sich bei einem Rückfall in die Anarchie und anschließenden Neuverhandlungen ergeben würde, als Referenzsystem heran. Wirtschaftssubjekte, die bei einer Neuverhandlung eine bessere Situation als im status quo zu erreichen glauben, werden versuchen, den Rückfall in die Anarchie als Drohpotential gegenüber denjenigen einzusetzen, die im status quo Zustand eine gegenüber der Anarchie und den notwendigen Neuverhandlungen privilegierte Stellung für sich beanspruchen. Diese würden dann einer Verfassungsänderung als dem kleineren Übel im Vergleich zu dem potentiellen Rückfall in die Anarchie freiwillig zustimmen.[1160]

Die gegen den status quo Opponierenden werden durch die geplanten Verfassungsänderungen in eine Rationalitätenfalle hineingelockt. Viele haben zwar ein Interesse an einer Veränderung der Rahmenbedingungen und an der Implementation neuer Regeln, jedoch wird jeder ein Interesse haben sich gemäß eines Trittbrettfahrers zu verhalten und darauf warten, dass ein anderer den ersten Schritt unternimmt und seine Ressourcen für die Regeländerung einsetzt. Daher muss eine Institution gefunden werden, die dieses Gefangenendilemma überwindet.

Recht und Regeln haben allerdings nicht nur den Charakter eines öffentlichen Gutes, sondern sie haben auch Kapitalgutcharakter. Werden Regeln fortlaufend verändert, dann besitzen sie einen geringeren Informationswert und tragen somit nicht zur Transparenz und zur Reduzierung von Unsicherheit bei. Um eine Atmosphäre einer sicheren Planung für die Entscheidungsträger hervorzubringen, müssen die Rahmenbedingungen und die allgemeinen Regeln stabil sein. Auch diejenigen, die nicht freiwillig den Regeln zugestimmt haben, sondern sich nur gezwungenermaßen

---

1158 Vgl. Buchanan (1977), S. 287.

1159 Allerdings verweist Buchanan in diesem Zusammenhang auf die Notwendigkeit, dass eine „konstitutionelle Revolution“ nur auf der Basis der Zustimmung aller Mitglieder denkbar wäre. Vgl. Buchanan (1977), S. 297 ff. und Buchanan (1975), S. 166 ff.

1160 Vgl. Buchanan (1984a), S. 112. Allerdings ist diese starke Vereinfachung der Betrachtung von Verfassungsänderungen in Form dieses gedanklichen Konstruktes nur in einem sehr abstrakten Sinn aussagefähig, denn die angeblich „privilegierten“ Individuen müssen sich ihrer relativen Besserstellung zunächst bewusst sein und darüber hinaus, die Möglichkeit des Rückfalls in die Anarchie mit den daraus resultierenden notwendigen Neuverhandlungen als realistische Option ansehen, damit dieses Drohpotential überhaupt Wirkung zeigen kann. Außerdem ist die Gruppe derjenigen, die gegen den status quo opponieren, keinesfalls als homogene Gruppe anzusehen. Auch hier wird sich strategisches Verhalten entwickeln und ein free-rider-Streben ausbreiten.

dem „einzigen Spiel vor Ort"[1161] angeschlossen haben, müssen sich an die vereinbarten Regeln halten, da ein Zuwiderhandeln allgemeiner Regeln den legitimen Anspruch anderer Teilnehmer auf Rechtssicherheit verletzen würde.[1162]

Der Widerspruch zwischen den widerstrebenden Charakteren der Regeln als einerseits öffentliches Gut und andererseits als Kapitalgut wird virulent. Regeln sollten als öffentliches Gut verstanden einem laufenden Prozess stetiger Anpassung und Verbesserungen gemäß der Bürgerpräferenzen unterliegen. Der Kapitalgutcharakter von Regeln hingegen verlangt nach Stabilität, Kalkulierbarkeit und Handlungssicherheit. Der Kapitalwert erodiert durch laufende Änderungen des Rahmens.[1163] Allerdings darf die aufgrund des Kapitalgutscharakters von Regeln begründete Forderung nach Stabilität nicht so weit getrieben werden, dass keinerlei Regeländerungen mehr vorgenommen werden.[1164] Die Gefahr wäre die Erodierung des Regelsystems aufgrund mangelnder Akzeptanz. Regeländerungen selbst müssen jedoch nach allgemeinen Regeln vorgenommen werden, und Regeländerungen sollten niemals ohne eine entsprechende Berücksichtigung der Übergangskosten vollzogen werden.[1165]

4.3.4 Legitimation kollektiven Handelns – ein kurzer Vergleich zwischen den Ansätzen von Nozick, Buchanan und Rawls

4.3.4.1 Einführung

Die hier verwendeten Argumentationsmuster der Vertragstheorie werden häufig als veraltet erklärt. Sie haben durch NOZICK, RAWLS und BUCHANAN eine bemerkenswerte Wiederbelebung erfahren.[1166] Alle drei Ansätze setzen sich unter

1161 Vgl. Brennan/Buchanan (1993), S. 137.

1162 Regeln kommt damit „allein aufgrund der schlichten Tatsache ihres Vorhandenseins, eine Aura der Gerechtigkeit" zu. Brennan/Buchanan (1993), S. 138.

1163 Vgl. Buchanan (1984), S. 180 ff.

1164 Die Menschen fühlen sich dann zur Einhaltung eines Gesellschaftsvertrages gezwungen, den sie niemals geschlossen haben und sie sehen sich der möglichen Bestrafung einer Zwangsinstanz ausgeliefert, über die sie weder direkte noch indirekte Kontrolle haben. Vgl. Buchanan (1984a), S. 137.

1165 Vgl. Brennan/Buchanan (1993), S. 15.

1166 Alle drei Ansätze können der ökonomischen Sozialtheorie zugeordnet werden. Die Zuordnung der spezifisch „ökonomischen" Sozialtheorie bedeutet, dass alle drei Ansätze auf der Position des methodologischen Individualismus basieren und somit rationales Verhalten der Individuen unterstellen. Die Ansätze legen eine Austauschtheorie nach dem Prinzip der Leistung und Gegenleistung zu Grunde und alle Theorien können als „utilitaristisch" (in einem nicht allzu engen Sinne verstanden) bezeichnet werden. Zu einer ausführlichen Beschreibung des spezifisch „ökonomischen" Ansatzes in den Sozialwissenschaften siehe z.B. McKenzie/Tullock (1978), insbesondere S. 3-26 oder Fritsch (1983).

anderem mit dem Problem der Legitimität kollektiven, insbesondere staatlichen Handelns auseinander. Alle drei Autoren - BUCHANAN, NOZICK und RAWLS - argumentieren vertragstheoretisch.[1167] Jedoch gelangen sie zu recht unterschiedlichen Ergebnissen, so dass es sinnvoll erscheint, den Ansatz von BUCHANAN den Ansätzen von RAWLS und NOZICK in einem kritischen Vergleich gegenüberzustellen und abzugrenzen.[1168]

Das in der Ökonomie relativ ungebräuchliche Konzept der Legitimität wird in der heutigen verbreiteten Auffassung[1169] verstanden als „(...) die rein faktisch verbreitete Überzeugung von der Gültigkeit des Rechts, von der Verbindlichkeit bestimmter Normen oder von dem Wert der Prinzipien, an denen sie sich rechtfertigen.“[1170] Allerdings muss auf die subjektive Komponente, die dieses Konzept der Legitimität enthält, hingewiesen werden. Es können nicht bestimmte Herrschaftsformen an sich legitim sein, sondern entscheidend ist vielmehr das subjektive Empfinden, das Legitimitätsverständnis der in dieser Gesellschaft lebenden Individuen.[1171] Die Existenz von Legitimität lässt also keinesfalls auf eine bestimmte Verfassung Rückschlüsse zu, selbst die Sklaverei oder die Diktatur könnten auf einem Legitimationsverständnis beruhen.

Andererseits betonen auch einige Autoren, dass Legitimität nicht einfach mit der Zustimmung der Gesellschaftsmitglieder gleichzusetzen sei, obwohl sie sehr wohl ein Element der Zustimmung enthalte. Nach LUHMANN bezieht sich der Legitimitätsglaube nicht auf die Zustimmung auf bestimmte Eingriffe, sondern vor allem auf die entsprechenden Machtbefugnisse kollektiver Instanzen und führt somit zu „der Bereitschaft, inhaltlich noch unbestimmte Entscheidungen innerhalb bestimmter Toleranzgrenzen hinzunehmen.“[1172] Im Rahmen der Theorie der

---

1167 Allerdings muss darauf verwiesen werden, dass insbesondere die Zuordnung des Ansatzes von Nozick zur Vertragstheorie nicht ganz unumstritten ist. Vgl. hierzu etwa Buchanan (1977), S. 60 und S. 292 f., denn in seiner Theorie schließen die Individuen nicht mehr oder weniger gleichzeitig einen Gesellschaftsvertrag, sondern treten erst nach und nach einer Schutzorganisation bei. Da aber auch ein solcher Beitritt zu einem Kollektiv einen Vertrag darstellt, wird Nozicks Ansatz von vielen Autoren als Vertragstheorie angesehen; vgl. hierzu insbesondere Gordon (1976) und Kliemt (1979), insbesondere S. 198.

1168 Zu gelungenen Gegenüberstellungen dieser genannten Ansätze vgl. Fritsch (1984), S. 31-59; Homann (1984), S.133-154; Homann/Pies (1991), S. 79-100 und Buchanan (1977), S. 50-63 und S. 194-211.

1169 Vgl. zur historischen Entwicklung des Begriffsinhaltes von „Legitimität“ Sternberger (1968).

1170 Luhmann (1975), S. 27. Anders ausgedrückt bedeutet diese Auffassung des Legitimitätsbegriffs nichts anderes als dass „Herrschaft (...) dann und in dem Ausmaß legitim ist, in dem die einer sozialen Ordnung angehörenden Menschen, einschließlich des Herrschers selber, der Überzeugung sind, daß die Herrschaftsordnung zu Recht besteht.“ Friedrich (1960), S. 119.

1171 Vgl. Fritsch (1984), S. 32.

1172 Luhmann (1989), S. 28. Aus diesem Grunde sagt die Opposition gegen einzelne Eingriffe bzw. der Verstoß gegen einzelnen Regeln auch nichts über ein Legitimitätsunverständnis aus. Insofern spricht man auch nicht von Zustimmung, sondern eher von „Loyalität“ oder „politischer Unterstützung“. Allerdings kann nie genau ermittelt werden, inwieweit das zu beobachtende allgemeinen Wirtschaftspolitik wird von der "Zustimmung auf der konstitutionellen Ebene" gesprochen. Davon ist die „operationelle Ebene" des alltäglichen Lebens zu unterscheiden, für die die kollektive Grundstruktur als Rahmen vorgegeben ist.[1173] Die individuellen Entscheidungsträger haben den Anreiz, innerhalb dieses vorgegebenen Rahmens ihren Eigennutz durch unkooperatives Verhalten zu erhöhen bzw. auch dann Widerstand zu leisten, wenn sie die entsprechenden Maßnahmen auf der konstitutionellen Ebene billigen.

Der allgemeine Grundgedanke der Vertragstheorie besteht nun darin, dass gesellschaftliche Organisationen in einem freiwilligen Zusammenschluss der Individuen begründet sind. Der Ausgangspunkt für Vertragsabschlüsse zwischen den Individuen sind Dilemma-Situationen, die dadurch gekennzeichnet sind, dass individuelles rationales Verhalten, das an den Eigeninteressen orientiert ist, zur kollektiven Selbstschädigung führen kann. Gegenstand des Vertrags sind nicht nur einzelne konkrete Eingriffe, sondern vor allem allgemeine grundlegende Regeln (Property Rights),[1174] welche die Kollektivverfassung bilden. Das zentrale Element der Vertragstheorie stellt hierbei die freiwillige Selbstbindung der Individuen als Vertragspartner dar. Die unterstellte Freiwilligkeit des Zusammenschlusses impliziert eine einstimmige Billigung der Verfassungsregeln und damit auch die entsprechende Legitimität der kollektiven Instanzen, und somit auch die Vereinbarung und Durchsetzung von Sanktionen bei von dem Vertrag abweichenden Verhalten.

Die Vorstellungen hinsichtlich Entstehung und Inhalt derartiger Verfassungsverträge gehen bei den verschiedenen Verfassungstheoretikern zum Teil weit auseinander.[1175]

Verhalten von Individuen tatsächlich auf Legitimität oder auf die Furcht vor drohenden Sanktionen zurückzuführen ist. Im Rahmen empirischer Untersuchungen behilft man sich daher häufig mit Indikatoren wie „Revolten" oder „Umstürze der Herrschaftssysteme" oder „Stimmenanteile radikaler Parteien bei Wahlen". Der Legitimitätsbegriff wird hier mehr mit dem Begriff der Systemstabilität assoziiert. Vgl. z.B. Gurr (1970), insb. S. 183-192 und S. 330-338.

1173 Die Unterscheidung von konstitutioneller und operationeller Ebene wird besonders deutlich herausgearbeitet bei Mueller (1973) und Frey (1981), insbesondere vgl. hier die S. 22-24 und S. 256-273. Frey bezeichnet die operationelle Ebene als „Ebene des laufenden politischen bzw. gesellschaftlichen Prozesses" und Mueller als „parliamentary stage"

1174 Der Begriff der Property Rights wird hier verstanden als die Menge der individuellen Handlungsmöglichkeiten, die in der jeweils relevanten Gesellschaft akzeptiert und erlaubt sind. Vgl. Eschenburg (1978), S. 9-12. Auf den Märkten werden nach der Property Rights-Theorie nicht physische Ressourcen, sondern Rechtsbündel, die sich aus einzelnen Rechtskomponenten zusammensetzen, getauscht. Die Rechte stellen effektive Güter dar und die Summe dieser Rechte kann als Properts Rights bezeichnet werden. Vgl. Demsetz (1967), S. 347; Mayer (1998), S. 111-135. Zu einem Überblick über Property Rights und die ökonomische Theorie vgl. Furubotn/Pejovich (1972), S. 1137-1162.

1175 Meist beziehen sie sich auf das Kollektiv Staat. So wird die Vertragstheorie gerade auch im Hinblick auf Staatsverfassungen als bedeutsam angesehen. „Trotz einer weit verbreiteten Meinung, daß die Vertragstheorie in das Museum der politischen Dogmengeschichte gehöre und heute ohne jede aktuelle Bedeutung sei, ist festzustellen, daß die juristische Figur des Vertrages auch heute noch die theoretische Voraussetzung aller geschriebenen Verfassungen ist. Jedes geschriebene Verfassungsdokument eines Staates, der sich demokratisch versteht, ist eine Art

Insbesondere die älteren Verfassungstheoretiker ließen den methodologischen Status des Gesellschaftsvertrages häufig unbeachtet.[1176] Ein häufig vorgebrachter Einwand gegen die Vertragstheorie wird darin gesehen, dass die Theorie deshalb irrelevant sei, da es faktisch kaum einen Gesellschaftsvertrag gegeben habe, dem sämtliche beteiligten Individuen zugestimmt hätten. Selbst wenn es einen solchen Vertragsabschluß gegeben haben sollte, so wäre die aus ihm erwachsene Verbindlichkeit für die nachfolgenden Generationen, die an der Vereinbarung nicht beteiligt waren, überaus zweifelhaft.[1177] Dieses Argument ist insofern leicht zu entkräften, als die Vertragstheorie gar nicht die faktische Existenz eines Gesellschaftsvertrages behauptet, sondern der Vertrag lediglich als eine Fiktion betrachtet wird. Somit sind die vertragstheoretischen Argumentationen auch als Gedankenexperiment zu verstehen. Es wird die politische Unterstützung der Individuen in Abhängigkeit von ihrer potentiellen Zustimmung zu den allgemeinen Regeln untersucht. Die Überlegung ist, inwieweit die Individuen eine Regel oder ein Herrschaftssystem sich als Ergebnis eines Vertrages vorstellen können, dem sie zugestimmt hätten.[1178] Alle vertragstheoretischen Ansätze vertreten gemeinsam die Ansicht, dass das höchste Legitimationskriterium in der einstimmigen Billigung durch sämtliche Beteiligten besteht. Lediglich die Art bzw. die Umstände, unter denen diese Billigung zustande kommt, wird äußerst unterschiedlich gesehen. Die genauere Untersuchung soll nun in dem folgenden Abschnitt vorgenommen werden.

Stiftungs-Vertrag, durch den sich die Vertragspartner, d.h. die einzelnen Gleichen und Freien, zur Einhaltung der stipulierenden Grundregeln des Gemeinschaftslebens verpflichten.“ Landshut (1969), S. 1244.

1176 Als die wichtigsten älteren vertragstheoretischen Ansätze werden hier die Arbeiten von Hobbes (1651/1976/1990); Locke (1690/1967) und Rousseau (1755/1977) betrachtet. Der methodologische Status des Vertrags wurde insbesondere von Kant (1793/1923) herausgearbeitet.

1177 Vgl. bspw. Del Vecchio (1960).

1178 Die neueren Vertragstheorien machen explizit auf die Unterstellung einer rein hypothetischen Vereinbarung aufmerksam. „Damit ist klar, daß der Urzustand kein wirklicher ist. Er braucht nie auch nur annähernd verwirklicht zu sein, doch wenn man seine Bedingungen bewußt durchspielt, kann man die Überlegungen der Parteien nachvollziehen. Die Vorstellung vom Urzustand soll menschliches Verhalten nur insoweit erklären, als sie unsere moralischen Urteile und unseren Gerechtigkeitssinn erklären möchte. (...) Notwendig ist, daß die Grundsätze, die anerkannt würden, eine Rolle in unserem moralischen Denken und Handeln spielen.“ Rawls (1971/1975), S. 142 f. “Auf jeden Fall muss man den Urzustand so auffassen, daß man sich jederzeit seinen Blickwinkel zu eigen machen kann.” Rawls (1971/1975), S. 162. „To the Contractarian that law is legitimate, and just, when might have emerged from a genuine contract in which he might have participated.” Buchanan (1977), S. 127. Vgl. hierzu auch Nozick (1974/1976), S. 22 f.

4.3.4.2 Die Behandlung des Legitimationsproblems in der neueren Vertragstheorie

4.3.4.2.1 Nozicks Theorie des Minimalstaates – evolutorischer Konsens

NOZICKs Ausgangspunkt ist der von LOCKE beschriebene Urzustand der Gesellschaft, in dem das Individuum mit unveräußerlichen Rechten ausgestattet ist.[1179] Durch die Aneignung von freien, ungesicherten Gütern werden natürliche Eigentumsrechte vollzogen, ohne dass es sinnvoll sei, diese Eigentumsrechte auszudünnen.[1180] Nach NOZICK ist die Verteilung von Eigentumsrechten dann gerecht, wenn sie auf gerechte Weise aus dem gerechten Urzustand – nach LOCKE – hervorgegangen sind. Entwicklungsschritte in der Eigentumsverteilung können nur in Form des einstimmigen Konsens der beteiligten Individuen legitim sein.[1181] In diesem Zusammenhang freiwilliger Austauschbeziehungen der Individuen interpretiert er das Kriterium der einstimmigen Billigung durch sämtliche Beteiligten nicht nur als Orientierungsnorm, sondern als weitestgehend unabdingbare Forderung der Legitimität.[1182] Aus vertragstheoretischer Perspektive lässt sich nach NOZICK nur der Minimalstaat rechtfertigen, dessen wesentliche Aufgabe der Schutz der Eigentumsrechte und die Garantie der Vertragsfreiheit sein sollte. Staatliche Redistribution lehnt er ab; staatliche Besteuerung zum Zwecke der Umverteilung stellt für ihn eine Form der Zwangsarbeit dar.[1183] Jeder staatliche Eingriff in die durch die Verteilung der natürlichen Eigentumsrechte determinierte Einkommensverteilung stellt einen Raub eben dieser natürlichen, aus dem LOCKE`schen Urzustand stammenden Eigentumsrechte dar.

Ziel der Theorie des Minimalstaates von NOZICK ist es, den Staat gegenüber den Anarchisten zu rechtfertigen und dabei vor allem Grenzen der Staatstätigkeit zu bestimmen. Hierbei definiert er den Staat in Anlehnung an MAX WEBER als eine

---

1179 Vgl. Locke (1967), Kapitel 2-7 und Homann/Pies (1996), S. 79-100.

1180 Vgl. Nozick (1976), S. 144-170.

1181 Mit Hilfe eines fiktiven evolutorischen Abrisses legt Nozick dar, wie man nach seiner Ansicht die Entstehung eines legitimen Staates auf der Grundlage des „Locke'schen Urzustandes" vorzustellen hat. Nozick geht hierbei davon aus, dass die Individuen im Urzustand zur Durchsetzung ihrer „natürlichen" Property Rights entsprechende Schutzvereinigungen als Konsumenten-Kooperativen oder auch als gewinnorientierte Unternehmen gründen oder ihnen beitreten werden. Die anfänglich mehreren Schutzvereinigungen in einer bestimmten Region werden dann aufgrund des Mechanismus' der „unsichtbaren Hand" in jedem Gebiet sich zu einer dominanten Schutzorganisation herausbilden. Der Übergang von der dominierenden Schutzvereinigung zum Staat besteht dann darin, dass die Schutzvereinigungen beharrlichen Nicht-Beitrittswilligen die Selbstjustiz verbietet und damit das Monopol auf physische Zwangsgewalt beansprucht. Eine Rechtfertigung für dieses Verbot findet Nozick in der Bedrohung und den externen Kosten der Selbstjustiz dieser Nicht-Beitrittswilligen gegenüber den Mitgliedern der Schutzvereinigung. Vgl. Nozick (1976), S. 25-129.

1182 Vgl. Nozick (1974/1976), S. 21-24, S. 144-148 sowie S. 240 f.

1183 Vgl. Nozick (1976), S. 6 und S. 159.

Instanz, die das Monopol physischer Zwangsgewalt innerhalb eines bestimmten geographischen Gebietes für sich beansprucht.[1184]

Dieser Minimalstaat nach NOZICK entspricht dem „Nachtwächterstaat" des klassischen Liberalismus, da er sich auf den Schutz der Property Rights zu beschränken hat, und nur insofern eine Umverteilung vornimmt, als auch diejenigen Bürger des jeweiligen Gebietes die Schutzleistungen in Anspruch nehmen dürfen, die keinen Beitrag dazu leisten können.[1185] Nach NOZICK ist auch die Leistungserstellung durch den Staat nicht legitim, da sie aufgrund von Informationsmängeln gegen das Äquivalenzprinzip verstößt und somit ebenfalls die Individuen durch den Staat ihrer natürlichen Eigentumsrechte beraubt werden.[1186] NOZICK sieht als Vertreter der Minimalstaatkonzeption keine Begründung für ein Tätigwerden des Staates im Bereich der Erstellung von Kollektivgütern. Er sieht keine Notwendigkeit für staatliche Zwangsmaßnahmen bei fehlender Exkludierbarkeit und bei Rationalitätsdilemmata. Da er das staatliche Zwangsmonopol auf ein unvermeidbares Mindestmaß beschränkt, lässt der Minimalstaat den Menschen ein Maximum an individuellen Freiheiten. Sämtliche produktive Kollektivgütertätigkeit könnte so rein privat organisiert werden.[1187]

Das Konzept des Minimalstaates kann auch sehr kritisch hinterfragt werden. Ein wesentlicher Defekt in NOZICKs Ableitung des Legitimitätsglaubens durch Regress auf den Urzustand besteht darin, wie er die Entwicklungsschritte zum Minimalstaat beurteilt.[1188] Die sehr engen Grenzen legitimer Staatstätigkeit werden gezogen durch das Kriterium der einstimmigen Billigung sämtlicher Beteiligten. Dieses Kriterium wird nicht als Orientierungsnorm aufgestellt, sondern als eine weitgehend unerlässliche Forderung für die Legitimität eines Entwicklungsschrittes formuliert. Auch die Voraussetzung eines LOCKE'schen Urzustandes ist deshalb problematisch, weil die entsprechenden Property Rights im Verlauf der Entwicklung des

---

1184 Vgl. Nozick (1976), S. 35-37 und S. 112-114 sowie Weber (1977), S. 821-823.

1185 Allerdings ist eine gewisse Affinität zwischen der Argumentation Nozicks und der Konzeption bei Hayek feststellbar; beide vertrauen auf die spontane Ordnung und die Evolution von Regeln und sehen keinerlei Rechtfertigung für ein staatliches Tätigwerden über das Maß des Nachtwächterstaates hinaus. Buchanan skizziert diese Verwandtschaft der beiden Argumentationslinien wie folgt: „Both Hayek and Nozick may be clasified broadly as „evolutionists" in their positive explanation of how „the law" emerges. They go further, however, and make normative inferences to the effect that explicit efforts toward „constructive" reforms are not desired." Buchanan (1977), S. 293 vgl. auch S. 125 ff. und Buchanan (1975), S. 194.

1186 „Was man auch für Bedürfnisse hat, man kann nicht einfach Nutzen ausstreuen und dann Bezahlung verlangen." Nozick (1976), S. 96. Zumindest implizit vertritt Nozick die Auffassung, dass sämtliche Kollektivgüter privat organisierbar seien. Vgl. hierzu auch ausführlich Fritsch (1984), S. 39 und Nozick (1976), S. 252-264.

1187 Allerdings betrachtet er hierbei keine öffentlichen Güter und nimmt keine Stellung zu dem Phänomen des Free-Rider-Verhaltens und den Gütern, bei denen aus technischen Gründen schon der Ausschluss nicht bewerkstelligt werden kann. Er lässt somit diejenigen Güter aus seiner Betrachtung ausgeschlossen, deren Bereitstellung der Markt nicht effizient leisten kann.

1188 Vgl. Fritsch (1984), S. 39 f.

Minimalstaates nicht grundsätzlich modifiziert werden können und im Wesentlichen unverändert weitergegeben werden.[1189] Außerdem lehnt NOZICK die Vorstellung ab, die Individuen könnten aus Kosten-Nutzen-Überlegungen heraus ein demokratisches Entscheidungsverfahren billigen und für alle verbindliche Mehrheitsentscheidungen befürworten. Konsequenterweise bleibt er innerhalb seines Gedankenexperiments deshalb bei einem Minimalstaat stehen, weil er einen einstimmigen Konsens über darüber hinausgehendes staatliches Handeln für undenkbar hält. Der Einwand, NOZICK beziehe mögliche Änderungen der individuellen Präferenzen in seinen Ansatz nicht ein, erscheint als besonders schwerwiegend, denn, wie er mehrfach betont, könnte sich ein solcher Minimalstaat aus den Austauschbeziehungen völlig unbeabsichtigt ergeben. Selbst wenn die Individuen später feststellen sollten, dass sie einen derartigen Staat nicht gewollt haben, wird er nach NOZICK dennoch von ihnen als legitim akzeptiert.

4.3.4.2.2 Buchanans Ansatz: realer Konsens in der Erwartung von Neuverhandlungen

Im Gegensatz zu NOZICK ist BUCHANAN nicht als Vertreter der Konzeption des Minimalstaates einzuordnen.[1190] Der Ausgangspunkt seiner Überlegungen ist der HOBBES'sche Urzustand, eine pessimistische Sicht der Anarchie. In diesem Urzustand gibt es keinerlei moralische Rechte oder Pflichten, jedes Individuum hat das Recht auf alles.[1191] Das Zugrundelegen eines HOBBES'schen Urzustandes hat zur Folge, dass nun das gesamte Spektrum denkbarer Formen von Property Rights-Vereinbarungen grundsätzlich als legitim gelten kann.[1192] Einen zweiten wesentlichen Unterschied zu den Überlegungen NOZICKs stellt der Umstand dar, dass BUCHANAN auf die aktuellen Präferenzen der Individuen im status quo abstellt und somit nicht betrachtet, wie dieser Stand der Entwicklung zustande gekommen ist.

Erst durch die kollektive Bestimmung wird das einzelne Wirtschaftssubjekt zum individuellen Träger von Rechten.[1193] Da jedes Individuum im Urzustand seine ihm zur Verfügung stehenden Ressourcen für die Produktion, den Raub und den Schutz der eigenen Güter verwendet, stellt das kollektive Setzen von Regeln eine Erweiterung der

---

1189 Insbesondere Buchanan hat deutlich gemacht, dass die Verteilung der Property Rights nach Locke nur einen Spezialfall aus dem Spektrum denkbarer Vereinbarungen darstellen. Vgl. Buchanan (1975), S. 55-64.

1190 „Libertarians go too far and reduce the force of their own argument when they reject genuinely constitutional or framework arrangements that act to promote some rough equality in pre-market positions and act so as to knock off the edges of post-market extremes. The libertarian may defend the distributive role of competitive process on standard efficiency grounds, and he may, if he chooses, also develop ethical argument in support of this rule. But this is not the same thing as defending the distributive results that might be observed in a market economy in which there is no attempt to adjust starting position." Buchanan (1986), S. 139.

1191 Hobbes bezeichnet ein Leben in diesem Urzustand als „solitary, poor, nasty, brutish and short." Hobbes (1990), S. 60.

1192 Dieser legitime Bereich ist bei Buchanan uneingeschränkt und nicht so eingeengt wie bei dem Ansatz von Nozick.

1193 Vgl. hierzu Hobbes (1990), Kapitel 10-13.

persönlichen Freiheit dar und ermöglicht das Erreichen höherer Wohlstandsniveaus.[1194] Da die Einführung eines Leistungsstaates die Bereitstellung öffentlicher Güter ermöglicht und somit auch in dem eben genannten Sinne produktiv ist, ist nach BUCHANAN der Leistungsstaat konsensfähig und somit legitimierbar. Die Individuen werden sich auf konstitutioneller Ebene einstimmig auf Regeln zur Bereitstellung öffentlicher Güter einigen, selbst wenn sie dadurch in der post-konstitutionellen Ebene zur Finanzierung von Leistungen verpflichtet werden, die sie im Einzelfall nicht in Anspruch nehmen.

BUCHANAN nennt zwei verschiedene Indikatoren, mit denen der Legitimitätsglaube der Individuen hinsichtlich der bestehenden Regeln bestimmt werden könnte: Zum einen durch die „Neuverhandlungs-Erwartungen" („renegotiation expectations"), die sich auf das vermutete Ergebnis erneuter Verhandlungen über die Vereinbarung von Regeln bei einem Rückfall in die Anarchie beziehen, und zum anderen sind die Ergebnisse von Abstimmungen alternativer Regeln relevant für die Beurteilung des Ausmaßes an Legitimität der status quo – Regeln.[1195]

Die Neuverhandlungs-Erwartungen haben für BUCHANAN wesentliche explikative Bedeutung. Dementsprechend könnte ein relativ geringes Maß an Widerstand gegen die Regeln einer Kollektiv-Verfassung damit erklärt werden, dass sich die Individuen von erneuten Verhandlungen kein für sie besseres Ergebnis versprechen, als es die bestehenden Regelungen bereits darstellen. Dabei ist die Distanz der Neuverhandlungs-Erwartung der Gesellschaftsmitglieder von den bestehenden Regeln als Indikator für den Grad der Legitimität dieser Regeln anzusehen.

Die Eingriffe des Staates, deren Ziel die Einkommensumverteilung ist, können sowohl auf konstitutioneller Ebene als auch auf der nachgelagerten Ebene konsensfähig sein. Auf der konstitutionellen Ebene kann durch eine Neuverhandlung eine Re-Definition von Eigentumsrechten zustande kommen: Individuen die in der Situation eines Rückfalls in die Anarchie und anschließender Neuverhandlung eine bessere Situation zu erreichen glauben, als sie bisher innehaben, können jederzeit mit der Aufkündigung des Gesellschaftsvertrages drohen.[1196] Um diese Aufkündigung zu verhindern und die Individuen weiterhin an den Gesellschaftsvertrag zu binden, müssen diejenigen Individuen, deren Verhandlungsposition sich gegenüber der Ausgangsposition so dramatisch verschlechtert hat, dass sie „nichts mehr zu verlieren haben", eine Besserstellung erfahren, die von denjenigen bezahlt wird, deren Ansprüche eine starke Wertsteigerung erfahren haben. Die Furcht vor wachsenden Widerständen bzw. anarchistischen Tendenzen kann für die gegenwärtig hoch begünstigten Gesellschafts-

---

[1194] Vgl. bspw. Buchanan (1984a), S. 80.
[1195] Vgl. Buchanan (1975), S. 75-90, sowie insbesondere zu seinen Ausführungen über das Konsenskriterium vgl. Buchanan (1977), S. 136-147.
[1196] Vgl. hierzu auch in diesem Kapitel den Abschnitt 4.3.5.

mitglieder einen Anreiz dafür darstellen, auf entsprechende Reformvorschläge einzugehen und dabei freiwillig auf einige bisherige Vorteile zu verzichten.[1197]

Auf der post-konstitutionellen Ebene kann durch eine Einkommensumverteilung eine Art Versicherung auf Gegenseitigkeit entstehen. Unter der Annahme abnehmender Grenznutzen bewertet ein Individuum die Nutzeneinbußen einer Einkommensminderung bei einem vergleichsweise hohen Einkommen geringer als eine vom Betrag her gleiche Einkommensminderung bei niedrigerem Einkommen. Daraus kann gefolgert werden, dass die Einkommensminderung bei Individuen mit relativ hohen Einkommen dann konsensfähig ist, wenn damit die Sicherung ihrer sonstigen Einkommen gegeben ist. Herrscht nun zusätzlich auf konstitutioneller Ebene Unsicherheit bezüglich der eigenen zukünftigen Position („der Schleier der Ungewissheit"), so sind die Individuen bereit, eine Versicherung der Gegenseitigkeit zum Schutz vor einem zu niedrigen Einkommen abzuschließen.[1198] Wichtig hierbei ist, auf konstitutioneller Ebene die Regel der Einkommensumverteilung zu verankern.[1199] BUCHANAN betont, dass sein zweites Kriterium für Legitimität, die möglichst einstimmige Billigung durch die betroffenen Individuen bei Abstimmungen über die Verfassungsregeln zu einem bestimmten Zeitpunkt, in einem Staat kaum jemals vollständig erfüllt sein dürfte, und derartige Entscheidungen in der Praxis fast immer gegen den erklärten Willen überstimmter Minderheiten zustande kommen. Entsprechend kann ein Zustand nach diesem Kriterium nur in Ausnahmefällen als vollständig legitim gelten. BUCHANAN vertritt in diesem Zusammenhang die Auffassung, dass man sich bereits aus diesem Grund mit einer nicht-einstimmigen Billigung von Regeln zufrieden geben müsste, weil ein vollständiger Konsens aus Kostengründen kaum praktikabel sei. Hypothetische Überlegungen über das Ausmaß der Billigung oder der Ablehnung von Regeln stellen für BUCHANAN lediglich ein Mittel zur Gewinnung von Anhaltspunkten über evtl. vorhandene Mängel und mögliche Verbesserungen dar. Eine Legitimation kann nur auf der Basis eines realen – wenn auch nicht vollständigen - Konsenses geschaffen werden. Die Legitimität des status quo spiegelt sich auch in den Ergebnissen von Abstimmungen über Reformvorschläge wieder. Als normative Schlussfolgerung ergibt sich für BUCHANAN die Forderung, die Regeln der Kollektivverfassung so zu gestalten und auch fortzuentwickeln, dass sie möglichst konsensfähig sind und für die Mehrheit der Gesellschaftsmitglieder einen akzeptablen Kompromiss zwischen den divergierenden

---

1197 Vgl. Buchanan (1975), S. 78-81.

1198 Vgl. Buchanan/Tullock (1962), S. 189-198, insbesondere S. 192-195.

1199 „That is to say, the arms and agencies of the state, the government, cannot be used directly to transfer incomes and assets from the politically weak to the politically strong under the disguise of achieving `distributive justice´ or anything else. The citizenry cannot be fooled by such empty rethoric. Distributional adjustments that are implemented politically must, first of all, be strictly `constitutional´ in the sense that they must be embodied in permanent or quasi-permanent institutions of social order. No short-term legislative or parliamentary manipulation of distributive shares could possibly qualify by genuine fairness criteria." Buchanan (1986), S. 139.

Neuverhandlungserwartungen darstellen.[1200] Aus seinem Ansatz lassen sich keine Hinweise auf konkrete Merkmale legitimer Grundstrukturen von Gesellschaften ableiten.

4.3.4.2.3 Rawls Konzept der „ursprünglichen Situation – ein idealer Konsens"

RAWLS wiederum ist von BUCHANAN abzugrenzen, denn er setzt den Ausgangspunkt seiner Überlegung in die normative Idee der Gleichheit aller Menschen bezüglich ihrer Grundgüter wie Einkommen, Freiheit, Entwicklungschancen etc.[1201] Anders als BUCHANAN stellt RAWLS nicht auf einen realen, sondern einen idealen Konsens ab, der sich in seiner Theorie unter bestimmten hypothetischen Bedingungen eines abstrakten Urzustandes – der ursprünglichen Situation - ergeben kann. Der Schleier der Ungewissheit[1202] ist eine für ihn wesentliche Voraussetzung, für eine Einigung zwischen den beteiligten Individuen auf die Vereinbarung allgemeiner Regeln. Der Urzustand ist für RAWLS durch „mäßige Knappheit" gekennzeichnet.[1203]

1200 Vgl. Buchanan (1975), S. 82-85. Gesellschaftliche Regeln werden von Buchanan als Kapitalgüter betrachtet. Da Property Rights das Verhalten der Gesellschaftsmitglieder beschränken und damit auch vorhersehbar machen, erhöhen sie – einmal implementiert – in den Folgeperioden die Effizienz der individuellen Dispositionen. Der so entstehende Nutzen ist um so höher, je länger diese Regel gilt. Aus diesem Kapitalgutcharakter der allgemeinen Regeln folgt, dass die Kosten einer Regeländerung nicht nur den Neuverhandlungs- und Administrationsaufwand wiederspiegeln, sondern auch in dem Verlust der Kalkulationssicherheit bestehen. Somit sollte die Verfassung nicht an jede Änderung der allgemeinen Legitimitätsvorstellungen angepasst werden, sondern eine Verfassungsänderung sollte nur dann Vorgenommen werden, wenn der erwartete zusätzliche Nutzen die dabei anfallenden Kosten übersteigt.

1201 Vgl. Fritsch (1984), S. 31-59.

1202 Vgl. zu der Annahme des "Schleiers des Nichtwissens" ("veil of ignorance") Rawls (1971/1975), S. 159-166. Entsprechend dieser Voraussetzung kennt niemand in der ursprünglichen Situation „seinen Platz in der Gesellschaft, seine Klasse oder seinen Status; ebenso wenig seine natürlichen Gaben, seine Intelligenz, Körperkraft usw. Ferner kennt niemand seine Vorstellung vom Guten, die Einzelheiten seines vernünftigen Lebensplanes, ja nicht einmal die Besonderheiten seiner Psyche wie seine Einstellung zum Risiko oder seine Neigung zu Optimismus oder Pessimismus." Rawls (1975), S. 160. Ebenso werden die wirtschaftliche und politische Lage, der Entwicklungszustand von Zivilisation, Kultur sowie auch die Generationszugehörigkeit als unbekannt vorausgesetzt.

1203 „Natürliche und andere Hilfsmittel sind nicht so im Überfluss vorhanden, dass planvolle Zusammenarbeit nicht notwendig wäre; andererseits sind die Bedingungen nicht so hart, dass jede Unternehmung fruchtlos bleiben müsste." Die Vertragsparteien leben in einem bestimmten geographischen Gebiet und „haben einigermaßen ähnliche körperliche und geistige Kräfte; jedenfalls so weit, dass keiner von ihnen die übrigen beherrschen kann. Angriffe können ihnen Schaden bringen, und jedem können die anderen mit vereinten Kräften seine Pläne durchkreuzen." Rawls (1975), S. 149. Die Parteien versuchen so gut wie möglich, ihre vernünftigen langfristigen Pläne durchzusetzen und kennen dabei keine vorgegebenen moralischen Bindungen zueinander. Sie sind unter den Bedingungen des Urzustandes nicht interessiert aneinander und sind demnach auch nicht bereit, ihre Interessen anderen Individuen zu opfern. Vgl. Rawls (1975), S. 150-152.

RAWLS untersucht die Gestaltungsmöglichkeiten der gesellschaftlichen Grundstruktur, indem er die Verteilung sog. „sozialer Primärgüter“ (z.B. Rechte, Freiheit, Selbstachtung usw.) betrachtet, die im Gegensatz zu den natürlichen Gütern als gesellschaftlich determiniert gelten können und die sich jeder rational denkende Mensch wünscht. Da sich alle Individuen hinter dem Schleier des Nicht-Wissens in der gleichen Lage befinden und nach den Voraussetzungen gleich vernünftig sind und sich auch sonst nicht in entscheidungsbeeinflussender Weise voneinander unterscheiden, werden sie auch von den gleichen Argumenten überzeugt sein und in ihren Schlussfolgerungen jeweils übereinstimmen. Entscheidungen im Urzustand wären dann immer durch Einstimmigkeit gekennzeichnet.[1204]

RAWLS bezieht sich bei seinem Gedankenexperiment auf zwei elementare Kerngedanken: Erstens hat jedermann das gleiche Recht auf das umfangreiche Gesamtsystem gleicher Grundfreiheiten, das für alle möglich ist. Zweitens müssen soziale und wirtschaftliche Ungleichheiten entweder dadurch charakterisierbar sein, dass sie unter Einschränkung des gerechten Spargrundsatzes[1205] den am wenigsten Begünstigten den größtmöglichen Vorteil bringen oder soziale und wirtschaftliche Ungleichheiten sollten andererseits, wenn sie bestehen, wenigstens mit Ämtern und Positionen verbunden sein, die allen gemäß fairer Gleichbehandlung und Chancengleichheit zur Verfügung stehen.[1206] Der zweite Grundsatz wird häufig auch als Differenzprinzip bezeichnet. Er entwickelt eine Gerechtigkeitsposition, nach der Ungleichheiten nur insofern als sozial gerecht angesehen werden, als sie für alle Gesellschaftsmitglieder von Nutzen sind.

Im Spannungsverhältnis zwischen Effizienz und Gleichheit wird also nach RAWLS zugunsten der Gleichheit entschieden. Die Individuen wählen unter dem Schleier der Unwissenheit das Maximum-Kriterium, das besagt, dass bei bestehender Unsicherheit über die Wahrscheinlichkeit des Eintretens möglicher Entscheidungsergebnisse diejenige Entscheidungsalternative ausgewählt werden sollte, deren ungünstigstes mögliches Ergebnis unter allen ungünstigsten Ergebnissen noch das beste ist.[1207]

Das RAWLS'sche Differenzprinzip kann mit Hilfe der Abbildung 17 erläutert werden. Betrachtet werden zwei Wirtschaftssubjekte A und B, deren gesamtgesellschaftliche Wertschöpfung durch Kooperation erhöht werden kann. Allerdings sind diese Wertschöpfungssteigerung und die Verteilung derselben nicht unabhängig zu sehen.

1204 Vgl. Rawls (1975), S. 162 f.

1205 Allerdings ist darauf hinzuweisen, dass Rawls den Spargrundsatz nur äußerst vage als die untere Grenze der gerechten Akkumulationsrate einer Generation angibt. Vgl. zum Grundsatz des gerechten Sparens Rawls (1975), S. 319-327.

1206 Vgl. Rawls (1975), S. 336.

1207 Vgl. Schumann (1992), S. 105.

Der Zusammenhang zwischen Effizienz und Verteilung kann in Form der dargestellten Kurve erläutert werden, die die Nutzenniveaus der beiden Individuen in Abhängigkeit von der Verteilung widerspiegelt.

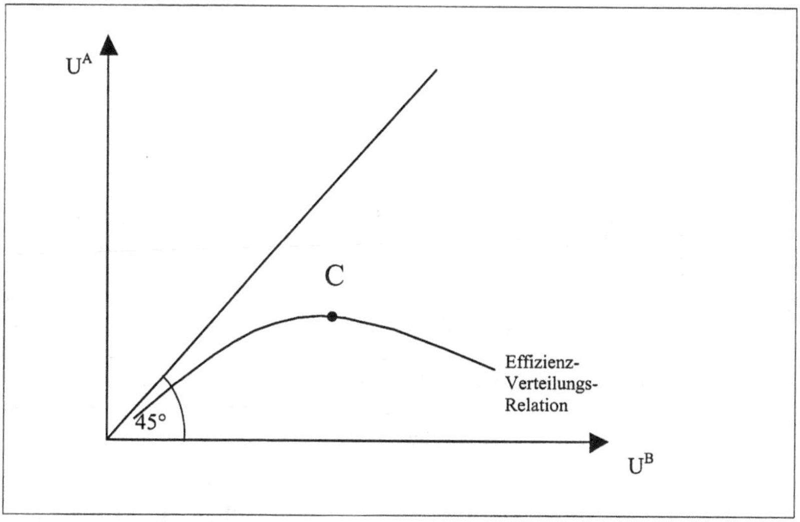

Abbildung 17: Das Rawls'sche Differenzprinzip

Der ansteigende Verlauf der Kurve bedeutet, dass zunehmende Ungleichheit das Wohlfahrtsniveau sämtlicher beteiligter Individuen erhöht. Interpretiert man die Achsen als kardinale Maße, dann geben die Punkte auf der 45°-Linie die Zustände der Gleichverteilung an.

Nach RAWLS werden die Individuen keine Gleichverteilung vereinbaren, da sie sich gesamtgesellschaftlich in Punkt C besser stellen können, da hier das Nutzenniveau des relativ schlechter gestellten Individuums A ein Maximum aufweist. Die Entscheidung für das Differenzprinzip entspricht dem sog. Maximum-Kriterium[1208] und impliziert des Weiteren extrem risikoscheues Verhalten, da die Eintrittswahrscheinlichkeit des schlecht möglichsten Ereignisses keine Berücksichtigung findet.[1209]

[1208] Die Auszahlung des schlechtmöglichen Ergebnisses muss maximiert werden.

[1209] Viele Autoren halten es für evident, dass die Individuen in der ursprünglichen Situation die verschiedenen möglichen Ergebnisse mit Eintrittswahrscheinlichkeiten gewichten und diejenige Verteilungsregel wählen, bei der der Erwartungswert der Auszahlung am größten ist. Vgl. z.B. Arrow (1973).

RAWLS nennt vier Gründe, warum seiner Ansicht nach eine Orientierung am Maximumkriterium bei einer Entscheidung über Verteilungsgrundsätze im Urzustand die dominante Strategie sein wird:

1. Die Individuen hätten hinten dem Schleier des Nicht-Wissens die Veranlassung, sich vorsichtig zu verhalten, da die Unsicherheit in dieser Situation sehr hoch sei.

2. Es könnte keine alternative Strategie zu der der Maximierung der erwarteten Auszahlung angewendet werden, da die Eintrittswahrscheinlichkeiten der verschiedenen möglichen Ergebnisse unbekannt seien.

3. Das Differenzprinzip stelle einen besonders operationalen Verteilungsgrundsatz dar, welcher nur noch von dem Prinzip der Gleichverteilung übertroffen werde.

4. Das Differenzprinzip sollte deshalb ausgesucht werden, weil es sowohl Aspekte der Gleichverteilung als auch Effizienzgesichtspunkte miteinander kombiniert und damit zu einer besonders stabilen Gesellschaftsordnung führe. RAWLS äußert in diesem Zusammenhang, das Differenzprinzip stelle „einen Grundsatz des gegenseitigen Vorteils“ dar, da es Ungleichheiten nur insoweit zulässt, wie sie für sämtliche Gesellschaftsmitglieder vorteilhaft sind.

Diese vier Gründe, die RAWLS für sein Differenzprinzip anführt, können jedoch nicht vollständig überzeugen. Die ersten beiden Argumente beruhen auf einer extremen Annahme über den Informationsstand der beiden Individuen in der ursprünglichen Situation, wobei das dargestellte Ausmaß der Unsicherheit noch keine Begründung liefert für die ebenfalls unterstellte außergewöhnlich stark ausgebildete Risikoaversion.[1210] Sind die Eintrittswahrscheinlichkeiten der verschiedenen Ereignisse wie es RAWLS formuliert nicht bekannt, so ist nicht einsichtig, warum die Akteure die verschiedenen Möglichkeiten der Auszahlung nicht als gleichwahrscheinlich annehmen.[1211] Das Argument, das Differenzprinzip führe zu einer besonders stabilen Gesellschaftsordnung, ist zwar nicht zu widerlegen, aber es muss letztlich als eine Vermutung verstanden werden, denn die Gewichtung und die Bewertung hinter dem Schleier der Ungewissheit kann eben auch ganz anders ausfallen.[1212] Der Schleier des Nicht-Wissens mag als Gedankenexperiment zwar reizvoll sein, aber die Relevanz dieses Experiments kann ganz unterschiedlich beurteilt werden.

BRENNAN und BUCHANAN kritisieren genau diese normative Idee der Gleichheit aller Menschen, die sich hinter dem Schleier der Unwissenheit verbirgt, denn sie glauben,

---

[1210] Vgl. Mueller (1973), S. 71-75.

[1211] Vgl. Mueller (1973), S. 61-75.

[1212] Rawls selbst räumt ein, dass keiner der von ihm genannten Gründe zwingend zu der beschriebenen Wahl des Maximin-Kriteriums in einer ursprünglichen Situation führt. Vgl. Rawls (1974), S. 144.

dass ein solches moralisches Umdenken inkonsistent sei.[1213] Menschen würden auf eine Art modelliert, wie sie sein könnten und nicht wie sie sind.

Außerdem wird von BUCHANAN die Ausrichtung auf den Endzustand kritisiert und abgelehnt, da die Vertragstheorie alle Ergebnisse als gerecht qualifiziert, die aus konsensfähigen und somit gerechten Regeln entstanden sind. Es könne nicht von Einzelergebnissen auf die Effizienz aller Regeln geschlossen werden. Zur Beurteilung von Ergebnissen gibt es keinen anderen Maßstab als die Gerechtigkeit ihres Zustandekommens. In der Realität besteht allerdings Knappheit an Zeit, Wissen und Ressourcen. Einstimmigkeit konfrontiert die Handelnden mit der potentiellen Gefahr strategischen Verhaltens. Daher ist es für die Individuen von Vorteil, das normative Prinzip der Einstimmigkeit nicht zum Organisationsprinzip der Abstimmungsmodalitäten der Realität zu machen.[1214]

BUCHANAN geht daher in der praktischen Anwendung von der strengen Forderung nach Einstimmigkeit für die konstitutionelle Ebene ab und fordert lediglich eine höhere Zustimmung als es auf der post-konstitutionellen Ebene bei der Abstimmung von Verträgen und Gesetzen erforderlich ist.[1215] Die Gesellschaft ist gezwungen, auf weniger kostenintensive Abstimmungsverfahren zurückzugreifen, wodurch ein systematisches Legitimationsdefizit entsteht.[1216]

Die kostengünstigere Entscheidungsfindungsverfahren in der Realität können unter normativen Gesichtspunkten nicht vergleichbar sein mit den auf theoretischer Ebene konstruierten Verfahren der Einstimmigkeitsregel. Dadurch wird bei dem Übergang in die Realität durch die Abkehr von den theoretisch überlegenen Einstimmigkeitsregeln ein ausgeprägtes institutionalisiertes System von Schutzvorschriften notwendig.[1217]

4.3.4.3 Zusammenfassende Schlussfolgerungen: Mögliche Einflussfaktoren auf das Legitimitätseinverständnis

Die vertragstheoretischen Ansätze haben gemeinsam, dass sie das Legitimationsverständnis auf der Grundlage von Gedankenexperimenten abzuleiten versuchen. Allerdings weichen die gedanklichen Experimente in der Ausgestaltung und somit auch in ihren Aussagen stark voneinander ab. Alle drei neueren Vertragstheorien haben gemeinsam, dass sie eine Verknüpfung der Legitimität an eine möglichst einstimmige Billigung durch alle betroffenen Individuen vornehmen. Die Ausgestaltung dieses Konsenses wird allerdings sehr unterschiedlich dargestellt. Nach NOZICK ist dieser Konsens evolutorischer Natur, d. h. dargestellt wird die

1213 „Können reale Personen wählen, als befänden sie sich hinter einem solchen Schleier der Unwissenheit, wenn sie auf einer anderen Bewusstseinsebene wissen, wer sie sind?" Brennan/Buchanan (1993), S. 40.

1214 Vgl. Homann (1984), S. 136.

1215 Vgl. Buchanan (1986), S. 240 ff.

1216 Vgl. Eschenburg (1977), S. 38 ff. und vgl. Eschenburg (1978), S. 221-236.

1217 Vgl. Eschenburg (1977), S. 156-225 und vgl. Homann (1984), S. 136 ff.

Wertschätzung im Verlauf der Entwicklung bis zum status quo. Nach BUCHANAN handelt es sich um einen realen Konsens, der als tatsächliche Zustimmung zu den bestehenden Regeln im status quo interpretiert werden kann. RAWLS wiederum stellt auf einem idealen Konsens ab, in dem er die hypothetische Billigung von Regeln unter idealtypischen Bedingungen beschreibt.

Der Ansatz des evolutorischen Konsenses nach NOZICK basiert auf der explikativen Hypothese, der im status quo vorhandene Legitimitätsglaube wäre wesentlich von der Zustimmung bzw. Ablehnung der vergangenen Kollektivtätigkeit determiniert.[1218] Die wesentliche Schwäche dieses Ansatzes besteht in der Vernachlässigung von möglichen Änderungen von Präferenzen und auch Rahmenbedingungen nach der gegebenen Zustimmung im status quo.

BUCHANAN bietet gewissermaßen zur Lösung dieses Problems den Ansatz der Neuverhandlungserwartungen an. Das Kapital der Legitimität und die Erwartung über Neuverhandlungen stellen zwei verschiedenen, gleichrangige Einflussfaktoren dar, die das Abstimmungsverhalten der Individuen beeinflussen können. Letzten Endes endscheidend für das Einverständnis der Individuen wäre dann die tatsächliche Zustimmung zum jeweiligen Zeitpunkt des Beschlusses über eine Regel. BUCHANAN sagt, dass der status quo um so stabiler sei, je weitgehender der Konsens sei und je länger die Zeit andauere, während der sich die Gesellschaft an dem realen Konsens orientiere. Problematisch erscheint der Ansatz der Neuverhandlungserwartungen insoweit, als Erwartungen der Individuen hinsichtlich eines möglichen Rückfalls in die Anarchie zu einem Verharren in dem status quo und den dort herrschenden Machtverhältnissen führt. Das Konzept des realen Konsenses hat den entscheidenden Nachteil, dass in größeren Gesellschaften kaum Einstimmigkeit erzielt werden kann. Somit können die Maßnahmen nach dem Ansatz von BUCHANAN nicht als vollständig, sondern nur als näherungsweise legitim angesehen werden.

Der Ansatz eines idealen Konsenses kann diese Schwierigkeiten zwar auf theoretischer Ebene teilweise lösen, die praktische Relevanz seiner normativen Schlussfolgerungen bleibt jedoch außerordentlich fragwürdig. Die Konstruktion der „ursprünglichen Situation" und der abgeleiteten Grundsätze für die Individuen kann als Argumentationshilfe für reale Situationen ebenso wenig dienlich sein, wie die Fragwürdigkeit des von RAWLS behaupteten Ergebnisses hinter dem Schleier des Nicht-Wissens käme es zu einer einstimmigen Billigung und es würden keine verschiedenen Gerechtigkeitsvorstellungen existieren können. Die Anwendungsmöglichkeit dieses Ansatzes ist recht beschränkt. Doch trotz dieser entscheidenden Schwachpunkte des Ansatzes für die Übertragung und Aussagefähigkeit des hier zu untersuchenden Problems der Entwicklung einiger wesentlicher Linien für eine europäische Verfassung, muss doch zugestanden werden, dass der Ansatz der

[1218] Dies impliziert ein Legitimationsverständnis als eine Art Bestandsgröße. Positive Wertschätzung drückt sich in einem Zugang und Ablehnung von Maßnahmen in einer Form von Abgang aus.

„ursprünglichen Situation" nach RAWLS als Erklärung für individuelles Verhalten insbesondere im Hinblick auf die Abstimmung über langfristige Vereinbarungen dennoch dienlich sein kann. Der erste Grundsatz nach RAWLS sollte eine Berücksichtigung erfahren, nämlich die größtmögliche gleiche Freiheit für sämtliche Individuen zu erreichen, die sich in besonderem Maße als konsensfähig erweisen könnte. Ist es der Anspruch, bestimmte allgemeine Merkmale legitimer Verfassungslinien, die von bestimmten Personen und Situationen unabhängig gelten sollen, zu erarbeiten, so ist der Ansatz der größtmöglichen gleichen Freiheit ein guter Ansatz. Dies gilt gerade vor dem Hintergrund, dass Individuen unter Unsicherheit über die eigene künftige Entwicklung Annäherungen zeigen werden, so dass der reale Konsens gewisse Ähnlichkeiten zu dem idealen Konsens aufweisen könnte.[1219]

Eine Verknüpfung erfahren die Ansätze von BUCHANAN und RAWLS bei HOMANN. In der Empirie ist eine Überprüfung der Qualität der Verfahren an den Resultaten, die sie hervorbringen, erforderlich.[1220] HOMANN fordert die Zulässigkeit einer Orientierung am Endzustand im Rahmen einer empirischen Überprüfung geeigneter Regeln. Endzustandsorientierte Normen müssen nun zulässig sein. HOMANN fordert eine Etablierung einer „normativen Gerechtigkeitstheorie" als Orientierungshilfe bei den Problemen, die aus dem Verzicht auf die Einstimmigkeitsregel, also beim Übergang von der theoretischen Rekonstruktion zur Empirie, entstehen.[1221] In diesem Rahmen kann RAWLS Gerechtigkeitstheorie nach HOMANNs Meinung einen wichtigen Beitrag zur Diskussion von Gerechtigkeitsgrundsätzen leisten. Allerdings darf sie nicht systematisch den demokratischen Entscheidungsverfahren vorgeordnet sein, sondern muss als vorläufige, entwicklungsfähige und entwicklungsbedürftige Hypothese aufgefasst werden.

Da eine ideale Zustimmung und entsprechende idealtypische Gedankenexperimente nur insoweit für die politische Praxis relevant sein können, wie sie sich in tatsächlichen Verhaltensweisen wiederfinden, dürfte von den genannten Konsens-Formen nur der reale Konsens als normatives Legitimitätskriterium akzeptabel erscheinen und somit nur für die weitere Analyse in Frage kommen. Sofern Unsicherheit und Neuverhandlungserwartungen als Einflussfaktoren bestehen, ist auf der konstitutionellen Ebene - der Ebene des Legitimitätseinverständnisses - ein

---

1219 In der Literatur wird häufig explizit auf die Unterscheidung hingewiesen, zwischen vertragstheoretischen Gedankenexperimenten den Grundkonsens betreffend einerseits und andererseits zwischen den im status quo gegebenen Property Rights – der operationellen Ebene. Bei Widersprüchen der Präferenzen zwischen diesen beiden Ebenen wird das Verständnis auf der konstitutionellen Ebene als das entscheidende angesehen, da es die Bewertung des jeweiligen status quo mit einbezieht. Außerdem spricht für einige Autoren einiges dafür, dass auf der konstitutionellen Ebene die Präferenzen und das Legitimitätseinverständnis weniger differieren als auf der operationellen Ebene. Als wesentlicher egalisierender Faktor wirkt sich hier die Unsicherheit bzgl. der eigenen künftigen Situation aus. Vgl. Mueller (1973); Frey (1981), insbesondere S. 22 f. und Fritsch (1984), S. 55-57.

1220 Vgl. Homann (1984), S. 146.

1221 Vgl. Homann (1984), S. 146-152.

höheres Maß an Übereinstimmung zu erwarten, als auf der operationellen Ebene. Diese hier erläuterten Ansätze zeigen auch auf, dass die Legitimation kollektiven Handelns auch auf der Basis ökonomischer Analysen abzuleiten ist.

4.3.5 Konstitutionelle Interessen

4.3.5.1 Schwierigkeiten der Einigung auf der konstitutionellen Ebene

Betrachtet werden soll nun die Möglichkeit, auf der konstitutionellen Ebene Einigkeit über die Festlegung allgemeiner Regeln zu erzielen, obwohl die einzelnen Individuen ganz unterschiedliche Interessen und Ziele haben. Es sind insbesondere zwei Einflussgrößen zu nennen, die eine Einigung auf der konstitutionellen Ebene erschweren:[1222] Zum einen haben die Individuen verschiedene Interessen und zum anderen werden sie von unterschiedlichen Theorien bzgl. der Wirkungsweise allgemeiner Regeln geleitet. Auch sind beide Faktoren nicht von einander getrennt zu betrachten, vielmehr sind sie miteinander verknüpft. Dennoch werden aus Gründen der Annäherung an diese Problematik die beiden Einflussgrößen zunächst separat voneinander einer genaueren Betrachtung unterzogen, um anschließend Möglichkeiten zu entwickeln, wie diese Probleme in der konstitutionellen Einigung behoben werden können.

4.3.5.2 Interessenkonflikt

Die Ausgestaltung der individuellen Präferenzsysteme ist in der Anfangssituation sehr verschieden. Dies führt zu ganz unterschiedlichen Vorstellungen bezüglich der konkreten Ausgestaltung von Regeln.[1223] Überdies resultieren Probleme aus strategischem Verhalten auf der konstitutionellen Ebene, denn bei fehlender Exkludierbarkeit sind die Individuen versucht, ihre Präferenzen nicht zu offenbaren. Es entsteht free-rider-Verhalten, das im Extremfall das Zustandekommen eines Vertrages verhindern kann.[1224]

Verhandlungsprozesse können nun die Interessenkonflikte lösen. Strategisches Verhalten und Ausbeutung werden dadurch verhindert, dass sich die Individuen wegen der Allgemeinheit und des langen Zeithorizonts der auf der konstitutionellen Ebene vereinbarten Regeln sich unter dem Schleier der Unsicherheit befinden. Da die vereinbarten Regeln im Laufe der Zeit auf ganz unterschiedliche Situationen und Personen angewendet werden sollen, können die Individuen bei deren Verhandlung

---

1222 Vgl. hierzu Vanberg/Buchanan (1989), S. 49-62 und Vanberg/Buchanan (1991), S. 61-78.

1223 Der erfolgreiche Räuber ist beispielsweise nicht an einer Sanktionierung des Raubes, der überzeugte Single nicht an gesellschaftlichen Schutz und Besserstellung von Eheleuten interessiert.

1224 Vgl. zum free-rider-Verhalten Blankart (1994), S. 57 f.

und anschließender verfassungsmäßiger Implementation nicht wissen, wie sie in der Zukunft von den anzuwendenden Regeln betroffen werden. Unter diesem Schleier der Unsicherheit werden sie sich auf Regeln verständigen, die im Allgemeinen als gerecht verstanden werden.[1225] Wobei darauf hinzuweisen ist, dass hierbei in ganz unterschiedlichen Gerechtigkeitsvorstellungen gedacht werden kann. Diese Gerechtigkeitsbegriffe können sowohl zwischen einzelnen Individuen als auch zwischen Gesellschaften sehr differieren.[1226]

Wesentlich erscheint der Verweis von BRENNAN/BUCHANAN auf die Tatsache, dass dieser Schleier der Unsicherheit nicht zu verwechseln ist mit dem RAWLS'schen Schleier der Unkenntnis. Bei RAWLS ist der Schleier der Unkenntnis eine hypothetische Konstruktion normativer Kraft. Es ist ein gedankliches Konstrukt, das es erlaubt, die Individuen in eine angemessene Ausgangssituation zu versetzen, die für die Gesellschaft günstige Entscheidungen hervorbringt. Bei BUCHANAN entscheiden Individuen über allgemeine Regeln in einer Situation der Unwissenheit, denn sie können nicht korrekt antizipieren, in welcher Weise und in welcher Situation sie selbst mit diesen Regeln in Kontakt treten werden. Nur in dem einen Fall einer vollständigen Unsicherheit würden die beiden Schleier übereinstimmen.

4.3.5.3 Theoriekonflikt

Wie dargelegt wurde, ist eine bewusst konstruierte institutionelle Verdichtung des Nebels bzw. Schleiers für eine Milderung von (potentiellen) Interessenkonflikten hilfreich, denn eine Einigung zwischen den Individuen wird u.U. erst durch diesen Schleier der Unsicherheit möglich. In Bezug auf die Lösung des Theoriekonfliktes gilt nun aber genau die umgekehrte Forderung nach einer möglichst klaren Offenlegung der Zusammenhänge. Je dichter der Nebel auf den Ursache-Wirkungs-Zusammenhängen liegt, um so unterschiedlicher und widersprüchlicher kann eine Theoriebildung über eine geeignete Implementation der Regeln erfolgen und um so unwahrscheinlicher wird eine Übereinstimmung sein, selbst wenn identische Interessen vorliegen. Hierbei muss auf die zentrale Bedeutung des öffentlichen Diskurses verwiesen werden, der die Tragfähigkeit verschiedener Theorie erweisen und für die Verbreitung einer Theorie sorgen kann.[1227]

Diesem öffentlichen Diskurs sind aber sowohl motivationale Grenzen bezüglich der Versorgung mit Informationen aufgrund hoher Informationskosten (rationalen

---

1225 Vgl. Brennan/Buchanan (1993), S. 37-41.

1226 Vgl. dazu bspw. die verschiedenen Gerechtigkeitsbegriffe wie die Leistungsgerechtigkeit, den Egalitarismus oder die Bedarfsgerechtigkeit.

1227 Vgl. Vanberg/Buchanan (1991), S. 70 f. Allerdings kann es dennoch lange Zeit dauern, bis trotz eingehender öffentlicher Diskussionen Theorien falsifiziert wurden und durch erklärungsreichere abgelöst werden konnten. Es ist nicht immer die Stichhaltigkeit der vorgetragenen Argumente, die zu einer vielleicht sogar allgemeingültigen Meinung führen, sondern manchmal liegt eine (faktisch unbegründete) stärkere Überzeugungskraft in der persönlichen Darstellung der jeweiligen Vertreten der Theorien vor.

Ignoranz) als auch kognitive Grenzen (limits of reasons) - Grenzen der Erkenntnisfähigkeit - gesetzt.[1228]

a) Rationale Ignoranz

In dem individuellen Informationsverhalten werden Kosten-Nutzen-Erwägungen vollzogen. Da die Informationsbeschaffung mit Kosten verbunden ist, und für den Einzelnen der Nutzen seiner eigenen, stark ausgeprägten Informiertheit bezüglich einer bestimmten Entscheidung auf der konstitutionellen Ebene gering ist, hat er kaum einen Anreiz sich vollständig zu informieren.[1229] Wenn kein Interessenkonflikt vorliegt, sondern lediglich ein Theoriekonflikt existiert, ist die Information über eine geeignete Verfassungsregel und deren Implementation ein rein öffentliches Gut, bei dessen Verhandlung für das einzelne Individuum es die rationale Strategie sein kann, sich als free-rider zu verhalten. Das Individuum möchte die Informationskosten für sich persönlich vermeiden, dennoch hat es aber ein Interesse daran, dass sich irgendjemand informiert und die geeignete Verfassungsregel implementiert.

Ein möglicher Umgang mit diesem Phänomen besteht generell darin, einerseits entweder die Kosten der Informationsbeschaffung zu senken oder die Anreize der Informationsgewinnung zu erhöhen.[1230] BUCHANAN und VANBERG schlagen als möglichen Lösungsweg das Einsetzen von Experten vor, die stellvertretend für die Gesellschaft das Informationsproblem zu überwinden suchen. So können Kosten der parallelen Informationsgewinnung vermieden und für die Experten selektive monetäre Anreize gesetzt werden.[1231] Das Problem, qualitativ anspruchsvolle Experten als Berater zu verpflichten und nicht selbst ernannten Pseudo-Wissenschaftlern das Feld der Politikberatung zu überlassen, muss durch ein geeignetes Auswahlverfahren durch die Individuen erfolgen, bei dem die Kompetenzen der potentiellen Spezialisten eingehend geprüft werden. Allerdings bleibt fragwürdig, inwieweit Individuen, die nicht über ausreichende Informationen verfügen und sich in einer bestimmten Materie kaum auskennen, die Fähigkeit entwickeln können, den „richtigen" Experten auszuwählen. Fragwürdig bleibt darüber hinaus, ob es überhaupt die „richtigen" Experten gibt. Verfolgt man auch an dieser Stelle den streng nutzenorientierten

---

1228 Vgl. Vanberg/Buchanan (1991), S. 64.

1229 Die Wähler verschaffen sich nur dann Informationen, wenn die Informationskosten c.p. vergleichsweise gering sind oder wenn die Nutzendifferenzen alternativer Wahlentscheidungen c.p. für das Individuum relativ hoch sind. In den anderen Fällen können Ideologien zur Reduzierung der Informationskosten verwendet werden. Diese Vereinfachungsstrategie ist nur rational, solange das Verhalten der Agenten mit der ihnen zugewiesenen Ideologie in angenommener Weise korreliert. Vgl. Downs (1968), S. 95 f. Kostensenkend wirkt sich die Informationsbeschaffung über einen Informanten aus, der Informationen sammelt und publiziert. Vgl. Downs (1968), S. 204.

1230 Vgl. Vanberg/Buchanan (1991), S. 67.

1231 Vgl. Vanberg/Buchanan (1989), S. 18-23 und Vanberg/Buchanan (1991), S. 67-71. Allerdings wird auch von den Autoren auf das Problem hingewiesen, dass die Forderung nach Experten selbsternannte Eliten mit pseudowissenschaftlichen Theorien ganz nach dem Vorbild von Platons „Philosopher King" kreiert. Vgl. Vanberg/Buchanan (1991), S. 67.

Ansatz, so werden sich auch Experten entsprechend ihrer individuellen Nutzenfunktion im Sinne eines Maximierungskalküls verhalten.[1232] Damit wird die Begrenztheit des Ansatzes, das Informationsproblem über den Einsatz von Expertengruppen lösen zu wollen, deutlich. Der Anreiz für die Individuen, sich über die Qualität der Experten zu informieren, ist als genauso gering einzuschätzen, wie der Antrieb, sich direkt über den Inhalt und mögliche Konsequenzen von Verfassungsregeln in Kenntnis zu setzen.

Eine mögliche Lösung kann die Wandlung des Expertenwettbewerbs in einen Ergebniswettbewerb sein. In einem Ergebniswettbewerb haben die Individuen die Wahl zwischen den unterschiedlichen, von den Experten erzielten Ergebnissen . Auf diese Weise werden den Individuen verschiedene ausgearbeitete Verfassungsvorschläge zur Disposition gestellt, wodurch die Hoffnung auf individuelle Anreize zur Informationsgewinnung entsteht.[1233]

b) Limits of Reason

Die Grenzen der Erkenntnisfähigkeit der einzelnen Individuen resultieren aus der grundsätzlichen Unvollkommenheit menschlichen Wissens. Der Mensch (und auch der Experte!) verfügt nicht über die Gabe, die Welt in ihrer gesamten Komplexität und all ihren Einzelheiten zu durchschauen und in möglichen Ursache-Wirkungs-Zusammenhängen abzubilden. Die so entstehenden Theoriedefizite bringen eine Theorienkonkurrenz hervor, deren „richtige“ Theorie sich aufgrund einer mangelnden

---

1232 Bspw. droht immer dann die Gefahr in die Nähe eines sog. Gefälligkeitsgutachten gerückt zu werden, wenn der jeweilige Gutachter nicht der seltenen Spezie angehört, die es sich zum Ziel gemacht hat, der Wahrheitsfindung zu dienen. Allerdings setzt dieser Gedanke voraus, dass es überhaupt eine objektive Wahrheit gibt. Wertet der Gutachter Prestige und Einkommen in seiner Nutzenfunktion als bedeutsame Determinanten, so werden nicht selten Ergebnisse entwickelt, die eine große Nähe zu gewünschten Ergebnissen der Auftraggeber aufweisen und die Bedingungen für nachfolgende Gutachten positiv beeinflussen.

1233 Die Verfassung, die die Individuen wählen, bekommt durch diesen Ergebniswettbewerb den Charakter eines Clubkollektivgutes. Sie können sich den Club aussuchen, in dem sie Mitglied werden wollen. Vgl. Vanberg/Buchanan (1991), S. 68 f. Dennoch ist es nicht möglich, die fundamentalen Bedenken gegen eine derartige Lösung zu zerstreuen. Denn die Gefahr, dass die Individuen einem „Rattenfänger von Hameln“ unüberlegt nachlaufen, ist nicht zu vermeiden, besonders dann nicht, wenn man als mögliche Einflussgrößen auf die Auswahl geeigneter Berater über die von ihnen angebotenen Lösungen nicht nur die sachlichen Argumente der sog. Experten im Rahmen der Betrachtung zulässt, sondern darüber hinaus auch deren relative Machtposition, die u.U. charismatische Ausstrahlung, die einen wesentlichen Einfluss auf die Überzeugungskraft auch sehr schwacher Argumente und flacher Theorien haben kann, und schließlich auch die Überhöhung einer solchen Anziehungskraft eines Clubs über die relative Bedeutung abgeleitet aus der bereits realisierten Mitgliederzahl als mögliche Einflussfaktoren auf die Beurteilung der Expertenmeinung zulässt. (Die Bedeutung der relativen Machtposition und der Anzahl der Mitglieder eines Clubs, der eine bestimmte Weltanschauung vertritt, für die Erschwerung und Verzögerung des Durchsetzens einer besseren Theorie im Theorienwettbewerb, ist das Beispiel der Rolle der katholischen Kirche, als es darum ging, von der Vorstellung, die Welt sei eine Scheibe, abzuweichen und diese Theorie durch eine tragfähigere zu ersetzen.)

empirischen Überprüfbarkeit häufig nicht als „die eigentliche Wahrheit" offenbaren kann. Der Tatsache der Unvollkommenheit menschlichen Wissens kann nur durch den fortwährenden Wettbewerbsprozess begegnet werden, der als evolutorischer Prozess begriffen werden sollte, der die gesellschaftliche Weiterentwicklung und Überlebensfähigkeit zum Ziel hat. Doch die Lösung, allein auf den Wettbewerb zwischen den Theorien und Systemen als einem Automatismus zu vertrauen, erscheint als wenig befriedigende Lösungen bei der Problemstellung, die Grenzen der individuellen Erkenntnisfähigkeit zu überwinden. Nach BUCHANAN ist ein weiterer Schritt in der Lösung des Problems in der Constitutional Competition zu finden. Der Wettbewerb von Ideen und Ordnungen nach HAYEK wird hier aufgegriffen. Im Wettbewerbsprozess wird sich die in der Realität geeignetste Regel durchsetzen und der Wettbewerbsprozess wird initiiert, indem den Individuen die Möglichkeit der Einflussnahme gegeben wird durch die Instrumente voice und exit.[1234] Nur auf diese Weise ist die Möglichkeit von Parallelexperimenten zu sichern. Allerdings wird betont, dass es einer Meta-Constitution für diesen Verfassungswettbewerb bedarf, um unlauteren Verfassungswettbewerb zu verhindern, d.h. die Kosten des Wettbewerbs zu senken.[1235]

Erstens soll durch weitgehende Dezentralisierung die Möglichkeit zu Parallelversuchen geschaffen werden. Das bedeutet einerseits eine territoriale Dezentralisation in Form einer föderalen Struktur,[1236] und auf der anderen Seite soll zweitens gleichzeitig auch eine nicht-territoriale Dezentralisation (Consociationalism) forciert werden. Hinter dem Bestreben der nicht-territorialen Dezentralisation verbirgt sich die Absicht, in allen möglichen Fällen, Clubkollektivgüter herzustellen mit möglichst niedrigen Extensionsniveaus.[1237]

4.3.6 Entwicklungslinien einer Verfassung nach Buchanan

Auch die Analysen BUCHANANs verbleiben auf einer abstrakten Ebene der theoretischen Rekonstruktion. Seine Ausführungen ermöglichen zwar die Ableitung normativer Bewertungskriterien zur Beurteilung von Institutionen bzw. möglicher Reformvorschläge von Institutionen, jedoch sind keine konkreten Handlungsanweisungen für die Gestaltung von Institutionen zur Bewältigung von Verfassungsproblemen erkennbar. Auch beim Studium der Arbeiten von BUCHANAN wird die Komplexität dieses Problems – nämlich der Suche nach geeigneten Empfehlungen für die Gestaltung einer Verfassung – augenfällig.

1234 Vgl. zu diesen Kriterien Hirschmann (1970), S. 21-44 bzw. zu der deutschen Fassung vgl. Hirschmann (1974), S. 17-37.

1235 Vgl. Vanberg/Buchanan (1991), S. 73-78.

1236 Vgl. hierzu Ostrom, V. (1986), S. 11-125.

1237 Vgl. Elazar (1985).

Reformen müssen sich nach BUCHANAN dem Test einer tatsächlichen Zustimmung der beteiligten Akteure unterwerfen.[1238] Die vertragstheoretische Konzeption ist keineswegs, wie manche Kritiker das befürchten, ein geeignetes Instrument, einer für einige wünschenswerten Reform zu einer Schein-Legitimation zu verhelfen. Der Bezug auf einen hypothetischen Kontrakt vermag keinesfalls Legitimation zu verschaffen, denn er kann wie BUCHANAN betont, lediglich als heuristisches Instrument dienen, um Hypothesen über mögliche „Mängel" und mögliche „Verbesserungen" zu formulieren.[1239] In der Logik des vertragstheoretischen Ansatzes liegt begründet, dass der entscheidende Test für die Hypothesen – und damit auch die Grundlage für jedwede Legitimation – allein in der tatsächlichen Zustimmung der Beteiligten liegt.[1240]

BUCHANAN gesteht ein, dass ein Verzicht auf Einstimmigkeit auf der konstitutionellen Ebene genauso wie auf der post-konstitutionellen Ebene aus Knappheits- und Kostenüberlegungen heraus erforderlich ist.[1241] Im Rahmen einer einmaligen Regelfindung in Form einer Volksabstimmung ist zwar ein nahezu entstehender Konsens noch denkbar. Problematisch wird das Prinzip der Einstimmigkeit in Verbindung mit regelmäßig erforderlichen Regeländerungen und –verbesserungen. In der Realität sind Unsicherheiten, unvorhersehbare Entwicklungen der Umwelt und des Wissens und Änderungen von Präferenzen vorzufinden. Es ist die Aufgabe eines Verfassungsvertrages, diesem Umstand der Unsicherheit gerecht zu werden, indem er den Veränderungen angepasst wird und sich so gewissermaßen mit der Gesellschaft entwickeln kann. Diese notwendige Flexibilität kann durch das Instrument der permanenten Volksabstimmung grundsätzlich erreicht werden. Nur ist es sehr wahrscheinlich, dass mit diesem Instrument marginale Änderungen aus Kostenüberlegungen heraus unterbleiben werden.

Ziel einer Verfassung muss es sein, unter Berücksichtigung von Knappheit und Unsicherheit institutionelle Regeln zu verankern, die sich zwar an der Einstimmigkeitsnorm orientieren, aber auf kostengünstige Simulationen des theoretisch abgeleiteten Konsenses zugreifen. Die Demokratie ist eine solche kostengünstige Simulation.[1242]

Aufgrund der Notwendigkeit, auf das Prinzip der Einstimmigkeit zu verzichten und Handlungsrechte zu delegieren, entstehen Prinzipal-Agent-Probleme. Ein Individuum gerät als Wähler in die Rolle eines Prinzipals, der an den Agenten (den Politiker bzw.

1238 „The appropriate criterion for „goodness" is to be found in the process of agreement on potential change (…). A change is defined to be "good" because it is agreed to by the members of the community." Buchanan (1979), S. 352.

1239 Vgl. Buchanan (1977), S. 139 f.

1240 Vgl. Buchanan (1977), S. 137. „Beyond agreement there is simply no way for the contractarian to go." Buchanan (1977), S. 295.

1241 Vgl. Buchanan (1986), S. 240 ff.

1242 Vgl. Homann (1985), S. 49-72. Homann beschreibt die Demokratie als die einzig denkbare Aggregationsform individueller Nutzen. Sie ist nicht durch externe Wertmaßstäbe zu ersetzen.

die Partei) Handlungsrechte abtritt und somit dem Risiko ausgesetzt ist, dass der Agent diesen übertragenen Handlungsspielraum durch diskretionäre, eigennutzorientierte Politik ausnutzt.[1243] Zwar verweist BUCHANAN selbst auf dieses Problem, leitet aber keine geeigneten Organisationsregeln ab, die bereits auf konstitutioneller Ebene einen Beitrag zur Lösung des Problems leisten könnten. Es findet sich lediglich der Verweis auf konstitutionelle fiskalische Beschränkung zur Begrenzung staatlicher Kompetenzen. Angeführt werden bspw. die Forderung nach einer qualifizierten Mehrheit für den Beschluss bestimmter Ausgaben oder Steuererhebungen, das Gebot eines materiellen Haushaltsgleichgewichtes, die Zweckbindung öffentlicher Einnahmen, zeitliche Begrenzung staatlicher Ausgabenprogramme, insbesondere von öffentlichen Subventionen, Begrenzung der Staatsquote, der Staatsausgaben, der Steuersätze und damit verbunden des Steueraufkommens.[1244] Zu bemerken bleibt, dass all diese Regelungen lediglich eine Symptombekämpfung darstellen und die Ursachen des Problems in keiner Weise zu lösen vermögen. Die Verfassung ist permanenten Änderungen ausgesetzt und läuft Gefahr diskretionärer, kurzfristig orientierter Politik zum Opfer zu fallen.

Auf der post-konstitutionellen Ebene wird von BUCHANAN das Problem identifiziert, dass im Rahmen kollektiver Abstimmungen Minderheiten durch die Mehrheit ausgebeutet werden könnten. Darüber hinaus besteht bei der Bereitstellung öffentlicher Güter die Gefahr einer kollektiven Selbstschädigung im Fall eines Überangebotes an öffentlichen Leistungen, die durch wechselnde Mehrheiten zustande kommt.

Ein Ausweg besteht nach BUCHANAN in der Verankerung allgemeiner generalisierter Regeln, die keine Sonderbehandlungen zulassen, sondern sich an objektiven, unpersönlichen Tatbeständen orientieren.[1245] An dieser Stelle wird die Verwandtschaft der Ergebnisse von BUCHANAN und HAYEK unverkennbar, durch die Betonung der Notwendigkeit einer Einbindung des Leistungsstaates in allgemeine Regeln gerechten Verhaltens.

4.3.7 Kritische Würdigung des vertragstheoretischen Ansatzes nach Buchanan

BUCHANANs vertragstheoretische Begründung und Rekonstruktion von Individualrechten, staatlicher Rechtsdurchsetzung, politischen Institutionen und Verfassungsänderungen ist vielfach kritisiert worden. Der normative Kerngedanke in BUCHANANs Verfassungstheorie ist die allseitige Zustimmungsbedürftigkeit der grundlegenden gesellschaftlichen Einrichtungen. Gerecht sind jene gemeinsamen

---

1243 Vgl. hierzu die Darstellung der Prinzipal-Agent-Theorie in Kapitel 2.2.4 und vgl. hierzu auch Mayer/Cezanne (1998), S. 1345-1353.

1244 Vgl. Buchanan (1984b), S. 9-24; Brennan (1985), S. 27 oder auch vgl. Leipold (1988), S. 278.

1245 Vgl. Buchanan (1993), S. 1-6.

Einrichtungen, denen alle zugestimmt haben. BUCHANAN wird der Vorwurf gemacht, er berücksichtige in seinem methodologischen Individualismus als Ansatz lediglich die Tatsache, dass zugestimmt würde, aber es würde nicht beachtet, aus welchem Grund zugestimmt werde. So kann befürchtet werden, dass die Individuen ihre Zustimmungserklärung nur unter äußerem Druck und aus einer gestörten Wahrnehmung der eigenen Interessen abgeben.[1246] Im Weiteren wird abgeleitet, dass demzufolge – nach BUCHANAN – Verhältnisse als gerecht zu bezeichnen wären, selbst wenn sich die Durchsetzungsfähigeren auf Kosten Schwächerer in eine günstigere und die Benachteiligten aufgrund eigenen Unvermögens in eine schlechtere Position manövriert hätten.[1247] BUCHANANs ökonomisch inspiriertes freies Spiel der Kräfte wird als Sozialdarwinismus interpretiert. Diese Kritik impliziert die Auffassung, dass nicht jede Willenserklärung als Äußerung von Zustimmung gelten kann, sondern nur jene, die unter gerechten Umständen, d.h. in einer Situation, die die selbständige Willensfindung und Meinungsäußerung der Einzelnen ermöglicht, abgegeben wurde.

Gerade dies soll aber durch die Zustimmung aller Individuen auch erreicht werden. Ginge es darum, der Unterdrückung der Schwächeren Vorschub zu leisten, würden Mehrheitsregeln präferiert werden, die es ermöglichen auf Kosten von Minderheiten die Mehrheit besser zu stellen. Gerade darum geht es BUCHANAN aber nicht, wenn er jedem Individuum und jeder Meinung das gleiche Gewicht in Form von einer Stimme für die Entwicklung einer Verfassung einräumt. Die qualifizierte Zustimmung der einzelnen Individuen ist nicht besser abzusichern, so dass die unter dieser Form der Zustimmung eingegangenen Vereinbarungen moralisch bindende Wirkung entfalten können.[1248]

Ein weiterer Kritikpunkt besteht darin, dass bei BUCHANAN ein Vertrag nur zwischen Partnern zustande kommt, deren kognitive Erwartungen bereits angenähert sind. Der Vertragsbegriff bezieht sich daher immer auf kognitive Erwartungen und impliziert ex ante deren Konsistenz. Infolgedessen lassen sich Regeln, die einerseits normative Erwartungen betreffen und andererseits deren Übereinstimmung erst herbeiführen, nicht erklären.[1249] Für den Bereich der nicht-kodifizierten Regeln gesteht BUCHANAN diesen Mangel indirekt zu, wenn er glaubt, alle tradierten Regeln ebenso aus seinem Konzept ausschließen zu müssen wie ethisch-moralische Werte. Sie sind mit seiner Vertragstheorie nicht herzuleiten und nicht erklärbar. Da sie aber für eine freiheitliche Gesellschaft eine unverzichtbare Grundlage darstellen, erscheint es zumindest ein

---

1246 Zur ausführlichen Kritik vgl. Kley (1996), S. 32-71, insbesondere S. 69-71.

1247 Vgl. Kley (1996), S. 69.

1248 Natürlich könnte selbst die Einstimmigkeitsregel in einem hypothetischen Sonderfall nicht verhindern, dass u.U. die Gesamtheit sich auf eine moralisch fragwürdige Verfassung verständigt. Dennoch muss diese Verfassung dann als die gewünschte und beschlossene Verfassung akzeptiert werden, da die Entwicklung und Auslegung von Meta-Regeln zur Beurteilung einer Verfassung nicht über der Einstimmigkeit der abstimmenden Individuen, die diese Verfassung leben werden, stehen darf.

1249 Vgl. zu möglichen Ansatzpunkten einer evolutorisch orientierten Ökonomischen Theorie der Verfassung Bund (1984), S. 53-92, insbesondere S. 56-61 und S. 89-92.

unvollständiger Ansatz zu sein, die individuelle Freiheit zwischen Individuen ohne die Berücksichtigung von Traditionen und Ethikwerten zu erklären.

Darüber hinaus kommen in dem vertragstheoretischen Ansatz nach BUCHANAN gleichgewichtstheoretische Modelle der Neoklassik zur Anwendung. In diesen Gleichgewichtsbetrachtungen stellen Erwartungen kein Problem dar, denn sie werden hier einfach als koordiniert vorausgesetzt. Durch den Einsatz derartiger neoklassischer Analyseinstrumente kann BUCHANAN der eigentlichen Erklärung von Regeln nicht näher kommen, wenn er sie als den Grund normativer Erwartungskoordination beschreiben möchte. Die Gleichgewichtsmodelle belasten seine Verfassungstheorie mit realitätsfernen Annahmen und zwängen sie in ein Korsett a-historischer Betrachtung, die dem notwendigen evolutorischen Regelphänomen nicht entspricht. Der Vertragsgedanke und seine gleichgewichtstheoretische Ausformung durch BUCHANAN erscheinen für die Erklärung handelnskoordinierender Regeln ungeeignet. Es erscheint fragwürdig, ob die Anwendung einer streng vertragstheoretisch orientierten Norm wie des Konsenskriteriums die Sicherung individueller Freiheit gewährleisten kann.

Regeln lassen sich nur mit solchen Erklärungsmustern erfassen, die sich auf offene Systeme beziehen. Es bedarf daher einer evolutorisch orientierten Interpretation der allgemeinen Regeln, um die Mängel der Verfassungstheorie von BUCHANAN zu vermeiden.

4.4 Synthese des liberalen Evolutionismus und des vertragstheoretischen Konstruktivismus – ein Verfassungsvorschlag

4.4.1 Entwicklung allgemeiner Regeln

Allgemeine Regeln sollen auf der Grundlage eines offenen Systems und insofern auf einer evolutorisch orientierten Definition beruhen. Regeln sind so die Methode eines Suprasystems, über die Errichtung normativer Erwartungen die Verhaltensmöglichkeiten innerhalb eines oder mehrerer Subsysteme zu begrenzen. Das bedeutet jedoch nicht, dass das Suprasystem solche Regeln willkürlich vorgäbe. Vielmehr entstehen sie als Ergebnis alter Regeln und als Grundlage neuer Steigerungen der Eigenkomplexität des Gesamtsystems im Zusammenwirken der verschiedenen Systemebenen und der gestellten Herausforderungen an die Regelungskomplexität.

Es könnten die von BUCHANAN ausgeschlossenen Traditionsregeln in die Betrachtung integriert werden.[1250] Es ist für eine systemtheoretische Analyse von Regeln zunächst gleichgültig, ob Verhaltensregeln „formeller" oder „informeller" Natur sind, denn es ist anzunehmen, dass das menschliches Sozialverhalten gleichermaßen von genetisch tradierten Regeln, kulturell überlieferten und formell (gesetzlich) gesetzten Verhaltensmustern beeinflusst ist. Jede dieser Art von Regeln kann auf verschiedene Bereiche der Individuen einwirken. Ihre Art der Ausprägung wird auf einer anderen Systemebene determiniert als der, die sie selbst prägt.[1251]

Erst das Zusammenwirken aller drei Regelarten macht die Handlungsordnung aus, die als die Grundlage einer menschlichen Gesellschaft interpretiert werden kann. Verfolgt man den Anspruch, unter dem Begriff Verfassung alle Regeln zu subsumieren, die eine solche gesellschaftliche Handelnsordnung begründen, ist es nicht möglich, die Analyse auf diejenigen zu beschränken, die formeller Natur und damit explizit von Menschen konstruiert sind.[1252] Eine evolutionstheoretische Interpretation von Regeln dagegen hat erstens den Vorteil, Traditionsregeln in die Betrachtung zu integrieren, und zweitens kommt sie ohne die Annahme des vollständigen Wissens bei den Gesellschaftsmitgliedern aus. Das „objektive Wissen" existiert nicht. Regeln können erfüllt werden, ohne dass ihr expliziter Inhalt, Herkunft oder Wirkung den Individuen bekannt sein müssen. Drittens ist der evolutorische Ansatz nicht auf a-historische Betrachtungen zu beschränken. Sein explikativer Gehalt ist auf reale, historische Vorgänge anwendbar und ebenso auch an ihnen überprüfbar.

Wie an dem Beispiel der Ansätze von HAYEK gezeigt wurde, werden die evolutionstheoretischen Darstellungen deshalb kritisiert, da sie es nicht erlauben, Kriterien für eine bewusste Änderung von Regeln abzuleiten.[1253] Eine evolutionstheoretische Interpretation von Verhaltensregeln[1254] ermöglicht zunächst eine erfahrungswissenschaftliche Untersuchung, inwieweit bewusst durch den

---

1250 Hierbei ist darauf hinzuweisen, dass diese Traditionsregeln sowohl genetisch als auch kulturell überliefert sein können. Vgl. hierzu Hayek (1969l) S. 157 und Hayek (1979b), S. 159.

1251 So beeinflusst das biologische System über Gene bspw. die Strukturen unseres Denkens und Sprechens. Vgl. zur Isomorphie von Genkomplex und Regelsystem Röpke, J. (1977), S. 73-76 und vgl. Lorenz (1973), S. 237. Auch die Entwicklung unserer Kultur wirkt über die Vorstellung darüber, „was man tut" sowohl auf praktische Gewohnheiten als auch auf moralische Grundeinstellungen ein. Außerdem nimmt das staatlich-politische System über Gesetze Einfluss auf unsere sozialen Handlungen.

1252 Dies hat Buchanan - wie oben bereits angedeutet - den Vorwurf eingebracht, er unterläge einem konstruktivistischen Vorurteil. Vgl. bspw. Bund (1984), S. 91. Argumentiert wird meist mit Hayek (1980), S. 24, der über diese Vorgehensweise schreibt: „alle Regelmäßigkeiten, die sich in den Phänomenen finden lassen, anthropomorphisch zu interpretieren, als das Ergebnis des Entwurfs eines denkenden Geistes." In diesem Sinne wird Buchanan in einen engen Zusammenhang mit dem Begriff des konstruktivistischen Rationalismus gebracht. Vgl. hierzu Kapitel 4.2.3.1.1.

1253 Vgl. hierzu Vanberg (1981), S. 28-31 und Buchanan (1977), S. 31 und S. 127.

1254 Vgl. hierzu Nienhaus (1982), S. 36-41 und Bund (1984), S. 91.

Menschen gestaltete Regeln einerseits untereinander[1255] und andererseits mit den kulturell und genetisch tradierten Verhaltensmustern kompatibel sind. Diese Kompatibilität kann an der jeweiligen Widerspruchsfreiheit der aus ihnen resultierenden Handlungen überprüft werden.[1256]

Außerdem lässt sich darüber hinaus die Anforderung an die bewusst gesetzten Verhaltensregeln formulieren, dass sie allgemein gültig und abstrakt (negativ) formuliert werden sollten.[1257] Dies gilt insbesondere dann, wenn mit ihnen die Sicherung der individuellen Freiheit intendiert ist. Sowohl eine allgemeine Gültigkeit als auch die Formulierung einer Regel als Verbot verhindern, dass im Gewand eines Gesetzes, konkrete Anweisungen an Einzelne ausgesprochen werden können.[1258] Diese freiheitsbeschränkenden Verhaltensvorschriften lassen sich nur eine verankerte Allgemeingültigkeit und eine negative Formulierung dieser allgemeinen Regeln verhindern.[1259]

Darüber hinaus ist zu beachten, dass jeder Eingriff in die gewachsene Regelstruktur, die komplexe Phänomene, die gerade nicht durch einzelne sondern durch viele miteinander vernetzte Regeln beschrieben werden und die durch Rückkopplungsprozesse miteinander verbunden sind, gefährdet. Werden einzelne soziale Regeln verändert, so muss beachtet werden, dass Verhaltensregeln als ganzes wirken und miteinander verknüpft sind. Stabilisierende Prozesse wie bspw. das Marktsystem sollten unbedingt erhalten bleiben und nicht einer als Interventionismus interpretierten Regeländerung zum Opfer fallen.[1260] Um die Leistungsfähigkeit und die Freiheit eines Gesamtsystems nicht zu vermindern, sollte im Zuge einer bewussten Veränderung von Verhaltensregeln auf die Kompatibilität der neuen mit den bisherigen Regeln geachtet werden und die Auswirkungen auf die sich selbst regelnden marktlichen Prozesse beachtet werden.[1261]

1255 Vgl. Hayek (1981), S. 63 und Hoppmann (1981), S. 229.

1256 Vgl. Hayek (1981), S. 42 und Hoppmann (1981), S. 229.

1257 Um diesen Gedanken an einem Beispiel zu verdeutlichen, drängt sich das Musterbild der zehn Gebote auf. Vgl. zur Allgemeingültigkeit und abstrakten Formulierung von Regeln Hoppmann (1980), S. 33 und Hayek (1981), S. 63.

1258 Solche in der Tarnung allgemeiner Regeln formulierten Anweisungen bestimmen im Extremfall die vorzunehmende Handlung der Individuen vollständig und lassen „dem Befohlenen keine Möglichkeit, sein Wissen zu benützen oder seine Vorlieben zu folgen." Hayek (1971a), S. 181.

1259 Vgl. hierzu auch Bund (1984), S. 92.

1260 Gerade in den Bereichen des Marktsystems werden die Stabilisierungsprozesse unter dem Prinzip einer maximalen Freiheit der Individuen vorgenommen. Die Stabilisierung ist durch „Verhaltensspielräume für autonomes Handeln" (Röpke (1977), S. 48) der Individuen gekennzeichnet. Außerdem werden – ohne dass die einzelnen Akteure die Zusammenhänge verstehen – bestimmte Aspekte der komplexen Umwelt aus Sicht des Gesamtsystems automatisch gelöst. (Sicherung der allokativen Effizienz über den Preismechanismus bspw.)

1261 Aus dem Bereich der Kybernetik kommend spricht man auch von homöostatischen Prozessen. Dies meint ein technisches System, das sich der Umwelt gegenüber in einem stabilen Zustand halten kann.

Eine evolutionstheoretische Interpretation von Verhaltensregeln liefert zumindest allgemeine Kriterien für die Beurteilung potentieller Regeländerung durch die oben genannten Hinweise auf Kompatibilität und die homöostatischen Prozesse. Auch die ökonomische Theorie der Verfassung kann von explikativem Gehalt sein und zur Verbesserung gesellschaftlicher Regeln beitragen. Allerdings sollte sie dazu nicht auf das neoklassische Gleichgewichtsmodell zurückgreifen. Vielmehr muss der Versuch einer Synthese der evolutionstheoretischen Erkenntnisse und der Ansätze der ökonomischen Theorie der Verfassung unternommen werden. Es wird sich als hilfreich für diese Betrachtungen herausstellen, hierbei stets die Brille der Neuen Institutionenökonomik und der Public-Choice-Theorie aufzusetzen.

4.4.2 Institutionelle Reformen – Gemeinsamkeiten der beiden Ansätze von Hayek und Buchanan

Die vertragstheoretische Grundposition BUCHANANs mag im Sinne der HAYEK'schen Klassifizierung als „konstruktivistisch" bezeichnet werden. Sie unterscheidet sich jedoch eindeutig von einer kollektivistisch-rationalistischen Auffassung, auf die HAYEKs Kritik des konstruktivistischen Rationalismus im Wesentlichen abzielt. HAYEK scheint in seiner Konzentration auf die Kritik der kollektivistischen Variante zu übersehen, dass die vertragstheoretische Position sowohl als Alternative zu einer rein „evolutionistischen" Auffassung als auch als Alternative zu einem konstruktivistischen oder kollektivistischen Rationalismus in eine Betrachtung einbezogen werden müsste.[1262] Bei der vertragstheoretischen Konzeption geht es primär darum, die individualistische Perspektive, wie sie auch einem liberalen ökonomischen Ansatz inhärent ist, systematisch auf den Bereich ökonomischer Entscheidungen zu übertragen.

Auch bei HAYEK findet sich trotz der Betonung des Gedankens einer evolutionären Entwicklung und trotz seiner skeptischen Einstellung gegenüber einer planvollen Konstruktion, ausgiebige Kritik an besehenden Institutionen. Er leitet daraus Reformvorschläge ab.[1263] HAYEK scheint also nicht eine schlimme Gefahr in einem

---

[1262] „If properly qualified and interpreted, the contractarian positon offers a plausibly acceptable alternative to both Hayek's implicit attribution of efficiency to whatever institutions emerge from evolutionary process and to the rationalist conception which posits the existence of a group mind. Hayek's criticism of the latter position, which I fully share, seems to overlook the contractarian alternative." Buchanan (1977), S. 33.

[1263] Bspw. kritisiert Hayek das „amerikanische Experiment im Konstitutionalismus" (Hayek (1971), S. 244) als ein Unternehmen, dem angesichts der historischen Erfahrungen nur begrenzter Erfolg zuteil wurde oder das sogar als Misserfolg interpretiert werden müsste. Vgl. Hayek (1979), S. 21 und Hayek (1980), S. 13. Hayek schreibt, dass grundlegende konstitutionelle Reformen – ein „grundlegender Wandel der bestehenden verfassungsmäßigen Einrichtungen" (Hayek (1969o), S. 230) – erforderlich seien, wenn man das von den Vätern der amerikanischen Verfassung totalitären Entwurf der Ordnung zu sehen, sondern auch in institutionellen Mängeln der bestehenden Verfassungsstrukturen, die den politischen Prozess auf ein System zutreiben lassen, das in der Konsequenz „niemand gewollt hat.“[1264] Hierin ähnelt die Kritik HAYEKs an den modernen Demokratien der von BUCHANAN, der vor dem pragmatischen „Sich-Treiben-Lassen“ gewarnt hat. Das vorherrschende Modell liberaler demokratischer Institutionen hat nach der Auffassung HAYEKs seinen Hauptmangel darin, dass ein und dieselbe Körperschaft sowohl die allgemeinen Verhaltensregeln festlegt und auch über die Regierungsgeschäfte bestimmt.[1265] Nach HAYEK ist das Anliegen, beide Aufgaben – die Regierungstätigkeit und das Festlegen allgemeiner Regeln – einer demokratischen Kontrolle zu unterstellen, berechtigt. Aber es sei ein Fehler, diese grundsätzlich unterschiedlichen Aufgaben einer Versammlung zu übertragen.[1266] Bei dieser Regelung geraten automatisch zwei Ziele miteinander in Konflikt, erstens das Ziel demokratischer Kontrolle der Regierung und zweitens das Ziel der Einbindung der Regierung durch das Recht.[1267] Eine Körperschaft, die die Regierungspolitik zu kontrollieren hat, wird wohl kaum daran interessiert sein, ihren eigenen Handlungsspielraum durch allgemeine Regeln zu beschränken. Es ist eher zu erwarten, dass sie ihren Handlungsspielraum stetig erweitert und so die Festlegung und Änderung der allgemeinen Regeln ihren Bedürfnissen nach der Tätigkeit des Regierens unterordnet.[1268] Wenn HAYEKs Schlussfolgerung dann lautet, dass es neuer institutioneller Erfindungen bedarf, um in der gegenwärtigen Situation jene Ziele zu erreichen, die die Begründer des liberalen Konstitutionalismus im Auge hatten, um das Ideal der Demokratie zu bewahren, aber die Mängel zu vermeiden, die sie in ihrer jetzigen Form aufweist,[1269] so ist dies als ein erster Hinweis zu werten, dass HAYEK

---

angestrebte Ziel tatsächlich erreichen wolle. Vgl. auch Hayek (1979a), S. 105. „(...) was jene Begründer des liberalen Konstitutionalismus heute tun würden, wenn sie, in der Verfolgung der Ziele von damals, über all die Erfahrung verfügen könnten, die wir mittlerweile gewonnen haben. (...) Ihre Ziele scheinen mir so gültig wie je zuvor. Aber da sich ihre Mittel als inadäquat erwiesen haben, bedarf es neuer institutioneller Erfindungen.“ Hayek (1980), S. 13. Hayek bemängelt vor allem das Scheitern des ursprünglichen Versuchs, mit der amerikanischen Verfassung die Macht der Regierung wirksam zu beschränken und die Freiheit des Einzelnen zu sichern. Er beschreibt die Entwicklung so, dass „innere Kräfte das ganze Rechtssystem weit über den Punkt hinaus umgeformt haben, den irgendjemand voraussah oder wünschte“ (Hayek (1980), S. 96) und das diese Umformung des Rechts auf die Zerstörung der Garantien individueller Freiheit hinauslaufen wird, wenn „die Prinzipien, die gegenwärtig diesen Prozess leiten, sich ungehindert zu ihren logischen Konsequenzen entwickeln.“ Hayek (1980), S. 96.

1264 Hayek (1980), S. 15.

1265 Vgl. hierzu das Zwei-Kammern-System von Hayek, dargestellt in dem Abschnitt 4.2.3.2.3.

1266 Vgl. Hayek (1969f), S. 61, vgl. auch Hayek (1977), S. 10 oder Hayek (1979a), S. 22.

1267 Vgl. Hayek (1979a), S. 26.

1268 So bergen diese demokratischen Regierungsformen die Gefahr in sich, dass es „zu einer allmählichen Transformation der spontanen Ordnung einer freien Gesellschaft in ein totalitäres System“ (Hayek (1980), S. 14) kommt. So sind die modernen Demokratie de facto unbeschränkt und deren Mängel liegen nicht in dem Prinzip der Demokratie begründet und können auch nicht diesem System angelastet werden, sondern diese Mängel müssen als Folge ganz bestimmter institutioneller Regelungen angesehen werden. Vgl. Hayek (1980), S. 14 f.

1269 Vgl. Hayek (1979a), S. 98.

selbst die Unzulänglichkeiten der evolutionistischen Konzeption hinsichtlich der Reformfähigkeit – also hinsichtlich einer bewusste Korrektur evolutionärer Fehlentwicklungen – einräumt.

Sein Zwei-Kammern-Konzept als Verfassungsmodell sieht die Teilung der Aufgaben Gesetzgebung und Regierungstätigkeit als eine zentrale institutionelle Änderung vor.[1270] Auf welche Kriterien sich HAYEK in seiner Kritik der bestehenden Institutionen stützt wird nicht deutlich oder fassbar. Offensichtlich kann die evolutionistische Konzeption diese Kriterien nicht liefern. BUCHANAN äußert den Verdacht, dass HAYEK trotz seiner Anmahnungen der Korrektur von Fehlentwicklungen durch Reformen die Frage nach den Unterscheidungskriterien, mit deren Hilfe seine Wertungen und auch seine Reformvorschläge gemessen werden können, völlig unbeantwortet lässt. HAYEK benennt ein solches Kriterium nicht ausdrücklich. Jedoch nimmt er implizit auf ein bestimmtes Kriterium Bezug, nämlich auf dasselbe, das der vertragstheoretische Konzeption BUCHANANs explizit zugrundegelegt wird: Die Zustimmung der beteiligten Akteure. Auch HAYEK verweist auf den Konsens unter allen Beteiligten als die letztendliche Quelle der Legitimität konstitutioneller Regeln.[1271]

In einer vergleichenden Gegenüberstellung der Ansätze von BUCHANAN und HAYEK, ist festzustellen, dass auch HAYEK den Konsens unter den beteiligten Akteuren als ein entscheidendes Kriterium für die Bewertung sozialer Institutionen angesehen hat.[1272] Die Konzeption BUCHANANs beruht unmittelbar auf dem Axiom des normativen Individualismus. Wünschenswert ist demnach nach beiden Ansätzen eine Gesellschaftsordnung, die den Präferenzen der Bürger der betrachteten Gesellschaft entspricht. Die Präferenzen der Bürger sind die einzige Legitimationsgrundlage einer Gesellschaftsordnung.[1273] Ein Vergleich der beiden Ansätze liefert zumindest

---

1270 Vgl. Hayek (1977), S. 17 und vgl. auch Abschnitt 4.2.3.2.3.

1271 So bezeichnet Hayek die allgemeine Anerkennung derselben Regeln als die Grundlage einer friedlichen Gesellschaft. Vgl. Hayek (1977), S. 16. Er verweist ebenso auf das Konsens-Kriterium, wenn er davon spricht, „daß sich die Gewalt der Mehrheit in erster Linie von Grundsätzen ableitet, die auch die Minderheiten anerkennen." Hayek (1971a), S. 130. Auch seine Argumentation, dass es gegen die Ergebnisse bestehender demokratischer Institutionen dann nichts einzuwenden gäbe, falls diese Ergebnisse tatsächlich von den beteiligten Akteuren gewünscht würden (vgl. Hayek (1979a), S. 99), ist als Hinweis auf den Konsens als Legitimitätsquelle zu deuten.

1272 Allerdings ist Hayeks Auffassung zu dieser Frage nicht ganz eindeutig. „(The) agreement among many people on the justice of a particular rule may indeed be a good though not an infallible test of its justice." Hayek (1979), S. 7. Demgegenüber bemerkt Buchanan: „That rule is acceptable which is itself defined by agreement among all participants in the game. We may, if desired, substitute fair for aceptable here, and (...) we may replace fair with just (...) Note carefully that the attribute assigned to the rule in this way is derived from the agreement instead of any independent quality or property of the rule itself." Buchanan (1977), S. 294.

1273 Regeländerungen bedürfen stets der freiwilligen Zustimmung aller Bürger. Dieses Kriterium wird von Vanberg und Buchanan auch als internes Bewertungskriterium bezeichnet; die Ordnung wird von innen heraus aus der Perspektive der betroffenen Bürger bewertet und entspricht somit einem

Hinweise darauf, dass die Ansätze von BUCHANAN und von HAYEK sich miteinander vereinbaren lassen im Rahmen einer in sich konsistenten individualistischen Konzeption.[1274]

Dieser Ansatz der individualistischen Konzeption wird im Rahmen dieser Untersuchung gewählt und weiterverfolgt, um in Form einer Synthese der beiden Ansätze Entwicklungslinien für eine Verfassung ableiten zu können. Diese Synthese der beiden Ansätze bildet die Basis für das nächste Kapitel, in dem einige Anhaltspunkte für die Gestaltung einer institutionellen Reform Europas formuliert werden sollen. Es wird die Deduktion von Handlungsempfehlungen erfolgen. Hierbei wird zunächst die Funktion gesellschaftlicher Ordnungen nach HAYEK und BUCHANAN zusammengefasst und erste Hinweise auf einen normativen Rahmen verdeutlicht, innerhalb dessen sich eine Verfassungsreform der Europäischen Union bewegen könnte. Anschließend werden die Regeln der Organisation politischer Institutionen hinsichtlich der Gesetzgebung und der Aufgaben eines Rechtsschutz- und Leistungsstaates dargestellt, um dann im nächsten Kapitel darauf aufbauen zu können.

4.4.3 Die Funktion gesellschaftlicher Ordnungen

Die europäische Ordnung, die unterschiedliche Leitbilder miteinander in Einklang bringen muss, steht in einem Gegensatz zwischen den Anforderungen an einheitliche Gestaltungen, notwendige zu harmonisierende Bereiche und dem Anspruch der Vielfalt. Stets ist die Frage zu stellen, welche Politik auf der Gemeinschaftsebene verankert werden soll (Harmonisierung) und welche besser auf der dezentralen Ebene verbleiben sollte.

Als Argumente für eine Zentralisierung von Kompetenzen werden – wie gezeigt – die vermutete höhere Effizienz gemeinschaftlicher Politiken sowie die Bereitstellung europäischer öffentlicher Güter angesehen. Diese Vorteile einer zentralen Politikgestaltung können sich aus der Existenz grenzüberschreitender externer Effekte, sowie durch Synergie- und Skaleneffekte ergeben.[1275]

Prozesskriterium. (Zur Unterscheidung von internen und externen Bewertungskriterien vgl. Buchanan (1977), S. 142 und Vanberg (1994c), S. 209-211.) Externe Kriterien hingegen werden als Maßstäbe von außen an die Ordnung angelegt und können daher nach Hayek als Anmaßung von Wissen oder zumindest als empirisch zu überprüfende Hypothese über die Präferenzen der Bürger angesehen werden.

1274 Vgl. Vanberg (1981); Vanberg (1983), S. 71-87 und Vanberg (1986a), S.113-149.

1275 Letztere gelten insbesondere für die Herstellung eines funktionsfähigen Binnenmarktes. Dabei sind nicht nur die unmittelbar binnenmarktrelevanten Politiken auf der Ebene der EU anzusiedeln, sondern auch die das Binnenmarktprojekt flankierenden Politikbereiche, also Maßnahmen, die die unerwünschten Folgen des Binnenmarktes und der vier Freiheiten auszugleichen versuchen.

Als Hauptargument für die Dezentralisierung von Kompetenzen (und damit auch für den Wettbewerb der Systeme oder Ordnungen) gilt die größere Bürgernähe dezentraler Politik. Lokale Entscheidungsträger sind mit klar abgegrenzten Kompetenzen ausgestattet und können durch ihr Tätigwerden vor Ort besser den ihnen bekannten Präferenzen der Bürger nachkommen. Sie unterliegen in ihrer politischen Arbeit einer direkten und intensiven Kontrolle durch die Bürger. In dezentralen politischen Systemen wird eine Differenzierung der Politikbereiche erfolgen gemäß den unterschiedlichen regionalen Präferenzen.

Eine dezentrale Politik innerhalb einer föderalen Ordnung benötigt einen auf zentraler Ebene zu implementierenden Bestandsschutz in Form einer konstitutionellen Verankerung der Ordnung für einen Ordnungswettbewerb.

Die wesentliche Botschaft der beide Ansätze von HAYEK und BUCHANAN ist die Empfehlung einer konstitutionellen Absicherung des Ordnungswettbewerbs als Voraussetzung für einen Verfassungsvorschlag auch für Europa. Die Synthese beider Ansätze gibt den normativen Rahmen für die konkreten Vorschläge, die noch zu erarbeiten sind, vor. Beide Theorien verbindet die Auffassung, dass gesellschaftliche Institutionen keine vorgegebenen gesamtgesellschaftlichen Ziele verfolgen, sondern sie sind als Koordinationsmechanismus zu verstehen, der den Individuen ihre persönliche Zielverfolgung ermöglichen soll.

Jede Form von endzustandsorientierten Normen zur Bewertung der sich in einem fortwährenden Entwicklungsprozess herausbildenden Koordinationsprozesse wird abgelehnt. An die Stelle dieser starren und dem Prozess der Entwicklung nicht gerecht werdenden normativen Bewertung eines Ergebnisses tritt die Bewertung der Verfahren.

Der Betrachtungsschwerpunkt bei HAYEK stellt die Begrenztheit der Rationalität der Individuen dar. Daraus leitet er die Unplanbarkeit der gesellschaftlichen Ordnung ab. Dementsprechend stellt er die Notwendigkeit dezentraler Planung heraus und betont die Notwendigkeit der dynamischen Offenheit von Gesellschaftsordnungen und der Begrenzung staatlicher Macht für die Aufrechterhaltung der Entwicklungspotentiale einer Gesellschaftsordnung. Diese Voraussetzungen stellen nach HAYEK die notwendige Bedingung für eine friedliche Koexistenz der Gesellschaftsmitglieder (über einen kleinen Kreis hinaus) dar, die gemeinsame Ziele verfolgen als auch für die Nutzbarmachung des dezentral gespeicherten Wissens aller Individuen für die Gesellschaft über Wettbewerbsprozesse. Die offene Gesellschaft profitiert als Gesamtheit von der Verfolgung individueller Ziele, die elegant auch das Anreizproblem gesellschaftlicher Interaktion löst.[1276] Der Wettbewerb der Ideen und Theorien löst darüber hinaus das Informationsproblem.[1277]

[1276] Vgl. hierzu die Bienenfabel von Mandeville (1968).

[1277] Vgl. Hayek (1969q), S. 249 –265.

Außerdem kann der Wettbewerb von Zielen und Ideen innerhalb einer Gesellschaft einen Hebel zur Begrenzung der Macht implizieren, da ein Ideenwettbewerb Parallelversuche ermöglicht und so den Widerspruch und die Abwanderung (voice und exit) vereinfacht. Dieser Vorteil offener Gesellschaftsordnungen bewirkt ihre relative Überlegenheit im Evolutionsprozess der Gesellschaften, so dass sie sich durchsetzen werden. Allerdings sind die von HAYEK abgeleiteten Implikationen für einen Verfassungsentwurf bzw. die Einführung eines Rechtsschutz- und Leistungsstaates offenbar nicht mit Hilfe von Kriterien aus der Evolutorik begründbar. Es handelt sich hierbei um gezielte Eingriffe des Staates in den Evolutionsprozess. Zur Legitimation dieser staatlichen Eingriffe stellt HAYEK auf die Übereinstimmung der Individuen ab und bezieht sich somit zumindest implizit auf vertragstheoretische Legitimationskriterien.[1278] Die Legitimation von Staatstätigkeit ist in seinen Analysen nur in Fragmenten zu erkennen.

An dieser Stelle ist es sinnvoll, BUCHANAN zur Ergänzung in die theoretischen Analysen mit einzubeziehen. Auch er rekonstruiert korporatives Handeln im methodologischen Individualismus. Staatliche Institutionen werden von ihm verstanden als Instrumente der kollektiven Selbstbindung, mit deren Hilfe die Individuen in die Lage versetzt werden, Rationalitätsfallen zu überwinden. Kollektive Verhaltensbeschränkungen durch staatliche Eingriffe sind insofern nicht notwendigerweise als Begrenzung individueller Freiheit zu verstehen und somit abzulehnen, sondern gerade diese Beschränkungen können das Fundament für neue, erweiterte individuelle Handlungsmöglichkeiten und Verhaltensweisen darstellen. In diesem Sinne können sie freiheitsschaffend wirken.[1279] Allerdings – und das ist nach BUCHANAN wesentlich – bedarf es einer auf das einzelne Individuum zurückgehenden Legitimation solcher Beschränkungen.

Werden gesellschaftliche Regeln als freiwillige Übereinkunft rationaler, eigennützig handelnder Individuen interpretiert und BUCHANANs Übertragung des Pareto-Kriteriums auf den Prozess der Regelfindung zugelassen, so liefert BUCHANAN normative Kriterien für die Beurteilung bestehender Institutionen und der Reformvorschläge zur Umgestaltung bestehender Institutionen. Der einstimmige Konsens aller Betroffenen, als das Äquivalent zum Pareto-Optiumum beim bilateralen Tauschvorgang, bildet die Norm für das Zustandekommen eines Gesellschaftsvertrages bei BUCHANAN.[1280]

1278 Vgl. Vanberg (1981), S. 39 ff.

1279 Vgl. Homann (1989), S. 48 ff.

1280 Allerdings kann die Übertragung der neoklassischen Gedanken auf die Entwicklung von Verfassungslinien nicht überzeugen. Wie oben bereits ausführlich erläutert wurde, wird in diesen Ansätzen der dem politischren Prozess innewohnenden Hang zur Zentralisierung nicht berücksichtigt. Die Akteure und ihre eigenen Interessen werden keiner Analyse unterzogen und die Möglichkeit eines Staatsversagens wird nicht in die Betrachtung einbezogen.

Die Betrachtung von Kosten und Knappheit erfordert bei BUCHANAN allerdings ein Abweichen von der strengen Einstimmigkeitsnorm auch auf der konstitutionellen Ebene und eine Delegation von Handlungsrechten, die verbunden sind mit sämtlichen Problemen eines Prinzipal-Agent-Verhältnisses. BUCHANAN verweist zwar auf diese Schwierigkeit, versäumt es aber, einen Entwurf zur Simulation des Konsenses unter Knappheitsverhältnissen zu präsentieren, mit deren Hilfe die Schwierigkeiten überwunden werden könnten. Die Aufgabe, Entscheidungsprozesse zu gestalten, die dieser Problematik gerecht werden, soll in dem nächsten Kapitel aufgegriffen und bearbeitet werden.

Im Verhältnis zu BUCHANANs Ausführungen über eine notwendige Abweichung von der Einstimmigkeitsnorm auch auf der konstitutionellen Ebene hat HAYEKs Verfassungsvorschlag den Vorteil, dass er Knappheitsprobleme nicht nur bei der Regelfindung sondern auch bei deren Änderungen berücksichtigt. Mit seinem Entwurf des Zwei-Kammern-Systems unterbreitet er konkrete Gestaltungsvorschläge für die Organisation von Institutionen bzgl. der Delegation von Handlungs- und Abstimmungsrechten einerseits, als auch andererseits für die Ausgestaltung und Begrenzung der Staatstätigkeit.

In einer zukunftsoffenen Gesellschaft muss die ihr zugrundeliegende Gesellschaftsordnung ebenfalls für eine evolutorische Weiterentwicklung offen sein. Es gilt die Offenheit des europäischen Integrationsprozesses konstitutionell abzusichern auch und gerade hinsichtlich der institutionellen Entscheidungen.

Die Organisationsregeln politischer Institutionen werden zunächst für die Gesetzgebung aus den beiden Ansätzen von BUCHANAN und HAYEK entwickelt. Anschließend werden die Anforderungen der Legitimation und der Handlungsoptionen auf der post-konstitutionellen Ebene an den Rechtsschutzstaat und den Leistungsstaat dargestellt.

4.4.4 Regeln der Organisation für politische Institutionen

4.4.4.1 Gesetzgebung

Nach BUCHANAN ist das normative Beurteilungskriterium der Bewertung eines Gesellschaftsvertrages der einstimmige Konsens aller Betroffenen. Die Einstimmigkeit unter Unsicherheit stellt für ihn eine sinnvolle Orientierungshilfe bei der Regelsetzung am allgemeinen Rechtsempfinden dar. Nach BUCHANAN erzwingt Knappheit allerdings ein Abweichen von der strengen Einstimmigkeitsnorm und macht eine kostengünstige Simulation des gesellschaftlichen Einigungsprozesses erforderlich.

HAYEKs Verfassungsentwurf trägt dem insofern Rechnung, in dem er die Aufgaben der Rechtsfindung einer Gesetzgebungsversammlung überträgt. Diese von ihm auch als erste Kammer bezeichnete Gesetzgebungsversammlung hat die Aufgabe, universale Regeln gerechten Verhaltens zu finden, an deren Implementation alle Individuen ein Interesse haben. Sie implementiert einen Rechtsrahmen. Diese Gesetzgebungsversammlung soll den Prozess der Konsensfindung aller Individuen simulieren bzw. nachbilden. Für HAYEK bildet das von ihm vorgeschlagene Wahlsystem in Verbindung mit einer klaren Begrenzung der Kompetenzen der Gesetzgebungsversammlung die Garantie für eine Orientierung der Rechtsetzung am allgemeinen Rechtsempfinden. Besonders betont werden muss die Notwendigkeit der Begrenzung der Rechtssetzungskompetenzen der ersten Kammer durch eine unabhängige Institution. Sie darf nicht konkrete Leistungen bereitstellen und sich so in den politischen Prozess, der von Partialinteressen und den sie vertretenden Interessengruppen bestimmt wird, verwickeln.

Andererseits ist das Handeln der Gesetzgebungsversammlung nach HAYEK nicht direkt durch die Bevölkerung überprüfbar und sanktionierbar. Jedes Gesellschaftsmitglied erhält nur einmal in seinem Leben die Möglichkeit, gemeinsam mit den Individuen seiner Generation 1/15 der Mitglieder der Gesetzgebungsversammlung für die Dauer von 15 Jahren zu wählen. Während dieser langen Amtszeit von 15 Jahren sind die gewählten Mitglieder der Gesetzgebungsversammlung durch die Bevölkerung nicht abwählbar. Nach Ablauf der Amtszeit ist eine Wiederwahl nicht möglich. Betrachtet man diesen Vorschlag HAYEKs durch die Brille der Neuen Institutionenökonomik, so fällt auf, dass dies eine Implementation eines Prinzipal-Agent-Verhältnisses für die Zeitdauer von 15 Jahren darstellt. Durch diese gewählte Betrachtungsweise muss die Auffassung HAYEKs, diese institutionelle Ausgestaltung gewährleiste eine Orientierung der Entscheidungsfindung an den Präferenzen der Bürger, als sehr fragwürdig zurückgewiesen werden.

Im Gegenteil eröffnet die fehlende Sanktionierbarkeit der für eine Zeit von fünfzehn Jahren gewählten jeweiligen Vertreter in der Gesetzgebungsversammlung durch die Bürger den Agenten als Entscheidungsträger einen großen Handlungsspielraum zur Verwirklichung eigener bzw. von ihnen nahestehenden Interessengruppen formulierter Ziele, die vom Interesse ihrer Prinzipale auch abweichen können.[1281] Dieser Entwurf der Zwei-Kammern hat mit dem ihm innewohnenden Wahlrecht eine gefährliche Nähe zu dem Konzept der wohlwissenden Allmacht und ist weiter entfernt von den demokratischen Idealen einer Volksvertretung.

[1281] Kirchgässner geht so weit Hayek vorzuwerfen, er wolle die Demokratie abschaffen und durch ein autoritäres System ersetzen. Vgl. Kirchgässner (1988), S. 66. Tatsächlich erinnert dieser Verfassungsentwurf an die Konzeption des wohlmeinenden Diktators, nur dass es in diesem Fall eine Gruppe von Entscheidungsträgern ist, die den Volkswillen abbilden und nur Entscheidungen zum besten Wohle des Volkes treffen soll.

4.4.4.2 Rechtsschutz- und Leistungsstaat

BUCHANAN unterscheidet auf der post-konstitutionellen Ebene den Rechtsschutzstaat, der möglichst unabhängig und unparteiisch sein sollte, vom Leistungsstaat, der zwingend einer direkten demokratischen Legitimation bedarf. Sowohl für den Rechtsschutzstaat als auch für den Leistungsstaat werden die Handlungsoptionen auf der post-konstitutionellen Ebene indirekt dadurch begrenzt, dass auf konstitutioneller Ebene von der Forderung nach einem einstimmigen Konsens nicht abgewichen wird.

HAYEKs Vorschlag hingegen beinhaltet die Bildung einer zweiten Kammer, die als Regierungsversammlung bezeichnet wird. Sie soll die Tagespolitik betreiben, d. h. sie hat die Aufgabe wahrzunehmen, politische Entscheidungen zu treffen (wie bspw. die Bestimmungen über die Bereitstellung öffentlicher Güter und deren Finanzierung, staatliche Umverteilungspolitik und ein geeignetes Steuersystem oder die Befürwortung von Anpassungssubventionen). Diese Regierungsversammlung soll durch demokratische Wahlen legitimiert werden, aber auch den von der Gesetzgebungsversammlung entwickelten allgemeinen Regeln gerechten Verhaltens unterworfen sein. Die Rechtsprechung muss nach HAYEK als unabhängig von Partialinteressen gelten und die Regierungsversammlung hinsichtlich der Einhaltung der allgemeinen Regeln gerechten Verhaltens überprüfen.

4.5 Ausblick

Der evolutionstheoretische Ansatz nach HAYEK und der vertragstheoretische Ansatz nach BUCHANAN sind in diesem Punkt der Konstruktion eines Rechtsschutz- und Leistungsstaates miteinander vereinbar.

Diese beiden Ansätze in der Entwicklung einer strikten Trennung eines Rechtschutz- und Leistungsstaates bzw. in der Zwei-Kammern-Konzeption nach Hayek zu verbinden und in der Anwendung auf die Entwicklung von Verfassungslinien für die Europäische Union ggf. mit Hilfe der Erkenntnisse der Public-Choice-Theorie bzw. Neuen Institutionenökonomik weiterzuentwickeln, wird die Aufgabenstellung für das fünfte Kapitel sein.

Die europäische Ordnung sollte so gestaltet sein, dass sie stets die Realisierung einer präferenzkonformen Politik ermöglicht und für die politischen Akteure Anreize entwickelt, sich an den Präferenzen der Bürger zu orientieren. Gelingt es, eine solche europäische Rahmenordnung zu entwickeln, so kann sie als präferenzkonform bezeichnet werden.[1282]

[1282] Zu dem Begriff der präferenzkonformen Ordnung vgl. Hannowsky/Renner (1998), S. 63.

5 Gestaltungsmöglichkeiten einer Verfassung für Europa

„Es genügt nicht, daß ein Weiser die Natur und die Wahrheit erforscht; er muß auch wagen, sie auszusprechen zugunsten der kleinen Zahl derer, die denken wollen und können. Denn was die anderen betrifft, die freiwillig Sklaven der Vorurteile sind – ihnen wird es nicht mehr gelingen, die Wahrheit zu erreichen, als den Fröschen zu fliegen."[1283]

5.1 Einleitung

In den vorhergehenden Analysen zeigte sich, dass der politische Wettbewerb die Freiheit der Bürger schützt und die Innovationskraft und das Wirtschaftswachstum stärkt. Dies gilt nicht nur für den Wettbewerb innerhalb der Staaten (Parteienwettbewerb, Föderalismus), sondern auch zwischen den Mitgliedstaaten der Europäischen Union.

In diesem Kapitel sollen nach einigen Vorüberlegungen zum Verfassungsbegriff die Grundzüge der Föderalismustheorie dargestellt werden, wobei auch gerade neuere Ansätze Eingang in die Untersuchung finden sollen. Da aber insbesondere der Politikwettbewerb als Systemwettbewerb zwischen den europäischen Staaten in einer Verfassung implementiert werden sollte, bedarf es zunächst einer eingehenden Analyse des Subsidiaritätsprinzips, das bei oberflächlicher Betrachtung, der diagnostizierten Zentralisierungstendenz in der Europäischen Union entgegenwirken könnte.

Da die Regierungen ein starkes Interesse daran haben, den Wettbewerb so weit wie möglich zu beschränken, kann der Wettbewerb zwischen Regierungen – wie der Wettbewerb zwischen Unternehmen – nicht sich selbst überlassen werden. Die Bestrebungen der Harmonisierung der Steuern und Standards auf der europäischen Ebene sind Absprachen zwischen den Regierungen der Mitgliedstaaten und stellen Besteuerungs- und Regulierungskartelle dar.[1284]

[1283] Julien Offray de La Mettrie, „Der Mensch als Maschine"; – französischer Aufklärer, der 1748 Asyl in Preußen erhielt und unter dem persönlichen Schutz Friedrichs II. stand, dessen Gesellschafter und Vorleser er war.

[1284] Auch ist es denkbar, dass die europäischen Staaten in einigen Bereichen ihre Aktivitäten fusionieren und ein gemeinsames Monopol errichten. Die Möglichkeit des Ausbrechens ist dann weniger gegeben als bei einer Kartellbildung, da die Möglichkeit des Austritts (Sezession) mit der Unterbindung des Wettbewerbs verloren geht. Der Wettbewerb wird durch das Mehrheitsprinzip ersetzt, so dass die Mehrheit der hoch besteuerten und regulierten Länder der Minderheit ihre Gesetze aufzwingen kann. Vgl. zur „strategy of raising rivals'costs" Vaubel (2000), S. 281.

Der Wettbewerb zwischen Regierungen muss nicht nur zugelassen werden, sondern er sollte auch geschützt werden. Dafür könnte eine Wettbewerbsaufsicht – in Anlehnung an die Idee, den Wettbewerb zwischen den Unternehmen von einer staatlichen Institution schützen zu lassen – eingesetzt werden. Die Auffassung, dass in der Europäischen Union die Unionsorgane für den Schutz des politischen Wettbewerbs zuständig sein sollten, erweist sich als problematisch, denn wie in dem zweiten und dritten Kapitel gezeigt werden konnte, ist diese Rollenzuweisung mit einem Anreizproblem verbunden. Den Organen der Europäischen Union ist in ihren Entscheidungsprozessen eine Tendenz zur Zentralisierung nachzuweisen.[1285] Sie sind von daher für eine Überwachungs- oder Schiedsrichterfunktion des horizontalen Wettbewerbs zwischen Teilstaaten ungeeignet.[1286]

Da die europäischen Institutionen der Kommission und des Europäischen Gerichtshofs und auch das Europäische Parlament nicht die notwendigen Anreize besitzen, um die Wettbewerbsaufsicht über die nationalen Regierungen zu führen, wenn Wettbewerbsbeschränkungen im Rahmen einer politischen Kartellbildung oder einer Monopolisierung zu beobachten sind, bedarf es für diese Aufgabe einer Institution, die zwar über den Regierungen steht, also ein Unionsorgan ist, die aber mit keiner der existierenden europäischen Institutionen identisch ist. Ebenso sollte dieser Wettbewerbshüter von den nationalen Regierungen unabhängig sein. Es wird also in diesem Kapitel darum gehen, nach den einleitenden Bemerkungen zu Verfassungsbegriff, Subsidiarität und verschiedenen Föderalismus-Ansätzen, aufbauend auf der Synthese der evolutorischen und konstitutionenökonomischen Ansätze aus dem vierten Kapitel, die in dem zweiten Kapitel dargestellten Probleme in den Entscheidungsstrukturen der Europäischen Union zu beheben, um dem in dem dritten Kapitel dargestellten und erläuterten Konzeption der Integration durch Wettbewerb, die sich der Integration durch Harmonisierung als überlegen erwies, in der Europäischen Union zum Durchbruch verhelfen zu können. Hierzu ist es erforderlich allgemein die Anforderungen zu beschreiben, die an das europäische Vertragswerk gerichtet werden müssen, und die Entscheidungsstrukturen und –prozesse so zu gestalten, dass die Anreizsysteme in Richtung der Bewahrung des Wettbewerbs wirken können.

1285 Vgl. hierzu im zweiten Kapitel die Abschnitte 2.3.2 und 2.5.2 „By defining which strategies jurisdictions of lower levels may use in their competition, the higher level jurisdiction simultaneously decides also about the vertical structure of competences within such a multi-layered system." Kerber/Vanberg (1995), S. 55.

1286 Bspw. Kommission und Gerichtshof sind nicht nur an einer „Vergemeinschaftung" (Monopolisierung), sondern auch an einer Harmonisierung (Kartellierung) der Aufgaben und Entscheidungsprozesse interessiert. Die europäischen Institutionen wirken auch bei der Anbahnung politischer Kartelle mit, sie überwachen darüber hinaus die Einhaltung der Kartellabsprachen und sie können darauf hoffen, dass aus einem Kartell irgendwann einmal ein Monopol wird - spätestens dann, wenn die für Kartelle typischen Stabilitätsprobleme auftreten. „Aus einem Europäischen Währungssystem wird dann eine Währungsunion, aus harmonisierten Steuern eine Gemeinschaftsteuer und aus dem Konsens der Kartellisten die Mehrheitsentscheidung im Monopol." Vaubel (2000), S. 287.

5.2 Vorüberlegungen zum Verfassungsbegriff

Um die in dem vierten Kapitel herausgearbeiteten Ansätze auf Europa übertragen zu können, erscheint es sinnvoll, den traditionellen Verfassungsbegriff hinsichtlich der Europäischen Union zu überprüfen.[1287] Insofern ist dieser Abschnitt als eine Art Vorüberlegung zu verstehen.

Zunächst einmal ist festzuhalten, dass der Verfassungsbegriff staatsbezogen ist, d.h. er ist auf die Europäische Union, die unmissverständlich kein Staat ist, nicht anzuwenden. Rechtsgrundlage der EG ist keine Verfassung, sondern völkerrechtliche Verträge.[1288] Auch wenn es bspw. im Rahmen des Spinelli Entwurfs 1979 eine Verfassungsinitiative vom Parlament gab, haben diese einzelnen Bestrebungen nie zum Erfolg geführt.[1289]

Nach der allgemeinen Meinung wird allerdings in dem primären Gemeinschaftsrecht eine Verfassung für Europa gesehen. Dieses Gemeinschaftsrecht ist in einem formellen Sinne eine Verfassung, denn es ist dem nationalen Recht übergeordnet und bricht im Zweifel widerstreitendes nationales Recht. Die im Gemeinschaftsrecht vereinbarten Normen stehen in einer Hierarchie von Regeln innerhalb Europas ganz oben. Auch in einem materiellen Sinne stellt das Gemeinschaftsrecht eine Verfassung dar, denn es enthält deren typische Regelungsgegenstände wie bspw. grundlegende Zielbestimmungen, Vorschriften über Organe und über die einzuhaltenden Verfahren innerhalb der politischen Prozesse. Auch hat der Europäische Gerichtshof durch seine Rechtsprechung Grundrechte betont und gestaltet.[1290] Es erscheint angezeigt deutlich darauf hinzuweisen, dass diese allgemeinen Redewendungen von der Verfassung Europas, die es weiterzuentwickeln gilt, nicht in Einklang zu bringen sind mit dem staatsbezogenen Verfassungsbegriff. In einem modernen Verständnis kann die Legitimation für Herrschaft nur von der Gesellschaft selbst ausgehen, das Volk ist der Souverän. Damit verbindet sich dann auch folgerichtig die Vorstellung einer potentiellen Alleinzuständigkeit – einer sog. Kompetenz-Kompetenz. Beides ist auf der europäischen Ebene absolut unzutreffend. Die Legitimationsquelle der Europäischen Gemeinschaft ist nicht ein europäisches Volk – das es gar nicht gibt – sondern der Wille der Mitgliedstaaten. Da sich die europäische Hoheitsgewalt nicht direkt von einem pouvoir constituant ableitet und insofern staatenvermittelt ist, gibt es auch keine potentielle Alleinzuständigkeit der Gemeinschaft. Der Gemeinschaft

---

1287 Vgl. zur Verfassungsdebatte in Europa Möschel (1996), S. 51-57.

1288 Die völkerrechtlichen Verträge waren ursprünglich der Vertrag 1951 in Paris über die Gründung der EGKS, 1957 in Rom über die Gründung der EURATOM und der EWG. Vgl. hierzu im zweiten Kapitel die Darstellung der Entwicklung Europas als Prozess in Abschnitt 2.2

1289 Vgl. Luster (1996), S. 57-66.

1290 Art. F Abs. 2 Unionsvertrag enthält einen ausdrücklichen Verweis auf die Europäische Menschenrechtskonvention und diejenigen Grundrechte, die sich aus der gemeinsamen Verfassungsüberlieferung der Mitgliedstaaten ergeben.

werden nur diejenigen Kompetenzen übertragen, die ihr die Mitgliedstaaten freiwillig abtreten wollen.[1291]

Vorstellungen, man könne eine europäische Verfassung gewissermaßen am Reißbrett entwerfen, sind als realitätsfern zu beurteilen und als Zeichen eines mangelhaften historischen Gespürs zu werten. Derartige Vorschläge zeugen von einer Ermangelung der Einsicht in den prozesshaften Charakter der europäischen Entwicklung. Unabhängig von der Rechtsbindung des Unionsvertrages, den acquis communautaire zu wahren,[1292] darf das Ziel nicht etwa ein abschließender Entwurf einer heute konstruierten Verfassung sein, sondern es dürfen nur einzelne Entwicklungsschritte vorgenommen werden, die Europas Ordnung so gestalten, dass die Ansprüche an ein entwicklungsoffenes System nicht verloren gehen. Hierzu ist ein erster wesentlicher Schritt bereits darin zu sehen, die Kompetenzen neu zu gestalten und zuzuordnen und die Institutionen Europas entsprechend der neuen Anforderungen zu reformieren.[1293]

Die extremen im Widerstreit miteinander stehenden Einzelvorstellungen bzgl. der Entwicklung der Integration der EU sind zum einen die Vorstellung eines Bundesstaates Europa, als "Vereinigte Staaten von Europa"[1294], und zum anderen die eines vergleichsweise losen Staatenbundes. Die Anhänger der Vorstellung, Europa solle sich zu einem Bundesstaat zusammenschließen, werden häufig als die Romantiker bezeichnet, während die Anhänger der Idee eines Staatenbundes als die Realisten gelten.[1295] Die Vorstellung eines Bundesstaates für Europa erscheint insofern als realitätsfern, da eine künftige Union bis zu dreißig Mitgliedstaaten umfassen könnte, in denen rund zwanzig verschiedene Sprachen gesprochen werden. Neben den

---

1291 Vgl. Art. 3 b Abs. 1 EGV.

1292 Vgl. Art. EUV, fünfter Spiegelstrich.

1293 Zu den Institutionen der Europäischen Union vgl. im zweiten Kapitel, Abschnitt 2.3.2. Zu den institutionellen Herausforderungen durch die bevorstehende Ost-Erweiterung vgl. ebenfalls im zweiten Kapitel den Abschnitt 2.4.2.

1294 Als Verfechter dieser Bundesstaaten-Idee ist hier natürlich zunächst Winston Churchill, der 1946 in seiner Rede in Zürich bereits die Vereinigten Staaten von Europa forderte, zu nennen. Aber auch Jean Monnet, der nicht gerade als Träumer oder phantasierender Idealist galt, sondern vielmehr ein erfahrener nüchtern denkender Handelsmann, geprägt von seiner Kindheit in dem Milieu einer Branntweinhändlerfamilie in der französischen Kleinstadt Cognac, konkretisierte den Gedanken. Seine Idee entsprang der Erfahrung, dass sich völkerbedrohende Krisen und Kriege sich nur durch den engsten Zusammenhalt aller potentiell Betroffenen verhindern lassen. Seiner Meinung nach genügt keine bloße Kooperation und Koordination, sondern es bedarf vielmehr einer schrittweisen "Vergemeinschaftung". Sein Ziel war ein geeinigtes Europa der europäischen Menschen und nicht eines der verschieden Staaten. Als Frucht seiner Vorstellungen kann man die Durchsetzung des Schumann Plans verstehen, der zur Begründung der EG führte. Konrad Adenauer und Helmut Kohl sind die Anhänger dieser Idee gewesen. Aber bereits um 1500 hatte Erasmus von Rotterdam in diese Richtung gedacht und etwa 150 Jahre später forderte William Penn die Staaten auf eine europäische Bundesversammlung zu schaffen. Victor Hugo forderte schließlich in der französischen Nationalversammlung die "Vereinigten Staaten von Europa". Vgl. Luster (1996), S. 57-67.

1295 Vgl. Luster (1996), S. 61. Nach Ernst Bloch interpretieren die Realisten während die Romantiker verändern wollen.

kulturellen und sprachlichen Unterschieden sind die Länder hinsichtlich ihrer wirtschaftlichen Entwicklung und Ausgestaltung ihrer Steuer- und Sozialsysteme als derzeitig unüberbrückbar verschieden zu kennzeichnen. Der Gedanke eines Bundesstaates birgt die Gefahr von Zentralismus (auch wenn Föderalismus und Subsidiarität verlangt werden) in sich. Die Souveränität und Autonomie der Mitglieder wird außer Kraft gesetzt. Auch das Argument, dass eine gemeinsame Verfassung die Mitglieder gerade gegen die Aushöhlung ihrer Kompetenzen schützen solle,[1296] erscheint wenig überzeugend. Die EEA und der Vertrag von Maastricht haben zwar ein Einfallstor für die unsystematische Übertragung von Kompetenzen auf die europäische Ebene geöffnet,[1297] jedoch würde dieses Problem durch eine strikt entworfene Verfassung für die EU noch verschärft werden. Ein weiterer Schritt auf dem Weg einer europäischen Verfassung stellt die in Nizza verabschiedete „Charta der Grundrechte der Europäischen Union“ dar.[1298] Der beste Schutz der Autonomie der Mitgliedstaaten ist der Systemwettbewerb.

Das Bundesverfassungsgericht spricht sich in seinem Maastricht-Urteil von 1993 für einen Zwischenbegriff der "Staatenverbindung" aus, gemeint ist allerdings die Völkerrechtsfigur des Bundesstaates.

1296 Vgl. Luster (1996), S. 63 ff.

1297 Vgl. zum Begriff der "Wandelverfassung" Ipsen (1990).

1298 Sie fixiert Rechte der 370 Millionen EU-Bürger gegenüber den EU-Organen und gegenüber nationalen Behörden, wenn sie EU-Recht vollziehen. Allerdings sind die Rechte nicht einklagbar, Großbritannien und Dänemark lehnen das ab. Die 62 Mitglieder des sog. Konvents, der in ca. neun Monaten unter der Leitung des ehemaligen Bundespräsidenten Herzog den Grundwertekatalog erarbeitet hat, hatten ein begrenztes Mandat: Sie sollten die Grundrechte, wie sie sich in den Verfassungen der Mitgliedsländer spiegeln, zusammenfassen und so den Mitgliedern ein Stück gemeinsame Identität verdeutlichen. Auch wenn der Begriff „Charta“ für die EU zunächst als etwas befremdliches erscheint. Seit 1215 gilt eine Charta als eine ganz besondere Urkunde. Die „Magna Charta“, die dem englischen König Johann I. abgerungen wurde, schützte die Geistlichkeit, den Adel und andere vor königlicher Willkür. So könnte man getreu dem historischen Vorbild an dieser Idee Gefallen finden. Ein wichtiges Ziel der „Charta der Grundrechte der Europäischen Union“ könnte darin liegen, dass den Bürgern gegenüber den allmächtigen und undurchschaubaren Bürokratien der Vorzug gegeben wird, indem ihre Grundrechte betont werden, und der Versuch unternommen wird, die Macht der Ausdehnung und Kompetenzzentralisierung zu begrenzen. Dieser Ansatz ist nicht mit der Charta vereinbar, denn in Ar. 51 heißt es explizit, sie gelte nur für Organe und Einrichtungen der EU unter Einhaltung des Subsidiaritätsprinzips und für die Mitgliedstaaten ausschließlich für die Anwendung des Rechts der Union. Das heißt die 54 Rechtsregeln gelten direkt nur für 20.000 Bedienstete der EU, die unmittelbar der Hoheitsgewalt der EU unterliegen. Zu betonen ist lediglich der demonstrative psychologische Charakter der „Charta der Grundrechte der Europäischen Union“. Sie verdeutlicht den europäischen Bürgern in einer Sammlung Grundrechte, die es teilweise in der europäischen Konvention zum Schutz der Menschenrechte teilweise in den Gemeinschaftsverträgen und teilweise in der Verfassungsüberlieferung in den EU-Staaten schon gibt. Die Art der Arbeit des Konvents könnte im Sinne Reformen der Reformen allerdings Schule machen, insoweit, dass in Zukunft nicht hinter verschlossenen Türen einer Regierungskonferenz über Reformen nachgedacht und verhandelt, sondern dies auf eine dann auch politisch tragfähige Weise im Rahmen eines offenen Konvents vollzogen wird.

5.3 Normative Anforderungen an eine europäische Verfassung

„Die Tatsache also, daß der moderne Staat nicht fähig ist, die wirtschaftspolitische Ordnungsaufgabe zu bewältigen, und daß auch andere Organisationen nicht zur Verfügung stehen, bedeutet nicht, daß die Ordnungsaufgabe überhaupt nicht lösbar ist. Es bleibt die Möglichkeit, durch geistige Arbeit und durch ihren Einfluß Ordnungen in Staat und Wirtschaft zu gestalten."[1299]

5.3.1 Einführung

Bezug nehmend auf das vorhergehende Kapitel sollen aus den Ansätzen von BUCHANAN und HAYEK nun Organisationsregeln und institutionelle Reformansätze für die Europäische Union erarbeitet werden. Dabei ist es notwendig die mit Hilfe der Ansätze der Neuen Institutionenökonomik ableitbaren Ergänzungen und Verbesserungsvorschläge der Ansätze HAYEKs und BUCHANANs einfließen zu lassen. Um die institutionelle Gestaltung der EU diskutieren zu können, ist es dringend erforderlich, auf einige grundlegende Begriffe, die in die Diskussion Eingang gefunden haben, näher einzugehen. Hierzu zählen das Subsidiaritätsprinzip, das föderalistische Prinzip und das Konstrukt der Bürgersouveränität.

Wenn hier Ansätze einer europäischen Verfassung einander gegenübergestellt und wesentliche Linien herausgearbeitet werden, so ist dies nicht so zu verstehen, dass damit ein festes Dokument erarbeitet werden soll, sondern vielmehr geht es darum, allgemeine Grundregeln zu entwickeln, die die Beziehungen und die Verteilungen von Grundrechten der Bürger Europas einerseits und der verschiedenen Regierungsebenen andererseits näher definieren sollen.

Im Hinblick auf diese Frage muss auf die Ergebnisse der vorangestellten Kapitel Bezug genommen werden. Somit werden als Lösungsansätze zwei fundamental, paradigmatisch unterschiedliche Auffassungen einander gegenübergestellt, auf der einen Seite die Auffassung eines zentralistischen Föderalismus und auf der anderen Seite das Konzept eines wettbewerblichen Föderalismus. Zu betonen ist hierbei, dass diese beiden Konzepte als theoretische Strukturen zu verstehen sind und nicht die Beschreibung konkreter föderaler Strukturen darstellen.[1300] Die begriffliche Trennung dieser beiden paradigmatisch einander gegenüberstehenden Ansätze ist als analytischer Bezugspunkt insofern als vorteilhaft einzuschätzen, da an dieser begrifflichen Gegenüberstellung des zentralistischen vs. wettbewerblichen Föderalismus ein Kriterium entsteht, an dem die existierenden Vorschläge für Verfassungsordnungen

---

1299 Eucken (1952/1990), S. 339.

1300 Allerdings muss auch explizit darauf hingewiesen werden, dass die beiden oben bezeichneten Prinzipien in der Realität i.d.R. als Mischungsverhältnisse vorzufinden sind.

oder Reformen gemessen werden können. Hierzu wird es erforderlich sein, neuere Föderalismustheorien[1301] in die Untersuchung einfließen zu lassen, sie weiterzuentwickeln und auf die Europäische Union anzuwenden.

5.3.2 Subsidiarität als Verfassungsprinzip Europas

5.3.2.1 Einführung - Begriffsdefinition

Zunächst soll in diesem Abschnitt einführend erläutert werden, was unter dem Begriff Subsidiarität und unter dem damit verbundenen verfassungsmäßigen Prinzip zu verstehen ist. Daran anknüpfend wird dargestellt, von welchem Subsidiaritätsverständnis in der Europäischen Union ausgegangen werden kann und welches bisher auch vorherrschte. Danach wird Bezug nehmend auf das zweite Kapitel eine Analyse des Subsidiaritätsprinzips hinsichtlich seiner Implementation innerhalb der europäischen Institutionen mit Hilfe der Aussagen der Ökonomischen Theorie der Politik vorgenommen. Im Zentrum steht dabei die Frage, welches Interesse die einzelnen Akteure auf europäischer Ebene an einer restriktiven Auslegung des Subsidiaritätsprinzips im ursprünglichen normativen Sinne haben. Abschließend werden die positiven Aussagen der institutionenökonomischen Analyse mit den normativen Anforderungen des Subsidiaritätsprinzips und den unterschiedlichen Interpretationen eines Fiskalföderalismus verglichen und im Hinblick auf die Diskussion um eine Verfassung für die Europäische Union bewertet.

Obwohl es für die Europäische Union keine Verfassung gibt, gibt es wohl doch einen "konstitutionellen Kern", der in den Gründungsverträgen bis Maastricht erkennbar ist. Betrachtet man die Aufgaben, die im nationalstaatlichen Fall einer Verfassung zukommen, so stellt man auch für Europa einen Bedarf an Regelungen konstitutioneller Art fest. Dies betrifft insbesondere die Frage nach Zuständigkeiten der verschiedenen politischen Ebenen und ihre jeweiligen Legitimationsquellen. Wünschenswert ist eine eindeutigen und transparenten Regeln unterliegende Verteilung der Kompetenzen. Es gilt, Kompetenzverteilungsregeln in der EU zu finden, die in einer die Bürgersouveränität sichernden Weise die Integration ermöglichen und in ihren Auswirkungen konstitutionellen Charakter haben.

Eine wesentliche Kompetenzverteilungsregel ist das Subsidiaritätsprinzip, das auch in den Europäischen Verträgen entsprechend berücksichtigt wurde.[1302] Kurz beschrieben ist es in seiner ursprünglichen normativen Festlegung, dass eine Aufgabe des Gemeinwesens von der kleinsten dazu fähigen Einheit wahrgenommen werden soll. Erst das Unvermögen einer Einheit zur erfolgreichen Wahrnehmung einer Aufgabe

---

1301 Hiermit ist insbesondere die Theorie der FOCJ gemeint; vgl. Abschnitt 5.3.3.5.

1302 Zur Diskussion des durch den Vertrag über die Europäische Union neu eingeführten Subsidiaritätsprinzips vgl. bspw. Döring (1997); Hrbek (1995b) und Hrbek (1995c).

verpflichtet die übergeordnete Stelle, der kleineren Einheit bei der Erfüllung Hilfe (lat. subsiduum) zu leisten und ihr die Lösung der Aufgabenstellung zu ermöglichen. Kann die kleinere Einheit trotz der Hilfestellung der ihr übergeordneten Stelle der Aufgabe nicht nachkommen, kann die Aufgabenstellung an die übergeordnete Stelle abgegeben werden.[1303] Es muss betont werden, dass das Subsidiaritätsprinzip nicht nur zu betrachten ist auf den staatlichen Ebenen und bei den Institutionen, sondern bereits auf der individuellen Ebene Anwendung findet, denn es sucht die grundsätzliche Zuständigkeit beim Individuum.[1304] Das Subsidiaritätsprinzip stellt damit einerseits ein liberales Prinzip dar, das die untergeordneten Systeme vor den Eingriffen der übergeordneten schützen will, andererseits umfasst es aber das Solidaritätsprinzip, demzufolge Hilfeleistungen aufgrund faktischer Interdependenz und ethischer Verpflichtung geboten erscheinen.

Das Subsidiaritätsprinzip lässt sich in seiner normativen Form nur unter der Voraussetzung der Annahme eines ganz bestimmten Menschenbildes verstehen, nämlich eines Menschenbildes, das die Verantwortlichkeit des Individuums über die Zuständigkeit einer Gruppe oder der Gesellschaft stellt. Überträgt man diese Sichtweise auf ein Staatsordnungsprinzip, so wird die entscheidende Ausprägung die Kompetenzverteilung innerhalb eines föderal gegliederten Gemeinwesens sein.[1305]

In der Öffentlichkeit[1306], aber auch in der Fachliteratur[1307] wird i.d.R. darauf verwiesen, dass das Subsidiaritätsprinzip aus der katholischen Soziallehre stamme.

1303 Vgl. Nell-Breuning (1968), S. 95.

1304 Damit ist alles staatliche Handeln seinem Wesen nach subsidiär, wie es - liberalen Selbstverständnis entsprechend - bereits im bürgerlichen Rechtsstaat des 19. Jahrhunderts angelegt war. Vgl. Pieper (1993), S. 705.

1305 Wenn der Zusammenhang von Föderalismus und Subsidiarität betrachtet wird, so erkennt man, dass die Gemeinschaft durch ihre Anlage und infolge ihrer Entwicklung strukturell ein föderalistisches Gebilde ist. Dies zeigen die Kompetenzverteilung, die im Grundsatz die Kompetenzen den Mitgliedstaaten zuerkennt, das System der Rechtsakte, das durch Verordnungen und Richtlinien die Instrumente der Gemeinschaftsgesetzgebung und der Rahmengesetzgebung widerspiegeln, die institutionelle Verfassung mit dem Parlament als zentralstaatliches Element und Rat als zweiter Kammer, der Wirtschafts- und Sozialausschuss und der Regionalausschuss als föderalistische Organe sowie schließlich die Ausgestaltung des Verhältnisses zwischen Gemeinschafts- und nationalem Recht, das sich bspw. explizit in Art. 5 EWGV im Rücksichtnamegebot widerspiegelt. Föderale Fehlentwicklungen wie die Finanzverfassung, die der Gemeinschaft ein eigenes Erhebungsrecht nicht zugesteht und die Gemeinschaft von Beiträgen der Mitliedstaaten abhängig macht, die Kommission, die sich in ein klassisches Schema föderaler Institutionen nicht einordnen lässt, das Fehlen von Parlamentsgesetzen und anderer i.d.R. dem Zentralorgan zustehenden Befugnisse, zeigen deutlich die Entwicklung auf, in der sich die Gemeinschaft befindet. Zusammenfassend bleibt festzuhalten, dass das Subsidiaritätsprinzip nur indirekt über eine Föderalstruktur Eingang in das Europäische Recht finden kann. Eine wesentliche Voraussetzung hierfür ist allerdings, dass der Vertrag zu einer gegenstandsbezogenen, inhaltlichen Kompetenzverteilung zwischen den Mitgliedstaaten und der Gemeinschaft kommt. Vgl. Stewing (1992), S. 1516-1518.

1306 Vgl. Grimm (1992), S. 38.

1307 Vgl. Adonis/Jones (1991), S. 179 ff. oder Schmidthuber (1993), S. 417.

Dies ist allerdings nicht ganz korrekt, denn lediglich der Begriff „Subsidiaritätsprinzip“ entstammt der katholischen Soziallehre, und zwar der Enzyklika Quadragesimo Anno aus dem Jahre 1931 von Papst Pius XI.[1308] Im Anschluss an die dortige Fassung, die häufig als „klassisch“[1309] bezeichnet wird, lässt sich das Subsidiaritätsprinzip wie folgt charakterisieren:

Das Prinzip statuiert eine Gesellschaftsordnung, die aus verschiedenen gesellschaftlichen Organisationsstufen besteht. Ausgehend von unterschiedlich weit organisierten Lebenskreisen (Individuum, Familie, beruflicher Verband, Gemeinde, Kreis, Land, Staat usw.) legt es einen Vorrang der selbstverantwortlichen Aufgabenerledigung zum Vorteil von den kleineren bzw. hierarchisch ausgedrückt zugunsten der niedrigen Organisationsstufe zugrunde. Erst wenn der kleinsten Organisationseinheit die Erfüllung einer Aufgabe nicht mehr möglich ist, wird diese von der nächst höheren Ebene übernommen. Die Aufgabe der höheren Einheit ist es, die niedrigere Organisationseinheit in die Lage zu versetzen, die Aufgaben selbstverantwortlich wahrzunehmen. Subsidiarität bedeutet nicht „absoluter Vorrang“ zugunsten der niedrigeren Organisationsebene. Das Subsidiaritätsprinzip ist in diesem Sinne insbesondere Ausprägung des Freiheitsrechts und der Privatsphäre, in zweiter Linie Schutz vor Zentralismus und Totalitarismus. Dies hat die katholischen Kirche allerdings niemals daran gehindert, eine straff zentralistische Organisationsstruktur herauszubilden.

Die katholische Soziallehre selbst verweist auf wesentlich ältere Ursprünge des Subsidiaritätsprinzips.[1310] Weitere Ansätze, die auch Grundlage für das Subsidiaritätsprinzip im Sinne der katholischen Soziallehre bilden, finden sich in der Trennung von Staat und Gesellschaft im 19. Jahrhundert. Vor allem in Deutschland kam es im frühen 19. Jahrhundert zu einer ausgeprägten Trennung von Staat und Gesellschaft. Nach liberalem Sachverständnis war staatliche Intervention nur dann legitim, sofern sie subsidiär war. Eine positiv-rechtliche Festlegung des Subsidiaritätsprinzips für

---

1308 Abgedruckt in: Bundesverband der katholischen Arbeitnehmerbewegung Deutschlands (Hrsg.), Texte zur katholischen Soziallehre, 7. Auflage 1989. In der Nr. 79 der Enzyklika heißt es: „Wie dasjenige, was der Einzelmensch aus eigener Initiative und mit seinen eigenen Kräften leisten kann, ihm nicht entzogen und der Gesellschaftstätigkeit zugeführt werden darf, so verstößt es gegen die Gerechtigkeit, das, was die kleineren und untergeordneten Gemeinwesen leisten und zum guten Ende führen können, für die weitere und übergeordnete Gemeinschaft in Anspruch zu nehmen; zugleich ist es überaus nachteilig und verwirrt die gesamte Gesellschaftsordnung. Jedwede Gesellschaftstätigkeit ist ja ihrem Wesen und Begriff nach subsidiär: sie soll die Glieder des Sozialkörpers unterstützen, darf sie aber niemals zerschlagen oder aufsaugen.“

1309 Vgl. etwa Stadler (1951), S. 12.

1310 Entsprechende Ansätze finden sich bei Aristoteles, in der Gesellschaftsauffassung des Thomas von Aquin und in der Gesellschaftstheorie des Dante Allighieri, die subsidiäre Strukturen enthalten. Vgl. Frenkel (1984), S. 239 und Zippelius (1991), S. 110 ff. Eine besondere Ausprägung findet sich in der sog. Föderaltheologie des (Protestanten) Johann Althusius (1562-1638), in dessen föderalistischem Organisationsmodell subsidiäre Grundsätze entdeckt werden können. Vgl. hierzu Deuerlein (1972), S. 37 oder Isensee (1968), S. 37 ff.

staatliche Zuständigkeiten wurde damals allerdings nicht für notwendig erachtet, denn nach der vorherrschenden liberalen Theorie wurde Subsidiarität als selbstverständlich angesehen.[1311] Es muss der enge Zusammenhang zwischen Föderalismus und Subsidiaritätsprinzip an dieser Stelle nicht mehr betont werden.[1312] Eine große Nähe ist auch zur Nationalökonomie festzustellen, denn wesentliche Vorarbeiten für die Enzyklika Quadragesimo Anno basieren auf nationalökonomischen Erkenntnissen.[1313]

Im Gegensatz zur katholischen Kirche hält sich die protestantische Kirche zugute, das Subsidiaritätsprinzip auch im Aufbau der Kirchen und in ihrem Verhältnis zueinander verwirklicht zu haben.[1314]

Das Subsidiaritätsprinzip muss auch mit den Kriterien der Effizienz beurteilt werden; die sog. Wirksamkeitstheorie geht von einem Verständnis aus, das die Erfüllung von Aufgaben derjenigen Ebene zuweist, die sie besser - effizienter - lösen kann. Nach dem Subsidiaritätsprinzip kann die Entscheidung, welche Ebene die anstehende Aufgabe besser erfüllen kann, nur bei der unteren, die Kompetenz abgebenden Ebene liegen. Eine Annex-Kompetenz der übergeordneten Ebene wäre ein Verstoß gegen das Subsidiaritätsprinzip, der einen Anspruch der nachgeordneten Ebene auf Unterlassung begründen müsste. Die Frage, wie die nachgeordnete Ebene ihren Unterlassungsanspruch deutlich machen und durchsetzen kann, ist gleichzeitig auch als eine Verfahrensfrage zu behandeln. Zwei theoretische Positionen lassen sich hier unterscheiden:

Die eine Denkrichtung hält das Subsidiaritätsprinzip für gerichtlich nachprüfbar und erkennt somit der Justiz die Aufgabe zu, eine Zuweisung von Kompetenzen bzgl. politischer Entscheidungen vornehmen zu können.[1315] Eine andere, eher skeptische Sichtweise ist die, die Justiz könne diese im Grunde politische Aufgabe nicht leisten, weil es an justitiablen Entscheidungskriterien fehle und es deshalb eher relevant sei,

---

1311 Vgl. Isensee (1968), S. 70.

1312 Vgl. hierzu Deuerlein (1972), S. 319 ff. und Kühnhardt (1991), S. 42 ff.

1313 Oskar von Nell-Breuning hat im Wesentlichen dieses päpstliche Rundschreiben vorbereitet und gilt somit als der eigentliche Urheber. Er war selbst Nationalökonom und nahm in seinen Vorarbeiten Bezug auf die Theorien von Heinrich Pesch, der in seinem Lehrbuch der Nationalökonomie entsprechende Ausführungen gemacht hatte; vgl. Pesch (1922). Letztlich beschreibt das Subsidiaritätsprinzip die Theorie des Marktversagens, die nach liberalem marktwirtschaftlichen Verständnis den Staat lediglich für die Bereiche als zuständig erachtet, in denen der Markt versagt bzw. in denen der Staat die Funktionsvoraussetzungen für den Markt schaffen muss. Vgl. Teutemann (1992), S. 20-24.

1314 Dieses Prinzip ist Grundlage calvinistischen Kirchenrechts und wurde bereits auf der Emdener Synode von 1571 sanktioniert, als die Gemeinden des deutschen Frieslandes festlegten, dass eine Sache, die bereits auf der Ebene der Gemeinde entschieden wurde, nicht auf die Tagesordnung der Provinzialsynode gesetzt werden dürfe. Vgl. Schmidhuber (1993), S. 417. Dies mag ein Erklärungsansatz dafür sein, dass gerade die protestantisch geprägten Mitgliedstaaten Dänemark und Vereinigtes Königreich sich so entschieden gegen „Brüssler Zentralismus“ wehren und die calvinistische Schweiz sogar den Beitritt zum Europäischen Wirtschaftsraum ablehnte.

1315 Vgl. Schmidhuber/Hitzler (1992), S. 725.

die Ausgestaltung der Kompetenzen innerhalb der staatlichen Ordnung so zu treffen, dass diese Eingriffe per se nicht möglich sind.[1316]

Problematisch ist, dass das Subsidiaritätsprinzip zwar Anhaltspunkte liefert, wie Kompetenzen grundsätzlich zu verteilen und auszuüben sind, aber das Spannungsfeld zwischen Begrenzung der Zentralmacht und Verpflichtung derselben zu subsidiärer Intervention wird dadurch jedoch nicht aufgelöst sondern vielmehr kodifiziert. Trotz oder gerade wegen der formalen Unbestimmtheit gilt das Subsidiaritätsprinzip in vielen Mitgliedsländern der Europäischen Union als (meist nur implizite) Verfassungsnorm. Die Auffassungen darüber, was unter dem Prinzip konkret zu verstehen ist, differieren allerdings in den einzelnen Ländern erheblich.[1317] Damit korrespondieren die in den Ländern anzutreffenden unterschiedlichen Auffassungen über „Föderalismus“[1318] und „Regionen“.[1319]

In der Bundesrepublik Deutschland hat das Subsidiaritätsprinzip ausdrücklichen Eingang in das Grundgesetz nicht gefunden. Seine Aussagen werden aber verdeutlicht durch eine Vielzahl von verfassungsrechtlichen Grundsatzentscheidungen.[1320] Insbesondere aber die der föderalen Struktur zugrundeliegende Kompetenzverteilung nach den Artikeln 30, 70 und 83 GG sowie eine materienorientierte Aufgabenverteilung zeigen im Ergebnis Wirkungen wie das Subsidiaritätsprinzip. Eine Generalklausel – wie sie in Art. 72 Abs. 2 GG formuliert wurde – kann natürlich als Hebel zur Aushöhlung einer solchen Grundentscheidung dienen. Dies steht aber der Richtigkeit der vorher getroffenen Aussagen nicht entgegen.[1321]

Die unterschiedlichen Auslegungen des Subsidiaritätsprinzips werden durch die unterschiedlichen Ordnungsvorstellung, aber auch durch die unterschiedlichen Problembetroffenheiten und Problemlösungskapazitäten der verschiedenen Länder und ihrer Regionen noch verschärft. Es kann kein über alle Mitgliedstaaten einheitliches Kriterium der Kompetenzzuweisung diagnostiziert werden.[1322]

1316 Vgl. Grimm (1992), S. 17. Denkbar wäre eine restriktive Aufzählung der Aufgaben der höheren Ebene, wie sie etwa in Art. 72 des bundesdeutschen Grundgesetzes verwirklicht wurde. Die Erosion des bundesdeutschen Föderalismus hätte so möglicherweise verhindert werden können, wäre nicht durch Art. 72 Abs. 2 Nr. 3 GG die Kompetenz-Kompetenz des Bundes eingeführt worden, die als „Einfallstor des Zuges zum Unitarischen“ gilt. Piepkorn (1992), S. 700.

1317 Vgl. hierzu ausführlich Große Hüttmann (1996); Oppermann (1996) und Puissochet (1996).

1318 Vgl. Knipping (1994).

1319 Vgl. Wiedemann (1996).

1320 Vgl. hierzu z. B. jene Grundsatzentscheidungen zum Verhältnis von Staat und Gesellschaft, zu den Grundrechten, zu den Strukturprinzipien der Bundesstaatlichkeit, der Demokratie und der Sozialstaatlichkeit. Vgl. Rupp (1993), S. 34; Hettlage (1956), S. 2, 15-17; Isensee (1968), S. 269 und Schmidt-Jortzig/Schink (1982), S. 1-10.

1321 Vgl. Grimm (1992), S. 19.

1322 „Many forms of state interference, welcome in one stage of economic progress, are regarded in another as a great impediment.“ Hayek (1939), S. 139. Diese Interessendivergenzen der einzelnen Mitgliedstaaten innerhalb der EU können am Beispiel der ganz unterschiedlichen Standpunkte

5.3.2.2 Subsidiarität in der Europäischen Union

Das Subsidiaritätsprinzip ist einer der zentralen Begriffe des Vertrages von Maastricht. Es wird von der Kommission, den Regierungen der Mitgliedstaaten und Vertretern der Regionen, etwa der Regierungen der deutschen Bundesländer, bemüht, um die Zuständigkeiten der Gemeinschaft gegenüber den Mitgliedstaaten oder regionalen, unterstaatlichen Strukturen zu bestimmen.

Im Vertrag über die Europäische Union wird in dem neu aufgenommenen Artikel 3b das Subsidiaritätsprinzip als allgemeiner Grundsatz verankert.

> *"Die Gemeinschaft wird innerhalb der Grenzen der ihr in diesem Vertrag zugewiesenen Befugnisse und Ziele tätig. In den Bereichen, die nicht in ihre ausschließliche Zuständigkeit fallen, wird die Gemeinschaft nach dem Subsidiaritätsprinzip nur tätig, sofern und soweit die Ziele der in Betracht gezogenen Maßnahmen auf Ebene der Mitgliedstaaten nicht ausreichend erreicht werden können und daher wegen ihres Umfangs oder ihrer Wirkung besser auf Gemeinschaftsebene erreicht werden können. Die Maßnahmen der Gemeinschaft gehen nicht über das für die Erreichung der Ziele dieses Vertrags erforderliche Maß hinaus."*

In der Präambel des Vertrages über die Europäische Union heißt es:

> *„ (...) entschlossen, den Prozeß der Schaffung einer engeren Union der Völker Europas, in der die Entscheidungen entsprechend dem Subsidiaritätsprinzip möglichst bürgernah getroffen werden."*

Das Subsidiaritätsprinzip bezieht sich auf das Verhältnis zwischen Europäischer Union und Mitgliedstaaten und greift nicht direkt bis auf die Ebene der regionalen Gebietskörperschaften durch. Diese Ausrichtung hat dem Subsidiaritätsprinzip den Vorwurf der Länderblindheit eingetragen. Das Verhältnis der Regionen zur EU wird auf mitgliedstaatlicher Ebene geregelt. Der Inhalt des Subsidiaritätsprinzips ist wenig klar; nach den Maastrichter Vereinbarungen in Art. B des Unionsvertrages sind die Ziele der Union „unter Beachtung des Subsidiaritätsprinzips" im Sinne des Art. 3 b EGV zu verwirklichen. Auch der Hinweis in Art. A EUV auf Entscheidungen, die „möglichst bürgernah getroffen werden", gehört in diesen Zusammenhang. Wesentlich

---

bzgl. Harmonisierung sozialer Standards kurz angedeutet werden. Während die höher entwickelten Staaten eine Vereinbarung sozialer Mindeststandards als unumgänglich zur Sicherung des sozialen Fortschritts ansehen, betrachten die Länder mit einem niedrigeren Standard dies eher als Bedrohung ihrer Konkurrenzfähigkeit, die gerade auf einem relativen Überhang des billigeren Produktionsfaktors Arbeit gegenüber dem Kapital beruht. Mit der zwangsweisen Auferlegung solcher Mindeststandards im Sozialwesen würde diesen Ländern die Möglichkeit eines wirtschaftlichen und damit auch im zweiten Schritt eines sozialen Aufholprozesses genommen oder mindestens beeinträchtigt werden.

für die nachfolgende Diskussion des Themas ist die Darstellung und Beurteilung des neugeschaffenen Art. 3 b EGV.[1323]

Im Vorfeld der Maastrichter Beschlüsse wurde das Subsidiaritätsprinzip als Instrument gegen einen europäischen Einheitsstaat für die künftige Entwicklung diskutiert. Es sollte einer Unitarisierung bzw. Zentralisierung entgegengesetzt werden. Dabei wurden ihm drei Funktionen zugesprochen:

- Als Architekturprinzip sollte es den mehrstufigen Aufbau Europas auch auf den Ebenen unterhalb der Mitgliedstaaten durch die Gemeinschaft bindend festschreiben.
- Als Kompetenzausübungsprinzip sollen die Gemeinschaftszuständigkeiten nur ausgeübt werden, wenn die Aufgaben nicht bereits auf mitgliedstaatlicher Ebene erfüllt werden.
- Ein Kompetenzverteilungssystem ähnlich dem Artikel 30 GG (Kompetenzvermutung) zugunsten kleinerer Organisationsstufen wurde ebenfalls als Modell diskutiert.

Es gilt festzuhalten, dass durch den Art. 3 b des neuen EG-Vertrages lediglich ein Kompetenzausübungsrecht verwirklicht wurde. Das Europäische Parlament hat in einer Entschließung vom 12.7.1990 darauf hingewiesen, dass entsprechend des völkerrechtlichen Ursprungs – zumindest des Primärrechts – die der Zuständigkeitsverteilung im Völkerrecht starre Subsidiarität auch im Gemeinschaftsrecht gilt. Dies gilt deshalb, da die Mitgliedstaaten unter grundsätzlicher Beibehaltung der Souveränität die EG nur mit einzelnen, auf bestimmte, der zwischenstaatlichen Zusammenarbeit dienende Zwecke abzielende Befugnisse und Kompetenzen ausgestattet haben. Dabei sind die Gründungsverträge Ausdruck eines „funktionalen approach".[1324] Ziel der Gemeinschaft ist zunächst die wirtschaftliche Integration.

Vergleicht man die durch den Gesetzestext zulässigen Interpretationen mit der vorher dargestellten normativen Auffassung des Subsidiaritätsprinzips, so ergeben sich im Wesentlichen drei Unterschiede:

(1) In dem Art. 3 b des EU-Vertrages werden Ziele des Subsidiaritätsprinzips genannt, das Subsidiaritätsprinzip orientiert sich eigentlich aber an Aufgaben.[1325] Dies erscheint zunächst nicht als wesentlicher Unterschied, bei genauerer Betrachtung werden aber die Konsequenzen deutlich, die aus diesem Unterschied erwachsen, denn ob eine Kompetenz auf der nationalen Ebene oder darunter verbleibt, ist dann nicht davon abhängig, ob bestimmte Aufgaben sinnvoll wahrgenommen werden können, sondern vielmehr davon, ob dadurch die Ziele der Europäischen Union

---

1323 Zu der Diskussion über das Subsidiaritätsprinzip als Idee und die Realisierung in der Wirklichkeit in Deutschland und in Europa vgl. Oppermann/Nörr (1996).

1324 Vgl. Bleckmann (1990), S. 265 und Weidenfeld/Wessels (1986), S. 19 ff.

1325 Vgl. hierzu die Darstellung der Sozialenzyklika „Quadragesimo anno" in der FN 406.

wirksam erreicht werden können.[1326] In dem „Quadragesimo anno" bezieht sich das Subsidiaritätsprinzip auf Tätigkeiten, im EG-Vertrag auf Ziele. Gewöhnlich sind es Tätigkeitsfelder, die mit Hilfe des Subsidiaritätsprinzips auf verschiedene Erledigungsebenen verteilt werden. Die Kompetenzverteilung in der EG richtet sich dagegen nicht nach Tätigkeitsfeldern, sondern nach ihren Zielen. Die Ziele der Union sind in Art. B des Vertrages über die Europäische Union festgelegt worden und können plakativ mit der Darstellung "Schaffung eines Gemeinsamen Marktes mit gemeinsamer Außen- und Sicherheitspolitik" umrissen werden. Evident wird hierbei, dass damit auch für die EU weniger ein Aufgabengebiet als vielmehr ein Zukunftsziel formuliert wurde, wodurch auch ihre Befugnisse final und nicht gegenständlich bestimmt sind.[1327] Daraus läßt sich ableiten, dass prinzipiell alles in die Regelungskompetenz der EU fällt, was evtl. die Verwirklichung der Ziele der EU behindern könnte.[1328] Die umfassende Zielformulierung der EU ihrerseits sorgt nun dafür, dass in vielen Bereichen eine Zuständigkeit der EU zu begründen wäre.[1329]

(2) In Art. 3 b sind zwei Voraussetzungen für das Tätigwerden der Gemeinschaft zu erfüllen. Erstens ist auf der Ebene der Mitgliedstaaten eine nicht ausreichende Zielerreichung zu erkennen und zweitens wird eine bessere Zielerreichung auf der Gemeinschaftsebene vermutet. Beide Bedingungen müssen kumulativ erfüllt sein. Es wird allerdings intensiv darüber diskutiert, ob dies einer Interpretation im Sinne der oben dargestellten "Wirksamkeitstheorie" entspricht.[1330] Feststellbar ist zumindest, dass die Formulierung einer "besseren Zielerreichung" keine Vermutung zugunsten einer restriktiven, die Gemeinschaft bindenden Auslegung des Artikels zulässt.[1331]

(3) Bezüglich der Justitiabilität des Subsidiaritätsprinzips stellt sich die Frage nach der gerichtlichen Überprüfbarkeit.[1332] Das Subsidiaritätsprinzip erscheint als eine nicht justitiable Norm, deren Funktion sich darin erschöpft, den Mitgliedern, die sehr

---

1326 Vgl. Wenzler (1996), S. 73-84.

1327 Vgl. Pieper (1993), S. 709.

1328 Final bestimmte Befugnisse lassen sich gegenständlich nur schwer begrenzen. Alles was eine Zielverwirklichung behindern könnte, fäll potentiell in die Regelungskompetenz der EG. Da z.B. Schutzvorschriften für die Konsumenten von Lebensmitteln oder Medikamenten, Sicherheitsvorschriften für bestimmte als gefährlich eingeschätzte Techniken, Verkehrs- und Kommunikationsregelungen den freien Warenverkehr beeinträchtigen können, gelangen das Lebensmittel- und Arzneimittelrecht, das Atom- und Gentechnikgesetz und das Verkehrs- und das Postrecht in die Zuständigkeit der EG. Die EG hat nach Art. 3 h und Art. 100 das Recht zur „Angleichung der innerstaatlichen Rechtsvorschriften, soweit dies für das Funktionieren des Gemeinsamen Marktes erforderlich ist.".

1329 Vgl. Pipkorn (1992), S. 699.

1330 Vgl. Stewing (1992), S. 1517.

1331 Vgl. Bohley (1993), S. 37.

1332 Nicht jedes Gesetz entfaltet rechtliche Steuerungskraft. Eine Norm ist dann justiziabel, wenn sie im Streitfall der Justiz Entscheidungsmaßstäbe zu liefern vermag.

unterschiedliche Ordnungsvorstellungen über das Verhältnis von Nationalstaat und supranationaler Gemeinschaft haben, die Einigung über das Vertragswerk von Maastricht zu erleichtern. Allerdings ist darauf hinzuweisen, dass viele Gesetzeswerke vor allem Verfassungen hoch abstrakte Normen enthalten, die für sich genommen wegen ihres außerordentlich vagen abstrakten Inhalts nicht imstande sind, konkrete Konfliktfälle zu lösen. Im Grundgesetz gehören dazu bspw. die Prinzipien der Demokratie, des Rechtsstaats, des Bundesstaats und des Sozialstaats. Diese Prinzipien erfahren dann aber in der Verfassung vielfältige Präzisierungen, die konkrete Hinweise darüber geben, wie auf den Regelungsebenen bspw. das Grundgesetz in seinen abstrakten Formulierungen zu verstehen ist. Dem Subsidiaritätsprinzip in Art. 3b des EG-Vertrages nach den Maastrichter Beschlüssen fehlt dagegen jeder normativer Unterbau, der konkretisieren könnte, wie es zu verstehen und auszulegen ist. So hängt seine Anwendung davon ab, was darunter zu verstehen ist, dass Ziele auf der Ebene der Mitgliedstaaten „nicht ausreichend erreicht werden können" und deswegen „besser auf Gemeinschaftseben erreicht werden können". [1333] Selbst wenn der Art. 3 b dahingehend interpretiert wird, dass eine generelle Zuständigkeit der untersten Ebene besteht, stellt sich die Frage nach der grundsätzlichen Durchsetzung dieses Anspruchs bspw. im Falle eines ungerechtfertigten Eingriffs der Gemeinschaft in die Kompetenzen nachgeordneter Instanzen. Diese müssen die Möglichkeit haben, unter Berufung auf Art. 3b einen Unterlassungsanspruch beim EuGH durchzusetzen.

Hierzu ist zu sagen, dass schon der Anspruch auf gerichtliche Überprüfbarkeit nicht als unstrittig angesehen werden kann. Darüber hinaus ist es heftig umstritten, ob ein Gericht überhaupt einen Abwägungsprozess darüber anstellen kann und soll, ob Maßnahmen zur Erreichung gemeinschaftlicher Ziele auf der nationalen Ebene angebunden werden sollen oder besser gemeinschaftlich eingesetzt werden. Diese Bewertung ist zwangsläufig mit subjektiven Einschätzungen und politischen Einschätzungen verbunden. Da das Problem der Justitiabilität nicht gelöst ist, ändert sich an dieser Stelle die Funktion des Gerichts, seine Tätigkeit lässt sich nicht mehr als

[1333] Dabei sind viele Verständigungsmöglichkeiten eröffnet und wenige ausgeschlossen. „Nicht ausreichend" einerseits und „besser" andererseits kann effektiver, gerechter, billiger, bürgernäher, reibungsloser, demokratischer bedeuten, ohne dass diese Begriffe ihrerseits viel aussagefähiger wären als die Worte, welche sie erläutern sollen. Unter diesen Umständen werden in die Deutung des Subsidiaritätsprinzips aber alle jene Ordnungsvorstellungen einfließen, die die verschiedenen Mitgliedstaaten aufgrund ihrer jeweiligen Tradition und Interessen hegen und die in keiner Weise als einheitlich zu bezeichnen sind. Wie sich in der jüngsten Vergangenheit gezeigt hat, ist noch nicht einmal darüber Einigkeit zu erzielen, dass es sich bei dem Subsidiaritätsprinzip um eine limitierende Vorschrift für die Aktivitäten der Gemeinschaft handeln sollte. Vielfach wird dies als keineswegs maßgebliche Vorstellung der Briten und der Deutschen dargestellt, während andere Mitgliedstaaten sich vom Subsidiaritätsprinzip umgekehrt erhoffen, dass es Probleme, die bisher nationalstaatliche entschieden wurden, nun auf die Gemeinschaftsebene hebt, wo sie „besser" entschieden werden können.

Rechtsprechung bezeichnen, sondern sie ist Rechtspolitik. Der EuGH räumt dem Rat und der Kommission einen erheblichen Ermessensspielraum ein.[1334]

Es ist festzuhalten, dass zwei fundamentale Gegensätze zwischen dem Subsidiaritätsprinzip im EGV und der Umsetzung im deutschen Recht bestehen: Die Zielorientierung der Kompetenzverteilung sowie das Kriterium der „besseren" Aufgabenerledigung durch die Gemeinschaft.

In dem früheren EWG-Vertrag in der Fassung der Einheitlichen Europäischen Akte (EEA), der vor den in Maastricht beschlossenen Änderungen galt, enthielt das Subsidiaritätsprinzip bspw. im Bereich der Umweltpolitik folgende Regelung:[1335] „Die Gemeinschaft wird im Bereich der Umwelt insoweit tätig, als die in Absatz 1 genannten Ziele besser auf Gemeinschaftsebene erreicht werden können als auf der Ebene der einzelnen Mitgliedstaaten (...)."

Die im Zusammenhang mit dem Subsidiaritätsprinzip im Maastrichter Vertrag bereits diskutierten Konfliktpotentiale sind auch hier schon vorhanden, denn es werden Ziele statt Aufgaben genannt. Die Formulierung entspricht den Vorstellungen der Wirksamkeitstheorie („besser") und die Frage nach der Justitiabilität wird nicht beantwortet. Bemerkenswert ist das Zustandekommen des Artikels, denn in den Gründungsverträgen der EWG von 1957 war die Umweltpolitik nicht als Ziel vorgesehen. Die Kommission legte die Formulierung aus der Präambel des Vertrages, die „stetige Verbesserung der Lebens- und Beschäftigungsbedingungen" anzustreben, dahingehend aus, dass sie über Art. 235 EWG-Vertrag eine Kompetenz für die Europäische Gemeinschaft ableitete. Art. 235 spricht der Gemeinschaft eine Handlungskompetenz für unvorhergesehene Fälle zu, falls diese zur Erreichung ihrer Ziele eine gewisse Wichtigkeit aufweisen.[1336]

Allein bis 1991 erließ die EG über 200 verbindliche Rechtsakte in diesem Bereich,[1337] eine Abnahme der Regelungstätigkeit durch das in der EEA festgelegte Subsidiaritätsprinzip war nicht erkennbar. Zudem gab es keinen Fall, in dem der EuGH die prinzipielle Zustimmung der Gemeinschaft im Umweltbereich für nicht angezeigt ansah.[1338]

1334 Vgl. Schmidhuber (1993), S. 420.

1335 Vgl. Art. 130 r Abs. 4 EWGV.

1336 In dem dargestellten Fall wurde eine Notwendigkeit gemeinschaftlicher Umweltpolitik dadurch begründet, dass ohne sie die angestrebte Besserung der Lebens- und Arbeitsverhältnisse nicht erreicht werden könne. Vgl. Witte (1994), S. 258.

1337 Vgl. Wenzler (1996), S. 77.

1338 Vgl. Constantinesco (1990), S. 170-172.

Oftmals werden überzogene Forderungen mit dem Subsidiaritätsprinzip verbunden. Ein bürgernäheres und effizienteres Europa[1339] soll durch dieses Prinzip geschaffen werden, die Macht der Zentrale begrenzt, die der Regionen gestärkt werden. Außerdem sollen die Transparenz europäischer Entscheidungsprozesse erhöht, ihre demokratische Legitimation[1340] verbessert und der Spielraum für autonomes Bargaining verringert werden. Dem Anspruch eines universellen Regelungskriteriums politischer Zuständigkeiten kann das Subsidiaritätsprinzip nicht gerecht werden. Bereits seine Konstruktion beschränkt es auf die vertikale Kompetenzabgrenzung und ist ergänzungsbedürftig durch ein Prinzip der Gewaltenteilung. Grundsätzlich erscheint es darüber hinaus als sehr fragwürdig, ob eine Untergliederung des Mehrebenensystems der EU in vertikale (hierarchische) und horizontale (funktionale) Kompetenzabgrenzungen sinnvoll bzw. überhaupt möglich ist, da sich viele Zuständigkeiten überlagern und wechselseitig legitimieren.

Es drängt sich der Eindruck auf, dass das Subsidiaritätsprinzip den Bürgern Europas als „Beruhigungsmittel für die Ängste der Völker in der Europäischen Gemeinschaft vor dem Verlust ihrer nationalen Identität“[1341] verabreicht wird.[1342] Der Sinn dieser Äußerungen besteht keineswegs darin, die europäische Einigung zu diskreditieren. Es soll aber darauf aufmerksam gemacht werden, dass das Zentralproblem – nämlich das Kräfteverhältnis zwischen Gemeinschaft und Mitgliedstaaten und die Aufgabenverteilung zwischen ihnen – durch das Subsidiaritätsprinzip nicht gelöst ist.

5.3.2.3 Die einzelnen Akteure der EU – und deren Auffassung vom Subsidiaritätsprinzip

(1) Der Europäische Rat und der Ministerrat

Der Europäische Rat und der Ministerrat werden hier der Einfachheit halber zusammengefasst zu dem „Rat“, denn die entscheidende Eigenschaft, Gesetzgeber auf Europäischer Ebene und Regierung auf nationalstaatlicher Ebene zu sein, verbindet sie gemeinsam. Der Zugang der Public-Choice-Theorie zum Ministerrat und zum Europäischen Rat verläuft über die im Rat getroffenen Entscheidungen und ihre

---

1339 Die Gleichsetzung des Subsidiaritätsprinzips mit der Forderung nach Bürgernähe ist bereits seit dem Sondergipfel von Birmingham im Oktober 1992 populär vgl. hierzu Große Hüttmann (1996), S. 11.

1340 In Anbetracht des gescheiterten Referendums in Dänemark verstand der Europäische Rat in Lissabon im Juni 1992 „das Subsidiaritätsprinzip als Chance (…), die offensichtlichen Legitimationsprobleme zu verringern.“ Große Hüttmann (1996), S. 9.

1341 Hort (1992), S. 3.

1342 Es ist in diesem Zusammenhang unbegreiflich, wie wenig kritisch das Subsidiaritätsprinzip von einigen Autoren reflektiert wird, vgl. z.B. „Mit der klaren Verpflichtung auf das Subsidiaritätsprinzip kommt die Gemeinschaft dem Ideal eines „bürgernahen Europas“ näher, da es den nationalen Identitäten und regionalen Besonderheiten wesentlich mehr Raum zur Entfaltung lässt. Es steht zu hoffen, dass die Bevölkerung sich mit diesem Europa eher identifizieren wird.“ Schmidhuber (1993), S. 421.

Auswirkungen. Sie sind Ausdruck des Verständnisses und der Auslegung des Subsidiaritätsprinzips der jeweiligen nationalen Regierung. Diese Betrachtungsweisen liefern eine Grundlage für die Annahmen über das Verhalten der Individuen im Rat. Wie bereits in dem zweiten Kapitel, im Abschnitt 2.3.2.2 dargestellt wurde, ist die Vorstellung, der Rat handele in einem Interesse des europäischen Gemeinwohls, aufzugeben. Unterstellt wird gemäß der Public-Choice-Theorie, dass jedes Mitglied des Rates seine eigenen Interessen als Vertreter seiner Nation, seiner Partei, seiner eigenen Position innerhalb der Regierung etc. verfolgt im Sinne eines politischen Unternehmers, der seinen politischen Erfolg zu maximieren sucht.[1343]

In den Verhandlungen des Rates um das Subsidiaritätsprinzip war der deutsche Vorschlag als eine Maximallösung betrachtet worden, die in dieser Form nur bei den belgischen Vertretern Zustimmung fand, während andere, eher zentralistisch organisierte Länder befürchteten, ein solcher Artikel könnte die Regionalisierungstendenzen in einzelnen Ländern verstärken bzw. erst erzeugen. Die Lösung der Gegensätze wird in der Literatur manchmal als ein sog. package-deal vermutet.[1344] Deutschland stimmte der Aufgabe der währungspolitischen Souveränität – der Währungsunion – zu und erhielt im Gegenzug das vertraglich verankerte Subsidiaritätsprinzip. Dies konnte aus Sicht der deutschen Vertreter als Erfolg gewertet werden, denn die Bundesregierung gab Kompetenzen ab, die sie im Rahmen der Geldpolitik nicht besaß und sie hatte den Forderungen der Bundesländer zumindest vordergründig entsprochen, genau wissend, dass das Subsidiaritätsprinzip nicht justitiabel sein würde und nur sehr unwahrscheinlich zu einer Kompetenzbegrenzung des Bundes von Seiten der Länder führen würde. Auch sollte aus Sicht der Bundesregierung die europäische Ebene als willkommener Ort des Ausweichens für national unerwünschte, unpopuläre und somit die Wiederwahl gefährdende Gesetzgebungen weiterhin bestehen bleiben. Auch dient die europäische Ebene als der ideale Austragungsort für Gesetzgebungsverfahren, deren Durchsetzung auf nationaler Ebene aufgrund der Stimmenverhältnisse im Bundesrat gefährdet sind, wie es bspw. im Falle der Erhöhung der Mehrwertsteuer zu beobachten war.[1345] Aus Sicht der anderen Mitgliedsländer im Rat war eine Beendigung der faktischen Vormachtstellung der Deutschen im monetären Bereich als Hemmnis einer möglichen Ausdehnung der eigenen Fiskalpolitik willkommen und die Einführung des Subsidiaritätsprinzips erschien dafür kein zu hoher Preis zu sein. Außerdem erschien

---

1343 Demzufolge verfolgen einzelne Mitglieder der Bundesregierung auch ihre eigenen Ziele. Dies lässt sich daran erkennen, dass ihnen entgegen ihrer offiziellen Position an der Beteiligung der Länder an den Arbeiten zu deutschen Verhandlungspositionen nicht gelegen war. Die dennoch erfolgte Beteiligung der Länder an der deutschen Verhandlungsposition ist auf die Beharrlichkeit der Bundesländer zurückzuführen. Die Bundesregierung handelte bei der Forderung nach der Aufnahme des Subsidiaritätsprinzips in den Vertrag von Maastricht nur auf Druck der Bundesländer. Vgl. Müller-Brandeck-Bocquet (1991), S. 22. Die Bundesländer drohten in Verfolgung ihrer eigenen Interessen des politischen Überlebens mit der Verweigerung der Zustimmung zu dem Vertragswerk, was einem Scheitern der Verträge gleichgekommen wäre.

1344 Vgl. Wenzler (1996), S. 78.

1345 Vgl. Vaubel (1992), S. 41 und Möschel (1993), S. 13.

es manchen Staaten als gemäß der Wirksamkeitstheorie hilfreich für die Verlagerung der eigenen strukturellen und regionalen Probleme auf die europäische Ebene, um somit einen Beitrag aus dem Struktur- bzw. Kohäsionsfonds zu erhalten. Auch gilt es zu berücksichtigen, dass vielen Mitgliedstaaten föderale Strukturen wie in Deutschland fehlen.

Auch der Ausschuss der Regionen kann die Tendenz der nationalstaatlichen Orientierung der Vertreter im Rat nicht beschränken, denn dieser Ausschuss hat nur beratende Funktion.[1346] Die eigentliche Forderung, über das Subsidiaritätsprinzip bürgernahe Entscheidungen treffen zu können, wird verfehlt, wenn diese auch über den Ausschuss der Regionen verfolgt werden sollte.[1347]

Zusammenfassend kann behauptet werden, dass eine Ausdehnung der Kompetenzen der EG - die nur mit Zustimmung des Rates erfolgen kann - nicht dann erfolgte, wenn „die sachlichen Notwendigkeiten für ein europäisches Vorgehen und eine europäische Lösung sachlich evident und geboten waren,“[1348] sondern es wurde dann eine Kompetenzverlagerung zugunsten der EU beschlossen, wenn die Probleme auf nationaler Ebene nur mit erheblichen „Kosten“ in Form von Stimmenverlusten gelöst werden konnten. Die Regelungen auf europäischer Ebene im Rahmen eines Kartells der europäischen Regierungen können gegen die Interessen der Wähler undurchsichtiger und mit dem Verweis auf Konsenszwang ohne Zuordnung der Verantwortlichkeit getroffen werden.[1349] Außerdem ist der Haushalt der Europäischen Gemeinschaft im Sinne politischer Kosten billiger auszuweiten als der nationale.[1350]

(2) Die Europäische Kommission

Gemäß der Public-Choice-Theorie verfolgt die Europäische Kommission als bürokratische Behörde die Maximierung ihres Budgets, d.h. den dort beschäftigten Beamten wird ein Interesse an der Ausweitung ihrer Kompetenzen und ihres Budgets unterstellt, da sich an diesen Faktoren ihre Bedeutung ablesen lässt. Somit hat die Kommission keinerlei Interessen an einer Kompetenzverlagerung auf die Ebene der Mitgliedstaaten, da sie hiermit die relative Bedeutung ihrer eigenen Behörde schwächen und in einer sehr restriktiven normativen Auslegung des Subsidiaritätsprinzips sogar Stellen der Kommission obsolet werden würden. Außerdem folgt aus

---

1346 Vgl. hierzu die ausführlichere Darstellung im zweiten Kapitel, Abschnitt 2.3.2.7.3.

1347 Es lässt sich hier Heintzen (1991), S. 318 f. anführen: „Nicht jedes Zugeständnis, das die Europäische Gemeinschaft den Bundesländern oder anderen europäischen Regionen macht, ist die Verwirklichung des Subsidiaritätsprinzips. (...) Anhörungs-, Beteiligungs- und Mitentscheidungsrechte in einem europäischen Politikverbund haben mit Subsidiarität nur bedingt zu tun. Subsidiarität bedeutet eigenverantwortliche Aufgabenerledigung.“

1348 Kühnhardt (1993), S. 67.

1349 Vgl. Witte (1994), S. 259.

1350 Dies wird vor allem deutlich, wenn man die Steigerungsraten der nationalen und gemeinschaftlichen Haushalte vergleicht. Vgl. hierzu auch das Gesetz von Popitz (1927). Die EG wird so zum Sündenbock für unpopuläre Maßnahmen.

der Public-Choice-Theorie, dass das Budget einer Behörde von den Bürokraten als proportionaler Ausdruck ihrer Wichtigkeit betrachtet wird.[1351] Wendet man diesen Gedanken auf die Europäische Kommission und ihre Stellung zu dem Subsidiaritätsprinzip an, so wird deutlich, dass keinem Brüsseler Beamten an einer restriktiven Auslegung dieses Prinzips gelegen sein kann. Diese These wird gestützt durch die Bemühungen der Kommission, Subsidiarität im Sinne der Wirksamkeitstheorie durchzusetzen. Dies wird als eine Art Berechtigung begriffen, immer dann zu handeln, wenn man glaubt effektiver Probleme lösen zu können, als dies auf der Ebene der Mitgliedstaaten möglich wäre.[1352]

Will die Kommission tätig werden, muss sie nachweisen, dass die avisierten Maßnahmen erforderlich und verhältnismäßig sind (Durchführung des doppelten Effizienztests) und auf der supranationalen Ebene besser durchzuführen sind als auf der nationalen Ebene. Die faktische Folge ist, dass die Wahl der Rechtsform der Beschlüsse daran ausgerichtet wird. In zunehmendem Maße werden Richtlinien gegenüber Verordnungen bevorzugt.

Eine Auslegung des Subsidiaritätsprinzips, das eine Interpretation der Kommission in einem restriktiven, limitierenden Charakter zulassen würde, ist nicht zu erkennen.[1353]

(3) Das Europäische Parlament

Wird das Europäische Parlament (EP) hinsichtlich seiner Einstellung zu dem Subsidiaritätsprinzip untersucht, so ist zunächst zu wiederholen, dass die Annahme getroffen wurde, das Europäische Parlament verfolge neben dem Ziel der Stimmenmaximierung für Wiederwahlen der einzelnen Parlamentarier auch das Ziel einer Ausdehnung seiner Befugnisse in die Richtung einer parlamentarischen

---

1351 Vgl. im zweiten Kapitel den Abschnitt 2.3.2.3.

1352 Der frühere Präsident der EG-Kommission Delors hat das Subsidiaritätsprinzip genau in diesem Sinne - der Wirksamkeitstheorie - verstanden. So wird gesagt, dass ihm fälschlicherweise der Ruf anhängig war, ein Verfechter des Subsidiaritätsprinzips in der Sichtweise der deutschen Bundesländer zu sein. Aus Sicht der deutschen Bundesländer wurde er schon zum „wichtigen Verbündeten für die Durchsetzung des Subsidiaritätsprinzips" (Sauter (1990), S. 98) hochstilisiert. Eigentlich war aber seinen Äußerungen bereits vor Maastricht zu entnehmen, dass er keineswegs an die Auslegung der deutschen Bundesländer dachte, sondern vielmehr als ein Advokat der Wirksamkeitstheorie bezeichnet werden kann. „Auch ich bin Verfechter des Subsidiaritätsprinzips, vielleicht nicht in dem präzisen Sinn, den das deutsche Verfassungsrecht diesem Begriff beigelegt hat, aber doch in dem Sinne, daß auf europäischem Niveau nur das geregelt werden soll, was besser und sinnvoller auf diesem Niveau geregelt werden kann." Delors (1988), S. 341.

1353 Daran ändert auch die Tatsache nichts, dass nach den Gipfeltreffen in Lissabon, Birmingham und Edinburgh eine Reihe von Gesetzesvorschlägen von der Kommission zurückgezogen wurden, weil sie einer internen Subsidiaritätsprüfung nicht standhielten. Dies erscheint eher als die Folge der Diskussion um das Thema Dezentralisierung. Diese Diskussion ist sicherlich von geringerer normativer Kraft als das Strukturprinzip Subsidiarität.

Kontrolle.[1354] Eine Minimalgemeinschaft im Sinne einer konsequenten Entscheidungsdezentralisierung würde die Bedeutung des Parlamentes aber nur bedingt aufwerten. An dieser Aufwertung dürften gerade die Parlamentarier interessiert sein, wenn sie innerhalb der europäischen Organe mehr Bedeutung anstreben.[1355]

Diese Annahme wird dadurch gestützt, dass das EP sich im Moment als eine Art Wächter des Subsidiaritätsprinzips verhält. Es tritt vermehrt als Vermittler zwischen der Kompetenz – anziehenden Kommission und den Kompetenz – abtretenden nationalen Parlamenten auf. Dies könnte als Strategie gewertet werden, den eigenen Grad der Unentbehrlichkeit zu erhöhen.[1356] Allerdings ist es fraglich, ob das Parlament mit diesen Verhaltensweisen dem Subsidiaritätsprinzip dienlich ist. Auch wird eine Aufwertung des Parlamentes innerhalb des institutionellen Gefüges in der Europäischen Gemeinschaft angesichts der bestehenden Kompetenzverteilungs- und Interessen-ungleichgewichte teilweise kritisch beurteilt.[1357]

(4) Der Europäische Gerichtshof

Auch der Europäischen Gerichtshof kann mit Hilfe der Public-Choice-Theorie hinsichtlich der bestehenden Anreizsysteme und der daraus folgenden wahrscheinlichen Verhaltensweisen analysiert werden. Allerdings ist hier dringend darauf hinzuweisen, dass die garantierte Unabhängigkeit des EuGH ihn aus dem politischen Wettbewerb herausnimmt. Dennoch können bisherige Entscheidungen damit erklärt werden, dass auch der EuGH eine Erosion seiner Kompetenzen vermeiden möchte. Die Einfluss der Richter des EuGH steigt proportional mit der Bedeutung der Europäischen Union und mit der Ausdehnung ihrer Kompetenzen.[1358]

Außerdem gilt zu bedenken, dass die Entscheidungen des Europäischen Rates sowie des Ministerrates prinzipiell nicht der Kontrolle des EuGH unterliegen. Auch sind die Möglichkeiten der Prüfungen durch den EuGH nur recht begrenzt. Es wird unterstellt,

---

1354 Möschel beschreibt diese Ausdehnung der parlamentarischen Befugnisse als eine parlamentarische Kontrolle, die ihm sinnvoll und notwendig erscheint. Er bezeichnet sei als eine „Minimalgemeinschaft". Vgl. Möschel (1993a), S. 20.

1355 Vgl. im zweiten Kapitel den Abschnitt 2.3.2.4.

1356 „(...) die Kommission (soll) einen jährlichen Bericht über die Beachtung des Subsidiaritätsprinzips erstellen. Das EP wird hierüber eine öffentliche Diskussion führen und auch die nationalen Parlamenten über diesen Bericht informieren." Klepsch (1993), S. 15.

1357 Vgl. hierzu auch die ausführliche Darstellung in dem zweiten Kapitel, Abschnitt 2.3.2.4 Auch der ehemalige Richter am Bundesverfassungsgericht Grimm schreibt: „ Ein mit den Kompetenzen der Parlamente demokratischer Verfassungsstaaten ausgerüstetes Europäisches Parlament würde unweigerlich die Zentralisierungstendenzen verstärken und alsbald ein europäisches Parteiensystem hervorrufen, während ein europäisches Staatsvolk nicht im selben Tempo nachwachsen könnte und auch die öffentliche Meinung es mit einer Europäisierung schwer hätte, weil sie an Sprache gebunden bleibt." Grimm (1992), S. 17.

1358 Deshalb wird dem EuGH von einigen Autoren die Rolle als der Motor der Integration zugesprochen, der nach dem Motto entscheidet: „in dubio pro integratio". Vgl. Wenzler (1996), S. 81.

dass ein einstimmig entschiedener Rechtsakt des Rates dem Subsidiaritätsprinzip in ausreichender Form Rechnung trägt.[1359]

Werden Klagen vor dem EuGH über Verletzungen des Subsidiaritätsprinzips vorgetragen, so erfordern diese zu beurteilenden Sachverhalte immer auch eine Einschätzung des EuGH, welche Folge eine Unterlassung einer bestimmten Maßnahme auf europäischer Ebene hätte. Diese Beurteilung etwaiger Konsequenzen geschieht auf der Basis subjektiver Einschätzungen und politischer Präferenzen. Insofern erscheint es wahrscheinlich, dass der EuGH dem Rat und auch der Kommission entsprechende Entscheidungsspielräume zugestehen wird.[1360] Somit liegt die wesentliche Entscheidungskompetenz wieder bei den Gremien, die- wie oben dargestellt - nicht für eine restriktive Auslegung des Subsidiaritätsprinzips stehen, sondern es entsprechend der Wirksamkeitstheorie beurteilen.

5.3.2.4 Bewertung und Perspektiven des Subsidiaritätsprinzips

Die Aufnahme des Subsidiaritätsprinzips in den Vertrag über die Europäische Union schafft keine klaren Verhältnisse, indem eindeutig Kompetenzen zugewiesen werden, sondern es liefert den Einstieg in eine wünschenswerte Diskussion um die Ausgestaltung einer Ordnung für Europa. Das Subsidiaritätsprinzip erfasst nicht die formale Kompetenzzuweisung. Die Kompetenz-Kompetenz verbleibt bei den Mitgliedstaaten.[1361] Allerdings wird durch die gemeinschaftliche Regelgebung und durch das Erlassen von Richtlinien und Verordnungen, die sich unter anderem auf das Subsidiaritätsprinzip als Legitimationsgrundlage stützen können, ein neuer Rechtsstand geschaffen, der im Integrationsprozess langfristig eine Anpassung der Gemeinschaftsverträge an den status quo hervorbringen wird. Die Grenzen zwischen Kompetenzausübung und Kompetenzverteilung werden dadurch fließend.[1362] Dennoch sollte bei der Frage nach Verbesserungsvorschlägen nicht in die Richtung gedacht werden, dass die nationalen Parlamente zusätzlich jeden Gesetzgebungsakt auf Gemeinschaftsebene abzusetzen hätten. Dies wäre ein schwerfälliges Verfahren, dass gemeinschaftliches Handeln behindern bzw. sogar lahm legen könnte.[1363]

1359 Vgl. Schmidthuber/Hitzler (1992), S. 725.

1360 Vgl. hierzu das zweite Kapitel den Abschnitt 2.3.2.5.

1361 Vgl. Vaubel (1995), S. 130-132.

1362 Das Subsidiaritätsprinzip wirkt als „dynamisches Korrektiv für die Kompetenzverteilung." Jestaedt (1993), S. 111.

1363 Es ist fragwürdig, ob der Versuch das Ausufern der Regelungskompetenzen der EU zu begrenzen über die primäre Betrachtung der Aufgaben der Gemeinschaftsebene – wie es in dem gesamten Art. 3b EGV zugrundegelegt ist – ein Vorgehen ist, das von Erfolg gekrönt sein wird. Begrenzungsversuche der Aufgaben bei der Gemeinschaft haben selten Erfolg gehabt. So könnte durchaus der Ansatz vertreten werden, die Einnahmenseite in den Mittelpunkt der Betrachtung zu rücken. Es muss gewährleistet sein, dass die EG letztlich immer nur durch Beiträge der EG finanziert wird, und sie so deren „lästiger Kostgänger" bleibt. „Wer als Gesetzgeber kein Geld hat, kann wenig Unfug anrichten." Möschel (1993c), S. 3028. Eine offene Flanke allerdings in

Entsprechend den Annahmen und der Modellierung der Public-Choice-Theorie sind individuelle Interessen die Triebfedern menschlichen Handelns, woraus geschlussfolgert werden kann, dass nur dann eine restriktive Auslegung des Subsidiaritätsprinzips erfolgen könnte, wenn sie den Interessen der am politischen Prozess Beteiligten entspräche. Nach den hier angestellten Überlegungen erscheint es eher umgekehrt zu sein, nämlich dass die europapolitischen Akteure das Subsidiaritätsprinzip als „Trojanisches Pferd“ zur Verlagerung von Kompetenzen auf die europäische Ebene benutzen, denn die Instanzen der EU sind nicht an einer Begrenzung der Unionskompetenzen interessiert.[1364]

Die unterschiedliche Interpretation des Subsidiaritätsprinzips durch die deutschen Länder und die Kommission ist evident; die deutschen Länder sehen in ihm die Möglichkeit eines Schutzes vor weiteren Aushöhlungen nationaler und regionaler Kompetenzen. Die Kommission hingegen leitet aus der im Vergleich zu den Mitgliedstaaten angenommenen größeren Problemlösungskapazität eine grundsätzliche Ermächtigung ab, Aufgaben auf die supranationale Ebene zu verlagern und damit an sich zu ziehen. Andererseits sind die Mitgliedstaaten aufgrund der bereits an die europäische Ebene abgetretenen Zuständigkeiten tatsächlich nicht mehr zu einer ausreichenden Problemlösung in der Lage.[1365] Insofern ergibt sich eine weitere Ermächtigung für die Kommission, Kompetenzen zu zentralisieren. Unterstützt wird dieser Prozess durch diejenigen Staaten, die ohnehin keine nennenswerten Vorteile aus der nationalen Problembearbeitung ziehen konnten und daher von einem gemeinsamen Vorgehen zu profitieren hoffen (im Wesentlichen sind dies die südeuropäischen Mitgliedstaaten). Hiermit besteht ein Konflikt zwischen den auf politische Autonomie bedachten und den an Zentralisierung interessierten Unionsmitgliedern. Die Entscheidung darüber, ob bestimmte politische Maßnahmen auf nationaler oder supranationaler Ebene implementiert werden, bleibt letztlich trotz des Subsidiaritätsprinzips den politischen Verhandlungsprozessen auf der europäischen Ebene überlassen. Dabei ist es äußerst fragwürdig, ob der als integrationsfreundlich geltende EuGH in die Rolle einer neutralen Schiedsstelle zur Schlichtung von Streitigkeiten um Kompetenzzuständigkeiten hineinwachsen kann.

Es ist gezeigt worden, dass der Vertrag von Maastricht die Tendenzen einer Auslegung des Subsidiaritätsprinzips in Richtung der Wirksamkeitstheorie noch verstärkt hat. Durch dieses Vertragswerk von Maastricht ist eine ordnungspolitisch bedenkliche Fehlentscheidung getroffen worden. Die Kompetenzen der Union sind durch diesen Vertrag noch um 53 Artikel erweitert worden, und zwar insbesondere in Bereichen die nach einem restriktiven Verständnis gerade in die Regelungskompetenz der Mitgliedstaaten oder sogar auf die Ebene der einzelnen Bundesländer bzw. Regionen gehören – wie bspw. das Erziehungswesen, das Gesundheitswesen oder die Entwicklung

---

dieser Argumentation bleibt, dass ordnungspolitische Maßnahmen, die keinen Finanzierungsbedarf nach sich ziehen, dadurch nicht begrenzt werden.

1364 Vgl. Witte (1994), S. 263.

1365 Vgl. hierzu die Fusionsthese von Wessels (1992), S. 36-61.

einzelner Regionen etc. Andererseits wurde auch gezeigt, dass eine restriktive Auslegung des Subsidiaritätsprinzips nicht justitiabel ist. Das Subsidiaritätsprinzip erfüllt damit nicht den Anspruch eines die politischen Entscheidungsträger bindenden Kriteriums. Da die Regionen als potentielle Befürworter dezentraler Problemlösungen bislang kein Klagerecht vor dem EuGH haben, besteht die Gefahr einer Instrumentalisierung des Subsidiaritätsprinzips im Sinne einer ohnehin schon evidenten Zentralisierungsdynamik. Zusammenfassend kann das Subsidiaritätsprinzip als ein politisches Prinzip mit unklaren rechtlichen Implikationen beurteilt werden,[1366] welches nicht als Schutzwall gegen die Zentralisierungstendenzen angesehen werden kann.[1367]

Demzufolge stellt sich die Frage, welche Anreize es für die politischen Akteure auf der europäischen Ebene geben könnte, dem aus individualistischer Sichtweise – auch aus Gründen der Bürgersouveränität – wünschenswerten Grundsatz bei der Staatsorganisation Geltung zu verschaffen. Die Antwort kann nur eine konsequent föderalistische Organisation Europas sein. Damit wird auch die dringende Empfehlung verbunden, den höheren europäischen Einheiten keine Kompetenz-Kompetenz einzuräumen, damit sie nicht in die Lage versetzt werden, sich selbst Aufgaben definieren zu können. Dann wäre auch eine demokratische Legitimierung der politischen Entscheidungen sinnvoll, d.h. die Entscheidungsbefugnisse des Europäischen Parlamentes könnten dann auf sinnvolle Weise ausgeweitet werden.[1368]

Da als Kriterium zur Operationalisierung der Kompetenzabgrenzung der Artikel 3 b ungeeignet ist, müssten Wege gefunden werden, entweder das Subsidiaritätsprinzip zu operationalisieren oder es durch ein geeigneteres Verfassungsprinzip zu ersetzen.[1369] Würde das Subsidiaritätsprinzip ernst genommen, dann erforderte dies ein Organ mit eigenem Initiativrecht zur Dezentralisierung.

Die unterschiedlichen Auffassungen über die Interpretation des Subsidiaritätsprinzips und die mangelhafte Operationalisierbarkeit zeigt die Grenzen der traditionellen Föderalismustheorie auf, die als ein Versuch der Operationalisierung des Subsidiaritätsprinzips gewertet werden können. Für die Gestaltung allgemeiner Regeln als Spielregeln der europäischen Integration ist Subsidiaritätsprinzip als Leitidee ungeeignet. Es ist nicht geeignet in der Absicherung eines Ordnungswettbewerbs und zur Sicherung bzw. Implementation einer Bürgersouveränität.

1366 Vgl. auch Hrbek (1995a), S. 52.

1367 Vgl. Starbatty (1993a).

1368 Zu einer Bewertung der institutionellen Struktur vgl. im zweiten Kapitel den Abschnitt 2.5.4. In diesem Zusammenhang ist der Zwei–Kammern-Vorschlag von Bernholz von Interesse; das Parlament könnte eine der beiden Kammern sein. Vgl. Bernholz (1996), S. 67-72.

1369 „Auf lange Sicht scheint (...) statt einer Scheindebatte über Subsidiarität vielmehr eine Debatte über die Verfassung für die Europäische Gemeinschaft dringend erforderlich zu sein.“ Paterson (1993), S. 18.

5.3.3 Das föderalistische Prinzip

5.3.3.1 Einführung

„Europa wird föderalistisch sein, oder es wird nicht sein."[1370]

Ausgehend von dem Subsidiaritätsprinzip als Leitidee, die einer Operationalisierung bedarf, werden in diesem Abschnitt der Arbeit zunächst die traditionelle Föderalismustheorie dargestellt und hinsichtlich ihrer Eignung für die Ableitung von Empfehlungen für die Entwicklung von Leitlinien einer Verfassung für Europa überprüft. Bereits das vierte Kapitel hat an verschiedenen Stellen deutlich werden lassen, dass die Verfasserin einer Arbeit über die Integration Europas und die Entwicklung von Reformvorschlägen für die verfassungsmäßigen Linien einer künftigen Entwicklung einen besonderen Schwerpunkt auf die Föderalismustheorie legen muss. Es sollte an dieser Stelle geprüft werden, ob der Fiskalföderalismus als ökonomischer Operationalisierungsansatz des Subsidiaritätsprinzips betrachtet werden kann. Hierbei werden ausgehend von den traditionellen Theorien auch neuere Ansätze Eingang in die Untersuchung finden. Nachdem die Theorie entsprechend aufgearbeitet wurde, sollen wesentliche Kernelemente einer derartigen Ausgestaltung innerhalb einer Verfassung in der Praxis verdeutlicht werden. Hierbei wird implizit angenommen, dass Deutschland in seinen föderalistischen Elementen zu aufgeweicht ist, als dass an dieser Stelle eine eingehendere Untersuchung tatsächlich gewinnbringend wäre. Das Konstrukt der Bürgersouveränität und die Idee der FOCJ (functional overlapping, competing jurisdictions) als fünfte Freiheit Europas werden hier als mögliche Absicherungsstrategien eines Ordnungswettbewerbs näher beleuchtet.

[1370] Helmut Kohl bei seiner Rede in der Aula der Universität Zürich am 18. Juni 1992, zit. nach Bohley (1993), S. 34.

5.3.3.2 Traditionelle Föderalismustheorie

„Das föderative System wurde mit der Absicht kreiert, die verschiedenen Vorteile zu kombinieren, die aus dem Umfang und aus der Überschaubarkeit von Nationen resultieren."
(Alexis de Tocqueville, Über die Demokratie in Amerika)[1371]

Der Begriff des Fiskalföderalismus ist im Wesentlichen auf die Idee einer optimalen Regelungsebene unter dem Gesichtspunkt der Effizienz zurückzuführen.[1372] Auf diese Weise soll eine präferenzkonforme und effiziente Ordnung hergestellt werden, die der regional differierenden Ausprägung der Bürgerpräferenzen gerecht wird und einen Vergleich der Kosten und Nutzen zur Vermeidung von räumlichen Externalitäten anstellt. Eine Zentralisierung von Kompetenzen wird – wie bereits in dem dritten Kapitel ausgeführt wurde – mit der Möglichkeit der Internalisierung externer Effekte und der Nutzung von Synergieeffekten begründet. Eine gemeinschaftliche Politik kann so zu einer effizienten Ressourcenallokation führen. Für eine Dezentralisierung von Kompetenzen spricht eine regionale homogene Ausgestaltung von Bürgerpräferenzen bei gleichzeitiger überregionaler Heterogenität.

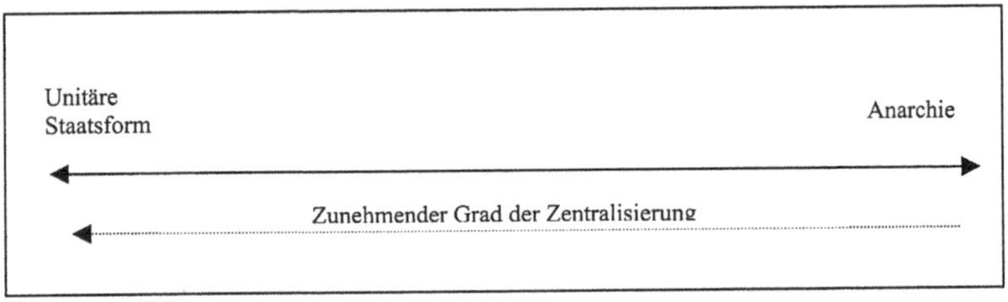

Abbildung 18: Staatsformen in einer polaren Darstellung

In den traditionellen ökonomischen Ansätzen zum Föderalismusproblem[1373] wird die Frage nach der geeigneten Staatsform, die den größten Erfolg bei der Lösung des Allokations-, Distributions- und Stabilisierungsproblems verspricht, als zentrale Fragestellung betrachtet. Hierbei sind auf einer konzeptuellen Ebene zwei nahezu polare Staatsformen zu betrachten. An dem einen Ende steht die unitäre Staatsform als diejenige Organisation des Staatswesens, bei der vollkommene Zentralisierung besteht. Am anderen Ende des Spektrums stünde dann die vollkommen dezentralisierte Staatsform, die in ihrer reinen Form dem Zustand der Anarchie gleichzusetzen wäre.

1371 Zitiert nach Oates (1977), S. 15.
1372 Vgl. Musgrave (1959); Oates (1972); Gerken (1995).
1373 Vgl. Oates (1972); Oates (1977); Musgrave (1959).

Für die angestrebte Untersuchung der Eignung unterschiedlicher – letztlich ohnehin idealtypischer – Staatsformen für die durch den Staat zu erbringenden Aufgaben in den Bereichen der Distribution, der Allokation und der Stabilisierung erscheint es nicht zweckmäßig, die totale Dezentralisierung, die der Anarchie nahe kommt, zu untersuchen, sondern auf der Skala kurz vor dem Zustand der vollkommenen Dezentralisierung Halt zu machen. Es werden somit im Fall der dezentralisierten Systeme Staatsformen betrachtet, in denen die Zentralregierung nahezu vollkommen aus der ökonomischen Verantwortung entlassen ist.[1374] Die ökonomischen Aufgaben des öffentlichen Sektors werden von den kleinen lokalen Regierungs- und Verwaltungseinheiten wahrgenommen.[1375]

Es soll also ein weitgehend dezentralisiertes, zugegebenerweise unrealistisches System einem weitgehend zentralisierten gegenübergestellt werden, um letztlich die jeweiligen Vorzüge und Defizite beider Staatsformen herauszuarbeiten. Diese Analyse liefert Erkenntnisse, die überzeugende Argumente sind für die Forderung nach föderalistischen Strukturen.

Betrachtet man zunächst die möglichen Vorteile des Zentralstaates, so liefert die Untersuchung des Stabilisierungsproblems das Ergebnis, dass die unitäre Staatsform weitaus besser geeignet ist, ein hohes Beschäftigungsniveau bei stabilen Preisen zu liefern, als der öffentliche Sektor der durch starke Dezentralisierung gekennzeichnet ist.[1376] Ohne die Möglichkeit eines Zugriffs auf die geldpolitischen Maßnahmen sind die subsidiären staatlichen Institutionen für die Stabilisierung der Konjunkturentwicklung auf die fiskalpolitischen Maßnahmen angewiesen, deren Grenzen recht eng gezogen sind. Die Gemeinden stellen i.d.R. weitgehend offene Systeme dar, d.h. die Mitglieder beziehen Güter und Dienstleistungen auch aus den Nachbargemeinden. Der in dem einfachen keynesianischen Modell betonte Ausgabenmultiplikator (also der reziproke Wert der Summe aus marginaler Spar- und Importneigung) ist tendenziell sehr klein.[1377] Darüber hinaus wird als zweites Argument für die Überlegenheit der zentralen Politikgestaltung hinsichtlich des Zieles der Stabilisierung angeführt, dass im Rahmen der keynesianischen Politik eine Defizitfinanzierung von Staatsausgaben zur Stimulierung bestimmter lokaler Wirtschaftsräume zu einer individuellen Kostenbelastung der Individuen innerhalb dieser Räume führt, die

---

1374 Vgl. Oates (1977), S. 15.

1375 Unter beiden einander konträr gegenüberstehenden Staatsformen soll eine Nation mit gleicher Währung und ohne Restriktion hinsichtlich der Mobilität der Menschen und Güter innerhalb des Systems verstanden werden.

1376 Vgl. Oates (1977), S. 16. Hier findet sich auch explizit der Verweis auf die Notwendigkeit der Existenz einer zentralen Institution, die das Geldmengenangebot kontrolliert. Die Möglichkeit aller nachgeordneten Regierungseinheiten zur Geldschöpfung birgt die Gefahr in sich, die notwendigen Ausgaben der Gemeinde über die Geldschöpfung zu finanzieren als die Mitglieder der Gemeinde mit Steuern zu belasten und so einen Beitrag zu inflationären Prozessen zu leisten.

1377 Für eine Ableitung und Diskussion des Multiplikatoreffekts in einer offenen Volkswirtschaft vgl. Ellsworth (1964), Kapitel 15.

stärker ausfällt als im Rahmen einer nationaler Gestaltung.[1378] Eine dritte Begründung für die relative Überlegenheit einer unitären Regierungsform gegenüber einer weitgehend dezentralisierten Gesellschaftsform bei der Lösung des Stabilisierungsproblems wird aus der starken Interdependenz der lokalen Einheiten abgeleitet. So entwickeln sich wirtschaftliche Prozesse in lokalen Einheiten parallel zueinander. Die zyklischen Bewegungen aggregierter wirtschaftlicher Aktivitäten haben weitgehend nationale Dimensionen und so sollte ihnen auch mit antizyklischer Konjunkturpolitik auf nationaler Ebene begegnet werden.[1379] Dieses dritte Argument ist insofern zu hinterfragen, als die Wirksamkeit des Konzeptes der antizyklischen Konjunkturpolitik – aufgrund der Schwächen, mit denen es behaftet ist – in Zweifel gezogen werden kann.[1380]

1378 Verwiesen wird in diesem Zusammenhang auf den speziellen Charakter dieser Schulden auf lokaler Ebene. Es wird argumentiert, dass im nationalen Rahmen i.d.R. ein hoher Mobilitätsgrad der Kapitalströme gegeben ist. So werden die von der Kommune ausgegebenen Schuldtitel auch von Mitgliedern anderer Kommunen erworben. Diese lokale und regionale Finanzierung durch Verschuldung führe dann – so die Argumentationslinie – zu einer externen Schuld. Vgl. Oates (1977), S. 16. Die spätere Verzinsung und Tilgung erfordern dann einen Transfer von Einkommen der Mitglieder einer Gemeinde an die Nicht-Mitglieder. Nun wird davon ausgegangen, dass die internationale Kapitalmobilität normalerweise weitaus geringer ist als die intranationale, wird die Verschuldung der Nationalregierung vorwiegend zu einer internen Verschuldung führen. Damit ist die Finanzierung über die Zentralregierung der lokalen Finanzierung überlegen, denn sie ist in der Lage ökonomische Anreize zu geben, ohne der Gesellschaft „zukünftige Einkommenstransfers an systemexterne Einheiten aufzubürden". Oates (1977), S. 16. Allerdings muss hierzu kritisch bemerkt werden, dass innerhalb dieser Argumentation eine Unterscheidung zwischen der Eigen- und der Fremdfinanzierung aus Sicht einer Volkswirtschaft getroffen wird. Diese Argumentation ist nicht überzeugend, da aus der Sicht der entstehenden Wertschöpfung es unerheblich sein kann, an wen die Zins- und Tilgungszahlungen geleistet werden müssen. Auch die neo-keynesianische Vorstellung der expliziten Berücksichtung der Möglichkeit eines crowding-in über unvollkommene Kapitalmärkte und divergierende Zinssätze (die Verschuldung einer Volkswirtschaft in Form einer Kapitalmarktfinanzierung beim Publikum - so die Argumentation - kann zu einer Senkung der für die Unternehmensrefinanzierung relevanten Zinsen führen, in diesem Fall wird seitens der Wirtschaftssubjekte ein enges Substitutionsverhältnis bspw. zwischen den Staatsschuldtiteln und dem Geldvermögen unterstellt) kann nicht überzeugen. So kann auch die Forderung nach einer zentralen Staatsverschuldung bzw. die Betonung der Notwendigkeit einer Ansiedlung der Fiskalpolitik auf möglichst zentraler Ebene nicht sinnvoll begründet werden. Die Frage nach den Abflüssen der Zins- und Tilgungszahlungsströme aus einer Region und die damit angeblich verbundenen Wohlstandsverluste werden nicht belegt. Über die langfristigen Folgen der Staatsverschuldung und zur Crowding-Out-Debatte vgl. Cezanne/Mayer (1996), S. 1021-1028. Es ist auch zu bemerken, dass diese Crowding-In-Effekte empirisch nicht nachweisbar sind. Vgl. Lehment (1985), S. 53-70.

1379 Vgl. Oates (1977), S. 17.

1380 Zu erwähnen sind die Wirkungsverzögerungen, die im Rahmen der antizyklischen Konjunkturpolitik sowohl im Bereich der Geldpolitik (insbesondere Außenverzögerung) und aber gerade im Bereich der Fiskalpolitik (betont werden muss die Innenverzögerung) entstehen und u.U. zu einer prozyklischen Wirkung führen können. Hieran schließt sich die Überlegung an, Konjunkturzyklen werden aus wahltaktischen Gründen im politischen Prozess erzeugt. Zur Theorie der politischen Konjunkturzyklen Nordhaus (1975), S. 169-190. Ein weiterer Kritikpunkt ist auf der Grundlage der ökonomischen Theorie hervorzubringen, denn die in Rezessionen nach

Auch bei der Lösung des Distributionsproblems wird der zentralen Ebene eine relative Vorteilhaftigkeit gegenüber einer weitgehenden Dezentralisierung des öffentlichen Sektors unterstellt. Dies wird begründet mit dem Hinweis auf den hohen Grad der Mobilität der Wirtschaftssubjekte.[1381] Wünsche die Gemeinden ein unterschiedliches Niveau an redistributiven Zielen, so werden diejenigen Kommunen mit einem Steuersystem, das auf eine ausgeprägte Umverteilung ausgerichtet ist, sich einer ausgeprägten Beliebtheit bei den relativ Armen erfreuen, während hingegen diejenigen, die im Vergleich zu anderen Regionen in höherem Maße besteuert werden sollen, diese Kommune meiden werden. Das Ergebnis könnte zwar eine ausgeglichenere Einkommensverteilung sein, allerdings bei sinkenden Pro-Kopf-Einkommen.[1382] So kann in diesem Zusammenhang insbesondere auch auf die free-rider-Problematik hingewiesen werden.[1383] Das Ausmaß und der Erfolg von redistributiven Maßnahmen ist dann begrenzt durch die (potentielle) Mobilität der in der jeweiligen Verwaltungseinheit lebenden Individuen. Diese Mobilität ist tendenziell um so größer, je kleiner diese Verwaltungseinheit ist und je ähnlicher die kleinen Verwaltungseinheiten sich hinsichtlich der Kultur und Sprache sind, denn dies impliziert eine Verringerung der Transaktionskosten bei einem Wechsel. Somit garantiert eine unitäre Staatsform einen höheren Zielerreichungsgrad der distributiven Ziele, da die Mobilität über nationale Grenzen hinweg im Allgemeinen geringer ist als innerhalb dieser Grenzen.[1384]

Schließlich gibt es im Rahmen der Untersuchung des Allokationsproblems Hinweise, dass hinsichtlich der erfolgreichen Bereitstellung bestimmter Güter eine zentralisierte Staatsform einer weitestgehend dezentralisierten überlegen ist. Suchen die

---

dem Konzept einer keynesianisch motivierten antizyklischen Konjunkturpolitik empfohlene Strategie des deficit-spending führt nur dann zu einem über den Zyklus ausgeglichenen Budget, wenn in den Phasen der Hochkonjunktur entsprechende Rückführungen der Verschuldung vorgenommen werden. Dies kann im Ergebnis zu einer Verflachung der anspringenden Konjunktur führen. Bei einer anstehenden Wahl kann diese Entwicklung dem Ziel, Stimmen auf sich zu vereinigen, um an der Regierung zu bleiben, abträglich sein und insofern für die Politiker ein Anreiz bestehen, die Verschuldung nicht zurückzuführen. In diesem Zusammenhang ist auch zu erwähnen, dass die empirischen Untersuchungen einen eindeutigen Hinweis geben in Richtung eines Crowding-out infolge der Staatsverschuldung. Es besteht die Gefahr der Verdrängung von zinsempfindlichen privaten Investitionen, da der Staat bei einer Kapitalmarktfinanzierung seiner Staatsverschuldung den Zinssatz in die Höhe treibt. Dies führt zu langfristigen negativen Effekten für Wachstum und Beschäftigung.

1381 Zu den Problemen des umverteilenden Sozialstaates in einem Systemwettbewerb vgl. im zweiten Kapitel den Abschnitt 3.2.2.1.5.

1382 Zu der Beschränkung lokaler redistributiver Aktivitäten vgl. Stigler (1957), S. 213-219.

1383 Selbst wenn die Bürger einer Gemeinde explizit die Beseitigung der Armut durch redistributive Maßnahmen befürwortet haben, wird jeder einzelne u.U. jede Gelegenheit wahrnehmen, seine Interessen zu verfolgen und einen eigenen Beitrag zu diesem Pogramm zu vermeiden. Die innere Rechtfertigung erfolgt häufig auf dem Weg, dass darauf abgestellt wird, dass der Beitrag eines Einzelnen zur allgemeinen Armutsbekämpfung als gering angesehen wird. Zur schon frühen und sehr gelungenen Diskussion der free-rider-Problematik vgl. Buchanan (1968), Kapitel 5.

1384 Vgl. Oates (1977), S. 18.

Entscheidungsträger einer unitären Staatsform die Wohlfahrt der gesamten Gesellschaft zu maximieren, so würde es nicht zu der sonst auf dezentraler Ebene drohenden Unterversorgung mit öffentlichen Gütern kommen.[1385]

Es gibt aber auch ökonomische Gründe für ein dezentrales System. Zunächst wird als grundlegender Nachteil der unitären Regierungsform eine mangelhafte Sensitivität für die unterschiedlichen Präferenzen der Mitglieder in den verschiedenen Gebietskörperschaften genannt.[1386] Bei der Bestimmung des Versorgungsniveaus mit öffentlichen Gütern wird es zu Kompromissen kommen und diese Uniformität öffentlicher Maßnahmen wird zu Über- und Unterversorgungen aus der Sicht der einzelnen Wirtschaftssubjekte führen. Bei denjenigen Gütern mit nationaler Reichweite bietet sich die zentrale Lösung auch an, aber bei Gütern, dessen Konsum sich auf die Mitglieder einer Gemeinde beschränkt, bietet sich ein dezentrales Wirtschaftssystem an, da es eine individuelle an den Präferenzen der Individuen orientierte Versorgung ermöglicht und so Präferenzunterschiede reflektiert werden können. Die Effizienz könnte gesteigert werden durch ein Angebot an öffentlichen Gütern, das den unterschiedlichen Präferenzen der Konsumenten gerecht wird, in einem dezentralisierten System. Die potentielle Möglichkeit der Abwanderung der Individuen zu Orten, deren fiskalpolitische Maßnahmen den Präferenzen am ehesten entsprechen,[1387] werden die Zahlungsbereitschaften der Bürger offen gelegt. In einem dem Markt verwandten Mechanismus wird so die effiziente Bereitstellung öffentlicher Güter erzeugt.

Darüber hinaus kann der Konkurrenzdruck der alternative öffentliche Güter anbietenden Jurisdiktionen einen Anreiz leisten zu vermehrten Experimenten und Innovationen bei der Produktion öffentlicher Güter. Ein System der lokalen Eigenverantwortung kann so sowohl die statische als auch die dynamische Effizienz gegenüber einer Zentralregierung erhöhen.

1385 Vgl. zu der Problematik der öffentlichen Güter Samuelson (1954), S. 387-389; Musgrave (1959), S. 73-86 und Head (1962), S. 197-219. Über die Möglichkeit über Koordination und Allianzen eine effiziente Versorgung mit öffentlichen Gütern in einem weitgehend dezentralisierten System zu erreichen vgl. Olson/Zeckhauser (1966), S. 266-279. Die beiden Autoren kommen in ihrer Untersuchung zu dem Ergebnis, dass es zu einem subeffizienten Output kommen wird, da jeder Vertragspartner nur einen bestimmten Teil des Nutzens des angebotenen kollektiven Gutes zieht, aber die vollen Kosten einer zusätzlichen Einheit dieses Gutes trägt. Das bedeutet, dass jedes Mitglied der Allianz oder internationalen Organisation den Anreiz hat, die Erstellung des kollektiven Gutes zu beenden bevor der pareto-optimale - also effiziente - Output realisiert wird. Dies trifft insbesondere für die kleinen Mitglieder zu, deren kleinere Anteile an dem Gesamtnutzen sie veranlassen, im Falle einer Gewährleistung der gewünschten Versorgung durch die größeren Mitglieder sich ganz aus der Bereitstellung zurückzuziehen. Es kommt dann zu einer disproportionalen Verteilung der Kosten. Vgl. Olson/Zeckhauser (1966), S. 278.

1386 Vgl. Oates (1977), S. 20.

1387 Zu diesem „voting on foot“ vgl. Tiebout (1956), S. 416-424. Zu einer umfassenden Darstellung und Kritik des Modells nach Tiebout vgl. im zweiten Kapitel den Abschnitt 3.2.2.1.2.

Auch wird angenommen, dass die direktere Verbindung der Ausgabenentscheidungen mit den jeweiligen Einnahmen über die Steuern zu besseren Kosten-Nutzen-Abwägungen führen kann.

Die dargestellte Diskussion um die Staatsformen in ihrer polaren Darstellung zeigt deutlich, dass beide Staatsformen deutliche Vor- und Nachteile aufweisen. Eine durch starke Dezentralisierung gekennzeichnete Regierungsform hat – so die Argumentation der traditionellen Föderalismusforschung – Nachteile bei der Erfüllung der drei originären Staatsaufgaben Stabilisierung, Distribution und Allokation. Die Zentralregierung wird allerdings wahrscheinlich erhebliche Verluste aus dem einheitlichen Konsum der öffentlichen Güter und aus technologisch bedingten Verlusten bei ihrer Produktion realisieren. Der Ansatz der traditionellen Föderalismustheorie leitet daraus die Forderung nach einer föderativen Regierungsform, die die Vorteile dieser beiden polaren Ansätze vereint und die jeweiligen größten Nachteile vermeidet, ab.[1388]

Aus ökonomischer Sicht leitet sich die besondere Attraktivität der föderativen Regierungsform aus der Kombination der Vorteile der unitären und der dezentralen Regierungsform ab.[1389] Keine Ebene versucht alle Staatsaufgaben wahrzunehmen, sondern widmet sich nur den Aufgaben, die sie gerade noch erfüllen kann. Grob wird die Klassifikation so vorgenommen, dass die Zentralregierung die Verantwortung der Einkommensverteilung übernimmt und für das Angebot bestimmter für die Wohlfahrt aller Gesellschaftsmitglieder relevanter öffentlicher Güter verantwortlich ist. Als Komplement hierzu werden die subsidiären Einheiten alle jene öffentlichen Güter anbieten, deren Nutzung in erster Linie für die Einwohner bestimmter Jurisdiktionen von Interesse ist.[1390]

1388 Insofern entspricht der Föderalismus einem Kompromiss zwischen unitärer Regierung und extremer Dezentralisierung. Vgl. Oates (1977), S. 22.

1389 Die Diskussion der zentralen vs. weitgehend dezentralen Regierungsform als Herleitung zur föderalen Konstruktion erfolgte ausschließlich unter dem Gesichtspunkt ökonomischer Argumente. Auf die politischen Vor- und Nachteile sollte hier explizit nicht eingegangen werden. Bspw. findet sich als ein Verweis auf einen politischen Vorteil des zentralen Systems eine effizientere nationale Verteidigung und eine bessere Außenpolitik sowie auch eine effizientere Nutzung knapper administrativer Talente. Allerdings hat diese Organisationsform den entscheidenden Nachteil einer drohenden Machtkonzentration. Auch wird teilweise auf den politischen Vorteil von eher dezentralen Regierungsformen verwiesen, dass sie eine wichtige Rolle in der öffentlichen Bildung der Bürger spielen, indem sie eine umfassendere und direktere Partizipation der Bürger an den Regierungsgeschäften ermöglichen. So bietet auch in der politischen Argumentation der Föderalismus die Möglichkeit die Vorteile unitärer und dezentraler Staatsformen auszunutzen. „Die föderative Regierungsform (...) bedeutet Vielfalt in der Einheit. Sie bietet Einheit dort, wo sie benötigt wird, und sichert gleichzeitig Verschiedenheit und Unabhängigkeit in Situationen, in denen es nicht auf Einheit und Uniformität ankommt." Wheare (1964), S. 244.

1390 Vgl. zu dieser „klassischen" Beschreibung der föderalistischen Aufgabenverteilung Oates (1977), S. 22; Musgrave (1959), S. 181-183 und Netzer (1968), S. 435-440.

In einer Pionierarbeit über den Föderalismus findet sich folgende Definition zum Föderalismus als „eine Methode, Macht so aufzuteilen, dass sowohl die zentrale Regierung als auch die regionalen Regierungen in einem gewissen Rahmen koordiniert und voneinander unabhängig sind."[1391]

Die Anwendung der traditionellen Föderalismustheorie auf die Ausgestaltung einer europäischen Verfassung erscheint nicht unproblematisch, denn es besteht die Gefahr einer Instrumentalisierung dieses Ansatzes zur Stärkung der ohnehin bereits vorhandenen Zentralisierungstendenzen innerhalb der EU. Außerdem basiert sie - wie gezeigt wurde - auf der neoklassischen Wohlfahrtstheorie, die bereits wegen ihrer einseitigen Effizienzorientierung und Konzentration der Analysen auf Aspekte der Allokation für die Analyse politischer Prozesse und institutioneller Aspekte abgelehnt wurde, denn die Annahme eines allwissenden wohlwollenden Diktators führt nicht weiter bei dem Versuch, die Eigendynamik politischer Prozesse erklären zu wollen. Ebenso verleitet die Annahme vollkommener Informationen über die Präferenzen der Bürger zu einer systematischen Unterschätzung der Bedeutung von Institutionen bei der Aufdeckung von Bürgerpräferenzen. Der gleichgewichtsorientierte neoklassische Modellansatz ist ungeeignet für die Entwicklung und Darstellung von Argumenten für einen dynamischen Wettbewerb ordnungspolitischer Leitbilder, der auf die vielfältige Generierung institutioneller Problemlösungen ausgerichtet ist und somit als eine Art Suchprozess für präferenzkonforme Problemlösungen gelten kann. Außerdem ist darauf hinzuweisen, dass sich nicht alle Präferenzen unter dem Effizienzziel zusammenfassen lassen. Beispielsweise sind Umweltziele oder soziale Sicherheit nicht vereinbar mit dem engen Effizienzziel. So konkurriert u. U. das Effizienzziel mit sozialen und ökologischen Präferenzen der Bürger, so dass die im Fiskalföderalismus proklamierte Effizienzorientierung nicht gleichzusetzen ist mit einer Präferenzorientierung und so zu inneren Widersprüchen führen kann.

5.3.3.3 Die ökonomische Theorie des Föderalismus

Neben historischen Gesichtspunkten und staatsrechtlichen Kriterien muss die ökonomische Theorie des Föderalismus herangezogen werden, um sich einer ökonomisch und politisch sinnvollen Kompetenzstruktur für Europa anzunähern. Die Föderalismustheorie hat einige recht präzise Kriterien herausgearbeitet, die auch für

[1391] Wheare (1964), S. 10. Wheare erarbeitet eine Reihe von Anforderungen, denen ein politisches System gerecht werden muss, wenn es als föderativ bezeichnet werden möchte. Insbesondere zu nennen ist die Existenz von verfassungsmäßigen Vorkehrungen, die die Autonomie der lokalen Institutionen tatsächlich garantieren. Da im Rahmen der Public-Choice-Theorie und allgemein in der Neuen Institutionenökonomik der Gebrauch und die Teilung von Macht eine bedeutende Rolle spielt, gibt es gute Gründe dafür, solche Systeme nicht als föderalistisch zu bezeichnen, in denen z.B. die Macht subsidiärer Einheiten nur in Übereinstimmung mit der Zentralregierung ausgeübt wird. Es ist also die Dezentralisierung von einer Dekonzentration zu unterscheiden. Dezentralisierung meint die tatsächliche unabhängige Entscheidungsbefugnis, während hingegen die Dekonzentration nur die Delegation administrativer Kontrollbefugnis an untergeordnete Ebenen in der administrativen Hierarchie umfasst.

Europa Anwendung finden können. Das in dem vorherigen Abschnitt 5.3.2 behandelte Subsidiaritätsprinzip leistet für sich genommen keine Hilfe bei der Aufgabenstellung, eine ökonomisch und politisch sinnvolle Kompetenzzuteilung für die europäische Ebene zu finden. Versuche dieses Prinzip zum Inhalt des positiven Rechts zu machen, waren bisher erfolglos.[1392] Man darf von diesem Prinzip keine inhaltlichen Kriterien für die Aufgabenzuordnung innerhalb der Gemeinschaft erwarten, wenn es schon auf keiner logischen Struktur basiert.[1393]

Im Widerspruch zu der geläufigen Interpretation des Subsidiaritätsprinzips als Kompetenzbegrenzungsprinzip „nach oben" weitet, wie gezeigt wurde, bspw. der EG-Vertrag in seinem Artikel 3 und in den 53 (!) Artikeln 117 bis 130 y[1394] die Kompetenzen der Europäischen Union auf Bereiche aus, die nach einem föderalistischen Verständnis im Zuständigkeitsbereich der Einzelstaaten bzw. der Länder und Kommunen verbleiben sollten.[1395] Außerdem haben die Organe der europäischen Zentralebene (Rat, Kommission und Europäisches Parlament) die Möglichkeit, über die Generalklausel den Artikel 235 EG-Vertrag sich auch solche Befugnisse anzueignen, die in diesem Vertrag nicht vorgesehen sind.

Das Subsidiaritätsprinzip ist somit auf eine Interpretationshilfe aus der Föderalismustheorie angewiesen, wenn es nicht als inhaltsleer bezeichnet werden soll bzw. sich nicht der Gefahr des Missbrauchs aussetzen will, indem es nicht als Bremse, sondern eher als Katalysator für Zentralisierungstendenzen dient.[1396]

Auch die Ökonomische Theorie des Föderalismus baut auf dem Methodologischen Individualismus ihr gedankliches Gebäude auf. Nach OATES ist ein föderatives Regierungssystem „ein öffentlicher Sektor mit sowohl zentralisierten als auch dezentralisierten Entscheidungseinheiten, in welchem die das Angebotsniveau öffentlicher Dienste betreffenden Wahlentscheide weitgehend von der Nachfrage der Einwohner der entsprechenden Jurisdiktion nach diesen Diensten (...) bestimmt werden."[1397]

1392 Vgl. Frenkel (1984), S. 87.

1393 Vgl. Frenkel (1984), S. 112. Möschel bemerkt hierzu: „Das in Maastricht aufgenommene Subsidiaritätsprinzip ist juristisch wertlos." Möschel (1992), S. 35.

1394 Auf diesen Widerspruch verweist der französische Wirtschafts-Nobelpreisträger von 1988, Maurice Allais, dessen Kritik in der Feststellung gipfelte: „In seiner jetzigen Form kann dieser Vertrag für jeden Zweck missbraucht werden und ist daher eine potentielle Gefahr für unsere Zukunft." Allais (1992), S. 9.

1395 Dazu zählen z.B. Aufgaben im Bereich des Erziehungswesens, das „Kulturleben in den Mitgliedstaaten", die Berufsausbildung, das Gesundheitswesen, die Entwicklung der Regionen, der Verbraucherschutz usw.

1396 Die Tatsache der sehr zweideutigen Interpretationsmöglichkeiten hat sicherlich dazu beigetragen, dass sich dieses Prinzip einer großen Beliebtheit in ganz unterschiedlichen politischen Lagern erfreut.

1397 Oates (1977), S. 24. Mit dieser ökonomisch geprägten Definition wird insbesondere das Charakteristikum betont, dass Entscheidungen über das Angebotsniveau bestimmter öffentlicher

Somit ist es das Ziel des Wirtschaftsprozesses, die Präferenzen der Individuen soweit wie möglich zu erfüllen. Hierbei sind also die Wünsche der Bürger als Konsumenten und auch als Steuerzahler gemeint. Die Ökonomische Theorie des Föderalismus stellt das Ergebnis dar, dass föderative – also dezentralisierte – den zentralisierten Staaten überlegen sind.[1398] Hierbei sind drei Vorteile zu nennen.

(1) Föderative Einheiten werden den Präferenzen der Bürger gerechter
Die Bürger haben aufgrund heterogener Präferenzen und wegen verschiedener Traditionen, Kulturen und Sprachen aber auch aufgrund ihrer unterschiedlichen wirtschaftlichen Möglichkeiten sehr verschiedene Ausprägungen der Nachfrage nach den durch den Staat bereitzustellenden Gütern. Diese Differenzen in der Nachfrage nach öffentlichen Leistungen sollten sich auch in einem differenzierten Angebot widerspiegeln. Föderative Einheiten sind aufgrund der besseren Informationslage bezüglich der lokalen Bedürfnisse besser geeignet, diesem Anspruch gerecht zu werden, als dies die zentralisierten Einheiten vermögen. Darüber hinaus ist der Anreiz der sich auch lokal zu verantwortenden Politiker deutlich größer, dieses Angebot auch in einer effizienten Weise zu erbringen, weil ihre Wiederwahl und damit ihr politisches Überleben, ihre persönliche Einkommenssituation und ihre politische Karriere von der Zufriedenheit der Bürger abhängig sind.

(2) Föderative Einheiten bieten öffentliche Leistungen zu geringeren Kosten an
Gerade in Europa wird deutlich, welche Größenordnung die Aktivitäten des Staates in den entwickelten Ländern angenommen haben.[1399] Sind Staaten

---

Dienste in entscheidenden Maße den Interessen aller Mitglieder der jeweiligen Jurisdiktion entsprechen sollen. Im Gegensatz zu dem politologischen Föderalismuskonzept spielt für die ökonomische Definition es eine untergeordnete Rolle, ob die Entscheidungsbefugnis einer bestimmten Regierungseinheit auf delegierter oder durch Verfassung garantierter Autorität beruht. Das bedeutet aber nicht, dass die verfassungsmäßigen Vorkehrungen für den ökonomischen Föderalismus irrelevant wären. In der Verfassung festgelegte Restriktionen können bedeuten, dass zentrale Regierungsebenen sich nur schwer und unter hohen Kosten in die Entscheidungen lokaler Einheiten einmischen können. So kann eine formale, konstitutionell föderative Struktur implizieren, dass die lokalen Politiker und Interessengruppen einen relativ großen Einfluss auf die vorwiegend die Wohlfahrt räumlich begrenzter Gruppen von Individuen betreffenden Wahlhandlungen im öffentlichen Entscheidungsprozess gewinnen.

1398 Dies gilt insbesondere nur dann, wenn die einzelnen Einheiten (Provinzen, Regionen, Länder, Gemeinden usw.) über ausreichend Autonomie verfügen und eigene Steuern erheben können, da sonst nicht von dezentralisierten Systemen gesprochen werden kann.

1399 Mögliche Indikatoren sind die Staats- und die Steuerquote, aber auch der Anteil der Staatsangestellten an den Gesamtbeschäftigten. So ist die Staatsquote (Anteil der Staatsausgaben am BIP) für die Bundesrepublik Deutschland im Jahr 2001 bei 48,3 % und in der Prognose leicht ansteigend (für 2002 wird eine Staatsquote von 48,4 % erwartet). Die Abgabenquote liegt bei 45,8 % im Jahr 2001 und bei 46,4 % in der Prognose für das Jahr 2002; davon entfallen im Jahr 2001 (2002) 23,2 % (23,9 %) auf die Steuer- und 18,7 % (18,7 %) auf die Sozialbeitragsquote. Diese Kennziffern zeichnen nicht nur hinsichtlich ihres Niveaus ein alarmierendes Bild, sondern auch die Entwicklung zeigt einen leichten Anstieg der Staatsquote und der Abgabenbelastung. Diese Größenordnungen sind nicht auf der Grundlage wohlfahrtstheoretischer Überlegungen zu föderativ aufgebaut, so gibt es für die Bürger die Möglichkeit des Ein- und Austritts[1400] und daraus resultiert für die Regierungen der jeweiligen Gebietskörperschaft der Anreiz, die staatlichen Aufgaben möglichst kostengünstig zu erfüllen, denn Bürger oder auch Unternehmen werden das Angebot an öffentlichen Leistungen mit den Kosten in Form von Steueraufwendungen vergleichen und sich für diejenige Region entscheiden deren Kosten-Nutzen-Verhältnis ihnen am günstigsten erscheint. Durch diese Austrittsoption (exit-Option) und die Möglichkeit des Eintritts (entry-Option) wird zwischen den Regionen als Anbieter von öffentlichen Leistungen ein Wettbewerb entfacht, der Tendenzen zu effizienten Handeln ermöglicht. Durch die Konkurrenzsituation werden Anreize für die föderativen Einheiten gesetzt, nach Kosteneinsparungspotentialen zu suchen und ggf. mögliche Aufgaben zu privatisieren.[1401]

(3) Föderative Einheiten sind innovationsfreundlicher
Die Auswirkungen einer neuen Idee hinsichtlich des Angebotes an öffentlichen Leistungen nach ihrer Einführung können in einer bestimmten, begrenzten lokalen Gebietskörperschaft besser beobachtet werden und ggf. schneller durch entsprechende Maßnahmen gegengesteuert werden als dies in einem zentralisierten und größeren Gebiet möglich wäre. Die Begrenztheit der Konsequenzen führen zu einer stärker ausgeprägten Risikobereitschaft. Ist die Innovation erfolgreich, wird sie von anderen Gebietskörperschaften übernommen und erfährt so eine Verbreitung über die Landesgrenzen hinaus. Sollen dauerhafte Anreize für diese Art von Innovationsprozess wirken, so müssen diejenigen Politiker einer Gebietskörperschaft, die die Innovation hervorgebracht hat, einen deutlichen Vorteil haben.[1402] Dieser Vorteil könnte in einer Zunahme des Prestiges bestehen, dieser persönliche politische Erfolg

---

begründen mit den originären Aufgaben des Staates im Bereich der Allokation, Stabilisierung und Distributionspolitik.

1400 Zu den Transaktionskosten des Wechsels einer Gebietskörperschaft und zu den Restriktionen bzgl. der Mobilität von Bürgern und Firmen vgl. im dritten Kapitel den Abschnitt 3.2.2.1.2, Teilabschnitt d. Die These war, dass bereits die Induktion einer geringen Abwanderung bzw. die Drohung der Abwanderung innerhalb der föderativen Systeme bereits ausreichen, um genügend Druck auf die Politiker auszuüben, und so eine effiziente Verwendung der Mittel zu erzwingen. Es handelt sich hierbei um den gleichen Mechanismus, der auf den Gütermärkten – auch und insbesondere auf der Börse – bewirkt, dass marginale Händler den Preis zum Gleichgewicht treiben. Vgl. Frey (1997), S. 31. Der Wettbewerb zwischen föderativen Anbietern von öffentlichen Leistungen stellt so eine Annäherung an den Wettbewerb zwischen Anbietern privater Güter und Dienstleistungen dar.

1401 Vgl. im dritten Kapitel den Abschnitt 3.2.2.1.3.

1402 Dies entspricht im Innovationsprozess zwischen Unternehmen nach Schumpeter der Phase der vorübergehenden Monopolstellung, die teilweise durch die Vergabe von Patenten unterstützt wird und die es den Unternehmen erlaubt, Monopolgewinne zu realisieren, die zur Deckung der teilweise recht hohen F&E-Aufwendungen auch notwendig sind.

wäre insbesondere in einer räumlich begrenzten, lokalen Gebietskörperschaft klarer einem bestimmten Politiker zuzuschreiben.

Vieles spricht aus ökonomischer Sicht – wie die Analyse in der Betrachtung des traditionellen Föderalismus bereits zeigte – dafür, Föderalismus in seinem Zusammenhang nicht in absoluten, sondern in relativen Termini anzugehen.[1403] Die Struktur des öffentlichen Sektors muss als ein Spektrum angesehen werden, auf dem die Differenz eher eine Frage des Grades und nicht der Art ist. An dem einen Ende des Spektrums ist die unitäre Regierungsform angesiedelt, in der alle Entscheidungen von einer zentralen Autorität getroffen werden, und auf der anderen Seite des Spektrums am entgegengesetzten Pol besteht der Zustand der Anarchie. Alle Punkte zwischen diesen beiden Polen repräsentieren föderative Organisationen des öffentlichen Sektors mit einem relativ größeren oder kleineren Grad an Zentralisierung von Entscheidungen.

Das Problem besteht nun in der ökonomischen Betrachtung darin, dass eine solche Schlussfolgerung einer Leerformel entspricht, denn wenn alle öffentlichen Sektoren eine mehr oder weniger föderative Struktur aufweisen, ist es offenbar tautologisch, Föderalismus als die optimale Regierungsform zu bezeichnen. Die eigentliche Aufgabe besteht nun darin, für den europäischen Sektor den geeigneten Dezentralisierungsgrad zu bestimmen. Es muss daher der Frage nachgegangen werden, welche Position auf dem Zentralisierungsspektrum ein bestimmter öffentlicher Sektor einnehmen sollte.

Die Problemstellung, die sich für die weitere Überlegung einer verfassungsmäßigen Implementation des Systemwettbewerbs für die Europäische Union ergibt, ist auch das zentrale theoretische Problem des Fiskalföderalismus: Die Bestimmung einer optimalen Struktur des öffentlichen Sektors durch die Zuordnung von Entscheidungsbefugnissen und damit auch die Zuordnung von Verantwortlichkeit für spezielle Funktionen an die am politischen Prozess beteiligten Akteure und darüber hinaus Überlegungen zur Gestaltung der Entscheidungsverfahren.[1404] Selbstverständlich kann im Rahmen dieser Arbeit keine abschließende Entwicklung einer föderativen Verfassung erfolgen. Dies hat diese Arbeit auch nicht zum Ziel. Vielmehr sollen aus der ökonomischen Betrachtung der Anreize, die im Rahmen des politischen Prozesses in der Europäischen Union für die Akteure gelten, und der positiven Analyse der Entscheidungsverfahren des politischen Prozesses in der EU einige ökonomisch fundierte Grundlinien zur Gestaltung der europäischen Integration formuliert werden.

Insofern sind die angestellten Vorüberlegungen, selbst wenn sie zunächst für das Problem einer aus ökonomischer Sicht adäquaten Gestaltung einer europäischen Verfassung zu Schlussfolgerungen mit relativ geringer Substanz geführt haben,

---

1403 Vgl. Kapitel 5.3.3.1.

1404 Insbesondere werden diese Überlegungen im weiteren Verlauf mit Hilfe der im zweiten Kapitel angestellten Überlegungen über die institutionelle Struktur und die resultierenden Anreizsysteme im politischen Prozess der EU angestellt und insofern auf das theoretische Fundament der Neuen Institutionenökonomik abgestellt.

notwendig gewesen. Denn sie geben wenigstens in groben Zügen eine allgemeine Vorstellung davon, wie die Fiskalfunktionen zwischen den einzelnen politischen Ebenen zugeordnet werden sollten.

5.3.3.4 Neuere Ansätze der Föderalismustheorie

Diese Vorüberlegungen machen deutlich, dass es bezüglich der hier untersuchten Fragestellung zur Implementation von Elementen des Systemwettbewerbs notwendig ist, den wettbewerblichen Ansätzen der Föderalismustheorie zu folgen.

Würde man dem zentralistischen Ansatz folgen, so würde Europa als ein Bundesstaat nach dem Muster traditioneller Zentralstaaten erschaffen. Der Integrationsprozess würde im Wesentlichen so weitergeführt werden, dass auf europäischer Ebene Regierungs- und Gesetzgebungsinstanzen eingerichtet würden, die einige der regierenden und gesetzgebenden Institutionen auf den nationalen Ebenen ersetzen würden.

Der Beginn dieses Entwicklungsprozesses, der Übertragung von Autorität bzw. Souveränität der Mitgliedstaaten an zentrale europäische Institutionen, ist mit der Übertragung der geldpolitischen Zuständigkeiten an das ESZB bereits vollzogen worden. Der zentralistische Föderalismus birgt – wie in der Analyse der bisherigen Entwicklung der politischen Integration gezeigt werden konnte[1405] – als Konzept die große Gefahr in sich, dass er zur Zielscheibe von rent seeking Prozessen wird, weil er nun die Autorität hat, durch Gesetzgebungen diskriminierende Behandlungen zu praktizieren, d.h. Privilegien in Form von Regulierungen und Protektionismus zu gewähren. Einer europäischen Regierung sollte jene legislative und relative Autorität vorenthalten werden, die die nationalen Regierungen in die rent seeking Prozesse führen würde.

Wettbewerblicher Föderalismus bedeutet im Gegensatz zu der zentralistischen Variante, dass die Mitgliedstaaten in den verschiedenen Politikbereichen ihre Zuständigkeiten behalten, sich aber gemeinsam gewissen beschränkenden Regeln unterwerfen, die vor allem die Methoden begrenzen, mit denen sie in den verschiedenen Politikbereichen konkurrieren können. Die Einhaltung dieser Regeln muss gegebenenfalls durch föderale Instanzen, etwa einem europäischen Politik-Kartellamt überwacht und durchgesetzt werden. Der Vorteil einer solchen Strategie ist in zwei Punkten zu erwarten. Erstens verspricht man sich von dem Systemwettbewerb den notwendigen Druck auf die Regierungen der Nationalstaaten Deregulierungen vorzunehmen und zweitens werden Wohlfahrtsgewinne von der wettbewerblichen Strategie insoweit erwartet, dass der Markt zwischen den Mitgliedstaaten sich vergrößert und Handelsbeschränkungen weiter abgebaut werden.

[1405] Zur Entwicklung der politischen Integration vgl. das zweite Kapitel, insbesondere die Abschnitte 2.3.1, 2.5.2 und 2.5.4.

Der wettbewerbliche Föderalismus sieht den Ansatzpunkt einer europäischen Verfassung im Austausch von wechselseitigen Verpflichtungen unter den Nationalstaaten, in deren gemeinsamer Bindung an Regeln, die wettbewerbliche Offenheit zwischen ihnen garantieren sollen. Aber die Verfassung sollte auch den nationalen Ebenen gegenüber Beschränkungen bzgl. ihres Umgangs miteinander, gegenüber dritten Parteien und im Umgang mit ihren Bürgern und nachgelagerten Regierungsebenen auferlegen. Dies entspräche einem Ordnungsrahmen für den Wettbewerb zwischen Regierungen – einer Ordnung für den Systemwettbewerb.[1406] Diese Ordnung sollte nicht verstanden werden als ein feststehender starrer Regelkatalog, sondern als dynamischer Föderalismus erkannt werden. Hierzu bietet sich die Anwendung des Modells der FOCJ[1407] an, das im Folgenden zunächst dargestellt werden soll, um es anschließend zu analysieren und auf die Übertragbarkeit auf die Europäische Union zu prüfen.

5.3.3.5 FOCJ – Dynamischer Föderalismus

5.3.3.5.1 Einführung

In der traditionellen Föderalismustheorie wird die Ausdehnung der Gebietskörperschaften als gegeben betrachtet. Es wird analysiert welche Aufgaben welcher Ebene zugeordnet werden sollen. Dabei wird vorausgesetzt, dass ein diagnostizierbarer optimaler Zentralisierungsgrad besteht. Hier wird mit diesem klassischen Föderalismus-Konzept gebrochen, denn zum einen ist der optimale Zentralisierungsgrad je nach Funktion ganz unterschiedlich und ändert sich im Zeitverlauf, und außerdem führen Entscheidungen über den Grad der Zentralisierung, die auf einem politischen Reißbrett entworfen werden, systematisch zu einer Überzentralisierung, da viele Akteure des politischen Prozesses ihren eigenen Nutzen durch Zentralisierungstendenzen zu maximieren suchen.

Das Konzept von FOCJ (functional, overlapping, competing jurisdictions) ist die neuere Interpretation des Konzeptes eines wettbewerblichen Föderalismus.[1408] Dieses

---

1406 Wäre das wettbewerbliche Konzept auch auf die Integration der währungspolitischen Belange Europas übertragen worden, so hätte der wettbewerbliche Föderalismus ein System konkurrierender Währungen hervorbringen können, das als Arrangement beinhaltet hätte, dass sie zwar ihre währungspolitische Autorität behalten, sich aber an Regeln binden, die sie der Disziplin des Wettbewerbs unterwirft.

1407 Einen gelungenen Überblick findet man bei Frey (1997) und Eichenberger (1996).

1408 Frey und Eichenberger haben das Konzept des FOCJ entwickelt, das letztlich einen umfassenden Systemwettbewerb beinhaltet. Vgl. ausführliche Darstellung in Frey/Eichenberger (1996a), S. 315 ff. und Eichenberger (1996), S. 110 ff. Ursprünglich geht das Prinzip der überlappenden politischen Jurisdiktionen auf Olson (1969) zurück. Es postuliert, dass kollektive Institutionen maßzuschneidern sind, um so dem räumlich unterschiedlichen Wirkungsbereich global, national, lokal oder kommunal verschiedenen Formen des Marktversagens Rechnung zu tragen. Je nach Externalität, die zu internalisieren ist, bedarf es spezifischer (und nicht genereller) kollektiver Institutionen mit jeweils spezifischer (und nicht genereller) wirtschaftspolitischer Zuständigkeit. Vgl. auch Olson (1977), S. 71. Olson verankert in diesem Zusammenhang die Notwendigkeit der

Konzept gründet sich auf der modernen Politischen Ökonomie, der Konstitutionellen Ökonomie und verschiedenen Elementen der ökonomischen Föderalismustheorie.[1409] Das Konzept von FOCJ wird als dynamischer oder auch funktionaler Föderalismus verstanden.[1410] Die vorgeschlagene, über die vier wirtschaftlichen Freiheiten (freie Mobilität von Waren, Dienstleistungen, Arbeit und Kapital) hinausgehende fünfte Freiheit stellt eine konstitutionelle Entscheidung dar. Die Europäische Verfassung oder ein entsprechender Vertrag muss den unteren politischen Einheiten (den Gemeinden) und nach Möglichkeit dem einzelnen Bürger die Freiheit einräumen und auch garantieren, sich an FOCJ zu beteiligen und auch zu wechseln. Die Bürger müssen das Recht bekommen, selbst über den Beitritt ihrer Gemeinden zu FOCJ und deren Verfassungen zu entscheiden.

FOCJ ist ein prozessorientiertes Konzept, wobei es das Ziel dieser Konzeption ist, eine stärkere Orientierung der Politik an den Präferenzen der Bürger zu erreichen.[1411] FOCJ bilden ein anpassungsfähiges föderales Netz von Regierungseinheiten, das stets eng an die Bürgerpräferenzen gekoppelt bleibt und flexibel auf die Geographie der Probleme reagieren kann.

Der politische Wettbewerb soll verstärkt werden, um so eine stärker an den Bürgerpräferenzen ausgerichtete Politik zu induzieren. Dies soll erreicht werden, indem für Bürger und Gemeinden als fünfte Freiheit (zusätzlich zu den in der EG verankerten vier Grundfreiheiten) das Recht geschaffen wird, FOCJ zu gründen und aus Gebietskörperschaften ohne einen lästigen Umzug austreten zu können. Dieser Vorschlag eines neuartigen Föderalismus für Europa, der sich an den in der Zukunft

---

fiskalischen Äquivalenz wenn er schreibt, es sei daher „für jedes Kollektivgut mit spezifischem Wirkungsbereich eine separate Regierungsinstitution zu fordern, so daß sichergestellt werden kann, daß jene, die aus dem öffentlichen Gut einen Nutzen erhalten, auch die sind, die dafür bezahlen." Olson (1977), S. 71.

1409 Das Konzept der FOCJ unterscheidet sich vollständig vom heutigen tatsächlichen Föderalismus in der EU und auch von den verschiedenen Reformvorschlägen, insbesondere dem Subsidiaritätsprinzip. Eine gewisse Verwandtschaft zu FOCJ würde eine europäische Integration mit „unterschiedlicher Geschwindigkeit" oder der sog. „variablen Geometrie" aufweisen, bei der die Integration funktional und geografisch differenziert erfolgen kann. Allerdings handelt es sich bei beiden Aspekten um politisch umstrittene und teilweise vehement abgelehnte Perspektiven.

1410 Der funktionale Föderalismus wird behandelt als eine mögliche Entwicklungslinie für die europäische Verfassung. Dieses Konzept muss im weiteren Verlauf der Arbeit auf seine Eignung geprüft werden, das Spannungsfeld aufzulösen, das besteht zwischen einerseits der Forderung nach einer weitgehenden Dezentralisierung als notwendige Voraussetzung für den Ordnungswettbewerb (im Sinne einer Bürgersouveränität) und andererseits der Forderung nach Harmonisierung bestimmter Politikbereiche und der Zentralisierung bestimmter politischer Kompetenzen auf der europäischen Ebene (als abgeleitete politische Konsequenz des einheitlichen Wirtschaftsraumes). Vgl. zu der konstitutionellen Verankerung des wettbewerblichen Föderalismus den Abschnitt 5.4.3.2 und zu den funktionalen Föderalismus als Ordnungsprinzip für Europa vgl. den Abschnitt 5.4.3.3.

1411 Als Indikator für die dringende Notwendigkeit dieser Orientierung an den Bürgerpräferenzen sind die Hinweise auf Staatsversagen zu sehen, wie bspw. hohe Defizitquoten, hohe Steuern und die allseits beklagte bürokratische Verkrustung.

auftretenden Problemen orientiert, indem er anpassungsfähig ist, stärkt gleichzeitig die demokratische Komponente. Die institutionellen Bedingungen werden so geändert, dass die Regierungen als Anbieter politischer Lösungen, die Bürgerpräferenzen berücksichtigen müssen. Dies kann durch eine Stärkung des politischen Wettbewerbs auf allen staatlichen Ebenen erreicht werden. Das in Europa bestehende Demokratiedefizit könnte so behoben werden. Es könnten große Wohlstandsgewinne erzielt werden, wenn der Markt für staatliche Leistungen kompetitiven staatlichen Körperschaften geöffnet würde, die sich auf die Erbringung einzelner Leistungen und nicht auf die Beherrschung eines bestimmten Territoriums konzentrieren. Die geographische Ausdehnung eines FOCUS[1412] richtet sich nach der gegenwärtigen und voraussichtlich künftigen räumlichen Verbreitung eines Problems und nicht nach historisch mehr oder weniger zufällig gezogenen Grenzen.

5.3.3.5.2 Eigenschaften der FOCJ

Die Eigenschaften von den FOCJ sind im Wesentlichen vier: Sie sind funktional, überlappend, wettbewerblich und es handelt sich um eigenständige Jurisdiktionen.[1413]

- Die Eigenschaft der Funktionalität meint, dass ein FOCUS (Einzahl der FOCJ) nur einige wenigen Aufgaben erfüllt und daher seine Größe auch gezielt seiner Aufgabe angepasst werden kann.[1414] Der Vorteil davon ist, dass Gebietskörperschaften ihre Leistungen um so effizienter erbringen, je genauer sich Kostenträger und Leistungsträger entsprechen (je kleiner also die sog. „spill-over" sind), je stärker es gelingt, die externen Effekte zu verringern, je besser Skalenvorteile ausgenutzt werden können und je gezielter staatliche Leistungen an die Präferenzen der Bürger angepasst werden können. Einerseits variieren die staatlichen Leistungen ganz beträchtlich (von Parkbänken bis hin zu Kläranlagen und Landesverteidigung) und sie weisen auch ganz unterschiedliche Wirkungskreise auf. Andererseits variiert auch die Nachfrage nach staatlichen Leistungen regional ganz beträchtlich in Abhängigkeit von Struktur-, Einkommens-, Mentalitätsunterschieden usw. Daher erscheint es sinnvoll, wenn nicht alle Leistungen von der gleichen Gebietskörperschaft erbracht werden. Die effizientere Lösung ist, die Bereitstellung staatlicher Leistungen von den Gebietskörperschaften ausüben zu lassen, die hierarchisch so niedrig wie möglich angesiedelt sind und so den nächsten Kontakt zu den Bürgerpräferenzen aufweisen. Es entstehen teilweise spezialisierte, auf den betreffenden Wirkungskreis zugeschnittene funktionale Jurisdiktionen.

- Die Eigenschaft der Überlappung meint, dass die FOCJ sich räumlich hinsichtlich ihres Wirkungsraumes überschneiden können. FOCJ müssen eben nicht

---

1412 FOCUS ist die übliche Bezeichnung für die Einzahl der FOCJ. Vgl. Frey (1997), S. 11 und S. 23.

1413 Vgl. Frey (1997), S. 12.

1414 Vgl. zu einem Überblick über das Konzept der FOCJ und zu einer kritischen Würdigung des Konzeptes Frey/Eichenberger (1995), S. 209-229.

zwangsläufig Gebietskörperschaften sein, die in einem zusammenhängenden Gebiet ein Leistungsmonopol besitzen, sondern es können mehrere FOCJ die gleiche Funktion erfüllen und in der gleichen Region anbieten. So ist es denkbar, dass sich FOCJ überlappen, die das gleiche Leistungsangebot erbringen. Dies fördert die Wahlmöglichkeiten für den Bürger und stärkt den Wettbewerb zwischen den Anbietern. Aufgrund der Überlappung gehört ein Bürger gleichzeitig mehreren Jurisdiktionen an.[1415]

- Die FOCJ wird als wettbewerblich beschrieben, weil die Regierungen der FOCJ durch zwei Mechanismen gezwungen werden, sich nach den Präferenzen der Bürger zu richten. Erstens bewirken die einfachen[1416] Austrittsmöglichkeiten der Bürger (exit) und Gemeinden einen marktähnlichen Wettbewerb und ihr Stimm- und Wahlrecht (voice) schafft einen politischen Wettbewerb. Insbesondere ist bereits die Androhung des Austritts besonders bedeutsam, da ein Wechsel der FOCJ mit geringen Transaktionskosten verbunden ist, weil ein Austritt nicht auf eine geographische Abwanderung beschränkt ist. Gemeinden, Teile einer Gemeinde und der einzelne Bürger können aus einem FOCUS aus- und in einen anderen eintreten, ohne den Ort zu wechseln. Zweitens soll in den FOCJ der politische Wettbewerb durch möglichst umfassende direkt-demokratische Instrumente zur Kontrolle der Regierung garantiert sein,[1417] da die potentielle Abwanderung unter realistischen Rahmenbedingungen (mit Wanderungskosten und endlich vielen Jurisdiktionen) für sich alleine genommen noch keine ausreichende Garantie für eine effiziente Problemlösung darstellt.[1418] Um die Freiräume der Regierungen und damit deren Möglichkeit des Zuwiderhandelns gegenüber den Bürgerpräferenzen zu beschränken, wird in den FOCJ der politische Wettbewerb durch demokratische Institutionen garantiert. Die Bürger können die Exekutive und die Legislative der jeweiligen FOCJ wählen und es werden

---

1415 In gewisser Weise steht diese Eigenschaft der Überlappung den traditionellen Vorstellungen von Nationalstaaten und der Idee des Föderalismus entgegen, die stets die geographische Einheit des Staatswesens voraussetzen.

1416 Da der Austritt nicht zwingend geografische Abwanderung voraussetzt, weil man aus einem FOCUS aus und in einen anderen wieder eintreten kann, ohne den Ort zu wechseln, kann der exit in diesem Gedankenmodell anders als bei Tiebout als relativ leicht bezeichnet werden. Die Austrittsdrohung wird so besonders effizient.

1417 Die Gefahr, dass Koordination zwischen politischen Einheiten zu einem Kartell der Politiker gegen die Wähler führt wird diskutiert in Frey (1994), S. 338-342 und Frey/Eichenberger (1996b), S. 335-349.

1418 Zu den voranzustellenden Überlegungen über Föderalismus und Clubs und den daraus folgenden Implikationen für eine ökonomische Theorie der überlappenden politischen Jurisdiktionen vgl. Casella/Frey (1992), S. 639-646. Hier wurden bereits früher einzelne Aspekte der FOCJ diskutiert.

möglichst viele direkt-demokratische Steuerungsinstrumente zur Kontrolle der Regierung institutionell implementiert.[1419]

- Die Eigenschaft, dass diese Gebietskörperschaften als Organisation und Anbieter regional bestimmter staatlicher Leistungen als Jurisdiktionen bezeichnet werden, bedeutet, dass die FOCJ als Körperschaften Zwangsgewalt und (beschränkte) Steuerhoheit ausüben. Mitglieder können als kleinste politische Einheit die Gemeinden[1420] oder auch einzelne Bürger[1421] sein. Je nach Funktion kann eine Gemeinde- oder eine Individualmitgliedschaft im Vordergrund stehen. Im letzten Fall ist es zur Sicherung staatlicher Umverteilung nötig, die Mitgliedschaft in bestimmten FOCJ zwingend vorzuschreiben.[1422]

Die hier vorgestellte Föderalismuskonzeption setzt somit auf funktional ausgerichtete Einheiten (z.B. für Ausbildung, Behandlung von Wäldern und Gewässern, Abfallbeseitigung, öffentliche Sicherheit oder Verkehr), die sich gegenseitig überlappen können, dem Wettbewerb ausgesetzt sind und für ihre Aufgaben einige Steuern erheben können – also juristische Körperschaften sind. Das Konzept der FOCJ bildet ein anpassungsfähiges föderales Netz von Regierungseinheiten, das stets eng an die Bürgerpräferenzen gebunden bleiben soll und sich der „Geographie der Probleme“ anpasst.[1423]

1419 So sind die Bürger gehalten, selbst Vorschläge in den politischen Prozess einzubringen und zur Volksabstimmung zu stellen (sog. Initiativrecht). Ebenso sind die Bürger berechtigt und es ist wünschenswert, dass Abstimmungen über Entscheidungen der Regierung verlangt werden können (sog. Referendumsrecht). Von der Einführung dieser Bürgerrechte kann erhofft werden, dass die Präferenzen der Bürger im politischen Prozess verstärkt Berücksichtigung finden. Die Einführung und Absicherung des Initiativrechts der Bürger anstelle einer konkreten Anweisung der Ausgestaltung eines Focus wird insbesondere der Anforderung, ein offenes sich im evolutorischen Sinne entwickelndes System zu kreieren, gerecht. Die Bürger vermögen nicht nur zwischen den FOCJ zu wählen, sondern sie auch zu entwickeln. Vgl. Frey (1997), S. 16.

1420 Sind die kleinsten politischen Einheiten die Gemeinden, dann ist die jeweilige FOCUS-Mitgliedschaft der Gemeindebürger automatisch über die Gemeinde definiert. Der einzelne Bürger kann nur durch Umzug aus einem FOCUS austreten.

1421 Sind die einzelnen Bürger die jeweiligen kleinsten politischen Einheiten und insofern die Mitglieder der FOCJ, so entscheiden sie, ob sie einem FOCUS beitreten möchten. Ein Beispiel könnten FOCJ für das Angebot von Kindergärten sein, die als Mitglieder durchaus Einzelpersonen auf sich vereinen können.

1422 So sollte es zwar kinderlosen Bürgern freistehen, welchem Schulleistungen anbietenden FOCJ sie beitreten wollen, aber die Mitgliedschaft in einem Schul-FOCJ muss zwingend sein. Falls erwünscht kann durch Umverteilung und auch eine gewisse Mindestversorgung mit öffentlichen Gütern garantiert werden, indem auf einer höheren politischen Ebene die Mitgliedschaft in einem die betreffende Leistung anbietenden FOCUS obligatorisch wird und Leistungsstandards definiert bzw. entsprechende Anreize gegeben werden. So dürften bspw. die Schul-FOCJ nicht ohne Leistungsangebot und ohne Steuerforderung entstehen (die speziell auf kinderlose Paare zugeschnitten wären). Dies könnte durch gewisse Mindeststandards vorgeschrieben werden.

1423 Zum Gedanken der „Geographie der Probleme“ vgl. Frey (1997), S. 13.

5.3.3.5.3 Die FOCJ – eine Synthese verschiedener Föderalismus-Modelle?

Das Föderalismuskonzept der FOCJ weist eine theoretische Nähe zu verschiedenen Ansätzen der Föderalismustheorie auf. Es ist insofern nicht als eine absolut neuartige Erfindung anzusehen, sondern das Konzept der FOCJ ist vielmehr als eine Synthese und Weiterentwicklung verschiedener Theorien des Föderalismus zu verstehen. Zu nennen sind insbesondere das Modell von TIEBOUT, der Ansatz von HIRSCHMANN und das Modell der Clubs von BUCHANAN. Auch finden sich Grundannahmen der fiskalischen Äquivalenz des traditionellen Föderalismuskonzeptes nach OATES und OLSON wieder. Diese theoretischen Inspirationen sollen hier nun kurz dargestellt werden.

- Das Modell von TIEBOUT (1956) wird in dieser Föderalismuskonzeption berücksichtigt durch die Betonung des Wettbewerbs der Gebietskörperschaften, der ausgelöst wird durch die Wanderung der Bürger („voting by foot). Staatliche Einheiten lassen sich als Unternehmen betrachten, die ihren Bürgern öffentliche Leistungen gegen Steuern anbieten. Die Bürger wählen sich diejenige Gebietskörperschaft aus, die ihnen das günstigste Kosten-Nutzen-Verhältnis anbietet. Staatliche Ebenen werden so gezwungen, Bürgerpräferenzen zu beachten.

  FOCJ betonen ebenfalls die Bedeutung des Wettbewerbs zwischen staatlichen Körperschaften und in ihrem Leistungsangebot. FOCJ sind allerdings nicht mehr gebietsbezogen, sondern funktional, ihre Größe ist nicht vorgegeben. Ein FOCUS beschränkt sich auch nur auf eine Funktion, während die traditionellen Körperschaften ein umfassendes Leistungsangebot erstellen. Bei TIEBOUT wird der Wettbewerb über die Ein- und Austrittsmöglichkeit der Bürger erreicht – bei dem Konzept der FOCJ wird der Wettbewerb mittels Wahlen und Abstimmungen in das Zentrum der Betrachtungen gerückt. Allerdings werden die Wanderungen in dem Modell von TIEBOUT als kostenlos angenommen und es herrscht vollständige Konkurrenz zwischen den Gebietskörperschaften. Diese Annahme erweist sich als realitätsfern, denn der Austritt aus einer Gebietskörperschaft wäre verbunden mit hohen Transaktionskosten (Umzugskosten, Zeit, Informationsgewinnungskosten, u.U. Arbeitssuche, sprachliche und kulturelle Umgewöhnung usw.) Die Wanderung zwischen verschiedenen FOCJ ist mit geringeren Transaktionskosten verbunden und insofern erfüllt diese Föderalismuskonzeption eher die Voraussetzungen für einen funktionierenden Wettbewerb zwischen den Anbietern öffentlicher Leistungen.

- HIRSCHMANN (1974) stellt auch ab auf die Idee des Wettbewerbs von Institutionen mittels Wanderung der Bürger, wobei er dem Austritt (exit) den Widerspruch (voice) hinzufügt. Widerspruch kann sich innerhalb des dafür vorgesehenen institutionellen Rahmens (Wahlen und Abstimmungen) als auch außerparlamentarisch bspw. durch Proteste, Demonstrationen äußern.

- BUCHANAN (1965) entwickelt das Modell der „Clubs“. Sie bezeichnen private Institutionen, die den Mitgliedern des Clubs eigentlich öffentliche Güter anbieten.

Die optimale Clubgröße (Mitgliederzahl) ist erreicht, wenn die von den zusätzlichen Mitgliedern verursachten Grenzkosten des Angebots an öffentlichen Gütern dem Grenznutzen des dadurch möglich gewordenen Konsums entsprechen. BUCHANAN postuliert somit eine Clubgröße, die der Reichweite des betreffenden Gutes ungefähr entspricht. Die Mitgliederzahl ist zu beschränken, indem nur derjenige aufgenommen wird, der die entsprechenden Grenzkosten zu zahlen bereit ist. Als Voraussetzung für die Funktionsweise des Konstruktes der Clubs ebenso wie für die FOCJ gilt, dass die Clubmitglieder und auch die Mitglieder eines FOCUS von dem Konsum der dort angebotenen Güter ausgeschlossen werden können. Dies bedeutet allerdings, dass die Güter keine reinen öffentlichen Güter sein können. Oder aber die Mitgliedschaft in einem der zur Auswahl stehenden Clubs oder eben FOCJ wird vom Staat verpflichtend gefordert. Das Modell der FOCJ ist sicherlich nicht als grundsätzlich neu anzusehen. Gerade nicht, wenn man es mit der Theorie der Clubs von BUCHANAN vergleicht. Die FOCJ stellen eine Weiterentwicklung dieses Modells insofern dar, als auf die explizite Berücksichtigung politischer Einfluss- und Mitwirkungsmöglichkeiten der Bürger verwiesen wird. Die Clubs beruhen auf privater Mitgliedschaft ohne Zwangsgewalt, während die FOCJ staatliche Körperschaften darstellen, die die Macht haben, Steuern zu erheben.

- Das Modell der FOCJ weist eine gewisse Nähe auf zu den Ansätzen der fiskalischen Äquivalenz nach Oates (1972) und Olson (1969 und 1989) und steht somit in einem Gegensatz zu den traditionellen Föderalismuskonzepten. Bei dem Modell der Äquivalenz steht die Überlappung im Vordergrund der Betrachtung. Jede Körperschaft sollte so gestaltet sein, dass sich Nutzenempfänger und Kostenträger (Steuerzahler) möglichst entsprechen. Hiermit sollen räumliche externe Effekte vermieden werden.[1424] Für jedes öffentliche Gut ergibt sich eine andere Größe der Körperschaft, weil sich die Bereiche der Kosten und Nutzendiffusion typischerweise unterscheiden. Aus diesem Grund überlappen sie sich auch. Auch hier finden sich Grundgedanken zu dem FOCJ-Konzept wieder. Allerdings fehlt bei den Modellen der fiskalischen Äquivalenz die Betonung des Wettbewerbgedankens bezogen auf die konkurrierenden staatlichen Leistungsanbieter. Auch wird der dynamische Prozess durch Aus- und Eintritt nicht betrachtet und die Möglichkeiten zur politischen Mitwirkung nicht betont. Der Gedanke der fiskalischen Äquivalenz findet sich in der Konzeption der FOCJ wieder, aber in seiner dynamischen Ausprägung grenzt sich dieser funktionale Ansatz von den Modellen der fiskalischen Äquivalenz ab.

1424 Dies meint sowohl positive spill-overs, wenn nicht-zahlende Personen in den Genuss von öffentlichen Leistungen kommen, als auch negative spill-overs, wenn Außenstehende mit Kosten belastet werden.

5.3.3.5.4 Versuch einer Wertung

Zunächst erscheint dieses Konzept radikal und ungewohnt. Allerdings sind Bestandteile dieses Vorschlags in der theoretischen Literatur durchaus bekannt und akzeptiert.[1425] Als historisches Beispiele für FOCJ wird die Hanse angeführt. In der heutigen Zeit wird auf die „special districts" in den USA verwiesen und auf verschiedene sich überlappende Gemeindeformen in der Schweiz aufmerksam gemacht.[1426] FOCJ könnte der europäischen Vielfalt entsprechen und einige Aspekte der FOCJ sind in Europa anzutreffen.[1427]

Die Beurteilung dieses Modells des FOCJ rückt zunächst den deutlichen Vorteil der verbesserten Kontrollmöglichkeit der Regierungen durch die Stärkung der demokratischen Instrumente und der Austrittsoption der Bürger in den Blickpunkt. Die Konzentration eines FOCUS auf eine oder zumindest auf einige wenige Leistungen erleichtert den Bürgern, die Leistungen unterschiedlicher Anbieter zu vergleichen und die jeweiligen Kosten-Nutzen-Relationen gegeneinander aufzuwiegen.

Ebenso ist es als ein Vorzug dieser Konzeption zu beurteilen, dass die Präferenzen der Bürger in diesem hier kurz dargestellten System leichter artikuliert und besser wahrgenommen werden. Da die Konzentration der FOCJ auf jeweils wenige Leistungen es dem Bürger erleichtert die angebotenen Leistungen besser miteinander zu vergleichen, wird die rationale Ignoranz der Bürger geringer sein als bspw. in dem System der repräsentativen Demokratie der Bundesrepublik Deutschland. Da die Informationskosten geringer sind und gleichzeitig der Vorteil der eigenen Informiertheit in besserer Versorgung mit staatlichen Leistungen und/oder geringeren Steuerzahlungen sich direkt positiv auszahlt, wird ein wesentlicher Beitrag zur Überwindung der rationalen Ignoranz geleistet. Die politische Information gewinnt zunehmend den Charakter eines Privatgutes.

Aufgrund der räumlichen Flexibilität können sich die FOCJ an die jeweilige Bedürfnisstruktur der betreffenden Region optimal anpassen und Skaleneffekte ausnutzen, so dass die Leistungen effizient erbracht werden können. Die Anreize der Regierungen auf die Präferenzen der Bürger einzugehen werden gestärkt[1428] und die

---

1425 Vgl. Frey (1997), S. 9 f. und S. 56-68.

1426 In der Schweiz existieren nebeneinander politische Gemeinden und daneben Zivilgemeinden mit eigenen Zuständigkeiten z.B. für das Wasser. Für die Zukunft ist bspw. ein FOCJ für die Polizeifunktionen auf dem Bodensee vorgeschlagen, der komplizierte Dienstwege überflüssig machen würde.,

1427 Zu dem Funktionalen Föderalismus als Ordnungsprinzip Europas vgl. die Darstellung im fünften Kapitel in dem Abschnitt 5.4.3.3.

1428 Ein Beispiel für tatsächlich stattfindende endogene Größenanpassungen kann z.B. durch die schweizerische Erfahrung illustriert werden. So fand im Jahr 1978 die Abspaltung des Kantons Juras vom Kanton Bern statt. Dieser Abspaltung folgte ein langfristigerer Anpassungsprozess: Mehrere Grenzgemeinden wechselten durch Volksabstimmung die Kantonzugehörigkeit. 1993 schließlich löste sich das Laufental vom Kanton Bern und trat dem Kanton Basel-Land bei.

Kombination aus Steuerautonomie einerseits und einfacher exit-Option andererseits baut einen Druck auf die Regierungen auf, die Mittel sparsam zu verwenden. Die Steuerautonomie der FOCJ vermittelt starke Anreize, die Finanzmittel sparsam zu verwenden. Es ist wahrscheinlich, dass die FOCJ aus diesem Grunde sich nicht auf die Produktion von Leistungen konzentrieren werden, sondern auf deren Bereitstellung. Erscheint es dem FOCUS effizienter, die Leistung von günstigeren Anbietern einzukaufen, so wird dieser Weg vor dem Hintergrund der Konkurrenz um die Steuerzahler als potentielle Mitglieder beschritten.[1429] Insofern werden die Kräfte des Marktes durch diese FOCJ gestärkt und der öffentliche Sektor zurückgedrängt.[1430]

Die Konzentration der FOCJ auf eine Leistung schlägt sich einerseits in Spezialisierungsgewinnen nieder. Außerdem öffnet die Konzentration der FOCJ auf wenige Leistungen die politischen Märkte für fachlich kompetente Außenseiter. Die „classe politique“ – ein Politikerkartell – dominiert nicht mehr die politischen Märkte, sondern es werden in den FOCJ vor allem Fachspezialisten für die jeweilige Funktion gefragt sein und nicht so sehr, wie es entsprechend der ganz unterschiedlichen zu erfüllenden Aufgaben in einer heutigen Gebietskörperschaft notwendig ist, Generalisten begehrt sein.[1431] Die Möglichkeit eines partiellen Austritts hinsichtlich spezieller Leistungen führt weniger zu Handelsschranken als die Gründung neuer Gebietskörperschaften, die den Anspruch vertreten, viele oder alle Bereiche und potentielle Aufgaben zu regeln. Insofern stellt die Konzeption der FOCJ eine Form eines markterhaltenden Föderalismus dar.[1432]

Der wesentliche Vorteil dieses Systems scheint die klare Zuordnung von politischen Verantwortlichkeiten zu sein. Eine Konsequenz der Einführung dieses Konzeptes ist die Beschränkung der Nationalstaaten. Sie verlieren ihr Primat des Nationalstaates über untergeordnete Gemeinden und Regionen. Allerdings würde keine Auflösung der Nationalstaaten initiiert, sondern nur auf kleinere Aufgaben konzentrierte

---

Sämtliche Gebietsanpassungen wurden durch Volksabstimmungen in den jeweiligen Gemeinden und Kantonen beschlossen und sind ein Beleg dafür, dass der Wechsel der Gemeinden der Bezirkszugehörigkeit (gemeint sind die föderalen Ebenen zwischen Kantonen und Gemeinden) als Spiegelbild gelten können für das Abwägen der Bürger zwischen den Angeboten verschiedener Leistungsbündel der jeweiligen Gebietskörperschaften. Vgl. Frey (1997), S. 18.

1429 An dieser Stelle könnte der Bogen zu den in dem dritten Kapitel dargestellten BOT-Modellen gespannt werden, die als eine Art praktische Umsetzung den technischen Leitfaden zu dieser Konstruktion des privaten Erstellens von bspw. Infrastrukturprojekten liefern könnten. Vgl. im dritten Kapitel den Abschnitt 3.2.2.1.3.

1430 Die Privatisierung als Prozess entsteht innerhalb des Systems der FOCJ endogen und ist auch insofern als nachhaltig einzuschätzen, da die Anreize für die politischen Entscheidungsträger dauerhaft umgestaltet werden.

1431 Zudem verweist Frey darauf, dass der engere Aufgabenkreis von FOCJ eine geringere zeitliche Belastung der Politiker bewirkt und somit viele politische Ämter ehrenamtlich oder in Teilzeitarbeit erfüllt werden können. Vgl. Frey (1997), S. 19. Dies trägt zu einer zusätzlichen Öffnung der Märkte einerseits bei, aber auch sicherlich zu einem verminderten Druck sich in diesen Ämtern entsprechend profilieren zu müssen, da sie „Hauptaufgabe des Erwerbslebens“ ist.

1432 Vgl. Frey (1997), S. 19.

Jurisdiktionen geschaffen, die aus der Sicht der Bürger Alternativen darstellen. Diese Jurisdiktionen können nur mit denjenigen Aufgaben betraut werden, die ihnen die Bürger selbst übertragen, d.h. die sie besser – im Sinne einer stärkeren Orientierung an den Bürgerpräferenzen – und/oder kostengünstiger erbringen können. Die Nationalstaaten werden weiterhin diejenigen Aufgabe ausüben, die sie effizienter zu erbringen in der Lage sind.

Als (behauptete) Schwierigkeiten werden teilweise Argumente genannt wie

- der Austritt bewirke hohe Kosten,
- die Wähler seien überfordert,
- die Unmöglichkeit von Umverteilungsbestrebungen,
- ein Koordinationsbedarf zwischen den verschiedenen FOCJ und
- die Schwierigkeit der Durchsetzung intensiver Präferenzen aufgrund der nicht gegebenen Möglichkeit des Stimmentauschs.

Diese Argumente sollten allerdings einer kritischen Analyse unterzogen werden, inwiefern sie als zutreffend bestehen können.

Das Argument der hohen Kosten infolge eines Austritts von Bürgern oder Gebietskörperschaften aus einem FOCUS beschreibt die Folgen auf nicht nur erwünschte Allokationseffekte, sondern auf die u.U. unerwünschten Einkommensverteilungen. Austritt und Abwanderung können insofern zu ernsthaften politischen und militärischen Auseinandersetzungen führen und somit ihre eigene Existenzgrundlage zerstören. Dieses Problem ist eine ernstzunehmende Gefahr, die bei der Implementierung des Konzeptes auftreten könnte. Dem könnte bereits bei der Gründung der FOCJ in der Weise begegnet werden, dass bereits bei der Gründung die Modalitäten eines friedlichen Austritts festgelegt werden.[1433] Die fünfte Freiheit könnte eine konstitutionelle Absicherung in der Weise erfahren, dass die Gebietskörperschaften veranlasst würden, sog. „Steuerpreismenüs“[1434] festzulegen.

Das Argument der (angeblichen) Überforderung der Wähler wird damit begründet, dass in einem föderalen Netz verschiedener FOCJ alle Bürger gleichzeitig Mitglieder verschiedener Jurisdiktionen sind. Es wird befürchtet, dass die zahlreichen Wahlen und Referenden in den verschiedenen FOCJ die Bürger überfordern und diese u.U. mit

---

[1433] Die Erfahrungen aus den USA und der Schweiz zeigen, dass i.d.R. die Veränderungen der Zugehörigkeiten zu Gemeinden und Bezirken demokratisch und friedlich ablaufen. Allerdings zeigt sich, das für die Neugründungen, Fusionen oder Austritte aus Gemeinden, Bezirken oder Kantonen bzw. Gebietskörperschaftstypen (in den USA) längere politische Verhandlungen notwendig sind. Die Effizienz dieser Verhandlungen wird determiniert von den institutionellen Rahmenbedingungen, innerhalb derer sie geführt werden müssen.

[1434] Zu dem Begriff des „Steuerpreismenüs“ vgl. Frey (1997), S. 20. Diese stellen den Zusammenhang dar zwischen den Steuereinnahmen und den Preisen für bestimmte staatliche Leistungen. Diese Steuerpreise können zur Berechnung der Steuersenkungen für die ganz oder teilweise aus einzelnen Funktionen austretungswilligen Bürger verwendet werden.

politischer Abstinenz reagieren könnten. Dem kann entgegnet werden, dass die Nicht-Wahl nicht an sich ein Problem darstellt, sondern das Ergebnis rationalen Wahlverhaltens sein kann und insofern als eine gewisse Zufriedenheit mit den Leistungen der jeweiligen FOCJ interpretiert werden kann. Bürger mit besonders intensiven Präferenzen – insbesondere diejenigen, die besonders unzufrieden sind mit einem Leistungsangebot – werden an den Wahlen teilnehmen.[1435] Eine vollständige Entkräftung der Bedenken erfolgt durch diese Art der Gegenargumentation allerdings nicht, denn die Stimmen derjenigen engagierten und Unzufriedenen würden bei gleichzeitiger Nicht-Wahl der Zufriedenen überrepräsentiert und es würde zu einer Verzerrung des Meinungsbildes kommen. Ein anderes mögliches Gegenargument beschreibt den Umstand, dass die Konstruktion der FOCJ die Beurteilung der öffentlichen Leistungen für die Bürger vereinfacht, da keine Quersubventionierungen die Leistungsdimensionen verschleiern und die Kosten undurchsichtig werden lassen. Die Evaluation einzelner Leistungsdimensionen und der Vergleich des Leistungsangebotes zwischen den Gebietskörperschaften wird bei den FOCJ vereinfacht. Ein drittes Gegenargument gegen die vermeintliche Überforderung der Bürger besteht darin, darauf zu verweisen, dass die befürchtete explizite Stimmenabstinenz in den FOCJ auch in den heutigen Konstruktionen der Gebietskörperschaften als Referenzsystem in Form einer impliziten Stimmenabstinenz anzutreffen ist. Dies gilt hinsichtlich derjenigen Funktionen, die in den FOCJ deutlich erkennbar und evaluierbar sind und die in einem System alle Funktionen ausführender Gebietskörperschaften als Leistung nicht mehr ausgemacht werden können.[1436] Hier erscheint der Wähler in der simultanen Beurteilung der verschiedensten Leistungsdimensionen eher überfordert. Als letztes und viertes mögliches Gegenargument spricht die Möglichkeit, die evtl. vom Bürger empfundene Wahllast durch verschiedene neu zu kreierende Institutionen zu mildern.[1437]

Dennoch ist festzustellen, dass damit gerade hier die Gefahr einer Eigendynamik des Wachstums der FOCJ gegeben ist. Denn durch die Übernahme mehrerer Funktionen würde es in der Konsequenz zu einer ausufernden Tätigkeit kommen und daraus eine unübersichtliche Darstellung der jeweiligen Steuerpreise resultieren. Gerade in der Möglichkeit einer Darstellung, durch diese Bündelung es dem Bürger einfacher zu machen, besteht die Gefahr, die eigentlichen Vorteile der Zurechenbarkeit von politischer Verantwortlichkeit der FOCJ zunichte zu machen. Hierbei ist nur die Hoffnung zu betonen, dass die direkt-demokratischen Kontrollmechanismen der Bürger diese Entwicklung verhindern.

Das Gegenargument der mangelhaften Chance zur Umverteilung in den FOCJ aufgrund der Ausweichmöglichkeit der Besserverdienenden in die Niedrig-Steuer-FOCJ ist zu entgegnen, dass dieses Argument auch auf andere Föderalismusformen

---

1435 Vgl. zu dieser Gegenargumentation Frey (1997), S. 21. Vgl. auch Casella/Frey (1992), S. 639-646.

1436 Vgl. Frey (1997), S. 21.

1437 So schlägt Frey bspw. vor, die Abstimmungs- und Wahltermine verschiedener FOCJ zusammenzulegen und so zu koordinieren. Vgl. Frey (1997), S. 21.

zutrifft.[1438] Die geringe Mobilität der Bürger und die Möglichkeiten zu konstitutionellen Entscheidungen über Umverteilungen auf der übergeordneten Eben stehen diesem Argument entgegen.[1439]

Die Notwendigkeit der Koordinierung zwischen den einzelnen FOCJ ist trotz der demokratischen wettbewerblichen Koordinationsmechanismen gegeben, denn es bestehen Externalitäten zwischen den FOCJ, die nicht internalisiert werden. Vergleicht man die Notwendigkeit der Koordination zwischen FOCJ einerseits und den administrativen Einheiten in den traditionellen Gebietskörperschaften andererseits, so bestehen diese Externalitäten in beiden Fällen.[1440] Die Fragestellung kann dann nur sein, in welchem System die Anreize für Verhandlungen zwischen den jeweiligen politisch Verantwortlichen größer ist. Es spricht einiges dafür, dass die Politiker eines FOCUS stärkere Anreize haben, mit anderen Regierungen zu verhandeln, da die Bürger durch Volksabstimmungen einen direkteren Durchgriff haben, Fehlverhalten abzustrafen.[1441] Die Beamten in den traditionellen Ministerien hingegen haben schwächere Anreize, ihre Handlungen zu koordinieren, da effektive Koordination den jeweiligen Handlungsspielraum zu beschränken droht und darüber hinaus die Beamten weniger darauf angewiesen sind, die Interessen der Bürger zu verfolgen, da diese kaum Möglichkeiten haben, direkt Einfluss auszuüben oder Fehlverhalten zu sanktionieren.

Allerdings ist die entscheidende Frage, ob die Koordination – gerade hinsichtlich einer Internalisierung negativer externer Effekte – nicht bei der Konzeption der FOCJ im Vergleich zum traditionellen Gemeindewesen erschwert wird durch die vielen verschiedenen und teilweise sich überlappenden Funktionen. In Analogie zum Marktversagen kann es auch für die Konzeption einer Rahmenordnung für die FOCJ notwenig sein, die Internalisierung dieser externen Effekte durchzuführen.

Ebenso ist die Problematik reiner öffentlicher Güter zu behandeln. Denn in einer strikten Organisation der FOCJ könnte ein Anreiz bei den Bürgern bestehen, ihre Zahlungsbereitschaft als free rider zu verschleiern. Infolge dessen würde es zu einer Unterversorgung mit öffentlichen Gütern kommen. Der Markt der FOCJ könnte – ähnlich wie bei den Umverteilungen – versagen und daher eine Absicherung der

---

1438 Neuere empirische Untersuchungen weisen darauf hin, dass Umverteilung auch in stark dezentralisierten Staaten möglich ist wie z.B. in der Schweiz und in den USA. Dies hängt eng zusammen mit der lokalen Verwurzelung der Bürger und der recht geringen Mobilität, die sich daraus ergibt.

1439 Es ließe sich für die interregionale Umverteilung ein eigener FOCUS einrichten, der allerdings durch Eintritts- und Austrittsschranken abgesichert werden müsste.

1440 So sind beispielsweise zwischen dem Umwelt- und Wirtschaftsministerium einzelne Aktionen abzusprechen (in der jüngeren Vergangenheit betrifft dies die Wirkung der sog. Öko-Steuer und die Diskussion um die jeweiligen Ausnahmeregelungen einzelner Betriebe) oder auch bspw. bei der Gesundheitsreform zwischen dem Gesundheits- und dem Finanzministerium.

1441 Die Koordination würde in diesem Sinne solange erfolgen, wie die Bürger eine Nachfrage danach entfalten. Es bestünde eine enge Analogie zwischen der Koordination von FOCJ-Aktivitäten und der Koordination zwischen Unternehmen auf den Märkten. Vgl. Frey (1997), S. 22.

„reinen“ öffentlichen Güter über die übergeordnete Zentralebene nötig werden.[1442] Die Gefahr eines Trends zur Ausdehnung der zentralstaatlichen Aufgaben, die als öffentliche Aufgaben definiert und an deren Finanzierung die Bürger zwangsweise verpflichtet werden, besteht in Anwendung der Ökonomischen Theorie der Politik dann ebenso, wie in den traditionellen politischen Strukturen der Hang zu einer ausufernden Staatstätigkeit, ohne dass dem zusätzliche Aufgaben gegenüberstehen, diagnostiziert wurde.

Ein weiterer in der Literatur vorgebrachter Einwand besteht in dem vermuteten Mangel der FOCJ, dass intensive Präferenzen nicht hinreichend Eingang in den politischen Entscheidungsprozess finden. Die funktionale Aufgliederung verschiedener Aufgaben erschwert die Möglichkeit des Stimmentausches und – so die Kritiker – erschwert damit auch die wohlfahrtssteigernde Äußerung der Präferenzintensitäten.[1443] Hierzu ist anzumerken, dass Stimmentausch nicht immer wohlfahrtssteigernd wirkt und gerade das sog. log-rolling als eine entscheidende Ursache für die einem Naturgesetz folgende Ausdehnung der Staatstätigkeit und den Hang zu zunehmenden Interventionen und Regulierungen auf verschiedenen Märkten identifiziert wurde.[1444] Stimmentausch schädigt diejenigen, die an den durch Stimmentausch-Koalitionen geschnürten Paketen nicht partizipieren können. Die tatsächlichen Präferenzen und die Präferenzintensitäten könnten in direkten Abstimmungen sicherlich eindeutiger geäußert werden.[1445] Darüber hinaus können Minderheiten mit besonders intensiven Präferenzen einen neuen FOCUS bilden, der ihre Interessen entsprechend berücksichtigt.

Zusammenfassend kann festgestellt werden, dass der sehr relevante Einwand der Überforderung des Bürgers als Gegenargument nicht überzeugen kann, denn der Bürger kann die für ihn relevanten Angebote wesentlich zielorientierter auswählen und überprüfen. Der schwerwiegende Einwand der angeblich nicht-möglichen Umverteilungen ist zumindest zu relativieren, da bei auftretenden unüberwindbaren Schwierigkeiten die notwendigen Umverteilungsmaßnahmen zentral organisiert werden können.[1446]

Der wohl wichtigste Einwand aber richtet den Blick auf die Realisierungswahrscheinlichkeit des Konzeptes der FOCJ. Dieses Konzept weicht sehr stark von dem tatsächlichen Föderalismus der EU ab, so dass es wesentlicher und einschneidender auf einer Ebene der Verfassung angelegter Änderungen bedürfte,

---

1442 Denkbar wäre es auch diese Ebene selbst als FOCUS zu definieren und eine zwangsweise Mitgliedschaft allen Bürgern bzw. Gemeinden zu verordnen.

1443 Zu einer Darstellung und kritischen Würdigung dieses Arguments vgl. auch Frey (1997), S. 23.

1444 Vgl. Tullock (1997).

1445 Die Wahlbeteiligung ist bspw. ein Indikator für das Interesse, das von den Bürgern für ein bestimmtes Problem vorhanden ist. Zudem wird in der neueren Literatur darauf verwiesen, dass der Bürger in konkreten Sachfragen weniger eigennützig wählt als in undurchsichtigen Paketabstimmungen. Vgl. Frey (1997), S. 23.

1446 Vgl. hierzu auch Eichenberger (1996), S. 124 und S. 126.

wenn FOCJ implementiert werden sollten. Es besteht die Notwendigkeit die FOCJ auf der konstitutionellen Ebene zu verankern, ohne ihre wirkungsvolle Durchsetzung im laufenden politischen Prozess wird die Entstehung von FOCJ durch konkurrierende Regierungen zu verhindern versucht.[1447] Die Durchsetzung dieses Konzeptes innerhalb des politischen Prozesses muss als schwierig eingeschätzt werden. Politiker und die jeweiligen Regierungen als Entscheidungsträger für die Einführung einer solchen Konzeption, haben kein Interesse an der Einführung der FOCJ, da ihre Macht durch die FOCJ stark begrenzt werden würde. Insofern dürfte es schwierig sein, die FOCJ durch eine Verfassungsreform in einer europäischen Verfassung als fünfte Freiheit einzuführen.[1448]

5.3.3.6 Modell der konzentrischen Kreise

Im Rahmen der Diskussion um die Erweiterung der EU von derzeit 15 auf 20 oder mehr Mitgliedstaaten wurde von MERTES und PRILL die Vorstellung der konzentrischen Kreise als Modell für die Integration Europas entwickelt.[1449]

Der Grundgedanke dieses Modells ist der, eine Möglichkeit unterschiedlicher Integrationsgeschwindigkeiten in Abhängigkeit von der Entwicklung volkswirtschaftlicher Fundamentaldaten der Mitgliedstaaten und deren Integrationsbereitschaft zu schaffen. Hierbei werden die verschiedenen Integrationsstufen in Form von verschiedenen Kreisen, die wie die Atomhüllen um den Atomkern angelegt sind, dargestellt (vgl. Abbildung 19). Der Kern stellt hierbei die Verwirklichung des Ziels einer Europäischen Integration als Bundesstaat dar. Er umfasst diejenigen Mitgliedstaaten, die sich auf eine gemeinsame Verfassung einigen können und ihre nationalen Entscheidungsbefugnisse weitestgehend an die Europäische Zentrale abzugeben bereit sind.

1447 Vgl. Eichenberger (1996), S. 118

1448 Vgl. zu den Überlegungen der konstitutionellen Verankerung der FOCJ den Abschnitt 5.4.3.3, insbesondere 5.4.3.3.2 und zur Berücksichtigung der FOCJ in einer Reform der europäischen Institutionen und Entscheidungsverfahren vgl. den Abschnitt 5.5.3.4.

1449 Dieses Konzept steht in einem engen Zusammenhang zu anderen flexibilisierenden Konzepten wie etwa (1) „Europe à la carte“: jedes Mitgliedsland wählt diejenigen europäischen Bestimmungen und Politiken aus, von denen es sich einen Vorteil verspricht; (2) „Variable Geometrie“: es wird unterschieden zwischen einer Gruppe von Kernländern, die eine möglichst tiefe Integration wünschen und den peripheren Ländern, die nur eine eingeschränkte Mitgliedschaft wünschen; (3) „Europa unterschiedlicher Geschwindigkeiten“: jedes Land bestimmt selbst die von ihm gewünschte Integrationsgeschwindigkeit; (4) „Konzentrische Kreise“: dieses Modell nun meint – wie oben dargestellt wird – dass jedes Land selbst das Ausmaß an Integration selbst wählt, so dass ein ganzes Spektrum an Integrationsintensitäten entsteht. Alle diese Konzepte haben gemeinsam, dass sie im politischen Prozess auf Ablehnung stoßen und diese Formen der Flexibilisierung der Geschwindigkeit und des Ausmaßes an Integration nicht die grundlegenden vier Freiheiten betreffen, sondern sich auf die darüber hinaus gehenden Maßnahmen zur Vereinheitlichung und Harmonisierung beziehen. Diese Konzeptionen sind dem Ansatz der FOCJ unterlegen, da sie nicht so sehr in der Lage sind, die Bürgersouveränität durch Wettbewerb verschiedener Regionen durchzusetzen. Allerdings stellen diese Ansätze eine Öffnung der Diskussion dar.

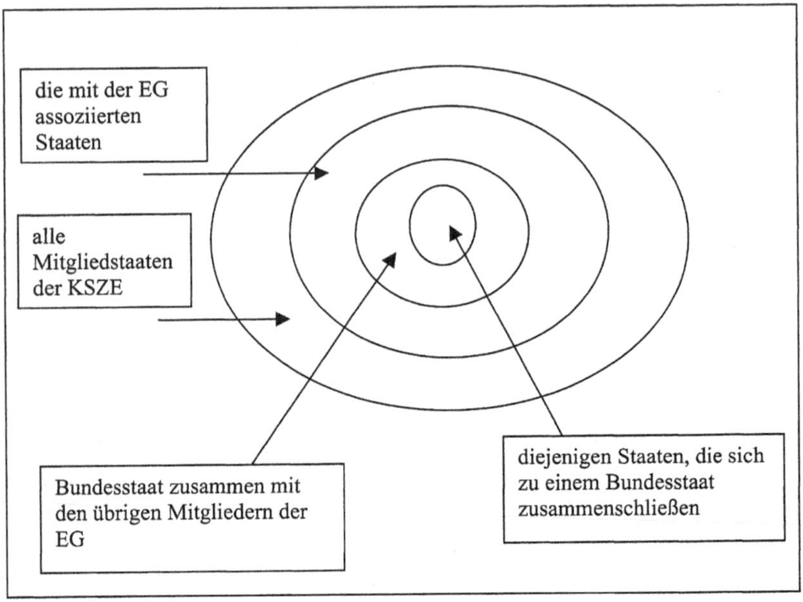

Abbildung 19: Modell der konzentrischen Kreise nach Mertes/Prill für die Integration Europas

Im innersten Kreis befinden sich diejenigen Staaten, die sich zu einem Bundesstaat Europäische Union unter einer gemeinsamen Verfassung zusammenschließen wollen. Sie bilden den Kern der europäischen Integration. Dieser Bundesstaat bildet zusammen mit den übrigen EG-Staaten als EU_{neu} den zweiten Kreis. Im dritten Kreis befinden sich die mit der EU assoziierten Staaten. Die gesamte Konstruktion endet mit einem vierten Kreis, der alle Mitglieder der KSZE umschließt. Die Zugehörigkeit zu den jeweiligen Kreisen wird nicht von Dritten bestimmt, sondern ist abhängig von dem Eigenwillen des jeweiligen Staates und von seiner Fähigkeit zur Erfüllung objektiver Voraussetzungen. Der Übergang in einen engeren Kreis ist auf diese Weise ebenso freiwillig möglich wie der mögliche Rücktritt. Alle künftigen Vertragsveränderungen seien einstimmig zu vereinbaren. Dieses Modell stellt insofern eine Weiterentwicklung von Maastricht dar, denn faktisch ist mit der EWWU bereits eine Integration verschiedener Geschwindigkeiten implementiert worden. Fragwürdig ist allerdings inwieweit die Mitgliedstaaten bereit sind, das in Maastricht bereits angelegte Modell abgestufter Integration weiterzuentwickeln. MERTES und PRILL empfehlen dieses Modell zu verallgemeinern und in den Vertrag über die Europäische Union eine Generalermächtigung für weitergehende Integrationsabkommen im kleineren Kreise - sog. Inter-se-Abkommen - aufzunehmen. Dabei betonen die Verfasser, dass die

Vertiefung der Integration im kleineren Kreise gegen niemand gerichtet sei, denn alle Staaten seien explizit zum Mitwirken aufgefordert.

5.4 Leitlinien für eine europäische Verfassung – Ableitungen aus der positiven Analyse

5.4.1 Die Bedeutung von Ordnungswettbewerb

5.4.1.1 Der Begriff Ordnungswettbewerb

Die der neoklassischen Wohlfahrtsökonomik entstammende Definition des Begriffs Systemwettbewerb als Wettbewerb immobiler Produktionsfaktoren um mobile[1450] wurde im Rahmen der neoklassischen Modellierung der möglichen Grenzen eines Systemwettbewerbs im dritten Teil dieser Arbeit untersucht.[1451] Die immobilen Produktionsfaktoren stellen hierbei die Wirtschafts- und Rechtsordnungen der Staaten dar, die in einem komplementären Verhältnis zu den mobilen Produktionsfaktoren Arbeit und Kapital stehen. Die verschiedenen Jurisdiktionen konkurrieren um die Anziehung der knappen, mobilen Produktionsfaktoren und befinden sich so in einem Standortwettbewerb. Allerdings ist diese Definition für die Beantwortung institutioneller Fragestellungen zu eng.[1452] Sie entstammt der klassischen Wohlfahrtsökonomik, in der entsprechend die Analyse beschränkt wird auf den Blickwinkel einer effizienten Ressourcenallokation; es wird also dasjenige Regelwerk gesucht, das die besten Möglichkeiten der Einkommenserzielung bietet und so die meisten Direktinvestitionen anzieht. Die Frage aber nach den Akteuren, die das institutionelle Regelwerk gestalten, nach den herrschenden Anreizsystemen und schließlich auch nach den Gestaltungen des Entscheidungsfindungsprozesses und der demokratischen Legitimation der Entscheidungsträger wird nicht gestellt und nicht untersucht.

Der Wettbewerb kann beschrieben werden als das Bestreben einzelner Individuen oder Gruppen einzelner Individuen, ihre persönliche Situation im Vergleich zu anderen Individuen oder Gruppen durch bewusste zielgerichtete Handlungen zu verbessern.[1453] Leistet man dieser Definition Folge, so wird die Kritik am neoklassischen Modell des Systemwettbewerbs wieder deutlich.[1454] Nach dem Axiom des methodologischen

[1450] Diese Definition findet sich bspw. bei Giersch (1989); Sinn, S. (1992) und Siebert/Koop (1990). Kritische Anmerkungen zu dieser Definition des Ordnungswettbewerbs findet sich bei Gerken (1995), S. 10-12.

[1451] Vgl. hierzu den Abschnitt 3.2.2.1.

[1452] Auf die Grenzen der neoklassischen Diskussion des Systemwettbewerbs wurde in dem dritten Teil der Arbeit ausführlich hingewiesen. Vgl. die Abschnitte 3.2.2.1.2; 3.2.3.2 und 3.2.3.3.

[1453] Vgl. zu dieser Definition Gerken (1995), S. 11.

[1454] Vgl. Hannowsky/Renner (1998), S. 88-92.

Individualismus[1455] besteht Wettbewerb immer nur zwischen Individuen, niemals jedoch zwischen Standorten.

Es ist insofern zwingend erforderlich, die Untersuchung auf die politischen Akteure als Anbieter von Wirtschafts- und Rechtsordnungen und auf die Gestaltung der politischen Entscheidungsprozesse und der daraus resultierenden Anreize auszurichten. Politiker konkurrieren nicht um mobile Ressourcen, sondern um Wählerstimmen, die ihnen den Machterhalt bzw. die Gewinnung von Macht ermöglichen. Die Ergebnisse und die Bewertungen dieser Ergebnisse des Systemwettbewerbs wirken sich auf die politischen Akteure nur durch den Filter der Wahrnehmung und Artikulierung der Bürger im politischen Prozess aus. So ist nur eine indirekte Wirkung der Folgen des Systemwettbewerb auf die Gestaltung der politischen Ordnung festzustellen. Allerdings ist es offensichtlich, dass die Existenz des Ordnungswettbewerbs Rückwirkungen auf die artikulierten Präferenzen der Bürger hat.

Der Ordnungswettbewerb ist als ein Parallelprozess zwischen dem Wettbewerb zwischen den Unternehmen und ihrer Suche nach den günstigsten Produktionsbedingungen und dem politischen Wettbewerb zwischen Politikern bzw. Parteien um Wählerstimmen anzusehen. Beide Prozesse sind interdependent.[1456] Die rein ökonomische Definition des Systemwettbewerbs in Anlehnung an das neoklassische Modell wird diesem Phänomen des Parallelprozesses insofern nicht gerecht, als diese neoklassisch fundierte Interpretation des Systemwettbewerbs ausschließlich auf das Ziel der Einkommensmaximierung fokussiert und die Artikulation und Vertretung ganz vielfältiger Interessen der Bürger, die im politischen Prozess zu erfolgen hat, nicht abbildet. Aufgabe der Politik ist es gerade, eine Abwägung zwischen den verschiedenen divergierenden Präferenzen und konfligierenden Interessen der Bürger hinsichtlich der ökonomischen, sozialen und ökologischen Gestaltung der Gesellschaftsordnung vorzunehmen.[1457]

1455 Der Begriff des methodologischen Individualismus geht auf Arbeiten von Hayek und Popper zurück. Hauptinhalt der These des methodologischen Individualismus ist die Behauptung oder der Anspruch, dass alles Wissen über soziale Phänomene lediglich ein Wissen über Individuen sei. D.h. es sei über Dispositionen, Haltungen, Interessen und Verhaltensweisen von Individuen zu begründen, abzuleiten oder zu bestätigen. Lenk beschreibt das Prinzip des methodologischen Individualismus als heuristische Anweisung, möglichst weitgehende generelle soziologische Hypothesen bzw. Begriffe zu individualisieren. Vgl. Lenk (1977), S. 34-45, hier S. 34. Er schreibt weiter: „(...) als ein heuristisches Postulat könnte das Prinzip des methodologischen Individualismus durchaus eine begrenzte Fruchtbarkeit entfalten, (...) es könnte in willkommener Weise die nötige interdisziplinäre theoretische Zusammenarbeit zwischen Soziologen, Politologen, Ökonomen und anderen Sozialwissenschaftlern einerseits und den Psychologen andererseits fördern." Lenk (1977), S. 44.

1456 Vgl. Streit (1996), S. 12.

1457 Nur durch die Einbeziehung des zu dem ökonomischen Standortwettbewerb parallel verlaufenden politischen Wettbewerbs in die Analyse kann erklärt werden, warum nicht ausschließlich eine ökonomische Standortpolitik betrieben wird zur Anziehung mobiler Ressourcen. Sonst wäre es

Die Interdependenz von System- und Politikwettbewerb erklärt darüber hinaus auch, warum der Ordnungswettbewerb nicht zwangsläufig zu einem Herunterkonkurrieren der Standards führen muss.[1458] Dies ist die Folge des Postulats der Bürgersouveränität, dass nämlich einzelne Staaten oder Regionen unterschiedliche Sozial- und Umweltstandards orientiert an ihren unterschiedlichen Präferenzen anstreben.[1459] Dies bedeutet, dass der Ordnungswettbewerb als sinnvolles Instrument zur Offenlegung der Präferenzen und auch insbesondere zur Vergleichbarkeit der mit unterschiedlichen Ausprägungen von Sozialsystemen bzw. Umweltstandards verbundenen Kosten einen wichtigen Beitrag leistet, aber nicht notwendigerweise zu einer Angleichung der Präferenzen führt. Die Prioritätensetzung in einer Gesellschaft hinsichtlich der verschiedenen Teilziele wird determiniert sowohl von kulturellen Faktoren als auch von dem jeweiligen (angestrebten oder bereits realisierten) Zielerreichungsgrad der anderen Ziele.[1460]

Die Reaktion von Unternehmen auf den politischen Wettbewerb durch bspw. Zu- oder Abwanderung von Kapital beeinflusst indirekt über die Entwicklung auf den Arbeitsmärkten und das Wachstum des Produktionspotentials die Zustimmung der Wähler zu den verschiedenen Parteien. So sollte ein umfassende Definition des Ordnungswettbewerbs auch berücksichtigen, dass Harmonisierungsbemühungen wie z.B. die einheitliche Besteuerung von Kapital in Europa sehr wohl geeignet sind, die Kapitalmobilität zu beschränken, dass aber durch derartige Maßnahmen nur die Wirkung nicht aber die Ursache behandelt wird. Kapitalströme sind lediglich der Reflex auf unterschiedliche politische Rahmenbedingungen. Legitimiert wird die Politik durch die demokratische Wahl durch den einzelnen Bürger. Insofern werden die Reaktionen der Unternehmen indirekt über das Abstimmungsverhalten in den politischen Prozess Eingang finden.[1461] Eine umfassende Definition des Ordnungswettbewerbs, wie sie hier verwendet wird, schließt den politischen

---

bspw. nicht möglich, die Bestrebungen von Politkern zu erklären, den günstigen und international mobilen Produktionsfaktor Arbeit fernzuhalten anstatt ihn gezielt zu umwerben und anzuziehen, wie es ökonomisch unter Effizienzgesichtspunkten rational wäre. Ein Beispiel einer solchen ökonomisch irrationalen Politik stellt das Arbeitnehmerentsendegesetz dar; vgl. Gerken/Löwitsch/Rieble (1995), S. 2370-2375.

1458 Zu der Analyse der Analyse der race-to-the-bottom-Hypothese vgl. Abschnitt 3.2.2.1.2.

1459 Vgl. hierzu Vaubel (1992), S. 30-65.

1460 Gerade in wirtschaftlich weniger entwickelten Ländern ist die Präferenzorientierung oftmals einseitig in Richtung auf die Erreichung ökonomischer Ziele ausgerichtet. Weisen dann die politischen Systeme undemokratische und totalitäre Züge auf, welche die Durchsetzung präferenzkonformer Politik verhindern, dann werden diese Präferenzen unterdrückt. So sind die in manchen Entwicklungsländern bspw. überdimensionierten Ausgaben für Militär (anteilig am jeweiligen BIP) zu erklären.

1461 Die Sichtweise, „Politik legitimiert sich durch die Zustimmung der Wähler und nicht durch den Zu- oder Abfluss von Kapital und Arbeit“ (Hannowsky/Renner (1998), S. 91), greift demnach zu kurz. Selbstverständlich gehen gerade in Zeiten hoher Arbeitslosigkeit die politisch gestalteten Rahmenbedingungen einer Region oder eines Landes, die als entscheidend für die Ansiedlung von Unternehmen bzw. von Investitionen angesehen werden, über die Entwicklung der Arbeitslosenquoten und die Wachstumszahlen indirekt in die Wahlentscheidung ein.

Wettbewerb als Reaktion auf den Wettbewerb zwischen den Unternehmen und somit insbesondere mit seiner Interdependenz zu dem Standortwettbewerb der Regionen um die Ansiedlung von Unternehmen explizit mit ein. Die Bewertung der Standortqualität im Ordnungswettbewerb deckt die unterschiedlichen Präferenzen der Bürger hinsichtlich der Ordnungsgestaltung auf und wirkt auf eine präferenzkonforme Gestaltung der Ordnung hin.

5.4.1.2 Der Transmissionsmechanismus des Ordnungswettbewerbs in Markt und Politik

„Der Wettbewerb der Regelsysteme (ist) die vermutlich wirksamste und daher unverzichtbare Methode zur Zähmung staatlicher Allmacht und zur Herausbildung einer menschengerechten Ordnung."[1462]

Als Transmissionsmechanismen des Ordnungswettbewerbs wurden bereits zum einen die Abwanderung (exit) von Produktionsfaktoren und zum anderen die Androhung der Abwanderung (voice) beschrieben.[1463] Die Bedeutung der internationalen Finanzströme überragt heute bei weitem die Bedeutung der Wanderung des Produktionsfaktors Arbeit.[1464] Im Rahmen der Diskussion um die integrationspolitischen Strategien wurde der Systemwettbewerb auch als ein Standortwettbewerb dargestellt, der sich bspw. in der Strukturpolitik eines Landes abbildet, in dem Versuch, attraktive Standortbedingungen für Investitionen zu schaffen. Eine erfolgreiche Politik dient der Anziehung von mobilem Kapital und dient der Sicherung und Schaffung neuer Arbeitsplätze und Einkommen.[1465]

Diese ökonomische Ausprägung des Transmissionsmechanismus des Ordnungswettbewerbs besagt, dass eine Politik, die darauf ausgerichtet ist, international mobiles Kapital als Investitionen in den eigenen Standort zu holen, die Wiederwahlchance der jeweils gerade regierenden Partei erhöht und damit den Machterhalt der Politiker eben dieser Partei sichert. Lassen sich die Präferenzen der Bürger ausschließlich in diesem

---

1462 Leipold (1997a), S. 409.

1463 Ursprünglich gehen diese Reaktionsmöglichkeiten der Bürger zurück auf Hirschmann (1970) und (1974).

1464 Vgl. hierzu die Erläuterungen im dritten Teil dieser Arbeit im Abschnitt 3.2.2.1.2. Tiebout (1956) spricht in diesem Zusammenhang von dem „voting by feet"; allerdings ist an dieser Stelle zu bemerken, dass die heute zu beobachtenden Wanderungsbewegungen dadurch beschrieben werden können, dass es sich bei dem Faktor Arbeit nicht gerade um den kappen Produktionsfaktor handelt. Der Anpassungsdruck auf die institutionellen Rahmenbedingungen entsteht infolgedessen bezüglich des Faktors Arbeit im Gegensatz zum Kapital weniger in den Abwanderungs- als vielmehr in den Zuwanderungsländern.

1465 Zugleich vergrößert sich der Handlungsspielraum der Politik, denn zusätzliche Steuereinnahmen können für die Finanzierung von Steuersenkungen, zunehmenden Subventionen bzw. Transferzahlungen oder für die Konsolidierung der Staatsfinanzen verwendet werden.

Standortwettbewerb zusammenfassen, so könnte der ökonomische Standortwettbewerb allein betrachtet werden; der Politikwettbewerb als zweiter Bestandteil des Ordnungswettbewerbs läge dann über den oben dargestellten einfachen Transmissionsmechanismus gewissermaßen im „Schlepptau“ des Standortwettbewerbs. Wie aber bereits eingehend erläutert wurde,[1466] kann dieser ökonomische Transmissionsmechanismus das Phänomen des Ordnungswettbewerbs nur unvollständig abbilden, da nicht nur die Ziele der Einkommensmaximierung bzw. des Wachstum des Sozialproduktes die Präferenzen der Bürger bestimmen.[1467]

Im Politikwettbewerb kann als Transmissionsmechanismus die drohende Abwanderung der Wähler zu konkurrierenden Parteien oder entsprechend die Androhung der Abwanderung sich auswirken. Kommt es zu Divergenzen zwischen dem Angebot von politischen Lösungen einer Partei und den Präferenzen der Bürger, so ist die Abwanderung zu einer anderen Partei eine mögliche Reaktion der Wähler.[1468] Die Abbildung 20 soll die verschiedenen Transmissionsmechanismen des Ordnungswettbewerbs im Markt- und Politikbereich zusammenfassen.

1466 Vgl. hierzu im dritten Kapitel die Abschnitte 3.2.1 und 3.2.3.

1467 Es sind auch andere Ziele denkbar, wie bspw. die Verteilung des Sozialproduktes, die Umweltqualität, die militärische Stärke einer Nation und deren Einstellung zu kriegerischen Auseinandersetzungen usw.

1468 Diese exit-Option ist aus Sicht der Wähler die einfachere Form der Abstrafung bestimmter Parteien, da die Abwanderung zu einer anderen Partei mit geringeren Transaktionskosten verbunden ist, als die Abwanderung in eine andere Jurisdiktion.

Transmissionsmechanismen \ Art des Wettbewerbs	Ökonomischer Standortwettbewerb	Politikwettbewerb
„Voice" (Androhung der Abwanderung)	Androhung der Abwanderung von Produktionsfaktoren Arbeit und Kapital zu konkurrierenden Jurisdiktionen	Androhung der Abwanderung von Wählern zu konkurrierenden Parteien
„Exit" (Abwanderung)	Abwanderung von Kapital und Arbeit zu konkurrierenden Jurisdiktionen	Abwanderung von Wählern zu konkurrierenden Parteien

Abbildung 20: Transmissionsmechanismen des Ordnungswettbewerbs

Wie gezeigt werden konnte, trägt der Ordnungswettbewerb zur Aufdeckung der Präferenzen der Bürger bei. Er bildet konsistente Präferenzhierarchien ab, indem die ökonomischen Kosten einer ordnungsinkonformen Politik und mögliche Konflikte zwischen den unterschiedlichen Präferenzen der Bürger einer Gesellschaft aufgedeckt werden. Die Abwanderung von Produktionsfaktoren als Reaktion auf den Einsatz nicht-ordnungskonformer politischer Instrumente veranschaulicht über real erfahrbare materielle Wohlstandseinbußen die Kosten einer solchen Politik. Dieser Mechanismus wird eine Tendenz zu einer Herausbildung in sich konsistenter Präferenzstrukturen hervorbringen. Es werden ordnungskonforme Maßnahmen der Politik[1469] bevorzugt und so das Auseinanderklaffen zwischen politischer und ökonomischer Rationalität, das mit Hilfe der Ansätze der Ökonomischen Theorie der Politik insbesondere für die politischen Prozesse in der Europäischen Union diagnostiziert wurde, reduziert.[1470] Außerdem wird durch den Ordnungswettbewerb dafür gesorgt, dass die Präferenzen der Bürger durch das politische System umgesetzt werden. Es wird ein policy-learning-Prozess ermöglicht durch die Existenz und Konkurrenz verschiedener

---

1469 Ordnungskonform ist eine Politik dann, wenn sie sich im Ordnungswettbewerb bewährt. So werden mögliche Theorien über eine „ökonomisch rationale Politik" einer fortwährenden empirischen Überprüfung unterzogen.

1470 Vgl. zu diesem Gedankengang Streit (1995), S. 113-134; Streit (1996b), S. 11-22 und Hannowsky/Renner (1998), S. 95-97.

Politikbündel in funktional oder geografisch gegliederten Jurisdiktionen.[1471] Der Austausch durch den Wettbewerb zwischen verschiedenen Jurisdiktionen hinsichtlich ihrer politischen Problemlösungen gesellschaftlicher Aufgaben führt durch Innovations- und Imitationsstrategien zu einem Entwicklungsprozess. Die Möglichkeit der Bürger zur Abwanderung bzw. die Androhung über Widerspruch bei einer präferenz-inkonformen Politikgestaltung zwingt die Politiker dazu, die Bürgersouveränität zu beachteten und den Präferenzen der Bürger nachzukommen. Die Parteien werden mit ihren Politikgestaltungen um die Gunst der Wähler konkurrieren. So führt die Konkurrenz der Standorte zu einem Ideenwettbewerb um erfolgreiche Ordnungsreformen. Der Ordnungswettbewerb intensiviert den Politikwettbewerb und beschränkt so den diskretionären Handlungsspielraum der Politiker bei der Vergabe von Privilegien.

5.4.1.3 Eine Wettbewerbsordnung für den Ordnungswettbewerb

Der Ordnungswettbewerb leistet einen wichtigen Beitrag zu der Bildung in sich konsistenter Präferenzhierarchien der Bürger. Darüber hinaus reduziert er die Erfolgsaussichten der im politischen Prozess vertretenen rent seeking-Aktivitäten. Der Ordnungswettbewerb initiiert Suchprozesse nach institutionellen Problemlösungen durch die Strategien der Imitation oder der Innovation und bindet die Politik an die Präferenzen der Bürger. Eine im konstitutionellen Interesse der Bürger liegende Politik der Wettbewerbsordnung wird dann mehrheitsfähig. Der Ordnungswettbewerb erscheint daher die geeignete Integrationsstrategie für die Gestaltung der institutionellen Struktur der Europäischen Union zu sein.

Die disziplinierende Wirkung des Ordnungswettbewerbs auf den Politikwettbewerb verhilft Reformen des Ordnungsrahmens zum Durchbruch, die auf die Nutzbarkeit des Wettbewerbs als sozial produktives Verfahren setzen. Hierbei zeigt sich, dass der Wettbewerb auf den ökonomischen Märkten zum einen die Voraussetzung für den Ordnungswettbewerb darstellt und zum anderen auch eine Tendenz zur Selbstverstärkung in sich trägt, da marktwirtschaftliche Reformen begünstigt werden.

Der Ordnungswettbewerb wird zum Suchprozess nach erfolgreichen Problemlösungen. In diesem Entwicklungsprozess werden ordnungspolitische Leitbilder stets fortentwickelt und bezüglich ihrer Potentiale für die Reflexion der Bürgerpräferenzen überprüft.[1472] Es kann nicht vorhergesagt werden, welche Ordnungsreformen sich im Ordnungswettbewerb durchsetzen werden. Die Konkretisierung der Politik bleibt

---

1471 Welche der Abgrenzungen vorgenommen werden, ist abhängig von dem zugrunde liegenden Föderalismuskonzept (geografisch, hierarchisch nach dem traditionellen Föderalismuskonzept, oder funktional in einem dynamischen Verständnis des Föderalismus). Zu der konstitutionellen Verankerung eines wettbewerblichen bzw. funktionalen Föderalismus vgl. die noch folgenden Abschnitte 5.4.3.2 und 5.4.3.3.

1472 Allerdings stellt sich der Ordnungswettbewerb nicht von alleine ein. Hierzu sind als Voraussetzungen funktionierende Märkte mit einer Wettbewerbsordnung und eine funktionierende Demokratie mit einer funktionsfähigen politischen Ordnung notwendig.

einem Ideenwettbewerb der Politik, der befruchtet werden sollte durch entsprechende Konzepte aus der Wissenschaft, überlassen.[1473] Der Ordnungswettbewerb bedarf einer gewissen institutionellen Rahmenbedingung durch ein übergeordnetes Regelwerk, damit der verschärfende Wettbewerb der Standorte im Rahmen der voranschreitenden Globalisierung der Märkte den notwendigen Reformdruck auf die Europäische Union ausüben kann.

In den nächsten Abschnitten werden nun die Fragen nach der konstitutionellen Absicherung eines Ordnungswettbewerbs in Europa und der notwendigen Gestaltung der Entscheidungsstrukturen untersucht. Auch wird der Frage nachgegangen, welche Chancen überhaupt im Rahmen einer konstitutionellen Politikberatung für die Realisierung einer hier beschriebenen Reform gesehen werden.

5.4.2 Der Begriff der Bürgersouveränität

5.4.2.1 Konsumentensouveränität im Markt

Der Wettbewerb als ein Instrument zur Schaffung von Anreizen für Innovationen, zur Kontrolle von (Monopol-)Macht und zur Aufdeckung von Wissen ist bereits ausführlich behandelt worden.[1474] Unternehmen haben unter Wettbewerbsbedingungen einen Anreiz, ständig neue Problemlösungsstrategien auszuprobieren („Variation“) und nur, wenn diese sich als erfolgreich erweisen, beizubehalten („Selektion“). Es erfolgt eine Orientierung an den Wünschen der Kunden, da deren Kaufinteresse über den Erfolg bzw. Misserfolg von Unternehmen entscheidet.

Der Wettbewerb wurde als das Instrument beschrieben, das das eigennutzorientierte Verhalten der Produzenten zu gesellschaftlich wünschenswerten Ergebnissen kanalisiert. Die Konkurrenz mit anderen Anbietern zwingt die Produzenten, sich an den Kundenwünschen zu orientieren und sie zu befriedigen. Wettbewerb führt zu Problemlösungen, die an den Konsumenteninteressen orientiert sind. Diese soziale Vorteilhaftigkeit begründet das konstitutionelle Interesse der Bürger an einer Wettbewerbsordnung.

Das Eigeninteresse der Unternehmer steht dem verallgemeinerungsfähigen konstitutionellen Interesse der Bürger an einer Wettbewerbsordnung entgegen. Es liegt

---

1473 Diese Arbeit wird einen Beitrag zu diesem Ideenwettbewerb leisten. Auf der Grundlage der hier angestellten Überlegungen wird ein kleines Modell entwickelt über die Möglichkeiten der Ausgestaltung der Entscheidungsstrukturen und Verteilung der Kompetenzen auf die politischen Akteure in der EU. Zu den Reformansätzen vgl. Abschnitt 5.5; insbesondere den Abschnitt 5.5.3.4.

1474 Zur Marktintegration und der Bedeutung von Wettbewerb vgl. im dritten Kapitel den Abschnitt 3.2.3.2.

zum einen im Interesse jedes einzelnen Produzenten, sich innerhalb der gegebenen Wirtschaftsordnung nach Möglichkeit dem Wettbewerbsdruck durch die Konkurrenten entziehen zu wollen. Diese Strategie kann bspw. dadurch verfolgt werden, dass privatwirtschaftliche Wettbewerbsbeschränkungen wie Kartelle oder Preisabsprachen getroffen werden. Dadurch wird die Wettbewerbsordnung erodiert. Diese Verhaltensweisen sind nicht verallgemeinerungswürdig, zumal in einer Wettbewerbsordnung, die einen Behinderungswettbewerb nicht ausschließt, die Innovationsfähigkeit und die Flexibilität der Volkswirtschaft geschwächt wird und sich alle Individuen - auch die Produzenten - schlechter stellen.[1475] Darüber hinaus haben die Produzenten ein Interesse daran, die staatlichen Maßnahmen zu beeinflussen, um durch staatliche Protektion (bspw. durch die Zahlung von Subventionen) Schutz vor Konkurrenz zu erlangen. Es wird eine Privilegienordnung angestrebt, die im konstitutionellen Interesse der Produzenten liegt, die aber nicht für alle Bürger konsensfähig ist. Protektionistische Maßnahmen schwächen ebenfalls die Leistungsfähigkeit und die Möglichkeiten der Anpassung der Wirtschaftsordnung. Die Existenz einer Wettbewerbsordnung liegt allerdings im konstitutionellen Interesse aller Bürger, da vor der Ordnung alle Bürger gleichgestellt sind.[1476] Insofern muss die Wettbewerbsordnung fortlaufend gepflegt werden, denn sie erhält sich nicht von selbst. Die Interessenkonstellationen und Interessenkonflikte zwischen Konsumenten und Produzenten stützt diese These.[1477] Die Erhaltung der Wettbewerbsordnung besteht darin, einen Leistungswettbewerb, der sich an den Konsumenten richtet, im Sinne der Konsumentensouveränität zu etablieren und einen Behinderungswettbewerb, der sich nicht um die Verbesserung der Leistungen am Konsumenten bemüht, sondern zur Ausschaltung von Konkurrenten geführt wird, zu verhindern. Die Konzeption dieser Wettbewerbsordnung erfolgt über das politische System. Es muss nun analysiert werden, wie die Regeln für das politische System gesetzt werden sollen, damit die aus ihm hervorgehenden politischen Maßnahmen dem konstitutionellen Interesse der Bürger an der Etablierung einer Wettbewerbsordnung entsprechen.

5.4.2.2 Bürgersouveränität im Politikwettbewerb

Wie gezeigt wurde, so ist der Wettbewerb auf den politischen Märkten Voraussetzung für die Bürgersouveränität. Ein wettbewerbliches politisches System liegt im konstitutionellen Interesse der Bürger.[1478] Unter Bürgersouveränität wird in diesem

---

1475 Zu der Unterscheidung zwischen Leistungs- und Behinderungswettbewerb und zu den Möglichkeiten und Grenzen der Verwendung dieser Terminologie auf den Wettbewerb der Staaten vgl. Gerken (1999), S. 64-67.

1476 Ein Indiz für die Unvollkommenheit der politischen Märkte ist die Tatsache, dass es dennoch ökonomisch irrationale Einflussnahmen zur Erlangung von Privilegien gibt.

1477 Diese Notwendigkeit der aktiven Erhaltung der Wettbewerbsordnung ist insbesondere von Ökonomen der Freiburger Schule betont worden; vgl. Eucken (1952) und Böhm (1933).

1478 Es besteht eine Analogie zwischen der aus dem Wettbewerb an den ökonomischen Märkten resultierenden Konsumentensouveränität und dem Konstrukt der Bürgersouveränität, deren Voraussetzung der Wettbewerb an den politischen Märkten ist. Vgl. Vanberg (1994a), S. 33.

Zusammenhang die Erkennung und Umsetzung der konstitutionellen Interessen der Bürger hinsichtlich einer wünschenswerten Wirtschafts- und Gesellschaftsordnung verstanden.[1479]

Bei vollkommenen Politikwettbewerb hätten Politiker einen Anreiz, konsensfähige konstitutionelle Interessen der Bürger aufzudecken und entsprechende präferenzkonforme Politik anzubieten. Allerdings besteht eine Eigendynamik in politischen Systemen und ein daraus resultierender Bruch zwischen ökonomischer und politischer Rationalität. Unter Verwendung der Ansätze der Ökonomischen Theorie der Politik (Public-Choice-Theorie) wurde in dem zweiten Kapitel ein Hang zur Zentralisierung in den politischen Prozessen der EU diagnostiziert. Die Unvollkommenheit der politischen Märkte hängt eng mit dem Problem der Erfassung und der Aggregation individueller Präferenzen zusammen. Es kommt zu einer selektiven Wahrnehmung der Informationen, die als relevant zur Ausgestaltung der jeweiligen Politik einer Partei angesehen werden. Aufgrund der Restriktion der Wiederwahl werden Parteien bzw. einzelne Politiker darauf bedacht sein, die artikulierten Bürgerpräferenzen in ausreichendem Maße zu berücksichtigen. Das Informationsproblem wird dabei häufig durch die Einbeziehung von Interessengruppen zu verringern versucht. Die selektive Information, die sich in der Zusammenarbeit von Politik und Verbänden ergibt, bringt den Verbänden eine Steuerungsfunktion ein, denn sie können durch ihre Lobbying-Aktivitäten weite Teile von nicht durch Interessengruppen vertretenen Bürgerpräferenzen aus dem Blickfeld der politischen Problemlösungen ausblenden.[1480] So gelingt es einzelnen Interessengruppen, ihre Forderungen im politischen System durchzusetzen.[1481] Diese Versuche der Maximierung der Zuwendungen und Vergünstigungen für die eigene Interessengruppe führen in ihrer Gesamtheit dazu, dass die bewilligten politischen Maßnahmen sich kontraproduktiv zum ökonomischen Ziel der Wohlstandsmehrung verhalten und damit nicht im konstitutionellen Interesse der Bürger liegen. Das Problem der rationalen Ignoranz führt dazu, dass die Wähler nicht alle relevanten Informationen verarbeiten und somit keine Sanktion der Politik durch den Wähler erfolgt. Innerhalb der existierenden Wahlsysteme besteht die Möglichkeit der Abstimmung über Politikbündel. Es erfolgt keine Bewertung von einzelnen politischen

---

1479 Dem Kriterium der Bürgersouveränität liegt eine individualistische Sichtweise zugrunde; Vgl. Vanberg (1994a), S. 33.

1480 Als Beispiel seien hier die Verbände der Agrarindustrie im Verhältnis zu der Gruppe der Steuerzahler insgesamt genannt. Während erstere ihre Interessen in Forderungen nach Subventionen gut organisieren können, ist die Gruppe der Steuerzahler, als diejenigen, die die Subventionen zahlen müssen, vergleichsweise schlecht organisiert. Zur Gefahr der Destabilisierung der politischen Ordnung durch Lobbying-Aktivität vgl. Olson (1982) und zur Theorie der Interessengruppen vgl. Olson (1965).

1481 Die Forderung nach kurzfristig sichtbaren Erfolgen der Politik führt zu einer tendenziellen Präferenz für diskretionäre Politik. Prozesspolitische Maßnahmen werden einer Ordnungspolitik, die erst in langfristiger Perspektive Wirkungen zeigt, vorgezogen. Es entsteht eine politische Atmosphäre des Aktionismus.

Entscheidungen.[1482] Die diskretionären Entscheidungsspielräume werden durch die rationale Ignoranz der Wähler ausgeweitet und Reformen, die den politischen Prozess in seiner Funktionsfähigkeit stärken könnten, werden nicht mehrheitsfähig. Diese Entwicklung ist dann besonders wahrscheinlich, wenn die Politiker ihre Entscheidungen nicht direkt durch die Wähler bewerten lassen. Dieses Problem besteht in besonderem Maße auf der europäischen Ebene.[1483] Die mit einem Initiativmonopol ausgestattete Kommission muss sich bspw. nicht einer Bewertung durch den Unionsbürger unterziehen, das direkt gewählte Europäische Parlament besitzt wenig Einfluss auf die Entscheidungen und der Rat als das wichtigste Entscheidungsorgan ist zwar in den Mitgliedstaaten in Regierungsfunktionen auf nationalstaatlicher Ebene demokratisch legitimiert, ist auf der europäischen Ebene keinem direkten Kontroll- und Sanktionsmechanismus durch die Wähler der europäischen Länder unterworfen. Die Politik, die der Rat betreibt, ist eine dem nationalen Wählervotum entzogene autonome Politik, die nicht auf die Bürgerpräferenzen abgestellt ist. Aufgrund der nur schwach ausgeprägten demokratischen Legitimation der Entscheidungsstrukturen innerhalb der Europäischen Union ist keine besondere Sensibilität bzw. Flexibilität bzgl. der Bürgerpräferenzen festzustellen. Der diskretionäre Handlungsspielraum, der selten im konstitutionellen Interesse der Bürger liegen dürfte, ist hingegen groß. Es liegt nahe, Spielregeln zu verlangen, die im Sinne eines Gesellschaftsvertrages den konstitutionellen Interessen der Bürger zum Durchbruch verhelfen.[1484]

5.4.2.3 Bürgersouveränität durch Ordnungswettbewerb

Für eine Marktintegration sind konstitutive Rechtsregeln zu finden, die das erforderliche Maß an Einheitsrecht markieren, supranational gelten und durchgesetzt werden. Bürgersouveränität bedeutet eine unbehinderte Wahl eines Rechtssystems durch die Wirtschaftssubjekte. Erstens wird den privaten Akteuren die Möglichkeit eingeräumt, zwischen verschiedenen Rechtssystemen zu wählen. Zur Disposition stehen spezifische institutionelle Arrangements. Die Abwanderung mobiler Faktoren aus einem Land beschreibt die institutionelle Arbitrage. Diese Abwanderung ist die Folge von Unterschieden in den erwarteten Nettoerträgen aus den Dispositionen der

---

1482 Die Folge sind Verhaltensweisen des package-dealings zwischen den Politikern und Parteien und der Stimmentauschkoalitionen. Sie ermöglichen sog. Quersubventionierungen von politischen Maßnahmen, die nicht im konstitutionellen Interesse der Bürger liegen.

1483 Die verschiedenen am politischen Prozess in Europa beteiligten Akteure wurden in dem zweiten Kapitel einer eingehenden Analyse aus Sicht der Public-Choice-Theorie unterzogen. Vgl. Abschnitt 2.3.2 und 2.3.3. Eine Zusammenfassung findet sich in dem Versuch eines Fazits in dem Abschnitt 2.5.4.

1484 Zu der theoretischen Fundierung eines Gesellschaftsvertrages die Grundlagen in der konstitutionenökonomischen Betrachtungsweise nach Buchanan aber auch in den evolutorischen Ansätzen nach Hayek vgl. das vierte Kapitel. Die Synthese der Ansätze - wie sie in dem Abschnitt 4.3 dargestellt wurde - wird im weiteren Verlauf der Arbeit als Grundlage für die Entwicklung der Spielregeln für einen Ordnungswettbewerb genommen. Vgl. im fünften Kapitel den Abschnitt 5.5, insbesondere die Abschnitt 5.5.3.3 und 5.5.3.4.

Wirtschaftssubjekte über ihre Faktoren in verschiedene Länder, die sich auf unterschiedliche institutionelle Arrangements zurückführen lassen. Zweitens werden die politischen Akteure verpflichtet, die disziplinierende Wirkung des Wettbewerbs hinzunehmen, der mit diesem Grad der Offenheit von Rechtssystemen verbunden ist. Die politischen Akteure sind zu verstehen als konkurrierende Anbieter von Regeln.

Allerdings besteht ein deutlicher Unterschied zwischen dem politischen Wettbewerb und dem Wettbewerb zwischen Unternehmen. Unternehmen werden bei dauerhaft schlechter Leistung in einer Konkurrenzsituation vergleichsweise schneller vom Markt verschwinden, als dies auf der Ebene von Regierungen möglich ist. Die Konsumentensouveränität als Möglichkeit der Wahl ist – wie bereits herausgearbeitet wurde[1485] – mit geringeren Transaktionskosten verbunden als die die Bürgersouveränität ausmachende Wahl zwischen unterschiedlichen Jurisdiktionen. Die Kosten der Migration sind also höher als die Kosten des Wechsels zwischen unterschiedlichen Produkten auf dem Markt. Allerdings wurde auf drei mögliche Argumente verwiesen, die diese Feststellung relativieren:

Erstens ist es für ein marktähnlichen Wettbewerb zwischen Systemen nicht nur dringend erforderlich eine gewisse Mobilität der Steuerzahler zu erreichen, sondern auch die potentielle Abwanderung von Ressourcen (z.B. Kapital) ist relevant. Migrationskosten für Kapital sind meist geringer als für Personen. Und somit ist eine wettbewerbliche Beschränkung in der Diskriminierung des Kapitals gegeben.[1486]

Zweitens sind die Migrationskosten für die Steuerzahler sehr unterschiedlich. Zunächst variieren diese Kosten mit den Größen der Hoheitsgebiete. Darüber hinaus ist es ebenso wie bei einem Wettbewerb zwischen Unternehmen am Markt nicht notwendig, dass tatsächlich alle unzufriedenen Bürger / Kunden mit Abwanderung reagieren, damit ein wirksamer Wettbewerb existieren kann. Eine genügende Zahl „marginaler Bürger“[1487] ist ausreichende Voraussetzung für einen funktionierenden Wettbewerb.

1485 Über die institutionelle Dimension des Systemwettbewerbs vgl. im dritten Kapitel den Abschnitt 3.2.3.3.

1486 Zwar können Regierungen Kapital, das bereits in ihrem Hoheitsgebiet angelegt wurde, ausbeuten, allerdings geht dies zu Lasten der künftigen Möglichkeiten einer Kapitalattrahierung. In der Terminologie von Hirschmann (1970) heißt es, dass eine realisierbare Abwanderungsmöglichkeit ein wertvoller Ersatz ist für eine fehlende Widerspruchsmöglichkeit. Die Mobilität von Kapital sichert ihrem Inhaber einen hohen Schutz vor willkürlichen Behandlungen durch das politische System zu. Ähnlich wie bei Hotelbetrieben, deren Gäste kein Mitspracherecht bei der Führung des Hotels haben, aber dennoch erwarten können, einen vernünftigen Service geboten zu bekommen, sofern das Hotel das Ziel hat längere Zeit auf dem Tourismusmarkt zu existieren. Vgl. Vanberg (1996c), S. 89. Die Bedeutung der Abwanderung für den Wettbewerbsprozess von Systemen wird auch durch die ungeheuren Anstrengungen der kommunistischen Regierungen, ihre „Genossinnen und Genossen“ davon abzuhalten, durch Abwanderung ein neues politisches System und eine neue Regierung zu wählen, verdeutlicht.

1487 Unter „marginalen Bürgern“ sind diejenigen Wähler zu verstehen, für die ein Wechsel zwischen zwei Hoheitsgebieten mit niedrigen Kosten verbunden sind. Alleine ihre Existenz kann die Sensibilität der Regierung für die Interessen der Bürger deutlich steigern.

Drittens sind die Migrationskosten keine exogene Größe, sondern sie sind vielmehr abhängig von den Bedingungen, die potentieller Gegenstand von konstitutionellen Entscheidungen sind. Die Bedingungen für die Entstehung von Migrationskosten sind politisch beeinflussbar. Dezentralisierte, föderative Organisationen reduzieren diese Kosten. Die Wahl also eines konstitutionellen Arrangements ist ein geeignetes Instrument die Effektivität des Wettbewerbs zwischen Systemen bzw. Regierungen zu stärken und damit ihre Sensibilität gegenüber den Bürgerinteressen zu erhöhen – also ein Maß an Bürgersouveränität zu erzeugen.[1488]

Es bleibt festzuhalten, dass der Wettbewerb auf der institutionellen Ebene ebenfalls jene drei Effekte hervorzubringen vermag, wie sie bzgl. des Marktwettbewerbs dargestellt wurden. Die Anreizprobleme werden auch im politischen Bereich durch Wettbewerb gelöst, denn die Bürgersouveränität erfährt eine Sicherung durch die drohende Abwanderung von Steuerzahlern.[1489] Das Machtproblem ist so zu betrachten, dass je geringer die Abwanderungskosten für die Bürger bzw. ihre Ressourcen sind, um so geringer die Macht der Regierung ist, die sie auf ihre Bürger auszuüben vermag.[1490] Schließlich ist auch das Wissensproblem, das in der bisherigen Literatur über Integrationsstrategien und die Strategie des Ordnungswettbewerbs bisher recht wenig Beachtung gefunden hat, dennoch als wichtig einzuschätzen. Wettbewerb zwischen alternativen potentiellen Ordnungen bringen konstitutionelle Arrangements hervor, die jeweils besser geeignet sind, den Interessen der Bürger dienlich zu sein.

Ebenso wie der Wettbewerb zwischen Unternehmen unterliegt der Wettbewerb zwischen Ordnungen ähnlichen Anforderungen. Die Funktionseigenschaften des Ordnungswettbewerbs hängen von der Existenz geeigneter konstitutiver, institutioneller Rahmenbedingungen ab. Ähnlich wie auf den Märkten für Produkte müssen auch auf einem politischen Markt zwischen verschiedenen Nationalstaaten limitierende Regeln vorherrschen bzgl. der Strategie oder der Spielregeln, wie sich die Marktteilnehmer verhalten dürfen. Diese konstitutionelle Eingrenzung und

---

[1488] Vgl. hierzu auch ausführlich Lowenberg/Yu (1992). Eichenberger verweist in diesem Zusammenhang darauf, dass voice um so größer wird, je besser die Exit-Option ausgebaut ist. Vgl. Eichenberger (1994), 403-420.

[1489] „Wettbewerb im privaten Markt zwingt Verkäufer, gegenüber den Präferenzen der Konsumenten empfindsamer zu sein. Wettbewerb zwischen Regierungen zwingt die Amtsträger, gegenüber den Präferenzen der Bürger empfindlicher zu werden. Weniger Wettbewerb im Markt resultiert in höheren Preisen, schlechterem Angebot und größerer Ineffizienz in der Produktion. Weniger Wettbewerb zwischen Regierungen resultiert in höheren Steuern, schlechter Leistung und größerer Ineffizienz im öffentlichen Sektor." Dye (1990), S. 15.

[1490] Dieser Gedanke hat in der Diskussion um den Föderalismus-Ansatz und um den Fiskalföderalismus Eingang gefunden. Vgl. z.B. Brennan/Buchanan (1988), S. 212 ff. Bereits in seinem Artikel über „Die wirtschaftlichen Voraussetzungen föderativer Zusammenschlüsse" von 1939 betont Hayek (1976b), S. 324-344, dass die freie Bewegung von Menschen und von Kapital innerhalb einer Föderation „den Spielraum der Wirtschaftspolitik der einzelnen Staaten in sehr beträchtlichem Maß" (Hayek (1976b), S. 328) beschränkt, und dass aus diesem Grunde „viele Eingriffe in das Wirtschaftsleben, an die wir gewöhnt sind, in einer föderativen Organisation völlig undurchführbar seien"; Hayek (1976b), S. 336.

Überwachung des Wettbewerbs wird im politischen Bereich dazu führen, dass Regierungen in ihrem Wettbewerb um die Steuerzahler und deren Ressourcen bestimmte Spielregeln einhalten müssen.[1491] Diese Regeln können bspw. in einem Verbot spezieller Subventionen oder besonderer Privilegien zur Attrahierung von Kapital bestehen oder sie müssen eine Internalisierung externer Effekte zwischen den verschiedenen Nationalstaaten innerhalb der Föderation vornehmen. Damit der Ordnungswettbewerb auch tatsächlich zu einem Anreiz für eine am Interesse der Bürger ausgerichtete Politik führt, müssen die zu setzenden Rahmenbedingungen Verantwortlichkeit herstellen, in dem Sinne, dass Kosten und Nutzen politischer Entscheidungen, die auf der lokalen oder nationalstaatlichen Ebene entstehen, auch tatsächlich auf die Steuerzahler des entsprechenden Gemeinwesens übertragen werden.[1492]

Im Ergebnis lassen sich einige allgemeine konstitutive Elemente des Systemwettbewerbs ableiten. Allerdings ist an dieser Stelle zu betonen, dass konkrete Empfehlungen für eine Verfassung angesichts der Komplexität des Problems, wie eine geeignete Ordnung für einen Ordnungswettbewerb in Europa auszusehen hat, hier nicht gegeben werden können. Die Entwicklung einer konkreten feststehenden Ordnung darf auch nicht das Ziel dieser Arbeit sein, da diese Vorgehensweise die evolutorischen Kräfte des Wettbewerbs unweigerlich lähmen würde. Es muss ein Prozess des sich ständigen Bemühens um eine Verbesserung einer zweckmäßigen föderativen Ordnungspolitik implementiert werden.[1493]

- Die wirtschaftlichen Freiheitsrechte müssen gewährleistet sein. Ihre Absicherung sollte durch ein Verbot staatlicher und privater Wettbewerbsbeschränkungen erfolgen. Die Offenheit der betroffenen Systeme muss gewährleistet und grenzüberschreitende Transaktionen müssen möglich sein.

1491 Über die Notwendigkeit der Ableitung allgemeiner Regeln und notwendige Schutzvorkehrungen auf Verfassungsebene für einen politischen Wettbewerb in der Europäischen Union vgl. im fünften Kapitel den Abschnitt 5.5.3.5.

1492 Dies bedeutet auch, dass Transferzahlungen zwischen Regionen oder Staaten nicht stattfinden dürfen, da sie Verzerrungen in der Verantwortlichkeit hervorrufen können. Darüber hinaus sind lediglich Harmonisierungen politischer Entscheidungen und Gesetze und Zusammenarbeiten zwischen den einzelnen Regierungen dann sinnvoll, wenn es aus Sicht der übergeordneten Ebene für die Vermeidung und Internalisierung externer Effekte (bspw. im Rahmen der Umweltpolitik) erforderlich ist – nicht aber aus Gründen der Besserstellung einzelner Regionen und Länder und auch nicht in Bereichen die auf den unteren Ebenen lösbar sind und somit einen Bestandteil des Systemwettbewerbs darstellen.

1493 Allerdings ist auch auf der Marktebene festgestellt worden, dass Wettbewerb keinesfalls zum Vergnügen der Produzenten auf den Märkten stattfindet, sondern Ausdruck der Konsumentensouveränität ist. Ebenso verhält es sich mit einem Systemwettbewerb, der keinesfalls im Sinne der Politiker stehen dürfte, sondern nur ein Ausdruck der Wählersouveränität sein könnte. Somit existierte er zum Vorteil der Bürger und nicht zum Vergnügen der Politiker, von denen man demzufolge auch nicht erwarten kann, dass sie ihn freiwillig installieren werden.

- Ein einheitliches prozessexogenes Regelwerk soll den politischen Anbietern die Möglichkeit zum Wettbewerb eröffnen, in den Grenzen dieses Regelwerkes dezentral unterschiedliche Positionen anzubieten. Hiermit wird die Option geschaffen, auf unterschiedliche regionale Präferenzen mit unterschiedlichen Angeboten zu reagieren. Die Bürgersouveränität könnte ausgebaut werden.

- Die Souveränität der Nationalstaaten dürfte nur insoweit eingeschränkt werden, wie dies für die Aufrechterhaltung des Ordnungswettbewerbs nötig ist. Dies könnte die Akzeptanz dieses Integrationsansatzes sowohl bei politischen Akteuren als auch bei Bürgern verbessern.

Es sollte eine Rahmenordnung konzipiert und eine politische Institution auf der europäischen Ebene implementiert werden, die den politischen Wettbewerb absichern. In diesem Zusammenhang wird es wichtig sein, die Anreizstrukturen so zu gestalten, dass dieses politische Organ nicht – wie die bereits existierenden europäischen Institutionen[1494] – per se ein Interesse an Zentralisierung hat.

5.4.3 Konstitutionelle Absicherung des Ordnungswettbewerbs

5.4.3.1 Strategien des Ordnungswettbewerbs – eine Diagnose nach der Public-Choice-Theorie

Ebenso wie der Wettbewerb auf ökonomischer Ebene einer Wettbewerbsordnung bedarf, ist davon auszugehen, dass auch der Ordnungswettbewerb nicht selbsterhaltend ist und folglich eine Wettbewerbsordnung benötigt, da die Politiker als Anbieter von institutionellen Arrangements sich dem Druck eines Systemwettbewerb gerne entziehen werden.[1495] Mit Hilfe der Ökonomischen Theorie der Politik konnten Hinweise erarbeitet werden, dass der zunehmende Systemwettbewerb in Europa zu einer Verstärkung der Zentralisierungsdynamik geführt hat. Außerdem wurde dargestellt, dass der Wettbewerb der Ordnungen eines übergeordneten Bestandschutzes bedarf, eines sog. Meta-Regelwerkes auf der Verfassungsebene.

Innerhalb der Europäischen Union sind die Möglichkeiten der nationalen Politik, heimische Branchen vor dem globalen Wettbewerb durch protektionistische Maßnahmen zu schützen, stark eingeschränkt. Der Freihandel innerhalb der Gemeinschaft und die Freizügigkeit der Produktionsfaktoren werden durch gemeinschaftliche Ordnungsregeln gewährleistet. Allerdings haben die nationalen Regierungen die Möglichkeit, über ihre politischen Entscheidungen den

---

[1494] Vgl. hierzu die entsprechenden Analysen in dem zweiten Kapitel, Abschnitt 2.3.2.

[1495] Diese Tendenz zur Zentralisierung konnte den einzelnen Institutionen, die am politischen Prozess in Europa beteiligt sind, nachgewiesen werden. Vgl. hierzu das zweite Kapitel, die Abschnitte 2.3.2 und 2.5.4.

Ordnungswettbewerb zu behindern bzw. durch Harmonisierungen einzelner Gesetzgebungen und Zentralisierungen von Kompetenzen auszuschalten. So ist bspw. die Handelspolitik vergemeinschaftet, mit der Folge, dass die Intensität des Ordnungswettbewerbs eingeschränkt ist, denn in den Bereichen der Politik die vergemeinschaftet wurden, herrscht kein Ordnungswettbewerb, da es an Wahlmöglichkeiten zwischen verschiedenen institutionellen Arrangements mangelt. Der Freihandel innerhalb der Gemeinschaft und die Freizügigkeit der Produktionsfaktoren werden durch gemeinschaftliche Ordnungsregeln gewährleistet. Die Bereiche, die einem intensiven Wettbewerb ausgesetzt sind, da sie nicht auf der Gemeinschaftsebene für alle Nationalstaaten vereinheitlicht wurden, führen zu einem erhöhten Druck auf die nationalen Regierungen, standortbezogene Maßnahmen zu ergreifen, wenn sie im Standortwettbewerb nicht zurückfallen wollen. Eine offensive Bewältigung dieses Problems könnte in der Wahl der Strategie des Leistungswettbewerbs bestehen. Dieser Leistungswettbewerb würde – wie in dem oben dargestellten FOCJ-Modell – zu einem Wettbewerb der Standortpolitik der einzelnen Mitgliedsländer führen, indem jede Jurisdiktion bemüht ist, ihre Attraktivität für mobile Ressourcen zu erhöhen.

Allerdings konnte mit Hilfe der Ökonomischen Theorie der Politik gezeigt werden, dass die Strategie der Harmonisierung dominant ist im politischen Prozess. Sie versucht, die erhöhte Intensität des Ordnungswettbewerbs innerhalb der EU durch einen verstärkten Außenschutz abzufedern oder sich über die Harmonisierung weiterer Politikbereiche dem innergemeinschaftlichen Ordnungswettbewerb zu entziehen.[1496]

In dem folgenden Kapitel soll nun der Frage nachgegangen werden, wie der Ordnungswettbewerb zu sichern ist, um einer wettbewerblichen Ordnung Europas einen dauerhaften Stand zu verleihen. Es wird hier der These Folge geleistet, dass ebenso wie die ökonomischen Märkte eine Wettbewerbsordnung benötigen auch eine wettbewerbsoffene Gesellschaftsordnung einer rahmensetzenden Ordnung, also im Sinne einer Ordnung des Systemwettbewerbs oder „Ordnungswettbewerbsordnung" bedarf. Hierzu wird es notwendig auf die Synthese der Ansätze der evolutorischen Ökonomik im Sinne HAYEKs und der konstitutionenökonomischen Ansätze nach BUCHANAN zurückzugreifen.[1497]

Diese Ordnung, die den Systemwettbewerb sichern soll, hat die Aufgabe, die Voraussetzungen für einen funktionsfähigen und gleichzeitig menschenwürdigen

---

1496 Diese Harmonisierungskartelle üben dann eine gewisse Eigendynamik zu immer weiteren Zentralisierungsbestrebungen aus. Gelingt es durch die Strategie der Harmonisierung einen bestimmten Bereich dem Ordnungswettbewerb zu entziehen, um so größer wird der Wettbewerbsdruck in den verbleibenden Wirtschaftsbereichen und um so größer wird der Anreiz, diesem Wettbewerbsdruck auszuweichen. Vgl. Streit (1994a), S. 123.

1497 Gewissermaßen wird in dem Versuch aus der Synthese der hier in dem vierten Kapitel dargestellten Ansätze nach Hayek und Buchanan Leitlinien für eine Verfassung für Europa zu formulieren, die darauf gerichtet sind, einen Ordnungswettbewerb fest zu verankern, auch die Parallelität zu der Ordnungskonzeption Euckens deutlich.

Ordnungswettbewerb zu schaffen und zu sichern. Hier liegt die Herausforderung begründet, vor der eine Konzeption einer europäischen Verfassung steht. Im Rahmen dieser Arbeit geht es nicht darum, die konkrete Ausgestaltung der Verträge zu erörtern oder juristische Empfehlungen auszusprechen. Diese Arbeit vermag lediglich aus der ökonomischen Perspektive Hinweise zu erarbeiten, die dann Eingang finden können in die juristische Diskussion.[1498] Hierbei wird das Problem der konstitutionellen Verankerung des Föderalismus zu lösen sein und auch die Anforderungen an die Gestaltung der Entscheidungsstrukturen und –verfahren müssen formuliert werden. Ebenso dürfen sich die Ergebnisse nicht in einer normativen Formulierung einer Verfassung erschöpfen, sondern in den nachfolgenden Abschnitten wird der positiven Analyse der Gestaltung des europäischen politischen Prozesses Raum gegeben und Ansätze der Politikberatung aufgezeigt.

5.4.3.2 Zur konstitutionellen Verankerung eines wettbewerblichen Föderalismus

5.4.3.2.1 Das Konzept des wettbewerblichen Föderalismus

Ordnungswettbewerb ermöglicht und fordert unterschiedliche Problemlösungsansätze, die miteinander um die Zustimmung der Bürger in einem Wettbewerbsverhältnis stehen. Eine große Auswahl verschiedener institutioneller Arrangements erhöht die (hypothetischen) Wahlmöglichkeiten der Bürger[1499] und intensiviert somit den Ordnungswettbewerb. Der Wettbewerb zwischen den Ordnungen kann nur durch eine Vielfalt der Ordnungen erreicht werden und bedarf insofern einer Dezentralisierung von Kompetenzen. Die Dezentralisierung politischer Kompetenzen ist demnach als ein konstitutionelles Interesse der Bürger zu verstehen, da auf diese Weise die Bürgersouveränität gesteigert wird. Die Setzung eines Rahmens zur Wahrung des ökonomischen aber auch politischen Wettbewerbs bedarf einer Festlegung auf zentraler Ebene. Durch die Vollendung des Binnenmarkts erfolgt eine Vereinheitlichung des Wirtschaftsraumes, die Wanderungskosten zwischen einzelnen Jurisdiktionen intensiviert und den Bürger in die Situation versetzt, zwischen verschiedenen Systemen zu wählen. Das Konzept des wettbewerblichen Föderalismus[1500] verknüpft die Elemente, die Wettbewerbsprozesse zwischen Systemen und Ordnungen ermöglichen. Auf der einen Seite müssen die Wahlmöglichkeiten zwischen unterschiedlichen Systemen und ihren institutionellen Arrangements gesichert werden und auf der anderen Seite sollte die Mobilität der Produktionsfaktoren garantiert werden. Der erstgenannte Aspekt erfordert eine föderale Struktur der Europäischen Union, der zweitgenannte bezieht sich auf die

---

[1498] Es geht hier nicht darum, konkrete Gesetze zu erarbeiten, sondern aus der ökonomischen Analyse deutliche Empfehlungen zu geben über die Leitlinien, die in einer Verfassung für Europa implementiert werden sollten.

[1499] Hier wird einerseits auf die tatsächliche Mobilität der Bürger angesprochen (exit), aber auch auf die Androhung und den Widerspruch (voice) angespielt.

[1500] Zum Begriff vgl. Vanberg (1994), S. 32-39; Vanberg (1996c), S. 85-101.

ökonomischen Freiheiten, auf deren Verwirklichung bereits das Binnenmarktprogramm abzielte.[1501]

Die Anforderungen an die Gestaltung eines hier geforderten föderalen Systems können beschrieben werden als:

- Gestaltung einer Hierarchie zwischen der EU-Ebene und den nationalen Regierungen mit entsprechenden Aufgabenverteilungen entsprechend eines Subsidiaritätsprinzips der Präferenz einer möglichst niedrigen Regulierungsstufe;
- Entwurf einer Zuordnung und Trennung von Weisungsbefugnissen und der
- Garantie von Autonomie.[1502]

5.4.3.2.2 Grenzen des Konzeptes des wettbewerblichen Föderalismus

Die Anforderungen an eine föderale Gestaltung des europäischen Systems durch eine Europäische Verfassung können noch ergänzt werden um die Nichtdiskriminierung wirtschaftlicher Aktivitäten, also ein Verbot von Protektionismus.

Es ist im Rahmen der hier angestellten Überlegungen bspw. zu den Forderungen der Harmonisierungen von Steuersätzen zur Vermeidung eines „race to the bottom" deutlich geworden, dass die Forderung nach einem Ordnungswettbewerb, also einer Vielfalt unterschiedlicher politischer Ordnungen, in einem Spannungsverhältnis zu der Einheit des Wirtschaftsraumes steht. So ist die Forderung nach einer verfassungsmäßigen Implementation des Ordnungswettbewerbs als Ansatz einer vertikalen Kompetenzverteilung durch das Spannungsfeld zunehmender Dezentralisierung auf den ökonomischen Märkten und als Reflex der zunehmenden Forderung nach Zentralisierung von Kompetenzen auf den politischen Märkten auf der europäischen Ebene charakterisiert worden. Die Vereinheitlichung des Wirtschaftsraumes bringt zunehmende Forderungen nach Zentralisierung mit sich. Allerdings ist eine ex-ante Harmonisierung von bestimmten Politikbereichen nicht mit dem konstitutionellen Interesse der Bürge an einem verstärkten Ordnungswettbewerb vereinbar.[1503]

1501 Weingast bezeichnet eine solche Ordnung als „market preserving federalism". Weingast (1993), S. 291. Zur Bedeutung des Wettbewerbs für die Lösung der Ordnungsprobleme Europas vgl. Leipold (1994a) und (1994b) und Leipold (1997a), S. 397-427.

1502 Weingast nennt die Anforderungen „hierarchy of governments", „delineated scope of authority" und „guarantee of autonomy", Weingast (1993), S. 291.

1503 Die Harmonisierung bestimmter Politikbereiche wird häufig als unvermeidbare Konsequenz aus der Öffnung der Märkte und einem mit dieser Öffnung verbundenen unerwünschten Druck auf die politischen Systeme dargestellt. Auch wird teilweise die Argumentation hervorgebracht, die Harmonisierung einiger Bereiche intensiviere den Wettbewerb der Ordnungen in den übrigen Bereichen und könne insofern mit der Forderung nach einem Ordnungswettbewerb vereinbart werden. Hierbei wird insbesondere auf den Wettbewerb der Notenbanken verwiesen, der zwar an sich disziplinierend auf die Notenbanken hätte wirken können. Eine Einheitswährung wie in Europa würde hingegen wegen des Wegfalls der Währungsschwankungen die Standortverlagerungen der Unternehmen in andere Länder erleichtern. Vgl. hierzu Hannowsky/Renner

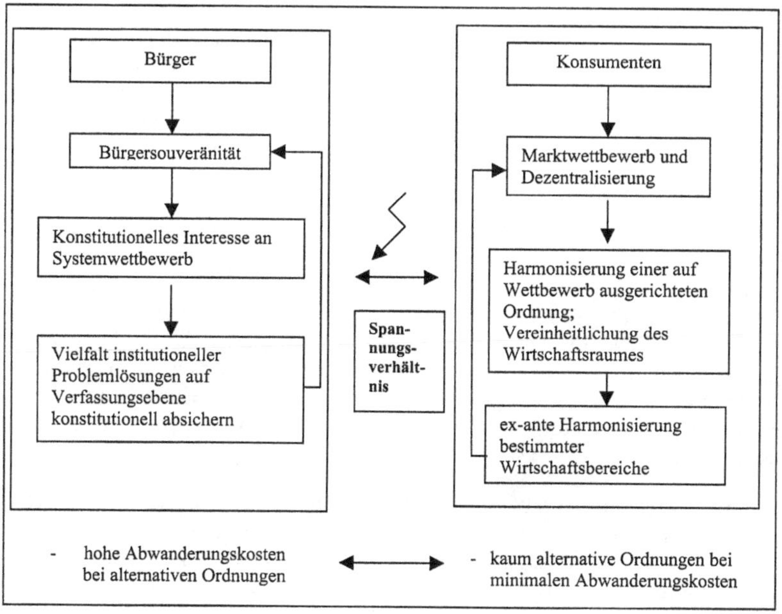

Abbildung 21: Wettbewerblicher Föderalismus - Spannungsfeld zwischen politischen und ökonomischen Märkten

Die gleiche Begründung – nämlich den Ordnungswettbewerb intensivieren zu wollen – liefert zwei unterschiedliche Konsequenzen; entweder die Forderung nach einer verstärkten Dezentralisierung bzw. nach einer gezielten Harmonisierung, um in anderen Bereichen des Marktwettbewerbs den Wettbewerbsdruck zu erhöhen, oder die Forderung nach einer weitgehenden Harmonisierung, da die negativen Konsequenzen des Systemwettbewerbs als nicht tragbar erscheinen. Das konstitutionelle Interesse der Bürger an Bürgersouveränität und der daraus resultierenden Vielfalt von Ansätzen institutioneller Problemlösungen kann in einen Widerspruch geraten zu dem konstitutionellen Interesse der Bürger an einer konsequent wettbewerblich ausgerichteten Marktwirtschaftsordnung.[1504]

(1998), S. 106. Diese Argumentation ist auch auf andere Politikbereiche übertragbar. (Bspw. auf die Sozialpolitik oder die Umweltpolitik).

1504 Der Wähler befindet sich gewissermaßen in einem inneren Widerspruch in seiner Eigenschaft als Konsument und Bürger. Es besteht ein Konflikt zwischen „consumership“ und „citizenship“ vgl. Vanberg (1996b), S. 253-269. Vanberg bezeichnet dieses Spannungsfeld zwischen Zentralisierung und Dezentralisierung auch als „the dilemma of liberal subsidiarity“, Vanberg (1996a), S. 9.

Es liegt also ein politisches Optimierungsproblem vor, bei dem sich entweder die Abwanderungskosten oder die zur Auswahl stehenden alternativen Ordnungssysteme als limitierende Faktoren erweisen. Die Eigendynamik des Zentralisierungsprozesses in der Europäischen Union kann nicht durch das Subsidiaritätsprinzip und auch nicht durch einen nicht-operationalisierten und nicht durch ein konkretes Design der Entscheidungsstrukturen innerhalb des europäischen politischen Prozesses begleiteten wettbewerblichen Föderalismus gebrochen werden.

Unter dem Deckmantel den Wettbewerbsdruck auf die anderen Politikbereiche erhöhen zu wollen, werden immer mehr Kompetenzen zentralisiert. Dieser Trend konnte auch für die Europäische Union diagnostiziert werden.[1505] Soll eine Bedingung für die ordnungspolitischen Entwicklungslinien formuliert werden, die sich an dem Konzept des wettbewerblichen Föderalismus orientiert, so ist auf die Notwendigkeit einer konstitutionellen Verankerung eines Ordnungswettbewerbs hinzuweisen. Es wird eine Ordnung für den Ordnungswettbewerb benötigt, die entsprechend durch die Gestaltung der Anreiz- und Entscheidungsstrukturen im europäischen politischen Prozess abzusichern ist.

Es gilt im weiteren Verlauf zu klären, welche Elemente zur Sicherung des Ordnungswettbewerbs bei offenen Märkten auf zentraler Ebene verankert werden müssen und wie die Entscheidungsstrukturen zu organisieren sind. Darüber hinaus ist das Strukturprinzip des wettbewerblichen Föderalismus in seiner Mehr-Ebenen-Konstruktion noch nicht geeignet, den Widerspruch zwischen Einheit des Wirtschaftsraumes und Vielfalt der institutionellen Problemlösungsansätze (also den Widerspruch zwischen Zentralisierung und Dezentralisierung) aufzulösen, denn die Organisation auf mehreren Ebenen als Versöhnungsidee zwischen bürgernaher Politik und ökonomischer Marktfreiheit hat bisher zu einer Politikverflechtung geführt, die mit ineffizienten und intransparenten Entscheidungsstrukturen verbunden ist. Allerdings ist die Reform der derzeitigen Entscheidungsstrukturen durch einen konstitutionell verankerten wettbewerblichen Föderalismus eine Chance, mehr Transparenz in die Entscheidungsstrukturen zu bringen, die Anreize zur Zentralisierung zu begrenzen und so dem Prinzip der Bürgersouveränität durch einen politischen Wettbewerb der Ordnungen zum Durchbruch zu verhelfen.

1505 So sind die Forderungen nach einer gemeinsamen Sozialpolitik oder einer gemeinschaftlichen Beschäftigungspolitik zur Flankierung der Wirtschafts- und Währungsunion zu verstehen. Vgl. Hannowsky (1995). Zu dem Spannungsverhältnis der EG zwischen Konsens und Effizienz vgl. Leipold (1994a), S. 1-38. Vaubel weist in diesem Zusammenhang auf die Entwicklung in den USA hin. Die Bestrebungen, den innergemeinschaftlichen Handel von Beschränkungen der Mitgliedstaaten freizuhalten, habe eine Zentralisierungsdynamik bewirkt, die nicht mehr vereinbar ist mit dem Prinzip des wettbewerblichen Föderalismus. Eine bedeutende Rolle spielte in diesem Zusammenhang der US-amerikanische Supreme Court, der getarnt in dem „Trojanischen Pferd", nämlich den Binnenmarkt verwirklichen zu wollen, alle Wirtschaftsfragen zum Gegenstand der Bundeskompetenz machte. Vgl. Vaubel (1992), S. 52 ff.

5.4.3.2.3 Kriterien für einen wettbewerblichen Föderalismus

Mögliche Kriterien für die Implementation eines Konzeptes des wettbewerblichen Föderalismus können in der Analogie zwischen dem Marktwettbewerb und dem Ordnungswettbewerb gesucht werden. Diese Überlegungen führen zu der Schlussfolgerung, dass eine Ordnung für den Ordnungswettbewerb den Leistungswettbewerb zwischen den Staaten, bzw. den dort ansässigen Politikern, implementieren sollte.[1506] Der Behinderungswettbewerb sollte im konstitutionellen Interesse der Bürger unterbunden werden.[1507] Auch bei konkurrierenden Unternehmen ist der Wettbewerb nur dann produktiv, wenn er sich in paralleler Ausrichtung um die Gunst der Konsumenten bemüht und die Unternehmen versuchen, sich in ihren Leistungen für die Konsumenten gegenseitig zu übertreffen. Die Konsumenten erwerben dann eine gewisse Souveränität. Wettbewerb ist nur dann gesellschaftlich produktiv, wenn es sich um einen Leistungswettbewerb handelt.[1508] Im Gegensatz zu dem Konzept des Leistungswettbewerbs ist der Behinderungswettbewerb[1509] dadurch gekennzeichnet, dass die Unternehmen um die Erlangung einer Monopolstellung gegeneinander kämpfen, mit dem Ziel, sich möglichst dem Druck des Leistungswettbewerbs zu entziehen. Im Behinderungswettbewerb sind die Maßnahmen bspw. Kampfpreise, Sperren von Händlern, Exklusivverträge mit Lieferanten oder Treuerabatte, so dass die Stärke der eigenen Machtposition deutlich in den Vordergrund tritt und nicht die Leistungen für die Konsumenten der entscheidende Erfolgsfaktor ist aus der Sicht der Unternehmen.

Dieses Konzept des Leistungswettbewerbs kann auf den Wettbewerb zwischen Systemen bzw. zwischen Ordnungen übertragen werden. Die Ordnungspolitik, wenn sie über die Schaffung attraktiver Rahmenbedingungen mobile Produktionsfaktoren anzuziehen versucht, ist als Handlung im Rahmen einer Standortpolitik in einem

---

1506 Das Konzept des Leistungswettbewerbs geht zurück auf Franz Böhm, der im dritten Teil seiner Habilitationsschrift die „Lehre vom Leistungswettbewerb" behandelt. Vgl. Böhm (1933), S. 210-317. Böhm definiert den Leistungswettbewerb folgendermaßen: „Leistungswettbewerb nennen wir eine geordnete Kampfveranstaltung, bei der alle Beteiligten ein und dieselbe sozialförderliche Fähigkeit an der Lösung ein und derselben Aufgabe versuchen und bei der der Siegespreis demjenigen zufällt, der die Aufgabe am besten gelöst hat." Böhm (1933), S. 212.

1507 Böhm grenzt den Leistungswettbewerb gegenüber dem Nicht-Leistungswettbewerb ab, indem er den Leitungswettbewerb als einen „Parallelkampf" darstellt, bei dem jeder Beteiligte unabhängig vom „Gegner" seine ganze Kraft für die Erreichung eines an sich neutralen Tatbestandes verwendet. Hingegen stellt der Nicht-Leistungswettbewerb einen „Zweifrontenkampf" dar, bei dem sich die Kampfkraft und die Anstrengung der einen Partei stets unmittelbar gegen die andere richtet. Vgl. Böhm (1933), S. 212-214. Böhm verwendet die kriegerischen Ausdrücke wie „Kampf" und „Gegner" in der Weise wie heute die Ausdrücke „Wettbewerb" und „Konkurrent" verwendet werden. Auch heute spricht man vom „Konkurrenzkampf".

1508 So hat Eucken in seinen „Grundsätzen der Wirtschaftspolitik" das Konzept des Leistungswettbewerbs übernommen. Vgl. Eucken (1952/90), S. 43 und S. 163.

1509 Eucken spricht in diesem Zusammenhang von Schädigungswettbewerb; vgl. Eucken (1952/90), S. 247.

Leistungswettbewerb zu beurteilen.[1510] Ein Beispiel einer Politik im Rahmen eines Leistungswettbewerbs zwischen Nationalstaaten wäre die konsequente Implementation und Durchsetzung einer Wettbewerbsordnung, die den Wettbewerb zwischen den Unternehmen verfolgt und keine Monopolstellung zulässt. Weitere Beispiele einer Standortpolitik mit paralleler Ausrichtung wäre die Bildungspolitik oder Maßnahmen zur Verbesserung der Infrastruktur, bspw. die Investition in Verkehrswege.

Soll ein Nicht-Leistungswettbewerb verboten werden, so ist damit ein Verbot derjenigen Maßnahmen gemeint, die sich nicht um die Verbesserung der Qualität des Standorts bemühen, bspw. um Unternehmensansiedlungen durch bessere Versorgung mit Infrastruktur zu bewerkstelligen, sondern die sich im Rahmen eines „Zweifrontenkampfes"[1511] gegen andere Nationalstaaten richten. Eine einfache Maßnahme wäre in diesem Zusammenhang die Gewährung von Subventionen für ansiedlungswillige Unternehmen. Deutlicher wird der Behinderungswettbewerb dann, wenn Regierungen versuchen, Drittstaaten durch Zwang zu einem bestimmten Verhalten zu veranlassen. Beispiele hierfür können Embargos, aber auch bereits Maßnahmen der strategischen Außenhandelspolitik sein. Ebenfalls wären Verbote bezüglich der Abwanderung von Kapital oder der Abwanderung des Produktionsfaktors Arbeit als Behinderungswettbewerb anzusehen.

Da der Untersuchungsgegenstand dieser Arbeit die Absicherung des Ordnungswettbewerbs innerhalb der Europäischen Union ist, sind handelspolitische Maßnahmen nicht relevant, da Wirtschaftsgemeinschaften durch eine gemeinsame Handelspolitik gekennzeichnet sind. Relevant ist vielmehr die Absicherung des Ordnungswettbewerbs durch die Unterdrückung der Versuchung, der die Mitgliedsländer der EU unterliegen, sich dem Druck des Systemwettbewerbs dadurch zu entziehen, dass sie eine Harmonisierung verschiedener Politikbereiche anstreben.[1512] Durch diese Harmonisierung wird die Vielfalt der unterschiedlichen institutionellen Problemlösungen beschränkt und die Bürgersouveränität eingeengt. Allerdings ist es nicht legitim, ein grundsätzliches Verbot der Harmonisierung von Politikbereichen zu verhängen. Denn dieses Verbot würde dem beschriebenen Spannungsfeld zwischen dem Marktwettbewerb in einem einheitlichen Wirtschaftsraum und dem Ordnungswettbewerb zwischen vielfältigen institutionellen Problemlösungsansätzen nicht gerecht werden.[1513]

Die Grenzen des theoretischen Konstruktes des wettbewerblichen Föderalismus, um den Ordnungswettbewerb auf den politischen und auf den ökonomischen Märkten zu sichern, sind im vorherigen Abschnitt deutlich geworden. Es hat sich gezeigt, dass das

---

1510 Zu der Standortpolitik als Leistungswettbewerb zwischen verschiedenen Nationalstaaten vgl. Gerken (1995), S. 3-33.

1511 Vgl. Böhm (1933), S. 213.

1512 Streit spricht in diesem Zusammenhang von einer Flucht in die „Harmonisierungskartelle"; Streit (1994a), S. 123.

1513 Vgl. Hannowsky/Renner (1998), S. 109-113.

Subsidiaritätsprinzip in seiner mangelnden Operationalisierbarkeit und Nicht-Eindeutigkeit nicht geeignet ist, die Gestaltung und Gliederung einer Hierarchie zwischen der europäischen und den nationalen Ebenen in Verbindung mit einer klaren Kompetenzzuweisung zu leisten.

Darüber hinaus weist das Konzept des wettbewerblichen Föderalismus ein Spannungsfeld auf zwischen den Forderungen nach Vielfalt institutioneller Problemlösungen als Ergebnis der Bürgersouveränität im Systemwettbewerb einerseits und den Forderungen nach einem einheitlichen Wirtschaftsraum als Konsequenz des ökonomischen Wettbewerbs und nach einer daraus abgeleiteten Harmonisierung bestimmter Wirtschaftsbereiche andererseits, um so den Wettbewerbsdruck auf den ökonomischen Märkten und die Konsumentensouveränität zu erhöhen. Es ist möglich durch das Verbot eines Nicht-Leistungswettbewerbs (Behinderungswettbewerbs) das Spannungsfeld des Ordnungswettbewerbs zu kontrollieren. Theoretisch aufzuheben ist es allerdings nicht.

Um dieses Spannungsverhältnis für den Ordnungswettbewerb zwischen den Erfordernissen der ökonomischen Marktintegration und den Voraussetzungen für einen Systemwettbewerb im Rahmen der politischen Integration aufzulösen, bedarf es einer anderen theoretischen Konzeption; geprüft wird der funktionale Föderalismus.

5.4.3.3 Funktionaler Föderalismus als Ordnungsprinzip für Europa

5.4.3.3.1 Das Konzept des funktionalen Föderalismus

Das Konzept des funktionalen Föderalismus – wie er in dem Konzept der FOCJ bereits dargestellt wurde[1514] – gibt das traditionelle nationalstaatliche Prinzip[1515] der universellen und allumfassenden Kompetenz und die Diskussion in einem Integrationsprozess um die Übertragung dieser Kompetenzen auf die europäische Ebene auf. Anstelle von politisch definierten regionalen, nationaler oder supranationaler Gebietskörperschaften erfüllen Zweckverbände die kollektiven Aufgaben. Diese Zweckverbände sind zu verstehen als Clubs oder Kooperationen, die orientiert an den unterschiedlichen Aufgaben funktional überlappend sich bilden und für neue

---

1514 Vgl. zur Darstellung des Konzeptes den Abschnitt 5.3.3.5 und zur Anwendung auf die Integration Europas 5.4.3.3.

1515 Giersch legte in seinem weltwirtschaftlichen Denkansatz den Stellenwert der Nationalstaaten dar. „Nationen sind ein Erbe der Geschichte. Sie erscheinen als Stufe der Entwicklung von kleinräumigen Gebilden und Gruppen der Vorzeit zu einer Weltgesellschaft der Zukunft. Wenngleich Nationen heute noch nicht ignoriert werden dürfen, treten sie doch in den Hintergrund." Giersch (1989), S. 1. Die ökonomische Beurteilung der künftigen wirtschaftlichen Bedeutung des Nationalstaates steht die Beurteilung der Rolle der Nationalstaaten heute von Möschel gegenüber, der festhält, dass es nach seiner Meinung keine Alternative für das Ordnungsmodell „Nationalstaat" gäbe. Der Nationalstaat sei die einzige universal legitimierte und akzeptierte politische Organisation und ein Ersatz für ihn sei noch nicht einmal in schemenhaften Umrissen erkennbar. Vgl. Möschel (1994a), S. 124.

Mitglieder offen sind. Außer den ökonomisch definierten Aufgaben kommen ihnen keine weiteren Funktionen zu. Die räumliche Ausdehnung der Clubs wird bestimmt von der wirtschaftlichen Effizienz der Aufgabenerfüllung und nicht durch politisch gezogene Grenzen.

Die heutigen Nationalstaaten würden an die europäische Ebene allein die Rahmengesetzgebung delegieren. Ansonsten werden nur diejenigen aufgabenspezifischen ökonomischen Befugnisse auf die europäische Ebene übertragen, die durch ein Marktversagen, welches europaweit reicht, gerechtfertigt werden können. Innerhalb dieses Rechtsrahmens nimmt ein horizontal und vertikal gegliedertes Geflecht sich überlappender Zweckverbände jene funktionalen Aufgaben wahr, die nicht durch freie individuelle Entscheidungen auf den Märkten gelöst werden können. Bis auf die Teilmenge des gesamten Marktversagens, dessen räumlicher Wirkungsbereich gerade mit den politisch definierten Grenzen Europas zusammenfällt, wären Kompetenzen an untergeordnete Ebenen zu delegieren. So sind Skalenerträge bei diversen Großprojekten der Forschung und bei verschiedenen Bereichen der Verkehrs- und Leitungsnetze, der Geldverfassung, der Verteidigung, der inneren Sicherheit und des Außenhandels eine europäische Dimension zu erkennen. [1516] Es sind allerdings Skalenerträge auf der weltweiten Ebene teilweise noch besser abzuschöpfen, so dass einige Kompetenzen an übergeordnete Ebenen abzutreten wären.

Das Konzept des funktionalen Föderalismus basiert auf der Grundüberlegung, dass die Effizienz von Institutionen daran zu messen ist, ob sie in der Lage sind, die mit wirtschaftlichen Prozessen verbundenen Transaktions-, Organisations- und Koordinationskosten zu minimieren. Transaktionskosten fassen in diesem Zusammenhang die Informations-, Kommunikations- und Versicherungskosten innerhalb einer Entscheidungseinheit zusammen, wie sie bei der Anbahnung, der Vereinbarung, Kontrolle und Anpassung von Verträgen anfallen.[1517] Unter den Organisationskosten werden diejenigen Kosten zusammengefasst, die bei der Korrektur des Marktversagens innerhalb eines FOCUS – oder eines Clubs bzw. Zweckverbandes entstehen. Die Koordinationskosten fallen an bei der horizontalen und vertikalen Arbeitsteilung von Zweckverbänden.[1518]

1516 Vgl. Vaubel (1992), S. 36-37.

1517 Die hier verwendete Definition der Transaktionskosten ist enger als bei Williamson (1975) und (1990).

1518 Zur transaktionsorientierten Sicht von Zweckverbänden vgl. North (1984), S. 255-264 und (1987), S. 419-428.

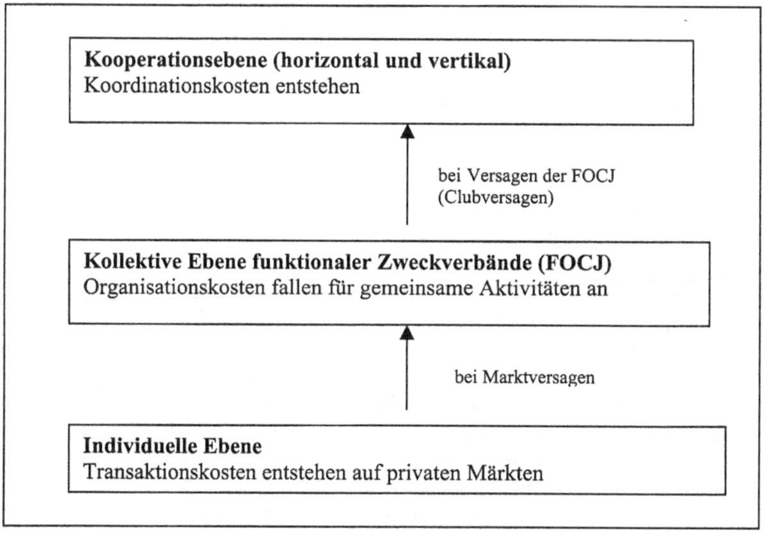

Abbildung 22: Kompetenzverteilung im Konzept des funktionalen Föderalismus

Funktional gestaltete Kooperations- und Koordinationssysteme erlauben eine in horizontaler und vertikaler Richtung gestufte Aufgabenteilung. Es ist diejenige Institution effizient, welche die geringsten Organisations- und Koordinationskosten verursacht. Flexibel-dynamische Kooperations- und Koordinationssysteme sind dabei effizienter als starre Hierarchie-Regelungen.

Zunächst sind die einzelnen Individuen verantwortlich, für die Erstellung und Zuteilung von privaten Gütern. Die bei den Vertragsbeziehungen entstehenden Transaktionskosten sind von den einzelnen Individuen und Unternehmen zu internalisieren. Tritt Marktversagen (Externalitäten, Marktmacht, Informationsmängel oder Anpassungsdefizite) auf oder liegen interne Economies of Scale bei der Produktion in Folge von Unteilbarkeiten (Subadditivität) vor, dann wird die zweite Ebene der funktionalen Zweckverbände notwendig. Die Zweckverbände stellen diejenigen Güter bereit, bei denen der Markt versagt. Allerdings umfasst die Bereitstellung nicht zwangsläufig die Herstellung.[1519] Das Zuständigkeitsgebiet ist dabei deckungsgleich mit dem Wirkungsbereich des Marktversagens. Gemeinsame Lösungen internalisieren das Marktversagen. Die dabei entstehenden

1519 Zu der Bereitstellung öffentlicher Infrastruktur und zu Möglichkeiten der Herstellung durch private Unternehmen vgl. im dritten Kapitel den Abschnitt 3.2.2.1.3.

Organisationskosten der Zweckverbände und die Signalling- (Kosten der Artikulation von Präferenzen, Lobbying-Kosten, Kosten der Werbung und der Unterstützung von Entscheidungsträgern, Parteikosten etc.) und Mobilitätskosten (Kosten des Ein- und Austritts und des Wechsels von Clubs)[1520] werden den Mitgliedern in Form von Abgaben und Gebühren streng nach dem Äquivalenzprinzip in Rechnung gestellt.[1521] Verhindern Kosten das Entstehen von Clubs, oder vereinen einige Clubs Marktmacht, Informationsvorsprünge auf sich oder entstehen externe Effekte, liegt Clubversagen vor.

Die Kooperationsebene schließlich soll als dritte Ebene die Aktivitäten der Zweckverbände in horizontaler und vertikaler Richtung koordinieren und Zusammenarbeiten in lokaler, regionaler und globaler Dimension ermöglichen und so ein Clubversagen koordinieren. Diese Ebene ist dafür verantwortlich, dass die horizontale und vertikale Kooperationsform als ein dynamisches System offen und flexibel ist für neue Anbieter und neue Funktionen.

Ein maßgeschneidertes Design der Clubgüter als Ergebnis des funktionalen Föderalismus bspw. durch die Implementation von FOCJ[1522] ist geeignet, einen Wettbewerb der Systeme auszulösen und den Standortwettbewerb um mobile Produktionsfaktoren zu gestalten. Der Ordnungswettbewerb könnte auf der ökonomischen und der politischen Ebene gesichert werden.

5.4.3.3.2 FOCJ als fünfte Freiheit Europas?

Die FOCJ sind die konkrete Ausprägung der Zweckverbände und die konsequente Umsetzung der Gedanken des funktionalen Föderalismus in eine konkrete Gestaltung der funktional gegliederten Integrationsform in Europa. Die vorgeschlagene, über die vier wirtschaftlichen Freiheiten (freie Mobilität von Waren, Dienstleistungen, Arbeit und Kapital) hinausgehende fünfte Freiheit stellt eine konstitutionelle Entscheidung dar. Die Europäische Verfassung oder ein entsprechender Vertrag muss den unteren politischen Einheiten (den Gemeinden) und nach Möglichkeit dem einzelnen Bürger die Freiheit einräumen und auch garantieren, sich an FOCJ zu beteiligen und auch zu wechseln. Die Bürger müssen das Recht bekommen, selbst über den Beitritt ihrer Gemeinden zu FOCJ und deren Verfassungen zu entscheiden. Zugleich müssen die Bürger das Recht bekommen, aus den bisherigen Gebietskörperschaften ganz oder nur bezüglich einzelner Funktionen austreten zu können und eine entsprechende Steuervergütung erhalten.

FOCJ lassen sich als eine weitere Stufe der Demokratie begreifen, die wesentlich über die Formen der repräsentativen Demokratie hinausgeht. Gerade deshalb werden die FOCJ von den politischen Entscheidungsträgern in den Regierungen und den

---

1520 Vgl. Breton/Scott (1978), S. 32.
1521 Vgl. Dye (1990), S. 114-115; Marlow (1992) und Vanberg (1994a) und (1994c).
1522 Vgl. hierzu die Darstellung im Abschnitt 5.3.3.5.

Gebietskörperschaften auf Ablehnung stoßen, da der Einfluss der Bürger verstärkt und der diskretionäre Handlungsspielraum der Anbieter öffentlicher Leistungen verkleinert würde. Die Renten, die politische Anbieter generieren können, werden verkleinert. Deshalb ziehen die Politiker die Zentralisierungsprozesse vor und suchen die lokale Selbständigkeit.

Das Konzept der FOCJ unterscheidet sich stark von der tatsächlichen Ausgestaltung des Föderalismus in Europa. Dieser Unterschied wird u.a. deutlich, wenn man den Vergleich zwischen dem theoretischen Konstrukt der FOCJ mit dem in den Europäischen Verträgen festgehaltenen Konzept der Regionen anstellt.[1523] Die Europäischen Regionen werden von oben herab festgelegt. Diese Regionen sind stark von den Subventionen der EU und der nationalen Regierungen abhängig (der europäische Föderalismus entspricht also einer top-down-Planung). Hingegen erfordern die FOCJ die Initiative der Bürger, von denen sie auch direkt finanziert werden (dies ist eher mit einer bottom-up-Planung zu vergleichen).[1524] In vielen der heutigen und künftigen EU-Mitgliedsländern verfügen die unteren staatlichen Ebenen kaum über wichtige Kompetenzen und eigene Finanzierungsquellen. Außerdem dürfen in vielen Ländern der EU die Gebietskörperschaften ohne die Zustimmung der Zentralregierung nicht formell zusammenarbeiten.[1525] Existieren sog. „spill-overs", so werden die betreffenden Aufgaben i.d.R. auf eine höhere staatliche Ebene übertragen, mit der Folge der Erhöhung des Zentralisierungsgrades.

Wie weit entfernt der europäische Föderalismus von dem Konstrukt der FOCJ ist, wird auch deutlich in der Reserviertheit, mit der alle funktional oder geografisch differenzierten Integrationsvorschläge behandelt werden.[1526]

Da der Entscheidungsprozess von FOCJ nicht von den existierenden politischen Institutionen und von den politischen Akteuren blockiert werden darf, müssen alle Bürger und Gemeinde ein Klagerecht beim Europäischen Gerichtshof erhalten für den Fall, dass ein Entstehungs- und Entfaltungsprozess eines FOCUS behindert wird.

Die wesentliche Eigenschaft der FOCJ, dass sie nämlich wettbewerblich seien, ist geknüpft an die einfache Austrittsmöglichkeiten der Bürger und Gemeinden aus den FOCJ. Nur so kann ein marktähnlicher Wettbewerb und durch das Stimm- und Wahlrecht ein politischer Wettbewerb implementiert werden. Allerdings hängt der

---

1523 Vgl. hierzu ausführlich Adonis/Jones (1991).

1524 Das in den Maastrichter Verträgen verankerte Prinzip der Subsidiarität hat ebenfalls kaum etwas mit dem Konzept der FOCJ zu tun, da es auch als inhaltsloses Konzept kritisiert wird. Vgl. hierzu Centre of Economic Policy Research (1993), S. 19-23 und vgl. auch die ausführliche Analyse in dem Abschnitt 5.3.3 und insbesondere den Abschnitt 5.3.3.5.

1525 Vgl. hierzu Sharpe (1993), S. 123-126.

1526 Die Vorschläge der „Europe à la carte" oder als Europa der „variablen Geometrie", der „unterschiedlichen Geschwindigkeiten", des „harten Kerns" oder der „konzentrischen Kreise" werden abgelehnt und als dem europäischen Geist schädlich bezeichnet. Einen gelungenen Überblick über die verschiedenen Integrationskonzepte leistet Pitschas (1994), S. 503-540.

Erfolg eines föderalen Systems wie bspw. das Konzept der FOCJ von den allgemeinen Spielregeln ab, welche den Rahmen der individuellen Handlungen vorgeben.[1527] Es müsste auf der Ebene der Europäischen Union eine Institution der Kontrolle des politischen Wettbewerbs implementiert werden, die die Möglichkeit der Individuen sichert, in die einzelnen FOCJ ein- und auch wieder auszutreten. Die Konzeption der FOCJ beinhaltet nicht an sich eine konstitutionelle Verankerung des Ordnungswettbewerbs, sondern sie stellt eine mögliche Spielart dar, die dann in einem konstitutionell abgesicherten Wettbewerb der Ordnungen verfolgt werden könnte.

Bisher enthalten die europäischen Verträge weder konkrete Bedingungen für den Austritt aus der EU, noch für die Aufspaltung von Körperschaften unterer Ebenen. Das Konzept der FOCJ könnte auf diese Weise diese Lücke im Rahmen einer künftigen Verfassung für Europa schließen. Damit sollte der Austritt möglichst unbehindert bleiben, weil dadurch der Wettbewerb zwischen den Regierungen gestärkt werden kann. Die genaueren Austrittsbedingungen können jeweils in einem Vertrag zwischen den Mitgliedern eines FOCUS – als eigentliche Verfassung – geregelt werden. Für den Eintritt sollte ein Preis verlangt werden. Wie in „Clubs" können Eintrittspreise als Abgeltung für die Nutzung öffentlicher Güter und die Internalisierung externer Wanderungskosten dienen.[1528] Diese Eintrittspreise können teilweise die Konsumentenrenten der dem FOCUS beitretenden Bürger abschöpfen und so für die Regierung eines FOCUS den Anreiz entwickeln, auch Nichtmitgliedern attraktive Leistungen anzubieten. Die Befürchtung, solche Eintrittspreise könnten strategisch und überhöht festgesetzt werden, ist kaum berechtigt, da der Wettbewerb zwischen den verschiedenen FOCJ leistungsgerechte Preise erzwingt.

Im zweiten Kapitel wurde dargestellt, dass die Europäische Union, so wie sie sich gegenwärtig präsentiert, die in dem fünften Kapitel von der ökonomischen Theorie aufgezeigten Vorteile des Föderalismus nicht ausnutzt. Der Ansatz der FOCJ versucht die Stärken föderalistischer staatlicher Strukturen zu stärken, indem wesentlich mehr Flexibilität und Vielfalt mittels multipler funktionaler Körperschaften eingeführt werden.[1529]

Auch die Probleme räumlicher Externalitäten und ungenutzter Skalenerträge können so vermieden werden. Außerdem wird der Wettbewerb zwischen den FOCJ gefördert und demokratische Mitwirkungsmöglichkeiten mit Hilfe direkt-demokratischer Institutionen gestärkt. Dies sind genau die herausgearbeiteten Defizite der Europäischen Union: Der Wettbewerb zwischen staatlichen Einheiten wird speziell durch Bestrebungen zur Harmonisierung insbesondere in den Bereichen der Steuer-

---

1527 Zur Kritik der FOCJ vgl. Vanberg (2000), S. 363- 386. „Its (FOCJs) actual working properties will critically depend on the „rules of the game" under which it operates, in particular the rules that decide on the role that will be allowed for individual FOCJ." Vanberg (2000), S. 385.

1528 Solche expliziten Preise sind effizienter als Niederlassungsbeschränkungen und Regulierungen (wie „zoning laws"), die zu höheren Mieten- und Immobilienpreisen führen.

1529 Vgl. hierzu den Abschnitt 5.3.3.5 in diesem Kapitel.

und Sozialpolitik geschwächt. Es ist genau die gegenteilige Tendenz zu der Möglichkeit, Regionen in Europa mittels Zuweisung eigener Steuerquellen selbständig und handlungsfähig zu machen, zu beobachten. Die Subventionsvergabe und Umverteilung bspw. durch den Kohäsions- und Strukturfonds hält die Regionen in einer finanziellen Abhängigkeit.

Ebenso sind keinerlei Entwicklungen zu diagnostizieren, die darauf hindeuten würden, dass den Bürgern auf dezentraler Ebene eine verstärkte demokratische Teilhabe an den politischen Entscheidungen ermöglicht werden sollte. Die relative (zaghafte) Aufwertung des Europäischen Parlaments[1530] ändert auch nichts an diesem Trend zur Zentralisierung und Stärkung des Einflusses des Ministerrates und der Kommission.

5.4.3.3.3 Beurteilung des funktionalen Föderalismus als Integrationsstrategie

Die hier skizzierte ökonomische Gestaltung der Kompetenzen in Form von FOCJ oder Clubs sichert für den wirtschaftlichen Bereich auf der europäischen Ebene lediglich die Eigentums- und Verfügungsrechte, die Funktionsfähigkeit des Wettbewerbs sowie die Minimierung makroökonomischer Koordinierungskosten. Das europäische Haus entspräche dann nicht mehr dem Tempel, der nach strengen geometrischen Regeln auf drei Säulen stehend konstruiert wurde,[1531] sondern es wäre bildlich gesprochen eher ein buntes, aus scheinbar zufällig zusammengewürfelten ganz unterschiedlichen Formen gezimmertes Haus à la Hunderwasser. Das europäische Haus wäre ein horizontales und vertikales Geflecht von Räumen, die in ihrer Größe und in ihrer individuellen Ausstattung situativ zugeschnitten werden können.[1532] Die Höhe und Breite der einzelnen Zimmer und des gesamten Bauwerkes bleiben variabel. Das Dach ist nicht flach, sondern stark gestuft mit Vorsprüngen und variablen Möglichkeiten nach oben zu wachsen oder auch das Dach zurückzunehmen, um ein Flachdach zu konzipieren. Der Grundriss lässt die Möglichkeit eines flexiblen Anbaus, aber auch Abrisses zu.[1533]

Integriert werden die Überlegungen zu dem Ordnungswettbewerb als Integrationsstrategie. Bezug wurde genommen auf die Konzepte des Wettbewerbs als Entdeckungsverfahren,[1534] die Abgrenzung der spontanen von der konkreten, gesetzten Ordnung[1535] nach HAYEK und die abzuleitenden Empfehlungen für die konstitutionelle

---

[1530] Vgl. zweites Kapitel, Abschnitt 2.3.2.4.
[1531] Vgl. zu der Tempelkonstruktion die Abbildung 2 im zweiten Kapitel, Abschnitt 2.3.1.
[1532] Vgl. Straubhaar (1995), S. 186.
[1533] Diese u.U. futuristisch anmutende Vorhaben verbindet die angestellten Überlegungen in einer Konzeption.
[1534] Vgl. Hayek (1969q) und Hayek (1978b).
[1535] Vgl. Hayek (1969a); Hayek (1971a) und (1980).

Verankerung des Ordnungswettbewerbs[1536] als Integrationsstrategie für die Europäische Union in einer Europäischen Verfassung.[1537]

Die Konzepte von BUCHANAN[1538] und anderen Vertretern der Constitutional Economics,[1539] die den politischen Wettbewerb als Wettbewerb zwischen Regierungen untersuchten und das Konzept des wettbewerblichen Föderalismus[1540] entwickelten, werden berücksichtigt. Hier werden Ansatzpunkte der Synthese zwischen den Analysen HAYEKs im Rahmen der evolutorischen Ansätze und den Constitutional Economics nach BUCHANAN deutlich.

Das Prinzip der überlappenden politischen Jurisdiktionen, das ursprünglich wohl von OLSON stammt,[1541] liefert den Ansatz, dass kollektive Institutionen so zu konzipieren sind, dass den verschiedenen Wirkungsbereichen (global, regional, national, lokal oder kommunal) und den Unterschieden in der Betroffenheit durch das Marktversagen Rechnung getragen werden sollte. Je nach zu internalisierender Externalität bedarf es spezifischer Institutionen mit jeweils konkreter wirtschaftspolitischer Zuständigkeit.[1542] Aus der Theorie des Finanzföderalismus stammt die Überlegung, dass ein Denken in kollektiven Institutionen, die aufgrund ihrer Allmacht für alle Regulierungen generell und vollumfänglich zuständig sind, zu einer ökonomisch ineffizienten Entwicklung zur Zentralisierung führt.[1543] Es sollte auch sichergestellt werden, dass nur derjenige in den Genuss eines Gutes gelangt, der bereit ist, sich an der Finanzierung zu beteiligen.[1544] Die Überlegungen von FREY u.a.[1545] zu einem Ersatz der vertikalen, hierarchischen Integrationsformen durch FOCJ in Europa werden geprüft und weiterentwickelt.

1536 Vgl. zu dem evolutorischen Verständnis des Systemwettbewerbs im dritten Kapitel den Abschnitt 3.2.3.4.3, insbesondere den Unterabschnitt d.

1537 Zur Bedeutung des Ordnungswettbewerbs für die Durchsetzung des Konstruktes der Bürgersouveränität und zur Notwendigkeit einer konstitutionellen Absicherung des Ordnungswettbewerbs vgl. die Abschnitte 5.4.2 und 5.4.3 in diesem Kapitel.

1538 Vgl. Buchanan (1965), (1990a) (1990b) und (1991a) und (1991b).

1539 Insbesondere zu nennen sind Vanberg (1990), (1992a) und (1994a) und (1994b). Aber auch Dye (1990); Marlow (1992) und Sinn, S. (1992).

1540 Zum Konzept des wettbewerblichen Föderalismus vgl. den Abschnitt 5.4.3.2.

1541 Vgl. Olson (1969).

1542 Es gibt "keine Ausnahme für die Regel, die besagt, systematische Kräfte würden in all jenen Situationen gegen eine effiziente Allokation wirken, in denen die Grenzen einer Jurisdiktion mit der Reichweite eines von ihr angebotenen öffentlichen Gutes nicht deckungsgleich sind." Olson (1977), S. 71.

1543 Vgl. Kirsch (1977). Einen gelungenen Überblick über die verschiedenen Ansätze und empirischen Ergebnisse der Föderalismustheorie findet sich bei Eichenberger (1994), S. 403-420.

1544 Zu dem Begriff der fiskalischen Äquivalenz vgl. Olson (1977), S. 71.

1545 Vgl. Frey/Casella (1992); Eichenberger (1994) und Frey/Eichenberger (1995) und (1996). Zur Darstellung von FOCJ als dynamischer Föderalismus vgl. 5.3.3.5 und zur Überlegung FOCJ als fünfte Freiheit Europas vgl. 5.4.3.3.2.

Die integrative Kraft des Konzeptes ist eindeutig als ein Vorzug zu werten. Dieser Ansatz des funktionalen Föderalismus insbesondere in seinem Erscheinungsbild der FOCJ ist ein noch relativ abstraktes Bild.[1546] Dennoch ist dieses Konzept für die künftige Ausgestaltung der europäischen Integration lohnend, da es geeignet ist, ein „voting by foot" und die Möglichkeit eines kostenreduzierten „exits" als Drohpotentiale des einzelnen gegenüber politischen Entscheidungsträgern zu stärken.[1547] In dem Maße wie Mobilitätskosten gesenkt werden können, wird der Wettbewerb zwischen den Regierungen effektiver. Dies gilt auch in umgekehrter Argumentationsrichtung. Der Wettbewerb zwischen Regierungen erfordert Reformen, die eine Absenkung der Mobilitätskosten herbeiführen.[1548] Das Äquivalenzprinzip der Finanzierung öffentlicher Güter könnte besser zur Anwendung kommen. Die Bereitstellung öffentlicher Güter könnten in einem Wettbewerbsverfahren erfolgen.[1549] Das Konzept des funktionalen Föderalismus ermöglicht den Wettbewerb als Entdeckungsverfahren zu nutzen, denn der Wettbewerb der FOCJ um Mitglieder führt zu maßgeschneiderten Clubgütern orientiert an den Bedürfnissen der Bürger. Dennoch wohnt dem Ansatz eine gehörige Portion politökonomischer Naivität und Idealismus inne, da die Durchsetzungswahrscheinlichkeit im politischen Prozess als eher gering eingeschätzt werden muss.[1550]

1546 Straubhaar bezeichnet es als eine „akademische Sandkastenübung" Straubhaar (1995), S. 191.

1547 Der disziplinierende Druck auf die Machtträger, der sich in den Befürchtungen des Exits von Produktionsfaktoren artikuliert, schreckt vor Unterdrückung ab. Vgl. Vanberg (1994c), S. 18.

1548 „An urgent practical problem ist to find ways of reducing moving costs of human capital." Radnitzky (1991), S. 162.

1549 „A free society for Europe or a federal Europe of free societies would be a spontaneously evolving structure with a free flow of trade and human capital based on differential comparative advantages, on diversity and not on an ex ante harmonization." Radnitzky (1991), S. 163.

1550 Schenk (1983) betonte bereits, dass aufgrund der politischen Opportunität Entscheidungsträger, die über die Institutionenwahl zu entscheiden haben, diejenigen Regelungen vorziehen, die ihnen mehr Kompetenzen zuordnen.

5.5 Reformansätze

„Das wichtigste Werkzeug bewußter Veränderungen in der modernen Gesellschaft ist die Gesetzgebung. Aber wie sorgfältig wir auch jeden einzelnen Akt der Gesetzgebung vorher durchdenken mögen, so sind wir niemals frei, das Rechtsystem als ganzes vollkommen neu zu entwerfen oder (...) neu zu bilden. Gesetze zu machen ist notwendig ein kontinuierlicher Prozess, in dem jeder Schritt bis dahin unvorhergesehene Konsequenzen für das, was wir als nächstes tun können oder müssen, mit sich bringt.“[1551]

5.5.1 Die präferenzkonforme (bürgernahe) Ordnung Europas als wettbewerbsoffener Prozess

Eine präferenzkonforme Ordnung Europas könnte als wettbewerbsoffener Prozess dazu führen, dass die zukünftige öffentliche Tätigkeit durch flexible, multiple und temporäre Körperschaften übernommen wird. Dies könnte als spiegelbildlicher Reflex auf die Entwicklung gelten, dass die Bürger zunehmend sich als Bürger unterschiedlichster Organisationen verstehen. Sie sind Bürger bei subnationalen und supranationalen staatlichen Körperschaften aber auch bei halbstaatlichen, nichtstaatlichen und privaten Organisationen und sogar bei globalen Firmen. Die klassische monopolistische Beziehung zwischen Bürger und Nationalstaat weicht auf. Finden derartige Entwicklungsprozesse statt, so können sich weitreichende Konsequenzen auf die Wirtschaft und Gesellschaft ergeben.[1552]

- Verschiedene Identitäten könnten für den Menschen das Normale werden, die Bürger würden mannigfaltige Zugehörigkeiten und Loyalitäten erleben. Der Nationalstaat würde dann als dominante Institution des 19. und 20. Jahrhunderts seine Monopolstellung verlieren.
- Die Dichotomie zwischen „Staat“ und „Markt“ wäre endgültig vorbei und es müssten insofern viele, auf den unterschiedlichsten Ebenen angesiedelte öffentliche Einheiten analysiert werden.
- Die bisher mehr dem Nationalstaat vorbehaltene Identität und Loyalität würde in andere Bereiche, die bisher als materiell empfunden wurden, wie den Markt übertragen werden.

[1551] Hayek (1980), S. 94 f.

[1552] Vgl. Frey (2001), S. 4-11.

Die Individuen werden immer aktiver die Wahl treffen wollen, wessen Bürger sie sein möchten, d.h. der Nationalstaat wird u.U. in der Zukunft seinen Monopolanspruch verlieren. Bis heute ist es allerdings so, dass sich die Bürgerschaft ausschließlich auf den Staat bezieht, die Bürger selbst entscheiden nur begrenzt über den Eintritt und Austritt selbst. Dieser Sachverhalt könnte durch den Wettbewerb der Nationalstaaten aufgebrochen werden und entspräche der auch nachfrageseitig verlangten neuen Konzeption. Denn die ausgeprägte Heterogenität der Bürger findet in der Identifikation über den gemeinsamen Nationalstaat keine ausreichende Entsprechung. Die Präferenzen der Bürger unterscheiden sich wesentlich voneinander und sind nicht durch die als homogen gedachte Institution der Nation zu erfüllen. Darüber hinaus fühlt sich in einer globalen Gesellschaft ein Individuum i.d.R. vielen Organisationen zugehörig; die Nation allein kann dieser Präferenz nicht gerecht werden.[1553]

Diese Erweiterung der Idee der Bürgerschaft weist die spezielle Eigenschaft auf, dass der zwischen den Individuen und den von ihnen gewählten Organisationen geschlossene Vertrag freiwillig und unvollständig ist. Der Inhalt des Vertrags lässt sich nicht a priori festschreiben, sondern bedarf einer neben den festgeschriebenen Rechten und Pflichten intrinsischen Motivation[1554] für diese Bürgerschaft, um den in dieser Weise relationalen und nicht klassischen Vertrag weiterzuentwickeln und auszufüllen.[1555] Diese Art der Bürgerschaft führt dazu, dass die intrinsische Motivation

---

1553 Individuen sind Bürger sowohl subnationaler Körperschaften (Regionen, Provinzen oder Gemeinden) als auch supranationaler Körperschaften (wie z.B. der Europäischen Union). Außerdem sind Individuen auch Mitglieder halbstaatlicher Organisationen (bspw. Universitäten). Die Bürger sind auch Mitglieder nicht-staatlicher Organisationen (z.B. karitative Organisationen wie das Rote Kreuz) oder privater Organisationen (z.B. sportliche, künstlerische, wissenschaftliche Vereinigungen). Schließlich sind Individuen Bürger gewinnorientierter Unternehmen. In der Betriebswirtschaftslehre wird von „organizational citizenship" gesprochen. Vgl. z.B. Organ (1988) oder Dyne/Graham/Dienesch (1994). Große Bedeutung wird hierbei der „corporate citizenship" zugedacht, worunter das nicht durch Vorschriften erzwungene und über vertragliche Verpflichtungen hinausgehende Verhalten im Interesse der Firma verstanden wird. (Gerade global tätige Unternehmen können für ihre Bürger viele Aspekte, die vorher den Nationalstaaten vorbehalten waren, regeln und übernehmen, wie z.B. eine Arbeitserlaubnis einholen, Vergabe von finanziellen Garantien, Ausstellen von Identifikationskarten.) In der Zukunft könnte der Begriff des Bürgers flexibel gehandhabt werden im Sinne einer temporären (Möglichkeit der Wahl der Dauer der Organisationszugehörigkeit), einer multiplen (Mitgliedschaft in mehreren Organisationen ist möglich) und/oder einer partiellen Bürgerschaft (ein Individuum kann Bürger nur eines Teils einer Organisation sein). Vgl. hierzu Tullock (1997).

1554 Hierbei werden die Aspekte Vertrauen, Sozialkapital, Fairness, Reziprozität, Identifikation und Loyalität in die Untersuchungen einbezogen. Vgl. Hirschmann (1970/1974). Im Ursprung war der Titel seines Buches „Exit, Voice and Loyalty", allerdings blieb in der deutschen Übersetzung nur „Abwanderung und Widerspruch" bestehen. Diese Aspekte werden heute auch zunehmend in die Wirtschaftstheorie integriert. So z.B. bei Akerlof/Kranton (2000), S. 715-753; Loewenstein (2000), S. 426-432 und Frey (2001).

1555 Zu einer Darstellung der Unterschiede zwischen relationalen und klassischen Verträgen vgl. Williamson (1990), S. 84; Richter (1990), S. 411.

einerseits kanalisiert wird auf bestimmte Organisationen und so die Identifikation gefestigt wird, so dass die Organisation normverstärkend wirkt.[1556]

Andererseits wird potentielle intrinsische Motivation geweckt und so auch andere Individuen zu Beiträgen zur Bereitstellung öffentlicher Güter aktiviert und potentielle Trittbrettfahrer abgeschreckt.[1557] Ein Bürger, der sich diejenigen Organisationen selbst wählt, deren Mitglied er sein will, erfährt somit einen Motivationsschub.[1558] Sicherlich kommt kein pareto-optimales Angebot an öffentlichen Gütern zustande, wenn sie völlig freiwillig erbracht werden. Allerdings zeigt sich, dass die freiwillige Mitgliedschaft Bürgertugenden wecken kann und so eine Veränderung der Zahlungsbereitschaft für öffentliche Leistungen impliziert.[1559] Diese werden zwischen den Extremen, gar keinen Beitrag zu leisten oder den optimalen Beitrag zu leisten, liegen. Immerhin konnte durch Experimente nachgewiesen werden, dass sich das Nash-Gleichgewicht als vollständiges Trittbrettfahren nicht einstellt.[1560]

1556 Zu dem Zusammenhang zwischen Kategorisierung, Identität und Verhalten vgl. Monroe (2001), S. 491-505.

1557 Auf diese Weise hilft das Konstrukt der Bürgerschaft das Problem des „second order public good" zu überwinden und stärkt die indirekte Reziprozität. Vgl. Falk/Fischbacher (2001).

1558 Dieser Effekt wird bei Frey/Jegen (2001) auf sozialpsychologische Prozesse zurückgeführt und durch Experimente und ökonometrische Analysen in Feldstudien gestützt. Die unmittelbare wirtschaftliche Bedeutung dieser gestärkten Bürgertugenden liegt in der Unterstützung bei der Bereitstellung öffentlicher Güter und in der Minderung negativer Auswirkung von spill-over-Effekten auf das öffentliche Angebot. Vgl. zu dem entsprechenden Verhalten in Firmen Frey/Osterloh (2000).

1559 Eigenschaften des politischen Bereichs wie z.B. Bürgertugenden in Form von Loyalität, Identifikation und Engagement lassen sich auch auf wirtschaftliche Bereiche sinnvoll übertragen. An dieser Stelle wird deutlich, dass die imperialistische Entwicklung der ökonomischen Theorie zwar erfolgreich war, wie Kirchgässner (1991) es beschreibt, dass es aber ebenso angezeigt ist, Gedanken und Anregungen aus anderen Wissenschaften in die Ökonomie zu importieren. Vgl. Frey (2001), S. 14.

1560 Vgl. Fehr/Schmidt (1999), S. 769-816. In zwölf Untersuchungen sind selbst in der letzten Runden eines wiederholten Gefangenendilemma-Spiels im Durchschnitt 25 % aller 1042 Teilnehmer des Experiments bereit, einen Beitrag zur Finanzierung des öffentlichen Guts zu leisten. In einigen Experimenten sogar 46 %, mindestens jedoch 11 % der Teilnehmer. Der herkömmlichen Theorie entsprechend dürfte in der letzten Runde kein Teilnehmer mehr etwas zur Bereitstellung öffentlicher Leistungen beitragen. Vgl. auch Frey (2001), S. 10.

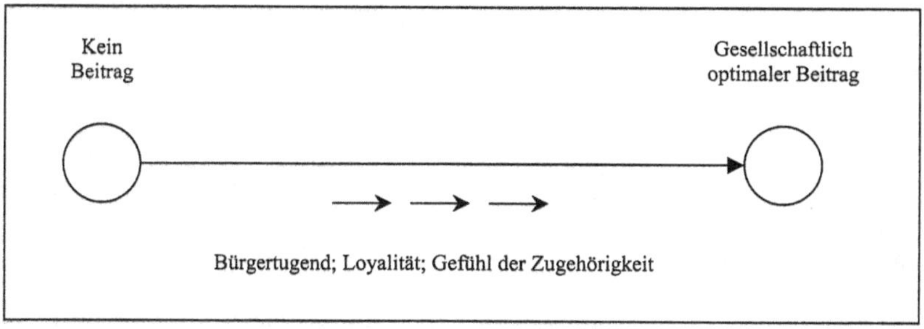

Abbildung 23: Bürgertugend und Zahlungsbereitschaft für öffentliche Güter

Da in einer globalen Wirtschaft, i.d.R. Zwangsgewalt nicht wirksam angewendet werden kann, ist die Entwicklung der Kooperationsbereitschaft besonders relevant. Wesentlich für die Entwicklung einer intrinsischen Motivation und damit die Beteiligung an der Finanzierung der Bereitstellung öffentlicher Güter sind die institutionellen Bedingungen, also die Gestaltung der Anreizsysteme. Das Trittbrettfahrer-Phänomen lässt sich wesentlich reduzieren, wenn die Individuen miteinander interagieren; diese Anforderung wird durch die spezielle Beziehung der Bürger zu „ihrer" Organisation erfüllt. Außerdem muss der Prozess, der das Angebot des öffentlichen Gutes regelt, von den Bürgern als gerecht angesehen werden. Dies wird von einem Regionenwettbewerb impliziert, da die Individuen selbst diejenige Organisation auswählen, bei der sie Mitglied werden möchten, und sie nehmen teil an den Entscheidungsprozessen. Schließlich sollte die einfache Regel gelten, dass niemand, der zum Nutzen der Gemeinschaft kooperiert, durch andere ausgenutzt werden darf. Die quasi-freiwilligen Beiträge erfolgen nur bedingt, sie sind gekoppelt an die Bereitschaft der anderen Personen, ihren Beitrag zu leisten.[1561]

Bestehende nationale Grenzen, die verbunden sind mit nationalen Regulierungen, lassen sich im Globalisierungsprozess nicht aufrechterhalten. Die Spannung zwischen den unterschiedlichen wirtschaftlichen und politischen Anforderungen lässt sich lösen, wenn die starren Grenzen öffentlicher Körperschaften aufgegeben wird und jede staatliche Tätigkeit in dem Raum abgewickelt werden kann, der dafür die adäquate Ausdehnung hat (Geografie der Probleme). Diese FOCJ entstehen – wie bereits gezeigt wurde – von unten. Gemeinden bzw. Bürger können autonom bestimmen, welchen funktionellen Einheiten sie beitreten möchten.[1562] Dieser Vorschlag flexibler staatlicher Einheiten ist somit prozessorientiert, d.h. es gibt keine fixen Lösungen, die sich technokratisch bestimmen lassen. Das Monopol des Nationalstaates wird aufgebrochen und alle Körperschaften sind dem politischen Wettbewerb und so einem Effizienzdruck

1561 Vgl. Ostrom (1999) und Tyler/Blader (2000).
1562 Eine kritische Würdigung der FOCJ findet sich bei Vanberg (2000), S. 363-386.

ausgesetzt, denn die Mitglieder können bei Unzufriedenheit mit der erbrachten Leistung austreten. Durch die direkte Abstimmung der inhaltlichen Probleme und die Direktwahl der Führung wird Transparenz und auch intrinsische Motivation erzeugt.

Im Rahmen dieser Arbeit wurde gezeigt, dass die ökonomische Analyse sich nicht auf starre politische Institutionen konzentrieren, sondern vielmehr durch eine prozessorientierte Institutionenökonomik vorangetrieben werden sollte.[1563] Werden Flexibilität hinsichtlich Bürgerschaft und staatlichen Körperschaften zugelassen, so könnte die Europäische Integration künftig nicht mehr länger zentral aus Brüssel und von den nationalen Politikern gesteuert werden, sondern könnte sich gemäß der Präferenzen der Bürger demokratisch und dezentral entwickeln. Es könnten bspw. funktionale demokratische Körperschaften zwischen politischen Einheiten in unterschiedlichen Nationen gegründet werden, die für alle Beteiligten von Vorteil wären. So könnte auch die Osterweiterung schrittweise und problemorientiert und nicht in einer „0–1–Entscheidung“ im Sinne des acquis communautaire erfolgen.

5.5.2 Reformen europäischer Institutionen

Die Kompetenzen der Institutionen sind gegenwärtig einer normativ-funktionalen Abgrenzung der EU zu den Mitgliedstaaten untergeordnet. Es sind keine gegenständlich-bereichsmäßigen Kompetenzabgrenzungen eingeführt worden. Auszunehmen sind von dieser Darstellung die Innen- und Justizpolitik und die Außen- und Sicherheitspolitik, die seit Maastricht eine intergouvernementale Zusammenarbeit erkennen lassen.

Als bedeutend sind die notwendigen Reformen im institutionellen Bereich einzuschätzen, die eine Verbesserung der Handlungsfähigkeit, eine stärkere demokratische Legitimation politischer Entscheidungen auf der europäischen Ebene und eine gesteigerte Transparenz und Bürgernähe in den Entscheidungsverfahren hervorbringen soll.[1564] Insbesondere sollte die Gewaltenteilung vollzogen und Anreizstrukturen entdeckt und implementiert werden, die nicht den Hang zur Zentralisierung aufweisen.

1563 Vgl. Frey (2001).

1564 In der aktuellen Entwicklung ist eine umfassende Überarbeitung der EU-Verträge für das Jahr 2004 geplant. Ein aus Vertretern der EU-Mitgliedstaaten, der Europäischen Kommission sowie Abgeordneten des Europäischen Parlaments und einzelstaatlichen Volksvertretungen zusammengesetztes Gremium soll die Reformen vorbereiten und noch im ersten Halbjahr 2002 unter dem spanischen EU-Vorsitz seine Arbeit aufnehmen. Dieser Konvent soll nach dem Vorbild des mit der Erarbeitung der „Charta der Grundrechte der Europäischen Union“ betrauten Gremiums gebildet werden. Vgl. FAZ, Nr. 210, vom 10. September 2001, S. 2.

Für das Europäische Parlament bedeutet dies zunächst eine Vereinfachung des im Moment sehr komplizierten Entscheidungsverfahrens. Die Maximalforderung bzgl. der Ausgestaltung der Handlungskompetenzen des Europäischen Parlamentes besteht darin, ein voll ausgebildetes Initiativrecht zu fordern, das bislang nur die Kommission besitzt, und die Forderung nach der Notwendigkeit der Zustimmung des EP bei jedem Gesetzgebungsakt durch den Ministerrat. Außerdem könnten die verschiedenen nationalen Wahlverfahren des EP vereinheitlicht werden.[1565]

Die Rolle des Ministerrates ist grundsätzlich zu überdenken, da er eine Überschneidung der nationalen und europäischen Kompetenzen inne hat.

In der Kommission muss eine Verringerung der Anzahl der Mitglieder dringend vorgenommen werden, wie es in Nizza bereits angedacht wurde. Dies könnte bspw. dadurch umgesetzt werden, dass die größeren Länder auf einen Kommissar verzichten oder evtl. dadurch, dass bei weiterer Ausdehnung der EU kleinere Mitgliedstaaten zu Gruppen zusammengefasst werden, die sich turnusmäßig intern in der Bestellung eines Kommissars ablösen. Vielleicht wäre auch eine Lockerung bis hin zu einer vollständigen Aufhebung der Zuordnung der einzelnen Kommissare zu den einzelnen Ländern von Vorteil. In jedem Fall würde aber eine Wahl des Präsidenten der Kommission durch das Europäische Parlament einen sinnvollen Beitrag zur Verbesserung der demokratischen Legitimation der Kommission leisten.

Zuständigkeitsübertragungen auf die Europäische Ebene müssen auf der Grundlage des im ursprünglichen Sinne verwendeten Subsidiaritätsprinzips gegründet werden. Da das Subsidiaritätsprinzip nicht operationalisierbar ist, kann es durch die Integration von FOCJ abgelöst werden. Dies impliziert aber auch Rückübertragungen von Kompetenzen auf die Mitgliedstaaten und Regionen. Auf der EU-Ebene darf nur geregelt werden, was zwingend einer gemeinschaftlichen Regelung bedarf. Dies könnten Bereiche sein, in denen ein gemeinschaftliches Handel von Vorteil wären:

- das gemeinschaftliche Vorgehen in der Außen- und Sicherheitspolitik,
- die Bewahrung und Vollendung eines nach innen und außen geöffneten Binnenmarktes,
- der grenzüberschreitender Umweltschutz,
- die Schaffung gemeinschaftlicher Regelungen im Bereich der Asyl- und Flüchtlingspolitik,
- eine gemeinschaftliche Visa-Politik und die Sicherung hoher Schutzstandards an den Außengrenzen,
- ein effektiver Beitrag zur Bekämpfung der grenzüberschreitenden Kriminalität und

1565 Möschel bezeichnet hier den Vorschlag einer institutionellen Verzahnung von Europäischem Parlament und nationalen Parlamenten durch die Errichtung einer zweiten Kammer als abwegig. Vgl. Möschel (1996), S. 53 ff.

- die gemeinschaftliche Wahrnehmung außenwirtschaftlicher Interessen einschließlich eines Beitrages zu der Entwicklung eines weltweiten Ordnungsrahmens.

Bereiche wie Beschäftigung, soziale Sicherheit, Bildung, Kultur, Gesundheit, Forschung, Raumordnung usw. sollten auf der Ebene der Mitgliedstaaten verbleiben bzw. hinsichtlich einer Übertragung an konkurrierende FOCJ geprüft werden.

Es geht darum ein Modell der Kompetenzzuweisung nach Nizza zu entwickeln, das einerseits die notwendigen gemeinsamen Aufgaben auf europäischer Eben festlegt und andererseits den Mitgliedstaaten und Regionen einen angemessenen Handlungsspielraum belässt, über die auch weiterhin im Wesentlichen eine Identifikation der einzelnen Bürger erfolgen kann. Darüber hinaus erscheint es dringend angezeigt, dass grundlegende Strukturen der Union offengelegt werden, denn durch die zahlreichen Vertragsänderungen und –ergänzungen der letzten Jahre ist ein undurchsichtiges Geflecht an Verträgen, Artikeln und Protokollen entstanden. Hier bietet sich bspw. die Ausarbeitung eines „Europäischen Grundvertrages“ an.[1566]

5.5.3 Organisationsregeln für die Europäische Union

„Die Tatsache also, daß der moderne Staat nicht fähig ist, die wirtschaftspolitische Ordnungsaufgabe zu bewältigen, und daß auch andere Organisationen nicht zur Verfügung stehen, bedeutet nicht, daß die Ordnungsaufgabe überhaupt nicht lösbar ist. Es bleibt die Möglichkeit, durch geistige Arbeit und durch ihren Einfluss Ordnungen in Staat und Wirtschaft zu gestalten.“[1567]

5.5.3.1 Ableitungen aus der Synthese der evolutorischen und der konstitutionenökonomischen Ansätze

Es scheint nicht besonders sinnvoll zu sein, Regierungen, die aus eigennützig handelnden Individuen zusammengesetzt sind, darin zu beraten, wie sie die „richtige“ Politik zu machen haben. Vielmehr müssen die Bedingungen so geändert werden, dass die Regierenden und alle am politischen Prozess beteiligten stärkeren Anreizen ausgesetzt werden, auf die Präferenzen der Bürger einzugehen. Insofern gilt es den

---

1566 Ähnlich wie in dem deutschen Grundgesetz wären in diesem europäischen Grundvertrag die Grundwerte und –rechte, die Institutionen und Verfahren, die Kompetenzzuordnung sowie finanzielle Vorschriften knapp und verständlich geregelt. Alle anderen Regelungen könnten als Ausführungsbestimmungen ausgegliedert werden. Einen entsprechenden Entwurf haben das Europäische Hochschulinstitut und das Centrum für angewandte Politikforschung vorgelegt. Abrufbar ist dieser Entwurf eines Europäischen Grundvertrages unter: http://www.cap.uni-muenchen.de/pub/download.html.

1567 Eucken (1952/1990), S. 339.

politischen Wettbewerb auf allen staatlichen Ebenen zu fördern bzw. zu implementieren, auch und gerade auf der europäischen Ebene.

Die Gestaltung der Anreizsysteme ist eng geknüpft an die Zuweisung von Kompetenzen und an den Prozess der Entscheidungsfindung. In diesem Sinne bedarf es institutioneller Reformen, um dem Konstrukt der Bürgersouveränität zum Durchbruch zu verhelfen. Hierbei wird es notwenig sein, nicht nur die bestehenden Entscheidungsprozesse zu reformieren, sondern auch die bestehenden Organe der Europäischen Union um ein zusätzliches zu ergänzen, das die Funktion der Aufsicht über den politischen Wettbewerb zwischen den Nationalstaaten übernimmt.

5.5.3.2 Bisherige Verfassungsvorschläge

Die Synthese der Ansätze von HAYEK und BUCHANAN soll hier nun um die neueren Ansätze der ökonomischen Theorie des Föderalismus ergänzt werden, um dann Umrisse von Organisationsregeln für die Europäische Union abzuleiten. Die hier vorgestellten Leitlinien eines Verfassungsentwurfes zur Reform der europäischen Institutionen stellen nicht den ersten Versuch dar. In der Literatur sind bereits verschiedene Verfassungsvorschläge diskutiert worden, in die auch die im vorangegangenen Abschnitt diskutierten theoretischen Elemente des Föderalismus Eingang gefunden haben. Die hier noch kurz zu umreißenden Verfassungsvorschläge haben gemeinsam, dass sie sich um eine Definition der Subsidiarität mittels klarer Zuordnung von Kompetenzen auf den verschiedenen politischen Ebenen bemühen und so das Ziel verfolgen, das undurchschaubare Geflecht von Steuer- und Transferzahlungen transparenter zu gestalten. Dennoch gibt es erhebliche Unterschiede in der Ausgestaltung der verschiedenen Verfassungsvorschläge bezüglich der Umsetzung des Wettbewerbselements und der Durchsetzung der Bürgersouveränität. Auch wird nicht von jedem Ansatz gleichermaßen eine Offenheit der Entwicklung der Problemlösungen verfassungsrechtlich implementiert und damit verbunden finden sich große Differenzen in der Berücksichtigung nicht nur normativer sondern auch positiver theoretischer Fundierungen.

Der Verfassungsentwurf von BUCHANAN [1568] betont die Möglichkeit eines geregelten Austritts bisheriger Mitgliedsländer der Europäischen Union. Dieses Recht auf Sezession[1569] soll sicherstellen, dass die europäische Regierung ihre Politik auf jene Maßnahmen beschränkt, die den Wünschen der Bürger entsprechen und somit das Konstrukt der Bürgersouveränität voll entfaltet wird. Überraschend an dem Verfassungsvorschlag von BUCHANAN ist, dass er nicht seine Theorie der Clubs beinhaltet, die der Gestaltung der FOCJ sehr nahe ist.[1570] Beide Vorstellungen laufen

---

1568 Buchanan (1991).

1569 Die Bedeutung der Sezession von Gliedstaaten und Regionen als Präferenzäußerungsmechanismus wird von Zarkovic Bookman (1992) und Drèze (1993) analysiert.

1570 Vgl. hierzu den Abschnitt 5.3.3.5.3 in dem die FOCJ als Synthese verschiedener Föderalismus-Modelle dargestellt wurden, unter denen sich explizit auch die Theorie der Clubs nach Buchanan den traditionellen Vorstellungen von Föderal- und Nationalstaaten und so auch der ökonomischen Theorie des Föderalismus zuwider, da diese stets die geografische Einheit des Staatswesens voraussetzen. Der Austritt bei den Clubs sollte ungehindert erfolgen, weil dadurch der Wettbewerb zwischen den Regierungen verstärkt wird. Für den Eintritt hingegen sollte sehr wohl ein Preis verlangt werden können. In den Clubs können Eintrittspreise als Abgeltung für die Nutzung öffentlicher Güter und Internalisierung externer Wanderungskosten dienen.[1571] Solche expliziten Preise sind weitaus effizienter als implizite Preise durch Niederlassungshemmnisse und Regulierungen. Mit den Eintrittspreisen können die Konsumentenrenten von Eintretenden jeweils abgeschöpft werden, was der Leitung eines Clubs Anreize gibt, auch für (noch) Nicht-Mitglieder attraktive Leistungen anzubieten. Die Angst, dass solche Eintrittspreise sich als strategisch und überzogen herausstellen könnten, ist solange nicht berechtigt, wie ein intensiver Wettbewerb zwischen den verschiedenen Clubs herrscht und dieser leistungsgerechte Preise erzwingt.[1572]

In der heutigen Gestaltung der EU ist ein Austritt nicht vorgesehen. Allerdings ist es auch nicht leicht vorstellbar, dass der Austritt eines Landes mit Zwangsgewalt verhindert würde.[1573] Da die Europäischen Verträge und auch die Verfassungsvorschläge weder konkrete Bedingungen für den Austritt aus der EU, noch für die Aufspaltung von Körperschaften unterer Ebene aufzeigen (National- und Gliedstaaten, Länder, Provinzen und Regionen etc.), könnte das Konzept der FOCJ diese Lücke im Rahmen einer künftigen Europäischen Verfassung als eine fünfte Freiheit erfüllen.[1574] In ihren Eigenschaften der Überlappung und Funktionalität sind die FOCJ den Clubs nach BUCHANAN sehr ähnlich.[1575]

Der Verfassungsvorschlag von TEUTEMANN[1576] entwickelt ausgehend von der Kollektivgüter- und Föderalismustheorie abgeleitete Kriterien potentieller Aufgabenfelder für eine europäische staatliche Zusammenarbeit. Im Bereich der Allokationspolitik differieren die einzelnen Aufgabenfelder und die vorgeschlagene Intensität grenzüberschreitender Koordinierung.[1577] Für einige Bereiche wird es lediglich als wünschenswert angesehen, wenn es zu einer internationalen Koordination käme (genannt werden kann in diesem Zusammenhang die Bildungs-, Kultur und Wissenschaftspolitik). Für andere Bereiche wird es als unabdingbar angesehen, dass es

---

wiederfindet. Die Club-Theorie nach Buchanan erfuhr insbesondere eine kritische Würdigung und Anwendung auf den hier dargestellten Untersuchungsgegenstand.

1571 Diese Idee wurde in der Konzeption der FOCJ übernommen.

1572 Dieser Gedanke ist bei dem Konzept der FOCJ übernommen worden. Vgl. Eichenberger (1996), S. 115

1573 Eine Sezession würde aber der EU umfangreiche Kosten und politischen Schaden verursachen, weil dafür keine Verfahrensregeln vorgesehen sind.

1574 Vgl. zur Erläuterung die Abschnitte 5.3.3.5 und 5.4.3.3.2.

1575 Buchanan (1965), S. 1-14.

1576 Teutemann (1992).

1577 Zu einem Soll-Ist-Vergleich grenzüberschreitender staatlicher Zusammenarbeit im Bereich der Allokation vgl. Teutemann (1992), S. 207-257.

zu einer internationalen Koordination und Zusammenarbeit kommt. Dies gilt insbesondere für die Umweltschutz-, die Wettbewerbspolitik[1578] und für die Außen- und Verteidigungspolitik. Die gemeinsame Geld- und Währungspolitik wurde realisiert. Insbesondere bei der Außen- und Verteidigungspolitik, beim Umweltschutz und bei der strikten Überwachung des politischen und marktlichen Wettbewerbs sind Abweichungen von der gewünschten grenzüberschreitenden Zusammenarbeit und der Realität erkennbar. Die sektorspezifischen Interventionen, die den Schwerpunkt der ausgabenwirksamen Politik der Europäischen Gemeinschaften darstellen, erfolgen i.d.R. zugunsten der Produzenten betroffener Wirtschaftszweige. Tradition haben diese Eingriffe in der Agrarwirtschaft, in der Kohle- und Stahlindustrie und der Atomenergie. Diese grenzüberschreitenden sektorspezifischen Interventionen sind ihrer Art nach ökonomisch nicht zu rechtfertigen, denn sie dienen nicht der Stärkung der Marktkräfte. Diese Eingriffe in den bewährten Koordinationsmechanismus des Marktes sind auf erfolgreiche rent seeking-Aktivitäten entsprechender Produzentenverbände zurückzuführen. Bezeichnend ist es auch, dass viele Sektoren, in denen der Wettbewerb durch den Staat eingeschränkt wurde – bspw. durch eine Beschränkung des Marktzutritts, auch in erheblichem Umfang von Subventionen profitieren. Eine durchgreifende Deregulierung in diesen Bereichen wird als Kernaufgabe der Europäischen Union abgeleitet.[1579]

Für die Distributionspolitik stellt TEUTEMANN dar, dass zum einen zur Versicherung gegen aus der internationalen Arbeitsteilung hervorgehende Risiken und zum anderen zur Reduzierung unerwünschter Völkerwanderungen ein System abgestufter Sozialversicherungen von Vorteil wäre, bei dem der Schutz, und damit auch die potentiellen Einkommenstransfers, auf der Weltebene am niedrigsten und auf nationaler bzw. subnationaler Ebene am höchsten zu sein hätten. Ein solches Sozialversicherungssystem wirke subsidiär und würde zur Angleichung der Lebensbedingungen beitragen und Wanderungen reduzieren, die lediglich von der Erwartung ausgelöst werden, in den Genuss höherer Sozialtransfers zu kommen. Als Second-best-Alternative regt TEUTEMANN an, im Rahmen eines interkollektiven Finanzausgleichs zwischen Zwangskörperschaften zu einer Angleichung regionaler

---

1578 Vgl. zur Wettbewerbspolitik Hoppmann (1967), S. 77-94.

1579 Die Verlagerung agrarpolitischer Kompetenzen von der nationalen auf die supranationale Ebene und die seit Mitte der 80er Jahre zu beobachtende faktische Rückverlagerung der Kompetenzen auf die nationale Ebene kann als Illustration für die von Kirsch (1987), S. 13 ff. analysierten zentripetalen und zentrifugalen Kräfte im Föderalismus dienen. Um dem wachsenden Druck intra-kollektiver Konflikte als Folge verfehlter nationaler Agrarpolitiken auszuweichen, erklärten sich die Politiker bereit, nationale Kompetenzen an die europäische Ebene abzugeben. Solange auf der übergeordneten Ebene Interessenharmonie bestand und finanzielle Restriktionen unerheblich waren, blieb die Agrarpolitik auf der europäischen Ebene handlungsfähig. Zunehmende finanzielle Restriktionen führten jedoch spätestens seit Anfang der 80er Jahre zu derart starken Konflikten auf der europäischen Ebene, dass die Kompetenzen zunehmend partiell auf die nationale Ebene rückverlagert wurden.

Finanzkraft und regionalen Finanzbedarfs zu gelangen, um so eine Angleichung der Lebensverhältnisse in Europa zu bewirken.[1580]

Allerdings erscheint die Errichtung eines europäischen Sozialversicherungssystems überaus fragwürdig. Denn einerseits würde u.U. die Innovationskraft des politischen Systemwettbewerbs gelähmt und auf der anderen Seite ist der Versuch, ein Stück des Gleichheitsanspruchs auf das Gebiet der Europäischen Union anzuwenden, aus Kostengründen nicht zu realisieren, bei den bestehenden Unterschieden bei Volkseinkommen und Produktion und Einkommen pro Kopf in den einzelnen Mitgliedsländern. Auch würde die technische Umsetzung eines solchen Projektes erfordern, dass erstens eine vorkonstitutionelle Entscheidungssituation simuliert würde (indem bspw. das Inkrafttreten eines solchen Systems in die entfernte Zukunft verlegt würde), dass zweitens zur Vorbereitung eines solchen Systems die nationalen Sozialversicherungssysteme weitgehend harmonisiert werden und dass drittens die Einführung eines solchen Systems in der Zeit eines zufriedenstellenden Wirtschaftswachstums stattfindet. Auch der internationale Finanzausgleich, der Finanzkraft und Finanzbedarf der einzelnen Länder und Regionen angleicht, findet nicht in der geforderten Weise statt, da es keine ins Gewicht fallenden ungebundenen Schlüsselzuweisungen zwischen den einzelnen europäischen Ländern gibt. Vielmehr existiert z.B. im Rahmen des Strukturfonds der EG ein System zweckgebundener Zuweisungen, die eine entsprechende Projektbindung aufweisen. Ebenfalls existiert keine Aufteilung der Steuereinnahmen, die sich nicht an dem örtlichen Aufkommen, sondern an anderen, auch bedarfsorientierten Kriterien ausrichtet. Es muss stark angezweifelt werden, ob in absehbarer Zukunft auf europäischer Ebene ein System ungebundener Finanzzuweisungen errichtet werden kann. Denn eine Harmonisierung des Steuerrechts, mit gleichzeitiger Aufgabe wesentlicher Teile der Finanzautonomie ist ein Preis, den die überwiegende Anzahl der Mitgliedstaaten der EU nicht zu zahlen bereit ist. Es ist zu erwarten, dass im Rahmen der Instrumente des Redistribution zweckgebundene Zuweisungen im Rahmen des Strukturfonds der EU in Zukunft weiter ausgebaut werden. Die Forderungen nach einem europäischen Sozialversicherungssystem und einem interkollektiven Finanzausgleich zwischen den Körperschaften stellen eine Behinderung des Systemwettbewerbs dar und sind insofern abzulehnen. Allerdings finden sich auch bei TEUTEMANN Hinweise darauf, dass eine Hauptursache für die Soll-Ist-Abweichungen bei der europäischen Kooperation darauf zurückzuführen ist, dass der Willensbildungsprozess, und hier insbesondere die Einbindung des Wählers, an entscheidenden Stellen fehlgeleitet ist.[1581]

Der in der Literatur wohl bekannteste Verfassungsentwurf ist derjenige, den die EUROPEAN CONSTITUTIONAL GROUP[1582] – eine Vereinigung von namhaften Wissenschaftlern – als recht detaillierten Reformvorschlag ausgearbeitet hat. Auch in

---

[1580] Vgl. Teutemann (1992), S. 296.
[1581] Vgl. Teutemann (1992), S. 289.
[1582] Vgl. European Constitutional Group (1993).

diesem Ansatz wurden Forderungen nach Demokratisierung und Dezentralisierung der europäischen Entscheidungsfindungsprozesse untersucht. Die EUROPEAN CONSTITUTIONAL GROUP vertritt die Meinung, dass es neben dem EuGH ein europäisches Subsidiaritätsgericht geben müsse. Es wäre immer dann zuständig, wenn eine Klage die Kompetenzverteilung zwischen der Union und den Mitgliedstaaten betrifft. Seine Richter würden nicht wie beim EuGH von den nationalen Regierungen (und somit von den potentiellen Kartellisten) berufen, sondern die Richter sollten von den höchsten Gerichten der Mitgliedstaaten (in Deutschland also von dem Bundesverfassungsgericht) ausgewählt und für zweimal sechs Jahre entsandt werden. Die Richter des Subsidiaritätsgerichts hätten dann einen stärkeren Anreiz, den politischen Wettbewerb zwischen den Regierungen zu überwachen und zu fördern als der EuGH, denn die Richter am EuGH sind an einer möglichst weiten Ausdehnung der Kompetenzen der Union interessiert. Die Richter des EuGH versprechen sich von einer Zunahme der Entscheidungsdichte auf europäischer Ebene eine zunehmende Wichtigkeit der Fälle, die vor den EuGH kommen. Hingegen ist es für das Subsidiaritätsgericht umgekehrt von Bedeutung, dass die Nationalstaaten autonom bleiben und sich in einem Systemwettbewerb befinden, da nur so dauerhaft die eigene Existenz und Bedeutung gesichert werden kann. Im Extremfall würde die Notwendigkeit der Existenz eines so gestalteten Subsidiaritätsgerichtes in dem Moment vollständiger Harmonisierung der Kompetenzen und Zentralisierung der Entscheidungskompetenzen erlöschen. Den Richtern des Subsidiaritätsgerichts wäre daran gelegen, dass der Bereich der konkurrierenden Gesetzgebung möglichst groß ist. Insofern hätten sie die Aufgabe, im Einzelfall über die Zuordnung der Kompetenzen zu entscheiden. Allerdings hätten Sie damit auch kein Interesse an klar abgegrenzten Kompetenzen zwischen den beiden verschiedenen Ebenen, einerseits zwischen den Nationalstaaten und andererseits der europäischen Ebene. Dies ist als ein Nachteil der Konzeption anzusehen. Außerdem sind die Richter der höchsten Gerichte in den einzelnen Mitgliedstaaten mehrheitlich von der Regierung und/oder von der Parlamentsmehrheit gewählt.[1583] Dies würde die Wettbewerbshüterrolle des Subsidiaritätsgerichts bereits in der Entstehung gefährden. Darüber hinaus ist darauf hinzuweisen, dass Fragen des politischen Wettbewerbs wahrscheinlich rechtlich schwieriger zu handhaben sind als Fragen des Wettbewerbs zwischen den Unternehmen, d.h. die Justitiabilität müsste in beiden Bereichen abgesichert werden.

Eines der schwerwiegendsten Probleme des Vorschlags ergibt sich im Zusammenhang mit der Fragestellung, wie das Subsidiaritätsgericht überhaupt tätig werden kann, d.h. wem an diesem Gericht ein Klagerecht eingeräumt wird. Die Kommission und die

[1583] So werden in Deutschland und den Niederlanden z.B. alle Verfassungsrichter vom Parlament gewählt; in Spanien und Portugal die Mehrheit der Richter und in Belgien, Dänemark und Österreich immerhin noch die Hälfte. In Schweden werden alle Verfassungsrichter von der Regierung bestimmt; in Frankreich wählen der Präsident der Republik, der Präsident des Senats und der Präsident des Abgeordnetenhauses je drei Richter. In Italien wählen das Parlament, der Staatspräsident und die höchsten Gerichte je ein Drittel der Verfassungsrichter aus. Vgl. Vaubel (2000), S. 288.

Regierungen werden u.U. keine Klage erheben, denn sie sind an einer Beschränkung des politische Wettbewerbs interessiert. So müsste dem einzelnen Bürger ein Klagerecht eingeräumt werden, Kompetenzzuordnungen und Vertragsverletzungen der Mitgliedstaaten überprüfen zu lassen.[1584] Hierbei ist der Anreiz für den einzelnen Bürger, von seinem Klagerecht Gebrauch zu machen, in Zweifel zu ziehen. Der Wettbewerb der Regierungen ist für den Bürger ein (internationales) öffentliches Gut, so dass es dem einzelnen Bürger nicht möglich wäre, die positiven externen Wirkungen seiner Klage für sich zu internalisieren. Im Ergebnis würden keine Klagen durch die Bürger erhoben.

Grundsätzlich verzichtet die EUROPEAN CONSTITUTIONAL GROUP in ihrem Ansatz sowohl auf eine positive als auch auf eine normative theoretische Fundierung ihres Ansatzes. So wird ihrem Verfassungsvorschlag vorgeworfen, er kuriere lediglich die Symptome und nicht die Ursachen.[1585] Die fehlende positive theoretische Fundierung impliziert, dass die personelle Verflechtung von nationaler Exekutive und europäischer Legislative nicht erkannt und nicht innerhalb des Verfassungsentwurfs verbessert wird. Demokratisierung und Transparenz werden durch den Verfassungsvorschlag nicht erhöht.[1586]

Auch andere Verfassungsvorschläge, die in der Literatur erarbeitet wurden, erweisen sich als unzureichend, um die im Rahmen dieser Arbeit beschriebenen Demokratiedefizite und Harmonisierungstendenzen abzuwenden und eine Ordnung für einen Ordnungswettbewerb zu entwickeln. Grundsätzlich kann formuliert werden, dass alle Marktunvollkommenheiten und Marktversagenstatbestände auf europäischer Ebene zu behandeln sind, die durch die europäische Integration auch auf europäischen Märkten anzutreffen sind. Beispiele hierfür könnten die Bereitstellung öffentlicher europäischer Güter, die Internalisierung externer Effekte und die Vermeidung von Konzentration und Monopolbildung auf europäischer Ebene sein. In diesem Zusammenhang könnte auch die gemeinsame Währung als Clubgut genannt werden. Ansonsten ist der Druck des Ordnungswettbewerbs als heilend für die ausufernde Staatstätigkeit (zu beobachten in einem Anstieg der Staatsquoten), die ineffizienten Sozialversicherungssysteme in Europa und die übermäßige Bereitstellung von Gütern, die keine öffentlichen Güter sind, durch den Staat anzusehen. Die Folge könnte eine sinkende Staatsquote, eine Eindämmung des Staatsversagens und die Durchsetzung einer stärkeren Bürgersouveränität sein. Die Berücksichtigung der konstitutionellen

1584 Bisher können nach Art. 230 EGV natürliche und juristische Personen nur gegen an sie ergangene Entscheidungen klagen und gegen Entscheidungen, die, obwohl sie als Verordnung oder als eine an eine andere Person gerichtete Entscheidung ergangen ist, sie unmittelbar und individuell betreffen. Deshalb wäre es den Bürgern nicht möglich gewesen bspw. gegen die Konvergenzkriterien im Maastrichter Vertrag beim EuGH zu klagen. Dies hätte nur die Kommission oder eine der Regierungen tun können.

1585 Vgl. Witte (1994), S.150.

1586 Ein weiterer wichtiger Entwurf einer Europäischen Verfassung wurde im Rahmen des Centre for Economic Policy Research (CEPR) erarbeitet. Vgl. Centre for Economic Policy Research (CEPR) (1995).

Interessen der Bürger im politischen Prozess soll durch einen Gesellschaftsvertrag erreicht werden, durch den allgemeine Regeln festgelegt werden, die den Ordnungswettbewerb sichern. Allerdings wird in der Europäischen Union die Suche nach konsensfähigen Regeln in bedeutendem Maße durch die unterschiedlichen Interessen der beteiligten Akteure mitbeeinflusst. Die Annahme eines RAWLS'schen „Schleier der Unkenntnis" über der eigenen Betroffenheit von Verfassungsregeln ist daher insoweit nicht gerechtfertigt, als den Mitgliedstaaten bzw. den Bürgern in den Mitgliedstaaten ihre Betroffenheit von diesen Regeln zumindest näherungsweise bekannt ist und auf diese Weise ihre Verhandlungsposition determiniert. Allerdings kann der Schleier der Unsicherheit nach BUCHANAN als eine allgemeine Unsicherheit über die Zukunft hinsichtlich der Verfassungsdebatte in Europa als gegeben angesehen werden.[1587]

Es erscheint nicht sinnvoll, eine feste Ordnung zu entwickeln, in der festgehalten wird, welche Politikfelder dauerhaft harmonisiert werden und welche hingegen dauerhaft auf der Ebene der Mitgliedstaaten verbleiben sollten, da sich die Notwendigkeiten und Einordnungen in der Entwicklung verändern können.

Es geht vielmehr darum, Grundlinien für eine mögliche Reform der Institutionen in Europa zu entwickeln, indem die Ordnung gestaltet wird, die es ermöglicht einen Ordnungswettbewerb dauerhaft zu implementieren. Hierbei ist ausdrücklich darauf hinzuweisen, dass es sich bei diesen Reformvorschlägen keineswegs um Entwürfe von einem theoretischen und praxisfernen Reißbrett handelt darf, sondern das explizit die Pfadabhängigkeit der Entwicklung von Institutionen berücksichtigt wird. Jede Reform und natürlich insbesondere die Änderung einer Verfassung ist mit Änderungskosten verbunden. Einerseits erzeugt die Umsetzung der Reformvorschläge und die Änderung der Institutionen Informations- und Transaktionskosten. Darüber hinaus werden die bisherigen Profiteure der bestehenden Regelungen Widerstände leisten, die überwunden werden müssen. Es entstehen andererseits Transaktionskosten in Form von politischen Debatten. Es entstehen Friktionskosten.

Es erscheint aus diesen pragmatischen Überlegungen heraus sinnvoll, die bestehenden Institutionen weiterzuentwickeln und auf ihnen aufzubauen, um die Kosten der Anpassung möglichst zu minimieren. Aus theoretischer Sicht muss der Vorwurf des konstruktivistischen Rationalismus im Sinne HAYEKs vermieden werden,[1588] und zweitens sollte die fadabhängigkeit des institutionellen Wandels berücksichtigt werden.[1589] Auch sollte die Kapitalguteigenschaft allgemeiner Regeln beachtet und möglichst wenig beschädigt werden.

1587 Der Interessenkonflikt wird eingehend im Rahmen der Analyse möglicher Ansatzpunkte einer konstitutionellen Politikberatung behandelt, vgl. den Abschnitt 5.5.4.1.

1588 Zu dem konstruktivistischen Irrtum vgl. im vierten Kapitel den Abschnitt 4.2.3.1.1.

1589 Vgl. Leipold (1996), S. 93-115.

5.5.3.3 Grundelemente einer freiheitlichen Ordnung

Die zielführenden Postulate, von denen die Grundelemente einer europäischen Verfassung abzuleiten sind, wurden in den vorhergehenden normativen Ausführungen genannt. Es sind eine möglichst weitgehende Freiheit der europäischen Bürger, eine möglichst gute Versorgung mit Gütern sowie – das wichtigste Ziel – Frieden und Sicherheit. Die Selbstbestimmung spielt für die individuelle Freiheit eine wichtige Rolle und insofern ist im Rahmen einer funktionalen Wettbewerbsordnung die institutionelle Verankerung des Subsidiaritätsbegriffs vorgeschlagen worden. Es ist erforderlich, dass alles, was die Individuen allein oder durch von ihnen frei gebildete Vereine oder Unternehmungen ohne wesentliche negative Auswirkungen für andere entscheiden können, diesen selbst vorbehalten bleibt.[1590] Um dies zu ermöglichen, sind Privateigentum, freie Märkte und Preise sowie ein klares und zuverlässiges Privatrecht erforderlich, um eine freiwillige Koordination der vielen dezentralisierten Einheiten zu ermöglichen.

KLODT hat die Anforderungen an eine internationale Koordinierung der Wirtschaftspolitik entwickelt, die sich auch auf die Europäische Union übertragen lassen.[1591] Internationale Koordinierung der Wirtschaftspolitik sollte nur dann in Betracht gezogen werden, wenn externe Effekte, sogenannte „spillover", vorliegen und wenn gleichzeitig die Vorteile aus der Koordinierung größer sind als die Kosten. Außerdem sollten die Koordinierungsgewinne einigermaßen sicher sein. Wenn diese Anforderungen erfüllt sind, kann die Politikkoordination wohlfahrtssteigernd sein. KLODT hat diese Anforderungen in ein Vier-Quadranten-Schema übersetzt, auf dessen Ordinate die Größe der spillover und auf dessen Abszisse die Höhe der Unsicherheit über die optimale Wirtschaftspolitik abgetragen ist.

Auf der Grundlage dieses Schemas können drei wirtschaftspolitische Aufgabenfelder identifiziert werden, in denen sich eine internationale bzw. europäische Koordinierung der Wirtschaftspolitik empfiehlt: die Außenhandelspolitik, die Umweltpolitik und die Wettbewerbspolitik.[1592]

1590 Vgl. Bernholz (1995), S. 192.

1591 Vgl. Klodt (1999), S. 9-13.

1592 Dies sind die drei Bereiche, die in der Fachliteratur weitgehend unumstritten sind. Vgl. Donges/Freytag (2001), S. 276-279; Klodt (2000).

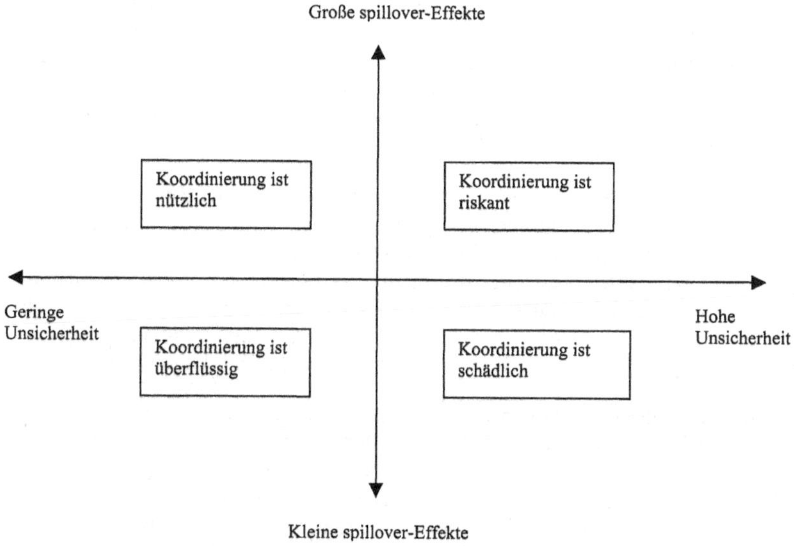

Abbildung 24: Internationale Koordinierung der Wirtschaftspolitik[1593]

Öffentliche Aufgaben für den Staat sind in der Bereitstellung öffentlicher Güter (Straßennetz, Rechtssicherheit und Verteidigung usw.), in der Vermeidung bzw. Internalisierung negativer externer Effekte (besonders in Form von Umweltverschmutzungen bspw. Emissionen von CO_2) und in der Generierung positiver externer Effekte (Liberalisierung des Außenhandels) zu sehen. Damit sind andere vergemeinschaftete Politikbereiche in der Europäischen Union, wie bspw. die gemeinsame Agrarpolitik oder die europäische Geldpolitik, mehr politisch als ökonomisch legitimiert, denn die grenzüberschreitenden externen Effekte sind nicht nachweisbar.

Handelt es sich hierbei um lokale, regionale oder national bereitstellbare öffentliche Güter oder um national begrenzte negative Auswirkungen auf Außenstehende, so ist die Entscheidungskompetenz entsprechend auf der Ebene der Gemeinden, Länder oder Nationalstaaten anzusiedeln. Für eine Dezentralisierung sprechen dann – wie geziegt wurde – drei Gründe. Erstens ist die Wirtschaftspolitik dann näher an den Präferenzen der Bürger orientiert. Zweitens kann so die Bedingung für eine möglichst effiziente Faktorallokation im Zeitablauf hergestellt werden und drittens ist eine dezentralisierte

1593 Vgl. Klodt (1999), S. 10.

Wirtschaftspolitik flexibler in der Reaktion auf sich ändernde Umstände.[1594] Kompetenzen der Europäischen Union würden sich folglich nur bei gemeinschaftsweiten öffentlichen Gütern wie bei der Verteidigung nach außen, den Regeln zur Gewährleistung offener Grenzen in der Union für Güter, Kapital und Personen rechtfertigen lassen. Die Regelung negativer externer Effekte durch die Union wäre auf die die Grenzen der einzelnen Mitgliedstaaten überschreitenden Umweltschäden zu begrenzen.

Die Kompetenzen der Union sollten so weit wie möglich auf allgemeine Gesetze und nicht durch auf solchen basierenden Verordnungen ausgeübt werden. Alle Kompetenzen, die der Europäischen Union nicht ausdrücklich zustehen, gehören den Mitgliedstaaten bzw. ihren Ländern, Regionen und Gemeinden. Dem Postulat der Bürgersouveränität folgend muss das Demokratie- und Legitimationsdefizit der Europäischen Union dadurch beseitigt werden, dass das Europäische Parlament, welches direkt von den Bürgern gewählt wird, das gesetzgebende Organ der Union wird.

Ein Finanztransfer durch die Union zwischen den Mitgliedstaaten ist abzulehnen, da dieser, wie gesehen wurde, den Wettbewerb der Systeme (bei offenen Grenzen) behindern würde. Alle Transfers im Rahmen der sozialen Sicherung obliegen den Mitgliedstaaten bzw. den Gemeinden oder der freiwilligen Organisation durch den Bürger. Bei der Auswanderung eines Bürgers von einem Mitgliedstaat in einen anderen behält er die erworbenen Ansprüche. In seinem neuen Heimatstaat erwirbt er nur Ansprüche im Verhältnis zu seiner Aufenthaltsdauer und geleisteter Zahlungen in die Steuersysteme und Einzahlungen in die dortigen Sozialversicherungssysteme. Das Ziel eines Ausgleichs des Wohlstandsniveaus zwischen den reichen und den ärmeren EU-Ländern muss mit der vermutlich sehr nachteiligen Wirkung einer weiteren Erhöhung der schon außerordentlich hohen gesamten Abgabenquote auf die Effizienz der Produktion, die Innovations-, Arbeits-, Spar- und Investitionsbereitschaft konfrontiert werden.[1595] Insbesondere unter der Maßgabe eines baldigen Eintritts der ost-mittel-europäischen Länder würde das Ziel einer Angleichung der Lebensverhältnisse einen so gewaltigen Transferbedarf auslösen, dass dieser mit Sicherheit die Leistungsfähigkeit der reicheren Länder übersteigen würde, mit entsprechend negativen Konsequenzen auf die internationale Konkurrenzfähigkeit dieser Länder.

1594 Vgl. Donges/Freytag (2001), S. 296 f.
1595 Vgl. Bernholz (195), S. 198.

5.5.3.4 Institutionelle Reformen des politischen Prozesses in Europa

„Wie Archimedes, so verlangt der politische Künstler nach einem Punkt außerhalb der sozialen Welt, wo er Fuß fassen kann, um sie aus den Angeln zu heben. Aber ein solcher Punkt existiert nicht; und die soziale Welt muß während jeden Umbaus weiterfunktionieren. Das ist der einfache Grund, warum wir ihre Institutionen nach und nach reformieren müssen.“[1596]

Mit dem Blick auf das Ziel der Verbesserung der Handlungsfähigkeit, einer stärkeren Legitimation, Transparenz und Bürgernähe in den Entscheidungsverfahren sollten Leitlinien einer Verfassung für Europa entwickelt werden. Allerdings ist dies nicht als die Erarbeitung eines festen Dokuments zu verstehen, sondern vielmehr sollen allgemeine Grundlinien entwickelt werden, die Hinweise geben können, über die Beziehungen der verschiedenen Regierungsebenen zueinander. Der Kerngedanke der Theorien HAYEKs, EUCKENs u.a. ist zielführend, nämlich dass der Wettbewerb für die Suche nach präferenzkonformen Ordnungen politischer Innovationen fruchtbar gemacht werden sollte. Es bedarf eines übergeordneten Regelwerkes, das den Wettbewerb sichert und schützt. Die institutionelle Offenheit Europas ist konstitutionell abzusichern. Die Wettbewerbsoffenheit sollte als eine Art evolutorische Wettbewerbskonzeption durch den politischen Rahmen garantiert werden. Der Wettbewerb bedarf einer fortwährenden Sicherung, um einen Leistungswettbewerb zu generieren und eine Behinderung der wettbewerblichen Ordnung auszuschließen.

Es werden Elemente skizziert, die zur konstitutionellen Absicherung der institutionellen Offenheit dienen könnten und daher vor dem Hintergrund der anstehenden Vertragsrevisionen auf ihre Konsensfähigkeit erörtert werden sollten.[1597] Damit der Ordnungswettbewerb auch tatsächlich zu einem Anreiz für eine am Interesse der Bürger ausgerichtete Politik führt, müssen die zu setzenden Rahmenbedingungen Verantwortlichkeit herstellen, indem Kosten und Nutzen politischer Entscheidungen, die auf der lokalen bzw. nationalstaatlichen Ebene entstehen, auch tatsächlich auf die entsprechenden Steuerzahler des entsprechenden Gemeinwesens übertragen werden. Die Souveränität der Nationalstaaten ist nur dann einzuschränken, wenn dies für die Aufrechterhaltung des Ordnungswettbewerbs erforderlich ist.

Im Ergebnis sollte in Europa eine Ordnung implementiert werden, die durch Kalkulierbarkeit und Transparenz zur generellen Erwartungsstabilisierung der Individuen beiträgt, gleichzeitig aber ausreichend flexibel ist, auf sich ändernde

---

1596 Popper (1992a), S. 199.

1597 Vgl. Bernholz et al. (1993); Bernholz (1996); Witte (1995), S. 143-152 und Hannowsky/Renner (1998), S. 131-137.

Präferenzen der Bürger zu reagieren. Eine zukunftsoffene Gesellschaft muss auf einer Ordnung begründet sein, die offen ist für evolutorische Prozesse. Eine sich daraus ergebende Fragestellung ist, wie eine Offenheit des europäischen Integrationsprozesses konstitutionell abzusichern ist und wie die institutionelle Entscheidungsfindung gestaltet werden sollte. Diskutiert werden hierbei die Konzepte eines wettbewerblichen und eines funktionalen Föderalismus und es werden die Möglichkeiten einer institutionellen Verankerung geprüft. Föderalismus als ordnungspolitisches Leitprinzip für Europa muss auf einer Ordnung basieren, die so ausgestaltet ist, dass Anreize für eine präferenzkonforme Ausrichtung des politischen Prozesses durch die Politiker in den Mitgliedstaaten bestehen. So ist es möglich, dass über Wettbewerb nationalstaatlicher ordnungspolitischer Leitbilder die unterschiedlichen Präferenzstrukturen der Bürger Europas aufgedeckt werden.

Die Aufsicht über den Wettbewerb zwischen den Nationalstaaten kann nicht – wie gezeigt wurde – von einem sog. Subsidiaritätsgericht wahrgenommen werden, da die Anreize für den einzelnen Bürger als zu gering einzustufen sind, eine Klage einzureichen. Kommission und Regierungen werden keine Klage erheben, da sie an Beschränkungen des Systemwettbewerbs interessiert sind. Eine mit den Kartellämtern vergleichbare Institution die den Staatsanwalt im Strafrecht für Wettbewerbsfragen ersetzt und so die positiven externen Effekte der Rechtsdurchsetzung zu berücksichtigen imstande ist, könnte für den politischen Wettbewerb eingesetzt werden. Kartellämter sind keine Gerichte, vielmehr können ihre Entscheidungen bei den zuständigen Gerichten angefochten werden.[1598]

Das Subsidiaritätsprinzip könnte erstens dadurch konkretisiert werden, dass durch die verfassunggebende Versammlung diejenigen Bereiche in die Regierungstätigkeit des Europäischen Parlaments gegeben werden, die sich auf europäischer Ebene als öffentliche Güter erweisen und zweitens die verfassunggebende Versammlung allgemeine Regeln über den Einsatz von FOCJ bei der Bereitstellung von Clubgütern entwickelt und der EuGH über die Einhaltung dieser Regeln wacht. Der Wettbewerb ist möglich bei solchen Gütern, deren Nutzung einer zumindest begrenzten Rivalität im Konsum unterliegen. Bei diesen Clubgütern wird der Nutzen aus dem Konsum um so geringer, je mehr das Gut konsumieren. Aus dieser marginalen Nutzenbeschränkung, die ein einzelner Nutzer durch seine Mitnutzung des Gutes verursacht, lässt sich ein individueller und effizienter Preis in einem wettbewerblichen Prozess ermitteln. Ein wettbewerbliches Angebot ist nicht nur zwischen Gebietskörperschaften, sondern auch für private Anbieter möglich.[1599]

1598 Die Figur des Staatsanwaltes (im Sinne eines Anwaltes des Staates) wäre dann in diesem gedanklichen Experiment zu ersetzen durch die Figur eines Anwaltes der Bürger.

1599 Ein Überblick findet sich bei Apolte (1995). Vgl. zur Darstellung der Konzeption von FOCJ den Abschnitt 5.3.3.5 und zu der Möglichkeit einer Privatisierung bestimmter Infrastrukturangebote und damit verbundener Dezentralisierung von Kompetenzen vgl. im dritten Kapitel den Abschnitt 3.2.2.1.3.

Die Aufsicht über den Wettbewerb zwischen den Regierungen sollte nicht einer Behörde überlassen werden, denn die Wettbewerbshüter dürfen nicht von den Regierungen oder ihren Parlamenten ernannt werden. Und es ist auch wichtig, dass ihre Entscheidungen nicht von den durch die Regierungen und/oder Parlamenten eingesetzten Gerichten angefochten werden können. Diese Überlegungen führen zu der Erkenntnis, dass das Gremium direkt von den Bürgern eingesetzt werden sollte. Auch dürfen die Entscheidungen in letzter Instanz nur den Bürgern vorgelegt werden. Die Wettbewerbsaufsicht über die Regierung sollte – ganz im Sinne des Zwei-Kammern-Konzeptes nach HAYEK – mit der Gestaltung der allgemeinen Regeln und der Zuordnung der Kompetenzen betraut werden, aber keine Verabschiedung von Gesetzen als politische Maßnahmen vornehmen dürfen. Die Implementation allgemeiner Regeln des Rechts soll zum Erhalt der spontanen Ordnung dienen und seine Wurzeln im allgemeinen Rechtsverständnis der Gesellschaftsmitglieder haben. Die Regierungstätigkeit zur Bereitstellung öffentlicher Güter hingegen erfordert eine konkrete Zielgewichtung und –bewertung und damit notwendigerweise eine Abwägung zwischen Partialinteressen. Es wird auf HAYEKs Idee zurückgegriffen, diese beiden Entscheidungsfindungsprozesse auch personell strikt voneinander zu trennen. Es muss verhindert werden, dass es zu einer Vermischung der Interessenfindung bzgl. allgemeiner Regeln und konkreter gesellschaftlicher Ziele innerhalb einer Institution kommt, damit die spontane Ordnung nicht bestimmt wird von der Verfolgung von Partialinteressen. Diese Gewaltenteilung soll durch eine Verfassung gesichert werden. Die Festlegung der allgemeinen Regeln darf nicht den Politikern überlassen werden, die diese Regeln in ihrer Regierungstätigkeit anwenden sollen. Die Festlegung und Durchsetzung der Regeln für den europäischen politischen Wettbewerb sollte nicht denjenigen übertragen werden, die selbst Wettbewerber oder von den Wettbewerbern abhängig sind. Es ist demnach eine zusätzliche, direkt von den Bürgern zu wählende Kammer einzusetzen.[1600]

Diese verfassunggebenden Kammer[1601] würde die allgemeinen Regeln – auch zum Schutz des Wettbewerbs – auf der konstitutionellen Ebene verankern, und sie würde direkt von den Bürgern gewählt werden, da nach BUCHANAN die Freiheit nur im Konsens beschränkt werden kann.[1602] Diese Kammer entspricht der Gesetzgebungskammer in HAYEKs Zwei-Kammern-System.[1603]

[1600] Vaubel spricht in diesem Zusammenhang von dem „Europäischen Senat für Politischen Wettbewerb"; Vaubel (2000), S. 290.

[1601] Gemeint ist hier die erste Kammer aus dem Zwei-Kammern-System, das Hayek als Verfassungsentwurf entwickelt hat. Auf diesen Verfassungsentwurf soll an dieser Stelle zurückgegriffen werden. Vgl. hierzu Hayek (1969n); Hayek (1971) und (1981a). Vgl. viertes Kapitel, Abschnitt 4.2.3.2.3.

[1602] Zu den Ausführungen über die Voraussetzung von Konsens zur Erreichung kollektiver Selbstbindung vgl. im vierten Kapitel den Abschnitt 4.3.2.

[1603] Vgl. im vierten Kapitel den Abschnitt 4.2.3.2.3.

In der EU gilt für viele Entscheidungen des Rates noch das Konsensprinzip, allerdings wurden in den letzten Verträgen zunehmend auch Mehrheitsentscheidungen möglich. So müsste bei Mehrheitsentscheidungen des Rates für die Zentralisierung von Kompetenzen und damit gleichzeitiges Ausschalten des Wettbewerbs zwischen den Mitgliedstaaten in der verfassunggebenden Kammer schon eine qualifizierte Minderheit ausreichen, um wettbewerbswidriges Verhalten zu untersagen.[1604] Dennoch wird hier orientiert an dem Prinzip des Konsenses als kollektive Selbstbindung nach BUCHANAN festgehalten. Kommt es nicht zu dieser Konstitution, so wäre es auch denkbar, dass - in Analogie zum Markt - der Wettbewerb durch die Möglichkeit des Ausbruchs aus dem Kartell geschützt wird, indem der überstimmten Minderheit die Möglichkeit eröffnet wird, sich nicht an der betreffenden Politik zu beteiligen (Opting-Out).[1605]

Die Verfassung hat die Aufgabe zu erfüllen, die Gesetzgebung in der verfassunggebenden Versammlung auf die Formulierung allgemeiner abstrakter Regeln zu beschränken. So soll erstens verhindert werden, dass die abstrakte Ordnung durch den Gesetzgeber verfälscht oder beseitigt werden kann, indem er die Gesetzgebung zugunsten der Verfolgung konkreter Ziele und Einzelinteressen missbraucht. Zweitens soll die Verfassung die strikte Gewaltenteilung zwischen Gesetzgebung und Regierung festschreiben. (Der Regierung muss es erlaubt sein, Ziele verschiedener Interessengruppen gegeneinander abzuwägen und über Steuereinnahmen öffentliche Güter bereitzustellen.) Drittens müssen die Organisationsregeln des Staatsapparates festgelegt werden. HAYEKs Idee, diese beiden Entscheidungsfindungsprozesse auch personell strikt voneinander zu trennen, leistet einen Beitrag zu der geforderten Gewaltenteilung und wird deshalb hier verwendet. Es muss verhindert werden, dass es zu einer Vermischung der Interessenfindung bzgl. der allgemeinen Regeln und konkreter gesellschaftlicher Ziele innerhalb einer Institution kommt, damit die spontane Ordnung nicht bestimmt wird durch die Verfolgung von Partikularinteressen. Die Regierung sollte ihrerseits den allgemeinen Regeln gerechten Verhaltens unterworfen werden, denn nur wenn sie durch diese abstrakten Regeln diszipliniert wird, ist die Vermeidung einer Situation, in der die Staatsgewalt von den Interessengruppen zur Verfolgung ihrer Ziele okkupiert wird, gewährleistet.

Die hier vorgestellten Umrisse eines Verfassungsentwurfes zur Reform der europäischen Institutionen ist – wie gezeigt wurde[1606] – nicht der erste. Es müssen auch im Rahmen dieses Vorschlags die Forderungen nach Demokratisierung und Dezentralisierung der europäischen Entscheidungsfindungsprozesse untersucht und umgesetzt werden.

1604 Vgl. Vaubel (2000), S. 291.

1605 Zwar könnte das Kartell so nicht verhindert werden, aber die Möglichkeiten des Missbrauchs könnten so empfindlich eingeschränkt werden. Vgl. European Constitutional Group (1993).

1606 Zu den bisherigen Verfassungsvorschlägen vgl. den Abschnitt 5.5.3.2.

Ziel des Verfassungsentwurfs wird es sein, Demokratisierung und Transparenz zu erhöhen. Der Gesetzgebungsprozess sollte nicht unnötig verkompliziert und die Intransparenz der Entscheidungsverfahren sollte aus Sicht der Bürger reduziert werden, um die Transaktionskosten der Information für den Bürger zu senken.

Die notwendigen Reformen europäischer Institutionen und die konstitutionelle Absicherung eines Ordnungswettbewerbs sind auch auf dem Nizza-Gipfel in den als zaghaft zu bezeichnenden Versuchen der Regierungschefs deutlich geworden. Die bisher erfolgte normativ-funktionale Abgrenzung von Institutionen auf der europäischen Ebene von Mitgliedstaaten ist durch eine gegenständlich-bereichsmäßige Kompetenzabgrenzung zu ersetzen. Seit Maastricht bestehen in den Bereichen der Innen- und Justizpolitik und der Außen- und Sicherheitspolitik intergouvernmentale Zusammenarbeiten, die harmonisiert werden sollten. Allgemein lässt sich formulieren, dass – wie gezeigt wurde – alle Marktunvollkommenheiten bzw. Marktversagenstatbestände auf europäischer Ebene zu behandeln sind, die durch europäische Integration auf europäischen Märkten anzutreffen bzw. verschärft worden sind. Dies bezieht sich auf öffentliche Güter, externe Effekte und Monopolbildung. Es könnte die Bereitstellung von nicht-öffentlichen Gütern durch den Staat durch Privatisierung begrenzt und somit eine Reduzierung der Staatsquote erreicht werden. Dem Prinzip der Bürgersouveränität soll zum Durchbruch verholfen werden. Dabei ist zu beachten, dass keine feste Ordnung zu entwickeln ist, die fixiert, welche Politikbereiche dauerhaft auf die europäische Ebene verlagert werden und welche hingegen dezentral auf der Ebene der Mitgliedstaaten verbleiben sollten Die Notwendigkeiten und Einordnungen dieser Entscheidungen können sich in der Entwicklung verändern. Es werden Grundlinien für eine mögliche Reform der Institutionen und Entscheidungsverfahren für Europa angestrebt, die eine Ordnung zur Sicherung des Ordnungswettbewerbs generieren.

In dem hier dargestellten Vorschlag handelt es sich um einen ökonomischen Ansatz, der auf der Grundlage der ökonomischen Theorie der Politik, den positiven Analysen des Entwicklungsprozesses der EU und den normativen Überlegungen auf der Grundlage der evolutorischen und konstitutionenökonomischen Ansätze entwickelt wurde. Es wird keinesfalls der Anspruch erhoben, die Arbeit der Politik- und Rechtswissenschaftler zu ersetzen. Es erscheint aber legitim, im Rahmen eines interdisziplinären Ansatzes eine Befruchtung der Diskussion anzustreben.

Eine verfassunggebende Kammer[1607] wird allgemeine Regeln entwickeln, an die sich auch das Parlament – die regierende europäische Institution – zu halten hat. Auch die im politischen Prozess fehlende Repräsentanz künftiger Generationen bedarf eines verfassungsrechtlichen Anspruchs auf Schutz. Die Verfassungsregeln sollten nicht nur

[1607] Die Orientierung an dem Zwei-Kammern-Vorschlag nach Hayek ist nicht zu verwechseln mit dem Vorschlag der Einführung einer zweiten Kammer, wie sie im Moment in der aktuellen Diskussion anzutreffen ist. Um diese Unterscheidung auch in der Wahl der Begriffe deutlich zu machen, wird hier von der verfassunggebenden Versammlung gesprochen, welche die allgemeinen Regeln gerechten Verhaltens entwickeln und überwachen soll. Diese verfassunggebende Versammlung gestaltet die Ordnung für den Ordnungswettbewerb.

die Kompetenzen der politischen Entscheidungsträger und Akteure klar regeln und verbindlich beschränken müssen.

Die institutionelle Reformen des politischen Prozesses in Europa könnten in den folgenden Punkten skizziert werden:

- Wird eine verfassunggebende Versammlung als europäisches Legislativorgan eingerichtet, so sollten deren Mitglieder für eine Amtsdauer von bspw. zehn Jahren in einer am Konsens orientierten zweidrittel Mehrheit des Volkes gewählt werden. Um die Unabhängigkeit zu garantieren sollte keine Wiederwahl vorgesehen werden und die Mitglieder des Rates sollten bei Amtsantritt ein Mindestalter von 50 Jahren haben.[1608] Die Wahl nationaler Regierungs- oder Parlamentsmitglieder sollte ausgeschlossen sein. Es könnte auf diese Weise eine Annäherung an die von BUCHANAN geforderte Konsensnorm erreicht werden und es würde dem Verlangen von HAYEK, eine strikte Trennung der gesetzgebenden von der regierenden Kammer vorzunehmen, nachgegangen werden. Die Kompetenzen der verfassunggebenden Versammlung werden beschränkt auf die Implementation von Gesetzen im Sinne allgemeiner Regeln gerechten Verhaltens, also für Regeln, die unabhängig von Zeit, Person und Sache gelten. Die verfassunggebende Versammlung gibt die Ordnung für den Ordnungswettbewerb innerhalb der Europäischen Union vor. Sie ist nicht befugt, über konkrete Staatsleistungen zu entscheiden. Die Besetzung der verfassunggebenden Versammlung sollte unterschiedliche Bevölkerungszahlen der einzelnen Länder widerspiegeln. Wäre das kleinste Land Luxemburg mit einem Abgeordneten und Irland mit zwei Abgeordneten vertreten, so würde die verfassunggebende Versammlung auf eine arbeitsfähige Gruppengröße von 200 Mitgliedern

---

1608 Dieses Konzept stellt auf Hayeks Verfassungsentwurf ab. Vgl. im vierten Kapitel den Abschnitt 4.2.3.2.3. Die eingeführte Altersbegrenzung wurde in der Hoffnung auf zwei Vorzüge gewählt. Erstens ist zu erwarten, dass durch dieses Mindestalter Personen angesprochen werden, die sich um die Gesellschaft bereits in irgendeiner Weise verdient gemacht und bei den Wählern einen gewissen Bekanntheitsgrad haben. Zweitens wird von der Mindestaltersgrenze erwartet, dass durch sie der Drang zur persönlichen Profilierung und der Ehrgeiz einer Karriereplanung begrenzt wird. Diese zweite Hoffnung ist für die Einführung wesentlich. Sie wird unterstrichen durch die Tatsache, dass keine Wiederwahl der Mitglieder der verfassunggebenden Versammlung möglich ist. Es ist eine Selbstverständlichkeit, dass, auch wenn diese erste Kammer in Hayeks Verfassungsvorschlag häufig als „Alt-Herren-Versammlung" kritisiert wurde, in diese verfassunggebende Versammlung Frauen und Männer gewählt werden können. So werden in dem Präsidium des Konvents, das einen Vorschlag für die Reformen der Europäischen Union erarbeiten soll, neben dem Präsidenten, dem 76-jährige Giscard d`Estaing, neun im Durchschnitt betagtere Herren und (immerhin) zwei Damen an einem Verfassungsentwurf arbeiten. Auf Vorbehalte gegenüber seinem Alter reagierte Giscard d`Estaing mit dem Hinweis, Benjamin Franklin sei schon über 80 Jahre alt gewesen, als er 1787 im Konvent von Philadelphia tatkräftig an der amerikanischen Verfassung mitgewirkt habe. Vgl. FAZ vom 28. Februar 2002, Nr. 50, S. 10.

kommen.[1609] Konsens als Norm bedeutet, dass die Entscheidungen in der verfassunggebenden Versammlung einstimmig getroffen werden müssten.[1610] Die Konsensfindungskosten in einem Entscheidungsgremium sind dann am höchsten, wenn Einstimmigkeit gilt. Die Konsensfindungskosten wären bei der Gruppengröße von 200 Mitgliedern akzeptabel[1611] und (mit Ausnahme des Zugeständnisses an Luxemburg) hätte man eine (nahezu) proportionale Besetzung des Rates entsprechend der jeweiligen Bevölkerungszahlen erreicht und nicht gegen den Gleichheitsgrundsatz verstoßen.[1612] Der Interessen- und Theoriekonflikt würden nur begrenzt auftreten.[1613] Der Schleier der Unsicherheit nach BUCHANAN würde über den konstitutionellen Entscheidungen der verfassunggebenden Versammlung aufgrund ihrer Konzeption liegen. Da sie den Auftrag hat, allgemeine Regeln gerechten Verhaltens mit langfristiger Orientierung und Allgemeingültigkeit zu entwickeln, sind die potentiellen Interessenkonflikte begrenzt. Die Theoriekonflikte können durch entsprechende Gremien, die der verfassunggebenden Versammlung beigeordnet sind, im Sinne eines Ergebniswettbewerbs gelöst werden.[1614] Die auf der Grundlage des Zwei-Kammern-Modells nach HAYEK entwickelte Reform ist geeignet, die Probleme der konstitutionenökonomisch fundierten Ansätze (Interessen- und Theoriekonflikte) zumindest teilweise zu lösen. Die verfassunggebende Versammlung soll universale Regeln gerechten Verhaltens implementieren und den

---

1609 Der mit der Entwicklung einer Verfassung für Europa beauftragte Konvent, der aus 105 Mitgliedern besteht, könnte die personelle Grundlage für eine später einzusetzende verfassunggebende Versammlung sein.

1610 Der Konsens als Voraussetzung kollektiver Selbstbindung wird beschrieben im vierten Kapitel in dem Abschnitt 4.3.2.

1611 Würde das Konzept sich streng an der proportionalen Besetzung der verfassunggebenden Versammlung orientieren, so müssten bei einer Gesamtbevölkerung in der EU von ca. 375 Millionen Menschen, ca. 1000 Abgeordnete in die verfassunggebende Versammlung berufen werden, wenn Luxemburg bei einem Bevölkerungsanteil von ca. 0,1 % (= 400.000 Bürger in Luxemburg im Verhältnis zu 375 Millionen Bürger in der EU) noch einen Abgeordneten stellen sollte und die anderen Länder entsprechend proportional besetzen dürften. Für eine Zahl von 1.000 Abgeordneten werden die Konsensfindungskosten als zu hoch eingeschätzt.

1612 In diesem Fall beginnt die Berechnungsgrundlage bei Irland mit zwei Abgeordneten. Irland hat ca. 4 Millionen Einwohner. Im Verhältnis zur Gesamtbevölkerung von 375 Millionen ergibt sich ein Anteil von rund einem Prozent, so dass bei 199 Abgeordneten insgesamt 2 Abgeordnete von Irland gestellt werden dürften. Die anderen Länder würden dann bspw. in folgender Verteilung ihre Abgeordneten schicken: Italien 32, Deutschland 40, Frankreich 32, Belgien 5, Dänemark 3, Finnland 3, Griechenland 6, Niederlande 8, Österreich 4, Portugal 5, Schweden 5, Vereinigtes Königreich 32 und Spanien 21 Abgeordnete.

1613 Vgl. im vierten Kapitel die Abschnitte 4.3.5.2 und 4.3.5.3.

1614 Auch können das Lebensalter der Mitglieder der verfassunggebenden Versammlung und die Tatsache, dass sie eine Zweidrittelmehrheit bei ihrer Wahl auf sich vereinen müssen, im besten Fall dafür sprechen, dass sich elitäre Persönlichkeiten aus Politik und Wirtschaft für dieses Amt zur Verfügung stellen, die auch über entsprechende Kontakte zu beratenden Gremien an den Universitäten und Forschungsinstituten verfügen.

konstitutionellen Konsens unter Knappheit nach BUCHANAN simulieren.[1615] Einerseits würde das Abgehen von der Einstimmigkeit in den Abstimmungen die Gefahr der Ausbeutung von Minderheiten mit sich bringen.[1616] Andererseits birgt die Verpflichtung zu einstimmigen Entscheidungen die Gefahr zu hoher Verhandlungskosten und strategischer Verhaltensweisen bei den Abgeordneten. Scheidet die Einstimmigkeit aufgrund der hohen Zeit- und Ressourcenaufwendungen für die Einigung als Verfahren aus, so minimiert die (N-1)-Regel die möglichen externen Entscheidungskosten.[1617] Verursacht nun die letzte Stimme die höchsten Kosten, so wäre es sinnvoll, eine Verminderung des Quorums vorzunehmen. Besteht darüber Einigkeit, dass Einstimmigkeit aufgrund der hohen Zeit- und Ressourcenaufwendungen für die Einigung als Verfahren ausscheidet, so minimiert die (N-1)-Regel die möglichen externen Entscheidungskosten. Durch die Senkung des Quorums um eine ungewichtete Stimme könnte eine erhebliche Reduzierung der Entscheidungsfindungskosten erzielt werden. Es ist eine durchgängige Anwendung der (N-1)-Regel erforderlich, wenn ein Höchstmaß an Kostenersparnis realisiert werden soll. Ein einzelnes Ratsmitglied könnte sich durch Blockade-Verhalten keine Rente erpressen. Die erhebliche Fehlallokation einer qualifizierten Mehrheit in der Ausgabenpolitik zu Lasten Dritter könnten so beschränkt werden.[1618] In der Beurteilung ist festzuhalten, dass diese Regel aufgrund ihrer Einfachheit besticht. Es muss in Art. 205 EGV kein weiteres Bevölkerungs-Quorum eingeführt werden. Selbst wenn ein bevölkerungsstarkes Land überstimmt würde, wäre das demokratische Maß der Mehrheit immer noch weit erfüllt. Man könnte sogar einen Schritt weiter gehen und keine Stimmengewichtung für die qualifizierte Mehrheit (Art. 205 Abs. 2 EGV) mehr vornehmen. Auf diese Weise käme man zu einer pragmatischen und elementar einfachen Entscheidungsregel. Aufgrund der Heterogenität des Staatengebildes, das die EU ist, entstünde hier ein Legitimationsdefizit, insbesondere dann, wenn die bestehenden Verträge als Verfassungsersatz

---

1615 Zu der Anforderung eines Konsenses als Voraussetzung kollektiver Selbstbindung vgl. im vierten Kapitel den Abschnitt 4.3.2 und zu den Entwicklungslinien einer Verfassung nach Buchanan vgl. den Abschnitt 4.3.6.

1616 Die Gefahr der Ausbeutung von Minderheiten ist insbesondere dann gegeben, wenn die fünf bevölkerungsstärksten Länder (Deutschland, Italien, Frankreich Großbritannien und Spanien) zusammen ca. 80 % der Abgeordneten stellen werden. Die vier größten Länder zusammen würden immerhin noch 70 % der Abgeordneten stellen.

1617 Zur Darstellung der (N-1)-Regel als konstitutionenökonomisch fundierter Ansatz für die Reform der Entscheidungsprozesse in der Europäischen Union vgl. das vierte Kapitel, den Abschnitt 4.3.3.2.2.

1618 Ist auch diese (N-1)-Regel aufgrund der hohen Verhandlungskosten nicht akzeptabel, so sollte mindestens eine Zweidrittelmehrheit erforderlich sein. Die verfassunggebende Versammlung soll universelle Regeln gerechten Verhaltens implementieren und den konstitutionellen Konsens unter Knappheit simulieren. Deshalb sollte dann ergänzend zu der Zweidrittelmehrheit eine weitere Entscheidungsregel eingeführt werden, die verhindert, dass Entscheidungen auf Kosten der kleinen Länder gefällt werden. Möglich wäre es, dass auch zweidrittel der Staaten mit einfacher Mehrheit ihrer Abgeordneten zustimmen müssen.

angesehen werden. Es wäre daher zweckmäßig, den Kern der Regeln zur politischen Organisation sowie zur Entscheidungsfindung vom übrigen Gemeinschaftsrecht abzutrennen, z.B. durch die Zusammenführung in einem Grundvertrag.[1619] Die verfassung-gebende Versammlung könnte in ihren ersten verfassunggestaltenden Elemente die Implementation der FOCJ verabschieden, indem einzelnen Bereiche aus dem europäischen politischen Prozess herausgetrennt werden und in die Verantwortung von miteinander konkurrierenden FOCJ gegeben werden. Der EuGH hätte dann über den Wettbewerb der FOCJ zu wachen, um eine Konzentration und Marktmacht zu verhindern. Die verfassunggebende Versammlung hat nach der Implementation der FOCJ die Aufgabe, in einem andauernden Prozess die staatlichen Aufgaben hinsichtlich ihrer Übertragbarkeit an die konkurrierenden FOCJ zu prüfen und den Vollzug des Wettbewerbs zwischen den FOCJ zu überwachen. Sie unterstützt den EuGH in seiner Funktion eines europäischen Politik-Kartellamtes.

- Das Europäische Parlament ist direkt demokratisch legitimiert und repräsentiert in seiner Zusammensetzung die Bevölkerung, Parteien und Interessengruppen. Es entspricht den Anforderungen an die regierende Kammer bei HAYEK. Dem Parlament könnten die Kompetenzen des Leistungsstaates übertragen werden. Bei seinen Entscheidungen muss es sich strikt an die von der verfassunggebenden Kammer entwickelten allgemeinen Regeln halten. Auch hier sollte die Anzahl der Abgeordneten die Bevölkerung der Länder widerspiegeln. Die Mehrheitsregeln werden durch den Europäischen Rat vorgegeben, sie könnten aber auch gemäß dem Interdependenzkostenkonzept[1620] die einfache Mehrheitsentscheidung sein.

- Der Rat könnte – um der politischen Durchsetzbarkeit des hier diskutierten Vorschlags genüge zu tun – als zweite Kammer der Regierungstätigkeit in dieses politische System integriert werden.[1621] Es könnte die Pflicht bestehen, dass diese

---

1619 Es müsste noch nicht einmal eine europäische Verfassung sein. Vgl. Grimm (1999), S. 4.

1620 Buchanan/Tullock (1962), S. 63 ff. und vgl. die Darstellung im vierten Kapitel, im Abschnitt 4.3.3.2.2.

1621 Diese zweite Kammer entspricht nicht der „zweiten Kammer" in Hayeks Terminologie. Diese oben genannte zweite Kammer spielt eher auf die aktuell diskutierten Reformen der Institutionen in Europa an, bei denen (insbesondere in dem Vorschlag des deutschen Außenministers Fischer) eine zweite Kammer für Europa verlangt wird. Diese Forderung hat trotz der begrifflichen Nähe nichts mit Hayeks Vorschlag gemeinsam. Insbesondere führen die aktuell diskutierten Vorschläge nicht zur Beseitigung der diagnostizierten Legitimitäts- und Demokratiedefizite. Diese Art der zweiten Kammer stellt vielfach ein Entscheidungsorgan aus vergangenen Zeiten dar. Viele Staaten haben neben der ersten eine zweite Parlamentskammer mit gleichen oder etwas geringeren Kompetenzen. Dies ist in den Vereinigten Staaten, in Frankreich und in Italien der Senat, in Großbritannien das Oberhaus, in Deutschland der Bundesrat und in der Schweiz der Ständerat. Die darin repräsentierten Gruppen sollen unter der neuen Verfassung nicht übergangen werden, sondern im Sinne eines Kompromisses in der zweiten Kammer noch mitentscheiden können. Der römische Rat sollte die überkommenen Rechte der Patrizier schützen und das britische Oberhaus die angestammten Rechte des Adels sicherstellen. Der Bundesrat des Kaiserreiches sollte die alten Rechte der Bundesstaaten bewahren. Danach geht die zweite Kammer den Entscheidungen und politischen Maßnahmen des Parlaments zur Tagespolitik zuzustimmen hat, damit sie in Kraft treten können. Für diese zweite Kammer hätten sich – ähnlich wie in dem heute existierenden Ministerrat bzw. Europa-Rat – die nationalen Regierungsvertreter qua nationaler Regierungszugehörigkeit qualifiziert. Die Regierungs-entscheidungen der auf der europäischen Ebene gewählten Vertreter der Bürger müssten die Zustimmung der Regierungsmitglieder aus den Nationalstaaten erhalten. Die Anreizstruktur könnte so umgedreht werden. In dieser Konzeption hätten die nationalen Regierungsmitglieder innerhalb des politischen Prozesses in Europa deutlich an Macht verloren. Ihr Einfluss auf die Politik des Leistungsstaates wäre nur noch indirekt. Ihre Bestrebungen würden gegen die Zentralisierung und somit gegen ihre Entmachtung ausgerichtet werden. So entstünde ein Gegengewicht zu den Anreizstrukturen des Europäischen Parlaments, die sich durch den Hang zur Zentralisierung im Sinne einer umfassenden Harmonisierung einzelner Politikbereiche und damit einhergehenden Kompetenzverlagerung auf die europäische Ebene auszeichnen würde. Diese zweite Kammer, in die der Ministerrat und der Europa-Rat integriert werden, sähe sich mit Anreizstrukturen konfrontiert, die deutlich auf die Erhaltung einer Wettbewerbsordnung für den Ordnungswettbewerb zwischen den einzelnen Mitgliedsländern ausgerichtet wäre. Unterstützt durch die verfassunggebende Versammlung könnte sie den Hang zur Zentralisierung des Parlaments mit seiner Kompetenz zum Leistungsstaat beschränken. Es wäre möglich, dass in diesen Strukturen, sich diese zweite Kammer aus Sorge vor nationalem Kompetenzverlust für ein Integrationsmodell der konzentrischen Kreise aussprechen würde.[1622]

- Der EuGH sollte Kontrollrechte über die verfassunggebende Versammlung und über das Parlament bekommen.[1623] Das Parlament muss sich an die allgemeinen Regeln der verfassunggebenden Versammlung halten. Die verfassunggebende

---

Rechtfertigung des Senats als zweite Kammer auf den Schutz von Klassenprivilegien zurück. Vgl. Blankart/Mueller (2002), S. 11. Aus der hier gewählten Betrachtungsweise geht es nicht um überkommene Rechte und Machtgleichgewicht, sondern um eine möglichst genaue Erfassung und Durchsetzung von Bürgerpräferenzen. Unter dieser Zielsetzung kann die Beurteilung der zweiten Kammer als alleiniger Vorschlag zur Reformierung der Institutionen in Europa nicht sonderlich positiv ausfallen.

1622 Zur Darstellung der konzentrischen Kreise nach Mertes/Prill vgl. Abschnitt 5.3.3.6.

1623 Hier wird von einer Trennung des EuGH in ein „court of review“ und einen „court of justice“ abgesehen. Vgl. European Constitutional Group (1993), Art. XV und Art. XVI. In dem Verfassungsvorschlag der European Constitutional Group ist der „court of review“ damit beauftragt, über Kompetenzüberschreitungen der Europäischen Organe und über die Klagen der Einhaltung der Menschenrechte zu urteilen. Der „court of justice“ hingegen urteilt über Klagen der Kommission und Wettbewerbsbehörden gegen Mitgliedstaaten und über Klagen von Einzelpersonen, Mitgliedstaaten oder EU-Organen auf Aufgabe- bzw. Vertragserfüllung durch EU-Organe oder Mitgliedstaaten. Diese Trennung der Aufgabenstellungen wird hier nicht übernommen, da die Doppelzuständigkeiten und Kompetenzstreitigkeiten vermieden werden sollen. Die aufgezeigten Entscheidungen der Rechtsetzung sollen unter einem Dach effizient organisiert werden.

Versammlung darf ihrerseits nicht Kompetenzen des Parlamentes an sich ziehen, um Partikularinteressen zu befriedigen. Außerdem hat er über die Einhaltung der institutionellen Schutzvorschriften zu wachen. Der EuGH hat in seiner Funktion als court of justice Klagen über die Einhaltung des Wettbewerbsrechts zu prüfen und das Einhalten der Verträge seitens der Mitgliedstaaten, Einzelpersonen und europäischen Institutionen zu überwachen. In seiner Funktion als court of review wird die Einhaltung der Kompetenzen der einzelnen Organe kontrolliert und über die Einhaltung der institutionellen Schutzvorschriften gewacht. Der EuGH überwacht ebenfalls die Struktur des funktionalen Föderalismus, indem er den Wettbewerb zwischen den FOCJ sichert und keinen unlauteren Behinderungswettbewerb zwischen ihnen zulässt. Die Mitglieder des EuGH sollten, um den Hang zur Zentralisierung zu minimieren, von den höchsten Gerichten der Mitgliedsländer nominiert werden und es sollte, um die Unabhängigkeit zu garantieren, eine längere Amtszeit (bspw. von zehn Jahren) und keine Wiederwahl vorgesehen werden. Die Kontrollrechte über die verfassunggebende Versammlung und das Parlament könnten personell getrennt werden von der Funktion des EuGH, Klagen über die Einhaltung des Wettbewerbsrechts zu prüfen.

- Die Funktion der Kommission sollte ausschließlich auf Exekutivaufgaben beschränkt werden, um die Gewaltenteilung zu gewährleisten; ihr obliegt die Vorbereitung und Ausführung der Parlamentsentscheidungen. Sie sollte, um Kompetenzstreitigkeiten und Interessenkonflikte zu vermeiden, von dem Parlament gewählt werden. Die Kommission leistet keine Zuarbeiten für den Rat (die zweite Kammer) oder die verfassunggebende Versammlung.

- Die Interessengruppen werden mehr als bisher ihr Engagement bei einer Neustrukturierung der europäischen Institutionen, wie sie hier vorgeschlagen wird, auf das Europäische Parlament fokussieren. Die Kompetenzen des Leistungsstaates werden von dem Europäischen Parlament wahrgenommen. Demnach wird es die wichtigste Adresse für Interessenvertretungen homogener Gruppen zur Realisierung politischer Renten. Das Angebot der Interessengruppen wird in der Versorgung mit Informationen bestehen. Außerdem werden die Interessengruppen sich weiterhin bei der Kommission engagieren. Allerdings dürfte dieses Engagement weniger werden, da nach diesem Konzept die Kommission ausschließlich mit exekutiven Aufgaben des Europäischen Parlaments betraut wird. Dieser Kanal über die Kommission zu den Entscheidungsträgern im Parlament kann weiterhin von den Interessengruppen genutzt werden. Allerdings ist diese Strategie weniger wirkungsvoll, da das Europäische Parlament regelmäßig und direkt von den Bürgern neu gewählt wird.

Die verfassunggebende Versammlung, die über den politischen Wettbewerb wachen würde, müsste grundsätzlich ein Vetorecht erhalten für alle Entscheidungen, die von dem Europäischen Parlament in Abstimmung mit der zweiten Kammer - also dem Rat bzw. dem europäischen Ministerrat - oder den nationalen Regierungen getroffen werden, wenn sie den politischen Wettbewerb einschränken. Bei Gesetzgebungsakten, die mit einer großen Mehrheit zustande kommen, könnte die verfassunggebende Versammlung verpflichtet werden, sich ihr Veto in einer Volksabstimmung bestätigen zu lassen. Dieser verfassunggebenden Versammlung müsste es auch gestattet sein, Pakete zur Abstimmung zu stellen, also selbst als Agenda Setter zu fungieren. Dies könnten bspw. Deregulierungs- und Dezentralisierungsvorschläge sein.

Zusätzlich ist die Implementation der Möglichkeit zur Volksinitiative wichtig. Dies impliziert eine Befähigung für die problembetroffenen Bürger, die Probleme zu erkennen und sie durch die Ausübung eines entsprechenden exklusiven Initiativrechts auf der konstitutionellen Problemlösungsebene einzubringen. Die Bürger werden an der Gestaltung der Regelordnung beteiligt. Das Prinzip der konstitutionellen Äquivalenz würde erfüllt.[1624] Ein hohes Maß an der konstitutionellen Äquivalenz besteht dann, wenn alle Akteure eines gesellschaftlichen Prozesses in zweifacher Hinsicht das gespielte Spiel beeinflussen. Sie haben das Recht einer ungehinderten, allerdings regelgeleiteten Wahl ihrer subkonstitutionellen Züge und sie verfügen über die Kompetenz zu einer möglichst ungehinderten Artikulierung ihrer konstitutionellen Interessen.

In diesem Zusammenhang könnte die verfassunggebende Versammlung die ersten Schritte in Richtung eines funktionalen Föderalismus unternehmen, indem sie stückweise einige Bereiche für die Implementation von FOCJ freigibt. Den Bürgern selbst könnte es überlassen werden, den Freiraum für die Aktivierung des unter ihnen verstreuten Wissens zu bestimmen und Impulse in den politische Prozess zu geben, wenn aus ihrer Sicht ein Anpassungsbedarf für den Regelrahmen besteht. Eine derartige Vorgehensweise setzt einen bottom-up-Prozess einer allmählichen Absenkung von Regelsetzungskompetenzen in Gang.[1625] Dieses Vorgehen hätte außerdem experimentellen Charakter und den Vorteil, dass der Pfadabhängigkeit der Entwicklung der Verwaltungsstrukturen in den einzelnen Mitgliedsländern Rechnung getragen würde. Es könnten diejenigen Bereiche auf der europäischen Ebene für FOCJ freigegeben werden, die sich durch die Eigenschaft eines öffentlichen Gutes auf europäischer Ebene auszeichnen und sich dennoch für die wettbewerbliche Bereitstellung in Form von Clubs anbieten.[1626]

1624 Zur konstitutionellen Äquivalenz und Ordnungswahl vgl. Sideras (2001), S. 103-129.

1625 Die Akteure selbst wissen am besten, wann sie die Funktionseigenschaften ihrer Spiele für verbesserungsbedürftig halten. Diese Vorgehensweise erscheint auch dann sinnvoll, wenn es im Vorfeld nicht gelingt, alle am Spiel beteiligen Akteure genau zu identifizieren. Die Informationsökonomik liefert das Argument, dass sich die restlose Identifizierung von Spielern und Spielen aus Transaktionskostengründen nicht lohnt. Suchprozesse können bei existierenden Transaktionskosten etwa dann abgebrochen werden, wenn die Grenzerträge im letzten Auswahlschritt gerade den Grenzkosten entsprechen. Vgl. Stigler (1961); McCall (1965) und Kunz (1985), S. 33 ff.

1626 Erste zaghafte Schritte sind bspw. im Bereich der Energie- und Wassermärkte bereits auf europäischer Ebene zu erkennen.

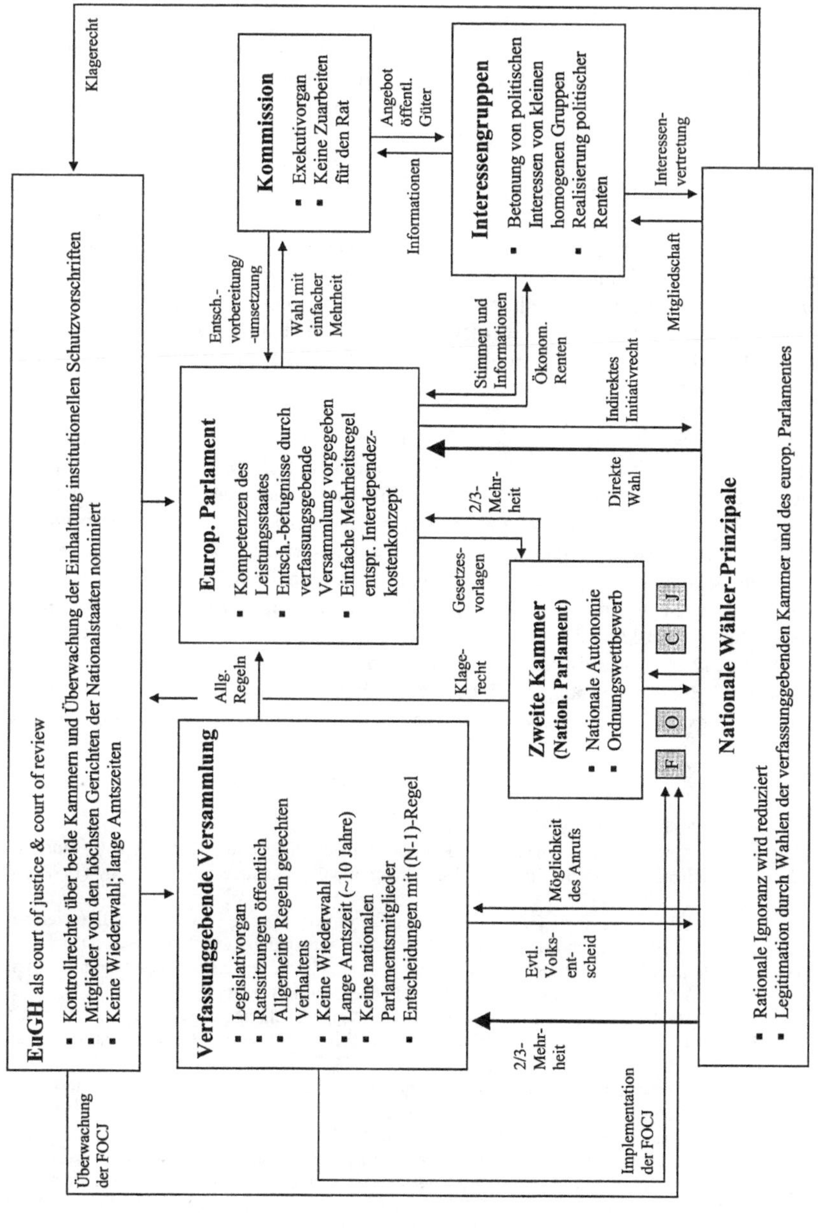

Abbildung 25: Institutionelle Reformen der europäischen Entscheidungsstrukturen

Die schrittweise Übertragung der Bereitstellung von Clubgütern an die FOCJ würde von der verfassunggebenden Versammlung angeregt werden und der Wettbewerb zwischen den FOCJ könnte durch den EuGH überwacht werden. Auf diese Weise wäre es möglich, die Erkenntnisse der Konzeption des funktionalen Föderalismus[1627] als ein Plädoyer für eine sehr lockere institutionelle Integration in Europa als Integration der variablen Geometrie in die Reform der Institutionen in Europa einfließen zu lassen. Dieses Konzept erlaubt, mit maximaler Flexibilität auf die anstehende Erweiterungs- und Vertiefungsdiskussion zu reagieren.[1628] Ein Opting-Out wäre dabei als eine normale Verhaltensweise zu werten.[1629] Insbesondere würde die Konzeption des funktionalen Föderalismus die Integration der mittel- und osteuropäischen Länder wesentlich erleichtern.[1630] Die Idee des funktionalen Föderalismus könnte so ergänzt werden, dass direkte Transferzahlungen zwischen reichen und armen FOCJ ausgehandelt werden. Der Aspekt der Solidarität ginge dann nicht verloren.

Die Schwierigkeiten, diesen auf den Erkenntnissen des funktionalen Föderalismus beruhenden und für ein hohes Maß an Demokratie und Legitimation der Institutionen stehenden Verfassungsentwurf in den politischen Prozess zu implementieren, werden später behandelt.[1631] Wer – außer den Bürgern – könnte daran interessiert sein, eine Wettbewerbsaufsicht in Form einer verfassunggebenden Versammlung über die Regierungen und über die europäischen Institutionen zu stellen, die allgemeine Regeln formulieren, an die sich alle anderen Institutionen in ihren Entscheidungsfindungs-prozessen zu halten haben? In einem Globalisierungsprozess könnte der Reformdruck von außen, kanalisiert in den Wettbewerb zwischen den Parteien dazu führen, dass sich die Interessen der Bürger - der Wähler (!) - durchsetzen.[1632] Eine notwendige Voraussetzung dafür ist eine durch einen Ergebniswettbewerb ausgelöste Politikberatung der Bürger, indem Überlegungen und

---

1627 Vgl. den Abschnitt 5.4.3.3.

1628 Tichy zeigt, dass „je nach gewähltem Kriterium unterschiedliche Ländergruppen einander nahestehen und somit unterschiedliche optimale Integrationsgebiete nahe legen." Tichy (1992), S. 3.

1629 Dies ist auch keine realitätsferne Forderung, sondern bereits praktizierte Politik: Großbritannien bei der Sozial-Charta, Deutschland und Frankreich bei der Verteidigung, Großbritannien, Dänemark, Schweden bei der Währungsunion, verschiedene Ländern beim Schengener-Abkommen usw. Zum Opting-Out und der damit verbundenen variablen Geometrie vgl. Arnold (1995), S. 7 f.

1630 Vgl. Mayer (1994), S. 34. Gefordert werden drei Gemeinschaften statt einer; nämlich die Wirtschaft-, die Währungs- und die Sicherheitsgemeinschaft. Diese drei Gemeinschaften sollen dann offen sein für unterschiedliche Mitglieder.

1631 Vgl. zu den Ansatzpunkten der konstitutionellen Politikberatung und den Chancen der institutionellen Reformen die Abschnitt 5.5.4.1 und 5.5.4.2.

1632 Teilweise wird auch bezweifelt, ob der Median-Wähler überhaupt ein Interesse an einem internationalen politischen Wettbewerb hat, oder ob er nicht zu seinen eigenen Gunsten umverteilen möchte. Dies gelingt ihm um so besser, je schwächer der Systemwettbewerb ist. Als gesichert kann allerdings angenommen werden, dass der Mehrheit der Wähler weniger an Zentralisierung und Kartellierung der politischen Prozesse gelegen ist, als den anderen im politischen Prozess beteiligten Akteuren.

Verfassungsvorschläge gezielt in den gesellschaftlichen Diskurs eingespeist werden.[1633] Jeder konkrete Verfassungsvorschlag, selbst wenn es sich dabei lediglich wie in diesem Fall um Grundlinien eines Verfassungsvorschlags handelt, macht den Verfassungsarchitekten als Illusionist angreifbar.[1634] Es wäre unangebracht, die hier entwickelten Vorschläge der institutionellen Reformen des politischen Prozesses in Europa als akademisches Spiel mit Bauklötzern ohne jedwede praktische Relevanz abzuqualifizieren. Es ist der Versuch mit Hilfe eines bestimmten Bauplanes – nämlich der ökonomischen Theorie der Politik – die politischen und rechtlichen Bausteine zusammen zu setzen, mit dem Ziel ein hohes Maß einer ökonomisch definierten Bürgersouveränität zu erreichen.

5.5.3.5 Institutionelle Schutzvorkehrungen

Der von BUCHANAN normativ geforderte faktische Konsens als Voraussetzung der Formulierung von Verfassungsregeln[1635] ist aus Kostengesichtspunkten praktisch nicht realisierbar. Es wird in der Realität zu einer kostengünstigeren Entscheidungsregel kommen, die die Gefahr impliziert, dass Minderheiten von Mehrheiten ausgebeutet werden. Es ist die Implementation von Schutzvorschriften notwendig.

Auch die im politischen Prozess fehlende Repräsentanz künftiger Generationen bedarf eines verfassungsrechtlichen Anspruchs auf Schutz. So dass die Verfassungsregeln nicht nur die Kompetenzen der politischen Entscheidungsträger und Akteure klar regeln und verbindlich beschränken müssen. Es besteht auch die Aufgabe, in der Verfassung Schutzvorschriften zum Minderheitenschutz zu verankern. Diese Schutzvorschriften sollten als allgemeine Regeln formuliert werden und Beschränkungen in folgenden Punkten enthalten:

- Die Grundrechte wie sie gerade in der „Charta der Grundrechte der Europäischen Union" geregelt wurden, sollten verbindlichen Verfassungscharakter erlangen. Sie sind Mittel zur Konservierung eines Vetorechts für die einzelnen Individuen. Es sollte ein Bezug zu den in der Charta verankerten Grundrechten hergestellt werden. Sie sollten als ein Katalog in die Verfassung übernommen werden.
- Auch die Rechte der nachfolgenden Generationen sollten auf der Verfassungsebene geschützt werden. Ihnen könnte ein verfassungsmäßig abgesichertes Recht auf die anteilige Nutzung begrenzter natürlicher Ressourcen zuerkannt werden. Da künftige Generationen an den Verhandlungen nicht direkt zu beteiligen sind, sollte ihr Recht stellvertretend geschützt werden können. Dies wäre auch eine Aufgabe für die verfassunggebende Versammlung, Rechtsregeln zu entwerfen, die auch das Recht

---

1633 Vgl. den Abschnitt 5.5.4.1.

1634 Die Lösung darf selbstverständlich nicht darin gesucht werden, gar keine konkreten Aussagen bezüglich der Gestaltungsmöglichkeiten einer Verfassung für Europa zu treffen. Wissenschaftler sollten sich nicht in der Weise auf die evolutorisch begründete Position zurückziehen, dass nichts gesagt und entwickelt werden könnte, da sonst die Gefahr eines konstruktivistischen Irrtums drohe.

1635 Vgl. im vierten Kapitel die Abschnitte 4.3.2 in Verbindung mit 4.3.5.

der künftigen Generationen berücksichtigen und die Arbeit des Parlaments dahingehend zu kontrollieren, dass die Politik des Leistungsstaates nicht gegen die Interessen künftiger Generationen verstößt.

- Dringend notwendig ist die Gewaltenteilung im Rahmen des Verfassungsvorschlages einzuführen, um die Unabhängigkeit der Judikativen, Exekutiven und Legislativen zu implementieren. Hierbei wird in dem Verfassungsvorschlag ein Hauptaugenmerk auch auf die Verflechtung der nationalen Exekutiven und europäischen Legislativen gerichtet, die es aus verfassungsrechtlichen Gründen aber auch aufgrund der angestellten Überlegungen der positiven Analyse der europäischen Institutionen und Entscheidungsverfahren[1636] strikt zu trennen gilt.
- Um die Gewaltenteilung umzusetzen, sollten entsprechend der Vorstellungen nach HAYEK die Kompetenzen des Gesetzgebungsorgans – bspw. der verfassunggebenden Versammlung – ausschließlich auf die Entwicklung und Implementation abstrakter allgemeiner Regeln (universaler Regeln gerechten Verhaltens) festgelegt werden. Diese Beschränkung ist dringend notwendig, wenn man die strikte Gewaltenteilung einhalten möchte. Die staatliche europäische Leistungserstellung ist von einem Organ zu beschließen, das unabhängig ist von der gesetzgebenden Versammlung. Dies könnte. das europäische Parlament sein, das dann in seiner Arbeitsweise und Funktion den allgemeinen Regeln des Rechts unterworfen ist. Sowohl das Gesetzgebungsorgan als auch das Organ der politischen Tagesgeschäfte sind der demokratischen Legitimation zu unterwerfen.
- Es muss den Individuen die Möglichkeit zur Abwanderung und zum Widerspruch[1637] (voice & exit) verfassungsrechtlich garantiert werden. Dies könnte bspw. dadurch erfolgen, indem den Individuen das Recht eingeräumt wird, eigene Petitionen bei dem Parlament und bei der verfassunggebenden Versammlung einzubringen. Darüber hinaus könnten sie gegen Entscheidungen, die sie direkt betreffen, ein Klagerecht erhalten. Um diese Form der Mitbestimmung ermöglichen zu können, ist eine größere Transparenz in den Entscheidungsfindungsverfahren innerhalb der EU zwingend erforderlich. Dieser Forderung wird in diesen Leitlinien einer Verfassung insofern Rechnung getragen als vorgeschlagen wird, die Sitzungen der verfassunggebenden Versammlung nicht mehr unter Ausschluss der Öffentlichkeit stattfinden zu lassen und eine Veröffentlichungs- und Informationspflicht aller am politischen Prozess beteiligten Gremien in allen relevanten Sprachen einzurichten. Da es sich um einen freiwilligen Zusammenschluss autonomer Staaten handelt sollte den Staaten auch eine Ausstiegsoption eingeräumt werden; die Staaten bleiben autonom und der Ordnungswettbewerb wird verfassungsrechtlich fixiert. Ebenso sollte den künftigen Mitglieder der EU eine

[1636] Vgl. hierzu im zweiten Kapitel die Abschnitte 2.3.2 und 2.5.2.

[1637] Um den Individuen die Möglichkeit des Widerspruchs einzuräumen, wird ihnen in dem oben dargestellten Entwurf einer Verfassung das Recht auf das Einbringen eigener Petitionen beim Rat gegeben.

schrittweise Integration im Sinne der Konzeption einer variablen Geometrie eingeräumt werden.[1638]

- Das Subsidiaritätsprinzip könnte in der europäischen Verfassung als ein Grundprinzip verankert sein. Allerdings wäre dies nur dann sinnvoll, wenn es nicht nur abstrakt geschehen würde, sondern wenn es gelänge, operationalisierbare Indikatoren zu finden und wenn mit Hilfe dieser Indikatoren ein Katalog von Eigenschaften entwickelt werden könnte, der konkrete Politikbereiche beschreiben und nach der Prüfung dieser objektiv formulierten Bedingungen über eine Zentralisierung von Kompetenzen entscheiden könnte. Gerade diesem Anspruch wird das Subsidiaritätsprinzip, wie gezeigt werden konnte,[1639] nicht gerecht.[1640]

  Der verfassunggebenden Versammlung sollte daher gleich nach ihrem Amtsantritt vorgeschlagen werden, sich des Konzeptes der FOCJ zu bedienen. Der Wettbewerb zwischen den FOCJ, die Abrechnung der Beiträge im Sinne von Äquivalenzsteuern und die direkte Kontrolle durch den Bürger würde eine zunehmende Bürgernähe und eine Effizienzsteigerung europäischer Politik implizieren. Über dieses Konzept wäre eine Übertragung des Subsidiaritätsprinzips möglich. Die Beweislast zur Gründung eines FOCUS hat immer so zu erfolgen, dass der Clubgutcharakter des Angebotes für die europäische Ebene zu begründen und zu überprüfen ist. Mit diesem Vorschlag könnte eine Sicherungslinie des Ordnungswettbewerbs vor dem diagnostizierten Hang zur Zentralisierung eingezogen werden. Das Konzept der FOCJ in seiner Verwurzelung im funktionalen Föderalismus könnte verhindern, dass eindeutig definierte Politikbereiche unwiderruflich festgeschrieben und auf die zentrale Ebene verlagert werden. Diese Vorgehensweise der verfassunggebenden Kammer wird nur eine Momentaufnahme sein und sollte im Rahmen der evolutorischen Sicht immer einer neuen Überprüfung unterliegen.

- Die Änderung der europäischen Verfassung sollte auf der nationalstaatlichen Ebene entsprechend der nationalen Verfassungen eine verfassungsändernde Mehrheit der Parlamente finden, da sie sonst nicht in Kraft treten darf.[1641]

1638 Vgl. hierzu Mayer (1994).

1639 Zu Subsidiaritätsprinzip, insbesondere zu einer Bewertung und Perspektiven, vgl. den Abschnitt 5.3.2.4.

1640 Es sollen an dieser Stelle auch nicht unwiderrufbar eindeutig definiert Politikbereiche festgeschrieben werden, die auf die zentrale Ebene verlagert werden sollen. Diese Vorgehensweise der hierarchischen Kompetenzzuordnung kann immer nur eine Momentaufnahme sein und widerspricht in langfristiger Sicht dem Prinzip des Ordnungswettbewerb in seiner evolutionstheoretischen Sicht.

1641 In der Bundesrepublik Deutschland wären somit zur Änderung des EUV eine Zweidrittelmehrheit in Bundestag und Bundesrat erforderlich.

5.5.4 Ordnungswettbewerb als konsensfähiges Ordnungsprinzip in der Europäischen Union?

5.5.4.1 Ansatzpunkte konstitutioneller Politikberatung

In diesem Abschnitt wird die schwierige Frage der Möglichkeiten und Grenzen einer Implementation der ökonomischen Verfassungsvorschläge in den politischen Prozess untersucht. Es wäre naiv, auf die Einsicht der Politiker und ihre Bereitschaft zu hoffen, derartig tiefgreifende Reformen durchzuführen. Die nationalen Politiker, die sich nach der heutigen Organisation der Entscheidungsverfahren auf der europäischen Ebene im Ministerrat oder im Europa-Rat für eine Reform aussprechen müssten, verlieren Kompetenzen durch die stärkere Bürgerkontrolle. Gerade die nationalen Politiker verlieren durch dieses Konzept, da sie nur noch indirekt an der Entscheidungsfindung als zweite Kammer beteiligt sind, während das Europäische Parlament gestärkt wird. Ferner werden von der verfassunggebenden Versammlung die allgemeinen Regeln gerechten Verhaltens verbindlich vorgegeben und ihre Einhaltung wird zusammen mit der Konstruktion der FOCJ durch die verfassunggebende Versammlung und den EuGH überwacht.[1642] Die Anknüpfungspunkte für das Einbringen der Reformvorschläge können nicht die Politiker oder die Parteien, sondern es müssen die Bürger als Prinzipale im politischen Prozess sein.

Im politischen Prozess verfügen die Prinzipale in ihrer Eigenschaft als Wähler innerhalb der einzelnen Mitgliedstaaten über Sanktionspotentiale. Sie können im Rahmen des politischen Wettbewerbs die Politiker bzw. die Parteien dazu zwingen, Reformkonzepte voranzutreiben, die das Konstrukt der Bürgersouveränität über die Implementation eines Ordnungswettbewerbs auf europäischer Ebene explizit berücksichtigen. Zur Verstärkung dieser Sanktionspotentiale sollten die Bürger und nicht die an den eigenen Interessen und an Zentralisierung interessierten Politiker[1643] die Zielgruppe einer konstitutionellen Politikberatung sein. Ist das Ziel die Initiierung eines Reformprozesses, so sollten die Bürger angesprochen werden, die über Selektion über die Politiker entscheiden. Die Reformimpulse werden über die Wähler in den politischen Prozess gelangen. Es sollten Gestaltungsvorschläge für die Europäische Verfassung erarbeitet werden, die in einem konstitutionellen Interesse aller Bürger liegen. Die

---

1642 Politiker mit einer Neigung zu diskretionär ausgerichteter Politik und mit dem Willen zur Kompetenzausdehnung werden durch diesen Vorschlag dreifach „in die Zange genommen". Fallen sie nicht in diese negativ gezeichnete Kategorie der Politiker, die sich eben nicht den Interessen der Bürger verpflichtet fühlen, so werden sie den Reformen im Sinne der gewonnenen Bürgersouveränität zustimmen.

1643 Wie gezeigt wurde, haben die Politiker ein natürliches Interesse daran, Politikbereiche zu zentralisieren und Regeln zu harmonisieren, um sich erstens dem Wettbewerb nicht stellen zu müssen und zweitens die Bereiche einem transparenten Sanktionsverfahren durch die Wähler zu entziehen.

Verfassungsvorschlägen können dann in den gesellschaftlichen Diskurs eingebracht werden.[1644]

Die Ökonomische Theorie der Politik erklärt, warum Reformen, die im gemeinsamen konstitutionellen Interesse der Bürger liegen, aus den politischen Prozessen selbst nur dann zu erwarten sind, wenn der Reformdruck durch die wohlfahrtsmindernde Wirkung diskretionärer Politik so hoch geworden sind, dass ein Abbau dieser Politikausrichtung zugunsten einer klaren Ordnungspolitik politisch opportun wird.[1645] Diese Situation ist dann zu erwarten, wenn die Bürger erkennen, dass gewährte Privilegien in einem Prozess zu einer intransparenten Privilegienordnung führen, in der alle in irgendeiner Weise Begünstigungen erhalten, aber nicht beurteilt werden kann, ob dadurch tatsächlich Vorteile erzielt werden können. Diese intransparente Privilegienordnung könnte folglich nicht einmal im partikularen konstitutionellen Interesse des einzelnen Bürgers liegen. (Interessenkonflikt).

Die politische Akzeptanz von Maßnahmen kann sich ändern, wenn die Theorien über deren Wirkungen revidiert werden. Dies ist wahrscheinlich, wenn erwartete Wirkungen ausbleiben und infolgedessen die theoretische Fundierung der Analyse variiert wird (Theoriekonflikt). Diese zwei Punkte stellen die Anknüpfungspunkte für eine ordnungsökonomische Politikberatung dar.

Der Interessenkonflikt und den Theoriekonflikt sind bereits eingehend dargestellt worden.[1646] Der RAWLS'sche Schleier der Unwissenheit ist als hypothetisches Konstrukt zwar hinsichtlich der normativen Analyse aussagekräftig, allerdings im Rahmen der Entwicklung von Ansatzpunkten einer konstitutionellen Politikberatung für die Entwicklung von Regeln zur Gestaltung einer europäischen Verfassung nicht geeignet. Hingegen erscheint in Bezug auf die Entwicklungsmöglichkeiten der Europäischen Union und der individuellen Stellung des einzelnen Bürgers in dieser Entwicklung der Schleier der Unsicherheit nach BUCHANAN gegeben zu sein. Diese Unsicherheit beschreibt eine allgemeine Unsicherheit über die Zukunft. Hierbei kann nach RAWLS das Konstrukt der konstitutionellen Unwissenheit, als eine Art Urzustand

---

1644 Pies bezeichnet die Constitutional Economics in diesem Zusammenhang als die dafür notwendige Argumentationsgrammatik. Vgl. Pies (1996a), S. 14. Siehe auch Pies (1998), S. 45-78; Pies (1994), S. 1-40; Homann/Pies (1996), S. 236.

1645 Blockaden von dringend notwendigen Reformen lassen sich oftmals nur dann überwinden, wenn die Politik sich einem Druck von außen nicht mehr zu entziehen vermag. Dies ist zu übertragen auf die deutsche Situation. Deutschland ist innerhalb der EU mittlerweile das Schlusslicht in Bezug auf die Wachstumszahlen und die Entwicklung der Arbeitslosigkeit. Fällt ein Land in dem globalen Standortwettbewerb zurück, so haben Politiker den Anreiz, die Wettbewerbsfähigkeit wieder herzustellen. Für Deutschland bedeutet dies, dass durch den Druck von außen (andere Länder sind Deutschland bei der aufgrund von demografischen Entwicklungen dringend angezeigten Reform der sozialen Sicherungssysteme, der Flexibilisierung der Arbeitsmärkte, der Entbürokratisierung, des Abbaus von Verwaltungsvorschriften (gerade für den Mittelstand) und Vereinfachung des Steuergesetzes weit voraus) im Rahmen eines Standortwettbewerbs Reformen durch den Wähler gewünscht und im Zweifel im politischen Wettbewerb durch Androhung oder tatsächlichen Vollzug der Abwahl durchgesetzt werden.

1646 Vgl. im vierten Kapitel die Abschnitte 4.3.5.2 und 4.3.5.3.

ohne Kenntnis der eigenen Situation, vermieden werden und dennoch der Interessenkonflikt gemindert werden. Allerdings ist darauf hinzuweisen, dass eine bewusst konstruierte Verdichtung des Nebels der Unsicherheit zwar eine Milderung des potentiellen Interessenkonfliktes herbeiführen, allerdings u.U. eine Verschärfung des Theoriekonfliktes induzieren würde. Es käme zu zunehmender widersprüchlicher Theoriebildung über die Zusammenhänge zwischen Ursache und Wirkung verschiedener Ordnungen als (vorübergehende) Ergebnisse des politischen Wettbewerbs und deren Auswirkungen auf den Standortwettbewerb. Eine zentrale Bedeutung für die Verbreitung und die Prüfung der Tragfähigkeit von Theorien wird dabei der öffentliche Diskurs einnehmen. Es gilt dabei die beiden Probleme des Theoriekonfliktes – die rationale Ignoranz und die limits of reason – zu überwinden.

Die rationale Ignoranz ist auch die Folge davon, dass die Information den Charakter eines öffentlichen Gutes aufweist und deshalb die Wähler den Anreiz haben, sich als free-rider zu verhalten. Die Strategie der Vermeidung von Informationskosten wird als die rationale Strategie gewählt. Eine mögliche Lösung für den Ordnungswettbewerb in Europa könnte in der Senkung der Kosten der Informationsbeschaffung bestehen. Es könnte eine Gruppe von Experten eingesetzt werden, die stellvertretend für die Gesellschaft das Informationsproblem löst. Hier ist auf den nun beschlossenen Einsatz eines Konvents zur Entwicklung einer europäischen Verfassung zu verweisen.[1647] Allerdings besteht das Problem darin, eine geeignete Expertengruppe zu finden.[1648] Diese Auswahl einer Expertengruppe ist ebenfalls mit einem Informationsproblem behaftet.[1649] Es herrscht auch bei der Suche nach geeigneten Experten und bei der

---

1647 In der „Erklärung von Laeken" haben die Staats- und Regierungschefs einen Konvent damit beauftragt, Vorschläge für eine grundlegende Erneuerung der Verträge auszuarbeiten. Unter dem Vorsitz des früheren Staatspräsidenten Giscard d`Estaing (Vizepräsidenten sollen der Italiener Amato und der Belgier Dehaene sein) hat der Konvent im März 2002 die Arbeit aufgenommen und wird sich mindestens ein Jahr beraten. Der Konvent soll öffentlich tagen. Dem zweiten Konvent, der dem ersten EU-Gremium Konvent unter dem Vorsitz von Roman Herzog (zur Erarbeitung einer Charta der europäischen Grundrechte) dieser Art nachgebildet wurde, werden dreißig Vertreter der nationalen Parlamente, sechzehn Delegierte des Europäischen Parlaments, fünfzehn Entsandte der Regierungen und zwei EU-Kommissare angehören. Ferner werden Vertreter der Beitrittskandidaten als „aktive Beobachter", aber ohne Stimmrecht den Beratungen des Konvents folgen. Der Konvent soll im Einzelnen eine bessere Zuordnung der Zuständigkeiten zwischen den zentralen EU-Organen und denen der Mitgliedstaaten prüfen. Außerdem soll untersucht werden, welche Aufgaben gemeinsam auf der europäischen Ebene behandelt werden sollen und auch die demokratische Legitimierung der EU-Organe soll analysiert werden. Die vorgeschlagenen Reformen müssen letztlich wie bisher von der Regierungskonferenz beschlossen werden. Die Regierungschefs haben sich ausbedungen, zunächst die Empfehlungen des Konvents zu begutachten und erst nach mehrmonatiger Denkpause in einer Regierungskonferenz über Vertragsänderungen zu entscheiden.

1648 So dämpfen die Personalentscheidungen, die als ein typisches Beispiel nationaler Interessenpolitik in der EU dienen können, die Erwartungen, dass der Konvent eine intellektuelle und methodische Überlegenheit gegenüber der klassischen Regierungskonferenz besäße und durchzusetzen imstande wäre.

1649 Gerade die monetären Anreize, die bei der Findung von Expertengruppen häufig in den Vordergrund gestellt werden, locken auch Pseudo-Wissenschaftler auf das Feld der Politik-

Entwicklung von Kriterien, die zur Beurteilung der Qualität der potentiellen Experten herangezogen werden könnten, rationale Ignoranz.

Anstelle eines Wettbewerbs zwischen Experten als Qualifikationskampf um die Zugehörigkeit zu derjenigen Expertengruppe, die mit der Erarbeitung einer Verfassung betraut wird, sollte ein Ergebniswettbewerb als mögliche Lösung des Informationsproblems für die Gesellschaft präferiert werden.[1650] Hierbei würden unterschiedliche Verfassungsvorschläge erarbeitet und gegeneinander abgewogen werden. Mit dem Prozess des Ergebniswettbewerbs – also mit einem Wettbewerb ganz unterschiedlicher (Experten-) Gruppen um geeignete Verfassungsvorschläge als Problemlösungen für den nur ungenügend abgesicherten Ordnungswettbewerb in Europa – wird die Hoffnung verknüpft, dass die individuellen Anreize der Informationsgewinnung erhöht werden.

Das Problem des Theoriekonfliktes ist in einem Ergebniswettbewerb ebenfalls besser zu behandeln. Die Grenze der Erkenntnisfähigkeit der Individuen ist ein Resultat der grundsätzlichen Unvollkommenheit menschlichen Wissens. Die Komplexität der Welt wird niemals erfasst, die Modellbildung ist immer ungenügend. In diesem Zusammenhang ist auf die Bedeutung des Wettbewerbs zu verweisen. Er eröffnet in einem Wissensfindungsprozess die Möglichkeit zu Parallelversuchen, deren Ergebnisse über voice und exit beurteilt werden können.

5.5.4.2 Chancen institutioneller Reformen zur Implementation des Ordnungswettbewerbs als Integrationsstrategie für die EU

Ein vollständig flexibler und unverbindlicher Ordnungsrahmen kann für die Europäische Union nicht als erstrebenswert gelten, da die Anforderung an eine Ordnung besteht, langfristig stabil und kalkulierbar zu sein. Allerdings kann sich ein zu starrer Ordnungsrahmen beschränkend auf die Innovationskraft eines Ordnungswettbewerbs auswirken. Die Anforderungen an den institutionellen Rahmen für den Ordnungswettbewerb beschreiben ein Spannungsfeld zwischen Offenheit einerseits und der Kalkulierbarkeit auf der anderen Seite.

Die Gestaltungsvorschläge für eine europäische Verfassung sollten dezentrale Elemente sichern, indem föderale Elemente im Sinne eines funktionalen Föderalismus implementiert werden. Die vertragliche Verankerung einer föderalen Grundstruktur in dem Sinne eines funktionalen, dynamischen Föderalismus könnte durchaus im konstitutionellen Interesse der Bürger liegen. Die Marktfreiheiten[1651] könnten

---

beratung. Deren Ergebnisse werden u.U. aus der Sicht der Bürger wenig geeignet sein, einen Beitrag zur Überwindung des Theoriekonfliktes zu leisten. Im ungünstigen Fall werden die minderen Qualitäten nicht erkannt und es droht ein Effekt der blinden Expertengläubigkeit, der an den „Rattenfänger von Hameln" erinnert.

1650 Die Erstellung dieser Arbeit ist in diesem Zusammenhang als ein Beitrag einzuschätzen.

1651 Diese Marktfreiheit ist durch die Verwirklichung des Binnenmarktprogramms bereits weitgehend verwirklicht worden. Ebenso wie die Möglichkeit freiwillige Verträge im Interesse aller dauerhaft geschützt und gleichzeitig die Möglichkeit der dezentralen Politikgestaltung und damit eines Ordnungswettbewerbs gesichert werden.[1652]

Für den Wettbewerb der Staaten gelten andere Bedingungen als für den Wettbewerb von Unternehmen, denn die Politiker haben auch im Wettbewerb der Staaten das Freiheitsrecht ihrer Bürger, den Gleichheitsgrundsatz und das Demokratieprinzip zu achten.[1653] Die Kompetenzeinschränkungen für die Politiker resultieren zunächst aus dem Verhältnis zu den Bürgern und aus dem Verhältnis der Staaten als Konkurrenten zueinander.

Der evolutorische Charakter des Wettbewerbgedankens ermöglicht die Mutation und Selektion einzelner ordnungspolitischer Ergebnisse. Imitation oder Innovation werden die Entwicklungen einzelner nationalstaatlicher Ordnungen im Wettbewerb vorantreiben und eine Stagnation und Verkrustung der europäischen Entscheidungsprozesse und der Gestaltung der institutionellen Strukturen in Europa - wie sie durch Zentralisierungen hervorgerufen werden - verhindern. Wie gezeigt wurde, bedarf es der Formulierung von Meta-Regeln für den Ordnungswettbewerb. Sie sollen helfen, einen unlauteren politischen Wettbewerb zu verhindern. Der Ordnungswettbewerb bedarf einer Wettbewerbsordnung.

Im Rahmen des entwickelten Konzeptes dieser Arbeit gewährleistet dies hauptsächlich die verfassunggebende Kammer und die konsequente Trennung der Aufgaben zwischen der Entwicklung allgemeiner Regeln als Meta-Regeln und dem aktuellen politischen Tagesgeschäft in Form von konkreten wirtschaftspolitischen Maßnahmen.

Als Konsequenz soll durch weitgehende Dezentralisierung die Möglichkeit zu Parallelversuchen geschaffen werden. Das bedeutet einerseits eine territoriale Dezentralisation in Form einer föderalen Struktur. Auf der anderen Seite soll gleichzeitig eine nicht-territoriale Dezentralisation forciert werden. Hinter dem Bestreben der nicht-territorialen Dezentralisation verbirgt sich die Absicht, in allen möglichen Fällen, Clubkollektivgüter herzustellen mit möglichst niedrigen Extensionsniveaus.

Ziel der Überlegungen über eine Verfassungsskizze für Europa war es, diejenigen Elemente zu implementieren, die einen Beitrag leisten zur konstitutionellen Sicherung der Offenheit der institutionellen Entwicklung. Der Ordnungswettbewerb als Entdeckung neuer institutioneller Problemlösungen ist angewiesen auf die Vielfalt ordnungspolitischer Leitbilder. Der Ordnungswettbewerb ist die geeignete Integrationsstrategie, um der diagnostizierten Verkrustung der institutionellen Strukturen, dem Demokratie- und Legitimationsdefizit, entgegenzuwirken. Wie mit Hilfe der Ökonomischen Theorie der Politik herausgearbeitet wurde, besteht in der

---

Beteiligten abzuschließen. Damit werden über eine negative Integration, über den Abbau von Mobilitätshemmnissen, weitere Politikbereiche für ein gemeinschaftliches Handeln erschlossen.

1652 Die gemeinsamen Werte und Ziele des europäischen Integrationsprozesses sollten hierbei nicht angetastet werden. Insbesondere die Schaffung einer Friedensordnung in Europa.

1653 Vgl. Gerken (1999), S. 76.

Europäischen Union eine erhebliche Eigendynamik zur Zentralisierung politischer Kompetenzen. Es ist bereits darauf verwiesen worden, dass die Zentralisierung von Politikbereichen mit einer Pfadabhängigkeit verbunden ist. Die Dezentralisierung von bereits zentralisierten Politikbereichen ist mit Strukturbrüchen und entsprechend hohen Anpassungskosten verbunden. Die Implementation eines Opting-Out-Rechts[1654] ist eine Möglichkeit, die Offenheit der Entwicklung des Ordnungswettbewerb zu garantieren. Während die Abwanderung von Individuen aus einer Jurisdiktion u.U. mit außerordentlich hohen Kosten verbunden sein kann, muss dies für den Austritt eines Staates aus der Staatengemeinschaft nicht notwendigerweise gelten.

Eine Ordnung für den Ordnungswettbewerb soll Versuche unterbinden, politische Vorstöße gegen die Prinzipien der Freiheit und der Souveränität der Bürger dadurch zu perpetuieren, dass diese Prinzipien dem Wettbewerb zwischen den Staaten durch internationale Harmonisierung zielgerichtet entzogen werden.

Hinsichtlich der regionalen Unterschiedlichkeit der Präferenzen der Bürger und hinsichtlich der Unterschiedlichkeit der ordnungspolitischen Leitbilder erscheint das Konzept der variablen Geometrie[1655] als ein mögliches Strukturprinzip der Europäischen Union. Es verkörpert eine Modifikation und damit eine konkretere Anwendungsmöglichkeit des Subsidiaritätsprinzips, auf dessen mangelhafte Operationalisierbarkeit bei der Zuordnung der Aufgabenfelder innerhalb der einzelnen Politikbereiche bereits ausführlich hingewiesen wurde.[1656] Das Konzept der variablen Geometrie erlaubt den Mitgliedstaaten, Gemeinschaftspolitiken fernzubleiben, wenn sie dies wünschen. Jede Region beteiligt sich nur an jenen Politikbereichen, welche bei den Bürgern dieser Region mehrheitsfähig sind. Allerdings ist es nicht als unbedingt gesichert anzusehen, ob ein Konzept der variablen Geometrie dem konstitutionellen Interesse der Bürger der Europäischen Union entspräche bzw. ob die Bürger dieses Konzept präferieren. Die Handlungsfähigkeit der Union würde durch diese Konzeption stark eingeschränkt und die Entscheidungsprozesse könnten u.U. noch weniger transparent werden. Mit welchen Ergebnissen dieser Prozess konfrontiert würde, ist nicht abzusehen. Es können lediglich die Rahmenvorgabe für die Bewahrung und Sicherung der Bürgersouveränität konsequent in eine europäische Verfassung eingezogen werden, ohne damit den Anspruch zu verknüpfen, daraus folgende Ergebnisse zu prognostizieren.

Abschließend sei darauf verwiesen, dass keine Alternative zu der Integrationsstrategie des Wettbewerbs besteht. Es existiert keine Option auf einen Verzicht auf die wettbewerblichen Elemente in einem Wettbewerb der Standorte und der damit eng verknüpften Politik. Werden auf der gemeinschaftlichen Ebene Regelungen harmonisiert (z.B. Umwelt- und Sozialstandards) oder Politikbereiche in die Kompetenz der europäischen Ebene gestellt, so sind dies Beschränkungen oder

[1654] Dies fordern u.a. Bernholz (1993); Witte (1995); Vaubel (1992).

[1655] Dieses Konzept ist gleichzusetzen mit der Vorstellung eines „Europa à la carte".

[1656] Zu den unterschiedlichen Interpretationsmöglichkeiten und zu einer Bewertung der Perspektiven des Subsidiaritätsprinzips vgl. Abschnitt 5.3.2.

Verzögerungen des Ordnungswettbewerbs innerhalb der Europäischen Union. Die Wirkungen des globalen Wettbewerbs können durch einen europäisch angelegten ordnungspolitischen Behinderungswettbewerb nicht vermieden werden. Der internationale Wettbewerb zwischen den großen Wirtschaftsregionen USA, Asien und Europa deckt Ineffizienzen einer ordnungsinkonformen Politik auf.[1657] Die Folgekosten eines den Wettbewerb der ordnungspolitischen Leitbilder meidenden Verfassungsentwurfs werden sich bspw. über die Dynamik von Direktinvestitionen im Vergleich zwischen Asien, Europa und den USA messen lassen.

1657 Zur Überlegenheit von wettbewerbsorientiert-freihändlerischen Wirtschaftsordnungen gegenüber protektionistisch-geschlossenen Systemen vgl. Voigt (1992).

6 Schlussbemerkung

In einer kurzen Beschreibung der Problemstellung im ersten Kapitel wurde der derzeitige Prozess der politischen Entscheidungsfindung im Rahmen der Europäischen Union und der einzelnen Mitgliedstaaten in seiner Art und seinem Umfang der Abtretung nationaler Kompetenzen als äußerst komplexer und intransparenter politischer Bargaining-Prozess beschrieben, der stärker durch die Machtpositionen der einzelnen politischen Akteure und deren Versuche, sich Vorteile im Verteilungskampf um ökonomische und politische Ressourcen zu sichern, determiniert ist, als durch die Notwendigkeit der Etablierung adäquater und effizienter Arrangements. Europäische Politik erweist sich daher häufig als nicht problemgerecht und tendiert zu suboptimalen Lösungen. Gerade vor dem Hintergrund der bevorstehenden Ost-Erweiterung der Union erscheint es dringend erforderlich, die Effizienz und Handlungsfähigkeit der EU zu verbessern und die demokratische Legitimation ihrer Organe zu verstärken. Der Beitritt der osteuropäischen Länder wird die Heterogenität innerhalb der Union vergrößern und so eine Reform der Abstimmungs- und Entscheidungsfindungsverfahren auf der europäischen Ebene zwingend erforderlich machen.

Für das Verständnis der Entscheidungsstrukturen prozesspolitischen Charakters war es notwendig, im zweiten Kapitel die institutionelle Struktur der Europäischen Union und die politischen Entscheidungsprozesse mit Hilfe der Public-Choice-Theorie zu analysieren. Alle dargestellten Akteure, der Ministerrat, das Parlament, die Kommission und die Wähler, nehmen Einfluss auf den europäischen politischen Prozess. Durch das Formulieren von Verhaltensannahmen ist es gelungen, die jeweiligen Anreizstrukturen offen zu legen. Durch die positive Analyse ist die Aufgabe gelöst worden, das Verhalten einzelner Akteure bzw. Gruppen sowie ihre Interaktionen, die in ihrer Gesamtheit den politischen Willensbildungsprozess konstituieren, in die ökonomische Analyse einzubeziehen. Fast alle einflussreichen Akteure sind an einer Zentralisierung interessiert. Die Kommission und das Parlament erhoffen sich von einem Zentralisierungsprozess den Ausbau ihrer Kompetenzen. Interessengruppen können economies of scale realisieren und der Europäische Gerichtshof ist durch die Verankerung des Integrationszieles in den Verträgen ohnehin der gemeinschaftsfreundlichen Rechtsauslegung verpflichtet. Der Ministerrat ist daran interessiert, seine Handlungsrechte uneingeschränkt zu wahren, mit der Option, seine Kompetenzen durch eine Zentralisierung zu erweitern, so dass die Abwägung zwischen nationalen und europäischen Restriktionen die optimale Zentralisierungstiefe bestimmen und nicht die Überlegungen gemäß eines Subsidiaritätsprinzips. Die nationalen Regierungen bzw. die Regierungsmehrheiten im Parlament können als Agenten durch Gegenüberstellung der nationalen und europäischen Kompetenzen und Restriktionen ihren diskretionären Handlungsspielraum optimal erweitern. Dieses Zentralisierungsstreben findet Unterstützung bei den europäischen Institutionen, die nicht an einer Einschränkung ihrer Handlungsfreiheit, dem Ausbau der Transparenz und einer Demokratisierung der Entscheidungsprozesse und einer Umsetzung des

Subsidiaritätsprinzips interessiert sind. Der Rat ist nicht das geeignete Gremium, der Kommission im Falle einer extensiven und diskretionären Wahrnehmung ihrer Aufgaben wirksam entgegenzuwirken. Die vom Rat gefassten Beschlüsse sind vor allem dann, wenn sie einstimmig getroffen werden, vielfach Kompromisse, die bewusst vage gehalten sind und Zusagen machen, durch die sich der Kommission zusätzliche Handlungsspielräume eröffnen.

Im Rahmen der institutionellen Methode ist politisches Taktieren als Kennzeichen der Willensbildung und Entscheidungsfindung der Gemeinschaftsorgane als muddling through im Sinne einer Politik zu konstatieren, die zur Durchsetzung überfälliger Reformen weitgehend untauglich ist. Die rent seeking-Aktivitäten der politischen Entscheidungsträger können durch den Wähler nicht wirksam kontrolliert werden. Die Verfahren der Willensbildung und der Entscheidungsfindung der Gemeinschaftsorgane sind wenig transparent. Verantwortlichkeiten sind für die Öffentlichkeit nicht eindeutig zuzuordnen. Fehlentwicklungen sind (wenn überhaupt) erst mit einer erheblichen zeitlichen Verzögerung erkennbar. Die Auflösung der klassischen Gewaltenteilung zwischen Legislative, Exekutive und Jurisdiktion fördert und erleichtert die Suche nach politischen Renten. Legitimationsdefizite werden in fragwürdiger Weise dadurch gelöst, dass die Organe der Gemeinschaft über die Regeln und Bedingungen ihres Handelns weitgehend selbst entscheiden.

Der Forderung einer stärker ausgebildeten Bürgersouveränität wird bisher unzureichend nachgekommen. Es sind lediglich rudimentäre Versuche erkennbar, die regionalen Gebietskörperschaften stärker in den europäischen Entscheidungsprozess einzubinden. Sanktionen der Wähler drohen kaum, da sich bisher keine europäische Öffentlichkeit herausgebildet hat. Es besteht nicht einmal theoretisch die Möglichkeit, Regierungen anderer Mitgliedstaaten anzuklagen oder zu sanktionieren, da der Wähler nur auf der nationalen Ebene über Mandate für die europäische Politik entscheiden kann. Dabei wählt er den für die europäische Politik wichtigen Ministerrat nur indirekt über die nationale Regierung, ohne dass die europäische Politik die wesentliche Einflussgröße für die nationalen Wahlen ist. Das europäische Parlament als das einzige direkt demokratisch legitimierte Organ vermag keine hinreichende Kontrolle des politischen Prozesses zu gewährleisten.

Um Leitlinien für eine fortschreitende Integration Europas und Reformvorschläge für die Gestaltung der institutionellen Strukturen und Entscheidungsverfahren entwickeln zu können, wurden im dritten Kapitel die integrationspolitischen Strategien der Integration durch Harmonisierung der Integration durch Wettbewerb gegenübergestellt und einer eingehenden Analyse unterzogen. Die Herausforderung an die Theorie bestand darin, für die jeweiligen Teilprozesse des Ordnungswettbewerbs und für das Zusammenwirken im Prozess geeignete Ansätze zu entwickeln. Aufgrund der Interdependenzen des Austausch- und Parallelprozesses im Ordnungswettbewerb hatte der theoretische Ansatz eine Integration von verschiedenen Theorien des ökonomischen und politischen Wettbewerbs zu leisten. Es wurde deutlich, dass nur bedingt auf die herkömmlichen Theorien zurückgegriffen werden konnte.

Mögliche Implikationen fiskalischen Wettbewerbs werden in der gängigen Literatur vornehmlich mit den Konzepten des fiskalischen Föderalismus analysiert. Gemäß des Modells nach TIEBOUT stellt fiskalische Autonomie die Vorbedingung für eine pareto-effiziente Allokation öffentlicher Güter dar. Durch eine Abstimmung durch Ab- und Zuwanderung („voting by feet") wählen die Bürger diejenige Gebietskörperschaft als Wohnsitz, die ihnen entsprechend ihrer Präferenzen als die optimale Kombination aus Steuerbelastung und öffentlichen Leistungen erscheint. Die verschiedenen Gemeinden – so die Aussage des Modells – werden in eine Wettbewerbssituation versetzt, die in einem Gleichgewicht je nach den vorherrschenden dominanten Präferenzen unterschiedliche Versorgungsniveaus an öffentlichen Gütern anbietet. Es wurde gezeigt, dass die Ableitung dieser optimalen Gleichgewichtspunkte im Modell und somit das optimistische Ergebnis des Modells nach TIEBOUT von einer Anzahl recht restriktiver Prämissen abhängig ist. Dazu zählen insbesondere die vollkommene Mobilität der Produktionsfaktoren, die Nicht-Existenz externer Effekte, die Erhebung nicht-verzerrender Steuern sowie die Absenz von Skalenerträgen in der Nutzung öffentlicher Güter. Sind diese Annahmen nicht erfüllt, so wurde gezeigt, dass der fiskalische Wettbewerb zwischen Gebietskörperschaften zu negativen Konsequenzen führen kann.

Die dann zu untersuchende Fragestellung war, ob aus diesen negativen Konsequenzen des Systemwettbewerbs die Notwendigkeit zur Harmonisierung einzelner Politikbereiche abgeleitet werden muss. So wird von den Harmonisierungs-befürwortern erwartet, dass die Staaten um den Produktionsfaktor Kapital in der Weise konkurrieren könnten, dass die Steuern auf Kapital gesenkt werden, um die Zuwanderung des Kapitals aus dem Ausland zu begünstigen. Es wird ein Wettlauf der Zinssenkungen befürchtet. Als Folge werden eine zunehmende Besteuerung des Faktors Arbeit und/oder eine Unterversorgung mit öffentlichen Gütern prognostiziert. Die Möglichkeiten für den Nationalstaat schwinden, eine Sozialpolitik zu betreiben, bei welcher der Faktor Kapital netto belastet werden soll. Ebenso kann es zu nationalen Alleingängen in einem Subventionswettlauf kommen. Es wird ein Regulierungswettlauf in die Richtung einer Nichtregulierung von Produkten befürchtet, die im Rahmen des Ursprungslandprinzips und bei bestehenden Informationsasymmetrien zwischen Produzenten und Verbrauchern von dem Streben nach Kapitalzuwanderungen angetrieben werden. Diesen Tendenzen sollte dann mit einer Harmonisierung der Steuersätze auf der europäischen Ebene begegnet werden. Die kurzgefasste wirtschaftspolitische Schlussfolgerung ist die argumentative Grundlage für die Vereinbarung harmonisierender und bindender Regeln zwischen den Staaten für die Steuer-, Sozial-, Subventions- und Regulierungspolitik.

Diese Argumente der Harmonisierungs-Befürworter wurden einer eingehenden Analyse unterzogen. Die empirischen Ergebnisse belegen, dass der Steuerwettbewerb bisher nicht zu einer totalen Erosion der Kapitalsteuern geführt hat und insofern keine Reduktion der Steuer auf Investitionserträge von Null zu befürchten ist. Empirische Untersuchungen der Grenzsteuerbelastung von Unternehmensinvestitionen führen zu der Aussage, dass zwar ein Rückgang der effektiven Steuerbelastung von Investitionen zu beobachten ist, dass aber dieser Rückgang nicht als dramatisch beurteilt werden muss. Es wurde in diesem Zusammenhang auf die unzulässigen Abstraktionen des benevolenten und effizienten staatlichen Handelns bei Marktversagen hingewiesen, die vorgenommen werden, um staatliches Handeln bei Abwesenheit von Systemwettbewerb zu idealisieren und um normative Gestaltungsempfehlungen ableiten zu können.

Darüber hinaus ergaben sich auch Abstraktionsprobleme bei den Annahmen, die der positiven Analyse des Systemwettbewerbs zugrunde liegen. Die empirische Untersuchung von FELDSTEIN/HORIOKA (1980) zeigt eine hohe Korrelation zwischen inländischer Ersparnis und inländischer Investition in den industrialisierten Ländern. Auch wenn die Hypothese der beiden Autoren zur starken Segmentierung der internationalen Kapitalmärkte immer wieder Gegenstand der Diskussion war und für die jüngere Vergangenheit – wie gezeigt wurde – nur noch eine geringere Korrelation feststellbar ist, so müsste doch bei einer perfekten Kapitalmobilität mit einer geringeren Korrelation gerechnet werden, weil die inländischen Ersparnisse dort investiert werden müssten, wo die höchste Nettorendite zu erwarten ist. Insofern wird durch die Annahme einer perfekten Kapitalmobilität die Kraft des Systemwettbewerbs überzeichnet.

Insbesondere aber der Umstand, dass Direktinvestitionen nicht nur unter Vergleich der Steuern auf Kapital vorgenommen werden, steht der extremen Hypothese einer Nichtbesteuerung von Kapital infolge des Systemwettbewerbs entgegen. Es wurde gezeigt, dass die Annahme der staatlichen Bereitstellung reiner öffentlicher Güter fragwürdig ist. Für unterschiedliche Bereiche der Infrastruktur wurde nachgewiesen, dass nur in wenigen Fällen tatsächlich reine öffentliche Güter vorliegen, bei denen die Inanspruchnahme einer zusätzlichen Einheit durch bspw. die Kapitaleigner mit Grenzkosten von Null einhergeht. Ausschließlich in diesen Fällen könnte die Nichtbesteuerung von Kapital eine effiziente Lösung darstellen. Selbst dieser Entwicklung könnte allerdings durch eine Harmonisierung der Steuersätze auf der europäischen Ebene zur Vermeidung eines „race to the bottom“ nicht sinnvoll begegnet werden. Es müsste dann konsequenterweise eine weltweite Harmonisierung angestrebt werden. Diese Möglichkeit wird als unrealistisch eingeschätzt.

Die Überlegungen wirtschaftspolitischer Konsequenzen in Form von Harmonisierung einzelner Politikbereiche ist auf einen überaus geringen Anteil der Infrastrukturbereitstellung durch den Staat beschränkt. Denn die überwiegende Zahl der Infrastrukturprojekte weisen eine Kapazitätsbeschränkung in Form des Auftretens positiver Grenzkosten (sog. Ballungskosten) der Nutzung bei einer bestimmten Inanspruchnahme auf. Entsprechend wäre dann – selbst wenn innerhalb der neoklassischen Modelle argumentiert wird – eine Besteuerung des Kapitals in Höhe der Grenzballungskosten effizient. Außerdem konnten Privatisierungspotentiale für der Bereitstellung von Infrastruktur nachgewiesen werden.

Werden die Einflüsse der Mobilitäts- und Ballungskosten berücksichtigt, so werden Staaten als Wettbewerber angesehen, die Clubgüter anbieten und für die Inanspruchnahme einen Preis als Besteuerung des Kapitels verlangen (benefit taxation). Eine Abwanderung bei höherer Besteuerung des Kapitals in einem Land würde dann nur erfolgen, wenn die gegenüberstehenden Gegenleistungen diese höheren Gebühren nicht rechtfertigen würden. Es konnte nachgewiesen werden, dass bei nicht ausschließlich benevolenten politische Akteuren und bei Vorliegen von Mobilitäts- und Ballungskosten die Lösung bestimmter Probleme zweifellos Effizienzsteigerungen durch den Wettbewerb zwischen Jurisdiktionen in den Politikbereichen möglich ist. Aus diesem Grund wurde innerhalb des Reformvorschlages für die Europäische Union auf die Einführung von FOCJ verwiesen.

Die Untersuchung hat deutlich gemacht, dass sowohl übertriebene Befürchtungen als auch übertriebene Hoffnungen aufgrund eines stärker werdenden institutionellen Wettbewerbs in der Europäischen Union zurückzuweisen sind. Wettbewerb zwischen Jurisdiktionen, der sich in einem angemessenen Ordnungsrahmen abspielt, führt keineswegs zu einem Zusammenbruch des Sozialstaates oder zu einer Nichtbesteuerung der mobilen Faktoren. Ebenso wenig sind aber die Hoffnungen begründet, Systemwettbewerb werde die Verkrustungserscheinungen im politischen Bereich vollständig beseitigen und als perfekter Koordinationsmechanismus zum Schnüren staatlicher Leistungs-Steuer-Pakete funktionieren. Die Kräfte des Wettbewerbs zur Entdeckung neuer Problemlösungen für die institutionelle Gestaltung Europas ist abhängig von der Implementation eines Ordnungsrahmens für den politischen Wettbewerb. Insofern wurde ein Vorschlag zur Gestaltung eines solchen Ordnungsrahmens und die Frage nach der Umsetzbarkeit diskutiert.

Unbestritten ist auch im Rahmen der neoklassischen Ansätze, dass ein Systemwettbewerb keinen Schaden in den Bereichen anrichtet, in denen der Markt funktioniert. Hier würde erreicht, dass die Produktion dieser Güter nicht einer Harmonisierung und Zentralisierung unterzogen werden. In der Realität nehmen Staaten aber notwendige und nicht-notwendige Aufgaben wahr. Bei den nicht-notwendigen Aufgaben, also bei überflüssigen Regulierungen wie der Bereitstellung privatisierungsfähiger Güter, schadet ein Systemwettbewerb nicht, er kann sogar nützlich sein. Bei den notwendigen Aufgaben des Staates, also bspw. bei der Bereitstellung von Gütern, bei denen Marktversagen oder zumindest Marktunvollkommenheiten auf der europäischen Ebene vorliegen, kann es zu negativen Auswirkungen durch einen Systemwettbewerb kommen. Hier gilt es, geeignete Meta-Regeln zu finden, die genau diese Aufgaben in einer Rahmenordnung sichern.

Um diese Rahmenordnung zur Sicherung eines sinnvollen Systemwettbewerbs zu finden, musste das theoretische Fundament der Betrachtung erweitert werden. Denn die Analyse des Wettbewerbs auf der Grundlage der neoklassischen Allokations- und Preistheorie abstrahiert weitgehend von den relevanten Institutionen und nimmt das

Wissen der Marktteilnehmer als gegeben an. Damit können zwei relevante Eigenschaften des Ordnungswettbewerbs nicht erfasst werden. Einerseits werden die für den ökonomischen Teilprozess des Systemwettbewerbs relevanten institutionell bedingten Unterschiede von Gewinnerwartungen und/oder Unterschieden in der Versorgung mit öffentlichen Gütern in verschiedenen Jurisdiktionen nicht zugelassen. Andererseits wird durch die neoklassischen Modellannahmen die Theorie des politischen Wettbewerbs beschnitten, da die institutionellen Besonderheiten politischer Interaktion im Unterschied zu den Marktprozessen nicht beachtet und die Dimension des mangelnden Wissens systematisch aus den Modellen der neoklassischen Gleichgewichtstheorie ausgeblendet werden. Insofern erschien es sinnvoll, das theoretische Fundament zum Ende des dritten Kapitels um die evolutorischen und konstitutionenökonomischen Ansätze zu erweitern.

Während in den neoklassisch fundierten Untersuchungen die Rückkopplung der Institutionenwahl auf die ökonomischen Prozesse im Vordergrund steht, liegt in den evolutorisch motivierten Untersuchungen der Schwerpunkt auf der Institutionenwahl im politischen Prozess. So werden von den neoklassisch argumentierenden Vertreter des Systemwettbewerbs seine Ergebnisse recht kritisch beurteilt, da die Gefahr gesehen wird, dass die ursprünglich durch Staatseingriffe beseitigten Marktunvollkommenheiten im Wettbewerb der Systeme wieder auftauchen. Die evolutorisch motivierten Wirtschaftswissenschaftler weisen diese negativen Folgen des Systemwettbewerbs als zu pauschal zurück und arbeiten die Kontroll- und Entdeckungsfunktion eines Systemwettbewerbs deutlich heraus.

Viele theoretische Diskussionen haben ihren Ursprung in dem unterschiedlichen Ausgangspunkt des wohlwollenden Diktators einerseits oder des wohlfahrtsvernichtenden Leviathan andererseits. In beiden Modellvarianten führt der Systemwettbewerb in der Tendenz zu einer ex-post-Harmonisierung auf einem vorab bekannten Niveau, das einmal als ungünstig mit der entsprechenden Schlussfolgerung der Forderung nach einer ex-ante-Harmonisierung und im anderen Fall als günstig angesehen wird. Doch in beiden Fällen spielt weder der Wissensmangel der Politiker noch die variable Präferenzwahl der Bürger eine systematische Rolle.

Die evolutorischen Ansätzen widersprechen der Zwangsläufigkeit einer ex-post-Harmonisierung als statischer Endzustand. Systemwettbewerb als Entdeckungsverfahren schafft die Möglichkeiten und die Anreize zur sozialen Nutzbarmachung des Vergleichs parallel realisierter Problemlösungsversuche. In diesem Sinne ermöglicht Systemwettbewerb die komparative Institutionenanalyse, die als sozialwissenschaftliche Methode die Erkenntnismöglichkeiten verbreitert und darüber hinaus eine wissenschaftliche Politikberatung überhaupt erst ermöglicht.

Die Vermeidung von Wettbewerbsfehlern (soziale Verteilung, Unterversorgung mit öffentlichen Gütern, Produktregulierung und die angebliche Gefahr des Untergangs des Sozialstaats aufgrund eines ruinösen Steuerwettbewerbs), stellen für die Vertreter der evolutorischen Theorie keine Fehler dar, da sie unabänderlich dem

Systemwettbewerb inhärent sind. Sie sind lediglich Fragen, die bei der Konstruktion des entsprechenden Ordnungsrahmens für den Systemwettbewerb beachtet und einer Lösung zugeführt werden müssen. Liegen Marktdefekte vor, die auf der europäischen Ebene angesiedelt sind und dort behoben werden können, so bedarf es geeigneter Regelungen auf der übergeordneten Ebene, wie diese Defekte zu behandeln sind. Es geht im Wesentlichen darum, nicht den Systemwettbewerb als Integrationsstrategie abzulehnen, weil er nicht imstande ist, mit allen Problemen aus sich selbst heraus fertig zu werden, sondern es sollte darum gehen, geeignete Ordnungsregeln zu finden, die den Systemwettbewerb so gestalten, dass er überhaupt in die Lage versetzt wird, in diesen Bereichen sinnvolle Lösungen zu generieren. Die Überlegungen beziehen sich dabei insbesondere auf die Verletzung des Subsidiaritätsprinzips im Verhältnis zwischen dem Staat und den Bürgern. Es erfolgt eine Konzentration auf die nicht-notwendigen Staatsaufgaben. Hier könnte der Systemwettbewerb zu notwendigen Effizienzgewinnen über Deregulierungen und Privatisierungen führen.

Um Reformen der institutionellen Struktur für die Europäische Union entwickeln zu können, wurden in dem vierten Kapitel der evolutorische Ansatz nach HAYEK und der vertragstheoretische Ansatz von BUCHANAN dargestellt und in einer Synthese zusammengeführt. Die evolutorischen Modelle erkennen die Bedeutung von Metaregeln an und erlauben es, den Ordnungsrahmen in seiner Bedeutung für die politischen Prozesse zu analysieren. Allerdings können aus den evolutorischen im Gegensatz zu den neoklassischen Modellen keine konkreten Ergebnisse abgeleitet werden. Den formalen Beweis für die positiven Wirkungen eines Systemwettbewerbs bleiben die evolutorischen Ansätze schuldig. Der Wert der evolutorischen Modelle als Denkansatz wird anerkannt, ohne dass erwartet wird, dass der Systemwettbewerb alle politischen Verzerrungen beseitigen würde. Es kann auch nicht das Ende von Verteilungskoalitionen und diskriminierender Besteuerung bedeuten, doch über eine evolutorische Entwicklung des Verfassungsrechts könnte der Wettbewerb der Ordnungen die Anreizstrukturen liefern, die unter der Berücksichtigung eines individualistisch geprägten Menschenbildes der Berücksichtigung der Bürgerpräferenzen zum Durchbruch verhelfen könnten.

Die Koordinations- und Kontrollfunktionen des Wettbewerbs wurden in den marktprozesstheoretischen Ansätzen deutlich. Auch gelang es, die politische Willensbildungsprozesse innerhalb ihrer Anreizstrukturen in die Problemanalyse zu integrieren und so den komplexen Rückkopplungsprozess zwischen ökonomisch motivierter Abwanderung und politisch motivierter Gestaltung der Institutionen in den Focus der Untersuchung zu rücken. Der konkrete institutionelle Rahmen der Europäischen Union, innerhalb dessen die ökonomischen und politischen Teilprozesse ablaufen, wurde explizit berücksichtigt.

Es wurde der Regelbedarf, der für die Sicherung der wettbewerblichen Prozesse auf der Ordnungsebene zwischen den Jurisdiktionen besteht, aufgezeigt. Institutionen wurden unter den Bedingungen konstitutionellen Wissensmangels als Problemlösungshypothesen verstanden und der Ordnungswettbewerb nach HAYEK als Verfahren zur Entdeckung institutioneller Problemlösungen interpretiert, die ohne diesen Wettbewerb ungenutzt bleiben würden. Systemwettbewerb als Entdeckungsverfahren bietet gegenüber einer einheitlichen Harmonisierungslösung die Vorteile, dass Fehler oder falsche Hypothesen sich nur dezentral auswirken und leichter korrigiert werden können. Bei einer einmal vorgenommenen einheitlichen Lösung auf der zentralen politischen Ebene, können Pfadabhängigkeiten eine Korrektur z.T. erheblich erschweren. Ein Systemwettbewerb als Entdeckungsverfahren erhält sich nicht von selbst. Wie der ökonomische Wettbewerb bedarf auch der Systemwettbewerb einer entsprechend gestalteten Rechtsordnung, welche die Möglichkeit der Herrschaft einschränkt und auf diese Weise die Privatautonomie schützt.

In einer vergleichenden Gegenüberstellung der Ansätze von BUCHANAN und HAYEK ist festzustellen, dass der Konsens unter den beteiligten Akteuren als ein entscheidendes Kriterium für die Bewertung sozialer Institutionen angesehen wird. Nach beiden Ansätzen ist demnach eine Gesellschaftsordnung wünschenswert, die den Präferenzen der Bürger der betrachteten Gesellschaft entspricht. Die Präferenzen der Bürger sind die einzige Legitimationsgrundlage einer Gesellschaftsordnung.

Auf der post-konstitutionellen Ebene ist der Rechtsschutzstaat, der möglichst unabhängig und unparteiisch sein sollte, vom Leistungsstaat, der zwingend einer direkten demokratischen Legitimation bedarf, zu unterscheiden. Sowohl für den Rechtsschutzstaat als auch für den Leistungsstaat werden die Handlungsoptionen auf der post-konstitutionellen Ebene indirekt dadurch begrenzt, dass auf konstitutioneller Ebene von der Forderung nach einem einstimmigen Konsens nicht abgewichen wird. So ist als die wesentliche Botschaft beider Ansätze, die Empfehlung einer konstitutionellen Absicherung des Ordnungswettbewerbs als Voraussetzung für einen Verfassungsvorschlag auch für Europa abzuleiten. Die Synthese beider Ansätze gibt den normativen Rahmen für die konkreten Vorschläge vor.

Im fünften Kapitel wurde auf der Grundlage der Ansätze von HAYEK und BUCHANAN ein Vorschlag zur Verfassungsreform für die Europäische Union entwickelt, der im Wesentlichen auf der Umgestaltung und Weiterentwicklung bestehender Institutionen beruht, um die Anpassungs- und Friktionskosten möglichst gering zu halten. Da die ökonomische Theorie der Verfassung nur die Individuen als Träger von Werten anerkennt, werden endzustandsorientierte Normen zu einer Bewertung gesellschaftlicher Interaktion verworfen zugunsten der Bewertung von Interaktionsverfahren. Der Vorschlag zur Verfassungsreform hat zum Ziel, insbesondere die Gewaltenteilung zu vollziehen und Anreizstrukturen zu entdecken und zu implementieren, die nicht den Hang zur Zentralisierung aufweisen.

Es wurde Bezug genommen auf die kurz dargestellte historische Entwicklung Europas seit dem Zweiten Weltkrieg. Dabei stellte sich heraus, dass bereits mit dem Vertrag zur Gründung der Europäischen Wirtschaftsgemeinschaft eine ordnungspolitische Grundsatzentscheidung gefällt wurde, sich einem Systemwettbewerb über die Mechanismen einer weitgehend unbeschränkten Faktor- und Güterbewegung auszusetzen. Die Verankerung der vier Grundfreiheiten erfuhr eine

Konstitutionalisierung durch den Europäischen Gerichtshof in der Weise, dass die Verpflichtung der Gemeinschaft zur Herstellung der vier Grundfreiheiten in individuelle, einklagbare Rechte der EU-Bürger transformiert wurde. Ferner wurden durch diesen Vertrag rechtliche Grundlagen zum Schutz des Wettbewerbs vor privaten und mitgliedstaatlichen Beschränkungen geschaffen.

Die Gefahren, die von einem gemeinschaftlichen Handeln für den Wettbewerb der Ordnungen ausgehen können, wurden durch den Vertrag von Maastricht deutlich erhöht. Als die schwerwiegendsten Mängel wurden die mangelhafte demokratische Kontrolle der Gemeinschaftspolitik und die wettbewerbsfeindlichen Initiativen, die der Vertrag von Maastricht auf der Gemeinschaftsebene ermöglicht, beschrieben. Die Prüfung der Verträge und Vertragsstrukturen der Europäischen Union ergab, dass die nationalen Politiker sich durch die auf europäischer Ebene institutionalisierte Ordnung einen erheblich erweiterten diskretionären Handlungsspielraum geschaffen haben.

Als eine wesentliche Aufgabe für die Strukturierung der Entscheidungsprozesse und die Reformierung der institutionellen Struktur in der Europäischen Union wird die Trennung der Aufgaben der Entwicklung konstitutioneller Regeln von dem tagespolitischen Geschäft angesehen. Dieser Vorschlag orientiert sich an der Trennung zwischen Rechtschutz- und Leistungsstaat und an dem Konsenskriterium. Die verfassunggebende Versammlung sollte direkt von den Bürgern gewählt und ihre allgemeinen Regeln nur auf der Grundlage der Einstimmigkeit (oder der (N-1)-Regel) entwickeln und implementieren dürfen. Darüber hinaus könnte das Subsidiaritätsprinzip erstens dadurch konkretisiert werden, dass durch die verfassunggebende Versammlung ausschließlich diejenigen Bereiche in die Regierungstätigkeit des Europäischen Parlaments gegeben werden, die sich auf europäischer Ebene als öffentliche Güter erweisen, und zweitens könnte die verfassunggebende Versammlung allgemeine Regeln über den Einsatz von FOCJ bei der Bereitstellung von Clubgütern entwickeln und der EuGH könnte über die Einhaltung dieser Regeln wachen.

Zusammenfassend sind die Herausforderungen an die europäische Politik, den Ordnungswettbewerb nicht nur als Beschränkung politischer Handlungsmöglichkeiten zu beklagen oder bekämpfen, sondern als eine Chance und Aufgabe für politisches Unternehmertum zu begreifen und für eine Absicherung des Ordnungswettbewerbs eine Ordnung für eine offenen Gesellschaft zu gestalten. Aus polit-ökonomischer Sicht ist – wie für die Europäische Union nachgewiesen wurde – der Versuch politischer Akteure, den Systemwettbewerb zu beschränken oder mit der Vergabe mit Privilegien zu bestreiten, die dominante Strategie. Die Verfassungsregeln als Spielregeln des Ordnungswettbewerbs sind selbst das Ergebnis eines politischen Prozesses. Die Beschränkung des Wettbewerbs zwischen den verschiedenen Ordnungen der europäischen Staaten durch Kartellierung oder Zentralisierung sind geeignet, die Herausforderung des Systemwettbewerbs zu verdrängen, nicht aber zu beantworten. Eine einseitige Zentralisierung könnte zu internen Anpassungswiderständen führen, gegen die sich die Gemeinschaft kurzfristig durch Komplexität und Intransparenz ihres

Entscheidungssystems sowie durch kompensatorische Maßnahmen im Rahmen des "Package-Dealings" zu immunisieren vermag.

Längerfristig ist es jedoch sehr fragwürdig, ob eine stark von den Wünschen der Bürger abweichende Ordnung aufrechterhalten werden kann. Es konnte dargestellt werden, dass eine auf Zentralisierung basierende starre Ordnung Europas den Flexibilitätserfordernissen eines sich verschärfenden internationalen Wettbewerbs der Unternehmen nicht entspräche und dass es als ein Spiegelbild dieser wirtschaftlichen Entwicklung einer Ordnung bedarf, die ergebnisoffen und an den Präferenzen der Bürger orientiert ist. Aufgrund der Freiwilligkeit, auf der das politische System der Gemeinschaft beruht, erscheint eine gewaltsame Konservierung der Ordnung als ausgeschlossen. Werden die Ordnungspräferenzen der Bürger unterdrückt, kommt es langfristig zu einer Destabilisierung des Systems, die sich in einer Blockade gemeinschaftlicher Entscheidungsprozesse, dem Rückzug aus gemeinsamen Politiken, in Vertragsbrüchen oder dem Austritt einzelner Mitglieder äußern kann. In diesem Zusammenhang ist das Postulat einer konstanten Wirtschaftspolitik im Sinne EUCKENs wohl als eine Stabilisierung der Erwartungsbildung nicht aber als Fixierung staatlicher Regelwerke zu verstehen. Damit sich Regelwerke an sich verändernde Umweltbedingungen anpassen können, ist es wichtig, eine Offenheit des Ordnungsrahmens sicherzustellen.

Bei der Suche nach geeigneten Möglichkeiten einer Politikberatung wurde die Strategie der Vermeidung von Informationskosten als die rationale Strategie gewählt. Insofern könnte eine mögliche Lösung für den Ordnungswettbewerb in Europa in der Senkung der Kosten der Informationsbeschaffung bestehen. Es könnte eine Gruppe von Experten eingesetzt werden, die stellvertretend für die Gesellschaft das Informationsproblem zu lösen versucht. Allerdings ist auf die relative Überlegenheit des Ergebniswettbewerbs gegenüber dem Expertenwettbewerbs hinzuweisen. Insofern sollte sich die Expertengruppe zumindest als offen erweisen bezüglich der unterschiedlichen Ideen und Reformvorschlägen aus den unterschiedlichen wissenschaftlichen Disziplinen. Hier ist auf den nun beschlossenen Einsatz eines Konvents zur Entwicklung einer europäischen Verfassung zu verweisen. Dieser Konvent stellt eine Chance dar, einen in sich schlüssigen, nur wenige Optionen aufweisenden Gesamtvorschlag zu erarbeiten. Die öffentlichen Sitzungen des Konvents könnten einen Beitrag leisten zur Reduzierung der Interessen- und Theoriekonflikte seitens der Bürger und so den Druck auf die Regierungen entwickeln. Die Wissenschaft hat die Aufgabe und die Pflicht, ihre Erkenntnisse in die Beratungen des Konvents einzubringen.

Da die Grenze der Erkenntnisfähigkeit der Individuen ein Resultat der grundsätzlichen Unvollkommenheit menschlichen Wissens ist, wird die Modellbildung vor dem Hintergrund der tatsächlichen Komplexität wohl immer als ungenügend empfunden werden. In diesem Zusammenhang ist auf die Bedeutung des Wettbewerbs zu verweisen. Er eröffnet in einem Wissensfindungsprozess die Möglichkeit zu Parallelversuchen, deren Ergebnisse über voice and exit beurteilt werden können.

Es ist unwahrscheinlich, dass im Rahmen des Ordnungswettbewerbs sich der „Königsweg" herauskristallisiert, der für die verschiedenen Nationen gleichermaßen sinnvoll erscheint. Die Entwicklung der Ordnungen in den einzelnen Mitgliedstaaten wird gerade darin ihren Ausdruck finden, dass institutionelle Neuerungen entdeckt werden, die als Problemlösungsversuche in den Rahmen der besonderen Rechtsstrukturen und –traditionen des betreffenden Landes implementierbar sind. Diese unterschiedlichen und kreativen institutionellen Problemlösungen werden schon deshalb koexistieren, weil sie bei den verschiedenen Nationen als ein Spiegelbild der unterschiedlichen Präferenzen und Belastbarkeiten bezüglich der Umwelt-, Sozial- oder Regulierungsstandards gelten können. Insofern sollte eine wesentliche Aufgabe darin bestehen, den Ordnungswettbewerb konstitutionell abzusichern. Ein Vorschlag für eine mögliche Ausgestaltung allgemeiner Regeln und Entscheidungsprozesse zur Sicherung des Ordnungswettbewerbs wurde hier erarbeitet.

Jeder konkrete Verfassungsvorschlag, selbst wenn es sich dabei lediglich wie in diesem Fall um Grundlinien eines Verfassungsvorschlags handelt, macht den „Verfassungsarchitekten" als Illusionisten angreifbar. Zur Gestaltung von Reformen ist die Bedeutung des wissenschaftlichen Dialogs betont worden. Die Hoffnung ist, dass die vorliegende Arbeit hilfreich sein kann, die Diskussion um die Europäische Integration zu strukturieren, zu beleben und vielleicht in eine für die Bürger Europas erfolgversprechende Richtung zu lenken.

Literaturverzeichnis

Adamovic, Ivan Baron / Wohlgemuth, Michael (1998): „Exit“ und „voice“ im Systemwettbewerb: Das Zusammenwirken von Föderalismus und direkter Demokratie in der Schweiz, in: Manfred E. Streit / Michael, Wohlgemuth, Systemwettbewerb als Herausforderung an Politik und Theorie, Baden-Baden, S. 123-149.

Adolf, Jörg (1999): Kohäsionspolitik und Gemeinwohlorientierung der Europäischen Gemeinschaft. Eine konstitutionenökonomische Analyse, Diss., Berlin 1999.

Adonis, Andrew / Jones, Stuart (1991): Subsidiarity and the European Community`s Constitutional Future, Staatswissenschaft und Staatspraxis, Nr. 2, S. 179-196.

Akerlof, George A. (1970): The Market for Lemons: Qualitative Uncertainty and the Market Mechanism, in: Quarterly Journal of Economics, Bd. 84, S. 488-500.

Akerlof, George A. / Kranton, Rachel E. (2000): Economics and Identity, in: Quarterly Journal of Economics, Nr. 115, S. 715-753.

Albert, Hans (1978): Nationalökonomie als sozialwissenschaftliches Erkenntnisprogramm, in: Hans Albert (Hrsg.), Ökonometrische Modelle und sozialwissenschaftliche Erkenntnisprogramme, Mannheim, Wien und Zürich, S. 49-71.

Albert, Hans (1986): Freiheit und Ordnung. Zwei Abhandlungen zum Problem der offenen Gesellschaft, Walter Eucken Institut (Hrsg.), Vorträge und Aufsätze, Nr. 109, Tübingen.

Alchian, Armen A. (1977): Uncertainty, Evolution and Economic Theory, in: Armen A. Alchian, Economic Forces at Work, Indianapolis, S. 15-35.

Allais, Maurice (1992): Soll der Vertrag von Maastricht ratifiziert werden?, in: Le figaro vom 29. April 1992, zitiert nach der Übersetzung in: Deutsche Bundesbank, Auszüge aus Presseartikeln, Nr. 35, 13. Mai 1992, S. 9.

Arnold, Hans (1995): Die Europäische Union zwischen Maastricht und Maastricht-Revision, in: Aus Politik und Zeitgeschichte, Beilage zur Wochenzeitung Das Parlament, B 3-4/95, S. 3-9.

Arrow, Kenneth J. (1973): Some Ordinalist – Utilitarian Notes on Rawls` Theory of Justice, in: Journal of Philosophy, Nr. 70, S. 245-263.

Arrow , Kenneth J. (1986): Agency and Market in: Kenneth J. Arrow / Michael D. Intrilligator (Hrsg.), Handbook of Mathematical Economics, Amsterdam, Bd. 3, S. 1183-1195.

Aschauer, David A. (1989): Is Public Expenditure Productive?, in: Journal of Monetary Economics, Nr. 23, Nr. 2, S. 117-200.

Axelrod, Robert (1986): The Evolution of Norms, New York.

Axelrod, Robert (1987): Die Evolution der Kooperation, München.

Barnier, Michael (2000): Nizza: Das Vetorecht – eine große Illusion, in: Frankfurter Allgemeine Zeitung, 27. November 2000, S. 9.

Barry, Norman P. (1979): Hayek's Social and Economic Philosophy, London.

Basedow, Jürgen (1992): Von der deutschen zur europäischen Wirtschaftsverfassung, Tübingen.

Baumol, William J. (1982): Contestable Markets: An Uprising in the Theory of Industry Structure, in: The American Economic Review, 72. Jg., 1982, S. 1-15.

Baumol, William J. / Panzar, John C. / Willig, Robert D. (1982): Contestable Markets and the Theory of Industry Structure, New York 1982.

Bayoumi, Tamim A. (1990): Saving-Investment Correlations. Immobile Capital, Government Policy, or Endogenous Behaviour?, in: IMF Staff Papers, Bd. 37, Nr. 2, S. 360-387.

Becker, Garry S. (1983): A Theory of Competition among Pressure Groups for Political Influence, Quarterly Journal of Economics, Bd. 98, Nr. 3, S. 371-400.

Behrens, Peter (1981): Integrationstheorie - Internationale wirtschaftliche Integration als Gegenstand politologischer, ökonomischer und juristischer Forschung, in: Rabels Zeitschrift für ausländisches und internationales Privatrecht, 45, S. 8-50.

Behrens, Peter (1992): Die Konvergenz der wirtschaftlichen Freiheiten im europäischen Gemeinschaftsrecht, Europarecht, 27, S. 145-162.

Behrens, Peter (1994): Die Wirtschaftsverfassung der Europäischen Gemeinschaft, in: Brüggemeier (Hrsg.), Verfassungen für ein ziviles Europa, Baden-Baden, S. 73-90.

Berg, Hartmut (1972): Zur Funktionsfähigkeit der Europäischen Wirtschaftsgemeinschaft, Göttingen.

Berg, Hartmut (1990): Strategien wirtschaftlicher Integration: Zur Rationalität und Realisierungschance des Programms „EG-Binnenmarkt 92", in: Erhard Kantzenbach (Hrsg.), Probleme der Vollendung des Binnenmarktes in Europa nach 1992, Berlin, S. 9-31.

Berg, Hartmut / Brandt, Gabriele (1999): „Muddling Through" als Integrationskonzept der Europäischen Gemeinschaft, in: Thomas Apolte / Rolf Caspers / Paul J. J. Welfens (Hrsg.), Standortwettbewerb, wirtschaftspolitische Rationalität und internationale Ordnungspolitik, 1. Aufl., Baden-Baden, S. 311-322.

Berg, Hartmut / Cassel, Dieter (1990): Theorie der Wirtschaftspolitik, in: Dieter Bender, u.a., Vahlens Kompendium der Wirtschaftstheorie und Wirtschaftspolitik, Bd. 2, 4. Aufl., München, S. 157-232.

Berg, Hartmut / Schmidt, Frank (1993): Zur Funktionsfähigkeit einer erweiterten Europäischen Gemeinschaft, in: Erhard Kantzenbach / Otto G. Mayer (Hrsg.),

Europäische Gemeinschaft – Bestandsaufnahme und Perspektiven, Schriften des Vereins für Socialpolitik, N. F., Bd. 225, Berlin, S. 79-100.

Berg, Hartmut, Cassel, Dieter, Hartwig, Karl-Hans (1999): Theorie der Wirtschaftspolitik, Vahlens Kompendium zur Wirtschaftstheorie und Wirtschaftspolitik, 7. Aufl., Bd. 2, München, S. 171-298.

Berglas, Eitan (1984): Quantities, Qualities and Multiple Public Services in the Tiebout Model, in: Journal of Public Economics, Nr. 25, S. 299-321.

Bernholz, Peter (1966): Economic Policies in a Democracy, in: Kyklos Nr. 19, S. 48-80.

Bernholz, Peter (1973): Logrolling, Arrow-Paradox and Cyclical Majorities, in: Public Choice, Nr. 15, S. 87-95.

Bernholz, Peter (1974): Logrolling, Arrow-Paradox and Decision-Rules - A Generalization, in: Kyklos, Nr. 27, S. 49-61.

Bernholz, Peter (1977): Prisoner's Dilemma, Logrolling and Cyclical Group Preferences, in: Public Choice, Nr. 29, S. 73-84.

Bernholz, Peter (1978): On the Stability of Logrolling Outcomes in Stochastics Games, in: Public Choice, Nr. 33, S. 65-82.

Bernholz, Peter (1992): Constitutional Aspects of the European Integration, in: Silvio Borner / Herbert Grubel (Hrsg.), The European Community after 1992, Houndmills, London, S. 45-60.

Bernholz, Peter et al. (1993): A Proposal for a European Constitution. Report by the European Constitutional Group, London.

Bernholz, Peter (1995): Grundzüge einer europäischen Verfassung, in: Doering, Detmar / Fliszar, Fritz (Hrsg.), Freiheit. Die unbequeme Idee, Argumente zur Trennung von Staat und Gesellschaft, Stuttgart, S. 189-200.

Bernholz, Peter (1996): Ein Vorschlag für eine Europäische Verfassung, in: Felix A. Zimmermann (Hrsg.), Ordnungspolitische Aspekte der europäischen Integration: Freiburgs Botschaft für ein offenes Europa, 1. Freiburger Wirtschaftssymposium. Verein der Freiburger Wirtschaftswissenschaftler, 1. Aufl., Baden-Baden, S. 67-73.

Bernholz, Peter / Breyer, Friedrich (1994): Grundlagen der politischen Ökonomie, 3. völlig überarb. Aufl., Tübingen.

Berthold, Norbert / Modery, Wolfgang (1994): Das Feldstein/Horioka-Paradoxon – Wie mobil ist Kapital international?, in: WiSt, Heft 10, 10/1994, S. 492-497.

Bewley, Truman F. (1981): A Critique of Tiebout's Theory of Local Public Expenditures, in: Econometrica, 49. Jg., S. 713-740.

Blanchard, Oliver J. / Katz, Lawrence F. (1992): Regional Evolutions, in: Brookings Papers on Economic Activity, Bd. 1, S. 1-75.

Blankart, Charles B. (1991): Öffentliche Finanzen in der Demokratie : Eine Einführung in die Finanzwissenschaft, München.

Blankart, Charles B. (1994): Öffentliche Finanzen in der Demokratie : Eine Einführung in die Finanzwissenschaft, 2. Aufl., München.

Blankart, Charles B. (1996): Braucht Europa mehr zentralstaatliche Koordination? Einige Bemerkungen zu Hans-Werner Sinn, Wirtschaftsdienst, S. 87-91.

Blankart, Charles B. (1998): Öffentliche Finanzen in der Demokratie : Eine Einführung in die Finanzwissenschaft, 3. Aufl., München.

Blankart, Charles B. / Knieps, Günter (1992): Netzökonomik, in: Jahrbuch für Neue Politische Ökonomie, 11. Bd., S. 73-87.

Blankart, Charles B. / Mueller, Dennis C. (2002): Alternativen der parlamentarischen Demokratie, in: Perspektiven der Wirtschaftspolitik, Bd. 3, Heft 1, S. 1-23.

Bleckmann, Albert (1990): Europarecht, 5. Auflage, Köln.

Bletschacher, Georg / Klodt, Henning (1991): Braucht Europa eine neue Industriepolitik?, Kieler Diskussionsbeiträge Nr. 177, Kiel.

Blöchliger, Hansjörg / Frey, Bruno S. (1992): Der schweizerische Föderalismus: Ein Modell für den institutionellen Aufbau der Europäischen Union?, in: Außenwirtschaft, Nr. 47, S. 515-548.

Blöchliger, Hansjörg / Frey, René L. (1993): The Evolution of Swiss Federalism: A Model for the European Community?, in: European Economy, 5. Jg., S. 213-241.

Bloech, Jürgen (1989): Infrastruktur, in: Handwörterbuch der Öffentlichen Betriebswirtschaft, Klaus Chmielewicz / Peter Eichhorn (Hrsg.), Stuttgart 1989, Sp. 637-644.

Bogart, William T. / Gentry, William M. (1995): Capital Gains Taxes and Realizations: Evidence from Interstate Comparisons, in: Review of Economics and Statistics, 77. Jg., S. 267-282.

Bogdandy, Armin von / Nettesheim, Martin (1995): Die Verschmelzung der Europäischen Gemeinschaften in der Europäischen Union, in: Neue Juristische Wochenschrift (NJW) 1995, S. 2324 - 2328.

Bogdandy, Armin von / Nettesheim, Martin (1996): Die Europäische Union: Ein einheitlicher Verband mit eigener Rechtordnung, in: Europarecht (EuR) 1996, S. 3-26.

Bohley, Peter (1993): Europäische Einheit, föderatives Prinzip und Währungsunion: Wurde in Maastricht der richtige Weg beschritten?, in: Politik und Zeitgeschichte, Beilage zur Wochenzeitung Das Parlament, B 1, S. 34-45.

Böhm, Franz (1933): Wettbewerb und Monopolkampf. Eine Untersuchung zur Frage des wirtschaftlichen Kampfrechts und zur Frage der rechtlichen Struktur der geltenden Wirtschaftsordnung, Berlin.

Böhm, Franz (1960): Demokratie und unternehmerische Macht, in: Kartelle und Monopole im modernen Recht, Karlsruhe.

Böhm, Franz (1981): Die außerstaatliche (natürliche) Gesetzmäßigkeit des wettbewerblichen Wirtschaftsprozesses, in: Wolfgang Stützel u.a. (Hrsg.), Grundtexte zur Sozialen Marktwirtschaft, Stuttgart, New York, S. 135-142.

Borchardt, Knut (2001): Die Globalisierung ist nicht unumkehrbar, Handelsblatt Nr. 112, vom 13.6.2001, S. 7.

Borcherding, Thomas E. / Deacon, Robert T. (1972): The Demand for the Services of Non-Federal Governments, in: American Economic Review, Bd. 62, S. 891-901.

Bormann, Christine (1991): Verhandlungsspiele und EG-Entscheidungen, Hamburger Jahrbuch für Wirtschafts- und Gesellschaftspolitik, 36. Jg., S. 135-152.

Bouillon, Hardy (1991): Ordnung, Evolution und Erkenntnis: Hayeks Sozialphilosophie und ihre erkenntnistheoretische Grundlage, Tübingen.

Bouillon, Hardy (1995): Liber, Tas und die Räuber, in: Roland Baader (Hrsg.), Liberale Positionen zu Sozialstaat und Gesellschaft. Die Enkel des Perikles, Bd. 1, Gräfelfing, S. 85-106.

Braun, Gerald (1971): Die Rolle der Wirtschaftsverbände im agrarpolitischen Entscheidungsprozess der EWG, Berlin.

Brennan, Geoffrey (1985): Constitutional Constraints on the Fiscal Power of Government, in: Robert B. McKenzie (Hrsg.), Constitutional Economics, Constraining the Economic Power of Government, Lexington/Mass., Toronto, S. 11-32.

Brennan, Geoffrey / Buchanan, James M. (1985): The Reason of Rules. Constitutional Political Economy, Cambridge.

Brennan, Geoffrey / Buchanan, James M. (1988): Besteuerung und Staatsgewalt – Analytische Grundlage der Finanzverfassung, Hamburg.

Brennan Geoffrey / Buchanan, James M. (1993): Die Begründung von Regeln, Tübingen.

Breton, Albert / Scott, Alan (1978): The Economic Constitution of Federal States, Canberra.

Brueckner, Jan K. (1981): Congested Public Goods: The Case of Fire Protection, in: Journal of Public Economics, Nr. 15, S. 45-58.

Bruinsma, Frank / Nijkamp, Peter / Rietfeld, Piet (1990): Employment Impacts of Infrastructure Investments , in: Karin Peschel (Hrsg.) Infrastructure and the Space-Economy, Berlin, Heidelberg, S. 209-226.

Buchanan, James M. (1962): The Relevance of Pareto Optimality, in: The Journal of Conflict Resolution, S. 341-354.

Buchanan, James M. (1965): An Economic Theory of Clubs, in: Economica, Bd. 32, S. 1-14.

Buchanan, James M. (1967): Public Finance in Democratic Process: Fiscal Institutions and Individual Choice, Chapel Hill.

Buchanan, James M. (1968): The Demand and Supply of Public Goods, Chicago 1968.

Buchanan, James M. (1975): The Limits of Liberty. Between Anarchy and Leviathan, Chicago, London.

Buchanan, James M. (1977): Freedom in Constitutional Contract. Perspectives of a Political Economist, London.

Buchanan, James M. (1979):What should Economists Do?, Indianapolis.

Buchanan, James M. (1981): Möglichkeiten institutioneller Reformen im Rahmen kulturell geformter abstrakter Regeln, in: Viktor Vanberg, Liberaler Evolutionismus oder vertragstheoretischer Konstitutionalismus? Zum Problem institutioneller Reformen bei F. A. v. Hayek und J. M. Buchanan, Tübingen, S. 45-48.

Buchanan, James M. (1984a): Die Grenzen der Freiheit – zwischen Anarchie und Liviathan, Tübingen.

Buchanan, James M. (1984b): Rights, Efficiency and Exchange: The Irrelevance of Transaction Costs, in: Manfred Neumann (Hrsg.), Ansprüche, Eigentums- und Verfügungsrechte, Schriften des Vereins für Socialpolitik, NF. 140, S. 9-24.

Buchanan, James M. (1984c): Constitutional Restrictions and the Power of Government, in : James M. Buchanan / Robert D. Tollison (Hrsg.), Theory of Public Choice II, Ann Arbor, S. 439-452.

Buchanan, James M. (1984d): Politics without Romance: A Scetch of Positive Public Choice Theory and It`s Normative Implications, in: James M. Buchanan / Robert D. Tollison (Hrsg.), Theory of Public Choice II, Ann Arbor, S. 11-22.

Buchanan, James M. (1985): Constitutional Democracy, Individual Liberty, and Political Equality, in: Jahrbuch für Neue Politische Ökonomie, S. 35-47.

Buchanan, James M. (1986): Liberty, Market and State, Brighton.

Buchanan, James M. (1987): Constitutional Economics, in: The New Palgrave 1, London, S. 585-588.

Buchanan, James M. (1987a): The Constitution of Economic Policy, in: American Economic Review, S. 234-250.

Buchanan, James M. (1990a): The Domain of Constitutional Economics, in: Constitutional Political Economy, Bd. 1, Nr. 1, S. 1-18.

Buchanan, James M. (1990b): An American Perspective on Europe´s Constitutional Opportunity, in : Cato Journal, S. 619-629.

Buchanan, James M. (1991a): Möglichkeiten für eine europäische Verfassung: Eine amerikanische Sicht, in: Jahrbuch für die Ordnung von Wirtschaft und Gesellschaft (ORDO), S. 127-137.

Buchanan, James M. (1991b): Constitutional Choice, Rational Ignorance and the Limits of Reason, in: Jahrbuch für Neue Politische Ökonomie, S. 62-78.

Buchanan, James M. (1993): How can Constitutions be designed so that politicans who seek to serve "public interests" can survive and prosper?, in: Constitutional Political Economy 3, S. 1-6.

Buchanan, James M. / Goetz, Christian J. (1972): Efficiency Limits of Fiscal Mobility: An Assessment of the Tiebout Model, in: Journal of Public Economics, Nr. 1, S. 25-43.

Buchanan, James M. / Tollison, Robert D. (1984) : The Theory of Public Choice, Ann Arbor.

Buchanan, James M. / Tollison, Robert D. / Tullock, Gordon (Hrsg.) (1980): Towards a Theory of the Rent-Seeking Society, Texas.

Buchanan, James M. / Tullock, Gordon (Hrsg.) (1962): The Calculus of Consent. Logical Foundations of Constitutional Democracy, Michigan.

Buchanan, James M. / Tullock, Gordon (1965): The Calculus of Consert. Logical Foundations of Constitutional Democracy, Ann Arbor 1965.

Buchanan, James M. / Vanberg, Victor (Hrsg.) (1989) : A Theory of Leadership and Deference in Constitutional Construction, in: Public Choice, S. 15-27.

Bucovetsky, Sam / Wilson, John D. (1991): Tax Competition with Two Tax Instruments, in: Regional Science and Urban Economics, Nr. 21, S. 333-350.

Bulmer, Simon (1994): The Governance of European Union, A New Institutionalist Approach, in: Journal of Public Policy, Nr. 13.

Bund, Dorothee (1984): Die ökonomische Theorie der Verfassung: J. M. Buchanans Modell des Verfassungsvertrages und evolutionstheoretische Kritik, Baden-Baden.

Bundesverfassungsgericht (BVerfG) (1995): Urteil vom 12. Oktober 1993. Leitsätze zum Vertrag über die Europäische Union, in: Thomas Läufer (Bearb.), Europäische Union - Europäische Gemeinschaft. Die Vertragstexte von Maastricht, S. 324.

Busch, Berthold / Klös, Hans-Peter (1996): Ein Markt für die Infrastruktur, in: FAZ vom 4.5.1996, S. 15.

Büschgen, Hans E. / Ergenzinger, Till (1993): Privatwirtschaftliche Finanzierung und Erstellung von Verkehrsinfrastrukturinvestitionen: unter besonderer Berücksichtigung des Leasing, Frankfurt a. M.

Caesar, Rolf (1999): Benötigt die europäische Wirtschafts- und Währungsunion eine "Transferunion"?, in: List-Forum für Wirtschaftspolitik, Bd. 25, Heft 2, S. 138-155.

Carstens, Carl (1988): Integration im Prozess der europäischen Einigung, in: Reinhold Biskup (Hrsg.), Europa - Einheit in der Vielfalt, Bern, Stuttgart, S. 50–68.

Casella, Alessandra / Frey, Bruno S. (1992): Federalism and Club: Towards an Economic Theory of Overlapping Political Jurisdictions, in: European Economic Review, Nr. 36, S. 639-646.

Centre for Economics Policy Research (CEPR) (1995): Flexible Integration. Towards a More Effective and Democratic Europe. Monitoring European Integration, No. 6, CEPR, London.

Cezanne, Wolfgang (1997): Allgemeine Volkswirtschaftslehre, 3. Aufl., München.

Cezanne, Wolfgang (1999): Allgemeine Volkswirtschaftslehre, 4. Aufl., München.

Cezanne, Wolfgang / Mayer, Annette (1996): Zur Makroökonomik der Staatsverschuldung – Ein Überblick über die Crowding-out-Debatte, in: Das Wirtschaftsstudium, Heft 11, S. 1021- 1028.

Chennells, Lucy, Griffith, Rachel (1997): Taxing profits in a changing world, London.

Coase, Robert H. (1960): The Problem of Social Cost, in: Journal of Law and Economics, Jg. 3, Heft 1, S. 1-44.

Coase, Robert H. (1993): Das Problem der sozialen Kosten, in: Heinz-Dieter Assmann, Christian Kirchner, Erich Schanze (Hrsg.), Ökonomische Analyse des Rechts, Tübingen, S. 129-183.

Coleman, James S. (1974/75), Inequality, Sociology, and Moral Philosophy, in: American Journal of Sociology, Bd. 80, S. 739-764.

Coleman, James S. (1979): Macht und Gesellschaftsstruktur, Tübingen.

Coleman, James S. (1991): Grundlagen der Sozialtheorie, Bd. 1: Handlungen und Handlungssysteme, München.

Commons, John R. (1934): Institutional Economics. Its Place in Political Economy, New York.

Constantinesco, Vlad (1990): Subsidiarität. Zentrales Verfassungsprinzip für die Politische Union, in: Integration, Heft 4, S. 165-177.

Coombes, David (1970): Politics and Bureaucracy in the European Community, London.

Corbett, Richard / Schmuck, Otto (1992): The new Procedures of the European Community after the Single European Act. Efficiency and Legitimacy in the Light of Experience in: Robert E. Keohane / Stanly Hoffmann (Hrsg.), The New European Community: Decisionmaking and Institutional Change, Boulder, San Francisco, Oxford, S. 33-49.

Dahme, Christian (1990): Selbstorganisation und Tätigkeitstheorie, in: Urich Niedersen (Hrsg.), Selbstorganisation, Jahrbuch für Komplexität in den Natur- , Sozial- und Geisteswissenschaften, Bd. 1, Berlin, S. 149-161.

Dauderstädt, Michael (2000a): EU-Osterweiterung: Chancen und Risiken, ifo-Schnelldienst 31 / 2000, S. 3-7.

Dauderstädt, Michael (2000b): Die mittel- und osteuropäischen Beitrittskandidaten der ersten Reihe auf dem Weg in die Europäische Union, in: Barbara Lippert (Hrsg.), Osterweiterung der europäischen Union – die doppelte Reifeprüfung, Bonn, S. 167-222.

Dauderstädt, Michael (2000c): Die wirtschaftliche Integration der Beitrittsländer: zwischen neuer Abhängigkeit und vorweggenommener Mitgliedschaft, in: Barbara Lippert (Hrsg.), Osterweiterung der europäischen Union – die doppelte Reifeprüfung, Bonn, S. 287-308.

Daumann, Frank (2000): Zur Ausgestaltung freiheitssichernder Regeln, in: Helmut Walter / Stephanie Hegner / Jürgen M. Schechler, Wachstum, Strukturwandel, Wettbewerb, Stuttgart, S. 561-587.

Daumann, Frank (2001): Die rolle der Evolution in Hayeks Konzept freiheitssichernder Regeln, in: ORDO, Bd. 52, S. 83-102.

Decressin, Jörg / Fatas, Antonio (1994): Regional Labour Market Dynamics in Europe and Implications for EMU, CEPR Working Paper, Nr. 1085, London.

Del Vecchio, Giogio (1960): Über die verschiedenen Bedeutungen des Lehr vom Gesellschaftsvertrag, in: Klug, Ulrich (Hrsg.), Philosophie und Recht, Wiesbaden, S. 20-27.

Delhaes, Karl von / Fehl, Ulrich (1997): Dimensionen des Wettbewerbs: Problemstellungen, in: Karl von Delhaes / Ulrich Fehl (Hrsg.), Dimensionen des Wettbewerbs, Stuttgart, S. 1-27.

Delors, Jacques (1987): Die Einheitliche Akte muß ein Erfolg werden: Eine neue Perspektive für Europa, in: Bulletin der Europäischen Gemeinschaften, Beilage 1, Luxemburg, S. 5-28.

Delors, Jacques (1988): Arbeitsdokument des Präsidenten der EG-Kommission für das Treffen mit den Ministerpräsidenten der Bundesländer am 19. Mai in Bonn, in: Europa-Archiv, Folge 12, S. 340-343.

Demsetz, Harold (1967): Toward a Theory of Property Rights, in: American Economic Review, S. 347-359.

Demsetz, Harold (1969): Information and Efficiency: Another Viewpoint, in: Journal of Law and Economics, 12, S. 1-22.

Deuerlein, Ernst (1972): Föderalismus, Bonn.

Dietz, Wolfgang A. / Glatthaar, Christiane (1991): Das Räderwerk der EG-Kommission: Strukturen, Zuständigkeiten, Entscheidungswege, Adressen, Bonn.

Dittmann, Armin (1992): Deutsches Verfassungsrecht und Europäische Integration - zur Erweiterung des Grundgesetzes, in: Peter Bareis / Renate Ohr (Hrsg.), Europäische Integration auf Abwegen - Die ordnungspolitischen und institutionellen Fehlentscheidungen von "Maastricht", Hohenheimer Europa-Colloquium am 21./22.3.1992, S. 59-68.

Donges, Juergen B. (1999): Globale Finanzmärkte, Währungskrisen und aufstrebende Volkswirtschaften, in: Zeitschrift für Wirtschaftspolitik, Jg. 48, Heft 2, S. 129-146.

Donges, Juergen B. / Engels, Wolfram / Hamm, Walter u.a. (1992): Einheit und Vielfalt in Europa – Für weniger Harmonisierung und Zentralisierung, Frankfurt.

Donges, Juergen B. / Freytag, Andreas (Hrsg.) (1998): Die Rolle des Staates in einer globalisierten Wirtschaft, Schriften zur Wirtschaftspolitik, Neue Folge, Bd. 6, Stuttgart.

Donges, Juergen B. / Freytag, Andreas (2001):Allgemeine Wirtschaftspolitik, Stuttgart.

Dooley, Michael P. / Frenkel, Jeffrey A. / Mathieson, Donald J. (1987): International Capital Mobility. What Do Saving-Investment Correlations Tell Us?, in: IMF Staff Papers, Bd. 34, S. 503-530.

Döring, Thomas (1997): Das Subsidiaritätsprinzip in der Europäischen Union. Konkretisierungsversuche und offene Fragen in ökonomischer Sicht, in: ORDO, Bd. 47, S. 293-323.

Dornbusch, Ruediger (1991). Comment, in: B. Douglas Bernheim, John B. Shoven (Hrsg.), National Saving and Economic Performance, Chicago, S. 220-226.

Dörr, Oliver (1995): Noch einmal: Die Europäische Union und die Europäischen Gemeinschaften, Neue Juristische Wochenschrift (NJW) 1995, S. 3162-3165.

Downs, Anthony (1957): A Economic Theory of Democracy, New York.

Downs, Anthony (1968): Ökonomische Theorie der Demokratie, Tübingen.

Drèze, Jacques (1993): Regions of Europe: a feasible status, to be discussed, in: Economic Policy, Nr. 17, S. 266-307.

Dunleavy, Patrick (1991): Democracy, Bureaucracy and Public Choice, New York et al.

Duwendag, Dieter (Hrsg.) (1997): Finanzmärkte im Spannungsfeld von Globalisierung, Regulierung und Geldpolitik, Schriften des Vereins für Socialpolitik, Bd. 261, Berlin.

Duwendag, Dieter (1999): Geldtheorie unf Geldpolitik in Europa: eine problemorientierte Einführung mit einem Kompendium monetärer Fachbegriffe, 5. Aufl., Berlin.

Dye, Thomas R. (1990): American Federalism – Competition Among Governments, Lexington, Mass.

Dyne, L. van / Graham, J. W. / Dienesc, R. M. (1994): Organizational Citizenship Behavior: Construct Redefinition, Measurement and Validation, in: Journal of Management, Nr. 34, S. 765-802.

Eichenberger, Reiner (1994): The Benefits of Federalism and the Risk of Overcentralization, in: Kylos, Bd. 47, S. 403-420.

Eichenberger, Reiner (1996): Eine „fünfte Freiheit" für Europa: Stärkung des politischen Wettbewerbs durch „FOCJ", in: Zeitschrift für Wirtschaftspolitik, Nr. 45, S. 110-131.

Eichenberger, Reiner (1999): Mit direkter Demokratie zu besserer Wirtschafts- und Finanzpolitik: Theorie und Empirie, in: Hans Herbert von Arnim (Hrsg.), Adäquate Institutionen: Voraussetzung für „gute" und bürgernahe Politik?, Berlin, S. 259-288.

Eisen, Roland (2000): (Teil-)Privatisierung der Sozialen Sicherung: „Das Modell Chile" als Muster- oder Glücksfall?, in: Winfried Schmähl (Hrsg), Soziale Sicherung zwischen Markt und Staat, Schriften des Vereins für Socialpolitik, Gesellschaft für Wirtschafts- und Sozialwissenschaften, N.F., Bd. 275, Berlin, S. 141-187.

Elazar, Daniel (1985): Federalism and Consociational Regimes, in: Daniel Elzar (Hrsg.), Federalism and Consociationalism: A Symposium 15, Number 2 of Publius – The Journal of Federalism.

Ellsworth, Paul T. (1964): The International Economy, Macmillan, New York, 3. Aufl.

Engel, Christian / Bormann, Christine (1991): Vom Konsens zur Mehrheitsentscheidung: EG-Entscheidungsverfahren und nationale Interessenpolitik nach der Einheitlichen Europäischen Akte, Bonn.

Erlei, Mathias (1998): Finanzausgleich in der Europäischen Union, in: Hamburger Jahrbuch für Wirtschafts- und Gesellschaftspolitik, Jg. 43, Hamburg 1998, S. 215-243.

Eschenburg, Rolf (1977): Der ökonomische Ansatz zu einer Theorie der Verfassung, Tübingen.

Eschenburg, Rolf (1978): Bemerkungen zur ökonomischen Erklärung der Entstehung von Verfügungsrechten, in: Hans Albert (Hrsg.), Ökonomisches Denken und soziale Ordnung. Festschrift für Erik Boettcher, Tübingen, S. 113-131.

Eucken, Walter (1940): Die Grundlage der Nationalökonomie, 9. Aufl. Berlin u.a. 1989.

Eucken, Walter (1952): Grundsätze der Wirtschaftspolitik, 6. Aufl. Tübingen 1990.

Eucken, Walter (1981): Die Politik zur Herstellung der Wettbewerbsordnung, in: Wolfgang Stützel u.a. (Hrsg), Grundtexte zur Sozialen Marktwirtschaft, Stuttgart, New York, S. 143-162.

EuGH (1992): Zweites Gutachten zur Vereinbarkeit des EWR-Abkommens mit dem Gemeinschaftsrecht, EuZW.

European Constitutional Group (1993): A Proposal for a European Constitution, London.

Everling, Ulrich (1995): Die Rolle des Europäischen Rates gegenüber den Gemeinschaften, in: Europarecht (EUR), Beiheft 2, S. 41-48.

Faber, Malte / Breyer, Friedrich (1980): Eine ökonomische Analyse konstitutioneller Aspekte der Europäischen Integration, Jahrbuch für Sozialwissenschaft, Bd. 31, S. 213-227.

Falk, Armin / Fischbacher, Urs (2001): A Theory of Reciprocity, CESifo Working Paper No. 457.

Fehr, Ernst / Schmidt, Klaus M. (1999): A Theory of Fairness, Competition and Cooperation, Quarterly Journal of Economics, Nr. 114, S. 769-816.

Feld, Lars P. (2000): Steuerwettbewerb und seine Auswirkungen auf Allokation und Distribution, Tübingen.

Feld, Lars P. / Kirchgässner, Gebhard (1995): Fiskalischer Wettbewerb in der EU: Wird der Wohlfahrtsstaat zusammenbrechen?, in: Wirtschaftsdienst, Oktober 1995, S. 562-568.

Felderer, Bernhard / Koman, Reinhard (1998): Perspektiven des Wirtschaftsstandorts Österreich aus der Sicht der Steuerpolitik, Institut für Höhere Studien (IHS), Projektbericht, Wien.

Feldstein, Martin (1994): Tax Policy and International Capital Flows, in: Weltwirtschaftliches Archiv, 130. Jg., S. 675-697.

Feldstein, Martin / Bacchetta, Philippe (1991): National Saving and International Investment, in: B. Douglas Bernheim (Hrsg.), National Saving and Economic Performance, Chicago, S. 201-220.

Feldstein, Martin / Horioka, Charles (1980): Domestic Saving and International Capital Flows, in: Economic Journal, Bd. 90, S. 314-329.

Forster, K. (1993): Lobbying in Brüssel, in: Manfred Strauch (Hrsg.), Lobbying: Wirtschaft und Politik im Wechselspiel, Wiesbaden, S. 171-202.

French, Kenneth R. / Poterba, James M. (1990): Japanese and U.S. Cross-border Common Stock Investments, in: Journal of Japanese and International Economies, 4. Jg., S. 476-493.

Frenkel, Michael (1984): Föderalismus und Bundesstaat, Bd. 1.

Frey, Bruno S. (1977): Moderne Politische Ökonomie, München.

Frey, Bruno S. (1981): Theorie demokratischer Wirtschaftspolitik, München.

Frey, Bruno S. (1990): Ökonomie ist Sozialwissenschaft. Die Anwendung der Ökonomie auf neue Gebiete, München.

Frey, Bruno S. (1994): Direct Democracy: Politico-Economic Lessons from Swiss Experience, in: American Economic Review, Bd. 84, Nr. 2, Mai 1994, S. 338-342.

Frey, Bruno S. (1997): Ein neuer Föderalismus für Europa: Die Idee der FOCJ, Beiträge zur Ordnungstheorie und Ordnungspolitik, Walter Eucken Institut, Nr. 151, Tübingen.

Frey, Bruno S. (2001): Inspiring Economics. Human Motivation in Political Economy. Northhampton (USA).

Frey, Bruno S. (2001): Liliput oder Leviathan? Der Staat in der globalisierten Wirtschaft, Redemanuskript, Vortrag gehalten am 26.9.2001 beim Verein für Socialpolitik, Jahrestagung am 25.-28. September 2001 in Magdeburg, veröffentlicht demnächst in Wirtschaftspolitische Perspektiven.

Frey, Bruno S. / Eichenberger, Reiner (1995): Competition among Jurisdictions: The Idea of FOCJ, in: Lüder Gerken (Hrsg.), Competition among Institutions, London, S. 209-229.

Frey, Bruno S. / Eichenberger, Reiner (1996a): FOCJ: Competetive Governments for Europe, International Review of Law and Economics, No. 16, S. 315-327.

Frey, Bruno S. / Eichenberger, Reiner (1996b): To Harmonize or to Compete?, That's not the Question, in: Journal of Public Economics, Heft 60, S. 335-349.

Frey, Bruno S. / Jegen, Reto (2001): Motivation Crowding Theory: A Survey of Empirical Evidence, in: Journal of Economic Surveys, S. 589-611.

Frey, Bruno S. / Osterloh, Margit (2000): Managing Motivation: Wie Sie die neue Motiavtionsforschung für Ihr Unternehmen nutzen können, Wiesbaden.

Frey, René L. (1978): Infrastruktur, in: Handwörterbuch der Wirtschaftswissenschaft, Bd. 4, Willi Albers, u.a. (Hrsg.), Stuttgart u.a., S. 200-215.

Frey, René L. (1979): Die Infrastruktur als Mittel der Regionalpolitik. Eine wirtschaftstheoretische Untersuchung zur Bedeutung der Infrastrukturförderung vom entwicklungsschwachen Regionen in der Schweiz, Bern, Stuttgart 1979.

Friedman, Milton (1953): The Methodology of Positive Economics, in: Milton Friedman, Essays in Positive Economics, Chicago, S. 3-43.

Friedrich, Clemens J. (1960): Die Legitimität in politischer Perspektive, in: Politische Vierteljahresschrift, Bd. 1, S. 119-132.

Fritsch, Micheal (1983): Ökonomische Ansätze zur Legitimation kollektiven Handelns, Berlin.

Fröhlich, Hans-Peter (1992): Geldwertstabilität in der Europäischen Währungsunion - eine Analyse des Vertrags von Maastricht, Köln.

Fullerton, Donald (1984): Which effective tax rate?, in: National Tax Journal, Bd. 37, S. 23-41.

Furubotn, Eirik G. / Pejovich, Svetozar (1972): Property Rights and Economic Theory: A Survey of Recent Literature, in: Journal of Economic Literature, 10. Jg., Nr. 4, S. 1137-1162.

Genberg, Hans / Swoboda, Alexander K. (1992): Saving, Investment and the Current Account, in: Scandinavian Journal of Economics, Bd. 94, S. 347-366.

Genser, Bernd (1993): Ökonomische Aspekte einer Steuerordnung für den Europäischen Binnenmarkt, SFB 178, „Internationalisierung der Wirtschaft", Diskussionsbeiträge, Serie II, Nr. 204, Konstanz.

Genser, Bernd / Schaden, Barbara / Steinhart, Margarita (1993): Körperschaftsbesteuerung im Europäischen Binnenmarkt: Anmerkungen zu Vorschlägen des Ruding Komitees, in: Schriftenreihe des Europa-Instituts der Universität des Saarlandes, Nr. 19, Saarbrücken 1993.

Gerken, Lüder (1995): Vertikale Kompetenzverteilung in Wirtschaftsgemeinschaften. Bestimmungsgründe und Probleme, in: Lüder Gerken (Hrsg.), Europa zwischen Ordnungswettbewerb und Harmonisierung, Heidelberg, S. 3-33.

Gerken, Lüder (1999): Wettbewerb der Staaten, Tübingen.

Gerken, Lüder / Renner, Andreas / Löwitsch, Manfred (1995): Der Entwurf eines Arbeitnehmerentsendegesetzes (AEntG) in ökonomischer und rechtlicher Sicht, in: Der Betriebsberater, Nr. 46, S. 2370-2375.

Giersch, Herbert (1957): Einige Probleme der kleineuropäischen Zollunion, in: Zeitschrift für die gesamte Staatswissenschaft, 113. Jg., S. 602-631.

Giersch, Herbert (1961): Allgemeine Wirtschaftspolitik, Wiesbaden.

Giersch, Herbert (1981): Schumpeter and the Current and Future Development of the World Economy, in: Frisch, Helmut (Hrsg.), Schumpeterian Economics, Eastbourne, S. 49-59.

Giersch, Herbert (1985): Eurosclerosis, Kieler Diskussionsbeiträge, 112, Kiel.

Giersch, Herbert (1989): Anmerkungen zum weltwirtschaftlichen Denkansatz, in: Weltwirtschaftliches Archiv, Nr. 125, S. 1-16.

Giersch, Herbert (1990): Europa 1992 – Ordnungspolitische Chancen und Risiken, in: Aussenwirtschaft, Jg. 45, S. 7-21.

Glaesner, Hans-Joachim (1994): Der Europäische Rat, in: Europarecht, S. 33-34.

Gordon, Steven (1976): The New Contractarians, in: Journal of Political Economy. Bd. 84, S. 573-590.

Grabnitz, Eberhard, in: Grabnitz, Kommentar zum EWG-Vertrag, Kommentierung zu EEA.

Gray, John N. (1995): Freiheit im Denken Hayeks, Tübingen.

Grimm, Dieter (1990): Verfassung II, Konstitution, Grundgesetze, in: Otto Brunner / Werner Conze / Reinhart Koselleck (Hrsg.), Geschichtliche Grundbegriffe. Historisches Lexikon zur politisch-sozialen Sprache in Deutschland, Stuttgart 1990, Bd. 6, S. 863.

Grimm, Dieter (1992): Subsidiarität ist nur ein Wort, in: Frankfurter Allgemeine Zeitung, 17. September, S. 38.

Grimm, Dieter (1999): Ohne Volk keine Verfassung. Eine demokratische EU braucht bessere Institutionen, aber kein Grundgesetz, in: DIE ZEIT, 18. März 1999, S. 4.

Groeben, Hans von der (1969): Die Europäische Wirtschaftsgemeinschaft als Motor der gesellschaftlichen und politischen Integration, Vortrag gehalten am 30. Juni 1969 auf Einladung des Walter Eucken Instituts in der Albert-Ludwig-Universität Freiburg i. Br..

Groeben, Hans von der (1970): Die Europäische Wirtschaftsgemeinschaft als Motor der gesellschaftlichen und politischen Integration, Vortrag gehalten am 30. Juni 1969 auf Einladung des Walter Eucken Instituts in der Albert-Ludwig-Universität Freiburg i. Br.; in Walter Eucken Institut Vorträge und Aufsätze, Tübingen

Groeben, Hans von der / Mestmäcker, Ernst-Joachim (1972) (Hrsg.): Ziele und Methoden der europäischen Integration, Frankfurt.

Gröner, Helmut (1993): Integrationsmerkmale und Integrationsmethoden: Die ordnungspolitische Konzeption der EG im Wandel, in: Helmut Gröner / Alfred Schüller (Hrsg.), Die europäische Integration als ordnungspolitische Aufgabe, Stuttgart u.a., S. 3-19.

Große Hüttmann, Martin (1996): Das Subsidiaritätsprinzip in der EU. Eine Dokumentation. Mit einer Einführung zum Bedeutungsgehalt und zur Rezeption, Europäisches Zentrum zur Föderalismus-Forschung, Occasional Paper Nr. 8, Tübingen.

Grossekettler, Heinz (1977): Ist die neoklassische Theorie wirklich nur l'art pour l'art?, in: Jahrbuch für Sozialwissenschaft 28, S. 1-34.

Grossekettler, Heinz (1987): Der Beitrag der Freiburger Schule zur Theorie der Gestaltung von Wirtschaftsordnungen, Volkswirtschaftliche Diskussionsbeiträge der Westfälischen Wilhelms-Universität Münster, Münster.

Grossekettler, Heinz (1995): Öffentliche Finanzen, in: Dieter Bender (Hrsg.) Vahlens Kompendium der Wirtschaftstheorie und Wirtschaftspolitik, 6. Aufl., Bd. 1, München, S. 483-669.

Gurr, Robert (1970): When men rebell, Princeton.

Gutekunst, Gerd / Schwager, Robert (2001): Investitionen in der Schweiz: Geringe Steuern bleiben ein Standortvorteil, in: ZEW-Forschungsergebnisse, ZEW news, Zentrum für Europäische Wirtschaftsforschung, Mannheim Juli / August 2001, S. 3.

Gutmann, Gernot (1981): Volkswirtschaftslehre. Eine ordnungstheoretische Einführung, 5. Aufl., Stuttgart u. a. O., 1993.

Gutmann, Gernot (1986): Ordnungskonformität von Wirtschaftspolitik in Marktwirtschaften und Zentralverwaltungswirtschaften, in: Hamburger Jahrbuch für Wirtschafts- und Gesellschaftspolitik, 31. Jg, S. 49-62.

Habermann, Gerd (1994): Der Wohlfahrtsstaat. Die Geschichte eines Irrwegs, Berlin.

Halcombe, Richard G. / Parker, Geoffrey R. (1991): Committes in Legislatures: A Property Rights Perspective, in: Public Choice 70, S. 11-20.

Hallstein, Walter (1965): Die echten Probleme der europäischen Integration, Kiel.

Hallstein, Walter (1968): Europa 1980, Bonn-Adernach.

Hannowsky, Dirk (1995): Sozialdumping. Kurzfristige Vorteile, langfristige Entwicklungsbarrieren, in: Orientierungen zur Wirtschafts- und Gesellschaftspolitik, Nr. 65, S. 34-37.

Hannowsky, Dirk / Renner, Andreas (1998): Zur präferenzkonformen Ordnung Europas, Ordnungsgestaltung im Spannungsfeld von Einheit und Vielfalt, Europäische Hochschulschriften, Reihe V, Volks- und Betriebswirtschaft, Bd. 2236, Frankfurt a.M., Berlin u.a..

Hansen, Jens M. (1985): The Political Economy of Group Membership, in: American Political Science Review, S. 79-96.

Hansmeyer, Karl-Heinrich / Zimmermann, Horst (1984): Das Popitzsche Gesetz und die Entwicklung der Ausgabenverteilung zwischen Bund und Ländern in den 60er und 70er Jahren, in: Walter A. S. Koch / Hans-Georg Petersen (Hrsg.), Staat, Steuern und Finanzausgleich, Festschrift für Heinz Kolms zum 70. Geburtstag, Berlin, S. 297-314.

Hayek, Friedrich A. von (1939): Freedom and the Economic System, Chicago.

Hayek, Friedrich A. von (1940): Socialist Calculation: The Competitive „Solution“, in: Economica, Nr. 26, S. 125-149; zitiert in der Fassung von ders. (1948a): Individualism and Economic Order, Chicago, S. 181-208.

Hayek, Friedrich A. von (1948a): Individualism and Economic Order, Chicago.

Hayek, Friedrich A. von (1948b): The Use of Knowledge in Society, in: ders. Individualism and Economic Order, Chicago, S. 77-91.

Hayek, Friedrich A. von (1952): The Sensory Order – And the Foundations of Theoretical Psychology, London.

Hayek, Friedrich A. von (1953): Entstehung und Verfall des Rechtsstaatsideals, in: Albert Hunold (Hrsg.), Wirtschaft ohne Wunder, Zürich, S. 33-65.

Hayek, Friedrich A. von (1969a): Freiburger Studien – Gesammelte Aufsätze, Tübingen.

Hayek, Friedrich A. von (1969b): Wirtschaft, Wissenschaft und Politik, in: Friedrich A. von Hayek, Freiburger Studien – Gesammelte Aufsätze, Tübingen, S. 1-17.

Hayek, Friedrich A. von (1969c): Alte Wahrheiten und neue Irrtümer, in: Friedrich A. von Hayek Freiburger Studien – Gesammelte Aufsätze, Tübingen, S. 18-31.

Hayek, Friedrich A. von (1969d): Arten der Ordnung, in: Friedrich A. von Hayek, Freiburger Studien – Gesammelte Aufsätze, Tübingen, S. 32-46.

Hayek, Friedrich A. von (1969e): Recht, Gesetz und Wirtschaftsfreiheit, in: Friedrich A. von Hayek, Freiburger Studien – Gesammelte Aufsätze, Tübingen, S. 47-55.

Hayek, Friedrich A. von (1969f): Die Anschauungen der Mehrheit und die zeitgenössische Demokratie, in: Friedrich A. von Hayek, Freiburger Studien – Gesammelte Aufsätze, Tübingen, S. 56-74.

Hayek, Friedrich A. von (1969g): Arten des Rationalismus, in: Friedrich A. von Hayek, Freiburger Studien – Gesammelte Aufsätze, Tübingen, S. 75-89.

Hayek, Friedrich A. von (1969h): Persönliche Erinnerungen an Keynes und die „Keynessche Revolution“, in: Friedrich A. von Hayek, Freiburger Studien – Gesammelte Aufsätze, Tübingen, S. 90-96.

Hayek, Friedrich A. von (1969i): Die Ergebnisse menschlichen Handelns, aber nicht menschlichen Entwurfs, in: Friedrich A. von Hayek, Freiburger Studien – Gesammelte Aufsätze, Tübingen, S. 97-107.

Hayek, Friedrich A. von (1969j): Grundsätze einer liberalen Gesellschaftsordnung, in: Friedrich A. von Hayek, Freiburger Studien – Gesammelte Aufsätze, Tübingen, S. 108-125.

Hayek, Friedrich A. von (1969k): Dr. Bernhard Mandeville, in: Friedrich A. von Hayek, Freiburger Studien – Gesammelte Aufsätze, Tübingen, S. 126-143.

Hayek, Friedrich A. von (1969l): Bemerkung über die Entwicklung von Systemen von Verhaltensregeln, in: Friedrich A. von Hayek, Freiburger Studien – Gesammelte Aufsätze, Tübingen, S. 144-160.

Hayek, Friedrich A. von (1969m): Rechtsordnung und Handelnsordnung, in: Friedrich A. von Hayek, Freiburger Studien – Gesammelte Aufsätze, Tübingen, S. 161-198.

Hayek, Friedrich A. von (1969n): Die Verfassung eines freien Staates, in: Friedrich A. von Hayek, Freiburger Studien – Gesammelte Aufsätze, Tübingen, S. 199-205.

Hayek, Friedrich A. von (1969o): Die Sprachverwirrung im politischen Denken, in: Friedrich A. von Hayek, Freiburger Studien – Gesammelte Aufsätze, Tübingen, S. 206-231.

Hayek, Friedrich A. von (1969p): Die Rechts- und Staatsphilosophie David Humes, in: Friedrich A. von Hayek, Freiburger Studien – Gesammelte Aufsätze, Tübingen, S. 232-248.

Hayek, Friedrich A. von (1969q): Der Wettbewerb als Entdeckungsverfahren, in: Friedrich A. von Hayek, Freiburger Studien – Gesammelte Aufsätze, Tübingen, S. 249-265.

Hayek, Friedrich A. von (1971a): Die Verfassung der Freiheit, Tübingen.

Hayek, Friedrich A. von (1971b): Der Weg zur Knechtschaft, Erlenbach, München.

Hayek, Friedrich A. von (1972): Die Theorie komplexer Phänomene, Tübingen.

Hayek, Friedrich A. von (1974): Die Anmaßung von Wissen, in: Jahrbuch für die Ordnung von Wirtschaft und Gesellschaft (ORDO), S. 12-21.

Hayek, Friedrich A. von (1975): Die Irrtümer des Konstruktivismus, Tübingen.

Hayek, Friedrich A. von (1976a): Der Sinn des Wettbewerbs, in: Friedrich A. von Hayek, Individualismus und wirtschaftliche Ordnung, 2. Aufl., Salzburg, S. 122-140.

Hayek, Friedrich A. von (1976b): Individualismus und wirtschaftliche Ordnung, Zürich.

Hayek, Friedrich A. von (1976c): Die Verwertung von Wissen in der Gesellschaft, in: Friedrich A. von Hayek, Individualismus und wirtschaftliche Ordnung, 2. Aufl., Salzburg, S. 103-121, Zürich.

Hayek, Friedrich A. von (1977): Drei Vorlesungen über Demokratie, Gerechtigkeit und Sozialismus, Tübingen.

Hayek, Friedrich A. von (1978a): Degrees of Explanation, in Friedrich A. von Hayek, Studies in Philosophy, Politics and Economics, 2. Aufl., London, S. 3-21.

Hayek, Friedrich A. von (1978b): New Studies in Philosophy, Politics and Economics and the History of Ideas, Chicago.

Hayek, Friedrich A. von (1979a): Liberalismus, Tübingen.

Hayek, Friedrich A. von (1979b): The Political Order of a Free People, Bd. 3 von Law, Legislation and Liberty, London.

Hayek, Friedrich A. von (1979c): Die drei Quellen menschlicher Werte, Tübingen.

Hayek, Friedrich A. von (1980): Recht, Gesetzgebung und Freiheit 1: Regeln und Ordnung, Landsberg am Lech.

Hayek, Friedrich A. von (1981a): Recht, Gesetzgebung und Freiheit 2: Die Illusion der sozialen Gerechtigkeit, Landsberg am Lech.

Hayek, Friedrich A. von (1981b): Recht, Gesetzgebung und Freiheit 3: Die Verfassung einer Gesellschaft freier Menschen, Landsberg am Lech.

Hayek, Friedrich A. von (1982): Der Weg zur Knechtschaft: Den Sozialisten in allen Parteien, 5. Aufl., Landsberg am Lech.

Hayek, Friedrich A. von (1983a): Die Verfassung der Freiheit, 2. Aufl., Tübingen.

Hayek, Friedrich A. von (1983b): Evolution und spontane Ordnung, Zürich.

Hayek, Friedrich A. von (1986): Recht, Gesetzgebung und Freiheit, Bd. 1, Regeln und Ordnung, 2. Aufl., Landsberg am Lech.

Hayek, Friedrich A. von (1989): The Fatal Conceit. The Errors of Socialism, London und New York.

Hayek, Friedrich A. von (1994): Freiburger Studien: Gesammelte Aufsätze, 2. Aufl., Wirtschaftswissenschaftliche und Wirtschaftsrechtliche Untersuchungen, Nr. 5, Tübingen.

Hayek, Friedrich A. von (1996a): Die verhängnisvolle Anmaßung: Die Irrtümer des Sozialismus, übers. von Monika Streissler, wirtschaftswissenschaftliche und wirtschaftsrechtliche Untersuchungen, Nr. 34, Tübingen.

Hayek, Friedrich A. von (1996b): Die Anmaßung von Wissen: neue Freiburger Studien, Wolfgang Kerber (Hrsg.), wirtschaftswissenschaftliche und wirtschaftsrechtliche Untersuchungen, Nr. 32, Tübingen.

Head, John (1962): Public Goods and Public Policy, in: Public Finance, Bd. 17, Nr. 3, S. 197-219.

Heinemann, Friedrich (1999): Der Kompensationsfonds: Eine neue Finanzverfassung für die EU der 21+, in: Wirtschaftsdienst, 79. Jg. (1999), H. 5, S. 293-312.

Heintzen, Markus (1991): Subsidiaritätsprinzip und Europäische Gemeinschaft, in: Juristen Zeitung, 5. April, S. 317-323.

Helmus, Manfrad / Erbach, Jürgen (1996): Drum prüfe, wer sich ewig bindet...- Ergebnisse einer Erhebung zu Public-Private-Partnership, in: Bauwirtschaft, 50. Jg., Heft 2, S. 51-54.

Herder-Dorneich, Philipp (1980): Konkurrenzdemokratie – Verhandlungsdemokratie: Politische Strategien der Gegenwart, 2. Aufl., Stuttgart.

Herder-Dorneich, Philipp (1992): Neue Politische Ökonomie als Paradigma. Ihre Aktualität und ihre Weiterentwicklung in der Diskussion, in: Jahrbuch für Neue Politische Ökonomie, Bd. 11, Ökonomische Systeme und ihre Dynamik, Tübingen, S. 1-15.

Hettich, Frank / Schmidt, Carsten (2000): Die deutsche Steuerbelastung im internationalen Vergleich – warum Deutschland (k)eine Steuerreform braucht, in: Perspektiven der Wirtschaftspolitik, Bd. 2, S. 45-60.

Hettlage, Karl M. (1956): Die Finanzverfassung im Rahmen der Staatsverfassung, in: Veröffentlichungen der Vereinigung der Deutschen Staatsrechtslehrer, Heft 14, Berlin, S. 2-32.

Hillebrand, Rainer / Welfens, Paul J. J. (1998): Globalisierung der Wirtschaft: Wirtschaftspolitische Konsequenzen des internationalen Standortwettbewerbs, in: Dieter Cassel (Hrsg.), 50 Jahre Soziale Marktwirtschaft. Ordnungstheoretische Grundlagen, Realisierungsprobleme und Zukunftsperspektiven einer wirtschaftspolitischen Konzeption, Stuttgart, S. 403-440.

Hintze, Martin (1998): Betreibermodelle bei bautechnischen und maschinellen Anlagenprojekten, in: Schriftenreihe des Instituts für Unternehmungsplanung (IUP) Dieter Hahn und Wilfried Krüger (Hrsg.), Bd. 27, Gießen, Berlin.

Hirsch, Hans (1989): Öffentliche Güter, in: Handwörterbuch der Öffentlichen Betriebswirtschaft, Klaus Chmielewicz / Peter Eichhorn (Hrsg.), Stuttgart, Sp. 1078–1084.

Hirschman, Albert O. (1970): Exit, Voice and Loyalty – Responses to Decline the Firms, Organisations and States, Cambridge.

Hirschman, Albert O. (1974): Abwanderung und Widerspruch, Tübingen.

Hirschman, Albert O. (1993): Entwicklung, Markt und Moral, Frankfurt am Main.

Hobbes, Thomas (1990): Leviathan oder Stoff, Form und Gewalt eines bürgerlichen und kirchlichen Staates, Faksimile-Ausgabe der Ausgabe von 1651, Düsseldorf.

Holcombe, Randall G. / Sobel, Russel S. (1995): Empirical Evidence on the Publicness of State Legislative Activities, in: Public Choice, No. 83, S. 47-58.

Homann, Karl (1984): Demokratie und Gerechtigkeitstheorie, James M. Buchanans Kritik an John Rawls, in: Hans Albert (Hrsg.), Ökonomisches Denken und soziale Ordnung. Festschrift für Erik Boettcher, Tübingen, S. 133-154.

Homann, Karl (1985): Legitimation und Verfassungsstaat. Vertragstheoretische Interpretation der Demokratie, in: Jahrbuch für Neue Politische Ökonomie, Bd. 4, S. 49-72.

Homann, Karl (1989): Vertragstheorie und Property-Rights-Ansatz – Stand der Diskussion und Möglichkeiten der Weiterentwicklung, in: Bernd Bievert (Hrsg.), Ethische Grundlagen der ökonomischen Theorie. Eigentum, Verträge, Institutionen; Frankfurt a. M., New York, S. 37-69.

Homann, Karl / Kirchner, Christian (1995a): Das Subsidiaritätsprinzip in der Katholischen Soziallehre und in der Ökonomik, in Lüder Gerken (Hrsg.), Europa zwischen Ordnungswettbewerb und Harmonisierung, Heidelberg, S. 45-69.

Homann, Karl / Kirchner, Chrisitan (1995b): Ordnungsethik, in: Jahrbuch für Neue Politische Ökonomie, Bd. 14, S. 189-211.

Homann, Karl / Pies, Ingo (1996): Sozialpolitik für den Markt, in: Ingo Pies / Martin Leschke (Hrsg.), James Buchanans konstitutionelle Ökonomik, Tübingen, S. 203-239.

Honnefelder, Nils (1989): Privates Kapital zur Erneuerung und zum Ausbau der öffentlichen Verkehrsinfrastruktur, in: Bauwirtschaft, 43. Jg., S. 397-398.

Hoppmann, Erich (1967): Wettbewerb als Norm der Wettbewerbspolitik, in: ORDO, Nr. 18, S. 77-94.

Hoppmann, Erich (1973): Soziale Marktwirtschaft oder Konstruktivistischer Interventionismus? Zur Frage der Verfassungskonformität der wirtschaftspolitischen Konzeption einer „neuen Wirtschaftspolitik“, in: Egon Tuchtfeldt (Hrsg.), Soziale Marktwirtschaft im Wandel, Freiburg, S. 27-68.

Hoppmann, Erich (1980): Gleichgewicht und Evolution, Voraussetzungen und Erkenntniswert der volkswirtschaftlichen Totalanalyse, in: Erich Carell, Ansprachen und Vorträge auf der Festveranstaltung der wirtschaftswissenschaftlichen Fakultät der Julius-Maximilian-Universität, Würzburg, zum 75. Geburtstag von Erich Carell am 23. Juni 1980, Baden-Baden.

Hoppmann, Erich (1981): Über Funktionsprinzipien und Funktionsbedingungen des Marktsystems, in: Lothar Wegehenkel (Hrsg.), Marktwirtschaft und Umwelt, Tübingen 1981, S. 219-235.

Hoppmann, Erich (1987): Ökonomische Theorie der Verfassung, in: ORDO, Nr. 38, S. 31-45.

Hoppmann, Erich (1988): Wirtschaftsordnung und Wettbewerb, Baden-Baden.

Hoppmann, Erich (1995): Zwei Arten der Moral, in: Hans-Hermann Francke, Ökonomischer Individualismus und freiheitliche Verfassung, Gedenkakademie für Friedrich August von Hayek, Freiburg im Breisgau, S. 227-238.

Hort, Peter (1992): Wenn zwölf nach dem Strohhalm greifen, FAZ, Nr. 233, vom 7. Oktober 1992, S. 3.

Hrbek, Rudolf (1981): Die EG ein Konkordanzsystem? Anmerkungen zu einem Deutungsversuch der politikwissenschaftlichen Europaforschung, in: Roland Bieber (Hrsg.): Das Europa der zweiten Generation, Kehl, S. 87-103.

Hrbek, Rudolf (Hrsg.) (1993): Der Vertrag von Maastricht in der wissenschaftlichen Kontroverse, Baden-Baden.

Hrbek, Rudolf (1994): Das Europäische Parlament: mehr Vielfalt – weniger Handlungsfähigkeit?, in : integration, S. 157-164.

Hrbek, Rudolf (1995a): Federal Balance and the Problem of Democratic Legitimacy in the European Union, in: Außenwirtschaft, Nr. 1/1995, S. 43-66.

Hrbek, Rudolf (1995b): Das Subsidiaritätsprinzip in der Europäischen Union. Bedeutung und Wirkung für ausgewählte Politikbereiche, Baden-Baden.

Hrbek, Rudolf (1995c): Die Anwendung des Subsidiaritätsprinzips in der Europäischen Union. Erfahrungen und Perspektiven, Baden-Baden.

Hrbek, Rudolf (1986): Doppelte Politikverflechtung. Deutscher Föderalismus und Europäische Integration. Die deutschen Länder im EG-Entscheidungsprozess, in: Rudolf Hrbek (Hrsg.), Die deutschen Länder und die Europäischen Gemeinschaften, Baden-Baden, S. 17-36.

Hrbek, Rudolf / Probst, Christine (1990): Keine Regel ohne Ausnahme? Protektionistische Tendenzen der Bundesrepublik in der Textilhandelspolitik der EG, ORDO, Bd. 41, S. 117-130.

Hrbek, Rudolf / Roth, Christian (1994): Ordnungspolitische Fragen im Europäischen Parlament, in: Vitzthum, Graf Wolfgang (Hrsg.), Europäische und Internationale Wirtschaftsordnung aus der Sicht der Bundesrepublik Deutschland, Baden-Baden, S. 17-45.

Huber, Bernd (1997): Der Steuerwettbewerb: Gefahr oder Chance?, in: List Forum für Wirtschafts- und Finanzpolitik, Nr. 23, Heft 3, S. 242-256.

Hüning, Dieter (2000): „Inter arma silent leges". Naturrecht, Staat und Völkerrecht bei Thomas Hobbes, in: Rüdiger Voigt (Hrsg.), Der Leviathan, Baden-Baden, S. 129-166.

Huizianga, Harry / Nielsen, Sren Bo (1997): The Taxation of Interest in Europe: A Minimum Withholding Tax?, Mimeo, Kopenhagen.

Hume, David (1886/1964): A Treatise of Human Nature, Bd. 7, in: David Hume, The Philosophical Works, Bd. 2, hrsg. von Thomas H. Green / Thomas H. Grose, London, Reprint Aalen.

Ipsen, Hans-Peter (1972): Europäisches Gemeinschaftsrecht, Tübingen

Ipsen, Hans-Peter (1990): Über Verfassungshomogenität in der Europäischen Gemeinschaft, in: Festschrift für Günter Düring, S. 159 - 171

Isensee, Josef (1968): Subsidiaritätsprinzip und Verfassungsrecht, Berlin.

Isensee, Josef (1993): Europa - die politische Erfindung eines Erdteils, in: Europa als politische Idee und als rechtliche Form, Isensee, Josef (Hrsg.), Berlin, S. 103-138.

Issing, Otmar (1989): Binnenmarkt und Währungsintegration, in: WiSt 1989, S. 351-355.

Issing, Ottmar / Masuch, Klaus (1989): Zur Frage der normativen Interpretation von Leistungsbilanzsalden, in: Kredit und Kapital, 22. Jg., Heft 1, S. 1-17.

Jacobs, Otto H. / Spengel, Christoph (1999): The effective avarage tax burden in the European Union and the USA: a computer-based calculation and comparison eith the model of the European tax analyzer, Mannheim.

Jahresgutachten 2000/01 des Sachverständigenrates zur Begutachtung der gesamtwirtschaftlichen Entwicklung, Unterrichtung durch die Bundesregierung, Deutscher Bundestag, 14. Wahlperiode, Drucksache 14/4792, am 29. 11. 2000.

Jarras, Lorenz / Obermair, Gustav M. (1999): More jobs, less tax evasion, cleaner environment, Report commisioned by the European Commission, Wiesbaden.

Jestaedt, Matthias (1993): Die Relativität des Subsidiaritätsprinzips, in: Rupert Scholz (Hrsg.), Deutschland auf dem Weg in die Europäische Union. Wieviel Eurozentralismus, wieviel Subsidiarität?, Köln, S. 110-132.

Joachimsen, Reimut / Gustafsson, Knut (1977): Infrastruktur – Grundlage der marktwirtschaftlichen Entwicklung, in: Infrastruktur, Udo E. Simonis (Hrsg.), Köln, S. 38-53.

Joerges, C. (1995): Das Recht im Prozess der europäischen Integration, European University Institute, Working Paper LAW 95/1, Florenz.

Jones, Eric L. (1981): The European Miracle, Cambridge.

Josling, Tim / Meyer, Heinz W. (1991): The Common Agricultural Policy of the European Community: A Public Choice Interpretation, in: Roland Vaubel / Thomas D. Willett (Hrsg.); The Political Economy of International Organizations: A Public Choice Approach, Boulder, San Francisco, Oxford, S. 286-305.

Kammler, Hans (1992): Ein Markt und viele Staaten, Frankfurter Allgemeine Zeitung Nr. 302 vom 30. Dezember 1992, S. 24.

Kant, Immanuel (1923): Kants gesammelte Schriften, Hrsg.: Königlich Preußische Akademie der Wissenschaften, Berlin, Leipzig.

Keohane, Robert / Hoffmann, Stanly (1991): Institutional Change in Europe in the 1980's, in: Robert Keohane / Stanly Hoffmann (Hrsg.), The New Economic Community, Decisionmaking and Institutional Change, Boulder / San Francisco / Oxford, S. 1-39.

Kerber, Wolfgang (1991): Zur Entstehung von Wissen: Grundsätzliche Bemerkungen zu Möglichkeiten und Grenzen staatlicher Förderung von Wissensproduktion aus der Sicht der Theorie evolutionärer Marktprozesse, in: Peter Oberender und Manfred E. Streit (Hrsg.), Marktwirtschaft und Innovation. Baden-Baden, S. 9-52.

Kerber, Wolfgang (1997): Wettebewerb als Hypothesentest : Eine evolutorische Konzeption wissenschaffenden Wettbewerbs, in: Karl von Delhaes / Ulrich Fehl (Hrsg.), Dimensionen des Wettbewerbs, Schriften zu Ordnungsfragen der Wirtschaft, Bd. 52, Stuttgart, S. 29-79.

Kerber, Wolfgang (1998a): Erfordern Globalisierung und Standortwettbewerb einen Paradigmenwechsel in der Theorie der Wirtschaftspolitik?, in ORDO, 49. Jg., S. 253-268.

Kerber, Wolfgang (1998b): Zum Problem einer Wettbewerbsordnung für den Systemwettbewerb, in: Jahrbuch für Neue Politische Ökonomie, Bd. 17, S. 199-230.

Kerber, Wolfgang / Vanberg, Viktor (1995): Competition among institutions: Evolution within constraints, in: Lüder Gerken (Hrsg.), Competition among Institutions, Houndsmills, Basingstoke, S. 35-64.

Kilian, Wolfgang (1996): Europäisches Wirtschaftsrecht, München 1996.

King, Mervyn A. / Fullerton, Don (Hrsg.) (1984): The Taxation of Income from Capital: A Comparative Study of the United States, the United Kingdom, Sweden and West Germany, Chicago, London 1984.

Kirchgässner, Gebhard (1988): Wirtschaftspolitik und Politiksystem, Zur Kritik der traditionellen Ordnungstheorie aus Sicht der Neuen Politischen Ökonomie, in:

Dieter Cassel / Bernd-Thomas Ramb / Hans-Jörg Thieme (Hrsg.), Ordnungspolitik, München, S. 53-75.

Kirchgässner, Gebhard (1991): Homo oeconomicus, Tübingen.

Kirchgässner, Gebhard (1992): Towards a Theory of Low-Cost Decisions, in: European Journal of Political Economy, Jg. 8, Heft 2, S. 305-320.

Kirchgässner, Gebhard (1994): Bemerkungen zur Minimalmoral, Volkswirtschaftliche Abteilung der Universität St. Gallen, Diskussionsbeitrag Nr. 9407.

Kirchgässner, Gebhard (1995): Internationale Umweltprobleme und die Problematik internationaler öffentlicher Güter, in: Zeitschrift für angewandte Umweltforschung, 8. Jg., S. 34-44.

Kirchgässner, Gebhard / Pommerehne, Werner W. (1988): Das ökonomische Modell individuellen Verhaltens. Implikationen für die Beurteilung staatlichen Handelns, in: Kritische Vierteljahresschrift für Gesetzgebung und Rechtswissenschaft, Jg. 3, Heft 1, S. 230-250.

Kirchgässner, Gebhard / Pommerehne, Werner W. (1994): Die Entwicklung der öffentlichen Finanzen in föderativen Systemen: Die Beispiel der Bundesrepublik Deutschland und der Schweiz, in: Dieter Grimm (Hrsg.), Staatsaufgaben, Baden-Baden, S. 149-176.

Kirchgässner, Gebhard / Pommerehne, Werner W. (1995): Tax Harmonization and Tax Competition in the European Union: Lessons from Switzerland, in: Journal of Public Economics, Bd. 4, 1995, S. 351-371.

Kirchhof, Paul (1993): Europäische Einigung und der Verfassungsstaat der Bundesrepublik Deutschland, in: Josef Isensee (Hrsg.), Europa als politische Idee und als rechtliche Form, Berlin, S. 63-102.

Kirchhoff, Ulrich (1995): Neue Wege der öffentlichen Leistungserstellung, in: Sparkasse, Sonderheft, 112. Jg., S. 3-20.

Kirsch, Guy (1977): Föderalismus. Wirtschaftswissenschaftliches Seminar, Bd. 5, Stuttgart und New York.

Kirsch, Guy (1993): Neue Politische Ökonomie, 3. Aufl., Düsseldorf.

Kirsch, Guy (2001): Der Staat muß seine Unschuld erst beweisen, FAZ, Nr. 280, vom 1. Dezember 2001, S. 15.

Kiwit, Daniel / Voigt, Stefan (1998): Grenzen des institutionellen Wettbewerbs, in: Jahrbuch für Neue Politische Ökonomie, Nr. 17, S. 313-337.

Klein, Michael / Hofrichter, Jürgen (1994): Vierte Direktwahl zum Europäischen Parlament. Oppositionelle im Aufwind, in: integration Nr. 17, S. 79-91.

Klenner, Hermann (2000): Der Leviathan im Widerstreit der Staatsphilosophie, in: Rüdiger Voigt (Hrsg.), Der Leviathan, Baden-Baden, S. 27-40.

Klepsch, Egon A. (1993): Die Zukunft der EG sichern, in: Politik und Zeitgeschichte, Beilage zur Wochenzeitung Das Parlament, B 1, S. 11-15.

Kley, Roland (1996): Die Theorie des Verfassungsvertrags von James Buchanan – Darstellung und Kritik, veröffentlicht im Institut für Wirtschaftsethik der Universität St. Gallen, Beiträge und Berichte Nr. 16, April 1987, Nachdruck September 1996.

Kliemt, Hartmut (1979): John Rawls` Theorie der Gerechtigkeit und Robert Nozick`s Theorie des Minimalstaates, in: Hillinger, Claude / Holler, Manfred J. (Hrsg.), Ökonomische Theorie der Politik, Mpünchen, S. 196-223.

Klodt, Henning (1999): Internationale Politikkoordination, Leitlinien für den globalen Wirtschaftspolitiker, Kiel.

Klodt, Henning (2000): Conflicts and Conflict Resolution in International Antitrust, Kiel.

Klös, Hans-Peter (1989): Ist das öffentliche Infrastrukturmonopol noch zeitgemäß? in: Bauwirtschaft, 43. Jg., 1989, S. 384-387.

Klös, Hans-Peter (1991): Privates Infrastrukturkapital, in: Wirtschaftswissenschaftliches Studium (WiSt), 20. Jg. 1991, S. 303-305.

Knieps, Günter (1992): Wettbewerb im europäischen Verkehrssektor: Das Problem des Zugangs zu Weginfrastrukturen, in: ifo-Studien, Heft 3/4, S. 317-328.

Knipping, Franz (Hrsg.) (1994): Federal Conceptions in EU Member States, Traditions and Perspectives, Baden-Baden.

Knorr, Andreas (1997): Das ordnungspolitische Modell Neuseelands – ein Vorbild für Deutschland?, Tübingen.

Kolb, Gerhard (1991): Grundlagen der Volkswirtschaftslehre. Eine wissenschafts- und ordnungstheoretische Einführung. München.

Kolodziej, Markus (1996): Die private Finanzierung von Infrastruktur, Frankfurt a. M.

Koop, Michael (1996): Europäische Integration: Rechtsangleichung oder Wettbewerb der Rechtssysteme?, in: Streit, Manfred / Voigt, Stefan (1996), Europa reformieren – Ökonomen und Juristen zur zukünftige Verfasstheit Europas, Baden-Baden, S. 54-62.

Krueger, Anne O. (1974): The Political Economy of the Rent-Seeking Society, in: American Economic Review, Nr. 64, S. 291-303.

Kruse, Jörn (1985): Ökonomie der Monopolregulierung, Göttingen.

Kruse, Jörn (1989): Ordnungstheoretische Grundlagen der Regulierung, in: Hellmuth S. Seidenfus (Hrsg.), Deregulierung – eine Herausforderung an die Wirtschafts- und Sozialpolitik in der Marktwirtschaft, Berlin 1989, S. 9-35.

Kübler, Friedrich (1994): Aktienrechtsreform und Unternehmensverfassung, in: Aktiengesellschaft, S. 141-148.

Kühnhardt, Ludger (1991): Föderalismus und Subsidiarität, in: Aus Politik und Zeitgeschichte, Nr. 45, S. 42-56.

Kühnhardt, Ludger (1993): Europäische Union und föderale Idee. Europapolitik in der Umbruchzeit. München.

Kunz, Harald (1985): Marktsystem und Information, Tübingen.

Landshut, Siegfried (1969): Artikel „Vertrag und Vertragstheorie", in: Bernsdorf, Wilhelm (Hrsg.), Wörterbuch der Soziologie, Stuttgart, S. 1244-1247

Leibenstein, Harvey (1966): Allokative Effciency Vs. "X-Efficiency", in: American Economic Review, Nr. 3, S. 392-415.

Leipold, Helmut (1976): Wirtschafts- und Gesellschaftssysteme im Vergleich. Grundzüge einer Theorie der Wirtschaftssysteme, 5. Aufl. Stuttgart 1985.

Leipold, Helmut (1987): Constitutional Economics als Ordnungstheorie, in: Forschungsstelle zum Vergleich wirtschaftlicher Lenkungssysteme (Hrsg.), Ordnungstheorie: Methodologische und institutionentheoretische Entwicklungstendenzen, Marburg, S. 101-134.

Leipold, Helmut (1988): Ordnungspolitische Konsequenzen der ökonomischen Theorie der Verfassung, in: Dieter Cassel / Bernd-Thomas Ramb / Hans-Jörg Thieme (Hrsg.), Ordnungspolitik, München, S. 257-283.

Leipold, Helmut (1989a): Das Ordnungsproblem in der ökonomischen Institutionentheorie, ORDO, Bd. 40, S. 129-146.

Leipold, Helmut (1989b): Neuere Ansätze zur Weiterentwicklung der Ordnungstheorie, in: Jahrbuch für Neue Politische Ökonomie, Bd. 8, S. 13-19.

Leipold, Helmut (1993): Die EG im Spannungsfeld zwischen Konsens und Effizienz, in: Helmut Gröner / Alfred Schüller (Hrsg.), Die europäische Integration als ordnungspolitische Aufgabe, Stuttgart, Jena; New York, S. 41-72.

Leipold, Helmut (1994a): Die EG im Spannungsverhältnis zwischen Konsens und Effizienz, in: Helmut Leipold (Hrsg.), Ordnungsprobleme Europas: Die Europäische Union zwischen Vertiefung und Erweiterung; Marburger Gesellschaft für Ordnungsfragen der Wirtschaft, Arbeitsberichte Nr. 18, Forschungsstelle zum Vergleich wirtschaftlicher Lenkungssysteme der Philipps-Universität Marburg, S. 1-38.

Leipold, Helmut (1994b): Ordnungsprobleme Europas. Die Europäische Union zwischen Vertiefung und Erweiterung, Marburg.

Leipold, Helmut (1996): Zur Pfadabhängigkeit der institutionellen Entwicklung, in: Cassel, Dieter (Hrsg.), Entstehung und Wettbewerb von Systemen, Berlin, S. 93-115.

Leipold, Helmut (1997a): Der Zusammenhang zwischen der Entstehung und dem Wettbewerb von Ordnungen, in: Ulrich Fehl / Karl von Delhaes (Hrsg.),

Dimensionen des Wettbewerbs. Seine Rolle in der Entstehung und Ausgestaltung von Wirtschaftsordnungen. Stuttgart, S. 397-427.

Leipold, Helmut (1997b): Der Zusammenhang zwischen gewachsener und gesetzter Ordnung: Einige Lehren aus den postsozialistischen Reformerfahrungen, in: Cassel, Dieter (Hrsg.), Institutionelle Probleme und Systemtransformation, Schriften des Vereins für Socialpolitik, Bd. 254, Berlin, S. 43-68.

Leisner, Walter (1991): Staatseinung - Ordnungskraft föderaler Zusammenschlüsse, Berlin.

Lement, Harmen (1985): Crowding-out in der Bundesrepublik: Wechselkurseffekte, Zinseffekte und empirischer Befund, in: Aussenwirtschaft, Bd. 40, S. 53-70.

Lemmen, Johannes J. G. / Eijffinger, Sylvester C. W. (1993): The Quantity Approach to Financial Integration: The Feldstein-Horioka Criterion Revisited, Center of Economic Research, Nr. 9320, Tilburg, 4/1993.

Lenk, Hans (1977): Der methodologische Individualismus ist (nur?) ein heuristisches Postulat, in: Klaus Eichner / Werner Habermehl (Hrsg.), Probleme der Erklärung sozialen Verhaltens, S. 34-45.

Lepage, Henri (1979): Der Kapitalismus von morgen, Franfurt a.M.

Lepsius, Rainer M. (1991): Nationalstaat oder Nationalitätenstaat als Modelle für die Weiterentwicklung der Europäischen Gemeinschaft, in: Rudolf Wildenmann (Hrsg.), Staatswerdung Europas? Optionen für die Europäische Union, Baden-Baden, S. 19-40.

Leschke, Martin (1996): Zur institutionellen Ausgestaltung der Europäischen Union, in: Manfred Streit / Voigt, Stefan, Europa reformieren – Ökonomen und Juristen zur zukünftige Verfasstheit Europas, Baden-Baden, S. 100-112.

Liefmann-Keil, Elisabeth (1979): Zur Aktivität der Interessenverbände, in : Werner W. Pommerehne / Bruno S. Frey (Hrsg.): Ökonomische Theorie der Politik, Berlin, Heidelberg, New York, S. 320-346.

Lindberg, Leon N. (1965): Decision Making and Integration in the European Community, International Organization, Bd. 19, S. 56-73.

Lindblom, Charles E. (1959): The science of "muddling thruogh", in : Public Administration Review, 19. Jg., S. 79-88.

Lipgens, Walter (1986): 45 Jahre Ringen um die Europäische Verfassung, Bonn

Lippert, Barbara (2000): Die Erweiterungspolitik der Europäischen Union – Stabilitätsexport mit Risiken, in: Barbara Lippert (Hrsg.), Osterweiterung der europäischen Union – die doppelte Reifeprüfung, Bonn, S. 105-164.

Löcherbach, Dieter (1983): Nation und kollektive Identität, Politische Vierteljahresschrift, 24. Jg., Heft 2, S. 188-202.

Locke, John (1967): Zwei Abhandlungen über die Regierung, Frankfurt a.M., Wien.

Loewenstein, G. (2000): Emotions and Economic Theory amd Economic Behavior, in: American Economic Review, Papers and Proceedings, Nr. 90, 5/2000, S. 426-432.

Lorenz, Konrad (1973): Die Rückseite des Spiegels, Versuch einer Naturgeschichte menschlichen Erkennens, 5. Aufl., München 1981.

Lorz, Jens O. (1997): Standortwettbewerb bei internationaler Kapitalmobilität – Eine modelltheoretische Untersuchung, Kieler Studien Nr. 284.

Lorz, Jens O. (1998): Capital Mobility, Tax Competition and Lobbying for Redistributive Capital Taxation, in: European Journal of Political Economy 14, S. 265-279.

Lorz, Jens O. / Stähler, Frank (1997): Who Is Afraid of Capital Mobility? On Labor Taxation and the Level of Public Services in an Open Economy, Kiel Working Paper Nr. 824.

Loth, Wilfried (1990): Der Weg nach Europa: Geschichte der europäischen Integration 1939 - 1957 Göttingen.

Lowenberg, Anton D. / Yu, Ben T. (1992): Efficient Constitution Formation and Maintenance, in: Constitutional Political Economy, Bd. 3, S. 73-88.

Loy, Claudia (1988): Marktsystem und Gleichgewichtstendenz, Tübingen.

Ludlow, Peter (1991): The European Commission, In: Robert O. Keohane / Stanly Hoffmann (Hrsg.), The New European Community: Decisionmaking and Institutional Change, Boulder, San Francisco, Oxford, S. 85-132.

Luhmann, Niklas (1981): Politische Theorie im Wohlfahrtsstaat, München.

Luhmann, Niklas (1989): Legitimation durch Verfahren, 2. Aufl., Frankfurt am Main.

Luster, Rudolf (1996): Europa in guter Verfassung? in: Felix A. Zimmermann (Hrsg.), Ordnungspolitische Aspekte der europäischen Integration: Freiburgs Botschaft für ein offenes Europa, 1. Freiburger Wirtschaftssymposium. Verein der Freiburger Wirtschaftswissenschaftler, 1. Aufl., Baden-Baden, S. 57-67.

McKenzie, Robert B. / Tullock, Gordon (1978): The New World of Economics, Homewood/ Georgetown.

Mackie, John L. (1983): Ethik: die Erfindung des moralisch Richtigen und Falschen, 2. Aufl., Stuttgart.

Mandeville, Bernhard (1968): Die Bienenfabel oder private Laster, öffentliche Vorteile, Frankfurt am Main.

Mans, Angela (1996): Steuerpolitik in der Europäischen Union zwischen Wettbewerb und Harmonisierung, in: Vierteljahreshefte zur Wirtschaftsforschung, S. 331-353.

Marchet, Gustav (1885): Studien über die Geschichte der Verwaltungslehre in Deutschland, München.

Marlow, Michael L. (1992): Intergovernmental Competition, Voice and Exit Options and the Design of Fiscal Structure, in: Constitutional Political Economy, Bd. 3, S. 73-88.

Mayer, Annette (1998): Theorie und Politik des Wohnungsmarktes – Eine Analyse der Wohnungspolitik in Deutschland unter besonderer Berücksichtigung der Ökonomischen Theorie der Politik, Berlin.

Mayer, Annette / Cezanne, Wolfgang (1998): Neue Institutionenökonomik – Ein Überblick, in: Das Wirtschaftsstudium, Heft 11, S. 1345-1353.

Mayer, Klaus (1994): Europäische Union: Drei Gemeinschaften in einer! In: Orientierungen zur Wirtschafts- und Gesellschaftspolitik, Jg. 60, S. 33-36.

McCall, Jason J. (1965): The Economics of Information and Optimal Stopping Rules, in: Journal of Business, Nr. 38, S. 300-317.

McKee, James M. / Visser, Jack J. C. / Saunders, Peter G. (1986): Marginal Tax Rates on the Use of Labour an Capital in OECD Countries, in: OECD Economic Studies, 7. Jg., S. 45-101.

Mendoza Estrada, Enrique Gabriel / Milesi-Ferretti, Gian Maria / Asea, Patrick K. (1997): On the ineffectiveness of tax policy in altering long-run Growth: Harbergers superneutrality con jecture, in: Journal of Public Economics, Bd. 66, S. 99-126.

Mendoza Estrada, Enrique Gabriel / Razin, Assaf / Tesar, Linda L. (1994): Effective tax rates in macroeconomics. Cross-country estimates of tax rates on factor incomes and consumption, in: Journal of Monetary Economics, Bd. 34, S. 297-323.

Mestmäcker, Ernst-Joachim (1972/1984): Politische und normativ funktionale Legitimation der Europäischen Gemeinschaften, in: Ernst-Joachim Mestmäcker, Recht und ökonomisches Gesetz, 2. Aufl., Baden- Baden, S. 86-103.

Mestmäcker, Ernst-Joachim (1987): Auf dem Weg zu einer Ordnungspolitik für Europa, in: Ernst-Joachim Mestmäcker / Hans Möller / Hans-Peter Schwarz (Hrsg.): Eine Ordnungspolitik für Europa, Baden-Baden, S. 9-49.

Mestmäcker, Ernst-Joachim (1994): Zur Wirtschaftsverfassung in der Europäischen Union, in: Rolf H. Hasse / Josef Molsberger / Christian Watrin (Hrsg.), Ordnung in Freiheit, Stuttgart u.a., S. 263-292.

Migué, Jean-Luc / Bélanger, Gerard (1974): Toword a General Theory of Managerial Discretion, in: Public Choice, S. 27-43.

Mises, Ludwig von (1920): Die Wirtschaftsrechnung im sozialistischen Gemeinwesen, in Archiv für Sozialwissenschaft und Sozialpolitik, S. 86-123.

Mises, Ludwig von (1922): Die Gemeinwirtschaft, Jena.

Mises, Ludwig von (1936): Socialism. An Economic and Sociological Analysis, London.

Moe, Terry M. (1990): Political Institutions: The Neglected Side of the Story, in: Journal of Law, Economics and Organization 5, S. 213-253.

Molle, Willem (1990): The Economics of European Integration - Theory, Practice, Policy, Aldershot u.a.

Momberg, Robert (2000): Theorie und Politik der Infrastruktur unter Berücksichtigung institutionen- und politiökonomischer Einflussfaktoren, Frankfurt am Main.

Monroe, Kirsten R. (2001): Morality and a Sense of Self: The Importance of Identity and Categorization for Moral Action, in: American Journal of Political Science, Bd. 45, S. 491-507.

Möschel, Wernhard (1992a): EG-Industriepolitik nach Maastricht, in: ORDO, 43, S. 415-421.

Möschel, Wernhard (1992b): Fünf Optionen für Europa, FAZ Nr. 213 vom 12. September 1992, S. 13.

Möschel, Wernhard (1993a). Eine Verfassungskonzeption für die Europäische Union, in: Helmut Gröner / Alfred Schüller (Hrsg.), Die europäische Integration als ordnungspolitische Aufgabe, Stuttgart; Jena, New York, S. 21-40.

Möschel, Wernhard (1993b): Zum Subsidiaritätsprinzip im Vertrag von Maastricht, in: Lüder Gerken (Hrsg.), Europa 2000-Perspektiven wohin?, Freiburg, S. 93-105.

Möschel, Wernhard (1993c): Zum Subsidiaritätsprinzip im Vertrag von Maastricht, in: Neue Juristische Wochenschrift, Heft 47, S. 3025-3028.

Möschel, Wernhard (1994a): Europäische Integration am Wendepunkt?, in: Wirtschaftswissenschaftliches Studium, 23, S. 123-131.

Möschel, Wernhard (1994b): Kehrtwende in der Rechtsprechung des EuGH zur Warenfreiheit , in: Neue Juristische Wochenschrift, Heft 7, S. 429-431.

Möschel, Wernhard (1996): Zur Verfassungsdebatte in Europa, in: Felix A. Zimmermann (Hrsg.), Ordnungspolitische Aspekte der europäischen Integration: Freiburgs Botschaft für ein offenes Europa, 1. Freiburger Wirtschaftssymposium. Verein der Freiburger Wirtschaftswissenschaftler, 1. Aufl., Baden-Baden, S. 51-57.

Mueller, Denis C. (1973): Constitutional Democracy and Social Welfare, in: Quarterly Journal of Economics, Bd. 87, S. 60-80.

Mueller, Dennis C. (1967): The Possibility of a Social Welfare Function: Comment, in: American Economic Review, Nr. 57, S. 1304-1311.

Mueller, Dennis C. (1989): Public Choice II, Cambridge University Press.

Müller-Armack, Alfred (1950): Soziale Irenik, in: Weltwirtschaftliches Archiv, Bd. 64, S. 559-578.

Müller-Armack, Alfred (1962): Das gesellschaftspolitische Leitbild der Sozialen Marktwirtschaft, in: Alfred Müller-Armack, Wirtschaftsordnung und

Wirtschaftspolitik. Studien und Konzepte zur Sozialen Marktwirtschaft und zur europäischen Integration, Bern und Stuttgart, S. 293-315.

Müller, Markus (2000): Systemwettbewerb, Harmonisierung und Wettbewerbsverzerrung – Europa zwischen einem Wettbewerb der Gesetzgeber und vollständiger Harmonisierung, in: Ernst-Joachim Mestmäcker / Wernhard Möschel / Manfred E. Streit (Hrsg.) Wirtschaftsrecht und Wirtschaftspolitik, Bd. 163, Baden-Baden, 2000.

Musgrave, Peggy B. (1991): Merits and Demerits of Fiscal Competition, in: Public Finance with Several Levels of Government. Ed. by Rémy Prud'homme, Proceedings of the 46th Congress of the International Institute of Public Finance, Brussels 1990, S. 281-297.

Musgrave, Peggy B. / Musgrave, Richard (1991): Fiscal Coordination and Competition in an International Setting, in: Influence of Tax Differentials on International Competitiveness, Proceedings of the VIIIth Munich Symposium on International Taxation, Deventer, S. 59-86.

Musgrave, Richard A. (1959): The Theory of Public Finance, New York.

Musgrave, Richard A. (1969): Finanztheorie, 2. Auflage, Tübingen.

Musgrave, Richard A. / Musgrave, Peggy B. / Kullmer, Lore (1993 / 1994): Die öffentlichen Finanzen in Theorie und Praxis, Bd. 1 (1993) und Bd. 2 (1994), Tübingen.

Mussler, Werner (1998): Systemwettbewerb als Integrationsstrategie der Europäischen Union, in: Manfred E. Streit / Michael Wohlgemuth (Hrsg.), Systemwettbewerb als Herausforderung an Politik und Theorie, Baden-Baden, S. 71-102.

Mussler, Werner / Streit, Manfred E. (1996): Integrationspolitische Strategien der EU, in: Renate Ohr (Hrsg.) Europäische Integration, Stuttgart, Berlin, Köln 1996, S. 265-292.

Mussler, Werner / Wohlgemuth, Michael (1995): Institutionen im Wettbewerb - Ordnungstheoretische Anmerkungen zum Systemwettbewerb in Europa, in: Peter Oberender / Manfred E. Streit (Hrsg.), Die Europäischen Arbeitsmärkte im Integrationsprozess, Contributiones Jenenses, 1, Baden-Baden, S. 9-45.

Nass, Klaus Otto (1999): Ein beliebtes Phantom: das Demokratiedefizit der EU, in: Frankfurter Allgemeine Zeitung, 29. März 1999, S. 15.

Nell-Breuning, Oswald von (1968): Baugesetze der Gesellschaft - Solidarität und Subsidiarität. Freiburg.

Nentwich, Michael (1992): Institutionelle und verfahrensrechtliche Neuerungen im Vertrag über die Europäische Union, in: Europäische Zeitschrift für Wirtschaftsrecht, Nr. 8, S. 235-243.

Netzer, Dirk (1968): Federal State, and Local Finance in a Metropolitan Context, in: Harvey Perloff / Lowdon Wingo (Hrsg.), Issues in Urban Economics, Baltimore, S. 435-440.

Neumann, Manfred J. M. (1999): Reform der Finanzierung der Europäischen Gemeinschaft, in: Wirtschaftsdienst, 79. Jg., Heft 2, S. 71-75.

Neven, Damien / Gouyette, Claudine (1995): Regional Convergence in the European Community, in: Journal of Common Market Studies, Bd. 33, S. 47-65.

Nicolaysen, Gert (1991): Europarecht, Baden-Baden.

Niederberger, Dirk-Uwe (1980): Infrastruktur, in: Handwörterbuch der Volkswirtschaft, 2. Aufl., Wiesbaden 1980, Sp. 547-552.

Nienhaus, Volker (1982): Persönliche Freiheit und moderne Demokratie. F. A. von Hayeks Demokratiekritik und sein Reformvorschlag eines Zweikammersystems, Tübingen.

Nienhaus, Volker (1985): Konsens als praktische Entscheidungsregel, in: Jahrbuch für Neue Politische Ökonomie, Band 4, S. 137-159.

Niskanen, William A. (1971): Bureaucracy and Representative Governement, Chicago, New York.

Niskanen, William A. (1973): Bureaucracy: Servant or Master, London.

Niskanen, William A. (1975): Bureaucrats and Politicians, in: The Journal of Law and Economics, Bd. 18, S. 617-644.

Nöhrbaß, Karl-Heinz / Raab, Martin (1990): Quellensteuer und Kapitalmarkt, Finanzarchiv Nr. 48, S. 179-193.

Nordhaus, William (1975): The Political Business Cycle, in: Review of Economic Studies, Bd. 42, S. 169-190.

North, Douglas (1984): Gouvernment and the Cost of Exchange in History, in: Journal of Economic History, Bd. 44, S. 255-264.

North, Douglas (1987): Institutions, Transaction Costs and Economic Growth, in: Economic Inquiry, Bd. 25, S. 419-428.

North, Douglas C. (1981): Structure and Change in Economic History, New York, London.

North, Douglas C. (1988): Theorie des institutionellen Wandels. Eine neue Sicht der Wirtschaftsgeschichte, Tübingen.

North, Douglas C. (1992): Institutionen, institutioneller Wandel und Wirtschaftsleistung, Tübingen.

Nötzold, Jürgen (2000): Falsche Annahme und wirkliche Schwierigkeiten – Zur Erweiterungsstrategie, ifo-Schnelldienst, 31/2000, S. 11-13.

Nozick, Robert (1976): Anarchie, Staat, Utopia, München.

Oates, Wallace E. (1969): The Effects of Property Taxes and Local Public Spending on Property Values: An Empirical Study of Tax Capitaization an the Tiebout Hypothesis, in: Journal of Political Economy, Nr. 77, S. 957-971.

Oates, Wallace E. (1972): Fiscal Federalism, New York.

Oates, Wallace E. (1977): Ein ökonomischer Ansatz zum Föderalismusproblem, Guy Kirsch (Hrsg.), Föderalismus, New York, S. 15-26.

Oates, Wallace E. (1978): The Changing Structure of Intergovernmental Fiscal Relations, in: Horst Claus Recktenwald, Secular Trends of the Public Sector, Paris, S. 151-160.

Obstfeld, Maurice (1986): Capital Mobility in the World Economy: Theory and Measurement, in: Carnegie-Rochester Conference Series on Public Policy, Bd. 24, S. 55-104.

Obstfeld, Maurice (1994): International Capital Mobility in the 1990s, CEPR Discussion Paper No. 902, London.

OECD – Wirtschaftsausblick (2000), Nr. 68, Dezember 2000.

OECD, Tax burdens – alternative measures, OECD Tax Policy Studies, No. 2, Paris 2000.

Okruch, Stefan (2001): Der Richter als Institution einer spontanen Ordnung, in: ORDO, Bd. 52, S. 131-153.

Olson, Mancur (1965): The Logic of Collective Action, Boston (Harvard Uni. Press); deutsch: Die Logik des kollektiven Handelns, Tübingen 1968.

Olson, Mancur (1969): The Principle of "Fiscal equivalence". The Devision of Responsibilities among Different Levels of Government, in: American Economic Review, 59, S. 479-487.

Olson, Mancur (1977): Das Prinzip "fiskalische Gleichheit": Die Aufteilung der Verantwortung zwischen verschiedenen Regierungsebenen, in: Guy Kirsch (Hrsg.), Föderalismus, Stuttgart und New York, S. 66-76.

Olson, Mancur (1982): The Rise and Decline of Nations: Economic Growth, Stagflation and Social Rigidities, New Haven (Yale Uni. Press); deutsch: Aufstieg und Niedergang von Nationen. Ökonomisches Wachstum, Stagflation und soziale Starrheit, Tübingen 1985.

Olson, Mancur / Zeckhauser, Richard (1966): An Econmic Theory of Alliances, in: Review of Economics and Statistics, Bd. 48, S. 266-279.

Oppermann Thomas (1999): Europarecht: ein Studienbuch, 2. Auflage, München.

Oppermann, Thomas (1991): Europarecht, München

Oppermann, Thomas (1993): Der Maastrichter Unionsvertrag - Rechtspolitische Wertung; in: Rudolf Hrbek (Hrsg.), Der Vertrag von Maastricht in der wissenschaftlichen Kontroverse, Baden-Baden, S.103-119.

Oppermann, Thomas (1996): Subsidiarität im Sinne des deutschen Grundgesetzes, in: Thomas Oppermann / Knut W. Nörr (Hrsg.), Subsidiarität. Idee und Wirklichkeit. Zur Reichweite eines Prinzips in Deutschland und Europa, Tübingen, S. 215-226.

Oppermann, Thomas / Claasen, Claus Dieter (1993): Die EG vor der Europäischen Union, NJW, S. 5-12.

Oppermann, Thomas / Nörr, Knut W. (Hrsg.) (1997): Subsidiarität. Idee und Wirklichkeit. Zur Reichweite eines Prinzips in Deutschland und Europa, Tübingen.

Organ, Dennis W. (1988): Organizational Citizenship Behavior: The Good Citizenship Syndrome, Lexington, MA.

Ostrom, Elinor (1999): Die Verfassung der Allmende, Tübingen.

Ostrom, Vincent (1986): Constitutional Considerations with Particular Reference to Federal Systems, in: Franz-Xaver Kaufmann et al. (Hrsg.), Guidance, Control and Evaluation in the Public Sector, Berlin, New York, S. 111-125.

Paterson, William (1993): Muß Europa Angst vor Deutschland haben?, in: Rudolf Hrbek (Hrsg.), Der Vertrag von Maastricht in der wissenschaftlichen Kontroverse, Baden-Baden, S. 9-18.

Pechstein, Matthias / König, Christian (1998): Die Europäische Union - Die Verträge von Maastricht und Amsterdam, 2. Aufl., Tübingen 1998.

Peirce, William S. (1991): Unanimous Decisions in a Redistributive Context: The Council of Ministers of the European Communities, in: Roland Vaubel / Thomas Willet (Hrsg.), The Political Economy of International Organizations, Boulder, S. 267-285.

Pelkmans, Jaques (1986): The Institutional Economics of European Integration, in: Mauro Cappelletti et al. (Hrsg.), Integration Through Law - Europe and the American Federal Experience, Bd. 1: Methods, Tools and Institutions, Book 1: A Political, Lagal and Economic Overview, Berlin, New York, S. 318-412.

Pesch, Heinrich (1922): Lehrbuch der Nationalökonomie, Freiburg.

Peters, Torsten (1996): Reform der EU-Abstimmungsverfahren, in: Manfred Streit / Stefan Voigt (1996), Europa reformieren – Ökonomen und Juristen zur zukünftige Verfasstheit Europas, Baden-Baden, S. 85-97.

Philip, Alan Butt (1983): Pressure Groups and Policy-Making in the European Coomunity, in: Juliet Lodge (Hrsg.), Institutions and Policies of the European Community, London , S. 21-26.

Pieper, Stefan Ulrich (1993): Subsidiarität – Strukturprinzip der Europäischen Union, in: Deutsches Verwaltungsblatt, 1. Juli, S. 705-712.

Pies, Ingo (1993): Normative Institutionenökonomik – zur Rationalisierung des politischen Liberalismus, Tübingen.

Pies, Ingo (1994): Normative Institutionenökonomik: Programm, Methode und Anwendungen auf den europäischen Integrationsprozeß, in: Martin Leschke, Probleme der deutschen und der europäischen Integration, Hamburg, S. 1-40.

Pies, Ingo (1996a): Theoretische Grundlagen demokratischer Wirtschafts- und Gesellschaftspolitik. Der Beitrag James Buchanans, in: Ingo Pies / Martin Leschke (Hrsg.), James Buchanans konstitutionelle Ökonomik, Tübingen, S. 1-18.

Pies, Ingo (1996b): Vertrag oder Verfassung? Institutionenökonomische Perspektiven für die Europäische Union, in: Manfred Streit / Stefan Voigt (1996), Europa reformieren – Ökonomen und Juristen zur zukünftige Verfasstheit Europas, Baden-Baden, S. 32-47.

Pies, Ingo (1998): Liberalismus und Normativität: Zur Konzeptualisierung ökonomischer Optimierungsleistungen für demokratische Politikdiskurse, in Paul Klemmer / Dorothee Becker-Soest / Rüdiger Wink, Liberale Grunsrisse einer zukunftsfähigen Gesellschaft, Baden-Baden, S. 45-78.

Pies, Ingo / Leschke, Martin (Hrsg.) (1996), James Buchanans konstitutionelle Ökonomik, Tübingen.

Pigou, Arthur C. (1932) : The Economic of Welfare, 4. Aufl., London.

Pipkorn, Jörn (1992): Das Subsidiaritätsprinzip im Vertrag über die Europäische Union - rechtliche Bedeutung und gerichtliche Überprüfbarkeit, in: Europäische Zeitschrift für Wirtschaftsrecht, Heft 22, S. 697-701.

Pitschas, Rainer (1994): Europäische Integration als Netzwerkkoordination komplexer Staatsaufgaben, in: Staatswissenschaft und Staatspraxis, Nr. 4, S. 503-540.

Pommerehne, Werner / Kirchgässner, Gebhard / Feld, Lars P. (1994): Tax Harmonization and Tax Competition at State-Local Levels: Lessons from Switzerland, paper prepared for the seminar om Local Government, 15.-17. September 1994, Ferrara, Italy, in: Discussion Papers, Department of Economics, University of Saarland, B 9407.

Pommerehne, Werner W. / Feld, Lars P. / Hart, Albert (1994): Voluntary Provision of a Public Good. Results from a Real World Experience, in: Kyklos, Jg. 47, Heft 4, S. 505-518.

Pommerehne, Werner W. / Frey, Bruno S. (1976): Two Approaches to Estimating Public Expenditures, in: Public Finance Quaterly, 4. Jg., S. 395-407.

Pommerehne, Werner W. / Frey, Bruno S. (Hrsg.) (1979): Ökonomische Theorie der Politik, Berlin, Heidelberg, New York.

Popitz, Johannes (1927): Der Finanzausgleich, in: Handbuch der Finanzwissenschaft, 1. Aufl., Bd. 2, S. 338-375.

Popper, Karl R. (1992a): Die offene Gesellschaft und ihre Feinde 1, Der Zauber Platons, 4. Aufl., Tübingen.

Popper, Karl R. (1992b): Die offene Gesellschaft und ihre Feinde 2, Falsche Propheten, 7. Aufl., Tübingen.

PricewaterhouseCoopers (2001): Corporate Taxes 2001-2002, New York.

Priebe, Hermann / Scheper, Wilhelm / Urff, Winfried v. (1984): Agrarpolitik in der EG – Probleme und Perspektiven, Baden-Baden.

Priebe, Hermann / Scheper, Wilhelm / Urff, Winfried v. (1987): Wie sollte die künftige deutsche Landwirtschaft aussehen?, in: Wirtschaftsdienst, S. 219-222.

Prosi, Gerhard (1990): Comments on Horst Siebert, „The Harmonization Issue in Europe: Prior Agreement or a Competitive Process?", in: Horst Siebert (Hrsg.), The Completion of The Internal Market, Tübingen, S. 76-90.

Prosi, Gerhard (1991): Europäische Integration durch Wettbewerb? Eine polit-ökonomische Analyse, in: Gerard Radnitzky / Hardy Bouillon (Hrsg.), Ordnungstheorie und Ordnungspolitik, Berlin et al., S. 119-135.

Puissochet, Jean-Pièrre (1996): La subsidiarité en droit français, in: Thomas Oppermann / Knut W. Nörr. (Hrsg.), Subsidiarität. Idee und Wirklichkeit. Zur Reichweite eines Prinzips in Deutschland und Europa, Tübingen, S. 205-213.

Quaisser, Wolfgang et al. (2000): Die Osterweiterung der Europäischen Union: Konsequenzen für Wohlstand und Beschäftigung in Europa, Bonn, Friedrich-Ebert-Stiftung.

Radnitzky, Gérard (1984): Die ungeplante Gesellschaft. Friedrich Hayeks Theorie der Evolution spontaner Ordnungen und selbstorganisierender Systeme, in: Hamburger Jahrbücher für Wirtschafts- und Gesellschaftspolitik, 29.Jg., S. 9-33.

Radnitzky, Gérard (1991): Towords a Europe of Free Societies: Evolutionary Competition or Constructvistic Design, in: ORDO, Bd. 42, S. 139-169.

Ragnitz, Joachim / Müller, Gerald / Wölfl, Anita (2001): Produktivitätsunterschiede und Konvergenz von Wirtschaftsräumen – Das Beispiel der neuen Länder, IWH, Sonderheft, 3/2001, Halle.

Rawls, John (1971/1975): Eine Theorie der Gerechtigkeit, Frankfurt a. M.

Rawls, John (1974): Some Reasons for the Maximin Criterion, in: American Economic Review, Bd. 64, S. 141-146.

Rawls, John (1975): Eine Theorie der Gerechtigkeit, Frankfurt a.M.

Rees, John C. (1963): Hayek on Liberty, in: Philosophy, Bd., 38, S. 346-360.

Reichenbach, Horst / Emmerling, Thea / Staudenmayer, Dirk / Schmidt, Sönke (1999): Integration: Wanderung über europäische Gipfel, Baden-Baden

Remus, Rolf (1969): Kommission und Rat im Willenbildungsprozess der EWG, Meisenheim am Glan.

Richter, Rudolf (1990): Sichtweise und Fragestellungen der Neuen Institutionenökonomik, in: Zeitschrift für Wirtschafts- und Sozialwissenschaften, S. 571-591.

Richter, Rudolf / Furubotn, Eirik (1996): Neue Institutionenökonomik, Tübingen.

Richter, Wolfram F. (2001): Institutioneller Wettbewerb und die Regelung der Zuständigkeit von Institutionen für Personen. Arbeitspapier, Universität Dortmund.

Riker, William H. / Brams, Steven J. (1973): The Preadox of Vote Trading, in: American Political Science Review, S. 1335-1347.

Robbins, Lionel (1961): Hayek on Liberty, in: Economics, Bd. 28, S. 66-81.

Röpke, Jochen (1977): Die Strategie der Innovation, Tübingen 1977.

Röpke, Wilhelm (1960): A Human Economy – The Social Framework of the Free Market, South Bend, Indiana.

Roth, Carl (1995): Stellenwert und Funktion von Sozialpolitik im Integrationsprozess der Europäischen Union, Politikwissenschaftliche Magisterarbeit, Tübingen.

Rousseau, Jean-Jaques (1977): Der Gesellschaftsvertrag, Stuttgart.

Rupp, Hans Heinrich (1993): Muß das Volk über den Vertrag von Maastricht entscheiden?, in: NJW / 1993, S. 38 ff.

Samuelson, Paul A. (1954): The Pure Theory of Public Expenditure, in: Review of Economics and Statistics, Jg. 36, Heft 4, S. 387-389.

Sandvoss, Ernst-Otto (1994): Kommunalverschuldung und Kommunalkredite: Die Perspektive des öffentlichen Finanziers, in: Der langfristige Kredit, 45. Jg., S. 186-191.

Sasse, Christoph (1975), Regierungen, Parlamente, Ministerrat: Entscheidungsprozesse in der Europäischen Gemeinschaft, Bonn.

Sauter, Alfred (1990): Politische Einflussmöglichkeiten der Länder auf die Europäische Gemeinschaft, in: Harry A. Kremer (Hrsg.), Die Bundesrepublik Deutschland und das Königreich Spanien – Die Rolle der Länder und der Comunidades Autónomas im europäischen Einigungsprozess, München.

Savas, Emanuel S. (1987): Privatization: The Key to better Government, Chatham 1987.

Schaden, Barbara (1995): Effektive Kapitalbesteuerung in Europa: Eine empirische Analyse aus deutscher Sicht, Heidelberg 1995.

Schäfer, Hermann (1993): Europas Einheit: Herkunft, Ziel, Form, in: Josef Isensee (Hrsg.), Europa als politische Idee und als rechtliche Form, Berlin, S. 9-34.

Schaltegger, Christoph A. / Frey, René L. (2001): Föderalismus zwischen dezentraler Autonomie und zentralstaatlicher Koordination, in: Wirtschaftsdienst, Nr. 81, S. 176-180.

Scharpf, Fritz W. (1985): Die Politikverflechtungs-Falle: Europäische Integration und deutscher Föderalismus im Vergleich, in: Politische Vierteljahresschrift, 26. Jg., Heft 4, S. 323-356.

Scheele, Ulrich (1993): Privatisierung von Infrastruktur: Möglichkeiten und Alternativen, Köln.

Schenk, Karl Ernst (1983): Institutional Choice und Ordnungstheorie, in: Jahrbuch für Neue Politische Ökonomie, Bd. 2, S. 70-85.

Schenk, Karl-Ernst (1992): Die neue Institutionenökonomik - Ein Überblick über wichtige Elemente und Probleme der Weiterentwicklung, in: Zeitschrift für Wirtschafts- und Sozialwissenschaften, 112. Jg., Nr. 3, S. 337-378.

Schmidhuber, Peter (1993): Das Subsidiaritätsprinzip im Vertrag von Maastricht, in: Deutsches Verwaltungsblatt, Heft 8, S. 417-422.

Schmidhuber, Peter / Hitzler, Gerhard (1992): Die Verankerung des Subsidiaritätsprinzips im EWG-Vertrag - ein wichtiger Schritt auf dem Weg zu einer föderalen Verfassung der Europäischen Gemeinschaft, in: Neue Zeitschrift für Verwaltungsrecht, Heft 8, S. 720-725.

Schmidhuber, Peter / Hitzler, Gerhard (1993): Binnenmarkt und Subsidiaritätsprinzip, in: Europäische Zeitschrift für Wirtschaftsrecht, Heft 1, S. 8-10.

Schmidt, Christoph M. / Fertig, Michael (2000): Die „Goldene Prognoseregel" und der „Wettlauf nach Westen" – Das Zuwanderungspotential aus Osteuropa, ifo-Schnelldienst, 34/2000, S. 3-5.

Schmidt, Holger (2001): Moral, Moralität und Eigeninteresse – Gegensätze, die eine wirksame Moral verhindern?, Frankfurt am Main.

Schmidt, Johannes / Moser, Peter (1992): Unwissenheit und Regelevolution: Friedrich A. von Hayek vs. James M. Buchanan, in: Zeitschrift für Wirtschaftspolitik, 41. Jg. S. 191-206.

Schmidt-Jortzig, Edzard / Schink, Alexander (1982): Subsidiaritätsprinzip und Kommunalordnung, Köln u.a. 1982.

Schmitt, Carl (1938): Der Leviathan in der Staatslehre des Thomas Hobbes, Hamburg.

Schmitt, Carl (1993): Verfassungslehre, 8. Auflage, Neusatz auf Basis der 1928 erschienenen ersten Auflage, Berlin.

Schmitt von Sydow, Helmut (1997): Die Kommission (Art. 155-163), in: Hans von der Groeben / Jochen Thiesing / Claus-Dieter Ehlermann (Hrsg.): Kommentar zum EU-/EG-Vertrag, 5. Auflage, Baden-Baden, Bd. 4, S. 260-357.

Schneider, Dieter (1990): Messkonzepte zur Steuerbelastung von Unternehmen, in: Wirtschaftswissenschaftliches Studium (WiSt), 19. Jg., S. 281-291.

Schneider, Friedrich (1991): European Public Choice Perspectives, in: Public Choice, S. 197-200.

Schneider, Friedrich (1993): The Federal and Fiscal Structures of Representative and Direct Democracies as Models for a European Federal Union: Some Ideas Using the Public-Choice Approach, in: European Economy, 5. Jg., S. 191-212.

Schneider, Heinrich (1986): Rückblick für die Zukunft. Konzeptionelle Weichenstellungen für die Europäische Union, Bonn

Schoch, Friedrich (1995): Die Europäisierung des Allgemeinen Verwaltungsrechts, Juristen Zeitung, S. 109-123.

Schön, Wolfgang (1996): Mindestharmonisierung im europäischen Gesellschaftsrecht, Zeitschrift für das gesamte Handelsrecht und Wirtschaftsrecht (ZHR) Nr.160, S. 221-249.

Schulz-Nieswandt, Frank (1997): Ökonomische Transformation und politische Institutionenbildung, in: Dieter Cassel (Hrsg.), Institutionelle Probleme und Systemtransformation, Schriften des Vereins für Socialpolitik, Bd. 254, Berlin, S. 69-94.

Schumann, Jochen (1992): Grundzüge der mikroökonomischen Theorie, 6. Aufl., Berlin.

Schumann, Wolfram (1995): Überlegungen zur analytisch-konzeptionellen Erfassung des politischen Systems der Europäischen Union. Ein Versuch aus policy-analytischer Sicht, Habilitationsschrift, Tübingen.

Schumpeter, Joseph A. (1908): Das Wesen und der Hauptinhalt der theoretischen Nationalökonomie, Leipzig.

Schumpeter, Joseph A. (1952): Aufsätze zur ökonomischen Theorie, Tübingen.

Schumpeter, Joseph A. (1993): Kapitalismus, Sozialismus und Demokratie, 7. Aufl., Berlin.

Schwaiger, Konrad / Kirchner, Emil (1981): Die Rolle der europäischen Interessenverbände, Baden-Baden.

Schwartze, Andreas: Kompetenzverteilung und Entscheidungsverfahren in einer Europäischen Verfassung – Ein Analyse von Verfassungsentwürfen, in: Manfred Streit / Stefan Voigt (1996), Europa reformieren – Ökonomen und Juristen zur zukünftige Verfasstheit Europas, Baden-Baden, S. 127-143.

Sharpe, Lee J. (Hrsg.) (1993): The Rise of Meso Government in Europe, London.

Sideras, Jörn (2001): Konstitutionelle Äquivalenz und Ordnungswahl, in: ORDO, Bd. 52, S. 103-129.

Siebert, Horst (1989a): Perspektiven zur Vollendung des europäischen Binnenmarktes, in: Kyklos, Bd. 42, S. 181-201.

Siebert, Horst (1989b): The Single European Market - A Schumpeterian Event?, Kieler Diskussionsbeiträge, Kiel.

Siebert, Horst (1990): The Harmonization Issue in Europe: Prior Agreement or a Competitive Process?, in: Horst Siebert (Hrsg.), The Competition of The Internal Market, Tübingen, S. 53-75.

Siebert, Horst (1996): On The Concept Of Locational Competition, Kiel Working Paper No. 731.

Siebert, Horst (1997a): Disziplinierung der nationalen Wirtschaftspolitik durch die internationale Kapitalmobilität, in: Schriften des Vereins für Socialpolitik, Bd. 261, Berlin, S. 41-67.

Siebert, Horst (1997b): Die Illusion von der Kooperation – Zum Wettbewerb in der Weltwirtschaft gibt es keine Alternative, in: Matthias Möhring-Hesse et al. (Hrsg.), Wohlstand trotz alledem. Alternativen zur Standortpolitik, S. 276-293.

Siebert, Horst (1997c): Die Einschränkung des Lohnbildungsspielraums durch die Kosten der Sozialwirtschaft, in: Die Weltwirtschaft, Heft 1, S. 2-8.

Siebert, Horst (1998): Disziplinierung der nationalen Wirtschaftspolitik – durch internationale Kapitalmobilität, in: Dieter Duwendag (Hrsg.), Finanzmärkte im Spannungsfeld von Globalisierung, Regulierung und Geldpolitik, Berlin, S. 41-67.

Siebert, Horst (2000): Zum Paradigma des Standortwettbewerbs, Tübingen.

Siebert, Horst / Koop, Michael (1990): Institutional Competition. A Concept for Europe?, in: Aussenwirtschaft, Nr. 45, S. 439-462.

Siebert, Horst / Koop, Michael (1994), Europa zwischen Wettbewerb und Harmonisierung, in: Wirtschaftswissenschaftliches Studium, Jg. 23, S. 611-616.

Siebke, Jürgen (1995): Preistheorie, in: Vahlens Kompendium der Wirtschaftstheorie und Wirtschaftspolitik, Bd. 2, 6. Aufl., München, S. 61-121.

Sievert, Olaf / Naust, Hermann / Jochum, Dieter / Peglow, Michael / Glumann, Thorolf (1989): Steuern und Investitionen, Frankfurt.

Sinn, Hans-Werner (1984): Neue Wege der Unternehmensbesteuerung, in: Wirtschaftsdienst, Heft 7, S. 328-334.

Sinn, Hans-Werner (1990): Tax Harmonisation and Tax Competition in Europe, in: European Economic Review, 34. Jg., S. 489-504.

Sinn, Hans-Werner (1994): How Much Europe? Subsidiarity, Centralization and Fiscal Competition, in: Scottish Journal of Political Economy, Bd. 41, S. 85-107.

Sinn, Hans-Werner (1995): Implikationen der vier Grundfreiheiten für eine nationale Fiskalpolitik, in: Wirtschaftsdienst, 75. Jg., Heft 5, S. 240-249.

Sinn, Hans-Werner (1996a): Das Prinzip des Diapositivs – Einige Bemerkungen zu Charles B. Blankart, in: Wirtschaftsdienst, Heft 2, S. 92-94.

Sinn, Hans-Werner (1996b): Das Subsidiaritätsprinzip und der Steuerwettbewerb, Aufsatz für die Tagung des Finanzwissenschaftlichen Ausschusses des Vereins für Socialpolitik in Hamburg, 29.-31. Mai 1996.

Sinn, Hans-Werner (1997a): Deutschland im Steuerwettbewerb, in: Jahrbücher für Nationalökonomie und Statistik, Nr. 216, S. 672-692.

Sinn, Hans-Werner (1997b): Das Selektionsprinzip und der Systemwettbewerb, in: Alois Oberhauser (Hrsg.), Fiskalföderalismus in Europa, S. 9-60.

Sinn, Hans-Werner (2001): Der neue Systemwettbewerb, Manuskript des Vortrags bei der Jahrestagung des Vereins für Socialpolitik in Magdeburg, Vortrag gehalten am 28. September 2001.

Sinn, Hans-Werner (2002): The New System Competition, Yrjö Jahnsson Lectures 1999, Basil Blackwell, Oxford und Malden, Mass., erscheint demnächst.

Sinn, Hans-Werner / Flaig, Gebhard / Werding, Martin / Hänlein, Andreas (2001): EU-Erweiterung und Arbeitskräfteemigration: Wege zu einer schrittweisen Annäherung der Arbeitsmärkte, ifo Beiträge zur Wirtschaftsforschung Nr. 2, ifo-Institut für Wirtschaftsforschung, München.

Sinn, Stefan (1989): Internationale Wettbewerbsfähigkeit von immobilen Faktoren im Standortwettbewerb, Institut für Weltwirtschaft Kiel, Arbeitspapier Nr. 361.

Sinn, Stefan (1990a): Competition for Capital, Tübingen.

Sinn, Stefan (1990b): The Taming of Leviathan: Competition Among Governments, in: The Kiel Institute of World Economics, Working Paper No 43, Kiel.

Sinn, Stefan (1992a): Saving-Investment Correlation and Capital Mobility: On the Evidence from Annual Data, in: The Economic Journal, Nr. 102, S: 1162-1170.

Sinn, Stefan (1992b): The Taming of Leviathan: Competition among Governments, in: Constitutional Political Economy, Nr. 3, S. 177-196.

Smith, Adam (1776): Der Wohlstand der Nationen – Eine Untersuchung über seine Natur und seine Ursachen, Neuauflage von 1978, München.

Spelthahn, Sabine (1993): Privatisierung natürlicher Monopole: Theorie und internationale Praxis am Beispiel Wasser und Abwasser, Diss., Berlin 1993.

Spinelli, Altiero (1966): The Eurocrats: Conflict and Crisis in the European Community, Baltimore.

Stadler, Hans (1951): Subsidiaritätsprinzip und Föderalismus, Freiburg/Schweiz.

Starbatty, Joachim (1984): Ordoliberalismus, in Otmar Issing, Geschichte der Nationalökonomie, München, S. 187-202.

Starbatty, Joachim (1986): Die Soziale Marktwirtschaft aus historisch-theoretischer Sicht, in: Zeitschrift für Unternehmensgeschichte, Beiheft 45.

Starbatty, Joachim (1993a): Europäische Industriepolitik und die Folgen. Zur Immanenz industriepolitischer Dynamik. Tübingen.

Starbatty, Joachim (1993b): Die Administration. Was und wie bestimmt „Brüssel“ tatsächlich? Wege gegen bürokratische Ausuferung, in: Rupert Scholz, (Hrsg.), Deutschland auf dem Weg in die Europäische Union. Wieviel Eurozentralismus, wieviel Subsidiarität?, IV. Kongress Junge Juristen und Wirtschaft der Hanns-Martin-Schleyer-Stiftung, am 2.-4. Juni 1993 in Essen, Köln, S. 44-55.

Staufenbiel, Jörg E. (1999): Berufsplanung für den Management-Nachwuchs, 1999, 20. Aufl..

Stehn, Jürgen (1996): Vertiefung und Osterweiterung der Europäischen Union: Ein Widerspruch?, in: Manfred Streit / Stefan Voigt (1996), Europa reformieren – Ökonomen und Juristen zur zukünftige Verfasstheit Europas, Baden-Baden, S. 68-81.

Sternberger, Dolf (1968): Art. „Legitimacy", in: Sills, David L. (Hrsg.), International Encyclopedia of Social Sciences, Bd. 9, London, New York, S. 244-248.

Stewing, Clemens (1992): Das Subsidiaritätsprinzip als Kompetenzverteilungsregel im Europäischen Recht, in: Deutsches Verwaltungsblatt, Heft 23, S. 1516-1518.

Stigler, George (1957): Tenable Range of Functions of Local Government, in: Joint Economic Committee, Subcommittee on Fiscal Policy, Federal Expenditure Policy of Economic Growth and Stability, Washington D. C., S. 213-219.

Stigler, George (1961): The Economics of Information, in: Journal of Political Economy, Nr. 69, S. 213-225.

Stiglitz, Joseph E. / Weiss, Andrew M. (1981): Credit Rationing in Markets with Imperfect Information, in: American Economic Review, Nr. 71, S. 383-410.

Stratmann, Thomas (1992): The Effects of Logrolling on Congressional Voting, in: American Economic Review, S. 1162-1176.

Straubhaar, Thomas (1995): Ein Europa des funktionalen Föderalismus: Mehr als ein Denkmodell?, in: ORDO, Bd. 46, S. 185-202.

Straubhaar, Thomas (1998): Empirische Indikatoren für den Systemwettbewerb – Moderne und historische Befunde, in: Jahrbuch für Neue Politische Ökonomie, Bd. 17, S. 243-272.

Streit, Manfred E. (1991): Theorie der Wirtschaftspolitik, Düsseldorf.

Streit, Manfred E. (1992a): Wissen, Wettbewerb und Wirtschaftsordnung. Zum Gedenken an Friedrich A. von Hayek, ORDO, Bd. 43, S. 1-30.

Streit, Manfred E. (1992b): Zur Theorie des Wettbewerbs, Wirtschaftspolitische Blätter Nr. 1, S. 55-66.

Streit, Manfred E. (1992c): Das Wettbewerbskonzept der Ordnungstheorie, in: Egon Görgens und Egon Tuchtfeldt (Hrsg.), Die Zukunft der wirtschaftlichen Entwicklung – Perspektiven und Probleme, Stuttgart und Wien, S. 83-108.

Streit, Manfred E. (1994a): Westeuropas Wirtschaftsverfassungen unter dem Druck des Systemwettbewerbs, List Forum für Wirtschafts- und Finanzpolitik, Heft 2, Bd. 20, S. 111-124.

Streit, Manfred E. (1994b): Zwischen marktwirtschaftlichen Bekenntnissen und eurokratischen Interessen - Ordnungspolitische Aspekte des EU-Weißbuchs, in: Heinz König (Hrsg.), Bringt die EU-Beschäftigungsoffensive den Aufschwung?, Baden-Baden, S. 13-24.

Streit, Manfred E. (1995): Dimensionen des Wettbewerbs – Systemwandel aus ordnungsökonomischer Sicht, in: Zeitschrift für Wirtschaftspolitik Nr. 44, S. 113-134.

Streit, Manfred E. (1996a): Competition among Systems, Harmonisation and European Integration, MPI Jena, Diskussionsbeitrag 01 / 96.

Streit, Manfred E. (1996b): Systemwettbewerb und europäische Integration, in: Felix A. Zimmermann (Hrsg.), Ordnungspolitische Aspekte der europäischen Integration: Freiburgs Botschaft für ein offenes Europa, 1. Freiburger Wirtschaftssymposium. Verein der Freiburger Wirtschaftswissenschaftler, 1. Aufl., Baden-Baden, S. 11-22.

Streit, Manfred E. (1996c): Systemwettbewerb und Harmonisierung im europäischen Integrationsprozess, in: Entstehung und Wettbewerb von Systemen, Dieter Cassel (Hrsg.), Berlin, S. 223-244.

Streit, Manfred E. / Kiwit, Daniel (1998): Gutachten für die Monopolkommission (nicht veröffentlicht).

Streit, Manfred E. / Kiwit, Daniel (1999): Zur Theorie des Systemwettbewerbs, in: Manfred E. Streit / Michael Wohlgemut (Hrsg.), Systemwettbewerb als Herausforderung an Politik und Theorie, Baden-Baden, S. 13-48.

Streit, Manfred E. / Mussler, Werner (1994): The Economic Constitution of the European Community - From "Rome" to "Maastricht", in: Constitutional Political Economy, 5, S. 323-353.

Streit, Manfred E. / Mussler, Werner (1995): Wettbewerb der Systeme und das Binnenmarktprogramm, in: Lüder Gerken (Hrsg.), Europa zwischen Ordnungswettbewerb und Harmonisierung - Europäische Ordnungspolitik im Zeichen der Subsidiarität, Berlin u.a., S. 75-107.

Streit, Manfred E. / Voigt, Stefan (Hrsg.) (1996): Europa reformieren - Ökonomen und Juristen zur künftigen Verfaßtheit Europas, Contributiones Jenenses, 4, Baden-Baden.

Streit, Manfred E. / Wegner, Gerhard (1989): Wissensmangel, Wissenserwerb und Wettbewerbsfolgen – Transaktionskosten aus evolutorischer Sicht, Jahrbuch für Ordnung von Wirtschaft und Gesellschaft, ORDO, Nr. 40, S. 183-200.

Streit, Manfred E. / Wohlgemut, Michael (Hrsg.) (1999): Systemwettbewerb als Herausforderung an Politik und Theorie, Baden-Baden.

Stüwe, Klaus (1999): Der Staatenbund als europäische Option. Föderative Entwicklungsperspektiven der Europäischen Union, in: Aus Politik und Zeitgeschichte, Bd. 1-2, S. 22-31.

Theurl, Theresia / Meyer, Eric (2001): Institutionelle Grundlagen der Europäischen Union, in: Theresia Theurl / Renate Ohr (Hrsg.), Kompendium Europäische Wirtschaftspolitik, München, S. 41-203.

Teutemann, Manfred (1992): Rationale Kompetenzverteilung im Rahmen der Europäischen Integration – Ein Beitrag zur finanzwirtschaftlichen Ordnungspolitik, Berlin.

Thieme, H. Jörg (1995): Wirtschaftssysteme, in: Dieter Bender u.a., Vahlens Kompendium der Wirtschaftstheorie und Wirtschaftspolitik, Bd. I, 6. Aufl., München S. 1-48.

Tichy, Gunther (1992): Theoretical and Empirical Considerations on the Dimension of an Optimum Integration Area in Europe, in: Aussenwirtschaft, Jg. 47, S. 107-137.

Tiebout, Charles M. (1956): A Pure Theory of Local Expenditures, in: Journal of Political Economy, Bd. 64, Nr. 5, S. 416-424.

Timm, Herbert (1961): Das Gesetz der wachsenden Staatsausgaben, Finanzarchiv Nr. 21, S. 201-247.

Tinbergen, Jan (1954): International Economic Integration, Amsterdam.

Trosa, Sylvie / Schreiner, Manfred (1994): Private Financing of public Infrastructure in Germany, in: New Ways of Managing Infrastructure Provision, OECD (Hrsg.), Paris, S. 73-88.

Tullock, Gordon (1959): Problems of Majority Voting, in: Journal of Political Economy, Bd. 67, Dezember 1959, S. 571-579.

Tullock, Gordon (1971): The Paradox of Revolution, in: Public Choice, S. 89-100.

Tullock, Gordon (1974): The Social Dilemma: The Economics of War and Revolution, Blacksburg, Virginia.

Tullock, Gordon (1997): Trading Citizenship, Kyklos, Heft 50, Nr. 2, S. 251-252.

Tyler, Tom R. / Blader, Steven L. (2000): Cooperation in Groups: Procedural Justice, Social Identity, and Behavioral Engagement, Philadelphia.

Vanberg, Viktor (1981): Liberaler Evolutionismus oder vertragstheoretischer Konstitutionalismus? Zum Problem institutioneller Reformen bei F. A. v. Hayek und J. M. Buchanan, Tübingen.

Vanberg, Viktor (1983): Libertarian Evolutionism and Contractarian Constitutionalism, in: Svetozar Pejovich (Hrsg.) Philosophical and Economic Foundation of Capitalism, Lexington/Mass., S. 71-87.

Vanberg, Viktor (1984a): Evolution und spontane Ordnung, Anmerkungen zu F. A. von Hayeks Theorie der kulturellen Evolution, in: Hans Albert (Hrsg.), Ökonomisches Denken und soziale Ordnung, Tübingen, S. 83-112.

Vanberg, Viktor (1984b): „Unsichtbare-Hand-Erklärungen" und soziale Norm, in: Horst Todt (Hrsg.), Normgeleitetes Verhalten in den Sozialwissenschaften, Berlin, S. 115-146.

Vanberg, Viktor (1986a): Individual Choice and Institutional Constraints: The Normative Element in Classical and Contractarian Liberalism, in: Analyse und Kritik, Heft 8, S. 113-149.

Vanberg, Viktor (1986b): Spontaneous market Order an Social Rules: A Critical Examination of F. A. Hayek's Theory of Cultural Evolution, in: Economics and Philosophie 2, S. 75-100.

Vanberg, Viktor (1989): Hayek as a Constitutional Political Economist, in: Wirtschaftspolitische Blätter, S. 170-182.

Vanberg, Viktor (1990): Vom Wettbewerb der Systeme zum Wettbewerb der Ordnungen, in: Neue Züricher Zeitung, Nr. 173, Heft 28 / 29, Juli, S. 35.

Vanberg, Viktor (1991): Besprechung von ORDO (Bde.40 und 41, 1989 und 1990), in: Constitutional Political Economy, Bd. 2, S. 397-402.

Vanberg, Viktor J. (1992): The Constitutions of Europe: Who will save the Market Economy?, in: o. Hrsg. , A Constitution of Liberty or a New Leviathan?, Königswinter.

Vanberg, Viktor (1992a): A Constitutional Political Economy Perspective on International Trade, in: ORDO, Bd. 43, S. 375-392.

Vanberg, Viktor (1992b): Innovation, Cultural Evolution and Economic Growth, in: Ulrich Witt (Hrsg.), Explaining Process and Change – Approaches to Evolutionary Economics, Ann Arbor.

Vanberg, Viktor (1993): Constitutionally Constrained and Safeguarded Competition in Markets and Politics with Reference to the European Constitution, in: Journal des Economistes et des Etudes Humaines, Nr. 4, S. 3-27.

Vanberg, Viktor (1994a): Wettbewerb in Markt und Politik. Anregungen für die Verfassung Europas, St. Augustin.

Vanberg, Viktor (1994b): Rules and Choice in Economics and Sociology, in: Viktor Vanberg (Hrsg.), Rules and Choice in Economics, London, S. 11-24.

Vanberg, Viktor (1994c): Individual Choice and Institutional Constraints. The Normative Element in Classical and Contractarian Liberalism, in: Viktor Vanberg (Hrsg.), Rules and Choice in Economics, London, S. 208-234.

Vanberg, Viktor (1994d): Kulturelle Evolution und die Gestaltung von Regeln, Tübingen.

Vanberg, Viktor (1995): Ordnungspolitik und die Unvermeidbarkeit des Wettbewerbs , in: Hans-Hermann Francke (Hrsg.): Ökonomischer Individualismus und freiheitliche Verfassung, Freiburg, S. 187-211.

Vanberg, Viktor (1996a): Ökonomische Rationalität und politische Opportunität. Zur praktischen Relevanz der Ordnungsökonomik, Lections Jenenses, Nr. 8, Jena.

Vanberg, Viktor (1996b): Subsidiarity, Responsive Government and Individual Liberty, in: Thomas Oppermann / Knut Nörr (Hrsg.), Subsidiarität. Idee und Wirklichkeit. Zur Reichweite eines Prinzips in Deutschland und Europa, Tübingen, S. 253-269.

Vanberg, Viktor (1996c): Wettbewerb in Markt und Politik, in: Felix A. Zimmermann (Hrsg.), Ordnungspolitische Aspekte der europäischen Integration: Freiburgs Botschaft für ein offenes Europa, 1. Freiburger Wirtschaftssymposium. Verein der Freiburger Wirtschaftswissenschaftler, 1. Aufl., Baden-Baden, S. 85-101.

Vanberg, Viktor (1997): Systemtransformation, Ordnungsevolution und Protektion: Zum Problem der Anpassung von Wirtschaftssystemen an ihre Umwelt, in: Dieter Cassel (Hrsg.), Institutionelle Probleme und Systemtransformation, Schriften des Vereins für Socialpolitik, Bd. 254, Berlin, S. 11-42.

Vanberg, Viktor J. (2000): Functional Federalism: Communal or Individual Rights?, in: Kyklos, Nr. 53, S. 363-386.

Vanberg, Viktor / Buchanan, James M. (1988): Rational Choice and Moral Order, in: Analyse und Kritik, S. 138-160.

Vanberg, Viktor / Buchanan, James M. (1989): Interests and Theories in Constitutional Choice, in: Journal of Theoretical Politics, S. 49-62.

Vanberg, Viktor / Buchanan, James M. (1991): Constitutional Choice, Rational Ignorance and the Limits of Reason, in: Jahrbuch für Neue Politische Ökonomie, Band 4, S. 61-78.

Vanberg, Viktor / Kerber, Wolfgang (1994): Institutional Competition among Jurisdictions: An Evolutionary Approach, in: Constitutional Political Economy, Bd. 5, S. 193-219.

Vaubel, Roland (1986): A Public-Choice Approach to International Organizations, in: Public Choice, Bd. 51, S. 39-58.

Vaubel, Roland (1992): Die politische Ökonomie der wirtschaftspolitischen Zentralisierung in der Europäischen Gemeinschaft, in: Jahrbuch für Neue Politische Ökonomie, Bd. 11, S. 30-65.

Vaubel, Roland (1993): Perspektiven der Europäischen Integration: Die Politische Ökonomie der Vertiefung und Erweiterung, in: Horst Siebert (Hrsg.), Die zweifache Integration: Deutschland und Europa, Tübingen, S. 3-31.

Vaubel, Roland (1994): The Public Choice Analysis of European Integration: A survey, in: European Journal of Political Economy, Nr. 10, S. 227-249.

Vaubel, Roland (1995): Europäische Union. Voraussetzungen einer institutionellen Verfassungsordnung, in: Lüder Gerken (Hrsg.), Europa zwischen Ordnungswettbewerb und Harmonisierung, Heidelberg, S. 129-134.

Vaubel, Roland (1997): The Constitutional reform of the European Union, in: European Economic Review, Nr. 41, S. 443-450.

Vaubel, Roland (2000): Internationaler Politischer Wettbewerb: Eine europäische Wettbewerbsaufsicht für Regierungen und die empirische Evidenz, in: Jahrbuch für Neue Politische Ökonomie, Nr. 19, S. 280-309.

Vieler, Alexander (1986): Interessen, Gruppen und Demokratie: Eine sozialökonomische Untersuchung über den Einfluss von Interessenverbänden auf wirtschaftspolitische Entscheidungen, Tübingen.

Voigt, Rüdiger (2000a): Der Leviathan. Zur Aktualität einer Staatskonzeption, in: Rüdiger Voigt (Hrsg.), Der Leviathan, Baden-Baden, S. 13-26.

Voigt, Rüdiger (2000b): Zwischen Despotismus und Friedensstaatlichkeit. Zur Staatskonzeption von Thomas Hobbes, in: Rüdiger Voigt (Hrsg.), Der Leviathan, Baden-Baden, S. 41-66.

Voigt, Stefan (1991): Die evolutionsorientierte Theorie der Verfassung: Bemerkungen zum Ansatz von Hayeks, in: Zeitschrift für Wirtschaftspolitik, 40. Jg., S. 93-107.

Voigt, Stefan (1992): Die Welthandelsordnung zwischen Konflikt und Stabilität, Freiburg.

Voigt, Stefan (1997): Positive constitutional economics - a survey, in: Public Choice, Bd. 90, S. 11-53.

Völmicke, Christine (1995): Privatisierung öffentlicher Leistungen in Deutschland, Potential, Umsetzung, Auswirkungen, Diss., Fribourg 1995.

Volckart, Oliver (1998): Systemwettbewerb als historisches Phänomen: Das Beispiel Deutschlands vom 10. bis 18. Jahrhundert, in: Manfred E. Streit / Michael Wohlgemut (Hrsg.), Systemwettbewerb als Herausforderung an Politik und Theorie, Baden-Baden, S. 181-209.

Wagener, Hans-Jürgen (1996): Hat der Systemwettbewerb die sozialistische Planwirtschaft zu Fall gebracht? in: Felix A. Zimmermann (Hrsg.), Ordnungspolitische Aspekte der europäischen Integration: Freiburgs Botschaft für ein offenes Europa, 1. Freiburger Wirtschaftssymposium. Verein der Freiburger Wirtschaftswissenschaftler, 1. Aufl., Baden-Baden, S. 101-117.

Wagner, A. (1876): Allgemeine oder theoretische Volkswirtschaftslehre: Erster Theil. Grundlegung. Winter'sche Buchhandlung: Leipzig und Heidelberg.

Wallace, Wiliam (1983): Less than a Federation - More than a Regime. The Community as a Political System, in: Helen Wallace / Wiliam Wallce / Carole Webb (Hrsg.), Policy-aking in the European Community, 2. Aufl., Chichester u.a.

Wallis, John J. / Oates Wallace E. (1988): Decentralization in the Public Sector: An Empirical Study of State and Local Government, in: Harvey S. Rosen (Hrsg.), Fiscal Federalism: Quantitative Studies, Chicago, S. 5-28.

Walter, Norbert (1996): Mehr Markt durch Europa, in: Felix A. Zimmermann (Hrsg.), Ordnungspolitische Aspekte der europäischen Integration: Freiburgs Botschaft für ein offenes Europa, 1. Freiburger Wirtschaftssymposium. Verein der Freiburger Wirtschaftswissenschaftler, 1. Aufl., Baden-Baden, S. 33-51.

Watkins, John, w. N. (1961): Philosophy, in: Arthur Seldon (Hrsg.), Agenda for a Free Society, London, S. 31-49.

Watrin, Christian (1973): Zur Rolle organisierter und nicht organisierter Interessen in der Marktwirtschaft, in: Egon Tuchfeld (Hrsg.), Soziale Marktwirtschaft im Wandel, Freiburg/Br.

Watrin, Christian (1984): Vorwort zu Deutschen Übersetzung, in: James M. Buchanan, Die Grenzen der Freiheit, Tübingen, S. VII-X.

Watrin, Christian (1996): James M. Buchanans Entwurf einer konstitutionellen Ökonomik, in: Ingo Pies / Martin Leschke (Hrsg.), James Buchanans konstitutionelle Ökonomik, Tübingen, S. 253-271.

Weber, Jürgen (1977): Die Interessengruppen im politischen System der Bundesrepublik Deutschland, Stuttgart, Berlin, Köln (1977).

Weber, Max (1922): Wirtschaft und Gesellschaft, Tübingen.

Weede, Erich (1991): Vom europäischen Wunder zum schleichenden Sozialismus?, in: Gerard Radnitzky, Hardy Bouillon (Hrsg.), Ordnungstheorie und Ordnungspolitik, Berlin, S. 15-46.

Wegner, Manfred (1991): die Entdeckung Europas, Baden-Baden.

Weidenfeld, Werner / Wessels, Wolfgang (Hrsg.)(1986): Wege zur Europäischen Union – vom Vertrag zur Verfassung?, Bonn.

Weidenfeld, Werner / Wessels, Wolfgang (2000): Europa von A-Z – Taschenbuch der Europäischen Integration, Bonn.

Weindl, Josef (1994): Europäische Gemeinschaft (EU) - institutionelles System, Binnenmarkt sowie Wirtschafts- und Währungsunion auf der Grundlage des Maastrichter Vertrages, zweite durchgesehene Auflage, München, Wien.

Weingast, Barry. R. (1984): The Congressional-Bureaucratic System: a Principal Agent Perspective, in: Public Choice, Bd. 44, S. 147-191.

Weingast, Barry R. (1993): Constitutionsas Gouvernance Structures. The Political Foundations of Secure Markets, in: Journal of Institutional and theoretical Economics, Bd. 149, S. 286-311.

Weizsäcker, Ernst-Ulrich von (1995): Faktor Vier. Doppelter Wohlstand, halbierter Naturverbrauch, München.

Welcker, Johannes / Nerge, Carsten (1992): Die Maastrichter Verträge - zum Scheitern verurteilt?, Landsberg / Lech.

Wenzler, Hariolf M. (1996): Subsidiarität als Verfassungsprinzip Europas, in: Felix A. Zimmermann (Hrsg.), Ordnungspolitische Aspekte der europäischen Integration: Freiburgs Botschaft für ein offenes Europa, 1. Freiburger Wirtschaftssymposium. Verein der Freiburger Wirtschaftswissenschaftler, 1. Aufl., Baden-Baden, S. 73-85.

Werle, Gerd (1999): Allmähliche Abkehr vom Gießkannenprinzip. Strukturfondsreform: 213 Mrd. Euro warten auf ihren Einsatz, in: Das Parlament, Nr. 21-22, 5/1999, S. 7.

Wessels, Wolfgang (1991): The EC Council: The Community Decisionmaking Center, in: Robert O. Keohane / Stanly Hoffmann (Hrsg.), The New European Community: Decisionmaking and Institutional Change, Boulder, San Francisco, Oxford, S. 133-154.

Wessels, Wolfgang (1992a): Staat und westeuropäische Integration. Die Fusionsthese, in: Politische Vierteljahresschrift, Sonderheft 23, S. 36-61.

Wessels, Wolfgang (1992b): The Institutional Debate – Revisited: Towards a progress in the „acquis académique", in: Christian Engel / Wolfgang Wessels (Hrsg.), From Luxembourg to Maastricht: Institutional Change in the European Community after the single European Act, Bonn, S. 17-33.

Wessels, Wolfgang (1992c): Maastricht: Ergebnisse, Bewertungen und Langzeittrends, in: integration, 15. Jg., H. 2, S. 2-16.

Wessels, Wolfgang (1995): How to Mix Transformation and Integration: Strategies, Options and Scenarios, in: Barbara Lippert / Heinrich Schneider (Hrsg.), Monitoring Association and Beyond, The European Union and the Visegrád States, Bonn, S. 383- 404.

Wessels, Wolfgang (1996): Europäische Union - Entwicklung eines politischen Systems, in: Renate Ohr (Hrsg.), Europäische Integration, Stuttgart, Berlin, Köln 1996, S. 19-46.

Wessels, Wolfgang (2000): Grenzen- und ratlos – Institutionelle Flexibilisierung gegen geographische Überdehnung, in: Barbara Lippert (Hrsg.), Osterweiterung der europäischen Union – die doppelte Reifeprüfung, Bonn, S. 349-367.

Wheare, Kenneth C. (1964): Federal Government, Oxford University Press, London, 4. Aufl.

Wicksell, Knut (1896): Finanztheoretische Untersuchungen, Jena.

Wiedemann, Thomas (1996): Idee und Gestalt der Region in Europa. Rechtsvergleichende Untersuchung unitarischer und föderaler Systeme, insbesondere des Vereinigten Königreichs, Frankreichs, Spaniens und Deutschlands, Baden-Baden.

Wieland, Beate (1991): Verfassungspolitische Probleme der "Staatswerdung Europas", in: Rudolf Wildenmann (Hrsg.), Staatswerdung Europas? Optionen für eine Europäische Union, Baden-Baden, S. 429-459.

Wieland, Beate (1992): Ein Markt - Zwölf Regierungen? Zur Organisation der Macht in der europäischen Verfassung, Baden-Baden.

Wildavsky, Aaron (1964): The Politics of the Budgetary Process, Boston.

Wilhelm, Morris W. (1972): The Political Thought of Friedrich A. Hayek, in: Political Studies, Bd. 20, S. 169-184.

Williamson, Oliver E. (1975): Markets and Hierarchies: Analysis and Antitrust Implications. A Study in the Economics of Internal Organization, New York und London.

Williamson, Oliver E. (1990): Die ökonomischen Institutionen des Kapitalismus. Unternehmen, Märkte, Kooperationen, Tübingen.

Windisch, Rupert (1998): Modellierung von Systemwettbewerb: Eine kritische Bestandsaufnahme, in: Jahrbuch für Neue Politische Ökonomie, Bd. 17, S. 121-154.

Wissenschaftlicher Beirat beim Bundesministerium für Wirtschaft (1994): Ordnungspolitische Orientierung für die Europäische Union, BMWi-Dokumentation, Nr. 356, Bonn.

Wissenschaftlicher Beirat beim Bundesministerium für Wirtschaft und Technologie (1998): Stellungnahme zur Neuordnung des Finanzierungssystems der Europäischen Gemeinschaft, Köln, 19. Dezember 1998.

Witt Ulrich (1989): Bemerkungen zu Hayeks Theorie sozioökonomischer Evolution, in Wirtschaftspolitische Blätter, 36. Jg. S. 140-148.

Witte, Kirsten (1994): Der Vertrag von Maastricht über die Schaffung einer Europäischen Union. Eine Analyse des Europäischen Integrationsprozesses aus der Sicht der Neuen Politischen Ökonomik, in: Martin Leschke (Hrsg.), Probleme der deutschen und europäischen Integration: Institutionenökonomische Analysen (Ökonomische Theorie der Institutionen, Tagungsband I), Münster/Hamburg, S. 251-288.

Witte, Kirsten (1995): Ordnungspolitische Perspektiven der Europäischen Union, Bergisch Gladbach.

Wöhe, Günter (2000): Einführung in die Allgemeine Betriebswirtschaft, 20. neubearbeitete Auflage, München.

Wohlgemuth, Michael (1995): Economic and Political Competition in Neoclassical and Evolutionary Perspective, in: Constitutional Poltical Economy, Bd. 6, S. 71-96.

Wohlgemut, Michael (1999): Systemwettbewerb als Entdeckungsverfahren, in: Manfred E. Streit / Michael Wohlgemut (Hrsg.), Systemwettbewerb als Herausforderung an Politik und Theorie, Baden-Baden, S. 49-70.

Wuermeling, J. (1993): Das Ende der "Länderblindheit": Der Ausschuss der Regionen nach dem neuen EG-Vertrag EuR 2, S. 196-207.

Würtenberger, Thomas (1993): Die Verbändeproblematik aus europarechtlicher und integrationstheoretischer Sicht, in: Karl M. Meesen (Hrsg.), Verbände und Europäische Integration, Baden-Baden.

Wuketits, Franz M. (1984): Evolution, Erkenntnis, Ethik: Folgerungen aus der modernen Biologie, Impulse der Forschung, Bd. 45, Darmstadt.

Wuketits, Franz M. (1990): Gene, Kultur und Moral: Soziologie Pro und Contra, Darmstadt.

Zarkovic Bookman, Milica (1992): The Economics of Session, New York.

Zeitler Christoph (1995): Spontane Ordnung, Freiheit und Recht. Zur Politischen Philosophie von Friedrich August von Hayek, Frankfurt am Main.

Zellentin, Gerda (1993): Staatswerdung Europas? Politikwissenschaftliche Überlegungen nach Maastricht, in: Rudolf Hrbek (Hrsg.): Der Vertrag von Maastricht in der wissenschaftlichen Kontroverse, Baden Baden, S. 41-63.

ZEW (2001): Studie für das Internationale Benchmarkforum der BAK Konjunkturforschung, in: ZEW news, Juli/August 2001, Basel, S. 3.

Zimmermann, Horst / Henke, Klaus-Dirk (1994): Finanzwissenschaft, Eine Einführung in die Lehre der öffentlichen Finanzwirtschaft, 7. Aufl., München.

Zintl Reinhard (1983): Individualistische Theorien und die Ordnung der Gesellschaft. Untersuchungen zur Politischen Theorie von James M. Buchanan und Friedrich A. v. Hayek, Berlin.

Zippelius, Reinhold (1991): Grundbegriffe der Rechts- und Staatssoziologie, 2. Aufl., München.

Zodrow, George R. / Mieszkowski, Peter M. (1986): Pigou, Tiebout, Property Taxation and the Underprovision of Local Public Goods, in: Journal of Urban Economics, 19, S. 356-370.

Zohlnhöfer, Werner (1992): Koreferat zum Beitrag von Roland Vaubel, Zur Verteilung der politischen Entscheidungskompetenzen in der EG, in: Jahrbuch für Neue Politische Ökonomie, Bd. 11, Ökonomische Systeme und ihre Dynamik, hrsg. von Erik Boettcher, Philipp Herder-Dorneich, Karl-Ernst Schenk, Dieter Schmidtchen, Tübingen, S. 66-72.